2014 企业管理提升活动论文集

中国机械工业建设集团有限公司　组编

主　编　徐衍林

副主编　管云雁　郎　英

北京航空航天大学出版社

图书在版编目(CIP)数据

2014 企业管理提升活动论文集 / 徐衍林主编. -- 北京 : 北京航空航天大学出版社, 2015.12

ISBN 978-7-5124-1974-2

Ⅰ. ①2… Ⅱ. ①徐… Ⅲ. ①企业管理—文集 Ⅳ. ①F270-53

中国版本图书馆 CIP 数据核字(2015)第 298244 号

2014 企业管理提升活动论文集

中国机械工业建设集团有限公司 组编

主 编 徐衍林

副主编 管云雁 郎 英

责任编辑 冯 颖 江小珍 周华玲

*

北京航空航天大学出版社出版发行

北京市海淀区学院路 37 号(邮编 100191) http://www.buaapress.com.cn

发行部电话:(010)82317024 传真:(010)82328026

读者信箱: bhpress@263.net 邮购电话:(010)82316936

北京九州迅驰传媒文化有限公司印装 各地书店经销

*

开本:787×1 092 1/16 印张:61.75 字数:1 581 千字

2016 年 1 月第 1 版 2016 年 1 月第 1 次印刷

ISBN 978-7-5124-1974-2 定价:198.00 元

若本书有倒页、脱页、缺页等印装质量问题，请与本社发行部联系调换。联系电话:(010)82317024

前　言

中国建设自 1953 年成立至今，经过几十年的发展和积累，先后承担了数千项大型重点工程建设，工程领域遍及机械、汽车、建材、冶金、电力、化工、石油、电子、轻工、广播电视、环保、市政、公用和民用建筑等众多行业，工程业绩遍布全球 40 多个国家和地区，为我国的国民经济建设和发展做出了重要贡献。

2014 年，公司正式就位建筑行业最高资质，即包含房屋建筑施工总承包特级和建筑行业设计甲级的“特一级”资质，这是国机集团内唯一一家具备该资质的企业。标志着中国建设紧握高端建筑领域的准入之匙，这在突破领域限制、延伸产业链条、培养专业团队、发展壮大企业等方面具有里程碑的意义。

中国建设领导班子重视企业发展、工程建设等多元化发展的研究工作，自 2012 年起，连续三年指导人力资源部倡导和深化员工创新工作，培养深度思考的习惯，提高创新能力，号召总部各部门职工立足本职岗位，开展“三个一工程”，现已形成研习风气，通过全面系统的研究后，以撰写论文的形式，表述自己的观点，抒写对工作的认真和执着，对公司发展的坚定信念和奉献精神。

2014 年论文集与以往的版本相比，影响力提升了，撰写人员专业性更强了，研讨的内容更深入了，涉及的领域更广了，既有新理论的探索，也有一线项目工程技术人员的实践新知，经过各部门、相关专家的严格甄选汇编成集。论文集内容涉及企业规范、人力资源管理、资本运营、制度管理、财务审计、企业文化、企业党建等多方面，是公司目前发展阶段的真实记载。

古人云：太上有立德，其次有立功，再次有立言，虽久不废，此之谓三不朽，每以“立言”为第一要务，以求不朽，立言即为著书立说；盖文章，经国之大业，不朽之盛事。在本论文集出版之际，感谢付出过努力的所有人，希望本论文集能为企业全面深化改革发展而略尽绵薄之力。

由于编辑时间仓促，水平有限，难免有不当之处，敬请广大读者批评指正。

目　录

第1章

企业运营管理

完善公司治理结构与董事会建设的思考

王　刚

摘　要：

文章分析了我国公司董事会制度在公司治理中的核心作用，阐述了公司董事会的结构功能，并针对目前我国公司董事会建设所存在的问题提出了相关建议。

关键词：公司董事会　公司治理　独立董事制度

一、什么是公司治理

公司治理(corporate governance)，又译为法人治理结构，是现代企业制度中最重要的组织架构。狭义上的公司治理主要是指公司的股东、董事及经理层之间的关系。而广义上的公司治理还包括公司与利益相关者(如员工、客户、供应商、债权人、社会公众)之间的关系，及有关法律、法规等。自 1932 年美国学者贝利和米恩斯提出公司治理结构的概念以来，众多学者从不同角度对公司治理理论进行了研究，其中具代表性的是超产权理论、两权分离理论、委托代理理论和利益相关者理论，它们构成了公司治理结构的主要理论基础。20 世纪 90 年代以来，公司治理在发达国家成为一个引起人们持续关注的政策问题。亚洲金融危机之后，公司治理改革成为东亚国家和地区的热门话题和首要任务。

二、公司治理的特征

1. 公司治理是一种经济关系。公司治理中的出资人、经营者、管理者、监督者之间，均是一种经济关系。这种经济关系是财产权利的直接体现。

2. 权责明确、各司其职。公司各个机构之间权责分明、各司其职。权力机构、决策机构、监督机构和执行机构之间相互制衡、相互协调。

3. 委托代理、纵向授权。公司的首要性质是契约型。公司各层级之间的关系，皆是以一种契约——委托代理的形式来实现的。股东(大)会作为纵向授权的起点，以委托人的身份将财产交董事会代理，并委托监事会进行监督。董事会作为第二层次的代理者，又将公司财产委托给经理层代理。这样层层委托，权力自上而下分配。

4. 激励与制衡并存。由于代理人可能存在发生的逆向选择和道德风险以及信息的不对称，委托人无法对代理人行为进行现场和事后监督，致使委托人利益蒙受损失。为了尽可能避免损失，委托人有必要建立激励和制衡机制。

三、公司治理的核心内容

法人治理结构是公司制的核心，是明确划分股东(大)会、董事会、监事会和经理层之间权利、义务和责任以及明确划分相互制衡关系的一整套制度安排。

公司治理是经济社会发展到一定阶段的必然选择。随着社会化大生产的突飞猛进，企业所有权主体的多元化已经成为一种不可阻止的大趋势，特别是党的十八届三中全会明确提出“大力发展混合所有制”，企业之间、企业与各种社会组织之间、企业与个人之间建立以股权为纽带的经济关系已经成为社会经济生活的新常态。从世界范围来看，美国 700 多万企业中，由股东持股的股份有限公司约占 95%，美国的持股人数占总人口约 65%左右，股权高度分散。从股权结构看，最大的股东是机构投资者，如人寿保险、养老基金、互助基金等。而日本控制企业股权的则主要是法人，即公司和金融机构。有统计资料显示，日本上市公司中法人股东持股高达 72.8%。其中，金融机构占股达 46%，法人持股占 24.8%，证券公司占 2%，数以千万的个人股东持股只占 22.4%。而我国上市企业中，法人持股占绝对优势，到 2013 年底，我国沪深两市共有 A 股上市公司 2515 家，总股本为 4 亿股，其中各类国有控股上市公司的股本总量占 A 股市场总股本的比重为 68.35%，具有极大的资本规模的优势。即使是民营上市公司，也有近八成公司前 10 位大股东持股比例超过 50%。随着证券市场的日益成熟和国家对投资主体培育政策的日趋完善，相信未来中国企业投资主体将逐渐从以国资为主转向投资主体的多元化、国际化、市场化。

因此，建立科学的公司法人治理结构，既是大势所趋，更是企业发展的必然选择。科学的公司法人治理结构应该是一种由《公司法》和公司章程规范的公司股东大会、董事会和监事会之间的“分立—制衡”关系的制度安排。通过这种制度安排，规范股东会、董事会、监事会和经理层的权力范围，从而明确公司投资者、决策者、经营者、监督者的基本权利和义务，建立职责明确、各司其职、协调运转、有效制衡的组织管理体系。而规范的公司法人治理结构，关键要看董事会能否充分发挥作用。董事会的建设是完善公司治理结构的关键，一个好的董事会，对于企业的影响也许是决定性的。董事会是由公司股东大会选举产生的董事所组成的，是对内管理公司事务，对外代表公司的公司决策机关。任何现代公司的良好的公司治理结构的核心都是具有一个完善且能够很好地发挥功能的董事会，增强董事会的独立性、落实董事及高管人员的法律责任，从而防止大股东、实际控制人及内部人向公司掠夺或输送利益。为顺应历史发展潮流，我国企业也有必要进一步完善董事会制度，从而提升公司治理水平。我国的《公司法》对董事会的构成、选举规则，董事、董事长和董事会的职责与义务，以及董事会的议事规则等，作了一些原则性的规定，《公司章程》再依据《公司法》对董事会章程和董事会议事规则加以具体化和条文化。

四、董事会建设中存在的主要问题

从目前的实践看，我国公司董事会的结构功能建设处于一个演进的过程中。特别是中央企业，由于历史的原因，董事会建设相对民营企业、外资（合资）企事业来说严重滞后。1993 年 12 月 29 日第八届全国人民代表大会常务委员会第五次会议通过《中华人民共和国公司法》，2013 年 12 月 28 日第十二届全国人民代表大会常务委员会第六次会议通过《中华人民共和国公司法》修订案。2004 年 2 月，国资委向国务院提出在中央企业进行国有独资公司建立和完善董事会试点工作，得到了国务院的同意；同年 6 月，国资委下发文件，明确了试点的主要思路和措施，并确定了第一批试点企业。试点 10 年来，中央企业公司治理工作取得了一定的进展，但整体说来，也存在着许多亟待解决的问题。

1. 经理层与董事会高度重叠，监督职能被弱化。按照公司制改革的最初设想，董事会的作用至少有这么两个：一是重大决策集体负责，每一个董事都有一票，不强调董事长的绝对权力；二是董事会对经理层进行制衡，决策层和管理层分开。

目前，二级、三级央企中，董事长兼总经理、经理层成员占据了董事会的大多数地位的现象比较严重，不少经营班子成员既是经理层又进入董事会，董事会成员和经理成员高度重叠，为内部人控制敞开方便之门，难以真正集体决策，聘任经理也成了走形式，无法对总经理进行有效监督。其结果是，董事长的权利被绝对化，董事会的作用被淡化，作为科学性的公司治理结构重要一环的决策层与经理层的分离就无从谈起。

2. 董事任职资格不够清晰化，董事的结构和来源不合理，中小股东利益难以得到保证。担任公司董事必须具备一定的条件，也就是通常所说的任职资格问题。董事的任职资格是董事履职能力的前提，不满足任职资格要求的董事，其履职能力的发挥缺乏保障性。董事会结构决定其职能。董事的角色仅停留在“代表角色”，较难有个人的独立意见，很难保障董事会决策的客观性、独立性和全面性，董事会很难发挥其决策职能。同时董事的来源不合理，董事会成员不仅与经理成员高度重叠，还主要来自于大股东。由于《公司法》规定，董事会做出的决议，经全体董事的过半数通过即可，大股东可以对公司实行全面的控制，中小股东利益难以得到保证。为了解决这一问题，近来在公司中设立独立董事的做法在普遍推开。在我国《上市公司章程指引》中，规定企业可以设立独立董事。现实中一部分公司，包括某些上市公司，也设置了独立董事，然而，独立董事在某种程度上成了过去专家顾问的延续，独立董事并不能很好地承担职责。

3. 董事之间缺乏明细分工，权力制衡有待细化。董事之间职责无明细分工，表面上做到了权力的对等，实质上，缺乏明细分工的结果必然造成信息采集和加工处理的困难，最终导致董事会失去科学的决策和监督能力。因为，复杂的公司不能仅通过每年几次董事会会议进行治理。治理结构要求专业化的技巧，这些技巧必须通过董事会层次的委员会得到最佳的执行。在美、英等发达国家，上市公司必须至少具有三个委员会：审计、薪酬和提名委员会。这些委员会的成员主要由外部董事和独立董事组成(外部董事是指不在公司内部任职的董事，独立董事是外部董事中独立于公司股东且不在公司内部任职的董事)，对董事会负责，可以独立地开展工作。通过这些权责的分工，董事会的内部治理结构得以明晰和完善。

4. 董事会缺乏科学的评价和激励机制。董事会必须对每一个董事的绩效进行定期评估，为此应该建立科学的评价和激励机制。不管是执行董事，还是外部董事或独立董事，由于对所负职责承担责任，若董事会的决议违反了有关法规，表决时投赞成或弃权票的董事还要追究法律责任。因此，这种权力的到位和责任的落实，其结果必然是激励和约束。在绝大多数国家，由外部董事和独立董事组成的一个董事会层次的委员会评价公司的首席执行官、其他执行董事以及高级的管理层的绩效，再由董事会来推荐并在公司的股东大会上由股东们批准。但从现实的状况来看，虽然我国一些公司也在尝试对董事实行期股、期权激励，但不管是从制度上还是从程序上，都还没有建立一个机制对董事的绩效进行评价和激励。

5. 议事规则简陋，影响到董事会决策的效率和客观性。议事规则简陋，一是体现在对信息的采集和占有上。每位成员是否充分拥有信息，是能否正确做出判断的先决条件。二是议事规则简陋还体现在决策程序上。公司章程一般规定，董事会做出的决议，经董事会全体董事的过半数通过即可。在国外，其决策程序则复杂得多。它规定了对一般事项、重大事项和有关特别事项的不同的决策程序。在通过人数上，有过半数、2/3 多数、全体通过之分。如果对细节、某个问题心存疑虑或有不明之处时，董事可要求提供补充材料。当 1/4 以上董事或 2 名以上外部董事认为资料不充分或论证不明确时，可联名提出缓开董事会或缓议董事会所议的部分事项，董事会应予以采纳。目前在我国，从公司章程上是看不到相应规定的，议事规则显得相对简陋，影响到董事会决策的效率和客观性。

五、完善公司董事会建设的对策建议

一个好的董事会，对于企业的影响也许是决定性的。那么，好的董事会的概念是什么呢？根据我国当前现实，应从改变上文所描述的五个缺陷着手，建立这样一个董事会。

1. 健全独立董事制度。公司设立独立董事一般在两名以上，并且非执行董事占据董事会的大多数席位。外部董事和独立董事除了担负一般董事的职责外，还负有额外的责任。外部董事履行职责时，公司必须提供必要的信息资料。独立董事由提名委员会推荐，人选应为经济、财务、法律等方面的学者、专家。独立董事所发表的意见应在董事会决议中列明。公司的关联交易必须由独立董事签字后方能生效。2名以上的独立董事可提议召开临时股东大会。独立董事可直接向股东大会、中国证监会和其他有关部门报告情况。设立独立董事的好处在于，重大决策有了更多的讨论，因而更加理性谨慎。企业决策有了监督，减少了失误。此外，董事会层次的委员会，审计、薪酬和提名委员会一般由外部董事和独立董事组成，或占据多数席位。任命非执行董事的目的首先是为了给董事会提供知识、客观性、判断和平衡，在某种程度上，如果董事会是由全职的执行董事构成，它可能就是无效的。

2. 设立专业性的委员会。设立专业性的委员会，如审计、薪酬和提名委员会，这些委员会的成员主要由外部董事和独立董事组成，专门负责细节性监控、咨询和监督任务以及推荐合适的董事。这些委员会对于董事会高质量地履行职责、胜任信托责任起到重要作用。审计委员会：它负责督察公司的内部审计程序并与外部的合法的审计员一起相互作用，以便保证公司的财富完全顺从法律的要求。薪酬委员会：它决定对公司的执行董事们和经理们的适当的一揽子的补偿方案。提名委员会：它负责实施为适当的具有资格的、独立的非执行董事的系统性的评价和研究。

3. 加强董事任职资格的核查。任何公司都应认真核查董事是否符合任职的基本资格，了解其与大股东或实际控制人是否存在紧密的关联关系，确保将合格的董事和独立董事遴选入公司董事会。完善董事诚信档案系统，提高董事诚信意识。为了提高董事的诚信意识，诚信档案要记录其他影响公司规范运作但未明显违规的事项，如业绩异常、独立董事履行职责情况、董事非正常辞职、募集资金变更情况等，作为公司监管的内部参考资料。

4. 加强对董事履职情况的检查评价，建立对董事的激励机制，敦促其勤勉尽责。对于长期不参加董事会议，经常委托他人参会的董事，股东大会应利用谈话提醒、警告等措施敦促其勤勉尽责；对于拒不改正的董事，将公开认定其不适合担任公司董事。董事连续两次未能亲自出席，也不委托其他董事出席董事会会议，视为不能履行职责，董事会应当建议股东大会予以撤换。提名委员会不能推荐那些根据他们的能力在作为其他公司的董事会成员时具有贫乏的出席记录的人作为董事。

还可以建立董事激励机制，对董事会成员如何激励，可以借鉴新加坡政府的做法。该国政府对公司董事的奖励是可以升迁，担任更为重要的职务，同时也能获得更多薪金；惩罚则是不再委任其担任管理职务或予以撤换。我国公司企业数量大大超过新加坡，层次结构也更为复杂，如果仅仅参考新加坡的奖惩措施是远远不够的，必须引入其他机制，比如期权激励，给予董事会成员一定量的，在一定时期内可以以一定价格购买公司股票的权利，并把这种权利与公司的经营责任相结合，使其不至于为了自身权利而损害公司的长远利益，敦促其勤勉尽责。

5. 完善董事会议事规则。在议事规则上，一要明确董事会需要事先占有的信息的内容，二要有明确的议程，以便让董事会成员能够有足够的时间通晓这些问题；三是根据议题的不同区分不同的议事程序，以使决议的通过既体现出效率又代表大多数股东尤其是中小股东的利益。公司应制定切实可行、内容合理的议事规则，适当限制董事长的权力，在董事会表决中积极采用记名投票制度，切实执行关联董事回避表决制度。并规定对一般事项、重大事项和有关特别事项的不同的决策程序。在通过人数上，有过半数、2/3 多数、全体通过之分。如果对细节、某个问题心存疑虑或有不明之处时，董事可要求提供补充材料。当 1/4 以上董事或 2 名以上外部董事认为资料不充分或论证不明确时，可联名提出缓开董事会或缓议董事会所议的部分事项，董事会应予以采纳。总的来说，董事会作为连接股东与经理层的纽带，是公司治理的重要组成部分。在我国，董事会属于新型治理机制，其作用巨大。尽管公司董事会建设仍然任重而道远，但是董事会的效率正逐渐提高。只要继续进行探索与实践，不断加强公司董事会建设，就一定能进一步推进我国的公司改革。

【"三个一"之一个案例】

"生效判决已自动履行完毕"能否对抗败诉方申请再审？

徐昭曦

【案例】

中机公司因建设工程施工合同工程款支付问题与业主金牛公司发生争议，产生诉讼，经武汉中级人民法院一审、湖北省高级人民法院二审终审，中机公司与金牛公司对终审判决的支付内容进行计算后，金牛公司将款项支付给了中机公司。但在一个月后，金牛公司向最高人民法院申请再审。

一、现行法律关于当事人申请再审的规定

现行民诉法规定了"审判监督程序"，即有监督权的机关、组织或当事人认为法院已经发生法律效力的判决、裁定及调解协议确有错误，发动或申请再审，由法院对案件进行再审的程序，该程序实质就是再审程序。

按照民诉法的规定，法院、当事人、检察院是启动再审程序的主体，因该程序并非所有案件必经程序，故属救济程序，而非正常程序。因此，要审慎启动再审程序。

为此，民诉法规定，对于当事人申请再审，只有符合下列情形之一的，人民法院才应当再审：

1. 有新的证据，足以推翻原判决、裁定的；
2. 原判决、裁定认定的基本事实缺乏证据证明的；
3. 原判决、裁定认定事实的主要证据是伪造的；
4. 原判决、裁定认定事实的主要证据未经质证的；
5. 对审理案件需要的主要证据，当事人因客观原因不能自行收集，书面申请人民法院调查收集，人民法院未调查收集的；
6. 原判决、裁定适用法律确有错误的；
7. 审判组织的组成不合法或者依法应当回避的审判人员没有回避的；
8. 无诉讼行为能力人未经法定代理人代为诉讼或者应当参加诉讼的当事人，因不能归责于本人或者其诉讼代理人的事由，未参加诉讼的；
9. 违反法律规定，剥夺当事人辩论权利的；
10. 未经传票传唤，缺席判决的；
11. 原判决、裁定遗漏或者超出诉讼请求的；
12. 据以做出原判决、裁定的法律文书被撤销或者变更的；
13. 审判人员审理该案件时有贪污受贿，徇私舞弊，枉法裁判行为的。

民诉法还规定，当事人申请再审，应当在判决、裁定发生法律效力后六个月内提出；有本上述第1项、第2项、第12项、第13项规定情形的，自知道或者应当知道之日起六个月内提出。

二、对抗“申请再审”的策略

（一）看对方的再审申请是否在法定期限内提出

在中机公司与金牛公司工程款纠纷案件中，金牛公司提出再审的时间是符合法律规定的，没有超过判决生效后的 6 个月。

（二）驳斥对方申请再审的事实与理由

因人民法院再审审查的核心为当事人的再审事由是否成立，一般而言，作为被申请人应对再审申请，应紧紧围绕申请再审人所提出的再审事由和再审理由进行答辩，逐条逐项予以批驳，从而使法院认定申请再审人提出的全部再审事由均不能成立，进而实现己方诉讼目的。

但鉴于建设工程施工合同纠纷具有事实复杂、证据材料繁多的特点，金牛公司再审申请中即采用大量篇幅，详细罗列二审判决存在的种种细节问题。如中机公司与金牛公司纠缠于二审判决认定的事实是否错误，按常规应对方式对仅对公司再审事由和再审理由逐项批驳，势必落入金牛公司早已准备好的诉讼思路中来。

（三）以“当事人已达成执行和解协议且已履行完毕”来要求法院终结再审审查

《最高人民法院关于适用〈中华人民共和国民事诉讼法〉审判监督程序若干问题的解释》（以下简称《审判监督程序若干解释》）第二十五条第（三）项，当事人达成执行和解协议且已履行完毕的，人民法院可以终结再审审查，但当事人在执行和解协议中声明不放弃申请再审权利的除外。

“达成执行和解协议”，指权利人和义务人在执行程序中经平等协商，就变更人民法院生效裁判文书所确定权利义务关系的履行义务主体、标的物及其数额、履行期限和履行方式等内容，自愿达成协议。

“结再审审查”，指再审审查案件的诉讼要素发生变化，致使继续审查该案是否进行再审审理已不必要的情形下，人民法院以裁定的方式终结再审审查程序的制度。

执行和解协议履行完毕后，当事人对诉讼中争议的权利处分完毕，生效裁判文书所确定的权利义务即已经消灭。此时当事人对原裁判诉争的事项，即完全丧失了包括申请再审权在内的诉讼权利，当事人就原判决申请再审的，人民法院应终结再审审查程序。

执行当事人通过自愿达成的协议，对人民法院生效裁判文书所确定权利义务关系进行变更，并未动摇裁判的效力，而是权利人对自身合法权利以及权利实现方式的自由处分。承认执行和解协议的效力并予以保护，符合民事诉讼处分原则。《审判监督程序若干解释》第二十五条第（三）项，正是基于保护当事人处分权与意思自治原则的法理基础而创设的。

三、对“执行和解”的理解与认定

对于“执行和解”的理解，一般有两种不同的观点：

第一种观点认为，“执行程序”存有狭义和广义两种理解。狭义的执行程序即强制执行程序，仅指人民法院的执行组织依照法律规定的程序和方式，运用国家强制力在执行义务人拒不履行义务时，强制其履行义务，从而实现生效裁判内容的诉讼程序。广义的执行程序，与审判程序相区分，在人民法院做出的裁判文书生效后，案件即从审判程序进入执行程序，不论当事人自动履行还是通过强制执行程序实现生效裁判文书所确定的权利义务，均应属于广义的执行程序的范畴。

《审判监督程序若干解释》第二十五条第（三）项规定的"执行和解协议"，所强调的是当事人自愿达成协议处分原生效裁判文书所确定权利义务关系并实际履行的行为，而不再区分当事人系强制执行还是自动履行，故此处对"执行"应做广义理解。

第二种观点认为，根据《民事诉讼法》第三篇"执行程序"，特别是第二百零七条的有关规定可见，《民事诉讼法》对"执行程序"、"执行和解"均采用狭义理解，"执行程序"仅指人民法院组织下的强制执行程序，"执行和解"不但要求当事人自愿协商达成协议，还要求执行员将协议内容记入笔录，并由双方当事人签名或者盖章。对《审判监督程序若干解释》第二十五条第（三）项进行文义解释，亦不能超出《民事诉讼法》的范畴，仅能采取狭义"执行程序"的概念。即只有在强制执行程序中，以《民事诉讼法》第二百零七条第一款规定的形式达成和解，才符合第二十五条第（三）项之文义。

但在法律出版社出版的《民商事再审程序操作指引》一书中，有一个最高人民法院的案例，最高人民法院认可了"二审判决生效后，材料公司与建设集团自行签订《关于管理研发中心工程履行高院判决及遗留问题的会议纪要》（以下简称《会议纪要》），就终审判决履行问题达成和解"的效力，也即案件在未进入执行程序时即实现和解，更是当事人自由行使处分权的体现，更强烈地彰显了意思自治原则。在和解协议已履行完毕的情形下再去讨论原判决是否存有错误，已无实际意义，也严重浪费司法资源。而"和解"的形式可以是签署和解协议，也可以是能表明和解意图和具体安排的会议纪要等其他书面形式。

四、自动履行判决是否构成"执行和解"？

中机公司与金牛公司对终审判决的支付内容进行计算后，金牛公司将款项支付给了中机公司，这是否构成"执行和解"呢？

在本案中，中机公司向最高人民法院表达了双方对终审判决支付内容进行计算，金牛公司将款项支付完毕，构成"执行和解"，是符合《审判监督程序若干解释》第二十五条第（三）项的立法目的，应参照适用。

而金牛公司的意见是"再审申请不影响判决的执行，金牛公司是主动履行判决，而非双方达成了执行和解"。

最终最高人民法院的法官也认为"由于双方没有签署任何书面性的材料"，因此难以认定是达成了执行和解协议。因此不能直接适用《审判监督程序若干解释》第二十五条第（三）项的规定。

五、结　论

综上所述，在案件胜诉后的执行阶段，不论是否已向法院申请强制执行，如对方当事人愿意履行判决内容，我方均应当要求双方签署履行生效判决内容的书面材料，以防止对方当事人一方面先行履行判决，另一方面却积极地寻找各种构成申请再审的事由、启动再审程序。

【"三个一"之一篇文章】

政府和社会资本合作(PPP)项目中"伙伴选择"方式对项目实施过程中是否二次招标的影响

徐昭曦

PPP是指公共部门与私人部门为提供公共产品或服务,以特许协议为基础形成的一种伙伴合作关系,该模式是市场经济国家普遍运用的一种公共服务供给方式。

12月4日,国家财政部首次对外公布了总投资规模约1800亿元的30个政府和社会资本合作模式(PPP)示范项目,欢迎中外私营资本参与项目建设及运营。一并公布的还有开展PPP合作的具体操作指南、项目实施要求等,财政部政府和社会资本合作(PPP)中心也宣布获批成立,这一系列举措表明中国新型城镇化建设正进入"PPP时代"。

作为工程承包商,在市场竞争日益激烈、项目利润不断走低的态势下,以工程承包优势,参与政府和社会资本合作项目即PPP项目,不失为承包商"转型升级"的良好路径。但PPP项目中政府关于对"伙伴选择"方式的选择,将对承包商产生较大的影响。

一、关于PPP项目中"伙伴选择"方式的规定

《国务院关于创新重点领域投融资机制鼓励社会投资的指导意见》中,只要求"在公共服务、资源环境、生态保护、基础设施等领域,积极推广PPP模式,规范选择项目合作伙伴"。

《国家发展和改革委员会关于开展政府和社会资本合作的指导意见》在"五、加强政府和社会资本合作项目的规范管理"中明确规定:(三)伙伴选择。实施方案审查通过后,配合行业管理部门、项目实施机构,按照《招标投标法》、《政府采购法》等法律法规,通过公开招标、邀请招标、竞争性谈判等多种方式,公平择优选择具有相应管理经验、专业能力、融资实力以及信用状况良好的社会资本作为合作伙伴。

《财政部关于推广运用政府和社会资本合作模式有关问题的通知》中要求:(三)规范选择项目合作伙伴。地方各级财政部门要依托政府采购信息平台,加强政府和社会资本合作项目政府采购环节的规范与监督管理。财政部将围绕实现"物有所值"价值目标,探索创新适合政府和社会资本合作项目采购的政府采购方式。地方各级财政部门要会同行业主管部门,按照《政府采购法》及有关规定,依法选择项目合作伙伴。

《财政部关于政府和社会资本合作示范项目实施有关问题的通知》要求:严格按照《政府采购法》等规定,采取竞争性采购方式,引入信誉好、有实力的运营商参与示范项目建设和运营。

《财政部关于印发政府和社会资本合作模式操作指南(试行)的通知》,在《政府和社会资本合作模式操作指南(试行)》中第四章规定了"项目采购",涉及了公开招标、邀请招标、竞争性谈判、单一来源采购方式、竞争性磋商采购等形式。

从上述规定可以发现,PPP项目中"伙伴选择"应当属于"政府采购"的范畴,应当遵循《招标投标法》、《政府采购法》的相关规定。

二、承包商作为社会资本参与 PPP 项目的自身优势

在传统承包项目中，工程承包商更多的是作为项目实施过程中的一个部分，其不涉及投资、运营等环节，但在市场竞争日益激烈、项目利润不断走低的态势下，仅仅靠传统的承包项目将难以维系，因此工程承包商向投资性承包商转变，成为 PPP 项目中的社会资本投资人，是其自身转型升级的选择，其也具备自身的优势：

1. 工程承包商对项目建设过程具备精确掌控的能力，能够很好地控制成本，提高投资的有效性。多年实施 BT、BOT 项目也积累了大量的经验。

2. 工程承包商作为后期的运营主体，倒逼其在设计-采购-建造过程中考虑运营的有效性。

另外，因其需考虑运营获得收益，故可遏制其在传统建设过程中"偷工减料"的冲动。

3. 目前大型的工程承包商具备较好的融资能力，尤其是中央企业和省属的大型建工集团，其资金实力和良好的银行资信为其作为社会资本投资人提供了基础。

通过投资、承接后续项目的建设，是工程承包商最直接的目的，也是最能发挥承包商项目建设优势的必然选择。

三、承包商作为投资人在 PPP 项目中能否直接承担工程建设?

前述国务院、发改委和财政部的规定，虽然没有明确规定社会资本投资人在实施项目过程中必须招标，但现实中地方政府往往要求投资人进行二次招标。这样就影响了承包商作为投资人在 PPP 项目中承担工程建设目的的实现。

在国务院颁布的行政法规——《招标投标法实施条例》中，第九条规定"除招标投标法第六十六条规定的可以不进行招标的特殊情况外，有下列情形之一的，可以不进行招标：……（三）已通过招标方式选定的特许经营项目投资人依法能够自行建设、生产或者提供"。

上述规定表明，如果政府在选择承包商作为 PPP 项目的合作伙伴时是通过"招标方式"选定的，承包商又"能够自行建设、生产或者提供"时，依法是可以不进行二次招标的。

四、结　论

《政府采购法》规定的政府采购方式有公开招标、邀请招标、竞争性谈判、单一来源采购、询价、国务院政府采购监督管理部门认定的其他采购方式。PPP 项目中"伙伴选择"方式的规定没有超出《政府采购法》的范畴。

承包商应当在 PPP 项目识别阶段，尽力说服政府采用招标（公开招标或邀请招标）方式来选择合作伙伴，从而实现通过作为 PPP 项目的投资人承揽后续项目建造的目的。

2013 版合同范本实际应用风险分析

王鹏妍

2013 版《建设工程施工合同(示范文本)》已于 7 月 1 日正式实施。相对于 1999 版,2013 版示范文本更多是借鉴了 1999 版 FIDIC 红皮书的表述与制度,在合同体例、架构等方面上做了较大的调整和改变。此文以集团公司 2014 年 7 月与某汽车有限公司签署扩建项目车间工程合同(以下简称"扩建合同")为例,就合同中以下几方面条款对比 2013 版合同范本进行风险分析:

一、2013 版合同范本通用条款【2.5 资金来源证明及支付担保】

"除专用合同条款另有约定外,发包人应在收到承包人要求提供资金来源证明的书面通知后 28 天内,向承包人提供能够按照合同约定支付合同价款的相应资金来源证明。

除专用合同条款另有约定外,发包人要求承包人提供履约担保的,发包人应当向承包人提供支付担保。支付担保可以采用银行保函或担保公司担保等形式,具体由合同当事人在专用合同条款中约定。"

工程领域经常发生因发包人拖欠工程款而引发的大量纠纷,甚至发生群体性事件,2013 版示范文本通用条款第 2.5 款【资金来源证明及支付担保】,主要从合同约定上明确发包人应向承包人证明其投资工程具备合法、充足的资金来源,以便于承包人对其资金状态有更深入的了解,也为其是否应参与该工程的建设提供一个考虑因素。本款还约定如果发包人要求承包人提供履约担保,则发包人必须向承包人提供支付担保。当然,发包人提供支付担保并不当然地以承包人提供履约担保为必备前提条件,在承包人不提供履约担保的情况下,双方也可以约定发包人提供支付担保。

扩建合同中仅约定:"发包人应按合同约定向承包及时支付合同价款"。这显示出虽然发包人提供支付担保对承包人而言是有利条款,但在实践中没有操作性,很少或者几乎没有发包人向承包人提供支付担保,因为就中国目前的建设工程市场状况而言,是绝对的买方市场。在签订合同之前和签订合同之时,承包人都处于较为被动的地位,承包人不会向发包人提出支付担保的要求,或者即使承包人提出,发包人也不会同意。扩建合同中简单的一句将会带来支付风险,为此,投标前承包人应在业内调查、了解建设项目投资人或发包人商业信誉、业内口碑和业绩情况;向银行系统了解其以往的贷款情况;向土地规划部门调查建设项目土地出让金支付情况;向工商、税务部门了解其股东及构成情况、资本金数额以及纳税情况;了解发包人诉讼、仲裁情况。如果经查证发包人的资信确实存在严重问题,承包人应综合各种因素,慎重考虑是否参加投标。

二、2013 版合同范本通用条款【5.2 质量保证措施】

5.2.1　发包人的质量管理

发包人应按照法律规定及合同约定完成与工程质量有关的各项工作。

5.2.2 承包人的质量管理

承包人按照第7.1款〔施工组织设计〕约定向发包人和监理人提交工程质量保证体系及措施文件，建立完善的质量检查制度，并提交相应的工程质量文件。对于发包人和监理人违反法律规定和合同约定的错误指示，承包人有权拒绝实施。

承包人应对施工人员进行质量教育和技术培训，定期考核施工人员的劳动技能，严格执行施工规范和操作规程。

承包人应按照法律规定和发包人的要求，对材料、工程设备以及工程的所有部位及其施工工艺进行全过程的质量检查和检验，并作详细记录，编制工程质量报表，报送监理人审查。此外，承包人还应按照法律规定和发包人的要求，进行施工现场取样试验、工程复核测量和设备性能检测，提供试验样品、提交试验报告和测量成果以及其他工作。

工程质量纠纷也是工程领域最常见的纠纷之一。2013版示范文本专门在通用条款第5条约定了工程质量。其中第5.2.1中法律规定及合同约定的应由发包人完成的与工程质量有关的工作，发包人应按照法律规定及合同约定完成。如：

(1) 向承包人提供与建设工程有关的原始资料。《建筑工程质量管理条例》第9条规定："建设单位必须向有关的勘察、设计、施工、工程监理等单位提供与建设工程有关的原始资料。原始资料必须真实、准确、齐全。"

(2) 完成施工图的审查批准。《建筑工程质量管理条例》第11条规定："建设单位应当将施工图设计文件报县级以上人民政府建设行政主管部门或者其他有关部门审查。施工图设计文件审查的具体办法，由国务院建设行政主管部门会同国务院其他有关部门制定。施工图设计文件未经审查批准的，不得使用。"

(3) 办理工程质量监督手续。《建筑工程质量管理条例》第13条规定："建设单位在领取施工许可证或者开工报告前，应当按照国家有关规定办理工程质量监督手续。"扩建合同中没有规定此条款，将会对自身形成一定的风险。

另外，在5.2.2中指出："对于发包人和监理人违反法律规定和合同约定的错误指示，承包人有权拒绝实施"。如《建筑工程质量管理条例》第29条规定："施工单位必须按照工程设计要求、施工技术标准和合同约定，对建筑材料、建筑构配件、设备和商品混凝土进行检验，检验应当有书面记录和专人签字；未经检验或者检验不合格的，不得使用。"又如《建筑工程质量管理条例》第31条规定："施工人员对涉及结构安全的试块、试件以及有关材料，应当在建设单位或者工程监理单位监督下现场取样，并送具有相应资质等级的质量检测单位进行检测。"

扩建合同中没有列出拒绝实施的条文，对于发包人超出法律规定和签约时明确的范围，要求承包人进行现场取样试验、工程复核测量和设备性能检测等工作，由此造成的费用增加和(或)工期延误如何承担，可能会产生争议。

三、2013版合同范本通用条款【12.4.4 进度款审核和支付】

"(1)除专用合同条款另有约定外，监理人应在收到承包人进度付款申请单以及相关资料后7天内完成审查并报送发包人，发包人应在收到后7天内完成审批并签发进度款支付证书。发包人逾期未完成审批且未提出异议的，视为已签发进度款支付证书。"

2013版示范文本的"工程进度款支付条款"与1999版示范文本相比发生了重大变化。主要表现为:1. 增加了承包人进度付款申请单的编制及提交条款,以及发包人签发进度款支付证书条款。2. 进度付款申请单详细列明了具体的付款项目;3. 进度付款由已完工程量价款按百分比支付,变成已完工程量价款在扣回/扣减/扣除相关款项后支付;4. 为了适应总价合同的支付以及单价合同中总价项目的支付,增加了编制支付分解表及审批条款。

扩建合同中则约定"监理人在收到承包人进度付款申请单以及相应的支持性证明文件后的 14 天内完成核查……"在此,监理人并不具备造价咨询人的相应的资格和能力,而进度付款申请单的审查属于造价咨询人的工作,故应将进度付款申请单的审查工作交由发包人或者发包人委托的造价咨询人进行审查。

另外,根据工程实践,承包人报送的进度付款申请单,经过发包人审查后,一般均会有异议,而如果要求承包人修正和提供补充资料,将大大延长审查并签发进度款支付证书的时间,进而影响承包人及时收到相应的进度款,引发双方争议。因此,建议修改为,经发包人审查后,按照发包人的审查结果直接签发进度款支付证书,若承包人对签发的进度款支付证书存有异议,则合同当事人按照通用条款第 4.4 款[商定或确定]执行。

四、2013 版合同范本通用条款【13.2.2 竣工验收程序】

"(3)竣工验收合格的,发包人应在验收合格后 14 天内向承包人签发工程接收证书。发包人无正当理由逾期不颁发工程接收证书的,自验收合格后第 15 天起视为已颁发工程接收证书。"

相较 1999 版,2013 版示范文本通用条款第 13.2.2 项就"竣工验收程序"做了细化与调整,引入了"工程接收证书"这一概念,并在承包人递交工程验收报告申请过程中加入了需要通过监理人审查这道程序。2013 版引入的"工程接收证书"这一概念,将竣工验收与工程接收分离,使得工程接收成为一个独立的程序。颁发工程接收证书之日即为工程接收之日。此举主要是受到了 FIDIC 合同的影响,在 FIDIC 合同中,竣工验收分为竣工检验和业主接收两个步骤。而在 1999 版示范文本中,未对这两个步骤加以区分。目前实践中,前述两个步骤大多同时完成,即竣工验收合格的同时接收工程。

竣工验收不合格的情况下承包人的责任竣工验收不合格的,承包人对不合格工程返工、修复或采取其他补救措施,由此增加的费用和延误的工期由承包人承担。主要依据为《建设工程质量管理条例》第 32 条:施工单位对施工中出现质量问题的建设工程或者竣工验收不合格的建设工程,应当负责返修。

扩建合同中约定:"发包人在收到承包人竣工验收申请报告 56 天后未进行验收的,视为验收合格,"颁发工程接收证书直接决定工程照管与成品、半成品保护责任的转移。在工程占有已经发生移转的情况下,还需 56 天才视为颁发工程接收证书,承包人须承担该 56 天期间的工程照管与成品、半成品保护责任,对承包人不利;监理人不按本项约定进行竣工验收鉴于竣工验收申请报告必须先经监理人审核,若监理人未按本项约定进行竣工验收,届时将就责任由哪方承担产生争议。在此,应在合同中明确发包人不按照本项约定组织竣工验收、颁发工程接收证书的违约金的计算方法直接填写在专用条款相应空格处,比如每延迟一日按合同总价的 1%支付违约金等。

建筑业企业保证金制度问题及对策

王鹏妍

2014年,公司针对企业各类保证金(保函)的催收工作召开专题会议,由资产财务部、经营管理部、工程管理部及相关事业部对现有未返回保证金(保函)进行清理和整顿,并就公司业务涉及的各类保证金(保函)管理工作流程和责任部门进行了规定。通过加强对保证金(保函)的管理,降低了流动资金及保函额度的占用,节约了财务费用。结合此项工作,现就目前建筑业企业的保证金制度存在的问题以及对策做一简要论述:

一、保证金制度的作用

随着国家工程建设领域工作的不断深入,建筑工程管理制度也发生了相应的变革,逐步建立了项目法人责任制、招标投标制、合同管理制度、建设监理制等基本制度,并积极探索工程担保制度和工程保险制度。由于市场环境因素,工程担保制度没有得到很好的发展。在工程实践中逐步形成了比较符合我国国情的保证金制度,建立了较为完善的投标保证金、履约保证金、质量保证金制度,为了保障农民工的利益,普遍推行了农民工工资保证金制度。

建设工程各类保证金制度的施行,使得工程承包合同具有更强的约束力,增加了违约成本,促使有关各方按照合同约定的条款履行各自的义务。保证金还可对潜在的参与者进行优胜劣汰,成为规范建筑市场秩序的一种有效的经济手段。

(一)对推动工程质量建设水平的提高有一定的促进作用

实施了工程质量保证金制度,在一定程度上促进了建筑企业优化施工方案,提高施工工艺水平,减少质量缺陷,使得建设工程施工质量水平稳步提升,质量的内涵不断扩展。从建筑企业的角度来讲,提高工程的质量水平,降低缺陷率也是降低工程成本的重要途径。所以,从经济上可以促进建筑企业提高工程质量水平。

(二)有利于施工合同的顺利履行,维护建筑市场秩序

保证金制度能够确保在市场经济中"守约获利、失信受惩"的理念得到遵循和发扬,有效减少了建设招标投标中的串标、陪标行为以及中标后不按规定签订合同,签订合同后不按规定履约等行为。

(三)有利于解决工程款拖欠问题,保障农民工的合法权益

农民工工资拖欠问题严重影响了社会稳定和建筑业行业形象,特别是在农民工工资拖欠较为严重的情况下,实施农民工工资保证金制度是治理拖欠农民工工资的必要措施。实施农民工工资保证金制度比较符合现阶段的国情,能在一定程度上遏制、打击一些建筑施工企业的恶意欠薪行为,保障农民工权益。

(四)有利于净化建筑市场,使失信者付出经济代价

保证金制度是确保建筑市场主体利益、强化行业监管的一种有效的经济手段,具有操作简

便易行的特点。在建筑市场中，市场的主体没有履行应尽的义务与责任，保证金可以用来优先保障受损失方的利益；不按规定提供保证金就难以进入建筑市场，起到净化建筑市场的作用。

二、保证金制度存在的问题

（一）占用企业大量资金，增加企业经营负担

建筑业企业面临的保证金不仅名目繁多，有些保证金的计取比例也偏高。这既有制度规定不合理的原因，也有发包人擅自提高保证金数额的因素。各类保证金多以现金形式缴纳、预留，占用了企业大量的流动资金。特别是数额大、留置时间长的质量保证金，对企业影响最为严重。根据国家统计局资料，质量保证金实际使用比例在 6%左右。在大量资金被建设单位，或闲置或无息使用的同时，企业为了生存或扩大再生产，不得已还要通过贷款缓解流动资金的不足，额外增加了经营成本，直接影响了生存和发展。

（二）增加企业管理成本

面对名目繁多的各类保证金，不仅增加了企业资金成本，企业还需要设置专门的部门和人员，投入很大的精力进行保证金筹措、回收等管理，从而增加了管理成本。

（三）影响行业信用建设及健康发展

有的地方主管部门对保证金制度的规范实施缺乏有效的监督管理，对发包人随意提出保证金要求、擅自提高保证金数额或比例，排斥潜在中标人，以及拖延归保证金、不支付利息等违规行为没有实施有效的监督管理。

银行保函、工程担保的方式不能广泛推行，不利于利用现有的商业信用机制，有效地限制资信差企业进入建筑市场，也不利于推进行业信用体系建设，影响建筑业健康发展。

三、对策及建议

2014 年，住建部下发的《关于推进建筑业发展和改革的若干意见》（建市[2014]92 号）中提出："进一步开放建筑市场。各地要严格执行国家相关法律法规，废除不利于全国建筑市场统一开放、妨碍企业公平竞争的各种规定和做法。全面清理涉及工程建设企业的各类保证金、押金等，对于没有法律法规依据的一律取消。积极推行银行保函和诚信担保。"

从长远看，随着市场经济的进一步完善，应遵循国际惯例，充分利用工程担保及工程保险制度，建立合理的风险分摊机制，取消或弱化当前实施的保证金制度。从当前看，应以市场机制为主导，发挥信用机制的作用，加强政府监督管理，规范或清理现行的各类保证金制度。

（一）国际工程中常用的担保模式

在国际工程中，为了分散风险，保护市场主体的利益，普遍施行的工程担保及工程保险模式。大体上有如下几种模式：

1. 银行保函担保模式

由银行充当担保人，出具银行保函。银行保函是银行向权利人签发的信用证明。若被担保人因故违约，银行将付给权利人一定数额的赔偿金。银行保函是欧洲传统的担保模式。

2. 专业担保公司或保险公司担保模式

由保险公司或专门的担保公司充当担保人，开具担保函。美国是这种“美式担保”的主要国家。在美国，法律规定银行不能提供担保，90%以上的工程担保由保险公司承担；保险公司有3000多家，大多设有担保部。保险公司和专门的担保公司都由财政部批准。专门的担保公司一般规模都不大，按资金实力实行分等级担保。

3. 同业担保模式

由一家具有同等或更高资信水平的承包商作为担保人，或者由母公司为其子公司提供担保。如日本的《建设业法》规定：发包人在建设工程承包合同中，如果工程价款全部或部分以预付款形式支付，可要求建设业者在预付款支付之前提供保证人担保。

4. “信托基金”模式

“信托基金”模式，即业主将一笔信托基金交受托人保存，并签订信托合同。若业主因故不能支付工程款，则承包商可从受托人那里得到相应的损失赔偿。《新工程合同条件》NEC规定了信托基金的做法。

（二）根据我国实际情况的建议

1. 招标保证金

(1) 切实加强对招标投标活动的监督管理。加大对招标文件合规性的审查力度，大力推行采用九部委联合发布的《标准施工招标文件》进行招标，对招标过程进行全程监督。鼓励和引导招标项目采用投标保函的方式，并限制政府投资或国有资本投资控股的项目以现金的方式缴纳保证金。

(2) 建立统一的代收代管投标保证金模式。由地市建设工程交易中心设立投标保证金窗口，指定某家银行作为保证金的托管银行，开设投标保证金提交账户。对发包人要求以现金方式缴纳保证金的，投标人可根据招标人的要求将投标保证金提交到托管银行，并持托管银行开具的“投标保证金提交确认函”随投标文件提交招标人。未中标的投标人，由托管银行直接退还投标保证金本金及利息。

2. 履约保证金

(1) 积极试行工程担保制度。目前应广泛采用银行保函的方式，逐步取代以现金缴纳履约保证金的做法。政府投资或国有资本投资控股的项目应率先采用银行保函或工程担保的方式。

(2) 大力推行双向担保制度。发包方要求承包方提供履约保证金的，在没有工程预付款的情况下，应向承包方提供工程款支付担保。

3. 质量保证金

(1) 理顺有关规章制度。由国务院建设主管部门会同财政管理部门出台统一的、更具有权威性的部门规章，废止过时的和相互矛盾的有关规定。

(2) 减低质量保证金的计取比例。短期考虑适当降低质量保证金的计取比例，建议按2%计取。

(3) 从长远看，应通过建立专业的担保制度或者工程保险制度，逐步取消质量保证金的留置制度。

4. 农民工工资保证金

(1) 实行统一管理。农民工工资保证金由企业向省级主管部门统一缴纳,全区域通用,改变按项目缴纳保证金的做法。

(2) 不同企业差别缴纳,不搞“一刀切”。严格执行国家有关政策,界定缴纳企业。对信誉良好、无拖欠农民工工资行为的企业减、免收取;对恶意拖欠农民工工资的处以惩罚性收取。

企业合并的注意事项

规划发展部
关晓博

一、公司合并的概念与特征

两个或两个以上的公司订立合并协议，依照公司法的规定，不经过清算程序，直接合并为一个公司的行为就是公司合并。

公司合并具有以下几个特征：

(1) 公司合并是数个公司之间的共同行为，须以相关企业之间订立有合并协议为前提。

(2) 公司合并是相关企业之间的一种自由行为，其合并与否及合并的方式完全取决于相关企业的意志。

(3) 公司合并是一种不通过解散、清算程序即可消灭和变更公司的行为。公司合并可以在不进行清算的前提下改变公司的存在、财产结构和股权结构等。

二、企业兼并的规范

国家体改委、国家计委、财政部、国家国有资产管理局《关于企业兼并的暂行办法》(以下简称兼并办法)第1条规定："本办法所称企业兼并，是指一个企业购买其他企业的产权，使其他企业失去法人资格或改变法人实体的一种行为。不通过购买方式实行的企业之间的合并，不属本办法规范。"

我国企业兼并的主要形式：

(一) 兼并办法中规定的兼并方式

兼并办法第4条规定，企业兼并主要有以下几种形式：

(1) 承担债务式，即在资产与债务等价的情况下，兼并方以承担被兼并方债务为条件接收其资产。

(2) 购买式，即兼并方出资购买被兼并方企业的资产。

(3) 吸收股份式，即被兼并企业的所有者将被兼并企业的净资产作为股金投入兼并方，成为兼并方企业的一个股东。

(4) 控股式，即一个企业通过购买其他企业的股权，达到控股，实现兼并。

(二)《中华人民共和国公司法》(以下简称《公司法》)规定的合并方式

公司法第184条规定，公司合并可以采取吸收合并和新设合并两种方式。

(三)《中华人民共和国证券法》(以下简称《证券法》)规定的兼并方式

证券法第78条规定，上市公司可以采取要约收购或者协议收购两种兼并形式。

由此可见，按我国法规，公司合并是企业兼并的一种方式。

三、公司合并的方式

如前所述，公司合并可以分吸收合并和新设合并两种方式。依据公司法第184条第2款，一个公司吸收其他公司为吸收合并，被吸收的公司解散。两个以上公司合并并设立一个新的公司为新设合并，合并各方解散。

同时，公司合并与不同于公司资产的收购。从法律性质上看，公司合并的本质是公司人格的合并；而资产收购的性质是资产买卖行为，不影响公司的人格。公司合并也不同于公司股权收购。公司合并实质上是公司人格的合并；而股权收购的本质是股权的买卖行为，不影响公司的人格。从本质上讲，股权收购和资产收购都是买卖行为，而非公司合并的本质——公司人格的合并。

四、公司合并的操作方法

吸收合并是最常见的合并类型。在吸收合并中，被兼并的公司将消灭。公司的要素主要有三个方面：公司的资产、公司的股权和公司的人格。公司的消灭最终表现为公司人格的消灭，而在公司人格消灭之前，可以先将被吸收公司的资产转移给吸收公司，或者将被吸收公司的股权转移给吸收公司，而无论资产转移还是股权转移，吸收公司可以支付的对价一般是现金或者公司股份，这样，在逻辑上，就可以划分出两类四种吸收合并的方式。

（一）资产先转移

1. 以现金购买资产的方式

吸收公司以现金购买被吸收公司的全部资产，包括全部权利和义务（债权和债务），被吸收公司失去原有的全部资产，而仅拥有吸收公司支付的现金，被吸收公司解散，因债权和债务已全部转移，无须清算，被吸收公司股东依据其股权分配现金，被吸收公司消灭。

2. 以股份购买资产的方式

吸收公司以自身的股份购买被吸收公司的全部资产，包括全部权利和义务，被吸收公司失去原有的全部资产，而仅拥有吸收公司支付的自身的股份，被吸收公司解散，因债权和债务已全部转移，无须清算，被吸收公司的股东分配被吸收公司所持有的吸收公司的股份，并因此成为吸收公司的股东，被吸收公司消灭。

（二）股权先转移

1. 以现金购买股份的方式

吸收公司以现金购买被吸收公司股东的股份，而成为被吸收公司的唯一股东，然后，解散被吸收公司，被吸收公司的全部权利和义务由吸收公司承受，而无须清算，被吸收公司消灭。

2. 以股份购买股份的方式

吸收公司以自身的股份换取被吸收公司股东所持有的被吸收公司的股份，而使被吸收公司的股东成为吸收公司的股东，吸收公司成为被吸收公司的唯一股东，然后，解散被吸收公司，被吸收公司的全部权利和义务由吸收公司承受，而无须清算，被吸收公司消灭。

不论上述哪类方式，吸收公司为继受被吸收公司的资产或股权而支付的现金或股份，均直接分配给被吸收公司的股东，被吸收公司的股东因此获得现金或成为吸收公司的股东。

五、公司合并的程序

（一）订立合并协议

对合并协议应包括哪些主要条款，公司法没有规定。对此可以参照对外贸易经济合作部、国家工商行政管理局《关于外商投资企业合并与分立的规定》（以下简称合并与分立规定）第21条规定的外商投资企业之间的合并协议的主要内容，即：

（1）合并协议各方的名称、住所、法定代表人；

（2）合并后公司的名称、住所、法定代表人；

（3）合并后公司的投资总额和注册资本；

（4）合并形式；

（5）合并协议各方债权、债务的承继方案；

（6）职工安置办法；

（7）违约责任；

（8）解决争议的方式；

（9）签约日期、地点；

（10）合并协议各方认为需要规定的其他事项。

（二）通过合并协议

合并协议是导致公司资产重新配置的重大法律行为，直接关系股东的权益，是公司的重大事项，所以公司合并的决定权不在董事会，而在股东（大）会，参与合并的各公司必须经各自的股东（大）会以通过特别决议所需要的多数赞成票同意合并协议。我国公司法第39条、第66条、第106条分别对有限责任公司、国有独资公司和股份有限公司对合并需要股东（大）会特别决议通过。其中，有限责任公司股东会对公司合并的决议，必须经代表三分之二以上表决权的股东通过；国有独资公司的合并应由国家授权投资的机构或者国家授权的部门决定；股份有限公司股东大会对公司合并做出决议，必须经出席会议的股东所持表决权的2/3以上通过。

（三）编制资产负债表和财产清单

（四）通知债权人和公告

我国公司法第184条第3款规定了通知债权人的程序和公告的方式。

该条规定，参与合并的公司“不清偿债务或者不提供相应的担保的，公司不得合并”。表明我国公司法赋予了参与合并的公司债权人异议有阻止合并程序进行的效力。

为了保护债权人，最高人民法院《关于审理与企业改制相关的民事纠纷案件若干问题的规定》第32条规定：“企业进行吸收合并时，参照公司法的有关规定，公告通知了债权人。企业吸收合并后，债权人就被兼并企业原资产管理人（出资人）隐瞒或遗漏的企业债务起诉兼并方的，如债权人在公告期内申报过该笔债权，兼并方在承担民事责任后，可再行向被兼并企业原资产管理人（出资人）追偿。如债权人在公告期内未申报过该笔债权，则兼并方不承担民事责任。人民法院可告知债权人另行起诉被兼并企业原资产管理人（出资人）。”

（五）主管机关批准

公司法第 183 条规定："股份有限公司合并或者分立，必须经国务院授权的部门或者省级人民政府批准。"所以，主管机关的批准是股份有限公司合并的必经程序。

（六）办理公司变更、注销登记

公司合并后，登记事项发生变更的，应当依法向公司登记机关办理变更登记。被吸收公司因解散应向公司登记机关办理注销登记。

六、异议股东的回购请求权

异议股东的回购请求权，是指反对公司合并的股东，有权要求公司按照当时公平价格购买其股份。该请求权是对异议股东利益的救济。

关于异议股东回购请求权的适用对象，有两种不同的立法例。第一种立法例，如德国，规定回购请求权只适用于被吸收公司的股东。第二种立法例，如美国、日本、我国台湾地区等，规定回购请求权不仅适用于被吸收公司股东，而且适用于吸收公司股东。如我国台湾地区《公司法》第 317 条第 1 款规定，公司与其他公司合并时，董事会应就合并有关事项作成合并契约，提出关于股东会股东在集会前或集会中，以书面表示异议，或以口头表示异议，经记录者，得放弃表决权，而请求公司按当时公司价格收买其持有之股份。

一般而言，公司吸收合并对合并双方都会产生重大影响。对于吸收公司的股东，也会面临公司股权结构、资产结构等方面的重大变化，所以，对吸收公司的股东与被吸收公司的股东一样，也应赋予其回购请求权，始能体现法律上的公平。

对异议股东回购请求权，我国公司法没有规定。中国证券监督管理委员会《上市公司章程指引》第 173 条规定，公司合并或者分立时，公司董事会应当采取必要的措施保护反对公司合并或者分立的股东的合法权益。但对如何保护异议股东的合法权益，却没有下文。只有中国证监会《到境外上市公司章程必备条款》第 149 条第 1 款规定，公司合并或者分立，应当由公司董事会提出方案，按公司章程规定的程序通过后，依法办理有关审批手续。反对公司合并、分立方案的股东，有权要求公司或者同意公司合并、分立方案的股东、以公平价格购买其股份。公司合并、分立决议的内容应当作成专门文件，供股东查阅。但这一部门规章却没有普遍的法律约束力。

由此看来，对异议股东的回购请求权，法律解释论已经不能解决问题，只能依靠立法论才能解决。

七、公司合并的法律效果

合同的法律效果有三：

1. 公司消灭

在此特指被吸收公司消灭。由于消灭的公司的全部权利和义务已由吸收公司概括承受，所以，它的解散与一般公司的解散不同，无须经过清算程序，公司法人人格直接消灭。

2. 公司的变更

如前所述。

3. 权利与义务的概括承受

公司法第 184 条和合同法第 90 条[10]对此均有规定。

八、公司合并无效之诉

我国公司法没有直接规定公司合并无效制度。但是由于公司合并是参与合并的公司基于合并合同而进行的法律行为，如合并行为存在违反法律、行政法规的强制性规范的事由，利害关系人当然可以提起请求确认无效之诉。在此类诉讼中，应注意以下方面的问题：

(一) 合并无效的原因

公司合并只要违反了法律和行政法规的强制性规范，都可以作为合并无效的原因。在实务中，违反下列强制性规范是常见的导致公司合并无效的原因：

(1) 违反公司法第 38 条和 103 条规定，公司合并应经股东(大)会决议。

(2) 违反公司法第 183 条规定，股份有限公司合并，必须经主管机关批准。

(3) 违反公司法第 184 条规定，债权人要求公司清偿债务或者提供相应担保，但公司不清偿债务或者不提供相应的担保。

(二) 无效原因的补正

虽然公司合并存在无效的原因，但为了保护交易的安全，稳定社会关系，在法院判决合并无效之前，应给予当事人以补正的机会。若当事人在法院判决前，补正有关无效原因，合并应确认有效。《关于审理与企业改制相关的民事纠纷案件若干问题的规定》第 30 条规定："企业兼并协议自当事人签字盖章之日起生效。需经政府主管部门批准的，兼并协议自批准之日起生效；未经批准的，企业兼并协议不生效。但当事人在一审法庭辩论终结前补办报批手续的，人民法院应当确认该兼并协议有效。"

国企境外投资风险及规避策略的思考

中国机械工业建设集团有限公司

丁　汀

摘　要:

境外投资是企业在经济全球化的背景下争夺资源、开拓市场、谋求发展的必然需求。尤其是对于国企来说,参与国际竞争、增强境外投资能力,积极实行"走出去"的战略不仅是企业自身发展的需要,也是国家责任之使命所在。近些年来,我国国企境外投资迅速增长,但其所面临的投资风险也在迅速累积,而因此所导致的国有资产的损失更是不可估量。面对国际竞争日益激烈、投资风险日益复杂的今天,国有企业必须要强化风险意识、增强境外投资风险防控能力、提高规避风险的水平,谨慎投资,才能真正提高我国国企的世界竞争力,促进我国国有资产的保值增值。

关键词:国有企业　境外投资　投资风险　原因　策略

随着世界经济的发展、经济全球化的到来,世界性的大生产网络已经形成。国有企业在生产经营的过程中,需要面对的是两种资源、两个市场,实施积极"走出去"的战略不仅是参与国际分工合作、实现全球资源优化配置的需要,也是不断增强核心竞争力、把自己壮大做强的需要。近些年来,我国国有企业境外投资数额剧增,截止2012年底,我国国企对外投资累计额达3872亿美元,而2012年就高达652亿美元,投资范围更是涉及世界170多个国家和地区。但是从现实来看,我国国企境外投资效益却并不理想,由于国有资产重大投资失败而造成国有资产大量的损失已是不争的事实,尤其是跨国并购,已经成为我国国企境外投资的高危游戏,其损失之大、损失率之高,已经远远超过国内市场的正常水平。据我国商务部统计,在过去的二十年中,我国国企境外投资65%都陷入了亏损。通过分析研究,影响我国国企境外投资风险的因素既有外部风险,又有内部风险,但其主要因素还是国企风险防控体系落后,规避风险能力不足。境外投资有风险,国企投资需谨慎,在坚持"走出去"战略的同时,国企更要高度重视对投资风险的规避,切实加强境外投资风险防控体系的建设,提高境外投资收益率,防止国有资产的流失,推动、保障我国国有资产境外投资又好又快地发展。

一、国企境外投资风险概述

国企境外投资风险是在国有企业在进行境外投资或者扩张的过程中因投资环境出现不确定性的变化而可能遇到的风险和挑战。由于境外投资的特殊性和境外投资环境的复杂性,我国国企在进行境外投资时最可能面临以下四种风险:

(一)投资环境风险

投资环境风险是指因为投资当地的政治、法律、经济、文化与我国的异化或者突发变化而导致投资失败的风险。以政治风险为例,每个地区都有不同的政治特征,所以投资政治风险也具有区域特征。比如,亚洲国家经常会因为政权更迭和执政理念改变而导致投资风险加大,而非洲国家则是最可能因为国家政局动荡和武装冲突频繁而使投资的风险加大。

(二) 投资的决策风险

投资决策风险是境外投资风险中主要存在的内部风险,风险存在的原因主要是由于投资决策的失误和风险防控体系不完善、执行不到位所引起的。在决策的过程中由于冲动投资、盲目决策或者在决策过程中缺乏内部监督和控制程序,这都容易引发境外投资决策风险。

(三) 政府监管与服务风险

政府对国企境外投资计划不仅具有监管功能,还具有服务功能。政府监管风险主要体现在对境外投资项目、行业、地区实行监管以及对审批程序、信贷控制方面的监督,而政府服务风险主要是政府不能提供长远、科学、整体的战略和行业规划,而且也没有明确的产业政策和行业导向,而导致对外投资的盲目性。

(四) 国际融资和境外投资保护风险

国企境外投资普遍具有投资量巨大、相关利益者多、不确定性强的特点,这就使得国企普遍面临着资金短缺而且国际融资风险较大等特点。因为从目前来看,我国国内银行所提供的贷款业务只局限于传统的银行业务,对境外投资这种复杂的业务并不支持,所以国企境外融资只能依靠国际金融机构和外国官方贷款等方式,这样必然导致企业所承担的汇率和利率风险增大,而且负债负担也将不断增大。此外,我国完善的海外投资保险制度至今尚未建立,我国政府与投资所在地国家也尚未签订有足够保护意义的投资保护协定条款,这就使得我国国企在境外投资的时候,除了要承担正常的商业风险之外,还要承担东道主的政治风险。

二、国企"走出去"战略的重要意义

境外投资有风险,稍有不慎便会导致投资失败,给国有资产造成巨额的损失,而且随着国际时局的变化,国企境外投资可能面临的风险更是与日俱增,那既然如此,国企为什么还要"走出去",也必须"走出去"呢?因为国企"走不出"不仅我国国企自身发展之"必然",也是国家使命要求之"必须"。

(一)"走出去"是国企应对经济全球化,促进自身发展的必然选择

经济全球化和一体化已成为世界经济发展的必然趋势,而且随着经济的发展,国际经济的合作与竞争也必然向细致化和深度化发展。国有企业要想保持竞争力与生命力,必须要充分利用国内、国际两种资源,开拓国内、国外两种市场,抓住国内、国外两个客户群体,只有如此才能为自己生存提供更为广阔的空间和机会。而且,国企通过境外投资,兼并重组,可以实现同行业的强强联合,提高技术水平,增强自主创新能力,逐步推动国企制度改革,提高国际竞争力。

(二)"走出去"是国家对国企的要求,也是国企之使命所在

我国经济制度的基础是生产资料的社会主义公有制,即全民所有制和劳动群众集体所有制。国企代表国家去生产、去经营,具有无可比拟的资源优势和政策优势,而实现国有资产的

保值增值自然也是国企的基本使命所在。所以,在经济全球化的背景下,“走出去”战略确已成为关系我国发展全局和前途的重大战略,对我国改革开放的深化和更公平地参与经济全球化进程有长远的战略意义,伴随着对外投资而来的海外利益则对维护和实现我国的发展利益更具有极为重要的现实价值。

三、我国国企境外投资失利的主要原因

(一) 决策机制不合理,内部控制制度不完善

近些年来,虽然我国国企进行了现代企业制度改革,但改革结果却差强人意,很多要求在企业运行的期间根本得不到贯彻实施。比如在对外投资等重大决策上,由于权力过分集中和决策监督机制的不完善,往往都是“一把手”说了算,当个人判断失误时,往往会导致投资的失败。而且,我国大多国企的内部控制制度也是虚有形式,根本起不到很好的监督和制约作用。另外,还有一点特别值得引起我们的注意和思考,那就是境外投资已经成为某些领导干部贪污腐败、攫取国有资产的重要手段,而且由于我国重大投资失误追责制度的不完善,很多情况下都会出现企业亏了,但是个人“富”了的情况。

(二)境外投资风险管控制度不完善

我国国企在投资可行性报告制定上重视不够,投资前期市场调研与评估工作不足,更缺乏对关键风险点的分析、评估和处理措施,这都容易导致决策失误。

而且,企业内部也缺乏必要的决策风险评估程序和决策实施的监控,这不仅不能保证投资决策按照预先方案实施取得预期的收益效果,而且在面对突发风险时更缺乏必要的救济措施和应对方案,这就极容易造成一点疏忽而满盘皆输的后果。而且,我国国企对境外投资出口信用保险认识上的不足也容易导致投资失败后损失的加剧。

(三) 政府监管不力,提供的服务与支持不够

国有企业境外投资失利是由内外因素共同导致的,其中政府监管不力、提供的服务与支持不够也是重要的外部原因。从目前来看,政府对国企的监管与服务职能只体现在程序的审批上,而根本没有为国企境外投资做清晰的战略规划和明确的行业导向以及强有力的产业政策支持。而且由于我国政府不具备良好海外监管能力,所以大多对国企境外投资基本情况的了解只来自投资企业的一面之词。再者,政府也没有建立专门的境外投资风险评估机构来帮企业收集信息情报,更没有与投资地区签订更多的保护协议,等等。这些都会导致国企境外投资风险的增加,不利于风险的规避。

(四) 不确定的客观条件,所导致的境外投资失利

通过对国企境外投资风险因素的分析,我们可以看出有些投资风险是通过科学的制度建设以及技术设计可以避免的,而有些不可确定的客观因素所导致的投资项目受阻甚至投资失败也是在境外投资过程中经常遇到的情况。比如在 2001 年 9 月,缅甸联邦议会宣布吴登盛总统在其任期内搁置中缅两国总值达 36 亿美元的密松电站合作项目。同年,利比亚战乱不断,政权更迭,直接导致我国国企投资的近 50 个项目受到牵连,直接经济损失高达 188 亿美元。

在之前，2005 年，中海油斥资 185 亿美元欲收购美国尤尼科石油公司，但因美国国会的阻挠而失败。从这种种的案例都可以看到，由于不确定的客观条件所导致的投资失败也是我国国企境外投资所面临的外部风险。

四、国企境外投资规避投资风险的策略

（一）加强国企制度改革，建立现代公司治理制度

建立现代公司治理制度，对决策行为进行有效的监督并加强内部控制，实现对权力以及决策程序的制约与监督，是国企减少冲动决策、盲目投资，规避境外投资风险的主要措施。而且，国有企业也要重点加强关于境外投资财务监督、审计和监察方面的制度建设，构建基于国有资本财务监管的企业内部控制体系，以此来规范约束企业决策者的个人行为和境外投资活动。另外，国企也要不断完善内部管理制度，提高监事会的地位，明确董事会的权责，加强决策、财务、投资等相关部门职能的制度建设，以此约束和激励投资风险决策者和管理者谨慎投资，提高我国国企境外投资规避风险的能力。

（二）完善国企境外投资风险管控体系

面对日益复杂的国际局势和日益增多的投资风险，建立完善的对外投资风险管控体系是规避风险的重要举措。首先，企业要对管控的内容以及风险关键点做明确的规定与管控，确立全面的风险指标，对企业在外投资可能遇到的风险因素都要做科学、及时、全面的管控。其次，要加强对管控体系以及管控技术的设计，对风险预防、识别、报警、控制等环节做科学的设计与管理，提高对风险防控的质量与水平，尽量减少投资风险给境外投资造成的损失。最后，境外投资尽量避开高危市场，保证投资的安全性与稳定性，最大限度地减少海外投资损失。

（三）政府要做好监管和服务工作

国企境外投资风险的规避、利益的保护很大一部分将取决于政府监管与服务工作的支持质量。首先，政府要制定明确的境外投资规划，推行有效的政策措施，强化对重点国家、领域、项目的管理，改进境外投资管理机制，适当简化审批程序和范围，以此提高行政效率和服务水平。其次，政府要帮国企做好基础评估和风险评估工作，帮助国企对投资所在地区的经济发展状况、政局稳定情况以及对外国投资的优惠政策和各种相关法律法规、市场状况、产业竞争力等进行深入了解并评估，并以此来为基础科学评估企业境外投资的风险水平，为国有企业开展境外投资提供良好的服务支持，从而减少不必要的风险损失。

（四）建立并落实重大投资失误责任追究制度

之所以会出现由于领导个人盲目决策而导致的一次次投资的失误，之所以在境外投资并购的背后牵涉出一宗宗灰色利益的沟沟壑壑，很大一部分原因就是因为我国重大投资失误责任追究制度的不完善。由于我国国有企业法人治理结构的不完善，国有企业的决策者在进行审批的时候不用承担审批的后果，这极容易导致国有企业的境外投资在未做详细调研可行性报告的前提下就盲目上马，这造成的后果是可想而知的。所以，提高国企境外投资的监管水平与风险规避能力，必须要建立并落实重大投资失误责任追究制，只有如此，才能做到权责分明、

奖惩分明。由于领导个人决策失误导致的投资亏损，如果决策程序合法，那要追究领导责任，而如若决策程序违法，那在必要的前提下要追究刑事责任，但对取得良好投资业绩的决策人也要给予相应的奖励。只有如此，才能充分调动决策者的积极性并约束其行为，才有利于国企境外投资效益的取得，有利于境外投资风险的规避。

（五）完善海外投资保险制度、海外投资基金等境外投资保护制度

海外投资保险制度是指资本输出国政府对本国海外投资企业在国外可能遇到的政治风险，提供保证或保险，投资者向本国投资保险机构申请保险后，若承保的政治风险发生，致投资者遭受损失，则由国内保险机构补偿其损失的制度。而海外投资基金制度则是资本输出国政府为了减小本国海外投资企业投资于政治、经济方面不稳定的发展中国家或地区所面临的投资风险而对投资企业进行的税收补贴，以弥补其投资损失。这些保护制度都是为了预防和提前应对境外投资风险，待风险出现之后尽可能地减少投资失败给企业带来的经济损失。欧美等经济发达国家为了保护本国企业的境外投资利益，已经建立了比较先进完备的投资保护制度，而我国在这方面却较为落后，至今还未建立完善的海外投资保险制度以及海外投资基金、亏损准备金制度。我国应该结合我国具体的国情，借鉴发达国家的先进经验，尽快建立健全境外投资保护制度，为我国企业在境外投资提供一定的风险保护。

结　语

在我国经济飞速发展及全球化的背景下，我国国企境外投资必将是国有企业生存与发展的必经之路。但是从目前来看，我国国企在境外的经营管理能力及抗风性的能力明显不足，而且随着国际环境的日益复杂，不可控投资风险因素的增多，我国国企境外投资必将受到严峻的考验。为了积极有效地预防和应对风险，无论是我国政府还是国有企业都应采取切实有效的风险防范策略，建立全面有效的风险防范机制，防止国有资产流失，实现我国国有企业的跨国发展。

参考文献

[1] 唐玉阳.国有企业境外投资风险控制探析[J].政事业资产与财务，2012.
[2] 杨文治.浅谈国有企业境外投资风险及规避[J].经济研究，2013.
[3] 张玮琼.国企境外投资风险控制对策研究[J].投资与合作，2013.
[4] 李连运.国有企业境外投资风险控制研究[J].中国商界，2012.
[5] 李黎.国有企业集团境外投资风险规避问题探讨[J].河南科技，2012.

浅谈企业信息化建设与外事管理系统的关系

董 哲

近年来，随着企业转变观念，开拓进取，工程建设行业信息化快速发展，信息化与企业管理的融合日益加深，有效提高了工作效率和管理水平。企业信息化应理解为企业管理的信息化，是企业管理体系的一个重要组成部分，是对企业全面管理工作的有效体现。因此，要做好企业的信息化，主要问题就在于信息化能否与企业的实际相结合，与企业的长远发展战略相融合，即信息化工作必须做到务实。

一、传统的外事管理系统

传统的外事管理系统主要是通过纸质文件的审批来进行，层层审批流程都需要由外事专办员找到各位审批流程中的领导来进行批阅，最后将纸质出国任务申请申报到国机集团。经过国机集团层级领导审批，才可以办理最终的护照、签证手续。审批周期长、手续繁琐，造成了出国人员延误出访时间的事情常有发生。同时，传统的外事管理体系缺少严谨的制度和规范的流程，对每个出国任务的内容也缺乏统一的标准。

随着国机集团和集团公司海外业务的逐渐增多，外事管理系统的复杂程度和工作量逐渐增加。国机集团外事业务涉及派遣人员临时出国（境）或长期在外工作，邀请外国人、港澳地区人员来访，国际会议，会展等任务审批和手续办理等。外事工作的情况复杂多样，因公出国团组和人数众多，因公出国团组人数逐年增加，再加上国机集团下属成员企业分散各地，如果不进行外事管理机制的改进和提升，将会造成企业生产成本增加、办事效率低下等问题。

二、外事管理体系引入信息化

（一）国机集团信息化逐步升级

随着国机集团外事审批和管理的不断升级，传统的审批手段已经不能很好地适应企业的发展需要，因此，在2010年初，国机集团开始使用最新的外事网上审批系统。从此，也预示着纸质文件审批的时代逐渐告别我们。

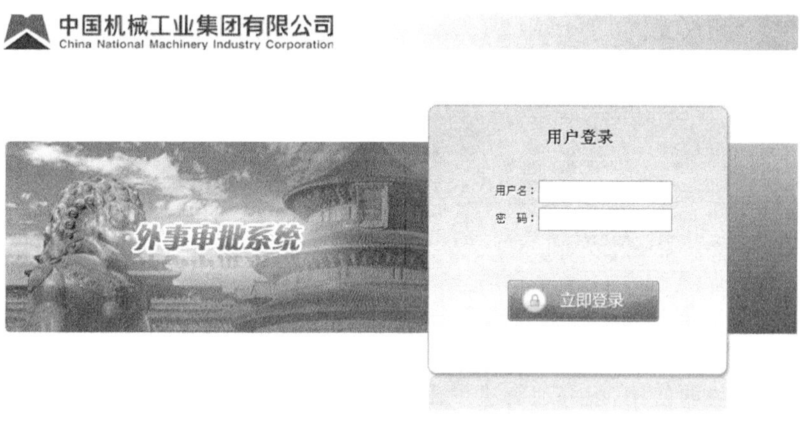

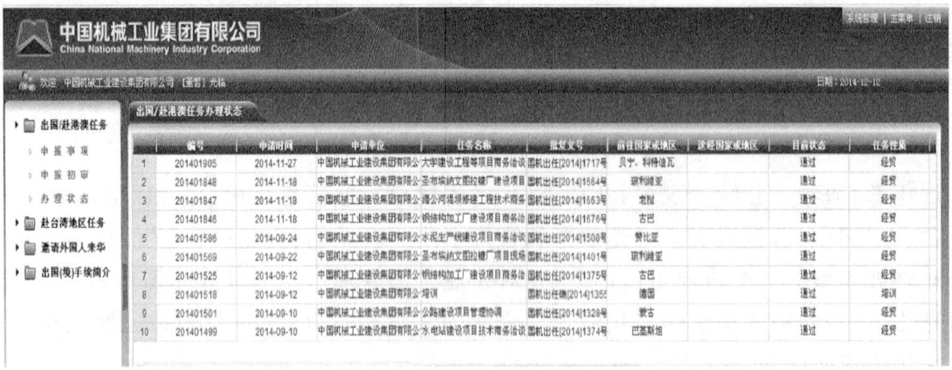

外事专办员进入系统后，在网上填报出国任务详细信息，导出出国任务申请表，由其所在单位领导进行签字盖章后上传到外事审批系统。每条出国任务的审批情况都可以及时通过系统进行反馈，可及时了解到任务的进展情况。比起传统的出国审批流程，节省了人员需多次前往国机集团送达出国任务和修改出国任务的时间。任何问题都可以通过网上系统进行了解掌握。

审批流程简单化，外事专办员再也不用费时费力地送纸质文件材料到国机集团了，审批流程也从之前的 2 到 3 周，缩短到一周。使用外事审批系统之前，出国任务需要最少提前一个月送审，手工传递信息；使用外事审批系统之后，审批环节全部网上进行，公文电子化，极大地改善了工作流程，提高了工作效率。

（二）集团公司综合管控系统中外事模块的引入

集团公司传统的内部出国任务审批都是通过纸质文件进行流转，子公司往往需要将原件寄送到总部才能进行任务审批，一旦某位领导出差在外，就无法及时进行出国任务审批。2012 年，集团公司为了有效地提高工作效率，开始使用新版综合管控系统，其中，增加了外事管理模块。

外事管理模块，将外事管理工作按照不同情况进行分类审批，分为商务出国任务审批、劳务出国任务审批以及邀请外国人员来华审批。

外事管理模块的使用，很好地解决了出国任务不公开、数据统计困难、审批时间长等问题。

由于对子公司来说，传统的外事管理模式需要将申请原件等资料寄过来，使用外事管理模块后，子公司只需在自己公司提交出国任务申请，将其他资料作为附件上传即可，缩短了办事周期。各申请单位可以通过综合管控系统查询审批流程的进展情况，不需要打扰任何工作人员，只需登录系统，就可以随时查看审批进度情况。无论何时何地，只要可以上网，就可以实现远程办公，申请单位可以在不用打扰他人的情况下，根据自己的情况自行处理后续工作，实现非实时的沟通。

外事管理模块根据使用人的不同，给予了不同的权限，对各申办单位只给予一到两名专门的人员予以权限，只能看到各自单位的出国人员情况，保护了出国人员的私密和不公开性。但同时也给予审批层领导随时查看的权限，使其及时掌握公司出国动态信息。

（三）外交部引进因公护照签证管理系统

因公护照签证管理系统是外交部结合多年的工作需要，形成的一套基于先进 web 技术的信息管理系统，现国机集团和集团公司已经分别开始使用。该系统是支持上下级单位联网，同时也实现了与外交部授权公网的对接，大大减少了办理护照及签证的时间，提高了工作效率，实现了资源的共享。

因公证照管理系统的主要业务范围包括数据采集、申报、材料审核、证照办理、签证办理、发放证照、回国管理等流程，以及一些日常证照管理、查询统计等。系统根据使用系统人员的权限不同，共设置了三种不同角色：国机集团外事管理人员、下级单位外事专办员、系统管理员。国机集团外事管理人员负责材料审核、证照办理、签证办理、发放管理、回国管理工作，拥有管理国机集团总部及下级单位证照的权限，拥有查询统计的权限。下级单位外事专办员也就是集团公司这一级别的单位，负责数据的采集、申报工作，拥有管理本单位证照的权限，和统计管理本单位数据的权限。系统管理员负责管理各单位账号（新建、删除账号），拥有查看系统日志权限。

因公护照签证管理系统的实行，简化了外事专办员的工作。外事专办员首先通过国机集团外事审批系统查询出国任务审批情况，待审批文号确定后，登陆因公护照签证管理系统，根据出国任务情况申报新团组、增加出国人员、出访地、出国时间以及邀请公司信息，待全部信息填报完成后上报到国机集团，由国机集团外事管理人员对任务进行初审，审核通过后外事专办员根据办理护照或签证的手续不同，准备纸质材料，后交至国机集团外事管理人员进行审核。省去了多次往返于国机集团和本单位之间的时间，缩短了办理周期。

因公护照签证管理系统为本单位的出国人员统计、出国信息统计提供了便利条件，使各单位可以很好地掌握本单位持因公证照的人员信息、证照的有效期的情况，对于统计本单位一定时间期限内，因公出国境的批次、人数、出访国家地区的分布情况起到了最大程度的简化。

以 2014 年 9 月到 12 月为例，可以清晰地了解本单位因公出访的团组的类型、前往地区的分布、团组个数以及出访人数。

出访国家地区	友好访问	经济贸易	科学技术	文化体育	培训	劳务
巴基斯坦	0	2	0	0	0	0
贝宁	0	3	0	0	0	0
玻利维亚	0	4	0	0	0	0
德国	0	0	0	0	1	0
东帝汶	0	2	0	0	0	0
俄罗斯	0	2	0	0	0	0
古巴	0	4	0	0	0	0
科特迪瓦	0	3	0	0	0	0
老挝	0	3	0	0	0	0
蒙古	0	2	0	0	0	0
赞比亚	0	11	0	0	0	0
总量:11	0	36	0	0	1	0

因公护照签证管理系统，还可以通过团组类型、计划分类、任务分类、批复结果、单位名称、人员职务以及出访国家等不同类型分别对因公出国的情况进行统计汇总，全面覆盖各单位所需的查询统计类型。

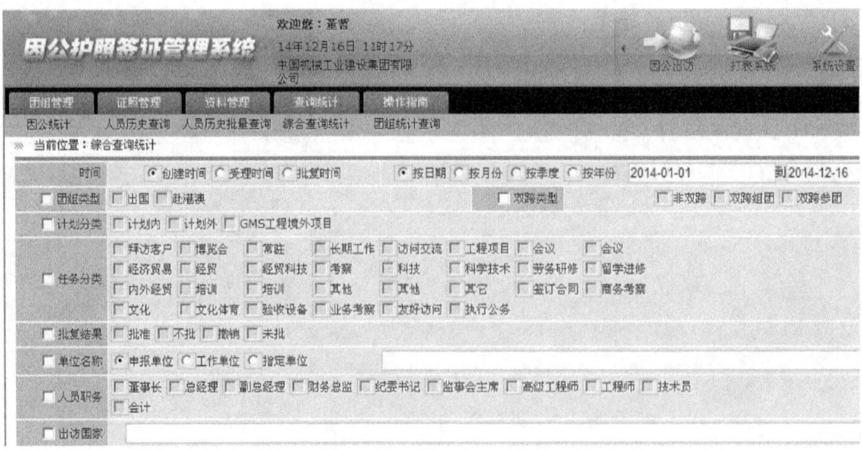

三、外事管理系统信息化的优势

1. 纵观各种类型的外事管理系统，都具有灵活的流程处理方式，方便快捷的操作方式，标准的文件格式，快速准确的查询统计功能，并且能够随时随地办公，具有友好的人机交互界面，专业性、实用性都不错，还具有良好的兼容性和扩展性。

2. 外事管理信息化是以实现办公流程电子化、外事管理标准化、规范审批业务、提高业务审批效率为目的，帮助企业实现制度和行为的落地，为提升外事办公管理水平和办事效率提供相关数据与强大的技术支持。

3. 网上外事审批能改变什么？它使审批工作从手工操作转变为网上操作。外事专办员再也不用因为一个请示文件而奔波于往来国机集团的道路上了。由此节省下来的人力、物力等经济效益，累积下来也是一笔不小的财富。

4. 外事管理实行信息化以后，所有出国团组及人员均通过该系统管理，规范有序，不但工作效率大大提高，而且真正做到了审批程序透明、阳光办外事。

投资项目后评价及案例

规划发展部

关晓博　李永姣

引　言

今年是我部门正式开展投资项目后评价工作的第一年,我部门选了近年几个典型投资项目,配合国机集团及中介机构对其进行了后评价,已将后评价报告汇总成文。以下就今年后评价工作进行总结。

在投资项目中,可行性研究是在项目实施前进行的,其判断、预测是否正确,项目的实际效益如何,需要在项目竣工投产后根据显示数据资料进行项目后评价来检验。项目后评价可以全面总结项目投资管理中的经验教训,并为以后改进项目管理和制定科学的投资计划提供现实依据。

一、后评价的程序

1. 设置项目后评价管理机构

在项目主管部门内组建后评价组织管理机构。组建后评价管理机构的目的是为企业决策层服务;结合项目特点制定指导开展后评价的具体实施办法和后评价工作程序;制定后评价实施计划;选择后评价项目,组织培训后评价工作人员或直接委托有资质的中介机构,判断评定后评价质量;建立后评价数据库;审核、监督下属的或委派的后评价机构所做的后评价报告及工作,并向企业决策层提交审核报告及综合报告,供决策参考。

2. 编制后评价工作计划

(1) 提出问题。即明确项目后评价的具体对象、评价的目的及具体要求。本次后评价工作是在配合国机集团对下属公司的大型投资项目开展后评价的要求基础上进行的,不仅是对我公司大型投资项目进行自查自评,也是我部门对开展后评价工作的一次学习。

(2) 筹划准备。主要是组建评价工作小组的基础上,按评价要求制订周详的项目评价工作计划。在本案例中,我公司被评价项目是由国机集团聘请中介机构完成,中介机构在评价工作中将工作组成员分为政策组、经济组、专业组,这样做方便了工作组中相关专业专家就各专业进行有针对性的评价。

(3) 深入调查,收集资料。主要任务是根据评价工作计划制订详细的调查提纲,并开展实际调查工作,收集后评估所需的各种资料和数据。

(4) 分析研究。采用定量和定性分析方法,针对问题进行深入的分析研究。

(5) 编制评估报告。将分析研究的结果进行汇总、整理,编制出项目后评估报告。

二、项目后评价的内容

一般投资项目后评价的分析内容包括政策、技术、经济三个大方面。其中,建设项目后评价，要针对建设项目的特点，结合项目投资主体的实际情况，兼顾项目所在地区、社会和国家利益，以项目目标、过程、效益、持续性评估为主。对有环境影响的建设项目，根据项目的规模、国家或省级环保部门出具的评价意见，以项目建设前后对环境影响的相关数据作为评估内容。

1. 政策评价

政策评估是指在项目前期调研和立项过程中，是否符合国家以及上级主管部门的各项法律法规及要求，申报手续是否齐全、各项文件是否合规以及通过项目实际产生的一些经济、技术指标与项目决策时确定的目标进行比较，检查项目是否达到预期目标或达到目标的程度，从而判断项目是否成功。项目的政策评价是对项目的各个环节进行回顾和检查。

在本案例中，由于项目立项较早，项目实施前个别手续不合规，但是在项目实施过程中经过补救大部分还是符合相关政策评估要求的。政策合规性不符带来的后果之一就是一些不合规文件的编制，导致预测结果与实际有出入，补救措施也只能边做边改，为项目实施带来了巨大困难。

(1) 前期申报文件是否资料齐全、申报手续是否完善；

(2) 各项正式文件出处及执行过程是否合规，其中包括相关的设计文件、工程招标文件、各项合同等；

(3) 与前期确定的立项条件、决策依据、决策程序比较是否发生偏差，检查项目实际工艺技术、产生的经济效益指标是否达到预期目标或达到目标的程度等；

(4) 投资使用情况评估，是将项目原定的预算和资金投入计划同实际发生的投资进行对比分析，找出发生变化的原因及其影响；

(5) 项目变更的原因及变更手续是否齐全、是否合规，变更成果是否符合预期等。

2. 专业评价

投资项目后评价中的专业评价，是指从专业角度出发，对本项目实施的过程及成果进行评价。专业评价包括：勘察设计评价、设备采购、工程建设施工、竣工验收和生产准备、对未来经营情况影响等工作的评价。主要内容：

(1) 对施工准备、招标投标、工程进度、工程质量、工程造价、工程监理评估；

(2) 各种合同执行情况评估；

(3) 对项目设计能力和实际能力的验证；

(4) 对工程技术经济指标的分析；

(5) 项目的生产管理和生产条件分析；

(6) 项目的经营效益分析；

(7) 对生产和销售情况、原材料、燃料供应情况、资源综合利用情况、生产能力的利用情况等进行评估；

(8) 对现有经营情况进行分析，现有设备对未来市场进行预测等。

本案例中，由于资金问题、环境问题等，导致实际投资效果与预测有较大出入。就现有设备情况而言，要达到预测中的经济效益是有难度的。

3. 效益评估

效益是衡量项目成功与否的关键因素。效益评价包括项目的财务评价和国民经济评价。财务评价是在国家现行财税制度和价格体系下，从项目投资者的角度，根据后评价时点以前各年实际发生的投入产出数据以及这些数据重新预测得出的项目计算期内未来各年将要发生的数据，综合考察项目实际或更接近于实际的财务盈利能力状况，据以判断项目在财务意义上的成功与失败，并与项目前评估相比较，找出产生重大变化的原因，总结经验教训。国民经济评价是从国家整体角度考察项目的费用和效益，采用影子价格、影子工资、影子汇率和社会折现率等参数对后评价时点以后项目计算期未来各年度预测的财务费用与财务效益进行调整，计算项目对国民经济的净贡献，据此判断项目的经济合理性。

效益评价中选用的数据要求真实性、客观性和准确性，包括建设单位提供的项目投资报表、竣工决算表、竣工验收报告和生产单位提供的各年年终会计报表等。主要内容：项目的盈利能力分析和偿还能力分析；财务实际成果与预期目标的对比分析；财务状况的前景与措施分析；应考虑财务参数变化和物价上涨因素所带来的影响，分析财务效益实现程度，寻找产生差异的原因。

4. 持续性评估

持续性评估就是对项目在未来运营中实现既定目标以及持续发挥效益的可能性进行预测性分析。即项目完成之后项目的既定目标是否还可以持续；项目是否可以顺利地持续实施，项目业主是否愿意并可以依靠自己的能力持续实现既定的目标。

项目的持续性评估从政府政策、管理组织和社会群众的参与、财务、技术、社会文化、环境和生态，以及外部因素等各个方面来评估分析项目在物质、经济和社会等方面的持续性，并指出保持项目持续性的条件和要求。

持续性评估是对项目是否持续发挥投资效益、企业发展潜力和进行内涵性改造的前景等进行分析评估，做出判断，提出项目持续发挥效益需具备的内部、外部条件和需要采取的措施。

5. 影响评估

影响评估是对项目建成投产后对国家、项目所在地区的经济、社会和环境所产生的实际影响所进行的评估，据此判断项目决策宗旨是否实现，重点分析项目对整个社会发展的影响。影响评估的内容包括经济、技术、环境社会影响等方面。

(1) 项目经济影响评估主要分析和评估项目对地区、行业、部门和国家的宏观经济影响(如对国民经济结构的影响，对提高宏观经济效益以及对国民经济长远发展的影响)，并对项目所用国内资源的价值进行测算，为在宏观上判断项目资源利用的合理程度提供依据；同时，分析项目对地区、行业、部门和国家的经济发展所产生的重要作用和长远影响。

(2) 项目科技进步影响评估主要分析项目对国家、部门和地区的技术进步的推动作用，以及项目所选技术本身的先进性和适用性；分析评估项目采用的工艺技术或者引进的技术装备的先进性及其与国内外同类技术装备进行对比；并对本部门、本地区技术进步的作用和取得的潜在效益进行分析评估。

(3) 对地区环境质量的影响，自然资源的保护和利用，对生态平衡的影响等。

项目环境影响评估主要是对照前评估时批准的“环境影响报告书”，重新审查项目对环境产生的实际影响，审查项目环境管理的决策、规定、规范和参数的可靠性和实际效果。环境影响评估主要包括项目的污染源控制、区域的环境质量、自然资源的利用、区域的生态平衡和环境管理能力等五个方面的内容。

（4）社会影响评估包括：居民生活条件和生活质量影响；对就业的影响；项目对当地基础设施建设和未来发展的影响等。

6. 管理水平评估

管理水平评估是指对项目实施全过程各阶段管理者的工作水平做出评估。主要内容：

（1）分析和评估他们是否能有效地管理项目的各项工作；

（2）他们是否与政策机构和其他组织建立了必要的联系；

（3）人才和资源是否使用得当；

（4）他们是否有较强的责任感等。

三、项目后评价的方法

由于现阶段我公司对投资项目尚没有规范、完整地开展后评估工作，在选择评估方法时，可采用对比法和成功度法；在选取评价指标上，采取定量与定性相结合的指标，循序渐进，逐步探索、总结出适合建设项目后评估的方法和指标体系。对比分析法是项目后评估的基本方法，它包括前后对比法与有无对比法。

1. 前后对比法

将项目实施前与项目建成后的实际情况加以对比，测定该项目的效益和影响。在项目后评价中是将项目前期阶段，即项目可行性研究与前期评估预测的建设成果、规划目标和投入产出、效果和影响，与项目建成投产后的实际情况相比较，从中找出存在的差别及原因。项目建成后对各指标以原预测指标数为基准。

2. 有无对比法

有无对比法是指在项目投资地区内，将投资项目的建设及投产后的实际效果和影响，同如果没有这个项目可能发生的情况进行对比分析。由于项目所在地区的影响不只是项目本身所带来的作用，而且还有项目以外的许多其他因素的作用。因此，这种对比的重点是要分清这些影响中项目的作用和项目以外的作用，评估项目的增量效益和社会机会成本。项目的有无对比不是前后对比，也不是项目实际效果与预测效果之比，而是项目实际效果与若无此项目实际或可能产生的效果的对比。

在本案例中我们用到的是前后对比法，对比现有投资成果来说，当年可研预测值为标准。

四、主要结论

通过对已经完成项目的目的、执行过程、效益、作用和影响等进行系统的、客观的分析，检验项目预期的目标是否达到，项目或规划是否合理有效，项目的主要效益指标是否实现，同时总结项目实施过程中的经验教训，为新项目的决策和提高投资决策管理水平提供参考，确保项目的成功和有效。

(1) 通过项目后评价反馈的信息,及时纠正项目决策中存在的问题,从而提高建设项目决策的科学化水平。

(2) 通过项目后评价,建立科学的决策机制和监督管理机制,有利于避免建设项目的损失浪费和决策失误,从而提高建设项目的投资效益。

(3) 为不断提高决策、设计、施工、管理水平,合理利用资金,提高投资效益,改进管理,制定相关政策等提供科学依据。

【案例】

1. 项目概述

2009 年,我公司的××项目取得国机集团正式批复,同意我公司投资××亿元,购置土地 420 亩,建设钢结构产业化基地,包括 2 座联合重型厂房,2 座活动厂房,以及配电房、集中供电站等配套设施,另建设 2000 吨级沿江码头及中转场地。项目建成后,实现年产钢结构产品 5 万吨的能力。建设期至 2011 年 10 月。

2011 年 3 月,根据项目实施进展情况,我公司向国机集团上报了变更申请,得到国机集团批准将项目总投资增加至××亿元,总建筑面积 108506 m^2,其中包括 5000 吨级沿江(海)码头。项目建成后,将实现年加工及组装钢结构产品 10 万吨的能力。建设期调整至 2012 年 9 月全面竣工。

截至 2013 年 12 月,项目实际投资××万元,其中:

1) 购置土地费用××万元,超投资计划 24%;

2) 工程建设费用××万元,包括主厂房××万元、基础与港口××万元、购置生产设备××万元,超投资计划 14%;

3) 其他费用××万元,包括勘察设计费××万元、工程监理费××万元等,超投资计划 24%;

4) 建设期利息××万元,超投资计划 27%。

项目变更后,目前建设的主要内容包括:1 座联合厂房、2 个重钢拼装车间、1 条重钢拼装线、1 座涂装车间、5000 吨级沿江码头、成品储存中转场地,以及综合办公楼、员工宿舍楼、变配电房等配套设施,并配置了少量设备。

2. 项目效益目标及运行现状

按照 2011 年调整后的项目计划,预计投产后正常年重钢结构产量为 7 万吨/年,重型装备组装能力为 3 万吨/年,以及物流中转量为 5 万吨/年,各项产量以每五年增长 20% 的涨幅形成项目的最终规模。项目部分建设内容于 2011 年 4 月投入试生产运营,计划 2012 年 9 月全面建成后投入生产运营。

试生产期间,2011 年完成钢结构制造与安装产量××万吨,实现销售收入××万元,利润总额××万元;2012 年完成钢结构制造与安装产量约××万吨,实现销售收入××万元,利润总额××万元。自 2013 年正式投产后,当年完成钢结构制造与安装产量约××万吨,实现销售收入××万元,利润总额××万元。

如何撰写投资项目的可行性研究报告

李永姣

引 言

可行性研究报告是运用多种科学手段对一项工程项目的必要性、可行性、合理性进行技术经济论证的综合材料。可行性研究报告是从事投资活动之前,从经济、技术、生产、供销直到社会各种环境、法律等各种因素进行具体调查、研究、分析,确定有利和不利的因素、项目是否可行,估计成功率大小、经济效益和社会效果程度,为决策者和主管机关审批的上报文件。

可行性研究是整个项目投资的核心部分,是项目决策的主要依据。因此,可行性研究的科学性和准确性直接关系着企业投资的成败。一份良好的可行性研究报告应该做到对项目的前景和项目未来的运行轨迹做出精确的估算,从而保证项目决策的成功率。

由于近期经济市场大环境对企业投资工作的影响较为显著,国机集团在今年下半年下发的《国机集团关于进一步加强投资管理,严格防范投资风险的指导意见》(国机资【2014】447号)文件中强调,各企业在开展各项投资项目决策之前,在保障投资项目充分满足企业发展战略的同时,应"充分开展市场调研,客观真实地进行投资论证"。由此可见,可行性研究报告对于企业投资项目前期决策的各个环节处于重中之重。

中国建设集团目前涉及的投资项目大体分为两类,长期股权投资和固定资产投资。本篇论文主要是由本人在工作过程中对于长期股权投资项目可研报告的撰写的一些心得和体会。

一、可行性研究报告的概念

可行性研究是项目投资决策的重要依据。开发项目投资决策,尤其是大型投资项目决策的科学合理性,是建立在根据详细可靠的市场预测、成本分析和效益估算进行的项目可行性研究的基础上的。可行性研究是项目立项、审批、开发商与有关部门签订协议、合同的依据。此外,可行性研究还是项目筹措资金的依据。投资者可根据可行性研究对项目的经济、财务指标进行了分析,从中了解项目的筹资还本能力和经营效益的获取能力。同时,银行等金融机构是否提供贷款,主要依据可行性研究中提供的项目获利信息。因此可行性研究也是企业筹集建设资金和金融机构提供信用贷款的依据。

(一)可行性研究的一般程序

1. 机会可行研究——它是对投资的方向提出建议,编制单位根据生产经营中遇到的问题和市场中的机会,以充分利用自然资源为基础,寻找最有利的投资机会。从企业来看,应根据资金实力的大小,现有技术能力,寻求新的效益较好的投资机会。

2. 初步可行研究——它是进行可行性研究的前期活动,是大体收集材料,对投资项目的前景粗略估价的过程。由初步可行性研究,决定是否继续进行可行性研究。

3. 技术经济可行研究——评价报告经可行性研究后,要将技术上可行和经济上合理与否的情况形成结论,并进行风险分析,最终写成报告。

(二)可行性研究报告撰写要点

1. 设计方案:可行性研究报告的主要任务是对预先设计的方案进行论证,所以必须设计研究方案,才能明确研究对象。

2. 内容真实:可行性研究报告涉及的内容以及反映情况的数据,必须绝对真实可靠,不允许有任何偏差及失误。其中所运用的资料、数据,都要经过反复核实,以确保内容的真实性。

3. 预测准确:可行性研究报告是投资决策前的活动。它是在事件没有发生之前的研究,是对事务未来发展的情况、可能遇到的问题和结果的估计,具有预测性。因此,必须进行深入的调查研究,充分的占有资料,运用切合实际的预测方法,科学的预测未来前景。

4. 论证严密:论证性是可行性研究报告的一个显著特点。要使其有论证性,必须做到运用系统的分析方法,围绕影响项目的各种因素进行全面、系统的分析,既要做宏观的分析,又要做微观的分析。

二、机会可行研究

机会研究的主要任务是为项目投资方向提出建议,即在一个确定的地区和行业内,以市场调查为基础,选择项目,寻找最有利的投资机会。

(一)投资主体介绍

这里的投资主体指的是即将开展投资项目的企业,对于投资主体的介绍不用过于详尽,主要是介绍企业的主要情况,近年来经济指标,企业自身定位及未来发展规划等,以及投资主体与本投资项目有关的相关情况。

(二)目标企业情况介绍

这里单指的是在股权投资行为中涉及的被投资企业,也就是目标企业的主要情况,这一部分应该尽可能详尽,内容包括企业过去发展情况、经营情况今年经济指标完成情况、人员情况、财务情况以及所涉及的法律纠纷及债权债务情况等。

(三)项目主要情况介绍

这一部分主要阐述该可行性研究报告所要表达的主要项目的大概内容,项目的主要情况包括但不限于:项目名称及背景、项目开发所具备的相关法规要求、自然、经济、水文地质等基本条件,项目开发的宗旨、规模、功能和主要技术经济指标。同时也应在进行初步市场调研的基础上,深入调查和充分掌握各类资料,对拟开发的项目的未来发展趋势做出客观的预测,包括开发成本、市场发展、对公司影响等。

第一部分的投资项目介绍是读者对本项目的第一印象,笔者应尽可能用精炼的话语表达该项目的中心思想,让读者更直观地了解项目内容。另外,为让读者更加清晰地了解项目情况,可在机会研究部分增加对项目设立的过程描述,例如前期市场调研及分析等。

三、初步可行研究

初步可行研究的主要任务是对机会研究认为可行的项目进行进一步论证,并据此做出是否投资的初步决定，是否进行下一步的技术经济可行性研究。

（一）投资的必要性研究

项目建设必要性主要是针对所确定的企业目标，分析和评价投资项目是否有必要进行建设，分析项目建成所能提供的产品或服务是否符合社会的需要。该部分应简要说明项目在行业中的地位，该项目是否符合国家的产业政策、技术政策、生产力布局要求；项目拟建的理由与重要性。

投资必要性研究主要分为宏观研究与微观研究两部分，宏观研究就是从国民经济的整体角度出发，衡量项目对国民经济总量平衡、结构优化和产业政策，以及地区规划与行业规划等方面的影响，对项目建设的必要性进行分析评估。需要考虑的因素主要包含是否符合国民经济总量平衡和结构平衡发展的需要；是否符合国家一定时期的产业政策；是否符合布局经济的要求，促使国民经济地区结构优化等。

而微观研究主要是从企业发展的角度出发，衡量项目对市场需求、企业发展、科技进步和投资效益等微观因素的影响，对项目建设的必要性进行分析评估。在研究该部分时主要考虑的因素有项目所生产的产品（或得出的成果）是否符合市场需求；是否符合企业发展战略；是否考虑到了合理生产规模的问题；是否有利于技术进步；是否有利于企业未来增加盈利、拓展市场等等。

（二）投资的可行性研究

可行性研究是整个项目投资的核心部分，是项目决策的主要依据。

（三）投资方案分析

首先，在对可供选择的规划方案进行分析比较的基础上，优选出最为合理、可行的方案作为最后的方案，并对其进行详细的描述。其次，对项目进度进行合理的时间安排，有些作为大型项目，由于周期长、投资额大，一般需要进行分期开发，需要对各期的投资内容同时做出统筹安排。再次，对项目所涉及的成本费用进行分析评估，在对对方资产进行评估之后列出对价依据，投资金额也应包含涉及的劳务费及办理手续所需的各项费用。最后，根据项目的投资估算和投资进度安排，合理估算资金需求量，拟订筹资方案，并对筹资成本进行计算和分析。

如投资项目为建设类项目，可行性研究报告中也应对对其有影响的各类资源进行描述，多番进行地形、地貌、地质的比较，在投资方案规划中，应尽可能详尽地对项目建设方案进行阐述，例如项目组成、基础建设、建筑材料及报价等，并对照国家相关建筑法规，及时调整投资方案的设定。

四、技术经济可行研究

机会研究和初步可行性研究更多的是对项目的必要性及可行性、投资方案、经济效益等要素给出粗略的评价，往往限于数据选择的不充分，评价局限于定性的层次，无法精确地描述项目前景。而技术经济可行性研究才是整个项目可行性研究的核心部分，它必须在收集大量数据的基础上，对项目的各项要素给出完整的定量分析，用准确的数据对项目进行评价，它是项目决策科学化的重要手段，是项目或方案抉择的主要依据之一。技术经济可行性研究包括项目前景预测、技术方案评价、财务评价、社会和环境评价、风险预测及防范等重要内容，根据多个方面的分析得出最后结论。

(一) 项目经济评价

项目经济评价是依据国家现行的有关法规，从项目的角度对项目的盈利能力、偿债能力和外汇平衡等方面从财务状况进行分析，并借以考察项目财务可行的一种方法。具体包括项目的预售预测、成本预测基础上进行预计损益表、预计资产负债表、预计财务现金流量表的编制，债务偿还表、资金来源与运用表的编制，以及进行财务评价指标和偿债指标的计算，如财务净现值、财务内部收益率、投资回收期、债务偿还期、资产负债率等，据以分析投资的效果。

(二) 不确定性分析和风险分析

主要包括盈亏平衡分析、敏感性分析和概率分析等内容。该分析通过对影响投资效果的社会、经济、环境、政策、市场等因素的分析，了解各种因素对项目的影响性质和程度，为项目运作过程中对关键因素进行控制提供可靠依据。同时根据风险的可能性，为投资者了解项目的风险大小及风险来源提供参考。

(三) 可行性研究的结论

根据对相关因素的分析和各项评价指标数值，对项目的可行与否做出明确的结论。

五、其　他

附　件

它包含可行性研究的主要依据，是可行性研究报告必不可少的部分。一般来讲，一个项目在做正式的可行性研究时，必须有政府有关部门的批准文件(如规划选址意见书、土地批租合同、土地证、建筑工程许可证等)。专业人员必须依照委托书和上述文件以及相应的法律、法规方能编写项目可行性研究报告。

同时，在可行性研究中作为依据的法规、文件、资料等，要列出名称、来源、发布日期，并将其中必要的部分全文附后，作为可行性研究报告的附件，这些法规、文件、资料大致可分为四个部分：

1. 项目主管部门对项目的建设要求所下达的指令性文件；对项目承办单位或可行性研究单位的请示报告的批复文件。
2. 可行性研究开始前已经形成的工作成果及文件。
3. 国家和拟建地区的工业建设政策、法令和法规。
4. 根据项目需要进行调查和收集的设计基础资料。

互联网时代企业如何用好微信公众平台

孙 彧

微信是腾讯公司推出的一个为智能手机提供即时通信服务的免费应用程序。自从2011年1月推出以来，在几乎毫无竞争对手的情况下迅猛发展，微信用户数已经达到10亿左右，腾讯公司顺着微信发展的良好势头，功能从最初的个人应用逐步延伸到了各行各业的应用。

政府部门和各行业企业公司，也开始将微信应用到了营销推广、客户服务以及大众需求等方面，通过微信打造一个渗透到移动互联网的便利通道，从而提升政府部门的形象，拓宽企业营销发展方向，完善大众服务渠道。

据统计，现在中国人的纸质阅读率低于5%，而互联网使用率高于70%。在全球信息化的今天，理论上，互联网可以决定世界上70%公司的生死。平均网络使用时间超过5.5小时/天，互联网覆盖率98%，不致力于互联网，则必将被时代所抛弃。

一、微信公众平台给传统企业带来了什么?

(一) 微信对政府部门和企业的作用

由于微信没有了距离的限制，因此更加方便。企业可以用微信来进行品牌和产品的推广，微信一对一的互动的交流方式具有良好的互动性，在推送消息的时候也能形成一种朋友关系。这样有利于企业更好地拓展客户、宣传品牌、开展营销、管理客户、大幅降低经营成本、成倍提升营销业绩。而政府机关则可以利用微信向民众发布政务信息，让政府机关更加透明化，从而提高政府的公信力。

微信应用基于政府部门和企业已有业务系统的权威数据和接口，通过各网络之间的安全防护设备，在互联网部署微信服务系统，与微信公众平台之间实现实时交互的数据接口通道，为公众提供实时、便捷的数据查询服务，为政府部门和企业提供实时、百分之百送达的宣传服务。

微信将给传统企业带来商机，目前微信公众平台，超过70%都是企业用户。其中微信公众账号传统企业主要是餐饮、娱乐、旅游等企业，前期主要通过微博活动、线下宣传、媒体曝光等形式来吸引粉丝关注企业微信。

如果说企业开通公众平台只是为了一种营销，微信支付的则是给传统企业带来了销售。

(二) 微信公众平台给传统企业带来了什么?

1. 低成本进入移动互联网

微信将助力传统企业迈上移动互联网的康庄大道，微信为企业提供的服务将更开放更强大。

企业只需要开通一个微信公众账号就可以去拥抱微信的数亿粉丝，企业不必自己建立官方网站，不需要开发移动APP，也不需要聘请网络技术人员，也不用委托网络营销公司。因为这一切微信团队已经在技术上很好地帮助了企业。企业需要做的是如何去服务好自己的客户，让用户关注自己的微信。

2. 不再是一次性营销

以前传统企业做宣传和推广主要是通过当地的传统媒体或者网络营销，这样的营销被理解为一次性营销。如果企业开通微信公众账号，推广前期的宣传和推广让自己与用户时时互动，实时营销。只要用户不取消企业微信关注，企业和用户之间就可以形成一种友好的朋友关系。

3. 新的用户渠道和推广渠道

通过微信支付功能，用户可以在企业微信里面完成支付。

二、企业构建微信公众平台的意义

随着智能手机的普及，越来越多的商家抓住了手机端、移动互联网这种营销渠道。随着微信用户不断地增加，未来微信将成为新一轮移动社交营销的热门平台。

微信拥有庞大的用户群，借助移动终端、天然的社交和位置定位等优势，每个信息都是可以推送的，能够让每个个体都有机会接收到这个信息，继而帮助商家实现点对点精准化营销。随着市场发展，微信等社交工具对传统移动通信业务市场的侵蚀 会越来越强。

微信对移动业务，无论是话音业务还是短信、彩信等数据业务，都会形成越来越强的分流作用。但是也正因为微信社交特性弱化，通信特性加强，它才有可能成为更加基础的业务，并有条件构建强大的生态圈。

三、大数据时代企业在微信上能做什么？

微信作为移动领域的应用，以亿为数量单位的用户时刻在产生各种各样文本、视频、图片、地理位置等各种非结构信息。这使微信似乎变得越来越重，而与此同时它的用户数据积累也是在快速增加，数据的丰满度也在快速提高，也越来越贴近微信最初开发时的想法——一个私人信息数据中心，而且由于微信本身是私密空间的闭环交流，主要交流都是点对点的，也就减少了很多 PC 互联网上产生的垃圾信息干扰，所以微信的大数据是非常有价值的。

（一）微信数据能产生巨大能量

微信就是为移动互联网而生的，拥有的数据也非常吻合移动互联网大数据的特点。想象一下微信的用户数，相当于三分之一的中国移动手机用户、整个中国联通手机用户、两个中国电信手机用户。把这些用户数据开放出来将会爆发出多大的能量？创造多大的价值？

（二）客户关系管理

微信公众平台推出后，可作为商家的初级 CRM 来使用，在微信上进行售前售后服务，如果开发者再能提供点延伸服务，线上支付通道打通，这个闭环就成了。

（三）丰富媒体应用

类似微语音这类变声插件虽然目前还很小众，但是随着用户个性化需求的上升，各种基于图片、文字、声音、视频的应用将会层出不穷。比如为媒体制作一个图文混排模板，可能还带上视频、音频，后台还可以做数据分析等。

(四) 关系链管理

不可否认微信通讯录已经慢慢等同于手机通讯录，它不再仅仅是好友和家人，还有同事、客户等社会关系在里面。另外还有微信群、公众账号等，如何管理、分享或者搜索也是有待开发的巨大资源。

(五) 线下数据分析和商业决策指导

目前为品牌商家做数据分析的大部分还是通过社会化媒体做线上影响力分析或者事件营销等。有了微信用户数据后就不只是提供这些了，甚至你可以去影响商家的经营决策。

(六) 基于用户行为分析的精准推荐

曾经垃圾短信天天骚扰着我们的生活，其实那些信息中大部分本来是有价值的，只是收到的人并不需要这些信息所以成了垃圾，而现在通过对微信用户行为数据进行分析后，就可以给需要的人发送需要的信息，不再是垃圾，同时这部分也将成为 O2O 的重要渠道。

四、微信在企业的应用

企业通过阐述微信公众平台背后的价值，结合消费者的需求来确定微信所提供的应用。

(一) 开通企业微信平台

(1) 企业品牌形象　通过微信粉丝不仅可以接受品牌信息还可更方便参与品牌互动活动，增加互动从而深化品牌传播。

(2) 企业营销　微信的认证对提升企业的信任度很重要。

(二) 增加微信号推广

有顾客才会有销售。企业微信公众平台也同样需要顾客的光临才会产生销售量。

(三) 企业微信公众账号建设

在微信公众账号上发布需求，这样可以实现活动促销的最大曝光，能及时有效地把企业最新的促销活动告知微信粉丝用户，降低企业营销成本。

(四) 注重与微信客户之间的互动

在企业公众平台发布一些与生活有关的文章，与粉丝分享和互动，扩展微信朋友圈，并借助朋友圈扩大公司知名度和传播范围。

五、如何把企业微信公众平台运营好?

(一) 坚持三个原则

(1) 定位：要知道你的受众的类型。

(2) 风格：受众类型决定了微信的风格。

(3) 互动：勤回复，有人情味，注意用词与态度。

(二) 微信公众平台运营经验总结

(1) 规划公司的社会化媒体架构，确定这个社会化媒体在整体架构中的定位？它是否有可取代性或重复性？深化具有推动力和舒适的服务模式使用户想要的信息就在他们的指尖随时可以调用，帮助他们在最短的时间内变得明智。

(2) 运营的微信该往哪方面发力？“内容为王”，还是“互动为王”。

(3) 明确每一次沟通、互动、推送的对象是谁，用者对这个对象越了解，信任度就越高。

(4) 简单就是力量，不要把自己的微信公众账号变成万能的功能应用，这些功能只会淡化企业核心价值，简单的事物会走得更远，并且可以不断扩展。用户希望用最短的时间找到对他最有价值的服务。不把自己的专业畅想等同于用户所想。

(5) 微信营销没有任何营销秘诀，拼的是投入和执行力，想不投入就想获取大量粉丝是不可能的。如果你不想投入太多资金，你可以选择投入时间，再加上执行力到位，你的目标一样可以实现。

(6) 不盲目追求粉丝数量，粉丝再多，如果不能转化成价值，依然毫无用处。我们需要的粉丝是那些目标粉丝，粉丝的质量比粉丝的数量更重要。

(7) 发布文章不一定要长篇大论，最好能引发读者的思考，一般篇幅在三五百字。注意内容排版，尊重受众阅读习惯。内容不一定要原创，但是一定要加入自己的观点！在页底加上关注自己的方式。

(8) 注意微信的推送时间，了解用户的阅读时间。

(9) 竞争对手是最好的老师，关注竞争对手的微信，如果你关注了多少个竞争对手的微信，就会有多少个账号在教你怎样做好微信营销。

(10) 坚持就是胜利。做微信营销见效很慢，通常需要沉淀的时间，才能收到一些效果和利润，最重要的就是一直坚持下去。

以上是企业运营微信的一些经验。

企业不能过多地去关注营销，而应该更多去关注如何服务好用户，如何给用户创造价值。只有当用户在你的微信里面得到了价值和尊重，用户才能死心塌地地关注你。所在企业在向用户推送信息的时候应该站在用户角度来看待信息，信息是否对用户有价值，信息的配图和排版是否满足用户的需求，信息推送的时间是否符合用户的阅读时间。这些都是需要企业去考量的。

试述数据分析

孙 彧

数据分析就是分析数据，是从一大堆数据中提取到你想要的信息。它是有针对性的收集、加工、整理数据，并采用统计和挖掘技术分析和解释数据的科学艺术。数据分析是为了提取有用信息和形成结论而对数据加以详细研究和概括总结的过程。

一、数据分析的前提

面对同一个数据，不同的人会有不同理解。真实的数据并不一定能推导出正确的结论。正确的决策需要有充分的数据去论证。

（一）数据分析的基本思想：用数据说话

数据本不会说话，但是面对不同的人时，就会有不同的解释。用数据说话，就是用真实的数据说真实的话。真实也可以理解为求真务实。那么，数据分析就是不断地求真，进而持续地务实的过程。用数据说话，用真实的数据说话，说真话、说实话、说有用的话。

（二）数据质量

数据分析是数据的搜集、分析、汇报以及用于决策的过程。在这个过程里，无论哪个细节出了问题，最终做出的决策都将是致命的。

所以说质量是数据的生命，数据在用于决策的整个过程中，都必须保证真实有效。

数据质量，包括 4 个要素：准确、完整、一致和及时。

1. 准确性

数据中记录的信息和数据是否准确，是否存在异常或者错误的信息。准确性关注的是数据记录中存在的错误，另外是异常的数值，异常大或者异常小的数值，以及不符合有效性要求的数值，对数据准确性的审核有时会遇到困难，因为对于没有明显异常的错误值，我们很难发现。也可能是数据记录的规则不一，但不一定存在错误。

2. 完整性

数据的记录和信息是否完整，是否存在缺失的情况。

数据的缺失主要有记录的缺失和记录中某个字段信息的缺失，两者都会造成统计结果的不准确，所以完整性是数据质量最基础的保障。

3. 一致性

数据的记录是否符合规范，是否与前后及其他数据集合保持统一。

数据的一致性主要包括数据记录的规范和数据逻辑的一致性。数据记录的规范主要是数据编码和格式的问题，数据的一致性审核是数据质量审核中比较重要也是比较复杂的一部分。

4. 及时性

数据从产生到可以查看的时间间隔，也叫数据的延时时长。

非实时性的数据对一些分析的结论可能已经失去时效性，使得工作变成徒劳；同时，某些实时分析和决策需求对数据的时效性要求极高。

二、数据分析过程

数据分析过程的主要活动由识别信息需求、收集数据、分析数据、评价并改进数据分析的有效性组成。

(一)识别信息需求

识别信息需求是确保数据分析过程有效性的首要条件,可以为收集数据、分析数据提供清晰的目标。识别信息需求是管理者的职责,管理者应根据决策和过程控制的需求,提出对信息的需求。就过程控制而言,管理者应识别需求要利用那些信息支持评审过程输入、过程输出、资源配置的合理性、过程活动的优化方案和过程异常变异的发现。

(二)收集数据

有目的地收集数据,是确保数据分析过程有效的基础。组织需要对收集数据的内容、渠道、方法进行策划。

策划时应考虑:

(1)将识别的需求转化为具体的要求。

(2)明确由谁在何时何处,通过何种渠道和方法收集数据。

(3)记录表。

(4)防止数据丢失和虚假数据对系统的干扰。

(三)分析数据

分析数据是将收集的数据进行加工、整理和分析,使其转化为信息,常用方法有:

老七种,即排列图、因果图、分层法、调查表、散步图、直方图、控制图;

新七种,即关联图、系统图、矩阵图、KJ法、计划评审技术、PDPC法、矩阵数据图。

(四)数据分析过程的改进

数据分析是质量管理体系的基础。应通过对以下问题的有效性对其进行分析评估。

(1)提供决策的信息是否充分、可信,是否存在因信息不足、失准、滞后而导致决策失误的问题。

(2)信息对持续改进质量管理体系、过程、产品所发挥的作用是否与期望值一致,是否在产品实现过程中有效运用数据分析。

(3)收集数据的目的是否明确,收集的数据是否真实和充分,信息渠道是否畅通。

(4)数据分析方法是否合理,是否将风险控制在可接受的范围。

(5)数据分析所需资源是否得到保障。

三、数据化思维

从数据到信息的过程,就是数据分析。数据本身并没有什么价值,有价值的是我们从数据中提取出来的信息。

（一）数据分析的五个思维

（1）对照　就是对比，这是数据分析的最基本，也是最重要的思路。

（2）拆分　就是拆解和分析。当对一个指数做分析时，拆分会让数据更加清晰。

（3）降维　当数据维度太多时，需要从中筛选出具有代表性、对我们有用的数据进行分析。

（4）增维　与降维对应，有降必有增。当前维度不能很好地解释问题时，就需要对数据做一个运算，增加一个指标。

（5）假说　当我们不知道结果，或者有几种选择时，可以先假设结果，然后逆向思维。当然过程也可以被假设。

（二）数据分析的方法

比较常见的分析方法：

5W2H 分析法：What（用户要什么？）Why（为什么要？）Where（从哪儿得到？）When（我们什么时候做？）Who（对谁做？）How much（给多少？）How（怎么做？）

上述是一种需求的转换形式，就产品而言，又要以数据为支持，不能因某个元素而动整体；从大局出发，根据整体数据趋势进行细化分析，那么就目前而言的分析手法，又有对比分析，交叉分析、相关分析、回归分析和聚类分析等等。

真正的数据分析不在于数据本身，而在于分析能力的概述；数据是参照物，是标杆，只有分析才是行为，是改变。

（三）维度分析

维度分析也就是立体式分析。维度，通俗地讲就是我们分析的目标对象所采用的分析角度。

数据分析离不开用户和市场；说白了就是结合不同维度进行有目的的数据收集、整理、加工，进行不同切入点分析。

对于数据分析，需要我们以理性的眼光看待；因为对相关数据定义不同，算法不同；在对数据进行分析时，就需要我们看清分析误区，综合其他数据进行分析，根据自己的数据分析思路制定相应的分析方案，切不可盲目分析。

四、数据展现和分析报告

（1）一般情况下，数据分析的结果都是通过图、表的方式来呈现，俗话说：字不如表，表不如图。借助数据展现手段，能更直观地让数据分析者表述想要呈现的信息、观点和建议。

常用的图表包括饼图、折线图、柱形图/条形图、散点图、雷达图等、金字塔图、矩阵图、漏斗图、帕雷托图等。

（2）撰写报告

最后阶段，就是撰写数据分析报告，这是对整个数据分析成果的一个呈现。通过分析报告，把数据分析的目的、过程、结果及方案完整呈现出来，以为商业目的提供参考。

好的数据分析报告，首先需要有一个好的分析框架，并且图文并茂，层次明晰，能够让阅读者一目了然。结构清晰、主次分明可以使阅读者正确理解报告内容。图文并茂，可以令数据更加生动活泼，提高视觉冲击力，有助于阅读者更形象、直观地看清楚问题和得出结论。此外，数据分析报告需要有明确的结论、建议和解决方案。

五、结束语：企业将迎来大数据时代

大数据时代即将到来，大数据将会成为企业的核心资产，它可指导企业进行业务流程的有效运营和优化，帮助企业做出更为明智的决策。大数据时代的网民和消费者将不再有严格界限；企业的疆界变得模糊；并将深刻影响企业的业务模式，甚至重构其文化和组织。

从企业发展战略出发，通过对企业大数据的分析获得的未被发掘的价值也可以成为企业的一大竞争优势。企业不但可以利用数据分析结果实施、优化管理决策，还可以利用数据创造差异化，在信息规模、数据稀缺性方面独树一帜，并可通过数据管理与分析手段将差异性与传统的信息源结合起来，发挥企业大数据信息的更大价值。

大数据是继云计算、物联网之后 IT 产业又一次颠覆性的技术变革。对国家治理模式、对企业的决策、组织和业务流程、对个人生活方式都将产生巨大的影响。

大数据时代顺昌逆亡。如果不能利用大数据更加贴近消费者、深刻理解需求、高效分析信息并做出预判，所有传统的产品公司都只能沦为新型用户平台级公司的附庸，其衰落不是管理能扭转的。

信息安全重在全员意识

徐　萌

信息作为一种资产，是企业进行正常商务运作和管理不可或缺的资源，也是企业财产和个人隐私的重要载体。与此同时，信息安全的重要性也更加凸显：从最高层次来讲，信息安全关系到国家的安全；对企业来说，信息安全关系到正常运作和持续发展；就个人而言，信息安全是保护个人隐私和财产的必然要求。无论是个人、企业还是国家，保持关键的信息资产的安全性都是至关重要的。

信息安全工作与企业管理层、技术人员与普通员工都有紧密的关系。上至企业负责人，下到基层员工，安全意识的薄弱正在成为企业面临的最大风险，忽视信息安全意识教育，可能遭受灾难性的打击。保障信息安全需要培养网络安全专业人才和制定严密的安全制度，更需要提升员工的网络安全意识。"木桶理论"告诉我们，一只木桶能够装多少水取决于最短的一块木板。员工的网络安全意识不强，已经成为我公司做好网络安全工作的一大短板。员工的网络安全意识不强体现在以下方面。

一、弱密码

弱密码即容易破译的密码，多为简单的数字组合、键盘上的临近键或常见姓名，例如"123456"、"abc123"等。一项最近的研究数据表明，1%的密码可以在4次之内猜中。

我集团本部从2006年开始实施各信息化系统以来，已经不同程度出现过几次因系统弱密码造成的网络故障及损失。2010年人力资源部公用邮箱因弱密码被破解，造成公司邮件服务器资源被大量占用，并通过此账号不停外发各种广告垃圾邮件，一度造成企业邮箱向国外发送邮件被退信情况，从而影响公司海外项目的正常通信及各类营销活动。2013年底信息中心经过数据库后台查询发现无论是综合管控系统还是财务报销系统仍有大量用户使用系统默认密码或者其他各类弱密码。各个业务系统分别保存着公司的各类业务核心数据，一旦被不发份子发现并利用将会给企业造成无法挽回的损失。

对于使用弱密码的账户，不法分子几乎可以在不使用任何技术手段的情况下快速地获取他们需要的数据。

以下为国内网民常用的25个弱密码：000000、111111、11111111、112233、123123、123321、123456、12345678、654321、666666、888888、abcdef、abcabc、abc123、a1b2c3、aaa111、123qwe、qwerty、qweasd、admin、password、p@ssword、passwd、iloveyou、5201314，请各位员工自行比对自己的账户是否有此类密码。

什么样的密码才是一个好的密码？

一个好的密码没有图片上那么可怕，简单地讲：8 位或 8 位以上区分大小写的字母＋数字＋特殊符号就能起到很好的防范作用。

二、BT 下载

BT 是 Bittorrent 下载的俗称，是宽带时代新兴的 P2P 交换文件模式，各用户之间共享资源，互相当种子和中继站。BT 下载在给用户提供下载便利的同时，也呈现出许多问题。

首先，BT 下载会对硬盘造成损害，主要表现在硬盘高温、重复读写和扇区断块三个方面。由于每个用户的下载和上传几乎是同时进行，因此下载的速度非常快。不过，开发 BT 的人因为缺乏对维护硬盘的考虑，使用了 HASH 算法，它会将下载的数据直接写进硬盘(不像 FlashGet 等下载工具可以调整缓存，到指定的数据量后才写入硬盘)，因此造成硬盘损害，缩短硬盘寿命。

其次，BT 下载会对网络带宽造成损害。当前，以 BT 为代表的 P2P 下载软件流量占用了宽带接入的大量带宽，据统计已经超过了 50％。这对于以太网接入等共享带宽的宽带接入方式提出了很大的挑战，大量地使接入层交换机的端口长期工作在线速状态，严重影响用户正常使用 Web、E-mail 以及视频点播等业务，并可能造成重要数据无法及时传输而给企业带来损失。BT 占用太多的网络资源，从而有可能在接入网、传输网、骨干网等不同层面形成瓶颈，造成资源紧张，这似乎也是目前运营商包括网通、长宽等封掉 BT 端口的主要理由。

第三，BT 下载助长了病毒的传播。2005 年，公安部公共信息网络安全监察处在 AVAR2005 大会上做了《中国网络犯罪现状》的报告。该报告指出，通过计算机病毒和木马进行的黑客行为是计算机网络犯罪的主要根源。调查情况表明，计算机病毒除了通过常规的电子邮件等途径传播外，目前网络上盛行的 P2P 软件成为计算机病毒和木马传播的主要途径。这些病毒和木马对企业的安全形成巨大的挑战。

三、私搭 WiFi 设备

目前国内使用 WiFi 的企业非常普遍，有的甚至已经取消传统有线网络，完全依靠 WiFi 进行办公。然而，私自搭建的 WiFi 设备，并完全在无管理、无防护的状态下使用 WiFi 来办公和提供业务服务，这已经成为国内企业特别是企业必须面对和解决的安全问题。私建无线热点，很可能因为没有专业的安全配置，在原有经过严密规划的纵深安全防御体系上打开一个非法接入的网络入口，使得入侵者可以毫不费力地绕过所有边界安全防护产品和措施，直接进入企业核心网络实施攻击，这对于企业网络安全体系是非常致命的。

安全重于泰山。信息安全这几个简单的字，不仅是企业的信息管理人员必须承担的重担，也是每一个员工应该在心中培养的意识。防范胜于救灾。信息安全隐患无处不在，但它只潜伏在麻痹大意者的周围。为此，我们平时就要树立每个员工的责任心，着力构建起企业信息安全坚固堡垒。

另：我们为员工提供了一个安全意识自测平台，希望看到本文的员工登录这个平台对自己的安全意识进行自评，并根据评价意见调整自己的信息安全配置。链接如下：

http://net.gooann.com/resultrecord/resultQuestionRecord_safetyAwareness.html

中国机械工业建设集团有限公司信息化发展前景分析

——大数据时代利用数据仓库技术提高精细管理

徐　萌

牛津大学教授维克托·迈尔-舍恩伯格(Viktor Mayer-SchÊnberger)在大数据时代中前瞻性地指出,大数据带来的信息风暴正在变革我们的生活、工作和思维,大数据开启了一次重大的时代转型,讲述了大数据时代的思维变革、商业变革和管理变革。据统计,近两年内由人类产生的数据,竟然达到了人类有史以来的全部数据的90%以上。数据量的庞大,远远超出了我们的想象;数据量的巨大增长速度,也是我们始料未及的,这就是大数据时代的最大特征。这个巨大,不仅是数据量本身极为巨大,更深层意义是,数据所含的信息量同样巨大无比。同时,这些海量的数据及信息量必然给数据处理以及分析带来极大的困难。因此,我们必须学会处理与分析海量数据的手段与方法,因为只有这样,才不会被大量数据信息弄得头昏脑涨,才能在大数据的海洋中畅游。

一、公司信息技术应用现状

1. 信息存储和管理手段落后,各种信息的存储,尤其各项目部数据仍然主要是基于表格或单据等纸面形式,信息的加工和整理完全由大量的手工计算来完成,数据的交流则绝大部分依赖于人与人之间的手工传递甚至口头传递。

2. 施工企业作为工程项目建设的主体,在施工的过程中要处理大量的数据,这些数据涉及施工的进度、成本、质量及资源消耗。然而公司现阶段项目部信息采集缺乏统一的数据标准,数据上报结构复杂滞后。

3. 信息集成化程度较低,目前使用的应用系统之间缺乏统一的数据标准,孤立系统之间数据交换和共享困难,数据只能在单一的系统和部门内部使用,无法发挥综合效益。

二、数据仓库是什么?

数据仓库之父比尔·恩门(Bill Inmon)在1991年出版的《建立数据仓库》一书中所提出的定义被广泛接受,数据仓库是一个面向主题的、集成的、相对稳定的、反映历史变化的数据集合,用于支持管理决策。

数据仓库中的数据是在对原有分散的数据库数据抽取、清理的基础上经过系统加工、汇总和整理得到的,必须消除源数据中的不一致性,以保证数据仓库内的信息是关于整个企业的一致的全局信息。

数据仓库的数据主要供企业决策分析之用,所涉及的数据操作主要是数据查询,一旦某个数据进入数据仓库以后,一般情况下将被长期保留,也就是数据仓库中一般有大量的查询操作,但修改和删除操作很少,通常只需要定期的加载、刷新。

数据仓库中的数据通常包含历史信息,系统记录了企业从过去某一时点(如开始应用数据仓库的时点)到目前的各个阶段的信息,通过这些信息,可以对企业的发展历程和未来趋势做出定量分析和预测。

数据仓库有以下几个特点:数据仓库中的数据是面向主题的、集成的、不可更新的(稳定的)、随时间不断变化的,建立数据仓库的目的是为了更好地支持决策的制定。

三、施工企业自身特色的数据仓库

数据的来源

1. 项目及业务报表是企业日常管理中最为重要的信息管理载体,同时也是单位各层级人员进行信息共享和交流的主要手段。并且报表是只用已经经过格式化的数据展现形式,更容易形成对企业有用的信息。优秀的报表数据转化率高,并为决策提供良好的依据。尤其是项目现场施工数据,可通过报表的形式快速切标准统一的上传至公司本部。

2. 现有的业务数据库系统作为数据管理手段,主要用于事务处理。在这些数据库中已经保存了大量的业务数据,通过数据挖掘技术可以有助于发现业务发展的趋势,揭示已知的事实,预测未知的结果,并帮助分析出完成任务所需的关键因素,以达到增加收入、降低成本,使企业处于更有利的竞争位置的目的。

3. BIM数据是管理每个具体项目海量数据创建、承载、管理、共享支撑的平台。企业将每个工程项目BIM模型集成在一个数据库中,即形成了企业级的BIM数据库。BIM技术能自动计算工程实物量,因此BIM数据库自然包含量的数据。不仅如此,BIM数据库可承载工程全生命周期几乎所有的工程信息,并且能建立起4D(3D实体+1D时间)关联关系数据库,这样的技术平台将真正带来项目管理的革命。

4. 价格动态数据是基于互联网的材料、机械设备、人工等动态数据的收集、分析和共享系统。价格信息积累具有自增长机制,以应对海量的产品种类、品牌种类、供应商数据,能自动分析中准价,有严格的授权控制体系。

数据仓库是一个过程而不是一个项目

1. 数据仓库系统是一个信息提供平台,他从业务处理系统获得数据,主要以星型模型和雪花模型进行数据组织,并为用户提供各种手段从数据中获取信息和知识。

2. 从功能结构划分,数据仓库系统至少应该包含数据获取(Data Acquisition)、数据存储(Data Storage)、数据访问(Data Access)三个关键部分。

3. 企业数据仓库的建设,是以现有企业业务系统和大量业务数据的积累为基础。数据仓库不是静态的概念,只有把信息及时交给需要这些信息的使用者,供他们做出改善其业务经营的决策,信息才能发挥作用,信息才有意义。而把信息加以整理归纳和重组,并及时提供给相应的管理决策人员,是数据仓库的根本任务。因此,从产业界的角度看,数据仓库建设是一个工程,是一个过程。

四、利用数据仓库技术提高精细管理及未来发展前景分析

在住建部2011年发布的建质〔2011〕67号住房城乡建设部关于印发《2011—2015年建筑业信息化发展纲要》特别提出了施工企业建立数据仓库的要求:

1. 施工企业逐步建立企业数据仓库，并利用商业智能（BI）和数据挖掘等技术，依据决策理论，逐步建立辅助决策系统。

2. 收集、整理、组织和整合描述设计对象和专业技术的信息资源，研究知识管理机制与体系及知识管理系统建立的工具、方法、过程，建立知识管理的体系和系统。基于企业核心业务系统、综合管理系统、知识管理系统和企业数据仓库，整合企业内外网络信息资源，逐步建立智能企业门户，方便知识的利用，形成企业信息资源中心与个人信息资源中心。

数据的精细管理永无止境，因为数据不断被更新，数据的作业模型不断在改进，分析、处理和应用技术也在不断进步。就我集团公司状况而言，集团存在着非常大量的数据，但是对这些数据的精细管理却十分缺少。精细管理有一个步骤是数据挖掘，这个过程要十分详细、资料完备，只有这样，我们才能在数据中找到我们所需要的客观信息，才能更好地分析处理数据。

如果说数据挖掘提高了企业的洞察力，那么大数据管理的精细程度则为企业提供了数据管理方面的保障。目前，大数据的精细管理仅限于大型企业，尤其是互联网或其他高科技企业，即使一些企业有数十年的数据量，也都没有达到大数据的水平。不管是以利润为中心，还是以客户为中心，大数据的精细管理都是一种推动力量，有利于推动企业的发展。大数据的精细管理为其提供了管理方面的基础，同时为差异化竞争提供了原始理论方面的强有力支撑。目前大型企业在精细管理方面存在着不少问题，正是由于这些问题的存在才导致企业主营业务缺乏方向性、针对性、导向性以及向心性等诸问题。

数据仓库和数据挖掘技术在建筑施工企业中应用的研究仅限于对个别目标明确、数据来源充分的领域的应用，比如在招投标中利用数据挖掘的某些算法进行的分析工作，但是针对建筑施工企业的数据仓库和数据挖掘技术的综合应用的研究尚未见文章发表。根据信息化水平比较高的行业的发展状况分析，建筑施工企业必然要走信息化的道路，以提高企业的管理和决策水平。建筑施工企业在信息化建设过程中，可以充分利用其他行业的经验，结合自身的特点，充分应用最新的信息化技术，在高起点上进行管理信息化改造。因此，在企业信息化建设过程中，应用数据仓库和数据挖掘等新的智能处理技术，在业务信息化的同时实现管理和决策的信息化，是必需的、可行的，不仅可以解决建筑施工企业决策管理的实际需求，还可以提高企业信息化的起点和水平。

浅析投资项目后评价管理

规划发展部
张海燕

投资项目后评价是投资项目管理工作的一个重要环节，对于总结项目实施的经验和教训，提出改善管理的建议，并通过信息反馈和共享机制，为后续投资项目的论证、决策、实施等管理工作提供借鉴具有重要意义。

一、投资项目后评价的概述

1.1 什么是投资项目后评价？

投资项目后评价是项目周期管理的重要内容，是对投资活动进行跟踪监测管理的重要手段，通过对已完成项目实施过程、实施结果及其影响效果进行调查研究，全面系统地进行回顾和检查，与项目决策时确定的目标以及技术、经济、环境、社会影响指标进行对比分析，找出差别和原因，总结经验和教训，提出对策建议，并通过及时有效的信息反馈，改善投资管理和决策水平，达到提高投资效益的目的。广义的后评价包括单个项目的后评价、项目群规划后评价、区域或行业投资后评价、投资政策后评价和产权并购投资后评价等内容。

1.2 投资项目后评价的主要特点

与可行性研究等前期评价相比，建设投资项目后评价具有以下主要特点：

(1) 现实性。后评价分析研究的是项目实际情况，所研究的是现实发生的真实数据或根据实际情况重新预测的数据，而项目前期评价研究的是未来项目的状况，所用的是预测数据；

(2) 全面性。项目后评价既要分析其投资过程，又要分析经营过程；不仅要分析项目投资实施效果、经济效益，还要分析其经营管理状况等；

(3) 专业性。后评价要分析项目运营现状，发现问题并研究未来的发展方向，判断项目持续发展的能力，要求后评价人员具有较高的专业素质，把握影响投资效益的主要因素，并提出切实可行的措施；

(4) 反馈性。前期评价的目的在于为投资决策提供依据，而后评价的目的在于为有关部门反馈信息，为今后项目管理，投资计划的制定和投资决策积累经验，用来检测项目投资决策正确与否并为类似项目的建设提供有益的计划制定借鉴和启示；

(5) 合作性。前期评价一般只通过评价单位与投资主体间进行合作，而后评价需要更多方面的合作，如专业技术人员、项目负责人、经营管理人员、投资项目主管部门、设计单位、施工单位和监理单位等，各方融洽合作，项目后评价工作才能顺利进行。

1.3 投资项目后评价的作用

项目后评价的作用主要表现在以下方面：

(1) 总结项目管理的经验教训，提高项目管理的水平；

(2) 提高项目决策的科学化水平;

(3) 为投资计划、政策的制定和调整提供依据;

(4) 建立和完善投资决策机制中的后评价制度,建立反馈机制,提高项目监管水平;

(5) 为银行等金融机构及时调整信贷等融资政策提供依据;

(6) 通过对项目经营机构进行"诊断",促使项目运营状态的正常化;

(7) 为类似项目建设模式的确定和建设管理工作提供有益的启示。

二、后评价的主要内容

对于项目后评估工作的基本内容,国家发改委制定的《项目后评价管理办法》作了明确界定,包括"项目实施过程总结:前期准备、建设实施、项目运行等;项目效果评价:技术水平、财务及经济效益、社会效益、环境效益等;项目目标评价:目标实现程度、差距及原因、持续能力等"。上海市国资委的《项目后评估工作通知》中也指出"对项目取得的财务效益、经济效益、社会效益和环境效益进行综合评价"。

2.1 目标评估

目标评估就是通过项目实际产生的一些经济、技术指标与项目决策时确定的目标进行比较,检查项目是否达到预期目标或达到目标的程度,从而判断项目是否成功。

(1) 与前期确定的立项条件、决策依据、决策程序比较是否发生偏差;

(2) 检查项目实际工艺技术、产生的经济效益指标是否达到预期目标或达到目标的程度等;

(3) 投资使用情况评估。投资使用情况评估是指将项目原定的预算和资金投入计划同实际发生的投资进行对比分析,找出发生变化的原因及其影响。

2.2 过程评估

项目的过程评估是对项目的各个环节进行回顾和检查,对项目的实施效率做出评价。过程评价包括:勘察设计评价、设备采购、工程建设施工、竣工验收和生产准备等项工作的评估。其主要内容有:

(1) 对施工准备、招标投标、工程进度、工程质量、工程造价、工程监理评估;

(2) 各种合同执行情况评估;

(3) 对项目设计能力和实际能力的验证;

(4) 对工程技术经济指标的分析;

(5) 项目的生产管理和生产条件分析;

(6) 项目的经营效益分析;

(7) 对生产和销售情况、原材料、燃料供应情况、资源综合利用情况、生产能力的利用情况等进行评估。

2.3 效益评估

效益是衡量项目成功与否的关键因素。效益评价包括项目的财务评价和国民经济评价。财务评价是在国家现行财税制度和价格体系下,从项目投资者的角度,根据后评价时点以前各年实际发生的投入产出数据以及这些数据重新预测得出的项目计算期内未来各年将要发生的数据，综合考察项目实际或更接近于实际的财务盈利能力状况，据以判断项目在财务意义上的成功与失败，并与项目前评估相比较，找出产生重大变化的原因，总结经验教训。国民经济评价是从国家整体角度考察项目的费用和效益，采用影子价格、影子工资、影子汇率和社会折现率等参数对后评价时点以后项目计算期未来各年度预测的财务费用与财务效益进行调整，计算项目对国民经济的净贡献，据此判断项目的经济合理性。

效益评价中选用的数据要求真实性、客观性和准确性，包括建设单位提供的项目投资报表、竣工决算表、竣工验收报告和生产单位提供的各年年终会计报表等。主要内容：项目的盈利能力分析和偿还能力分析；财务实际成果与预期目标的对比分析；财务状况的前景与措施分析；应考虑财务参数变化和物价上涨因素所带来的影响，分析财务效益实现程度，寻找产生差异的原因。

2.4 持续性评估

持续性评估就是对项目在未来运营中实现既定目标以及持续发挥效益的可能性进行预测性分析。即项目完成之后项目的既定目标是否还可以持续；项目是否可以顺利地持续实施，项目业主是否愿意并可以依靠自己的能力持续实现既定的目标。项目的持续性评估从政府政策、管理组织和社会群众的参与、财务、技术、社会文化、环境和生态，以及外部因素等各个方面来评估分析项目在物质、经济和社会等方面的持续性，并指出保持项目持续性的条件和要求。

持续性评估是对项目是否持续发挥投资效益、企业发展潜力和进行内涵性改造的前景等进行分析评估，做出判断，提出项目持续发挥效益需具备的内部、外部条件和需要采取的措施。

2.5 影响评估

影响评估是对项目建成投产后对国家、项目所在地区的经济、社会和环境所产生的实际影响所进行的评估，据此判断项目决策宗旨是否实现，重点分析项目对整个社会发展的影响。影响评估的内容包括经济、技术、环境社会影响等方面。

(1) 项目经济影响评估主要分析和评估项目对地区、行业、部门和国家的宏观经济影响(如对国民经济结构的影响，对提高宏观经济效益以及对国民经济长远发展的影响)，并对项目所用国内资源的价值进行测算，为在宏观上判断项目资源利用的合理程度提供依据；同时，分析项目对地区、行业、部门和国家的经济发展所产生的重要作用和长远影响。

(2) 项目科技进步影响评估主要分析项目对国家、部门和地区的技术进步的推动作用，以及项目所选技术本身的先进性和适用性；分析评估项目采用的工艺技术或者引进的技术装备的先进性及其与国内外同类技术装备进行对比；并对本部门、本地区技术进步的作用和取得的潜在效益进行分析评估。

(3) 对地区环境质量的影响，自然资源的保护和利用，对生态平衡的影响等。项目环境影响评估主要是对照前评估时批准的“环境影响报告书”，重新审查项目对环境产生的实际影响，审查项目环境管理的决策、规定、规范和参数的可靠性和实际效果。环境影响评估主要包括项目的污染源控制、区域的环境质量、自然资源的利用、区域的生态平衡和环境管理能力等五个方面的内容。

(4) 社会影响评估包括：居民生活条件和生活质量影响；对就业的影响；项目对当地基础

设施建设和未来发展的影响等。

2.6 管理水平评估

管理水平评估是指对项目实施全过程各阶段管理者的工作水平做出评估。其主要内容有：

(1) 分析和评估他们是否能有效地管理项目的各项工作；

(2) 他们是否与政策机构和其他组织建立了必要的联系；

(3) 人才和资源是否使用得当；

(4) 他们是否有较强的责任感等。

三、项目后评价的方法

由于现阶段企业对建设项目尚没有规范、完整地开展后评估工作，在选择评估方法时，可采用对比法和成功度法；在选取评价指标上，采取定量与定性相结合的指标，循序渐进，逐步探索、总结出适合建设项目后评估的方法和指标体系。

目前，国内外项目后评价实践中，总体上采用定量分析与定性分析相结合的方法，在此提出以下三种方法供大家参考：对比分析法、逻辑框架分析法（简称 LFA）和成功度分析法（即打分法）。

四、主要结论

通过对已经完成项目（或规划）的目的、执行过程、效益、作用和影响进行系统的、客观的分析，检验项目预期的目标是否达到，项目或规划是否合理有效，项目的主要效益指标是否实现，同时总结项目实施过程中的经验教训，为新项目的决策和提高投资决策管理水平提供参考，确保项目的成功和有效。

(1) 通过项目后评价反馈的信息，对不再具备战略价值的项目，及时处置退出，对于优化资源配置、促进公司整体的健康运转十分重要。

(2) 通过项目后评价，建立科学的决策机制和监督管理机制，有利于避免建设项目的损失浪费和决策失误，从而提高建设项目的投资效益。

(3) 为不断提高决策、管理水平，合理利用资金，提高投资效益，改进管理，制定相关政策等提供科学依据。

某集团所属子企业的内部资产重组案例分析

规划发展部
张海燕　赵盈盈

一、背景介绍

为明晰产权关系，同时加强集团公司对某地区的管理与控制，减少管理层次，降低管理成本，集团公司拟对A公司和B公司实施资产重组。A、B两公司均为该集团公司的全资子公司，由A公司吸收合并B公司，保留A公司的法人地位，B公司不再续存。

二、该资产重组的动因

其一是提升集团公司在某地区的市场竞争地位，发挥协同效应。A公司吸收合并B公司后，A公司不仅可以有效地整合B公司的核心资产并加以有效利用，A公司的注册资本还将提高，有利于市场竞争地位的提升，并将有利于协同效应的发挥。

其二是有利于集团公司通过吸收合并而减少管理层次和降低管理成本，有利于企业内外资源的整合。通过吸收合并将较好地解决资源的整合，减少管理的层次，充分发挥规模效应与协同效应，将过去分别建立的生产管理、市场营销和财务管理的体系加以有效整合，不仅可以使企业效率提高，还可以减少机构重叠，从而降低管理和运营成本。

其三是有利于集团公司构建新的资本运作平台，为公司拓宽融资渠道。吸收合并后，可以通过对业务和资产的剥离获得资本来源补充公司资本，扩大业务能力和竞争力，同时对连续亏损而失去融资能力的资产加以盘活。将有利于构建新的资产运作平台，为公司拓宽融资渠道。

三、吸收合并的操作流程

（一）取得政府同意吸收合并的批复

该地区是由投资促进局代表政府对吸收合并方案进行批复，政府同意吸收合并后方可转入后续步骤。

（二）取得同意B公司的注销通知书和A公司的变更通知书

此步骤办理的主管部门为该地区工商局。工商局将在投资促进局批复的条件下做出同意B公司在吸收合并中注销的通知和同意A公司变更登记的通知。

（三）取得同意B公司与A公司土地房产吸收合并的批复

本步骤由该地区建发局负责批复。建发局在取得投资促进局同意吸收合并的批复和工商局同意吸收合并批复的基础上，主要对企业合并而申请的土地房产转移登记是否符合土地房产的相关政策进行审核，可以同意吸收合并而办理房产土地过户手续，调整原出让土地合同、变更土地证和房产证，也可以依据相关政策不批准土地房产过户或同意土地房产过户但补交相关税费。

(四) 在国税局、地税局进行所得税备案,办理土地增值税减免、办理契税减免

此步骤由该地区国税局和地税局负责办理,并跟该地区国家税务局核准备案。

(1) 所得税备案要点说明

由于 A 公司的所得税关系在国家税务局,而 B 公司的所得税关系在地方税务局,因此,所得税备案要同时在国税局和地税局分别进行。所得税备案的目的是鉴别企业能否符合国家税务局财税(2009)59 号文特殊性税务处理的规定,如符合则享受减免所得税的待遇。

所得税备案是此次重组的关键,提供的资料繁多,而且需要会计师事务所的专项审计及评估机构的评估加以佐证数据资料的准确性,其中也涉及亏损额能否弥补。

所得税备案还要通过该地区税务局报市税务局核准。

① 核心文件

本步骤提供的核心文件较为复杂且事关重大,所有的文件说明都必须与国家税务局 59 号文相符,税务局将依据这些文件资料对能否减免所得税做出核准。需提供的核心文件包括:

- 吸收合并各方的总体说明。
- 吸收合并各方当事人的股权关系说明。
- 被合并企业,即 B 公司的资产、各单项资产和负债及其账面价值和计税基础等相关资料。
- 证明重组符合特殊性税务处理条件的其他资料。

② 特殊性税务处理的条件

国家税务局对特殊性税务处理的条件有以下规定:

- 具有合理的商业目的,且不以减少、免除或者推迟缴纳税款为主要目的。
- 被收购、合并或分立部分的资产或股权比例符合本通知规定的比例。
- 企业重组后的连续 12 个月内不改变重组资产原来的实质性经营活动。
- 重组交易对价中涉及股权支付金额符合本通知规定比例。
- 企业重组中取得股权支付的原主要股东,在重组后连续 12 个月内,不得转让所取得的股权。

(2) 土地增值税减免要点说明

如果通过了所得税备案且符合特殊性税务处理的条件,可以办理土地增值税减免,取得土地增值税减免通知书,免征土地增值税。

(3) 办理契税减免

在符合特殊性税务处理的情况下,向该地区地税局申请办理吸收合并事宜的契税减免,取得契税减免通知书,免征吸收合并事宜的契税。

(五) 办理吸收合并方 A 公司的工商变更登记和被吸收合并方 B 公司的注销登记

本步骤由该地区工商局负责办理。通过本步骤确认吸收合并后的 A 公司的注册资本与实收资本、新的公司章程、新的经营范围、新的法定代表人和新的管理机构等,变更涉及营业执照的各个项目登记。B 公司因合并而注销,丧失法人资格,原有的资产、负债、权益由合并方承接,人员由合并方接收。被合并的 B 公司可以解散而不进行清算,也可以解散而清算,如若清

算在注销登记时应提供清算报告。

(六) 办理土地使用权、房产过户,合并双方土地与房产

本步骤由该地区建发局、房地产交易所负责批复。在完成工商注册变更登记、取得建发局对吸收合并土地与房产的处理批复,在该地区地税局批准契税减免之后,到该地区房地产交易所办理合并房产土地过户手续,变更土地证和房产证。

(七) A公司变更税务登记证及企业组织机构代码证

这个步骤的负责部门是该地区的国家税务局和地方税务局及该地区技术监督局。在完成上述六个步骤之后,最后将A公司税务登记证变更为吸收合并后的状态,同时也将组织机构代码证变更为吸收合并后的状态,从而最终完成吸收合并。

(八) B公司注销税务登记证和组织机构代码证

本步骤的主管部门是该地区国家税务局、地方税务局和天津经济技术开发区技术监督局。在完成第一步骤至第六步骤的操作后,即可办理B公司税务登记证和组织机构代码证的注销,通过本步骤B公司不再拥有法人地位,不再存续。

浅谈系统化推进企业战略落地

规划发展部

赵盈盈

所谓战略落地，就是企业要在能力与资源的基础上，把企业的内部能力与资源转化为现实的战略竞争力，避免战略与运营系统脱节。正如阿里巴巴的总参谋长曾鸣所说的那样："做企业要眼高手低"。所谓"眼高"，就是高瞻远瞩、看到未来，有一张战略地图；所谓"手低"，就是动手的时候一定要脚踏实地、实事求是，能够把战略落到实处。"眼高手低"这个词可以形象地概括出战略和运营的关系，不能落实到运营层间的战略注定是无效的。战略方向确定以后，就迈上了战略落地的征程，这是一个复杂的系统工程，需要统筹全局、周密实施、攻坚克难、务求实效。要系统化推进战略落地，首先是在于找准核心原因，推出系列化的"组合拳"。

1. 构建战略落地的闭环管理和三环驱动体系

利用科学化的工具和方法（如战略地图、平衡计分卡、商业画布等），构建一套由战略引导、计划承接、绩效评估三个环环相扣的动态系统，不仅将战略和运营紧密结合，并且这个三环驱动的动态系统带动战略目标不断往前推进，最终实现战略落地。这是一个科学严谨的管理体系，将"高大上"的战略目标逐级分解成若干个具体的目标，且将这些目标具体到人，从而将员工的奋斗目标与企业的战略目标紧密地结合起来。在战略执行过程中，对于每一个具体目标也需要通过动态的计划、执行、检查、修正来不断循环，推动前进。

图 1 战略落地的闭环管理三环驱动体系

2. 加强信息化建设为决策做支撑

在大数据时代，高效的信息整合、智能分析与传递已经成为企业信息化发展的必然趋势。为了使领导对公司未来的规划和对重大事项的决策更加有把握性，企业信息化建设应将这方面列为重点工作之一。

在全面信息化建设的基础上，新奥集团在 IBM 的帮助下，从 2008 年开始全面实施战略绩效管理信息系统，统一数据平台和指标体系，制订“三一规划”（即三年规划与一年的详细计划），再把一年计划分解到季度、月度；组织划分从总部到产业集团，再到成员企业或下属业务单位；所生成的业务规划，通过全面预算管理系统来实现。所建的战略绩效系统中的商务智能工具，会抽取企业资源计划系统、客户关系管理系统、抄表计费账务系统等企业运营的实际数据，与业务规划的数据进行比较，帮助企业随时调整经营策略。

3. 战略落地是人心工程

战略落地是一个长期持续、砥砺前行的过程，要克服巨大的艰难险阻。如果没有一支富有创业激情、信念坚定、能打胜仗的骨干队伍作为中流砥柱，是不可想象的。同样，如果没有广大员工投身参与、贡献热情与智慧，靠少数人也不可能取得实际的成果。

一方面，在战略落地工作中，要真正拿出时间精力来培养人、激励人，要让员工越来越深刻地认识到战略成功的希望，越来越多地体会到员工与公司的共同成长。要善于和肯于做思想工作，要有胸怀让更多的优秀员工在更大的事业平台上施展才华。

另一方面，在战略发展的大局中，关键岗位队伍要更加主动、自觉、深刻地学习、掌握企业确定的战略方向，更加积极、富有创造性地推动各项战略举措的落地。

4. 领导需要长抓不懈的执行力

有时候战略的失败并不是因为员工工作不到位、战略规划得不科学等原因造成的，而是由于领导不重视，缺乏长抓不懈的执行力。

首先要转变作风，推动战略落地。作风转变是提高能力的途径，领导干部要时刻牢记自己的工作之职、岗位之责，切实负起推进改革发展、转型升级的重任，成为战略实施的先行者和推动者。要在基层、实践、市场中去感悟和思考与战略有关的问题。以求真务实的态度、敢于碰硬的勇气、只争朝夕的激情、清正廉洁的品格，真正把心思用在干事业上，把精力投入到抓落实上，把力度放在克难攻坚上，把效率体现在工作成果上，全面推进企业战略落地。

其次要创新方法，带动战略落地。要系统思考、重道转术，优化思维方式，实现领导方法、思想方法、工作方法的改进。增强反思意识，勇于正视困难和问题，加强转型，善于创新。提高领导力和思辨力，防止工作方法的简单化和执行的机械化。既要发散思维，又要善于聚焦；既要抓关键，又要把时序，通过现代管理手段，有效带动企业战略落地。

第三要提升能力，促进战略落地。面对企业的进一步深化改革和转型升级的任务，领导干部必须加强学习，完善知识结构，提高综合素质；提高分析研究、把握规律的能力；强化沟通协调、争取资源的能力；增强知人善任、汇聚力量的能力；增强干事创业、掌控局面的能力；大力促进企业战略落地。

关于开展企业统计报表信息化的思考

赵 月

随着互联网技术的日趋成熟以及企业信息化的进一步发展，利用互联网这个平台来进行统计报表报送是统计数据采集方式的重大改革。在全系统范围内开展统计报表网络报送是加快企业信息化发展的一项重要环节，是企业发展步伐中不可或缺的一步。本文以某大型国有企业统计报表为例，介绍其信息化工作的开展及一点思考。

一、开展所属企业网络报送报表的背景、意义及目的

（一）开展所属企业网络报送报表的背景

传统的统计方式依靠各级统计人员利用固定模板报表进行录入、审核，汇总上报。繁琐的催报、录入、整理和审查等工作降低了数据采集的效率和时效性，增加了统计人员的工作量。随着互联网技术的成熟，由统计人员登录统一平台进行统计报表网上报送，既能减轻统计人员的负担，还能提高统计数据采集的效率。依靠现代化的先进信息手段，建立一套适应企业发展的网络报表系统势在必行。

从2012年初开始，根据企业信息化建设的发展和统计工作的需要，报表主管部门就综合管控信息系统统计报表模块功能的需求，在全系统范围内征求意见后，与平台开发人员进行多次沟通和交流，最终形成了一套网络报送报表的方案。

（二）推进所属企业网络报送报表的意义

积极推进所属企业网络报送报表具有重要的意义，主要体现在三个方面：

一是减轻了统计部门催报、审核的工作量，有利于将更多的精力转移到对数据质量监控和数据分析应用上，提高了工作效率；二是通过所属企业统计人员数据录入后，提交主管领导审核的环节，尽量较少差错，从而提高了所属企业统计数据质量；三是对所属企业统计信息化的建设有着积极的推动作用。

（三）企业网络报表系统开发的目的

借助现代化信息管理技术，以规范统计业务流程、统计数据标准为基础，以内容丰富、结构合理、高效安全、充分共享为特征，以全系统统计数据资源为核心，建立满足企业发展需要及外部报表需要的数据信息集成系统。

二、企业网络报送报表系统的主要功能

企业网络报送报表系统的主要功能包括这几个方面：指标格式的设置、审核关系的设计、数据的自定义查询及汇总、导入导出和上传附件等。

三、网络报送报表工作的试运行

(一) 开展程序测试

由于每一台电脑的情况都不同,在进行试点工作之前,首先要对统计人员的电脑,具体包括操作系统、浏览器的选择,网络环境的设置,防火墙级别的设置和可信任站点的调整等,进行一系列的程序测试和运行,并在信息中心的要求下安装相关插件,以达到能够顺利访问报表平台的要求。

(二) 开展所属企业试点

当系统测试无误后,选取部分企业作为试点单位,通过网络对试点企业统计人员进行培训后,安排其率先登陆平台进行试点报送。在试点过程中,实行双轨制报送,即在保证原有通过报送方式不变的情况下,利用管控平台报送报表的方式同时进行。这样能够充分保障在试点期间统计渠道不断、统计数据不乱。在利用管控平台报送报表试点期间,重点监测试点单位报送的数据质量。

通过与试点单位进行沟通,听取和了解平台使用人员对报表系统程序功能的使用建议、意见,经与信息中心和平台开发人员沟通后,对程序进行修改和完善。

(三) 试点工作顺利结束后

及时总结经验并修改、完善程序,为全系统范围推广报表的网络报送积累宝贵的经验。

四、所属企业网上报送数据的工作流程

所属企业利用互联网平台进行数据报送主要包括三个步骤,具体工作流程见右图。

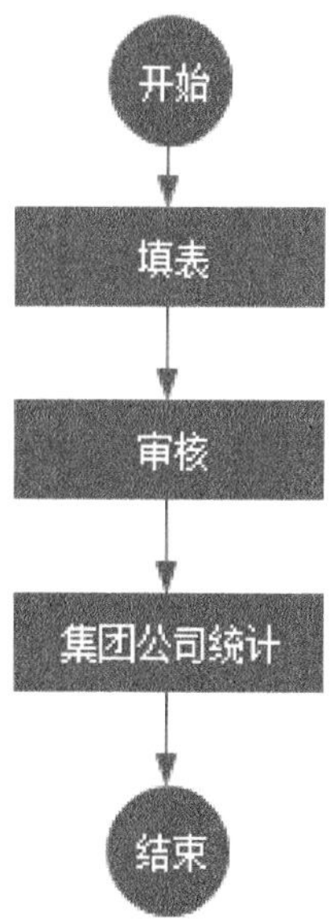

(1) 所属企业使用设置的用户名和密码访问企业综合管控平台统计报表模块。

(2) 所属企业根据要求在线填报、导入和上传统计数据并提交主管领导审核,根据审核结果进行修改完善。

(3) 所属企业在确认审核无误后,点击"处理"按钮即可通过网络报送至总部统计人员处。当总部统计人员访问后,所属企业可以浏览报表但无法修改数据。对于审核无法通过的报表,总部将退回其所属企业进行重新核实、上报。

总部统计人员登陆平台对所属企业的报表进行审核后,导出数据,进而实现更进一步的加工和分析。

五、开展企业网络报送报表工作取得的成效及几点思考

(一) 开展企业网络报送报表工作取得的成效

(1) 网络报送,提高了数据质量。报表系统相关数据功能的设计,有利于统计数据的准确

性和完整性，大大地提高了企业统计数据的质量。

(2) 方便快捷，提高了工作效率。该平台实现了企业统计信息的网上传递与记录，大大强化了数据的功能，月末数据整理、分析工作效率得到了进一步的提高。

(3) 内容丰富，提高了服务水平。各所属企业可利用这个平台将历史数据导入到该系统中，建立企业自己的电子统计台账，提高了统计信息化水平，并根据自己的需求来进行汇总和查询，能更好为企业各级领导决策提供更优质的服务。

所属企业实现统计报表信息化之后，统计报表的报送方式由传真和邮件的方式转为网上直报，这将推动企业统计生产方式的变革。

(二) 企业报表信息化实施中需要注意的问题

开展报表信息化是企业信息化的内容之一，企业信息化是一项全局性的工作，是一项战略性的工作，我们应高度配合信息化建设的进程，尤其在组织实施中应注意以下三个方面的问题：

1. 高素质的统计队伍是网上直报工作顺利开展的基础

在人员的组织安排上，特别需要一支高素质的统计队伍。报表信息化工作的顺利开展，需要既能熟练使用网络又拥有丰富统计报表经验的统计人员或上述人员的密切配合。

2. 加大组织培训力度是统计报表信息化工作顺利开展的关键

由于目前所属企业统计人员大部分为财务人员、项目管理人员或合同管理人员兼职，且日常工作繁重且忙碌，因此在组织培训时要充分利用网络的优势，借助多媒体教学的特点，制作幻灯片，制定报表信息化指导手册，邀请信息中心人员答疑，鼓励其上机试报，对部分技术生疏或操作困难的企业实行电话指导和远程服务，以保证企业统计人员扎实掌握各个工作流程的操作和使用方法。

3. 定期进行系统安全检查和数据备份是企业报表信息化工作顺利开展的保证

根据企业现行统计制度，企业统计报表以月报的形式定期提交，长此以往，统计数据量将越来越大，因此系统的正常运行和安全工作便显得尤为重要。定期对网络环境、服务器状态进行监控，对系统进行检查，及时排除隐患，并做好数据的备份，是信息化工作顺利开展的有利保证。

谈统计指标在某大型国有建筑企业的实际应用

赵　月

摘　要：

本文探讨了统计指标分析的概念、原则和意义，并介绍了狭义范围内的企业经营统计指标的分类，主要分为总量指标、相对指标和平均指标。统计人员在整理和汇总统计资料的基础上，正确计算和运用各项统计指标，就能够详尽地了解企业的发展水平，分析企业在同行业中所处的地位，为企业未来的各项经济指标的发展趋势做出有效的预测。

关键词：建筑企业　统计指标

随着国民经济的发展，建筑业的发展也在不断加快，为了使企业的各项经济指标直接与国家颁布的相关标准、制度以及上级单位的要求相接轨，加强对统计方法、制度的正确、合理使用，以适应新的经济形势发展的需要，已成为做好统计工作的有力保障，我们应抓紧贯彻实施全面反映企业当前发展阶段和特点的指标体系，满足统计核算和报表的需求，使建筑业各项指标具备冲击经济市场的先决条件。

一、建筑业统计指标分析的概念

通过从不同的角度、范围进行统计分析，建筑业可以分为广义和狭义两个概念。广义的建筑业指建筑规划、建筑设计、建筑施工、建筑监理、建筑评估和建筑预、决算等等，这是总体的建筑概念。狭义的建筑业仅指建筑预、决算和建筑施工，这也是现行统计报表制度中所包含的内容，是总体概念的分支。本文以某大型国有建筑施工企业为例，探讨狭义范围内的企业经营统计指标体系。

二、建立统计指标体系的原则

建筑施工企业经营统计指标体系在总体上应能够全面反映企业的发展状况，并符合国民经济核算体系的标准，满足内外部、上下级各类统计数据的需求，具体应遵循以下原则。

（一）统计指标设置应与国民经济核算体系相衔接

把向国家统计局、北京市所属行政区域统计局、建设部和商务部等政府部门报送的相关指标设置在指标体系中，通过对统计指标进行分析，既能反映企业的发展需要，又能体现在行业或央企所做的贡献。

（二）统计指标设置要统一性和灵活性相结合

设置指标体系时，除了要有反映建筑行业总体发展水平的共性指标，还要有反映处于不同发展阶段企业的同类性指标和体现企业发展特点的个性指标。

（三）统计指标设置要科学性与可操作性相结合

统计指标范围应覆盖企业的主要方面，与此同时，也要对其可操作性、可评价性进行思考，与企业生产经营实际情况紧密结合。

三、统计指标分析的意义

通过对反映企业基本状况和企业经济效益的统计指标进行分析，能够发现企业的财务状况和经营成果，评价企业的经营业绩，预测未来的发展趋势，为各级领导的相关决策提供数据支持。

四、统计指标的分类

统计指标主要分为总量指标、相对指标和平均指标。

（一）总量指标的重要作用

总量指标是对社会经济现象总体认识的起点，是编制计划、实行经营管理的主要依据。按其反映现象总体内容的不同，分为总体单位总量和总体标志总量，简称为单位总量和标志总量，总体单位总量和总体标志总量不是固定不变的，它们是可以随着研究目的的不同而变化的。

在建项目	数量(个)	产值(亿元)	项目管理费(万元)
总部项目	24	22.81	1,130
子公司使用总部资质承接项目	81	27.80	3,000
合计	105	50.61	4,130

以某年企业工程项目数据为例，上表中的在建项目构成一个总体，其中每一个项目为一个单位，全部项目则构成了总体单位总量指标，用以反映总体的规模，而其他如产值和项目管理费等指标，则构成标志总量指标，形成一套的统计指标体系，用以分析该企业的在建项目状况。

总量指标按其反映时间状况的不同，分为时期指标和时点指标，时期指标反映的是一段时间连续发生变化的过程。如企业某一年的新签合同额为 103.1 亿元，这是全年统计指标累加的结果，表示在全年已经达到的总体水平。时点指标反映社会经济现象在某一时刻(瞬间)状况上的总量指标。如截止某年 12 月，企业施工面积已达到 605,295 平方米，表示的是在某年 12 月 31 日这一时间的统计数据。因此，在进行总量指标的统计时，要正确把握指标的总体现象、时间状况，分清指标所属范围，合理计算、运用统计的总量指标，确保统计数据的准确性和真实性。

（二）相对指标的综合运用

相对指标为人们深入认识事物发展的质量和状况提供客观的依据，计算相对指标可以使不能直接对比的现象找到可以对比的基础，进行更为有效的分析。相对指标包括结构相对指标、比较相对指标、动态相对指标、计划完成程度相对指标等，各项指标结合运用如下：

某年新签合同额(亿元)		结构相对指标	比较相对指标	动态相对指标
子公司	65.5	63.48%	65.5:37.68=1.74:1	65.5/51.51=127%
总部	37.68	36.52%	37.68:65.5=0.58:1	37.68/33.16=113.63%
合计	103.18	100.00%		

结构相对指标:某年,子公司完成新签合同额 65.5 亿元,占全年合同额合计数的 63.48%,总部完成新签合同额 37.68 亿元,占全年合同额合计数的 36.52%。由此可以看出子公司签约额所占比例大于总部。

比较相对指标:某年,子公司完成新签合同额 65.5 亿元,总部完成新签合同额 37.68 亿元,子公司与总部相比=1.74:1,总部与子公司相比=0.58:1。由此可以看出,子公司签约额是总部签约额的 1.74 倍,总部签约额是子公司签约额的 0.58 倍。

动态相对指标:某年,子公司基期签约额为 51.51 亿元,报告期签约额为 65.5 亿元,发展速度为 65.5/51.51=127%,增长速度为 127%-100%=27%,实际增长签约额为 65.5-51.51=13.99 亿元;总部基期签约额为 33.16 亿元,报告期签约额为 37.68 亿元,发展速度为 37.68/33.16=113.63%,增长速度为 113.63%-100%=13.63%,实际增长签约额为 37.68-33.16=4.52 亿元。相比之下子公司签约额的增长速度大于总部。

企业总产值(亿元)		计划完成程度相对指标
子公司	27.8	27.8/13.64=211.14%
总部	22.81	22.81/13.69=166.62%
合计	50.61	

计划完成程度相对指标:某年,子公司计划完成产值为 13.64 亿元,实际完成产值 27.8 亿元,完成程度为 27.8/13.64=211.14%,超额完成计划的 211.14%,即超额 27.8-13.64=14.16 亿元;总部计划完成产值为 13.69 亿元,实际完成产值 22.81 亿元,完成程度为 22.81/13.69=166.62%,超额完成计划的 166.62%,即超额 22.81-13.69=9.12 亿元。通过对两者进行比较,可以看出双方都超额完成计划,但子公司超额了 211.14%,而总部却只超额了 166.62%,因此子公司的计划完成情况比总部要好。

根据上述内容,可以充分反映企业在同行业中的地位变化、比例关系的协调平衡、经济实力或为社会服务的能力、发展速度及指标完成程度。运用这些统计指标与同类先进企业进行对比、与国家发布的相关年鉴资料指标进行对比,可以找出差距,为提高本企业水平提供依据;通过监控和分析企业经济计划指标的执行情况,可以掌握企业发展的状况或预测可能出现的形势。

(三)平均指标的基本作用

平均指标又称统计平均数,用以反映社会经济现象总体单位各单位某一数量标志在一定时间、地点条件下所达到的一般水平。

平均指标具有广泛的作用:一是能够反映总体单位各单位变量分布的集中趋势;二是能够比较同类现象在不同单位的发展水平,用来说明生产水平、经济效益或工作质量的差距;三是能够分析现象之间的依存关系。它除了反映现象总体的典型特征外，还可用来进行同类现象在不同单位发展的一般水平的比较，也可用作同一单位不同时期水平的比较。

平均指标有多种计算方法，包括算术平均数、调和平均数、几何平均数、众数和中位数等，它们都用来反映现象的一般水平。在实际工作中普遍运用的方法是算术平均数，下面就算术平均数的两种计算方法进行列表说明：

企业名称	合同额（万元）	个数	平均值
	xf	f	xf/f
A 公司	64,659.14	136	
B 公司	84,963.59	117	
C 公司	101,299.14	192	
D 公司	100,096.04	50	
E 公司	56,077.56	111	
F 公司	100,018.00	59	
G 公司	45,719.62	43	
H 公司	79,654.97	22	
I 公司	0.00	0	
J 公司	12,166.26	13	
K 公司	10,342.55	2	
L 公司	376,793.41	18	
合计	1,031,790.28	763	1,352.28

上表中第四列的平均值 $= \Sigma xf/\Sigma f =$ 1,352.28 是运用加权算术平均数计算的。

起重重量（吨）	台数	起重总量	起重机台数构成	平均值
x	f	xf	f/Σf	xf/Σf
40	1	40	10%	4
25	2	50	20%	5
10	3	30	30%	3
5	4	20	40%	2
80	10	140	100%	14

上表中第五列的平均值 $= xf/\Sigma f = 14$ 吨则是运用比重即权数计算的。

五、总　结

综上所述，只要正确计算和运用各项统计指标，就能够详尽地了解企业的发展水平，分析企业在同行业中所处的地位，为企业未来的各项经济指标的发展趋势做出有效的预测，使企业对未来的经济发展具有可知性、准备性、主动性、前瞻性，满足企业核算和发展的需求，让我们的企业更快、更好地溶入大环境，在完全竞争市场条件下更具有可塑性和创造性。

案例——集团企业资金集中管理模式

国际工程部
梁　玮

资金管理模式分为集权模式和分权模式，但集团企业应主要采用集权模式的资金集中管理方式。

何谓资金管理？“资金”就是企业在生产过程中的资金运动及其所体现的经济关系；“管理”是为实现目标所进行的最有效与最经济的活动，是对行动的反映、计划、组织、控制、监督和调节。因此，“资金管理”，就是依据国家的政策和法律，根据资金运动的特点和规律性，有效地组织企业的资金运动，正确地处理相应的资金关系。

资金是一个企业从事生产经营的“血液”，其运营不仅涉及企业生产经营活动的方方面面，还与企业的管理水平和经济效益密切相关。资金管理是企业财务管理的核心内容，资金集中管理是集团企业管理的关键问题。如何构建和改善集团企业的资金管理体制？如何更有效地利用现代信息技术？如何将两者进行最佳的配合？这些是众多国有大型企业共同关心的问题。资金搞活了，一个企业就会欣欣向荣，不断向前发展。

所以，如何摆正资金管理在财务管理乃至企业管理中的相应位置，如何高效地筹集、使用、分配资金，进一步提高资金的调控能力是提高企业经济效益的关键，也是关系到集团企业发展的大事。企业的生存和发展，向内要靠加强财务资金管理，向外要靠技术进步。因此，企业管理，要牢固树立资金管理的理念，不断探索资金管理的新模式。

案例如下：

山西煤炭进出口集团公司成立于1980年，是全国四家、山西省唯一一家具有煤炭出口成交权的专业外贸企业，是山西省规模最大的出口创汇企业。集团企业现拥有独资子公司28个，控股、参股及全员持股企业24个，煤矿10座，煤炭发运站（点）78个，形成了覆盖煤炭主产区、遍布重要运输线、占据主要出海口的独立完善的煤炭内外贸运销体系。

2002年年底之前，集团企业对财务资金管理采用的是分散式管理。在成立专门的资金结算中心之前，面临的主要问题是：资金存在分散和闲置、收支缺乏统一的规划；借贷两高现象；资金计划与实际执行差异大，并难以控制和跟踪；资金综合盈利能力低、财务结算成本高；信息失真、滞后，信息管理成本高；资金难以调拨、分配、归集等。

另外，从财务管理本身和其他配套机制运行方面来分析，主要突出表现在财务预算管理“虚无”、资金结算管理“松散”、监督考核环节“薄弱”和管理手段“落后”及工作效率“低下”等方面。

具体表现为：

集团企业的大部分财会人员受传统管理理念和惯性思维的约束，对财务工作的重要性认识不足，对管理创新的意识不强，这是导致财务管理工作薄弱的主要原因；

集团企业对成员单位的财务管理模式不清，权责不明，会计核算体制不很规范、财务控制体制不太健全是财务管理不能发挥其职能的主要原因；

集团企业没有建立完善的财务报告机制、资金预算管理机制和资金集中管理机制是财务管理难以确立企业经营管理核心地位的主要原因；

集团企业的财务管理制度好几年未做制定和修订，已不能适应企业发展的需要。不健全和不完善的财务管理制度是企业不能有效控制经营风险和财务风险的主要原因；

集团企业财务管理手段相对落后、计算机设备陈旧、财务信息化技术应用较少、财务信息无法实现网络化管理是公司资金不能得到有效配置和不能提高其使用效率的主要原因。

由于资金管理及其配套机制问题的存在，集团企业的财务状况一度恶化，从而导致集团企业融资渠道受阻，资金链面临断裂，无力实施业务规模的扩大和实体化建设，集团企业的发展几乎停滞不前。各成员单位之间的资金使用存在旱涝不均的情况且成员单位在资金使用上存在诸多漏洞，使正常的经营活动陷入困境，直接制约了企业的健康发展。

因此，集团企业高层领导确定了这样的理念：企业的关键在管理，管理的核心在财务，财务的重点在资金。同时确定当前面临的急需解决的几个问题是：如何实现事前预算与结算控制的结合？如何有效利用沉淀资金，加快资金周转？资金集中后资金存量中有多少能调用以及资金集中后如何化解集中的大量工作以及资金结算与其他系统的关系？网上结算安全性如何保证？集团企业领导组在做了大量的调研和总结后，有效地实施了资金集中管理模式。

一、资金集中管理的必要性

资金集中管理主要是指集团企业各成员单位所收各类款项一律存入集团企业统一账户，成员单位的所有支出一律由该账户支付，各成员单位资金流向置于集团企业的指导和监控之下。这种管理模式有利于集中使用资金，提高资金使用质量，在成员单位之间相互调剂余缺，最大限度地盘活企业内部资金，减少银行贷款规模，提高企业的信用等级和信誉。集团企业实施资金集中管理有着十分重要的意义。

（一）资金集中管理是集团企业适应激烈市场竞争的本身需求

前几年，由于煤炭行业产品供大于求矛盾的突出，致使企业经济效益滑坡，生产经营困难重重。集中体现在资金使用上寅吃卯粮、捉襟见肘，为了解决这一矛盾，发挥资金的规模效益和对资金进行合理配置，一些集团企业开始采取资金集中管理模式。

（二）资金集中管理是集团企业资金合理配置的内在要求

集团企业将资金集中管理后，可以将分散的资金积少成多、合理调配、统一安排，将资金用于最需要的地方。闲置的资金还可以用于实体化建设或其他投资，以实现资金效益的最大化。

（三）资金集中管理是实现集团企业资金的整体运用效益的外在要求

市场竞争非常激烈，客观上要求企业集中优势资金，通过统一销售、统一结算、统一纳税、统一贷款、统一投资来增强企业的整体实力，充分发挥资金的规模效益，使企业以崭新的形象参与市场竞争。这样可以避免企业内部各成员单位资金分散、各自为战的现象，提高企业的整体形象和资金的整体应用效益，增强企业参与市场竞争的能力。

（四）资金集中管理是控制成本费用支出的客观要求

由于集团企业各成员单位旱涝不均等原因，在资金使用上存在苦乐差异等现象。资金集中管理以后，集团企业可以对各成员单位的资金使用情况进行实时监督、控制，对资金确实紧缺的单位,可以根据实际情况统筹安排。这样,便保障了集团企业目标成本的顺利完成,维护了集团企业的整体经济利益。

二、财务资金集中管理的模式

采用适合集团企业的资金管理模式,可以提高集团企业的资金使用率,降低资金使用成本;可以监控集团企业各成员单位的资金状况,防止发生支付危机,资金周转不畅的情况,保持资金良好的流动性,有利于集团企业经营目标的实现。

资金管理集权和分权的程度是资金管理中的基本策略问题,是由其行业特点和资金运行规律决定的。高度集权的资金控制策略对资金的集中控制和统一调配有利,但不利于发挥各成员单位的积极性。各成员单位在资金运作上过分依赖于集团企业,如果相关措施不到位,可能影响资金的周转速度,影响其对市场的应变能力。

对于经营品种单一、现金流稳定、有比较固定的上下游资金链的集团企业来说,可以优先选用集权程度较高的资金集中管理策略。集权程度较低的资金控制策略有利于调动各成员单位的积极性,但又难以避免资金分散、资金使用率低、沉淀资金比例大、资金使用成本高等固有缺点。对于多元化经营的集团企业,或者是现金流不十分稳定的行业,为了使其经营能正常进行,往往采取集权程度较低的资金集中管理策略。集团企业只有根据自己的实际情况,把握资金管理的集权程度,才能使集团企业的资金聚而不死、分而不散、快而有序、动而平衡。

根据管理的集权与分权程度的不同、行业的资金运行规律不同,资金管理大致可划分为以下几种不同模式:

(一)集中监控模式

集中监控模式是集团企业不对各成员单位的资金管理进行干预,在资金使用和用途上给各成员单位以较大的自主权,自主安排流动资金总量,分配不同流动资金所占比例,自主决定购买与企业经营有关的资产。同时,集团企业对各成员单位的资金借贷规模和负债比率要严格控制。

(二)统收统支模式

统收统支模式是指企业的一切资金收入和支出都集中在集团资金管理部门,各成员单位均不单独在银行设立账号。资金的使用权、决策权和融资权(资金的“三权”)均掌握在经营者或者经营者授权的代表手中,资金的“三权”高度集中。

(三)现金集合库模式

现金集合库模式是由一组形成上下级联动关系的银行账户和内部结算系统账户及其定义在这一组账户上的资金收付转和相应的记账规则组成的。

集团企业根据实际经营状况、行业属性和资金运行的特点,采用了现金集合库模式。集团企业及其成员单位均在中国银行开立账户,集团账户由结算中心管理,作为一级结算账户;各成员单位开立的账户作为二级结算账户。资金在开立的两级结算账户之间由协作的中国银行和集团结算中心自己根据需要或约定进行上划和下拨。

集团企业在集团结算中心为参加集中结算的成员单位建立对应的内部结算账户,用以记录一、二级结算账户之间的债权债务关系。成员单位从系统外收款时，资金从二级结算账户上划到一级结算账户，集团结算中心增加该二级结算账户所对应的内部结算账户余额；成员单位向系统外付款时，资金从一级结算账户下拨到二级结算账户，结算中心减少该二级结算账户所对应的内部结算账户余额。

通过全面实施资金集中管理系统，各成员单位的业务形成了紧密的整体。数据集中在集团企业，集团企业领导随时可以看到结算平台上的资金动态；结算中心工作人员随时可以处理成员单位通过网络提交的付款委托；成员单位可以方便地对自己的资金进行查询、支付、对账。集团企业节省了大量的汇兑费用，充分利用了沉淀资金，解决了预算对结算的控制问题，也解决了将资金按时、按量自动回拨的问题。

三、集团企业财会部门与资金集中管理

集团企业根据经营管理的需求，为达到资金分而不散、账户多而不乱并使资金动态的管理目标达到最优化，集团企业通过建立内部结算中心制度，调控资金运动发挥财务管理的能动性，适时地转变和扩展传统财务职能，将原来集管理、核算职能为一体的财会部门合理划分为几个层次。

（一）利用财务信息制定企业财务会计政策和内部控制的参谋层

确定集团财务管理制度制定的依据、目的、使用范围和实施方式；明确集团企业法人治理主体和关联企业在财务管理方面的权限和职责；划分集团企业权力机构和决策机构的财务权限，集团的筹资、投资决策和利润分配权属权力机构。集团的决策机构负责筹资、投资和利润方案的指定、集团财会机构设置、财务会计规范以及财务负责人的任免。

（二）实施财务会计政策的执行层

根据《会计法》、《企业会计制度》、《企业内部控制制度》和集团财务管理目标制定企业内部财务管理制度和实施细则，如预算管理制度、资金管理制度、资产管理制度、投资管理制度、担保管理制度、费用管理制度、所有者权益管理制度、结算管理制度和税务管理制度等。

（三）运用会计理论、会计方法的实务工作者

企业集团的会计实务工作者按照财政部《内部会计控制规范》的要求，贯彻落实集团企业制定的财务部门职责权限及其财会人员管理制度，合理划分职责权限，使不相容岗位相互分离，形成权责分明、相互制约、相互监督的内控机制。

集团企业从财务管理机制上保证资金安全，降低资金风险。结算中心成为内部资金控制的实施者，既能通过对资金流向的实时监控，又能控制费用的支出。实行实时资金管理审批制度的方式能够了解和掌握所拥有的集团资金资源。其实质上也就是使集团资金集中统一管理，统一对外筹资、投资，统一采购、销售。集团企业成员使用资金的时间差异和存量，也为内部资金融通提供了可能。

四、资金集中管理与相关措施

集团企业在实施资金集中管理时，从财务管理的基础工作入手，狠抓财务管理规范化。同

时，从最高端的财务管理出手，层层推进会计核算电算化、财务信息网络化和资金管理银行化。

（一）基础财务管理规范化

基础财务管理的具体做法是实施三个统一，解决三大问题。三个统一是指“账证表统一，核算办法统一，会计制度统一”；解决三大问题是指清产核资、投资确权、解决遗留问题。清产核资是将集团企业及其成员单位的资产进行盘点和清理，核实所有的往来账户；投资确权是将集团企业往来的每笔款项重新进行确认，是投资的记入投资账户，是借款的进行清理，重新办理手续；解决遗留问题是将集团企业单方挂账，或是历史遗留问题，或是产权不清的问题，分别进行处理。在此基础上，对所有成员单位重新进行内部产权登记，集团企业与成员单位签订资产保值增值责任协议书。通过以上工作，规范和统一了会计基础核算，摸清了家底，理清了产权关系，为实现财务管理信息化奠定了基础，创造了有利条件。

（二）财务管理手段现代化

1. 会计核算电算化

所有成员单位全部实行会计电算化，统一财务软件，统一科目代码，统一会计政策。会计核算统一财务软件，加强了对企业财务资金的集中统一管理，有利于提高企业财务信息的真实性；有利于提高企业资金运作的透明度；有利于提高企业资金使用的效益；有利于提高整个企业的管理水平，加快与国际经济接轨。

2. 财务信息网络化

首先是建立集团系统内的局域网，将所有成员单位的财务全部联网。在此基础上，再实施三个联网，即财务系统与网络系统的互联、财务系统与业务系统的互联、财务系统与银行系统的互联。财务信息网络化解决了信息收集、加工、处理、汇总的问题，使财务数据变成了动态的信息。

财务信息网络化的特点主要体现在快、即、准、全、控。快，就是快捷，成员单位的财务状况在几分钟内即可完成汇总；即，是即时，随时可以提供集团企业的财务报表；准，准确，财务数据的处理、收集、汇总全部由计算机自动完成；全，全面，财务报表、报表附注、财务分析可自动生成；控，监控，对成员单位的账、证、表及资金流向、经营情况、财务状况做到尽收眼底。

3. 资金管理银行化

资金管理银行化就是在集团内部成立资金结算中心，实行收支两条线和资金的有偿使用。这样做的目的，是集中管理资金，统贷统还，统一调配；是盘活子公司存量资金，加速资金周转，提高资金使用率；是节约财务费用，监控资金使用。

（三）实施全面预算管理

全面预算管理以现金流量控制要素，强调预算控制的核心是现金流量和现金流量的高度集中，其主要表现在以下几个方面：通过控制现金流量才能确保收入项目资金的及时回笼和各项费用支出受控；根据“以收定支”的办法，对各现金收支部门的资金严格区分收入和支出，分别开设银行账户，收入由资金结算中心统一支配，支出则根据集团资金情况由资金结算中心统一安排；通过动态的现金流量预算和资金收支计划实现对资金的精确调度。

在对年度现金流量预算静态分解的基础上，通过月度滚动现金流量预算的月度、周资金收支计划，对成员单位的资金收支计划进行动态控制，按日调度，确保资金运用的及时、高效；通过结算中心结算，降低资金沉淀，有效实现资金时间价值。将成员单位银行账户集中至结算中心，统一办理银行收支业务，以自动划款方式实现“限额”管理，确保资金的高度集中，将资金沉淀量降至最低。

五、资金集中管理应用评价

（一）实行资金集中管理，有利于用活资金，加速周转，提高资金使用效益

结算中心把集团企业分散的资金集中起来，统一筹划集团内部资金的使用，及时调剂余缺，使资金的使用趋于合理，整体资金的有效使用率达到95%。2005年底，集团企业业务量达到了3000万吨，增加了4个亿的流动资金周转额。

如果每年能减少银行贷款3个多亿，节约财务费用2000多万，同时减少了各成员单位在人力、物力和财力上的支出，大大节约了其他费用，从而增加了集团企业的收益。由于与银行实现了联网，对于集团企业账户上的结余资金，可以在一天或七天以后才需要的情况下及时通知银行，进行理财，银行存款利率可提高50%.同时，集团企业对各成员单位的资金流向和使用状况做到了随时监控，有效规避了财务风险，减少了潜在的损失，增加了企业的利润。

（二）实行资金集中管理，有利于保证营运资金不被挪用

过去，按资金预算筹集资金，总是存在不够用的问题。其根本原因是缺乏监控手段，营运资金存在挪用的现象，旧账未清又欠新账。结算中心运行后，实施了有效的监督和控制，扭转了这种局面。只要按预算筹集资金，营运资金就可以得到保证。

（三）实行资金集中管理，有利于加强财务纪律

财务结算中心发挥监督职能，对每一项结算业务按照审核操作程序严格审查，保证了结算业务的真实性、合法性和财务信息的可靠性、相关性；有效地抑制了盲目投资和计划外工程；减少了违纪现象的发生。

（四）实行资金集中管理，提高了信息反馈功能，有利丁加强宏观控制

资金结算中心基本能够做到：各开户单位内部结算存款清楚、资金转移情况清楚、累计资金收入和资金支出情况清楚。结算中心每天或随时将这些重要信息反馈给有关领导，有利于领导正确决策，及时调整资金投向。

（五）实行资金集中管理，有利于全面、真实地反映成员单位的财务状况和经营成果

资金集中管理提高了财会人员的工作地位和相应身份，从体制上保证了财务会计监督的独立性，保证其严格按国家有关规定办理各项会计业务；确保了会计核算的统一性、真实性、准确性，有效避免了做假账、账外设账、虚盈实亏、资产流失、乱挤乱摊成本、私设小金库等不良现象，为领导的经营决策提供了真实完整的会计核算资料。

企业战略变革之思考

李 峰

一、战略管理理论呼唤创新

企业的战略管理，是一个应用性非常强的科学研究领域，主流理论发端于西方尤其是美国。在传统管理丛林的基础上，自20世纪80年代以来，战略管理理论经历了长足的发展。从理论与学术研究的角度来看，在管理模型上SWOT分析、五力模型、利益相关者理论、以资源为基础的理论等以外，高度重视环境因素、核心竞争力理论、知识理论、战略柔性、基于人本导向的企业发展战略理论、以复杂性科学为基础的系统理论、企业多元化、商业生态系统理论、社会关系网络系统理论、和谐管理理论等开始受到高度的重视。

战略管理，并不存在普适通用理论，因此在战略实践中必须注意理论的适用性问题。对中国企业而言，所处的环境与背景与战略管理产生的西方世界背景相比，存在相当的特殊性，因此使得问题的选择与研究结果的解释方面不完全类同于西方。国内企业战略管理未来的趋势，应是在借鉴国际上规范的研究方法基础上，突出战略管理的环境依赖与问题导向性，在变量选择上应充分考虑到中国特定的社会、经济与文化背景，即战略研究在中国环境背景下如何实现本土化。

当前世界，随着全球经济一体化进程的加速，企业经营环境的不确定性日益增大，产业边界日益模糊，产业结构的稳定性日益下降，企业的竞争优势越来越难以持续。在急剧变化的企业内外部环境中，企业如何赢得长久的竞争优势，这需要从理论上加深对战略管理的深层次思考，在促进战略管理理论发展变革的进程中，呼唤企业战略管理从方法论的应用到战略管理内容上方方面面的创新。

二、战略管理理论发展特点与趋势

我们可以大致把握在企业面临新的经营环境的条件下，战略管理理论将会呈现如下特点和发展趋势：

1. 制定企业战略的竞争空间在扩展。企业必须从全球的角度、从跨行业的角度、从无边界的范围内来考虑配置自身的资源，以获得最佳的管理整合效果。

2. 企业战略具有高度的弹性。战略弹性是基于企业自身的知识系统对不断变化的不确定情况的应变能力，员工的知识结构及其组合的方式和机制是战略弹性的核心部分。因其具有难以模仿性，战略弹性一旦建立，就确立了企业的战略优势。

3. 不过多考虑战略目标是否与企业所拥有的资源相匹配。企业不能简单地平均分配资源，而是要创造性地通过各种途径来整合资源，通过与知识的组合来克服资源的限制，从而为顾客多创造价值。

4. 由企业或企业联盟组成的商业生态系统成为参与竞争的主要形式。未来的竞争是不同商业群落之间的竞争。对于一个单独的企业个体来讲，竞争更体现在加入或营造有影响力的、能为自己带来实际价值的企业生态系统，在竞争与合作的和谐环境中，寻求一个更为有利的地位。

5. 制定战略的主体趋于多元化。信息传播方式的网络化决定了每一个个体在整个网络系统中都是信息传播的一个节点，高层主管不再居于信息传播的中心，普通员工可以有更多的机会参与企业的战略制定，他们具有既是决策参与者又是决策执行者双重身份的特征。

6. 战略的制定从基于产品或服务的竞争，演变为在此基础上的标准与规则的竞争。企业会有意识地制造变革、与行业中具有重要影响的对手或企业联盟共同合作，创造和制定指导行业的技术标准或者是竞争规则。以此来获取高额利润，确定优势地位。

7. 战略理论研究的视角趋于多元化。由于战略管理中的复杂性，使得人们从不同学科、不同视角去研究战略管理理论。但从研究方法的角度来看，寻找一种普遍适用的战略管理理论几乎是不可能的，系统思考是应对复杂性和变化的最有效的手段。

三、对我们企业的战略变革启示

中国机械工业建设集团目前正处于企业“三五”规划末期，在目前大变革、大转型的宏观背景下，必须依靠思想上的进一步解放，寻求理论上的突破，以支持新一轮企业战略目标定位，这就需要我们不仅要在企业战略管理的方法论上形成突破，更要在战略选择和目标界定等内容上进行突破，取得企业发展理念和竞争理念上的突破，以争取未来企业竞争新优势。

（一）企业面临的环境因素

新的企业发展战略，必须置于更宏观的背景下，需要更多地考虑世界政治经济、国内社会环境、国家发展战略与经济政策等因素。

世界政治经济方面，伴随着中国崛起，世界经济缓慢复苏，国际力量多极化格局调整，体系新旧并存，博弈加剧，转型升级结构调整，不安全、不确定因素增多，国际贸易技术壁垒更加政治化和隐形化。

国内社会政治经济方面，随着中国梦的提出，中国走上复兴之路，政治体制改革面临进一步深化要求，经济发展出现新常态，投资增长的传统增长模式寻找替代方式。反腐深化，依法治国，在经济自由化、创业自由化的背景趋势下，发展混合所有制对企业来说存在内在外在要求。

国有企业面临的内外微观环境方面，国有企业面临政府资源配置倾斜的双刃剑（造成过度依赖与市场化的竞争劣势），所处行业市场面临发展的新趋势、新特点，转型升级成为企业发展必然的内在要求。国家提出了促进海外投资战略，国有企业在进一步完善现代企业制度的框架下，需要进一步完善委托代理制，同时企业内部经营管理水平仍然有很大的提升空间。

2014 年 12 月召开的中央经济工作会议指出，我国经济正在向形态更高级、分工更复杂、结构更合理的阶段演化，经济发展进入新常态，正从高速增长转向中高速增长，经济发展方式正从规模速度型粗放增长转向质量效率型集约增长，经济结构正从增量扩能为主转向调整存量、做优增量并存的深度调整，经济发展动力正从传统增长点转向新的增长点。认识新常态，适应新常态，引领新常态，是当前和今后一个时期我国经济发展的大逻辑。

（二）竞争空间的重新界定

按照传统逻辑，以及我们的惯性思考，我们必须在“工程建设”、“工程承包”、“建筑施工企业”等等词语的限定下，寻求我们的竞争市场、竞争主体、自身定位，按照西方管理理论，这需要我们定量化地研究所处竞争空间内的各个要素，包括环境要素。然而无论从理论框架下还是从实践角度看，我们过去的企业战略无论从制定还是管理角度看，都无法套用经典的管理方法论，量化研究更无从谈起，竞争主体相对模糊，加上市场的模糊性、国内的计划经济余绪影响，这导致我们几乎很难明确一个合适的竞争对手，更遑论究竟是采取差异化战略、跟随战略抑或成本领先战略等等战略选择。这不仅仅是西方管理理论在中国水土不服的表现，更重要的是反映了我们企业核心竞争力和特色优势的缺乏。

我国在经历了30多年高强度大规模开发建设后，传统产业相对饱和，但基础设施互联互通和一些新技术、新产品、新业态、新商业模式的投资机会大量涌现，对创新投融资方式提出了新要求，必须善于把握投资方向，消除投资障碍，使投资继续对经济发展发挥关键作用。

因此，未来的企业战略，需要重新思考我们的竞争空间，竞争空间不仅仅体现在以国际化为代表的地域方面，以专业化为代表的行业市场方面，以一体化为代表的传统产业价值链定位方面，竞争空间可能是新兴的产业，新型的业态，也可能是新的商业模式，甚至是基于设想基础的全新空间。

（三）高度弹性的企业战略

考察包括我们企业在内的中国特色企业战略，战略制定的“定性化”研究方法相比“定量化”的研究方法，在企业战略管理方法论上呈现出压倒性的优势。在过去，这更多地带有“被动性”适应中国国情和文化传统，适应中国市场环境的色彩，我们更多的是对企业未来的发展采用看上去似是而非的描述。然而在当前变革大背景下，制定面向未来的企业战略，恐怕更多地需要我们通过定性化的描述，来提高企业战略的弹性空间。从本质上来说，这也许更是取决于我们竞争空间拓展后带来的不确定性。弹性的企业战略，应体现在我们的企业战略定位、战略选择、经营模式选择、数量化目标等多方面。当然，弹性并不意味着模糊，不意味着不确定。弹性其实是需要在明确企业发展哲学的基础上，建构一个开放型的发展策略，例如，当我们把“投资”作为一个支撑型的主营业务之后，会带来包括投融资模式、工程承包行业领域、经营数量目标等等的拓展和不确定性，这就导致了企业战略的“弹性”。换句话说，新的企业战略，要更注重“顶层设计”，要更注重商业模式创新，要更注重发展理念。

（四）创造性地整合资源

一直以来，在传统的战略管理框架下，我们制定企业战略，基础就是企业的内部“资源条件”，包括传统的施工优势，宽厚的产品线，企业的文化精神，丰富的施工管理经验，等等。以之为基础构建我们的发展战略，是理所当然而又循规蹈矩的方法。按照企业战略管理发展趋势，我们需要打破的是，企业的资源和战略目标一定要匹配这个定势思维。我们需要思考的是：我们除了能做什么，还有可能做什么？我们能撬动什么资源为我所用来开发培育一个新市场？能否敢于担风险，在可以承受的范围内去围绕一个全新的领域进行资源投入？一句话，我们一定要突破平均分配资源的限制，创造性地通过各种途径来整合资源，通过优化组合我们既有的资源和知识、愿望、想象力，克服资源的障碍，提高我们提供增值服务的能力，提高我们发现、培育新市场的能力。

(五)企业战略的创新定位

未来的竞争是不同商业群落之间的竞争。对于一个单独的企业个体来讲，竞争更体现在加入或营造有影响力的、能为自己带来实际价值的企业生态系统，在竞争与合作的和谐环境中，寻求一个更为有利的地位。在这个方面，笔者举一个非常具体的例子。

"合作凝聚力量"，SIRIUS黑河天狼星公司，创造性地开拓"投资合作+融资和EPC建设服务"，建立与国内大型企业的联合，结盟与组建联合体，携手"走出去"，同时加强与俄罗斯大型企业的沟通与协作，提供技术、设备、建设服务与投资、融资一体化解决方案。为了发挥黑龙江省动力之乡的优势，集合全省设计、制造和建筑企业的优势，以拓展俄罗斯电站、电网工程市场为目标，2011年1月，由天狼星牵头的黑龙江省对俄电力战略联盟成立了，黑龙江天狼星电站设备有限公司被推选为联盟理事长单位。陶然被推选为联盟理事长。该联盟的成立被看做是提高中国电力企业国际化水平，扩大俄罗斯电力建设市场中国份额的重要举措，实现了从"中国制造"到"中国建设"的跨越发展。此举，不仅意义深远，同时推动了黑龙江对俄经贸合作实现跨越式发展，是实施"走出去"战略的新选择。这个模式为中俄经贸深度合作开拓了新的思路，打开了中国电站技术和整体装备输出到俄罗斯的先河。"天狼星"也因此成为我国从事对俄购电和国内电力经营的第一家民营企业，将"中国风"吹向了俄罗斯。

"天狼星"的发展模式持续变革创新。注重对新开工项目从实施模式、组织机构、资源配置，到风险分析、前期准备等各个方面，并进行细致策划，缜密安排，保证了新上项目的良好开局。在资源的整合上，充分利用和整合国际资源。在风险防范上，公司有计划、系统化地进行风险防范体系建设，使"天狼星"保持了稳健运营。多元化的"走出去"，让"天狼星"海阔天空。

上述案例对我们的启示是，我们可以做的可能还有很多，我们的战略定位，不一定限制在EPC为核心词的工程建设领域，我们可能以EPC为核心，通过整合资源，实现企业自身跨越式的发展。

另一个启示：企业作为主体和资源要素的对抗和冲突。在企业主体存在的情况下，我们考虑的是企业各个资源和要素的发展和壮大；进一步的思考，企业主体不存在，那么作为员工个人、作为一个团队、作为国有资产的资源要素，依然可以发展壮大。兼并和收购，在发展混合所有制经济的背景下，无论主动或被动式的发生，只要各方利益在相对范围内保证了整体利益最大化、个体利益最优化，那么主体的定位甚或是存在与否，都显得不那么重要了。

(六)战略制定主体多元化

企业发展需要创新，对于企业来说，创新需要依靠广大职工和群众，以大众创业、万众创新形成发展的新动力。只要有一个好的战略框架，能支持企业的可持续发展，围绕弹性的企业战略目标，都可以视为企业战略的表现形式，就是通过多元化的创新主体，丰富企业战略的内容和实现途径。2014年12月中央经济工作会议指出，"政策要宽，营造有利于大众创业、市场主体创新的政策环境和制度环境，政府要加快转变职能，创造更好市场竞争环境，培育市场化的创新机制，在保护产权、维护公平、改善金融支持、强化激励机制、集聚优秀人才等方面积极作为"。这句话可以引用到像我们这样的大型企业集团。集团需要做的是，在企业发展哲学上做好规划，做好顶层设计，在企业的发展框架上做出创新，剩下的，在一个开放型、高度弹性化的战略框架下，通过制度创新(政策要宽)，维护公平，强化激励约束机制，集聚优秀人才等方面积极作为，营造一个所属企业积极创新、骨干员工积极创新、带动全体员工乐于创新的良好环境。

第 2 章
财务与审计管理

中机重工生产成本专项审计案例分析

郎　英

中机重工是我集团公司投资成立的以重型钢结构制造、安装为主业的大型生产企业。自2009 年建成投产以来，中机重工产能始终没达到年 10 万吨的设计产能，生产成本高于同行业平均水平，公司市场竞争力差。为了深入分析企业生产成本居高不下的原因，2014 年审计监察部受公司委托对中机重工生产成本开展了专项审计。审计人员围绕成本构成要素，从公司的内部控制制度的制定入手，进行了一系列的调查取证和分析。

一、审计主要关注的内容

(一) 与成本相关的内部控制制度

1. 是否建立成本核算与管理制度，成本开支范围是否符合有关规定。

2. 成本核算制度是否适合被审计单位的生产特点，是否严格执行，有无随意更改。

3. 各成本项目的核算、制造费用的归集与分配、产品成本的结转是否严格按规定办理，前后期是否一致。

4. 是否定期盘点在产品，并作为在产品成本的分配依据。

(二) 直接材料成本

1. 抽查产品成本计算单，检查直接材料成本的计算是否正确，材料费用的分配标准与计算方法是否合理和恰当，是否与材料费用分配汇总表中该产品分摊的直接材料费用相符。

2. 检查直接材料耗用数量的真实性，有无将非生产用材料计入直接材料费用。

3. 分析比较同一产品前后各年度的直接材料成本，如有重大波动应查明原因。

4. 抽查材料发出及领用的原始凭证，检查领料单的签发是否经过授权，材料发出汇总表是否经过适当的人员复核，材料单位成本计价方法是否适当，是否正确及时入账。

(三) 直接人工成本

1. 抽查产品成本计算单，检查直接人工成本的计算是否正确，人工费用的分配标准与计算方法是否合理和适当，是否与人工费用分配汇总表中该产品分摊的直接人工费用相符。

2. 将本年度直接人工成本与前期进行比较，查明其异常波动的原因。

3. 分析比较本年度各个人工费用发生额，如有异常波动，应查明原因。

4. 结合应付工资的检查，抽查人工费用会计记录及会计处理是否正确。

(四) 制造费用

1. 获取或编制制造费用汇总表，并与明细账，总账核对相符，抽查制造费用中的重大例外项目是否合理。

2. 审阅制造费用明细账，检查其核算内容及范围是否正确，并应注意是否存在异常会计事项。

3. 必要时，对制造费用实施截止测试，即检查资产负债表日前后若干天的制造费用明细账及其凭证，确定有无跨期入账的情况。

4. 检查制造费用的分配是否合理。

二、审计流程与方法

审计人员在中机重工审计期间，跟在公司的领导班子成员、生产制造部门、物资管理部门、技术中心、成本控制的负责人详细了解了生产管理流程、产品深化设计流程，物资材料采购流程（包括入库、出库、退库、废料处理），目标成本的制定及考核等方面的内容；并查阅了公司2009年至2014年审计日的财务报表、重要会计凭证、出入库单、主要经营及采购合同等。具体核查方法如下：

1. 成本明细表与明细账、总账和报表核对。

2. 抽查产品成本计算单，检查直接材料成本、人工成本、制造费用计算是否正确。

3. 检查成本差异的计算、分配与会计处理是否正确。

4. 制造费用汇总表与明细账、总账核对相符，抽查制造费用中的重大数额项目及例外项目是否合理。

5. 分析比较本年度与上年度产品销售成本总额，以及本年度各月份的产品销售成本金额，如有重大波动和异常情况，应查明原因。

三、审计问题发现

（一）生产成本管理制度方面

首先，中机重工缺乏健全完善的成本控制管理流程、考核制度；其次，有些控制制度制定得不够科学、严谨，制度之间未能有效衔接；第三，工作中存在内控制度执行不到位的现象。

（二）材料管理不规范、不科学，造成产品成本居高

1. 直接材料采购精确度不高，造成产品材料成本高。审计中发现，生产用原材料采购最初是用草图估算的，采购数量的准确性很低，在产品生产过程中，技术部门未能及时深化图纸，对原材料使用量及时做修正，使得部分原材料要么出现剩余无法再利用、要么因短缺临时在市场上高价采购，造成产品材料成本居高不下。

2. 材料库存管理中采购的材料在入库时按类别区分未对应项目，只是出库、退库时按项目出库、退库。这样的管理模式带来的弊端：一是，库存剩余材料属于哪个项目，特别是不能再利用的材料应归属哪个项目成本不能清楚区分；二是，有项目没有提够材料计划，领料时临时"借用"了其他项目采购的材料，而真正采购材料的项目在使用材料时没有材料可用，只能救急高价采购；三是，有些材料被一次性大量领用，堆放在车间，被其他产品在现场挪用。

3. 材料堆放未进行合理规划。大部分材料没有固定地方堆放，采购进场的物资大部分是找空地堆放，且物资部门未能事先与制造部门沟通材料的合理堆放区域和堆放顺序，造成制造部门在领用材料时须二次倒运。据统计仅2013年类似问题产生的倒运费用人工费200多万，油料几十万。

4. 废料集中处理，未按照项目将处理的残值收入冲减项目成本，使产品成本有虚高部分。

5. 仓库对物资的统计靠手工记录再汇总，出现仓库出库数、财务记账数、项目统计数，三个数据都对不上的情况。

（三）技术管理

按照工作流程，公司在项目中标后先开项目交底的会，随后技术部门深化设计图，制造部门依据深化的设计图做材料采购计划。审计人员抽查了两个纯钢结构制造项目，实际的工作流程如下：

1. 制造部门根据草图提采购计划，导致采购准确性不高。

2. 技术人员深化设计后，出具的是成品件的重量，无法准确提供整个项目材料如钢板、型材、焊材、油漆等材料的详细使用计划。使得产品在生产过程中，无法对后续材料的采购计划进行精确修正，实现控制材料成本的目的。例如在抽查的项目中，一个已经是制造完工的项目，我们在做实际用量与计划用量对比时，仍旧没有准确的参考依据。

3. 技术部门对技术资料、数据的管理不到位。存在技术资料人员调离或辞职后，没有做好技术资料的详细交接，造成查找技术资料或核对技术数据时出现困难。

4. 技术人员未对技术数据与产品实际的消耗数据未进行统计、对比，分析产品成本高的原因及应采取的对策。

（四）生产管理

1. 生产车间受到单件产品生产量小，产品订单不连续等因素影响，没法准确排产，导致生产效率不高，产品固定成本高。

2. 生产过程中对图纸深化、工艺优化工作做得不够，材料综合利用率不高。抽查的一个项目中，实际板材和型材使用量扣除合理损耗率(板材合理损耗率8%，型材5%计算)后，项目钢材的损耗率将近12%。

3. 生产过程中，有对下料错误和制造质量问题进行过处罚，但是由于没有严格监控材料损耗率，使得材料非合理损耗造成的成本增高。

4. 生产车间对已领用的材料管理不到位，如：① 项目根据草图提采购计划，有些材料采购量大，而后期没有项目能够继续使用，造成材料积压，占压资金；② 余料不及时退库，被其他项目或工序挪用，存在材料浪费现象。

5. 生产车间布局、原材料堆放不合理，增加倒运成本。据统计2013年3月至2014年1月，月平均起重班组人工费平均24万。

6. 生产车间人工成本过高，2011年213.9万元，2012年423.8万元，2013年640.5万元。

7. 生产车间没打造出有自己的核心班组，多数工作要靠分包队伍干，生产成本中分包成本居高不下。

（五）成本控制

1. 公司对项目制定了目标成本，但是目标成本准确性比较低，与实际成本可对比性差；如抽查的一个项目的目标成本是在深化设计前利用草图测算的，在正式出图后，又未根据深化设计图进行调整，导致实际数与计划数差异加大，不具备比较价值。

2. 公司没有对项目进行目标成本考核，也未做项目成本过程控制。

3. 公司领导未能就生产成本偏高的问题，及时召集技术人员、制造人员、财务人员等，针对某个项目从深化设计、设计用料、材料采购、实际用料的统计数据进行详细分析，计算主材、辅材损耗率，同时再对生产环节的人工费、电气、间接制造费用进行分析，查找原因、采取有效措施。

4. 缺少对材料占压资金情况的监控。例如，审计人员拟对整个公司物资管理情况进行分析，如根据物资采购量入库(分类列示)，领用量及金额、退库量及金额、废料处理量及金额、在产品量推算原材料占压资金情况，但是始终未能得可供分析的完整、准确数据。

5. 公司没有制定相关产品或工艺的定额，如每吨产品的固定费用(人工、水、电、折旧)定额，制造成本如钢材、辅材等的定额。没有详细测算保本产量。这些都不利于做好成本控制。

(六) 财务核算

1. 财务核算时，原材料记账依据是材料的进项发票，产品成本中的材料成本记账依据是物资部门提供的手工填制的出库单，如果单据上单价或数量错误，将导致财务记账错误，最终体现在项目的成本错误。

2. 材料如钢材的购买价格每批次是不同的，物资管理部门在发出材料时采用的单价不同，财务记入成本的数额随之不同。财务未处理材料成本差异。

(七) 市场定位

1. 公司的投资可研报告中，对产品的定位是重型钢结构制造及安装，建设中，厂房结构、设备购置、码头吨位都是按照重钢制造配置的，但是在工厂建成后，由于种种原因，重钢制造的业务量很少，公司为了生存承接了一些非重型钢结构的制造合同，同时，为了满足这些产品的制造，又相继投入了一些配套设备，这种做法一方面增加了投资，另一方面使得原有设备出现闲置或低效率使用。

2. 由于市场定位不清晰，导致产品种类多，无法形成批量和规模，厂房、设备利用率低，人工费高。

四、审计建议

1. 明确市场定位，打造和提升公司核心竞争力，提高经营层次尽快实现扭亏增盈。

2. 加强公司精细化管理程度，实现降本增效。

3. 增强资产资源的配置能力，通过多余产能的外租、吸引外部资金资源等方式，提高资产的使用效益。

浅议企业生产成本审计

郎　英

生产成本内部审计是指审计人员对企业生产费用核算和成本计算的真实性、合法性和正确性所进行的审计。

一、生产成本审计的特点

生产成本审计，既要审查直接材料、直接工资，又要审查间接费用；既要审查生产费用在各种产品之间的分配，也要审查在完工产品和在产品之间的分配；既要审查生产成本的真实正确，又要审查其是否节约、合理。生产成本涉及面宽，综合性强，审计的难度较大。

二、开展生产成本审计的意义

开展生产成本内部审计，可以维护财经法规和财经纪律；促使企业提高成本管理水平，健全成本核算制度；促使企业挖掘内部潜力，节约劳动消耗，不断降低产品成本，提高经济效益。

三、生产成本审计目标

(1) 确定生产成本的内容构成是否合规、记录是否完整。

(2) 确定生产成本的计算方法是否合理、相关计算是否正确。

(3) 确定生产成本在会计报表中的披露是否充分恰当。

四、生产成本审计的程序

审计人员在对生产成本进行审计时，应遵循如下一般程序：

(1) 评审生产成本内部控制的健全性和有效性。

(2) 分析生产成本总体的真实性与正确性。

(3) 审查生产成本核算的真实性、合法性和正确性。

(4) 审查生产成本账务处理的合规性与正确性。

(5) 验证生产成本在会计报表上表达的公允性。

五、生产成本审计的内容

(一) 直接材料成本的审计

直接材料成本的审计一般应从审阅生产成本明细账入手，抽查费用凭证，验证企业产品直接耗用材料的数量、计价和材料费用分配是否真实、合理。其主要内容包括：

(1) 抽查产品成本计算单，检查直接材料成本的计算是否正确，材料费用的分配标准与计算方法是否合理和适当，是否与材料费用分配汇总表中该产品分摊的直接材料费用相符。

(2) 检查直接材料耗用数量的真实性，有无将非生产用材料计入直接材料费用。

(3) 分析比较同一产品前后各年度的直接材料成本，如有重大波动应查明原因。

(4) 抽查材料发出或领用的原始凭证,检查是否经过授权,材料发出汇总表是否经过适当的人员复核,材料单位成本计价方法是否适当,是否正确及时入账。

(5) 对采用定额成本或标准成本的企业,应检查直接材料成本差异的计算、分配与会计处理是否正确,并查明直接材料的定额成本、标准成本在本年度内有无重大变更。

(二) 直接人工成本的审计

(1) 抽查产品成本计算单,检查直接人工成本的计算是否正确,人工费用的分配标准与计算方法是否合理和适当,是否与人工费用分配汇总表中该产品分摊的直接人工费用相符。

(2) 将本年度直接人工与前期进行比较,查明其异常波动的原因。

(3) 分析比较本年度各个月份的人工费用发生额,如有异常波动,应查明原因。

(4) 结合应付工资审查人工费用的会计记录及会计处理是否正确。

(5) 对采用标准成本法的企业,应抽查直接人工成本差异的计算、分配与会计处理是否正确,并查明直接人工的标准成本在本年度内有无重大变更。

(三) 制造费用的审计

(1) 获取或编制制造费用汇总表,并与明细账、总账核对相符,抽查制造费用中的重大数额项目及例外项目是否合理。

(2) 审阅制造费用明细账,检查其核算内容及范围是否正确,并应注意是否存在异常会计事项,如有,则应追查至记账凭证及原始凭证,重点查明有无不应计入制造费用的支出(如投资支出、被没收的财物、支付的罚款、违约金、技术开发支出等)。

(3) 必要时对制造费用实施截止测试,即检查资产负债表日前后若干天的制造费用明细账及其凭证,确定有无跨期入账的情况。

(4) 检查制造费用的分配是否合理。重点查明制造费用的分配方法是否符合企业自身的生产技术条件,是否体现受益原则;分配方法一经确定,是否在相当时期内保持稳定,有无随意变更的情况;分配率和分配额的计算是否正确,有无以人为估计数代替分配数的情况。对按预定分配率分配费用的企业还应查明计划与实际差异是否及时调整。

(5) 对于采用标准成本法的企业,应抽查标准制造费用的确定是否合理,计入成本计算单的数额是否正确,制造费用的计算、分配与会计处理是否正确,并查明标准制造费用在本年度内有无重大变动。

六、生产成本审计的相关法规

(一)《企业会计准则》第四十八条规定

直接为生产产品和提供劳务等发生的直接人工、直接材料、商品进价和其他直接费用,直接计入生产经营成本;企业为生产产品和提供劳务而发生的各项间接费用,应当按一定标准分配计入生产经营成本。

(二)《企业会计准则》第五十条规定

本期支付应由本期和以后各期负担的费用,应当按一定标准分配计入本期和以后各期。

本期尚未支付但应由本期负担的费用,应当预提计入本期。

(三)《企业会计准则》第五十一条规定

成本计算一般应当按月进行。企业可以根据生产经营特点、生产经营组织类型和成本管理的要求自行确定成本计算方法。但一经确定,不得随意变动。

(四)《企业会计准则》第五十二条规定

企业应当按实际发生额核算费用和成本。采用定额成本或者计划成本方法的,应当合理计算成本差异,月终编制会计报表时,调整为实际成本。

中小企业融资与创新机制研究

资产财务部
徐　雷

一、引　言

（一）研究背景和意义

一直以来，中小企业在我国的经济发展过程中都扮演着重要的角色，中小企业在缓解就业压力、维持社会稳定方面做出了很大贡献，成为各国建立本国的创新体系和发展高新产业的重要主体。经过十几年的发展，通过国家各种政策的大力扶持，我国的中小企业中成长出联想、华为、海尔等一大批高新技术企业。受到国际金融危机的后续影响以及国内国外竞争的日益加剧，中小企业的发展越来越难，各中小企业的成本负担越来越重，特别是融资成本日益增大。近几年来，我国每年的新增贷款平均增速都超过10%，但是对中小企业的新增贷款只有1%左右，尽管国家出台了很多支持和促进中小企业发展的政策和措施，但是中小企业的发展仍然举步维艰。

融资问题，一直是制约中小企业快速发展的大问题。相对于大中型企业风险适中、收益适中的特点来说，中小企业最大的特点就是高风险性和收益的不确定性，这就使得其很难从目前的传统渠道上获得足够的资金。工信部早在之前发布的《中小企业成长规划》中就指出，在中小企业发展难题中，最突出也是最常见的难题就是企业的融资难问题，《规划》指出了我国目前处于着经济发展方式转型的重要时期，中小企业的发展方式也同样面临着转型升级，对符合未来生产方式的中小企业要大力扶持，要积极拓展融资渠道，解决融资难现状。在金融层面，为了助力实体经济的发展，在国务院的统一部署下，多部委共同参与起草的《金融发展与改革规划》也顺利出台，其中明确强调，当前金融市场的迫切任务是发展体系完善、功能互补的金融市场体系。从金融市场的发展过程来看，资本市场都在引导社会资本投资具有前途和未来的中小企业，成了企业发展资金来源的重要的途径。

从中小企业寻找更为合适的融资渠道的角度来说，我国目前的主板市场一方面上市的条件极其苛刻，很多中小企业根本无法达到其上市要求；另外，现有的主板市场容量也有限额控制，特别是近几年来，IPO暂停的现象时有发生，这对那些急于引入资金解决燃眉之急的中小企业来说无疑是不利的。正是在这样的大背景下，场外市场融资渐渐成了中小企业融资的新途径，新三板市场也正是在这一历史选择中逐渐发展和壮大起来的。2013年12月13日，国务院下发了《国务院关于全国中小企业股份转让系统有关问题的决定》，标志着新三板的试点突破了高新技术开发区的范畴，境内符合条件的股份公司均可通过主办券商申请在全国股份转让系统挂牌，公开转让股份，进行股权融资、债权融资。这对于新三板的总体发展来说是具有历史意义的，标志着我国场外市场的发展进入了一个新的阶段，使得非上市公司的股份转让突破了范围的局限。目前，在新三板挂牌的企业已达400余家，本文将重点研究入板企业在进入新三板市场以后的融资状况，同时，新三板的现有情况和未来的发展也将是本文研究的重点。

本文的研究意义在于：通过对新三板企业的股权融资效果进行分析，得出“新三板是更适合中小企业进行融资的新渠道”的观点。同时，结合新三板目前存在的弊端和不足，提出一些针对新三板的改革建议，创新性的提出“终极转板制度顶层设计”概念，搭建新三板和主板、中小板的无缝衔接系统，为中小企业的融资途径提供现实的依据，同时，为我国场外市场的建设发展提供一定的理论基础，解决目前在主板和二级板市场 IPO 企业排队“堰塞湖”现象，助力我国的多层次资本市场体系的建设。

（二）文献综述

目前，在国外对中小企业的融资研究主要着力点还在资本结构方面，主要是通过寻找最优的资本结构来达到企业的利益最大化目标，主要的研究理论有：新资本机构理论、权衡理论和 MM 理论。这些理论多是研究企业的债务占权益资本的比例多少为最优资本结构，从而达到企业的股东权利最大化，而对债务的取得则都是通过国外成熟的资本市场体系来完成。但是，对于我国中小企业来说，迫切的问题则是如何融到资金以促进企业更好更快地发展，至于最优资本结构目前来说还不是大多数中小企业考虑的问题。

在国内关于新三板融资研究方面，现有的研究文献有：蔡豫其《浅析新三板融资现状与建议》，从民营科技企业的角度出发，探讨了民营企业在新三板市场中融资现状，提出了新三板市场要加大对民营企业支持力度，进一步为民营科技企业更好地提供融资平台；刘英鸽《新三板：开拓中小企业融资新渠道》，从新三板市场的特点入手，分析了新三板为中小企业解决融资问题所起到的作用及如何加大力度拓展中小企业融资新渠道问题；陆泱《中小企业在新三板的融资效果分析》，运用多元回归模型论证了新三板的实际融资效果，同时也发现了新三板市场的流动性不足、规模小等问题，提出了加快新三板市场扩容，同时引入适当的转板制度，改善新三板市场的发展；吕诗春《新三板市场引入做市商制度的法律问题研究》，从新三板的发展现实状况入手，谈论了引入做市商后可能会存在的一系列问题，主要包括具体的引入模式问题，如何提高做市商的积极性问题，以及如何规范做市商的操作规范问题，在完善相关法律法规方面提出了研究建议；魏世杰《新三板促进企业融资和创投退出研究》，指出了新三板自然人无法投资、挂牌企业区域狭窄、交易制度落后等一系列问题，提出了要加快新三板的制度建设步伐，提高企业的融资和创投的退出效率；吴陈《我国新三板发展与中小企业融资分析》，指出中小企业挂牌新三板虽然能带来企业知名度的提升，并且在短期内能完善企业的治理结构，但是由于缺乏转板制度，为以后在中小板和创业板发行股票和上市增加了更多的不确定性。

本文旨在研究中国新三板市场对中小企业的融资起到的实际意义，通过具体的数据和图形分析阐述新三板对中小企业的融资促进作用，同时，针对现有的发展状况，讨论新三板未来的发展愿景，提出改革新三板的一些具体建议。

作为本文的研究铺垫，了解了美国纳斯达克为核心的场外交易市场的运作原理，作为全球规模最大的场外交易市场，纳斯达克市场以美国场外柜台交易系统（OTCBB）和粉红单市场（Pink Sheets）为外围，其中粉红单市场的功能主要是为不满足挂牌上市交易的股票和选择不在交易所或纳斯达克上市的股票提供交易流通的服务报价，是美国唯一对上市公司没有财务要求，也不需要发行人定期和不定期信息披露的交易机构，其市场交易的主要机制是做市商报价交易制度。粉红单市场的运行原理为本文中对关于中国新三板的展望部分的写作提供了参考，其对上市公司没有财务要求虽然不应为新三板全部借鉴，但是却也为那些财务状况不好的小规模企业提供融资指出了路径，并且，未来选择在新三板挂牌的企业大部分一定是刚刚起步的中小型企业，其财务状况肯定也达不到现有主板上市公司的要求。再有，其中的做市商制度若能引入中国的新三板市场，将会大大提高新三板的市场流动性，激发市场的交易活力，增加市场交易规模。

（三）本文的研究框架

首先，介绍中小企业的基本概念，结合中小企业自身的发展特点及发展现状提出中小企业融资难的主要原因；其次，引出新三板的发展由来，介绍新三板的发展历程以及新三板中企业挂牌的具体业务流程，通过查找数据，分析新三板企业的公开发布的信息，用图表形式直观的表达出企业的融资效果，得出结论：新三板是更适合中小企业的融资的新渠道；最后，分析目前新三板存在的问题，提出改革新三板的一些建议和设想，提出"终极转板制度顶层设计"概念，通过制度的顶层设计，打开新三板直通主板的通道，从而实现新三板与主板市场的整体衔接。

本文的写作主要分为六个部分：

第一、序言。介绍本文的写作背景及写作意义，指出中小企业在我国经济发展中的作用，引出新三板的由来及简单介绍发展历程，指出本文研究的着力点及创新点。

第二、中小企业的融资现状。分析中小企业的融资难问题，并提出了通过建立多层次资本市场体系来解决中小企业融资难的现状。

第三、中小企业的融资新机制——新三板。为了解决中小企业融资问题，新三板应运而生，介绍新三板的发展过程，新三板的交易制度及交易流程，比较新三板的规则与创业板规则的相同点与不同点。

第四、新三板融资及存在的问题。通过收集新三板挂牌上市企业的公司信息，以 2006 年至 2013 年的新三板企业为例，分析几年中新三板在挂牌企业数、成交笔数、成交股数、成交金额、定向增资及企业盈利等几个方面的情况，说明新三板是更适合中小企业融资的新渠道。同时，也通过分析得出新三板在企业数量少、交易活跃程度低、转板困难等方面存在的问题。

第五、新三板的未来展望。本章作为本文的重点章节，针对新三板存在的问题提出一系列改革设想，提出了"终极转板制度顶层设计"概念，希望国家从顶层设计上完善转板制度，打通新三板和主板及二级板的通道，实现新三板和主板的自由升级和降级，使得符合条件的中小企业能顺利实现上市融资，不再符合上市条件的企业能及时退市，保证资本市场的健康运行，进而进一步促进我国多层次资本市场体系的建设和发展。

第六、结论。重申了发展中小企业的意义及新三板的作用。对本文的写作思路进行总结，指出本文写作的不足之处，同时指出了后续的研究方向和目标。

二、中小企业的融资现状

（一）中小企业的融资现状

中小企业融资困境主要表现在以下几个方面：

（1）众多中小企业因为企业资金链断裂而破产倒闭。当年颇具影响的佳企天创案和仪科惠光案，根本的原因都是因为企业无法再从银行贷到款，引起企业资金流枯竭，导致企业最终破产。

（2）企业前期的创业资金无法维持企业的日常运转。一般说来，中小企业都存在着前期投入巨大同时产出很少的现象，这主要是由中小企业的自身特点决定的，在企业成立及研发产品的初期，企业的研发费用和日常维持开销费用都是很大的一笔负担。

（3）技术资助资金少。今年来，国家对中小企业的扶持力度已经大大增强，但是由于企业数量众多，真正落实到各企业的政策扶持资金相对于企业自身的资金需求来说还是显得微不足道。

（4）现行支持政策收效甚微。近年来，国家对中小企业给予了很多政策支持，但实施起来效率很低。如北京中关村管委会推出“蹬羚计划”就是为改善中关村中小高科技企业融资环境而制定，入选企业可获得贷款贴息等优惠。入选企业基本条件包括：① 企业的技工贸总收入规模定在 1000 万元—5 亿元之间，收入增长率和利润增长率达到一定水平。② 企业必须接受信用评级，并接受信用管理。但是，对于资金需求量很大的中小企业来说，达到政策扶持的标准有时都很困难，政策很难达到理想的效果。

（5）很难从金融机构获得足够资金。由于中小技企业自身的特点，大多数企业的固定资产规模较小，适合用来抵押担保的财产不足，加上部分企业的财务制度缺失，而通常银行都将抵押物的变现能力作为衡量风险的标准，因此，很多中小企业很难通过银行的信贷审核。

（6）企业自身积累资金量少。很多中小企业普遍起步规模小，有些企业甚至是小微型企业。很多现在在国内国际上比较知名的企业如联想集团、海尔集团等，都是创业者在几乎没有原始资金的情况下发展壮大起来的。在企业的成长初期，因为规模太小，无法形成大规模生产，即使产品利润率很高，总的利润水平也不大，导致企业依靠自身积累的资金量小，制约了企业的发展。

（二）中小企业融资难题的解决方法

在一个企业的发展过程中，资本的力量不容忽视，通过资本市场寻找资金成为企业融资的主要模式。对于中小企业来说，通过银行贷款直接融资的渠道非常狭窄，同时政府政策的扶持力度也不够，加上场内市场的高门槛等因素，中小企业想要融得资金，就必须在低层次资本市场中寻找突破点。

要促进中小企业的健康发展，解决中小企业的融资难题，就要放开资本市场的大门，建立多层次的资本市场体系，完善资本市场的结构和体制，使得不同的资金需求主体都能找到对应的融资渠道，特别是建立能解决中小企业融资问题的资本市场，努力创建一个符合中小企业融资需求的资本市场体系。

1. 创业板市场交易规则的再创新

创业板市场从成立以来，经过几年的发展，相关制度已经日趋完善，同时一些制度缺陷也不断地反映出来，特别是一些制度缺乏创新精神，不符合当前形势的发展，因此在创业板的交易规则上要再次创新，要放宽对准备在创业板上市企业的盈利等要求，使得一些极具创新性的中小企业能够及时融得资金。具体来说，首先，要完善创业板市场的各项配套制度，要使得制度的设计能够做好更好地选出那些具有创新精神的中小企业，解决这些企业的融资问题。其次，创业板市场要能提供便捷的资金进入和退出渠道和完善的退出制度，确保创业板市场的健康稳定发展。对于一些年年亏损且没有创新的企业，要加快其退市的步伐，同时及时补充新鲜血液，让一些好的企业及时到创业板市场中来，形成一种良性的发展循环体系。

2. 努力推进场外交易市场的发展，拓宽企业的融资渠道

近几年以来，随着监管层的"开闸放水"，上市公司的数量突飞猛增，很多公司在场内市场中解决了资金问题，但是，同时我们也应该看到，对比在场内市场获得上市融资的企业数量来说，更多的小微企业由于自身的实力弱小，无法登陆场内市场，也就无法在场内市场进行股权交易，场外交易市场反而逐渐成了其主要交易场所。

因此，在建设我国多层次资本市场的过程中，要注重场内市场和场外市场的协调发展，要努力建立一种联动机制，使得场内市场和场外市场在这一机制的作用下联系得更加紧密。具体说来，就是要在场内市场和场外市场之间搭建一座桥梁，建立合适的转板机制。对于那些资本薄弱、资金缺乏的小企业，可以先放到场外市场融得资金，待企业发展壮大，达到上市条件之后转到场内市场进行交易；对于那些已经在场内市场交易的企业，如果企业的发展已经达不到上市的要求，就坚决让其退出场内交易市场，让有条件的企业补充进来。这样一来，就形成了一种良性互动，既使得场外市场的企业有了发展的动力，又给已经在场内市场交易的企业戴上了"紧箍咒"，保证了在场内市场交易的企业都是优质公司，使得企业能更准确地找准自己的定位。

同时，建设场外市场在目前我们所处的发展阶段来说，还具有现实的意义。我国目前正在大刀阔斧地进行经济体制的改革，经济发展方式也正在革新，这一转型过程必将是漫长和痛苦的，同时也将产生大批的创新型企业。这些企业在发展初期必然难以获得足够的资金，场外市场融资将是这些企业的主要融资方式。所以，场外市场的建设也应该定位在这些企业身上，努力做到为这些高科技的小企业提供融资渠道，为国家经济的战略转型贡献力量。

三、中小企业融资新机制——新三板

（一）新三板的发展历程

1. 场外交易市场

国际上一般谈到的三板市场，又叫场外交易市场（OTC）或者柜台交易市场，是指非上市证券市场，也指在主板、创业板（二板）市场之外，专为有发展潜力、处于初创期和扩张期（成长期）的创新企业提供融资服务，同时又为创业风险资本提供股权转让和企业并购方式的退出途径，这是一个以证券公司为中介、以场外电子柜台交易为典型交易形态的新型资本市场[①]。我国的场外交易市场开始于产权交易市场，经过历年的发展，形成了产权交易、全国性股份转换和区域性股权转让三大板块，我国场外交易市场的具体结构详见图1。

2. 新三板的发展过程

在我国，三板市场又叫股份代办转让系统，2001年，为了解决全国证券交易自助报价系统（STAQ）和全国电子交易系统（NET）关闭以后其挂牌企业的股份流通问题，中国证监会创设了代办股份转让系统。2002年，股份代办转让系统被赋予了新的任务，从主板市场上退市的上市公司股票进入代办转让系统进行交易，此时，"旧三板"市场雏形初现。

由于接受了很多从主板市场上退市的企业，这些企业的发展大都是处于亏损的状态，这些

① 赵昌文，陈春发，唐英凯. 科技金融[M]. 北京：科学出版社，2009：540-541

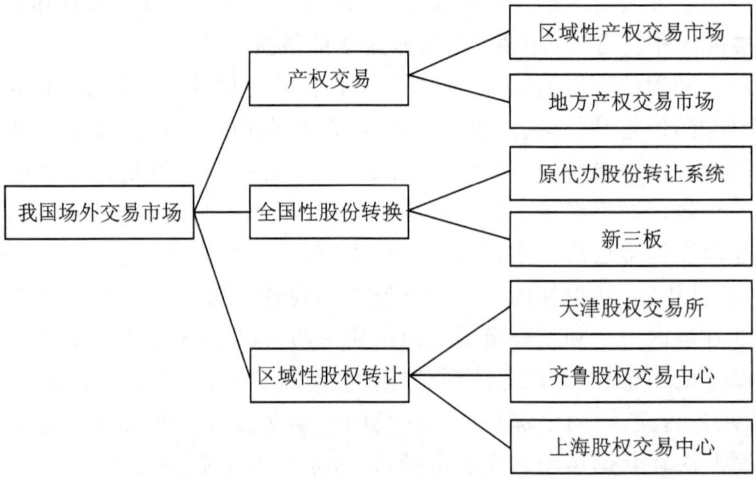

图1 我国场外市场结构(自制图表)

企业的股票交易无法获得投资者的青睐,三板市场的交易量很小,活跃度也比较低,无法解决中小企业的融资问题,对三板市场的改革提上了日程。2006年1月,中关村科技园区的非上市股份公司进入了代办股份转让系统正式进行报价,新三板市场正式登上了历史舞台。

3. 新三板的发展现状

2006年,有两家中关村高科技园区企业在新三板挂牌上市,分别是世纪瑞尔和中科软,截止到2013年底,在新三板挂牌的企业已达到356家,新三板总体情况如表1。

表1 新三板总体发展情况(自制图表)

年度	挂牌企业数	成交笔数	成交股数(万股)	成交金额(万元)
2006	10	235	1511	7814
2007	24	499	4325	22472
2008	41	479	5381	29259
2009	59	874	10702	48216
2010	74	635	6886	41678
2011	97	827	9544	56028
2012	200	638	11456	58432
2013	356	989	20200	81400

(数据来源:新三板网站企业信息)

可以看出,从2006年到2011年,新三板的挂牌企业数增长得比较平缓,平均每年增加挂牌企业15家左右,但是到2012年和2013年,新三板挂牌企业数迅猛增加,每年增加100多家。从成交情况来看,就总的成交笔数、成交股数、成交金额来说,新三板企业的成交量在逐年加大。

(二)新三板的融资新特点

新三板的开办,是我国多层次资本市场逐步趋于系统化的一个重要体现,为科技园区企业提供了新的融资途径和交易股份的平台。新三板属于我国多层次资本市场体系的一部分，它的开办满足了高新技术型中小企业的融资需求。新三板作为我国场外市场的重要组成部分，其在制度设计、交易流程、交易规则等方面都有自己独特的特点，更适合为创办初期的企业提供融资渠道。

1. 新三板的制度设计及交易流程

(1) 新三板的交易制度

新三板在交易制度上的特点，主要表现在：第一、新三板的投资者目前主要是以机构投资者为主，个人投资者目前还无法参与新三板的投资，主要是考虑到挂牌中小企业的经营的不确定性，保护个人投资者的利益；第二、新三板交易采用委托交易的方式；第三、新三板交易必须由主办券商代理；第四、为了有效监控非法套利，新三板针对不同的持股主体设定了限售期，第五、对股份交易设定了最低交易限额。

(2) 新三板的交易流程

新三板的详细交易流程如图 2 所示。

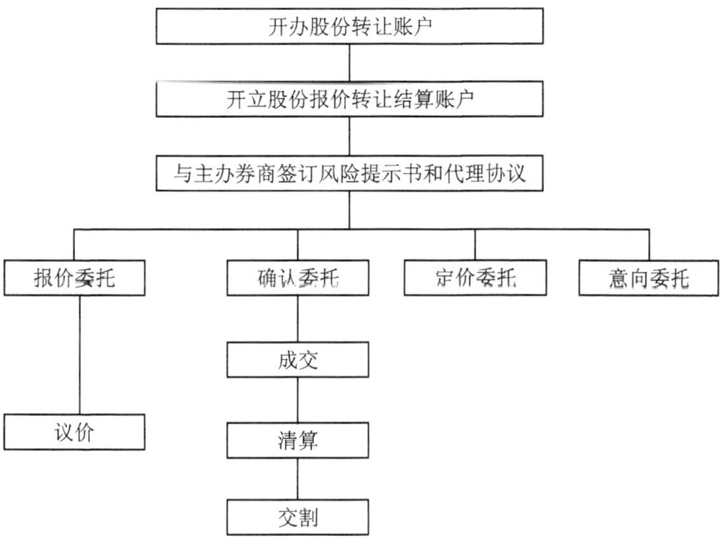

图 2　新三板交易流程图(自制图表)

2. 新三板规则与创业板规则比较

新三板与创业板都是资本市场的组成部分，两者的相同点都是为中小企业融资服务，但是两者又有着根本的区别。最大的区别在于创业板市场是场内市场的组成部分，新三板市场是场外市场的组成部分，两者在资本市场中所处的层级不同。依据国家有关政策，新三板服务于国家级高新技术园区企业，定位于“高科技”和“创新”型公司，二者都支持高科技型和创新型企业的发展，目的都是为企业在创办初期提供融资渠道。但是，二者在规则制定上却有很大的差别。

(1) 挂牌及发行的要求和条件

《证券公司代办股份转让系统中关村科技园区非上市公司股份有限公司股份报价转让试点办法(暂行)》规定：“非上市公司申请股份在代办系统挂牌，须具备以下条件：第一、存续满两年。有限责任公司按原账面净资产值折股整体变更为股份有限公司的，存续期可以从有限责任公司成立之日起计算；第二、主营业务突出，具有持续经营能力；第三、公司治理结构健全，运作规范；第四、股份发行和转让行为合法合规；[①]第五、协会要求的其他条件。”

2009 年，证监会发布的《首次公开发行股票并在创业板上市管理暂行办法》规定：“发行人申请首次公开发行股票应当符合下列条件：第一、发行人是依法设立且持续经营 3 年以上的股份有限公司，有限责任公司按原账面净资产值折股整体变更为股份有限公司的，持续经营期间可以从有限责任公司成立之日起计算；第二、最近两年连续盈利，最近两年净利润累计不少于 1000 万，且持续增长，或者最近 1 年盈利，且净利润不少于 500 万，最近一年营业收入不少于 5000 万，最近两年营业收入增长率均不低于 30%，净利润以扣除非经营性损益前后孰低者为计算依据；第三、最近一期末净资产不少于 2000 万元，且不存在未补足亏损；第四、发行后股本不少于 3000 万元[②]。”

从以上条件得到新三板挂牌的硬性指标只有续存满两年，以及取得股份报价转让的试点资格，其余标准诸如主营业务突出、持续经营能力、治理结构健全，都属于可以由主办券商自有把握的范畴；创业板发行则体现出更多的量化标准，尤其是在净利润和营业收入的增长、净资产和发行后股本规模等方面都有硬性指标。

（2）挂牌程序与发行程序

《试点办法规定》：“非上市公司申请股份在代办系统挂牌，须委托一家主办券商作为其推荐主办券商，向协会进行推荐；推荐主办券商应对申请股份挂牌的非上市公司进行尽职调查，同意推荐挂牌的，出具推荐报告，并向协会报送推荐挂牌备案文件”。

《暂行办法》规定：“发行人需要依照证监会的规定编制申请文件，并要由保荐人作为申报人向证监会申报；证监会依法对申请人的申请做出批示，并出具相关文件。”

从以上比较可知，新三板的挂牌实行的是主办券商推荐、协会备案；创业板上市则需要保荐人保荐、证监会核准。这一规则的差异，体现的是非公众公司于公众公司的区别。

（3）关于公开披露公司有关信息标准

《试点办法》规定：“股份挂牌前，非上市公司至少应当披露股份报价转让说明书。股份挂牌后，挂牌公司至少应当披露年度报告、半年度报告和临时报告。”

《暂行规定》规定：“中国证监会指定的创业板招股说明书内容与格式准则是信息披露的最低要求。不论准则是否有明确规定，凡是对投资者做出投资决策有重大影响的信息，均应当予以披露。”

对比股份转让说明书和招股说明书的主要内容可知，新三板的信息披露标准较低，无须披露关联交易和同业竞争等信息，并且在公司主体、高管情况、风险揭示、公司业务发展目标等方面有更低的披露标准。同时，在公司挂牌后，新三板和创业板的信息披露标准也存在这一差异。

以上几点创业板和新三板的规则差异，概括起来说，可以看出新三板的监管较为宽松，运作流程相对简单，而创业板则体现了更高的规则和要求。

（三）新三板的融资效应

1. 有利于企业形象的提升

企业在新三板挂牌意味企业进入了更大的发展平台，体现了企业的整体实力和发展前景，

① 《证券公司代办股份转让系统中关村科技园区非上市公司股份有限公司股份报价转让试点办法(暂行)》

② 《首次公开发行股票并在创业板上市管理暂行办法》证券监督管理委员会 2009 年

对于高新技术企业来说，这些无疑都将对企业形象的提升有所帮助，并将对企业的品牌建设、市场营销和人力资源建设产生积极的推动作用。

2. 企业融资更加快捷与方便

企业进入新三板以后，对企业自身的品牌建设会产生积极的作用，企业的信誉度会提高，从而更容易得到投资者的信任。在新三板市场本身就可以进行融资以外，因为企业资信的提升，就有可能从银行或者一定的授信额度，从而可以从商业银行获得间接融资。此外，由于企业是在一个公开的资本市场中进行交易，其股票价格具有公允性，企业可以利用公允价值的股权向银行质押，从而获得贷款资金。最后，在新三板市场交易后，企业需要公开披露经营信息，可以获得一些战略投资者的关注，有利引进战略投资者。

3. 股份交易性增强

企业进入新三板以后，相对于进入之前来说，股份的流通频率变得更快，因为进入新三板就是进入了资本市场，股份流通的平台更为广阔，更容易引起投资者的注意，更容易被投资者投资，将增强投资者购买其股份的可能性。交易系统完成的股份交割，将使股份交易的安全性得到保证，使股份交易性增强。

4. 实现员工激励

中小企业在新三板挂牌以后，可以使用股权激励的方式向公司高管和核心技术人员分发股票股利，使得这些骨干人员都是企业的股东，增强员工的归属感。同时，企业的经营情况也将直接反映在公司的股价上，使得持股员工的利益与公司的经营成果直接挂钩。这必然将激发核心员工的工作热情，使得公司的业绩不断提升，实现企业发展和员工收益的双重效应。

5. 有利于挂牌企业获得更多的政策支持

为了鼓励各自园区企业积极上新三板，相关政府部门都会给予很多的政策支持，挂牌企业不但会得到资金补贴，而且在信息服务、办事程序等方面都会得到园区管委会的大力支持。

(四) 新三板企业案例分析

北京北陆药业股份有限公司于 1992 年创立于中关村科技园区，是经北京市科教委批准的高新技术企业，也是北京市高新技术产业开发试验区第一批进行股份合作制试点的高新技术企业之一，1999 年，公司改制成为有限责任公司，2001 年改制为股份有限公司。经过不断发展，公司的整体实力在逐渐增强，由一家民营高科技企业一步步发展成为产权清晰、股权结构合理、符合现代企业制度要求的股份制企业。

2006 年 8 月 28 日，经中国证券协会及中关村管委会审批同意，北陆药业在深圳证券交易所代办股份转让系统正式挂牌，股份代码 430006。公司 2003 年至 2009 年利润表如图 3：在新三板挂牌的前三年，即 2003 年、2004 年、2005 年的净利润分别为 386.14 万、351.64 万、914.01 万，净利润稳步增长。挂牌以后，借助新三板的平台，北陆药业净利润实现了加速发展：2006 年实现净利润 1229.16 万；2007 年实现净利润 2766.83 万；2008 年实现净利润 2605.36 万；2009 年实现净利润 3486.32 万。2009 年 10 月 30 日，北陆药业成功登陆创业板，成为新三板挂牌企业首家成功转板创业板的企业。

北陆药业的发展过程中，新三板起到了举足轻重的作用，资本运作为北陆药业提供了起跳的充足动力。2008 年，随着新三板定向募集政策的开放，北陆药业及时把握机会，以 5.33 元/股的价格定向增发了 1250 万股，募集资金 6662.5 万元。这次增发，北陆药业引入了数名知名的战略合作者，同时也为企业带来了充沛的资金，公司的总股本增至 5088.8491 万股，可以说，资本运作是北陆药业华丽飞跃的强劲推注器。

图 3　北陆药业净利润情况表(自制图表)

四、新三板融资及存在的问题

新三板的设立主要就是为了解决中小企业的融资难问题，自 2006 年新三板设立以后，中小企业在新三板的融资效果如何？新三板是否确实起到了为中小企业搭建新型融资平台的作用？本章将通过收集 2006 年至 2013 年新三板挂牌企业的情况，分析挂牌企业的挂牌数量、新增挂牌数量、成交笔数、平均成交笔数、成交股数、平均成交股数、成交金额、平均成交金额情况及增资情况，通过图表分析得出新三板成立几年来发展的大趋势。同时，对比同时期其他场外市场的成交情况，通过对比分析总结出新三板目前还存在的问题。

(一) 新三板市场流动性分析

1. 新三板历年成交量分析

分析新三板市场的流动性，需要从新三板总的成交量上入手，从新三板总体发展情况来看(见表 1)，随着新三板挂牌企业的不断增加，新三板的成交量也在不断放大。

从挂牌企业数来说(见图 4)，新三板的挂牌企业数，从 2006 年到 2011 年，每年新增的挂牌企业数比较平缓，平均每年新增挂牌企业在 17 家左右，但是从 2011 年到 2013 年，新挂牌企业数迅猛增长，2012 年增加了 103 家，2013 年增加了 156 家，从挂牌企业数分析，新三板最近两年的扩容势头明显，融资平台的作用逐渐显现。

从成交笔数来说(见图 5)，2006 年成交笔数最少，为 235 笔，2013 年成交笔数最多为 989 笔。从 2006 到 2009 年，成交笔数基本上是逐年递增，但从 2009 年到 2012 年，成交笔数就呈现起伏状。

从成交股数来说(见图 6)，2006 年的成交股数仍然最低，为 1511 万股，2013 年成交股数仍然为最高，为 20200 万股。期间，2009 年的成交股数曾达到一个高峰，随后 2010 年成交迅

图 4　新三板挂牌企业情况表(自制图表)

图 5　新三板成交笔数统计表(自制图表)

速下滑，直到 2012 年的成交量才超越 2009 年。

从成交金额上来看(见图 7)，除去 2010 年的成交金额较 2009 年略有下降以外，每一年的成交金额都是在逐级放大，在 2013 年，成交金额达到了最大值，为 81400 万元。

从成交笔数、成交股数、成交金额总量上来看，新三板市场的交易随着挂牌企业的增多，交易量也在逐年的增长。新三板的活跃度随着新增挂牌企业的增多而逐年放大。但是，平均到每个企业来说，不论是从平均成交笔数、平均成交股数还是平均成交金额，几乎都是创了历年的新低。(详见表 5、6、7)。虽然平均数的下降与新增加企业在 2012 和 2013 两个年度迅猛增大有关，同时也与投资者的参与度存在滞后性有一定关联，但是平均数的下降也反映了新三板

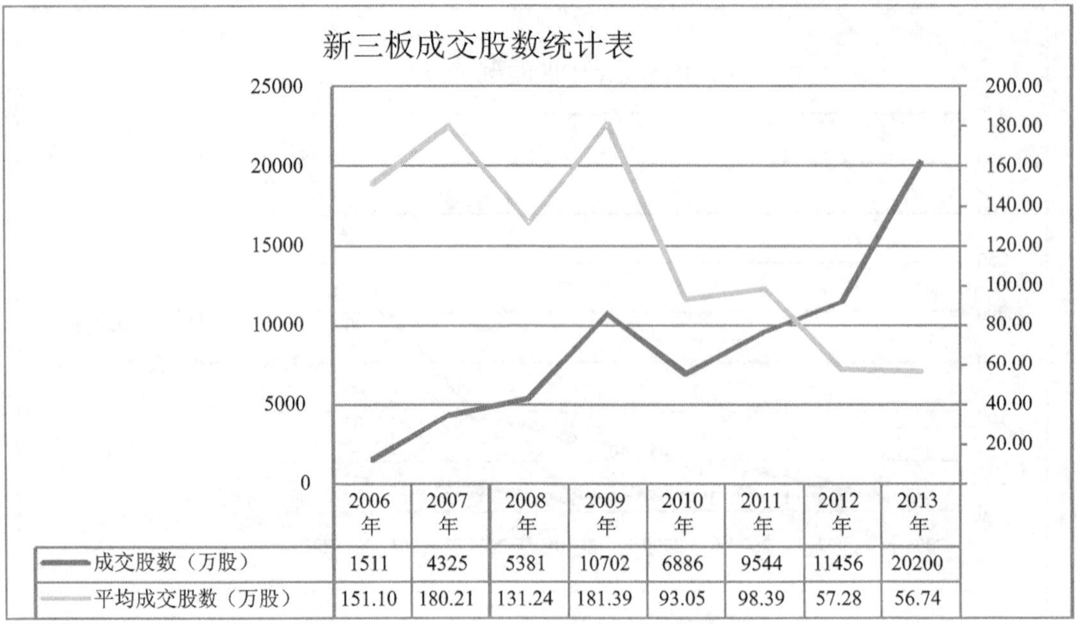

图 6　新三板成交股数统计表(自制图表)

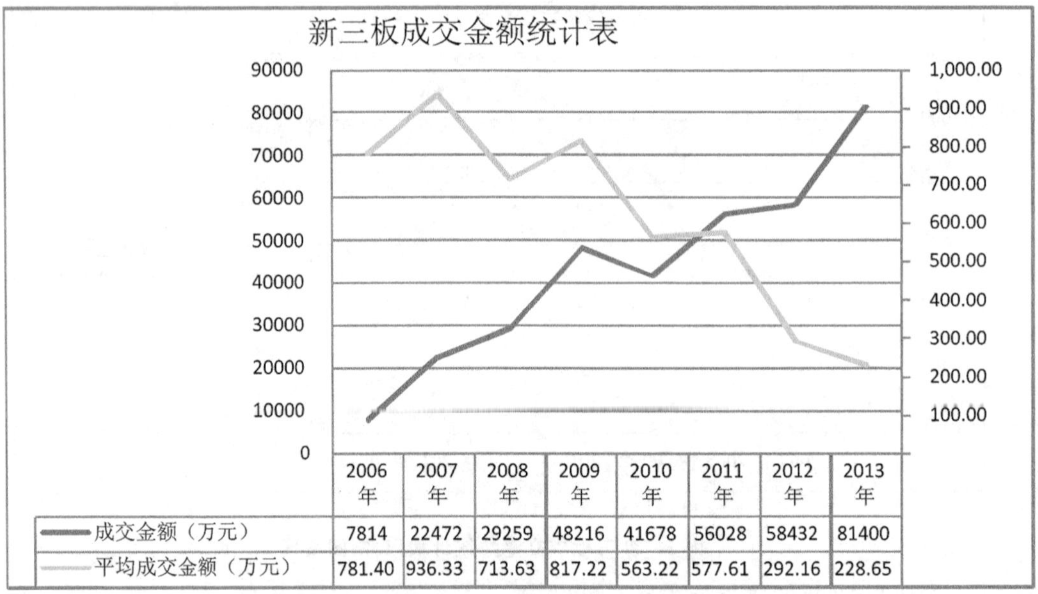

图 7　新三板成交金额统计表(自制图表)

个体企业的交易活跃度并没有与新增加挂牌企业数一样同比例增强。

2. 新三板市场与其他场外市场成交量对比

新三板市场的成交量虽然逐年在放大，但是其与中小板、创业板的成交量仍不可同日而语。2013 年，新三板市场全年成交金额为 8.14 亿元，而创业板上市公司华谊兄弟(300027) 1 月 7 日一天的成交金额就为 10 亿元，新三板的流动性和中小板及创业板还没有可比性。为了使对比更具有实际意义，选取同样是场外市场的上海股权托管交易中心作为比较对象，分析新三板市场与上海股权托管交易中心相比在流动性方面是否具有优势。上海股权托管交易中心是位于上海的区域性场外交易市场，成立2012年2月份，两个场外市场成交情况如表2所示：

表2 新三板与上海股权托管交易中心2012年成交情况对比表

2012年度	新三板市场	上海股权托管交易中心
同期挂牌企业数量	200	48
同期新增企业数量	103	48
同期产生交易的股票支数	95	16
产生交易股数比例	47.5%	33.33%
同期交易的股数(万股)	11456	2483
同期平均交易股数(万股)	120	155
同期交易笔数	638	354
同期平均交易笔数	6.72	22.13
同期交易金额(万元)	58432	10040
同期平均交易金额(万元)	615	627

通过对比发现，在总体成交量上，新三板在成交股数、成交笔数及成交金额方面完全超出了上海股权交易中心。但是在平均指标方面，新三板在平均成交股数、平均成交笔数及平均成交金额方面又全面落后与上海股权托管交易中心。

综合分析所述，新三板市场在整体成交量上已经是日益庞大，但是在市场的流动性方面还是比较薄弱，新三板的市场人气及市场活跃度还有待加强。

(二) 新三板市场定向增资分析

新三板挂牌企业由于都不是上市公司，无法通过公开发行股票的方式来募集资金，也无法向社会公众募集资金，新三板挂牌企业只能通过定向增资的方式引入战略投资者。因此，定向增资也是分析新三板融资作用的重要参考指标，定向增资的活跃程度将直接决定新三板中挂牌的企业的融资能力。新三板企业在2007年至2012年的定增情况如表3、图8：

表3 新三板定增情况表

年　度	2007年	2008年	2009年	2010年	2011年	2012年
定增次数	3	5	1	6	11	24
定增规模	4542	5620	606	5417	9007	19234
定增金额	11875	24565	2454	29056	70818	85458
平均定增规模	1514	1124	606	903	819	801
平均定增金额	3958	4913	2454	4843	6438	3561
平均定增价格	2.61	4.37	4.05	5.36	7.86	4.44

从2007年至2012年新三板定增情况可以看出，6年间有41家企业完成定增50次，总融资规模4.44亿股，总融资金额22.42亿元。除去2009年只有一家企业完成定增2454万元以

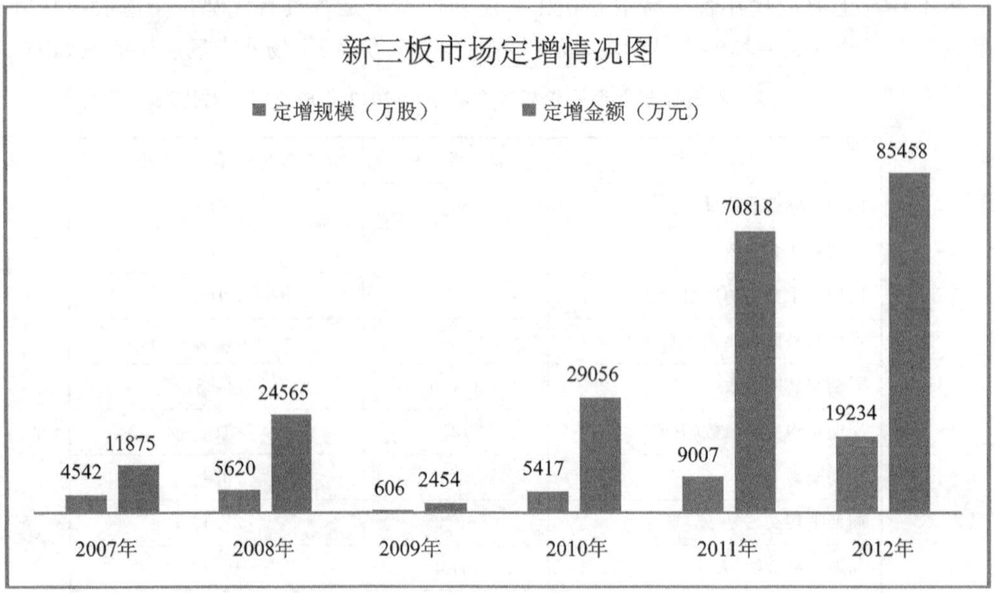

图 8　新三板市场定增情况图(自绘图表)

外,定增规模和金额一直处于上升态势,2012 年定增金额达到最大为 85458 万元。

为分析新三板定增情况,同样选取上海股权托管交易中心作为比较对象,对比新三板和上海股权交易中心在 2012 年的定向增资情况如表 4 所示:

表 4　新三板与上海股权托管交易中心定增情况对比表

2012 年度	新三板	上海股权托管交易中心
同期挂牌企业数量	200	48
同期完成定增的股票数	24	3
同期完成的股票比例	12%	6.25%
同期完成的定资规模(万股)	19234	3100
同期完成的平均定资规模(万股)	801	1033
同期完成的定增金额(万元)	85457	11170
同期完成的平均定增金额(万元)	3560	3723

从对比分析可以看出,在总体完成的定增规模和定增金额方面,新三板都远远超出了上海股权交易中心,但是在平均指标上,新三板平均到每一只股票完成的定增规模和定增金额上,都不如刚刚成立不久的上海股权托管交易中心。所以,同流动性分析得出的结果一样,新三板的在活跃度上还是有所欠缺。

(三) 新三板企业转板分析

所谓新三板的"转板",是指新三板挂牌企业,在企业资质符合上市条件以后,经过相关的审批,直接在主板市场、中小板市场或者创业板市场上市,发行股票或者增发新股的过程。

2008 年,新三板企业借其软件通过转板进入了中小板上市,开启了新三板的转板的新篇章。截止到2013年,已经有7家企业通过转板制度进入主板或创业板市场上市,新三板挂牌企业转板情况如表5所列。

表5 新三板转板企业情况统计表

序 号	企业名称	所属行业	经营范围	转板情况
1	北京久其软件股份有限公司	信息技术业	从事报表管理软件、政务管理软件、商业智能软件的研究和开发	中小板
2	北京世纪瑞尔技术股份有限公司	信息技术业	向铁路用户提供行车安全监控系统软件产品及相关服务	创业板
3	北京北陆药业股份有限公司	制造业	药品生产及药品经销	创业板
4	北京紫光华宇软件股份有限公司	信息技术业	主要从事电子政务系统的开发与研究	创业板
5	北京博晖创新光电技术股份有限公司	制造业	从事临床检验快速检测技术的研发及应用	创业板
6	北京佳讯飞鸿电器股份有限公司	信息技术业	信息技术业通信信息技术领域的技术应用创新及提供解决方案	创业板
7	北京东土科技股份有限公司	信息技术业	工业及太网交换机、数据光端机及工业级光纤收发器的研发、生产、销售及技术服务	创业板

从新三板转板情况统计来看,能够成功转板的企业凤毛麟角,新三板运行7年以来,挂牌企业已有300余家,只有7家企业实现了转板上市。对于挂牌新三板的企业来说,转板无疑是最具吸引力的因素。但是,我国目前并无真正意义上的转板制度,如何在新三板和其他板之间搭建高效便捷的转板通道,改变新三板挂牌企业必须通过与其他企业相同的IPO程序登陆其他板块的现状,将是未来新三板改革的重点。

五、新三板的未来展望

(一)新三板的发展动向

近年来,新三板的发展出现了改革的新动向。2013年底,随着党的十八届三中全会的胜利召开,金融体系的改革有了新进展,我国的多层次资本市场体系的建设进入了新的阶段。2013年12月份,国务院发布了《国务院关于全国中小企业股份转让系统有关问题的决定》,规定新三板的挂牌企业不受高新技术开发区的限制,全国符合条件的中小企业都可以申请在股份转让系统挂牌,新三板的扩容大幕正式开启。

2014年1月24日,全国中小企业股份转让系统举行集体挂牌仪式,来自全国的266家企业在股转系统集中挂牌,拉开了新三板全国扩容序幕。截至目前,全国股份转让系统挂牌公司已达到642家,总股本和总市值分别达到219亿股和1250亿元,分别比2013年底增长126%和127%。今年全国股转系统挂牌企业数量超过1000家将是大概率事件。目前全国有2000多家企业准备在新三板挂牌,未来新三板市场对孵化高科技产业、推进经济转型的作用将会逐步显现,预计未来5年新三板将形成一个挂牌企业上万家、总市值超过万亿元的市场。

2013年12月30日,《全国中小企业股份转让系统股票转让细则(试行)》发布,首次确定了在新三板挂牌的企业可以通过协议转让、竞价转让或者做市转让的方式进行转让交易,期待已久的做市商制度终于被引入了资本市场,新三板市场的运行进入了新阶段。

做市商制度的引入将改变目前新三板市场流动性差的现状,同时也将发现企业的股份价格和企业价值。首先,做市商的一项核心作用就是实现企业的真实估值,在强制性、竞争性的公开双向报价制度的约束下,做市商可以利用其研究、资金、人才、信息等优势,以及对上市公司价值、对股票二级市场走势准确的判断,为公司股票进行报价并买卖;其次,做市商承担做市所需的资金,可以随时应付任何买卖,买卖双方不必等到对方出现,只要由做市商出面,承担另外一方的责任,交易即可以进行。这样可以提高市场的活跃度,增加交易量;最后,做市商所报价格是在综合分析市场所有参与者的信息以衡量自身风险和收益的基础上形成的,因此投资者可以在报价基础上进行决策,并反过来影响做市商的报价,促使证券价格逐步靠拢其实际价值,以此实现市场的价格发现功能。

新三板的扩容对我国资本市场的整体建设来说具有极其重要的意义,在场外市场现有的组成中,新三板占据了重要的地位。未来新三板的定位,也应该是接纳致力于进入中小板和主板市场的企业,作为中小板和主板市场的窗口,也作为企业进入中小板市场和主板市场的桥梁。我国资本市场体系建设的未来结构也应该是从新三板市场到中小板和创业板,再过渡到主板市场这种形式,形成一种金字塔的三角结构。

具体说到新三板扩容的意义,本文认为主要有以下几个方面:首先,新三板的扩容给场外市场的交易带来了新的活力,有利于调动投资者的积极性。将新三板在全国范围内推广,不仅可以迅速增加交易规模,而且能带动各个地方政府的积极性,各地方政府为了吸引投资者去投资,必然将大力支持企业进入新三板,也会为企业的进入做好全方位的服务,使企业能更好地在新三板市场中融到资金,促进企业的发展,创造更多的税收。其次,在新三板的吸引下,各个中小企业也将加快改制的进程,完善企业本身的治理结构,降低经营风险和财务风险,提升自身的抗风险能力。随着企业改制的不断深入,中小企业将会不断吸引有实力的战略投资者进入企业的股东层,不断优化企业的治理结构,完善日常经营流程,规避不必要的经营风险。第三,新三板的扩容,最根本来说,给了中小企业一个全新的融资平台,大大缓解了中小企业的融资压力,使得一些具有发展前景的高科技中小企业获得了稳定的融资渠道,摆脱了以往对商业银行的依赖,一心一意搞好企业自身的研发,加快企业的发展。第四,企业在新三板上市后,无形中相当于做了一个免费广告,增加了企业的曝光度,提高了企业的形象,这对于提高企业的客户群有很好的示范作用,同时,随着企业不断公示自身的经营信息,对于企业自身的品牌建设具有极高的意义。第五,新三板的扩容和发展为我国未来多层次资本市场体系的建设打下了坚实的基础,新三板市场扩展到全国为未来场外市场扩展到全国总结了经验,而场外市场扩展到全国也就使得我国的多层次资本市场的建设进入了现实的操作阶段,只有场外市场和场内市场同时达到多层次,资本市场的多层次才更具有说服力。第六,新三板市场的扩容给了风险投资基金和私募投资更好的投资机会,极大地调动了机构投资者的投资积极性,也让投资者有了更好的进入和提出渠道,促进了我国私募行业的整体发展。

(二)新三板的改革设想

未来,随着新三板的扩容,我国多层次资本市场的框架也将搭建起来,如何在不同层次的市场之间搭建一个沟通的桥梁将会成为未来建设的重点，转板制度的建设也就应运而生。在建设转板制度的过程中，我们需要结合其他国家资本市场建设的成熟经验，在制度设计上，要结合我国的实际情况，按计划，分步骤、分阶段的推出相关制度。

1. 初级阶段的转板通道设计

目前，我国已经实行的转板制度与正常的公司上市流程是一样的，新三板企业要转到中小板或创业板上市，和其他非新三板企业 IPO 的流程一样，都是需要证监会的层层审批。这种转板制度没有考虑到新三板企业自身已经是公众企业的身份，没有体现出新三板企业与普通企业的区别。在新三板已经在全国推广的大趋势下，首先需要对这样无差别的转板制度进行改革。

转板制度的设计要充分考虑到未来新三板的发展情况，注意新的转板制度与目前已有的制度之间的衔接，不能盲目地为了改制度而改制度，要保留现有制度中好的部分，不能脱离实际，随意改革，避免制度重建的成本。

此外，新三板制度的建设必须要注重效率与公平。在发行上市的标准上，新三板企业与非新三板企业的标准要保持一致，不能降低新三板企业的发行标准。但是，在发行程序上，可以将新三板挂牌企业的 IPO 通道与非新三板企业的 IPO 通道加以区别，为新三板挂牌企业开辟一条新的“上市绿色通道”，这样，即兼顾了企业之间的 IPO 标准的统一公平原则，又体现了新三板挂牌企业的独特性。具体的制度设计可以考虑以下两点：

(1) 转板自愿原则。要确立保持多层次资本市场共同发展的大基调，要使得在新三板的企业中也有一些优质的公司，实力雄厚的集团企业，要避免新三板成为一个临时客栈，成为企业进入中小板或者主板市场的跳板。同时，也要避免新三板成为垃圾企业的集中营，对于一些劣质企业要坚决淘汰。在转板制度上，要把决定权最终交给企业来决定，由企业根据自身的意愿决定是留在新三板继续发展还是转板到其他板块。

(2) 建设新三板的“绿色转板通道”。本文所指的“绿色转板通道”就是让已经在新三板挂牌交易的企业与没有进入新三板的普通企业的上市过程有所区别，对于已经在新三板挂牌的企业来说，专门建立一套机制，走专门的通道进行审批。同时，审批的流程和环节也要和普通企业的 IPO 加以区别，对于在进新三板时已经审核过的环节要统统免掉，加快审计流程，尽量减少审批环节，提高审批效率，使得在新三板的企业能更快、更容易地在中小板、创业板上市交易。

在这样一套机制下，新三板企业的 IPO 进度将大大提速，审批环节的改良将是绿色转板通道的关键点所在，在这一机制下，新三板将真正做到成为企业上市的孵化器，“绿色转板通道”也将真正成为企业的绿色通道。

目前，中小板、创业板的审批是由证监会发审委负责。未来，在企业进入新三板交易时，就可以引入证监会发审委的审批环节，这样，在新三板挂牌企业的上市审批时，还可以有之前的审核人员来审批，把上市审批作为之前进入新三板时的审批延续，因为考虑到进行审核上市的挂牌企业数量不会太多，无须专门针对新三板设立新的发审委。但是，在发审委小组人员的具体构成上，可以由了解熟悉新三板挂牌企业的专家组成，在发审委委员的数量上，可以适当地与普通企业的上市审批发审委的人员数量有所区别，在前期进入新三板时的人员数量可以适当减少，但是在进入上市审批时人员数量要有所增加，以实现充分的公平。

在这种框架下，保持普通企业上市通道与新三板挂牌企业“绿色转板通道”并行，其意义在于：

首先，“绿色转板通道”为那些想最终在场内市场交易上市的企业提供了一条特殊的便利途径。这一通道的建立，将会大大增加新三板市场的吸引力；将会最大限度地展现新三板市场的独特性；将会大大缩短新三板挂牌企业到场内市场进行融资的时间，为企业的初始发展争取更多的时间和资金。尽管新三板扩容以后，申请进入新三板的企业会大大增加，但是从绝对数量上来说，新三板企业的数量还是少的，因此在上市审核速度上，新三板无疑是具有优势条件的，可以为挂牌企业提供较为便捷的途径。

其次，“绿色转板通道”可操作性比较强，成本也不高。由于绿色通道的设计原理是遵循现有的转板制度而来的，其最本质的操作原理与现有的升板制度没有区别。因此，在设计上，只需要对现有的转板制度做一些修改就可以，同时，与现有的转板制度的对接也比较顺畅。所以说，“绿色转板通道”改革成本是有优势的，操作性也极强。

再次，“绿色转板通道”的临时桥梁作用。在三板市场中建设“绿色转板通道”只是建立我国多层次资本市场体系的基本一环，而且是一种临时的做法，起到一种临时桥梁的作用，因为如果直接建立“直接转板制度”，对目前已有的制度体系来说，跳跃度太大，在实际操作中将非常困难。因此，必须按照“两步走”的设计思路，首先确立一个过渡阶段即“绿色转板通道”制度，在市场准入制度和交易制度等方面不进行大的调整的情况下，只是在审批环节等方面稍做调整。待相关条件均已成熟后，在整个资本市场形成转板通道和体系的情况下，便可着手开始进行终极转板通道制度的设计。

2. 新三板终极转板制度顶层设计

初级阶段转板制度的设计，可节约制度建设成本并具有更好的可操作性，但初级阶段的转板制度设计尚不能达到成熟的多层次资本市场的体系要求，只能是过渡阶段的产物，打造新三板的终极转板通道势在必行。

终极阶段转板通道的设计将不再仅从制度建设成本和目前制度现状的对接方面考虑，而是从发掘新三板市场的作用和潜力角度，进行最优化和最全面的设计，彻底改变新三板成交不够活跃的状况，开启新三板的全新时代。在国外成熟的资本市场转板机制建设上，美国的转板制度值得我国借鉴参考，在美国的纳斯达克市场，转板程序是非常简单和快捷的，低层次市场的企业发展到一定程度以后，可以经过简单的申请直接到高层次市场进行交易。

终极转板制度顶层设计的最终目标是：在新三板挂牌的企业只要是满足了其他板块的相应标准以后，就可以直接转到相应的板块上市，无须再经过审批发行，这种直接转板制度是区别于企业的首次公开发行制度的。

(1) 直接转板制度与 IPO 的区别

直接转板制度的核心就是：能够进行直接转板的公司本身已经是公众公司，而进行 IPO 的企业在发审委审核通过之前，都是非公众公司，同时，普通企业在首次公开发行需要经过中国证监会的实质审核，但是直接转板则无须进行审核，只要符合一定的标准条件就可以实现。目前我国新三板挂牌企业都为非公众公司，如何实现非公众公司向公众公司的转变，将是直接转板制度设计前需要解决的问题。

(2) 终极转板制度条件的设定

在直接转板企业的条件设定上，可以借鉴参考美国纳斯达克的相关经验，依据纳斯达克的相关规定，企业满足下列条件可以提出申请升入纳斯达克小型资本市场，这些条件包括企业主要的财务指标情况、企业的股本情况、公司的股票价格和公司的股东人数情况。

新三板的直接转板制度条件一方面可以参考主板、中小板及创业板的要求，另一方面也可以考虑纳斯达克市场的要求，再者也要考虑到我国的实际情况。考虑到我国资本市场的股票波动性很大，对于最低股价的条件，建议使用最低市盈率的条件来替换。

在由新三板直接转创业板市场时，可以假设以下的指标：

第一、发行人是股份有限公司的，最低的持续经营年限不低于三年。发行人是从有限责任公司整体改制成为股份有限公司的，经营时间的起点可以从有限公司成立时算起，最低的经营年限也不低于三年。

第二、企业的股本不低于 3000 万股。

第三、企业发行在外的流程股的比例不低丁所有股本的 25%。

第四、企业不存在以前年度未弥补亏损，同时，在最近年末，净资产总额不低于 2000 万元。

第五、在市盈率的要求上，不得低于 20 倍。

第六、企业在最近两年都是盈利的，两年的累计净利润高于 1000 万，并且利润是呈增长趋势的。或者，在最近一个年度企业是盈利的，且利润总额高于 600 万，营业收入总额不少于 6000 万，且营业收入相对于上年的增长率高于 35%。

第七、在企业的股东人数上，要求股东超过 300 人。①

以上着重展望了新三板在未来转板通道制度设计上的一些设想，除了转板制度以外，未来在如何提供券商的积极性方面、挂牌企业的退出机制方面及配套的法律法规制度方面，都需要加大研究力度。

在现行的交易机制下，主办券商承担着从企业推荐到企业挂牌再到监督重要信息披露的重要职责。在挂牌企业的整个挂牌流程中，主办券商需要投入大量的人力和物力，但是在企业成功挂牌以后，主办券商确不能直接自营代办的股票，同时收取的挂牌费用也并不高。这些因素都大大降低了主办券商的盈利水平，承办券商的积极性会受到影响。要改变目前的状况，从根本上来说，就是要让主办券商有利可得，提高券商的获利水平。具体说来，一方面可以提高主办券商的收费比例；另一方面，建立混合建议制度，以目前引入的做市商制度为契机，增加多种交易手段，增加券商的获利途径。同时，券商在利益的驱使下，也会不断提高代办股份的转换次数和转换价格，从而提高挂牌企业的融资效率。

在退出机制设计上，未来的新三板要做好宽进严出。对于一般企业来说，只要达到基本的准入条件，就允许进入新三板市场；对于不符合再在新三板挂牌的企业要坚决淘汰，从而达到新三板市场的良性循环局面。

六、结　论

中小企业的融资难是当今各国政府面临的相同难题，不同的是西方先进国家已经探索出了一条解决中小企业融资难的路径，而我国目前还处于总结经验和“摸石头过河”的阶段。新三板市场从成立之初的定位就是为中小企业融资服务的，在几年的发展过程中，也确实起到了为中小企业搭建融资平台的作用。本文通过对中小企业融资难的背景分析，引出了新三板市场，通过新三板几年来运行的实际情况，结合数据和图形，对新三板的融资效果进行了分析，并

① 吴奇峰.中国股票市场转板机制的研究.武汉理工大学硕士论文.2010 年 10-01

通过与不同场外市场的比较，总结分析新三板市场目前还存在的问题以及需要解决的地方，最后就新三板最吸引挂牌企业的转板制度进行了展望，结合目前新三板已经出台的一些新政策和新举措，对新三板的终极转板制度设计提出了一些设想。相信不久的将来，随着新三板改革的不断深入，长期困扰新三板的流动性不高问题和新三板容量不够问题会逐渐得到解决。由于本人的专业知识有限和所研究的深度不够，加之时间问题，本文还存在着许多不足的地方，比如对数据的收集不够全面，比较对象的选取是否合适也存在不确定性。同时，对新三板其他方面的研究没有深入，对新三板未来的改革只是简单涉及了转板制度的探讨，其他方面诸如新三板未来的增资情况、未来的做市商制度的运行效果及新三板配套的法律法规的研究都没有涉及，这些都需要在以后的学习中不断加以总结。

高等院校财务管理及核算分析
——德阳安装技师学院财务体系的建立和完善

资产财务部

王建华

随着高校管理的自主化和资金来源的多样化，社会对高校会计信息需求与实际供给之间产生了尖锐矛盾，迫切要求对高校会计制度进行改革。顺应民意，2013 年 12 月，财政部会计司颁布了修订后的《高等学校会计制度》，自 2014 年 1 月 1 日起施行。这标志着我国高校会计制度改革进入一个新的发展阶段。《高等学校会计制度》的颁布标志着高等学校将实行“修正的权责发生制”而会计核算基础发生改变将直接影响会计信息使用者的分析和判断，也意味着对教育投入产出的信息提供和绩效评价体系构建提出了更高的要求。

德阳安装技师学院是我集团所属集职业技能教育与培训、中专学历教育、成人高等教育和多种职业培训与技能鉴定为一体的综合性中高等职业技术学校。目前德阳安装技师学院根据自己的理解决定来执行的财务会计制度主要是以《中华人民共和国会计法》和《事业单位会计准则》为主的财务会计制度，原来会计核算基础“收付实现制”已经不能适应现在德阳安装技师学院的发展需要了。

1. 德阳安装技师学院财务管理及核算存在的问题

德阳安装技师学院执行的会计核算准则为财政部 1998 年颁布的 1998 年 1 月 1 日实施的《高等学校会计制度》。随着德阳安装技师学院走向市场，德阳安装技师学院理财环境发生了根本性的变化，加上原财务会计体系本身的缺陷，现行的财务、会计体系明显不适应竞争激烈的市场经济要求。

1.1 环境的变化

学院现行会计体系分为预算会计体系，当学院被推向市场，学院的定位发生了变化，全额或差额拨款变为少量补贴和通过宏观杠杆间接扶持。学院现行会计体系的理论基础发生了动摇。即学院不再具有行政职能和行政收费项目，自然没有必要划分预算内收支和预算外收支，以及减少、取消预算拨款，除少量补贴外，资金来源均市场化，为学院传统预算体制下的财务、会计体系的变革提供了理论基础。垄断打破使学院在本行业内全面参与竞争，学院要适应竞争激烈的市场经济发展并得以生存，必须自主理财、广开财源，原来预算体制下统收统支、结余上缴的财务、会计体系已不能适应新发展，已成了学院改革的一个障碍。财务报告对象由建立在事业单位行政管理的财务报告变为不仅包括单位管理人员、主管部门，更包括资源供给者甚至单位的服务对象。原有的财务信息无法满足这些需求者的要求，必须进行变革。

1.2 制度本身的缺陷

1.2.1 财务会计定位的缺陷

一方面我国的事业单位会计制度是作为国家预算会计制度的一部分而出现的，而预算会计是以预算管理为中心的，核算、反映和监督中央与地方预算以及事业行政单位收支预算执行的会计，而事业单位的经费来源渠道与支出内容与预算的收支内容相差甚远，简单地用管理财政预算的方法和要求来管理事业单位的经费显然是不够的。另一方面，学院与财政预算已没有了关系，再使用预算会计已失去了理论基础，但由于其非营利的特性，又无法全面执行企业财务会计制，这中间又形成了一个“制度真空”，学院只有根据自己的理解决定来执行什么财务会计制度，会计信息质量存在较多的缺陷。

1.2.2 财务管理方式的缺陷

《事业单位财务规则》规定：“国家对事业单位实行核定收支、定额或者定项补助、超支不补、结余留用的预算管理办法。定额或者定项补助标准根据事业特点、事业发展计划、事业单位收支状况以及国家财政政策和财力可能确定。定额或者定项补助可以为零。少数非财政补助收入大于支出较多的事业单位，可以实行收入上缴办法。”而决定财政对单位补助多少的最主要的依据是单位自己组织收入的能力，也就是经费自给率的高低。单位收入多，财政补助少；单位收入少，财政补助多。而各地在制订事业单位的福利时，一般都与财政补助多少相挂钩，财政补助多的，福利就多，财政补助少的，福利就少。这显然是不合理的，干多的不如干少的，打击了学院组织收入的积极性，不利学院的健康发展。

1.2.3 会计核算基础的缺陷

学院会计实行收付实现制。这一会计核算基础决定了学院无法进行真正的成本核算，事实上各级管理部门也从未真正的要求学院进行认真的成本的核算。学院管理的目标只是做成了几件事、影响面有多大，至于花了多少钱，成本与效益是否配比，则很少过问。这也是学院资金使用效益较低的重要原因之一。而这一问题在现行的财务报表上又无法进行反映，报表使用者无法从报表本身来了解单位管理的好坏，资金使用情况如何，哪怕是最初步的判断也很难。

1.2.4 固定资产不计提折旧

现行《事业单位会计制度》规定，事业单位固定资产不计提折旧。固定资产的更新修缮资金由按期提取的修购基金来补充，而不是通过计提折旧来实现的，这就导致单位账面资产与实际严重资产不附的问题：一是容易对会计报表使用者产生误导。固定资产不计提折旧，从固定资产购置直到报废需要很长一段时间，这期间固定资产由于使用、损耗，价值减低，而固定资产与固定基金项目一直以原值反映在资产负债表中，虚增了资产与净资产的总量。同时又以提取修购基金的形式直接增加专用基金，使得净资产即包括固定资产原值，又包括提取的修购基金，重复计算，结果造成净资产会计信息失真，不利于报表使用者正确解读会计报表，对其产生误导。二是影响固定资产的及时更新改造。事业单位固定资产的更新通过提取修购基金来支付，而修购基金是按事业收入和经营收入的一定比例提取的。在确定提取比例时，收入多的多提，收入少的少提，使得修购基金的提取数量极不稳定，无章可循。三是成本核算不完整，不能正确反映所得与所费的关系。事业单位从事日常业务活动和经营活动，必然会发生固定资产的损耗，企业是通过折旧的方式进入成本，收入与支出相配比，由于事业单位固定资产不计提折旧，固定资产损耗不能在成本核算中得以体现，人为地降低了取得相应收入的成本，虚增了盈余。四是不利于加强固定资产日常管理。由于不计提折旧，随着时间的推移，固定资产的原值与净值相差会越来越大，发生价值背离，固定资产在报废、毁损、丢失时，按原值冲减固定资产和固定基金，不能真实地反映实际损失，难以划清责任，不能引起领导层足够的重视，不利于加强固定资产的日常管理。

1.2.5 会计科目设置的缺陷

由于事业单位会计制度是作为预算会计的一个组成部分而制订的，许多方面要屈服于预算管理的需要，而不是事业单位会计本身的需要，因此会计科目的设置难免有这样或那样的缺陷。由于现行事业单位财务会计制度本身存在的缺陷，使其已不能适应新的环境和社会经济发展的需要，无法准确核算事业单位的会计信息。因此，亟须进行改革，建立一套全新的财务会计制度。

2. 高等学校会计制度与原制度的比较

2013 年 12 月颁布的《高等学校会计制度》对现行制度进行了全面修订，其基本理念是适当引入权责发生制，同时兼顾预算管理、财务管理、资产管理、绩效评价的信息需求。为了更加清晰地说明两者之间的不同之处，下面通过表格的形式分别列示《高等学校会计制度》与现制度在基本内容和具体会计科目之间的不同之处。

征求意见稿与现制度基本内容的对比

项　目	现行规定	《高等学校会计制度》
依据	根据《中华人民共和国会计法》和《事业单位会计准则(试行)》制定本制度	根据《中华人民共和国会计法》、《事业单位会计准则》及其他有关法律、行政法规，制定本制度
预算管理科目	增设专用于预算管理的科目	平行设置财务会计科目与预算会计科目
公共财政改革相关业务	无具体规定	新增了与国库集中支付、政府收支分类、部门预算等公共财政改革相关的会计核算内容
记账方法	借贷记账法	借贷记账法
核算基础	除经营业务外一般采用收付实现制	采用修正的权责发生制
固定资产	反映高等学校的各种固定资产原价，不计提折旧	同时设置累计折旧账户用来计提固定资产折旧，反映资产净值
无形资产	反映高等学校各项无形资产的原价扣除摊销后的净额，但没设置累计摊销账户	同时设置累计摊销账户核算无形资产计提的累计摊销，反映资产净值
会计科目	不可减少或合并会计科	可根据实际情况自行增设、减少或合并某些会计科目
基本建设投资	基本建设投资的会计核算，按照国家有关规定办理	基建会计纳入“大账”统一核算
会计报表	包括资产负债表、收入支出表、附表及收支情况说明书等	包括资产负债表、收入费用表、预算收支表、基建投资表以及报表附注，报表必须经相关人员签名并盖章。对年度和中期财务报表做了规定
会计要素	资产、负债、净资产、收入和支出	资产、负债、净资产、收入和费用

征求意见稿与现制度具体会计科目的变化

类 别	变化类型	现规定中科目名称	《高等学校会计制度》中科目名称
资产类	基本相同	现金，银行存款，应收票据，材料，固定资产，无形资产	库存现金，银行存款，应收票据，存货，固定资产，无形资产
	调整	应收及暂付款，借出款，对校办产业投资，其他对外投资	应收账款，预付账款，其他应收款，长期股权投资，长期债券投资
	新增	涉及财政公共收支的会计科目在实务中已经使用，但无具体规定	零余额账户用款额度，财政应返还额度，财政直接支付，财政授权支付，累计折旧，文化文物资产，在建工程，基建工程，固定资产清理，累计摊销，待处理财产损溢
负债类	基本相同	应缴财政专户款，应交税金，应付票据，代管款项	应缴非税收入，应交税费，应付票据，代管经费
	调整	借入款项，应付及暂存款	短期借款，长期借款，应付账款，预收账款，其他应付款，长期应付款
	新增	实务中已采用	应付职工薪酬
净资产类	基本相同	专用基金，事业结余	专用基金，本期盈余
	调整	事业基金	累计盈余
	取消	固定基金，经营结余，结余分配	无相应科目
净资产类	合并	教育经费拨款，科研经费拨款，其他经费拨款	财政拨款
	基本相同	上级补助收入，教育事业收入，科研事业收入	上级补助收入，财政返还教育收入，科研业务收入
	调整	其他收入	其他收入（核算内容调整）
	新增	无	基建拨款，财政调剂收入，后勤收入，其他业务收入
	取消	经营收入，附属单位缴款	无相应科目
费用类（现支出类）	基本相同	教学支出，科研支出，业务辅助支出，后勤支出，行政管理支出	教学支出，科研支出，其他业务支出，后勤支出，行政支出
	新增	无	资产折耗，财务费用，以前年度损益调整
	取消	拨出经费，学生事务支出，离退休人员保障支出，经营支出，上缴上级支出，对附属单位补助，结转自筹基建	无

3. 学院财务管理及核算体系特点

高等院校会计制度作为非营利组织会计制度的一种，应具有非营利组织会计制度的一般特点：一是使用修正后的权责发生制，即财政拨款收入和捐赠收入按收付实现制，其他收入以及所有支出按权责发生制；二是使用基金会计制度，分一般预算基金、限制用途基金、非限制用途基金三部分核算；三是对固定资产提取折旧。

除了一般非营利组织的共同特点外，德阳安装技师学院还有一些自己的特点：一是在收入方面。目前德阳高级技师学院的收入主要来源于学费和培训费。同时，学院的投资的校办企业也正在成为收入的一个重要来源。二是在支出方面。学院的支出主要有三大方面：(1) 教学开支，为教学直接发生的开支，如教师工资、福利，直接发给学生的奖学金、免除学生的有关费用，学生实验室等与学生、教学有关的费用；(2) 科研支出，指高校为进行与教学无直接关系的科学研究而发生的有关费用；(3) 管理支出，即高校校办、教务、总务、财务等管理人员及办公方面的开支。根据学院的业务特点，其支出总能被归到以上三类，其中第 1 类支出是高校的支出重点，也是计算生均成本的基础。

根据学院的特点，其财务会计报告的具体目标可以确定为：(1) 向集团及其他使用者提供反映学校资产规模、构成、流动性，负债规模、构成，净资产规模、构成及其变动等方面的信息，用以评价学校的财务状况。(2) 向集团及其他使用者提供学校收入、支出及成本，以及培养学生数量、规格、种类等方面的信息，用以评价学校收支情况、提供教育服务的业绩、效率与效果。(3) 向集团及其他使用者提供学校现金收入、流出及其增减变动净额方面的信息，以估量学校现金流量前景、持续运作能力。(4) 向集团提供学校净资产及其变动情况，对出资使用情况的专门信息，以助于出资者做出是否继续出资、捐资的决策和评价学校净资产的保全情况、持续服务的能力，以及经管责任的履行情况。

3.1 学院会计要素构成

学院的会计要素可分为五大类：(1) 资产类。包括现金(银行存款)、应收款、预付款、材料、产成品、对外投资、固定资产、无形资产等。(2) 负债类。包括借入款项、应付票据、应付账款、预收账款、应交税金等。(3) 净资产类。包括固定基金、一般预算净资产、限制性基金净资产、非限制性基金净资产。(4) 收入类。包括财政补助收入、上级补助收入、拨入专款、事业收入、经营收入、附属单位缴款、其他收入。(5) 支出类(费用)。包括管理费、教育经费、科研经费等，为便于管理，可在这些科目设人员支出、日常公用支出、专项支出等。

3.2 学院财务报告

德阳高级技师学院财务报告的对象具体应有：学院上级主管部门(集团)、学院管理层、政府财政部门、教育主管部门、税务部门、其他财务信息需要者等。财务报告的应包括以下几方面的内容：

3.2.1 文字说明部分

应包括：(1) 高校基本情况；(2) 财务基本情况，各类净资产数、收入结构情况、支出结构情况、与最近几个年度的比较等；(3) 学生成本有关数字及说明等；(4) 科研成果进度情况；(5) 受托项日及进展情况；(6) 其他需要说明的重大事项。

3.2.2 报表的组成部分

高等院校的财务报表至少应由四部分组成：(1) 资产负债表；(2) 收入费用表；(3) 现金流量表；(4) 学生基本情况表。

3.2.3 报表注释

对需要说明但主题报告成难以表达的一些说明性质的文字，如就报表中某一数字作解释、说明等。

3.3 学院教育成本核算

1998 年颁布的《中华人民共和国高等教育法》规定，“国务院教育行政部门会同国务院其他有关部门根据在校学生人均教育成本，规定高等学校年经费开支标准和筹措的基本原则。”国务院发布的《(中国教育改革和发展纲要)的实施意见》提出，高等学校和中等专业学校、技工学校“学生实行缴费上学制度。缴费标准由教育行政主管部门按生均培养成本的一定比例和社会及学生家长承受能力因地、因校(或专业)确定。”所以，无论是进行教育成本研究和分析，加强教育管理，提高教育资源的使用效率，还是确定学校的经费开支标准、筹措原则和学费标准，进行教育成本核算都是必要的，也是推动学院财务会计改革的一个原动力。

3.3.1 教育成本核算的主体

提供教育成本信息，首先要考虑提供哪一个单位的成本信息，亦即教育成本核算主体或成本主体的确定。我们前面曾论述到学院作为非营利组织，其会计主体应是基金，但进行学生成本核算时，其主体必须从产品生产者或提供者的角度考虑。具体到教育产品，其提供者是学院，学院就自然地成为教育成本核算的主体，有人认为学院可以以系/中心作为成本核算主体。系作为一级记账单位，理论上和实践上都没有问题。但是作为成本核算的主体是不恰当的。首先，系/中心不能独立提供教育产品，它需要学校提供行政管理服务、教学辅助服务，如图书馆、计算中心、后勤等各项服务，才能开展正常的教学服务，系/中心的教学服务成本只是教育成本的一部分；其次，系/中心没有经济上的独立性，学费的收取是学校统一组织的，系/中心不能独立取得经费来补偿所消耗资源的支出。从学院管理的要求出发，以系/中心为单位组织内部成本核算，提供管理所需的成本信息以考核、控制系/中心的成本支出，是可行的。因此，可以将学院作为对外提供成本信息的教育成本核算主体，系/中心作为提供内部成本信息的成本核算主体。在具体的核算组织上，可分为两级进行：系/中心一级核算教学成本、学校一级核算公共成本，并将公共成本分配到教学成本中去，核算出完全的教育成本。

3.3.2 教育成本核算的期间

教育成本核算的期间，是指核算、报告教育成本的周期。从正确的核算成本的要求看，以自然的业务运作周期作为成本核算的期间比较适当。如将教育的产品定义为学生接受到的一定时间的教育服务，则学期或学年作为教育成本的核算周期比较合适。如将教育产品定义为各级毕业生，则各级毕业生的培养周期作为教育成本的核算周期比较合适。我个人倾向于将教育产品定义为学生接受的教育服务的时间量，主张教育成本的核算周期为学年。因为学校的教学是按学年组织的，学费是按学年收取的。将几学年的教育成本相加，很容易得到各级毕业生培养周期的教育成本。不过将教育成本核算的期间确定为一个学年，就与我国统一的财政年度要求不一致。可以有两种思路解决这一问题，一是学校会计年度与教育成本核算周期不要求一致，即学校会计年度为公历年度，教育成本核算期间为学年，教育成本报告与其他财务报告分别编制。从现实的可能性看，这一思路更可行。二是允许学院将会计年度按学年确定。这样，学校的会计年度与教育成本核算期间就能保持一致，成本报告与其他报告就能同时编报。但按这一思路，由于政府财政年度为公历年度，会使学校会计年度与政府财政年度不能保持一致，这一思路由于不能满足政府部门及集团对财务信息的需求，故可行性不高。但可以通过学院按每月的会计报表，形成 1—12 月的公历年度会计报告进行上报。

3.3.3 教育成本核算的方法

学院的教育成本核算可分为直接成本、准成本和全成本三个层次。

3.3.3.1 直接成本

直接成本是指按直接花费在教学业务上的经费进行计算的成本。可以以系/中心甚至某个班级为核算对象，费用包括教师的工资、课室用水电费等可以按课时分解到具体的系/中心和甚至班级的费用，计算公式：

直接成本 = 教师的工资 + 学生试验室直接消耗费用 + 教学用水电费 + 其他应计费用

平均直接成本 = 直接成本 / 该(系、院)班学生数

该平均成本可以考核不同类型的学生之间的成本差异，作为制订系/中心教育经费标准重要参考依据，亦可作为评估各系/中心管理水平的参考之一。

3.3.3.2 准成本

准成本是指在直接成本的基础上加上院系管理人员费用和直接为院系服务的有关职工的费用等，计算公式为：

准成本 = 直接成本 + 院系管理人员费用 + 院系办公经费 + 其他应计费用

平均准成本 = 准成本 / 该系(院)班学生数

该指标可以作为制订不同系/中心学生收费标准的重要依据之一，也可作为考核院系管理水平的一个重要指标。

3.3.3.3 全成本

全成本是指在准成本的基础上加上应分摊到教学中的固定资产折旧、学校管理费用、财务费用、图书馆、体育设施运营费用等，计算公式为：

全成本 =准成本 + 应分摊到教学中的固定资产折 + 应分摊到教学中的学校管理费用 +
应分摊到教学中的财务费用 + 应分摊到教学中的图书馆 +
应分摊到教学中的体育设施运营费用等

生均全成本 = 全成本 / 在校学生数

这一指标反映了学院的教学实际成本和生均费用水平，可作为考核和评估学院运营效率的一个重要指标，也是评估学院办学效益和给予补助的一个重要参考数据。为一步分析学校运营水平，全成本又可分为变动成本或运营成本和固定成本。

全成本=变动成本+固定成本

变动成本即相当于现行高等院校财务会计制度下的教育成本，这不是完全的教育成本，但它对于分析教育经费运营状况和当年度资金投入使用效益等有着极为重要的意义。

固定成本，目前的高等院校财务会计制度没有予以考虑，但它对于考核和了解高等院校真实的教育成本和不同类别学生的成本差异是必不可少的。缺少固定成本的教育成本是不完善的成本。

另外，需要注意的是，成本分析并不等同于效益分析。它只核算、分析了投入的情况，对于“产出”基本没有什么分析。对于学院来讲，其主要“产品”是学校培养毕业的大学生，次要“产品”是学校的科研成果和教师水平的提高等。要进行高等院校资金效益分析，除要准确核算成本外，还要做好“产品”的数量、质量分析，具体到各个指标大概包括学校知名度、科研水平、影响力、学生入学成绩、就业率、薪酬水平等。这些分析在一定程度上已超出了财务管理的范围，需要学校各有关部门配合方可进行。与营利组织的效益分析不同，高等院校的效益分析不仅

是财务部门的工作,它应是整所学校的工作。因此,高等院校效益指标的制订,财务指标仅是其中的一部分,其反映成果的部分已不是财务能够完全解决的问题。

4. 进一步完善高校会计制度的建议

4.1 明确会计目标,在此基础上构建整个德阳高级技工学院会计理论体系

会计目标是整个会计工作所要达到的终极目的,西方会计界将会计目标视为会计理论研究和制定会计准则的起点。会计目标决定了会计报表要素、会计核算基本前提和会计确认、计量等。建议结合德阳高级技工学院实际情况,在考虑会计外部环境变化的基础上,将决策有用观和受托责任观结合起来确定学院会计目标,并在此基础上构建并夯实整个学院会计理论体系。

4.2 完善报表体系,引入现金流量表,公开披露财务信息

在权责发生制核算前提下,现金流量的信息是比较缺乏的。为了弥补这一缺憾,将现金流量表纳入高校会计报表体系是国际通行的做法。建议进一步完善高校财务报表体系,提供包括教育成本核算表、现金流量表在内的多层次报表,并在表外披露人力资源价值情况、绩效考评情况等,同时建立公开信息披露制度,以方便报表使用者进行相关决策。

4.3 引入多种计量属性,提供可靠而且相关的资产价值信息

传统的会计计量属性主要指历史成本,而在2006年财政部颁布的企业会计准则中提出了多种计量属性并用的会计计量模式,这实现了与国际会计准则的实质性趋同。企业会计准则中规定的计量属性包括历史成本、公允价值、重置成本、可变现净值、未来现金流入量的现值等。对于高等学校来说,固定资产中的房屋、建筑物等所占的份额较大,而这类资产的市价在近几年里变动非常剧烈,可能增值若干倍。如果只用历史成本对其进行计价,那报表信息是否具有相关性就可想而知了。这样的报表信息虽然可靠,但对高校的社会投资者和债权人甚至政府等利益群体来说就没有什么参考价值了。建议在对高校资产进行计价时,引入公允价值等计量属性,提供可靠而且相关的信息。

4.4 制定实施细则,保障新的高校会计制度顺利施行

《高等学校会计制度》的科目设置与现行制度有很大差异,新会计科目如何具体运用、原余额如何过渡到新会计科目,财政部相关文件尚未做出具体规定。比如说固定资产计提折旧时的折旧年限和折旧方法,《高等学校会计制度》中并没有给出指导性的实施意见,这样学院会计人员可操作的空间就较大。另外,基建会计如何并入"大账",预算会计科目怎样平行设置并运用,也是必须要面对的问题。建议学院制定详细的实施细则,并出台配套的《财务制度》和《成本核算办法》等,以保障新的高校会计制度顺利实施。

施工企业项目部内部控制
——内部控制推广方向及重点

资产财务部

王建华

集团公司在2013年中制定了内部控制管理手册，集团本部各职能部门在经过1年多的时间进行了内控差异的整改。目前内控差异整改工作已基本完成，集团内部控制建设的下一步工作是内部控制体系的建立及向全集团的推广和宣贯。我认为重点应在项目部建立高效的控制流程和科学的管理制度以保障集团战略目标的实现。

1. 项目部为内控建设重点的意义

加强集团公司工程项目成本管理是我们创造经济效益的必由之路，项目成本管理是一项整体的、全员的、全过程的动态管理活动。项目部应当及时反映项目成本的动向，以便集团管理层采取切实可行的措施，确保工程项目优质、低耗，促使工程项目成本不断降低，进而提高集团整体经济效益，推动全集团成本管理水平的提高。

我们的成本管理，主要是工程项目的成本管理，是指根据集团总体目标和工程项目的具体要求，在工程项目实施过程中，对工程项目成本进行有效的组织、实施、控制、跟踪、分析和考核等管理活动，目的在于强化经营管理，提高成本核算水平，降低工程成本，实现目标利润。加强工程项目成本管理是集团积蓄财力，增强竞争力的必由之路。目前成本管理中的资金管理较分散、内部控制执行不力、责任成本流于形式、管理水平不高等问题普遍存在与施工企业当中，造成施工企业成本支出大、效益低下的不良局面。

项目成本是指在工程项目上发生的全部费用的总和，包括直接成本和间接成本。其中直接成本包括人工费、机械费、材料费和其他直接费用；间接成本包括管理员工资、办公费、财产保险费、临时设施费等。

项目部是集团的成本中心，管好项目部，提高项目部的经营管理水平是我们生存、发展的基础。建立健全并有效执行内部控制制度又是管理好项目部的关键所在，因为内部控制制度是通过多次实践，总结成功经验与失败教训制定出来的。

2. 现阶段施工企业内控管理的薄弱环节

2.1 制度执行及成本控制有待加强

目前许多项目部制定了各类管理办法，发挥了很大的作用，但是在具体执行过程中，也存在着有章不循的问题，很多制度落实不到位，导致出现了不少管理上的漏洞，不同程度的影响着集团经济效益。

责任成本管理是项目部控制成本、提高经济效益的有力手段。虽然目前不少施工企业所属项目部实行责任成本管理，但在不同程度上都存在着管理不到位、力度不均衡的情况；甚至有的项目部没有实行责任成本管理或是简单地把以前的成本管理改称为责任成本管理；有的虽实行了责任成本管理，但在编制和实际执行中存在的问题较多，尤其在动态控制上，未起到成本管理的作用。总的来说责任成本管理通常存在下列四类问题：一是项目部虽然编制了责任成本预算，但没有形成一个闭合的责任成本控制系统，依据不充分，可操作性差；二是项目部没有明确的责任成本控制总目标，编制的责任成本脱离实际，不能作为控制成本的真正依据；三是项目部责任成本控制措施不到位，编制与过程控制脱节；四是项目部由于发包方设计变更的因素，没有相应调整责任成本预算，日常也没有对各责任中心进行分析考核，责任成本管理流于形式。

2.2 管理资源的发展未能与业务发展相一致

施工行业竞争越来越激烈，公司为了生存和发展，不断扩大市场份额。可是企业各种经营管理人员却未能同比例增长，各种管理资源的严重匮乏，导致贯彻和执行先进的管理理念有较大难度，企业管理难以到位，其中表现尤为突出的是项目部财务人员的综合素质难以适应现代化企业管理。

现代化的企业管理对财务人员的综合素质要求越来越高，尤其是项目部财务人员。目前大部分项目部实行独立核算，但由于财务人员综合素质偏低和上级财务部门检查、督促力度不够，导致一些项目部财务管理工作薄弱，甚至没有实质的财务管理内容。财务人员只知道记账，却不对经营情况进行认真分析，难以发挥监督、预测和参与经济活动的职能，财务人员对自己项目部的经营状况底数不清，没有实质的财务管理内容。财务人员对整个工程收入、成本情况也不能掌握和了解，报多少就记多少账，没有任何控制措施，造成收入支出不配比、工程成本不实、潜亏因素多，经营结果失真。

2.3 项目核算管理

在目前项目成本管理中，集团一般要求项目部要做到先算后做，但实际经常是干了后算或边干边算。虽然项目部都配有预结算人员，但责任不落实，工作不到位，财务、材料、合同、计划统计等部门工作脱节，有预算无核算，大部分无项目经济分析比较，没有具体的节超建议和措施，即使能从结算上反映项目盈亏，也弄不清盈亏原因。尤其是受传统观念影响，成本管理意识不强，缺乏法律意识、责任意识，或者因没有较大切身利益关系，回款不及时；有的虽然意识到要找业主办理签证手续，但遇到业主不愿签或有意拖的情况，缺乏应急措施，不能及时解决问题，使问题搁置，干完了活甚至多干了活因缺失完善必要的手续和证据而对后续决算及收款工作形成潜在风险。

2.4 材料管理不严，浪费时有存在

材料费在工程成本中占比较大，是成本能否有效控制的关键。因此，在测算过程中必须慎重合理，考虑到影响成本的多种因素，不仅要保证集团的利益，而且要充分挖掘项目潜力，调动全员的积极性，积极运用新技术，促进增收节支，提高项目的经济效益。建立健全项目责任成本核算机制，是实施成本控制的中心环节。应采用量化的方法，将目标责任成本进一步分解到施工管理的各个环节，即具体落实到人工费、材料费、机械费、其他直接费和分项负责人身上，最终确保责任成本目标的顺利实现。只有正确合理地界定项目的责任成本范围，并保证分解目标的落实，才能在科学管理的基础上实现项目成本管理的有效化，材料费用占整个工程造价

的近60%，材料费用的盈亏直接影响到整个工程的盈亏。有些项目部无严格执行领料用料制度。从仓库领料有数，但余料无回收，失窃浪费严重，尤其是计件承包只包工不包料，工人班组只顾出产值，材料、物资过量消耗，机械设备过度磨损；小型手动工具更无人爱护，有时借出有手续，返还无验收；下料计算不准确，损耗率超标。钢材看管不严，遗失时有发生；材料型号不对，造成闲置浪费，材料供应量与实际不符；监督机制不健全，出了问题往往追不到责任人，这也是造成成本失控的主要原因。

2.5 预结算管理

一般来说，每个项目虽配有预结算员，但其所从事的工作也只是按图按现场指令算量，作为结算依据之一，在施工过程中没将成本预算和成本核算结合起来，由于项目没有阶段成本分析，没有分部分项成本分析，没有实际成本与预算成本、计划成本的比较，因此，对项目施工指导意义不大。加上奖励机制不健全，奖罚办法不落实，成本超支与大多数人的个人收入无直接挂钩，因此。管理人员对情况并不十分关心，不少人根本不知道自己所负责工程部分的计划成本、预算成本和实际成本情况，只要进度跟得上，总体感觉就很好，就是在预算超支无法报销或付款时，项目管理人员也会找出各种各样的理由增加预算，集团领导也出于无奈进行审批，预算控制意见尽失。由于没有分阶段分项目成本控制，没有分部分成本控制，所以最后项目完工后成本也就没有有效控制，有时甚至到结算时才知道项目亏损。

3. 内部控制推广的重点——项目部内部控制体系的建立

3.1 项目部的管理特性

目前，我们以独立核算的项目部为项目管理的重点，这种模式具有项目繁多、地点分散、期限长短不一等特点，给项目部的会计核算和管理造成很大的难度。项目部的内部控制薄弱、漏洞较多，严重影响了项目施工过程的经济效益，从而影响到经济效益。

3.1.1 项目资金流量大，工期长

随着我集团整体实力的增强，工程项目的体量也在不断增大，一个施工项目动辄数亿，有的甚至超过数十亿元；项目工期大多长达3到5年，有的甚至更长。

3.1.2 施工管理界面不同

施工管理界面大小不一，有的在一个面上，如电站、工厂；有的在一条线上，如铁路、公路工程，往往一个项目有几十公里，甚至上百公里。

3.1.3 管理力量不足，内控相对薄弱

集团公司随着公司快速发展，各所属单位的规模也得到了极大的扩张，每个单位年施工规模也发展至十多亿元，造成施工技术力量和管理人员的缺乏，尤其是项目财务人员，往往是一个项目只有一两个会计人员，既是财务主管，又是主办会计，有的项目会计还兼管出纳，内部控制制度只能是贴在墙上，根本无法落实。

3.1.4 项目自主权大，决策权集中

项目部的管理决策权集中，包括项目技术方案、劳务分包、设备材料采购、资金支付等。权力过于集中，容易形成违法违规的隐患。

从以上的特性，可以看出项目部是施工企业管理的重点，要构建施工企业的内部控制体

系，必须从项目部的内部控制入手，离开了项目部的内部控制，集团的内控体系将成为无源之水、无本之木。

3.2 项目部管理的核心——成本

3.2.1 项目部成本核算和管理

集团实行项目管理并以项目经理部作为核算单位，要求项目经理、项目管理班子和作业层全体人员都必须具有经济观念、效益观念和成本观念，对项目的盈亏负责，要搞好项目成本管理，必须首先对企业和项目经理部人员加强项目成本管理教育，只有在施工项目中培养强烈的成本意识，让参与施工项目管理与实施的每一个人员都意识到加强施工项目成本管理对施工项目的经济利益及个人收入所产生的重大影响，各项成本管理工作才能在施工项目成本管理中得到贯彻和实施。

项目的成本管理是通过项目经理部全体人员来完成的。为有效控制成本，项目经理一方面在管理人员的配备上要少而精。而且工作期限上要合理安排；另一方面应将成本责任分解落实到各个岗位，落实到专人，并且努力使项目经理部的每一位成员尽可能在追求成本目标，以及达到这一目标的手段上取得一致，用统一的规范和责任约束和指导个人的行动，保证整个项目各项施工活动达到预定的目标。同时，根据公司对项目经理部的奖惩办法，制定相应的奖罚措施，以便对成本进行全过程管理、全员管理、动态管理，形成一个分工明确、责任到人的成本管理体系，使降低成本成为每一位管理人员的自觉行动。

成本管理的基础工作是加强项目成本核算的重要依据。必须健全定额管理、预算管理、计量和验收制度以及各种分类账，按劳动定额签发施工任务书。尤其应当制定与不断完善企业内部的施工定额，因为这是企业加强成本管理与控制成本的基础。更是企业班组成本控制与考核的标准和依据。各企业应根据体制、管理机制、施工技术水平，制定符合企业管理与施工技术水平的施工定额，并在执行过程中不断修订完善，以保证定额水平的先进性。项目开工前要编制出施工图预算，项目竣工后要按规定时限准确及时提供竣工决算。一切物资的收、发、领、退都要按规定手续办理，对库存物资和现场材料定期进行盘点，保证据物相符。为下步项目管理人员制定项目成本控制计划奠定了合理的基础。

施工项目成本计划是由项目经理组织施工管理人员制定出的计划，它即是对项目施工成本的预测，同时也是项目成本管理的目标，项目成本计划编制优化的过程，也是项目管理人员寻求降低施工项目计划成本的过程，在制定第一次成本计划时，项目管理人员依据初步拟定的施工方案按分部分项落实成本，项目人员根据项目成本的总汇，将工程施工措施性消耗成本分离，把工程施工措施性消耗作为项目成本控制的重点，组织项目技术人员和管理人员对工程施工方案进行优化改良，把施工措施性消耗降到最低水平，在落实了项目成本计划后项目管理人员对成本管理目标进行层层分解，使每个参与此项目施工的工作人员都有一个明确的成本目标，这样项目成本的计划对于生产过程中耗费控制才能起到其应有的作用。同时项目成本计划为项目管理层考核施工人员的劳动生产率，成本费用的其他支出提供了重要依据。为以后对项目的实际成本分析核算提供了参考。

项目经理部要对项目成本实行全过程的控制，进行成本的动态管理，对于施工项目成本来说，应当特别强调项目成本的事中和事前控制。在施工准备阶段的成本控制，根据施工组织设计的具体内容确定成本目标、编制成本计划、制定成本控制方案，为今后成本控制做好准备。

而竣工阶段的成本管理由于成本盈亏基本已成定局，即使发生了误差，也已经来不及纠正，因此，应当把成本控制的重心放在主要施工阶段上，对成本实行动态管理，以便于及时发现问题，采取措施，控制成本。做好成本控制中基础性工作，制定施工项目成本计划，只是成本管理的前奏，成本管理的具体实施，还是在施工过程中。

3.2.2 项目部成本分析

施工项目成本分析是根据成本计划对施工过程中实际消耗进行技术经济指标对比，检查计划的完成情况。分析差异产生的原因，进一步改进施工方法管理手段。

由于工程项目千变万化，很少雷同。因此成本分析应以分部分项目工程为分析的基本单位，对于工程项目影响成本的可变程度，做出影响程度大小的分析。这样，在工程项目未开始时，可以根据现场调查的情况确定影响因素的种类与程度。在此基础上，分析历史数据找出其成本的变动程度，可以比较准确地估计出工程成本。不但使成本计划编制有了很好的依据，对于工程招投标工作也提供了准确的基础数据。

在工程施工中，项目管理人员还要按月或按进度进行工程成本分析，便于及时发现和纠正偏差。同时，按进度进行分析工作为工程的工期成本摊销可以按实际进度确认工程总成本费用的耗用程度，对项目的总成本目标有比较明确的估计，并且随着进度的开展，一步步地接近实际总成本。

在工程项目成本分析时，项目管理人员首先在确定劳务费基础上，与实际中发生的奖励与惩罚费用相结合，再与计划人工费用相比较。把人工费按分部分项工程划分后进行对比，从而确定了人工费对比分析差异。在材料使用中主要考察周转材料和主要材料的费用。分析费用变动的原因，从而对项目管理工作做出分析与评价。

成本分析的另一个重点是对采用新工艺先进施工方法的评价，通过成本分析，对项目管理人员计算出降低的成本，并通过这一手段找出可以持续操作的固定流程，将新工艺优化后固定为生产工艺流程，在优化新工艺成本后，找出稳定的工艺成本耗费，以充实基础资料。

3.3 建立项目部的内部控制制度必须遵循的几项基本原则

项目部内部控制制度的建立，应结合项目部的具体特点，考虑各方面的因素来制定，制定时应遵循以下几个基本原则：

3.3.1 以人为本原则

项目部管理的核心是人及其活动，人的品行、操守、价值观和能力是构成控制环境的重要因素。因此，其内部控制制度无论是对财的控制，还是对物的控制，其基准点都在于人的控制。内控制度无论多么完善，也需要人去执行，只有充分考虑人的因素，允分调动人的积极性与创造性，才能制定出切实可行的内控制度。

3.3.2 全面性原则

项目部的内部控制制度，必须充分覆盖项目部的各个部门和各个环节，贯穿于生产的全过程，任何一个环节失控，都有可能导致风险的发生。因此各个部门要相互协调，全面规范企业的各项经营活动，使各个方面都有章可循，使内部控制制度发挥到最佳效果。

3.3.3 稳定性和持续性原则

项目部的内部控制制度必须保持稳定性和持续性，不能任意改动，否则就无法得到贯彻执行，也不利于进行分析和考核。虽然各个项目部的具体情况差别较大，但只要抓住他们的共性，应能制定出持续可行的项目部内部控制制度。我们在保证内部控制的稳定性同时，又要使内部控制制度在实施过程中得到补充、发展和完善。

3.3.4 成本效益原则

项目部的内部控制制度的建立要考虑成本效益原则。也就是说在制度设计过程中，要以成本效益原则为指导，要考虑控制投入成本和产出效益之比，对关键控制点进行严格控制，若违背了这个原则，就不是一项好的制度，实施起来就会得不偿失。

3.4 项目部的内部控制制度建设须关注的主要内容

不同的项目有不同的具体情况，不同的施工企业对项目部的管理方式、方法也有所不同，不可能有统一的项目部内部控制制度模式，但一个行之有效的项目部内部控制制度应当包含以下几方面的内容：

3.4.1 建立一套适合项目部特点的内部控制制度体系

在施工过程中，对施工的各项成本费用分别进行预算，建立行之有效的控制制度，使施工过程中的各项支出，按照预定好的标准进行严格控制、使用。财务部门按照制度为依据，对施工过程中的工、料、费等各项支出进行有效的控制，使各部门在全过程中相互牵制、相互制约，进而有效控制成本支出。

3.4.2 建立竞争上岗制度，把好项目经理的任用关

项目部经理作为项目的第一责任人，必须是一个责任心强，作风过硬，能干会算的项目负责人，是一个工程项目实现效益最大化的重要因素。因此，项目经理应力求选派懂生产、会管理、精算账、具有经济头脑的干部担任。项目部总工等其他技术、管理人员，必须符合相关的上岗要求，形成在项目经理领导下，全体参与并对各自成本负责的控制制度。

3.4.3 建立健全成本责任制，优化考核指标

推行责任成本管理是项目管理的方向，施工企业要大力推行责任成本管理，工程中发生的经济行为和业务都要纳入成本控制中，对耗用的工、料、费按成本目标进行支出和有效监控，并把责任成本管理办法进行规范化和系统化，不断优化考核办法和考核指标。要推行和坚持“先算账后干活，边干活边检验，干完活做核算”的办法，进行成本预测、控制、核算和检查等工作。实行管理层和作业层相分离，将责任成本进行层层分解，层层控制。

3.4.4 建立健全外用劳务管理制度

一支好的劳务队伍是优质工程中不可缺少的部分。在施工管理上，与那些管理能力强、整体素质高、信誉好，能很好地完成施工任务的队伍合作，逐步培养出有长期良好合作关系的劳务队伍。

3.4.5 建立审计监督制度，确保项目施工的经济效益

要充分发挥企业内部审计部门的监督作用，制定有效的项目部审计制度。对项目部进行审计，既是一种监督检查，又是考核奖惩的依据，同时对项目部的工作也是一种帮助和促进。在日常工作中，我们要把审查工作贯穿企业生产经营的全过程，不仅要查错防弊，使施工项目减少不必要的经济损失，还要分析管理中的薄弱环节，审核和评价经营者的经营责任，保证在合法施工前提下，能够最大限度地获得经济效益。

4. 后续——内控建设和推广过程中需要注意的事项

4.1 财务管理队伍的建设

财务管理队伍不仅仅是指财务记账核算人员，还包括成本管理，成本控制、成本分析等综

合性财务管理人员。目前项目部财务人员业务能力普遍不高，同时存在人才断层现象。这些情况难以适应施工企业发展规模和企业管理要求，影响施工企业的发展战略。因此提高财务人员综合业务素质，形成良性的人才梯队已经迫在眉睫。加强财会人员培训，提高财务人员综合业务素质，包括对新会计制度的理解和运用，对责任成本管理、内部控制制度、工程索赔、工程概预算等方面的知识的了解和掌握，对上级下发的各类财审文件精神的理解和执行等。只有他们真正理解掌握了，才能在财务管理工作中充分发挥财务人员应有的作用；同时要在企业范围内营造良好的学习氛围，使现职财务人员感到学习光荣，不学习则难以适应现代企业的要求；不断引进财经类优秀毕业生，补充企业财务力量，不断创造各种条件让他们充实到各个岗位上，逐步形成良性的人才梯队，同时要建立良好的人才激励和职业生涯规划机制，使集团培养出的人才能用得好留得住。

4.2 认识到预算管理的重要性

在现代企业管理中，预算管理是纲，是进行考核评价的重要依据。近年来，集团虽实行了全面预算管理，但没有建立起规范的预算管理考核体系，一些支出无计划，部分费用无控制指标，特别是对两级管理机构的管理费用和一些费用支出大户没有实行预算控制，造成各项间接费用一直居高不下。所以，严格预算管理应是我们经营管理工作的一个重点，通过加强全面预算管理建立以预算目标为中心的各级责任管理体系，通过责任成本管理控制企业各项成本费用。

4.3 工程盘点管理不应忽视

企业如果对未完工程盘点管理不善或索赔工作跟不上，将可能出现潜亏。要加强对未完工程盘点的管理工作，尤其是对亏损较大、盘点工作量较大的单位，要给予高度重视，防止出现新的大的潜亏。同时，要做好下属单位领导人员交接经营结果鉴定工作。实务工作中，有时会存在领导人员交接前后年度经营结果出现较大反差的现象，主要原因是以前年度潜亏导致当年及以后年度出现了大额亏损，而前任领导早已调离或职务升迁，不容易鉴定其任期内经济责任。因此，施工企业必须做好对下属单位领导人员交接经营结果鉴定工作，包括对离任领导人员的任期经济责任审计工作。可以考虑采用先审后离制度，以防止出现由于领导人员岗位变动，离任者任期内经营结果很好，接任者任期首年度即出现大幅度亏损的情况。

4.4 得控则强，失控则乱

现代内部控制制度作为一种先进的管理制度已经被实践所证明：得控则强，失控则乱。只要企业存在经济活动和经营管理，就需要不断加强和完善并有效执行内部控制制度。科学的内部控制制度是一个全方位、全过程、全员参与的管理体系。企业的第一管理者应当而且必须对企业的内部控制制度予以高度重视并全权负责，建立健全内部控制制度并使之落到实处，发挥会计监督和审计监督的作用，层层负责、逐级落实，定期检查内部控制制度的执行情况，发现问题就要追究责任。另外，每年度还应对内部控制制度进行一次评价，便于及时修订和完善。只有真正有效地实施内部控制制度，才能促使企业生产管理登上一个新台阶，经营管理流程才能更加合理和正规。

如何利用好信用证使其在项目中发挥更大的作用

资产财务部

刘晓东

信用证是国际结算的重要组成部分，信用证业务集结算和融资为一体，为国际贸易提供综合服务，对进出口商及银行都有积极作用，在促进贸易的同时，其本身也存在一些风险。信用证(Letter of Credit，L/C)是国际结算的重要组成部分，信用证业务集结算和融资为一体，为国际贸易提供综合服务，对进出口商及银行都有积极作用，但在促进贸易的同时，其本身也存在一些风险，应该如何防范，值得我们思考。

一、信用证的特点

在国际贸易中，出口商和进口商由于远隔重洋，很难充分了解到对方的资金及信誉情况，也很难建立起相互的信赖，因此，出口商在没有收到货款前总是不愿交货，而进口商在未控制货物前也不愿付款，为解决进口商、出口商互不信任的问题，银行以其信用介入，有条件地保证出口商只要提供与银行开立的信用证要求相一致的单据，便向出口商付款，出口商在交单时转移货物所有权。这就是信用证业务。

它最大的特点是由银行保证付款，主要表现在三个方面：

开证行负第一性付款责任。开证行以自己的信用做出付款保证，承担第一性付款义务，只要交单相符，开证行必须付款，其付款不以进口人的付款为前提条件。

信用证是自足文件。信用证是与买卖合同相分离的独立文件，不受合同的限制。合同条款是否与信用证条款一致，所交单据是否符合合同要求等，银行一律不过问。

信用证是单据化业务。在信用证业务中所有各方，包括银行和商人所处理的都是单据，而非货物。《UCP600》第6条规定：银行处理的是单据，而不是单据可能涉及的货物、服务或履约行为。

二、信用证的作用

信用证是国际结算的重要组成部分，信用证业务集结算和融资为一体，为国际贸易提供综合服务，对进出口商及银行都有积极作用。

(一) 对出口商的作用

1. 凭单取款。信用证支付的原则是单证严格相符，出口商交货后提交的单据，只要做到与信用证规定相符，“单证一致、单单一致”，银行就保证支付货款。信用证支付为出口商收取货款提供了较为安全的保障。

2. 外汇保证。在进口管制和外汇管制严格的国家，进口商要向本国申请外汇得到批准后，方能向银行申请开证，出口商如能按时收到信用证，说明进口商已得到本国外汇管理当局使用外汇的批准，因而可以保证出口商履约交货后，按时收取外汇。

3. 资金融通。出口商在交货前，可凭进口商开来的信用证作抵押，向出口地银行借取打包贷款，用以收购、加工、生产出口货物和打包装船；或出口商在收到信用证后，按规定办理货物出运，并提交汇票和信用证规定的各种单据，叙作押汇取得货款。这是出口地银行对出口商提供的资金融通，从而有利于资金周转，扩大出口。

(二) 对进口商的作用

1. 保证取得代表货物的单据。在信用证方式下，开证行、付款行、保兑行的付款及议付行的议付货款都要求做到单证相符。都要对单据表面的真伪进行审核。因此，可以保证进口商收到的是代表货物的单据，特别是提单，它是货物所有权的凭证。

2. 保证按时、按质、按量收到货物。进口商申请开证时可以通过控制信用证条款来约束出口交货的时间、交货的品质和数量，如在信用证中规定最迟的装运期限以及要求出口商提交由信誉良好的公证机构出具的品质、数量或重量证书等，以保证进口商按时、按质、按量收到货物。

3. 提供资金融通。进口商在申请开证时，通常要交纳一定的押金，如开证行认为进口商资信较好，进口商就有可能在少交或免交部分押金的情况下履行开证义务。如采用远期信用证，进口商还可以凭信托收据向银行借单，先行提货、转售，到期再付款，这就为进口商提供了资金融通的便利。

(三) 对银行的作用

开证行接受进口商的开证申请，即承担开立信用证和付款的责任，这是银行以自己的信用做出的保证。所以，进口商在申请开证时要向银行交付一定的押金或担保品，为银行利用资金提供便利。此外，在信用证业务中，银行每做一项服务均可取得各种收益，如开证费、通知费、议付费、保兑费、修改费等各种费用。因此，承办信用证业务是各银行的业务项目之一。

三、信用证的风险

信用证是基于商业信用、银行信用的支付方式，它在促进贸易的同时，也存在一些风险。

(一) 来自进口商的风险

1. 进口商不开证。由于市场价格变化等原因，为规避市场风险，进口商从自身利益出发，故意不开证。信用证能否开立不是银行说了算，而取决于进口商的商业信用，没有开证申请人的请求，银行不会向受益人开出独立于销售合同之外的单据买卖合同。

2. 进口商提供假信用证骗取出口货物。所谓假信用证，主要有两种表现形式：一是进口商故意伪造或冒用银行名义开立的信用证；二是进口商伙同资信不良银行开立的信用证。无论是何种形式的假信用证，都是进口商诈骗行为的工具，如不能及时识破，将给出口商带来极大危害。

3. “软条款”信用证。所谓“软条款”信用证，是指非善意的开证申请人(进口商)在开立信用证时，故意设置若干隐蔽性的陷阱条款，以便在该信用证运转时使受益人(出口商)完全处于被动的境地，而开证申请人或开证银行则有权随时单方面解除付款责任的信用证。申请人设置这种软条款的目的在于将主动权单方面地掌握在手中，以此来诈取受益人的质量保证金之类的款项。而出口商货款的收回完全依赖于进口商的商业信用，软条款信用证欺诈具有极强的隐蔽性，由于它是真证，不同于伪证，因此在某种程度上这种诈骗甚至有些名正言顺、理直气壮。再加上它形式变化多样，主要包括暂不生效条款、苛刻条款、相互矛盾条款等，如果出口商对其认识不够或是掉以轻心，很容易落入陷阱。

（二）来自出口商的风险

1. 出口货物品质难以保证。由于信用证支付是一种单据买卖，银行只关心单据的完整和表面的真伪，并不关心买卖合同和货物的好坏，只要出口商提供了完整、准确的单据，且做到“单单一致，单证相符”银行就会对出口商付款。因此，如果出口商信誉较差，用假货或品质低于合同规定的货物欺骗进口商，则使用信用证结算并不能保证进口商的收货安全。

2. 因合同与信用证有关货物描述不一致遭拒付。如果出口商提交的单据按照合同规定描述而与信用证中的不同，也就是单证不符，银行有理由拒付，因为信用证结算要求出口商必须做到“单单一致，单证相符”，否则银行将有权拒绝付款。

（三）来自开证行的风险

1. 开证行可能审单不严造成损失。在信用证业务中，开证行承担第一付款人的责任，要在审单无误后代进口商先行向出口商付款，如果审单不严，进口商拒绝付款赎单，开证行就要承担因此而造成的损失。

2. 进口商的权益受到限制。进口商申请开证时在开证行填写的格式化的开证申请书是银行事先拟就的，进口商没有修改的权利，并且申请书的内容以保护银行的权益为主，进口商的权益得不到完全保护，使进口商面临可能来自银行的风险。如申请书中的一些银行免责条款，会成为银行免除责任的保障，从而减少银行在信用证业务中可能因失误所承担的责任。

此外，信用证业务中任两个当事人联手，都有利用信用证的特性进行诈骗等风险。例如，由于只要卖方发货单据相符，银行就应垫付货款，如果买卖双方相互勾结，开证行就有可能被骗；又如，进口商串通开证行，以“不符点”为由恶意拒付给出口商造成损失等。

四、风险防范措施

由于信用证本身存在一些风险，因而建立防范措施是必要的。其中最根本的是提高信用证业务下各当事人单位从业人员的业务素质，熟练掌握国际贸易惯例；同时慎重选择贸易伙伴，对其交易对象进行资信调查，加强风险防范意识和采取适当的措施。

（一）出口商应采取的措施

出口商在缮制或收集单据时必须十分谨慎，要严格审核信用证和合同，并按照信用证的规定制作发票和从相关部门取得运输单据、保险单据、检验证书、海关发票、领事发票、产地证明书等，务必做到完整、准确、及时和整洁。

1. 出口商在接到信用证后，应认真审核信用证的有关内容，严格审证，以及谨防“软条款”的出现。当出口商对信用证中的有关条款难以满足时，应尽量与进口商接洽，促使开证行进行修改。

2. 出口商应避免接受“将一份正本海运提单直寄开证申请人”的条款，因为海运提单通常代表持有人对货物的所有权，如将一份正本海运提单直寄开证申请人，申请人则很可能以各种借口挑剔单据，拒付货款，或者干脆将货物提走。

3. 出口商应寻求信用证方式下出口信用保险的支持，以化解和转移风险。出口信用保险是一国政府为出口商提供的一种非营利性风险保障制度，目的在于鼓励，扩大本国商品出口。

（二）进口商应采取的措施

进口商要慎重订立合同，对出口商提交的单据做严格要求，让受益人不易伪造单据和信用证。

1. 掌握船舶的情况，在国际贸易中受益人通过提单欺诈尤为突出，所以买方应及时了解船舶的情况，确认提单是否真实。

2. 加列商品检验条款。为了防止出口商不发货，少发货或以假充真，以次充好的现象发生，进口商可在信用证中加列有关条款来要求出口商提交出口商当地政府检验部门出具的商品检验报告，或进口商指定的在出口地经营的第三国公正机构出具的检验证书，或进口商在出口地自己指定的委托人出具的检验报告，进而有效防止出口商欺诈行为。

（三）开证行应采取的防范措施

开证行应严格审核信用证表面的真伪，否则进口商拒绝付款赎单，开证行就要承担因此而造成的损失。

1. 加强对进口商的资信了解。对资信不好、资产负债状况存有隐患的进口商，开证行可相应地提高其申请开证的押金比例或要求其提高有效担保，从而降低与减少受诈骗的风险。

2. 加强对单据的控制。由于海运提单代表持有人对货物享有的权利，因而开证行在信用证条款中可要求出口商装运货物后出具以空白抬头或以开证行的指定人为收货人的提单。在空白抬头下，如出口商交单并经背书将提单转让给开证行，如进口商付款开证行才将提单交给进口商；在以开证行的指定人为抬头时，开证行通过控制海运提单与单据，在进口商付款后将提单背书转让给进口商。否则，开证行有权出售提单所代表的货物。

信用证业务集结算和融资为一体，是国际结算的重要组成部分，对进出口商及银行都有积极作用，但在促进贸易的同时，其本身也存在一些风险，建立风险防范措施是十分必要的。信用证业务是银行中间业务中的高风险和高收益业务，随着我国国有银行彻底向现代商业银行转轨的进程，银行将更加重视中间业务的发展，信用证付款在我国国际贸易结算中将继续发挥重要作用。

浅谈国际承包工程中的财务管理

资产财务部
刘晓东

一、国际承包工程财务管理

国际承包工程，是通过国际公开招标竞争进行建设的工程项目，其最突出的特点是承包工程所处地域在境外，其业主是外国政府、组织或个人，需要经过激烈的国际投标和竞标而取得，项目业主的意念强，合同约束为刚性，承包商效益要求唯一以及受跨国经营因素的影响。

国际承包工程项目的财务管理，是利用价值形式，对工程项目各项资金的筹集、使用、耗费、收入和分配，进行预测、计划、控制、核算、分析和考核，促使工程项目以尽量少的投入，实现尽可能多的产出的管理过程。

二、国际承包工程财务管理的特点

与国内工程承包项目相比，国际工程承包项目财务管理的最大特点是要考虑外汇风险、多国项目融资、跨国资本预算、国际投资环境的评价等特殊问题。

1. 国际承包工程具有两套账制度

两套账制度是国际承包工程财务核算和财务管理工作的显著特征。一方面，国际承包工程的执行主体是我国企业，其财务核算系统和会计信息报告系统的设置、运行必须遵循我国的会计准则、会计制度和税收法规等法律法规。另一方面，国际承包工程施工和管理均在国外，又必须遵循所在国家和地区的相关制度法规。因此，企业需要建立两套财务核算和信息报告系统，以满足两方面对国际承包工程会计核算工作的要求。

2. 记账本位币多元化

国际承包工程的主要会计业务在国外发生，外币业务占全部经济业务的绝大部分，所以一般采用工程所在国家或地区的货币作为记账本位币，也可以用美元作为记账本位币。

3. 资金结算手段多样化

不同于国内工程资金结算的支票、汇票、汇兑等手段，国际承包工程资金结算采用国际汇款、信用证、保函等结算方式。信用证方式，程序比较复杂，如果用得好，能达到融通资金的效果，但若不熟悉信用证结算的程序和特点，则可能给项目造成重大损失，损害承包商信誉。

4. 工程结算的法律规范性

国际承包工程从工程合同签订、设备物资的采购、工程价款的结算到工程索赔，都要注重法律的约束力。任何经济业务的实施都要求有书面文件，即合同、确认信函等。

5. 对财务人员的要求高

(1) 对中方财务人员的要求

除了会计法中对财务人员的要求外,国际承包工程境外工作的财务工作人员还应了解西方财务会计知识,熟悉工程项目所在国的财经法律、法规、政策和制度,掌握做外账的方法和技巧,熟悉工程合同基本条款和相关条款,较好的外语听、说、读、写等能力,以及必须遵守当地法律和尊重当地人的风俗习惯等。

(2) 对聘请的当地会计师的相关要求

国际承包工程在财务核算上要遵循当地税收政策,建立规范的账务处理系统,聘请当地注册会计师作为咨询师和顾问。对会计师具体要求包括具有合法的执业资格,具有良好的职业素质、职业道德;能为项目提供会计服务;具有一定的良好社会关系,特别是与税务、财政部门方面的关系;能够保守承包方企业秘密。此外,还应要求会计师为企业提供财务政策、税收政策等相关内容的文件,制订符合当地规定的会计处理办法。

三、国际承包工程财务管理的策略

1. 加强项目制度建设,制定必要的财务管理制度

加强项目的制度建设,强化内部控制制度,是实施项目的有力保障。财务管理制度是工程项目财务核算和财务管理工作顺利开展和有效运作的保证,也是项目财务管理的前提。因此应该依据我国和项目所在国的法律法规、公司的财务管理制度,以及工程项目的自身特点,制定必要的财务管理制度。

2. 加强项目资金管理

资金是工程项目的血液,现金流是工程项目正常运转的基本条件,因此资金管理是国际承包工程项目财务管理的重中之重,国际承包工程的财务管理必须以资金管理为中心。

(1) 积极拓展融资渠道

国际承包工程项目的特点决定了项目需要充足的资金做保证,融资的渠道有多种:公司总部统一从国内融资,从项目所在国金融机构融资,从业主处取得资金支持等。

(2) 合理调配利用资金

国际承包工程项目前期大量采购急需资金,项目后期回收大量的结算资金,合理调度使用资金是项目资金管理的关键,应选择合适的开户银行,建立资金预算制度,利用有限的资金创造更多的效益。

(3) 加强资金的风险管理

国际承包工程所在国大多是局势动荡的不发达国家,存在较大的财务风险。企业在保证项目正常施工的前提下,要尽量减少库存现金,尽量少留当地币,在可能的情况下,通过安全、合适的途径,将多余资金汇回公司总部。

3. 做好工程项目费用成本的控制和管理

工程项目的成本管理与控制,是工程项目施工全部活动工作质量的综合指标,反映了承包

企业生产经营管理活动各方面的综合成果。对项目成本进行控制，要根据国际工程承包项目的特点和承包经营模式采用切实可行的成本控制办法，确定有效的成本核算和控制体系，寻求降低成本的途径。首先应由工程专业人员和财务人员共同对项目各个阶段的设备物资、零配件、人工等成本费用制定详细的预算和计划。然后落实到项目的设备物资部门、财务部门以及施工队组，明确各项资源的消耗定额和施工机械配置，明确完成的时间和质量要求，尽量控制成本费用。

4. 完善结算管理，减少项目的资金成本

工程结算贯穿于工程项目实施的始终，在项目管理中占有重要的地位，从工程项目的投标报价开始，工程实施中的每阶段，到工程竣工后的总结算，工程项目的执行过程，也就是工程款的结算过程。国际承包工程结算具有严格的法律性，承包项目的财会人员一定要充分认识合同的重要性，慎重签订合同，认真执行合同。根据合同规定的条款，按工程进度的已完工作量或已完分部、分项工作量，编制工程结算账单，报经咨询工程师确认，再由业主审核后支付给承包商工程结算款，减少项目的资金成本。

5. 熟悉和研究税收政策，合理避税

熟悉当地税收法律法规和工程合同中有关纳税条款，避免因不熟悉法律法规和工程合同中有关纳税的条款导致项口多缴税或被罚款。认真研究各项减免税收的法律法规及会计账务处理的方法，正确选择各种合法避税和抵免税收的途径和措施，在不违反法律的情况下合理避税。

6. 重视工程索赔，做好索赔准备工作

当合同规定的索赔情况出现时，承包商应在规定时间内向咨询工程师和业主发出索赔通知，并提交索赔金额和索赔依据等详细资料。索赔一般比较复杂，需要提供大量翔实的财务资料，因此，项目从开工时就应该做好索赔的各项准备工作，特别是财务部门，从建立财务核算开始就应该着手准备索赔可能需要的财务资料。

四、结束语

国际工程承包项目的财务管理，需要紧密结合承包项目的具体模式，从项目的实际出发，从源头上严格把关，将财务风险控制于公司可承受范围之内，在项目执行过程中加强管理，严格核算，保证全面实现项目的财务管理目标。

企业集团财务管理体制创新研究

梁　玮

引　言

经济体制的转换要求企业经营管理者的思想和观念也随之更新。经过几十年不懈的摸索和尝试,尤其是在我国社会主义市场经济发挥巨大作用后,企业界逐渐形成了这样一个共识,那就是现代企业必须重视管理,而企业管理应以财务管理为核心。尤其对于母子公司这种新型的企业形式,财务管理的作用更为突出,它有利于母公司对子公司的集中管理,也有利于母公司对子公司的资金活动及其形成的财务关系进行组织监督和调节,以促进母子公司更好的改善其生产经营状况。

然而企业成立集团之后,经常出现母公司与子公司之间的职能摩擦,甚至母公司与子公司对峙,不仅造成资源浪费,而且造成管理上绩效不明显,致使母子公司在财务管理中出现了诸多问题。于是,我想:"一个企业集团内部如何才能实现既合作又竞争,既有督导管理又有更大的自主权?"我对母子公司的财务管理体制产生了兴趣。本文由事例引出目前母子公司存在的问题并分析原因,提出解决的对策。

有这样一个事例:上海大隆机器厂创建于1902年,新中国成立后逐步发展成为一个工种齐全、规模较大的重型通用机器制造厂。在企业改革中,大隆机器厂以资本关系为纽带划小经营核算单位,把分厂、车间和有关部门改组成为由总厂全额投资或控股的子企业。子企业具有法人地位,实行独立核算、自主经营、自负盈亏。划小经营核算单位后,充分调动了各级干部和员工的积极性,有效地适应了市场变化对企业的要求,同时促进了企业加强内部管理,减少损失浪费,提高劳动生产效率。近年来全厂销售额平均每年增长20%,经济效益逐年提高。但是,划小经营核算单位后,各单位有了一定的自主权,也产生了局部利益与整体利益的矛盾,主要表现在以下方面:日常资金使用分散,投资决策程序不严,经营管理混乱等,这些问题的产生不仅影响了企业的资本结构,加重了企业的经济负担,更严重的是,财务上的分散倾向还可能给舞弊行为带来方便。

从以上事例可以看出:有效的财务管理体制的建立,能够对企业集团发展战略及发展规划的制定、实施、控制、调整等过程实行统筹管理,并对集团母公司各职能部门和各子公司贯彻落实集团发展战略及发展规划的各项工作进行指导、检查和监督。各子公司分别建立相应的领导体系,按照集团母公司的统一部署,从各自分担的职责及任务入手,负责抓好集团发展战略和发展规划的落实工作。有利于组织企业资金合理有效地投放与运用,提高资金效益,优化资源配置,使财务工作成为提高企业创利能力的有效动力。

然而,像上海大隆机器厂这样的母子公司却存在着许多问题:

1. 我国母子公司财务管理的现状

1.1　管理放任自流,母子公司各干各的

有些母子公司关系有其名而无其实,往往陷入了"大而不强、管而不顺、运作艰难"的困境。

比如:业务范围没有统一的标准,财务状况不及时向母公司汇报等等一系列问题。

1.2 管理严重失控,子公司拒绝母公司监管

子公司认为母公司对它的管理是多余的。母公司要求子公司做的事或对某些重大问题提出意见,子公司却采取阳奉阴违的态度;子公司对母公司弄虚作假,子公司不让母公司了解真实情形,用假象蒙蔽母公司;子公司对母公司的投资权益等重大问题我行我素,子公司的重大事项决定,不向母公司报告。

1.3 管理过度集权,子公司丧失了生产经营自主权

1.3.1 母公司把子公司作为分公司来管理

属于子公司自主管理范围内的事务,统统由母公司包揽和直接进行管理。然而按照我国法律规定,母公司要对分公司承担无限责任,而对子公司仅承担有限责任。如果母公司直接管理子公司的内部事务,那么,子公司不就成了分公司?它要不要承担无限责任呢?

1.3.2 母公司把子公司作为行政隶属关系来管理

母公司对子公司的高级管理人员直接下文任免,子公司的股东会、董事会、监事会等机构形同虚设。母公司不承认母子公司同是独立法人,应具有平等的法律关系。

1.3.3 母公司把子公司作为整体性独资企业来管理

母公司随意干预控股子公司的内部事务,随意调动子公司的人、财、物,随意向投资者提供虚假信息,甚至母子公司联手违法违规。

2. 原因分析

2.1 母公司的集权与分权不合理

现阶段对于我国的大多数企业集团来说,一般处于组建发展的初期,但是却有相当数量的企业集团选择了分权式的财务管理体制。其原因主要在于,它们大都是由原来已有的企业通过联合,或是通过行政命令而强制捆绑在一起等形式组建的,可以说是“先有儿子,后有老子”,企业集团的组织形式是松散的。此外,无序扩张,为贪大而进入与集团主业无关且陌生的领域,使得母公司对各子公司缺乏应有的控制能力。

还有一些企业集团虽然选择了集权式的财务管理体制,但这种集权更多的是一种行政性的集权。原因在于,一是有些企业集团多是由原政府主管部门,为剥离经营管理职能,管理原所属企业而组建的,旧有的以高度行政集权为特征的管理得以承续,并反应在集团公司的财务管理体制之中。二是缺乏正确的集权理论指导及实践,集权的目的不明确,且缺乏战略规划,最终走向行政集权。显然,这样一种集权式的财务管理体制并不能适应资本结构多元化、经营多角度化的企业集团的发展需要,很容易造成企业一统就死,一死就放,一放就散,一散就乱,一乱就抓,一抓就紧,一紧就死的恶性循环。

2.2 财务管理与财务监督失控

2.2.1 母子公司间的关系没有以产权制度安排为依据

母公司作为子公司的最大股东,享有作为股东的基本权利,特别是对子公司投资的收益

权、子公司管理者的选择权、子公司重大决策事项的决策权等，但是，子公司不是母公司的分支机构或分公司，子公司的经营权又是其行使民事责任的基本保障。两个矛盾怎么协调呢？在这里我们可以借鉴西方国家对企业集团的先进管理经验，德国的法律明确要求保护子公司权益，其制度安排大致如下：

确定与规定董事的诚信义务与法律责任，实现对子公司的保护；保护子公司不受母公司不利指示的损害，从而保护子公司的权益；规定子公司有权向母公司起诉，从而保护自身利益与权利。这样，母公司既能够有效地管理子公司，又保证了子公司的合法权益。

2.2.2 没有明确母子公司管理中的决策权、执行权与监督权

现代企业要做到管理科学，必须首先要求从决策与管理程序上做到科学、民主。因此，决策权、执行权与监督权三权分立的制度必不可少。这一管理规则的作用就在于加强决策的科学性与民主性，强化决策执行的刚性和可考核性，强化监督的独立性和公正性，从而形成良性循环。

2.2.3 没有明确财务管理的综合管理和分层管理思想

现代企业制度和企业集团要求管理是一种综合管理、战略管理，因此，母公司就要结合子公司的实际情况制定适合其业务需要的管理制度，它要求：

从母公司角度对集团公司的财务战略进行定位；对母子公司的财务管理体制进行统一规范，做到高层的决策结果能被低层战略经营单位完全执行；以制度管理代替个人的行为管理，从而保证母子公司管理的连续性；以现代企业财务分层管理思想指导具体的管理实践，如：股东大会、董事会、经理人员、财务经理及财务部门各自的管理内容与管理制度。

2.2.4 没有明确以产权及权益管理为核心，以财务控制为主线

母公司的财务管理应以产权管理为核心，以财务管理为主线，以财务制度为依据，体现现代企业制度，特别是产权制度管理的思想。而我国目前大多数企业集团的财务管理观念落后，缺乏科学性；财务管理不讲配合，缺乏全面性；财务管理各自为政，缺乏一体性。

3. 企业集团财务管理体制创新

3.1 我国企业集团财务管理体制的选择

我国对于企业集团财务管理体制的研究，主要有三种观点，即集权式财务管理体制，分权式财务管理体制以及集权与分权相结合的财务管理体制。财务管理体制集权和分权的选择，除了需要考虑母子公司之间资本关系和业务关系的特征之外，还应考虑企业的发展阶段，企业所处的环境、企业规模和管理者的管理水平等具体因素。

3.1.1 不同类型的集团公司财务管理体制的选择

按照西方企业集团的形成和发展来看，企业集团经历了横向型、纵向型和混合型的发展阶段。而我国由于政策上的因素，形成了多种类型企业集团并存的状况。针对各种不同的类型企业集团，应选取不同的财务管理体制。

表 1 不同类型企业集团的财务管理体制

集团类型	企业集团特点	财务管理体制
横向型企业集团	把大量生产同类产品或相近产品的企业合并到一起	集权式财务管理体制

续表 1

集团类型	企业集团特点	财务管理体制
纵向型企业集团	把属于不同部门但处于同一生产过程的不同阶段的企业联合在一起	集权与分权相结合
混合型企业集团	由生产或业务上彼此无太大联系或根本就没有联系的企业组合在一起	分权式

3.1.2 不同发展阶段的企业集团财务管理体制选择

企业集团在不同的发展阶段所采用的财务管理体制是不同的。

表 2 不同发展阶段的企业集团财务管理体制

阶段分类	财务管理体制	优　点
初创阶段	集权式财务管理体制	促使企业集团从管理不规范走向有序管理
发展阶段	集权式管理体制下适当分权	激发各阶层成员企业管理者的积极创造性与责任感,提高资源利用效率
成熟阶段	分权程度扩大以至充分分权阶段	集权与分权管理体制的核心内容在于使各阶层成员企业在追逐自身局部利益的过程中,能够沿着集团整体利益最大化的目标良性秩序化运行

3.1.3 不同投资关系的企业集团财务管理体制选择

根据企业集团内部投资关系或控股关系的不同,可以选择不同的财务管理体制。

表 3 不同投资关系的企业集团财务管理体制

财务管理体制	投资关系
集权式财务管理体制	母公司、全资子公司、分公司、事业部
分权式财务管理体制	集团公司与其参股子公司
集权与分权相结合	集团公司与其控股子公司

基于上述分析,我认为,对于现阶段我国大多数的企业集团而言,应建立一种以资本运营为特征的集权式财务管理体制。其原因主要有两方面:

一是大多数企业集团下属成员企业的财务管理尚不规范,大部分企业正处于由传统企业向建立现代企业制度的转变时期,还没有真正建立市场经济所要求的公司法人治理结构,存在管理混乱的现象。尤其在财务活动中,由于受企业领导人意志的影响,加上部分财务人员素质不高,于是便会出现诸如盲目投资、随意挪用资金和私设小金库等行为。所以由这些企业所组成的企业集团必须采用权力相对集中的财务管理模式,由母公司通过建立并实施有效的内部财务管理制度来规范公司的财务活动,将成员企业的重大财务决策权集中于母公司。

二是随着信息技术的发展应用和网络时代的到来,网络为财务信息更大量、更快捷、更有效地传输提供了平台,财务管理将更好地实现信息集成。同时通过网络,也可以使母公司的财务政策迅速传递到各子公司,便于各子公司及时接收信息适时调整经营策略,最终实现集团整体价值的最大化。

3.2 以资本运营为特征的集权式财务管理体制的建立

以资本运营为特征的集权式财务管理体制的建立,依托于强化和完善企业集团的财务管理体系。为实现企业集团利益的最大化,解决母子公司财务管理存在的问题,就要求我们必须建立统一的财务控制系统,财务控制系统是基于母子公司间的产权和资本纽带关系,以母公司对子公司财务活动的约束、检查为手段而形成的若干要素的有机组合。它包括:财务人员控制系统、财务制度控制系统、财务目标控制系统和财务信息控制系统。

3.2.1 财务人员控制系统

财务部门在对企业经营活动的监督与控制中起着举足轻重的作用。对财务部门的集中控制,相当于把握了各子公司的经济命脉。提高集团母子公司财务控制效率的有效途径是通过对子公司财务人员的控制,加强财务监控,母公司对子公司财务人员的控制通常可采取三种方式:

(1) 委派制　子公司的财务负责人由母公司直接委派,子公司的财务人员列为母公司财务部门的编制人员,子公司的财务机构作为母公司财务部门的派出机构,负责子公司的财务管理工作,参与子公司的经营决策,严格执行母公司财务制度,并接受母公司的考评。

(2) 指导制　子公司的财务负责人由子公司总经理提名,由子公司董事会聘任或解聘。母公司只能通过子公司股东会、董事会影响子公司财务负责人的产生。同时,母公司财务部门只能对子公司财务部门进行业务上的指导,无权对子公司财务部门发布命令。

(3) 监督制　子公司在决定自身财务部门的设置上有很大的自主权,母公司基本不干预。但母公司向子公司派出财务总监或财务监事,负责监督子公司的财务活动。

上述三种方式具有共同点,即母公司都必须向子公司委派财务负责人,可称之为财务总监制度。财务总监有两种职权:享有对子公司财务计划制订的参与权,财务计划执行的监督权;对重大财务事项,财务总监与总经理或董事长共享签字权,并承担保证财务信息真实可靠等责任。

3.2.2 财务制度控制系统

以财务权力和责任为核心的内部财务制度是企业集团开展财务活动的行为准则,也是企业集团实行科学财务管理的前提条件。

为了分析各子公司的经营情况,比较其经营成果,从而保证企业集团整体的有序运行,母公司要根据子公司的实际情况和经营特点,制定统一的、操作性强的财务会计制度,规范子公司重要财务决策的审批程序和账务处理程序,实现对子公司的财务管理控制。一方面要建立统一的集团内部财务管理制度,另一方面要统一集团内部的会计核算制度。其目的是为了保证各子公司财务信息的高度可比,便于汇总和合并财务报告、缩短财务信息的呈报周期。在此基础上,有条件的母公司可以通过建立大型计算机网络系统,将下属子公司的财务信息全部集中在计算机网络上,母公司财务主管可以随时调用、查询任何一个子公司的凭证、账簿、报表等信息,随时掌握各子公司的经营情况, 及时发现存在的问题。企业集团内部各层次的财务制度均应重点突出公司权力机构(股东会)、决策机构(董事会)、执行机构(经理层)和财务管理部门四层次的财务权限和责任,包括他们各自在筹资决策、投资决策、收益分配决策等各项财务活动中的权限和责任,以实现企业内部管理制度化和程序化,为财务管理控制提供更便利的条件。

3.2.3 财务目标控制系统

为实现企业集团整体的财务目标，必须建立自上而下的财务目标控制系统，包括：

(1) 财务目标评价系统　财务目标评价系统，是以母公司财务目标为基础制定的母子公司财务评价体系。围绕企业集团股东财富最大化的理财目标，应建立以评价获利能力为主体，评价偿债能力、资产营运效率和发展能力为辅助的财务目标评价系统。集团母公司的财务目标确定后，便可按照目标管理的方法，将总体目标层层分解到各子公司，实行层层目标控制，以确保企业集团整体目标的实现。

(2) 资金控制系统　资金控制系统包括现金控制系统、现金预测系统、筹资控制系统和投资控制系统等内容。

① 现金控制系统　对大中型企业集团而言，设立内部银行是企业集团实施现金控制的有效手段。内部银行是母公司财务部门的内部资金管理机构，它是内部结算中心、内部信贷中心、内部资金调剂中心、内部信息反馈中心的复合体。通过其自身的业务活动向有关方面提供可靠的财务信息。在内部银行制度下，每个受控的子公司都在内部银行开设账户，其生产经营活动中的一切交易，通过内部银行办理结算，以监督资金的流向。各子公司只保留一个费用支付账户；内部银行根据母公司为各子公司核定的资金额度，结合实际需要发放贷款，并对各单位定额内和超定额使用资金实行差别利率计算利息；母子公司间的资金余缺统一由内部银行进行有偿调剂和调度，把闲置现金余额降到最低限度。

② 现金预测系统　为了使现金管理变被动为主动，克服短期行为，母公司应通过整体预测，对集团以现有资金能做多大的经营规模、需要多大的融资规模、可寻求的资金来源等有一个清楚的认识。对于财务部门而言，则要随时掌握每一时期和时点可以运用和必须支付的现金。对子公司现金的集中管理为现金预测提供了条件。母公司每天都将实际收支情况与预测相比较，发现不相符的情况，及时找出原因，以便采取纠正措施。

③ 筹资控制系统　在集权管理体制下，母公司和各子公司的对外筹资，由内部结算中心统一对外筹措，各子公司无权对外筹资；在分权管理体制下，子公司可在授权范围内对外筹资，但必须把筹集的资金统一存入内部银行。筹资控制系统的重点是借款控制，包括借款审批程序控制、借款总量控制和负债比率控制。为了提高资金使用效率，还可以借助价值规律，实现集团内部资金的有偿使用，即子公司向母公司借款时须支付利息。

④ 投资控制系统　不同管理体制下的投资控制系统与借款控制系统基本相同，所不同的是它包含的内容除了投资项目审批程序控制和投资总量控制外，还包括投资方向控制和投资风险控制。企业集团的投资规模和投资方向在很大程度上影响到集团公司的发展方向，因此，企业集团投资管理倾向于采用集中管理。在母公司对子公司资金加以集中管理之后，投资管理可以适当分权，即子公司有权制定一定金额以上的投资项目，但一般占集团投资很小的一部分。有的集团是根据子公司等级来划分投资权限，超过规定限额的投资项目要向母公司提出申请。母公司应建立健全子公司对外投资立项、审批、控制、检查和监督制度，并重视对投资项目的跟踪管理，防止出现只投资不管理的现象，规范子公司投资行为。

(3) 收益控制系统　企业集团的收益控制，主要是通过制定统一的会计政策和实施盈余管理策略来实现。

① 统一会计政策　为保证收益质量，母公司不仅要选用恰当的会计政策，而且要与各层次子公司所选用的会计政策应该达到一致。为了分析各子公司的经营情况，比较其经营成果，

从而保证母公司整体的有序运行，母公司还应根据子公司的实际情况和经营特点，制定统一的、操作性强的财务会计制度，规范子公司重要财务决策的审批程序和账务处理程序，提高各子公司财务报表的可靠性与可比性。

② 盈余管理策略　盈余管理是选择使会计收益达到某种结果的会计政策，是企业为实现理财目标而采用的管理策略。在法律制度允许范围内，母公司的股东和经营者可以对财务报告的收益在一定程度上进行控制。其主要手段是选用适当的会计政策，通过对企业生产经营活动的调控和关联交易等方式实现企业集团整体收益的最大化。

(4) 全面预算管理系统　母公司对子公司财务的集权管理还体现在，母公司对用于指导各子公司的预算拥有最终决定权。母公司根据发展规划，提出一定时期内的总目标，据以编制公司的长期规划和年度规划，并将各项指标分解下达给各子公司。子公司根据母公司下达的各项指标和本单位具体情况编制年度预算，上报母公司审批。母公司成立专门的预算管理委员会，审查和平衡各子公司的预算，并汇总编制集团预算。经批准后的预算下达给各子公司，据以指导其经营活动。预算执行过程中，母公司应根据实际执行情况随时调整偏差，保证预算的完成。

3.2.4　财务信息控制系统

母子公司财务信息是否畅通，关系到整个财务控制系统的运行效率。有效的财务信息控制系统应包括以下内容：

(1) 财务信息报告制度　母公司应制定子公司的财务报告制度，包括事前报告制度和事后报告制度。各子公司在进行重大经营决策前，必须向母公司报告。

(2) 内部审计制度　母公司应设立内部审计部门，加强对子公司的财务审计、年度审计和子公司经营者的离任审计。一旦发现问题及时报告，及时纠正，并对责任人加以处罚，以形成企业集团内部自上而下的监督制约机制。

(3) 实行预算控制，建立财务信息网络系统　预算是财务控制中目标管理的有效手段。预算的制定要以财务管理的目标为前提，根据企业的发展计划规划企业的生产经营活动。预算的编制就是将企业经营目标的主要指标分解、落实到每一个责任单位，并作为对各责任单位经营管理业绩进行考核评价的依据。

4. 以资本运营为特征的财务管理体制运行的保证措施

随着环境的发展变化，企业集团是不断成长和壮大的，为了确保财务管理体制能够有效地运行，企业集团总部必须从财务组织结构、财务机制、财务制度等诸多方面进行改革、创新和完善，制定并实施相关的保护措施。

4.1　向子公司委派财务总监来实现日常的财务监控

企业集团委派的财务总监，其人事关系、工资关系、福利待遇等均应在母公司，费用则在子公司列支。被委派的财务总监，应组织和监控子公司日常的财务会计活动，参与子公司的重大经营决策；把母公司关于结构调整、资源配置、重大投资、技术发展等重大决策贯彻到子公司的预算中去，对子公司各类预算执行情况进行监督控制；审核子公司的财务报告，负责对子公司所属财务会计人员的业务管理，定期向母公司报告子公司的资产运行和财务情况。企业集团通过委派财务总监来监督、控制子公司的重大财务会计活动和全部财务收支过程，不但使企业集团的总体经营方针和目标可以在子公司得到较完全的贯彻和实现，而且能监督子公司财务会计信息的真实性和客观性，切实维护企业集团的权益。

4.2 健全集团财务监控制度

为了发挥企业集团的整体组合优势，统一各子公司的经营行为，母公司应该对子公司实施有效的财务监控。实施财务监控的主体有：财务经理、母公司财务部、审计部。财务经理对子公司经营和财务活动实施全过程的监控。母公司财务部通过定期和不定期的财务检查，来实现对子公司财务行为的监控。母公司财务部除委托集团内部审计部对下属单位进行审计外，还可委托会计师事务所进行独立审计。对子公司的审计有外部审计和集团内部审计。会计师事务所对子公司年度报表的审计属于外部审计。集团内部审计则主要应由集团公司的审计部门负责进行。内审部门的作用不仅在于监督子公司财务工作，也包括评价内部控制制度是否完善。内部审计部门是监督、控制内部其他环节的主要力量。

母公司对子公司进行内审的主要方法是：

(1) 以强化集团资产控制为主线，建立审计网络，各审计部门负责对下属公司的内部审计。

(2) 设立集团公司审计委员会，在总经理的领导下由相关人员和职能部门组成。委员会的作用在于保证子公司的财务信息和业务信息的充分可靠性。

(3) 对子公司的一些工程项目、经济合同、对外合作项目、联营合同等进行单项审计，审查和评价子公司责任主体的经济责任履行情况。

(4) 定期或不定期地对子公司的内部控制机制的有效性进行评估，监督和完善子公司的内部控制制度。

(5) 集团公司实行总审计师制度，加强集团公司整体的审计规章制度的建设，重点是从管理者角度对下属子公司进行控制。

集团公司通过对子公司的审计，可以及时发现和纠正所存在的问题，增强内部控制意识，发挥内部管理强有力的控制机制作用。

4.3 完善财务管理的激励约束制度

在实行财务管理控制和加强财务监控的同时，必须运用合理的激励方式，激发下属子公司和领导人的内在动力，调动他们经营和管理的积极性，促使他们理解和配合集团在财务方面的集权和监控，努力实现整个集团总体财务目标。

在这些财务管理控制的保证措施下，企业集团的财务管理体制的运行将会促进集团内部财务目标的协调一致及集团内部资源利用效率和集团财务分层管理效率的提高，使得财务管理控制反馈更加及时，提高财务信息的对称性，将有利于实现集团整体利益最大化及集团财务战略方案的执行效果的改善，更好地实现集团财务优势互补。

结　论

母子公司财务管理是许多企业集团需要迫切改善和解决的问题之一。财务管理是现代企业制度的核心，良好的财务管理是企业可持续发展的基础。最近20年来，人们在对西方大公司的研究中越来越清楚地认识到建立完善的财务管理体系和财务管理制度的重要性。发达市场经济国家的理论和实践也一再表明,财务管理是企业发展的坚实基础。对一个企业集团来说,不同的发展阶段,不同的外部环境下,所选用的财务管理体制也是不断变化的,即使在同一时间点上,母公司也会针对不同的子公司选择不同的财务管理体制,这是每一个管理者都应该思考的问题。

这篇文章只是本人的一点建议和想法,随着母子公司财务管理体制的进一步发展和完善,还有许多问题值得我们去研究和探讨。

参考文献

[1] 柯荣浦. 企业集团管理体制研究[M]. 北京:中国经济出版社,2004.
[2] 中国会计学会. 企业集团财务管理专题[M]. 北京:中国财政经济出版社,2005.
[3] 陈国庆,郑敬普,刘怀勤. 母子公司财务控制[M]. 北京:企业管理出版社,2005.
[4] 中国集团公司促进会. 母子公司关系研究[M]. 北京:中国财政经济出版社,2004.
[5] 郭晓利. 企业集团的国际比较[M]. 北京:中国财政经济出版社,2002.
[6] 王凤彬. 集团公司与企业集团组织—理论、经验、案例[M]. 北京:中国人民大学出版社,2003.
[7] 冯建. 企业财务制度论[M]. 北京:清华大学出版社,2005.
[8] 陈四清. 财务管理应用创新[M]. 长沙:国防科技大学出版社,2005.
[9] 刘琳. 企业财务前沿问题研究[M]. 长沙:湖南大学出版社,2005.
[10] 王雪珍,俞雪华. 财务管理案例研究[M]. 苏州:苏州大学出版社,2004.
[11] 梁美健. 集团公司对内投资管理体制与决策方法研究[M]. 北京:中国经济出版社,2004.
[12] 孙静芹. 集团公司资金集中管理研究[M]. 北京:中国经济出版社,2004.
[13] 张慧德. 市场竞争下的企业财务管理[J]. 财会月刊,2001,(6):18-21.
[14] 刘曙霞. 论财务管理的基本原则[J]. 财会月刊,2001,(20):28-31.
[15] 杨汉明. 浅析知识经济与财务管理创新[J]. 财会月刊,2001,(8):40-43.
[16] 牟文. 经济变革与财务管理创新[J]. 会计之友,2001,(5):32-34.
[17] 赵德武. 财务管理:历史追寻与未来展望[J]. 会计之友,2001,(10):45-47.
[18] 郭全中. 集团公司管理体制研究[J]. 集团经济研究,2006,(192):24-28.
[19] 孙艺. 论企业集团财务控制框架的构建[J]. 集团经济研究,2006,(193):28-29.
[20] 冷毅. 资金管理一现代企业财务管理的核心[J]. 会计之友,2006,(5):20-22.
[21] 黄志平. 中国航母式集团企业资金管理探析[J]. 会计之友,2006,(5):28-29.
[22] 龚运芳. 论全面预算管理及其在企业中的应用[J]. 会计之友,2006,(3):25-26.
[23] 丁虹. 对构筑企业集团财务管理框架的思考[J]. 会计之友,2006,(2):30-31.
[24] [英]克里斯·皮尔斯. 执行董事[M]. 段佳陆,译. 北京:华夏出版社,2004.
[25] [英]卢斯·班德. 公司财务战略[M]. 干胜道,译. 北京:人民邮电出版社,2003.
[26] [美]John C. Michaelson. 资本运作黑魔方[M]. 陈丹,译. 北京:清华大学出版社,2005.
[27] Canning John B. The Economics of Accountancy[M]. The Ronald Company,1929.
[28] Charstes E. Sprague[M]. The Philosophy of Accounts, 1930.

国有企业领导人任期经济责任审计探讨

审计监察部
任镜儒　王道敏

1999 年 5 月中办、国办联合下发《国有企业及国有控股企业领导人员任期经济责任审计暂行规定》(中办发[1999]20 号),2004 年 8 月国资委下发了《中央企业经济责任审计管理暂行办法》(国有资产监督管理委员会令第 7 号);2006 年元月国资委下发《中央企业经济责任审计实施细则》(国资发评价[2006]7 号),对企业领导人的任期经济责任审计的审计目标、审计范围、审计内容和重点提出明确的要求。

2006 年 2 月新修订的《审计法》中规定"审计机关按照国家有关规定,对国家机关和依法属于审计机关审计监督对象的其他单位的主要负责人,在任职期间对本地区、本部门或者本单位的财政收支、财务收支以及有关经济活动应负经济责任的履行情况,进行审计监督。"将经济责任审计上升到法律的高度。

国家对国有企业监管力度的加大,无疑对企业坚持依法治企、树立依法经营意识、强化企业经营管理提出了更高的要求,也对企业强化任期经济责任审计提出了更高的要求。结合今年集团审计监察部对所属 8 家子公司进行的任期经济责任审计,浅谈对对国有企业领导人任期经济责任审计的一些探讨。

一、任期经济责任审计的意义

企业领导人任期经济责任审计的全面开展,在建立企业领导人的培养选拔任用机制、推进干部人事制度改革、促进企业领导人勤政实干以及维护财经纪律方面起到了积极的作用。

(一)完善了企业领导人的管理监督

通过审计手段,把企业领导人的经济业绩评价标准化、数据化、具体化,提高了对企业领导人的考核质量。

(二)强化了企业领导人执行财经法纪的监督

审计的主要内容以企业的财务收支为主线,涵盖了企业经营活动的主要方面和重要内容,能有效发现经济问题,监督企业领导人执行财经法纪的情况。

(三)增强了企业领导人履行职责的自觉性

审计是对企业领导人任期内履行经济责任的客观、公正的审查活动,使经营业绩突出的企业领导干部得到充分肯定,违反财经法纪的企业领导人得到查处,从而促进企业领导人认真履行职责。

(四)促进企业加强管理,提高经济运行质量和效益

通过审计,能够摸清企业家底,核实企业盈亏,揭示企业经营管理中存在的有关问题,以规

范企业管理，加强内部控制。

二、经济责任审计的特殊性

（一）经济责任审计在目的、方法上与其他类型的审计存在一定的区别

经济责任审计的目的是评价领导干部在管理企业经营活动中的业绩和对存在的问题应承担的责任。其他审计的目的主要是对被审计单位经济活动的真实性、合法性及效益进行审查。

经济责任审计的关键在于对内部控制制度的评审。因为内部控制制度健全与否涉及经营管理者的决策及其经营管理能力，其他审计则是把对内部控制制度的评审作为实质性测试的突破口。

（二）专一性是经济责任审计的突出特点

经济责任审计的专一性是指其审计评价的对象是履行经营管理职责的人；审计的时间范围是领导干部的任职期间；审计的内容范围仅局限于领导干部在管理和职责范围内履行经济责任的情况。

（三）经济责任审计是一种事后审计

经济责任审计的事后审计行为是由其性质决定的。一般说来对领导干部履行职责的情况无法也不可能进行事前审计。

（四）经济责任审计的直接职能是评价

评价是审计机构完成审计工作后做出的对领导干部履行职责情况的最终意见。而监督是其间接的职能，是一种宏观监督，是审计评价的延伸和升华。

三、任期经济责任审计中应关注的重点

任期经济责任审计的内容十分广泛，在审计过程中应着重注意以下几个方面。

（一）任期内经营计划的实施情况和经营目标实现情况的审计

通过对这些计划和目标实现情况的考察，可以从总体上对于企业领导人任期内的工作情况、经营业绩进行评价。这种总体评价，一般是通过对一系列经济技术指标的审查来体现的。经济技术指标主要有：产量、利润、税金、资本保值增值率、职工平均工资额、职工收入增长幅度等等。通过对以上经济指标数值的测量计算，与企业领导人的期初计划相比较。当然，指标的实现数值首先应审查其真实性、合法性，在此基础上，针对不同单位的具体情况，选择有代表性的指标予以着重关注，综合比较分析。

（二）与企业日常业务经营相关的财务收支、资产负债变动的真实性审计

财务收支状况真实合法性，是指企业经营者在生产经营管理中发生的财务收支活动是否符合国家有关财务准则，是企业筹集、管理、运用资金是否合规、合理的重要反映。资金变动的真实性以资产负债表、损益表为核心。审查资产状况的真实性，应通过实物盘点、账账、账实、

账证、账表核对以及询证等方法对企业的固定资产、流动资产、长期投资进行审查，在此基础上，对国有资产保值增值状况进行公正评价，得出审查结果。负债、损益的真实性，主要是通过函证核对借款合同、抵押合同，以及审查损益表的真实性来反映，特别应注意查证企业是否有潜盈、潜亏。

(三) 内部控制制度及重大事项决策情况的科学性、民主性

根据建立现代企业管理制度的要求，企业内部各项制度要完善而有效，信息传递顺畅，决策科学，工作效率高。对企业领导者的决策审计，主要是看是否经过领导集体决策，是否经过有关技术人员的可行性论证，是否考虑到当前利益与长远利益的结合，宏观利益与微观利益的结合。对于决策失误，应当全面历史地看问题，从动机和意图出发，分析主观与客观原因，来确定领导人在其中应承担的责任，决定是否归为盲目决策的情况。

(四) 职工收入及福利情况的审计

首先，应着重审查职工工资、奖金等工资总额是否有所增长，增长幅度如何，职工生活条件改善情况以及各种福利设施的建设状况；其次职工工作环境的改善状况，工资条件恶劣的工作安全措施、劳动保护条件是否有改善；再次，职工收入及福利的提高与单位经济效益的增长幅度是否同步，是否超出同行业的较高标准，是否存在职工工资分配增长速度超过劳动生产率增长速度的情况，是否存在企业领导人为私人目的，在企业效益大幅下降甚至亏损的情况下，职工工资、福利大幅上涨的短期行为。

(五) 企业经营过程中遵纪守法的审计

评价企业领导人在任期内经济责任的履行情况，首先要看其经营行为是否符合国家的法律、法规和方针政策，这也是企业经营的正式性、效益性的前提。经营合法性的审计，重点是这几个方面：是否有截留上缴国家收入的行为；是否有拖欠、挪用、偷漏国家税款的行为；是否有以权谋私、损公肥私、行贿受贿、弄虚作假、骗取经营成果或荣誉的行为，是否有违法国家财经法律的经营行为；是否有违反国家物价政策，擅自提高商品价格、滥涨价、乱收费、谋取非法利润的行为。

四、现阶段任期经济责任审计中的难点

(一) 经济责任的边界难以界定

1. 经济责任主体存在多元性

一个企业的决策过程是一个复杂的过程，特别是在规模和实力比较雄厚、人员关系比较复杂的国有企业内部。经济责任主体的多元性主要表现在两个方面：一方面，由于经济活动的连续性，上一任期领导的决策效果可能在下期领导任职之间有所反应，致使对本期内的经济责任主体划分不清；另一方面，领导个人决策和集体决策及领导的直接责任和主管责任的划分也存在困难，不同的决策类型及责任种类，领导个人承担的责任也应该是有区别的，倘若划分不清，会使责任主体不明确，可能造成领导承担的经济责任过高或逃避一些经济责任的惩处。

2. 经济责任审计的期间界限划分较模糊

经济责任审计期间的划分不是对领导任期的简单划分，这主要是因为一项决策的实施过程是一个长期的过程，决策的效果可能在很长时间以后才会有所反应，这段时间与领导的任职期间可能不是同步的。假如认定经济责任审计期间划分不清会造成审计过程的片面化，必然影响审计结果的准确性。

（二）经济责任审计的法律依据与评价准则缺失

1. 法律法规体系不完善

目前，企业领导人任期经济责任审计所依据的法律级次较低，相关政策不健全，而且按照有关规定，审计的鉴证、监督和评价职能必须是针对审计范围内的特定审计事项而言，审计的职责只是对企业财务收支行为做出鉴证和评价，而并没有规定对"人"的审计范围，使得审计部门对"人"的评价缺乏依据。

2. 评价指标和评价标准无法可依

目前的评价指标和评价标准主要是参照财政部有关企业绩效评价的标准，同时在实践中也总结出了一些指标。但是这些指标与标准并不是被系统地引进来，而是零散地、个别地被使用，因而缺乏应有的约束性和法定性，很难得到被审计对象的认可。

（三）经济责任审计后果处罚力度较低

我国国有企业领导人员的离任经济责任审计一般采用先离后审的模式，这就给审计人员的审计工作带来了一定的压力，不利于审计人员独立自主地开展审计工作。国有企业经济责任审计关系着领导在职期间的业绩和工作的考核，是以后任职或调职的重要依据，但在我国的国企中领导和行政上是挂钩的，对于在职期间的业绩和审计的结果的参考只占了很少一部分。当领导在企业任职期满后，一般是平调或升职到其他的职位，对于在职期间出现问题的领导的审计责任追究得也是较轻的。这就是一些领导在任职期间不注重企业管理的原因，这很不利于国有企业的竞争力的提高。

五、如何做好领导人任期经济责任审计的一些思考

（一）领导重视和全体审计意识提高是做好任期责任审计的基础

任期经济责任审计作为企业强化内部监督约束机制的一种有效形式，日益受到公司领导的高度重视。首先，从审计的认识高度和指导思想上，确立了经济责任审计工作的中心地位，明确要求全面加强任期经济责任审计，从离任审计向届中审计和年度审计方向转变，加强经营管理的过程控制，经济责任审计要涉及企业经营管理的全过程，明确划分经营者的经营责任，正确评价经营效果，强化国有资产经营的监督力度，并赋予经济责任审计工作很强的权威性，这种强有力的支持为公司内部审计工作的有效开展提供宽松的内部环境；其次，公司领导人将任期经济责任审计作为企业加强经营管理，提高经营效益的重要手段，从向管理要效益的角度出发，把任期经济责任审计列入领导工作的日常议事日程，经常进行具体工作的指导，审计通知书、审计报告必须由公司行政一把手签发、审阅；三是公司领导重视经济责任审计结果，重要问题召开党委会集体讨论审计结果，共同研究处理意见；并注重审计意见的落实和相关整改措

施的到位，将审计评价作为考核和使用干部的重要依据，这是对审计工作是重要、最直接的支持，增强了审计人员的工作责任心和使命感。

（二）做好审前调查工作，明确审计范围、审计内容和关键控制点

（1）下发实用的审前调查表式。经营情况调查表主要就任期内的主要财务经济指标表、对外投资及收益表、资金的借贷与运用表、分年度经营考核指标完成表、分年度预算执行及偏差表、工资性附加及保险表、管理内部管理制度一览表等。通过适用的审前调查表，可以较为全面地了解被审单位的经营管理情况，通过分析相关数据，找出审计需要关注的方面和关键控制点，为编制具体审计方案提供依据。

（2）被审计单位资料准备。以下发通知的方式，对任期审计被审单位要提供的资料提出明确的要求，主要包括：各年度财务会计资料和经济活动分析资料；重要经济合同（协议）；企业内部管理制度（办法）汇编；各年度工作总结，与经营决策事项有关的公司办公会会议记录；工程项目财务竣工决算汇总一览表、年度大修理计划及实际完成统计表；单位年度财务预算执行及分析资料；年度会计报表中介机构审计报告；公司历次董事会、监事会的决议等。同时要求被审单位准备好本单位基本情况介绍的书面材料。内容包括：组织机构设置、人员及所属单位基本情况，公司领导岗位分工及职责，公司的议事规则、经营决策程序，公司主营业务范围、特点，领导干部的述职报告等。通过对被审单位提供的各类资料，可以使审计组较快和较为全面地了解被审单位的经营管理情况，通过分析相关数据，找出审计需要关注的方面和关键控制点。

（3）编制具体审计方案。具体审计方案一般包括：审计依据及审计目的、审计范围及审计重点、审计内容及关键控制点、各关键控制点的具体要求、审计成员组成及工作分工、完成各项任务的时间要求等。

（三）坚持“任中审计”与离任审计、期后责任追踪审计相结合的原则

结合日常财务收支审计及专项审计调查，实行动态的“任中审计”，能及时发现企业领导人员在经济活动中的一些苗头问题，可以在违法违纪程度很小的时候就能及时制止，起到未雨绸缪的作用。离任审计是正确评价企业领导人任职期间应负的经济责任，审计结果可作为考核该企业领导人员经营业绩和廉政情况的重要依据。这一方式既是对离任者离开现任岗位的审计，也是对后继领导人员的任前监督，具有双关性。在实施离任审计时，可充分利用“任中审计”的各种审计成果，避免重复审计，提高工作效率。对离任者实行期后责任追踪审计，目的在于分清是非，在后续领导人员与离任者之间进行责任归属。审计的重点应放在离任者遗留问题上，由于离任者任期内潜伏的违法违纪问题，在其任期刚刚结束时，不一定会马上暴露出来，往往要在离任后一段时期才会被发现。因此，在实施期后责任追踪审计时，一定要认真分析，逐项落实，确定性质，并提出具体处理意见。

（四）强化审计成果的运用

将经济责任审计的评价引入干部管理与考核工作中，形成组织监督和审计监督相结合的新的干部管理机制，把审计意见和审计决定的执行和落实情况纳入正常的经营管理工作范围，企业的领导层和组织人事部门高度重视任期审计的结果及评价意见，在运用审计结果的基础

上结合考察情况及时对被审计者做出恰当的处理，该奖励提拔的奖励提拔，该免职的免职，该作党纪政纪处分的实事求是地进行处分。审计成果的有效运用是提高审计效果的有效手段，也是提高审计影响力和审计威慑力的有效手段。同时我们公司加大了后续审计的力度，每年组织进行一次任期审计意见落实情况的检查，全面落实审计意见或决定，以形成一个有问题要改、有问题要找原因、有问题要有改进措施的一个良性循环，使任期经济责任审计的审计成果落到实处，并发挥出应有的作用。

境外工程项目内部控制和管理情况审计初探

审计监察部

王道敏

摘　要:

为规范境外资产的财务管理,加大对境外资产的管控和审计监督,切实维护境外国有资产安全,根据中国建设的管理要求,近三年,审计监察部对特多项目、沙特分公司、印尼项目、伊拉克项目进行审计。审计人员就项目开发、项目进度、经营管理、财务管理及项目办事处财务管理情况进行了检查。本文以境外项目审计实践案例为例,通过分析海外工程项目亏损的原因,在梳理识别海外工程项目共性风险因素的基础之上,归纳出海外工程项目内部控制和管理情况审计的重点,以提高海外工程项目审计的效率和效果。

关键词:项目基本情况　境外审计必要性　海外工程项目审计的重点、审计难点及对策

一、境外项目工程审计案例的基本概况

(1) 伊拉克项目临建工程合同金额7,644.1万元 ,目标利润56.6万元,实际利润47.8万元。

(2) 印尼电站项目(未完)。合同价款为总价包干13.1亿人民币,项目前期策划预计利润10,481.0万元。2014年5月31日预计利润:3,909.5万元(含业主索赔9,425.5万元,向分包索赔的1,424.5万元冲减)。

二、境外项目审计的必要性

近几年,公司执行的境外工程项目亏损事件时有发生,分析这些失败案例的前期运作、投标签约以及从工程施工到合同终止的各个环节可以看出,造成项目失败的主观原因主要有:低价中标,设计失控,项目前期准备不足,人员选聘不当,公司和项目部对设计、采购和施工合同实施不力等;客观原因主要有:对国外市场环境不够熟悉、业主提高设计标准、原材料价格上涨、金融危机导致的经济波动影响等。

当然,任何行为的直接前提都是存在待解决的系列问题,为预防境外工程项目系列问题的发生,保障境外资产安全完整、保值增值,对于境外工程项目而言审计工作尤其重要而必要。

三、境外工程项目内部控制和管理情况审计的重点

审计人员在评估境外工程项目所处环境风险、排查外部重大风险影响因素后,应对项目现场组织管理、投标报价、合同执行、施工组织、成本效益、劳务管理、物资设备等内部控制和管理情况进行重点审计,全面深入反映海外工程项目真实情况,提高其风险管理水平和运营效益。

1. 现场组织管理审计

现场组织管理审计主要是审计工程项目现场的决策机制、机构设置、人员配备和制度体系等方面是否健全有效,具体包括:公司本部的决策和规定是否严格执行,是否缺乏日常监督报告机制,项目经理权限是否过大;项目机构职能和人员配备是否满足项目实施的各专业条件,配备人员的业务素质和海外经验是否充分,各部门机构是否职责清晰、关系顺畅、协调配合;施

工生产管理方面如工程、安全、质量、物资、设备、劳务、分包、财务、人事等方面的制度是否健全并有效执行等方面是否健全有效。

在这一阶段的审计过程中，我们发现C项目前期的人员配备充分，机构职责执行顺畅，但在施工过程中，部分人员休假后离开，由技术人员担任商务人员，食堂采购人员担任物资管理，缺乏必要的专业经验，导致管理两部门管理数据的缺失，对项目材料成本的列支造成很大的影响。

2. 投标报价审计

在工程项目实施过程中，投标报价审计主要关注以下事项：项目前期可行性研究、项目评审程序和内部决策程序的完整性；可行性研究和项目评审内容中是否涵盖公司在该国别市场的经历和经验，是否对当地市场法律环境、项目技术标准以及用工和分包环境（人员准入、市场容量及垄断程度）、主要材料和施工设备、外汇税收等重要风险因素进行了评估，是否重点论证了合同关键性条款、投标报价合理性、施工组织可行性、资源配置充分性等重要环节；项目立项决策是否符合内部决策审批权限及履行了相关程序等。

3. 合同及执行情况审计

一是合同工期条款的审计。审计人员应特别关注合同条款中对于工程项目进度节点和工期的要求，与实际进度进行对比，避免发生工期拖延遭受处罚及违约的风险。

二是关注合同中关于功能要求、工程质量、技术标准和环境保护条款方面的规定，即：审计人员应分析判断合同条款中关于项目的功能要求是否被公司和施工人员充分理解；对当地环评要求、施工工艺、施工难度的理解和测算是否充足。

三是关注合同争议条款、变更索赔条款，即：关注合同中是否有关于合同争议条款和变更索赔方面的约定，对可能存在的潜在争议和索赔情况是否做好了充分的资料收集和准备工作。

4. 收入、成本费用和效益情况审计

工程项目收入审计主要审查以下事项：向业主报送的工程计价资料的完整性；业主批复与项目申报数是否存在差异；工程结算款是否及时足额收取；各项工程扣款是否经业主签认；工程结算收入的使用是否得当，财务收入的确认是否符合建造合同的核算要求等。

成本费用审计主要关注人工费、材料费、机械设备费和其他费用的控制核算，并重点审查工程项目劳务、物资、设备现场管理情况。由于境外工程项目多以雇佣当地劳务为主，也有从国内输出劳务的，因此，人工费用审计应重点关注：支出是否能够合理控制；雇佣劳务是否能够保证正常施工要求；项目部是否能够对当地劳工进行有效沟通和管理、雇佣的当地劳工是否造成不稳定情况等。同时，对劳务分包的审计，应重点审查：分包单价是否合理、分包结算是否严格、对工程量的核定是否存在虚假情况，同时要特别防范当地分包商利用合同疏漏或者当地劳工保护政策等对工程项目进行劳务用工索赔。材料成本是工程项目成本中的重要组成部分，而且材料涉及面广，价格波动大，变化因素多，对工程项目的进度、质量和经济效益都会产生较重大的影响。因此，应重点审计以下事项：物资管理是否能够满足施工的材料需求；是否能够合理控制成本；是否建立了材料计划、采购、点收、入库、领用、核销等手续及定期盘点和余料管理。对于工程项目分包商和供应商的审计，应重点关注：是否根据施工要求对当地市场资源进行过广泛调研；是否与分包商和供应商建立了较稳定可靠的合作关系；是否建立了劳务、物资和机械设备等市场波动风险的应对措施等。效益审计是对工程项目盈亏分析的综合评价，应在客观分析工程项目财务收入及成本费用等财务数据的基础上，综合分析企业的战略目标和其他主观原因，全面客观反映工程项目的真实盈亏，并披露其潜在风险。

四、境外工程项目审计的挑战

境外项目在规模、资金、环节、地域等方面日渐庞杂，对审计工作提出的挑战越来越大，具体有如下几个方面：

(1) 会计信息质量核实难。比如：成本信息中材料成本及雇工成本的核实。其中材料采购除了国内采购外主要来自当地，鉴于审计人员对海外市场价格、当地施工地理环境、单耗定额等方面情况的了解限度，短时间内往往只能认识到以购代耗等导致成本失真的现象，不能量化审计结果。同样，现场当地工人成本方面由于不熟悉所雇用当地人的情况、施工进度及待工情况，仅仅依靠几个可以言语沟通的“同胞”介绍情况和自身可能看不懂的当地人用当地语言签订的人工签领单很难判断成本发生的真实性和合理性。

(2) 审计风险较为繁多。鉴于境外工程项目的庞杂性及境外所决定的信息隔阂情况，境外工程项目的审计风险相对于国内而言更为严重而频繁。比如从审计对象看，境外外账簿记录多以英文为主，原始单据则是多种语言并存，核对数据钩稽关系较为困难。对于当地语言的单据支出，只能依赖项目人员翻译并备注的说明，这无疑加大了审计风险。

(3) 审计队伍建设及整体审计态势滞后。境外工程项目审计对审计人员的素质要求较高，不仅要求他们熟悉商务合同，还要具备程技术知识以审阅技术合同的能力，对综合分析、涉外法律、外汇管理、语言等方面也有特定要求。对此，现有审计人员的知识结构往往难以满足。

(4) 审计成本较高。因为海外审计路途远、费用高、出入境手续较为复杂等特殊情况，导致本来有限的审计力量严重不足，审计内容多局限在特定时段的财务收支情况视野中，本来风险频发的境外项目审计在总体上长期处于滞后状态，相对于国内较为滞后，相对于国际先进水平严重滞后。

对于如上问题，应该从流程环节、审计方法、内控制度、人力资源等四个方面着手。在流程环节方面，要重点把握好项目立项、组织和实施三个关键环节，学会“抓大放小”，重点突出资金安全性和效益性，强化推进开展以防范风险为主要目的的内部控制和风险管理审计；在审计方法方面，充分利用境外信息方便及政策灵活的特点，充分发挥网络资源优势，及早采用先进、灵活的审计方式方法，尽可能地提高单个审计项目的审计质量和效果；在内控制度方面，督促建立错假账责任追究制度、会计基础工作测评制度、资产流失责任追究制等形成体系的约束机制，帮助项目负责人员建立健全完整的内控体系，推动提高制度执行力，定期进行管理层测试，纠正执行过程中的偏差，营造良好的监控、服务平台；在人力资源方面，要培养国际化的审计队伍，充实外语、法律、技术等专业人才，优化内审人员的专业知识结构，加强审计人员政策的学习和分析，以求全面持续推进、提升境外工程项目审计工作的质量和水平。

合理避税的具体操作方法

辜　彬

2014年12月20日

综合目前在合理避税方面的实践经验，合理避税的主要方法有：

一、合理利用税收政策，规避相关税金

税收优惠是指为了对某些征税对象和纳税人给予照顾或鼓励而采取的减轻或免除税负的措施。它是国家为了扶持某些特定地区、行业、企业或业务的发展，或者为了减轻某些具有实际困难的纳税人的税负，而在税法中进行的某些特殊规定。税收优惠政策就是指对某些特定纳税人和征税对象给予鼓励和照顾的各种规定。

二、选择合理的会计政策和会计处理方法规避税负

由于所采用的会计政策不同，对企业税负影响就不同。企业管理者可以合理、合法地利用会计政策的可选择性使企业的税负降到最低。目前，企业中常用合理的节税方法主要有：

（一）费用分配节税法。在会计准则允许的范围内，利用不同的费用分配方法，进行合理的筹划，以达到合理节税目的；

（二）利润分配次序节税法。企业进行投资活动已经获得了利润，该如何分配问题，不仅关系到企业未来的发展，同时也涉及一系列的税收问题。正视利润分配过程中征纳税行为的存在，并尽可能采取一定的措施和手段，减少或降低利润分配过程中的税收成本，这也是企业进行经营决策的重要环节。

三、选择合理投资方式的避税

企业的投资方式不同，享受到的税收待遇也就不一样。在投资方式中，选择设备和无形资产投资要优于货币资金投资方式。因为设备投资折旧费可在税前扣除，无形资产摊销费可列支管理费在税前扣除，从而缩小税基。在投资方式的选择上，是一次性投资的税收筹划。采用分期投资方式可以获得资金的时间价值，而且未到位的资金可通过金融机构或其他途径来融通解决，其利息支出可以部分地准许在税前扣除，从而达到节税的目的。

四、充分利用行业政策

比如对服务业的有关政策：安置“四残人员”占企业生产人员35%以上的民政福利企业，其经营属于营业税“服务业”税目范围内的业务，免缴营业税。对新办的服务型企业当年新招用下岗失业人员达到职工总数30%以上，并与其签订1年以上期限劳动合同的，经劳动保障部门认定，税务机关审核，3年内免征营业税、城市维护建设税、教育费附加和企业所得税。

五、变更企业性质

我国税收政策中对外商投资企业实行税收倾斜政策，有许多减税、免税的优惠政策，因此

由内资企业向中外合资、合作经营企业等经营模式过渡，既扩大了经营规模，又能合理规避某些税务支出，减少现金流出，提高企业经营效益。

六、变更企业经营地址

凡是在经济特区、沿海经济开发区和经济技术开发区所在城市的老市区以及国家认定的高新技术产业区、保税区设立的生产、经营、服务型企业和从事高新技术开发的企业，都可享受较大程度的税收优惠。中小企业在选择投资地点时，可以有目的地选择以上特定区域从事投资和生产经营，从而享有更多的税收优惠。

浅析企业合理避税

辜　彬

2014 年 12 月 20 日

引　言

现在中国是一个法制的社会国家，它的法制体现在中国政府做出的每项政策都有法可依，中国真正地走上了法制轨道。在这种大的历史背景下，每一个公民，每一个企事业单位都应当依法行使自己享有的权利，同时依法履行自己应承担的义务。可是，有些人或单位在现在高度发达的商品经济活动中，由于经济利益的驱使，冒天下之大不韪，逆社会法制潮流而上——偷税、漏税、骗税等违背法律法规的行为屡有发生。为了减少类似的事件发生，也为了我们企业的自身的发展，同时也为了国家经济健康、稳定、快速的发展，合理避税是解决上述问题的有效方法之一。

一、概念辨析

合理避税，也称税务筹划，是指纳税人通过财务活动的安排，充分利用税收法规所提供的一切优惠条件，在规定范围内多种可供选择的纳税方案中，取其能够使税收负担最轻的一种，从而享得最大的税收利益。

二、合理避税的可行性

合理避税是在法律允许的范围内展开的，与偷税、漏税、抗税有着本质的不同。市场经济条件下，合理避税是企业的必然选择，主要基于以下原因：

（一）合理避税是市场竞争条件下的产物

当前，我国市场全面对外开放，企业正在一个更加开放、公平的市场环境中与国外企业竞争，市场化程度的不断提高将导致低成本战略成为企业在市场竞争中制胜的关键，而税收成本是企业重要的外部成本之一，减少税收成本对提高企业竞争力非常关键。在这方面，国外企业已经形成较为稳健和成熟的财务机制，已经能够通过合理避税手段降低企业整体的成本水平，进而提高其盈利水平。所以，我国企业也应该重视合理避税，降低成本，提高竞争力。

（二）是实现企业经营目的的一种手段

税收支出作为一种外部成本，相对于企业内部成本更应该加以控制。在我国，企业往往从压缩内部成本出发，控制各项期间费用和工人工资等内部成本。这样很容易造成员工的积极性受挫及产品、服务质量不佳等现象，影响企业的长远发展。这就要求我们换一个视角从减少外部成本出发来控制财务成本，达到经营目的。毫无疑问，合理避税是解决这一问题的有效途径。

（三）合理避税可以减轻企业税收负担

税收是以实现国家职能为目的，基于政治权力和法律规定，由政府专门机构向居民和非居民就其财产实施的强制、非罚与不直接偿还的课征。税收的强制性和不直接偿还性决定了企业必然要留出部分发展所需资金。另外，我国目前已经是一个较高税负的国家，在这种情况下，我们不能采取逃税、漏税、抗税等违法行为，合理避税就成为我国企业发展的一种选择。

三、合理避税的正确认识

避税是建立在对会计和税法知识全面了解的基础上，利用税法和会计知识的漏洞。

合理避税其实是应该依法纳税，只承担法律规定的交税义务，对税收部门自己工作中理解不透彻或有争议的内容争取自己的权益，且通过对各种税收优惠政策和方法的利用和组合，减少不应承担的税金。前提是：不违法。偷税漏税，就是违反法律规定的不论故意或无意的行为。两者的区别主要在于是否违法。

四、合理避税应该遵守的原则

合理避税是企业减少财务成本，提高竞争力的有效途径。企业在实施合理避税时，应当注意以下几点：

（一）合法性原则

合法性是合理避税与偷税、漏税行为的本质区别。这里要注意税法正在不断完善过程中，企业在进行纳税筹划时，相关人员一定要及时更新知识，熟悉相关税法知识的变化，采取相应的避税方法时，注意“时效性”问题。否则，“合理”避税就有可能变成“违法”，避税就与偷税、漏税无异了。

（二）合理性原则

这是税收筹划同不合理避税的根本区别所在，这意味着纳税人的筹划行为不但要合法，并且是要同税法的立法意图相一致，不恶意钻税法漏洞。恶意钻税法漏洞的不合理的税收规避是为税法所不允许的。

（三）成本—效益原则

合理避税的初衷是降低财务成本，实现利润最大化。在纳税筹划过程中，如果一项纳税方案的取得成本及方案实施成本，超过其所带来的经济效益，则违背了合理避税的初衷，这样的方案应不予采纳。

（四）筹划性原则

这是合理避税的特色所在。纳税人在经营活动方式上的筹划、安排，体现了其对税法及其制度的尊重与熟练掌握。

五、合理避税的重要意义

企业为了合理避税，必须进行详细的税务筹划，这对企业，对社会都具有很重要的意义。

第一、企业合理避税为企业减轻了沉重的税负，节约了大量的资金，增强了企业的市场竞争力。众所周知，企业经营的根本目标就是利润最大化，如何实现利润最大化？毋庸置疑，扩大企业的经营业务收入是最重要的。但是如果收入已经达到了极限或上升的空间已经很小，那该怎么做？只有两种可能，即加大利润总额和减少所得税。前面已提到收入的上升已几乎不可能，所以要加大利润总额，只能靠减少期间费用和营业外支出，而企业的许多税务支出大部分（所得税除外）都记入了这两项，因此我们可以看出，只要能减少企业的税务支出，就可以更大限度地使其净利润增加，这对企业的发展无疑具有重大的现实意义。

第二、详细的税务筹划，不仅仅是财务部门的工作还需要企业管理层从更高的企业战略管理角度上进行更为详细的布置，特别是在调整企业的生产经营方针上，这一点体现得更为突出，因此合理避税也使企业的领导层的工作更加完善，使企业的长远战略规划更为合理有效。

第三、企业合理避税，客观上促进了国家税收制度的健全和完善。虽然避税行为可能被认为是不道德的，但避税所使用的方式是合法的，而且不具有欺诈性质。避税是对已有税法不完善及其特有缺陷所作的显示说明，它说明了现有税法的不健全特征。税务当局往往要根据避税情况所显示出来的税法缺陷采取相应措施对现有税法进行修改和纠正。

结束语

从以上的论述可以看出税务筹划不仅是企业利润最大化的重要途径，也是促进企业经营管理水平的一种方式，更是企业领导决策的重要内容，这也正是税务筹划活动在西方发达国家迅速发展、普及的根本原因所在。

企业的决策者和财务人员应当重视税法的变化、调整，据此相应调整税务筹划的策略和方法。任何一个税法的调整，其内容本身就可能是新的税务筹划的基础，但关键在于决策者如何因地制宜地运用税务筹划手段，来实现企业的利润增长。愚昧者偷税，糊涂者漏税，野蛮者抗税，精明者避税，中国已经加入了 WTO，成了这个全球最大的经济体系中的一员，中国经济融入国际经济一体化的进程也在逐渐加快，中国的企业将不仅面临国内企业的竞争，还将面临来自全球的许多企业的竞争。作为一个处于激烈的市场竞争中的企业，如何增强企业的综合实力，提高企业的市场竞争力，除了搞好企业的生产管理以及技术创新等基本的途径以外，进行详细的税务筹划，最大限度地合理避税，也逐渐成为一个重要的途径。中国企业正逐渐认识到了这一点的重要性，但目前大多数的企业在这方面的工作还做得远远不够。从政府的角度来讲，不会主动要求企业进行合理避税，因为国家的财政收入主要来自税收，税收收入越多国家就拥有更多的资金，这对国家的发展是有好处的。因此这方面的工作还主要靠企业自己的努力，企业可以聘请精通税法的专业人员给企业进行详细的税务筹划。另一方面企业自身也应该加强税法知识的学习，能正确计算本企业应交的税费，做到不多交税。我们相信，只要企业做好生产管理和技术创新等方面的工作，同时再努力做好合理避税方面的工作，中国的企业就一定能在全球的激烈竞争中立于不败之地。

企业产权登记业务梳理及思考

资产财务部
黄　会

备受大家关注的《不动产登记条例》正式落地已经进入了倒计时，那么国资委对国有资产的登记工作进行得怎么样了呢？我们的“家底”摸清楚了吗？如何更好地动态地进行“家底”登记工作？本篇文章就是对我 2012 年下旬起接手的产权登记工作的梳理和思考。

一、产权登记的三种类型及时间要求

产权登记反映企业产权形成、变化和灭失的全过程，产权形成时应当办理占有产权登记，产权变化时应当办理变动产权登记，产权灭失时应当办理注销产权登记。

1. 应当办理占有产权登记的情形：因投资、分立、合并而新设企业的；因收购、投资入股而首次取得企业股权的；其他应当办理占有产权登记的情形。（在办理工商登记前办理登记）

2. 应当办理变动产权登记的情形：履行出资人职责的机构和履行出资人职责的企业名称、持股比例改变的；企业注册资本改变的；企业名称改变的；企业组织形式改变的；企业注册地改变的；企业主营业务改变的；其他应当办理变动产权登记的情形。

3. 应当办理注销产权登记的情形：因解散、破产进行清算，并注销企业法人资格的；因产权转让、减资、股权出资、出资人性质改变等导致企业出资人中不再存续履行出资人职责的机构和履行出资人职责的企业的；其他应当办理注销产权登记的情形。

企业在发生产权登记相关经济行为时，应当在相关经济行为完成后 20 个工作日内，在办理工商登记前，办理产权登记。办理工商登记后 10 个工作日内完成上传工商登记等后续登记事项。办完企业注销法人资格的，可在办理工商登记注销后 5 个工作日内办理注销产权登记。

二、产权登记的常见流程：

产权登记需要准备的相关资料有 1. 业务申请文件；2. 经济行为决策或批复文件；3. 企业章程；4. 营业执照；5. 验资报告；6. 评估备案表或核准文件；7. 审计报告；8. 协议文件类；9. 公告类；10. 职工代表大会决议；11. 企业名称预先核准通知书；12. 工商注销证明；13. 股权设置方案；14. 进场交割单。具体需要哪些资料可以参照《国家出资企业产权登记操作指南》。

在产权登记系统里选对合适的产权登记（含变动或注销）情形时，平台会生成必须提供的资料清单目录。

产权登记业务常见流程图如下：

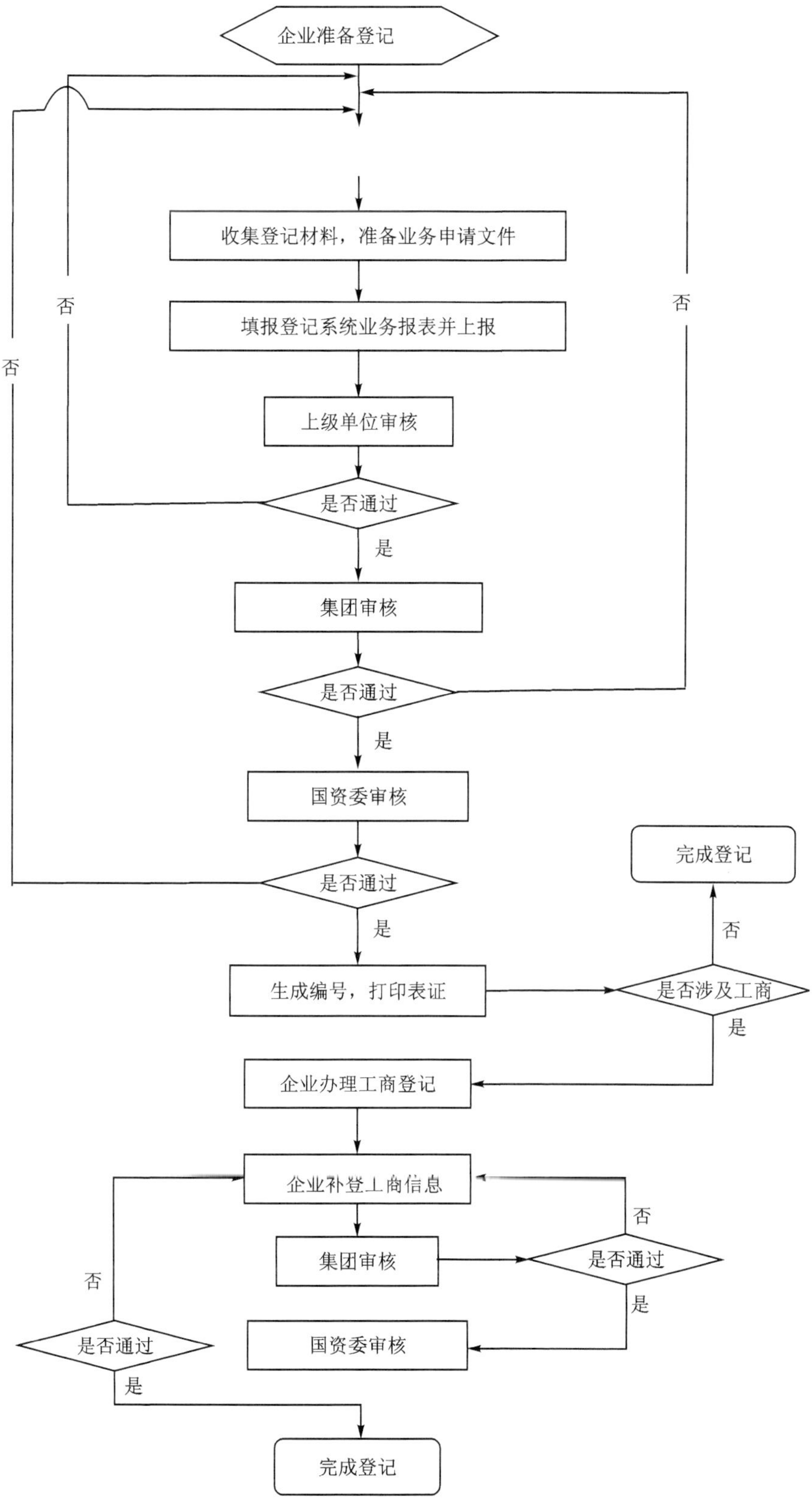
企业准备登记
收集登记材料，准备业务申请文件
填报登记系统业务报表并上报
上级单位审核
是否通过
否
是
集团审核
是否通过
否
是
国资委审核
是否通过
否
是
生成编号，打印表证
是否涉及工商
否
完成登记
是
企业办理工商登记
企业补登工商信息
集团审核
是否通过
否
是
国资委审核
是否通过
否
是
完成登记

说明:从流程图中也可以看出,集团的产权登记是一个多层审核的过程,产权登记作为所有业务结束后的最后一个环节,如果前述环节出现纰漏,将会使得原本应该快捷的登记过程变成一个漫长的补救过程,且由于牵扯到国资委的审批,补救过程将会极其艰难且结果不可预见。在实际的业务操作中,如果企业发生应对相关国有资产进行评估和备案行为的,必须在产权登记前完成评估和备案,下面进行详细阐述。

三、产权业务登记前必须完成的环节(评估和备案)

在产权登记过程中,对于需要进行资产评估和评估备案的业务,必须按要求进行,以便产权登记过程中顺利录入备案成功后形成的唯一备案号。这里有两个重要的时间概念,资产备案的有效期为评估报告基准日一年内,鉴于国机集团及国资委两级机构需要有足够的审核时间,资产评估报告应在评估基准日起九个月内进行网上备案办理。另外:国机集团对资产评估机构实行统一管理。国机集团负责选聘、组建评估机构备选库,也就是说资产评估机构的选择原则上从国机集团的推荐名单中选择,企业发生下列行为,必须进行资产评估:

1. 第一类行为:应对国有资产进行评估:整体或部分改建为有限责任公司或者股份有限公司;以非货币资产对外投资;合并、分立、破产、解散;非上市公司国有股东股权比例变动;产权转让;资产转让、置换;整体资产或者部分资产租赁给非国有单位;非货币资产偿还债务;确定涉讼资产价值;以拥有的境内国有产权向境外企业注资或者转让,或者以其拥有的境外国有产权向境内企业注资或者转让;法律、行政法规规定的其他需进行评估的事项;企业其他经济行为,当事人认为需要的,可以进行资产评估。

2. 第二类行为,应对相关非国有资产进行评估:收购非国有单位资产;接受非国有单位以非货币资产出资;接受非国有单位以非货币资产抵债。

四、产权登记案例说明

➢ **案例 1**:二级单位 A 股权结构变动,特殊情况说明:该单位为最早成立的有限责任公司,为满足当时公司法有限责任公司法人不能唯一的要求,当时登记的法人除了中国建设集团外还有当时的企业法人 a,a 并未实际出资,而是以个人向公司借款的名义进行了资金投入。后进过 N 年,a 目前不在该公司任职但可以联系到,这样的企业是否将 a 的出资与 a 个人的借款进行冲销就可以了?

答复:肯定是不行,在实际业务中,我们认定的是法律文书,尽管当时有其客观情况,但实质上该业务属于将二级单位 A 的产权进行转让行为,必须进行资产评估并同时进行备案。

➢ **案例 2**:二级单位 B 收购新公司 F,特殊情况说明:收购为股权收购,得到国机集团及中国建设集团相应的批准,收购已经完成,产权登记过程中发现缺少资产评估和备案环节,是否可以补备案和顺利完成产权登记?

答复:尽管收购过程中得到了国机规划部和总部规划部的公文审批,但由于国机集团的规划部与财务部的分工不同,规划部并不负责审核产权登记过程中的流程缺失,财务部也无法延伸到业务过程中进行审核,需要企业自身在业务办理过程中认真学习领会国机集团下发的文件,按要求进行资产评估和备案。另外也无法补救,后续产权登记过程非常艰难。

➢ **案例 3**:二级单位 C 收购新公司 F,特殊情况说明:收购过程中进行了资产评估,评估报告的基准日为 2013 年 10 月 31 日,该公司于 2014 年 8 月 30 日进行了网上备案,在备案过程中发现缺少国机集团允许备案的公文，于 9 月 30 日拿到了备案文，是否可以顺利完成备案。

答复：不可以，国机集团规定的网上备案提交时间是评估基准日前 9 个月内，由于评估报告的有效期为 2013 年 10 月 31 日至 2014 年 10 月 30 日，最晚应该在 2014 年 7 月 31 日前进行备案。而备案过程中资料不齐，更导致了备案时间被实际缩短，另外企业在备案前要将资料准备齐全。

➢ **案例 4**：中国建设对所属的百分百股权二级单位 D 进行投资，再由该二级单位 D 对中国建设另一百分百股权二级单位 E 进行投资，这种类型的业务，中国建设所属两个二级单位 D 和 E 办理产权变动登记有何便利之处。

答复：对于这种类型的资金在一个集团内流动的产权登记业务，根据国资发产权【2014】号文《关于促进企业产权国有产权流转有关事项的通知》，二级单位 E 的产权登记情形可以看作同一出资人同比例出资，由于新的工商登记对验资的新的规定，可以不用验资，以二级单位 D 的投资汇款银行单据替代原来的验资报告。实际业务过程中只要有集团的批文和银行汇款单据、修改的章程和按规定格式撰写的业务办理文件即可。

五、产权登记业务的拓展意义

产权登记业务本身并不复杂，但由于业务办理部门和登记部门的分离，在我实际操作的过程中出现了一些特殊情况。针对这些情况我梳理了以上的业务要点，同时也发现，针对出现的问题，除了需要产权登记业务同志熟悉业务流程，更需要企业对需要进行产权登记的相关业务严格按照要求办理，并在过程中实现部门之间信息共享，必要时可以在公司综合管控平台上将审核监控流程提前。

国有资产的产权登记工作已经常态化管理了，由国资委主导、国机集团推进，各企业的响应，经过近几年的完善，目前已经形成了比较完善的制度和操作流程，通过对国家出资企业、国家出资企业拥有实际控制权的境内外各级企业及投资参股企业的出资人、股权比例、注册资本等情况进行详细登记，有效地理清了股权级次架构。一方面宣告了原始的产权登记证名义上失效（虽然有时候其作为重要的凭证资料，有其重要的法律意义），另一方面推进了产权登记网络动态化管理，产权占有、产权变动及产权注销登记三种形式，将产权登记全流程纳入了管理，有助于全面了解和掌握国家出资企业及其对外投资企业产权的总体情况，反映国有资本在不同级次、组织形式、地域、国民经济行业和企业内部主辅业的分布情况。

结合今后国有企业改革的大方向，我们也发现在体制改革方面，未来的方向可能会是国有体制下进行市场化改革，实现国有企业的多元化、市场化和国有资产的资本化。可以实现国有资本控制下的多种资本投入，为企业提供更多的支持，同时也为其他资源提供国有企业的平台，大家共享收益、互利共赢。尽管未来产权登记的要求也会越来越严格，但严格的管理也将为企业在改革发展中进行资本运营提供良好的基础支持工作。

浅谈境外工程项目成本的前期控制

资产财务部

黄　会

境外工程项目施工环境相较国内更加复杂。政治体制、法律制度、环境背景、文化因素等对于境外工程的管理都是新的挑战。财务人员尽早参与项目投标、合同谈判及前期策划,可以提前将财务要求告知合约部,并通过参加合同评审过程了解合同谈判所涉及的财务事项,从专业角度提出建议。对于境外工程项目的成本控制,可重点关注以下几个方面。

一、积极了解当地的法律法规

对承接的境外工程项目,要合理避税。对于所在国与工程承包有关的税收政策及相关法律法规要积极遵守,熟悉合作双方的各方面机制,特别要关注有关聘用当地劳工及项目所得收入如何按规定依法纳税的相关法律规定,以避免不必要的纠纷。

对于所在国的税收种类、税率、征税方式和税务减免办法不仅要认真了解学习,还应结合会计制度在签订合同等多个实施环节中积极采用。比如采取合法的减税、免税和避税等措施,在依法纳税的同时,提高承包工程的经济效益,以切实保证工程项目的利益最大化。如:了解当地关于工程减免税的规定,有可能为单位节约很大一笔税收费用。不同国家对会计记账和核算方法有不同的规定,应特别重视合同中有关纳税的条款。可向当地信誉可靠、工作能力强的会计师事务所和律师进行咨询,对于他们的建议要认真听取和分析,在充分了解了当地的会计核算方法及各类税收相关的规定后,采用当地合理合法的会计核算方法和制度。应聘请当地的会计师事务所协助审核和编制当地税务部门所要求报送的各类财务报表,及时准确向所在国当地的税务机关进行纳税申报,办理相关的税金预付和缴纳手续,为项目提供税务事项的相关文件,取得完税的证明,认真积极地处理好与承包商有关的税务方面的工作。

二、加强对担保条款的审核,最大程度获得收益

投标保函、履约保函、预付款保函是项目的主要担保保函。投标阶段,财务部门需要配合开具投标保函。财务人员应根据业主对保函的相关要求,选取业主认可的境内外金融机构出具投标保函,应充分利用授信额度,避免占用单位的流动资金,并加强对保函保证金的管理。

从控制成本的角度可以采取以下几个措施:

(1) 对于保函保证金的处理,可以根据保函保证金的时间长短不一,采用定期存款的方式,增加相关存款的利息收入,并降低成本,同时要尽力降低保函的手续费;

(2) 对于预付款保函额度,可以根据预付款的分期偿还而采取逐步扣减的方法,同时根据实际相关的情况,采取变更保函合同,实现逐步降低保函的手续费用;

(3) 对于质保金保函,要注意与履约保函的衔接,避免担保的重复;

(4) 对于保函到期的处理,应及时收回保函原件并及时退还保函开出银行,释放保证金或者综合授信额度。

三、加强项目资金的筹集与管理

境外承包工程项目的特点，决定了企业需要有充足的资金作为保证。项目资金的来源主要包括自有资金、借入资金、项目预付款等。企业要特别注意加强对自有资金的管理。为缓解项目开展初期的资金短缺，减少借入资金的本息，要及时收取项目预付款。同时要充分利用企业的内部资金或者银行的信贷资金支持，由企业总部，统一对外融资。因为利用企业整体的综合经济实力及企业规模优势的资产和较高的还付利息能力予以保障，容易获得银行信贷的支持。对于项目资金的管理可以实行集中化，根据工程项目所在地的具体地域分布，可以采取按区域进行资金管理的措施，即在每个国家或相邻的几个国家中设立一个分公司或驻外办事处，由其对工程所在国或相邻国家的各个项目的资金进行统一的管理分配。这样，通过对资金的集中管理、合理调度，对重点项目的加大投入，可以实现利益最大化。同时，设立公司或办事处的方式还可以规避个别国家的汇率风险。

四、防范与控制交易汇率风险

境外工程项目一般是以外币计价签订的合同额，而且合同期较长，在执行合同中存在汇率变化等风险，所以要正确认识投资风险，采取积极防范及合理规避汇率风险的措施。在境外工程承包过程中，承包商应根据工程项目的实际情况，灵活选用合理的处理方法实现对汇率风险的控制和管理。要学会从法律上确定规避汇率风险，当双方洽谈后要签订合同时，要在合同价款、币种、付款进度方式等多方面争取对己方有利的条款，实现己方利益最大化。例如选择有利计价货币，优化货币组合等多种方式。在当前美元贬值的情况下，可以选择多种货币组合交易，根据实际需要，提出美元、人民币、当地币3种币种混合构成的收款方案，以避免人民币升值或所在国汇率市场剧烈波动而造成的风险。对于一些至关重要的大宗材料采购，如水泥、沙石可以约定基准价，超过基准价百分之几以外的损失可以跟业主约定一个材料补差，并争取提前收款。

可以采取以下几种措施规避汇率风险：

(1) 在合同条款中加入一些保值条款，在支付时按照支付货币对保值货币的当期汇率加以调整。例如，在与业主签订的合同中可以加入综合货币单位保值条款，以此达到规避风险；同时，在与分包商签订的合同中加入汇率补偿条款等。

(2) 采用外汇与借贷投资业务控制汇率风险。比如，可利用即期合同、远期合同等方式，通过采取先支付一定费用的措施来实现一个外汇流来抵消汇率风险，具体是创造一个与将要发生的外汇币种相同、数额相同、时间相同而流向相反的外汇流来抵消汇率的风险。

(3) 通过采取投保的方式来规避汇率风险。在境外工程成功中标后，通过实际情况的分析整合，估计可能有汇率风险，可采取向保险公司投保外汇汇率风险的保险措施，当发生汇率损失时可以从保险公司获得一定的补偿，使企业相对减少由于汇率变动造成的经济损失。

(4) 利用金融衍生工具防范汇率风险。如可以利用外汇期权等防范汇率风险和利用外汇期货进行套期保值。

五、锁定材料采购成本，精益物流成本管理

境外工程项目在实施过程中，会需要大量的工程材料、施工机械设备和器具及零配件。目

前，中国公司主要的市场都是在市场经济欠发达的亚非拉等第三世界国家，除去一些小的紧急采购必须从当地市场解决以外，考虑到成本节约及当地市场容量有限等问题，大量的采购往往需要在项目所在国以外的市场，这就需要我们建立一个全球范围的原料采购体系。因为，这方面的任何节约都是在保证实实在在的项目成本控制效果和项目利润目标的实现，这是境外项目成本管理和控制中必须重视和认真考虑的一个问题。此外，由于物流成本在成本比重中所占比例比较大，相当一部分的原材料和机械设备都要运输，这就要求我们要更加注重采购运输成本的控制。要科学组织物流、控制材料成本和运输成本，因此建立起一套全球的物流体系也势在必行。企业的物流成本主要包括运输成本、存货成本、仓储成本以及相关的管理费用等。企业在保证海运期的情况下，可以通过精选物流承包商，精益物流路线进而追求物流成本的最小化。从项目所在国以外的国家采购原材料和机械设备，还需要考虑到达目的地后的仓储费用，所以要根据项目的进度安排海运计划，这样既不影响工程进度，也可以节约一定的仓储费用。

六、合理组织劳务工作，控制劳务成本开支

随着境外工程项目的增多，境外施工人员也随之增加。在境外从事施工的人员由两部分组成，一部分是从国内组织聘用到施工地域工作的劳务人员；另一部分则是聘用的当地的劳务人员。国内的劳务人员在施工地施工期间需要支付的开支主要由劳务工资、生活费、伙食费、差旅费用等各项成本构成，而在当地聘用的劳务人员一般需要按照当地的相关法律制度规定，支付当地政策规定的劳务费和保险费用，成本较聘用国内劳务人员相对较低。综合下来，使用一个国内劳务人员的费用相当于在当地聘用2.5个劳务人员的费用。在项目实施过程中还需要考虑劳务队伍人员整体情绪的稳定和能力素质的控制，毕竟由于同样的劳务工作性质，国内的劳务人员工资可能要高于当地聘用的劳务人员工资，而由于劳务价差带来的心理因素，可能导致当地聘用的劳务人员心理不平衡带着情绪施工，从而造成不履行劳务合约的后果，甚而造成违约损失，影响工程进度，所以进行合理的劳务分配尤显重要。通过采用将施工组织技术含量较低的劳务工作分包给当地劳务人员的做法，可以适当降低劳务人工费用开支成本，以此达到控制工程成本的目的

七、结　论

境外工程项目由于独特的政治经济条件，需要在前期重点关注以上法律法规、合约条件、资金筹措及汇率控制的风险控制，同时需要对物流采购和劳务人员支出进行早期规划，但具体到某个境外工程项目，需要根据国别进行实地考察并做到具体问题具体分析，实现全过程全流程的控制。

浅析2014国内银行为何拒绝古巴信用证

资产财务部
李　竺

法国巴黎银行是法国最大的银行，该行被指控从2004年到2012年利用美国金融系统为苏丹、伊朗和古巴三国转移资金。根据美国司法部的数据，法国巴黎银行为一家伊朗能源公司转移资金超过5亿美元，为古巴转移的资金则超过17亿美元。

2014年6月30日，美国司法部宣布，法国巴黎银行承认违反美国法律为美国实施制裁的国家转移资金，为此法国巴黎银行将支付89.7亿美元罚款。除了支付罚金，该银行的13名高管将离职，涉嫌违法业务的纽约分行及其他分支机构将暂停美元清算业务一年。2013年美国政府实施的针对该银行的监管举措将延长两年。美国司法部部长埃里克·霍尔德说，法国巴黎银行的行为严重违反美国法律。制裁是保证美国国家安全利益的核心工具，制裁要取得效果，违反制裁的行为必须严惩。

古巴国民银行是古巴最大的商业银行，1948年12月成立。1997年5月起不再承担中央银行职能而改为商业银行，主要承办对国家有重大影响项目的贷款、转贷或担保业务，不办理存款和储蓄业务。古巴现有9家商业银行、14家非银行金融机构、11家外资银行代表处和4家外资非银行金融机构代表处，尚无外资机构获得营业许可。1997年6月，古巴中央银行成立，承担监督和调控银行体系运作、发行货币、制定并执行货币借贷和汇率政策、谈判外债等职能。根据古巴相关法律规定，外国企业(含各类外资企业)可在国家银行系统的任何银行开立外汇账户，进行业务活动。允许外国企业自由汇出利润和转移资本。

2003年7月起，古巴政府开始加强对外汇的管制。古巴企业在对外交易中收到的美元由古巴商业银行自动转为可兑换比索，其美元由商业银行交付给中央银行。企业进口或涉外合同中所需的外汇，经批准后，则可从银行购买。2004年10月起，古巴政府宣布，为应对美国日益加剧的金融封锁，古巴中央银行决定实行2004/80号决议。决议规定停止美元在古巴全境流通，改用可兑换比索(CUC)进行交易，同时对美元现金征收10%的使用税。目前，美元不能在古巴直接流通，必须按汇率兑换为古巴可兑换比索(CUC)并在一定范围内流通，如超市、连锁商店、旅游饭店等，也可购买紧俏物资，如燃油、建材等。2011年3月12日，古巴中央银行货币政策委员会决定将可兑换比索与美元的汇率重新恢复为2005年4月8日之前的1:1，10%的手续费仍然保留。

古巴货币实行双轨制，分为古巴比索(pesocubano，CUP)和可兑换比索(peso convertible，CUC，1995年1月开始流通)。根据规定，古巴比索不能与外币自由兑换。可兑换比索可在银行或指定兑换点，按国家公布牌价与美元、欧元等货币相互兑换。1美元＝1可兑换比索(2011年3月14日调整，加收10%的手续费)；1可兑换比索＝24古巴比索。

信用证(Letter of Credit ，L/C)是指由银行(开证行)依照(申请人的)要求和指示或自己主动，在符合信用证条款的条件下，凭规定单据向第三者(受益人)或其指定方进行付款的书面文件。即信用证是一种银行开立的有条件的承诺付款的书面文件。

在国际贸易活动，买卖双方可能互不信任，买方担心预付款后，卖方不按合同要求发货；卖方也担心在发货或提交货运单据后买方不付款。因此需要两家银行作为买卖双方的保证人，代为收款交单，以银行信用代替商业信用。银行在这一活动中所使用的工具就是信用证。

一是信用证是一项自足文件(self-sufficient instrument)。信用证不依附于买卖合同，银行在审单时强调的是信用证与基础贸易相分离的书面形式上的认证。二是信用证方式是纯单据业务(pure documentary transaction)。信用证是凭单付款，不以货物为准。只要单据相符，开证行就应无条件付款。三是开证银行负首要付款责任(primary liabilities for payment)。信用证是一种银行信用，它是银行的一种担保文件，开证银行对支付有首要付款的责任。

采用信用证付款的结算方式时，买家是根据买卖合同填写开证申请书并向开证银行交纳信用证保证金(由银行，即开证行根据各企业的经营情况确定其信用度，再根据信用度来确定企业须缴纳保证金的比例，信用越好的企业缴的保证金比例越少)(一般等同于所要开的信用证金额)或提供其他保证后，请开证银行开具信用证。信用证是开给卖方的，以卖方为受益人，信用证一经开出，就成为独立于买卖合同以外的一项约定。卖家在付运期之前把按照合约要求的货物付运出去，然后取得一套单证，其中包括最重要的已装船提单(B/L)，而且其中的数量、日期及表面状况与买卖合约是一致的，即可前往信用证指定的银行(议付行)申请结汇。议付行按信用证条款审核单据无误后，即把货款垫付给受益人，然后通知开证人付款赎单(实际上是从原来交纳的保证金中扣除，多余的款再还给买家)。

当银行审单完毕后，信用证即进入结算阶段。统一惯例第10条指出："所有信用证都必须清楚地表明该证是否适用即期付款、延期付款、承兑或议付。"

1. 即期付款

(1) 受益人将单据送交付款行。

(2) 银行审核单据与信用证条款，相符后付款给受益人。

(3) 该银行如不是开证行的话，以事先议定的方式将单据寄交开证行索赔。

2. 延期付款

(1) 受益人把单据送交承担延期付款的银行。

(2) 银行审核单据与信用证条款相符后，依据信用证所能确定的到期日付款。

(3) 该银行如不是开证行的话，以事先议定的方式将单据寄交开证行索赔。

3. 承兑汇票

(1) 受益人把单据和向银行出具的远期汇票送交办理该信用证的银行(承兑行)。

(2) 银行审核单据与信用证条件相符后，承兑汇票并退还给受益人。

4. 议　付

(1) 受益人按信用证规定，将单据连同向信用证规定的付款人开出的即期或延期汇票送交议付银行。

(2) 议付银行审核单据与信用证规定相符后，可买入单据和汇票。

(3) 该议付银行如非开证行，则以事先议定的形式将单据和汇票交开证行索赔。

信用证付款的方式是随着国际贸易的发展、银行参与国际贸易结算的过程中逐步形成的。

由于货款的支付以取得符合信用证规定的货运单据为条件，避免了预付货款的风险，因此信用证支付方式在很大程度上解决了进、出口双方在付款和交货问题上的矛盾。它已成为国际贸易中的一种主要付款方式。

可见，信用证是银行有条件保证付款的证书，成为国际贸易活动中常见的结算方式。按照这种结算方式的一般规定，买方先将货款交存银行，由银行开立信用证，通知异地卖方开户银行转告卖方，卖方按合同和信用证规定的条款发货，银行代买方付款。

浅析企业盈利能力和偿债能力

资产财务部

李　竺

企业盈利能力和偿债能力是评价一个企业经营业绩好坏和发展潜力的重要指标。经营业绩好的企业通常会表现出良好的盈利能力和偿债能力，显然具有较高的投资价值。但若某个企业的盈利能力和偿债能力表现出较大的差异，如盈利能力强，偿债能力弱，或者盈利能力弱，偿债能力强，就应具体分析产生差异原因以决定是否具有投资价值。

一、企业盈利能力和偿债能力典型指标分析

(一) 评价盈利能力的指标

1. 销售毛利率，是由毛利与销售收入进行对比确定的比率，其计算公式为：

销售毛利率＝毛利/销售收入×100％＝(销售收入－销售成本)/销售收入×100％

这一指标越高说明企业盈利能力越强。

2. 销售净利率，是净利和销售收入进行对比所确定的比率，其计算公式为：

销售净利率＝税后净利/销售收入×100％

这一指标越高说明企业盈利能力越强。

3. 投资报酬率，是企业税后净利同全部资产净值的比率，其计算公式为：

投资报酬率＝税后净利/资产总额(净值)×100％

这一指标越高说明企业盈利能力越强。

4. 所有者权益报酬率，是净利与企业所有者权益进行对比所确定的比率，指标越高说明企业盈利能力越强。

5. 普通股每股盈余，是由企业的税后净利扣除优先股股利后的余额与普通股股数进行对比所确定的比率，计算公式为：

每股盈余＝(税后净利－优先股股利)/普通股股数

这一指标的高低对股票价格会产生重大影响。

6. 市盈率，是普通股每股市价与普通股每股盈余进行对比所确定的比率，公式为：

市盈率＝普通股每股市价/普通股每股盈余

其中，5、6 两个指标主要是针对上市公司的，是股东主要关注的指标数据。

(二) 评价偿债能力的指标

1. 流动比率，是流动资产与流动负债对比确定的比率，计算公式为：

流动比率＝流动资产/流动负债

一般情况下，流动比率≥2 时企业偿债能力较佳。

2. 速动比率，是速动资产与流动负债对比确定的比率，公式为：

速动比率＝速动资产/流动负债

一般情况下，速动比率≥1时企业偿债能力较佳。

3. 现金比率，是可立即动用的资金与流动负债进行对比所确定的比率，计算公式为：

现金比率＝可立即动用的现金/流动负债

这一指标越高，说明企业短期偿债能力越强。

4. 现金净流量比率，是现金净流量与流动负债进行对比所确定的比率，公式为：

现金净流量比率＝现金净流量/流动负债

指标值越大企业当期债务的清偿能力越强。

二、企业盈利能力和偿债能力的差异性分析

由上述指标可以看出，企业盈利能力的高低通常由各项与收益有关的指标大小来反映，通过对企业盈利能力的分析能揭示企业财务状况的好坏；企业的偿债能力强弱通常由现金流动的程度来揭示，通过对企业偿债能力的分析能发现一个企业财务风险的大小。因此，企业盈利能力和偿债能力分别揭示企业的财务状况和财务风险，它们的差异性主要体现在净收益和现金流量的差异上。

净收益是按照权责发生制原则，根据收入与费用配比关系确定的企业在一定期间的经营成果，而现金流量是按照收付实现制的原则确定的，企业在一定期间内实际发生的现金流人和流出的数量。因为净收益是以权贵发生制为基础予以确认的，所以其数额的确定要求会计人员在许多问题上必须做出个人判断与估计；而现金流量是按收付实现制确定的，很少涉及确认问题，也不涉及估计或判断。从企业的整个存续期间来看，净收益与现金流量应完全相等；但就某一个会计期间来看，净收益确认的时间与现金流量(收付)的时间就不可能完全保持一致，净收益与现金流量在数量和时间分布上均存在一定的差异。这种差异具体表现在以下几个方面：

1. 应计项目。应收账款反映的赊销收入和与应付账款相对应的费用支出在开出发票阶段就计入了净收益，但只有在以后用现金收付时才作为现金流量的构成。因此，如果在一个会计期间应收账款增加或应付账款减少时，现金流量就会低于净收益；应付账款增加或应收账款减少时，现金流量就会高于净收益。

2. 递延项目。预收收入和预付费用在当期就作为现金流量的增减，但却在以后的期间分期摊销计入收入或成本。因此，如果在一个会计期间预收账款增加或预付账款减少，现金流量就会高于净收益；预付账款增加或预收账款减少，现金流量就会低于净收益。

3. 存货的周转。库存商品和在制品的增加，在付款时是一种现金流出，只有以后在出售并取得利润时才能冲销。因此，如果在一个会计期间，存货增加现金流量就低于净收益；存货减少，现金流量就会高于净收益。

4. 资本性支出，资本性支出在付款时就作为现金流出，但是以折旧形式在其估计的使用年限内分期冲销。如果在一个会计期间，资本性支出超过折旧额，现金流量就会高于净收益。

5. 资金进入或退出企业，如企业经常发生的从外界借入资金以及偿还借款业务，都会引起现金流量的增减，但对净收益无影响，因为它们只影响资产负债表。再如，股东投入资本金会引起现金流量的增加，股利分配会引起现金流量的减少，但对净收益却无任何影响。

上述五个方面共同作用，造成了企业净收益与现金流量经常不一致，进而表现为企业的盈利能力和偿债能力的差异性。如有的企业年年盈利却拿不出足够的现金偿还借款购置固定资

产和分配股利；相反，有的企业虽然经营性亏损却资金充裕。

三、企业投资价值的评价

目前，评价一个企业是否具有投资价值依据的往往只是企业的盈利能力即净收益这个指标的大小(上市公司一般以普通股每股盈余和市盈率为评价标准)，其实单纯根据盈利能力指标来评价一个企业是否具有投资价值是有失偏颇的，还必须结合企业偿债能力指标，才能做出合理判断。

对于盈利能力和偿债能力指标都很高或者都很低的企业，投资者对其投资价值不难做出判断，但对于盈利能力和偿债能力表现出明显差别的企业，则需进行具体分析。如有些企业可能盈利能力很高，但若其偿债能力低下，这样的企业的投资价值必然要大打折扣，因为这往往会给企业的未来发展造成隐患。

对于盈利能力较强，但偿债能力较低的企业。这种企业要从两方面分析其原因：

1. 若其原因在于当期的销售收入中，有较多的应收账款尚未收回(即应收账款的余额较以前大大增加)，则主要应结合应收账款收回的可能性的大小来评价其价值。若应收账款中短期(信用期内或超过信用期较短)的比重较高，且按制度规定提取了坏账准备，则该企业发生坏账损失的可能性较小，可以说该企业具有一定的投资价值。反之，若应收账款中长期的比重较大，甚至还有较多的三年以上未转销的坏账那么该企业虽然从短期来看有一定的投资价值，但由于发生坏账损失的可能性较大，金额较多这样不仅会直接降低企业的偿债能力，也会由于坏账损失的大量核销而降低企业未来的盈利水平，因此，从中长期看，如果今后此种情况得不到改善，其投资价值并不高。

2. 若其主要原因在于成本费用的支付与摊销的时间不一致，则需结合该项成本费用的大小及摊销标准的合理与否来对其投资价值进行分析判断。如是否因存货计价方法不当而使之存货成本增加、利润虚增；是否因应该摊销的费用挂账而使利润虚增等等。一般而言，每个企业都会存在成本费用的支付与摊销计入损益的时间不一致的现象，在会计上表现为递延资产和待摊费用等。如果该项成本费用数额不大，对企业经营状况和投资者的判断就不会造成很大影响；但如果该项成本费用数额比较大，则需要进行合理的调整，并在各企业之间相互可比的基础上进行深入的分析，此判断是否真正具有投资的价值。

盈利能力较弱，但偿债能力较强的企业通常表现为净现金流量较大或流动比率、速动比率较高。若其原因在于新投资项目特别是高科技项目尚未产生效益或资金较多尚未投入使用，则该类企业从短期来看，或许投资价值不高，但从中长期来看也许有较高的投资价值。因为企业偿债能力较强，不存在经营资金的短缺，随着投资项目的逐步完工，盈利能力会逐步增强。但如果从较长时期来看企业的盈利能力一直较低或处于一般状况，即使暂时有较强的偿债能力，也不具有投资价值，因为盈利能力的高低直接影响着偿债能力的强弱，没有较高的盈利能力作后盾的较强偿债能力只能是昙花一现。

财务信息化推进中的反思

资产财务部

林秀娟

财务信息化开发进行到今年已经是第四年了，从 2011 年开始一期建设，历时三年进行了总计三期的开发建设，可以说在这些年的信息化推进工作中，我们是取得了一定的成绩的，将公司大部分财务工作流程顺利迁移到了信息化系统平台中，借助信息化手段实现了工作流程的标准化和实时控制。

始建财务管理系统，可以说需求更多来自外部的促力，比如说国机集团内部对财务信息化的一个要求，保障公司特级资质申请需要的信息化基础等等。但从二期开始，我们感觉到的更多的开发需求是自身使用中管理提升的内需在推动。甚至从内需产生的开发目标已经充盈到使系统开发脚步无法跟上的情况出现，所以在今年，我们没有继续新模块功能的开发工作，而是停下脚步来，一方面总结过去系统中频繁出现的一些问题，并进行集中解决处理；一方面是希望总结和反思后有更好的前进方向和计划。以下我就反思中的一些想法进行分析阐述。

我们在一期开发完成了以下内容：

- 单据填报模块，根据公司报销业务程序定制了各类报销单据及审批流程；
- 单据包括：借款单、还款单、费用报销单、交通费明细单、差旅报销单、出差计划表、差旅补助明细单、业务招待费明细单、修理费明细单、电话费明细单、费用分摊单；
- 基础数据模块，实现开支内容配置、模板流程配置、银行账户配置、支付方式配置等；
- 个人事务模块，实现预算管理、个人报销单据查询等；
- 工资模块，实现工资导入、个人工资查询等；
- 预算配置管理模块，实现预算初始化、预算授权和预算配置等功能。

一期系统亮点是：改变了公司传统报销方式，建立了基于网络的财务报销流程，为全体员工提供了一个财务报销服务平台。实现所有涉及现金流的报销业务在财务管理系统中运行，包括经费借款、报销业务的申请、审批、结算、查询，实现了预算经费的实时控制。

同时，一期功能在 2012 年全面使用后，也把过去手工报销随意性无法暴露的一些问题展现了出来。例如，一项业务工作因为制定预算部门和实际报销部门不统一，在系统中进行报销时问题就出来了。从小了说，是报销不方便，放大了看，其实就是工作职责的分工不明。如果一项工作的预算申报部门不是实际执行部门，如何保证工作设计目的和要求的实现与统一？此外，我们在业务招待费和电话费的报销中都设计了明细表，要求填报发生费用的起因、人数、标准、合计金额，初衷是好的，体现报销说明的精细化，但是执行中各审批环节的审批人因为对公司有关制度的理解和落实不到位，导致这些明细表是为了完成填报而填，丝毫起不到控制的效果。从而反射出管理流程的控制想要完全依赖信息化工具来实现是太理想化了，内控的框架如果在实务中未搭建起来，那么信息化系统也不可能自动地实现这个飞跃。

二期建设内容有：

- 定制化单据：合同付款申请单、合同发票报销单、收款确认单、开立发票申请单；
- 项目管理模块，实现项目授权，项目归集，项目执行情况查询等；

➢ 合同管理模块,实现合同登记、合同收、付款审批,合同授权、合同统计查询、合同执行情况查询等;
➢ 票据交换箱的部署;
➢ 手机审批模块,实现手机上的单据审批;
➢ 物资管理模块;
➢ 保函、保证金功能;
➢ 机票采购模块,实现在线采购机票、机票导入、机票报销、差旅报销关联机票等功能;
➢ 理财计算器定制功能,实现了保函费、利息费的计算;
➢ 财务信息动态的发布;
➢ 系统的外网访问及外网 VPN 单点登录访问系统。

二期系统特色是:项目管理与合同管理紧密结合,有效支撑了项目的财务管理。

二期发现的问题主要是在项目辅助管理方面的,例如物资管理模块,开发初衷是为了实现存货的动态管理,掌握整个项目全部采购合同的购入量,通过出库单数据从库存数据中攫取从而保证进出数据动态更新,不会出现一物多出,或是长期滞留库中不发等异常状况。但是实际执行中,问题依然如故,为系统要求而填报数据,而不是出于管理要求而填报,相关管理人员基本不会查看这个物资模块的统计信息,因为原始数据的准确性从开始就无从保证,也就不会有控制的工作在里面产生。这个模块除了填报人会有报错和求助,从未听到过管理人员的任何声音,说明其实它的作用并没有产生,更别说改进的意见和方向了。存货的管理在集团公司总部长期以来是一块短板,甚至可以说是一个空白。可能有实际特殊情况导致管理手段的延伸性和执行性无法保证,但是如果从开始就否定这项管理工作可以做,那么问题永远无法解决,鸿沟无法跨越。所以信息化在这里必须要停一下,我们需要思考,结合本公司的实际情况,我们对存货应该明确这样一些问题:管理范围,管理方法,管理力度,特殊情况的特殊处理,检查核对的频率,主导部门,配合执行部门,等等。只有实务中总结明确了内控的程序和方法,才可以转化到信息系统中来执行,否则只能是画虎画皮难画骨,实现不了我们真正想实现的管理目标。

三期的开发内容是:

➢ 目标责任成本管理模块,实现目标责任成本配置、授权和初始化功能;
➢ 目标责任成本预警控制,实现目标责任成本预置的 90 天管理和阈值控制;
➢ 项目管理改造,实现创建项目自动生成对应的预置目标责任成本功能;
➢ 合同管理改造,实现合同关联目标责任成本功能。

三期系统特色是在项目目标责任成本的控制主线下,项目对外签订的每一个分包、采购、运输、咨询合同以及每一笔报销的费用都第一时间有效地归集在了对应的成本类别下,受到预算的控制,并且可以实时掌握成本的执行情况,从而保证项目管理者和参与者对成本数据的共享和相互监督。

三期使用中再次把我们在管理工作中的不足展示出来,某些目标责任成本项编制的缺乏规范性和支撑性,导致执行中需要频频修改,同时,项目缺乏控制人员进行全程跟踪控制,往往是项目要结束了,全盘一算,发现很多成本项都超支了,虽然借助系统没有进行款项的支付,但是成本已经发生,无法挽回和修正。所以系统的反馈或者说当我们觉得系统不好用时,其实就是在预警我们的管理工做出现了问题,需要修正。目前公司已经要求每个项目部配备控制经理，对预计总成本负责执行动态分析和控制。但是如何把控制的范围、程序、目的全环设定好，并结合系统来辅助实施，是需要我们多个部门一起商议来完成的。而且我个人的观点一直是希望公司在目标责任成本编制中加上规范细化的要求，任何一个强调这个项目很特别，这个费用很特殊，这个分包量因为设计的原因还不定，这个采购合同的清单现在还拿不出来等等的借口导致目标责任成本是估计出的，往往最后都是超支的必然发生项。千里之堤毁于蚁穴，当一件事开始做的时候，没有对某一个细节项控制好，那么最后出问题的一定就是这个细节。

综上，我体会到，财务管理系统有它自身开发的先天不足性，导致使用中出现了很多问题，但这些问题也有它的积极意义，它在告诉我们管理工作中的漏项、错误以及需要改进的方向。所以，如果我们可以适时地停下来反思，化不利为有利，通过实务中发生的问题反射和促力内控程序的修改和落实，那么这样的管理提升才更有基础和更能落到实处。

建筑行业“营改增”对建筑企业税负的影响

资产财务部
张相宜

关键词：营改增　建筑企业　税负率　建筑材料

引　言

我国自2012年1月1日上海率先启动营改增试点以来，试点的行业是交通运输业和部分现代服务业。“营改增”试点后，增值税税率由两档调整为四档，增加了11%和6%两档（小规模纳税人3%），分别适用于交通运输业和部分现代服务业。2013年4月10日召开的国务院常务会议，打开了又一份“营改增”政策礼包，明确自今年8月1日起，将交通运输业和部分现代服务业的试点在全国范围内推开。

随着税制改革的深化，建筑业“营改增”势在必行。根据《财政部、国家税务总局关于印发营业税改征增值税试点方案的通知》（财税〔2011〕110号），我国拟将建筑业营业税改征为增值税，税率为11%。建筑业“营改增”，由于施工企业本期缴纳的增值税是销项税款减去进项税款的差额，销项税款会在给业主开具增值税发票后产生，而进项税款来自于施工中购进的固定资产、原材料的可抵扣税款。我公司销售产品收入主要由国内外建筑安装工程附带的工程材料和机具销售所产生，由于其是劳务输出的附带产物，我方开具增值税专用发票多用于业主进行出口退税用，基本没有利润，所以税负率一直低于行业的平均水平。先前“营改增”已经在服务也实行，我公司提供的评审，服务，技术咨询业务已经开始使用增值税专用发票，但其不是我公司的主要业务，不能够对税负率产生影响。但日后随着“营改增”的不断推行，涉及业务牵涉到更多的业务层面，其势必对我公司的税负率产生影响。本文笔者将从“营改增”对税负率影响的原因以及改进措施两个方面进行阐述。

涉及建筑业及其上下游产业链，可抵扣税款的多少将直接关系着企业税负的大小。对建筑业的发展影响深远，“营改增”后施工企业如不进行合理的纳税筹划，实际税负很可能会增加，主要原因有：

一、商品混凝土等材料可能会增加企业税负

一般情况下，施工企业购进的主要材料或大宗材料（如钢材、水泥、石材、沙料等），由于是由大企业处购进，可以取得增值税专用发票，因此可以抵扣；施工中商品混凝土及其他一些材料，在税款抵扣中可能会存在一些问题。目前很多施工企业按照国家法律、法规的规定，不得在施工现场搅拌混凝土或不具备现场搅拌的条件，因此需要由专业的商品混凝搅拌站购买成品。根据《财政部、国家税务总局关于部分货物适用增值税低税率和简易办法征收增值税政策的通知》（财税〔2009〕9号）规定，一般纳税人销售自产的下列货物，可选择按照简易办法依照6%征收率计算缴纳增值税：商品混凝土（仅限于以水泥为原料生产的水泥混凝土）、建筑用和生产建筑材料所用的砂、土、石料；以自己采掘的砂、土、石料或其他矿物连续生产的砖、瓦、石灰（不含黏土实心砖、瓦）；自来水。这些货物，都是工程项目的主要材料，在工程造价中所占权

重较大。如果施工企业购入以上材料都能取得正规增值税发票,可抵扣的进项税率为 6%,而建筑业增值税销项税率为 11%,施工企业购入的以上材料必将增加 5%的纳税成本,从而加大建筑业实际税负,挤占利润空间。更关键的是目前生产商品混凝土的企业使用的是普通发票,建筑企业购进混凝土时也无法进行税款抵扣。加之施工中所使用的砂、土、石料等材料基本是由当地农户、个体户处购买;地处偏僻的施工项目,所面对的材料供应商及材料种类"散、杂、小",如砖瓦、白灰、砂石、土方及零星材料,基本上由杂货店等小规模纳税人供应,取得增值税专用发票几无可能,因此客观上造成因可抵扣税款少而致企业税负增加。

二、新近购置固定资产少的企业税负可能增加

建筑业实施"营改增"后,如果企业原来已购进的固定资产多,或者因企业自身生产经营状况等各方原因新近购置固定资产少,就会导致在销项税款一定的情况下造成可以抵扣的增值税进项税款小,从而造成应缴纳税款大的情况。企业由于自己施工设备少而需要由外部承租机械设备时,由一般纳税人企业的动产租赁公司租赁设备,可取增值税率为 17%的专用发票进行税款抵扣。如果由小规模的动产租赁公司租赁设备,取的发票不可抵扣。新的税制改革将对施工设备租赁业的生存和发展是一种挑战。租赁业现有资产没有增值税进项税,而租赁收入产生的销项税,因没有可抵扣税款,将承担 17%的高额增值税。目前租赁业利润率普遍较低,租赁企业在无利可图的情况下,必然放弃增值税一般纳税人资格,转为小规模纳税人或个体户,只缴纳 3%的增值税。一旦租赁业转为小规模纳税人,施工企业可抵扣的进项税额将势必减少,从而加大施工企业实际纳税额,增加建筑业税负。

三、建筑劳务费可能增加税负

一般情况下,施工企业中建筑工程人工劳务费占工程总造价的 20%～30%,而工人主要来自于专业的建筑劳务公司及零散的农民工。建筑劳务公司作为建筑业的一部分,为施工企业提供专业的建筑劳务,取得劳务收入按 11%缴纳增值税,却没有多少进项税额可抵扣。劳务公司作为微利企业,如果承受不了这么重的税负,势必走向破产,或将税负转嫁到施工企业。另外,农民工提供零星劳务产生的人工费,也没有增值税发票,无可抵扣的进项税额,极有可能增加建筑施工企业人工费的税负。当然施工企业的现场管理人员工资也可能无法进行税款抵扣,也会增加企业的整体税负。

四、财税核算现状可能会导致税负增加

施工企业与传统生产制造企业的业务模式和客户类型差异较大,施工现场分散在全国各地,材料采购的地域及所涉及的供应商也相应分散,加之现场人员少、交通诸多不便,每笔采购业务都要按照现行增值税发票管理模式开具增值税发票,且材料发票的数量巨大,发票的收集、审核、整理等工作难度大、时间长。按现行税法制度规定,进项发票要在 180 天内认证完毕,其工作难度非常大。会造成因各种条件影响而导致发票取得、认证不及时使企业进项税减少、税负增加的可能。

上述建筑业"营改增"过程中可能对施工企业的税负造成一定的影响,企业要充分认识税制改革对生产经营的影响,做好前期准备和筹划工作。

笔者根据一些资料和我公司的实际情况，提出以下建议：

一、根据测算和市场实际情况，建议税率定为6%～8%较为合适

根据组织测算分析，由于建筑行业的特殊性及建筑市场的不规范性，建筑业税改后，建筑材料、劳务、工程分包等方面可能存在一些增值税专用发票无法取得，以及地材等进项税率太低等现实问题，会导致建筑行业进项税额总体偏小，建筑业按 11%税率征收增值，将普遍增加建筑业实际税负。又假设税改后实际税负与 3%营业税基本一致，对增值税税率进行了科学推算，推算的结果为：安装工程增值税税率为 6%～9%；房建工程增值税税率为 8%左右；路桥工程增值税税率为 7%～8%。为实现结构性减税的目标，促使建筑行业持续健康发展，将增值税税率定为 6%～8%较为合适。这就要求项目人员在签订合同时，提高销售收入，保证利润不减少。

二、出台相应的配套政策，确保税制改革顺利实施

营业税改增值税将影响到工程量清单计价规则，目前是按照固定税率计税，由于施工地点、工程项目不同，各工程实际税负也不同，计价规则如何取费应有合理标准，应出台相应的配套政策。地方政府应规范地材市场和劳务市场，配合税制改革顺利进行。一是成立一般纳税人企业，统一管理砂、石、砖、灰的采供，为施工企业采购地材时能取得增值税发票提供保障；二是针对专业劳务公司，出台相应的增值税配套政策，明确劳务公司纳税范围、计税依据、税率等内容，促使劳务公司建立规范的管理机制，合理减轻企业税负。

三、组织好前期准备工作，使新的税制改革在企业软着陆

税制改革对建筑业的发展影响深远，主管部门应组织好专题宣传贯彻和培训学习，使施工企业充分认识税制改革对生产经营的影响，做好前期准备工作。税改后，施工企业应及时转变经营方式，加大企业自营项目管理力度，要事先加强对经营、生产、材料、财务等管理人员相关增值税法规知识培训。在生产经营过程中，选择专业分包商、供应商、租赁商、劳务商时，要充分考虑增值税抵扣问题。

不同折旧方法的应纳税额比较
——以A企业为例

马旭腾

现有A企业所处行业为生产制造业，拥有某固定资产的原值为180000*，预计净残值为20000，使用年限为五年。适用税率25%，资本成本为10%。下表为A企业未扣除折旧的利润及产量。

年限	未扣除折旧的利润总额(元)	产量(件)
第一年	100000	1000
第二年	90000	900
第三年	90000	900
第四年	80000	800
第五年	76000	760
合计	466000	4660

1. 平均年限法

每年计提的折旧额=(固定资产原值－净残值)÷使用年限=(180000－20000)÷5=32000

第一年利润总额为:100000－32000=68000

应缴纳的税费为:68000×25%=17000

同理,第二至五年的利润总额分别为:58000、58000、48000、44000

第二至第五年应缴纳的税费分别为:14500、14500、12000、11000

五年累计的纳税总额为:17000+14500+14500+12000+11000=69000

纳税总额的现值为:

17000×0.909+14500×0.826+14500×0.751+12000×0.683+11000×0.621=53346.5

2. 工作量法

年折旧额=固定资产当年的工作量×单位工作量折旧额

第一年折旧额为:1000÷4660×(180000－20000)=34334.76

利润总额为:100000－34334.76=65665.24

应缴纳的税费为:65665.24×25%=16416.31

第二年折旧额为:900÷4660×(180000－20000)=30901.29

利润总额为:90000－30901.29=59098.71

应缴纳的税费为:59098.71×25%=14774.68

---

* 本文中所涉各项资金的计算单位均为“元”。

第三年折旧额为:900÷4660×（180000－20000）＝30901.29

利润总额为:90000－30901.29＝59098.71

应缴纳的税费为:59098.71×25％＝14774.68

第四年折旧额为:800÷4660×（180000－20000）＝27467.81

利润总额为:80000－27467.81＝52532.19

应缴纳的税费为:52532.19×25％＝13133.05

第五年折旧额为:760÷4660×（180000－20000）＝26094.42

利润总额为:76000－26094.42＝49905.58

应缴纳的税费为:53167.38×25％＝12476.39

五年累计的纳税总额为:

16416.31＋14774.68＋14774.68＋13133.05＋12476.39＝71575.11

纳税总额的现值为:

16416.31×0.909＋14774.68×0.826＋14774.68×0.751＋13133.05×0.683＋12476.39×0.621＝56434.60

3. 双倍余额递减法

年折旧率＝40％

第一年折旧额为:180000× 40％＝72000

利润总额为:100000－72000＝28000

应缴纳的税费为:28000×25％＝7000

第二、三年折旧额分别为:43200、25920

第二、三年应缴纳的税费分别为:11700、16020

第四、五年折旧额＝(180000－72000－43200－25920－20000)÷2＝9440

第四、五年应缴纳的税费分别为:17640、16640

五年累计的纳税总额为:7000＋11700＋16020＋17640＋16640＝69000

纳税总额的现值为:

7000×0. 909 ＋ 11700 × 0. 826 ＋ 16020 × 0. 751 ＋ 17640 × 0. 683 ＋ 16640 × 0. 621 ＝ 50439.78

4. 年数总和法

第一年折旧额为:5÷15×（180000－20000）＝53333.33

利润总额为:100000－53333.33＝46666.67

应缴纳的税费为:46666.67×25％＝11666.67

第二至五年的折旧额分别为:42666.67、32000、21333.33、10666.67

第二至五年的应缴纳的税费分别为:11833.33、14500、14666.67、16333.33

五年累计的纳税总额为:11666.67＋11833.33＋14500＋14666.67＋16333.33＝69000

纳税总额的现值为:

11666.67×0.909＋11833.33×0.826＋14500×0.751＋14666.67×0.683＋16333.33×0.621＝51429.17

下表为四种方法下 A 企业应纳税额及纳税总额：

单位：元

年　限	平均年限法	工作量法	双倍余额递减法	年数总和法
第一年	17000	16416.31	7000	11666.67
第二年	14500	14774.68	11700	11833.33
第三年	14500	14774.68	16020	14500
第四年	12000	13133.05	17640	14666.67
第五年	11000	12476.39	16640	16333.33
总值	69000	71575.11	69000	69000
现值	53346.5	56434.60	50439.78	51429.17

结论及原因分析

通过计算可以看出：用几种不同折旧方法算出的折旧总额大致相同，缴纳的所得税总额也差不多。但考虑到货币的时间价值的因素后，从应纳税额的现值来看，采用双倍余额递减法计算折旧时所得税总额的现值最低，而后依次为：年数总和法、平均年限法、工作量法。

原因在于：采用加速折旧法，在初期计提的折旧多，更大程度冲减了税基，降低了利润总额也减少了应交所得税费用；相当于使企业能够延期纳税，获得了一笔可观的无息贷款，企业可以用“节约”的资金进行投资活动获利，也达到了合法避税的效果。因此，不少学者认为应该在企业内部大力推广加速折旧法，但是折旧的纳税筹划不一定使某年税款支付最少，应该站在企业战略整体的角度，综合考虑其他众多影响因素后，做出选择。

经济增加值评价方法的应用现状和展望

马旭腾

国资委从 2010 年起在全国范围内的央企推行 EVA(经济增加值)作为业绩考核指标,此举标志着我国企业业绩考核进入与国际接轨的全新阶段。EVA 业绩评价指标和激励体系的特点在于能够促使企业将长期目标与短期目标相结合,弥补传统财务指标评价方法的局限性和不足,因此在央企和其他集团企业的应用中对推动企业价值最大化,有效激励企业经营者起到了关键的推动作用。

一、经济增加值内涵

经济增加值(economic value added)简称 EVA,是一种考虑了"机会成本"概念的新型经营业绩指标。它反映了企业资本收益与资本成本的差额。当 EVA 为正值时,意味着企业管理者增加了股东的实质财富和企业的实质价值,企业为获得目标收益付出的全部资本成本得到了补偿。反之,当 EVA 为负值时,尽管企业财务报表上的会计利润可能是正值,但是企业获得的收益并不能弥补为该项投资付出的机会成本,此时股东和公司的利益并没有得到最大化。当 EVA 为零时,说明企业的实质收益仅为债权人和投资者的最小预期收益,仅仅起到了保值的作用。EVA 的基本内涵在于投资者获取的收益至少能够补偿其承担的风险。

EVA 评价指标的出现为公司管理层和治理层明确了企业价值创造的概念,与传统财务指标相比,能够更准确地衡量管理层为股东创造的价值,并促使更有利于股东财富的经营决策的制定。

二、经济增加值的计算和应用

(1) 经济增加值的计算

经济增加值,英文译作 Economic Value Added (EVA),是企业税后净营业利润减去资本成本后得出的用于考核企业价值真实增加的指标。

EVA 的计算过程中涉及对会计数据的许多调整问题,主要涵盖税后净经营利润,资本投入总额以及资本成本率等。Stern-Steward 公司最初对于 EVA 的调整事项提出了包含 100 余项的建议,主要涵盖备抵账户、过去会计误差、非经常性收益和基于谨慎性原则的调整。考虑到企业经营业务的复杂性和我国 EVA 应用处于起步阶段的现状,经济增加值指标的计算办法,根据实际情况有一些简化和调整。

EVA=税后净营业利润－资本成本=税后净营业利润－调整后资本×资本成本率

其中,税后净营业利润是指息前税后利润加上折旧及摊销等非现金支出,再减去营运资本追加、厂房设备等资本支出。税后净营业利润的计算根据企业实际情况有不同的计算方法。

税后净营业利润=息税前利润(EBIT)×(1－所得税率)+递延税款的增加

国资委规定的央企经济增加值考核办法中,央企税后净营业利润的算法如下:

税后净营业利润 =净利润 +(利息支出 + 研究开发费用调整项 −

非经常性收益调整项×50%)×(1－25%)

调整后资本＝平均所有者权益＋平均负债合计－平均无息流动负债－平均在建工程

资本成本率，是由债务资本成本，权益资本成本加权后组成的平均资本成本。

WACC＝债务资本成本率×(债务资本/总资本)×(1－所得税率)＋
权益资本成本×(权益资本/总资本)

其中债务资本成本是指借款和发行债券的成本，包括借款或债券的利息和筹资费用。权益资本成本一般采用资本资产定价模型(CAPM)计算：

权益资本成本＝无风险收益率＋β×(风险组合收益率－无风险收益率)

(二)经济增加值在我国的应用

作为国资委针针对央企经营管理实行价值管理的重要举措之一，EVA的推行区分了央企表面盈利、实际损害股东利益的行为。根据央企EVA模拟考核的统计结果显示，2009年取样的26家央企中有四成没有真正为股东创造价值，与3950亿元的总利润相比，实际创造经济增加值仅为1700亿元。自2010年国资委全面推行EVA考核以来，大多数央企已经开始整合内部财务系统，并围绕EVA开展针对企业内部核心业务的调整和规范，以此加强企业的价值创造能力，总体上讲央企上市公司经济增加值的总体规模在不断扩大。

三、经济增加值SWOT分析

(一)经济增加值的优势

1. 有利于评价企业的经营业绩

经济增加值是考虑公司根据收付实现制扣减所得税后的息前税后利润与资本成本差额的科学计量方法。能够更准确地反映企业真实的盈利情况。它的最大优势在于在资本成本中包含了权益资本，弥补了传统会计利润对权益资本和债务资本的处理差异带来的对经济效率的不真实描述，更好地维护了股东权益。并通过对会计数据的调整，更清楚地反映了股东财富的增加。相比于其他财务指标，对创造股东价值有卓越的诠释性。

2. 将企业决策与股东财富挂钩

在引入EVA考核指标下，管理层的经营决策始终建立在实现股东利益最大化和投资者预期收益大于资本成本这两个重要前提下。因此，经济增加值的使用有助于管理者站在股东立场进行投资和经营活动。

3. 帮助企业实现可持续发展

经济增加值的使用鼓励管理者做出能带来长远收益的管理决策，而不是注重眼前效益的短期行为。帮助多元化经营的企业实现资源的合理分配。更加弥补了单一会计利润指标下企业可能发生的过度资本化，单一投资报酬率指标下企业可能发生得过少资本化等失衡行为。另一方面，结合我国大型央企经营现状，EVA的使用有助于控制央企过度投资，实现国有资产的增值保值，维护国家利益，控制风险。

(二) 经济增加值的缺陷

1. 适用范围有限

不适用于绝大多数的金融机构,因为金融机构独特的资本结构,EVA 的计算无法客观反映其权益成本。不适用于周期性企业,周期性的盈利模式会使 EVA 数值发生周期性的变化,背离了其考核企业经营业绩的宗旨。

2. 无法解决具体生产经营中的具体问题

由于经济增加值全面考虑了资本成本中的权益成本和债务成本,缺乏与具体经营活动的对应,因此,不能像传统财务数据和杜邦分析法那样指出企业具体哪个环节出现了问题或者是存在改进空间。

3. 不利于不同规模的企业进行比较

如前所述,EVA 的计算是建立在绝对数的基础上,算出税后净经营利润与资本成本的差值,不同规模下企业的利润和成本差距巨大,算出的 EVA 数据也受此影响有很大差别。单纯用 EVA 来衡量和比较不同规模的企业,尤其以央企为主,很可能会夸大大规模企业的业绩,或者掩盖中小规模的企业业绩。在规模效应下的企业可能采取盲目多元化的扩张行为,造成企业核心竞争力下降,削弱资产质量等损害股东利益的情况。

(三) 经济增加值的威胁

1. 信息获取的可靠性

EVA 的计算涉及的调整项十分繁杂,在一定程度上限制了 EVA 的推广和应用。在国资委出台文件中详细说明 EVA 的计算办法中,也是只考虑了对长期决策和企业发展影响重大的因素,相当程度地简化了会计调整事项的计算,增加了 EVA 推广的可操作性。然而,这也决定了 EVA 的计算,始终是建立在对资本成本中顾全权益成本下对超额收益的估计计算的基础上。考虑到我国企业在实际工作和财务披露中出现的不公开,不透明现象,使得原本就有误差的经济增加值计算变得难上加难,大量财务信息的获取难度阻碍了 EVA 作为业绩考核指标的推广。

2. 对资本成本率的确定

本着稳健性原则,结合国内企业的实际情况,国资委把资本成本率暂定为 5.5%。对于此固定成本率,在实际推行 EVA 考核的企业和企业管理人员中产生了一些争议。因为没有充分考虑不同产业背景下,不同公司财务状况下的不同企业的具体情况,难以保证经济增加值考核的客观性和公正性。从国际惯例上看,多数行业的资本成本率在 10%以上,设定此计算基准的差异很可能影响到 EVA 在今后我国企业业绩考核中的实际应用。

3. 成本效益原则和企业对其的接受程度

EVA 的计算过程中为了剔除会计信息失真等因素的影响,需要对调整项进行细致的分类和计算。如果没有国资委强有力手段的推动,在央企和非央企的公司治理中,EVA 评价指标带来的短期收益恐怕不能弥补其为计算 EVA 调整项目所付出的现时成本。除非企业治理层和股东能够充分意识到 EVA 带来的长久收益,否则 EVA 的推行还是面临着不小的阻力。尤其在国内当下对 EVA 的研究和普及仍旧处于起步阶段,一些企业由于管理人才匮乏、管理手段和管理制落后、缺乏现代理念等原因,从心理上对工程浩大的经济增加值计算有排斥心理或者仅仅从形式上被迫地接受经济增加值考核，这些均不利于 EVA 真正发挥其考核评价作用。

（四）经济增加值的机会

1. 有利于规范企业的经营行为，规范发展方向

传统会计指标由于会计体系和本身指标设定的局限性，容易被利益相关者利用应收、应付款的挂账，待处理财产损失和在建工程挂账，操纵非经常性损益等手段人为操控。这类行为虽然可能在短期上使基于财务报表数据的各项指标显得“好看”，从长远角度看十分不利于股东的利益和公司价值的增值保值。引入 EVA 考核指标之后，企业将不能像以前一样利用一些财务手段轻易地粉饰经营业绩，EVA 的内涵也要求投资者始终站在股东角度，指导企业向健康的方向发展。

2. 适应国际企业管理需要，国资委引入 EVA 的强烈决心

我国国务院国资委对于中央企业经济增加值指标设定的宣传和测试工作最早始于 2003 年，从 2007 年起，就陆续有数十家央企参加了 EVA 考核试点工作。2010 年 1 月发布的《中央企业负责人经营业绩考核暂行办法》明确提出央企负责人考核中引入经济增加值指标，并规范了其考察标准。此举标志着国资委对央企的考核进入了与国际接轨的价值管理的全新阶段。对于中央企业以外的其他企业，尽管对 EVA 考核的实施还处在起步阶段，但是这些企业的管理者和股东也逐渐意识到 EVA 的使用，是对于降低代理成本问题和实现企业价值最大化的一种良好办法。

四、对 EVA 的展望和建议

1. 建立 EVA 与激励相结合的考核体系和激励机制

在中央企业推行经济增加值考核，必须在价值驱动下建立和健全激励模式，将 EVA 从一个高度概括的指标分解为各个运营层面每个环节员工的具体任务中去，使企业中每位重要岗位上的员工的绩效与提升股东价值保持关系。国资委应大力推行中长期股权激励制度和经济增加值业绩评价指标与管理体系相结合，保证经营者承担股东风险，分享增值收益。并以考核结果落实相关人员的监管责任并作为中央企业选拔任用人才的重要考虑因素。

2. 规范财务行为，强化内部控制

为确保经济增加值能够尽量真实和准确地反映企业价值的增加并且作为考核经营业绩的指标，必须在会计调整事项的处理和计算中做到公正、透明。健全企业规章制度，加强内部监督和稽查，同时利用董事会和监事会发挥协同监督作用。尤其针对在央企中可能出现的财务不透明，账务“说不清”的情况，必须依法处理，追究当事人责任，对财务和经营活动进行定期审查，加强内部控制，最终达到在 EVA 目标驱动下全面提高企业经营效益的效果。

3. 理念与系统的整合

EVA 的有效应用，需要在中央企业全体员工中普及价值管理的概念，转变基层员工的观念，在高层人员中渗透资本成本的思想。在理念先行的前提下，还要结合财务信息系统，绩效考核系统，贯彻以创造价值为核心的管理理念，渗入企业文化等，让每一个员工了解哪些行为会损害企业价值，哪些行为有助于企业价值的提高。我国目前 EVA 的实施处于起步阶段，采用的方法也是经过调整的简化版本，只有逐渐整合系统，适应理念，才能从长远上实现科学的规划和管理。

总结看来，我国企业对EVA的使用源自西方先进的管理理念，在近几年的应用中取得了一定效果，在一定程度上提升了企业为股东创造价值的能力。现阶段，结合我国大型央企和中小企业的实际情况，EVA的推广和科学应用还处于起步阶段。随着我国企业管理的专业化和信息系统日臻完善，EVA必将在财务管理领域有更广阔的空间。今年是央企全面引入EVA考评的第三年，中央企业对经济增加值考核指标的权重在不断增加，这是一个循序渐进的过程。对于中小企业而言，EVA的发展空间在于中小企业随着自身的发展壮大，对财务信息和价值管理的高标准高要求和向国际领先标杆企业靠拢的决心。EVA的使用，是我国大中小企业对价值管理的新认识和新探索，尽管对照西方先进经验还有一段距离，但是这种趋势表明我国企业已经开始着手反思自身问题，向着更加健康、科学的发展道路迈进。本文总结了经济增加值在国内应用的优、劣势，面临的机遇与挑战。笔者深刻地意识到EVA在我国的推广不仅仅是一个新的考核指标的引入，更将引起我国各类企业的一次管理变革，其中必然伴随阻力和压力，但是却预示着我国企业管理走向一个新的方向。

浅析资金预算管理对生产经营的重要性

资产财务部
聂丽平

引 言

为规范事业部资金管理，合理安排、有效平衡资金，降低资金无效沉淀，提高资金使用效率，为集团公司合理筹划和运营资金提供有力保障，公司于 2013 年 11 月 21 号颁布了中机建财字【2013】258 号《中国机械工业建设集团有限公司事业部资金管理办法》。本文就资金预算管理对生产经营的重要性及如何做好资金预算谈谈自己的想法。

资金预算管理是由资金预算编制、预算调整及执行跟踪管理、监督考核等三部分组成，资金是企业运营过程的血液，是启动、周转、盈利的必需。如何有效地控制资金的使用，加速资金周转，使有限的资金得以充分利用，已成为企业亟待解决的问题，也是财务管理的一个核心问题。目前，公司推行资金预算管理，这是一种非常有用的控制方法，为了达到控制的目标就需要将实际结果跟预算结果相比较，对有差异进行分析，采取必要的改进措施以提高经营能力和利润水平从而达到全面提升企业水平的目的。简要而言，实行资金预算管理有着重要意义。那如何做好资金预算管理呢？下面我就从如何编制好资金预算，如何管理好资金预算来阐述自己的想法。

一、如何编制好资金预算

（一）明确资金预算目标和原则是什么

（1）全面整合公司资金，提高资金整体效益。

（2）遵纪守法，规范运作，加强监控，防范风险。

（3）与生产、经营目标紧密衔接。

（4）不改变资金所有权，闲置资金实行有偿调剂。

（5）量入为出，确保重点，统筹兼顾，综合平衡。

（6）财权与事权适度分离，财权相对集中。

（二）知道资金预算的作用是什么

资金预算是企业管理的核心内容之一，它是企业协调的工具、控制的标准、考核的依据，是推行企业内部管理规范化和科学化的基础，也是促进企业各级经营管理人员自我约束、自我发展的有效途径。具体体现在以下几个方面：

1. 有利于企业奋斗目标的具体化

资金预算的编制，是企业各职能部门围绕着业务量、营业收入、成本与耗费、经营成果等应该达到的水平分别确定目标，并将制定目标所依据的主要设想和意图，达到目标所应采取的方法与措施、应付外部环境变化的对策均详细地列出来。同时通过反复的预算平衡，制定出完整的预算书面方案。经批准的预算方案，使企业各职能部门和下属单位都明确了自己应该达到的水平，并据此安排自己所负责范围的经济业务活动，从各方面确保完成企业总的战略目标，从而减少经营风险与财务风险。

2. 有利于各部门的沟通与协调

由于资金预算以利润最大化来谋求市场营销计划、生产计划、物料供应计划、资金预算和人员组合等诸多计划的最佳结合，所以，企业通过资金预算的编制，可以使各部门的计划得到最好的协调，使企业整个计划体系相互衔接、完整而切合实际。

3. 有利于日常经济活动的控制

在预算执行中，各级单位和各职能部门都必须通过计量、计算、对比和分析，寻找预算与实际执行中发生的差异，分析原因，并采取必要的措施纠正差异，使日常的经济活动有效地控制在预算范围之内。有了预算作依据，支出审批时就能区分正常支出和例外支出，高层管理人员就能从大量日常审批事务中解脱出来，重点处理例外事项，正常支出由财务部门监督，从而简化审批程序，缩短审批周期，以适应复杂多变的经营环境。

4. 有利于业绩考核和激励机制的实施

资金预算是对企业计划的数量化和货币化的表现，为业绩评价提供了标准，便于对各部门实施量化的业绩考核和奖惩制度，也方便了对员工的激励与控制。

(三) 用什么方法做好资金预算编制

现在事业部资金预算管理已开展了 1 年多年了，显示出来的效果非常明显，公司和项目部都提升了资金风险的抵抗力，对资金管理有了新的认识。随着集团公司预算管理工作的进一步推进，在执行事业部资金账户后，资金的集中程度达到历史上的顶峰。所以，采取切实可行的资金预算编制方法，提高资金预算能力和水平，势在必行。

资金预算编制的基本方法

(1) 建立资金预算编制制度，责任到人。

无规矩不成方圆，要将资金预算工作执行到实处，必须做好制度保证，明确资金上报时间、上报单位及责任人。

(2) 建立资金预算执行奖惩机制。

将资金预算的执行效果纳入单位和干部考核中去。资金预算本身就是一种对未来企业资金收支的预测，是一个约数，弹性较大，建立资金计划执行奖惩机制，有利于强化企业管理层对预算管理的重视，加强管理层的责任感和紧迫感。一个有效的资金预算管理，要靠所有管理部门共同执行。为牢固树立资金预算管理意识，根据各部门年度资金预算，分别将现金流量预算细化到每季、每月，预算在不断的变化中与实际接近一致，提高预算的可信度和可操作性。要求各部门每月上报资金预算，据此对各部门的日常现金流量进行统筹安排、动态控制，并对执行情况进行跟踪分析，及时反馈。

(3) 量入为出，以收定支。

当事业部的资金不能满足生产经营需求时，可以申请日常流动资金借款和项目专项借款，但需要编制好详细的资金使用计划，因此要保证资金预算能够有效实施，还必须做好资金的筹集工作。

首先，加强资金回收力度。作为施工单位，工程款回收是生产经营资金的主要来源，也是降低资金恶化风险的重要手段。事业部要加大资金回收力度，这是保障资金预算管理顺利执行的最有效途径。

其次，提高资金预测能力。资金来源除了工程款回收外，还有其他来源，比如贷款申请、押金收入、保证金退回等。各单位要提高资金预测能力和水平，加强沟通，多方搜集信息，做好资金收入预算。

再次，事业部借款需要收取一定的利息，并计入事业部年终考核，督促事业部催收工程款。

(4) 细化管理，收支明确到各事业部，事业部明确到各项目部。

资金预算在实施过程中，切勿以预算总额控制为唯一手段，要实施过程控制。在资金预算实施前，要编制《资金收支进度表》，将收支明确到各事业部、各项目、具体到日期。财务部门在办理资金收支时，要将该表作为办理资金收支业务的依据。

(5) 加强数据分析，做好分析调整工作。

每月对实际的资金收支和预算进行分析对比，对存在的问题提出解决方案，以便管理好项目的应收账款和应付账款。

二、如何管理好事业部资金预算

1. 预算调整及执行跟踪管理

在资金预算执行过程中，当遇到前提条件发生变化时，如项目增加、业务划转以及出现新的业务时，需要对资金预算进行调整或追加。由预算责任部门提出申请，资金管理部门提出调整意见，实行逐项申报、审批制度。预算必须是最新调整过的预算，以统一口径，做到及时跟踪经营情况的变化。资金流量执行的跟踪管理是在月度执行预算交给资金管理部门后对各部门用款进行监控的重要步骤。

2. 对事业部资金账户监督考核

对资金预算管理的监督考核是根据各事业部现金流量使用的特点，以预算为基准建立指标考核体系，由资金管理委员会根据各事业部执行预算的实绩，按月、季、年进行分析，对事业部资金预算精度及资金完成情况进行考核。

3. 开展培训工作，加强宣传和教育

建立一套预算编制体系，对参与编制资金预算的人员开展培训，以便填报数据口径的一致。对事业部及项目人员宣传资金先收后支的使用方式，以便收款工作的自主推进。

资金预算是对企业存续期间相关的投资活动、经营活动和财务活动的未来情况进行预期并控制的管理行为。它不仅是一种管理制度和控制方略，更是一种管理理念，要保证资金预算管理的顺利进行，要做到上行下施，不能流于形式，要认真对待，提高各级单位的管理水平和认识水平。只有做到资金事前预算，事中控制，事后反馈总结，才能把控企业运营过程的血液，为生产经营提供动力。

附件 1

＊＊月资金收支计划表及上月资金执行分析

编制部门：

项目名称	往来单位名称	本月计划资金流入	本月计划资金支出	上月资金流入	上月实际资金流入	收款差异	上月资金流出	上月实际资金流出	付款差异
合计									

案例——外地建筑企业进津办理纳税开发票注意事项

资产财务部
聂丽平

随着公司业务的蓬勃发展，公司在天津的项目逐渐增多，2014 年 10 月公司新中标了《机械工业第五设计研究院新建项目(一期)总承包项目》工程，该项目的业主为中国汽车工业工程有限公司，项目坐落在天津市西青区中北镇，中标规模 69460.65 平方米，中标标价约人民币 1.37 亿元，中标工期自 2014 年 10 月至 2016 年 1 月竣工完成。由于我公司是总承包商，涉及合同备案、发票开具都需要到天津市施工队伍管理站办理，下面我就这个项目涉及的开发票的流程简诉如下。

第一步：合同备案

企业纳税前必须先进行合同备案，以下是备案需要的资料

1. 合同(包括增补)原件两份(一份正本，一份副本，正本缴纳完印花税之后加盖印花税收讫章返回给企业，副本留存归档)；
2. 组织机构代码证复印件；
3. 税务登记证复印件；
4. 公司公章；
5. 凡属招标项目，需提供中标通知书，开发区项目提供承包商确认书。

注意事项

印花税税率：合同总额的万分之三，由施管站代征印花并完税后，持银行电子付款凭证(印花税)及加盖正本章的合同原件确认印花税并加盖印花税完税章。如不能提供加盖正本章合同原件则不予加盖印花税完税章。

第二步：项目信息维护

1. 项目登记(总包企业办理，生成项目登记单号——JA 号)；
2. 合同原件和复印件；
3. 组织机构代码证复印件；
4. 跨区县工程合同须提交工程地点划分说明并按照每个区县分别办理项目登记(由于本项目不属于跨区，不再叙述)。

第三步：挂分包和分包报验(分包企业启动，总包企业提供的 JA 号)

1. 分包合同原件及复印件；
2. 分包企业组织机构代码证复印件；
3. 总包企业办理项目登记生成的 JA 号。

注意事项

1. 做完项目登记或分包报验后每次开票均用项目登记号并提供组织机构代码证进行申报。

2. 总包做完项目登记后生成(JA)项目登记单号,并将分包挂至总包项目登记号下,分包才可进行分包报验,并用总包的项目登记单号进行纳税开票手续。(注:二项都完成后,总包才能用同一项目号办理抵扣)。

3. 如分包为自产货物建筑业纳税人,则需在分包报验时提前说明,并同时提供所在地税务局出具的“自产货物纳税人证明”和“工程所用自产货物明细表”。则按自产货物分包人进行分包报验,否则增值税部分总包不能进行抵扣。

4. 合同金额增补、名称变更等事项更改,也需在进行项目登记或分包报验时提前说明。

5. 总包企业登录到“天津财政地税政务网”—“建安项目预登记”—“发票校验”,录入分包发票信息。所有分包发票信息录入完毕后进入“发票校验维护”查询该项目号下分包发票录入后状态,如为“校验通过”则可至窗口办理。

第四步:企业纳税申报并开票

需要提供如下资料:

一、“四证”

营业执照、资质证书、组织机构代码证、税务登记证,以上证件提供副本原件或复印件加盖公章。

二、“三合同”

1. 合同原件2份(一份为正本,一份为副本留存)、复印件1份(加盖公章)。

2. 凡属招投标项目,需提供中标通知书原件及复印件(开发区项目提供承包商确认书)。

三、“二章”

1. 财务章(交税时可能需要)、新版发票专用章。

四、“一表”

《外地建筑业纳税人纳税申报表》(从 www.tjsjz.com 网站“纳税服务”栏目下载)。

五、“两证明”

1.《外出经营活动税收管理证明》简称“外经证”(注册地税务机关出具),原件三份。

2. 总机构出具该项目属于总机构直接管理证明文件(www.tjsjz.com 纳税服务栏可下载),加盖公章)。

注意事项

外经证与总公司管理证明(有无此要件均可办理缴税,只是企业所得税率的不同,无:2%税率;有:0.2%税率)

涉及营业税及附加详见以下税率表:

营业税率	3%
城市维护建设税	营业税额×7%(县×5%)
教育费附加	营业税额×3%
地方教育费附加	营业税额×2%
防洪费	营业税额×1%
企业所得税	0.2%
个人所得税	0.15%

第五步:同一合同再次纳税并开票的提供如下资料:

1. 组织机构代码证复印件;
2. 《外地建筑业纳税人纳税申报表》;
3. (有外经证的项目)提供经窗口核验过的《外出经营活动税收管理证明》;
4. 财务章(交税时可能需要)、新版发票专用章。

注意事项

税务机关开具的税票需要及时缴纳相应税款,如果过期,在申报期内(公司申报期每月1—15日)不征收滞纳金,但在申报期外从滞纳税款之日起,按日加收滞纳税款0.5‰的滞纳金。

以上资料是参照天津施工队伍交流服务中心官网并结合自己的专业知识总结的工作经验,各地的税收政策大同小异,只不过流程和所提供资料不一样,鉴于此写下此文,以便他人日后类似工作参考。

附流程表

外地施工企业纳税开发票办事流程

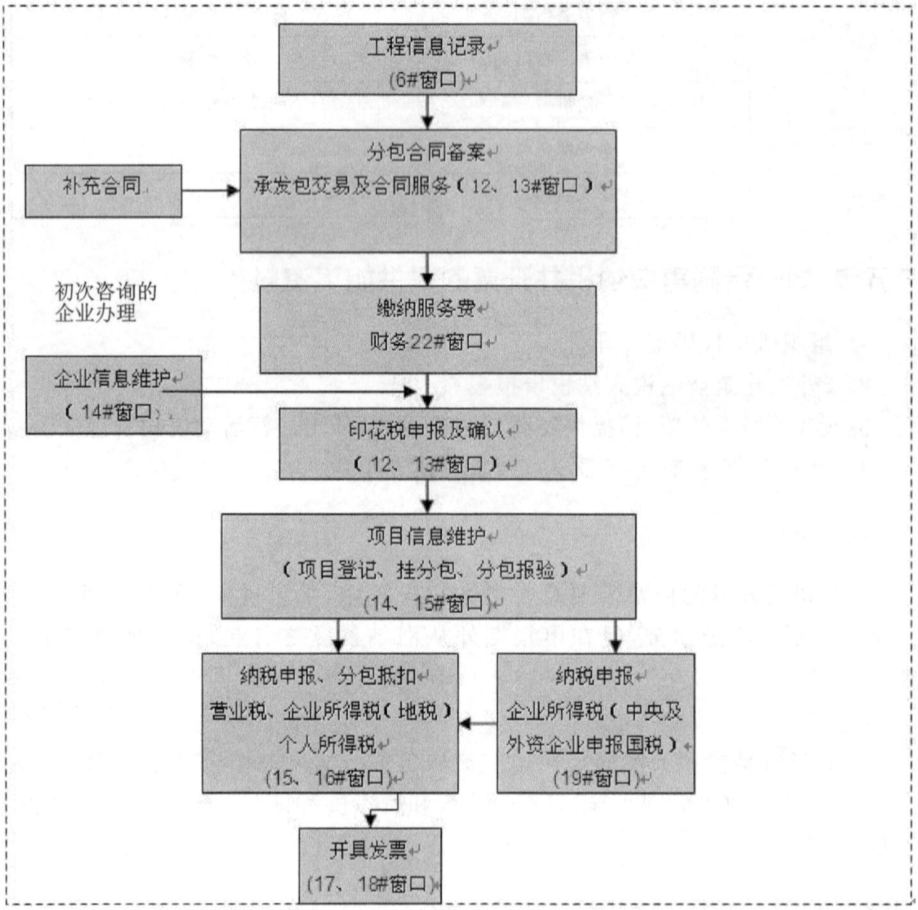

按照《天津市建筑市场管理条例》规定，办理相关备案手续。

工程信息记录(6#窗口)咨询电话：24312503

浅析新营业税条例下分包抵税及账务处理

资产财务部
任镜儒

《中华人民共和国营业税暂行条例》国务院令第540号文件的规定，对建筑业总包方营业税的缴纳产生了很大的影响，结合工作中遇到的分包方营业税抵扣的实际案例，对分包抵税的相关流程及会计处理方法进行学习性探讨。真正熟悉新政策中分包抵税的要求和流程，从而做好税务筹划，避免重复交税，提高项目利润。

一、新营业税条例颁布对施工企业总分包税收政策变化的剖析

（一）新旧政策的主要变化

2009年1月1日，《中华人民共和国营业税条例》和《中华人民共和国营业税实施细则》正式实施，与旧营业税条例相比，新营业税条例关于施工企业总分包税收政策的变化主要体现在以下几个方面：一是新旧政策的基本规定。旧政策规定以工程的全部承包额减去付给分包人的价款后的余额为营业额，新政策则规定以工程的全部价款和价外费用扣除其支付给其他单位的分包款后的余额为营业额。二是与原营业税条例相比，新营业税条例取消了总包人为分包业务扣缴义务人的规定，改由分包人自行申报缴纳。三是旧条例规定，只能实行一级差额征税，也就是说，只有总包人才有资格实行差额征税，而新条例取消了此项限制，只要是纳税义务人，不论是否具备施工总承包资格，都可以实行差额征税，A企业分包给B企业，可以按差额征税，同样B企业又分包给C企业，也可以按差额征税，可以实行多层次的差额征税。

（二）实行余额控制法管理

建筑业总分包项目管理实行余额控制法。总包方申报纳税时可以扣除已取得分包发票金额后的差额纳税。分包单位开具的发票金额作为上级总包单位开票时可以抵扣的限额（以下称抵扣限额），在限额内总包单位可以见票抵扣，但不得超过限额。此处总包、分包单位的概念是相对的。一个分包单位对下一级分包单位而言是总包单位，对上一级分包单位而言又是分包单位。

（三）新条例下的“建筑工程”

根据《营业税税目注释》所注的建筑业，是指建筑安装工程作业。本税目的征收范围包括：建筑、安装、修缮、装饰、其他工程作业。此次新修订的《条例》中的差额征税，仅指建筑工程，而非其他工程，将安装、修缮、装饰和其他工程作业排除在外，这是我们要注意的一个问题，如果上例中是一项绿化工程，或安装工程，或其他工程，也不得享受差额征税的优惠。我们一定要注意，建筑业不等于建筑工程，建筑工程是建筑业中的一部分，只有这一部分才是差额征税前提条件。

二、总包方实现差额抵扣营业税应具备的条件

总包方要实现对分包差额抵扣营业税，必须同时具备以下条件：

1. 总承包人必须是查账征税的企业；

2. 分包人必须向总包人开具建安发票，并向建筑劳务发生地主管税务部门提供分包人开具的建筑业发票和税收缴款书复印件；

3. 分包人必须是有建筑资质的建筑企业；

4. 必须把总分包合同到工程所在地的主管税务部门进行备案登记，向劳务发生地主管税务机关进行建筑工程项目登记，申报纳税；

5. 分包额不得高于总包合同金额的50%。

三、纳税地点

根据新条例的规定，对建筑业纳税人的纳税地点要特别关注：分包人直接在项目所在地税务机关申报缴纳相应营业税费并开具建筑业发票给总承包人，总承包人凭分包人开具的建筑业发票和纳税完税证明到项目所在地税务机关办理出具给发包人总的建筑业发票同时办理分包抵税。

集团公司作为北京地区从事建筑行业的纳税人，要特别注意区分北京市建筑业纳税人和外地进京建筑业纳税人，不同的纳税人纳税地点是不同的。根据北京市地方税局文件(京地税营〔2008〕177号)——北京市地方税务局关于建筑业营业税纳税地点有关问题的通知规定：

1. 依据《营业税暂行条例实施细则》第三十二条的规定，本市建筑业营业税固定业户纳税人，在本市范围内提供建筑业应税劳务，一律在企业税务登记所在地向其主管税务机关申报纳税；

2. 外地进京施工企业应缴纳的营业税及其附加，继续实行统一由北京市建设工程专业发包承包交易中心代征代缴的办法。

根据以上规定可以看出，针对外地进京施工企业，不论是总包方还是分包方，纳税地点并不是应税劳务发生地的主管税务机关，而是统一由“北京市建设工程专业发包承包交易中心”(以下简称“交易中心”)代征代缴。也就是假如一项建筑工程所在地为北京朝阳区，那么不论是总包方还是分包方，只要是本市固定户营业税纳税人，纳税地点就在其税务登记所在地；而外地进京施工企业，则不能在提供劳务发生地朝阳区地税局纳税，而是统一由交易中心代征代缴。

四、发票开具及税金抵扣

总包方可以其取得的全部价款和价外费用扣除其他单位的分包款后的余额为营业额申报纳税。该条款明确规定，建筑工程实行总分包的，总包方可扣除分包款后以差额为营业额缴纳建筑业营业税。在新营业税条例下，建筑安装业务总承包人对分包收入不再负有法定扣缴营业税的义务，而应该由分包单位以其取得的分包收入全额自行申报缴纳营业税，不管总包方与分包方之间关于税金负担问题如何约定，均改变不了分包方营业税纳税义务人的性质，故分包单位应当就其取得的分包收入全额向总包单位开具建筑业发票。如分包单位属于提供建筑业务的同时销售自产货物的，应按规定分别开具建筑业发票和增值税发票。根据以上规定，总承

包方的发票开具有以下总的特点：

1. 先分后总：总包单位差额纳税以取得分包发票为前提条件。因此总包项目开票时，先由分包方纳税开票，取得发票交给总包方，总包方再据此开票差额纳税。涉及多级总分包的，逐级从下向上开票。同项逐级抵扣，不得异项、越级抵扣。

2. 以票抵票：总包方纳税人自开或代开发票时，申请抵减分包方发票金额，必须取得分包方合法有效的建筑发票。对系统检索未查找到的分包发票，必须人工判断，确认发票真伪及其项目关联性。① 总包方纳税人取得每份分包发票必须一次性抵扣，不得分次抵扣。② 已抵扣的分包发票不得作废和红冲，除非先对上一级总包或分包单位的发票进行作废或红冲。

【案例】

宁波 ABS 三期 SILO 区基础工程(10597)：

中国机械工业第二建设工程有限公司作为分包方，先开具 461900.00 金额的发票给集团公司，携带完税证明，在项目发生地，替集团公司开具金额为 461900.00 发票给业主——台化塑胶(宁波)有限公司。集团公司以 0(461900.00－461900.00)为计税依据，上缴营业税及附加。

3. 申报纳税：代开票纳税人先税后票——即申请代开建筑业统一发票前必须先按规定缴纳各项税款；自开票纳税人先票后税——即根据不低于网上开票金额减去允许扣除已开票分包金额的数额，按月进行项目申报。北京市对于劳务、专业分包市场的特别规定：①外地进京劳务公司、专业分包公司必须进行进京备案。②自 2010 年 7 月 1 日起，进入北京市建设工程专业劳务发包承包交易中心招标的劳务分包项目，单项合同估算价由 50 万元人民币提高至 100 万元人民币，单项合同估算价在 100 万元人民币以下的劳务分包由企业自行选择发包方式。③总承包方和劳务分包、专业分包签订的合同，应该及时在交易中心备案。

五、总包方(集团公司)相关账务处理

【案例】

宁波 ABS 三期 SILO 区基础工程(10597)，相关的会计处理如下：

1. 开具发票给台化塑胶(宁波)有限公司，集团公司留存发票第二联——记账联进行入账

借：224130\其他应付款\开出营业税发票　　461900.00

贷：224130\其他应付款\开出营业税发票　　461900.00

2. 收到中国机械工业第二建设工程有限公司开具的分包发票，集团公司留存发票第一联——发票联进行入账

借：224131\其他应付款\收到营业税发票　　461900.00

贷：224131\其他应付款\收到营业税发票　　461900.00

3. 中国机械工业第二建设工程有限公司代集团公司上缴营业税金及附加，集团公司留存完税证明登记入账。因抵扣后余额为零，根据地方税务局的不同要求，缴纳印花税 138.57

借：222199\应交税费\其他应交税费　　138.57

贷：1221020104\其他应收款\单位\中机建设系统内\其他往来[客户辅助核算：二公司]　　138.57

如何有效利用理财增加财务收益
——企业闲置资金理财

资产财务部
孙华莹

“现金流就是生命”,这是华尔街的铁律,也是市场大潮中企业的命脉所在。纵观国内大多数企业,资金闲置的现象非常普遍,特别是一些上市公司新募集的资金,大多数不是用在企业的投资上,而是储蓄在银行中。虽然也有些利息收入,但是相比之下可以忽略不计,因为货币是有时间价值的。但是对于企业来说,现金可以为企业带来额外的收益,如何将企业的闲置资金进行有效利用,为企业创造最大化的收益成为金融危机下的头等大事。

一、当前企业闲置资金的理财途径

1. 双货币存款

假如一家做进出口生意的企业要在3个月后付款收货,但是付款时间还没到,可是款项已经准备好了。此时如果将这笔钱进行投资,企业担心会由于投资期限短而难以收回,耽误付款时间;如果将这笔钱存在银行的话,只能够获得三个月的活期利息收益,相比资本金来说微乎其微。像此类情况,我们可以利用双货币存款取得更多的收益。双货币存款是附带货币期权结构的存款,收益率比较高。通常挂钩需要买进币种的汇率,并设定一个企业可以接受的买入汇率,到期市场汇率若高于该汇率,企业可以获得全部本金和高利息,若低于该汇率,企业仍可获得高利息,但本金按既定汇率转换成用汇币种。此项业务的开办,不仅有效地满足了客户金融服务需求,同时也进一步提升了该行外汇资金业务服务水平。该产品能使存款人可取得比一般存款利息更高的收益,但存款人需承担在到期日以双方事先约定的执行价格将原存款货币转换成挂钩货币的风险。企业只要拿着钱去银行存就行了,但存款之前要先和银行约定选择另一种外币作为挂钩币种。选择好之后,企业就回家等着收利息就可以了。但是这种存款获利的方式通常适用于有进口用汇需求的企业。而且这种理财方式是基于货币挂钩的方式,因此存在汇率变动的风险,最好是咨询专业的银行理财机构进行操作。

2. 通知存款

当企业的存在闲置资金时,要坚持人休息而资金不休息的理念。遇到节假日或者双休日时,企业最好办理企业通知存款业务。企业通知存款是单位客户在办理存款时不约定存款期限,自由选择存款品种(一天通知存款或七天通知存款),支取时提前一天或七天通知银行,约定支取日期和支取金额的一种大额存款方式。这种存款业务利率水平高于活期存款,在不妨碍单位客户使用资金的情况下,可获得稳定而较高的利息收益,一般情况下的收益额是当前活期存款收益额的3倍还要多。而且,在已开通对公通存通兑业务的城市,单位客户可通过银行同城各分理处以上联机网点,办理存取款业务,极大方便单位客户资金调拨和周转。但是,人民币单位通知存款起存金额一般为50万元,需一次全额存入。可全部或部分支取,每次部分支取金额不得小于10万元，留存部分不得小于起存金额。这种方式下，可以让资金时刻处在增值的过程中，并且不会耽误企业的资金运转，节假日前存入，节假日之后就可以取出，投入正常的生产经营活动。

3. 委托代理理财

所谓委托理财是受托人接受委托人委托，运用自己的智慧、经验、知识、信息等各种专业优势，通过各种市场、工具及方法对委托人资产进行有效管理和运作，在严格遵守客户委托意愿的前提下，在尽可能确保客户委托资产安全的基础上，实现资产保值增值的一项业务。在企业的闲置资金存在时间较长时，可以选择专业的理财机构代为理财，这种理财方式可以将企业的资金优势集中发挥出来，而且操作人员都是专业人士，运用专业的研究方法进行操作，企业不用花费太多精力就可以轻松获得回报。还有委托理财的投资品种广泛，风险分散，投资品种非常灵活，比如银行接受公司客户委托，通过全国银行间货币市场进行资金运作，投资对象主要为短期质押式逆回购(买入返售证券)。交易对手为金融机构，并以国债、金融债和央行票据作为质押，本金和收益的安全性较高。

4. 投资股票市场等流动性较好的金融场所

企业的闲置资金也可以投入到股票市场等金融场所进行理财。这种理财方式虽然会获得很高的收益，而且流动性非常好，不会耽误企业的资金使用，可以随时变现。但是股票市场的风险很大，加之企业的股票投资经验缺乏。很容易导致大面积亏损，一旦亏损后很难坚决割肉退出，这势必会影响企业正常的生产经营。这就要求企业尽量选择在市场良好运行时进入，比如2007年的大牛市，但是获利要果断退出，不能恋战，决不能耽搁企业的正常需求。

以上是企业闲置资金利用的主要途径，但其中的第3、第4种情况由于风险较大，受国资委的严格闲置，并不适合我集团。

二、企业闲置资金理财的注意问题

1. 企业应该区分闲置的时间

企业的资金闲置时间长短不一，在进行理财之前最重要的是先确定企业的资金闲置是多长时间。如果企业的资金闲置时间比较短，比如只是节假日或者双休日，就要选择资金回收周期较短的投资项目。此时可以选择企业通知存款或者短期质押式回购，只有这样才能尽可能大的获得收益又可以短时间内回收资本金，进行正常的生产经营。如果闲置时间较长，可以选择投资周期较长的投资品种。比如购买国债、长期储蓄、购买保险等，既可以保证资金的安全增值，也可以在有效的时间内保证资金的回收利用。

2. 要合理地确定企业自身的风险承受能力

要取得资金的收益是有风险的，理财的前提之一就是自身要有一定的风险承受能力，高收益高风险，低收益低风险。如果企业风险的承受能力较弱，就选择安全性较高的投资品种，比如银行储蓄、购买保险、国债等投资品种。如果自身的风险承受能力较强，可以将资金投入股票市场获得更高的收益，或者购买收益更高的信托和开放式基金等。

3. 判断自身的理财能力

理财是有风险的，不仅是投资产品自身的风险，而且理财的主体知识结构和水平也决定理财的风险高低。企业应该清楚地认识到这一点，合理地判断自身理财的水平。如果自身不具备理财的实力，最好是选择专业的理财机构或者银行，在专业理财机构的指导下购买投资产品，或者直接将资金交给委托代理机构，自己不用花费太多的精力就可以轻松获得收益。如果自身具备理财的投资实力，可以自主理财，可以根据企业自身的特点选择适合自己的理财产品。但是在这种情况下，企业会花费大量的精力在投资上，或多或少都会影响企业的正常生产经营。或者企业可以建立自己的投资公司，主营业务就是负责投资，将自己企业的闲置资金进行专业有效的理财。这样既可以省下理财代理费用和中介费用，也可以促使投资公司以企业价值最大化为目标，有效避免理财机构为了自己的利益使被委托人受损的情况出现，从而更大地挖掘企业价值。

4. 要树立资金时间价值的理念

资金的时间价值，是将资金用作某项投资，可以得到一定的收益或利润，即资金增值；如果放弃资金的使用权力，相当于失去收益的机会，也就等于付出了一定的代价。在一定时期内的这种代价，就是资金的“时间价值”。当前企业应该重视资金的时间价值概念，不能任由资金使用效率低下，投资泛滥等情况的出现，要最大限度地根据时间价值概念在资金周转过程中创造价值，为企业赢得更多的利益。

如何做好事业部的成本控制

资产财务部
孙　鹏

事业部要做到科学地控制成本，首先就是要正确地认识“成本”的意义，进而才能有效地做到控制成本。

一、成本控制通俗地讲就是“把钱花得恰到好处”

麦肯锡曾这样评价中国企业：“成本优势的巨人却是成本管理上的侏儒”。其实，成本控制是一门花钱的艺术，而不是节约的艺术。如何将每一分钱花得恰到好处，将企业的每一种资源用到最需要它的地方，这是中国企业在新的商业时代共同面临的难题。

传统的成本管理是以企业是否节约为依据，片面从降低成本乃至力求避免某些费用的发生入手，强调节约和节省。而国际公司则认为，以节约成本控制基本理念的企业只是土财主式的企业，他们除了剥削工人和在原材料上大打折扣以外，没有什么过人之处。所以，我们需要学习现代企业应有的成本控制战略及方法。企业要想有长期效益，就只能从战略的高度来实施成本控制。换句话来说，交通工程事业部要做的并不是要削减成本，而是要提高生产力、缩短施工周期、增加工程项目并确保施工质量。

单纯地削减成本，把成本的降低作为唯一目标，并不能得到有远见的企业家的赞同。单纯地追求削减成本，一般简单的做法都会考虑降低原材料的购进价格或档次，或者减少单一产品的物料投入（偷料）；或者考虑降低工艺过程的工价，从而达到削减成本的目的。这样是十分危险的，会导致工程质量的下降、人才劳力资源的流失、甚至失去已经拥有的市场。

二、成本控制需要建立科学机制

要做到合理控制成本，该如何做呢？我们来看看跨国企业是如何建立成本控制体系的：

第一步：战略目标指导成本控制目标

方向正确等于成功了一半，成本控制也一样。成本控制的目的是为了不断降低成本，获取更大的利润。所以，制定目标成本时首先要考虑事业部的盈利目标，同时又要考虑有竞争力的工程报价。由于成本形成于生产全过程，费用发生在每一个环节、每一件事情、每一项活动上，因此，要把目标成本层层分解到各个部门甚至个人。

1. 工程项目分析

各个部门以营销目标导向，进行年度工作的项目立项，列出为实现目标所需要做的各类项目，同时对项目进行任务分解，再对时间、成本、性能每个环节进行分析，对比成本与收益。比如商务部明年为了达到既定的目标，需要完成多少项目的跟踪与开拓，责任明确至个人，逐一分解成任务后，对每个任务所需要的费用进行合理预算，同时对产生的收益进行估算。

2. 进行行业价值链分析

行业价值链：是企业存在于某一行业价值链的某个点，包括与上、下游与渠道企业的连接点，如供应商产品的包装能减少企业的搬运费用，改善价值的纵向联系也可以使企业与其上、下游和渠道企业共同降低成本，提高整体竞争优势。

3. 竞争对手的价值链分析

竞争对手的价值链和本事业部价值链在行业价值链中处于平行位置，通过对竞争对手价值链的分析，可以测算出竞争对手的成本。然后，自己与之相比较，就找出了与竞争对手在任务活动上的差异，扬长避短，争取成本优势。

第二步：成本控制四步执行法

1. 减少目标不明确的项目和任务

在项目目标清晰的情况下，每个项目及任务都是为实现目标服务的。项目立项分析后，可以把目标不明确的项目与任务削减掉。

2. 明确各部门的成本任务

实行"全员成本管理"的方法。具体做法是先测算出各项费用的最高限额。然后横向分解落实到各部门，纵向分解落实到小组与个人，并与奖惩挂钩，使责、权、利统一，最终在整个事业部内形成纵横交错的目标成本管理体系。

3. 成本核算，精细化管理

预算控制是成本控制非常重要的手段之一，对于预算的监控可以从预算的编制和执行控制两方面着手。

预算编制的合理性是保证预算执行合理性的基础。俗语说：没有了解就没有发言权。不了解预算编制的流程以及标准就无法判断预算编制的合理性，无法实际掌握预算编制的第一手资料。预算编制可按照上年企业第二、三季度费用总额的 2 倍为基础进行判断，从实际工作经验来看，由于第一季度涉及春节，第四季度涉及年末，是事业部费用水分较多的时间段。相比而言，第二、三季度的费用相对真实一些。简单判断事业部费用预算的合理性，可以以事业部上年度第二、三季度费用总额的 2 倍为基础进行判断。

严格控制预算执行，可以从事业部和集团公司两方面进行控制。事业部控制可以设立预算监督员，对于各部门或子公司的预算进行监督、考核，对于预算执行情况进行及时通报，把握预算执行进度。集团公司控制可以利用资金集中管理的有利条件，对企业预算总额进行季度监督，当企业接近预算额时，应提前告知并停止支付。

没有数字进行标准量化，就无从谈及节俭和控制。伴随着成本控制计划出台的是一份数字清单，包括可控费用（人事、水电、包装、耗材等）和不可控费用（固定资产折旧、原料采购、利息、销售费用等）。每月、每季度都由财务汇总后发到管理者的手中，超支和异常的数据就用红色特别标识。在月底的总结会议中，相关部门需要对超支的部分做出解释。为了让员工养成成本意识，从原材料、电、水、印刷用品、劳保用品、电话、办公用品、设备和其他易耗品方面，提出控制成本的方法。当然，有效的激励也是成本控制的好办法，所以，成本控制奖励也可成为员工工资的一部分。

4. 成本管理的"提前"和"延伸"

"提前"就是加大人才投资，同时严格控制采购成本；"延伸"就是将上下游整合起来。因此，建议将事业部每个执行中的项目，或即将执行的项目的采购部门，库房与财务整合挂钩，由财务部门主导，由此将有效地形成成本控制的链条。

当今的市场竞争，是实力的竞争、人才的竞争和服务质量的竞争，也是成本的竞争。从某种意义上讲，成本决定一个企业的竞争力。在确保工程质量的前提下，降低成本是事业部逐步扩大市场份额的重要途径，是提高事业部经济效益的基础。管理者要转变传统狭隘的成本观念，结合本部的实际情况，充分运用现代的先进成本控制方法以加强本部的竞争力，迎接各方的挑战。

税收筹划的基本思路

资产财务部

孙　鹏

企业进行税收筹划并不是盲目的，而必须按着一定思路进行。同时，企业在进行税收筹划之前，还要做好充分准备。

税收筹划应从何处入手

我们知道，税收筹划不同于偷逃税，它必须在合法范围内实施，因此，税收筹划就有其客观空间，并不是所有税种都具有相同筹划空间。因此，进行税收筹划必须首先找到税收筹划的入手处。

选择节税空间大的税种入手

从原则上说，税收筹划可以针对一切税种，但由于不同税种的性质不同，税收筹划的途径、方法及其收益也不同。因此，只有在精心研究各个税种的性质、法律规定以及了解各种税种在经济活动不同环节中的地位和影响的基础上，才能做到综合衡量、统筹考虑，选择最优的节税方案，取得尽可能大的收益。

节税空间大小有两个因素不能忽略：

一是经济与税收相互影响的因素，也就是某个特定税种在经济活动中的地位和作用。当然，对纳税人决策有重大影响的税种通常就是税收筹划的重点，因此，纳税人在进行税收筹划之前首先要分析哪些税种有税收筹划价值；二是税收自身的因素，这主要看税种的税负弹性，税负弹性越大，税收筹划的潜力也越大。一般说来，税源大的税种，税负伸缩的弹性也大。税收筹划当然要瞄准主要税种。另外税负弹性还取决于税种的要素构成。这主要包括税基、扣除、税率和税收优惠。如果用数学函数来表示税收负担(TB)与税基(b)、扣除(d)、税率(t)以及税收优惠(i)之间的关系，可表示为 $TB=f(b;t;1/d;1/i)$ 函数公式，即税基越宽，税率越高，税负就越重。或者说，税收扣除越大，税收优惠越多，税负就越轻。

从税收优惠入手

税收优惠是税制设计的基本要求，国家为了实现税收调节功能，一般在税种设计时，都设有税收优惠条款，纳税人如果充分利用税收优惠条款，就可以享受节税效益，因此，用好、用足税收优惠政策本身就是税收筹划的过程。但选择税收优惠作为税收筹划突破口时，应注意两个问题：一是纳税人不得曲解税收优惠条款，滥用税收优惠，以欺骗手段骗取税收优惠；二是纳税人应充分了解税收优惠条款，并按法定程序进行申请，避免因程序不当而放弃应有权益。

从纳税人构成入手

按照我国税法规定，凡不属于某税种的纳税人，则无须缴纳该项税收，因此，在做税收筹划前，首先要考虑能否避开某税种纳税人，从而从根本上解决减轻纳税负担问题，当然，在实践中，要做全面综合的考虑，进行利弊分析。例如，《固定资产投资方向调节税》明确规定，外商投资企业和外国企业不属于固定资产投资方向调节税的纳税人，无须缴纳固定资产投资方向调节税，因此，在进行固定资产投资项目前就应该首先考虑能否以合资企业名义进行固定资产投资，当然，以合资企业名义进行固定资产投资项目又会带来股权复杂化，因此，在方案评估时要综合加以考虑。再比如，我国税法规定，以无形资产投资入股，共担风险，不属于无形资产转让行为，无须缴纳营业税。因此，在税收筹划时，就要考虑无形资产的投资入股方式，进行系统比较，从而获得节税收益。

从影响纳税额的几个因素入手

税收筹划的本质是获得节税收益，因此，凡是能够合法地降低应纳税额的办法都属税收筹划范畴。按照这个思路，我们不妨把影响纳税额几个因素作为进行税收筹划的突破口。

我们知道，影响应纳税额因素通常有两个，即计税依据和税率。计税依据越小，税率越低，应纳税额也越小，因此，做税收筹划，无非是从这两个因素入手，找到合理、合法的办法来降低应纳税额。当然，这两个因素在不同税种内容有所不同，采取的税收筹划办法都是在这两个因素上下功夫。但是国际工程项目类的税收筹划相对就复杂了很多，要综合考虑的因素就更多。例如，蒙古 NP1 项目属于亚行贷款项目，项目在当地发生的所有税收一律全免，但施工设备进口关税属于暂免，就是说施工结束后施工设备要离开蒙古返回中国，因此影响税收的主要因素就在这 15.5%的蒙古海关进口关税上面。由于 NP1 项目的合同额造价低，加上在蒙古施工的地理位置很偏远，因此施工必要的三站等设备在当地租赁代价过高也无法实现。如果根据合同约定，工期结束之后要将设备运返中国，那么势必也要考虑国内的沥青拌合站市场。目前中国的沥青拌合站市场处于产能过剩的状态，将设备运返国内对公司来讲没有任何优势可言，加上 NP1 项目后面还有一个 114 公里的项目，两个项目可以共同实现摊销这批设备。由此任总做出的税收筹划是：将这批施工设备从中国出口的时候进行出口退税，利用免税期，减轻项目的资金压力，待工程完工后再向蒙古海关补缴蒙古的进口关税，有效地实现了一次堪称完美的税收筹划。

企业做税收筹划应做哪些准备

税收筹划是一项科学的节税规划，也是一项复杂纳税系统工程，因此，做税收筹划必须做好充分准备工作。

1. 充分研究国家的税收政策分析比较税收法规中细微差别，全面掌握现行税收优惠，深入挖掘税收筹划空间

由于税收筹划不同于偷逃税，它必须做到合法，这就大大加大了税收筹划的难度，纳税人不全面准备掌握现行税法，很难找到税收筹划空间，因此，在进行税收筹划之前，必须从全面准备领会现行税收政策入手。

2. 选择合适的人作税收筹划

由于税收筹划过程是非常复杂的，并不是一般企业财务人员所能胜任的，即便是现在众多税务师事务所、会计师事务所，如果没有充分掌握现行税收政策，没有经过系统的税收筹划训

练，也是很难胜任的。因此，企业在进行税收筹划时，科学做法是聘请训练有素的税务专家或税收筹划专家。

3. 选择恰当的时机作税收筹划

由于税收筹划是在纳税义务发生之前进行系统筹划的过程，因此，选择税收筹划时机相当重要。有些时候需要在企业设立时就得进行筹划；有些需要在确定破产清算日选定之前进行筹划；还有的需要企业在正常生产经营期间内进行筹划。税收筹划选择时机得当，将直接影响税收筹划效果，因此，在税收筹划时要充分考虑税收筹划时间，推迟或提早都可能影响税收筹划的效果，甚至导致税收筹划失败。

施工企业完工百分比法的应用

资产财务部
云 童

施工企业的财务核算有其自身的特性，一般工程的建设周期长，跨越多个年度，合同的标底额高，核算项目复杂。针对施工企业的这一特性，企业会计准则第15号《建造合同》为我们指定了一种核算方法，这就是完工百分比法。在日常工作中，集团公司使用的核算办法就是比较典型的完工百分比法。下面结合实际工作谈谈我对完工百分比法应用的理解。

一、完工百分比法的概念

完工百分比法是根据合同完工进度确认收入和费用的方法。根据这种方法，合同收入应与为达到完工进度而发生的合同成本相配比，以反映当期已完工部分的合同收入、费用和利润。这种方法能为报表使用者提供有关合同进度和业绩的有用信息，体现了权责发生制原则。运用完工百分比法的前提是：在资产负债表日，建造合同的结果能够可靠估计。

以通州玉桥斜街道路改扩建工程合同为例，合同的结果能够可靠估计，是指同时满足下列条件：

（一）合同总收入能够可靠地计量。集团公司与北京新城基业投资发展有限公司签订合同额为6,917,362元，满足此条件。

（二）与合同相关的经济利益很可能流入企业。北京新城基业投资发展有限公司（业主方）在确认了工程进度后，将工程款直接付给集团公司，可以确定与合同相关的经济利益能够流入企业。

（三）实际发生的合同成本能够清楚地区分和可靠地计量。通州玉桥斜街道路改扩建工程会计核算清楚，实际发生的合同成本是能够可靠计量的。

（四）合同完工进度和为完成合同尚需发生的成本能够可靠地确定。通州玉桥斜街道路改扩建工程由分包四公司提供分包量单来确认完工进度，比较准确。

二、完工百分比法的运用步骤

首先，确定完工百分比，准则规定确定完工进度可以选择下列方法：1. 累计实际发生的合同成本占合同预计总成本的比例；2. 已经完成的合同工作量占合同预计总工作量的比例；3. 实际测定的完工进度。

其次，根据完工百分比计量和确认当期的合同收入和费用。在资产负债表日，应当按照合同总收入乘以完工进度扣除以前会计期间累计已确认收入后的金额，确认为当期合同收入；同时，按照合同预计总成本乘以完工进度扣除以前会计期间累计已确认费用后的金额，确认为当期合同费用。以公式表示如下：

当期确认的合同收入＝（合同总收入×完工进度）－以前会计年度累计已确认的收入

当期确认的合同毛利＝（合同总收入－合同预计总成本）×完工进度－以前会计年度累计已确认的毛利

当期确认的合同费用＝当期确认的合同收入－当期确认的合同毛利－以前会计年度预计损失准备

需要注意的是，建造合同完成的当年，应该采用倒挤的方式来确认当期合同收入和费用，避免出现误差。

三、预计工程毛利率的重要性

因为在完工百分比方法下，工程毛利率的确定直接影响了工程利润的确认，毛利率的准确预估决定了分期利润的准确性。集团公司所签订的通州玉桥斜街道路改扩建工程合同额为6,917,362元，根据成本的总预算确定自行施工的区域毛利率为1.5%即103,760元，如果通州玉桥斜街道路改扩建工程合同额增、减或工程量延误，都会使毛利率改变，所以工程进度完工百分比法核算毛利率不应是一成不变的，在会计期末我们应根据实际情况对毛利率进行检验，发现问题及时调整毛利率。

四、完工百分比法涉及的会计科目

工程施工－成本，它归集施工中实际发生的成本费用情况；工程施工－毛利，其余额反映该工程累计已确认的毛利；工程结算，登记已结算的合同价款，在资产负债表上作为存货的减项。当工程全部完工时，将工程施工科目的余额与工程结算科目的余额相对冲，对冲后余额均为零。即工程完工时应该满足关系式：工程施工－成本＋工程施工－毛利＝工程结算，意思是结算的总价款弥补了施工所花费的成本后就是企业所得到的利润。当然在施工过程中这个关系式是不存在的，因为工程结算的进度与施工的进度可能不是同步的，另外毛利率的准确性也影响到这个关系式。在实务中，我们可以根据这个关系式来判断企业完工百分比法的核算是否准确，以工程施工－成本＋工程施工－毛利－工程结算，根据余额的方向及大小进行判断。如果该余额为正，说明有的施工没有结算或者毛利率高了，如果在年末时该余额很大我们要考虑企业是不是没有按施工进度对收入、成本进行预估，我们还要重新复核企业的工程预算，探讨实际施工中是否有意外情况发生，有无明显的预算调整情况，提示企业重新审核预算，调低毛利率；如果该余额为负，说明结算款大于工程所支出的成本及所确认的毛利，排除预收款的情况，我们要考虑成本是不是不够完整，如欠付的分包工程款没有入账，材料已领用但没有入账，应发放给工人的奖金没有计提等情况。如果成本也是准确的，则说明毛利率低估了，我们要重新复核企业的工程预算，提示企业重新调整预算，调高毛利率。

总之，我们在实际操作过程中，要注意及时归集实际成本，完善成本核算，做好施工企业的收入成本核算工作。

集团内部往来账管理的思考

资产财务部
云　童

2014年随着集团公司经营业务的不断发展，企业内部的关联交易越来越复杂与频繁。因此，对于加强集团内部往来账款的管理对于企业就显得尤为重要，加强对企业往来账款的管理，对减少企业资金占压，创造良好的企业内部经营管理环境是十分重要的。

关键词：集团公司　内部往来账款　管理

一、何为往来账款

往来账款是企业在经济业务活动中发生的应收账款、其他应收款、预付账款、应付账款、其他应付款和预付账款，是企业资产、负债的一个组成部分。随着市场经济的发展、社会竞争的加剧，企业为了扩大市场占有率，越来越多地运用商业信用进行促销；然而，市场的信用危机又使得企业间相互拖欠现象越来越严重，造成企业的往来账款增加。再者，由于企业财务及经营管理上的原因，许多不属于往来账款的其他经济内容，也体现在往来账款中，有些企业的往来账款中包罗万象，其结果也造成往来款的增加。特别是在集团企业，往来账款所占比重越来越大，不仅造成企业资金周转困难，而且也使企业的会计信息失真。加强企业往来账款的管理，对减少企业资金占压，创造良好的企业内部经营管理环境都是十分重要的。

二、往来账款中存在的共性问题

母子公司之间、子公司之间以产权、产品、技术、经济、契约等多种纽带联结起来，经济往来频繁，其关联交易大部分都是通过往来账项进行核算，由此致使集团内部往来挂账较多。因此往来账项是否核对清楚不仅影响往来账本身的核算是否正确，而且直接关系到关联交易的准确性，从而影响会计数据的质量，所以对集团内部做好往来账款的管理工作对企业的发展十分重要。从理论上说，内部单位之间同种业务相对账户的余额应随时相等。而在实际工作中，它们的余额却通常不等。造成不等的原因，除了发生记账差错、平时对账不及时外，还有核算方法不同产生的差错，即权责发生制和收付实现制的混用。具体来说，在集团内部中往来账款的管理主要存在以下几个方面的问题：

1. 核算方法存在问题

往来账在核对时，要将涉及一个往来客户的所有科目放在一起，经过相互抵销和对冲以后的余额，确定为最终应付或应收对应客户的金额。但在实际对账时，因受会计工作水平和工作习惯的影响，有的会计对同一个往来客户，既设有应收、预收账户，还设有应付、预付账户，甚至还有借款等多个账户；可在对账时，往往只给对方提供应收类账户的数据，对应付及借款类账户的数据很少甚至从不提及，从而导致双方在对账时经常“捉迷藏”，加大了对账的难度。而且，经过若干年后，这些账户还未对冲，使每个账户都有余额，结果到查账的时候每个账户都要求提供原始凭证，这才感觉不便，可是为时已晚。

2. 核算口径不一致

往来账要核对清楚，双方记账时间口径和记账业务口径两方面都必须保持一致。在对账工作中总是存在这样的问题，关联往来双方业务员手中压有发票，没有按照规定入账，往来账中存在大量的未达账项，给双方的对账工作造成了很大的困难。例如，母公司拨付给子公司资金，当资金付出时母公司即已登记入账；但子公司则要等到收到款项时，才登记入账。未达账项的存在是内部往来中的常见问题，但是如果认为是合理的，而不及时解决，就会造成核算时人力以及精力的浪费。

3. 核对不及时

往来账要管理好，就得及时进行核对，每个单位根据业务量的大小，应按月份、季度、半年度、年度定期进行对账，如发现问题应及时沟通，查找原因，保证双方账目余额一致。但在实际工作中，经常发现有些单位平时不对账，或者很少对账，有的到年底才对一次账，更有甚者到年底因为单据不齐、急于结账而草草了事，往来账的余额为逐年滚动而成，越滚越对不清，结果等查账的时候因对不上账而不能取得函证，延迟了查账的进度，给单位造成了不良的影响。

4. 会计不负责

有些单位的财务分工是出纳制单，主管会计审核，记账员登记往来账，结果导致往来账归谁负责不清楚，相互扯皮，造成了“三个和尚没水吃”的局面。记账员认为记账凭证是出纳做的，设什么科目、记多少数据是由主管会计审核的，记账员只管登记账簿就行了，至于谁欠谁的记账员说不清楚，也没有权利去管；而主管会计则认为审核制单是主管会计的事，但账是怎么算的，付谁多少钱，收谁多少账，往来账上有登记，应该归记账员管，二者的想法似乎都有些道理。但往来账到底该归谁负责，还是没有一个定论。究其原因，是会计分工主次不明，领导的协调工作做得不好，出纳、主管会计、记账员都不称职，没有爱岗敬业的奉献精神，也没有及时沟通的团队精神，相互推卸责任，结果造成往来账管理不规范，在与对方对账时显得很被动。

三、加强内部往来账款管理的对策

1. 要加强集团员工对往来账款的重视

(1) 企业管理者对集团内部往来账款的管理重视与否直接决定着下属人员对往来账款处理的态度。企业负责人应认识到往来账项与企业利润息息相关，认识到往来账项的重要性。

(2) 企业的财务人员，要认真记录往来账项所发生的时间、金额、原因，方便以后查询往来账项。往来账项管理作为财务管理的一部分，平时加强对往来账项进行核算，应收款项要严格追索。

(3) 对集团其他部门的工作人员，也要重视对他们的培训，内部往来是涉及各个方面的，所以必须提高他们的责任意识和纪律观点。

2. 信息与沟通

往来账款中问题较多的企业往往在信息沟通方面做得不够。首先，财务人员没有定期向相关业务人员报送与其业务有关的应收、应付余额、账龄、风险分析等资料，并且由于企业没有相关的收款、报销等时间的规定，财务人员也不便于与相关人员进行往来账款清理进度及计划方面的交流；其次，财务人员也不能做到定期向主管领导汇报往来账款中存在的问题并提供风险分析报告及解决方案，因此主管领导也心中没数；再者，企业间由于缺乏定期进行账目核对工作也会造成企业往来账的不准确。所有这些都影响往来账款管理。

为加强信息交流与沟通，企业管理当局、财务部门、相关业务部门及管理部门应定期进行交流，相互配合，上传下达，共同做好往来账款的管理工作。

3. 保证账务处理的正确性

（1）在每笔往来账的登记中，要保证记录的正确性。检查往来账余额的金额及登记方向，比如应收账款出现贷方余额，或者某账户的余额比年初大幅度增大或者减少。对出现问题的地方，应反复检查并详细查看相应的明细账。

（2）逐笔详细查看年初和年末业务的记账凭证及原始凭证，判断有无可能形成未达账项，并记录日期、金额、发票编号等，以备在与对方账户核对时对照使用。在未达账项的处理中，对账后必须根据试算平衡的未达账项，编制对账调节表，要保证在确认后及时地调整，使双方账户的余额一致。

4. 定期对账，及时清理内部往来挂账

（1）往来账要核对清楚，双方记账时间口径和记账业务口径必须保持一致。这就要求集团内部对于记账的时间及业务都有一个统一的规定，各单位都要严格执行，保证记账口径的一致性。此外，还要及时清理长时间的挂账。及时清理旧账对提高对账效率和效果都是必不可少的。

（2）定期对账可以及时补漏，确保双方同时挂账或销账。但在实践中，往往债权单位的应收款余额与对方债务单位的应付款余额不一致，导致编制合并报表时内部往来无法完全抵销。因此，应至少每月对账，并根据对账情况编制应收、应付账款余额调节表，使双方清楚地了解存在的差异，查明原因，及时补记账。

5. 从制度上要完善往来账的管理

往来账的产生涉及采购、销售、管理等各个环节，因此影响往来账核算的因素比较多，往来账的核算难度也比较大。一要选择认真负责、爱岗敬业、业务熟练、善于协调并能执行财务制度的会计人员，以保证往来账核算和核对工作的顺利进行。二要制定往来账的工作程序，明确往来账责任人，设定制单、审核、记账、对账各环节的方法，规定定期对账时间，检查对账结果。三要明确往来账的岗位职责，往来账会计要负责审核往来账的原始单据和会计科目，准确登记账簿，及时核对账目，协调财务、采购、销售、管理等各个环节上的账务关系，保证往来账的及时、准确、顺利核算。四要制定往来账的奖惩制度，检查各个环节的工作情况，对表现好的要给予鼓励和表扬，对出现问题、甚至违反财务制度的要给予批评和惩罚。只有有了合格的会计、完善的工作程序、明确的岗位职责和有效的奖惩制度，对往来账的管理才会高效顺利地进行。

四、结束语

总之，在集团公司不断成长的过程中，我们应当加强对往来账的管理，特别注意长期不发生增减变化的呆滞往来账项和偶发性大额往来账项，重点关注它的形成、变化有可能带来的经营风险，定期清理，使集团内部有一个稳定、可靠的财务环境，并有效提高集团财务数据的质量。

建安企业长期建造合同的计量与确认

资产财务部
张　雯

长期建造合同的交易需要较长的时间才能完成。在此期间，由于客观因素的变化，其收入和费用具有很大的不确定性，因此，承包商应合理地确认与计量长期建造合同，关键在于合理把握与建造合同相关的风险与报酬的转移程度并及时加以确认；选择正确的计量方法。

长期建造合同确认计量方法

对于承包商而言，长期建造合同是一种特殊的经济业务，从工程开始到最后完工结算，一个完整的交易需要较长时间。在整个交易过程中，由于市场客观环境的复杂多变，交易双方的风险和报酬也在不断地发生变化。因此，合理确认与计量同长期建造合同相关的收入与费用，对于正确估价企业在执行长期建造合同过程中所取得的报酬和所承担的相应风险，具有重要意义。

长期建造合同确认与计量的常用方法，主要有完工百分比法和完成合同法两种。按照完工百分比法，企业需要根据合同完工进度的比例，分阶段确认收入和费用，并报告当期收益；而在完成合同法下，平时只记录工程建造所发生的各项成本和费用支出，直到整个工程完成后，才将全部成本与全部收入进行配比，确认工程项目实现的损益。

企业采用完工百分比法对长期建造合同进行确认和计量，应当同时满足以下条件：合同总收入能可靠地计量。如工程合同采取招投标方式取得，事先已经固定下来；与合同相关的经济利益能够流入企业。如合同的履行具有较强的法律约束和强制力，也就是说，工程完工后能够顺利地收到相应的工程款；或者是与当地政府机关签约，承建一项市政工程，收回工程款也有较高的保障；在资产负债表日合同完工进度和为完成合同尚需发生的成本能够可靠地确定；为完成合同已经发生的合同成本能够清楚地区分和可靠地计量，以便实际合同成本能够与以前的预计成本相比较。

如果某项工程同时符合上述条件，那么，建造合同的结果就能够可靠地估计，就应当在资产负债表日，采用完工百分比法确认合同收入和费用；如果某项工程不能符合上述条件或其中之一时，就应当采用完成合同法。例如，某高层建筑工程项目在招标结束后，取得建造合同的企业在打地桩时，发现该建筑所选地基属沉积地形，地基成本难以确定，那么，也只有采用完工合同法来核算该工程的收入与费用了。

采用完工百分比法确认和计量长期建造合同的成功关键是恰当、合理地确定合同完工进度。

我国《会计准则——建造合同》和《企业会计制度》对于完工百分比的确定规定了三种方法：累计实际发生的合同成本占预计总成本的比例；已经完成的合同工作量占合同预计总工作量的比例；已完合同工作的测量合同完工进度可以按投入和产出两个方面加以确定。其中投入量是将累积到某一日期（如资产负债表日）的工程投入与工程预计总投入相比较，借以确定工程完工的程度或比例，具体用来比较的投入量是工程的累计投入成本与预计总成本。与投入量相反，产出计量是以工程完成的工作量为基础，与工程总的作业量相比较，以确定工程的合同完工进度。

应当指出的是，在高度动荡的市场经济环境下，从事长期建造合同的实施，是一种需要较高投入的高风险经营活动，其结果有时实在难以预料。因此，应运而生了一种比完工合同法更为稳健的确认与计量长期建造合同的方法——成本回收法。成本回收法要求在所投入的成本未得到足额补偿之前，不确认任何利润。

在美国，“会计原则委员会”第 10 号意见书允许在“缺乏预计可收回性的合理基础”时，采用成本回收法确认收入及其利润；“财务会计准则委员会”在其“财务会计准则”45 号及 66 号有规定了可以采用成本回收法。

在我国，《企业会计准则——建造合同》和《企业会计制度》第五章第二节“建造合同收入”，也规定可以使用“成本回收法”来确认与计量长期建造合同。如果长期建造合同的结果不能可靠地估计，采用成本回收法确认与计量长期建造合同，应区分以下情况进行处理：

合同成本能够收回的，合同收入根据能够收回的实际合同成本加以确定；合同成本不可能收回的，应在发生时立即确认为费用，不确认收入；如果合同预计总成本将超过合同预计总收入，应将预计损失立即确认为当期费用。

需要注意的是，由于成本回收法过分稳健，所以，其应用理当受到严格的限制。一方面，只有当工程收入的可收回性难以合理预计或存在极大的不确定性，以及长期建造合同的结果不能可靠地估计时，才能采用成本回收法确认与计量长期建造合同；另一方面，当采用成本回收法确认与计量长期建造合同后，必须在年度财务报告中详细地披露采用该方法的原因和理由，以及由于采用该方法而对年度财务报告所产生实质影响的金额。

浅析建安企业的成本管理

资产财务部
张 雯

随着我国市场经济体制的建立和发展,各行各业的竞争机制建立起来并呈现出日趋激烈的态势,建筑行业作为第二产业中的一员竞争也越来越激烈。目前建筑企业数量众多,而基础设施的建设规模有限,尤其是在目前基础设施建设相对完善的大城市,总承包企业之间的竞争更加激烈,形成了“僧多粥少”的局面。建筑业的管理大多较为粗放,面对现在的市场形势,旧的管理模式被打破,向管理要效益的时代来临了。

一、目前施工企业成本管理中存在的问题

1. 成本管理的观念淡薄

很多施工企业的员工还停留在按部就班的完成产值的观念中,并没有把全过程、全方位、全要素、全员参与控制成本支出提到日程上来,忽视了产值增大,利润减少的情况。

2. 成本管理的方法落后

目前很多施工企业已经意识到了建筑行业已进入到了“微利”时代,抓好成本管理是决定盈利的关键,但成本管理的方法落后,无法对成本信息做到正确的选择与使用,不能及时准确的发现成本管理中存在的问题与原因,也就无法采取有效的措施降低成本,最终导致工程完工后成本才被反映出来,使效益流失。

3. 成本核算体制不适应市场经济的需要

传统的施工企业成本管理，主要是根据财务部门的决算报告，这种核算体制经常因业务人员提出报告的时效性滞后而无法发挥成本管理的作用。

4. 成本管理落实情况差

有些施工企业已针对成本管理制定了相关的方法和措施,但在具体实施过程中却因为机制、分工等种种问题得不到真正落实。这种只安排工作而不考核其工作效果，或者只奖不罚、奖罚不到位的做法，不仅会严重挫伤有关人员的积极性，而且会给今后的成本管理工作带来不可估量的损失,因为职工所关心的是企业的责、权、利相结合原则贯彻得是否有力度。

认识到以上存在的问题,施工企业就应努力提高全员的成本管理的意识,并明确成本管理的任务和环节。

二、成本管理的任务和环节

1. 施工成本预测

施工成本预测就是根据成本信息和施工项目的具体情况,运用一定的预测方法,对未来成

本水平及其可能发展趋势做出科学的估计，也就是在工程施工之前对成本进行估算，提高预见性。施工成本预测是施工项目成本决策与计划的依据，通过成本预测，能够在施工项目成本形成过程中，针对薄弱环节加强成本控制，克服盲目性。

2. 施工成本计划

它是以货币形式编制施工项目在计划期内的生产费用、成本水平、成本降低率以及降低成本所采取的主要措施和规划的书面方案，它是建立施工项目成本管理责任制、开展成本控制的基础，是项目降低成本的指导文件，是设立目标成本的依据。

3. 施工成本控制

在施工过程中，对影响施工成本的各种因素加强管理，并采取各种有效措施，将施工中实际发生的各种消耗和支出严格控制在成本计划范围内；随时揭示并及时反馈，严格审查各项费用是否符合标准，计算实际成本和计划成本之间的差异并进行分析，进而采取多种措施，避免施工中的损失和浪费。施工成本控制是企业全面成本管理的重要环节，可以分为事先控制、事中控制和事后控制。在项目的施工过程中，需按动态控制原理对实际施工成本的发生过程进行有效控制。

4. 施工成本核算

它包括两个基本环节，一是按照规定的成本开支范围对施工费用进行归集和分配，计算出施工费用的实际发生额；二是根据成本核算对象，采用适当的方法，计算出该施工项目的总成本和单位成本，施工成本核算为成本控制中的其他环节提供了依据。施工成本一般以单位工程为核算对象，项目管理必须实行施工成本核算制，它和项目经理责任制等共同构成了项目管理的运行机制。

5. 施工成本分析

在施工成本核算的基础上，对成本的形成过程和影响成本升降的因素进行分析，以寻求进一步降低成本的途径，包括有利偏差的挖掘和不利偏差的纠正。施工成本分析贯穿于施工成本管理的全过程，是在成本的形成过程中，主要利用施工项目的成本核算资料，与目标成本、预算成本以及类似的施工项目的实际成本等进行比较，了解成本的变动情况。同时也要分析主要技术、经济指标对成本的影响，系统的研究成本变动的因素，检查成本计划的合理性，并通过成本分析，深入揭示成本变动的规律，寻找降低施工项目成本的途径，以便有效地进行成本控制。成本偏差的控制，分析是关键，纠偏是核心，要针对分析得出的偏差发生原因，采取有效措施加以纠正。

6. 施工成本考核

它是指在施工项目完成后，对施工项目成本形成中的各责任者，按施工项目成本目标责任制的有关规定，将成本的实际指标与计划、定额、预算进行对比和考核，评定施工项目成本计划的完成情况和各责任者的业绩，并以此给予相应的奖励和处罚。通过成本考核，做到有奖有惩，赏罚分明，才能有效地调动每一位员工在各自施工岗位上努力完成目标成本的积极性，为降低施工项目成本和增加企业积累，做出自己的贡献。

施工成本管理的每一个环节都是互相联系、互相作用的，成本预测是成本决策的前提，成本计划是成本决策所确定目标的具体化。成本计划控制则是对成本计划的实施进行控制和监督，保证决策的成本目标得以实现，而成本核算又是对成本计划能否实现的最后检验，它所提供的成本信息又对下一个施工项目成本预测和决策提供基础资料。成本考核是实现成本目标责任制的保证和实现决策目标的重要手段。施工成本管理的每个环节也贯穿于工程的各个阶段，如招投标阶段、施工前的准备阶段、工程实施阶段、工程结算阶段以及工程的后评价阶段。

（成本管理的任务和环节部分引自一级建造师考试教材《建设工程项目管理》中的内容）

三、施工企业各阶段的成本管理

1. 投标阶段

组织预算、财务、技术、器材等各部门对招标文件进行分析，确定投标阶段的重点与难点，并且要组织经验丰富的人员参加投标，形成强有力的投标班子。目前工程量清单计价模式已广泛应用，施工企业可以自主报价，但自主报价必须认真考虑工程的成本情况以及风险因素，投标阶段由于时间紧迫只能依据以往施工类似工程的各项情况对投标工程成本进行粗略的测算。这就要求施工企业做好已完工程的成本核算资料的积累工作，制定和完善企业人工、材料、机械的价格数据库，并做到定期更新。投标阶段的成本分析即为成本的预测阶段，为工程中标后合同的洽谈奠定了基础，为施工过程应重点防范的风险和着重控制的项目指明了方向。

2. 施工前的准备阶段

项目中标后，施工企业一方面组织人员进行合同的洽谈工作，另一方面组建项目部并确定以项目经理为首的管理班子，并着手建立以项目经理为核心的成本控制组织机构。项目经理应组织项目部技术、器材、预算、财务、安全及生产部门，针对本项目的成本编制计划，结合公司下达的指标制定出本项目各种费用的成本计划及成本降低率，形成工程的目标成本，并分析成本管理的重点与难点，制定控制成本的措施。

目前大多数工程实行清单计价模式，非实体性消耗部分成为成本控制的重点，因为该部分费用与施工方案、企业现有的材料和机械情况等息息相关，项目经理应组织技术、预算、器材、安全部门的人员对施工方案进行比较，在满足质量、工期、安全、环境四大目标的前提下，确定成本最低的方案。

施工前的准备阶段应制定出成本责任到人和奖罚分明的制度，旨在施工过程中成本控制措施能够得到有力的落实。在此阶段还应选择劳务及分包队伍，对人工费及分包费进行控制。在选择使用劳务、分包队伍时，应实行招标竞选，在满足工程质量、安全、进度的前提下，选择合理低价的队伍。同时还要考虑队伍的实力、信誉等因素，防止有些劳务、分包队伍低价进场、高价结算，并在施工期间不能满足总承包企业的各项指标，使总承包企业面临因不能按时保质完工而向业主支付违约金的局面。项目部的器材部门在此阶段也应对主要材料、机械进行市场询价和预测，做到货比三家，为采购做好充分的准备。

3. 施工过程中的成本控制

工程进场施工后，各种因素的成本控制工作就开始了。这一阶段的成本管理工作就是实施—检查—分析—纠偏的过程循环，项目实施过程中，定期汇集相关部门监控工程的支出情况，并与目标成本对比。如果超出目标成本，要组织人员分析原因，找到合理的解决办法，在此后的工程实施过程中加以改进，避免成本增加；如果过程中发现目标成本在编制时考虑欠妥，应及时调整目标成本，以便更好地指导今后的施工生产工作。施工过程中成本控制的主要因素有：人工费、材料费、机械费、现场经费（构成的"硬成本"）以及工期成本、财务成本、安全成本（构成的"软成本"），这些成本之间存在对立统一的关系。

① 人工费的成本控制

人工费支出一般约占成本的 15%～20%，随着市场用工需求的增加，人工价格持续上涨，人工费的支出占成本的比例也在不断攀升，施工企业在人工费的收支上都是亏损的，这就更加需要在人工费的成本控制上下功夫。首先要签订一份相对完善的劳务合同，在施工准备阶段，已初步选定了有实力、有信誉和劳务价格相对较低的劳务队伍，在劳务合同中要明确承包范围以及需要达到的质量、安全、工期的目标要求，并明确不能达到目标要求时的违约赔偿规定。写清楚劳务结算办法，在材料使用方面，让劳务人员参加到材料用量的管理中来，这样可以有效避免材料浪费问题的出现；在劳务合同中还应明确规定，各劳务队伍之间的交接都要以书面的形式，避免以后扯皮的现象发生；在质量管理、生产管理、安全及文明施工管理、作业人员的管理、现场材料、机械、工具管理、结算管理方面要做出明确的违约规定，以便更好地约束劳务队伍。一份相对完善的劳务合同是控制好人工费支出的前提。在实施过程中，合同承包范围内的项目要杜绝零用工的发生，要组织好流水作业，避免因总包企业组织不力发生窝工现象；要协调好各劳务队伍间的交叉作业及两队伍间的交接工作，以免发生扯皮现象增加人工费的支出。

对于专业性较强的分项工程，如防水、隔墙板、门窗、栏杆、保温、石材等项目，应采取包工包料的形式分包给相应的厂家进行施工，并在合同中写明按图纸及定额规则计算工程量，这样既可以减少人工费的支出，又转移了材料浪费的风险。

② 材料费的成本控制

材料费支出是成本中比例最大的部分，约占成本的 60%～70%，控制好材料费的支出已成为工程能否盈利的关键。首先是材料用量的控制，对于实体性的材料用量，我们要严格执行器材部门的进出料相关手续，在现场的工长要负起责任控制好现场用量；在施工前的准备阶段，项目部就已经制定出成本责任到人，奖罚分明的制度，那么对于现场控制材料用量这个问题就应责任到人，奖罚分明。例如钢筋的用量就是材料控制的重中之重，从采购到放样加工，再到运至现场绑扎，每个环节都要把好关，采购要把好质量、数量关，加工时要最大限度地避免不必要的废料产生，还可以对一级钢筋进行规范允许范围内的拉伸，提高材料使用率。对于非实体性材料用量，关键是确定合理的施工方案，在施工前的准备阶段已选定了施工方案，在实施的过程中要不断优化，使其更加完善。材料用量的管理一定要让劳务队伍参与进来，可以和劳务队伍签订材料用量的使用协议，尤其是周转材料丢失、损坏现象严重，应与劳务队伍确定合理的损耗率，以保证周转材料用量可控。

其次是材料价格的控制，对于一些价格波动较大的材料，如钢筋要预测其价格走势，尽量在价格较低的时候多采购些，有利于降低成本，这样分阶段与发包人认价时就能够占据主动，获得一定的利润;材料采购时要货比三家,在资金允许的情况下尽量现款采购,降低材料支出成本。

③ 机械费的成本控制

器材部门要根据进度及施工方案的要求,合理配备施工机械。机械费成本控制的关键依然是合理的施工方案,在机械选型上尽量做到满足工期、质量目标的前提下,选择费用较低的施工机械。现场施工机械的进退场时间要严格执行施工方案,以免出现机械在现场放置而未使用的情况;如果处于春节期间,就要及时报停,以减少机械费的支出。

④ 现场经费的成本控制

这部分费用具有较大的伸缩空间,开源节流的办法较多,控制现场经费支出的措施有:合理的精简和配置机构,尽量选择一些全方位的人才;加强计划管理,编制适度、可行的年度和季度管理费用;行政办公用品的使用要登记,避免浪费;严格控制招待费用等。

⑤ "软成本"控制

在每个项目的合同中已经明确约定了质量标准、工期天数、安全目标以及付款方式等,如不按质按时的将工程交付发包人使用,必将导致总承包企业的违约,并向发包人支付违约金,从而增大工程的成本支出。如果工程需要垫资施工,施工企业也必将付出财务费用,以维持工程的实施。这些方面都是工程成本中不容忽视的部分。针对不同的工程,找到切合点,正确处理它们与成本的关系是企业成本管理的重点。在保证质量的前提下,合理的缩短工期,可以降低租赁费用、折旧费用和现场经费的支出,有利于加速资金的周转利用。质量是企业的生命,成本控制与质量的关系是既对立又统一的,要正确处理两者之间的关系,在确保质量的前提下,合理降低成本。

4. 工程结算阶段

工程的实施过程中要注重合同的履约,避免违约行为的发生,收集整理好工程的各种资料,如变更洽商、现场签证、索赔资料等。这些都将为结算打下坚实的基础。在上报工程结算前要夯实项目成本,做到心中有数。在结算阶段要加强工程索赔工作,索赔工作涉及面广、综合性强,既是整个项目管理层综合素质的反映,也是施工企业获取合理利润的手段。在市场经济体制下,企业的盈利很大程度上取决于其是否善于索赔。索赔工作要求人员必须具有较强的索赔意识,善于研究合同文件,善于学习和总结索赔的经验,只有施工经验丰富且熟悉工程中的各个环节,并具有一定的法律知识,才能做好索赔工作。结算阶段要尽量缩短审核的时间,积极主动与发包人和审计单位沟通,尽早完成工程结算工作,及时收回工程款,提高资金的时间价值。

5. 工程的后评价阶段

工程竣工结算完成后,应分析项目的盈利比例以及各项成本的支出指标,以备今后的类似工程参考。同时也应将项目实施过程中的成功经验总结出来,以便推广到更多的项目使用。对过程中出现的问题,更要认真总结,以便在下一个工程中采取措施加以避免。

施工企业的成本管理对于企业的生存是至关重要的,加强全员成本管理意识,运用成本管理理论,在实施过程中抓好落实,建立适宜的激励约束制度。只有通过实施全员、全过程的成本管理,时刻关注成本情况,及时对比纠偏,才能实现成本的控制目标,保证企业的利润实现。在当前市场经济的大潮中,只有适应市场、苦练内功、加强企业成本管理、努力提高企业核心竞争力,才能在竞争中保持优势,脱颖而出。

出口退税流程解析与问题案例分析

资产财务部
张相宜　林秀娟

为规范我公司出口退税业务流程，确保出口退税款项及时收回，结合相关税务法规资料信息后，我们编制设定了出口退税业务办理流程，并对实务中出现的特殊事件进行案例分析，以期对公司的管理控制有积极的借鉴意义。

首先介绍出口退税业务办理流程：

一、退税的基本流程

1. 上交退税资料至财务部税务管理人员。

2. 税务管理人员进行发票的认证和数据的录入。

3. 若数据录入结果显示需要提供自查资料，业务部门人员需配合税务管理人员进行资料准备；若无需自查资料，则进入下一步流程。

4. 税务管理人员负责上报数据资料给主管出口退税工作的税务机关。

5. 若税务机关对于所提供的退税资料有异议，业务部门人员需配合税务管理人员进行资料的补充和说明；若无异议，则进入下一步流程。

6. 等待退税款项到账。

二、退税所需资料

	一般贸易	对外承包	中标机电
所需资料	1. 增值税专用发票抵扣联； 2. 关单； 3. 形式发票。	1. 增值税专用发票抵扣联； 2. 关单； 3. 形式发票。 ＊第一次申报还需提供： 1《承包工程合同备案》表； 2. 加盖公章的合同复印件。	1. 增值税专用发票抵扣联； 2. 招标单位所在地主管税务机关签发的《中标证明通知书》； 3. 由中国招标公司或其他国内招标组织签发的中标证明； 4. 中标人与中国招标公司或其他招标组织签订的供货合同(协议)； 5. 中标人按照标书规定及供货合同向用户发货的发货单； 6. 中标机电产品用户收货清单； 7. 外国企业中标再分包给国内企业供应的机电产品，还应提供与中标企业签署的分包合同(协议)； 8. 商业发票； 9. 与供货企业的采购合同； 10. 中标对应表； 11. 中标跟踪台账。

自查资料包括：

1. 企业自查表；
2. 国内采购商品或委托加工合同复印件；
3. 国内采购商品或委托加工的原始付款单据复印件；
4. 国内采购商品或委托加工的运输单据及运费发票、运费支付凭证复印件；
5. 出口合同复印件；
6. 出口货物明细单复印件；
7. 出口货物装货单复印件；
8. 出口货物运输单据（包括海运提单、航空运单、铁路运单、货物承运收据、邮政收据等承运人出具的货物收据）复印件；
9. 自行报关提供口岸理货费用发票及支付凭证复印件；
10. 委托报关提供委托报关合同及付费发票复印件；
11. 结汇水单复印件；
12. 出口报关单、增值税专用发票复印件；
13. 进出口业务调查表。

三、资料上交时间和注意事项

1. 出口退税资料由业务人员直接交给财务部税务管理人员。
2. 一般贸易和对外承包根据关单上出口日期，中标机电根据增值税专用发票开具日期，不迟于次年1月31日交齐退税所需资料。1月31日至3月31日上交的退税资料，不保证能够顺利退税。3月31日之后不再接收上一年度的退税资料。
3. 如果有需要提供自查资料的情况，业务人员在接到税务管理人员通知的20天内，需准备好自查资料并上交。
4. 出口退税货物所收外汇确保在次年4月18日之前收到。
5. 增值税专用发票抵扣时间为180天，过期不能抵扣，不能退税。
6. 一张关单上的货物可以由多张增值税专用发票开具，但一张增值税专用发票不能包含多张关单的货物。
7. 将一张关单上零退税率的货物和有退税率的货物分开开具，分开报销，并向税务管理人员进行说明。若没有分开开具或者未向税务管理人员进行说明，增值税专用发票既不能退税，也不能进行抵扣。

本文第二部分就特殊事件进行案例分析：

（一）税务局对于出口退税率为零的货物进行不定期的清查

2014年我们分别于4月和11月被税务局清查了出口退税率为零的货物。出关的货物中，有一部分是有退税率的可以退税，不需要计提销项税额，并且退还一部分进项税款。而关单中，有一部分是出口退税率为零的商品，按照我国现行的税法规定，这一部分商品是国家不鼓励出口的，执行“非退即征”的政策，按照出口转内销方式处理，需要计提销项税额。而根据税务局的规定，在出口日期当月或者次月要计提销项税额，否则要加收滞纳金。目前我公司存在关单上交不及时和关单未拿到两种情况。

一方面，由于我们出口退税时限从原来的90天放宽到次年4月15日之前，所以造成业务人员关单上交不及时。另外可能由于出口代理的原因，不能够及时拿到关单上交财务。今后，财务部门会要求业务人员关单上交时间为出口日期后90天内，以便财务人员对于出口货物进行识别和正确的会计处理。并且要求业务人员将有退税率货物和零退税率货物的进项发票分开报销，方便财务人员提取销项税金及入账。

另一方面，一部分关单业务人员拿到后没有引起重视或者业务人员也没有及时拿到，导致财务人员无法提取销项税金。在日后工作中，应该加强对业务人员宣贯政策和要求，使他们保证取得所管理项目的出口货物明细并及时催促出口代理将关单送交我公司并及时报送给财务人员。

此外，针对出口货物，需要在财务系统中进行报销，从而根据关单开立形式发票，业务人员应按要求及时办理，避免出现延时开票、自行随意开票等差错行为。

（二）特别关注商品的自查材料中，经常出现材料不全或丢失情况

税务总局对于一部分商品规定为特别关注商品，对于该部分商品，税务局要求我方对其进行自查资料的准备以及对其供应商进行函调，财务部税务管理人员会告知业务人员与供应商取得联系，保证其填报函调信息与我们填写的自查资料匹配，配合完成函调，从而保证完成退税。

在函调信息中，运输方面是出口货物的关键环节，最直接反应货物是否为真实的出口行为。但有时由于厂商离港口近或者港口免费提供装箱运输服务，造成无法取得国内段的运输发票。这就要求业务人员在签订合同时，在运输条款上做好约定。在执行中注意运输环节的各个细节，保证运输发票的取得，保证货物从厂商顺利运到港口并且在税务和会计行为上是合法连贯的。

综上，是我们在出口退税实务工作中的一点经验和反思，希望编写成文后可以给今后工作的规范性和流畅性提供一些理论基础。

关于社保会计核算体系的分析

资产财务部
赵旭阳

一、当前社保基金核算体系中的不利点分析

1.1 未明晰的定位社保基金会计

社会保险是指国家为了预防和强制社会多数成员参加的，具有所得重分配功能的非营利性的社会安全制度，是说工作者在生病或是伤亡等多类原因临时或是一直没有了劳动能力或者是失业的时候，国家给予帮助的一种制度。其涵盖基本养老保险、基本医疗保险、失业保险、工伤保险、生育保险等。前三类是由企业和工作者一起来支付的，剩下的是企业全额负担的。它是结合国家的要求提取并运行的一项专门的资金，要按照专款专用理念来运作，所有的机构和工作者都没有权限私自决定它的使用方向。目前，我国社会保险基金的会计核算是以社会保险基金会计制度为依据，区分企业职工基本养老保险基金、失业保险基金、城镇职工基本医疗保险基金单独设置会计科目、编制会计报表进行会计核算。未清楚地把它放到相关的会计体系里，社保基金独立核算，无法准确体现预算。

1.2 社保基金会计处理时面对的缺陷

社会保险基金的会计核算制度第四条规定，社会保险基金的会计核算采用收付实现制，会计记账采用借贷记账法。在我国社会保险基金会计核算的初期，社会保险基金的会计核算主要是记录社会保险基金的收入、支出和结余情况，通过收付实现模式能够精准体现社保资金的具体运行状态，在当时也具有实际意义。伴随着社保制度的不断深化发展，社保基金核算如今已经不单单是社会保险基金的收入、支出和结余，还应包括社会保险基金的监督和管理、保值和增值等情况。比如，社保资金的筹措是不是及时，费用是不是充足，使用是不是得当。所以，要不断完善社保的核算基础，确保其可以更好地适应社保体制革新的规定。通过全方位的分析社保的核算基础我们可以知道，当前的收付实现模式在进行核算工作的时候面对着如下的一些不利点：

(1) 无法精准体现社保基金的负债以及资产状态

我国社会保险基金中的基本养老保险基金和基本医疗保险基金都采用统账结合的方式，分别设立基金统筹账户和个人账户。其中，统筹账户实行现收现付制，个人账户实行基金制。现收现付制是按照一个较短的时期(通常为一年)内收支平衡原则确定缴费率来筹集社会保险基金，本期的社会保险费收入仅满足预算期内的社会保险费给付的需要，一般留有小额的流动储备资金。这种制度的本质是下一代人养活上一代人的制度。基金制是指在任何时间上累积的社会保险费总和连同其投资收益，能够以现值清偿未来的社会保险费给付的需要，这一制度的本质是同代自养。社会保险基金采用收付实现制进行会计核算，平时以款项的实际收付作为确认收入和支出的依据，其对于单独考核资金的收付模式来讲非常有意义。不过，针对基金

无法全部及时回收的问题，改体系是不能够有效反馈的。由于当前我国的单位正在积极地开展革新活动，其运作体系也在变化，单位的所有制模式也变得更为繁琐。在转制的时候一些单位面临破产等状况，此时单位就不能够继续支付员工的社保费用了，就出现了欠费的问题。在使用收付实现模式的前提下，此类欠费无法精准地体现。这些无法尽快收付的费用其实早就变成了应收款。同时，对于企业基本养老保险和基本医疗保险个人账户的应计利息、借入款项的应计利息，必须在具体的支付利益的时候才能够体现出来。上述内容都使得相关的账户等无法精准地体现和反馈资金的具体运作情形。

(2) 无法精准体现社保资金的运作形势

按照当前的政策要求，社保资金的结余是无法开展各种类型的投资活动的。而 2000 年以后国家不再发行针对社会保险基金的特种国债，其他国债的利率低于银行同期利率，所以，社保的收益关键在于银行利息。怎样尽量确保其获取较高的利润关键在于社保经办组织的活动效率如何。伴随着社保制度革新活动的开展，对资金使用状态进行全方位的分析，就成了社保资金监管的关键事项。但是收付实现模式因为无法精准体现社保的成本，无法在规定的时间中明确利息的收支情况。将资金的具体收付当成是明确收入的参考内容，会使提前或拖后支付费用、使用保险基金的情况不能得到很好的反映，所以对于准确考核社会保险基金的使用情况也是不利的。

二、完善社保基金核算体系的方法分析

2.1 加强财政对社保基金的监管

当前我国财务会计工作中备受关注的问题之一就是会计信息失真，而它所反映的本质是会计核算、监督环节的薄弱无力。从社保资金的角度来看，社会保障是政府职能的重要组成部分，财政部门是政府资金分配的主体。国际经验表明，社保基金的筹集和供给，财政往往是主体实施者，在社保基金收不抵支时，财政又往往成为最终支付者。因此有必要加大财政对社保基金的监管力度。实行会计集中核算，有利于强化会计监督，有利于加强对社保基金支出的监控，确保基金支出的安全、有效和规范。

2.2 对社会保险基金实行权责发生制和收付实现制相结合的会计核算

在明确社保基金的核算问题的时候，不应该简单地按照权责发生体系等来运行。如果一味地使用权责发生体系的话就容易导致账户资金虚假。所以，在区分基金的性质的时候，要秉承着客观精准的理念来展现资金的筹措以及增值模式。比如，在社保征缴领域里，针对那些能够正常获取的社保费用，可结合实现制在收到资金的时候计入；针对那些可以提前或是延后的资金，可以采用权责发生制的原则将提前收取的社会保险费记入预收款中；针对那些在当期未获取的保险资金，可将其定位为应收款。因为社保本身是非常独特的，所以相关的资金运作无法全部按照权责模式来落实。在核算基金内容的时候，要分析实际活动的特征，进而结合特征使用不一样的基础来核算。社保基金核算体系的创新和我们国家的预算会计体系创新工作之间存在着非常紧密的关联。预算会计制度改革总的趋势是由收付实现制向权责发生制转变。我们坚信伴随着国家会计体系的不断发展，社保基金会计核算肯定会被放到政府会计里面，所以，完善基金处理模式本身就是合乎预算会计发展规律的。

第3章
项目运营与技术创新

关注变更设计提高项目收益
——蒙古 NP1 公路项目设计变更案例

张国栋

2014 年 12 月

当一个项目成功签约以后，在开始实施之前，项目管理人员特别是项目的负责人、控制经理、技术、计价等相关人员，要全面掌握合同条款，对合同中有关计量、计价方面的条款，更要全面掌握，要知道合同中约定的哪些费用是可以调整的，如何调整；哪些费用是不能调整的。同时还要掌握工程量清单价格中的各子项单价水平，对哪些项目的单价偏高或偏低做到心中有数。要重点关注单价偏高或偏低特别是亏损的子项，要寻找机会进行设计变更或现场签证等，将单价偏高的子项工程量进行调增，将单价低至亏损的子项工程量进行调减，或消灭该子项。

要达到以上目的，就要求项目管理人员既要有较高的技术业务水平，又要有对项目认真负责、肯于钻研的精神。项目管理人员必须要研究透设计意图，掌握设计规范、施工规范和质量验收标准，熟悉现场情况，精通施工过程。要重点关注设计是否存在问题，是否符合施工现场的实际情况，能否进行优化设计等。如设计确有问题或与现场情况不符或有更优的设计方案以及有较经济的新材料、较先进的施工工艺等可以代换，就应通过现场监理、业主代表、设计代表等采用设计变更或现场签证等方式来加以解决，使项目达到节约成本、方便施工、缩短工期、增加合同额或提高施工质量等一种或多种目的，确保项目各项目标的实现。

蒙古 NP1 公路项目就是结合现场实际，通过变更设计来达到优化设计、增加合同额、确保施工质量等目的。下面就 NP1 项目设计变更情况简要介绍如下：

我们在 NP1 项目签约以后，就有目的性的寻找可增加合同额的设计优化。通过现场调查，我们发现：在我们进场之前，已经施工完的路基，经长期汽车碾压已经发生严重变形，但设计对此并没有进行任何特殊处理。针对此问题，我首先提出了变更设计的方案，并组织交通公司技术分中心的有关人员到现场进行实地踏勘，开展具体的变更设计工作，并将变更设计情况及时与业主及现场咨询进行了沟通。陪同业主、现场咨询总监及亚洲开发银行的代表就变更设计问题进行实地考察，并向他们详细介绍了变更设计的起因及拟变更设计的方案，取得了亚行、业主和咨询对变更设计以及由此引起的费用增加的认可。变更设计完成后，及时向咨询及业主报送了变更设计文件及变更设计引起的费用增加预算文件，并就变更设计的具体事宜，与业主、咨询多次召开会议进行研讨，根据研讨意见修改设计变更及调增费用文件，最终获得业主、咨询对设计变更及调增费用的批准。通过此项变更设计，既保证了工程的顺利实施、确保了工程质量，同时又大幅度地调增了合同价格。此项变更设计，共调增合同额 90.6 万美元，调整幅度为 8.42%。

以投融资驱动工程总承包

张国栋

摘　要：

本文对投融资驱动工程总承包进行了论述，详细介绍了以投融资驱动的工程总承包经营模式，分析了国内工程总承包市场的现状和国际工程总承包市场的发展趋势，提出了介入国内、国际以投融资驱动的工程总承包市场的主要方式，可供工程总承包企业参考。

引　言

当前国内外工程承包市场的竞争日趋激烈，公开招标，低价中标的方式是国内外工程市场招标中最常用的一种方式，承包商通过此方式参与竞标，必须将报价最大限度地压低方有中标的可能，中标以后，项目的盈利空间被无限挤压，很多项目是无利润甚至是负利润在运作，长此以往，将严重束缚企业的发展，甚至还会威胁到企业的生存。

在此形势下，必须要开阔视野、转变观念，创新、探索、寻找新的经营模式，实施差异化市场战略，专注于国内外大中型基础设施建设、大型市政工程等项目，不断优化市场布局，以“高端市场、高端业主、高端项目”为主攻方向，积极开发优质资源客户，走以投融资驱动的工程总承包经营模式，与金融机构建立良好的合作关系，积极参与国内外高端工程总承包，致力由参与者发展到领先者，以此来打造品牌形象，走品质化发展之路。

一　投融资驱动的工程总承包经营模式

投融资驱动的工程总承包经营模式，既不是简单的投融资活动，也不是简单的设计加建造活动，它应是将传统的生产经营与资本经营相结合，以金融工具、资本市场和基础设施项目为载体，进行市场化、企业化运作，借助项目融资的特点解决建设资金来源问题，借助工程总承包特点解决优化设计和精细化建造问题，承包商集融资、设计、建造于一体，把项目总承包管理方式及企业与相关社会因素有机整合和优化配置，使承包商、业主实现社会、经济效益双赢。

投融资驱动的工程总承包经营模式也可称为投融资建造模式，它是一种“以投融资带动工程总承包”的创新模式，它有利于企业加快经营结构的调整和产业结构优化升级的步伐；有利于企业提升国际化、集团化、专业化的层次；有利于企业在国际市场上提升综合竞争力；有利于国内外一体化经营，保障开拓国际市场战略模式的实施质量；有利于企业拓宽思路，提高效益、发展规模和品牌影响力，是一项由承包商实施项目融资建造的新事业。

投融资建造模式较以往最大的不同就是项目投融资将贯穿项目执行的始末，项目不再单纯是一个工程施工项目，还是一个投资项目，是施工生产与资本运营相结合，共同实施，相互影响、相互促进的项目。

投融资建造的具体模式有很多，目前在国际市场主要有投融资＋EPC，国内市场主要有投融资＋BT、投融资＋BOT 等模式，此外在国内外 PPP 模式下的各类项目也日趋增多。

二　投融资驱动的工程总承包模式的基础

投融资驱动的工程总承包模式的基础是发挥承包商工程管理的专业优势，通过投融资方式实施项目建造的活动。承包商毕竟不是投资商，但投融资建造模式要求承包商以开拓的视野，站在项目投资商的高度，使融资运作贯穿项目建造的全过程，提升项目总承包与业主监督的层次。通过项目投资与建造有机的、集成相关社会因素和生产要素的项目，规范、提炼和升华项目建造的各种管理活动，大大提高项目建造过程的社会效益和经济效益。

投融资建造模式涉及众多的知识，包括相关现行法律、法规及复杂的管理内容、工程技术、项目管理和金融、投资、保险等知识。因此，投融资建造要求企业具有复合型、多学科的人才队伍，来研究操作过程中的企业风险和应对措施，合理界定企业所需要的转型内容和途径。同时也要对政府的相关政策进行探讨、研究，提出有利于行业发展的各种建议，及时与政府和相关方进行沟通协商，为项目投融资建造提供便利的政策环境。

三　国内工程承包市场现状

国内工程承包市场呈现出百花齐放的态势，施工总承包招标仍占主导地位，竞争异常激烈。政府管理的大中型基础设施项目以 BT、BOT 方式发包的占有一定的比例，PPP 模式的项目将在城市基础设施类建设项目中得到推广。对涉及投融资类的建设项目，若企业具有一定的融资能力，无论是项目的取得还是项目执行后的收益都要远远优于通过市场竞标获得的工程项目。目前国内一些实力雄厚的大型工程总承包企业正越来越多地参与到了投融资驱动的工程总承包项目中。

四　国际工程承包市场的发展趋势

近几年来，我国的国际工程承包发展迅速，业务规模持续大幅增长，国际市场不断扩展，企业实力逐步提升。国际工程承包业务正逐步走向成熟，从低端市场走向高端市场，从成本优势型向资本、技术和管理优势型发展和转变。而今在国际金融危机对国际经济的影响下，全球经济增长放缓，国际贸易和投资活动缩减。与此同时，国际工程承包市场的竞争却有增无减，单纯的施工总承包越来越难以为继，而具有投融资能力的工程承包企业却越来越得到国际市场的青睐。

工程总承包企业，若无法替业主解决融资问题，即使是 EPC 合同签订后，也会有部分项目难以成功执行。因此完成商务签约只能说是完成了一半的工作，有相当一部分企业的商务合同都因融资落实不了而搁浅。所以，当今的承包企业也越来越重视融资问题。承包企业不仅要解决融资，还要能针对不同的项目提出别具一格的融资方案，只有这样，才能在竞争日趋激烈的国际工程承包市场中保持一定的优势。

五　工程总承包企业的发展方向

工程总承包企业要充分认识到当前国际、国内市场发生的变化，以顾客需求为导向，最大限度地向业主提供服务，积极向投融资、运营等高端服务迈进，并以高端服务带动工程总承包，整合项目融资与承发包环节，发挥在融资、项目管理等方面的优势，在源头对项目整体进行方案优化，合理设置设计、采购、施工各阶段的交叉及协调，通过设计和施工深度交叉和交流，优化设计方案达到降低工程造价、提高工程质量、方便工程施工、缩短施工工期等目的。

工程总承包企业要从项目投融资需求入手，围绕资金的密集型特点，针对不同的项目研究各种投融资模式的优点、缺点、难点和风险，确定投融资方式的组合、投资策略、管理的要求和操作方法，不断增强项目融资和资本运营能力。投融资建造需要大量的资金，对资本具有较高的依存性。企业资本状况的优劣将直接影响银行、投资者对企业的信任程度，影响着企业的融资能力，衡量的指标包括企业现有的自有资本状况、融资水平、借贷履约能力、偿还信誉等。因此工程总承包企业必须要着力培育组装社会要素、社会资本的能力，持续壮大投融资建造的资本实力。

投融资建造模式效益大，风险也大，投融资建造是一个集众多资源、风险于一体的复杂过程，需要大量适宜、科学和先进的技术手段，其关键是要坚持学习、引进、消化和集成创新，推进以高端技术为核心的投融资管理，导入金融、投资、营销操作的技术方法，构建项目策划、设计、施工和供应一体化的项目管理方式，形成数字化、信息化的预警网络，以减少项目预测、分析和实施的失败风险，必须要通过有效的风险预测和过程控制来达到预期的目标。

工程总承包企业要努力夯实基础，继承和发扬现有的传统优势，构筑企业新的核心竞争力。

(1) 要培育企业的融资能力，建立融资伙伴，提高负债能力和抗风险控制能力；

(2) 要提升企业的项目管理能力，提高组织优化能力和项目控制能力；

(3) 要提高企业的营销能力，增加顾客吸引力和满意度，建立起良好的客户群关系；

(4) 要提高企业的生产能力，增加企业资源，提高资本投入能力和增加施工实力；

(5) 要提升企业的人力资源管理能力，解决好吸引人才和留住人才的问题，提高人才数量和人才素质。同时还要培育出既精通工程管理，又精通融资、投资、国际商务、国际贸易、财务管理等业务的高级复合型人才。

六　参与国内以投融资驱动的工程总承包市场的主要方式

参与国内投融资驱动的工程总承包市场的主要方式是投融资＋BT、投融资＋BOT 驱动的工程总承包模式，以及 PPP 模式下的各类项目，充分利用企业资源优势，拓展项目利润空间，实现产业结构升级，从而使企业成为资本密集、人才密集、技术密集型和管理密集型的企业集团。

国内投融资建造的关键是解决好融资问题，根据不同的项目，不同的要求来设计并实施切实可行的融资方案。

项目融资一般与传统的公司融资方式存在着明显的差异与不同：

一方面，项目融资的投资者为了建设某一个项目，先要设立一个项目公司，以该项目公司作为借款主体进行融资。银行等金融机构在考虑安排贷款时，主要以该项目公司的未来现金流量作为主要还款来源，并且以项目公司本身的资产和预期的项目收益作为贷款的主要保证。项目融资的特点是项目导向、有限追索和风险共担。这种方式的优点在于能够有效规避因传统公司融资的无限追索方式可能导致的企业风险。

另一方面，项目融资过程采用的抵押贷款方式是以物权担保为前提的，并在物权担保下构成一种具体的贷款形式。投资者可以利用投资项目本身的预期收益进行贷款担保。这种项目投融资的方式既有利于金融机构，也有利于投资商，是双方共同规避风险、提升投资效益的双赢途径，十分适合承包企业的自身特点及其投融资活动。更为重要的是，承包企业通过投融资建造不仅可以解决项目资金和资本的筹集问题，而且还可以通过对项目的投资实现项目设计、施工一体化的管理模式和效益回报，大大提高企业的产品和管理层次，奠定企业从源头切入高端市场的定位。

七 工程总承包企业介入国际投融资建造市场的主要方式

1 跟随国家战略以协助业主获得我国政府贷款或对外援助资金来开展对外工程总承包业务

我国目前拥有两大政策性金融机构，分别是国家开发银行和中国进出口银行，这两大金融机构根据国家战略，每年都会向非洲和亚洲的一些发展中国家提供一定额度的优惠贷款、开发贷款，以及一定额度的金融援助。工程总承包企业要积极利用上述政策性金融机构的出口信贷和对外金融援助机遇，努力实施以投融资带动的对外工程总承包业务。

为此，工程总承包企业要与中国进出口银行、国家开发银行、中国出口信用保险公司等国家政策性金融机构建立良好的业务合作关系，并积极寻求与其签订战略合作协议、授信协议以及信贷协议等，为以投融资驱动的国际工程总承包业务的开展打下良好基础。

工程总承包企业要与信誉好、实力强的国际工程中介建立良好的合作关系，及时获得有价值项目信息，共同开展公关活动，准确掌握业主的需求，在项目的早期介入，与业主共同就项目的设立进行深度交流，为业主提供专业化的工程咨询服务。同时，工程总承包企业还要协助业主开展向中国政策性金融机构申请开发贷款或优惠贷款，为项目进行融资，解决项目实施的资金问题。通过以上工作的开展，与业主建立起合作互信、合作共赢的关系，为赢得工程总承包创造条件。

工程总承包企业也可对目标国进行调查，了解当地最急需的基础设施有哪些，经过分析、筛选确定出可介入的项目，然后就项目的初步设想与当地政府主管部门进行沟通，获得同意后与其签订项目合作协议，组织编制项目建议书及融资方案，获批后再协助业主落实中国金融机构的贷款，然后与业主签订工程总承包(EPC)合同。

工程总承包企业还可通过协助业主向中国政府申请对外经济援助，以获得援外项目合作基金或援外优惠贷款等借贷资金对项目进行融资，从而获得项目的工程总承包权。

以上方式最大的优点便是不需要企业投入资金，即便是投入也是很少量的差旅费、招待费、项目建议书或可行性研究编制等费用。此种方式可作为在国际市场开展以投融资驱动工程总承包业务的主要方式。

2 跟随银行从国家的整体开发思路入手，以银企合作来开展对外工程总承包业务

我国的国际工程承包经历了从单个项目的执行，到资源换项目的一揽子阶段，发展到对国家整体规划的设计，获批后对全部规划提供融资的阶段。因此，工程总承包企业要密切关注国内银行在世界各国的资源换项目的一揽子框架，以及对各国各行业的整体开发。在金融危机的大环境下，许多发达国家的银行都没有了头寸，而中国恰恰在这个现金为王的时代拥有大量的外汇储备，工程总承包企业要抓住这个时机，充分利用这个优势，与银行进行合作，加大力度，积极开展国际工程总承包业务。

近几年，许多中国的国际工程承包企业就是在政府的指导和银行的支持下发展壮大起来的。例如，国家开发银行前些年对委内瑞拉进行了国家的整体规划，在获得该国政府审批并得到委内瑞拉石油抵押的前提下，全部规划实施的资金均由国家开发银行提供，至今已提供了三

百多亿美元的贷款。在这些贷款下的 EPC 合同全部由中国的承包商完成。这是一种多赢的融资模式,对委内瑞拉来说,其基础设施等方面的建设得到了很大的改善;对中国政府来说,有石油做担保,还款有了保证;对国家开发银行来说,获得了放贷利差的收入;对中国的承包企业来说,从 EPC 项目中赚取丰厚的利润;对两国政府及两国人民来说,加强了往来、增进了友谊。这是一个非常典型的案例,是非常值得工程总承包企业认真学习、研究、思考和借鉴的。

3 为业主设计并实施混合贷款解决项目融资促进对外工程总承包业务

传统的商业贷款存在融资成本高的问题,而政府优惠贷款虽然利率低,但却受两国政府总盘子的限制,金额不能过大。因此,对于金额较大的国际工程承包项目,工程总承包企业可为业主设计切实可行的混合贷款方案,以使融资获得成功。例如:可考虑采用政府优惠贷款+优惠的买方信贷或政府优惠贷款+商贷等组合的方式,一方面可以摊薄成本,另一方面项目总融资金额又可以不受限制。

一个融资创新项目的出台并付诸实施是非常艰难的,它需要政府和金融机构的支持,更需要集企业、政府和金融机构各方的智慧,将一个个难题攻破,从而满足各方的融资要求,实现项目融资。

4 以海外投资带动工程总承包业务

海外投资带动工程总承包业务,就是通过小额的投资比例来撬动工程总承包项目,无需控股,只为议标拿到工程总承包合同。现在如果真的让工程总承包企业自己拿出真金白银往里投,有很多的企业还确实有一定的难度,但是可考虑采用其他方式进行探索。当前国际工程承包行业的平均利润率很低,可尝试将项目的利润部分以投资的方式入股,从而使国际竞标项目因投资的色彩而采用议标的方式,不仅能顺利拿到合同,而且利润还能有所保障。在项目施工完成后,如果经营情况好,项目的后续利润将远远不止于所投入的施工利润。如果经营亏损,最多也就是赔掉施工利润,达到盈亏平衡,但是增加了经营额,锻炼了队伍。工程总承包企业可以发挥聪明才智广开思路,积极探索各种以较小的投资来获取工程总承包项目的方式。

5 关注国家的国际合作与发展战略做好做足项目储备

“丝绸之路经济带”和“21 世纪海上丝绸之路”作为中国首倡、高层推动的国家战略,对我国现代化建设和占据世界领导地位具有深远的战略意义。“一带一路”战略构想的提出,契合沿线国家的共同需求,为沿线国家优势互补、开放发展开启了新的机遇之窗,是国际合作的新平台。

2014 年 5 月 21 日,习近平主席在亚信峰会上做主旨发言时指出:中国将同各国一道,加快推进“丝绸之路经济带”和“21 世纪海上丝绸之路”建设,尽早启动亚洲基础设施投资银行,更加深入参与区域合作进程,推动亚洲发展和安全相互促进、相得益彰。

工程总承包企业要围绕国家战略,以“一带一路”所覆盖的国家和地区为重点,与所在国政府、潜在项目业主、信誉好的国际工程中介、中国驻外使馆建立密切联系,广泛搜集项目信息,广泛进行项目的培育与深度开发,做好做足项目的储备,超前做好项目介入的各项准备工作,以迎接“一带一路”战略下的国际工程总承包项目高潮的到来。

八 结 论

投融资驱动的工程总承包模式，是以项目为载体，把企业品牌、专业人才与资本密集、技术密集和管理密集有机结合起来，具有其他项目实施方式所没有的特殊竞争优势。

以投融资驱动工程总承包可作为工程总承包企业发展国内、国外市场的一种有效形式。目前，项目融资渠道还不够顺畅，直接影响了以投融资驱动的工程总承包事业的发展。工程总承包企业要积极想办法努力改变这一状态，尽快使此项业务得到蓬勃发展。

资本运营要服务于施工生产，扩大市场覆盖面；施工任务的扩大，现金流的增加，又提高了企业融资能力，提高了资本运营的运作空间，从而又加大了承揽任务的能力，两者相辅相成，互相提高和发展。所以说，产业资本与金融资本的结合，产业资本将产生规模效应，金融资本将产生放大器的效果。产业是金融运作的载体，金融运作的时候必须要有产业做支撑。只要能创造出好的投资品，就会有机会吸引到投资人和投资资金，就会促进以投融资驱动的工程总承包业务的开展，就会打破当前纵向分割局限在施工环节，横向分割局限在行业领域的局面，最终使工程总承包企业成为人才密集、智力密集、资本密集的跨行业领域的龙头总承包企业。

参考文献

[1] 张倩. 国际工程总承包项目融资方式. 中国投资，2013(10)：194.

[2] 王孟均，崔忠东，宋程鹏. 大型建筑企业运作 F－EPC 项目的战略构思. 土木工程学报，2013，30(1)：56.

集团公司总部 BIM 技术应用设想

技术中心
王祥训

BIM(Building Information Molding)技术自住建部(2011－2015 建筑信息化发展纲要)颁布以来其热潮一浪接一浪。经过四年来的 BIM 技术推广与发展,使业内人员逐步认识到其技术的先进性以及所提供的数据能力和技术能力,特别是 BIM＋互联网将是对未来建筑业产生颠覆性的变革。因此,国内大的建设集团如中铁、中建、中冶、上海建设集团等都积极探索并在施工中引用 BIM 技术;典型工程如上海中心、迪士尼、SOHO 中国等项目。毫无疑问谁先掌握了 BIM 技术,谁就领先一步,就能抢占商机。

中国建设作为我国建筑业中具有特级资质的央企,要在 BIM 技术学习和应用中跟上时代步伐不掉队,必须对 BIM 技术发展形势进行分析和研判,必须要有建设性的规划和实质性的行动。为此本文就集团总部 BIM 技术建设进行规划和设想如下。

一、成立 BIM 工作室

集团总部应该在技术中心设立 BIM 工作室。

1. 工作室组织机构简图

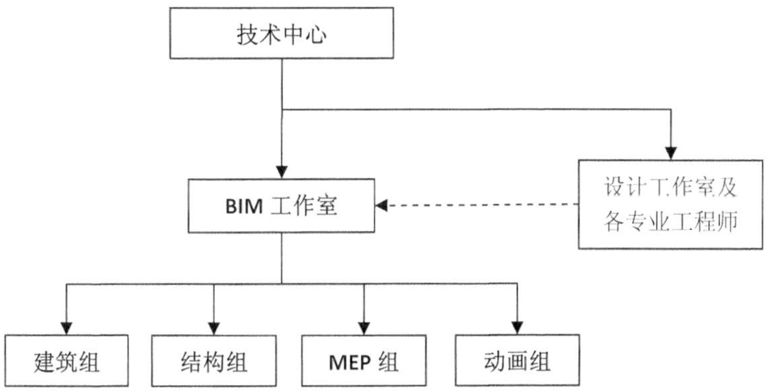

2. BIM 工作室职责

(1) 对内职责

学习研究企业 BIM 技术,制定企业 BIM 技术规程。

以项目为对象,开展实施以 BIM 技术为核心的深化设计。

协助指导相关部门、事业部、项目部开展项目 BIM 管理工作。

利用 BIM 技术配合集团公司的营销工作,协助事业部进行项目投标。

利用 BIM 提升集团公司精细化管理,加强公司管控能力,提升项目利润;

利用 BIM 技术解决“高、大、难”项目技术问题,加快项目进度,提升项目质量;

负责 BIM 技术在集团系统内的推广、应用及培训工作。

建立科学、合理、高效的组织架构与工作任务，建立一支高素质的 BIM 技术人才队伍。

(2) 对外职责

负责完成客户交付的工程项目设计与工程管理任务。

负责与项目设计任务相关的对外联系工作。

代表集团公司参与 BIM 技术应用、推广相关的学术研讨、设计竞赛等活动，在 BIM 技术应用领域提升集团公司在行业内的影响力。

3. 人员组成与职责分解

序 号	职务/岗位	职 责	人员定编
1	BIM 工作室主任	BIM 工作室负责人，由技术中心副主任兼任，协调本部门工作，就部门职责向集团公司负责	
2	BIM 工作室副主任	全权负责工作室的业务工作，布置和协调各专业工程师的工作	1
3	建筑专业 BIM 工程师	负责建筑专业 BIM 模型的制作，与结构、MEP、动画等专业工作对接	1
4	结构专业 BIM 工程师	负责结构专业 BIM 模型的制作，结构碰撞检查等，与 MEP、动画、深化设计专业工作对接	1
5	MEP 专业 BIM 工程师	负责 MEP 专业 BIM 模型制作，管线碰撞检查等，与结构、动画、深化设计专业工作对接	1
6	动画专业 BIM 工程师	负责 BIM 工程形象展示，平面效果图绘制及动画制作，与建筑、结构、MEP 专业工作对接	1
	合计		5

4. 人才招募与培训

由于 BIM 属于建筑产业新兴技术，市场上专业人才稀缺，集团公司 BIM 工作室的人员应着重内部挖潜，选择具有 2—3 年项目经验，建筑、结构或电气暖通相关专业毕业，熟练掌握计算机、对 BIM 技术具有一定工作热情的年轻骨干进行选拔和培养，人员不足从应届毕业生中进行补充。逐步培养形成对企业忠诚度高、具备充足专业知识和实践经验的 BIM 团队。

二、BIM 硬件架构

在集团公司 BIM 工作室建设初期，按照定编人数配备图形工作站即可。随着后期业务量增多，可视情况增加专用服务器、磁盘阵列、图形打印机和协同工作平台。通过集团信息中心与工程互联网、办公自动化形成统一对接，做到互联互通。

三、BIM 软件架构

当前的 BIM 软件尚且无法独立实现全项目周期的 BIM 管理。因此各单位均采用了以某一 BIM 软件为核心，各专业 BIM 软件为补充的软件架构。鉴于集团公司 BIM 工作室职能设置与业务情况，我集团公司 BIM 软件架构如下。

<table>
<tr><th>序　号</th><th>软件名称</th><th>软件功能</th><th>备　注</th></tr>
<tr><td>1</td><td>Revit</td><td>集成了建筑、结构、MEP 三大功能的核心 BIM 软件</td><td rowspan="8">均包括在 AutoDesk Revit 旗舰版软件包中。BIM 工作室建设初期以本软件包为主要学习和应用软件。</td></tr>
<tr><td>2</td><td>Navisworks</td><td>管线碰撞检查、施工模拟和三维浏览软件</td></tr>
<tr><td>3</td><td>Inventor</td><td>机械设计软件，可进行各种生产线、机械设备建模</td></tr>
<tr><td>4</td><td>3ds Max</td><td>三维渲染与动画软件</td></tr>
<tr><td>5</td><td>Robot Structural Analysis Professional</td><td>结构分析软件</td></tr>
<tr><td>6</td><td>Quantity Takeoff</td><td>成本估算及数量调查软件</td></tr>
<tr><td>7</td><td>Showcase</td><td>虚拟现实与项目展示软件</td></tr>
<tr><td>8</td><td>AutoCAD</td><td>平面绘图软件</td></tr>
<tr><td>9</td><td>Tekla</td><td>深化设计软件</td><td>后期根据具体情况增加</td></tr>
<tr><td>10</td><td>MegiCAD</td><td>管线综合布置软件</td><td>初期利用 Revit 进行管线综合布置，后期根据具体情况增加</td></tr>
<tr><td>11</td><td>鲁班/广联达</td><td>造价与成本分析软件</td><td>初期利用 Revit 进行工程量计算，后期根据具体情况增加</td></tr>
<tr><td>12</td><td>协同工作平台</td><td>协同工作</td><td>后期根据具体情况增加</td></tr>
<tr><td>13</td><td>数据保密软件</td><td>数据保密</td><td>后期根据具体情况增加</td></tr>
</table>

四、BIM 应用规划

根据集团公司实际情况，BIM 技术可以应用在如下几个方面。

1）工程项目的三维可视化与施工模拟：此方面应用可以辅助工程投标、施工方案展示，以及施工组织设计的编制以及专项方案的制定；

2）深化设计与碰撞检查；

3）管线综合布置与建筑净空间控制；

4）工程量计算与物资计划编制；

5）5D 应用、分包计量与竣工结算；

6）移动端应用。

五、BIM 实施的工作步骤与进度

第一阶段，BIM 团队组建与软硬件部署；

第二阶段，BIM 工作室人员培训；

第三阶段，BIM 项目模拟演练；

第四阶段，工程实践与应用。

至于每个阶段进度时间的安排将视 BIM 工作室运行实际效果情况而定。

总之 BIM 技术不是一蹴而就的，需要经历学习、积累、提升，应用等较长过程。万事开头难，关键要行动。要实施先固化后优化策略，只要我们尽快成立了 BIM 工作室，组成了专门的 BIM 团队，集团公司 BIM 技术自然就会运转起来。

集团公司直营项目管理组织形式分析

技术中心
王祥训

集团公司本部在承接工程定位是 EPC 和施工总承包项目，本部在实行事业部制式改革后，由事业部开发任务和实施项目。项目部的策划和组建工作由事业部负责。从近两年直营项目部运行情况来看，项目组建模式大致可分为二类：

第一类是有事业部直接组建项目部，项目经理和项目部主要管理人员以事业部人员为主，抽调下属公司人员对项目管理人员的必要补充。项目部直接对事业部负责，全权处理项目活动的全过程。

第二类是事业部将项目全权交给下属公司经营，由下属公司组建项目部，项目经理和班子人员由下属公司指派，但经事业部同意。项目部直接向二级公司负责；代表二级公司全权处理项目现场的管理活动。

两种模式如何选择，各自的优缺点有哪些，EPC 工程和施工总承包工程项目组织机构形式如何，本文进行简要分析和探讨。

一、项目部两类组建模式的比较

为了便于对比，将两类模式通过列表对照（见表 1）。

表 1

序　号	对　象	第一类	第二类
1	组建项目部主体	事业部	二级公司
2	项目部负责对象	事业部	二级公司
3	项目经理	事业部人员	二级公司
4	项目管理层次	事业部直接管理	二级公司、事业部
5	项目资源投入	事业部全部负责	二级公司承担项目实施资源
6	项目风险	全部风险	二级公司承担施工风险
7	项目效益	项目全部	分享施工利润
8	项目信息获得	全部	截留施工信息
9	对客户指令反应速度	直接、快速	间接、有条件的执行
10	客户对项目形式认可度	认可度高	认可度低（认为是分包）
11	应用范围	市场战略项目、关键客户、项目风险大	较为成熟；风险小的项目

通过对比可以看出：

第一类：优点是事业部直接组建项目部，减少对项目管理层次；项目部和事业部目标一致，利益紧密，事业部可直接参与或指导项目部进行分包队伍选择、分包合同洽谈签订，项目利润高。对业主的关注度和服务度能够一致，易赢得客户信任，还可以提升事业部对项目全过程管理能力，为朝向实体性公司奠定基础。不足是事业部增加了对项目执行的管理工作，牵涉较大精力；还要有一定的施工管理人员，尤其是项目班子人员配备。给事业部增加了编制，如果当任务不足时，加大了事业部的开支。

第二类型：优点是二级公司承担对项目执行的管理活动，减少事业部对项目实施的人力和精力的投入，事业部项目管理简化，可集中精力进行任务开发，能带动全系统协同发展；同时二级公司分解了事业部项目执行的风险。不足是增加了管理层次，项目部对二级公司负责，项目利益与二级公司紧密，事业部对项目的主张将被项目部选择性执行。项目信息不对称，事业部和项目部对客户的关注度和服务度难以一致。给客户造成事业部分包印象，容易丢失客户。

二、新的派生模式

针对第二种模式执行中的不足或应客户要求在项目实施中又派生成两种形式：

a：事业部将工程项目全权交下属公司经营，由下属公司组建项目部，但项目经理由事业部人员担任。

b：事业部将工程项目全权交下属公司经营，由下属公司组建项目部，但事业部派人进驻现场监督协调。

两种形式的优缺点见表 2。

表 2

序　号	优缺点	形式 a	形式 b
1	优点	事业部参与项目部的管理，通过项目经理直接与现场业主接洽，现场问题能及时处理和沟通。事业部对项目部有一定的控制能力	项目运作还是由二级公司负责，事业部人员只对项目部监控，不直接管理，能了解项目信息并及时反馈事业部。作为项目部和事业部之间沟通管道
2	缺点	现场是以二级公司管理为主，项目经理的人、财、物权难以到位，项目班子不易统一，政令难畅，与下属公司人员责、权、利处置不当易产生矛盾	监督人员在项目现场协调力度有限。尽管代表事业部，但维护事业部利益发挥有限

经过两种类型及派生模式列表分析，各自都存在着优缺点；如何选择有事业部结合自身力量和项目具体情况进行选择，笔者建议：对于事业部自己组建项目有困难的情况下，都应采用第二类＋b 模式，即事业部将项目交给二级公司后应派监督人员进驻现场。便于事业部及时、准确掌握现场信息、对项目实施的进度、质量安全、成本起到监控作用，也便于事业部、项目部、业主之间的沟通和协调。

三、项目组织机构形式

对于 EPC 承包和施工总承包工程项目组织结构形式没有标准模式。项目经理在进行项目组织策划时大都结合项目的实际情况，仁者见仁、智者见智。笔者依据规范所设立的岗位结合公司项目执行案例绘制出通用 EPC 项目组织机构图如附图 1 所示。附图 2～附图 4 是公司正在执行的项目其早期施工策划组织机构图。其中既有 EPC 项目，也有施工总承包项目；具有代表性，值得学习和借鉴。下面就 EPC 项目的组织机构设置进行简要分析供参考。

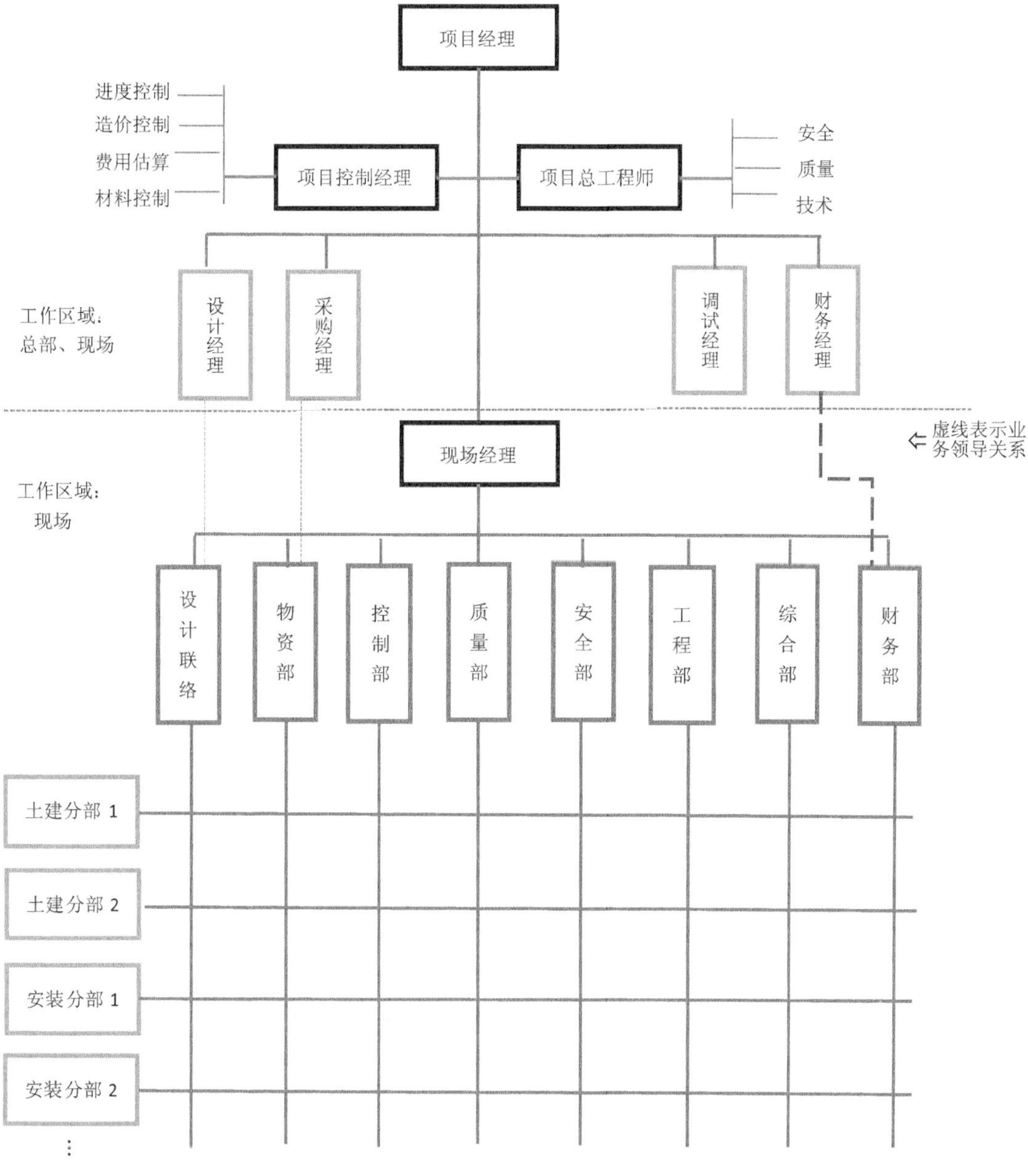

附图 1　EPC 项目组织机构图

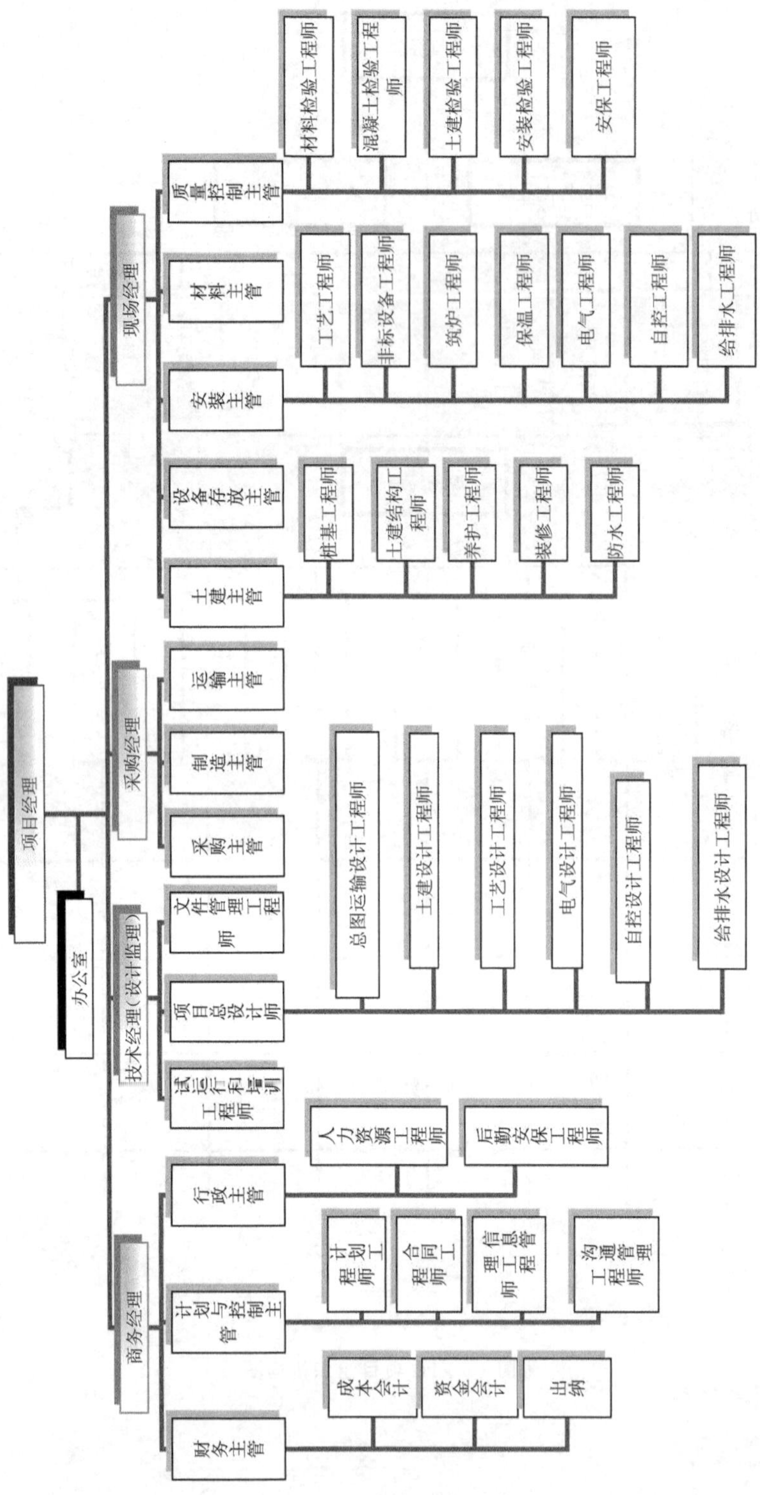

附图 2 新疆庆华 5000t/ 水泥生线 EPC 项目

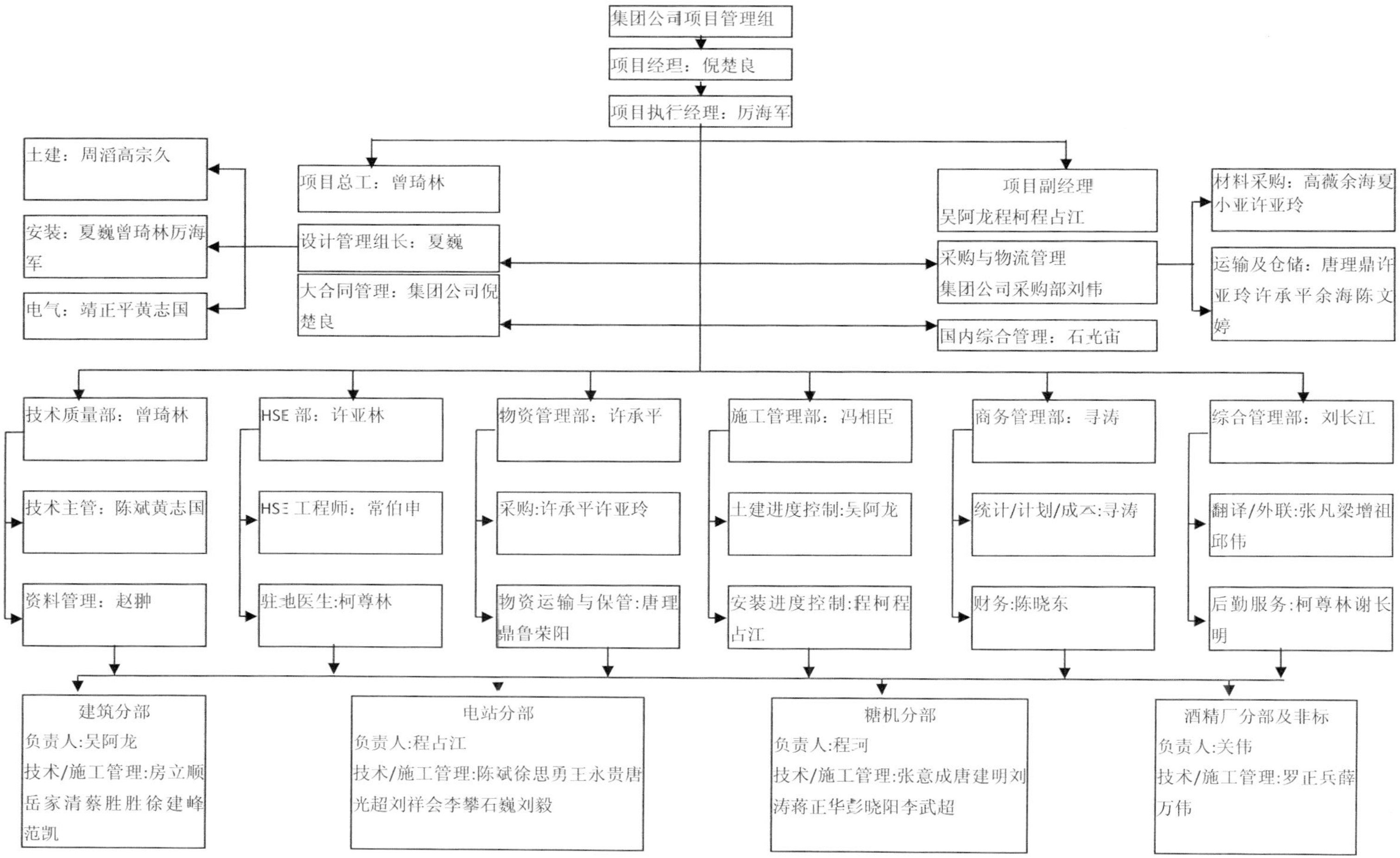

附图3 玻利维亚糖厂项目组织管理机构

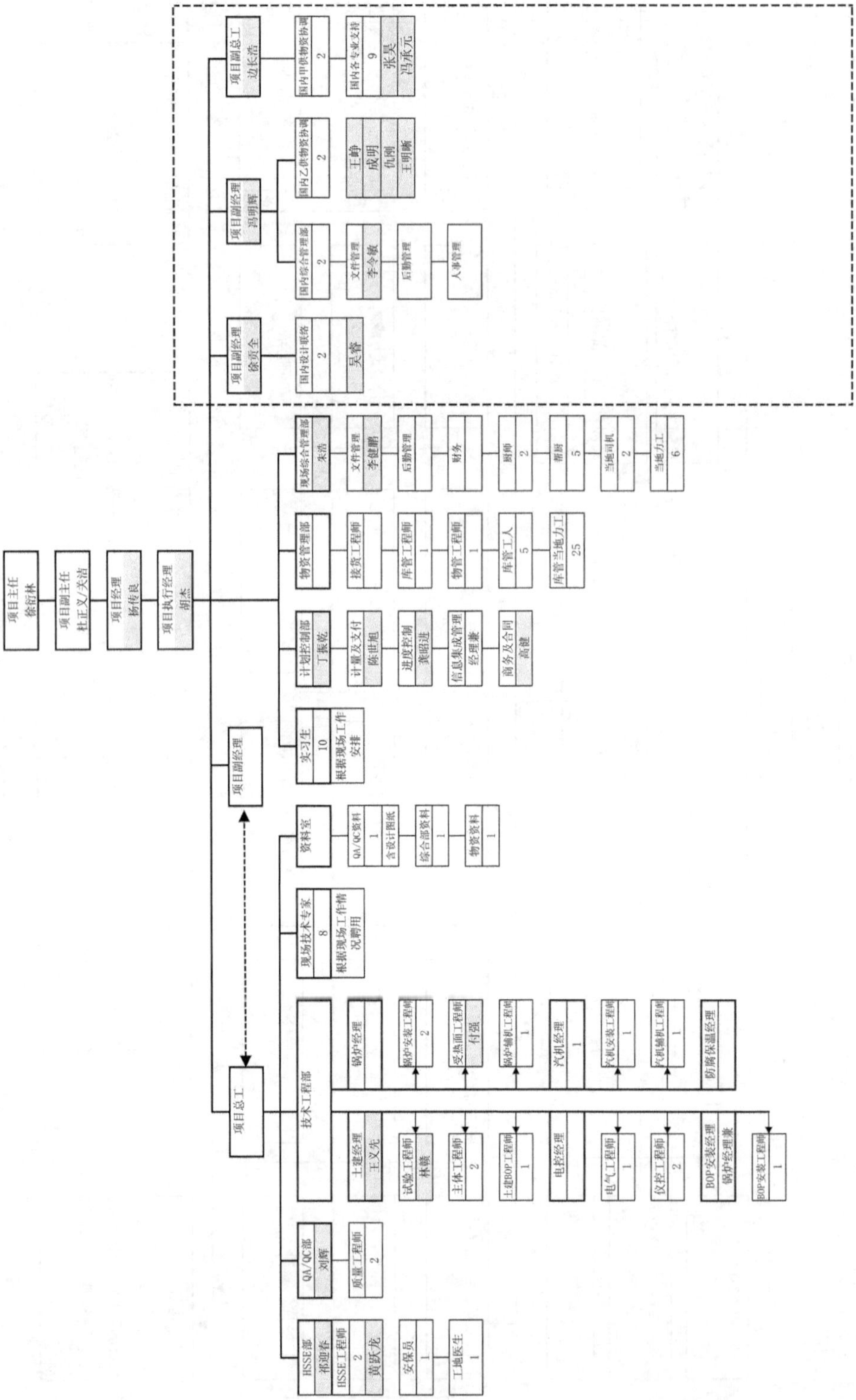

附图4　伊拉克2×630MW电站项目组织机构图

1. 关于 EPC 工程的项目组织机构设置

项目组织设置在满足工程合同要求和工程类别相适应的前提下还应遵循国家规范。建设项目工程总承包管理规范 GB/T 50358—2005 对项目部岗位设置有专门条款。条款原文是:“4.4.2　根据工程总承包合同范围和工程总承包企业的有关规定,项目部可设立项目经理、控制经理、设计经理、采购经理、施工经理、试运行经理、财务经理、进度计划工程师、质量工程师、合同管理工程师、估算师、费用控制工程师、材料控制工程师、安全工程师、信息管理工程师和项目秘书等岗位”。

2. 本组织机构图特点

(1) 本组织机构图针对项目岗位人员位置不同,工作场所不同进行必要的区分;作为 EPC 工程的项目高管如项目经理、项目控制经理、项目总工程师、项目设计经理、项目采购经理、项目财务经理,他们的工作不局限于只在现场,应是根据工程阶段和工程进展有时需要工作在总部进行协调,有时工作在现场进行协调。当时国外 EPC 工程时,他们有时在国内协调工作,有时在国外现场场协调工作,改变项目人员必须在现场的教条观念。

(2) 本项目组织突出了控制经理的作用,项目控制经理对项目的整个进度、材料、费用、造价进行控制和管理。是项目班子成员直接向项目经理负责。

(3) 项目总工程师负责项目质量和安全,不局限于现场的质量和安全而是项目全过程的质量和安全,如项目设计、采购、运输等重要阶段的质量、安全都要能有效地管控。

(4) 本组织机构的作业层按矩阵式方式排列改变常规垂直方式。使项目部管理层对作业层业务管理职能明确清晰。从近年来诸多项目实施实际情况来看,EPC 项目的施工的作业层大多由成建制的专业公司承接的,这些专业公司也建立内部的管理组织,其相应管理层及人员应接受项目部相应管理层统一管理,他们管理层的部分人员也可吸纳进入 EPC 相应的管理层;保证业务必须统一归口管理。

项目经理介入技术管理

电力工程事业部

胡　杰

摘　要：

大型施工工程，面对各类复杂繁琐的工作，项目经理如何介入技术管理工作，如何和项目总工领导的技术团队一起协调配合工作，是项目能否顺利实施至关重要的环节。

关键词： 项目经理　技术管理

1. 项目经理职责的变化

项目经理在项目管理中起着非常重要的作用，他是一个项目全面管理的核心和焦点。随着全球性竞争的加强和客户发展战略性合作需求的增长，对项目经理的要求也越来越高。只有那些注重选拔、培养优秀项目经理的公司才可能在竞争中立于不败之地。传统的项目经理通常只是一个技术方面的专家和任务执行者。而现代项目经理不仅要有运用各种管理工具来进行计划和控制的专业技术能力，还要有经营管理等其他多方面能力，大口对项目团队成员的激励以及与客户的策略保持一致的能力。项目经理必须通过人的因素来熟练运用技术因素，以达到其项目目标。也就是说，他必须使项目团队成为一个配合默契、具有积极性和责任和动的高效率群体。

2. 项目经理的职业特征及所需技能

项目经理的职责和工作性质决定了他必须具有一定的个人素质、良好的知识结构、丰富的工程经验、协调和组织能力以及良好的判断力。实践证明，任何一种能力的欠缺都会给项目带来影响，甚至导致项目的失败。

3. 项目经理的能力要求

项目经理的能力要求既包括“软”的方面——个性因素，也包括“硬”的方面——管理技能和技术技能。

3.1　个性因素

项目经理个性方面的素质通常体现在他与组织中其他人的交往过程中所表现出来的理解力和行为方式上。素质优秀的项目经理能够有效理解项目中其他人的需求和动机并具有良好的沟通能力。具体内容包括：号召力——调动下属工作积极性的能力；交流能力——有效倾听、劝告和理解他人行为的能力；应变能力——灵活、耐心和耐力；对政策高度敏感；自尊；热情。

3.2　管理技能

管理技能首先要求项目经理把项目作为一个整体来看待，认识到项目各部分之间的相互联系和制约以及单个项目与母体组织之间的关系。只有对总体环境和整个项目有清楚的认识，项目经理才能制定出明确的目标和合理的计划。具体包括：计划；组织；目标定位；对项目的整体意识；处理项目与外界之间关系的能力；以问题为导向的意识；授权能力——使项目团队成员共同参与决策。

3.3 技术技能

技术技能是指理解并能熟练从事某项具体活动，特别是包含了方法、过程、程序或技术的活动。优秀的项目经理应具有该项目所要求的相关技术经验或知识。技术技能包括在具体情况下运用管理工具和技巧的专门知识和分析能力。具体包括；使用项目管理工具和技巧的特殊知识；项目知识；理解项目的方法、过程和程序；相关的专业技术；计算机应用能力。

4. 项目经理的策略选择

项目的运作技巧因国家和项目的不同而有所区别。因此，项目经理们应根据具体情况对他们的策略作相应的调整。

4.1 项目经理与项目总工的分工

① 项目经理作为项目的第一负责人，需要从全局做出考虑，需要考虑质量、成本、进度、安全、业主评价、合同约定。

② 项目总工领导的技术团队，也需要从全局考虑，考虑的是技术可行性、成本、安全、技术细节计算、核定。

③ 双方的工作可以说是辩证统一，视角稍有不同。即需要各负其责，也需要相互配合、沟通。

大型工程，面对各类复杂繁琐的工作，项目经理如何介入技术管理工作，如何和项目总工领导的技术团队一起协调配合工作，是项目的顺利实施至关重要的一环。

4.2 二个案例

1. 发电机定子吊装技术方案

本项目招标过程中施工单位所做的技术方案是液压提升吊装方案，总包方并依据此方案支付了相应的技术措施费用，在实际工作中，施工单位针对1#发电机定子(定子总重量300t，定子运输尺寸 L×W×H 为 10420×4000×4332)提出了新的吊装方案：借用行车大梁，钢结构柱分别从汽机平台和 A 排内侧垂直方向受力。采用卷扬机方式吊装(见修改前图。)按此方案将不再购买液压提升装置。

总包方技术管理费团队经过技术认证，对此二种方案进行分析总结，得出了如下结论：

- 若有修改方案，使用卷扬机吊装，优点是成本低，缺点是施工环节多，安全控制环节相应增加；且违背了投标时的液压提升方案承诺。
- 若用投标时的技术措施方案，优点是施工环节少，安全性较好，缺点是购买液压设备的周期较长，工期延后，且费用较高。

作为项目经理，将技术合同与商务合同进行分析汇总，向技术管理团队提出了如下建议：

- 合同中已经赋予分包单位采购液压提升装置的费用，如分包单位改变方案，按照合同

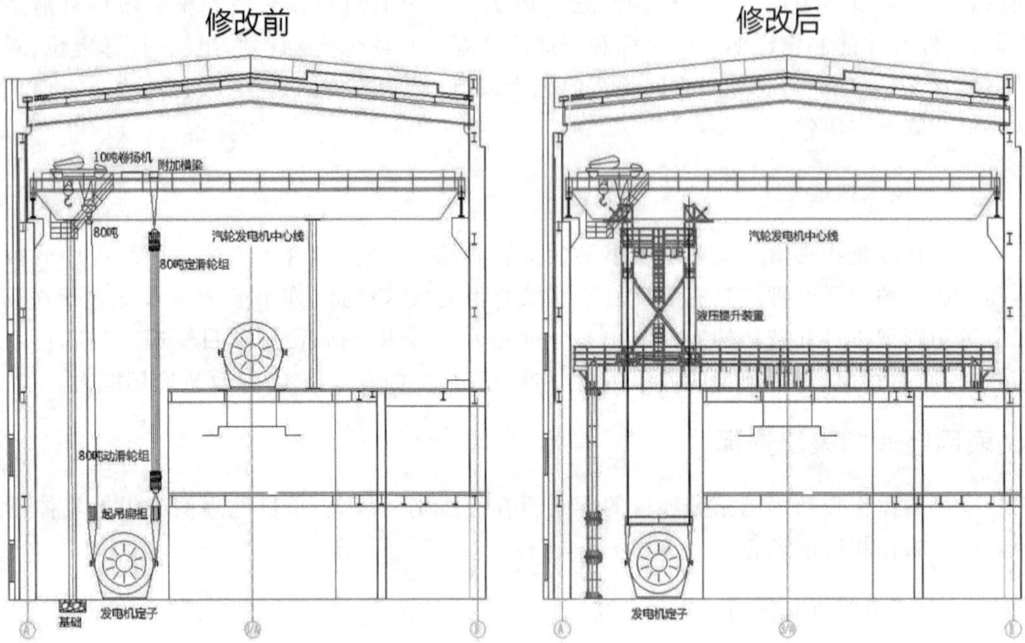

约定,总包方需扣回此部分的技术措施费用。

- 作为项目施工,安全性更好的方案是首要考虑因素之一。
- 传统方案业主接受程度差,严重影响项目的美誉度。
- 若施工单位不采购液压吊装设备,可将此分项工程另行委托分包单位实施。

经过协商,分包单位同意采用液压提升吊装方案,见修改后图,重新提交吊装方案供总包方审批并施工。

4.3　1#凝汽器组装方案确定

按照投标时的项目施工进度计划:1#凝汽器应该在2月运抵现场,1#汽机在4月运抵现场。

投标时的施工方案为:1#凝汽器外壳组装在基础上拼装,吊装使用主厂房已有50T行车。

由于项目总包方原因,设备国内制造时间延误,该二类设备将同时于5月运抵现场。

项目技术团队提出了二种施工方案:

一是按原方案施工,但由于位置重叠,造成汽机低压缸安装时间延后,关键线路比原计划时间延长2～3个月。

二是在A排外拼装,再整体拖动、平移进基础上。但质量控制上环节增多。

作为项目经理,首先有明确的项目目标,了解项目的时间和资源约束。本项目的工期是确保项目成功的重要保证,因此提出了自己的建议:

一是汽机安装为施工关键线路,进度必须确保。

二是在现场另行租用2台50T吊车,用于拼装,费用另行考虑。(计划外的轨道、平台用钢材料的资金、采购等落实由技术、计划、商务三部门协调)

三是技术团队(含质量部)调整凝汽器技术施工、质量验收方案。

四是商务部门收集、整理所有过程相关文件,向总包方提出索赔的申请等。

最终结果:经业主、总包单位的共同确认,凝汽器外壳组装改为A排外拼装,整体平移。确保了工期的顺利完成。

5. 结束语

通过以上二个案例的说明项目经理是不是懂技术并不重要,关键是不能让技术"拖累"了自己,只有超越技术,在项目整体的层面思考问题,才能真正把项目管理工作落到实处;从另一个角度看,在把握好整体工作的前提下,项目经理适当做一些技术工作,也能很好地带动团队士气呢!

如何面对强势客户

电力工程事业部
胡　杰

摘　要：
营销过程中经营面临的各种各样的客户群体，本文针对强势客气该不该跟进，如何面对，应对强势客户的策略作详细说明。

关键词：强势客户　跟踪　策略

1. 引　言

营销领域有著名的“二八原则”；同样的，营销领域还有非常有名的“一二三四原则”：

- 30％的客户是优质客户，很好打交道。价格、服务、付款方式等完全按照企业的标准合同来执行，与企业的配合程度相当高。
- 40％的客户是正常客户，比较好打交道。基本上按照公司的标准合同、价格来执行，配合方面不存在什么问题。
- 20％的客户是较强势客户，不太好打交道。对合同、服务、价格等方面可能有异议，认真细心、谨慎。
- 10％的客户是强势客户，很不好打交道。对合同、服务、价格、细节等各个方面要求非常繁琐，挑选众多品牌，选择条件很苛刻。

对于前面两种类型的客户，每个企业都视为核心客户，也是每个企业都喜欢、欢迎的重点客户。对于这两类客户，企业就该重点关注，全力跟进，贴身服务，尽快签单。

对于第三种类型的客户（较强势客户），企业该保持正常的接触和跟踪，稍微多用点心思；如果沟通得好，这个类型的客户会变成第二种类型的客户（正常客户），双方后期合作也会比较愉快。

对于最后一种类型的客户（强势客户），该不该进行跟踪，如何跟踪，如何面对这样的客户。

2. 强势客户该不该跟？

强势客户非常难于打交道，但是，强势客户还是该跟！

理由有三。

2.1　强势客户也是“客户”

企业对每个客户都需要重视和跟踪，而不能以这个客户是否强势来评判这个客户是否“放弃”；当然，在实际跟踪过程中，对于不同类型的客户，我们需要采取不同的跟踪策略。只要是个客户，我们都应该重视和跟踪！

2.2　提升企业口碑效应，增强员工自信心

企业与强势客户保持正常的接触和跟踪，有助于提升企业口碑效应——别的客户或者企

业一看，“你看，这个企业与这种强势客户都能打交道，肯定这个企业有实力”；反之，企业总是轻易放弃强势客户，那么会在市场上引发这样一种认识——这个企业没有实力，这么多的客户都不敢接触，满足不了客户的正常需求！

同时，企业与强势客户保持正常的接触和跟踪，有利于增强员工自信心。员工会从内心深处相信企业的实力，相信企业，从而增强员工对企业的自豪感和向心力。

2.3 完善企业产品，增强企业的市场竞争力

强势客户提出的一系列“苛刻”的条款和要求，其中往往蕴涵着丰富的知识，代表着很多客户普遍关心但又疏忽的真实需求，也真实地反映了企业产品和服务的不足。企业通过与强势客户的接触和跟踪，并逐步改善、完善企业产品，这将大大增强企业的市场竞争力。从某种意义上来说，强势客户就是企业的“免费市场调研者”。

保持距离跟踪。

强势客户，该跟；但是，必须保持距离的跟踪！

3. 强势客户如何跟?

3.1 对待强势客户，绝对不能跟得太紧，逼得太急

强势客户，本质上就是特别严谨、认真、挑剌的客户，他的时间会非常充裕(即使在他很急切需要采购这个产品时，他也会表现出来非常强势的姿态，始终抱着“我手上有钱，到处都是企业能够提供我需要的产品”)，他也绝对不会立即就下定单。如果企业跟得太紧，反过来客户还会误认为企业产品不好，要么就是企业的利润空间还非常大，他会得寸进尺、“再接再厉”，反过来将企业给“逼疯”。

3.2 低价策略诱惑

绝大部分的强势客户，对于价格和付款方式都会特别在意。

跟踪强势客户，有一条是应该做的：采取低价策略“诱惑”客户！

对待强势客户，一方面我们要保持距离的进行跟踪，另一方面我们又不能随意放弃，那么我们必须拿出一些“资源”来诱惑客户，让客户对我们也是“欲罢不能”。由于服务条款、付款方式、违约责任等合同条款对于我们来说，意义和作用更大，我们绝对不能轻言放开，因为这样做的风险就是将我们放在一种极端不利的位置，后期隐患和风险很大。

相对来说，价格方面我们还能做一些让步，同时价格也是刺激客户的一大利器。

所以综合来说，选择低价策略将更有利于与强势客户打交道。

3.3 合同条款坚决不让步

对待强势客户，一方面我们采取低价策略来诱惑客户，另一方面是合同条款坚决不让步。

我们必须明确无误地告诉客户：我们的合同就是标准合同，没有修改的余地！除非是合同中有明显的不公平的条款，那么双方协商可以适当调整。其他的服务条款，坚决不做让步！

对于强势客户来说，一旦我们有放宽合同条款的倾向，对方立即会“顺秆子上坡”，不断提出更加苛刻的、有利于客户而有害于企业的条款，而且没完没了；而且，强势客户最后多数不会

和企业签订合同！

所以，对待强势客户，我们必须坚持合同条款不让步！因为强势客户对企业不重视、不尊重，同理，企业对强势客户也没有必要过于尊重和重视，保持平常心态，往往效果会更好！

3.4 不要全力跟进客户

“人敬我一寸，我敬人一尺”！

对待强势客户，永远不要全力跟进。

强势客户的要求是非常非常多的；我们所要做的，更多的是表示一种姿态、一种底气，表明我们有实力、有资本去满足各种类型的客户的需求；但是，我们不会强迫自己与强势客户“签约”，尤其是签订这种“卖国求辱”的合同；我们仅仅是将这个强势客户作为免费的市场信息和客户需求反馈者，同时加强我们内心的自信心。仅此而已！

绝对不要全力跟进强势客户，否则强势客户还以为自己是个“多么重要”的客户！以为所有的企业都要求着自己！

事实上，企业和客户的关系，更多的是一种“公平合作”的关系，不存在所谓的“谁求谁”的关系！

4. 应对强势客户的策略

4.1 应对沉默寡言的客户

也许这类客户是最难对付的了，因为他们不说话，所以营销人员很难了解到他们心里所想。导致这种情况发生的原因多数是由于他们抱有警戒心理。事实上，不爱说话的客户并非都是天生木讷寡言，营销人员只要找到他们关心的话题，投其所好，很容易就能与他们拉近距离，对方也会乐意进行交谈。好的营销人员总是能激发沉默寡言的客户产生提问题的欲望，让客户乐于参与产品的讨论，并达成销售。

这类客户的最好应对方式是：营销人员要主动发问、循循善诱引导其开口说话，并从中想方设法找出其感兴趣的话题来。只要他们开口讲话了，就等于成功了一半。

4.2 应对滔滔不绝的客户

这类客户比起不爱说话的客户要好应对得多。有经验的营销人员会及时从与客户的交谈中发现其说话的特征，比如客户在吐气的时候就表示话讲完一个段落了，而在吸气的时候，就可能表示他又要讲话了，营销人员如果能抓住这样的间歇将话题引开，直接涉及问题关键点，促使讨论有重心，便可减少不着边际地“乱侃”。

这类客户的最好应对方式是：营销人员先耐心地“洗耳恭听”，不要立即打断对方的话语，更不要表现出不耐烦，待时机成熟时再引开话题。

4.3 应对心直口快的客户

这类客户多数是“直肠子”，他们讲话往往不顾及对方的感受，只要自己能把话说出来心里就很舒畅，有的甚至认为自己见多识广，摆出一副根本不把营销人员放在眼中的架势。这样的人大部分其实往往并无恶意，营销人员只需要做到以诚相待，不必太在意他们的话，以“迎合”

的方式来对待他们是最明智之举，不必过多地解释和申辩。

这类客户的最好应对方式是：营销人员要有“将计就计”的心态，认真地做一个听众，尊重客户的说话方式和语气，便会少吃“闭门羹”。

4.4 应对追根究底的客户

这类客户要么不开口，一旦开口就会问个没完，有些问题甚至是翻来覆去问好几遍。仔细分析，这类客户不外乎是害怕自己上当受骗或者本性就是唯唯诺诺。面对这种情况，营销人员先要了解和找出其顾虑的根本因素，然后针对其顾虑点加以相对的解释说明，如果还能就产品的效果和利益点与市场别的同类产品相比较，并详细说明其优势的话，不仅可以减少他们的发问，而且会更具说服力，销售效果也会更好。当然，这要求营销人员一定要具备相当专业的知识，否则很可能会适得其反。

这类客户的最好应对方式是：营销人员要找出追根究底的真正原因所在，并且做到“百问百答”，才有达成销售的可能，否则，他们就很难对营销人员和其销售的产品产生信任。

4.5 应对不懂装懂的客户

不懂装懂的客户，表面上似乎是行家，实际上一窍不通。这种类型的客户与其他类型的客户有所不同，表面上好像很容易应对，实则不然。这类客户的自尊心特别强，自我表现欲也特别强，内心又相当敏感，很在乎别人对他的看法。缺少经验的营销人员应对这类客户往往会激怒他们，让其下不了台；而有经验的营销人员在处理这类客户时，不会当面“揭穿”他们，而是时时照顾他们的“面子”，然后根据与他们的交谈试探出其“底牌”，适当地在“顺应”中加以正确引导，把握得当并成功地推出产品。

这类客户的最好应对方式是：营销人员一定要学会“肯定”，即使是客户错了，也要保留他们的说法，让他们有成就感，才能不受其排斥。只要能充分地把握他们到底“懂多少”，并加以有效地沟通才不会弄巧成拙。

4.6 应对冷淡客户的策略

4.6.1 站在客户的立场思考

很多营销人员经常在销售过程中只一味地自己讲解产品，却忘记了站在客户的立场思考，于是成交的几率无形中便减少了。营销人员必须与客户建立良好的关系，由“本位的销售观”转向“客户的消费观”，才容易得到客户的认同。销售界有一句名言说：销售是98%的人性了解，加上2%的产品知识。

营销人员想得到客户的信赖，首要条件就是必须传递出自己的关心和爱，而不是把客户当“摇钱树”来对待。在这个世界上，任何人都不会拒绝关怀与爱，营销人员要以对“好友”的方式去对待客户，让客户真正感受到你的心中有他，让其相信你推荐的的确是好产品，而不是强迫他购买不需要的产品。营销人员在与客户约见或交流之前，应该先静下心来告诉自己：“我能让人印象深刻的原因在于，我关心客户真正的需求远胜于关心我的佣金”。

4.6.2 帮助客户祛除恐惧

如果对一件事物恐惧就会自然地产生排斥、冷淡的情绪。据统计显示，客户对营销人员的第一印象往往决定在初次见面的90秒内，如何在90秒内祛除客户的恐惧和排斥，在推销的过程中显得尤其重要。祛除恐惧要讲求方法，关键点在于“用心度”，营销人员必须针对客户恐惧的程度，给予用心地帮助。就像准备一场演讲一样，如何开头、如何转折、如何结语，都需要准备。这就要求每位营销人员在沟通时要有意识地详细讲解产品能给予购买者的好处，通过有的放矢的引导，让客户的恐惧心理得到自然化解。

4.6.3 把握并告知客户其利益点

聪明的营销人员愿意花较多的时间去把握、并告知客户其利益点。首先，耐心去讲解产品的优势，让客户逐渐肯定产品，引起兴趣，而不再抱有冷淡的情绪。比如价格，如果一位营销人员所销售的产品比市场同类产品便宜时，就千万不要直白地对客户说“便宜”，这无形中会让客户对你所销售的产品产生“廉价”、“没有价值”的感觉，没人想买“没有价值”的产品。营销人员可以说，“同样的品质，你付的费用低些”。但在讲解产品时，也要注意不能夸大产品的效果和价值，不能为一时讨好客户而操之过急。再次，告之客户购买后的服务保障。营销人员在推销中切莫忘记强调良好的购买服务保障，让客户吃上“定心丸”。客户有了服务保障，才会增加购买的信心。在推销的过程中，让客户看到产品背后的服务保障，也就等于让对方看到希望，看到爱心，如果是这样，客户又怎会在沉默中冷淡你。

4.6.4 制造愉快的洽谈氛围

现代社会，多数人已习惯于对周遭事物冷漠以对，如果营销人员也是这样，很有可能就会在与客户的交往过程中相处不融洽，也会因此丧失不少客户。营销人员要善于制造更多机会，创造更多的话题，才可以使气氛融洽。要营造一个轻松、愉快的洽谈氛围，首先营销人员自身不能紧张、胆怯，要保持亲切的笑容，交谈的语气要平稳，不要吝啬真诚的赞美和微笑，这些都是制造愉快洽谈氛围的好方法。也许产品在当时还没有能得到客户的肯定，但客户对你的态度一定会因此有所转变，营销人员得到了客户认同就已经销售了比产品还有价值的“产品”。在冷淡的场合中，所有成功的营销人员都能把“无趣的情景”转化成“有趣的状况”，永远有一份旺盛的精力与活力，自始至终都热忱感人。

案例——伊拉克萨拉哈丁 2×630MW 电站项目中国籍员工成功撤离回国

安全生产部
辛　森

2014 年 6 月 27 日，随着伊拉克萨拉哈丁 2×630MW 电站项目最后一批中国籍员工从伊拉克萨迈拉现场转移至巴格达市中心的饭店，并从 6 月 28 日至 7 月 2 日，通过多哈、迪拜陆续安全撤离回国，中国建设撤离驻伊拉克国内外派人员应急领导小组及应急办公室在中国建设、CMEC 和国机集团以及我国驻伊拉克大使馆的统一领导下，进行了大量艰苦卓绝的工作，于 23 天内成功将我项目所有中国籍员工(1258 人)安全从伊拉克撤离回国，并安排返回家乡。

至此，从 6 月 10 日至 7 月 2 日，伊拉克萨拉哈丁 2×630MW 电站项目的应急处理工作圆满结束。

一、项目概况

伊拉克萨拉哈丁 2×630MW 电站项目位于伊拉克萨拉哈丁(Salah-Aldeen)省萨迈拉(Samarra)市东南 16 公里处，底格里斯河北岸，是目前伊拉克在建的单机容量最大的电站项目，建成后将对改善伊拉克国家供电现状提供有效帮助。项目 EPC 总承包方为 CMEC，中国建设作为施工总承包方，工程范围包括 2×630MW 燃油气电站工程整个项目临建、建筑工程和安装工程以及与此相关的消缺及质保等工作，施工总承包合同额 18.56 亿元。

由于伊拉克局势一直不稳定，当地仍存在局部战乱，通往现场道路经常封路(短则一天，长则约一周)。为确保施工人员绝对安全，中国建设建成了能容纳 2400 余人的临建设施，住宿、医疗、娱乐设施齐备，临建与作业区建立安全距离，并设立围墙实施封闭管理。伊拉克电力部特别加强了安全保障措施，场区门口设置警察局专门负责现场及周围安保工作，厂区内实行全封闭式管理，所有中方人员没有业主方项目经理签字允许不准外出。在伊拉克局势恶化之前，这里相对安全，生产生活等各项秩序都平稳顺利。1258 名中国工人用自己的智慧和汗水，在这片荒漠上辛勤劳作，如果没有这次战乱，一年之后，一座现代化的电厂将在这里拔地而起，造福饱受战争创伤的伊拉克人民。

二、突发事件

6 月初伊拉克爆发严重武装冲突，6 月 10 日伊拉克第二大城市摩苏尔被反政府武装攻占，继而 11 日北部萨拉哈丁省首府提克里特沦陷，距离冲突区域较近的萨迈拉市周边安全环境急剧恶化。战乱使许多中国籍施工人员及其国内家属产生了恐慌情绪，严重干扰了伊拉克电站项目正常的生产生活秩序。6 月 10 日、11 日，项目部接到中国驻伊拉克大使馆、经参处紧急通知，随着伊拉克事态的急剧变化，要求伊拉克萨拉哈丁 2×630MW 电站项目部做好转移全部人员的准备。项目部在安抚职工和家属情绪的同时，立即向国内有关领导做了汇报。

三、应急响应

(一) 集团公司领导高度重视、及时部署撤离工作

在接到我驻伊拉克萨拉哈丁 2×630MW 电站项目部的紧急报告后，正在中央党校学习的刘敬桢董事长分别于 6 月 12 日、13 日，多次打电话给项目主管领导杜正义副总经理了解情况，强调要加强与 CMEC 和我国驻伊拉克大使馆的沟通与协调，既要保证人员安全撤离，更要树立一盘棋思想，顾全大局，服从安排。与此同时，徐衍林总经理在听取情况汇报后，立即与 CMEC 有关领导取得联系，对现场安保和应对措施提出具体建议，并要求中国建设驻伊项目部主要领导要积极配合 CMEC，加强与我国驻伊拉克大使馆和伊拉克政府的沟通与协调，全力以赴保证所有中国籍员工的生命财产安全。

(二) 紧急磋商

6 月 16 日、17 日，CMEC、中国建设先后向国机集团汇报了伊拉克项目可能面临的形势和将要采取的措施。国机集团领导高度重视，任洪斌董事长强调：确保项目现场人员安全是集团第一要务，要求 CMEC、中国建设保持与中国驻伊使馆密切联系，采取一切必要措施保证现场人员安全撤离。孙德润副总经理要求参与企业要正确研判形势、加强领导、统筹协调，制定周密的工作方案，确保人员安全撤离。集团党委召开了党委常委会，石柯书记通报了现场情况，对撤离工作做了周密研究和部署。

6 月 19 日，外交部领事司副司长翟雷鸣召开外交部部际协调会，分析研判伊拉克当地安全形势并商讨应对措施，外交部办公厅、亚非司、安全司、新闻司、商务部合作司、西亚非洲司、国资委、中石油、中海油、国机集团等部门和单位的有关人员参加了会议。

6 月 20 日，中国建设协助 CMEC 召集各参建单位负责人召开萨拉哈丁项目部安全专题会议，明确国内外负责人、联系人及联系方式，议定每日向各单位通报伊拉克萨拉哈丁项目安全情况和人员撤离的进展情况，避免因项目前方信息传递不对称而影响人员撤离工作的实施。

(三) 快速响应，制定切实可行的应急工作方案，各方协调配合

基于伊拉克撒哈拉丁省爆发大规模武装冲突，对员工人身安全带来威胁。为了维护员工人身安全和集团公司利益，最大限度地规避和降低重大突发事件的损失，在 CMEC 的统一领导和指挥下，制定中国建设伊拉克电站项目撤离应急工作方案，组建中国建设应急工作小组。

撤离应急工作方案制定的依据是《中国建设集团生产安全事故及境外突发事件综合应预案》和《中国建设集团境外突发社会安全事件专项应急预案》，工作原则即坚持“以人为本，快速反应；统一领导，分级负责；加强指导，信息畅通；积极配合，现场为主；健全机制，密切协作；依法办事，处置及时”，最大限度地保护境外人员生命安全，依法维护国家、企业和个人的利益，避免引发不良的政治和外交事件。

总指挥由徐衍林总经理担任，副总指挥兼领导小组组长由杜正义副总经理担任，副组长由电力工程事业部副总经理徐贡全担任，成员由电力工程事业部有关人员构成。要求 24 小时人机值守，保持随时跟各方的沟通，每日通报情况进展。

方案指定了第一时间联系人：

CMEC：柏传东；

中国建设：杜正义；

CMEC 伊拉克项目现场：金锐；

中国建设伊拉克项目现场：胡杰。

在现场，第一时间就抽调 25 名骨干人员组成伊拉克现场应急工作组，分成 4 个小组（现场安全保卫小组、对中国驻伊拉克使馆经商处联络小组、现场后勤保障小组、急救小组）开展工作。由 CMEC 金锐、叶凯和中国建设薛涛、高健等 4 位同志担任现场应急工作主要负责人。

国内，中国建设协助 CMEC 召集各施工分包单位及其上级单位参加的项目安全专题会，明确国内外负责人、接口人以及联系方式，议定各分包单位领导会同 CMEC 李京凯副总裁、中国建设胡杰、郭连山等一周内赶赴伊拉克巴格达统 指挥撤离工作。6 月 21 日，CMEC 第一事业部总经理柏传东和中国建设胡杰抵达巴格达，直奔我驻伊大使馆，就转移工作进行汇报沟通，并联系落实巴格达中转住宿酒店、赴现场大把车辆租赁、离境签证等工作。

6 月 22 日，王勇大使召开专题会议，要求在确保人员安全的情况下安排转移。现场，安排项目现场完成人员编号排序并发布"告现场全体员工书"组织现场工作盘点和财产保全工作。巴格达方面确认相关酒店的 300 多间空房作为中转站，联系好 12 辆 50 座的大巴车。

（四）响应措施

在现场，6 月 12 日，项目部致函业主，要求提供 400 人的从现场到巴格达转移途中的安保，包括许可、车辆、电力警察护卫等。6 月 13 日，项目部致函相关分包单位，要求启动应急响应。6 月 14 日，与驻伊经参处商讨详细转移方案。6 月 16 日，我驻伊大使向伊拉克内政部递交照会，要求伊方安排该项目中方人员转移的安保。6 月 17 日，安排的接应车辆在巴格达开出后途中受阻，没能抵达现场，给现场人员造成了很大的情绪波动。6 月 20 日，业主通知，采用直升机转移 75 人到达巴格达，但因伊军方安排落实不到位未能实施。

国内，6 月 18 日，CMEC 会同中国建设召开第二次伊拉克问题专题会，再次强调要做好全部人员转移的各项准备工作，并做好与使馆、外交部、商务部、国机集团等相关部门的回报与沟通，建立与各分包单位的迅捷协调联动机制。同时，向外交部、商务部、国机集团做专题汇报。6 月 19 日，参加外交部召开协调会。此刻，现场每天要停电 4～5 小时，现场的食品储备、柴油等物资储备大约维持 7 天，情况万分危机。

（五）应急小组领导指挥得当，成员认真值守

在应急小组组长的统一领导下，现场加强了人员的管理工作，对现场人员进行编组分队，明确组（队）责任人及相关职责。为保证驻地安全，还组织现场党员和骨干力量 24 小时对现场进行巡守，并根据现场实际情况采取一定的防护措施，以保证营地内人员、财产安全。同时，对现场关键财产（如档案、账目、机具设备等），国内向现场提出明确地处置要求。

应急事件处理期间，应急小组成员积极响应、分工协作、有条不紊。现场的同志尽心尽责、忠于职守，在战乱的环境中认真落实国内交代的每项任务，第一时间把现场的情况报回国内；国内的同志勇于付出、轮班 24 小时在办公室值守，及时向上级部门汇报现场情况，及时把上级部门、应急小组领导的指示向现场传达。

（六）中国籍员工全部转移回国

驻伊拉克使馆武官王玮上校全力联络伊拉克军方，保利集团也积极协助斡旋。6月24日，第三次空路计划撤离未能实施，现场部分人员情绪激动，经解答沟通后情绪暂时稳定。6月25日，伊拉克政府和军方信息显示，转移路径沿途清剿基本结束，转移虽有一定风险，但小于滞留工地风险。在各方领导们和同事们的努力沟通和协调下，第一批以老人和妇女为主的45人的撤离团队乘坐军方的直升机成功转移至巴格达。6月26日，中国建设项目经理胡杰、项目副经理郭连山带领12辆大巴车，在伊拉克军方4辆坦克、8辆装甲车、2辆武装皮卡车的护送下，冒着随时会被流弹袭击的危险开向萨迈拉。

此时此刻，正在为1258名中国籍员工安危焦虑的刘敬桢董事长立即拨通项目主管杜正义副总经理的电话，要求听取具体的情况报告。在听取杜总的情况汇报后，刘总对撤离时的通讯联络、军事保障、后勤补给、国内接应等都做了详细的要求，并进一步要求加强前方后方、国内国外的联系，确保联络畅通，随时掌握情况。徐衍林总经理在国外出差也通过电话，直接与前方的胡杰经理沟通情况，指导撤离工作。

在各方的共同努力下，6月25日至27日，通过空路和陆路相结合的方式，连续三天不间断的转移，1258名中国籍员工全部安全抵达巴格达的临时中转站，并从6月28日起通过阿布扎比、多哈、迪拜陆续乘机回国。同时，国内各单位成立以公司级领导为首的工作组亲自到国内机场迎接回国人员，并护送到家。

至此，1258名伊拉克现场人员全部平安回家，伊拉克萨拉哈丁燃油气电站项目撤离工作以胜利告终。

（七）劳务人员国内的安抚、安置工作贯穿始终

这次从伊拉克撤离的1258人中，CMEC 28人；中国建设64人；川铁国际525人；中机诚建122人；东电一213人；中机四建162人；西电三69人；江西火电62人；外来人员13人。在撤离过程中，中国建设主要领导要求电力事业部采取一对一的方式，向家属讲明真实情况，安抚职工和家属情绪。同时，建立24小时值班制度，并将值班电话告知家属，24小时解决家属们关切的各种问题，并及时将最新消息主动告知家属。

这次转移的1258人分成5批，其中6月25日当地时间17：40(北京时间22：20)，第1批20人到达萨马拉军事基地，乘坐2架直升机起飞抵达巴格达，进驻酒店；当地时间22：20(北京6月26日凌晨3：20)第2批转移人员25人乘坐伊军方的2架直升机抵达巴格达，进驻酒店；6月26日当地时间12：10(北京时间17：10)第3批转移人员8人通过空路直升机转移至巴格达；6月26日当地时间20：40(北京6月27日凌晨00：40)，在4辆装甲车、8辆悍马、2辆皮卡的护卫下，12辆大巴承载第4批转移人员620人安全抵达巴格达，并安排入住酒店；6月27日当地时间17点(北京时间22点)，由伊军方护送的最后一批人员从现场转移并安全抵达巴格达。至次，伊拉克萨拉哈丁电站项目现场人员全部转移至安全区域。之后，仅用5天时间，将转移至巴格达的1258名中国籍人员分批乘坐包机全部安排回国。

CMEC和中国建设以及各分包单位分别向成都双流机场、上海浦东机场、广东白云机场提前派出接待小组，提前做好食宿、交通、票务等安排。劳务人员到达成都、上海和广州后，接待小组人员用鲜花、掌声和热情的问候迎接每位人员的回国，并为需要转机的人员提前订好国

内机票，将其送至安检口，人员去往较多的城市，专门安排工作人员随行，并在所到达的家乡城市安排了大巴接运，部分人员到达家乡城市后，需要分散前往自己驻地的，每人发放了500元车旅费。人员在成都、上海或者广州转机，需要等待的，无论等待时间多长，都为其在离机场最近、最舒适的宾馆订了房间，准备了热饭热菜。

中国建设在人员撤离过程中，与劳务人员及其所在劳务公司负责人协商一致，约定在全体劳务人员回国后10日内结清劳务人员2014年5月份的劳务费，使劳务人员没有后顾之忧。

(八) 资产保全及减损、止损工作有条不紊

根据现场情况，为减少在伊资产损失，雇佣伊拉克当地信任的保安妥善看管临时设施；对施工机具及车辆采取集中放置，轮胎放气、油抽干，大型机械设备(如装载机、挖掘机)的钥匙随撤离带回国内保存等防盗措施；现场混凝土搅拌站、塔吊等爬梯全部割断，以防止骚乱人员往上爬，对混凝土搅拌站、塔吊等进行破坏；将项目用车辆，安排给伊拉克当地信任的司机各自开回家看护。

将项目重要文件，如财务原始单据等集中给几个管理人员，同时将备份的账务资料等形成电子文件，随撤离带回国内保存；对于不能带回的项目现场重要档案等相关资料进行整理，随后用木箱密封好，交与伊拉克当地信任的警察保存。

将现场剩余现金分发给若干管理人员带出伊拉克，用以防止今后货币贬值等情况带来的损失；对于在现场的银行存款，将存款凭证带回国内，等待今后伊拉克局势稳定，银行开始营业后处理。

对于已在途运输的材料，通知船务公司将材料返运回国；准备集港出运材料及未发货材料，通知材料供货商将已生产材料不发运集港；对于正准备生产的材料，通知供货商停止生产。

在保函、保险、合同索赔方面，我公司也及时配合CMEC与相关政府部门(如中国进出口银行、中国出口信用保险公司等)进行汇报。

四、此次应急工作体会

回顾此次撤离工作，因项目现场距离冲突区域非常近，而伊拉克局势变化急剧，加上现场1258名中国籍员工，人员众多，情绪波动较大，尽快安全转移全部人员是一项异常艰巨的任务。但是，祖国是我们坚强的后盾，国机集团是我们强有力的支撑，外交部、中国驻伊使馆时刻保持同伊方政府的密切联系，督促伊方协助尽快撤离现场人员；国机集团领导高度重视，多次听取工作汇报，下达重要指示。紧紧依靠国家政府、国机集团的力量，正是此次撤离成功的关键。应急事件处理期间，通讯的畅通至关重要，可大胆尝试现代化的通讯手段。

此外，作为海外项目承包商，我们必须建立应急响应预案，尤其如伊拉克这种局势不稳的国家，必须有相应的应急措施，这是在突发事件中临危不惧的重要保证。

“以人为本，员工生命安危重于一切”，这始终是撤离工作的基本原则也是最高准则。撤离过程中，现场项目部安排老弱、妇女先走，共产党员同志们充分发扬了先人后己的优良传统作风；中国建设项目经理胡杰、项目副经理郭连山更是在最危急的时刻带领大巴进入现场接人的大无畏壮举让在现场煎熬等待着的员工倍受感动，也为撤离工作的最终胜利奠定了坚实的基础。现场员工平安撤出伊拉克后，中国建设副总经理杜正义亲自带队去国内机场迎接，对刚刚经历了炮火洗礼的同志们致以最温暖和最深切的问候，这也正应是一个以人为本的优秀企业

所做出的杰出表率。

五、思考与建议

从 2014 年 6 月 10 日启动应急机制至 7 月 2 号，项目人员全部安全回国共经历了 23 天。这 23 天，现场应急小组成员完成了对现场档案资料的处置工作；完成了对现场施工机械、生产器具的安置处理工作；成功护送 53 人搭乘伊军方的直升机从现场转移至巴格达，其余 1205 人乘伊军方护送的大巴车安全转移至巴格达；1258 转移人员分批次乘包机回国。可以说，在这次转移、撤离行动中我们打了“胜仗”。但回望这 23 天，也有一些工作需要我们进一步思考和总结：

1. 该项目在启动之初就制定了境外突发事件应急预案，通过这次突发事件提醒我们：在外执行项目的应急预案要切合实际，在全面性、可行性上要进一步细化、落实。预案中不仅要包含人员紧急撤离的方案并明确撤离的可行性线路，同样要包含对于现场生产设备、工程机械、办公车辆等资产在面临大规模紧急撤离时的处置方案等。

2. 对于现场档案、财务账目等重要文件应及时归档，并将文本保存在国内。一旦现场发现突发事件苗头，就应及时转移重要原始凭证、账目及合同文档。而对于现场档案、财务账目面临紧急状态时的处置方案，也应提前考虑并报批。

3. 由于此项目投保了短期出口信用保险，从而有效地为项目规避了这次无法控制的伊拉克政治风险，减少我项目损失。这提醒我司在其他在开发或执行的项目，对于工程项目的各种风险应提早策划，做出相应风险管理方案和保险策划方案，全面覆盖政治、商业等各方面的风险。

4. 针对本项目，CMEC 为每位派出人员办理了“境外人员人身意外伤害险”即“Alert 24”人身意外保险，其承保范围包括：恐怖主义、战争、民众骚乱、叛乱、政变、暴动、破坏及武力袭击，主要承担的保险利益如下：

1）意外伤害（含恐怖和战争）造成的死亡和残疾；

2）意外医疗费用；

3）医疗和安全转运等。

该险种属于为伊拉克萨拉哈丁电站项目量身定做的保险，鉴于伊拉克局势的特殊性，为切实达到为项目部全体员工、特别是现场员工提供全方位充足保障的目的，确保员工在需要时能够得到及时的保障和专业协助，CMEC 为员工安排并投保了特别的人身意外保险（包含安全转运）。该保险适用“Alert 24”的保险方案，所提供的保障范围基于 24 小时全球防护。

浅谈施工企业职业卫生管控体系的建立与运行

安全生产部

辛　森

摘　要：

建筑施工现场不仅危险源和安全隐患多，而且也存在职业病危害。因此，施工企业必须切实加强职业健康安全管理，建立覆盖全员、全过程、全方位的职业卫生管控体系，确保有效运行和持续改进，以减少和消除生产安全风险和职业病危害。

关键词：施工企业　职业危害　职工健康

1 引　言

建筑工程的施工，具有工程规模大、施工周期长、施工工地分散、劳动条件恶劣、工种繁多、工作强度高、多种职业病危害因素并存，其职业病危害的预防和控制难度大等特点。施工企业在职业病危害及职业病预防方面主要面临着劳动用工制度发生了改变、施工分包单位和劳务派遣工多、施工人员组成复杂、防治经费不足、专业人员匮乏等难题。自《中华人民共和国职业病防治法》实施以来，我国施工企业职业病危害的严峻形势得到了一定程度的遏制，但仍未从根本上得到解决，职业健康安全形势依然严峻。

2 建筑施工现场职业病危害种类

1）生产性粉尘的危害：在建筑施工作业过程中，材料的搬运使用、石材的加工，建筑物的拆除，均会产生大量的矿物性粉尘，长期吸入这样的粉尘可发生矽肺病。

2）辐射的危害：在建筑物地下室施工时由于作业空间相对密闭、狭窄，通风不畅、特别是在这种作业环境内进行焊接或切割作业，耗氧量极大，又因缺氧导致燃烧不充分，产生大量一氧化碳，从而造成施工人员缺氧窒息和一氧化碳中毒。

3）有毒物品的危害：建筑施工过程中常接触到多种有机溶剂，如防水施工中常常接触到苯、甲苯、二甲苯、苯乙烯，喷漆作业常常接触到苯、苯系物外还可接触到醋酸乙酯、氨类、甲苯二氰酸等，这些有机溶剂的沸点低、极易挥发。

4）焊接作业产生的金属烟雾危害；在焊接作业时可产生多种有害烟雾物质，如电气焊时使用锰焊条，除可以产生锰尘外，还可以产生锰烟、氟化物、臭氧及一氧化碳，长期吸入可导致电气工人尘肺及慢性中毒。

5）生产性噪声和局部震动危害：建筑行业施工中使用的机械工具如钻孔机、电锯、震捣器及一些动力机械都可以产生较强的噪声和局部的震动，长期接触噪声可损害职工的听力，严重时可造成噪声性耳聋，长期接触震动会损害手的功能，严重时可导致局部震动病。

6）高温作业危害；长期的高温作业可引起人体水电解质紊乱，损害中枢神经系统，可造成人体虚脱，昏迷甚至休克，易造成意外事故。

3 建筑施工企业建立、有效运行职业卫生管理体系

施工企业必须严格遵守职业卫生法律法规、规章制度与技术标准，建立健全和有效运行职

业卫生管理体系，依法依规加强职业健康安全管理，加大投入，健全管理机构，落实管理人员，加强班组职业卫生建设，落实职业病防范措施，实现本质安全。要建立以预防为主，防治并举，全方位构建职业卫生管理长效机制，认真落实职业卫生责任制，明确部门、岗位职责，建立健全职业卫生管理机构和各项管理制度，加强教育培训，开展职业病危害因素排查治理专项行动，落实各项防范措施，实现本质安全，切实遏制职业病发生。

3.1 严格落实企业职业病危害防治主体责任

各级企业一把手亲自抓、负总责，分管领导具体抓，明确管理机构和人员具体负责职业卫生工作，加强现场管理；通过与二级单位、各职能部门、所属项目部、分包单位签订职业健康安全责任书，将责任层层分解，明确职责，建立责任目标考核机制，并纳入企业绩效考核体系，实行职业健康安全一票否决制度，确保企业主体责任有效落实。

3.2 建立职业卫生管理制度

为保证职业病危害防治工作健康有序开展，施工企业必须按照《职业病防治法》、《安全生产法》等法律法规，结合本单位职业卫生工作实际，建立《职业健康安全管理体系》和《环境管理体系》，制定《环境因素识别与评价管理制度》、《危险源辨识与风险评价管理制度》、《职业卫生培训制度》、《职工健康监护管理制度》、《个人防护用品管理制度》、《职业危害应急救援预案、《环境保护与绩效监测管理制度》等制度，为职业健康安全管理体系工作的扎实有效推进提供了制度保障。

3.3 建立建设项目职业卫生“三同时”制度

施工企业应加强对新基地建设项目的管理，确保职业病防控和防尘、防毒、防噪等职业卫生设施与主体工程同时设计、同时施工、同时投入生产和使用，并严格履行备案、审核、审查和竣工验收程序。要切实加强职业病危害防治工作，严格执行职业病防治法，切实抓好(矽)尘、热害、高毒物质等职业危害防范治理，积极推广绿色施工，减少建筑垃圾排放和污染物排放，改善作业环境，保护周边环境，实现绿色文明施工。

3.4 积极开展职业病危害专项治理

施工企业要把职业病危害治理作为日常性工作持续开展，并使之制度化、规范化。全面深入排查治理所属单位、在建工程施工现场存在的职业危害，坚决纠正和查处存在危害职工生命健康安全的危害因素，做到排查不留死角、整治不留后患。项目负责人对所负责项目的重要危害因素做到了然于胸，并切实做到有对策、有措施、有预案，严格落实防范措施，严防职业病发生。

3.5 加强对职工的职业健康监护工作

施工企业要开展对有害作业人员的健康体检，重点对接触刺激性气体及一氧化碳人员进行体检；开展对粉尘作业人员的体检；开展对新招录员工的健康体检；开展对劳务输出人员的健康体检；督促分包单位加强对分包人员、农民工的健康体检。要从体检人员的登记、检查及体检报告等方面严格把关，体检结束后及时备份体检报告书，并建立健全职工健康监护档案。

3.6 职业病防护设施设置与管理

施工现场应针对存在的粉尘职业病危害因素，在喷砂车间设置除尘设备和通风设备；施工道路洒水降尘，对水泥和其他易飞扬的细颗粒散体材料采用在其周围设置不低于堆放物高度的封闭性围栏；施工脚手架外侧使用密目式安全网进行封闭；钻孔采用湿式作业；合理安排施工作业，避免在狭小高温环境下电焊作业等；继续定期开展洞室空气粉尘浓度检测，做好预警工作。对施工现场的强噪声机械(如：搅拌机、电锯、电刨、砂轮机、空压机等)设置封闭的机械棚，以减少强噪声的扩散，同时为施工人员配备了防噪耳塞，以降低对人员的伤害。

3.7 加强职业病危害事故的应急与救援管理

各单位要根据在建工程项目的特点和职业病危害因素分布情况，建立完善职业病危害事故应急预案，落实兼职的应急救援队伍，明确职责，配备必要的应急救援储备物资；积极探索应急预案演练方式，合理设置演练事故情景，制定详细演练方案，科学、安全地组织完成了各类应急预案演练活动。对预案存在的缺陷和问题及时进行修订完善，确保演练不走过场，提高职业病危害事故防范和应急意识与现场处置能力。

4 结 论

职业卫生工作是一项直接与职工切身利益紧密相关的大事，施工企业必须严格贯彻落实《职业病防治法》、《安全生产法》、《劳动法》，建立健全并有效实施职业卫生管理体系，认真开展施工现场职业病危害因素的监测和隐患排查治理检专项行动，对现场存在的主要职业病危害因素，提出防范治理的对策措施和建议，并狠抓各项措施的落实。只有这样，才能杜绝职业病的发生。

安全文明施工费的计算及使用

总承包工程事业部

徐　利

摘　要：

进一步加强建设工程安全生产、文明施工管理，保证安全文明施工措施费落实到位，切实改善施工从业人员的作业条件和生活环境，防止和减少安全事故发生，保护施工现场环境。

关键词：安全文明施工费　组成　计算　使用

1. 定　义

安全文明施工费是指按照国家现行的建筑施工安全、施工现场环境与卫生标准和有关规定，购置和更新施工安全防护用具及设施、改善现场安全生产条件和作业环境所需要的费用，包括环境保护、文明施工、安全施工及临时设施等费用。包括总承包单位及专业承包单位自开工至竣工全过程施工中发生的全部上述费用。

2. 建设工程安全文明施工费的组成

2.1　环境保护费

(1) 环境保护费是指施工现场为达到环保部门要求所需要的各项措施费用。包括：对施工现场裸露的场地和堆放的土石方采取覆盖、固化或绿化等措施，市政工程防扬尘洒水费用；对水泥和其他易飞扬细颗粒建筑材料密闭存放或采取覆盖措施等费用。

(2) 为避免施工车辆车轮带泥行驶，在施工现场出入口设置清洗沟或清洗设备等发生的人工、材料与设施摊销费用；运输土石方、渣土和施工垃圾采取密闭式运输车或采取覆盖措施所增加的周转、摊销费用。

(3) 在施工现场设置密闭式垃圾站及实现施工垃圾与生活垃圾分类存放而购置容器的周转、摊销费用。

(4) 为保证施工现场排水通畅，在办公区、生活区以及作业区(包括明挖基坑的四周)设置排水沟等发生的措施费用。

(5) 施工现场施工机械设备降噪音、防扰民措施费用。

(6) 工程完工后，就以上措施发生的拆除、清运与恢复费用。

(7) 施工现场实际发生的其他环保措施费用。

2.2　文明施工费

文明施工费是指施工现场文明施工所需要的各项措施费用，包括：

(1) “五牌一图”的费用，包括：工程概况牌、管理人员名单及监督电话牌、消防保卫牌、安全生产、文明施工牌及施工现场总平面图。

(2) 现场围挡的墙面美化(包括内外粉刷、标语等)、压顶装饰费用；现场食堂制作间灶台及周边、厕所便槽贴瓷砖，地面混凝土硬化或贴地砖的费用；其他施工现场临时设施的装饰装修、美化措施费用。

(3) 符合场容场貌、材料堆放等相关规定要求采取措施发生的费用。

(4) 现场卫生清扫和保洁的费用；符合卫生要求的饮水设备、淋浴、消毒等设施费用；采取灭鼠、蚊虫、防煤气中毒、防疫等措施的费用。

(5) 施工现场地面的硬化费用。

(6) 施工现场出入口道路接顺发生的人工、材料与机械费用。

(7) 工程完工后，就以上措施发生的拆除、清运与恢复费用。

(8) 现场实际发生的为保证文明施工的其他措施费用。

2.3 安全施工费

安全施工费是指施工现场安全施工所需要的各项措施费用，包括：

(1) 安全资料编制、安全施工标志的购置及安全宣传的费用；

(2) "三宝"(安全帽、安全带、安全网)、"四口"(楼梯口、电梯井口、通道口、预留洞口)、"五临边"(阳台围边、楼板围边、屋面围边、槽坑围边、卸料平台两侧)、水平防护架、垂直防护架、外架封闭等防护的费用；

(3) 施工安全用电的费用，包括采用三级配电系统(配备总配电箱、分配电箱、开关箱三类标准电箱)、TN－S接零保护系统、二级漏电保护系统、外电线路防护措施；

(4) 起重机、塔吊等起重设备(含井架、门架)及外用电梯的安全防护措施(含警示标志)费用及卸料平台的临边防护、层间安全门、防护棚等设施费用；

(5) 建筑工地起重机械的检验检测费用；

(6) 施工机具防护棚及其围栏的安全保护设施费用；

(7) 保证消防器材配置合理，符合消防要求的消防器材的购置、周转、维护与定期检验等发生的费用；

(8) 施工现场配备常用药及绷带、止血带、担架等急救器材的费用；

(9) 治安综合治理费用；

(10) 工程完工后，就以上措施发生的拆除、清运与恢复费用；

(11) 为保证安全施工所发生的其他措施费用。

2.4 临时设施费

临时设施费是指施工企业为工程施工所必须搭设的生活和生产用的临时建筑物、构筑物和其他临时设施费用等，包括：

(1) 施工现场采用彩色、定型钢板，砖、砼砌块等围挡的安砌、维修、周转或摊销的费用。

(2) 施工现场临时建筑物、构筑物的搭设、维修、周转或摊销的费用；如门卫室、办公室、宿舍、食堂、厕所、淋浴间、开水房、文体活动室及盥洗设施，临时临时仓库、加工场、搅拌台、临时简易水塔、水池、泥浆沉淀池等。

(3) 施工现场规定范围内为达到现场办公、生活与作业的基本条件修建的临时给水、排水、供电、通讯等临时管线等发生的搭设、维修、周转或摊销等费用。

(4) 施工现场规定范围内临时简易道路铺设及施工便桥的搭设、维修、周转或摊销等费用。具体范围如下:

建筑工程:施工现场范围内临时简易道路铺设;

市政工程:施工现场范围内临时简易道路铺设及施工便桥的搭设。

(5)保证正常的公共交通秩序而修建的社会便桥及交通导改费用。

(6) 生产工人生活设施的购置、维护与周转等费用;包括宿舍内配置的床、衣柜、桌椅等。

(7) 工程完工后,就以上措施发生的拆除、清运与恢复费用。

(8) 其他临时设施搭设、维修、拆除、清运或摊销的费用。

3. 安全文明施工费的制定依据

(1)《北京市建设工程施工现场管理办法》(北京市人民政府第 247 号令)。

(2)《北京市大气污染防治条例》(北京市人民代表大会公告第 3 号)。

(3) 关于印发《北京市 2013—2017 年清洁空气行动计划》的通知(京政发〔2013〕27 号)。

(4) 关于印发《建筑工程安全防护、文明施工措施费用及使用管理规定》的通知(建办〔2005〕89 号)。

(5) 关于印发《企业安全生产费用提取和使用管理办法》的通知(财企〔2012〕16 号)。

(6) 关于落实《北京市 2013—2017 年清洁空气行动计划》加强建筑工地扬尘治理工作的通知(京建发〔2013〕515 号)。

(7) 关于在建设工程施工现场推广使用远程视频监控系统的通知(京建法〔2013〕17 号)。

(8) 关于在建设工程施工现场实施标准化安全防护的通知(京建法〔2014〕7 号)。

(9) 其他与安全文明施工有关的规定、标准及验收规范等。

4. 安全文明施工费的计算依据

安全文明施工费费率调整主要包括建设工程中的房屋建筑与装饰工程、仿古建筑工程、通用安装工程、市政工程、绿化工程、构筑物工程和城市轨道交通工程。

4.1 房屋建筑与装饰工程、仿古建筑工程、构筑物工程安全文明施工费的计算依据

<table>
<tr><td rowspan="5">项目名称</td><td colspan="10">房屋建筑与装饰工程</td><td colspan="2" rowspan="3">仿古建筑工程</td><td colspan="2" rowspan="3">构筑物工程</td></tr>
<tr><td colspan="6">建筑装饰工程</td><td colspan="2" rowspan="2">钢结构工程</td><td colspan="2" rowspan="2">其他工程</td></tr>
<tr><td colspan="6">建筑面积(m²)</td></tr>
<tr><td colspan="2">20000 以内</td><td colspan="2">50000 以内</td><td colspan="2">50000 以外</td><td rowspan="2">五环路以内</td><td rowspan="2">五环路以外</td><td rowspan="2">五环路以内</td><td rowspan="2">五环路以外</td><td rowspan="2">五环路以内</td><td rowspan="2">五环路以外</td><td rowspan="2">五环路以内</td><td rowspan="2">五环路以外</td></tr>
<tr><td>五环路以内</td><td>五环路以外</td><td>五环路以内</td><td>五环路以外</td><td>五环路以内</td><td>五环路以外</td></tr>
</table>

续表

计费基数		预算价										预算价		预算价	
费率(%)		5.21	4.65	5.05	4.47	4.60	4.19	3.55	3.28	3.35	3.30	5.20	4.50	4.01	3.43
其中	环境保护 (%)	1.09	1.07	1.06	1.04	1.05	1.03	0.91	0.90	0.86	0.85	1.10	1.00	1.00	0.95
	文明施工 (%)	0.58	0.57	0.56	0.55	0.55	0.53	0.44	0.41	0.42	0.40	0.60	0.40	0.50	0.48
	安全施工 (%)	1.27	1.13	1.22	1.07	1.05	1.04	0.92	0.91	0.86	0.85	1.50	1.20	1.08	1.01
	临时设施 (%)	2.27	1.88	2.21	1.81	1.95	1.59	1.28	1.06	1.21	1.20	2.00	1.90	1.43	0.99

4.2 通用安装工程安全文明施工费的计算依据

项目名称		通用安装工程：第 1～4 册、第 6～12 册		通用安装工程：第 5 册	
		五环路以内	五环路以外	五环路以内	五环路以外
计费基数		人工费			
费率(%)		21.84	19.06	16.48	14.39
其中	环境保护 (%)	3.07	2.77	2.24	2.09
	文明施工 (%)	6.69	5.91	5.15	4.48
	安全施工 (%)	7.47	6.61	5.61	4.87
	临时设施 (%)	4.61	3.77	3.48	2.95

4.3 市政工程安全文明施工费的计算依据

项目名称		道路工程		桥梁工程		管道工程	
		五环路以内	五环路以外	五环路以内	五环路以外	五环路以内	五环路以外
计费基数		预算价					
费率(%)		5.61	4.04	6.06	5.42	5.84	5.21
其中	环境保护 (%)	1.26	1.04	1.38	1.21	1.28	1.08
	文明施工 (%)	0.89	0.73	0.99	0.92	0.97	0.84
	安全施工 (%)	1.33	1.24	1.37	1.30	1.35	1.27
	临时设施 (%)	2.13	1.93	2.32	1.99	2.24	2.02

4.4 绿化工程安全文明施工费的计算依据

项目名称		绿化工程		庭园工程	
		五环路以内	五环路以外	五环路以内	五环路以外
计费基数		人工费		预算价	
费率(%)		8.75	6.38	4.99	4.06
其中	环境保护 (%)	2.19	1.41	1.19	0.97
	文明施工 (%)	1.49	1.02	0.77	0.62
	安全施工 (%)	1.84	1.28	1.15	0.94
	临时设施 (%)	3.23	2.67	1.88	1.53

4.5 城市轨道交通工程安全文明施工费的计算依据

项目名称		土建工程								轨道工程		通信、信号工程	供电工程	智能与控制系统、机电工程
		地上工程		地下明挖工程		地下盖挖、暗挖工程		盾构工程		正线	车辆段			
		五环路以内	五环路以外	五环路以内	五环路以外	五环路以内	五环路以外	五环路以内	五环路以外					
计费基数		预算价										人工费		
费率(%)		5.82	5.50	5.99	5.56	5.67	5.39	5.63	5.16	4.40	4.15	23.29	23.22	23.42
其中	环境保护 (%)	1.35	1.29	1.25	1.21	1.16	1.06	1.22	1.09	1.11	1.08	3.20	3.86	3.28
	文明施工 (%)	0.94	0.85	1.07	0.92	0.91	0.88	0.96	0.83	0.52	0.50	7.45	7.21	7.18
	安全施工 (%)	1.43	1.41	1.52	1.48	1.58	1.53	1.47	1.39	1.37	1.31	7.74	7.50	8.01
	临时设施 (%)	2.10	1.95	2.15	1.95	2.02	1.92	1.98	1.85	1.40	1.26	4.90	4.65	4.95

5. 安全文明施工费费率标准中不包括的内容

5.1 关于印发《企业安全生产费用提取和使用管理办法》的通知(财企〔2012〕16号)

文件第十九条中的“(一)完善、改造和维护安全防护设施设备支出,包括施工现场防爆、防毒、防雷、防台风、防地质灾害、地下工程有害气体监测、通风等设施支出;(二)配备、维护、保养应急救援器材、设备支出;(三)开展重大危险源和事故隐患评估、监控和整改支出;(四)安全生产检查、评价、咨询支出”及“(七)安全生产适用的新技术、新标准、新工艺、新装备的推广应用支出;(八)安全设施及特种设备检测检验支出;(九)其他与安全生产直接有关的支出”等。

5.2 关于印发《危险性较大的分部分项工程安全管理办法》的通知(建质〔2009〕87号)

文件中有关危险性较大的分部分项工程安全管理要求的费用,其中主要包括基坑支护、降水、深基坑工程、模板工程、脚手架工程、起重吊装及安装拆卸工程等需编制专项方案并进行专家论证的项目。

5.3 建筑垃圾消纳费用

上述费用发生时应当另行计算。

6. 发包人对安全文明施工费的支付

(1) 发包人应在工程开工后的28天内预付不低于当年施工进度计划的安全文明施工费总额的60%,其余部分应按照提前安排的原则进行分解,并应与进度款同期支付。

(2) 发包人没有按时支付安全文明施工费的,承包人可催告发包人支付;发包人在付款期满后的7天内仍未支付的,若发生安全事故,发包人应承担相应责任。

(3) 实行工程总承包的,总承包单位依法将工程分包给其他单位的,总承包单位与分包单位应当在分包合同中明确安全文明施工费用由总承包单位统一管理。安全文明施工措施由分包单位实施的,由分包单位提出专项安全文明施工措施方案,报总承包单位批准后实施并由总承包单位支付所需费用。

7. 承包人对安全文明施工费的使用

安全文明施工费包括的内容和使用范围,应符合国家有关文件和计量规范的规定;

承包人对安全文明施工费应专款专用,在财务账目中应单独列项备查,不得挪作他用,否则发包人有权要求其限期改正;逾期未改正的,造成的损失和延误的工期应由承包人承担。

工程总承包单位对建设工程安全文明施工费的使用负总责。总承包单位应当按照本规定及合同约定及时向分包单位支付安全文明施工费。总承包单位不按本规定和合同约定支付费用,造成分包单位不能及时落实安全文明施工措施导致发生伤亡事故的,由总承包单位负主要责任,造成经济损失的,承担赔偿责任。

安全施工费主要用途计比例如下:

完善、改造和维护安全防护设备、设施支出等占55%。

(1) 危险部位的防护、防滑设施,漏电保护器。

(2) 防止物体、人员坠落设置的安全网、棚等。

(3) 安全警示、警告标示、标牌及安全宣传栏等购买、制作、安装及维修、维护。

(4) 特种设备、压力容器、避雷设施、大型施工机械、支架等检测检验、设备维修养护。

(5) 其他安全防护设施、检测设施、设备。

配备必要的应急救援器材、设备和现场作业人员安全防护物品支出占20%。

(1) 各种应急救援设备及器材,救生衣,圈,急救药箱及器材。

(2) 安全帽、保险带、手套、雨鞋、口罩等现场作业人员安全防护用品。

(3) 其他专门为应急救援所需而准备的物资、专用设备、工具。

安全生产检查与评价支出占5%。

(1) 日常安全生产检查、评估。

(2) 聘请专家参与安全检查和评价。

重大危险源、重大事故隐患的评估、整改、监控支出占 10%。

(1) 对重大危险源、重大事故隐患进行辨别、评估、整改、监控。

(2) 爆破物、放射性物品储存、使用、防护。

(3) 对有重大危险因素的分部、分项工程安全专项施工方案进行论证、咨询。

安全技能培训及进行应急救援演练支出占 5%。

(1) “三类人员”和特种作业人员的安全教育培训、复训。

(2) 内部组织的安全技术、知识培训教育。

(3) 组织应急救援演练。

其他与安全生产直接相关的支出(高危作业的人员办理团体人身意外伤害保险或个人意外伤害保险;职业病防治、工伤保险、医疗保险所需费用,不在安全费用中列支)占 5%。

(1) 召开安全生产专题会议等相关活动。

(2) 举办安全生产为主题的知识竞赛、技能比赛等活动。

(3) 安全经验交流、现场观摩。

(4) 购置、编印安全生产书籍、刊物、影像资料。

(5) 配备给专职安全员使用的相机、电脑等物品。

(6) 安全生产奖励费用:发给专职安全员工资以外的安全目标考核奖励,安全生产工作先进个人、集体的奖励。

刚果(布)Djiri水厂二期新建工程项目成本管理分析

总承包工程事业部
徐 利

摘 要:

刚果(布)Djiri水厂二期新建工程,是我公司第一次在西非国家建设水资源的工程,项目团队经过精心策划、细心组织,按既定工期顺利完成了该项目。该项目的成功实施不仅造福于当地百姓,同时对当地经济发展提供了有利条件,也为中国企业走出国门,在西非市政建设领域赢得了声誉,奠定了我公司在该国市政工程领域内的地位。

关键词: 成本管理

1. 项目概况

刚果(布)Djiri水厂二期新建工程,设计总规模为126000m³/d,工程由水源地、原水输水管线、净水厂、配水管网及相配套的辅助设施组成。

项目位于刚果共和国首都布拉柴维尔市北部,距市中心区约25km,二期工程水厂布置在原吉利水厂的预留场地。

项目业主:刚果(布)重大工程委员会;

总承包方:中国机械设备进出口总公司(简称总承包方);

设计单位:中国市政工程东北设计研究院(简称CNMI);

监理单位:德国IGIP咨询公司(简称IGIP);

新建取水及净水厂性能保证单位:得利满水处理系统(北京)有限公司。

1.1 工作内容和范围

(1) 净水厂内的配水井、反应沉淀池、滤池、清水池、加药间、加氯间等构筑物修建,工艺管道、设备、电气及自控设备安装。

(2) 取水厂区内的引水渠、沉沙池、细格栅、取水泵房、配电间等构筑物修建,工艺管道、设备、电气及自控设备安装;输水管线安装。

(3) 所完成工程内容的调试以及配合水厂的联合试运行工作。

(4) 材料设备的接收、运输、仓储、保管、安装等工作。

(5) 二期工程建构筑物一览表:

序 号	名 称	规 格	单 位	数 量	备 注
1	沉砂池与细格栅	6m×24m	座	4	
2	原水提升泵房	9.2m×14.1m	座	1	
3	原水配电间	10.8m×23.1m	座	1	
4	一级配水井	16m×5.9m	座	1	

续表

序 号	名 称	规 格	单 位	数 量	备 注
5	斜管沉淀池	10.4m×19.55m	座	8	
6	V 型滤池	8.56m×13.23m	座	8	
7	清水池	66m×16m×4.7m	座	1	
8	清水泵房及变配电间	1049.52m^2	座	1	
9	加氯间	308.7m^2	座	1	
10	加药间	360m^2	座	1	
11	二级配水井	5.5m×5.5m	座	1	
12	附属(宿舍、办公室)	单层	m^2	3550	

1.2 工程特点及难点

(1) 工程所在地资源缺乏,工业基础薄弱,大量生产、生活物资需从国内采购运输到施工现场,施工组织难度大。

(2) 工程所在地地处赤道附近,常年雨季较长,降雨量大、当地日温差变化在 10～15℃对建筑工程的质量影响很大。

(3) 施工周期长,且投入的大型机具及人员多,调配困难。

(4) 工程主要为地下防水结构,防水要求较高,对施工组织安排、模板及混凝土施工均有较高要求。

(5) 水池的预留预埋及设备基础较多,要求土建、安装及总承包方紧密配合。

(6) 内陆运输:黑角港口到工程所在地(首都布拉柴)内陆运输 600 公里,铁路运力不足,公路常年失修,路况极差;到达的货物清关艰难,从国内采购物资计划到现场,需要 6～9 个月时间,急用物资大部分依靠空运。

(7) 地下水位高,施工降水排水难度大,特别是取水厂区临近吉利河边,沉砂池、取水口挖掘较深,地质条件差,基础施工必须考虑专门的降水排水方案及防水、护壁、围堰措施。

(8) 滤池工艺要求高,施工难度大,土建施工及设备安装技术要求高。

(9) 预埋管件多。坐标、标高、平整度等要求严格,土建与安装配合要求紧密。

(10) 施工技术难题多,工程设计滞后,工程施工标准不明确,甲方与业主的技术合同(CCTP)约定的质量标准是:“满足中国标准,不低于欧洲标准”。

1.3 项目工期

计划开工日期:2010 年 5 月 1 日;

计划竣工时间:2012 年 10 月 16 日;

实际开工日期:2010 年 7 月 18 日;

实际竣工时间:2012 年 11 月 19 日(单机调试完成);

临时验收日期:2013 年 7 月 9 日,(完成所有整改消缺项目、配合工艺调试及试运行,所有竣工资料齐全有效,通过临时验收,1 年质保期开始);

最终验收日期：2014 年 7 月 15 日，（完成质保期的配合、培训及现场完善、消缺工作，通过业主的最终验收，完全交付使用）。

1.4 项目质量、安全、成本执行情况

合格率 100%，一次性验收合格；

无重大伤亡，中国工人轻伤事故 2 起，当地工人轻伤事故 5 起，轻伤率 3‰；

项目利润率 21%，盈利约 5900 万元。

1.5 项目实施单位

项目承接及管理单位：集团公司总承包事业部；

施工主体：中机一建；

净水厂建筑分包商为：中机建设建诚工程有限公司；

取水口土建结构分包商为：四川德阳恒德建筑劳务有限公司。

1.6 取得的成效

本项目的工程质量、安全、进度得到了刚果共和国大工委、德国咨询公司、总承包方、东北市政设计院、得利满公司、当地社会团体、中国大使馆、中资企业等的充分肯定，成为见证中刚友谊的又一典范。

经过全体参战人员的共同努力，本项目取得了 21%的利润率，一是得益于项目开发的巨大成就，二是项目成本管理方面取得良好的成绩。

以下将对本项目施工中降低成本的措施及方式方法作详细介绍。

2. 成本管理及核算的方式方法

工程的施工成本目标是使工程实行成本控制在合同价范围之内，并保证各项项费用指标。在此基础上，通过及时、严密有效的成本管理工作力争多获利润，取得尽可能大的经济效益。

2.1 成本管理核算形式

工程项目经理部负责对工程的工期、质量、安全、成本等进行全面管理协调。在预算成本的基础上实行全额经济承包。项目经理部负责项目的成本归集、核算、竣工决算和各项成本分析，直接对公司负责。

2.2 预算成本

项目预算成本是按照现行定额，并结合具体情况编制，是考核工程成本的依据，但最终将合同价按费用分解后直接作为项目的预算成本。

2.3 计划成本

计划成本是在预算成本的基础上，根据施工组织设计，和历年来本单位在工程上各项费用的开支水平，挖潜的可能性，及上级下达的成本降低指标，按照成本组织的内容经分解后组成。

2.4 成本控制

成本根据判定的成本目标，执行成本管理程序，对成本形式的每项经营活动进行监督和调整，使成本始终控制在预算成本范围内。通过成本管理程序能够及时发现成本偏差，随即分析原因，采取措施予以纠正，达到预期的降低成本目的。在计划成本的初步确定后，为了保证成本计划的实现，业务部门按各自职能范围具体落实。如人工费，内业部门每月按照劳动力计划及其动态曲线，向项目经理提供人员使用情况报表。在每一结构施工面积减少之前，根据施工实情相应减少人数，报与项目经理。尽量减少人员投入。

施工过程中的成本控制是通过经常及时的成本分析，检查各个时期各项费用的使用情况和成本计划的执行情况，分析节约和超支的原因。

2.5 成本分析

成本分析工作，每月末进行一次，将本月预算数与实际发生的人工费、材料费、机械费、管理费分项进行对比，考核计划成本的执行情况。着重分析预算成本与实际成本的差异，找出原因，制定调整措施，再进入成本控制循环，使项目成本始终保在有明确目标的轨道上。项目成本管理按照成本管理程序先确定预算成本，在确定预算成本的基础上预测成本降额，编制计划成本，根据计划成本控制实际成本。施工过程中进行成本分析，找出误差原因，制定解决措施，使项目成本管理水平不断完善、健全。

3. 成本管理具体措施

在整个项目的实施过程中，始终围绕项目成本这根主旋律，在方案策划、施工技术、采购管理中深挖潜力。

3.1 总价包干合同中，细化设计，合理方案选择是节约成本增加利润的重要途径

3.1.1 方案选择合理，沉砂池施工中，技术攻关、胆大心细、勇于担当

取水口沉砂池的施工方案，在投标时就重点关注，组织了攻关，设计了多种方案，总承包方也很重视，在投标报价上认可了近千万人民币的措施费用，但这些方案在现场考察后，还需要进一步筛选确定。

沉砂池紧靠吉利河南岸，根据设计图纸的尺寸，沉砂池基坑底尺寸为 25.2m×36.7m；按照原设计，沉砂池底板外边线距离河岸最远处为 11.4m，最近处仅为 6.5m；距离一期泵房为 16m，距离东边公路及一期水厂给水管道和高压电缆仅仅 3m；沉砂池底在施工零平面下 8.4m，在河面水位下 6.5m；经过 2 次挖坑探查实验，地下地质全部为砂岩结构，是那种遇水液化的特细沙，一旦开挖，由于土方的放坡，基坑将直接与河道贯通。

项目部进场后对现场进行实地考察，认为沉砂池的基坑开挖应放在第二年的旱季进行（2011 年 5 月以后），决定雨季结束前做好场地平整工作、技术准备工作。

2010 年 9 月开始了取水区的场平工作，2 个月后，将近六万方的砂山移除，达到设计零平面；随后进行第一次地质勘查实验，了解地下结构，并将所有信息及时申报给甲方、总承包方、东北市政设计研究院，开始基坑和取水口围堰技术方案的探讨。

这种奇怪的地质结构国内也非常罕见，业主代表、咨询公司、设计院和甲乙双方都高度重视，提出了很多方案和建议，有：

a. 地下连续墙法；

b. 旋喷桩法；

c. 沉井法；

d. 钢板桩法；

e. 大开挖法；

f. 搅拌桩法。

这些方案在技术上都有可能实现，也都存在较大问题，一旦失败，损失将不可估量。

项目部一边在寻找方案的同时，也与设计院、得利满公司沟通，希望在工艺上进行改动。经过努力，虽然没有同意在工艺上改动，却争取到了取水厂位置的移动许可，报经咨询公司和业主大工委同意，取水厂的位置向西移动 20m，向南移动 16m；虽然我们又增加了 2 万多方土方量，但将施工的困难和风险降低了许多。

在这个前提下，项目部再一次进行了地勘实验，直接用挖掘机在移位后的池体中部，挖了一个接近池底深度的深坑，观察其地质变化情况，每日观察积水状况、检查坑壁砂岩液化情况，多次做抽水实验，验证是地表水还是河道渗水，计算出每日渗水量。

根据观察和分析几个月来掌握的实验数据，最终决定在做好各种防范措施的前提下，进行直接大开挖方案。

沉砂池大开挖的结果令人满意，开挖后出现的情况与预先估算的一样。除了少量的地表水外，没有发现河道渗水的情况；鉴于开挖后稳定的砂岩坑壁，将原计划中的水泥浆护壁也省去了，改用塑料薄膜防护。

沉砂池基坑开挖方案，节约了大量措施费用。

3.1.2 净水厂区地基处理中，与设计院合作，提出修改方案，提前了工期，降低成本

净水厂区 V 型滤池的基础，原设计为振冲碎石桩。按照设计，购买了碎石桩的设备和材料，也请来了打桩的技术工人。但是，试桩过程中发现，由于地下砂层太细，碎石桩施工必须要灌水而且不可避免有震动，特细砂遇水后液化出现大面积垮塌，成孔困难，原来计划中，桩径 1 米，理论应该灌入 7～8 立方米碎石，实际每个实验桩灌入了近 30 方碎石，扩大了 3 倍多，照此下去，一是难以达到地基均匀承载，二是需要消耗大量的碎石，成本相当高，同时施工周期延长。

项目部立即停止了碎石桩工作，以打桩后地基承载不均匀为由，同设计院协商，争取到了总承包方和咨询公司的同意，采用大开挖换填的方式，取消了碎石桩，用砂石参半的混合料直接分层压实。

利用现有物资设计了土壤承载力实验工具，测量出换填后的地基承载强度，得到了咨询公司和设计院的认可。

此举节约了 1500 个实际人工日，相比碎石桩工艺，将关键工期提前了 2 个月，碎石用量虽然比设计的增加了一些，但如果按照试桩时的用量进行比较，还减少了很大损失。

3.1.3 现场制作 φ1200 钢筋混凝土管道 1300 多米，节约 3000 多吨方运输成本

由于海运费用较高，合同中总承包方只给了 13000 吨方的限额运输量，多出部分运费乙方

支付(2600～2800 元/吨方),此方量明显不足,后总承包方又出文件,单方要求再增收超出部分 30%的管理费,达到约 3600 元/吨方运输费。

合同中,每米管道的采购价是 2700 元,若采购地材制作,材料费、设备费与合同中管道的国内采购价基本相当;通过询价,制管设备、模具采购价约 21 万人民币,可以节约 460 万人民币的运输费用。

项目部派工人和技术人员人到混凝土管设备制造厂家去学习,很快生产出合格的钢筋混凝土管。

由于措施得当,节约了 400 万左右的成本。也避免了因为清关和运输对工期的影响。

此混凝土管道制作设备在后期的管网合同中也发挥重大作用,生产出穿越道路的顶管套管,预制混凝土管井,沼泽地沉桩管等等。

3.1.4 开展各项科研活动,利用科研成果保证质量、节约成本

开展"特细砂拌制泵送混凝土研究"等科技活动,有效利用当地河砂资源,原每立方米混凝土中水泥用量 420 公斤,降低到 350 公斤,保证混凝土强度的前提下节约水泥用量,同时对预防混凝土裂纹起到积极作用。

3.1.5 针对不利于施工的设计,提出改进意见,提高了功效,节约了原材料和人工费用

(1) 办公楼原来设计在山坡上,南北方向,长度方向顺坡而立,势必需要大量的毛石基础和换填,项目部建议修改办公楼的设计方向,改为东西方向,并移动到比较平整的场地修建,大量节约了土方和地基基础费用。

(2) 将一些不关键位置,原 C20 混凝土的地方,修改为毛石混凝土。

(3) 有效说服设计院和咨询公司进行变更,利用石料厂的便宜废料(含泥、砂、石的混合料),替代碎石,用于厂区道路路基的底层基础回填。

3.2 充分利用当地资源,保证工期、降低成本

3.2.1 市场调查,历尽千辛,寻找资源,保证了项目需要

2010 年刚果共和国基础建设刚刚起步,需要的大量水泥、砂石、钢筋以及各种建材物资,水泥、砂石十分紧张。

当地方圆 200 公里内,地面上全是沙土,没有颗粒物资,石料极度匮乏,仅有的石料是在刚果河边,埋在沙下 10 多米,石头、建筑用砂成了当地的宝贵战略资源,刚果河边仅有的几万立方米可用于建筑河砂被军队圈起,成为政府军备物资。

首都周边仅 5 家能够生产碎石的石料厂,一般是不能外卖的。项目部根据合同,向总承包方的石料厂提出计划,但是,只有在他们有剩余的情况下,才能提供给项目部。项目部不得不另外找出路,项目部周旋于其中五家石料厂,时刻等待别人的残羹剩饭。

2010 年底,机会来了,因为因布鲁水电站交工,十四局的石料厂被政府限期收回,项目部用七折的价格,大量收购其剩余的石料,约 4500 立方米,基本满足了 V 型滤池基础的换填需要。

2011 年初,项目部在技术上协助了个体中国商人开办的石料厂,他是河边收集零散石头来破碎,虽然产量小,但首先满足项目部的需求,也解决了一些燃眉之急。

河砂相比石粉能够增加混凝土的流动性,可以节约水泥用量。市场上除了几个黎巴嫩商家在售外,一般很难买到能满足水厂池壁使用的砂。

项目部发动当地黑人，寻找砂源。功夫不负有心人，终于发现了几处累计有五千多方河砂的砂源，虽然没有道路，车辆不能通过，项目部派出车队，自己修路，用装载机一斗一斗的从河道搬运到路边，为避免资源被别人抢夺，黑人工人还与当地地痞发生了械斗。来之不易的河砂，终于解决了池壁泵送混凝土的需要。

3.2.2 与当地中资企业、华商合作，互惠互利

刚果布的中资企业和华人并不多，相互之间的团结非常重要，项目部联系当地中资企业和其他施工单位，在资源上互通有无、互惠互利，为项目解决了很多疑难问题。有效地节约了成本。

(1) 项目刚进场项目部的物资还没有运到，正好总承包方输变电项目的分包队伍开始撤退，一些有用的物资、材料需要处理。项目部用等于或略高于国内市场的价格，采购了急需的钢筋、型钢、脚手架管、施工工具、施工机械、防水材料等，有效地节约了工期，也节约了运输成本。

(2) 将项目总降压站内的调试工作分包给湖北电建；光纤连接和测试工作，找华为公司借工；取水口围堰钢板桩找中国路桥支持等等。

(3) 项目部利用机械装备、维修能力、人力资源的优势，协助中资企业抢险救险，在别人危难之时伸出援手，例如援救车祸、往城里送生活用水、借调专业工人、修理车辆、出借脚手架材料、提供技术咨询等，只要是中国人找到项目部，项目部均尽可能地给予帮助。

项目部的付出，也同样得到了回报：

取水口围堰处于危难时期，浙江路桥借用设备、材料派出钢板桩队伍；厂区沥青道路施工派出专家队伍指导；威海国际，在大型吊车、拖车方面优先满足项目部需要；中国路桥的水泥厂里有大型机床，不仅解决项目部维修的燃眉之急，还常常免费给项目部提供加工服务。

3.2.3 利用当地劳务资源、逐步实现劳动力资源的属地化

海外项目，劳动力资源的属地化是必然的趋势，也是当地政府迫切需要的；不仅给项目部项目节约了成本，也受当地政府的欢迎。

在项目组织时，项目部依据在国外其他项目的经验，在计划时，考虑了精简国内施工人员，配置当地工人，建筑工程按照 1∶3，安装施工 1∶2，项目部(包括保安)1∶1 的比例。

项目开始时，工人们认为当地人没有劳动技能，爱偷懒、不听话，所以管理也粗暴，不愿意带，起初建筑施工中利用率只达到 1∶1.5 的比例，项目部采取了措施，调整了效益奖励办法，收到良好效果。在项目高峰期，建筑施工部分，当地人比例已占到 1∶4，安装施工部分占到 1∶3；项目接近尾声时，大量国内施工人员撤离，当地人员所占比例大大提高，基本是一个中国工人带 5～8 个当地工人了。

在后续管网的合同中，项目部扩大战果，当地工人平均比例调高到 1∶9。目前正在施工的明杜利水厂，基本也保持了 1∶9 的平均水平。

提高比例的原因：逐步掌握交流方式，了解和掌握了对当地工人的管理办法，工资与效益挂钩成为利益驱使。

但是，即便是这样，相比在刚果比较成熟的中资房建队伍来说，项目部使用的当地人比例还是偏小。

3.3 主动管理、加强危机意识，避免海外运输对工期的影响

3.3.1 国内物资的采购运输管理

国内物资抵达现场需要较长的周期，影响这个周期的因素：图纸和技术资料，计划，询价，监理（咨询公司）的验证认可，生产周期，集港，海运，清关，陆运。

刚果布项目国内物资采购程序的时间表：

序　号	程序内容	最短需要时间（天）	通常平均时间（天）	最长需要时间（天）
1	图纸技术资料提供	1	1	1
2	项目熟悉图纸提出计划	3	5	7
3	国内采购询价、核查技术资料	5	7	10
4	资料返回项目、翻译、报甲方及监理	5	8	15
5	监理通过，要求实物查验（或监理没有通过继续查找），实物空运到现场	20	35	40
6	监理通过，开始采购（根据加工周期）	10	60	90
7	等待船期	15	40	60
8	商检、海运	50	55	60
9	清关	20	45	60
10	陆运（600公里，分旱季雨季）	6	10	20
12	卸车清理	1	2	3
	合计需要时间	136	268	366

根据上表显示从提供图纸资料到运输到现场，最短时间4个半月，最长时间一年，一般情况下需要7～10个月。

在实际工作中，最短时间和最长时间没有出现过，但大部分周期在7～10个月之间。

项目部的第一船、第二船物资不是实体材料，不通过咨询公司审批，也需要6个多月。

鉴于上述情况，为保证工期，项目部采取了如下措施：

(1) 及时催要图纸，先参考电子版图预提计划，提前进入采购程序。

(2) 按照总体进度计划提前一年做好技术准备工作，将需要咨询公司审核的实体材料资料，提前准备，提前通过验收。

(3) 修改部分材料采购地。改为当地采购，如卫生洁具、涂料、油漆、沥青等等，虽然价格贵国内3倍多，但比较起窝工和报废的损失来还是非常划算的.

(4) 配置卷板机等机械加工设备，应对设计变更和计划遗漏。在第一、二批物资里，大胆购买了160多吨各种型号的型钢、钢板，仅10～14的钢板就买了50多吨。这些材料最后都没有剩余，全部用在了预埋件、止水套管、设备、管道、管件、丝杆、模具、工具的制作中。为项目抢回大量时间，避免了窝工。

(5) 项目经理、总工及技术人员与设计院、甲方积极沟通，将可能出现的问题，尽可能想在前面，提前计划，提前申报。

(6) 积极参与设计和绘图工作，充分利用现场已购买物资，或剩余物资，进行设计更改。

(7) 项目部依据项目总计划，每周、每月清理检查，对未来一年的工作做出提前预测，时刻检查库存物资和已计划物资状况，并做出了相应的调整。

(8) 项目部国内外有专门对口的物资管理人员，负责跟踪每批计划、每单项物资采、发、运的执行情况。

(9) 对影响工期的紧急物资，除来人携带外，采用空中货运方式，满足工期需要，刚果水厂项目，人员携带生产物资累计约 5.2 吨，直接空中货运物资约 14 吨。虽然成本增加，但迫于无奈，必须保证项目不窝工、不拖工期。

(10) 积极联系甲方，链接船期，考虑陆路货运批次，根据需求计划排列物资运输顺序。

这一系列措施，有效减少了物资计划、采购、运输对工期的影响。在项目开工以后，基本没有出现大面积停工待料的窝工情况。

3.3.2 不怕艰难，组织车队运输水泥

刚果共和国的水泥资源非常宝贵，布拉柴市场售价 15～20 万非郎(1 万非郎约合人民币 120 元)一吨，不仅价格贵，还常常是过期的，质量难以保证，项目每月水泥用量在 600～800 吨之间，总承包方投标时允诺的刚果金水泥配额计划落空后，项目部四处寻找水泥资源，找到刚刚整顿复工的中国路桥路特特水泥厂，距离吉利水厂现场 200 多公里，通过实验，水泥达标，满足需要，但他们没有运输能力，只能工厂提货。售价 10.5 万非郎 吨，如果项目部自己运输，运输成本约 1.5～2.5 万非郎每吨，相比布拉柴市场价格每吨也要节省 3 万非郎以上。

项目上成立了运输维修队承担了运输任务，200 公里基本上不算道的路，非常艰辛，旱季往返需要 3～4 天，雨季一般往返在一个星期，最长一次往返长达 11 天。

4. 结束语

在当前国外市场竞争逐渐加剧的形势下，承包商承接的工程利润越来越微薄，项目成本管理是企业永恒的主题，也是企业提高自身竞争力和适应市场经济发展的需要，成本管理没有绝对的模式，只有不断努力、加强管理才能使企业有更高的利润。

案例——在住宅工业化技术调研过程中对建筑设计方式的研究

技术中心
夏　巍

根据 2013 年 12 月 12 日李克强总理在中央城镇化工作会上的讲话精神，集团公司的业务技术前沿跟踪在 2014 年度也聚焦于走中国特色科学发展的新型城镇化道路。在市场政策偏重于有序推进农业转移人口市民化，推进保障性住宅建设，注重中西部地区城镇化的时候，我们积极探讨研究建筑工程领域的发展模式的变化，探索符合时代要求的创新体系。在基本建筑的建造基础上，从建筑工业化的设计方式方面加以推进。研究如何提高建筑产业工业化程度，推行集约型工业化住宅，提高建筑品质，满足业主消费需求，走建筑一体化的道路。

1　建立涵盖建筑全寿命周期的工业化链条

通过近三个月的调查研究与实地考察，我们把建筑工业化的技术方法最终定位于采用社会化大生产的方式进行建筑的生产和经营。以项目市场需求为导向，以建材、轻工、装饰等行业为依托，在工厂中生产各种建筑构配件、部品，以现场装配为基础，通过将建筑生产全过程的设计、构配件生产、施工建造、销售和售后服务等诸环节联结为一个完整的产业系统，从而实现产供销一体化的生产经营组织形式。

要形成这样的生产经营模式，需要建立涵盖建筑全寿命周期的产业链条，从而保证建筑产品从原料到成品都是一体化的工业生产。在调研中我们意识到考虑住宅建筑产业是贯穿于投资、生产、运营和拆除的全过程，如图 1 所示。

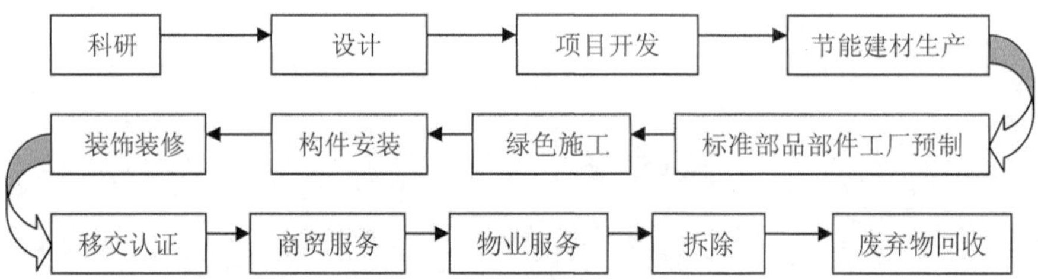

图 1　建筑产业化链条

就必须利用大工业的生产方式来建造工业和民用建筑，把现有从事的建筑业从手工操作的小生产方式逐步过渡到社会化大生产方式。要把不同类型的建筑工程作为工业产品，分别采用统一的结构形式和成套的标准构配件，采用先进的工艺，按专业分工，集中在工厂进行大批量生产，然后在现场进行机械化的施工安装。建筑工业化的基本内容，是建筑标准化和体系化，建筑构配件生产工厂化，施工机械化和建筑管理科学化。

满足建筑产业化的 6 条标准是：(1)生产的连续性；(2)生产物的标准化；(3)生产过程的集成化；(4)工程高度组织化；(5)生产的机械化；(6)生产与组织一体化的研究与实验。

整个产业链中所有部品、设备、部件的集成化按产业分工可分为：(1)标准化的设计；

(2)工厂化的制造;(3)装配化的施工(4)一体化的装修;(5)信息化的管理(BIM)。

下面主要对其中的标准化设计方法进行阐述。

2 建筑工业化生产中的一些设计应用原则

2.1 在设计建筑方案中依据成本最优原则适当延长建筑使用年限

我国的建筑平均使用年限在世界范围内相比较来说是较短的。由于之前的经济的不发达和业主的一次投资过低等许多原因,使建筑的使用年限偏低,过早的进入淘汰期。但是当工程承包模式进入新形式以后,这种思路往往与我们的投资运营原则相背离。因而今后的建筑设计方案应在以下几个方面做进一步的研究,寻找最佳的平衡点。主要包括:承重结构中关于抗震、耐火、抗风等;填充的可变结构如复合外墙的优化、材料的防水、防虫、防腐及可再利用等;配套材料如管材、线材、配件材料等。这些内容看似并没有特别的创新,但从产业发展经验过程来看,不同阶段过程中的侧重点,要求达到的指标标准是不同的亦是发展的。

2.2 实现建筑的人性化设计要求

产业化的建筑所追求的主要目标是享受健康、舒适、具有满足感的居住条件,因此实现人性化的目标,对于产业化建筑尤为重要。相比于传统建筑,工业化建筑的优势在于能够提供一种更有质量的住宅,关注绿色、环保、健康并提高舒适性。建筑部配件的工厂化使得这一想法变成了现实。通过设计改善建筑除满足功能外,优先满足功能空间的比例和尺度、功能分区的合理性、交通流线的流畅与节奏、室内与室外环境的关系、主导风向以及良好的自然通风等。更容易实现无辐射、无污染的装饰,尽可能减少对自然环境的负面影响,如减少有害气体、降低二氧化碳、固体垃圾等污染物的排放,减少对建筑场地周围的破坏。在设计中对使用的资源和能源特别是不可再生的能源最大限度地有效利用。

2.3 满足建筑的绿色设计要求

现在建筑设计越来越认识到节能的重要性,提出了绿色建筑、环保建筑的要求。我们都知道,传统建筑业在生产、运输时消耗了大量的能源和资源,而工业化设计建筑正是要杜绝这种粗放浪费的模式。工业化的建筑在满足使用的同时,也满足环保的要求,以实现可持续发展。同时建筑节能是提高降低运行费用的基础,是产业化工作的重点。

建筑节能设计要树立"因地制宜"的理念,除应符合设计规定外,还应着重考虑以下四个方面:(1)平面的规划(选址、布局、朝向、间距等)。(2)单体设计优化原则,如体形系数、窗墙比、材料选用、围护结构及内隔墙热工性能、施工工艺处理等可靠、合理。其中围护结构的隔热保温,主要包括外墙体、门窗、屋顶、楼地面和户隔墙等的技术模式对建筑的投资和耐久性影响最大,因此,应在节能技术模式外保温、内保温和自保温三种模式中做慎重选择。(3)建筑细部构造的节能考虑,如外墙体尽量不开设洞口,楼地面、楼梯间、屋顶等设隔热保温层,以及玻璃窗、保温门的选择使用。(4)节能型设备的安装,如空调和采暖器的选用,以及集中式太阳能电热水供应或地热泵、空气泵及其产品的运用等。

2.4 工业化建筑设计必须重视智能化设计

智能化建筑系统是一个多功能的技术系统，由众多的功能子系统组成，期间还要具有协同配合。这都是对传统设计方法提出的挑战。这些子系统有：照明控制、电器控制、环境监测、视频监控、设施监控、通讯设施、门禁管理、健康监测、自动化仓储、信息安全等。科技的快速发展，也给建筑的智能化提供了可能，在未来的设计中大量的智能化产品会进入用户，给人们的现代化生产提供很大的方便。因此建筑的智能化必将会是发展的必然趋势。在产业化条件下，通过对智能化产品的选用以及智能化设计方法来实现智能化建筑的要求。智能化系统可以划分为三个方面，这三方面是各自独立，又相互联系，共同实现智能化。这三方面是：安全防范系统、设施管理系统和通信网络系统。

2.5 注重细节的设计

在“精细设计”方面做文章，就是在设计时要充分挖掘有限的潜力，让每一平方米建筑都能体现其的功能和价值，要在建筑师的手里挤出无效空间，坚持能用最小的空间满足功能要求的，就不用大空间。能重复利用的空间，就不再扩展新的空间。追求“功能空间比”的相对高效是评价设计方案优劣的主要指标。是降低造价、节约资源的有效途径。提倡“精细设计”，要精心组织平面关系和空间布局，满足各种功能要求，近期满足建筑的“流程”合理，远期要满足建筑能有较强的适应性。要精确计算尺寸，合理确定门窗洞口位置及洞边到墙边的距离；要精细地安排管线和设备的布置，尽量集中。

如工业化住宅设计中门窗与墙体是考虑同一厂家研制的，这样就可以从工厂中通过构造将门窗与维护的墙体紧密相连，而不会因为传统的连接方式导致门窗的气密性降低，提高了隔音和防止粉尘污染的能力。

2.6 追求设计的标准化

在建筑设计中标准化与个性化是基本矛盾。以往的设计都是依据单一建筑的使用功能而开展针对性的设计，导致建筑形式的千差万别。工业化建筑即必须满足个体与规划方面的多种多样的要求，又必须坚持个性化的设计是建立在标准化的基础上实现的，设计必须能用工业化的生产方式加以实现的原则。

标准化是通过在实践中对重复性的事物和概念达成统一，以获得最佳秩序和效益。实现工业化的整体实践来看，在设计中应坚持：

1）选择合理的模数网和合理的结构参数。采用等开间设计或等进深设计均能减少平面参数而简化构件规格，纵横墙拉通的平面布置不仅安装方便，利用抗震，也有利于简化构件规格。由于抗震和用地等因素要求建筑进深较大时，优先采用等进深组合以简化构件规格；进深较小时，尽可能使小进深房间的进深参数和开间参数相同。

2）为了有利于简化构件规格，在平面设计中除了考虑平面简洁，避免轮廓凹凸变化，要注意运用一些平面设计手法来简化构件规格。平面组合时要注意平面参数之间的协调关系；管线复杂的部分尽可能设计成同一典型平面或做成预制盒子间。

3）注意构配设计和组合的合理性，构配件设计要着重统一：构件平面轮廓尺寸、构件厚度、边缘及外部构造、混凝土标号、钢筋网布置等。轮廓尺寸与建筑参数尺寸之间的协调还涉及构件的组合方式,即轴线尺寸与构件尺寸的关系。构件设计在加工运输安装条件制约的条件下要尽可能加大构件尺寸以减少构件规格。墙板、楼板、屋面板尽可能做成一间一块,要注意充分发挥吊装设备的能力,避免构件尺寸及重量过于悬殊而影响设备能力的发挥。构件设计及构件组合节点设计中往往可以找出一些影响构件规格类型的几何规律,要充分运用这些规律以简化构件的规格。

3 分析建筑工业化的设计可能采用的几种策略

3.1 整体模块化

在设计规划时一组工业化建筑是应能够从生产角度分解成多个相对独立的模块的,模块由部件和接口构成。模块一般由通用部件构成,这是以部件为基本加工单位的生产组织形式。而从现在实际发展看,模块也可以由非通用部件构成,这样是以模块为基本加工单位一种生产组织方式。这样不仅提供了加工路径的非单一化,而且提供了更多的选择。当然,不论称作模块还是部件都是能够在工厂里生产的,现场装配成所需要的建筑。

这种以工厂化生产为技术特征的生产方法彻底改变了传统以现场安装为主的建造模式,这种技术创新将建筑产业从粗放型行业推向了制造业方向。工业化建筑中也有非常接近丁制造业的做法,比如美国的工厂制造住宅(Factory-built housing),除了基础以外几乎所有其他部件都是在工厂中生产装配的,最终出厂的产品就是一座整体的住宅。然后由大型拖车运输到现场,完成与基础的安装。如此一来,建造就完全脱离了传统的现场组织方式,而代之以工厂的流水线作业,形成以成品为目标的订货、购货、送货流程,并且必须相应地辅以新的配套技术与设备。

3.2 设计选择适合工厂化配件的形式

配件是指建筑中具有规定功能的独立单元,是由建筑材料、制品和零配件等组合而成。配件的标准化、工业化是建筑工业化的基础和关键。

在设计配件时主要适合工厂化生产的门窗主要有如下特点:(1)铝合金门窗基本上采用带断桥的彩色铝合金型材,彩色塑料门窗多采用表面覆膜技术,以保证耐久性;(2)门窗用玻璃基本上采用镀膜中空玻璃或镀膜三玻中空玻璃,玻璃间距一般为 14mm,玻璃厚度不小于5mm。并且中空玻璃内要充氮气或氦气,提高保温性能。(3)可以考虑太阳能屋顶窗,将太阳能转化成电能和热能。(4)工厂化的建筑门窗,在满足通风、采光等基本要求的同时,还必须满足良好的气密和水密性、良好抗风压能力、优良的隔声性能和保温隔热性。

墙体类型设计也是重要的环节,墙体是建筑体系中功能较复杂的部位。按照在建筑所处部位分为内墙与外墙,按照结构类型分为承重墙与非承重墙,随着新型承重体系的发展,承重墙体逐渐被取代,各种非承重的新型墙体大量出现,为我们的选择提供了更大的范围。工厂化墙体的选用必须具有良好的建筑经济效益,减少、建筑墙体的实际造价,扩大房屋的有效使用面积,同时减轻建筑荷载,降低建筑基础造价,提高工效,缩短工期,节约水、砂浆及其他原材料。能适应基层的正常变形而不产生裂缝或空鼓,能长期承受自重而不产生有害的变形,能耐气候的长期反复作用而不产生破坏,防火性能应符合国家有关法规规定。外保温复合墙体的保温、隔热和防潮性能应符合国家和行业标准的有关规定。

屋盖类型设计现阶段传统框架结构、砖混结构所采用较广泛的是钢筋混凝土预制多孔板和整体现浇钢筋混凝土板。钢筋混凝土预制多孔板虽然具备了工厂化生产现场装配等特点，但是由于相关的技术问题未得到妥善的解决，导致其在 20 世纪 80 年代中后期使用渐少。最终在我国大中城市完全被整体现浇钢筋混凝土楼板所取代。整体现浇混凝土屋盖现阶段是我国建筑中应用最为广泛的形式。但这种形式存在着现场施工量大、对木材模板消耗量大等问题不能适应工业化要求。

对于建筑工业化而言，应尽量采用装配化的生产施工方式，避免大量现场湿作业，才能更有效地体现出工业化的特征。国内已建的工业化楼板体系大多为预应力叠合板，是介于装配式和现浇式中间的一种类型，应该说反映了目前我国正处在从传统设计建造方式向工业化生产方式过渡的改革时期。

3.3 管线综合设计

管道线路复杂，管线设计是工业化生产中的设计难点。为了满足建筑的基本使用功能，应该设有冷水、热水、暖气、煤气、电力供应及排水、排污、压缩空气等各类专用的管线，在小面积的空间内科学合理地安置。各类管线应合理集中组织，设置竖向管线区和水平管线区，管线避免随意穿越。设计应遵循的原则主要有：(1)对工艺、安全、卫生、防火、相互干扰有影响的管线应采用可靠的防护措施，相对集中，要确保安全使用。(2)管线区面积要紧凑，以减少管线区占有使用空间。(3)应就近铺设各工序所需的设备管线，以方便使用，提高效益。(4)节约减少敷设长度，保证流向畅通。(5)管线走向方位和接口位置，应避免穿越设备。(6)应选用轻质耐用，占空间小，安装维护方便的管材。(7)各类管线按不同综合设计目标统一设计，同步施工。

4 总 结

本文根据提出的设计原则，从解决工业化建造体系，工厂化部配件等方面来论述应该采取的设计方法。在工厂化设计选用上，重点是走技艺一体化与提高配件构造设计的策略。最后充分利用科技进步，来实现建筑的工业化建造、同时结合精细设计来全面提高建筑的质量品质。在一个大规模的建设项目中，采用系统的设计技术和手段不仅可以降低材料消耗，还能够降低现场操作成本，创建更加优良的建筑产品，同时也能提高项目的价值和回报率。

从员工激励的双因素理论看非物质激励对企业技术创新的作用

中国建设技术中心
夏 巍

摘 要：

本文主要阐述了企业对员工的非物质激励对建立高效的技术创新机制所起的作用，分析了激励的多种因素及其相互之间的关系。对非物质激励对创新的意义做了简要分析，以及如何建立合理有效的员工激励体系，提高建筑企业核心竞争力的建议方法。

关键词：激励 非物质 创新 双因素

随着经济新常态的到来，建筑企业要开始努力逐步从劳动密集型向资本密集型、人才密集型、知识密集型组织开始转变。其中我们认为知识、信息、技术等因素是对企业的贡献度越来越大的关键因素，通过对领导力和员工辅导的深入学习，我们一致认为建筑企业转型中人才培养与使用是企业发展的第一要素。

一、对员工进行激励的误区

虽然现在大中型建筑企业都开始比较重视对员工的激励建设与培训，但实际效果可能并不乐观。存在许多的问题，首先是对激励的内容和方式产生了一定的偏差。如项目的管理者可能有时并不清楚项目团队、作业层员工的需求。制定的激励内容不全面，激励的方式较少，对激励的投资偏低，侧重于形式而忽视实际操作，不重视激励的效果评估，难以及时掌握思想动态，往往事后弥补。将激励因素与保健因素混同起来，忽视了激励员工参与积极性的巨大作用。

上述问题的根源在于，管理者仅把企业的业务看作一种可持续的事业，而没有把员工承担的工作看作一种可持续发展的工作来对待，对员工个人的需求分析不到位，只重视企业的发展，而忽视员工个人的发展。当然一部分原因是管理者对激励的效果抱有疑虑。忽视与团队成员建立共同愿景使得员工无法融入到企业文化当中，员工参与企业的积极性偏低。

二、非物质激励的重要作用

通过学习我们了解到激励的本质是激励者与被激励对象之间的相互交换关系。激励者往往通过一定的诱因来获取被激励对象对其目标的贡献。被激励对象用自己的工作成果与激励者进行交换。激励应符合激励相容约束原则和参与约束原则，如果对员工的激励主要集中在物质方面，那么依据上述原则只把物质收入当作了一种投入的自变量，不太可能成为推动价值最大化的激励原动力。存在在非常大的缺陷。在激励问题上举例国家建国初期的计划经济时代，那时全社会最普遍的激励就是重视精神激励，忽视物质激励。这是由于历史原因在特定的计划经济制度下企业是国有企业，国有企业典型的特征是公有制，它的对员工的激励方式主要表现为责任感、对先进分子和进步的赞美、选拔或给员工授予荣誉称号。精神激励曾取得显著的效果。改革开放后，经济在由计划经济向社会主义市场经济转变的过程中，激励的主要方式向物质激励倾斜，逐步忽视了非物质激励。这很大程度上导致现阶段国企内的物质保健因素与精神激励不协调，随意性大。而作为企业技术创新的主体是员工，员工的需求是多层次，多方面的，是因人而异的。这就要求企业员工的激励，物质保健因素与非物质的激励因素必须并举，不可偏废一方。因为根据边际递减规律，当物质需求达到很高的程度时产生的效用必然是递减的，而此时员工自身会产生强烈的自我实现等精神方面的需求。另外对员工来说非物质需求的满足其实与物质需求满足是互相推动的。原因在于在现代企业的制度框架下许多的非物质激励中暗含着物质利益和人际关系的改善。例如员工的信誉、合作精神、能力等也是一种个人的无形资产，在其从事的工作中与其客户和同事都紧密相关，一个员工被授予荣誉称号无形中提升了员工的知名度和信誉度，也就间接提升了个人社会资本与价值。对企业而言，对员工开展非物质激励，不仅可以节约成本，提高员工的忠诚度，而且也能够约束员工的行为。所以我们说非物质激励是提升绩效的重要手段。

三、非物质激励对企业技术创新的重要性

绩效是由激励乘以能力的，那么激励机制的建立就是企业技术创新的原动力之一，它在企业的创新过程中就是关键性的作用，它直接影响着创新规模的扩展、创新速度的加快及创新质量的提升。

企业技术创新激励机制包括企业内部和企业外部两个层面。在企业内部层面的激励对象主体是员工，尤其是企业研发人员和经营管理人员。而企业外部层面的激励一般指市场激励、民间组织激励和政府激励。激励不仅给企业创造了增加自身创新的动机，锻炼了企业自身创新的能力，是刺激企业创新动机产生的一个要素。我们认为技术创新能否成功，不仅取决于企业的初衷与能力，还和参与创新的人和对象在创新过程中所拥有的权力与承担的责任也有一定的关联。激励机制在技术创新的过程中发挥着不可忽视的作用。激励的对象不仅包括员工，还包括可能参与的风险投资主体。激励通过满足促使人去展开行动。正如马克思所言，“人们奋斗所争取的一切，都同他们的利益有关”。其方法主要是将个人保健因素与激励因素与创新能力、个人对创新的贡献、个人的创新收益相联系。个人的创新能力提高了，能力发挥恰当，在给企业带来物质利益的同时，还可以让人在竞争中树立信心和获得尊重，供给员工提升个人能力的机遇等。

在创新中给予员工在他的能力管辖范围之内的能够发挥号召及命令的力量。在课堂上通过某连锁餐饮企业成功激励的事例就生动地说明在一般情况下权力能让人获得一定的地位与尊重，从而丰富人们对精神满足的需要。权力和能力往往被人们联系在一起，它不止能有效保障，还可以引导人充分调动其主观能动性。在权力管理的范围之内，对物质的支配问题上，掌权的主体就比其他主体具有绝对的优势。在企业创新领域如自主经营制度和专利权制度等就是一种非物质的权力激励的方式。

承担责任也是激励因素的重要内容，将分担责任作为激励的一种方式。即员工必须承担应该做的事情，个人对他人、对企业整体以及对社会应该做的事情。对工作的承担以及对挫折之后的损失的承担都是责任的表现形式。由于企业技术创新是一项艰难的系统任务，它有可能遇到失败风险的险阻。所以它需要参与者共同承担，公平恰当的责任分担不仅能让参与的

人产生公平感，而且能够促使员工更好地履行职责，这样就可以最大限度地减低创新失败的风险。因此责任激励在技术创新中也极其重要。

四、企业内部可以采用的非物质激励方式

我们认为可以采用的非物质激励的方式如下。

1. 制度激励

企业作为技术创新的主体，应该加速建立激励制度的内部制度化。在企业内制定具体的激励规章，有效调动员工积极性的同时达到推进技术创新的目的。例如改革现代企业产权制度、内部组织制度、分配制度等推广与积极鼓励企业的技术创新。由特定的部门单独负责规划与加快技术创新战略，可利用经济手段逐渐构建有关的调动机制。分配制度方面，把技术创新人员的收入与其创新成果密切联系。

2. 能力激励

创立发挥能力和提高能力的条件与动力，可以对员工开展培训、公平竞争等激励的方式。

3. 责任激励

责任激励的重点为责任分担，上文已有相关阐述。

五、重视激励企业技术创新的核心主体知识型员工

知识型员工作为企业技术创新体系最活跃的核心主体，具有高度的创造性，他们是企业技术创新的基础。知识型员工也是企业发展壮大的关键性因素，企业创新活动的决定因素在于知识型员工的素质与数量。以及研发项目的组织与激励因素。这些反映了企业研发的能力与规模。

知识型员工在企业的技术创新活动的进程中是首要的承担者。在各项技术创新过程中又是直接的执行者，负责工作的具体实施。知识型员工在接到企业的工作任务后，在一定的时间内完成创新任务将技术由方案变为现实。而在这个过程中，知识型员工是通过不断地发现问题，解决问题，而不是被动地执行决策最终实现目标的。

知识型员工的创新活动有助于企业占领该领域内技术的制高点，减低生产成本并生成出满足需求的产品。最终使得企业赢得市场。企业可持续发展也只有通过持续创新才能实现，只有持续的创新才能满足企业的与时俱进。因此知识型员工必须敏锐地洞察和把握市场的脉搏，通过技术创新实现动态需求。

依据马斯洛的需要层次论，人的需求分为五个层次，依次为：对生理的需要、对安全的需要、对社交的需要、对尊重的需要和对自我实现的需要。根据知识型员工需求的特殊性，而高层次的需求是无法通过物质手段来实现的，必须用非物质的激励手段来满足。知识型员工的非物质需求三个层次由低级到高级顺序分别是社交需要、尊重需要和自我实现需要。三个层次需要可以同时并存，但从总体上来看，自我实现需要在其中占据主导地位。所以企业在进行激励机制设计时首先应重点考虑其自我实现需要方面的满足。

综上所述，当然由于技术创新涉及企业管理的诸多方面和多种繁琐因素，单靠使用单一的

非物质激励方式也是远不能达到预期目标的。所以，要想建立高效的技术创新机制还需充分考虑企业各部门间的多种因素及其相互之间的关系。这里就仅非物质激励对创新的意义做了简要分析，如何建立合理有效的员工激励体系，提高建筑企业核心竞争力以及员工个人的职业生涯发展、个人价值的实现是一个综合的过程。总之，建筑企业应该努力培养员工认同企业文化，使员工把自我价值实现融入企业价值实现中，建设一支坚不可摧的、不断进步的学习型创新团队，从而实现公司的可持续发展。

伊拉克电站项目设计联络管理探讨

电力工程事业部
徐贡全

工程设计是建设工程进度和造价管理的基础，对于国外工程项目，加强设计管理和联络，是有效控制工程进度和造价的关键。

对于一个工程总承包企业和设计方是总包和分包关系，对设计进行管理和控制，既有必要，也要可能；在伊拉克项目的实践中，中国建设集团只是施工总承包方，如何对设计进行管理，换句话说如何对设计进行联络和协调，成了一个既有必要，又有难度的新课题。本人针对伊拉克项目总承包管理的特点及结合菲律宾铁路项目设计管理的经验，在设计联络协调管理过程中，就设计范围管理、设计管理实施方法、设计管理效果评估、设计管理改进等管理重点进行了探讨，具体内容如下。

一、设计管理范围：

1. 设计进度管理；
2. 设计质量管理；
3. 设计造价管理；
4. 设计协调管理。

二、设计管理实施方法：

1. 协助工程总承包方 CMEC 建立设计管理机构和落实有关人员；

2. 协助工程总承包方 CMEC 编制设计管理程序，施工图纸内、外审流程等；

3. 协助工程总承包方 CMEC 组织设计监理（华东电力设计院）、设计单位（西北电力设计院）、主机厂家（哈电集团三大动力厂）、监理公司、主要施工分包单位审查初步设计；

4. 协助工程总承包方 CMEC 组织设计监理单位（华东电力设计院）、设计单位（西北电力设计院）、主机厂家（哈电集团三大动力厂）、监理公司、主要施工单位审查施工图；

5. 倒排进度法，要求设计院提交三个月滚动设计进度计划并协助工程总承包方 CMEC 组织审查；对于确实不能按项目总进度要求提交施工图的部分，协调西北电力设计院提供备料清单及材料订货技术规格书，为工程备料争取了宝贵的时间，图纸批复前，最长的提前近 3 个月备料；

6. 协助工程总承包方 CMEC 编制设计优化管理办法和奖励办法；

7. 编制设计进度监督计划并在项目现场和设计院派驻设计监督人员：在设计单位（西北电力设计院）所在地西安，租住一套房子，选派三名责任心强、有一定设计管理经验的人员，及时联络、协调和监督；在项目现场，购买打印设备，配备专人负责核对和打印业主批复后的图纸，减少国内、国外路上行程，每批图纸提交施工的时间缩短近一个月。

三、设计管理效果评估

1. 重要设计图纸提交节点计划实施情况：对于影响进度关键线路施工的图纸提交情况

及时进行跟踪和分析，及时反馈总承包方CMEC，监督设计单位（西北电力设计院）采取补救措施；

2. 定期评估设计对于设备生产、物资采购和现场施工进度的影响；

3. 实施过程成本与初步设计成本对照、跟踪分析优化效果。

四、设计管理改进

1. 图纸提交进度偏差纠正措施：设计三个月滚动进度计划及采取的措施；

2. 设计优化措施（造价）：针对性地提出设计对于造价的影响；

3. 设计、制造、采购、施工的现场协调、配合改进措施。

通过加强以上重点内容的管理，收到了较好的效果，确保了项目的进度和工程造价的有效控制。

浅谈项目联合体的组建及模式选择

周国梁

随着大型、特大型工程项目的增加，建设项目的工程承包向国际化、多元化发展，大型工程总承包项目的管理形态在特征上趋向于两个方面发展：一方面因行业关联度扩大、涉及地区变广、项目规模日趋庞大等对项目管理水平要求越来越高；另一方面，地区保护主义日益盛行、市场准入限制增多，使项目面临的风险越来越大。因此，为了更好地整合资源，获取更大的竞争优势，项目承包商以联合体经营的形式日益增多。

一、项目联合体定义

项目联合体就是以一个公司为主导，由两家或两家以上的法人或者组织组成一个联合体，以一个投标人的身份共同参与大型或特大型工程建设项目的投标，在中标之后，通过契约方式联合，以一个总承包商的身份共同承包，实施工程项目的建设与管理，以及竣工结算等活动的联合体组织。

主要包括以下内容：

(1) 联合体城堡的联合各方为法人或者法人之外的其他组织。

(2) 联合体一般情况下是临时性组织，随着项目的结束而解散。组成联合体的目的是增强投标竞争能力，减少联合体各方因支付巨额履约保证而产生的资金负担，分散联合体各方的投标风险，弥补有关各方技术力量的相对不足，提高共同承担项目完工的可靠性。

(3) 联合体是"以一个公司为主导"，即在联合体各方中要选出一个主办方，各成员公司在主办方的控制和协调下，严格按照法律法规、国际惯例，履行联合体协议中对应的主合同项下的责任和义务，并承担经济风险。

(4) 联合体的组成属于各方自愿的共同的一致法律行为。

(5) 联合体对外"以一个投标人的身份共同投标"，即对外投标应以所有组成联合体各方的共同名义进行。

(6) 联合体是"通过契约方式联合"，内部之间权利、义务、责任的承担等问题需要一句联合体各方订立的合同为依据。

(7) 联合体一般适用于大型建设项目和结构复杂的项目，实现联合体内成员优势互补。

二、联合体组建的基本原则

组建联合体进行项目承包的最大优势就是对优质资源进行重组，强化比较竞争优势，达到双赢或者多赢的局面，并实现利润最大化。因此在组建联合体的过程中，应根据项目的具体特点和资源需求制定不同的原则和标准，一般的通用性原则如下。

1. 核心资源原则

联合体成员，必须具有能为项目投标和后续执行贡献自己核心资源，而这些核心资源正是保证项目中标和顺利实施所需要，从而更具有竞争力。

2. 成本优化原则

成本控制能力是联合体综合竞争能力的核心组成部分，是实现联合体预期经济效益目标的保障。

3. 效率原则

在合理使用资源的前提下，要求联合体成员能够协调一致，提高整体的工作效率。

4. 风险最小化原则

工程建设项目是一种高风险的经营活动，联合体成员应发挥其竞争优势分散或转移部分风险，使联合体承担的总体风险最小化。

三、联合体组建的步骤

首先要对目标项目进行分析，确认风险及项目预期目标利润，确定是否采用联合体方式，明确联合体建立的原则及标准，寻找合作伙伴，建立、实施和维护联合体合作伙伴关系。

1. 项目基本情况分析

根据项目跟踪情况及业主招标文件中提供的信息对项目的技术要求和商务风险开展调研和分析，主要内容有：技术来源，工程量，工期进度要求，项目所在国的资源状况，原材料、设备和人力资源价格，预期的经济利润，业主资金状况，当前项目的主要竞争对手分析等等。

2. 企业情况自评及比较分析

根据项目特点、合同模式及企业自身基本情况，分析本企业核心竞争能力、可支配资源及企业的战略目标，结合项目投标、执行的开展进行初步决策，确定是否采用联合体共同投标。

3. 联合体模式及成员需求分析

根据联合体组建的基本原则，企业成立评价小组对联合体的组建方式和成员方进行目标的讨论及量化计算，对潜在的合作工程承包企业进行评价和分析，为下一阶段综合评价和优化提供依据。

4. 联合体成员选择

为了对潜在的合作伙伴进行综合评价，评价小组应建立评价体系，按照加权择优的原则，根据企业要求设定权重因子，进行定量计算，确定最佳合作方。评价指标包括：公司信用等级，以往工程项目业绩，项目管理经验等通用指标，待执行项目所需的资金、工艺技术、施工管理办法等专项指标。根据评价结果进行筛选，最大程度地保证所需合作方满足资源互补、共同协作、风险分散等要求。

5. 项目联合体的成立

以合作意向书为基础，企业与未来的合作方协商项目的具体投标方法、利益分享及损失承担，协商联合体的地位，签订联合体协议组成项目联合体进行项目投标和执行。

四、联合体的基本模式

联合体的选择一般采用 SWOT 分析方法，可以对研究对象所处的情景进行全面、系统、准确的研究，从而制定相应的发展战略、计划以及对策等。工程公司的 SWOT 分析简表如下：

优势(Strength)	劣势(Weakness)
1. 工程经验和施工技术 2. 成本比较优势 3. 良好的国家形象和企业信誉 4. 已有的项目合作经验 5. 国内工程物资、设备的供应链	1. 国际工程项目管理经验不足 2. 缺乏项目所需核心技术 3. 国际融资经验和能力不足 4. 进口物资、设备采购能力
机会(Opportunity)	威胁(Threat)
1. 分散经营风险 2. 获得新项目的机会 3. 通过联合体提高项目管理水平	1. 项目所在国政治风险 2. 市场份额减少的风险 3. 合作纠纷 4. 项目控制力减弱

根据工程公司实际情况和市场状况和发展趋势，在优势和机会(SO)战略模式下选择合作方更适合我国工程企业的发展，充分利用现有技术、资金、管理及人力资源，同时能够向合作方学习，提高企业核心竞争力。

联合体的基本模式有：优势互补型联合体、本地化经营及业主需求型联合体、风险规避型联合体。

1. 优势互补型联合体

定义：优势互补型联合体是根据各个成员的发展战略侧重点和比较竞争优势各不相同，通过联合，发挥各方各自特长，实现强强联合，取得竞争优势而组建联合体的模式。这种模式广泛应用在“设计、采购、施工一体化工程建设项目(EPC)”中。联合体一般由综合管理能力较强的公司作为项目的主办方，负责项目投标、实施的整体规划，协调联合体与业主之间的关系，制定联合体内部的管理制度等。

优缺点：在总承包项目中，工程设计是项目能否顺利进行和取得预期经济效益的关键，有效地采购工作管理是项目成本控制在预算内的重要因素，项目施工是完成项目规划、安全、保质、如期交付工程的保证。在优势互补型联合体内，各成员基本利益一致，沟通更为有效，使设计、采购、施工有机结合，在相互信任、尊重和资源共享的基础上，可以促进交流合作、解决纠纷，刺激各方致力于优化设计和施工方法，提高工程价值、降低成本、缩短工期和增加利润的目标。上述优势，均是建立在相互信任的基础上，如果信任基础打破，成员之间不信任，则会导致项目投标或实施失败。

适用范围：项目涉及技术领域比较单一，并且实施项目所必需的核心技术或管理方法为少数几家公司所掌握，这样各方工作范围划分清楚，责任界定清晰。

2. 本地化经营及业主需求型联合体

定义：本地化经营及业主需求型联合体是指国外的工程公司从其公司发展战略考虑或由于业主要求而与东道国的工程公司、供应商、中介组织等组件联合共同实施工程总承包项目。这种模式，通常由一个综合实力较强的外国工程公司前头，提供项目所需的核心技术及比较先进的项目管理技术及高级项目管理人员；本地工程公司提供项目所需的施工人员，中低级项目管理者，协调联合体与当地政府部门的关系。

优缺点：本地化联合体能够很快熟悉项目所在国的政治、经济环境、法律法规，既能够利用国外先进的技术、成熟的项目管理体系提高项目管理水平，又能够利用当地工程公司优势降低工程造价，节约施工费用，同时尽量利用中介组织取得对联合体承包方比较有利的合同条款。但外国工程公司与本地工程公司在管理理念、文化与语言交流等方面会存在一定的冲突，需要较长时间来磨合，并且中介组织可能会过多要求分享利益，从而使其他合作方难以公平对待。

适用范围：1)项目所在国出于保护本地企业而设置的非贸易型壁垒，要求必须与国内的工程公司组成联合体；2)合资企业出于加强项目管理和降低工程成本的需要，实现项目经济效益的最优化；3)国际金融机构贷款的项目要求当地承包商必须与国外承包商合作才能进行投标和实施；4)国外工程公司为打入目标国市场，规避一些市场准入障碍。

3. 风险规避型联合体

定义：当一个项目实施难度大、项目规模超过单一承包商的承建能力或需要承包商为项目融资时，为了规避或分散风险往往与其他工程公司、财团等组成联合体共同实施项目总承包。风险规避型联合体成员构成一般比较复杂，包括工程公司、银行财团、设备供货商、设计院等，各成员根据责任划分承担项目投标、执行过程中的特定风险，并据此分享项目收益或承担项目损失。

优缺点：可以有效利用联合体各成员的竞争优势，共同承担项目风险，提高了联合体整体抗风险能力。由于联合体成员的行业背景复杂，对项目实施过程中的主要管理手段、关键控制点重视程度不一样，容易出现决策分歧。

适用范围：在劣势与机会(WO)的体检下，通过风险规避型联合体，可以转移或者有效消除劣势，增强实现预期目标的概率。例如，在经济相对落后的石油输出国和地区的项目业主，如委内瑞拉、尼日利亚，尽管拥有大量的石油天然气等矿产资源，但资金缺乏，无法进行现金结算，常常需要承包商提供项目融资，项目建成后以出口原油或其他产品偿付建设资金，承包商融资能力有限并且不愿意承担额外风险，可以通过与银行财团及下游产品购买商合作，获得资金，规避相关风险。

通过组建项目联合体进行工程项目总承包，是我国工程公司扩大市场份额，积累项目管理经验，提升项目管理水平行之有效的办法，也是我国工程公司实施“走出去”战略、开拓国际市场的捷径。我国的工程企业在做出组建项目联合体进行项目总承包决策前，必须从有利于公司长远发展角度出发，综合考虑企业的项目执行能力，在充分发挥企业现有竞争优势的同时，取长补短，利用合作方的特长弥补自身不足，从而形成综合的比较竞争优势。

论借助信息化提升企业采购储运管理

采购储运部
胡世钰
2014 年 12 月

采购储运部对物资采购储运的需求计划、询价招标、合同管理、物资出口、包装储运等各管理环节编制了管理实施细则,进一步细化和规范了采购储运业务、管理的流程和体系。从 2013 年推动和开展集中采购,通过两年的采购管理提升,获得国机集团的采购管理专项提升先进表彰。

集团公司采购管理提升已取得一定成效,但采购管理仍存在不足,本文通过针对管理现状与不足提出信息化解决方案,论证借助互联网信息化提升企业采购储运管理。

一、采购储运管理现状与不足

(一) 供应商管理

1. 管理现状

采购储运部已下发《合格供应(储运)商管理实施细则》,在明确供应(储运)商备选范围、入围标准、审核要求的基础上实施定期动态考核。目前正按照管理实施细则对已有供应商重新进行核定,清理不合格供应商并积极开发和扩大供应(储运)商资源。

2. 存在不足

(1)《集采名录》的物资分类不够细化,供应(储运)商申请入围产品和服务范围不能准确、合适填写。

(2) 目前管控系统已有采购储运管理模块不具备合格供应(储运)商表现反馈和动态考核管理功能。

(3) 供应(储运)商无法及时全面了解集团公司采购信息,导致合作积极性不高。

(二) 计划(成本)管理

1. 管理现状

采购储运部编写《物资采购技术手册》,规范项目物资需求计划内容的编制。

项目部所提交的物资需求计划,未对所需的各项物资按照项目目标成本物资(大宗材料和工艺设备)科目进行对应的分项分类标识(如土建材料、安装材料、装置材料、临建材料等)。

计划管理现以项目为单位进行管理,对项目项下物资需求计划整理为采购计划后,仍处于“一单一采”的分散采购模式。

2. 存在不足

(1) 由于各项目物资需求计划格式不一致,内容编制不统一,影响采购的准确性和及时性。

(2) 物资需求计划未对物资成本科目进行分项分类,各项采购成本无法准确归集,未形成有效监控。

（三）订单管理

1. 管理现状

各事业部所属项目提出的采购计划，《集采名录》物资和事业部委托采购物资由采购储运部负责采购，《集采名录》以外物资及永久设备由事业部负责采购。

2. 存在不足

（1）管控系统采购储运管理模块没有订单管理功能。目前采购储运部和事业部的订单管理是在线下人工操作，无法监控且数据信息易出错。

（2）各项目采购计划不能进行汇总整合，采购量不集中，未形成规模效应。

（3）订单询价、报价的过程不规范、不透明，价格和质量存在风险。

（四）询价管理

1. 管理现状

采购储运部根据整理汇总采购计划形成的订单，在线下分别对已通过动态考核的供应商发出询价邀请，在收到供应商各自报价后，线下对各家报价进行整理、评价。

2. 存在不足

（1）采购员在线下对供应商一一询价，工作内容重复。

（2）未实现明确和强制报价截止时间，影响效率。

（3）采购计划其他信息不明确，如包装要求、送货地点，影响厂家报价准确性，不利于成本控制。

（五）招投标管理

1. 管理现状

《集采名录》物资和事业部委托采购物资招标由采购储运部负责组织和实施，《集采名录》以外物资及永久设备由事业部负责组织和实施。

编制和下发《中国建设采购招标管理实施细则》，对采购储运部和事业部明确招标职责，规范招标工作。

2. 存在不足

（1）事业部和采购部分别进行招标。“两线作战”造成投标供应商对集团公司的认知不统一。

（2）招标方式和信息发布不规范，内部管理信息不对称，存在潜在风险。

（3）合格供应商无统一渠道获取集团公司招标信息并参与投标，导致供应商竞争不充分。

二、信息化方案和管理提升

（一）供应商管理

1. 信息化方案

（1）对《集采名录》进行细化和完善，在管控系统采购储运模块供应商管理中进行合格供应(储运)商的评定管理,提高效率。

(2) 调整供应商管理,在管控系统中实现对合格供应(储运)商进行动态考核管理并及时更新合格供应(储运)商名录,在集团公司内实现供应资源共享。

(3) 通过信息化及时、统一发布采购信息,调动供应(储运)商积极性。

2. 管理提升

对合格供应商在询价或中标后与集团公司所签订合同的履约情况(包括交货周期、资料提交、产品数量、质量和售后服务等),将由采购储运部和项目部共同根据管理实施细则的动态考核内容进行考核并以评分的方式合成供应商积分排名反馈到管控系统合格供应商动态管理中。

同时,建立合格供应商积分排名机制,对排名靠前的合格供应商在询价和投标时优先考虑。通过积分排名机制激励供应商多积极参与报价,多报出优势价格,多提供更好的服务(项目投标询价和售后服务等)。

对考核不合格的供应商取消资格,按管理实施细则从《合格物资供应商名录》中删除或列入《物资供应商黑名单》。

(二) 计划(成本)管理

1. 信息化方案

(1) 在管控系统采购储运模块的计划管理中对各项目物资需求计划的格式进行固化,对内容输入进行规范化管理。

(2) 针对各项目存在的物资需求计划编制形式不一致或技术参数不全(错误)情况,通过推广《物资采购技术手册》规范物资需求计划的内容编制,并固定物资需求计划的输入标准。不按标准输入或技术参数不全(错误)的物资需求计划在订单管理将被退回,由项目人员重新修正和输入物资需求计划。

2. 管理提升

对管控系统中已有的项目物资实施计划管理模块和采购计划管理模块进行调整。项目物资实施计划管理将围绕每个项目的《项目采购储运委托书》内容实施管理。在采购计划管理中实现与项目物资实施计划管理相关联,达到"项目物资采购目标成本"管理。

从源头(项目部编制物资需求计划)开始就要按照《项目采购储运委托书》内容,在物资需求计划中对各项物资对应(项目目标成本)物资科目项下内容进行分项分类,以利于后续的订单、招标、合同等与采购成本关联数据的及时、准确归集和有效监控,实现各类物资采购实际成本与项目目标成本的物资科目分项分类对比和预警功能(超出采购目标成本则无法再发起采购)。

(三) 订单管理

1. 信息化方案

(1) 在管控系统采购储运管理模块中构建订单管理,对采购储运部和事业部的采购订单内容进行统一规范管理,避免发生超出采购职责进行跨范围采购。

(2) 通过订单管理,对各项目采购计划进行整理汇总,采购量集中,实现规模效应。

(3) 实现订单询价只对已审核的合格供应商进行询价,对价格和质量风险进行管控。各物资订单询价过程和结果在订单管理中将被记录和公开。

2. 管理提升

采用订单管理以突破事业部和项目局限为基础，对各事业部所属各项目的物资需求计划进行分拆和合并，形成集中采购计划达到采购量集中。实现规模效应，增加对合格供应商的吸引力，提高其积极性。

订单管理对所有已形成订单设立一个订单询价总额（总额暂定为 200 万元）。超过该询价总额的订单都将被自动推送到招标管理中，未询价的订单也可在订单管理中选择询价或直接推送招标管理。各物资订单询价过程和结果在订单管理中将被记录和公开，在采购操作公开透明的基础上杜绝“跑冒滴漏”。

（四）询价管理

1. 信息化方案

（1）在管控系统采购储运管理模块中构建询价管理，将采购计划以询价公告的形式对已通过动态考核的供应商进行公示，该类的所有合格厂家都可参与并以背靠背模式进行网上竞价，利用充分竞争获得优势价格。

（2）在询价公告中标注询价开始时间和截止时间，促使厂家在设定的有效时间内进行回应，提升效率。

（3）在需求公告中明确采购计划其他相关信息，使厂家对采购计划各方面充分了解，做出详实、准确的报价，便于成本控制。

2. 管理提升

采购储运部在平台上面向合格供应商统一发布订单，改变了线下单独通知供应商的传统询价模式，使厂家询价过程高度透明化。充分利用合格供应商资源，用背靠背的网上竞价获得优势价格。在需求单中明确询价截止时间和预算金额，可以有效提高业务效率，及时控制成本预算。

通过以竞价需求公告的方式统一发布订单，该类的合格供应商都可参与进行背靠背报价，竞价过程全程记录，从根源上规避串标、围标的风险，规范询价报价行为。

（五）招投标管理

1. 信息化方案

（1）在管控系统采购储运管理模块中构建招标管理，对采购部和事业部的招标、开标、评标进行统一规范管理。

（2）推行全流程电子化招评标，过程信息统一发布，实现内部管理信息对称。招评标全程公示并引入审计监督，推进防腐体系建设。

（3）利用信息化使集团公司评定合格的各类物资或永久设备供应商都能统一获取该类物资或永久设备的招标信息，吸引更多合格供应商参与投标，实现充分竞争，降低成本。

2. 管理提升

合格供应商的充分竞争将成为集团公司的筹码，有助于集团在商务谈判中获得更好的商务条件。在邀请招评标的过程中，也便于集团公司更好地发现优质供应商资源。成为合格供应商就能获取招标信息并参与招标的模式，也将吸引更多有实力的供应商愿意申请入围集团公司的合格供应商名录并积极参与招标。

由于更多的合格供应资源参与竞争，投标均价更具有市场代表性。招标管理能更好地量化集中采购效率、效益指标。

三、总　结

上述管控系统采购储运模块的调整和开发将集成构建集团公司的集中采购商务平台。

利用集采商务平台有效解决采购管理现有不足，全面完善集团公司采购管理体系，提升采购管理水平和层次。以集采商务平台为基础，形成集团公司全系统的两个规模效应（供应资源集中效应和采购量集中效应），积极推动集中采购工作开展，对内将有效提高集团公司的集中采购效益和效率，对外将积极提升集团公司商务形象。

利用信息化商务平台给供应商提供更多的共享信息和参与机会，同时给予供应商更多的责任和要求，让供应商在第一时间进行第一手业务流、信息流的操作和传递，通过供应链中各环节企业（包括项目部）整体参与、响应、联动，实现资源优化配置和利用，最终提高效率、降本增效实现双赢。

同时，也让中国建设系统内部的生产制造企业获得和共享全系统内更多的采购信息并参与到集中采购竞争中，使其在通过竞争提高自身能力的同时有更多的发展机遇，企业管理和规模能在短期内快速提高，加快推进中国建设的产业链建设。

印尼 AWAR-AWAR 2×350MW 电厂项目采购储运管理浅析

采购储运部
胡世钰

2014 年 12 月

印尼 AWAR-AWAR 2×350MW 电厂项目经过集团公司的大力支持和项目部团队历时 3 年多的艰苦努力，项目施工目前已快接近尾声。

采购储运部在 2014 年积极配合审计监察部对印尼 AWAR-AWAR 2×350MW 电厂项目的全面审计工作。利用审计对项目成本的全面分析所发现的项目潜在成本风险和问题，便于采购储运部归纳和完善采购成本管理，增强成本风险意识及采取针对性的风险控制措施。

印尼电厂项目装置性材料目标成本 260,394,610.00 元，截至 2014 年 8 月已采购支出 254,763,684.00 元。已采购支出中扣除国内和国外现场为分包代购和为中电工代购等做结算调整的材料成本，装置性材料实际采购总支出 223,731,879.00 元，对比目标成本结余 36,662,731.00 元，实现差额利润率 14%。

印尼 AWAR-AWAR 2×350MW 电厂项目采购成本分析表（已审计）　　单位：元

成本费用	合同额	原计划支出（含预测增加）	原计划利润	预计支出截至2014 年 8 月	分包结算调整	中电工结算调整	预计总成本	合同额-预计总成本	原计划支出-预计总成本
装置性材料采购	250,000,000	260,394,610	－10,394,610	254,763,684	－2,872,752	－28,159,053	223,731,879	26,268,121	36,662,731

印尼 AWAR-AWAR 2×350MW 电厂项目作为集团公司 2010 年合同金额最大的国外项目，虽然项目装置性材料采购储运管理虽然取得一定成绩，但该项目的采购储运过程和经验值得深思、分析和总结。

印尼电厂项目采购储运管理工作中的亮点如下。

一、制定物资采购管理制度，严控成本

为更好地做好项目的成本控制工作，采购储运处在 2011 年编制了《采购储运处物资采购管理制度》，对于价值金额超 200 万的物资，我处一律实行招投标采购。通过招投标、评标、议价等体系工作流程，在保证物资技术参数、质量、数量的前提下严控采购成本，确保项目成本、保障集团公司利益。

二、总部采购储运处与事业部的“双控管理机制”初步建立

一是明确采购储运处负责采购储运的组织、实施，电力工程事业部负责技术支持的工作分工。

二是采购储运处组织的所有印尼项目装置性材料招标、开标、评标，均邀请事业部、项目部

人员全程参与，实现采购过程“双控”、“透明”。

三是采购储运处增加了物资采购价格审批流程和制度，在第一时间将各专业系统的物资询价、比价资料和招标评标报告报送项目部，经项目部审批通过再进行合同签订。

四是定期将物资采购汇总和物资发运状态通报项目部，极力形成成本预警机制。

采购储运处与电力工程事业部通过印尼电厂项目的上述管理实践初步形成了共同参与、集中决策、分工协作的“双控管理机制”。

三、用供应资源和商务能力为项目提供有效支撑

从2012年6月起至2014年7月，印尼电厂项目部在国内未支付过任何采购款项。鉴于印尼电厂项目现金流的紧张情况和项目现场施工的急需情况，在长达2年的时间内，采购储运部通过部门团队的商务谈判能力和整合供应资源，在未占用印尼电厂项目任何资金的情况下与供应商签订合同后及时完成交货、出口发运，确保了印尼电厂项目现场施工顺利进展。

在项目不支付任何采购款项长达2年的时间内，采购储运部仍实现了印尼电厂项目的装置性材料及时采购、交货、出口发运。这一方面是依靠采购储运处长期建立起来的有实力、稳定的供应资源，另一方面是集团公司的品牌、采购储运处的职业操守和商务谈判能力赢得了供应商的长期信任、尊重和敬畏。

采购储运部也将继续加大工程业务覆盖范围内的物资供方考察和评价，持续补充和丰富资源储备，实现有稳定质量保障、能积极联动响应的供应保障链。

印尼电厂项目采购储运管理过程中存在的问题和对策如下。

一、存在的问题

(一) 项目部提交的物资需求计划内容不规范

采购储运处收到项目部提交的部分物资需求计划存在参数不全、缺漏错项和配套不齐等问题，这增加了国内与国外现场的技术落实确认周期，极大的延长了国内的采购周期和影响了采购准确性。为推动和加快对技术问题的落实澄清和提醒，采购储运处编写向项目部签发的关于计划技术问题落实的工作联系单达上百份。

(二) 项目物资成本未能实现及时、准确归集

项目部提交的物资需求计划中的各项物资明细未按目标责任成本的成本分类科目项（土建工程材料、安装工程材料、装置性材料等）进行分类分项标识。因此，只能在项目施工后期再对项目所有物资需求计划的各项物资明细重新按目标责任成本的成本分类科目项进行分类分项标识划分和核算成本，造成项目成本归集滞后、不准确。

二、改进对策

(一) 规范物资需求计划的内容编制

物资需求计划的编制对采购周期和成本的重要性显而易见。物资需求计划内容的编制应实行规范化、标准化。采购储运处已组织编制了《物资采购技术手册》，规范大宗集中采购物资的产品材质、规格型号、技术性能参数、验收方法和内容等需求计划内容编制，以促进技术与采购的准确衔接，为提高采购业务的及时性和精确度，加强计划管理。

（二）以计划管理为基础，成本控制为导向，确保采购管理实现降本增效

改进计划管理，物资需求计划的各类物资应在计划编制时就准确对应项目目标责任成本的成本分类科目项进行分类分项。

从源头（项目部编制物资需求计划）即要按照项目目标成本的成本分类科目项下内容对各项物资进行分项分类，以利于后续的订单、招标、合同等与采购成本相关数据和信息的及时、准确归集和有效监控，实现物资采购实际成本与项目目标成本物资科目项下分项分类的对比和预警功能。

完善计划管理制度，对项目目标成本和实际采购成本进行实时监控和对比分析，加强过程风险监控、及时纠偏，实现对计划来源、实施、结果的可控、在控。

“三个一”论文——试论全过程营销

总承包工程事业部
刘小东

一、全过程营销的概念

全过程营销是指营销团队会同项目经理部从项目开发初期的信息收集整理、项目跟踪、承接签约、项目执行的商务联系、洽商及二次营销进而夯实和拓展与客户的合作深度及空间的营销活动，营销全面贯穿在项目的整个实施过程并延展到未来的合作中去。

二、全过程营销包含的内容

1. 信息获取—承接策划—跟踪

项目信息的获取是多渠道、多层面的，比如：老客户长期信息更新和追踪、与代理的合作获取、对外承包商会、机电商会、贷款银行、专业的信息平台等处都是我们获取项目信息的渠道，梳理、甄别是我们对信息进行筛选的重点工作，做好多方面多渠道的调查将使我们能正确的判别项目的可信度、可靠性，从而筛选出可进行跟踪的项目。

项目跟踪一般发端于获得项目业主进行项目立项的信息，首先是做项目评估，即对项目承接的可行性做分析和甄别，收集项目相关的资料和信息，需要掌握：业主或总承包商的主业、经营状况、财务状况、资信等级、项目的投资来源、发包模式等，做出是否进行跟踪立项的综合分析，一旦做出有意向承接的选择将根据掌握的情况进行详细的项目承接策划，包括：项目建设发展进度、目标人群分析和沟通计划、投标团队组织、项目经济数据收集和测算、承接后项目实施团队的初步构建、投标节点控制等。

跟踪的过程是在承接策划的指引下进行的，并且要不断根据项目实际进展的变化修正制定的策划以适应承接的需要，跟踪过程中营销团队要积极向发包方诉求并一定要取得发包方的认可和接受，同时深入了解项目的详细情况诸如：资金来源、发包模式、设计、投资概算等，通过越来越清晰的信息链构建起即将开始参与的投标承接策略，提前组建项目实施团队并参与到向业主的推介、诉求中去，提前掌握项目有关的初步设计等文件有利于我们进行造价估算和提前做施工组织方案和材料预订，减少项目实施中涨价风险和因为施工组织迟缓而影响工期的风险。

2. 项目承接—洽谈—签约合同

项目承接是发包方发起的招标流程，有公开招标、邀请招标和议标等方式，为了能择优录取一般发包方还会在正式投标前进行资格预审，也有采取在递交投标文件的同时进行资格后审的。拿到招标文件第一步是进行招标文件的评审，主要是对招标文件所附的合同条款和招标要求进行预先的评审，并向发包方提出标前答疑；同时制定投标策划，包括：投标时间计划安排、投标人员工作分工、报价和技术文件的编制、审定，在标书编制中特别要注意的是：满足招标文件关于标书的格式、标书的内容、投标保证金金额和递交时间、标书递交时间的要求，针对废标条款逐一进行核查，确保标书质量。收集和分析竞争对手的情况，按招标文件中经济标评分原则来制定报价策略；根据招标方要求，做好答疑的准备(书面澄清或者当面澄清)，参加答疑人员要熟练掌握标书的报价和施工方案，设计好答疑的预案，确保答疑质量。

发包方确认中标后将进行合同洽谈和签约，洽谈的基础一般是基于招标文件中已预先制定的合同来展开的；洽谈的核心是关于付款方式、保函、质量、工期和质保期、索赔等条款。在洽谈前要在营销团队内进行合同初评，根据梳理的争议条款制定谈判预案和攻守方略，同时预先初步摸清出发包方的底线，这样在与发包方正式洽谈的时候才能进退有度、掌握主动和维护自身利益；合同洽谈的底线是：核心条款基本达到我们制定的预案所要达到的目的不危及根本利益同时杜绝潜在隐患。当这个目标达到后，基本可以与发包方达成一致。下一步是走合同正式评审程序，并就可能出现的新评审意见与发包方补充洽谈，直至双方达成一致即可签约。

紧接着，国内项目，营销团队将会同项目经理部办理施工所需的开工许可证、农民工保险、民工工资账户等等手续，原因是在项目开工初期都是边办手续边施工，发包方与项目经理部还没有磨合好于是就延续定势要求继续与营销团队进行此类合作的沟通，所以营销团队按发包方要求继续参与和配合。

如果是国外项目，营销团队要协助办理施工团队的邀请函、签证、施工各类保险等。

3. 保函维护—洽商变更增补—竣工结算

根据合同要求开具预付款保函、履约保函，收取预付款。在工程竣工后将按规定开具质保金保函。同时，做好预付款保函递减和保函到期回收或续期的跟进工作，确保保函受控。

在合同执行中将对现场出现的工程量变更或承包范围变更等引起的洽商与发包方签订补充合同。对存在争议的合同内容加以协调解决。会同项目管理处，按施工进度和合同规定制定收款计划和文件，做好工程款及时催收和收入确认工作。对合同执行期间的材料价格波动进行有效监控，及时指导项目经理部。

秉承“服务至上”的理念服务于项目执行的双方，及时反馈发包方对我公司的指令要求，及时反映项目经理部的洽商要求。起好“穿针引线、润滑、聚合、缓冲器”的作用，监控项目执行的同时，对于可能出现的突发事件也要做好危机处理，做好项目的保驾护航。

竣工结算是合同双方汇总综合整个项目执行过程工程量变更、索赔、材料变更等经济因素进行的项目盘点、总结，也是项目效益的最终体现；结算要求商务人员在合同执行中准确、及时地与发包方签署洽商文件和修改核定单等商务文件作为最终结算的依据，主要参与的有营销团队、项目经理部、控制经理等，如遇重大争议应请法律处、审计部及时协助和介入。

做好质保金到期的及时回收工作。

4. 二次营销—滚动开发

营销贯穿于项目的全过程，无论是项目的合同增补还是争取扩建项目承接，都是基于执行好在手项目情况下进行的，要求营销团队在服务中寻商机、求增值，也是在服务中与发包方建立起信任和默契，寻求更多的契合点和机会，从小的增值逐渐积累成大的增值。

二次营销也是基于良好合作基础下的类似滚动开发的过程，双方建立于信任基础上的延续合作将大大降低开发成本和提高双方的洽谈效率，促进深化合作。

三、全过程营销的优势

- 以服务维护利益；在服务中维护正当的权益和挖掘利益增长点，做到客户维护和项目维护并举，是双赢的最佳体现。
- 服务中寻商机；无论是发包方的扩建、增建，都会给现有满意的合作伙伴一个合作机会，怎么稳、准地捕捉商机，就看营销团队平时盯得死不死，服务到不到位，只有在全过程营销模式下才能做到不贻误战机，掌握先机。
- 夯实基础、拓展合作；项目承接到执行，实际是与发包方同一团队继续合作的过程，项目执行中的良好配合，不仅夯实了与发包方的合作基础，也为未来合作拓展了空间。

四、全过程营销须注意事项

- 做好台账；包括编制和维护好项目跟踪台账、保函台账、合同及合同洽商台账等，服务好项目承接和执行。
- 服务到位不越位；面对争议和突发的危机能冷静公正、灵活处之、及时到位，真正起到润滑剂和缓冲剂的作用。
- 营销是尖兵，营销意识要深植在每个营销人的大脑中，不仅要有意识还有随时出击，把每个与项目有关的活动都当作一个标注的营销活动去重视去执行，态度端正、行动合规则为营销埋下了希望的种子。

全过程营销这个概念是本人根据实际工作所感而作的一个初步论述，将在今后的工作中去更深入地践行。如有不妥之处，望领导和同事指正！

项目管理"国际化"的探讨

暴　竹

当前,全球经济增长乏力,国际工程承包市场竞争日趋激烈,境外项目经营风险日益加大,对我国企业参与国际竞争、提升国际市场资源配置能力,特别是强化对境外承包项目的管理提出了更高要求。面对复杂、陌生甚至是全新的市场环境,国内企业在境外实施工程项目要获取最佳效益就必须坚持以国际化的经营理念对项目实施管理。

国内施工企业习惯于采用中国的技术规范和合同格式、习惯于国内业主和监理的管理方式、习惯于使用中国的合作单位和设备物资、习惯于中国"小米加步枪"的施工方案、习惯于中国以生产为核心的管理模式,所以一踏出国门极易"生搬硬套",其结果必然是"四面楚歌":从国内来的劳务因语言不通,与当地劳务无法交流,效率低下;从国内来的设备,因配件未到,当地修理工不会修理,停机待修;从国内来的物资,因航运、海关等因素,迟迟难以到位;在国内引以为傲的自制机械和器具,业主和监理的工程师不置可否;对外方工程师要求配置"绿色"安全帽不知所措;等等。一句话——狼狈不堪。

国内企业走出去要干好国际工程,就必须先"洗脑",将国内惯用的、成功的、合理的所有东西先全部抛之脑后,坚定不移地走"项目管理国际化、资源配置全球化、劳务管理属地化"的国际之路。而实践国际化管理则要求企业在经营理念、思维、标准、文化和人员等方面必须与国际化接轨。

一、理念国际化

在国内干工程,尤其是在市场经济初期,往往是"先干后算"、"干上去了就亏不了",生产是第一位的,所以国内项目通常是"以生产为核心"的组织管理模式(典型的就是指挥部、调度室模式),而国际工程项目必须"以合同为核心"。因为"合同"即是有关各方交流的语言,离开了"合同"就无法交流沟通,无法正确决策,可能干得越多、干得越好、亏得越多、亏得越惨。所以,干国际工程首先必须转变理念,必须实现由生产管理向合同管理的转变,必须牢固树立"合同为纲"的管理理念。

国外工程项目执行中具有良好的法律环境、合同的严肃性强,外方一旦签订合同,主要依靠"帮助与促使"的方式使承包商全面履行合同定义的责任和义务。国内工程项目的法律合同环境还不健全,中方需要通过"严格控制"的方式严格监督承包商履行合同的责任和义务,往往事无巨细,造成对承包商工作的过多干涉和工作指示的随意性。比如对总承包商的分包、供货商非合同定义范围内的过多干涉,等等。

二、思维国际化

由于信仰、文化、教育等方面的差异,导致思维方式的差异。在国际工程中,若思维方式与业主、工程师存在较大差异,沟通很难有效,分歧很难解决,共识很难达成。

欧美工程师对待项目施工方案,多采用简单类比法,有成功案例则会马上同意,没有成功案例则继续寻找案例,而中国人习惯于设计、计算,但无论你的方案多好也很难说服工程师。

所以遇到类似问题，必须改变思维方式，首要的不是做方案，而是找案例。

所以，在国际工程中，要么用自己的思维方式去说服别人，要么改变自己的思维定式。对抗是没有意义的，而且后果是不利于我们企业的。

三、标准国际化

这里的标准不是单一的技术标准，还包括管理标准、行为标准等。相对而言，要掌握国际技术标准较简单，因为他是有章可循的，无非就是读懂标准并按标准执行即可，难的是管理标准、行为标准等无章可循的标准，要掌握必须靠理念、靠意识。

比如，在国内安全管理是有指标的，多少产值可以出多少事，年度同比死亡率的降低可以当成绩总结，这在国际上是不可理喻的。安全管理标准就是“零”事故，而且还要确保员工健康乃至幸福。

又如，国内工程文明施工的干净整洁，主要是应付检查而国际工程文明施工的核心是员工的行为习惯和准则。在国际工程中，文明施工并无明确的标准，重点强调行为的合理性、关联性、一致性。其中，“合理性”强调还有没有更好的做法，“关联性”强调是否会产生连带的影响，“一致性”强调今天做到的明天必须做到、别人做到的你必须做到。

所以，标准国际化的要求除熟读标准、掌握标准外，更为重要的是对标准的认识与理解、执行标准的理念与意识。

四、文化国际化

虽然我们从小受的教育就是“弘扬中华文化”，但走出国门，来到异国他乡，首先必须以“入乡随俗”的心态去了解当地的文化，以“虚怀若谷”的心态去尊重当地的文化，以“开放包容”的心态去融入当地的文化；尊重所在国的法律法规、民俗风情、宗教信仰，重视 HSE 管理，开展社会公益活动，与当地政府、社区建立良好关系；方能架起沟通的桥梁，方能赢得理解、赢得尊重。

特大型复杂的国际工程项目也是全球性参与的过程，业主、供货方、承包商、项目管理承包商具有不同的文化背景，没有国际化的工程项目管理执行能力就会对项目成功造成很大的困难和经济损失。在特大项目执行过程中，国内工程公司突出的一点是缺乏国际化(熟练的英语沟通能力和国际工程实践与执行能力)的项目高级管理人员，尤其是对待西方的业主，由于文化的差异，国内工程公司在理解业主要求和意图，满足合同要求的过程中存在很多困难，要想得到外方业主的肯定和信任需要付出额外的努力。

五、人员国际化

无论是理念、思维，还是标准、文化，均是“人”的行为，所以人员国际化才是问题的本质。人员国际化包含两个方面的含义：首先是中方人员必须经过培训和实践，以达到具备国际化的素质(即有国际化的理念、思维，掌握国际标准，融入当地文化)。干国际工程应大力加强国际化人力资源的培训和储备，构建系统的海外人才培训体系，通过专项基金和专门机制予以保障，有针对性、有选择性地培养一批海外人才，储备一支懂技术、会管理、擅外语、精商务、通营销的海外职业化人才队伍。其次是直接聘用国际化人才，可以一步到位，因为不需要转变、学习或融入，但必须有效管控、为我所用、发挥最大的效用。特别在我们相对较为薄弱的合同、法律、税务甚至管理等领域，适当聘请国际化的顾问或咨询企业加入项目管理团队，组成“国际纵队”，可以有力促进国际工程项目的管理水平和国际化层级。

综上所述，一个企业的成功取决于管理水平，国际工程项目的成功与否很大程度上也取决于我们走出去的企业在上述管理层面的国际化程度。国内企业在境外能否“服水土”，适应、融入甚至引领国际化发展潮流，决定着一个企业能否在国际市场上立足和蓬勃发展。

浅谈银行承兑汇票和国内信用证的区别

崔　颖

摘　要：

现阶段在工程领域中银行承兑汇票和国内信用证被广泛使用，两者大大节省了工程过程中公司的融资成本，本文具体分析了两者的共同点和区别。

银行承兑汇票是由出票人签发的，由银行承兑的，委托付款人在指定日期无条件支付确定金额给收款人或持票人的票据。是我国《支付结算办法》中规定的“三票一卡三方式”中的一种，在经济活动中有很强的支付和结算功能，是企业客户经常使用的一种结算工具；国内信用证是开证行依照申请人的申请开出的，凭符合国内信用证条款单据支付的书面承诺，是人民银行为适应国内贸易活动的需要，于1997年正式推出，用于国内企业之间商品交易的又一项支付结算工具。

一、银行承兑汇票和国内信用证的相同点

（一）从两者的作用看，既是支付工具，又是短期融资工具

银行承兑汇票和国内信用证都可以用于经济活动中买卖双方债权、债务的结算，同时可以代替现金完成货币的支付。除了有支付结算功能外，和银行提供的其他支付结算产品相比，两者还有较强的融资功能。通过银行承兑汇票和国内信用证，申请人与银行建立委托付款关系，并由银行承担第一付款责任，以银行信用代替商业信用，在商品交易过程中起到融通资金的作用。国内信用证的使用者，在双方签订合同后，买方向银行申请开立信用证，卖方收到信用证后，按照信用证要求的时间装运发货，而不需买方当场支付货款。银行承兑汇票也一样，卖方收到银票后即可发货，买方当时也不需要支付货款。银行承兑汇票的付款期限为6个月，国内信用证的有效期最长不得超过6个月。

（二）从使用的要求看，两者都要求有真实的贸易背景

由于可以融通资金，银行要求使用双方都必须以真实的商品交易为基础。开立银行承兑汇票，承兑申请人要出具商品交易合同，连续申请承兑的批发企业还应提供上一次商品交易确已履行的证明，如前手的增值税发票等；国内信用证也要开证申请人出具双方购销合同。银行将两者都纳入对客户单位的授信范围，并根据申请人的资信情况要求交纳一定的保证金。

（三）其他相同之处

除了上述两点外，银行承兑汇票和国内信用证还有其他诸多相似之处。如，从最终收取款项的方式看，两者都是收款人（受益人）开户行通过“委托收款”方式收取货款，从资金的灵活方式看，银行承兑汇票收款人和国内信用证受益人都能通过贴现或议付的方式，提前取得款项，

从银行核算方式看，两者都属于表外信贷业务等等。

二、银行承兑汇票和国内信用证的差异

（一）两者格式和记载的内容不同

银行承兑汇票属于我国《票据法》规定的票据，国内信用证是《国内信用证结算办法》明确的结算方式，两者的格式都由人民银行统一规定，但具体内容大不相同。银行承兑汇票上的必须记载事项有“表明银行承兑汇票的字样”、无条件支付的委托、确定的金额、付款人名称、收款人名称、出票日期、出票人签章，而信用证上的要素相对较多，除了相应的当事人名称、账号、金额等要素外，还有对货物的详细描述，以及对卖方提供单据的具体要求等。

（二）两者所体现的内在结算方式不同

国内信用证体现的是单款对流的方式，银行承兑汇票体现的是货款对流的方式。在国内信用证项下的商品交易，卖方是凭单交货，买方是凭单付款。卖方向承运人提供货物后获得运输单据（凭单交货），再将全套单据（包括代表物权的单据如货物提单、商业发票等）交给银行，由银行办理托收（或向银行办理议付），买方向通知行付款赎单（凭单付款）。而银行承兑汇票项下的商品交易通常采用的是一手交钱，一手交货的方式即买方向卖方交付票据（通过背书方式），卖方验票后交货。

（三）两者对各自项下商品交易的要求和约束不同

虽然申请办理银行承兑汇票时，银行要求申请人提供双方交易合同，但不能保证申请人在获得银行承兑汇票后，真正用这张票去履行该笔合同。通常，银行在做出承兑后，不再去管汇票的流向和其实际的用途，只是到期负责支付汇票款项。目前，利用银行承兑汇票资金炒作股票，已成为不法企业申请办理银票的用途之一。而国内信用证中的很多条款都是根据合同条，款来缮制（开立）的，如对货物品质、数量，包装、装运期限等的要求，对代表物权单据的要求等，都要求卖方必须履行合同，生产出合同要求的产品，按规定的时间装运并取得相应的单据后，才可以办理托收，获得信用证项下的款项。

同时，买方必须持有卖方提供的履行合同后所获得并满足信用证要求的相关单据，才能到其开户银行办理议付，议付银行也必须将信用证连同全套单据向开证行（或指定银行）办理托收，而银行承兑汇票贴现时，受理银行虽然要求提供能够证明该银票项下的交易确已履行的凭证（包括与其直接前手之间的增值税发票和货运单据），但贴现银行到期办理委托收款时不再需要附这些证明单据。实际上，只要保证汇票本身的真实性和背书连续，承兑银行就必须付款。实际工作中，大多数银行在办理银行承兑汇票贴现时，出于各种各样的目的，对增值税发票、运输单据的审查往往只是流于形式。因此，两者虽然都要求有贸易背景，相比之下国内信用证更加强调商品交易履行合同的真实性。

（四）两者的流转方式不同

我国《票据法》规定票据可以通过背书的方式进行转让流通。银行承兑汇票由出票人签发，银行承兑后便可交给承兑申请人，由其自由转让。在承兑行向对方银行办理委托收款的过

程中，票据是脱离银行在外部运作的，这样就很容易被伪造、变造、克隆，给正当的持票人正常收款带来困难，同时使银行资金安全受到威胁，同时，在目前我国的经济环境中，企业社会信用的普遍低下，经济从业人员专业知识的贫乏都会直接影响到票据流通的质量，现实生活中由于背书中的某一手章盖错了、盖的位置不对，最终影响最后持票人到期收不到款的情况比比皆是。由于银行误收克隆汇票，导致资金损失的也是屡见不鲜。而《国内信用证结算办法》第二条规定"……信用证是不可撤销，不可转让的跟单信用证。"可见信用证（无论是电开还是信开）由开证行开出后就直接交给对方银行（通知行），信用证在整个流转过程中没有流出银行系统，这样就可以有效避免信用证及相关单据被篡改变造的风险，保证收款的安全。

（五）两者的付款条件和付款期限不同

银行承兑汇票是银行到期无条件付款，承兑银行见到到期的银行承兑汇票后，只要审核汇票背书连续及汇票的真实性后即可付款：而国内信用证开证（议付）行必须审核信用证及其所附单据，保证单证相符、单单相符后方可付款。银行承兑汇票一般都是在汇票到期日由承兑银行支付款项，而国内信用证的付款期限可分为即期付款和延期付款（两者都要在信用证有效期内），即期付款是指开证行在收到受益人提交的符合信用证要求的单据后，立即向受益人支付款项（一般是在五个工作日内），延期付款是指在货物发运日后某一日付款。其中，即期付款的国内信用证和银行承兑汇票不同，它没有到期日的概念，随到随付。

另外，国内信用证可以根据买方，或者卖方的要求进行修改，往往是贸易双方对合同上的条款进行了修改，相应地对信用证上的条款也进行修改，甚至修改信用证金额，这就给交易双方带来了方便。而银行承兑汇票上的金额不能进行修改，也不能对部分金额进行背书转让，只能以此金额最终办理结算。这也是一些客户将大额银行承兑汇票质押给银行，重新签开若干小额承兑汇票用于不同用途支付的主要原因。

（六）客户负担的费用不同

根据《支付结算办法》，客户申请办理银行承兑汇票只要交纳万分之五的手续费，办理贴现时不须再交纳手续费，而国内信用证由于手续比较复杂，在整个业务环节，客户要交纳相对较多的费用。《国内信用证结算办法》中要求，客户在申请开证时，要交纳开证手续费（按开证金额的 0.15%收取，最低 100 元）；申请修改信用证时，按每笔 100 元交纳修改手续费，增额修改的，对增额部分按开证手续费标准收取，最少不低于 100 元，不另收修改手续费；通知行通知受益人时，受益人交纳通知手续费每笔 50 元；受益人办理议付时，按议付金额 0.1%交纳议付手续费。

以上通过对银行承兑汇票和国内信用证的比较可以看出，银行承兑汇票和国内信用证两者都是支付结算工具，都有短期融资功能，又各有特点。银行承兑汇票从转让流通、最终付款方面显得比较灵活，而国内信用证将买卖双方合同中的彼此约束和货款支付紧密联系在一起，可以有效避免双方收款不发货、收货不付款的现象，从而保证合同的履行。使用者可以根据自身的情况，结合两种结算方式的特点，扬长避短，灵活选择，满足结算需要。

中行上海分行结算业务处国内信用证专家钱卫平介绍说，中资企业完全可以改变传统思维方式，尝试选择具有融资功能的国内信用证作为结算工具，因为国内信用证具有三大优势：刚开始贸易往来的双方可以通过单证进行约束，由银行进行单证的审核，并由银行承担第一性付款责任，交易安全将得到保障；买方可以利用在开证银行的授信额度来开立延期付款信用证，提取货物，用销售收入来支付国内信用证款项，不占用自有资金，优化了资金使用效率；卖方按规定发货后应收账款可转换为银行信用保障，可以杜绝拖欠、坏账。

如果在合同期内有紧急资金需求，可向通知行提出议付申请，通知行将按照当期人民币贴现利率办理融资，即扣除未到合同期限的资金利息，将货款提前支付给卖方，而该贴现利率低于短期流动资金贷款利率，从而使卖方可以少支付资金成本。

蒙古粮仓项目可行性研究报告中的社会评价

国际工程部
裴　禹

在协助蒙古国农业部向中国进出口银行提交用于贷款协议生效的项目可行性报告时，由于项目属于非盈利性民生项目，报告中重点强调了项目的社会评价。在此对编写思路做以下总结。

一、社会评价在该项目中的意义

（1）有利于蒙古国国民经济发展目标与社会发展目标的协调一致，避免政策变动引起的投资回收不利。

（2）与项目所在地利益协调一致，减少社会矛盾和纠纷，对两国外交有所促进。

（3）有利于当地建设和运营的社会风险，避免投资损失。

二、对社会评价分以下几方面进行论述

（一）社会影响分析

对蒙古国社会、经济方面可能产生的正面影响和负面影响进行分析。分析内容见表一。

表一　项目社会影响分析

		社会因素	分析内容
项目社会影响分析	1	项目对所在地居民收入的影响	拉动种植业、提供就业岗位，从而提高当地居民收入
	2	对居民生活水平与生活质量的影响	提高仓储量，稳定粮食价格
	3	对居民就业的影响	2014年蒙古失业率在7%—8%上下，项目建设期解决就业人口约200人；运营期为80人提供岗位
	4	对当地基础设施、社会服务容量的影响	本项目建设期会对当地的供货、供电进行一定程度上的延伸以适应项目需求

（二）互适性分析

互适性分析主要分析项目能否为当地的社会环境、人文条件所接纳，以及当地政府、居民支持项目存在与发展的程度，考察项目与当地社会环境的相互适应关系。对本项目从以下几方面进行分析。

1. 蒙古国政府对该项目的态度

项目属于蒙古国政府的“垦荒计划”的一部分，在近几年的农业发展中，蒙古国政府实施了一系列有利于农业生产的政策。比如政府出资购买农业技术设备，给予关税和增值税优惠，减轻农民负担，政府采购农产品。作为项目业主的农业部更是把该项目作为优先项目予以实施。

2. 项目所在地政府对该项目建设和运营的态度

蒙古国现有的粮食仓库总量远不能满足农业发展现状。目前蒙古粮仓多以露天堆放为

主，大多数堆场未配备配套设备。这造成了存储过程中粮食的大量浪费。且目前蒙古的粮仓多为露天图场堆放、露天混凝土地面堆放、砖、木结构等较落后的储藏形式，见表二。

表二　蒙古目前粮仓储量及种类

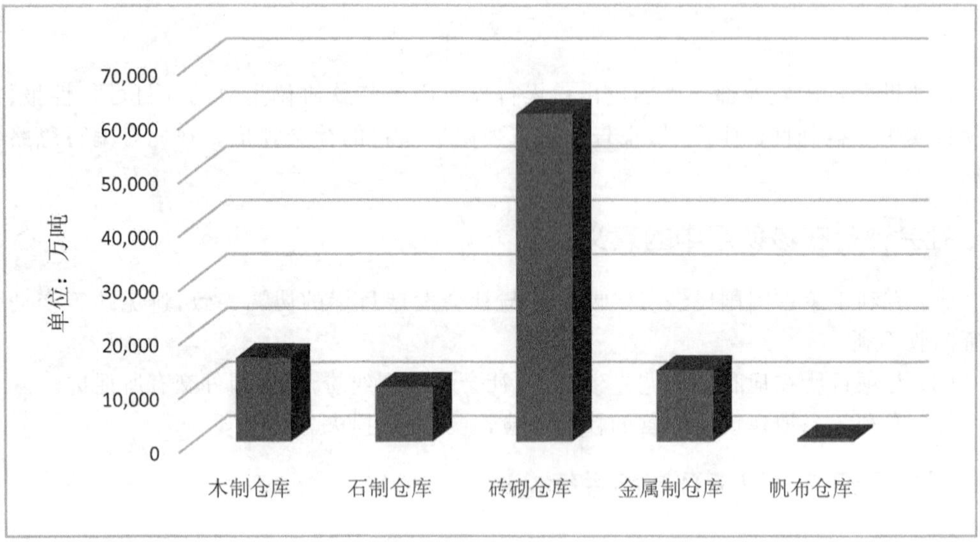

项目所在地地方政府对本项目均持欢迎态度。希望本项目可以促进当地农业技术、粮食生产、人民生活水平等带来一系列的提高。

综上所述，对项目仅从经济上进行评价，是不足以对项目做出最优选择的，还必须从项目对社会发展目标的贡献和影响方面分析其利弊得失，使项目得以整体优化，以保证其顺利实施。

项目可研编制中的风险分析方法

国际工程部
裴 禹

摘 要：

可行性研究的内容可归纳为市场研究、技术研究和效益研究三个方面，它们分别从项目建设的必要性、技术上的可行性、经济上的合力性角度给出相应的研究结论。其中风险分析主要是对项目的市场风险、技术风险、财务风险、组织风险、法律风险、经济及社会风险等因素进行评价，制定规避风险的对策，为项目全过程的风险管理提供依据。本文对可行性报告中的风险分析方法作以探讨。

关键词：可行性研究　风险分析

项目可行性研究的编制是确定建设项目前具有决定性意义的工作，是在投资决策之前，对拟建项目进行全面技术经济分析的科学论证，在投资管理中，可行性研究是指对拟建项目有关的自然、社会、经济、技术等进行调研、分析比较以及预测建成后的社会经济效益。在此基础上，综合论证项目建设的必要性，财务的盈利性，经济上的合理性，技术上的先进性和适应性以及建设条件的可能性和可行性，从而为投资决策提供科学依据。

从用途上分，主要分为以下几类：

企业投融资

此类研究报告通常要求市场分析准确、投资方案合理并提供竞争分析、营销计划、管理方案、技术研发等实际运作方案。

国家发改委立项

此文件是根据《中华人民共和国行政许可法》和《国务院对确需保留的行政审批项目设定行政许可的决定》而编写，是大型基础设施项目立项的基础文件，国家发改委根据可行性研究报告进行核准、备案或批复，决定某个项目是否实施。另外医药企业在申请相关证书时也需要编写可行性研究报告。

银行贷款申请

商业银行在贷款前进行风险评估时，需要项目方出具详细的可行性研究报告，对于国内银行，该报告由甲级资格单位出具，通常不需要再组织专家评审，部分银行的贷款可行性研究报告不需要资格，但要求融资方案合理，分析正确，信息全面。另外在申请国家的相关政策支持资金、工商注册时往往也需要编写可行性研究报告，该文件类似用于银行贷款的可研报告。

申请进口设备免税

主要用于进口设备免税用的可行性研究报告，申请办理中外合资企业、外资企业项目确认书的项目需要提供项目可行性研究报告。

境外投资项目核准

企业在实施走出去战略，对国外矿产资源和其他产业投资时，需要编写可行性研究报告报给国家发展和改革委或省发改委，需要申请中国进出口银行境外投资重点项目信贷支持时，也需要可行性研究报告。

政府资金项目申报

企业为获得政府的无偿资助，需要对公司项目进行策划、设计、技术创新、技术规划等，编写的可行性研究报告包含管理团队、技术路线、方案、财务预测等，是政府无偿资助的项目申报的主要依据。

各类可行性研究内容侧重点差异较大，但一般应包括以下内容：

- 投资必要性。主要根据市场调查及预测的结果，以及有关的产业政策等因素，论证项目投资建设的必要性。
- 技术的可行性。主要从事项目实施的技术角度，合理设计技术方案，并进行比选和评价。
- 财务可行性。主要从项目及投资者的角度，设计合理财务方案，从企业理财的角度进行资本预算，评价项目的财务盈利能力，进行投资决策，并从融资主体（企业）的角度评价股东投资收益、现金流量计划及债务清偿能力。
- 组织可行性。制定合理的项目实施进度计划、设计合理组织机构、选择经验丰富的管理人员、建立良好的协作关系、制定合适的培训计划等，保证项目顺利执行。
- 经济可行性。主要是从资源配置的角度衡量项目的价值，评价项目在实现区域经济发展目标、有效配置经济资源、增加供应、创造就业、改善环境、提高人民生活等方面的效益。
- 社会可行性。主要分析项目对社会的影响，包括政治体制、方针政策、经济结构、法律道德、宗教民族、妇女儿童及社会稳定性等。
- 风险因素及对策。主要是对项目的市场风险、技术风险、财务风险、组织风险、法律风险、经济及社会风险等因素进行评价，制定规避风险的对策，为项目全过程的风险管理提供依据。

本文主要讨论项目风险分析的方法。

项目评价中的风险分析应首先从认识风险特征入手去识别风险因素；其次根据需要和可能选择适当的方法评估风险程度，可以只对单个风险因素的风险程度进行估计，也可以对项目整体风险进行评估；然后提出针对性的风险对策；最后将项目风险进行归纳，并提出风险分析的结论。

一、项目风险因素的识别

风险识别是风险分析的第一步，是整个风险管理系统的基础。它是运用系统论方法对项目进行全面考察，找出潜在风险因素，对其进行比较和分类，判断各种风险因素发生的可能性以及对项目的影响程度。

风险识别过程通常分为以下 4 个步骤。

（一）确定风险因素，建立风险因素的初步清单。在可行性研究阶段，建设项目风险主要来源于以下几个方面。

- 法律、法规及政策变化。主要指国内外政治经济条件发生重大变化或者政府法律、法律、政策做出重大调整，项目原定目标难以实现甚至无法实现。
- 市场状况变化。包括由于市场供求的变化、竞争对手的竞争策略调整、项目产品和主要原材料的实际价格与预测价格发生较大偏离等情况。

- 资源开发与利用。主要是指资源开发项目的储量、品味、可采储量、工程量等于预测发生较大偏离，导致项目开采成本增加，产量降低或者开采期缩短。
- 技术的可靠性。项目所采用技术的先进性、可靠性、适用性和经济性与原方案发生重大变化，导致项目生产能力、利用率降低，生产成本增加，产品质量达不到预期的要求等。
- 工程方案、条件的变化。工程地质条件、水文地质条件与预测发生重大变化，导致工程量增加、投资增加、工期延长等。
- 融资方案。项目资金来源的可靠性、充足性和及时性不能保证，导致项目拖期甚至被迫中止；利率、汇率变化也会导致融资成本的提高。
- 组织管理。由于项目组织结构和管理机制不合理，或者主要管理者能力不足，导致项目不能按计划建成投产，投资超预算。
- 环境与社会。包括由于项目选址不当、项目环保措施不当，导致建成后对社区和生态带来严重影响。
- 配套设施。指交通运输、供水、供电等主要外部协作配套条件发生重大变化，给项目建设和运营带来困难。

确定风险因素应根据项目的特点选用适当的方法进行。常用的方法包括问卷调查法、专家调查法和情境分析法等，在此基础上建立项目风险因素调查表。初步清单中应明确列出客观存在的潜在的各种风险，它是通过对一系列调查表进行深入研究和分析而制定的。

（二）确立各种风险试想并推测其结果。根据初步风险清单中开列的各种重要的风险来源，推测与其相关的各种可能的结果，包括收益和损失、时间与成本、人身伤害、自然灾害等。

（三）进行风险分类。对风险进行分类有两个目的：首先，通过风险进行分类能加深对风险的认识和理解；其次，通过分类，认清了风险的实质，从而有助于制定风险控制对策。常见的分类方法是以若干个目录组成框架形式，每个目录中都列出不同种类的风险，并针对各个风险进行全面审查。

（四）建立风险目录摘要。通过建立风险目录摘要，将项目可能面临的风险汇总并按轻重缓急列序，这样可以全面了解项目总体风险。

二、风险估计

风险估计又称风险衡量、风险测定等。它是在风险识别之后，通过定量分析方法测度风险发生的可能性以及对项目的影响程度。衡量风险时应考虑两个方面的问题：损失发生的频率（或发生的次数）以及这些损失的严重性，而损失的严重性比发生的频率或次数更为重要。

1. 客观概率与主观概率

风险估计分为主观概率估计和客观概率估计两种。在项目评价中，由于不可能获得足够的时间与资金对某一可能性做大量的试验，很难计算出该事件发生的客观概率，因此，项目前期的风险估计一般都是由决策者和专家对事件出现的可能性做出主观估计。

2. 风险因素概率分布的确定

衡量风险的潜在损失的最重要的方法是研究风险的概率分布,这也是概率分析的基础。例如,将原材料价格作为概率分析的风险因素时,需要测定原材料价格的可能区间和在可能区间内发生变化的概率。

确定概率分布时,需注意充分利用已获得的各种信息进行估测。在信息获得不够充分的条件下则需要根据主观判断和近似的方法确定概率分布。在项目可行性研究中通常采用历史数据推定法或专家调查法确定变量的概率分布。历史数据推定法是通过调查收集历史数据或类似项目数据,并进行统计分析,最终归纳出变量可能出现的状态及概率分布。专家调查法有很多种,通常采用的是特尔菲法。

3. 评价指标概率分布的确定

评价指标概率分布可采用理论计算方法或者模拟方法。风险因素概率服从离散型分布的,可采用理论计算法,即根据数理统计原理,计算出评价指标的相应数值、概率分布、期望值、方差和标准差等;当随机变化的风险因素较多,或风险因素变化值服从连续分布,不能用理论计算法时,可采用模拟计算方法,如蒙特卡洛模拟法等。

三、风险评价

风险评价是对项目风险进行的综合分析,是依据风险对项目经济目标的影响程度进行风险分级和排序的过程。它是在项目风险识别和估计的基础上,通过建立项目风险的系统评价模型,列出各种风险因素概率及概率分布,找到项目的关键风险,确定项目的整体风险水平,为如何处置这些风险提供科学依据。风险评价的判别标准有两种。

(一)以经济指标的累计概率和标准差为判别标准以净现值为例,财务或经济净现值大于和等于零的累计概率越大,则项目风险越小;标准差越小,风险越小。

(二)以综合风险等级为判别标准风险等级的划分既要考虑风险因素出现的可能性,又要考虑风险出现后对项目的影响程度。风险等级的划分标准并不唯一,比如,在《投资项目可行性研究指南》中,风险被划分为一般风险、较大风险、严重风险和灾难性风险四个等级,在《建设项目经济评价方法与参数》中,风险被划分为五个等级。风险等级表述方式也很多样,一般选择矩阵列表法划分风险等级。例如,在《建设项目经济评价方法与参数》中推荐的综合风险等级分类表(见表一)。

表一 综合风险等级分类表

综合风险等级		风险影响的程度			
		严重	较大	适度	低
风险的可能性	高	K	M	R	R
	较高	M	M	R	R
	适度	T	T	R	I
	低	T	T	R	I

表中综合风险等级分为K、M、T、R、I五个等级。K表示项目风险很强,出现这种风险就

要放弃项目;M 表示项目风险强,需要通过改变设计或采取补偿措施,修正拟议中的方案;T 表示风险较强,设定某些指标的临界值,指标一旦达到临界值,就要变更设计或对负面的影响因素采取补救措施;R 表示风险适度;I 表示风险弱,可忽略。

四、风险防范

对策风险分析的目的是研究如何降低风险程度或者规避风险,以减少风险损失。在风险估计和风险评价的基础上,应根据不同风险因素提出相应的规避和防范对策。

在项目评价阶段,风险防范对策主要有以下几种方法。

(一)风险回避。风险回避主要是中断风险源,使其不致发生或遏制其发展,是彻底规避风险的一种做法。对于项目的可行性研究来说,这意味着可能彻底改变方案甚至否定项目?。由于在回避风险的同时,也丧失了项目可能获利的机会,因此,风险回避一般仅适用于以下两种情况:一是某种风险可能造成相当大的损失;二是风险防范代价过高,得不偿失。?

(二)风险分担。当项目风险过大、投资人无法独立承担时,或者为了控制项目的风险源,可采取与其他企业合资或合作等方式,共担风险、共享收益。

(三)风险转移。风险转移是将项目可能发生风险的一部分转移出去的风险防范方式,包括保险转移和非保险转移两种。保险转移是向保险公司投保,将项目部分风险损失转嫁给保险公司承担,使自己免受损失。在项目评价过程中,非保险转移措施主要是通过工程分包或转包,将部分风险转移给承包方。

(四)风险自留。风险自留就是将风险留给自己承担,不予转移。在风险管理中这种手段有时是无意识的,但有时也是主动的,即经营者有意识、有计划地将若干风险主动留给自己。在这种情况下,说明风险承受人已经做好了处理风险的准备。

在项目评价过程中,这种方式适用于以下两个方面:

- 已知有风险存在,但可获得高额回报而甘愿冒险的项目。
- 项目风险损失较小,可自行承担风险损失的项目。

参考文献

[1] 中华人民共和国行政许可法.

[2] 郑立群.工程项目投资与融资[M].2 版.上海:复旦大学出版社,2011.

浅析2010年国际贸易术语解释通则中的变化

国际工程部

沈多加

随着全球经济一体化进程的加速，国际贸易数额的不断增加，国际贸易的复杂性也随之加剧。为适应国际贸易的快速发展和国际贸易实践领域发生的新变化，国际商会与2007年发起对INCOTERMS2000进行的第六次修订的动议，并且组建了修订小组。国际商会的修订工作历时3年，征集了全球商界大量意见和建议，几易其稿，最终版本《2010年国际贸易术语解释通则》（英文简称INCOTERMS2010）于2010年9月正式面世，并于2011年1月1日起生效。

修订后公布的INCOTERMS2010，更加适合于现行贸易的需要，因此，它将更广泛地为世界各国贸易和法律界人士所接受和承认。但INCOTERMS2010的生效实施并不代表INCOTERMS2000自动作废，这是因为作为国际惯例，贸易术语的解释通则并不具有普遍的约束力。买卖双方有权自愿选择采用某种国际惯例，或做出与某种解释或规则不同的规定，并在合同中说明。如果买卖双方在合同中既不排除、也不明确采用何种惯例，一旦事后双方在交接货物的义务方面发生争议提交诉讼或仲裁时，法院或仲裁机构往往会引用某种公认的或影响较大的有关贸易术语的国际惯例（例如INCOTERMS2010）来作为判决或裁决案件的依据。所以，我们理应了解INCOTERMS2010中的新内容。

INCOTERMS2010的所有规则的表述更加简洁，每条规则前面都有一条引言。引言解释每条贸易规则的基本内容，比如什么时候该贸易术语被运用到，什么时候风险转移，相关费用在买方和卖方之间是怎样分配的等等。引言虽然不是INCOTERMS2010规则的一部分，但是针对特定的交易，它们能帮助使用者更准确、更有效地把握贸易术语规则。

1. 新增了DAT和DAP

INCOTERMS2010以DAT和DAP取代了DAF、DES、DEQ和DDU，术语的总数由13个减少为11个。

DAT (Delivered at Terminal Named Place of Destination)，即运输终端交货（指定目的地）。

这两个术语都规定了在指定地点交货。使用DAT时，卖方将货物从到达指定目的港或指定目的地运输工具卸下后，交由买方处置；使用DAP时，卖方同样将货物在指定目的港或者指定目的地交由买方处置，但需做好卸货准备，由买方安排卸货。

2. 简化了分类方式

INCOTERMS2010未沿用以往术语按交货地点分类，按英文字头分组的方法，而是简单地将术语按适用范围分为两类：一类为适用于任何单一或多种运输方式的术语，包括EXW、FCA、CPT、CIP、DAT、DAP、DDP；另一类适用于海运和内河运输方式的术语，包括FAS、FOB、CFR、CIF。

3. 取消了船舷的概念

INCOTERMS2010 对 FOB、CFR、CIF 三个术语的运用，删除了以往以越过船舷作为风险划分界限的表述；代之以卖方必须将货物送至于“船上”时构成交货，并在专用此解释中明确指出 INCOTERMS2010 中的“交货”用来指明在这里货物灭失或损坏的风险从卖方转移至买方。这一变化更准确地反映了现代贸易实务。

4. 确认了相关术语可以用于国内货物买卖

INCOTERMS2010 正式确认相关术语既可以用于国际货物买卖，也可以用于国内货物买卖，只有在需要时才产生遵守进出口手续的义务。

5. 增加了对电子信息效力的确认

INCOTERMS1990 和 INCOTERMS2000 确认了电子单证与纸质单证具有同等效力。INCOTERMS2010 在双方约定或符合惯例的情况下，赋予任何电子记录或程序与纸质信息具有同等效力。

6. 丰富了海关手续的内涵

由于人们对货物移动时的安全问题日益关注，使用不同术语时，INCOTERMS2010 在 A2/B2 和 A10/B10 条款中明确了买卖双方各自应承担的风险和费用、提供货物进口/出口或过境所需要的文件和信息，包括安全相关信息的安检通关义务；在专业词解释中明确指出，海关手续指为遵守任何使用的海关规定所满足的要求，并可包括各类文件、安全、信息或实物检验的义务。

7. 明确了 THC 的分摊

THC(Terminal Handing Charge)是指集装箱码头作业费，在使用 CPT、CIP、CFR、CIF、DAP 和 DDP 术语时，卖方支付的运费实际包含在买方支付的价款中，但其中是否包括在港口或集装箱码头设施内处理和移动的费用一直未予明确，而承运人往往向接收货物的买方索要，导致买方为同一服务支付了两次费用。为避免此类问题发生，INCOTERMS2010 在 A6/B6 条款中明确了 THC 的分摊。

8. 澄清了连环合同链式销售中卖方的义务

在商品销售过程中，货物在运至销售链终端的过程中常常被多次转卖，而处于销售链始端和销售链终端的卖方义务并非完全相同，处在销售链终端的卖方实际上不需要运送货物，而是以通过接收货物而非运输货物履行其对买方的义务，只有处在销售链始端的卖方才需要以运送货物的方式履行其对买方的义务。为明确起见，INCOTERMS2010 对此进行了细分与澄清，规定对销售链终端的卖方，把提取已经运输的货物的义务作为运输商品货物的替换。

附表　INCOTERMS2010的11种贸易术语

适用范围	国际代码	中英文全称
任何单一运输方式或多种运输方式	EXW	Ex Works (insert named place of delivery) 工厂交货(指定交货地点)
	FCA	Free Carrier (insert named place of delivery) 货交承运人(指定交货地点)
	CPT	Carriage Paid to (insert named place of destination) 运费付至(指定目的地)
	CIP	Carriage and Insurance Paid to (insert named place of destination) 运费和保险付至(指定目的地)
	DAT	Delivered at Terminal (insert named terminal at port or place of destination) 运输终端交货(指定该港口或目的地)
	DAP	Delivered at Place (insert named place of destination) 目的地交货(指定目的地)
	DDP	Delivered Duty Paid (insert named place of destination) 完税后交货(指定目的地)
海运和内河运输	FAS	Free Alongside Ship (insert named place of shipment) 装运港船边交货(指定装运港)
	FOB	Free On Board (insert named place of shipment) 装运港船上交货(指定装运港)
	CFR	Cost and Freight (insert named place of destination) 成本加运费(指定目的港)
	CIF	Cost Insurance and Freight (insert named place of destination) 成本、保险费加运费(指定目的港)

浅谈工程项目采购成本控制

国际工程部
宋云婷

就工程建设项目而言，工程设备采购在项目管理中占有十分重要的地位。在整个工程总承包项目中，采购成本一般占总成本的70%左右，根据GARTNER公司的调查，采购成本每降低1%，相当于企业的销售额提高10%～15%。项目能否成功在很大程度上取决于工程设备采购中有效地质量、进度及成本的管理，而对于设备起关键作用且设备占主要投资成本的生产制造企业的工程项目建设，工程设备的采购管理显得尤为重要。在保证工程设备按时保质供应的前提下，以工程承包为主业的工程公司来说，工程项目设备采购的核心就是成本的有效控制，这也是项目成功的重要标志。

因此，从某种意义上说，项目成本控制成功与否的关键在于采购阶段的成本控制。而采购阶段的成本控制主要指通过招标的方式选择合格的设备和材料供应商，并包含整个获取方式和过程。

1 工程设备采购的特点

(1) 非标性：工程项目中许多设备都属于非标设备；

(2) 多样性：工程项目中设备品种繁多；

(3) 独特性：通常各个工程项目都具有独特性，设备的非标性及现场仓储条件限制使得工程设备需及时供应；

(4) 服务性：大部分的工程设备所采购的不只是设备本身，还包括相当多的现场安装指导、调试及培训服务。

2 工程设备采购管理的目标

2.1 保障供应，按时交货

采购管理首要的任务就是要确保物品按时按量供应。对于工程设备采购来说，就是要在规定的时间内将所采购的设备供应到施工现场或集港码头，以保证现场安装施工的顺利进行。

2.2 保证质量，监造管控

采购管理要保证所供设备的质量满足工程技术要求。在工程建设项目中大部分设备属于非标设备且品种繁多。不断加强设备监造过程管控是提高设备质量的重要途径。采购人员在设备招标签订合同过程中就要严格考察制造厂生产能力，运营实力和信用程度，在设备制造过程中及时组织监造人员进厂监造，严格控制产品质量。

2.3 控制投资，降低成本

在采购设备、原材料和分包服务的过程中，必须清楚地界定出特定的需要，并且还要找到最低的价格和最具竞争力的供应商。通过对项目采购管理中部分环节的控制来有效地降低采购成本,从而使项目资金达到最优的配置,用有限的资金获取尽可能多的资源。

3 全过程采购成本控制策略

采购管理包括:采购计划编制、询价计划编制、招标及询价、供方选择、合同管理、合同收尾等。关注整个项目采购流程中的成本降低,不是单一地针对采购货物或服务的价格,还要考虑相关方面的利益。所以需要建立全过程成本的概念,来达到对整个项目采购管理总成本的可控制和降低。

3.1 制定采购预算

编制采购计划和采购进度计划。在项目的初始阶段,为了有效地避免风险、减小损失,需要编制项目采购计划和采购进度计划。这样做的目的是确定采购货物的数量和进度,使资源及资金得到合理的配置,取得最佳的经济效益。

采购员预算与估计成本的制定收到项目所实施阶段的限制,通常都是不太准备的,需要后期在采购实施阶段根据实际情况进行及时调整,以确保整个项目采购成本在预算控制范围内。实际采购成本的报告和预警要及时且滚动进行,以便总体实际采购成本与总体预算之前的偏差能及时修正。

3.2 供应商的选择

供应商的管理就是对供应商进行资格认证、选择和评定。建立一种优先供货商、关键供货商和战略性供货商的关系,这种关系对减少采购费用、降低采购风险将起重要作用。另外,选用的设备尽量是同型号、同生产厂家的,即使不是同一厂家生产的设备,其发动机及变速箱主要附件尽可能选用同一厂家生产的。为今后的配件储备、修理及使用管理提供方便。

3.3 成本控制

确定相对满意的工程质量目标,处理好工程质量与工程造价的对立统一的关系。在项目建设期间,合理协调控制好工程质量、工程进度和工程投资三者之间的关系,各项控制指标既要符合现行规范,又应有一定的先进性,要防止不计成本的提所谓"精品工程"的目标。

3.4 设计优化

设备设计人员在设计过程中要有强烈的成本与市场意识,通过充分的论证进行合理的设计优化,在满足设备功能及技术指标的前提下,尽可能选性价比高的元器件,给出最低的设计余量,进行优化设计。此外,设计人员要经常性地对所设计设备中的材料及配件价格进行市场调研,要根据不同的项目指定不同的设计标准,还必须在设计阶段就要了解项目制定的设备估计成本。

3.5 采购管理的保密制度

(1) 在采购招标过程中,应按《中华人民共和国招标投标法》和《工程建设项目施工招标投标法》的规定开展工作。招标文件的编制尽量严密、周到、细致;在条款的制定中注重行业惯例和国家的有关规定，预先估计在实施中可能引起的问题，注重风险防范，以避免额外支出。

（2）做好合同签订、合同管理及合同收尾工作。工程总承包合同签订工作可以采用集中采购和现场零星采购相结合，总承包和分包方单独采购相结合的灵活采购模式。这种采购模式容易求同存异，可以使工作更高效，避免许多矛盾，确保了采购质量，缩短了采购时间，节约了材料、设备的费用。

4 结 论

工程设备全过程成本控制要从系统的高度来进行，单独地强调某一个方面或某一个环节是很难有效地进行采购成本控制，全过程采购成本控制正是将系统控制的方法引入采购成本管理中从而实现高效采购成本控制目标的策略。

浅析 EPC 项目现场协调管理工作

国际工程部

张逸群

摘　要：

在 EPC 项目中，作为总承包方，处理好各环节之间的配合显得尤为重要。项目的前期准备、设计、采购、施工，即使有优秀的计划或者管理办法，总会出现一些意想不到的问题，而这些问题又往往会耽误进度，易造成资金浪费，甚至影响合同的履行。本文主要探讨如何做好 EPC 项目的现场协调管理工作，以实现对项目进行有效的计划组织和进度控制管理。

关键词：现场协调　进度控制　项目管理

一、引　言

项目的管理和进度控制，是一门管理科学。工程项目管理是通过项目管理者对项目的组织和努力，运用系统理论和方法对项目及其资源进行计划、组织、协调、控制，旨在实现项目特定目标的管理方法体系。项目管理者为了能最佳地、最有效地实现项目管理的特定目标，就离不开项目管理中的综合协调和管理。在 EPC 项目实际工作中，项目的全面性覆盖范围给项目管理过程中的协调工作带来了许多困难。现场协调不仅是一个信息交流的过程，更是一个组织的过程，是一个管理过程。本文就项目施工现场的综合协调与管理存在的问题和工作内容进行探讨，并根据工作经验，探寻如何加强项目施工现场协调管理工作。

二、协调工作贯穿于项目始终

EPC 项目结合了设计、采购、施工安装的全过程。具体的承包有两种，其一是由总承包方独自承担工程项目的所有方面工作，包括前期工作、设计、采购、施工、调试及运营工作，然后向业主交钥匙的工程项目；其二是指在这种承包模式下，由承包商通过有效的组织管理，将各环节要素有机结合起来，向业主交付合格的工程项目。不论是哪一种含义，协调管理都贯穿于整个工程项目。

EPC 项目中的协调工作，从大的方面来说，是业主、政府部门、总承包方的交流；从小的方面来说，是设计与设备制造、设计与现场、设备制造与现场；如果有其他分包，则还有分包与分包之间，甚至业主与设计、施工分包等，都需要交叉配合与协调。例如，如果设备设计与实际设备生产存在矛盾，就需要积极协调解决，如果到工程施工后期才发现这些问题，往往会需要返工，造成工程投资的极大浪费，并有可能影响工期，甚至还会带来难以发现的质量问题和安全隐患。

在项目实施过程中存在的协调问题，存在于与项目实施有关的各单位之间。这些问题在项目的实施过程中常被忽视，即使有的部门看到问题的存在，也因为涉及其他单位或部门而力不从心，难以解决。

三、项目协调工作的内容

1. 与建设单位的协调

根据建设单位施工管理办法及相关规定，其各主管部门均可对项目的实施行使不同的管理及处罚权，如何与建设单位主管部门进行充分、有效的组织协调，将直接影响项目建设各项目标的实现。重点应注意以下几点：

a）应充分了解、掌握建设单位主管部门的各项管理办法及规定，并熟悉各项要求和相应办事程序，在沟通前应提前做好相应的准备工作，做到“心中有数”。

b）充分尊重建设单位主管部门的工作程序和要求，必要时可以先进行沟通，一般不要正面“顶撞”和敷衍。

c）发挥不同人员的专业特长与沟通能力，与不同的主管部门负责人协调，以保持稳定的沟通渠道和良好的协调效果。

2. 与业主方的协调

对于业主，在保证合同的执行上，应充分尊重业主的合理意见与建议。对于业主的问题与疑问应及时解答，做好解释工作。对于业主的合理要求，也应及时落实，双方应相互理解合作，为工程的顺利进行做好保证。如遇到不合理或者违背合同的要求，应坚决予以拒绝，充分保证EPC 项目总承包方的自主性与独立性。

3. 与监理单位的协调

对于监理单位，应注意树立监理对现场管理问题上的权威，尊重监理对于施工质量的否决权、施工调度权等国家法律法规及建设单位赋予监理的合法权益。施工单位要及时地与监理进行沟通协调，落实监理单位发出的工作指令。同时，充分肯定监理在现场施工质量、工期和工程量计量方面的监督管理作用，双方要力争能协商一致。

4. 与参建单位的协调

对于参建单位，我们要掌握其所承担的建设内容、工程大小、难易程度、采用的主要施工工艺、机具设备以及工程的施工进度计划。要熟知各个参建单位的合同及分工，对其可能出现的工作配合进行预先分析，在工作中发现矛盾应及时加以解决。要抓好施工的关键部位，以及各施工单位的衔接界面，以避免和减少因工作划分不清引起的各种工程质量责任问题。要做好上述工作，就要全面掌握设计内容，吃透设计图纸，对工程管理做到心中有数。此外要重视开好每周工程例会、专题会议等各种会议，做到会前有准备、会中有重点、会后有检查，确保组织协调工作的效果。

四、协调管理加强

1. 建立完善、实用的项目管理系统

项目管理人员应明确职责岗位，明确负责范围，制定完善的工作流程，明确正规的工作交

流方式与处理规范，制定应急处理办法。通过管理以减少施工中各专业的配合问题，建立以甲方、项目经理为主导的统一领导，由专人负责统一指挥，解决各施工单位的协调工作。出现工作问题需及时记录，积极解决，主动跟进。

2. 建立严谨、规范、全面的管理机制与奖罚制度

用制度管人，用规章管理工程，充分激发各方面的积极性，使管理人员在遇见问题后，积极协调，及时解决问题。避免推诿。

建立问题责任制度，建立由管理层到施工班组的逐级责任制度。

建立奖罚制度。在责任制基础上建立奖罚机制，提高各方面工作人员的责任心与积极性。

建立严格的验收检查制度。隐蔽验收与中间验收是做好协调工作的关键，由于各方面的工作已经进入到实际阶段，各方面的问题将凸显出来，更易被发现，也最容易解决和补救。严格遵照验收制度，在问题早期就予以协调解决，可以把损失减到最小。

3. 定期召开工作协调会议

制定协调例会制度，应覆盖业主、监理、设计、施工各方，定期召开，共享信息。有问题多方协调，能确定处理办法的当场确定处理办法，不能确定的应明确处理时间。同时形成会议纪要，由专人负责跟进，及时督促问题的协调解决，保证工程进度。

4. 树立正确的观念

树立沟通协调、团队合作的观念。由于 EPC 项目的特殊性，项目管理不是个人能兼顾所有方面的，所以团队协作尤为重要。除了任用有责任心的人员，还要在管理人员心中树立起积极的观念。共同协作是做好一切工作的基础，人员思想统一，不怕繁琐，才能做好 EPC 项目。

5. 与各方面保持良好关系

EPC 项目不仅仅是总承包方自己的问题，还与业主、政府、分包、设计院、供应商有着密切的联系。与各方面都保持良好的关系，是做好协调工作的基础。

五、良好的项目协调管理对于工程有重要意义

优质的协调工作，对于督促工程进度、保证工程质量、降低工程成本具有重要作用。在以质量为根本的前提下，积极做好协调工作，可以确保工程进度，减少不必要的损失以降低成本。例如，设计院内部如果协调工作不畅，土建与设备的设计可能出现问题，造成设备无法安装在土建基础上，如果提前发现还可以及时更改设计，否则就要耽误工时，对土建基础进行修改，增加了不必要成本。工程项目施工过程中协调管理工作涉及面广而且琐碎，突现了各部门协调对项目顺利实施的重要性，总承包方要加强这方面的管理，同时做好每一部分工作，才有可能把问题隐患消灭在萌芽状态。因此，作为项目管理者首先要充分认识协调管理工作的重要性，科学地控制管理中的争执，做好管理协调工作和注重项目动态管理。除此之外，还应该加强项目的信息化管理，提高管理、施工人员技术水平、综合素质，加强安全防范，只有这样才可以做好项目施工过程中的协调和管理工作，确保圆满完成建设工程目标。

债务重组方式解决政府偿债率过高、项目融资困难的方案
——交通系统债务重组项目

朱艺芳

随着城市交通事业的快速发展，部分城市区域内干线公路已基本建成，但是由于前期融资主体、期限结构等安排不尽合理，导致近两年融资到期较集中，给当地政府带来了较大的偿债压力。受政府偿债能力的影响，许多新的优质项目无法获得融资。

若能引入投行，以债务重组顾问身份介入，设计解决方案，并成功将其付诸实施。既能改善银行优质贷款市场份额，降低存量贷款风险，增加投行业务收入，提高了资产收益率，又能为政府项目融资找到新的渠道，从而使优质的新的工程项目得以推进。

一、项目背景

近年来，某市交通事业发展较快，区域内已建成或即将建成的干线公路。在上述公路建设之初，市政府和市交通局为了项目建设管理的方便，采用了“一路一公司”的模式，随着公路的建成和投入运营，分散建设、分散融资带来的项目融资集中到期的现象日益凸显，给当地政府带来了较大的压力。据了解，至 2005 年末，市政府项目负债总额约 16.41 亿元，其中财政直接还贷债务 7.4 亿元，国有债务 9.01 亿元，总量尚在合理范围，但 2006 年、2007 年需偿还的贷款本息合计约为 7.2 亿元，已经超出当地财政当年的承担能力。

某市经济实力较强，2005 年实现 GDP 198.98 亿元，比上年增长 13.4%，人均生产总值 30008 元，预算内财政收入 23.01 亿元。从前几年市财政对交通系统的拨款来看，2003 年 20881 万元、2004 年 19138 万元、2005 年 20956 万元，年均 20325 万元。较强的财政实力及对交通建设的稳定投入，为引入银行开展债务重组业务打下了良好的基础。

二、运作思路

在投行直接参与下，与当地政府进行初步接触，提出顾问设想：组建新的交通投资集团有限公司，对原各项目公司进行债务重组，以重新安排承债主体和还贷计划，均衡还贷压力。上述顾问设想引起了当地政府的极大兴趣，市交通局具体负责衔接此事。2006 年初，投行出具了《某市交通局债务重组财务顾问建议报告》，进一步细化承债主体和债务重组后的期限及还款来源安排，制定了三个参考方案，受到当地政府的高度评价，并正式聘请债务重组顾问。通过尽职调查，完成债务重组方案设计，明确此次需要重组的银行融资额度约为 119000 万元，主要运作思路包括：

(一) 搭建统一融资平台

建议政府组建市交通建设投资集团有限公司(以下简称“交投集团公司”)。该公司的组建可以分两步走，首先在原交投公司的基础上将注册资本由 5000 万元增加到 30000 万元，然后

更名为交投集团公司；公司出资人为市财政局，并授权交投集团公司履行交通类国有资产出资人职责。

考虑到新建集团公司的控股企业必须达到五个以上的要求，故可将原交通局下属的三产企业纳入交投集团公司。新成立的交投集团公司可包括五个核心子公司，因此可将原有A公司、B公司、C公司、D公司、E公司等五个子公司归集到该集团公司名下，方法是采用股权划转的方式。

截至2005年底，交通系统原各公司财务概况见下表。

桐乡市交通系统各公司财务情况汇总　　单位：万元

项　目	交　投	A	B	C	D	E	汇　总
总资产	98156	35379	26315	12717	26002	13374	211943
总负债	76450	26344	14473	7503	2502	2918	130190
净资产	21705	9035	11842	5214	23500	10456	81753
资产负债率	78%	74%	55%	59%	10%	21.8%	61%

预计新建的交投集团公司净资产80000万元左右，整体资产负债率在60%左右，介于行业平均值水平，符合信贷政策。

（二）理顺内部融资关系

本次重组除包括三条收费公路外，还涉及一条非收费公路，F公司有贷款7200万元。根据信贷政策，贷款不得投向非收费公路，但交通局明确要求该公司贷款必须纳入本次重组范围。为此建议：

1. 变更项目主体。在债务重组之前，建议由A公司收购F公司的全部资产，并承担相应的负债。

2. 争取纳入收费公路范畴。建议由市交通局与省交通厅协商，将某非收费公路作为收费公路的连接线工程，纳入收费公路收费范围。

3. 由投行协助解决搭桥资金。在收购过程中，投行协助A公司引入信托贷款7200万元，先行置之前的贷款。7200万元信托贷款作为债务重组的一部分。

通过以上安排，可以解决贷款不得投向非收费公路的问题。

（三）建立长期还款机制

重组贷款还款来源主要包括：车辆通行费、车辆统缴费、财政拨款，为进一步落实还款来源，要求：

1. 由市人民政府出具市长办公会议纪要，明确市财政从2007年起，每年安排2亿元预算内政府性资金用于归还贷款本息（每年5月底和11月底分别到位1亿元），直至贷款本息还清为止。

2. 考虑银行加强监管和方便提供服务，要求市政府在当地行开设政府偿债专户和财政收费专户，并将本次贷款置换范围的收费公路所征收的公路通行费和开征市内车辆统缴费收入一并纳入财政收费专户。

3. 要求市人民代表大会常务委员会出具决议，对市政府会议纪要作进一步确认，从 2007 年起，每年安排预算内政府性资金 2 亿元用于归还贷款本息，直至贷款本息还清为止。

4. 要求市财政局承诺：对市交通建设投资集团有限公司贷款置换后今年所发生的贷款利息和两年内所要支付的财务顾问费用由其拨款支付。

根据上述安排，交投集团公司整体重组贷款的还贷来源将可落实。

（四）落实合法有效担保

本次债务重组贷款合计 119000 万元，要求落实土地抵押 80090 万元、公路收费权质押 38910 万元。

1. 过境公路和高桥连接线原抵押土地抵押贷款 70874 万元。原过境公路 55500 万元贷款全部由市土地储备中心提供商住用地作为抵押物，抵押土地面积共计约 990 亩，根据房地产估价有限公司估价 101249.62 万元，本次贷款置换拟继续抵押，按 70%折率，可抵贷额约 70874 万元。

2. 抵押给银行的土地置换后抵押贷款 9216 万元。原抵押给的土地面积约 125 亩，为市土地储备中心所有的商住用地。根据房地产估价有限公司估价为 13166.67 万元，本次贷款置换拟继续抵押，按 70%折率，可抵贷额约 9216 万元。

3. 公路收费权 1 质押贷款 24200 万元。根据会计师事务所有限责任公司的收费权资产评估报告：自评估基准日至 2020 年 12 月 24 日（约 15.75 年）的收费经营权评估价值为 40439 万元。采取上述数据，并剔除已过去的 1.25 年，按直线法进行折算，公路收费权价值约 37230 万元，按 65%折率，可抵贷约 24200 万元。

4. 公路收费权 2 质押贷款 18445 万元。根据会计师事务所有限公司提供的评估报告：自评估基准日至 2026 年 5 月 7 日（20 年），公路收费权 2 评估价值为 37837 万元。参照上述价值，谨慎起见对上述评估价值按直线法进行折算（取 15 年），则价值约为 28377 万元，按 65%折率，可抵贷约 18445 万元。

上述四项资产合计可抵（质）贷 122735 万元，重组贷款可以全部落实土地使用权抵押或公路收费权质押，并可涵盖相应贷款利息 3735 万元。

三、效益影响

1. 理顺公路系统投融资体制。过去交通系统各公司隶属于不同的投资主体，相互之间的沟通协调工作存在困难。通过此次重组，搭建了新的投融资平台，统一了管理体制，为下一步交通建设项目的投融资奠定了良好的基础。

2. 缓解政府性债务的偿债压力。根据政府的规定，各地政府性债务偿债率警戒线为 15%（偿债率＝当年偿还政府性债务本息额/当年可支配财力），否则将不得新增政府性债务。2005 年某市政府性债务偿债率为 14.7%，已相当接近警戒线。通过此次重组，2006 年市政府性债务偿债率降为 11%，为政府性项目增加融资开拓了空间。

四、借鉴意义

本项目的操作实施，在可预见的将来还贷现金流稳定充足、第二还款来源充足的基础设施类项目或政府性负债的债务重组项目具有良好的融资借鉴意义。对于基础设施类项目债务重组来说，由于该类项目往往已建成投产，进入经营期，建设风险小，且项目经营活动现金流稳定，易于评估预测，因此项目本身风险较小；再加上该类项目一般可以提供项目资产或收费权作质押，配合专户监管，便于贷后管理，实际风险可以有效控制。对于政府性负债的债务重组项目来说，只要政府具备贷款存续期内的财政补助能力，并使之合法化，则对债务重组项目来说将获得稳定的现金流。该类项目政府往往能提供足额的土地使用权做抵押，因此第二还款来源充足，风险可控。

关于PPP模式下地方政府融资平台融资方式创新的研究

朱艺芳

一、PPP模式的含义及分类

(一) PPP模式的含义

PPP是英文"Public-Private Partnership"的简写,中文直译为"公私合伙制",指公共部门通过与私人部门建立伙伴关系提供公共产品或服务的一种方式。虽然私人部门参与提供公共产品或服务已有很长的历史,但PPP这一术语直到1992年才由英国财政大臣肯尼斯·克拉克首次提出。此前,人们分别按照私人部门和公共部门具体合作方式的不同,使用Concession、BOT(Build-Operate-Transfer)、PFI(Private Finance Initiative)等术语。PPP是一个意义非常宽泛的概念,各个国家和组织(如世界银行、联合国培训研究院等)对于PPP的确切内涵及其分类未达成共识。

(二) PPP模式的主要类型

按照私人部门投资比例的不同,PPP可以分为外包、特许经营和私有化三大类。实际中可从具体PPP项目的投资比例、建设主体、经营主体、所有权归属四个方面对其进行归类(常见类型见文后附表)。

在外包类PPP项目一般由政府投资,私人部门承包整个项目中的一项或几项职能。例如私人部门只负责工程建设,或者受政府之托代为管理维护设施或提供部分公共服务,并通过政府付费实现收益。

在外包类PPP项目中,私人部门承担的风险相对较小。

特许经营类项目需要私人部门参与部分或全部投资,并通过一定的合作机制与公共部门分担项目风险、共享项目收益。根据项目的实际收益情况,政府可能会向特许经营公司收取一定的特许经营费或给予一定的补偿,这就需要政府协调好私人部门利润和项目公益性之间的关系,因而特许经营类项目能否成功在很大程度上取决于政府相关部门的管理水平。通过建立有效的监管机制,特许经营类项目能充分发挥双方各自的优势,节约整个项目的建设和经营成本,同时还能提高公共服务的质量。

项目资产最终归政府保留,因此一般存在使用权和所有权的移交过程,即合同结束后要求私人部门将项目的使用权或所有权移交给政府。

私有化类PPP项目则需要私人部门负责项目的全部投资,在政府的监管下,通过向用户收费收回投资并实现利润。由于该类PPP项目的所有权永久归私人拥有,且不具备有限追索特性,因此私人部门在这类PPP项目中承担的风险最大。

二、PPP 模式在国外及香港地区的成功实践

（一）国外 PPP 模式的应用

PPP 模式在许多国家得到了广泛应用。葡萄牙于 1997 年启动 PPP 模式，首先应用于公路网的建设（至 2006 年的 10 年间其国内公路里程比原来增加一倍），后来还应用于医院、铁路（含城铁）等领域。巴西于 2004 年 12 月通过“公私合营（PPP）模式”法案，对国家管理部门执行 PPP 模式下的工程招投标和签订工程合同做出了具体规定。法国为 1998 年世界杯足球赛建设的法兰西体育场、2000 年悉尼奥运会主体育场——奥林匹克体育场也都采用了 PPP 模式。

美国大型体育场馆尤其是职业体育场馆建设及运营目前主要采用 PPP 模式，得克萨斯州的阿拉莫圆顶体育场、科罗拉多州的库尔斯棒球场、犹他州的德尔塔球场均采用了 PPP 模式。私人资本主要通过体育场馆的运营收入（包括贵宾席、公司赞助、租约支付、停车费、商品销售收入、广告收入、冠名权等）来收回投资。NBA 菲尼克斯太阳队主场美国西部球馆于 1992 年建成，其投资及运营结构为：菲尼克斯市政府投资 39%合 0.35 亿美元（0.28 亿美元用于建设场馆，0.7 亿美元用于购买土地）并拥有体育场馆所有权；菲尼克斯太阳队投资 61%合 0.55 亿美元并承诺，在 30 年内每年上缴 50 万美元给菲尼克斯市政府，同时该球馆豪华包厢及广告收入的 40%也要上缴给菲尼克斯市政府。

（二）香港地区 PPP 模式的应用

香港在电讯、文娱、旅游、公租房等基础设施领域广泛采用 PFI、BOT 及其他 PPP 模式来引入社会资本，先后建成香港数码港、亚洲国际博览馆、西九龙文娱艺术区、香港迪士尼公园等项目，取得了良好的社会效益。

香港部分 PPP 项目 单位：亿港元

项目名称		项目类型	项目建设起讫时间	项目造价	备 注
交通设施	红磡海底隧道	BOT	1969.6—1972.8	3.2	特许经营期为 30 年，项目公司 5 年内收回投资，进入回报期
	东区海底隧道	BOT	1986.8—1989.9	44.0	隧道的公路特许经营期为 30 年，铁路为 20 年
	西区海底隧道	BOT	1994.4—1997.4	75.0	特许经营期为 30 年，日均流量距设计最高车流量有很大距离
	大老山隧道	BOT	1988.3—1991.6	21.5	特许经营期为 30 年，工期比政府预定的 54 个月少 17 个月
	大榄隧道	BOT	1995.5—1998.6	72.5	特许经营期为 30 年
电信	数码港	PFI	1999—2007	158	开发商负责融资，建成后交付给香港政府，政府享有所有权和管理权
文娱	亚洲国际博览馆	PPP	2004.3—2005.12	23.5	政府与私人机构共同承担建设费用，特许经营期为 25 年
旅游	香港迪士尼公园（一期）	PPP	2003.1—2005.9	141	政府占 57%的股份，经营期 40 年

三、中国内地 PPP 模式的尝试

(一) 各地 PPP 模式的尝试

中国内地很多城市从 20 世纪 90 年代开始就进行城市公共基础设施的市场化改革和探索。1992 年 11 月，中法水务(法国苏伊士环境和香港新创建集团有限公司的合资公司)与中山市坦洲镇经济发展总公司合资成立了中国首家中外合资供水企业中山坦洲自来水有限公司，主要为坦洲镇的工商企业和居民提供全方位供水服务。1994 年上海市政府将杨浦大桥、南浦大桥和打浦隧道 20 年的 45%的经营权转让给了港商，一次性筹资 24.75 亿元。1995 年国家计委批准了我国首个 BOT 试点项目　　广西来宾电厂二期工程。

各地大规模推进公共设施建设的市场化改革则是在 2000 年之后，其中北京在 PPP 模式的立法和实践方面均处于内地领先地位。目前内地 PPP 模式主要涉及城市水务、管道燃气、公交和垃圾处理等基础设施建设领域，大约 60%的城市污水处理厂和大约 90%的生活垃圾处理厂采用 PPP 模式建设运营。成功案例有新奥能源控股有限公司设立河北新奥燃气有限公司、十堰市城市公交集团整体民营化、温州东庄垃圾发电厂 BOT 项目及长沙第八水厂 BOT 项目等。

(二) 北京市在 PPP 模式方面的探索

1. 政策法规制定方面

北京市先后出台了《北京市关于深化城市基础设施投融资体制改革的实施意见》和《北京市城市基础设施特许经营条例》。其中 2003 年出台的《北京市关于深化城市基础设施投融资体制改革的实施意见》提出：为“加快本市城市基础设施建设，广泛吸引社会资本投入城市建设，努力提供优质的公共产品和服务”，“逐步将政府资金从经营性城市基础设施项目中退出，集中投向非经营性城市基础设施项目，引进社会投资，盘活存量资产”。

在 PPP 项目的选择方面，《北京市关于深化城市基础设施投融资体制改革的实施意见》提出：“对有经营收入但不足以回收成本的轨道交通等城市基础设施项目，在政府资金引导下，采取 PPP(公共部门与私人企业合作)模式吸引社会投资者合作建设，或给予政府补贴等优惠政策对社会投资者进行投资回报补偿。”“明确政府与社会投资 7∶3 的基础比例”，将 PPP 项目的选择方向明确为城市基础设施领域。

2. 项目实践方面

在国内诸多 PPP 项目中，北京地铁四号线作为内地第一个在城市轨道交通建设领域以 PPP 模式运营的典型成功案例，具有较大的社会影响。该项目采取特许经营模式运作，引入了香港铁路参与投资和运营。

根据北京地铁四号线初步设计概算，项目总投资约 153 亿元。按投资建设责任主体，将全部建设内容划分为 A、B 两部分：A 部分主要为土建工程部分，投资额约为 107 亿元，占项目总投资的 70%，由北京市基础设施建设有限公司投资设立的北京地铁四号线投资有限责任公司(以下简称“四号线公司”)负责投资建设；B 部分主要包括车辆、信号、自动售检票系统等机电设备，投资额约为 46 亿元，占项目总投资的 30%，由“港铁一首创联合体”组建的北京地铁四号线特许经营公司(以下简称“特许公司”)负责投资建设。四号线建成后，特许公司根据与四号线公司签订的《资产租赁协议》,取得 A 部分资产的使用权。特许公司负责地铁四号线的运营管理、全部设施(包括 A 和 B 两部分)的维护和除洞体外的资产更新,以及站内的商业经营,通过地铁票款收入及站内商业经营收入回收投资。

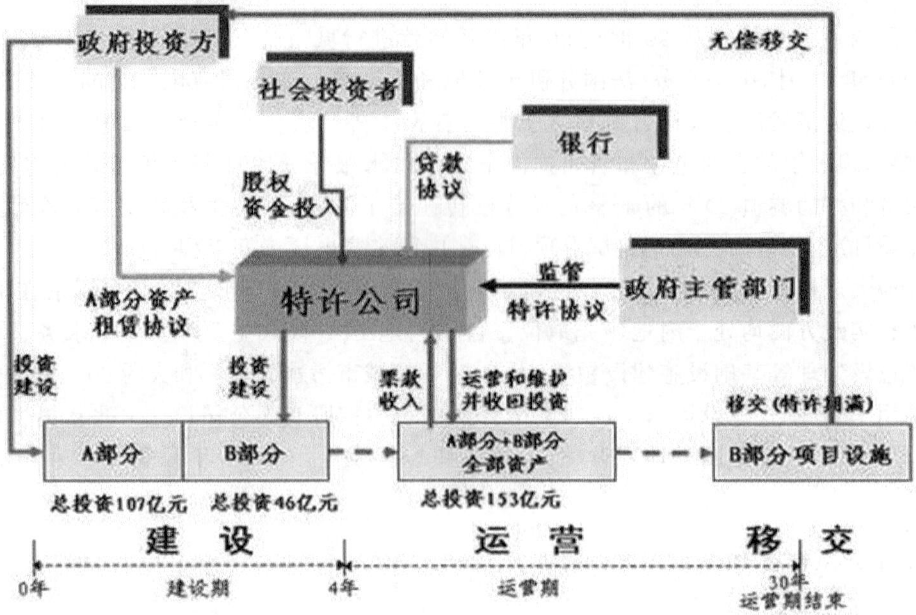

图 1 北京地铁 4 号线 PPP 模式图

四号线项目的特许经营期为 30 年,特许经营期结束后,特许公司将 B 部分项目设施完好、无偿地移交给北京市政府指定部门,将 A 部分项目设施归还给四号线公司。在四号线项目中,市政府按照《特许协议》规定,在建设期内将监督四号线公司确保土建部分按时按质完工,并监督特许公司进行机电设备部分的建设。四号线运营票价实行政府定价管理,采用计程票制,在特许期内,市政府根据相关法律法规、本着同网同价的原则,制定并颁布四号线运营票价政策,并根据社会经济发展状况适时调整票价。运营期内按有关运营和安全标准对特许公司进行监管。在发生涉及公共安全等紧急事件时,市政府拥有介入权,以保护公共利益。如果特许公司违反《特许协议》规定的义务,市政府有权采取包括收回特许权在内的制裁措施。市政府也要履行《特许协议》规定的义务并承担责任。

四、国家对地方政府债务管理的政策走势分析

(一) 国家及有关部门对 PPP 模式寄予厚望

本届政府高度重视地方政府融资平台负债问题。《国务院批转发展改革委关于 2014 年深化经济体制改革重点任务意见的通知》(国发〔2014〕18 号)提出:"规范政府举债融资制度。开明渠、堵暗道,建立以政府债券为主体的地方政府举债融资机制,剥离融资平台公司政府融资职能。对地方政府债务实行限额控制,分类纳入预算管理。推行权责发生制的政府综合财务报告制度,建立考核问责机制和地方政府信用评级制度。建立健全债务风险预警及应急处置机制,防范和化解债务风险。"这说明中央政府对于解决地方政府融资问题已经有了比较清

晰的思路。财政部还公开表示，2014 年地方债券额度为 4000 亿元，发债政府层级仅限于省级政府，对地市及县级政府可以由省级政府代发，其中自发自还债券总规模为 1092 亿元，其余由财政部代发代还。

针对地方基础设施建设等方面的资金需求，《国务院批转发展改革委关于 2014 年深化经济体制改革重点任务意见的通知》还提出："加快发展混合所有制经济。推进国有企业股权多元化改革，建立政府和社会资本合作机制。"这被业界及学术界解读为推广 PPP 模式以解决地方基础设施建设问题。

（二）近期 PPP 模式有关政策动态

目前就全国而言，PPP 模式的一些细节尚不明确，有待于中央政府多部门协商提出较明确的意见，如 PPP 模式的认定，PPP 协议的审批程序，相关补贴及优惠政策，未来土地收入能否作为收入来源等问题。目前财政部正在组织专门力量进行研究，后续可能出台相关政策进行规范。

各地财政部门正积极启动 PPP 模式试点工作。目前，江苏省已甄选出首批 15 个拟运用 PPP 模式的试点项目，项目投资总额达 875 亿元；重庆、浙江、安徽、黑龙江、吉林、山东、湖南等多省区也正在积极探索 PPP 模式在基础设施建设领域的应用。

五、PPP 模式的未来业务机遇及工作建议

（一）PPP 模式相关业务机遇

PPP 模式可能成为政府进行基础设施等领域建设的重要部分，我行应密切跟踪相关政策变化，有条件的情况下参与相关政策法规的制定，跟进后续顾问咨询、方案设计、项目融资等方面的业务合作机会。下一步，可以优先在 PPP 模式开展较好的北京、深圳、杭州等地开展业务试点和政府合作。

（二）工作建议

根据项目自身有无现金流及现金流能否覆盖成本，可将基础设施类项目分为非经营性项目、准经营性项目和经营性项目（详见下表）。非经营性项目、经营性项目在实践中均有成熟的操作模式（前者一般采用 BT 模式，后者一般采用 BOT 模式）。

项目类型	非经营性项目	准经营性项目	经营性项目
特点	没有未来现金流	未来现金流不能覆盖全部成本	未来现金流能够覆盖成本并保证获利
代表项目	城市道路、城市河道治理、城市防灾体系等	机场、城市轨道交通、公交设施、热力供应、体育场馆、医院、学校等项目	自来水厂、污水处理厂、垃圾处理设施等项目
典型模式	BT 模式	其他 PPP 模式	BOT 模式

准经营性项目 PPP 模式建议按以下模式操作：由政府与社会资本成立的合营公司作为项目投融资主体，合营公司与政府签订 PPP 协议，明确约定合营公司从项目中取得收益的权

利，及政府对项目承担的责任义务（资本金投入、融资贴息、税收优惠、土地出让收入返还等），合营公司按市场化方式通过银行等多渠道融资，政府按协议约定承担责任义务，不再承担隐性信用兜底。

具体项目操作前PPP协议需经省级政府有关部门（一般由财政部门牵头）认可；部分项目涉及土地出让收入或与地方政府融资平台有关。

附表　常见的PPP模式类型及其含义

英文名称	中文含义	简单说明
Service Contract	服务外包	政府以一定费用委托私人部门代为提供某项公共服务，例如设备维修，办公室卫生打扫等。
Management Contract	管理外包	政府以一定费用委托私人部门代为管理某公共设施或服务，例如城市垃圾处理等。
Design-Build-Transfer(DB)	设计-建造	私人部门按照公共部门规定的性能指标，以事先约定好的固定价格设计并建造基础设施，并承担工程延期和费用超支的风险。因此私人部门必须通过提高其管理水平和专业技能来满足规定的性能指标要求。
Design-Build-Major Maintenance(DBMM)	设计-建造-主要维护	公共部门承担DB模式中提供的基础设施的经营责任，但主要的维修功能交给私人部门。
Operation& Maintenance (O&M)	经营和维护	私人部门与公共部门签订协议，代为经营和维护公共部门拥有的基础设施，政府向私人部门支付一定费用。例如城市自来水供应、垃圾处理等。
Design-Build-Operate (DBO，Super Turnkey)	设计-建造-经营（交钥匙）	私人部门除承担DB和DBMM中的所有职能外，还负责经营该基础设施，但整个过程中资产的所有权仍由公共部门保留。
Lease-Upgrade-Operate -Transfer(LUOT)	租赁-更新-经营-转让	私人部门租赁已有的公共基础设施，经过一定程度的更新、扩建后经营该设施，租赁期结束后移交给公共部门。
Purchase-Upgrade-Operate -Transfer(PUOT)	购买-更新-经营-转让	私人部门购买已有的公共基础设施，经过一定程度的更新、扩建后经营该设施。在经营期间私人部门拥有该设施的所有权，合同结束后将该设施的使用权和所有权移交给公共部门。
Build-Lease-Operate -Transfer(BLOT)	建设-租赁-经营-转让	私人部门先与公共部门签订长期租赁合同，由私人部门在公共土地上投资、建设基础设施，并在租赁期内经营该设施，通过向用户收费而收回投资实现利润。合同结束后将该设施交还给公共部门。
Build-Own-Operate-Transfer(BOOT)	建设-拥有-经营-转让	私人部门在获得公共部门授予的特许权后，投资、建设基础设施，并通过向用户收费而收回投资实现利润。在特许期内私人部门具有该设施的所有权，特许期结束后交还给公共部门。
Design-Build-Transfer -Operate(DBOT)	设计-建造-转移-经营	私人部门先垫资建设基础设施，完工后以约定好的价格移交给公共部门。公共部门再将该设施以一定的费用回租给私人部门，由私人部门经营该设施。私人部门这样做的目的是为了避免由于拥有资产的所有权而带来的各种责任或其他复杂问题。

续表

英文名称	中文含义	简单说明
Design-Build-Finance-Operate(DBFO)	设计-建造-投资-经营	DBFO是英国PFI架构中最主要的模式，在该模式中，私人部门投资建设公共设施，通常也具有该设施的所有权。公共部门根据合同约定，向私人部门支付一定费用并使用该设施，同时提供与该设施相关的核心服务，而私人部门只提供该设施的辅助性服务。例如，私人部门投资建设某医院的各种建筑物，公共部门向私人部门支付一定费用使用建设好的医院设施，并提供门诊等主要公共服务，而私人部门负责提供饮食、清洁等保证该设施正常运转的辅助性服务。
Purchase-Upgrade-Operate(PUO)	购买-更新-经营	私人部门购买现有基础设施，经过更新扩建后经营该设施，并永久拥有该设施的产权。在与公共部门签订的购买合同中注明保证公益性的约束条款，受政府管理和监督。
Build-Own-Operate(BOO)	建设-拥有-经营	私人部门投资、建设并永久拥有和经营某基础设施，在与公共部门签订的原始合同中注明保证公益性的约束条款，受政府管理和监督。

海外电力建设工程超重/超大部件运输和吊装注意事项

中国机械工业建设集团有限公司电力工程事业部
边长浩

设备运输和吊装在电力工程建设中占有举足轻重的地位，特别是超重/超大设备或部件能否安全平稳的运输和吊装就位更是电力工程建设能否顺利进行的关键作业程序和节点。而海外电力工程由于所在国家的国情、作业习惯、设备资源、工人的技能水平等与国内存在较大差别，因此海外电力建设工程的超重/超大部件运输和吊装有一些事项需要引起足够的关注和重视。就此，结合海外电力工程施工经验对这些注意事项进行分析和阐明，以期在今后碰到类似问题时能有所应对。

电力建设工程中将重量超过40吨的部件归类为超重部件；长度超过12米、宽度超过2.5米、高度超过3米的部件归类为超大部件。目前主流的300MW、600MW燃煤(油、气)机组配套的设备超重、超大部件主要包含以下设备。

表1　电力建设工程中超重/超大部件清单

序　号	部件名称	外形尺寸(米)	300MW重量(吨)	600MW重量(吨)	备　注
1	大板梁	26×1.5×3.5	50	95	
2	汽包	Φ2.8×22	200	320	
3	行车大梁	30×6×3.5	40	60	
4	发电机定子	10.5×4×4.5	240	320	
5	发电机转子	15.5×2×2	60	70	
6	主变压器	5.4×4×4.8	260	340	
7	高厂变	7×3×3.5	65	75	
8	启备变	7.4×2.7×4.2	70	80	
9	高中压转子	9.5×2×2.1	32	40	
10	低压转子	9×4.2×4.5	65	85	
11	高中压上部外缸	5.8×5×5.7	40	50	
12	高中压下部外缸	7.1×3.8×2.5	40	50	
13	低压上部外缸	5×3.5×3.5	45	55	
14	低压下部外缸	5.5×3.5×3.5	45	55	
15	凝汽器	6×3.5×3.5	16	20	
16	高压加热器	10.5×3×3.5	70	85	
17	低压加热器	17.5×3×3	45	55	
18	启动锅炉	13×5×5	65	85	
19	冷端桁架	14×3×4	45	60	
20	除氧器	30×5×4.5	95	115	

从上表可以看出很多部件的外形尺寸和重量都远远超出了常规运输和吊装的范畴。现从

运输和吊装两方面对注意事项进行说明。

1. 运输注意事项

1.1 海洋运输

目前公司执行的海外电力工程的超重超大设备全部是采用海洋运输,若今后执行陆路相邻国家的项目,设备在采用公路或是铁路运输时所应注意的事项应该是相同的。

1) 防锈措施

一般海洋运输时间都比较长,像地处东南亚和南亚的工程一般海洋运输都要两周左右时间;而像西亚在一个月到四十天;而非洲、欧洲、美洲等都要几个月或是更长的时间。路途中的水分、高盐分等对金属部件腐蚀严重,若所运输的部件防锈措施实施不到位,极有可能会造成部件发生锈蚀而影响使用性能或是报废。在我司所执行的伊拉克电站项目就发生过空气预热器冷端桁架的推力轴承、导向轴承、中心筒等部件由于出厂时没有涂抹黄油,只是靠部件表面机加工时的机油进行保护,同时包装简单,木板包装箱内只有一层塑料薄膜进行包裹,不能隔绝雨水和盐分,造成在海洋运输过程中锈蚀严重的情况,参见图 1。上述运输虽不在我司工作范围,但此类事件需要引起足够重视。

图 1 防护不当造成的严重锈蚀

2) 内部防护措施

像发电机的定子、高压加热器、除氧器等设备出厂时都在其内部充有一定压力的氮气,以此来保护设备内部部件,同时设备技术文件对氮气的压力有明确的规定。因此对于此类设备运输过程中，要备有氮气和充加设备，定期观察并记录氮气压力，压力不足时要随时充加。

3）绑　扎

绑扎是大件设备运输过程中至关重要的环节，若过程中发生移位、倾覆等事故可能会引起重大的人员和财产损失。首先，对于大件设备要单独绑扎，不能在大件设备上附带绑扎其他设备；再有，设备绑扎时若需要焊接作业，像焊接地锚等，一定要保证接地良好，切忌发生引弧事故。像汽包等设备是由厚度较大的钢板卷制而成，若发生引弧，会在汽包壁上形成弧坑和微裂纹从而严重威胁设备的安全运行。而像发电机定子等设备，内部有精密的电气元件，引弧可能会造成元件短路而烧毁。因此引弧必须要有效杜绝。

1.2　内陆运输

1）运输道路选择

对于上述表中提到的设备的内陆运输，一般都是采用重型牵引车牵引液压平板车的运输方式。整个运输车辆的长度会达到 36～50 米，该车辆对于道路质量等都有非常苛刻的要求。选择不当，也会给正常施工造成严重影响。伊拉克项目业主在执行先前一个柴油机发电厂项目时，在运输重量为 300 吨的柴油发电机时就因为道路选择不当，耗时一年多时间才把设备从码头运输到工程现场。因此对于运输路线的选择就至关重要。运输前要聘请专门的运输专业人员对可能的运输路线进行全程考察，选取路面宽阔且质量好、转弯少、桥梁少、坡路少的路线。要认真测量道路转弯处的转弯半径，计算其是否能满足车辆转弯需要；仔细核对桥梁信息，计算是否满足运输车辆的荷载要求；计算牵引车的功率是否满足破路运输需要。若道路不能满足运输要求时，就需要决定是另外选择其他路线还是通过增大转弯半径、加固桥梁、增加牵引车辆或是降低坡度的办法解决问题。在所投标的印度巴兰吉尔项目就遇到上述问题，从码头到现场只有 200 公里路程，运输路线有两条，一条是采用铁路运输，但是当地火车运力不足，很难满足现场施工需要，另一条是公路运输，从码头到现场必须经过一条长约 1500 米的公路大桥，该桥梁建造于 20 年前，荷载不能满足运输大件设备，若是加固该大桥则耗资巨大，远远超出该工程投标利润范围，参考图 2。综合考虑最终还是选取了铁路运输方式。

1.3　场内运输

1）存放地点

对于超重/超大设备的内陆运输一般是由业主负责，或是施工单位委托当地的大件运输公司执行。对于设备的现场存放的具体地点，在合同签订时一般没有具体的说明，只是约定“现场交货”等。由于施工厂区面积巨大，若将设备存放在距离安装地点距离较大的地方，待安装时再进行二次倒运将会造成一笔巨大的花销，要重新委托运输公司，安排专门的运输车辆等。印尼工程就遇到类似问题，运输公司为 EPC 承包单位委托，合同约定为现场交货，但是设备的安装属于我司工作范围。运输公司的初衷是把汽包等设备卸货到现场码头附近，但是码头距离锅炉还有将近 1000 米，这无疑会造成我司的二次运输。经过多次交涉和沟通，最终运输公司将设备卸到了我司的指定位置。因此，对于超重/超大部件的场内存放位置在合同约定时尽量详尽，若不能详尽时也要注明“卸货到指定位置”等。若运输不在我司合同范围内时也要特别注意提醒业主或是其他单位注意上述问题。

图 2　印度法兰吉尔项目公路运输大桥图片

2）设备的方向问题

超重/超大设备运输方向对于能否顺利安装有重大的影响，设备在装车完毕后若想调整头尾方向往往是非常困难的。若设备的安装方向与运输方向相同，那么只需把设备卸货到指定位置就可以了，但要是安装方向与运输方向不同，那么则需要再卸货到地面以后，还要进行设备方向调整作业，对于重量达到两三百吨的设备来调整方向其难度可想而知。因此在设备装车前要安排专门人员将设备的运输方向进行标注，并特别要求运输公司注意。某国内工程就曾出现由于没有标注定子的运输方向，造成设备到达现场后卸车方向与安装方向相差 180 度，从而需要进行方向调整作业，造成一定的经济损失。

2. 吊装注意事项

2.1　吊装方案尽早确定

对于超重/超大设备的吊装就位方案力求尽早确定，最好是在合同签订时就确定下来，若由于图纸等原因不能确定具体实施方案的也应尽量将概括性的施工方法进行确定。这主要涉及相关的设备制造、人员和工机具协调等问题。例如：定子吊装，目前较常用的方法是利用主厂房的行车大梁进行吊装，但是行车的吊装能力确定的标准是“能满足主厂房内第二重的设备的安装和检修需要”，也就是行车的负荷不能满足作为第一重的定子的吊装需要。例如 600MW 机组配套的行车的负荷一般是 80 吨。按照 125%的静负荷计算，行车大梁的承载负荷是 100 吨，两台行车联动其负荷也就是 200 吨，不能满足 300 吨左右的定子吊装需要。此时若确定采用行车大梁吊装，就需要与行车生产厂沟通，在大梁制造时将许用负荷加大。因此若方案制定的较晚，待大梁制造完毕后再计划采用大梁吊装就很难实现了。还有印尼工程的汽包吊装的液压提升装置的设备和操作人员都是从新加坡调用的，从联系到作业实施先后耗时一年左右，因此尽早确定吊装方案对于吊装作业非常有利。

2.2 设备存放

1）存放场地准备

超重/超大设备对于存放场地要求较高。很多地面需要地面硬化，像定子还对存放的温度和湿度有具体要求，需要搭建存放库房并安装空调等。因此，在大件设备到达现场前就需要对照技术资料对存放位置进行处理，以满足存放要求。

2）存放防护措施

大件设备都会较早到达现场，从到货至安装的存放时间从几十天到几个月不等。同时存放位置都在安装位置附近，周围存在交叉施工。因此要对设备进行良好的防护，防止人员、机具、落物等砸伤大件设备非常重要。普遍采用的是在大件设备周围用脚手架和跳板搭设防护棚，对于设备上面的仪表、面板、管接头等脆弱部件进行重点防护。

2.3 设备选择

1）卸车设备的选择

大件设备到达现场后的卸车工作分工一般是有两种方式，一是运输单位负责，一是施工单位负责。要是第一种方式，那我们只需指定卸车地点，然后提供一些配合就可以了；若是第二种方式，那就要综合人力和工机具资源对卸车工具进行认真选择。目前采用的卸车方式主要有三种，第一种是利用液压平板车的液压升降功能，现场制作2～4根卸车梁，将卸车梁放置在平板车的车板和设备之间，然后在每个卸车梁两端分别支撑一个水泥支墩，然后操作平板车下降，把设备存放在卸车梁上后平板车开出。此种卸车方式的好处是操作简单、快速。但是需要与运输公司进行良好的沟通，很多时候运输公司认为该操作超出他们的合同范围要求增加费用。同时此种方法投入较大，需要制作卸车梁和水泥支墩。另外此种方法危险性较大。具体参考图3。第二种是利用大型吊机直接卸车。此种方法操作简单，作业较为安全。第三种是利用液压顶升装置卸车，此种方法作业最为安全，但是投入也最大，一般需要从别处调用液压顶升装置，从安装设备到顶升设备离场需要几天时间，投入很大，具体参考图4。因此具体采用哪种方法卸车就需要根据现场的实际情况进行认真对比，选择对工程最为有利的方法。

2）吊装设备的选择

超重/超大设备的吊装就位是电厂建设难度和危险性最大的作业程序，吊具的选择直接关系到作业能否顺利进行也影响着整个工程的平稳推进。目前对于除汽包、发电机定子、主变压器以外的其他大件设备普遍采用的方法就是利用大型吊机吊装就位。而对于最重的汽包、发电机定子、主变压器的吊装方法较多，需要根据现场实际情况认真选择。汽包吊装主要是液压提升装置和卷扬机吊装，液压提升装置吊装的特点是吊装平稳、安全系数高，缺点是作业投入较大。卷扬机与液压提升装置恰好相反，其特点是投入小，但是操作过程不够平稳，特别是在起升的开始阶段从静负荷到动负荷转变的时候锅炉钢结构的晃动非常大，安全性比较低，目前已经较少采用此种方法了。定子吊装的方法从吊具分主要有行车吊装和液压提升装置吊装；从吊具的支撑结构分主要有行车大梁和支架两种。这些吊装方法的主要区别类似汽包吊装，

图 3　印尼工程汽包卸车作业

图 4　伊拉克工程利用液压顶升装置进行汽包卸车作业

采用液压提升装置较为安全平稳，但是作业的费用较高，采用行车吊装操作简单，作业时间较短。主变压器吊装主要分为大型吊机吊装就位和滑轨滑移就位两种。吊机吊装就是单台大型履带吊单独吊装就位或是两台及以上的吊机抬吊就位，此种方法适合现场大型吊机资源充足的工程实施，因为吊机需要变更工况，整个作业大约需要 4 天左右时间，具体作业图片参见图 5。考虑到机械台班费，投入较大。滑轨滑移就位适合现场吊机不足的工程实施，具体作业图片参见图 6，此种作业方法的特点是投入小，但是安全系数较低。具体采用哪种吊装工具还是要根据现场的实际情况，综合施工难度、资金投入、人力资源等进行选择。

图 5　主变压器三机抬吊就位

图 6　主变压器滑轨滑移就位安装

印度尼西亚 AWAR-AWAR 2×350MW 电站工程汽包吊装

中国机械工业建设集团有限公司

边长浩

摘　要：

锅炉汽包吊装在电站建设中历来是一项危险系数大、技术难度高的重大节点作业。同时本工程的汽包吊装更具有一些非常突出的特点，首先本工程型号为 HG1175－17.4/HM4 的锅炉锅炉汽包起吊位置狭窄，作业难度大；其次，汽包吊挂梁和汽包吊耳的相对位置设计特殊，不能按照国内成熟的吊装程序进行；另外类似规格的汽包吊装在印度尼西亚实施很少，经验不足。通过精心组织，本工程采用 2 套 GYT－200(Ⅰ)液压提升装置吊装、缓装汽包吊挂梁、倾斜汽包提升的方法圆满完成了吊装作业。

关键词：汽包　倾斜提升　液压提升装置　吊挂梁缓装

本工程安装两台型号为：HG－1175/17.5－HM 锅炉，亚临界参数、一次中间再热、自然循环、单炉膛、平衡通风，固态排渣，露天布置，全钢构架。锅炉炉宽为 34.8 米、炉深为 43.4 米、大板梁顶面标高为 75.2 米、炉膛两侧钢结构之间的宽度为 20.4 米。

一、汽包吊装主要参数

汽包规格：长度×直径(L×d)＝21981mm×2068mm；

起吊总重量：192 吨，其中汽包及内部装置重量 178.5 吨，吊杆重量 11.5 吨，脚手架及其他设备重量 2 吨；

安装标高：68.28m；

起吊吊耳间距为：12.6m；

汽包吊挂梁间距为：13.6m。

二、本工程锅炉汽包吊装特点

(1) 汽包提升空间过于狭窄，根据图纸汽包的起吊位置位于 BE5.8 和 BF 两排立柱之间，间距为 3120mm，而汽包直径为 2068mm，这还没有计算汽包上面蒸汽分配管管座的长度。要把 192 吨的汽包存放进两排立柱之间非常困难，这也是本次汽包吊装作业的一个难点；

(2) 汽包长度为 21981mm，而炉膛两侧钢结构即 B7.2 和 B27.6 排立柱之间的距离为 20400mm，在吊装时汽包不能水平提升，需要倾斜一定的角度；

(3) 汽包吊挂装置位于起吊吊耳的内侧，汽包倾斜时两吊点之间的距离要减小，此时汽包吊装索具会碰撞到汽包吊挂梁，因此要等汽包提升到位并调成水平后再将汽包吊挂梁安装就位；

(4) 类似规格的汽包吊装在印尼施工很少，施工单位经验不足，出于安全考虑中方总包单位和印尼施工方共通过讨论制定了采用液压提升装置，缓装汽包吊挂梁，倾斜汽包吊装的施工方案。

三、液压提升装置布置

如图 1 所示，液压提升装置布置于 A 大板梁和 B 大板梁之间，现场制作双梁纵梁 2 套，双梁横梁 2 套。两组双梁纵梁支撑在大板梁 A 和大板梁 B 上，纵梁上布置有槽钢轨道，并在每条轨道内布置有 2 个 60 吨重物移运器，共计 8 个。两条双梁横梁布置在纵梁的重物移运器上，横梁可以沿炉前↔炉后方向移动。横梁上同样布置有槽钢轨道，每条轨道内也布置 2 个 60 吨重物移运器，共计 8 个。液压提升装置支座布置在纵梁的重物移运器上，支座可以沿炉左↔炉右方向移动。每台液压提升装置穿 12 根专用钢索，通过下锚头与汽包连接。

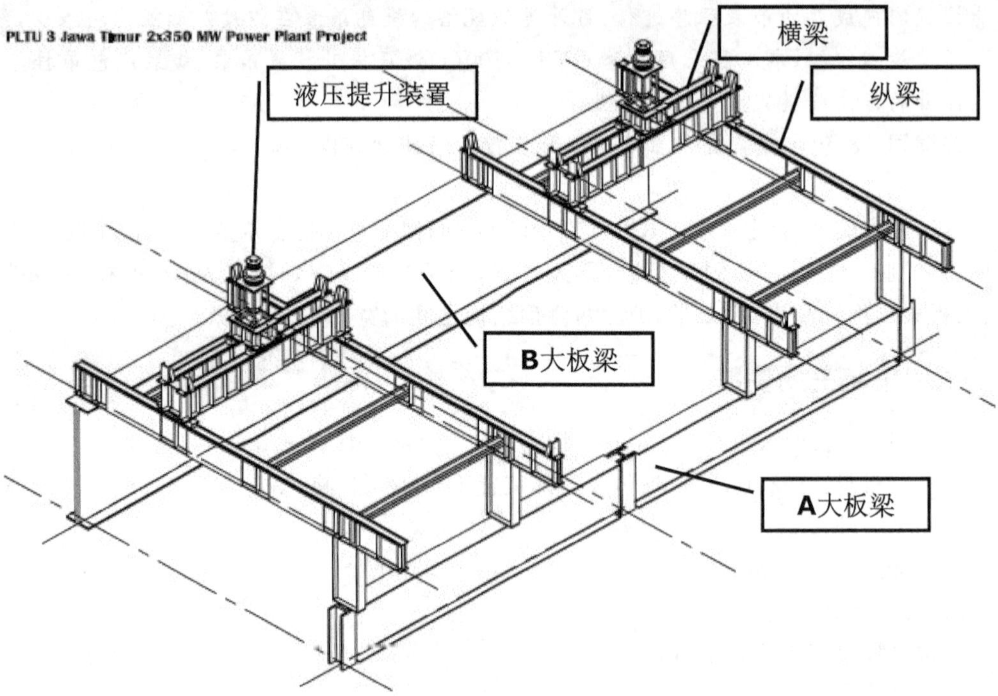

图 1　液压提升装置布置图

四、汽包吊装步骤网络图

汽包吊装整个作业过程从汽包卸车开始直至最终验收完毕和拆除吊装设备主要有分为以下 12 个环节。

五、汽包吊装主要步骤图示

汽包吊装过程方案图见图 2～图 5。

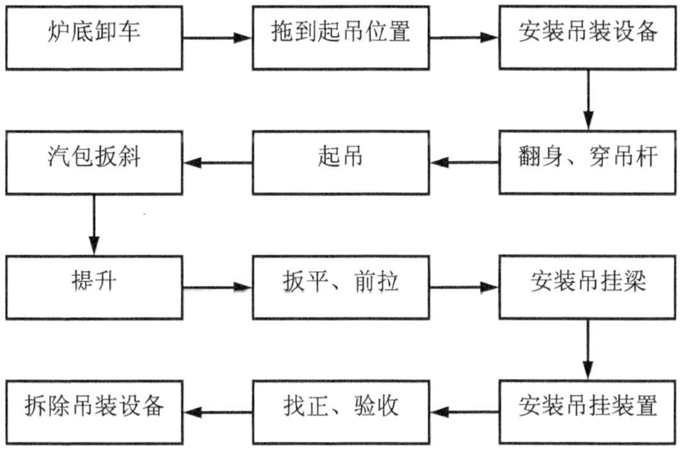
炉底卸车
拖到起吊位置
安装吊装设备
翻身、穿吊杆
起吊
汽包扳斜
提升
扳平、前拉
安装吊挂梁
安装吊挂装置
找正、验收
拆除吊装设备

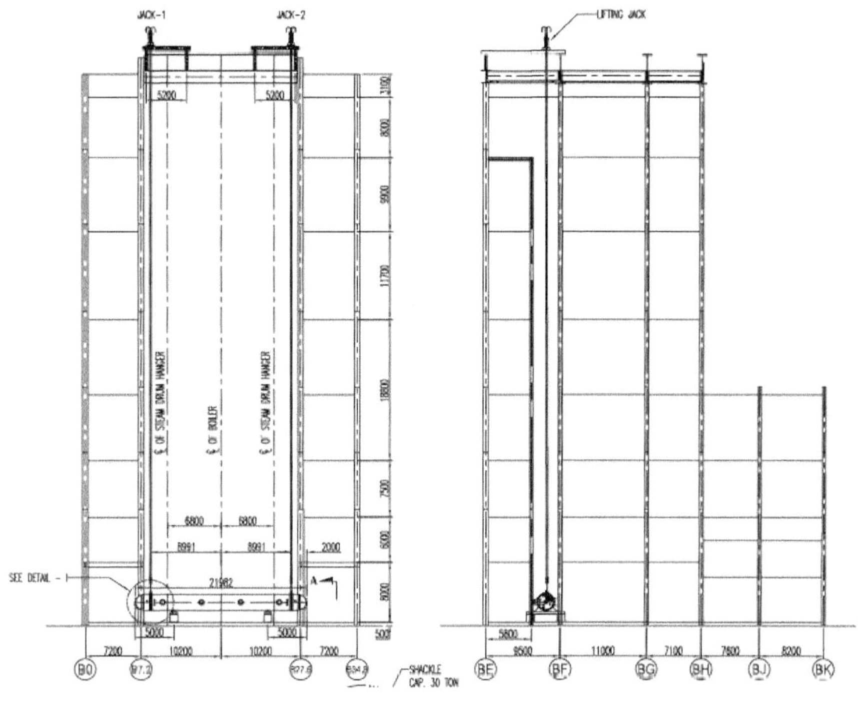
JACK-1
JACK-2
LIFTING JACK
SEE DETAIL
SHACKLE
CAP. 30 TON
BE
BF
BG
BH
BJ
BK

图 2　起吊位置示意图

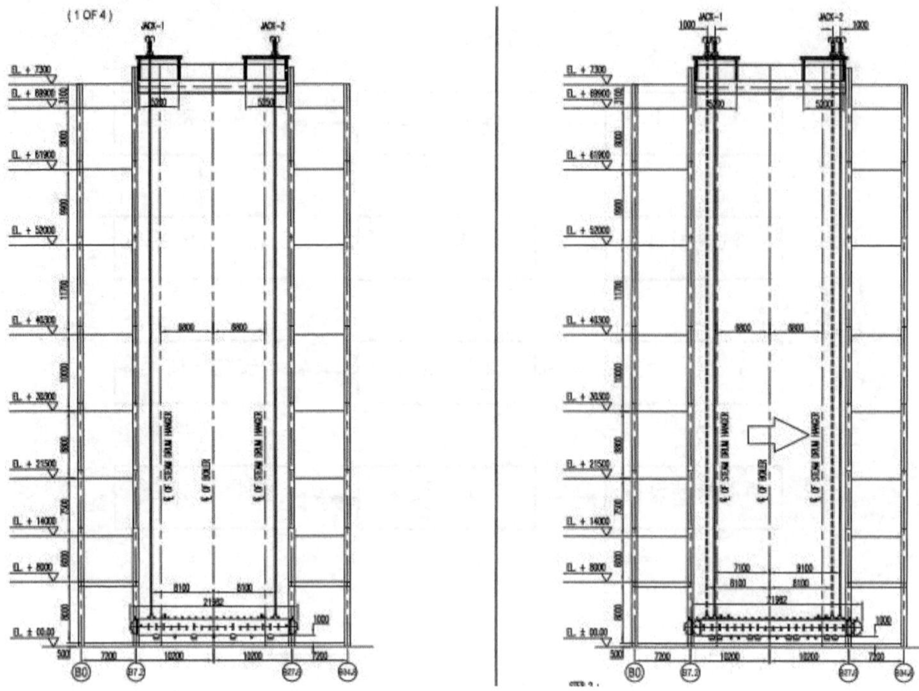

图 3　起吊示意图

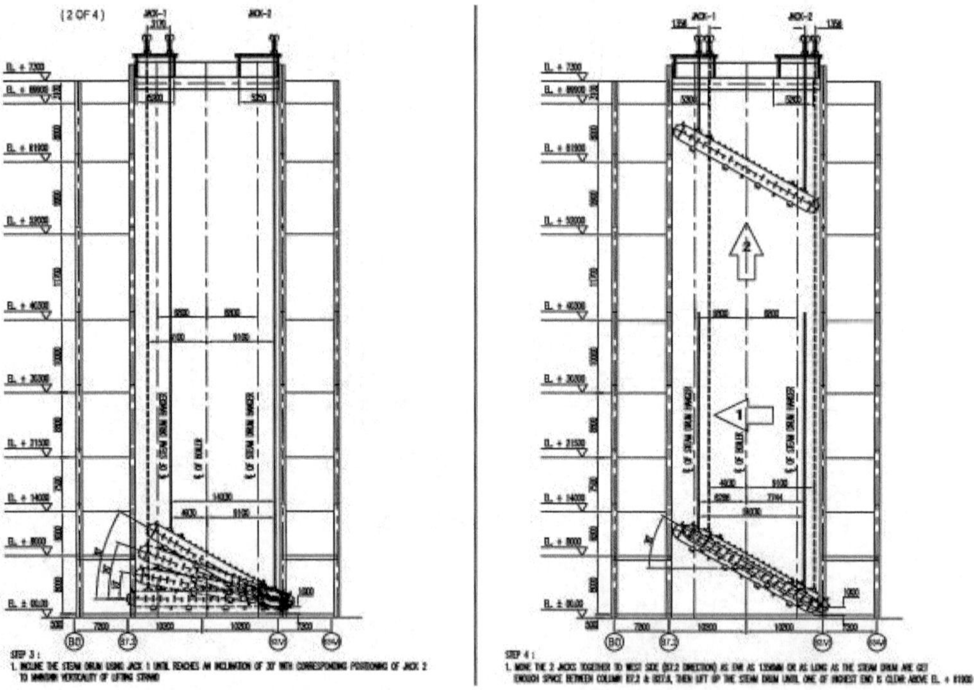

图 4　扳斜和提升示意图

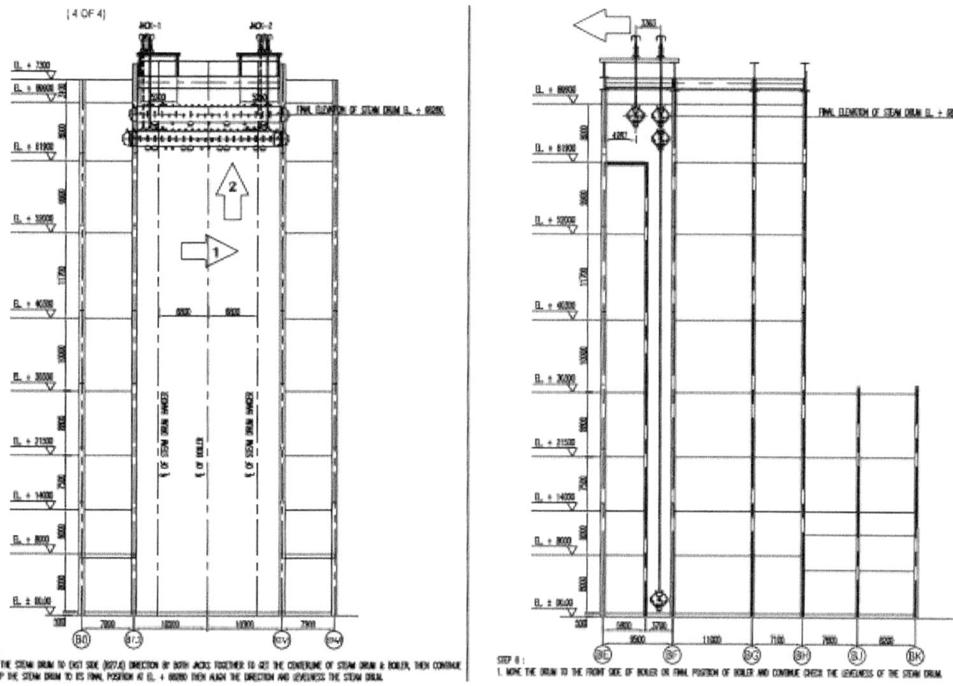

图 5　扳平和前拉示意图

六、汽包吊装主要步骤描述

1 炉底卸车

利用两台拖头一拖一推牵引液压平板车到达炉底，拖拉的拖头开炉底，由推动的拖头将汽包一端推进 BE5.8 和 BF 排立柱之间的间隙中，进入间隙的汽包长度要保证另一侧在摆动过程中不会碰到另一侧的立柱。然后液压平板车降低车身将汽包存放在水泥支墩上。

2 拖到起吊位置

就是要把汽包整体移位进两排立柱的间隙中，这是汽包吊装整个作业中的一个难点。卸车时已经将头部插入间隙中，在尾部的移摆过程中还要注意头部不能碰到立柱。

由于汽包运输梁比较窄，出于安全考虑，拖拉过程采用的办法是在汽包运输梁的下面支设水泥支墩，支墩上铺设钢板，再在钢板上涂抹润滑油脂，放一些圆钢做成的滚杠，汽包运输梁放置在滚杠上，用手拉葫芦拖曳汽包运输梁，使汽包缓慢移动。鉴于汽包重量大，整个摆动过程进行了将近一天。

3 安装液压提升装置，存放汽包吊挂梁

严格按照吊装方案，安装液压提升装置的辅助梁、提升装置、穿钢索。特别要注意穿装钢索后要仔细调校每根钢索的松紧程度，使钢索受力一致。

汽包吊挂梁支座对吊装没有影响，因此可以将支座安装就位，汽包吊挂梁存放在安装位置

内侧，即靠近锅炉中心线一侧。

4 汽包翻身、穿吊杆

出于运输方便的考虑，汽包在到货时吊耳都是偏向侧面的，因此正式吊装前需要将汽包翻转 90°。这个作业就直接利用液压提升装置进行，将液压提升装置的下锚头与汽包的翻身吊耳连接，缓慢提升并移动液压提升装置的位置，将汽包翻转到吊耳垂直向上的位置。

利用 35 吨越野吊穿装吊杆，吊杆穿装结束后进行固定。要仔细检查吊杆两螺杆的间距，防止在高空安装时才偏差太大，难以安装进汽包吊挂梁。现场作业情况见图 6。

5 汽包扳斜和提升

一切条件准备就绪后就可以进行汽包的提升作业。当汽包离开支座大约 500mm 时，停止提升，检查液压提升装置的刹车情况，10 分钟后没发现异常情况后将汽包下降约 300mm。确认没有问题后则可以将汽包支座、运输梁、水泥支墩等移走。

由于炉膛两侧的钢架之间的间距小于汽包的长度，因此汽包不能水平提升，必须将汽包扳斜到一定的角度才可以。停止一侧液压提升装置，另一侧继续提升，通过手拉葫芦调整两台液压提升装置之间的距离，保证钢索始终在垂直提升状态。当汽包倾角为 32°，即汽包两端均位于炉膛两侧钢结构内侧大约 1 米时，恢复到两台液压提升装置同时提升的状态使汽包平稳提升。现场作业情况见图 6 和图 7。

6 调成水平和前拉

当汽包中心线的高度超过炉前 61.9 米辅助钢架约 1 米时，高侧液压提升装置停止作业，低侧提升装置继续提升，把汽包调整到状态。

然后通过拉动手拉葫芦使液压提升装置前移到汽包纵向安装中心线附近。现场作业情况见图 8 和图 9。

7 安装汽包吊挂梁

利用 DBQ3000 塔吊将存放的汽包吊挂梁安装就位。

8 安装汽包吊挂装置

液压提升装置继续提升到汽包安装标高附近，停止提升。DBQ3000 塔吊吊挂一条钢丝绳的中部，钢丝绳两端依次从吊杆螺母、柱面垫块、汽包梁支柱的孔中穿出并与汽包吊杆两端的吊耳连接。塔吊提升将吊杆的两端从支柱、柱面垫块的孔中穿出，旋上螺母。

9 找正、验收

液压提升装置和 DBQ3000 塔吊相互配合，按照图纸要求找正汽包的标高、水平度、安装位置等。并进行验收。为防止汽包晃动，要对汽包进行临时固定。

10 拆除吊挂装置

验收结束后，及时拆除液压提升装置，所有点焊点需要打磨干净。

现场实际作业图片见图 6～图 13。

图 6

图 7

图 8

图 9

图 10

图 11

图 12

图 13

七、受力计算

出现场制作的横梁和纵梁外，其他设备均为厂家提供，因此只需校核横梁和纵梁的受力。

梁材料为 Q235A 钢材：抗弯许用应力取[σ]＝158MPa；

纵梁重量：3.6 吨/条；

横梁重量：2.5 吨(整套)；

单台液压提升装置主体及钢索重量：4 吨；

重物移运器及其他设备重量：1.5 吨。

1 纵梁受力计算

纵梁为双梁结构，每根梁由钢板焊接成 I 型，梁长 12 米，两支撑点之间长度为 9.5 米。纵梁截面图见图 14。

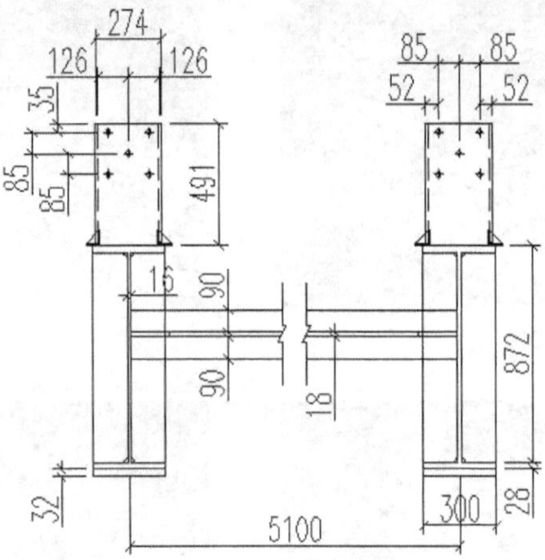

图 14　纵梁截面图

纵梁的截面特性如下：

惯性矩：$I_x = 399630\text{cm}^4$

截面模量系数：$W_x = I_x \div e = 399630 \div 45 = 8880.7\text{cm}^3$

每条纵梁的计算长度为 9500mm，受两只重物移运器的载荷作用，两只移运器间的距离固定为 720mm。吊装的总重量为 197 吨，动载荷取 1.1，则每只重物移运器所受载荷为：

$$P = (192 + 4 + 2.5 + 1.5)\text{吨} \times 1.1 / 8 = 27.5\ \text{吨} = 269.5\text{kN}$$

纵梁的受力简图见图 15。

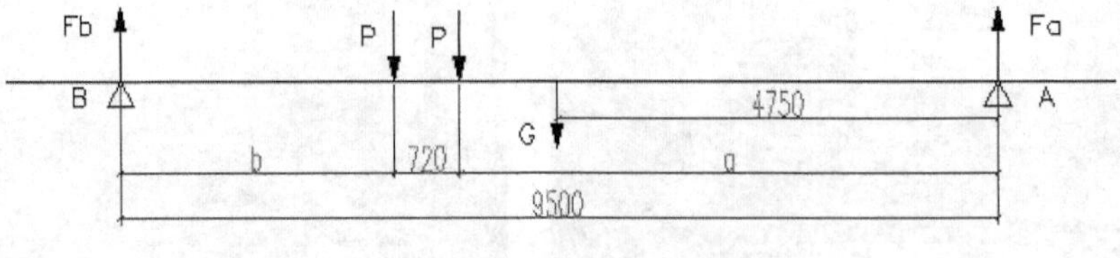

图 15　纵梁受力简图

列平衡方程：

$\sum Y=0 \quad 2P+G=Fa+Fb$

$\sum M_A=0 \quad 9.5Fb=4.75G+aP+(a+0.72)P$

$G=3600\ kg(q=300\ kg/m=2.94\ kN)$

$A+0.72+b=9.5$

联立上两式求得：

$$Fb=38.1+56.8a$$

$$Fa=536.18-56.8a$$

可见当 a=b=4.39m 时，梁产生最大弯矩，即最大弯矩其值为：

$$Mmax=P\times a+qL^2/8$$

$$=269.5\times 4.39+2.94\times 9.5^2/8=1216.3kN\cdot m$$

梁的最大应力为：

$\sigma max=Mmax/Wx=1216.3\times 10^3/8880.7\times 10^{-6}=136.96MPa<[\sigma]=158MPa$

因为汽包的就位位置为距离 A 板梁 4287mm。因此在汽包平移至纵梁的中间时，即距离 A 大板梁 4.75 米时，纵梁会产生最大弯矩，在其他位置时纵梁的弯矩均小丁最大弯矩。

2 横梁受力计算

横梁截面图见图 16。

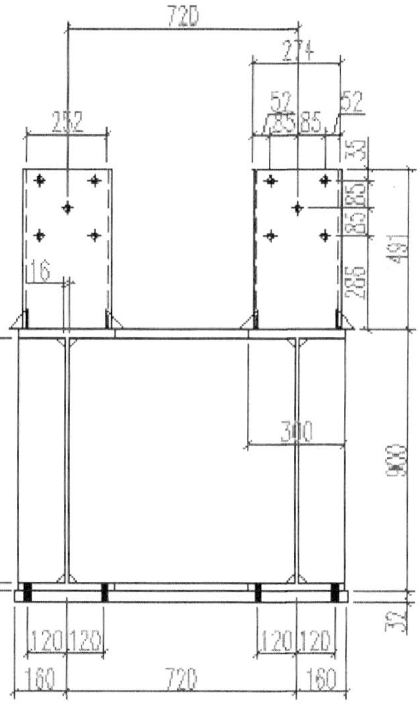

图 16　横梁截面图

横梁的截面特性如下：

惯性矩： $Ix=399630cm^4$

截面模量系数： $Wx=Ix\div e=369140\div 45=8880.7cm^3$

每条横梁的计算长度为5100mm，当液压提升装置位于横梁中心时，横梁的弯矩最大。校核此时的横梁受力即可。

$$P=(192+4+1.5)\text{吨}\times 1.1/4=54.3\text{吨}=532.3\ kN$$

此时单根横梁的受力简图见图17。

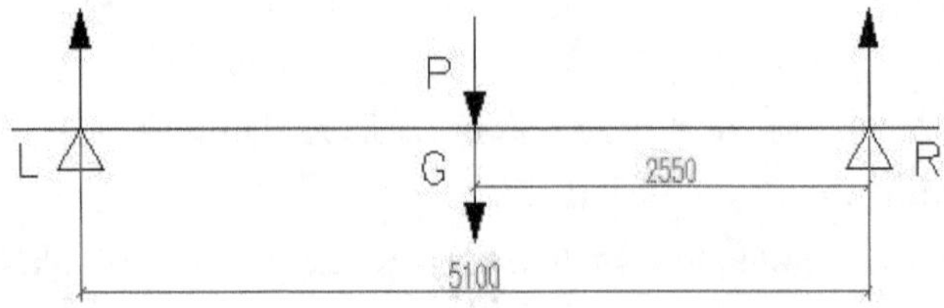

图17 单根横梁受力简图

其最大弯矩其值为：

$$Mmax=P\times L/2+qGL^2/8$$
$$=532.3\times 2.55+4.09\times 5.1^2/8=1370.7kN\cdot m$$

梁的最大应力为：

$$\sigma max=Mmax/Wx=1370.7\times 10^3/8880.7\times 10^{-6}=154.35MPa<[\sigma]=158MPa$$。

满足要求。

八、总　结

印度尼西亚AWAR-AWAR电站工程采用两套GYT－200(I)液压提升装置，缓装吊挂梁，倾斜提升的方案进行汽包吊装。从布置吊装设备至汽包吊装就位完毕，前后只用了7天的时间，且操作平稳、过程顺利、未出现异常现象。本次作业即为我们进行类似结构锅炉汽包吊装积累了宝贵经验，同时7天时间完成汽包吊装，在国内也是非常优秀的施工速度。完成汽包吊装节点完成后，锅炉的很多工作就可以全面铺开，对于一台350MW的机组，汽包吊装的快速完成，经济效益及其他方面的意义都非常重大。

参考文献

[1] 刘鸿文. 材料力学. 5版. 北京：高等教育出版社，2011.

案例——乌碱二期清关

中国建设总承包事业部
曹　辰

乌兹别克斯坦昆格勒碱厂扩建项目位于乌兹别克斯坦卡什卡尔帕克斯坦自治共和国昆格勒市西北45公里处，属半荒漠地带，资源匮乏且价格普遍较高，多数建筑物资需从国内发运。乌碱项目第一批物资于2014年1月9日从国内发出，2014年1月30日到达现场海关临时仓库，直到2014年6月15日第一批物资完成清关。导致自2014年2月至7月这段时间工程无法正常开展，从而清关是本项目的一个非常重要的环节，清关的快慢成为制约本项目是否能够顺利实施的关键因素。

一、清关介绍

乌兹别克斯坦的物资清关需要完成三个步骤：海关清关、在乌兹别克斯坦对外经贸部注册、国家质量检查监督局对货物进行质量检验。完成上述三个步骤后，物资清关程序才全部办理好，物资方可使用。下面将针对三个步骤分别介绍清关流程。

二、清关流程

1. 国内发运→到达海关指定仓库→业主将随车资料（报关单、形式发票、箱见清单）及卸车申请一并提交海关→海关到现场开箱查验→得到海关同意的前提下进行卸车→进入海关清关手续办理程序。

2. 国内发运前→向业主确认所需发运物资并询问所发物资的乌国海关编码→编制货物补充协议→交业主提交外经贸部注册（审查当地是否生产及价格是否合理）→审批通过。

3. 物资到达海关指定仓库→国家质量检查监督局对产品进行质量检验→办理乌国产品质量合格证。（适用物资种类：永久出口的机工具）

三、关税分类

进口物资分为两种，一种为永久进口，另一种为临时进口，临时进口属于免税物资。由于本项目是乌兹别克斯坦重点扶持项目，业主向政府申请了总统令，由乌兹别克斯坦内阁审批的免税清单，即构成工程实体且当地不生产的物资为免税物资，所以永久进口物资中构成工程实体且当地不生产的在本项目中也属于免税物资。

四、清关时所需的文件

清关资料也是很关键的一个环节，因为文件不符或缺失，也会导致清关进展不顺畅。以下是清关所需文件。

（一）国内发运

1. 乌外经贸部注册后的补充协议和发运清单（由中方经办人、EPC项目经理和业主清关负责人、厂长签字确认)。

2. 乌兹别克斯坦内阁审批的免税清单(由业主方人员通过信函方式申报总理办公室)。

3. 随车单据(出口报关单、商业发票、装箱单、运单、发货前的检验证书)。

4. 箱内资料(原产地证明、设备技术参数说明书、设备材料和备件的合格证)。

5. 货物照片。

(二) 转场物资

1. 乌外经贸部注册后的补充协议和发运清单(由中方代办人、经理和业主清关负责人、厂长签字确认)。

2. 乌兹别克斯坦内阁审批的免税清单(由业主方人员通过信函方式申报总理办公室)。

3. 随车单据(中国货物出口报关单,临时进口可不提供。商业发票、装箱单、在乌境内的运单、境内起运地海关仓库的货物报关单)。

4. 箱内资料(原产地证明、发货前检验书、设备技术参数说明书、设备材料和备件的合格证)。

5. 货物照片。

(三) 集装箱清关

1. 从国内发来的集装箱的商业发票,由现场提供。

2. 转场集装箱除商业发票外,还需始发地出具的报关单。

五、清关过程中遇到的问题

1. 在项目前期,补充协议总是在货物到场之后才进行编制,编制完还要提交业主审核,造成了时间上的拖延,耽误业主报外经贸部及时进行审批。补充协议在编制时,多次出现未按照商业发票上面的货物名称及信息进行填写,导致反复修改。

2. 国内报关时对物资的品名填写错误或者漏填,造成未报关物资被海关没收,造成额外的罚款及海关仓储费用,此类物资虽然可以采取回购的方式从海关处再次购买回来,但这样既延误了时间又增加了费用。

3. 在清关过程中需要提交货物的使用说明书、货物及铭牌的照片,而国内发运的物资部分说明书在装箱前就已丢失,照片也未及时收集,造成有的集装箱被先后打开七八次。有时为了拍摄集装箱里的物资照片,需要将大量集装箱内物资移出,费时费力。

4. 乌国海关检察员及业主报关员架子大,办事效率低,出现多次有意刁难的情况。如车皮到场,海关查验后,在没有任何问题的情况下仍不同意卸车,此行为造成项目部需向车站缴纳滞纳金。从其他工地转场的机械车辆被以资料不全或没有中方代表为理由滞留在离现场47公里远的昆格勒海关。业主报关员以请客或者疏通海关为借口,向项目部索取物品或现金。

六、分　析

以上4点为比较典型的问题,分析如下:

清关较慢的原因主要为对清关的流程及所需资料了解不全面。其次是国内发运前不能够准确、及时地提供和反馈信息,造成现场和国内的物流人员沟通出现障碍;项目部没有专门的清关人员，造成资料无法进行有效的、系统的收集；对于补充协议上的货物名，由于国内对乌国的品名不了解，所以导致当地外经贸部对照补充协议时，不理解货物特性。另外，有些物品当地无法购买，品名翻译不准确，导致外经贸部认为这些物品可在当国购买，最终就是否属于免税物资而进行协商，耽误时间。

七、解决办法

1. 项目部设立专人，负责清关工作，在项目的前期就进行流程及清关手续的了解。

2. 补充协议和商业发票上面的品名应由国内发运前先发到现场由专人进行审核，并与业主人员核对，避免品名与实物不相符。

3. 由专人核对补充协议中的产品规格、型号数量与商业发票和箱单中是否一致。

4. 物品最好在国内发运前就拍摄照片，发到现场有专人进行整理，以备日后提交。

5. 补充协议中物资的各项参数要详细，一定要完整，比如产品的详细规格型号、主要技术参数等。

6. 各类机械的使用说明书原件应由国内负责发运的人员收集，并通过进场人员携带到现场，交由专人进行整理并存档。

7. 外经贸部注册所用到的补充协议，如果在满足编制条件的情况下，尽可能提前完成，可以加快清关。

8. 在前期充分了解乌国市场，尽可能在当地购买，避免追加关税。

9. 由专人和国内及时沟通，对采购计划进行跟踪，避免发运物资与计划在数量和性能方面不符，造成补充协议的修改。

10. 禁止任何方式的夹带，以免海关发现后没收和罚款。

在印尼进行工程施工应思考的问题

陈冀霞

摘　要：

本文阐述在印尼做电站施工应关注工作签证、当地分包商选择、当地宗教习惯、税收等问题，否则将严重影响工程项目的工期和经营成本，希望本文能给初次进驻印尼施工市场的中国建设集团系统内部子公司分公司提供一些借鉴价值。

关键词：印度尼西亚　工作签证　工程分包　雨季　斋月　印尼的税收

本案例以集团总部承接的印度尼西亚东爪哇 2×350MW 燃煤电站项目为例，以下从四个方面，总结在参与印尼电站项目施工过程中遇到的几个不容忽视的问题。

2×350MW 燃煤电站项目位于印度尼西亚东爪哇省泗水市 TUBAN 镇西北约 13 公里处的 Wadung 村，距离东爪哇省会泗水市（Surabaya）约 120 公里。为印尼国家电力总公司（PLN）1000 万千瓦电站规划项目之一，本电站主要由燃煤机组及一个 1.2 万吨级泊位的港口组成。我们集团总部主要负责燃煤电站的施工。

在项目施工过程中，面临的第一个问题是人员准入，工作签证问题，由于印尼的法律是保护本国劳动者的权益，限制外国人进驻印尼工作的原则，我们的项目业主给的工作签证指标有限，前期由于印尼劳工部的指标审批周期长，前期到印尼现场开展工作的人员，是办理的商务签证，然而按照印尼法律，商务签证是不能工作的，曾多次受到印尼移民局的罚款。解决工作签证指标问题的一个途径是在印尼当地设立代表处或分公司，在当地注册代表处，请个代理帮助办理约 20 天时间可以办好，有了在当地注册的代表处或分公司就可以到劳工部申请一些工作签证的指标就可以到移民局办理工作签证。注册代表处的另外一个好处可以在印尼当地设立自己的账户，我们的电站项目由于种种原因，没有在印尼当地注册，一直无法设立自己的账户，对分包的付款由业主直接付款至分包账户，我们对当地分包的控制会失去一些控制权，对管理当地的分包很不利。

在印尼施工面临的另外一个问题是慎选当地分包商，鉴于印尼当地本地化比例要求，我们的电站项目业主要求土建施工使用当地的施工队伍，印尼的施工企业不像国内施工企业按照不同的专业施工总承包分为特级、一级、二级、三级企业，印尼的施工企业没有统一的资质等级，在招标阶段增加了企业资格预审的难度；选择分包商时，通常当地的业主会给你一个推荐企业的短名单，从业主短名单中选出 3～5 家企业，经过资格预审和市场调研后，可能会发现业主短名单之外的实力较强的企业，这时就需要向业主申请，说服业主将该家潜在的投标人加入业主短名单，然后通过正式的招标程序筛选出合适的分包商。招标过程中的澄清过程比较重要，在印尼施工可用的有实力的分包商资源有限，不能像在国内招标第一轮去掉最高报价的做法。也不能进行公开唱标，避免当地分包商之间围标现象的发生。需要分别约谈每家投标企业，在进行价格谈判时，根据承包商报价清单上报的人工时，人工费单价、材料费单价，机械费单价及掌握的印尼市场价进行谈判，必须找到分包商报价文件中存在的合理的降价点，通常要经过两到三轮与分包商的面谈后，分包商的技术和商务标基本趋于合理，此时的价格往往比他们的第一次报价低40%左右，此时可以确定分包商。在最后确定中标单位前，要走访该家企业的总部，考察该企业在建的同类电站项目，同时向使用过该家企业的中国公司了解他们施工过程中的配合服务情况后才能发出中标通知书。

在印尼施工还面临气候及当地风俗习惯对项目工期影响的问题。印尼一年只有两个季节：雨季和旱季。每年的雨季是11月至次年的3月，4月至10月是旱季，雨季持续半年时间。施工方案中要有雨季施工措施，尤其是土建工程的雨季施工要统筹安排，积极应对雨季施工要面临的各种危险状况，加强防范，全面防护。当地的风俗习惯也会增大我们对当地分包的管理难度，印尼约87%的人口信奉伊斯兰教，是世界穆斯林人口最多的国家，他们每天都要多次进行祈祷，项目的施工功效较低。和全球的穆斯林一样，印尼的穆斯林每年都会有1个月的斋月时间，白天是不吃饭不喝水，直到晚上太阳落山才进食，斋月期间当地分包的劳动工效就更低。上述的不利因素在投标报价阶段要充分考虑工效问题，在施工准备阶段要进行策划，在施工过程中，为确保工期目标的实现，要采取必要的措施补足斋月的工效降低问题。我们项目的做法首先是尊重印尼人的宗教习惯，通过调整作业时间和采取激励计划方式来补足工效降低问题。

在印尼施工还将面临税收问题，如果投标报价阶段没有做充足的市场调研，项目可能面临亏损，因为印度尼西亚的税种繁多，税赋体系复杂且完善。目前在印尼做EPC工程承包将涉及的税种有8种：企业所得税PPH26（所得税税率实行统一税率为25%。）、增值税PPN（统一征收10%的增值税）、代扣代缴利润税PPH23（3%）、关税（PPH22）、本国居民个人所得税（PPH21）、当地雇员工资附加（即JAMSOSTEK，养老金、社会保险、医疗保险等）、非本国居民个人所得税（PPH26）。

我们集团总部在印尼施工过程遇到了增值税、代扣代缴税、我们员工工作签涉及的个人所得税3种税收，在支付当地分包付款过程中，每笔支付都要扣除本次支付金额的10%的增值税PPN、3%的PPH代扣代缴税；另外凡是有工作签证的人员每人每年至少要交5000元人民币的个人所得税。为了确保项目的经营目标的实现，企业在投标报价阶段一定要了解当地税费情况，提前筹划，未雨绸缪。在施工过程中要依照当地税法要求，做好税务管理。

通过印尼电站项目的实践经验，我们认识到工作签证、分包队伍的选择、气候、当地的风俗习惯、税收等因素都将直接影响工程项目的进度和企业的经营效益。在今后印尼工程承包中要处理好与印尼当地劳工部和移民局的关系顺利办理签证；保持与业主及潜在投标人的有效沟通，谨慎选择当地工程分包商；对于当地的雨季施工、斋月施工，要有预见性，做到运筹帷幄；正确把握好境外的税务管理。上述四个方面是我们集团总部曾经遇到的问题，希望在今后承接的印尼项目施工中，我们能够高度重视，从而实现项目的价值，实现企业的经营目标。

2013年10月我们国家主席习主席访问了印尼，签署了约100亿美金的政府间经贸协议，为两国的经贸合作提供了很多机遇。我们期待集团总部及所属子公司分公司能够在印尼市场取得更大的市场份额，届时希望我们一起分享项目实现了预期价值的成功经验。

浅谈工程项目的成本控制

陈冀霞

摘　要:

本文主要叙述了成本控制需要全员参与,成本控制是贯穿项目实施全过程的活动,强调了企业建立健全成本管理体系必要性及成本体系的主要内容,讲解了成本目标的指导性文件——成本计划的编制要求以及成本控制的动态管理方法。

关键词: 全员　全过程　成本控制　动态管理　成本管理的信息化

目前的建筑市场无论是国内市场还是国外市场,市场竞争趋于白热化,企业往往是低价中标,面对外部的市场竞争,企业必须苦练内功,不断提升项目管理能力和提高项目管理水平。从精细化的项目管理中实现企业的微利,实现企业的经营目标,在工程施工中如果不能平衡好进度、质量、技术、安全与成本的关系,项目往往会出现亏损,这不仅仅影响企业的经济效益,更直接关乎企业的生存和发展。因此,项目的成本管理控制是企业管理各项工作的重中之重,企业应给予高度的重视。

项目成本控制是全体人员参与的贯穿项目实施的全过程的活动,即从项目的投标报价开始,直至项目质保金返还为止的全过程控制。施工成本控制不仅是专业预算人员和财务人员的工作,各级项目管理人员都负有成本控制的责任,项目的成本控制与每个人的岗位工作密切相关的。预算人员的投标报价要仔细核算项目的成本、公司管理费和利润,是成本控制的源头控制;公司的成本控制部负有成本控制体系的建立、运行、考核工作;物资采购部负责材料、设备采购的成本控制工作;项目部的各级人员是项目利润实现的实施者,从项目的材料员,库管员、技术员到项目的作业层焊工、架子工等作业层人员的施工行为都与项目的成本控制息息相关。公司投标部门通过招投标获得项目,项目经理部的各级人员在施工过程中负有实现项目价值的责任。

成本控制既然是全员参与的活动,就需要从组织上采取管理措施,建立健全成本控制体系来规范各级人员的岗位行为,从而控制项目成本目标的实现,组织措施是其他措施的前提和保证,而且不需要增加额外的费用,运用得当可以取得良好的效果。

因此成本控制体系的建立最好借助于公司的信息管理平台,应包括公司级及项目经理部两级组织机构设立,落实组织机构和人员,明确各级成本控制人员的权利和责任。公司级的成本控制除了施工成本以外,还包括经营管理费用,公司级控制机构贯穿于项目的投标、实施和结算过程,体现效益中心的管理职能。项目经理部则着眼于施工成本的控制,发挥现场施工成本控制中心的作用。成本控制体系文件的主要内容(信息平台中的信息模块)包括:项目成本计划和企业内部施工定额模块,统一成本计划的内容和格式,施工定额应确保其适用性、有效性、相对先进性,为施工成本计划提供支持;材料设备信息模块,建立材料市场价格信息的收集网络和必要的派出询价网点,做好市场行情预测,建立企业合格分包商和供应商名录,发展稳定良好的供方关系,为编制施工成本计划和采购工作提供支持;成本信息库模块,建立已完项目的成本资料库;设计成本核算账册表格、业务台账、成本报告表,为成本控制工作业务提供统一的文本格式，使得成本控制规范化、文件化、信息化；成本核算模块，建立成本分析核算的动态管理机制，运用赢得值法进行项目的进度和费用的综合分析；成本考核模块，建立成本考核及责权利结合的奖惩机制。因此，成本控制工作只有建立在科学管理的基础之上，具备合理的管理体制，完善的规章制度，稳定的作业秩序，完整准确的信息传递平台，才能取得成效。

施工总成本目标确定后，作为成本控制的依据文件，需要编制详细的实施性施工成本计划把目标成本层层分解，落实到施工过程的每个环节，有效地进行成本控制。成本计划的编制一般按照成本的构成要素划分，建筑安装工程费由人工费、材料费、设备购置费、施工机具使用费、企业管理费、利润、规费和税金组成（见图1）。

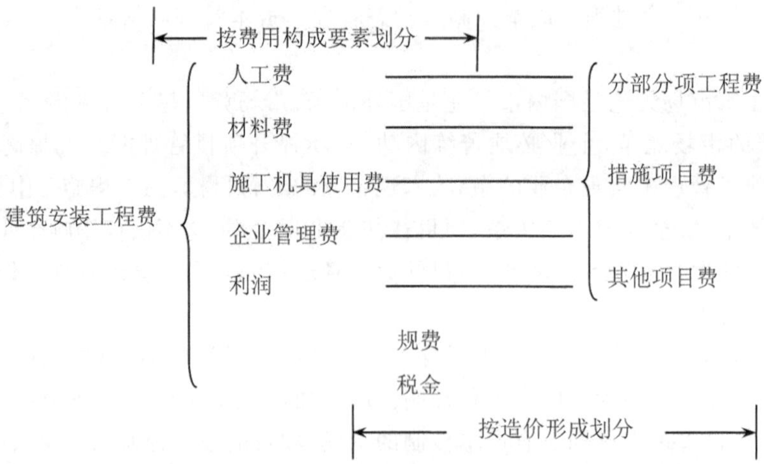

图1　建筑安装工程费用项目构成

施工成本可以按照成本分解为人工费、材料费、施工机具使用费和企业管理费等，如图2所示。

在此基础上，编制施工成本构成分解的施工成本，常用的单位工程及分项成本计划表见表1、表2所示。

公司级的成本计划应依据合同金额、合同工程量报价表及企业既定目标利润编制，项目经理部级的成本计划应根据公司级成本计划所含子目及项目成本目标进行编制。两级成本计划的包含的内容及格式应一致便于成本分析和比较，便于寻找过程偏差。成本计划表包含的内容及格式最好按照中标合同中的报价表格式编制，施工过程中有子项增加或不一致的，应及时补充工作内容并标识出来。

表1　单位工程成本计划汇总表

序　号	清单项目编码	清单项目名称	合同报价单中价格	计划成本	实际成本
1					
2					
……					

施工成本
- 人工费
- 材料费
- 施工机具使用费
- 企业管理费
- 规费、税金

图 2　建筑安装工程施工成本构成

表 2　分项工程成本计划汇总表

分项工程编码	工程内容	计量单位	工程数量	计划成本	实际成本
1					
2					
……					

成本计划表包含的内容及格式最好按照合同中的报价表格式编制，施工过程中有子项增加或不一致的，应及时补充工作内容并标识出来。

成本控制的指导性文件-成本计划编制好后，在施工过程中要进行计划成本和实际成本的比较和动态管理，施工成本的动态控制是在项目成本的形成过程中，依据工程承包合同；施工成本计划；进度报告，工程变更等文件，对生产经营所消耗的人力资源、物资资源和费用开支进行指导、监督、检查和调整，及时纠正将要发生和已经发生的偏差，把各项成本费用，控制在计划成本的范围之内，以保证项目成本目标的实现。

成本控制体系的建立是企业自身生存发展的需要，没有社会组织来评审，因此企业需要建立项目施工成本管理体系的评审组织和评审程序，设立专门的成本主管部门，定期对项目经理部的成本进行评审，发现一些潜在的可能的成本增加问题，及时纠偏，及时采取预防措施，成本检查的周期应根据工期来确定，应分阶段进行检查，分阶段进行考核。可以借助于信息化平台（普华的 POWER ON 成本控制模块），实时监控，可实现成本的预测、控制、核算和分析，并逐步积累和完善公司的企业定额，实现项目支出成本的动态监控。实现合同预算成本、计划成本、实际成本的多算对比分析的过程控制。不要等到工程结束再检查分析，到那时如果项目出现亏损企业就失去弥补的机会了。

总之，工程成本控制是一项系统工程，贯穿于企业整个经营过程，是衡量企业施工耗费和供给的尺度；工程成本体现了企业管理的综合水平，加强工程成本控制是降低成本、提高企业经济效益的基本途径，企业要想在强手如林的市场竞争中立于不败之地，实现企业的生存和长期发展的目标，就必须强化成本管理，以适应开放条件下国际竞争的需要。

630MW机组锅炉汽包倾斜吊装方法和校核计算

中国机械工业建设集团有限公司

成　明

引　言

汽包是自然循环锅炉和强制循环锅炉受热面中最主要的部件，也是重量最大的单件设备。汽包吊装往往是电站工程中的重大节点，它直接影响着锅炉安装的安全、质量和进度。汽包的吊装有水平起吊、转动起吊和倾斜起吊三种方法[1]。本文将结合伊拉克萨拉哈丁2×630MW燃油气电站工程，分析汽包的倾斜吊装方法，并校核现场制作部件的强度。

1　工程概况

上述工程安装两台亚临界自然循环汽包炉，箱式炉膛，全钢结构。锅炉宽度(B0-B42)为42000mm，深度(H-P)为51300mm，其高度方向分为五层八段，A、D大板梁顶面标高为81450mm，B、C大板梁顶面标高为82650mm。汽包长度为29500mm，直径为2210mm。汽包净重281.433t，汽包内部设备重20.799t。汽包悬挂于H轴和J轴之间，汽包吊梁下方，其中心标高为72934mm，中心距H轴中心线3700mm。

2　吊装机具

汽包吊装的主要机具如表1所列。

表1　汽包吊装的主要机具

序　号	名　称	规　格	数　量	单　位	备　注
1	履带吊	400t	1	台	
2	卷扬机	5t	1	台	
3	液压提升装置	GYT-200D	4	台	
4	120t重物移运器	120t	6	台	2台备用
5	60t重物移运器	60t	10	台	2台备用
6	钢绞线	1×7-Φ15.2	96	根	
7	销轴	Φ150	2	根	
8	连接吊耳	见图8	2	件	现场制作
9	起吊中间梁	见图9	4	根	现场制作
10	起吊顶梁	见图10	2	根	现场制作

3　吊装方法

由于汽包长度大于吊装空间(B7-B35)，故采用倾斜吊装方法，倾斜角度为25°。

3.1 吊装布置

3.1.1 炉顶吊装机具布置

炉顶吊装机具布置的俯视图如图 1 所示,侧视图如图 2 所示。

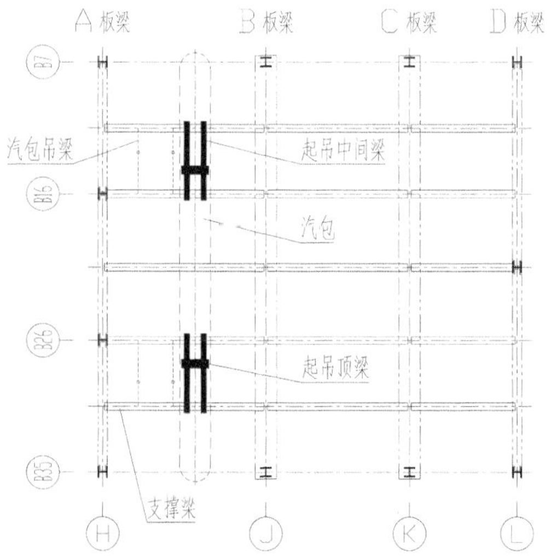

图 1 炉顶吊装机具布置俯视图

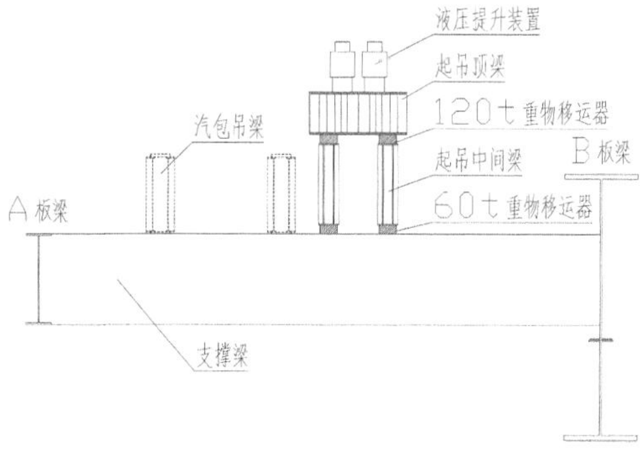

图 2 炉顶吊装机具布置侧视图

如图 1 和图 2 所示,在支撑梁上分别布置 4 根起吊中间梁,起吊中间梁和支撑梁之间分别放置 8 台 60t 重物移运器,此重物移运器可使起吊中间梁在支撑梁上沿炉前和炉后方向移动。在起吊中间梁上分别布置 2 根起吊顶梁,起吊顶梁和起吊中间梁之间分别放置 4 台 120t 重物移运器,此重物移运器可使起吊顶梁在起吊中间梁上沿炉左和炉右方向移动。在起吊顶梁上分别布置 4 台液压提升装置。

3.1.2 炉底吊装连接件布置

炉底吊装连接件布置的侧视图如图 3 所示。

如图 3 所示,汽包吊耳和连接吊耳通过销轴连接,液压提升装置下锚头与连接吊耳上端耳孔连接,其通过钢绞线与炉顶液压提升装置连接。

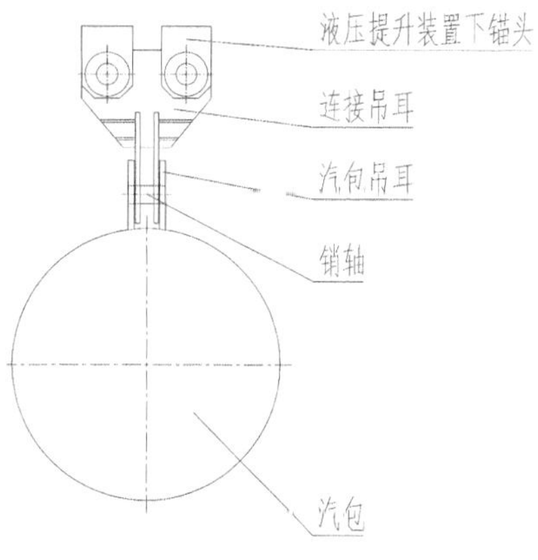

图 3 炉底吊装连接件布置侧视图

3.2 吊装过程

汽包吊装主要有以下几个过程:

(1) 吊装开始时,4 台液压提升装置同时起吊,将汽包吊离初始位置约 500mm 时,进行全面的检查。

(2) 检查完毕后,继续起吊。当汽包中心上升高度达到 2m 左右时,使用卷扬机,通过钢丝绳将汽包右端拉拽固定,同时右侧液压提升装置停止起吊,左侧液压提升装置继续起吊,调整汽包倾斜角度,使其达到 25°。

(3) 倾斜角度达到 25°后，松开拉拽汽包右端的钢丝绳，4 台液压提升装置同时起吊。当汽包左侧吊点位置中心的标高达到 73000mm 左右时，左侧液压提升装置停止起吊，右侧液压提升装置继续起吊，逐步调整汽包水平。

(4) 汽包调平后，由 4 台液压提升装置起吊至安装标高。通过倒链牵引重物移运器，使汽包沿炉前方向水平移动 2.8m 后至就位位置。

(5) 将汽包水平移至就位位置后，使用 400t 履带吊吊装汽包吊梁，再配合穿装汽包吊杆。

吊装过程中需要时刻观测汽包与钢架之间的距离，确保汽包不碰触钢架。此外，整个过程中应保持钢绞线垂直。汽包吊装过程的正向示意图如图 4 所示，侧向示意图如图 5 所示。

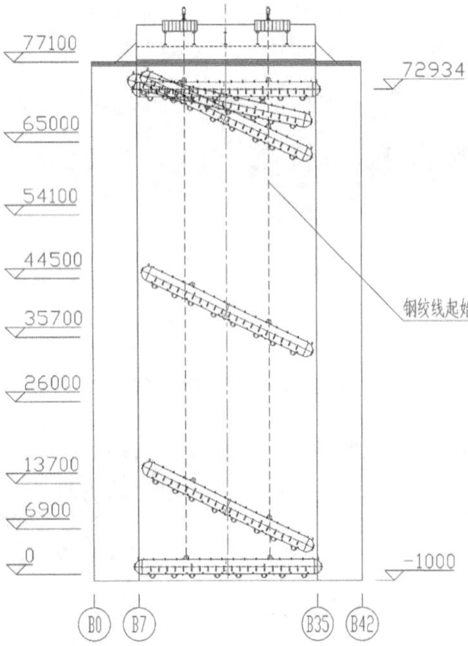

图 4　汽包吊装过程正向示意图

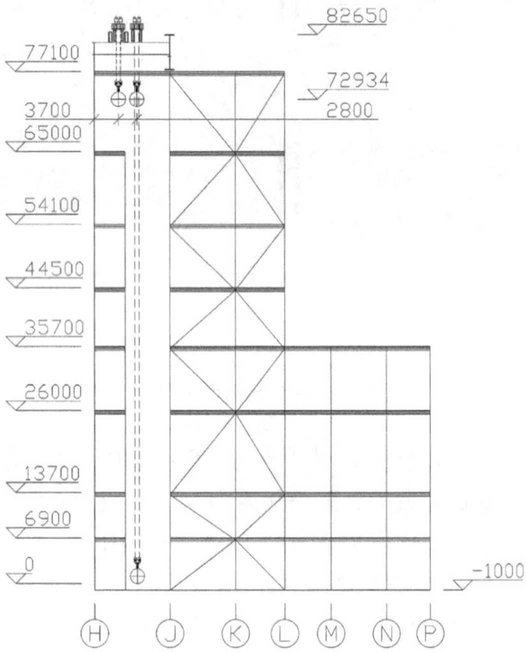

图 5　汽包吊装过程侧向示意图

4　校核计算

4.1　受力分析

考虑销轴、连接吊耳和钢绞线的重量，汽包起吊重量 Q 为 314.44t。取动载系数 $K_1=1.1$，不均衡载荷系数 $K_2=1.1$，则计算载荷 Q_j 为[2]：

$$Q_j=K_1K_2Q=380.47t$$

汽包倾斜 25°时，其受力情况如图 6 所示。

由力和力矩平衡可知：$P_1=208.86t$。在吊装过程中，汽包左侧受力最大为 208.86t。

4.2　材料许用应力

销轴材质为 45 号钢，连接吊耳、起吊中间梁和起吊顶梁材质为 Q235B。45 号钢和 Q235B 的基本许用应力取值[3]如表 2 所列。

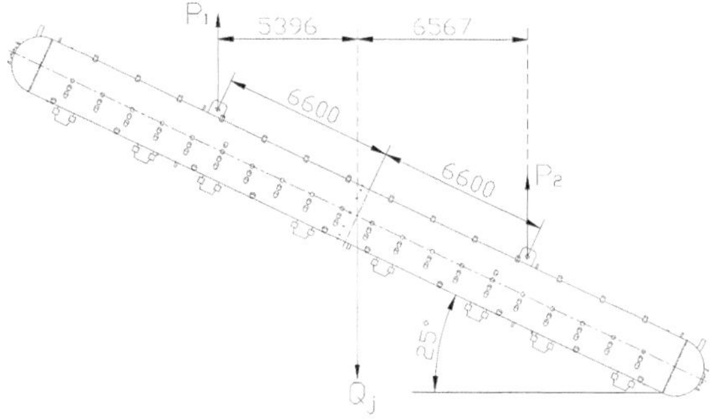

图 6　汽包受力分析

表 2　45 号钢和 Q235B 基本许用应力取值

材料类别	许用拉应力	许用剪切应力	角焊缝许用剪切应力	许用弯曲应力
45 号钢	177MPa	124MPa		177MPa
Q235B	156MPa	105MPa	101MPa	156MPa

4.3　销轴校核

销轴位置和尺寸如图 7 所示。

销轴所受剪切应力：

$$\tau = F/A = (P_1/2)/(\pi d^2/4) = 57.94\text{MPa} < [\tau] = 124\text{MPa}$$

销轴所受弯曲应力：

$$\sigma = M_{max}/W = [(P_1/2)\times 5.4/2]/(\pi d^3/32) = 166.90\text{MPa} < [\sigma] = 177\text{MPa}$$

4.4　连接吊耳校核

连接吊耳外形尺寸如图 8 所示。

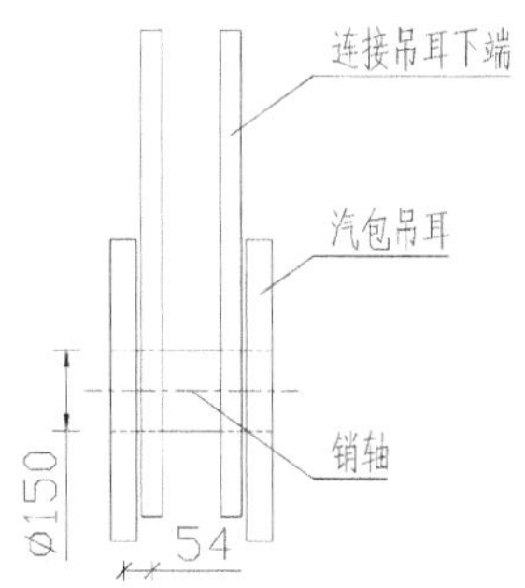

图 7　销轴尺寸图

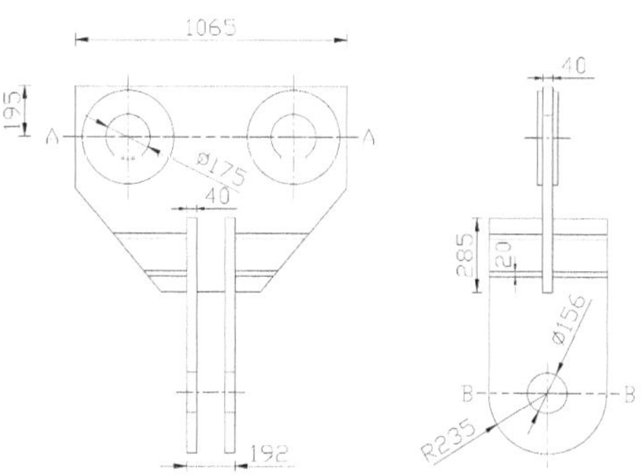

图 8　连接吊耳外形尺寸图

A—A 截面所受拉应力：

$$\sigma_{A-A} = P_1/A_{A-A} = 71.57\text{MPa} < [\sigma] = 156\text{MPa}$$

B—B 截面所受拉应力：

$$\sigma_{B-B} = P_1/2A_{B-B} = 81.48\text{MPa} < [\sigma] = 156\text{MPa}$$

上下端通过 8 条角焊缝连接，每条角焊缝的高度 $h_f = 21\text{mm}$，计算长度 $l_w = 243\text{mm}$，焊缝减折系数取 0.7。角焊缝所受剪切应力：

$$\tau = P_1/(8 \times 0.7 \times h_f \times l_w) = 71.63\text{MPa} < [\tau] = 101\text{MPa}$$

4.5 起吊中间梁校核

起吊中间梁单根长度为 5.4 米，有效长度为 4.5 米，其截面如图 9 所示。

起吊中间梁截面由截面 1 和截面 2 组成，其抗弯截面系数：

$$W = 2(I_1 + I_2)/(162/2) = 2.66 \times 10^4 \text{cm}^3$$

最大弯矩发生在梁中点处，此时：

$$M_{max} = (P_1/2) \times (4.5 \times 10^2/2) = 2.35 \times 10^7 \text{kg} \cdot \text{cm}$$

起吊中间梁所受弯曲应力：

$$\sigma = M_{max}/W = 86.58\text{MPa} < [\sigma] = 156\text{MPa}$$

4.6 起吊顶梁校核

起吊顶梁单根长度为 2 米，有效长度为 1.2 米，其截面如图 10 所示。

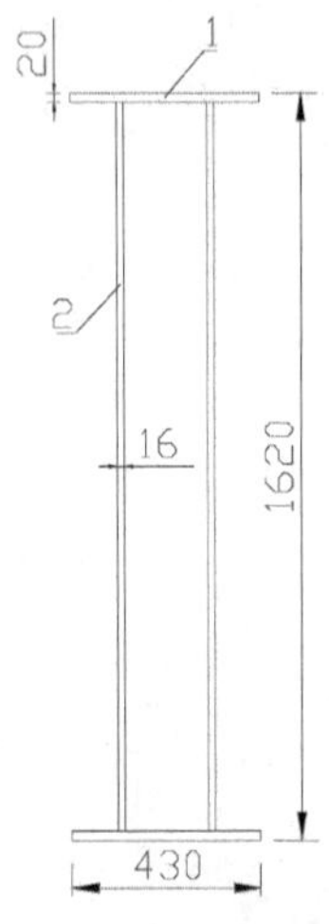

图 9 起吊中间梁截面尺寸图

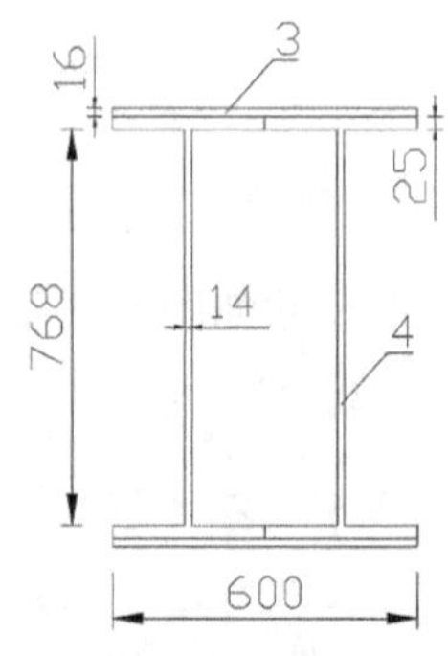

图 10 起吊顶梁截面尺寸图

起吊顶梁截面由截面 3 和截面 4 组成，同理可得：

$$\sigma = M_{max}/W = 13.14\text{MPa} < [\sigma] = 156\text{MPa}$$

5 结束语

通过受力分析和校核计算[4]，现场制作的部件符合吊装要求。在吊装设施布置和安装时，又对其进行了加固处理，进一步增强了稳定性和可靠性。依照文中所述方法[5-6]，使用液压提升装置倾斜起吊汽包，实现了汽包的顺利就位。实践表明，该方法安全可靠，可广泛应用于大型电站锅炉汽包的吊装施工中。

参考文献

[1] 刘永贵. 锅炉本体安装[M]. 北京：中国电力出版社，2002.

[2] 王清训，李慧民，杨俊保等. 机电工程管理与实务[M]. 北京：中国建筑工业出版社，2013：19-25.

[3] 成大先. 机械设计手册：1 卷[M]. 北京：化学工业出版社，2008.

[4] 刘鸿文. 材料力学[M]. 北京：高等教育出版社，2011.

[5] 张玉宝，刘京昌，张仕涛. 600MW 火电机组工程施工作业指导书[M]. 北京：中国水利水电出版社，2006：187-190.

[6] 梁丙海，张冬茂，李金玺，等. DL/T 5210.2—2009 电力建设施工质量验收及评价规程第 2 部分：锅炉机组[S]. 北京：中国电力出版社，2009：171-173.

锅炉水冷壁组合和安装概述

中国机械工业建设集团有限公司

成　明

引　言

水冷壁是锅炉最主要的蒸发受热面。目前，以光管水冷壁和膜式水冷壁用得最普遍。其中，膜式水冷壁是由轧制的鳍片管构成，它在制造厂已组合成管排，在安装现场只需将分段的管排对接起来，再与上下联想对接，就成为一个完整的组合件[1]。本文将结合伊拉克萨拉哈丁2×630MW 燃油气电站工程，从施工机具、施工方法和质量控制措施等方面，对水冷壁的组合和安装过程进行概述。

1　工程概况

上述工程安装两台亚临界自然循环汽包炉，箱式炉膛，全钢结构。炉膛前墙、后墙、侧墙水冷壁各由上、中、下三部分，以及水冷壁上、下集箱组成。其中，中部水冷壁采用 Φ63.5mm×6.6mm 的内螺纹管，材质为 SA-213T12，管间距为 76.2mm；上部和下部水冷壁均采用 Φ63.5mm×7mm 的内螺纹管，材质为 SA-210C，管间距为 76.2mm；水冷壁排管采用 Φ63.5mm×7mm 的内螺纹管，材质为 SA-210C。

2　施工机具

水冷壁组合和安装的主要机具如表 1 所列。

表 1　水冷壁组合和安装的主要机具

序　号	名　称	规　格	数　量	单　位	备　注
1	履带吊	400t	1	台	吊装
2	塔式起重机	QTS31500A	1	台	吊装
3	汽车吊	50t、20t	各 1	台	吊装
4	卷扬机	10t、5t	若干	台	吊装
5	手拉葫芦	20t、10t 等	若干	台	吊装
6	角向砂轮机	Φ150、Φ100	各 20	台	打磨切割
7	顺向磨光机		20	台	打磨
8	气焊工具		20	套	切割
9	空压机	$6m^3$	1	台	通球试验

3　施工方法

在水冷壁组合和安装施工前，已对作业人员进行相应分组，各组人员按照专业和作业需要配备齐全。参加作业人员已熟悉了图纸，明确了施工顺序，并接受了安全技术交底。核查工器具的使用状况，以确保其满足施工要求。施工程序[2]如图 1 所示。

3.1 水冷壁组合平台搭设

水冷壁组合平台分布在炉内和炉外两个位置，由 20a 工字钢和 14a 槽钢连接而成。其中，炉内组合平台进行后墙中部、折焰角水冷壁、前后墙下部水冷壁的组合工作，炉外组合平台进行前后墙上部水冷壁、中部水冷壁、左右侧墙下部水冷壁、水冷壁排管等的组合工作。平台的搭设结构如图 2 和图 3 所示。

3.2 设备清点检查

根据设备发运的箱件清单和装箱单，结合现场实际到货情况，将水冷壁相关部件卸至相应组合平台位置。按照规定开箱后，对设备进行整理，以防错放。同属于一设备的所有组件需清点，包括管屏、散管、入孔、看火孔、吹灰器孔门、入孔门、吊杆、刚性梁及附件等，不属于同一图纸或系统的设备应分类清点。

清点过程中，应重点检查管子的表面缺陷，如外形尺寸、数量、管径大小、管壁厚度等处，应无重皮、砂眼、管子变形、焊接变形等明显缺陷。设备附件清点检查完后，同一箱的设备应尽量集中放在一处，并做好标识。对一些容易失落、损坏的小件设备，应根据图纸和安装顺序进行分类编号，重要部件需入库保管。

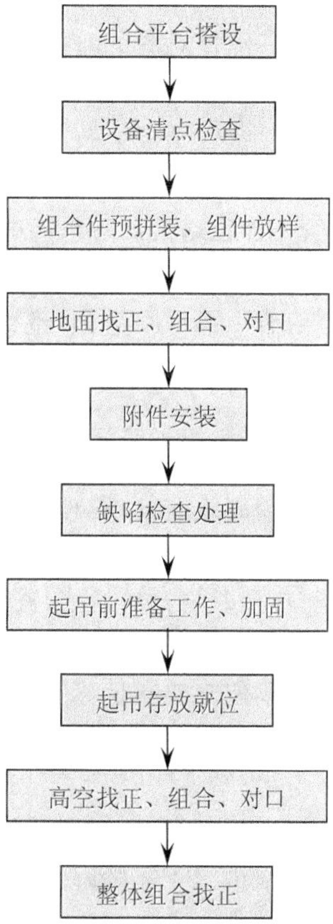

图 1 水冷壁组合和安装程序

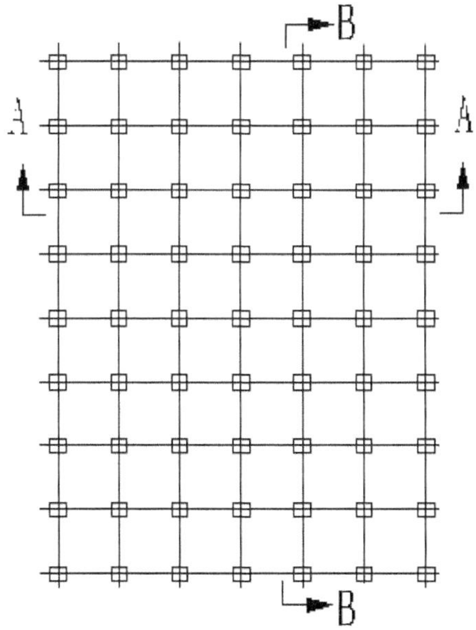

图 2 平台搭设结构图

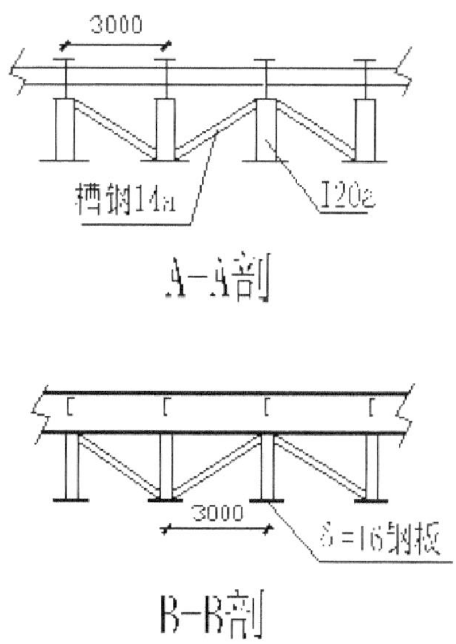

图 3 平台局部剖面图

3.3 通球试验

应仔细核对图纸和材料清单中设备的材质，对于合金构件，需由技术人员提出委托，金属检验员进行光谱分析，检验后应标识清楚，并妥善保管。

水冷壁管子必须做通球试验。试验用球选用钢球，统一编号，统一管理，以防遗失在管内。通球时应先通风吹扫，吹除浮锈、尘土等杂物，以确定通球的管子。接球器使用带孔的钢桶（比管子外径略大），防止钢球丢失或飞出伤人。若有钢球无法通过，则用倒吹法将球吹出，提高气压重新进行。若仍无法通过，做好标记，及时汇报，以研究相应的解决办法。

综合中部水冷壁、上部及下部水冷壁、水冷壁排管的管径，计算试验所用钢球直径时，可按管径 Φ63.5mm×7mm 考虑。经计算，可采用 35mm 的钢球做通球试验。

3.4 集箱划线找正

集箱划线前，应先对联箱进行外观和内部检查，主要检查外形尺寸、弯曲度、内部清洁度等。内部检查时，应全面、仔细和严格，以防止钻孔眼镜片、氧化皮等杂质遗留其中。检查清理完毕，应及时将开口封堵，避免杂物再次进入受热面、集箱和管道内[3]。集箱水平中心线划好后打上铳眼，做好标记，便于安装找正。找正找平后，联箱两端应临时固定，以免窜动和翻动，故要求固定支架有足够的稳定性。

3.5 水冷壁吊装顺序

管排组合时，按图纸规定的顺序先调整好各管排之间的位置、水平度、对角线等，然后在组合平台上进行管屏对口的预拼、整体组合。组合过程中，应严格按照图纸和规范要求，选择合理的焊接工艺进行焊接。焊接经检验合格后，方可进入下一道工序。经检查无误，起吊前各项准备工作完成后，就可以进行相应部分水冷壁组件的吊装。

水冷壁吊装本着钢结构均匀承载负荷的原则进行，吊装顺序如下：

吊杆梁、吊杆安装→前墙上部水冷壁→左墙上部水冷壁→右墙上部水冷壁→水冷壁排管→后墙上部水冷壁（组件一、二）→前墙中部水冷壁→左墙中部水冷壁→右墙中部水冷壁→左墙下部水冷壁→右墙下部水冷壁→后墙上部水冷壁（组件三）→后墙中部水冷壁→前墙下部水冷壁→后墙下部水冷壁。

如设备到货情况、组合场地施工进度的调整等因素影响了某部分组件的吊装进度，则可相应调整上述吊装顺序。

4 质量控制措施

为了保证水冷壁安装的施工质量，对设备检查、划线、组合、安装等各工序严格把关，尤其在切割鳍片以及在鳍片上焊接吊耳时要严格控制，不能伤及管子，并做好原始记录。常见的质量通病[4]有强迫对口、设备内部不清洁和施工缺陷三类，应采取相应的预防措施来防止此类问题的出现。

4.1 强迫对口的预防措施

对于管口间隙过大的管子，应在弯管部位采取热校管的办法调整管子的长度进行对口。

对于直管段，应采取重新配管的方法处理。不得使用强拉硬拽的方法对口。

由于管间距、弯曲半径过大或过小、弯曲角度不对或其他原因造成错口、缺口时，必须加热调整或其他的方法进行调校。

4.2 设备内部不清洁的预防措施

认真进行管道吹扫或联想的内部清理，清楚沙子、金属屑等杂物。管道、联想吹扫清理后认真进行管口封堵工作，封堵应牢靠。设备焊接或封堵前，首先进行内部检查，确认无杂物或遗留物后方可施工。施工中随时检查施工工具，避免遗留在设备内部。

4.3 施工缺陷的预防措施

禁止在承压部件上随意焊接，必须焊接时需经有关技术负责人同意后方可施焊。与承压部件的密封焊接，焊后必须对焊缝或其周围进行仔细检查，药皮要处理干净，检查无焊漏、咬边等缺陷，检查时在缺陷处做出明显标记，以便及时处理。在设备切割时，切割后严格检查有无切割缺陷，发现问题立即处理。

因施工需要，在设备上进行点固焊接时，施工后必须全部清理掉，用砂轮磨平，并检查有无施工缺陷，有缺陷必须处理。因施工需要，在设备上进行开孔时，应报工程联系单，施工后原样恢复，恢复的焊缝必须清理药皮并检查，如有咬边、弧坑必须修补处理。

参考文献

[1] 杨凤春. 锅炉设备安装工艺学[M]. 北京：中国水利水电出版社，1993.

[2] 张玉宝，刘京昌，张仕涛. 600MW 火电机组工程施工作业指导书[M]. 北京：中国水利水电出版社，2006.

[3] 梁丙海，张冬茂，李金玺，等. DL/T 5210.2—2009 电力建设施工质量验收及评价规程第 2 部分：锅炉机组[S]. 北京：中国电力出版社，2009.

[4] 1000MW 超超临界火电机组施工技术丛书编委会. 锅炉设备安装[M]. 北京：中国电力出版社，2012.

国外项目物资管理的实践与探索

仇　刚

一、物资管理在国外工程项目中的作用

物资管理是整个项目管理的重要组成部分,优质、齐备、及时、经济地进行物资供应和有效管理,关系到项目目标是否能够顺利实施,关系到项目的经济效益。电力事业部项目一般都远在海外,与国内项目相比其物资供应的资源环境、供应渠道、运作方式均发生了相应的变化,保证物资及时供应的制约因素相对增大。对于一个海外项目来说,项目所在国以外材料和机械配件的采购占项目很大的比重,在这方面的任何节约都是为确实保证项目成本控制效果和项目利润目标的实现,是国外项目成本管理和控制中必须重视和认真考虑的问题。

二、国外工程项目物资管理的新特点

物资管理本身难度大,种类繁多、规格复杂。由于国外电站项目远离国内本土,因此出现了很多新的管理特点。

1. 国外电站工程项目多数处于不发达或欠发达地区,设备和配件供应的回旋余地小,受所在国的物资进口政策限制多。

2. 采购管理难度大。因为通常情况下,项目部都有大量从国内采购的设备,国内外的运输距离增加了管理难度。

3. 采购距离遥远。由于项目一般都在国内采购通过海运方式发运,所以对海运情况不易了解清楚,给选择运输公司造成困难,并且海运物流以及清关过程也比较复杂。

4. 配件需求预测难。由于电站工程设备是一个复杂的系统,一旦出现故障原因分析难,导致对配件需求数量和需求时间的预测非常困难。

5. 物资储备高。由于国外电站项目的设备多使用国内供应商设备,许多配件需从国内购买,并且海运时间长,不可知因素多。为确保项目生产,在项目启动时多有"物资满仓,心里不慌"的思想,人为地增加了库存物资的储备数量。

6. 采购成本高。有时可能采购一个非常便宜的东西,也要专人办理;或是某些配件供应商规定了供货下限,哪怕只需要一个配件,也得按供应商要求的下限采购,增加了采购成本。

7. 对采购人员的要求高。国际电站工程项目中的采购人员需要了解国内贸易方面的专业知识,及报关清关的相关程序需要商务谈判能力及沟通能力。

8. 国际电站项目物资管理不再是仅仅对采购物资的管理。必须加强对供应商外部资源的管理是国外电站项目物资管理一个新特点。

三、国外电站项目物资管理的具体实践

事业部从 2005 年挺进尼日利亚电站工程市场以来,不断地学习国际经验,瞄准国际先进的施工标准、管理水平,不断强化电站项目的物资管理。

1. 制定合理的物资采购策略,整合国内,国外市场资源。在项目实施的初期可以考虑"以

国内市场为主，合理适度利用国外市场”的策略。在项目实施比较顺利以及对本地和周边市场有了较成熟的了解后，可以采取“整合国内外市场资源”的策略，采取不同的采购方式，充分利用各种资源，这对项目实施过程中保证施工顺利进行是有好处的。

(1) 实行集中采购与部门采购并举，以集中采购为主。所谓集中采购，是指项目对材料、零部件、办公用品、劳防用品等所有物品，都必须集中到一个部门对外采购的管理模式。实行集中采购可以精简采购人员、降低库存、降低采购成本。对一些生产急料和常规材料，采取现场采办或材料员提单申报，现场经理审核后报现场采办部采购；对大宗料及价格较贵的材料和配件，则由项目经理直接控制审批，报项目部国内采办部集中采购，从而有效控制了项目运营成本，提高了经济效益。

(2) 实行比价采购。比价采购是对一般物资必须实行比价、比质、比服务的一种采购方法，同种物品比质量、同种质量比价格、同种价格比服务。通过比价采购原则积极寻找和发展潜在的供应商，一旦现有的供应商产品发生问题，可以及时取而代之。同时，由于建立了潜在供应商制度，无形之中对现在的供应商形成一种压力，迫使他们不断改进管理、改进技术、提高质量、降低成本。

2. 合理选择和管理供应商，完成从寻求物资供应商到优选供应商的转变。由于国外经济条件滞后，物资供应极度贫乏，绝大多数生产设备、零件都需要国内采购，给后勤保障带来很大难度。根据实际情况，项目部可以“自主采购，以项目推动项目”，遵循这一原则，及时制定采购计划，专人负责与当地物资供应商取得联系，建立了相对稳定的国际采购渠道，实行多方询价，确定性价比最优的供货商，降低了采购成本。

3. 加强物资供应的归口管理，提高后勤保障效率。首先，归口管理是增强市场控制力，增强项目协调能力，充分发挥整体优势，形成对外合力的先决条件。其次，通过“归口管理”联合物资供应链上每一个成员力量，形成一条成本低、反应快、服务好的供应链。

项目成立之初，报国内采购的材料，没有专人负责，管理不规范，时常出现急需材料不能及时组织采购和发运，材料的质量、价格、规格等也存在一些问题。往往出现千方百计、费尽周折，花费巨大人财物力从国内购回的材料，却与现场的实际需要相差甚远，尺寸不一致、型号不对、质量太差，急需料久久不到等现象时有发生。直接导致部分材料成为废料，还严重影响现场生产给项目造成巨大的经济和信誉损失。

目前国外项目的国内采购统一归采购储运部，国外采购归口于项目部现场，项目现场根据生产情况，定期提交材料购买申请，经项目经理审批后，由国内采购部联系采购师在项目部的监督指导下统一采购发运。项目部设有专人负责配合国内材料采购，及时跟踪海外项目的材料的申请、订货、到货、带料（或空运）情况，以及材料或设备在现场的使用情况。做到订货、到货、发料都有台账，这样既能保证现场生产正常运行，又能有效地促进材料管理水平的提高。

4. 加强物资储备管理，界定合理库存，重视物资调剂。加强物资储备管理。一是坚持“三分法”。材料保管执行分类、分库和分层管理。金属件、电气件、热控件和仪控件等分别储放封闭式的库房里，分层摆放，排列有序，一目了然。二是材料使用执行“三登法”。材料进库由材料员分类登记，材料出库、消耗由使用者登记，材料存库有材料员分类盘结登记。

印尼电站工项目正常运行后，彻底改变了过去那种以大库存保生产的错误观念。对一些非紧俏的零散的物资，做到随用随买。大宗料的购买严格执行“三三制”。一方面，申报备料或购料按岗位填写申请单、报材料员汇总后送项目经理审批三道程序。另一方面，申报料单一式

3份，材料员、采购经理各一份。确保采购按生产计划的需要进行，合理控制库存。

5. 理顺物资清关，加快物资供应速度。大量的国内采购涉及当地海关清关问题。海关要求苛刻，清关工作一直是项目部的难题。为此，国际项目不断加强当地海关法的研究，熟练掌握海关申报、保函办理的工作流程，理顺材料设备清关工作中存在的障碍，规避由于清关延误导致的滞港费及罚没清关保函的风险。项目部总结以往的经验教训，提出“100%准确、100%速度、100%回收”的目标。

(1)100%准确是指签订订货合同后、货物到达之前要求采购人员加强与现场的联系，确认承运公司信息，使发票、原产地证书、装箱单、提单等清关文件做到100%严格准确，让海关无例可查。

(2)100%速度指货物到达后要求采购人员凭供应商通过DHL寄来的提单等清关资料，办理清关保证金，加强与海关协调，争取尽快完成所有清关手续。

(3)100%回收指清关手续完成后尽快办货物的免税手续将清关保证金100%回收。

海关文件的保存国外工程物资管理中也是相当重要的。所有进口及再出口用的订货合同、运输合同、运输文件(发票、产地证明、装箱单)、进口许可证、再出口许可证、提单(空运单、陆运单)、海关申报单、海关清白证明、往来函电等应予以归档保存，以备使用或当地政府审查。否则，当地海关审查时会开出数额不菲的罚款。

采购渠道的畅通和清关手续的理顺，使国际项目海外运作更加顺利通畅，为更好地与甲方合作和创造优良施工质量提供了可靠的后勤保障。

四、国外电站项目物资管理的进一步探索

1. 国外电站工程项目物资管理存在的不足。从印尼项目物资管理的实践来看，尚存在一些不足之处：

(1) 印尼项目前为止还在继续采购一些以前丢失的一些材料，在物资供应的各环节中有扯皮现象。

(2) 国外项目物资管理机构及体制有待完善，人员配置也需加强，及时高效的国外物资供应机制还没形成。

(3) 国外项目物资管理手段较落后，还停留在手工登记的人工操作阶段，物资管理的工作效率不高，没有适应国际项目物资管理特点的管理软件，项目领导不能及时掌握整个项目的物资库存动态，以便协调生产。

(4) 物资管理的监督及考评机制不健全，采购计划的合理与否，备料及时与否，采购材料可用与否等缺少监督与考核。

2. 改进国际电站工程物资管理的对策。在国际电站工程物资的使用和管理过程中，我们深刻地体会到，物资管理不是一个静态和孤立的东西，由于管理的主体是人，管理的对象是人和物，因此管理活动必然多样化、复杂化。所以，必须用系统思考的方法，动态地管理海外工程的物资，才更加有效。

(1) 加强统一认识。项目领导必须充分认识到物资管理的重要性，并要求项目部的核心员工的认识亦统一到这个高度上来，引导本部员工重视并支持物资管理。

(2) 要建立实用有效的规章制度。制度保证是非常重要的。

(3) 把好决策关。项目启动时一定要认真研究标书及合同，项目设备的采购决策必须慎

之又慎，包括设备的选型问题、数量问题、使用和维护的成本问题等等。同时，设备配件的采购决策必须严格把关。由于设备的种类多，维修人员不可能对设备的故障情况分析得十分透彻，加上受人员的修理能力、责任的承担能力和责任心的制约，配件采购最容易出现问题，如大量占用资金、配件积压或采购的配件根本用不上等。在项目筹备之初，便要求从“经济适用、满足需要”出发，对筹备物资进行认真反复筛选，配备现场急需的材料，节约国外现场采购成本。

(4) 把好计划关。根据生产经营情况，要认真分析、研究生产需要，制定物资采购计划。物资计划要有预见性和前瞻性，在制定物资计划时，要掌握基本保证加基本风险的计划原则。否则会导致有些材料是急需的，需要空运或通过 DHL 递送，不但空运费用高，而且由于时间紧急，紧急清关费更高。

(5) 健全国外项目物资供应体制，合理配置采购人员。对国际工程承包项目物资供应机构进行合理规划和设置，将影响到项目实施的效率。根据采购目标及项目规模适应性原则，国外承包工程项目物资供应机构其职能应该包括物资计划管理，采购管理，内部和外部商务合同起草和函件处理，运输管理，报关及清关管理，对外技术咨询，统计数据，资料报批，物资仓储管理等。采购部门应直接向项目总经理及副经理负责，采购目标也应从原来的被动花钱转变为以节省资金、满足供应、降低库存等一系列目标。

在国外承包工程项目中要顺利实施物资供应与管理的职能，除了要求机构人员应具有必要的专业技能外，物资管理人员还具有良好的商务英语交流能力、技术及管理规范的理解和适应能力、物资供应及管理技术专业知识、国际商务谈判能力，以及国际贸易方面的专业知识。在物资主管人员的选用上，要遵循与海外物资管理机构职能相适应的原则；在物资管理人员的物色、使用和培训上要狠下功夫，要舍得投入。

(6) 建立必要的监督制约保障体系。明确物资管理的责任体系，实现责、权、利相统一。一是把物资管理考核监督工作纳入整个项目物资管部门工作实绩考核的范围，项目领导负责对此项工作进行评价。二是把项目对采购成本、采购资金的控制能力及物资库存合理与否作为项目经营业绩考核的一个重要组成部分。三是建立一套国外项目物资管理的效能监察体系。

国际电站工程项目物资管理是一个系统工程，它涉及物资计划编制、组织货源、清关、仓库管理、存量控制管理、建立相关的规章制度、工作程序和方法等各个方面，只要抓好系统中的每一个环节，调动系统内各因素的积极性，严格规范系统运行程序，确保及时、齐备、经济、安全的物资供应与管理，国外电站项目的物资管理工作就一定能开创新局面。

物资集中采购的意义

楚　岳

物资采购是施工生产管理过程中的一个重要环节，物资集中采购是将各在施项目分散的、有限的采购资源整合起来，形成批量采购，在市场采购中争取到供货企业最大的优惠。物资集中采购对提高项目管理水平，降低生产成本，提高企业竞争力，具有重要的现实意义。

物资集中采购的现实意义如下：

- 有利于提高项目的生产管理水平。如果项目施工生产的物资采购缺乏计划性，势必造成物资采购处于被动地位，导致所采购物资的价格、质量以及供应的及时性很难保证。物资集中采购要求施工生产部门根据项目的进度计划提前上报物资申请计划，为物资采购部门留出合理的采购周期，并把物资申请计划的提出作为考核项目管理的一项重要指标。在完成物资采购以后，可以按照项目把所有的采购信息汇总，有利于产品审价、定价。
- 有利于资源整合，降低采购成本。通过集中采购，使各项目提出申请的同类物资采购规模增大，为采购资源的整合提供了平台。

目前，施工企业的建筑材料费用一般占整个工程建设投资的70%以上，物资部门作为成本控制的关键部门，如何进一步加强管理，降低材料费支出已成为施工企业内新管理的重要内容。正确分析物资管理的各个环节，抓住影响工程成本的重要过程，实施监控，是实现降低工程成本的关键。规范采购管理，利用批量优势，降低采购价格，选择合理数量与适当采购时机，搜集市场情报，提供新物料代替旧物料，以达到提高工程质量，降低生产成本，提高企业的盈利能力。

集中批量采购是成本控制的前提。集中批量采购是市场经济发展的必然趋势，是实现降低采购价格的前提。物资部门对施工生产起着基础保障作用，这个作用是通过控制大宗、主要物资的采购供应来实现的。要实现控制，首先就要集中采购，只有集中才可能形成批量，才可能在市场采购中处于十分有利的位置，才可能争取到生产企业优先优惠的服务。为了扩大市场占有率，生产企业对不同的订货批量，采取不同的销售价格，对需求稳定、需求量大的用户，采用不同的优惠政策。此外，集中批量采购符合市场经济发展的需要，它具备分散采购无法比拟的优势。实行集中批量采购，企业内部与流通环节接触的人少，便于管理。同时大批量采购主要与规模相当、信誉可靠的企业往来，经济关系以合同加以约束，而非个人行为。批量大，生产企业便于合理安排生产，降低单位生产成本，为需方提供更优惠的价格，供需双方均受益。反之对供需双方都是一种损失。

合理制订采购方案，是降低进料成本的有效措施。物资采购是企业与市场联系的纽带，制定合理的采购方案是降低采购成本的有效措施。对需采购的物资，采购人员要依据企业审定的渠道，根据到达情况、运输方式，逐一测算采购总成本（单价及运杂费等），以到达使用地的"到达价"作为比价依据，用采购成本比较法进行核算，据以确定最佳物资采购方案。

由于处在市场经济发展的浪潮中，不可预料性因素时常发生。每个工程的内、外部环境参差不齐，对于其物资采购管理方式的具体可行性、可操作性也不可能一成不变，要根据市场变化随时做出实际可行的决定。总之，唯有进一步加强成本控制，规范采购流程，提高工程质量，才有可能提高企业的市场竞争力和盈利能力，从而实现企业经济效益的最大化。

浅谈集装箱运输的优势和发展

楚　岳

摘　要：

21世纪，中国加入WTO以来，世界经济的联系日益紧密，随着国际贸易的发展，集装箱运输这一简捷便利、装卸效率高、安全牢固的运输方式快速发展。在当今的国际水上运输中，集装箱运输已经发展成为重要的运输方式之一。由于集装箱运输具有众多优点，因此集装箱运输在各种贸易运输中所占的比重越来越大。

集装箱运输作为集约化程度高、系统性强、附加值高的现代化运输方式，正成为当今国际航运的主流，集装箱吞吐量已成为衡量港口综合实力、地位的标准。

集装箱（又称货柜、货箱）是指具有一定强度、刚度和规格专供周转使用的大型装货容器。集装箱运输是以集装箱作为运输单位进行货物运输的一种最先进的现代化运输方式，它将多种多样的杂货集装于具有统一长、宽、高规格的箱体内进行运输。它具有“安全、迅速、简便、价廉”的特点，有利于减少运输环节，可以通过综合利用铁路、公路、水路和航空等各种运输方式，进行多式联运，使用集装箱转运货物，可直接在发货人的仓库装货，运到收货人的仓库卸货，实现“门到门”的运输。集装箱运输最早出现在美国，60年代末推广到世界各地，随即集装箱运输这一新兴的运输方式被我国引进。我国集装箱运输始于20世纪50年代中期的铁路集装箱运输。20世纪70年代，中国海上集装箱运输的正式启动。自20世纪80年代以来，中国集装箱运输的增长速度始终以远远超过世界平均增幅（6%～8%）的水平发展。现今中国已初步形成了布局合理、设施较完善、现代化程度较高的集装箱运输体系。

未来中国集装箱运输行业仍有很大的发展和提升空间，中国正在实现从集装箱运输大国向强国的转变。预计到2020年，中国港口集装箱吞吐量将达到2亿TEU。近年来，我国已在大连、天津、青岛、上海、广州黄埔等海港建立了集装箱码头，提高了海港的吞吐能力和现代化建设。

集装箱既可装船利用水路运输，也可通过铁路、公路运输，中途更换车船不必把货物取出，可以提高装卸效率，有利于机械化操作，消除繁重的体力劳动，减少货物的损失，简化繁杂的手续，加快车船周转，降低运输成本。同时，集装箱运输可做到从发货人的仓库直接送到收货人的仓库，不必利用中转仓库，实行“门到门”的运输服务。

集装箱运输经济效益高主要体现在以下几方面：简化包装，大量节约包装费用。为避免货物在运输途中受到损坏，必须有坚固的包装，而集装箱具有坚固、密封的特点，其本身就是一种极好的包装。使用集装箱可以简化包装，有的甚至无须包装，实现件杂货无包装运输，可大大节约包装费用。减少货损货差，提高货运质量。由于集装箱是一个坚固密封的箱体，集装箱本身就是一个坚固的包装。货物装箱并铅封后，途中无须拆箱倒载，一票到底，即使经过长途运输或多次换装，不易损坏箱内货物。集装箱运输可减少被盗、潮湿、污损等引起的货损和货差，深受货主和船公司的欢迎，并且由于货损货差率的降低，减少了社会财富的浪费，也具有很大的社会效益。减少营运费用，降低运输成本，由于集装箱的装卸基本上不受恶劣气候的影响,船舶非生产性停泊时间缩短,又由于装卸效率高,装卸时间缩短,对船公司而言,可提高航行率,降低船舶运输成本,对港口而言,可以提高泊位通过能力,从而提高吞吐量,增加收入。

传统的运输方式具有装卸环节多、劳动强度大、装卸效率低、船舶周转慢等缺点。而集装箱运输完全改变了这种状况。1)普通货船装卸,一般每小时为 35t 左右,而集装箱装卸,每小时可达 400t 左右,装卸效率大幅度提高。同时,由于集装箱装卸机械化程度很高,因而每班组所需装卸工人数很少,平均每个工人的劳动生产率大大提高。2)由于集装箱装卸效率很高,受气候影响小,船舶在港停留时间大大缩短,因而船舶航次时间缩短,船舶周转加快,航行率大大提高,船舶生产效率随之提高,从而提高了船舶运输能力,在不增加船舶艘数的情况下可完成更多的运量,增加船公司收入,这就使得高效率促成了高效益。

集装箱运输虽然是一种高效率的运输方式,但是它同时又是一种资本高度密集的行业。1)船公司必须对船舶和集装箱进行巨额投资。根据有关资料表明,集装箱船每立方英尺的造价约为普通货船的 3.7～4 倍。集装箱的投资相当大,开展集装箱运输所需的高额投资,使得船公司的总成本中固定成本占有相当大的比例,高达三分之二以上。2)集装箱运输中的港口的投资也相当大。专用集装箱泊位的码头设施包括码头岸线和前沿、货场、货运站、维修车间、控制塔、门房,以及集装箱装卸机械等,耗资巨大。3)为开展集装箱多式联运,还需有相应的内际设施及内陆货运站等,为了配套建设,这就需要兴建、扩建、改造、更新现有的公路、铁路、桥梁、涵洞等,这方面的投资更是惊人。可见,没有足够的资金开展集装箱运输,实现集装箱化是困难的,必须根据国力量力而行,最后实现集装箱化。

集装箱运输涉及面广、环节多、影响大,是一个复杂的运输系统工程。集装箱运输系统包括海运、陆运、空运、港口、货运站以及与集装箱运输有关的海关、商检、船舶代理公司、货运代理公司等单位和部门。如果互相配合不当,就会影响整个运输系统功能的发挥,如果某一环节失误,必将影响全局,甚至导致运输生产停顿和中断。因此,要求搞好整个运输系统各环节、各部门之间的高度协作。

由于集装箱运输在不同运输方式之间换装时,无需搬运箱内货物而只需换装集装箱,这就提高了换装作业效率,适于不同运输方式之间的联合运输。在换装转运时,海关及有关监管单位只需加封或验封转关放行,从而提高了运输效率。此外,由于国际集装箱运输与多式联运是一个资金密集、技术密集及管理要求很高的行业,是一项复杂的运输系统工程,这就要求管理人员、技术人员、业务人员等具有较高的素质,才能胜任该工作,进而充分发挥国际集装箱运输的优越性。

“X剧院项目”收尾工作体会

董文斌

2011年3月份因同事工作变动，根据领导安排接手了“X剧院项目”的工作，截至2014年12月该项目仍有部分剩余工作正在处理中，现将该项目后期工作中的体会与大家进行交流。

一、项目基本情况介绍

(1) 合同在2008年2月1日签订，合同金额为7,815.00万元，合同约定在2008年7月31日前完成所有舞台机械工程的安装调试和试验工作。

(2) 2008年4月30日与Y单位(项目设计单位)签订了“X剧院项目”合作协议，明确了集团公司和Y单位各自的职责。集团公司：清单之外的设备制造、安装等工作，暂定总价为1,301.51万元；Y单位：1)按照清单要求组织全部设备，暂定总价为6,513.48万元，但由集团公司负责协议的签订、设备接收、付款等；2)供货商设备出现问题，承担全部责任；3)因供货商导致集团公司受损，Y单位承担连带责任，并补偿集团公司受到的损失。

二、接手后发现的主要问题

(1) 主合同约定：乙方保证在2008年7月31日前完成所有舞台机械工程的安装调试和验收工作，但项目实际完工时间却在2009年06月01日，完工时间拖后没有任何支撑文件(项目竣工验收和移交手续在2010年9月13日完成)。

(2) 按照合同约定累计收款应达到合同总价的90%，实际累计收款仅为合同总价的60%，尚有大量应账款未收回。

(3) 对外结算情况尚不明朗的情况下，以集团公司名义签约实为Y单位的分包/采购合同(总计50份、累计合同金额5,293.42万元、累计已支付4,730.77万元)其中42家采购款项已全额支付，另有3家采购分包存在争议(仅扣留部分款项、但分包未向集团公司提供任何发票)、5家分包结算正在商定中，以上分包/采购合同的付款流程均没有经过Y单位相关人签字确认。

(4) 以集团公司名义签约实为Y单位项下分包/采购发票存在问题：1)实际付款与发票收取不匹配；2)约有160万元增值税发票已过了认证期；3)3家争议采购分包扣留的工程款不足以弥补缺项税金(如按照25%计入偏差更大)，更谈不上补偿其他维修单位费用；4)项下收取发票明细与主合同对外开立发票明细完全不能对应，项下收取以“材料”形式体现、对外开立则按照合同约定以“集成设备”形式体现，并且进行发票累计金额远大于销项金额。

(5) 业主直付分包/采购工程款未见任何有效文件，Y单位垫付分包工程款手续不完善。

(6) 以集团公司名义签约实为Y单位项下分包合同价款存在虚高情况，例如：电气安装劳务合同为固定总价393.18万元，经核实实际成本应为60万元左右。

(7) 2008年6月份集团公司与“X剧院项目”项目部签订了《工程项目内部成本责任合同》，但原项目部签订人员因工作变动已在其他岗位任职，责任成本未能有效落实。

(8) 集团公司对项目成本没有统一归口核算、数据比较零散。

(9) 2010 年 10 月 10 日对外上报的结算未经 Y 单位的书面确认。

三、项目后期主要事件回顾

3.1 明确责任主体

2011 年 4 月份接到一审电话通知，要求进一步补充电器部分的资料并给予解释和说明。经与子公司沟通后，其表示仅对安装和制造部分负责，但可协助集团公司与 Y 单位进行沟通。在与 Y 单位沟通后，其明确表示“由于合同关系具体事项都由集团公司牵头，因此其结算工作也应由集团公司牵头负责”。将会积极配合集团公司的各项工作。

基于子公司、Y 单位的态度，再次对主合同、与 Y 单位签订的合作协议、与公司签订的分包合同进行分析并得出：子公司所述情况属实、但 Y 单位存在逃避责任的问题，经向领导汇报决定与 Y 单位就“X 剧院项目”后期工作表明工作原则：1)严格依照合作事宜约定的各自工作范围进行划分，属于谁的工作范围、谁将对审计负责；2)对外与审计沟通，Y 单位可以以集团公司名义进行，但需集团公司人员一并参加。此项提议提出后，Y 单位最初抵触情绪非常强，后期通过不断正式发函、电话沟通、一并解决审计提出的各项问题，逐步让 Y 单位默认并接受了此工作原则。

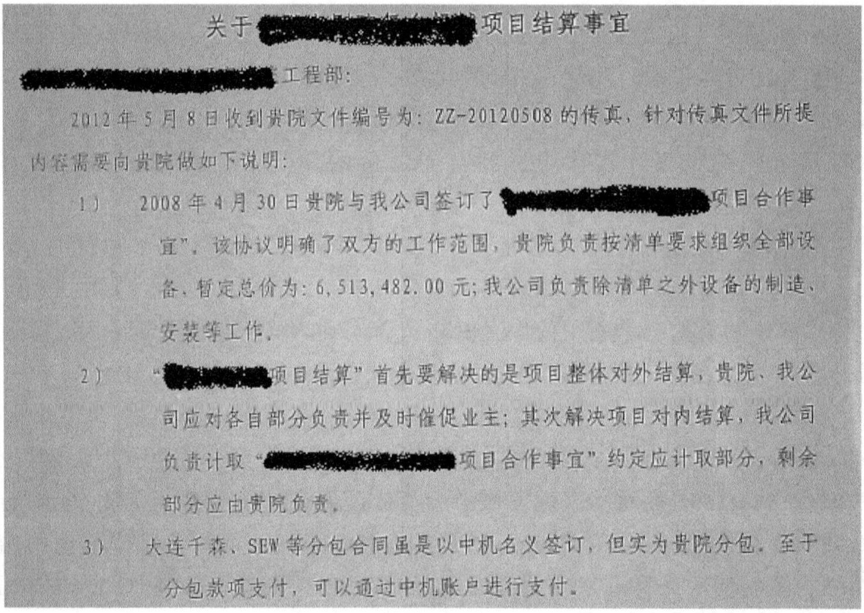
关于项目结算事宜

工程部：

2012 年 5 月 8 日收到贵院文件编号为：ZZ-20120508 的传真，针对传真文件所提内容需要向贵院做如下说明：

1) 2008 年 4 月 30 日贵院与我公司签订了项目合作事宜”，该协议明确了双方的工作范围，贵院负责按清单要求组织全部设备，暂定总价为：6,513,482.00 元；我公司负责除清单之外设备的制造、安装等工作。

2) “项目结算”首先要解决的是项目整体对外结算，贵院、我公司应对各自部分负责并及时催促业主；其次解决项目对内结算，我公司负责计取“项目合作事宜”约定应计取部分，剩余部分应由贵院负责。

3) 大连千森、SEW 等分包合同虽是以中机名义签订，但实为贵院分包。至于分包款项支付，可以通过中机账户进行支付。

发 Y 单位传真截图

就“X 剧院项目”本身来讲，责任主体明确后可以降低如下风险：1)因对外结算上报时未经 Y 单位签字确认，让其自身参与对外审计结算谈判，变相地让 Y 单位认可集团公司对外报出的结算文件；2)避免与 Y 单位后期就审定结果扯皮；3)可提高工作效率，有利于项目后期工作的展开。

3.2 审定文件确认

3.2.1 一 审

2011 年 11 月项目一审结束，由最初上报的 7,926.59 万元、审定为 6,333.98 万元、扣减金额为 1,592.61 万元（扣减部分主要为 Y 单位负责的工作范围）。

在一审审定结果出来后，Y 单位提出将其前期垫付的 599.00 万元工程款及为该项目花费的约 800.00 万元的试验费用退还即可，项目利润全部让给集团公司。经对项目实际成本分析，该项目后期将面临亏损（集团公司负责部约 1200 万元、以集团公司名义签约实为 Y 单位项下分包/采购累计合同额 5,293.42 万元）。

鉴于项目实际情况，经与领导沟通后向 Y 单位表明：1)599.00 万元工程垫付款情况属实，但 800.00 万元试验费用不予认可；2)一审审定结果要求 Y 单位领导签字确认；3)599.00 万元垫付款待项目最终审定结果出来、集团公司工程量确认完毕后再行商议。

工程（结）算审计定案表

工程名称	送审金额	审定金额	核减金额
[illegible]	79265980	63339807	15926101
扣除工用水电费		-443379	443379
合计	79265980	62896420	16369480
审计造价（大写）：	陆仟贰佰捌拾玖万陆仟肆佰贰拾 元整	2011.10.1	

Y 单位一审审定文件确认

3.2.2 二 审

2012 年 12 月项目复审完毕，最终审定金额为 6,289.64 万元，扣减甲供材后实际收款金额为 6,286.28 万元。经分析集团公司负责部分基本均的到确认，Y 单位负责部分将面临亏损约 200 万元。

3.3 对外款项催收

在项目审计过程中，经过多方努力在 2012 年 4 月 482.38 万元的工程款。在 2013 年 1 月收到业主返回的“X 剧院项目”审计（复审）验证报告后，2013 年 1 月 11 日、2013 年 1 月 17 日分别向业主发出 95%、100%的付款申请，并安排专人跟踪业主付款审批进展。

2013 年 3 月收到业主通知，要求进一步完善甲供材部分的资料；2013 年 5 月接到业主通知，要求进一步完善“电气电缆、桥架等部分资料”；经与 Y 单位共同努力，业主所提问题在 2013 年 9 月得以全部解决。但在 2013 年 9 月底接到具体跟踪人员反馈，业主办事人员常以“领导外出学习、暂未签字，付款流程暂不能正常流转”答复。

鉴于业主在终审的基础上多次“刁难”，经请示领导后考虑向业主发律师函进行催款。2013 年 10 月由我与再次与业主相关人进行接触，进而摸清和判断业主的真正意图，视情况决

工 程 价 款 决 算 复 审 定 案 表

李□□ 2017.11.22

建设单位：

工程名称：　　　　　　　　　　合同价：　　　万元　　　单位：元

序号	工程名称	送审价	复审核定价	核减额	备注
1	舞台机械设备制造安装工程	63339807	63305987	33820	
2	扣施工用水电费	-443379	-443142	-237	
	合计	62896428	62862845	33583	
审计造价（大写）		陆仟贰佰捌拾陆万贰仟捌佰肆拾伍元整			

Y 单位二审审定文件确认

定是否向业主发律师函。在与业主相关人员充分沟通、蹲守业主领导办公室和现场其他催款单位沟通，初步判断业主具体人员没有说谎，其领导确不在公司正在外地学习。拟发律师函可暂不向业主发送，根据项目发展再议。

经过持续不断地努力，在 2014 年 1 月 16 日收到 294.63 万元（累计付款 95%）、在 2014 年 5 月 28 日收到 314.31 万元（累计付款 100%），至此“X 剧院项目”对外收尾工作完毕。

3.4　以集团公司名义签约实为 Y 单位项下分包/采购合同

在接手“X 剧院项目”后，以集团公司名义签约实为 Y 单位项下分包/采购合同催款就没有停止，让其找 Y 单位时，分包/采购商态度均比较明确“和谁签的合同找谁要钱”。在与 Y 单位沟通后，Y 单位来函明确表示：“X 剧院项目”采购合同都是以中机名义签署的因此费用应由中机建设总公司支出”与 2008 年 4 月 30 日签订的合作事宜约定大相径庭。

为加快结算进度希望确定目前能够确定的事项，如以下两项内容：

1、分包商的费用和本院垫付部分的费用。2、今后支付方。

1、分包商的费用和本院垫付部分的费用：无论采用何种方法，分包商的费用是必须支付的，那么目前有些分包商的费用还没有付清，也未确定其费用。本院垫付款

1）大连千森木业公司的木地板工程款；因工程上有增加部分还未确定。应尽早达成一致意见。

2）本院垫付的采购费用（SEW电机减速机费用和木地板采购费用）要由贵公司认可。

2、今后支付方：　　　项目采购合同是都以中机名义签署的因此费用应有中机建设总公司支出。

Y 单位来函截图

考虑到项目合同关系、Y 单位前期垫付了 599.00 万元的基础上，与 Y 单位和分包/采购商沟通，剩余分包/采购商均办理三方结算。就该项目本身来看，如 Y 单位前期没有垫付 599.00 万元，结合 Y 单位后期处理方式，集团公司将可能独自承担实为 Y 单位项下分包/采购合同的相关债务。

3.6 集团公司负责部分与 Y 单位进行商谈

3.6.1 第一阶段

2014 年 5 月 15 日与 Y 单位进行了初步谈判，就集团公司提出的设备安装、非标制作、配种采购及运输给予确认，同时就 Y 单位以集团公司名义签约的采购/分包(结算)累计金额给予确认。

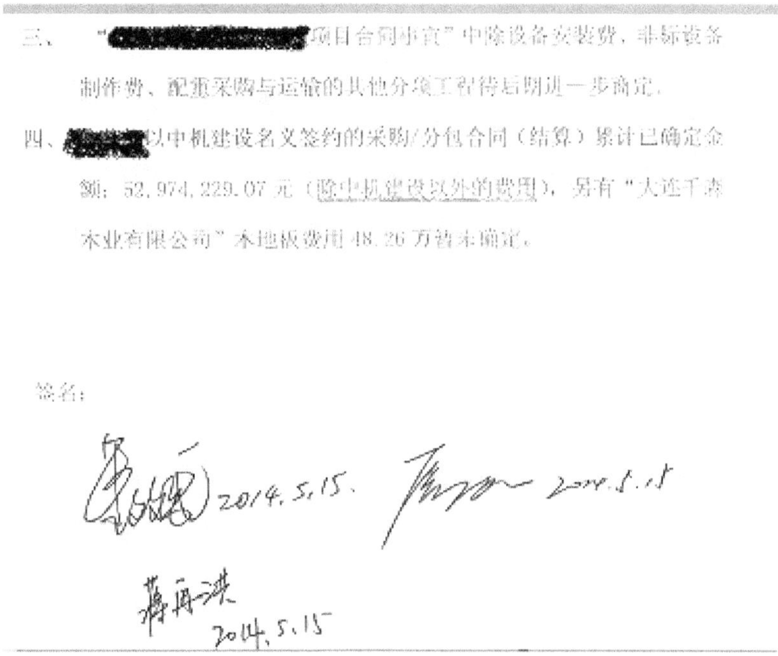

三、 “[illegible]项目合同事宜”中除设备安装费，非标设备制作费、配套采购与运输的其他分项工程待后期进一步商定。

四、[illegible]以中机建设名义签约的采购/分包合同（结算）累计已确定金额：52,974,229.07 元（除中机建设以外的费用），另有“大连千森木业有限公司”木地板费用 48.26 万暂未确定。

签名：

2014.5.15. 2014.5.15

2014.5.15

会议纪要截图

3.6.2 第二阶段

2014 年 7 月 7 日与 Y 单位再次就集团公司自行完成部分与 Y 单位进行了谈判，最终确认集团公司自行完成部分金额为 1,175.82 万元(可以实现 2008 年 6 月集团公司下达的项目目标)、Y 单位已集团公司名义签约的分包金额为 5,293.42 万元，并且 Y 单位口头承诺亏损部分由 Y 单位独自承担(项目实际亏损 199.64 万元)。

3.6.3 第三阶段

1) 与 Y 单位签订“X 剧院项目”项目协议(详见附件 1)。

2) 与剩余分包签订三方结算协议(详见附件 2)。

3.6.4 第四阶段

经对与 Y 单位有关的项目进行梳理，发现 Y 单位欠付集团公司多个项目的应付款项，拟与 Y 单位签订抵账协议(详见附件 3——正在处理中)。

四、“X 剧院项目”后期工作中的体会

4.1 项目执行模式

我理解的“X 剧院项目”执行模式为：Y 单位以集团公司名义承接，集团公司仅负责其中部分（占主合同的 17%）工作。

在“X 剧院项目”事项的处置过程中，深感该项目执行模式带来的诸多风险，尤其是责任主体不明确，不但影响工作效率，更有可能给集团公司带来一定的经济损失。因项目执行模式问题，可能出现问题的项目还有“山东泉林项目”、“安丘项目”、“天津静海项目”、“安徽韩上项目”等，此类项目核心特点是“集团公司所承担的风险与利润严重不匹配”。

结合“X 剧院项目”，建议类似项目提交保证金，通过保证金的形式一方面可以提高相关单位的责任心和积极性，另一方面也可适当降低集团公司的风险。

4.2 合作≠合作伙伴

2010 年 10 月份对 Y 单位的最初认识是“合作伙伴”，但经过“X 剧院项目”对 Y 单位的认识变为“合作”，并且不由地想到“没有永远的朋友，仅有永远的利益”。（从 2010 年 Y 单位全部暂停了其作为甲方对集团公司已完工并结算项目的付款）

市场经济合作伙伴必不可少，如何合理、妥善地处置相互关系值得深入研究。建议：1）初期从法律关系、合同关系、责任主体等给予明确，将潜在风险从源头堵住；2）过程中及时收集切实有效的文件，避免给集团公司带来不必要的损失；3）建立合作单位信用评级机制，将问题单位及时淘汰。

4.3 非本意签订的分包/采购管理

现行多个项目出现了业主指定分包/采购的情况，例如：天津静海项目合同额 1,892.99 万，项目项下分包业主指定的占到了 56%；柳工项目合同额 5,624.23 万，项目项下分包业主指定的占到了 48%。该类分包不能产生任何经济价值，但却给项目管理加大了难度、带来了管控风险。

考虑到项目的实际情况，针对此类项目建议如下：

1）合同签订时，尽可能明确各方的责、权、利；

2）执行单位按比例上缴保证金，可根据项目进展陆续返还；

3）编制切实可行的“甲指分包管理办法”；

4）分析甲指分包的性质（个人行为/公司行为），避免因人员变动给项目带来不必要的损失（如：安徽韩上项目）；

5）根据甲指分包所占比例，适当增加项目部管理人员。

4.4 项目部核心人员的选定

项目经理、控制经理人员的选定应该从多方面进行考虑，不但要从工作能力考虑、更应要从忠诚度、是否认同集团公司文化等多方面进行考虑，避免因在建项目核心人员的流逝，给项目带来不可估量的损失。

五、项目管控的建议

现行对项目的关注/重视度常以：项目实施模式、项目合同金额、涉及行业、项目自身风险(工期、资金等)进行考虑，但从日常接触到的催款函、律师函、诉讼等涉及的项目，往往是一些金额不大、施工难度也不大的项目。建议进一步加大对项目实施模式的审查工作，同时增加对项目执行单位信用评级、对项目主要负责人及管理团队能力评级，建立动态的项目风险管控平台。

一个项目执行的好坏，和具体执行单位、项目管理团队有直接关系。重点项目往往选调的是优秀的公司和优秀的管理团队，该类项目通常不会出现与既定目标出现较大偏差的情况；反观一些小项目往往因为执行单位自身能力问题或项目管理团队能力问题，出现了诸多问题(例如：安徽韩上项目、西藏博物馆项目、西安特变项目)。

对于执行单位的信用评级，可对其近 5 年所执行的项目地域、规模、是否有投诉和诉讼等多方面进行综合评价；对于项目管理团队能力，可从主要负责人能力分析，对其近 10 年项目进行梳理，分析和判断项目团队的能力。

项目关注/重视级别评分表

序号	事项	标准	分值	得分	备注
1	项目执行模式	子公司已集团公司名义承接	5		
		直营项目	10		
		涉嫌已包代管等	30		
1	项目所在地	国内	10		
		国外	30		可进一步细化
2	项目规模	0～5000 万元	5		
		5000 万～2 亿元	10		
		2 亿元以上	20		
3	涉及行业	传统行业	10		
		新材料、新工艺	20		
4	项目工期	合理	5		
		抢工	10		
5	项目资金	不垫资	5		
		垫资	20		
6	执行单位能力	优	5		
		良	10		
		中	20		
		差	30		

续表

序 号	事 项	标 准	分 值	得 分	备 注
7	项目管理团队能力	优	5		根据人员调整情况同步变动
		良	10		
		中	20		
		差	30		
8	对外来函	质量	10		一次
		催款	10		一次
		律师函	20		一次

关注/重视程度1级：50～100分，可适当关注；
关注/重视程度2级：100～140分，常规关注；
关注/重视程度3级：140分以上，重点关注。

六、结束语

项目的管控应是与“法律”实时修正的关系，什么阶段应具备什么样的法律文件，应是项目管理者时刻考虑的问题，只有这样才可能保证原定目标得以实现。

附件1：与Y单位签订“X剧院项目”项目协议
附件2：与剩余分包签订三方结算协议
附件3：拟与Y单位签订抵账协议

附件 1：

“X 剧院项目”协议书

甲方：Y 单位

乙方：中国机械工业建设集团有限公司(原：中国机械工业建设总公司)

“X 剧院项目”一审结算价款为：62,862,845.00 元，二审中扣除建设方供材 163,513.20 元、签证费用 3,200.00 元，最终审定价为：62,696,131.80 元(项目实际对外收款金额)。

甲方、乙方依照 2008 年 4 月 30 日签订的“X 剧院项目合作事宜”和项目的实际情况，经协商并达成一致：

一、属乙方负责部分的结算价款为：11,758,293.80 元(详见附件 1)，因乙方代甲方负责部分的分包缴纳了220,857.40 元(周口安达 140,492.54 元、大连千森 80,364.86 元)的水电和财务费用，乙方最终实际收款金额应为：11,979,151.20 元。

二、根据“X 剧院项目合作事宜”属甲方负责部分的分包均由乙方代为签订，累计签订分包/结算价款为：52,934,229.07 元(详见附 2)。针对乙方代甲方签订分包，经协商并达成如下意见：

2.1 以下分包的未付款，将由甲方直接支付：

序号	单位	结算金额	已支付	未支付	备注
1					
``					
合计				××××××	

2.2 甲方应将“×××公司”“×××公司”未收发票应在 2014 年 12 月__日前提供给乙方；

2.3 除“2.1”以外的附件 2 所列其余分包由乙方负责结清；

三、乙方确认应付甲方×××元，用于抵偿甲方支付“×××公司”、“×××公司”剩余工程款。

四、鉴于甲方在项目实施过程中直接向乙方代甲方签订的分包商支付了：×××元，结合“三”中确认的应付款，乙方最终确认应付甲方：×××元。

五、本协议一式八份，双方各执四份，自双方签字盖章后立即生效。

附件2：

“X剧院项目”分包结算协议书

甲方：中国机械工业建设集团有限公司

（原：中国机械工业建设总公司）

乙方：分包单位

丙方：Y单位

甲、乙双方于2008年签订了“X剧院项目”×××分包合同，经过双方共同努力，工程已顺利交工并使用。经双方相关人员核算，现达成如下共识：

1、合同价款	×××元
合　计1	×××元
2、扣减财务费用	×××元
3、水电摊销费用	×××元
合　计2：	×××元

甲、乙双方同意结算价款为合计1（人民币：×××元），并且乙方同意“扣减财务费用、水电摊销费用”从工程款中直接扣除，扣除后甲方应支付乙方的全部款项为合计2（人民币：×××元），乙方同意不再有其他任何索赔。

（注：甲方直接支付了×××元，丙方代甲方支付了×××元，乙方已提供发票×××元，未提供发票×××元。）

经甲方、乙方、丙方协商并达成如下意见：

1）丙方同意甲、乙双方的结算金额；

2）甲方未支付工程款×××元，由丙方代为支付，乙方不得再向甲方主张任何权利；

3）此协议一式六份，甲、乙、丙方各执二份，签字盖章后生效。

附件 3：

中国机械工业建设集团有限公司
已完工项目尾款支付协议

甲方：Y 单位

乙方：中国机械工业建设集团有限公司

（原：中国机械工业建设总公司）

一、甲方、乙方合作的多个项目均已完工，并办理了结算。截至目前甲方仍有×××元工程款未能支付，详见下表：

序号	项目名称	结算金额	乙方已收款	乙方未收款	备注
1					
、、、					
合计					

二、根据甲方、乙方在 2014 年 12 月 09 日签订的“X 剧院项目工程尾款支付协议”的约定：乙方确认应付甲方×××元；

三、经甲方、乙方协商并达成一致意见：甲方向乙方支付×××元后，“一”、“二”所列款项就此结清。

四、本协议一式 6 份，双方各执 3 份，签字盖章后生效。

浅谈“时间都去哪儿了”

董文斌

歌曲《时间都去哪儿了》创作于 2009 年，在 2014 年登上了春晚舞台，随即红遍了大江南北，更被网友评为“春晚最感人的节目”。就这首歌而言，我个人理解其主要表达的是：让大家重新审视自己的生活与工作，多问问自己“时间都去哪儿了”，感恩父母、珍惜时间，以更好的心态面对以后的生活与工作。

针对工作我们也不妨问问自己“时间都去哪儿了”，忙碌一年是否达到了预定目标、是否将“工作时间”都用在了工作上、是否为中国建设的发展做出了应有的贡献。

我目前所在的部门为职能部门，相关工作多以职能管理为主。针对职能管理的含义，我个人理解如下：

1）职能管理的基本特点：将可重复的管理工作分解为一系列标准化和次序化的任务，由特定的执行者完成的管理活动；

2）职能管理的核心理念：尽职。尽职与管理相辅相成，没有管理，尽职就会失去方向，无法形成合力；没有尽职，管理就会失去基础，成无的放矢之事；

3）职能管理的过程是职责与效能的管理，是疏与导而非罪与罚；

就工程管理部而言，“可重复的管理工作”有外经证办理、保函办理、分包合同评审等工作，该类工作不但量大、繁琐，更要求有一定的时效性。如处置不当不但有损集团公司声誉，更有可能给相关单位带来不必要的损失。如何将此类工作分解为标准化、次序化，并让具体执行者养成良好的工作习惯值得深思。

现仅以外经证办理、保函办理、分包合同评审分包进行举例。

1）外经证办理——每天：

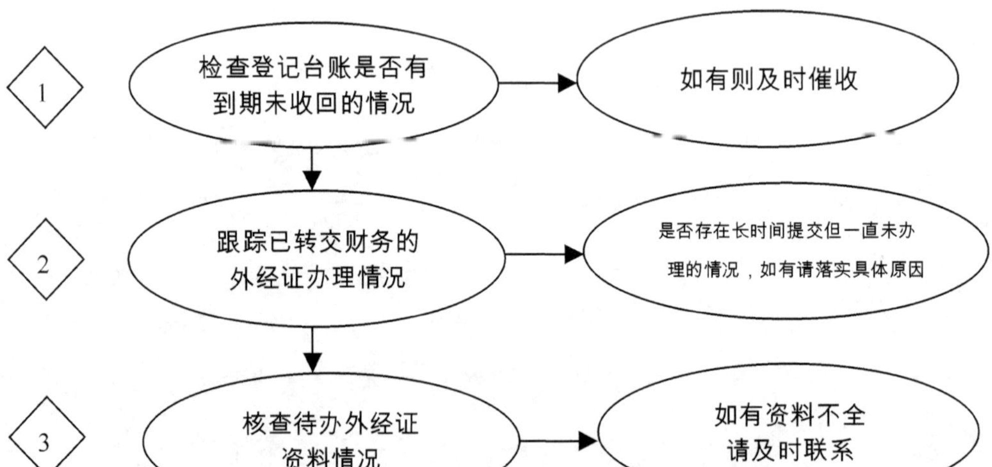

2）保函办理——每天：

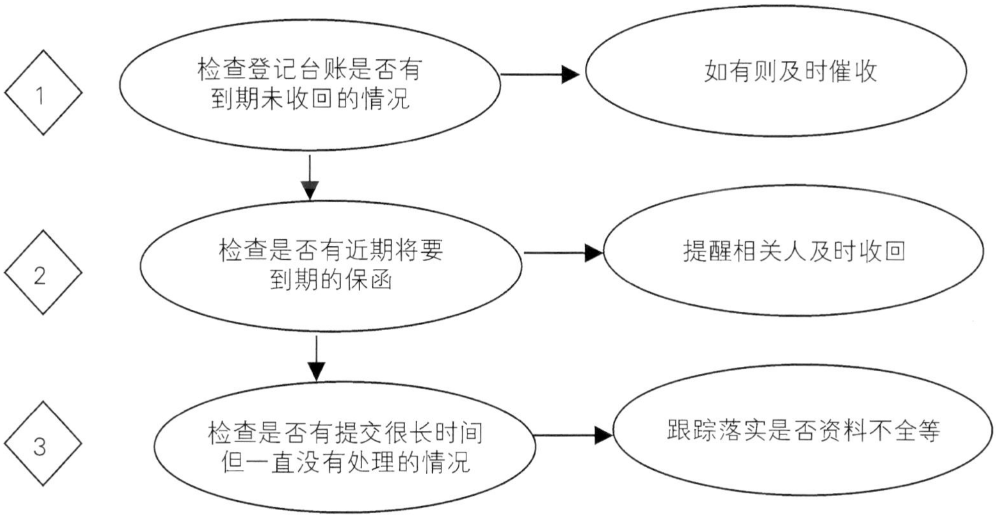

3）分包合同评审——每天：

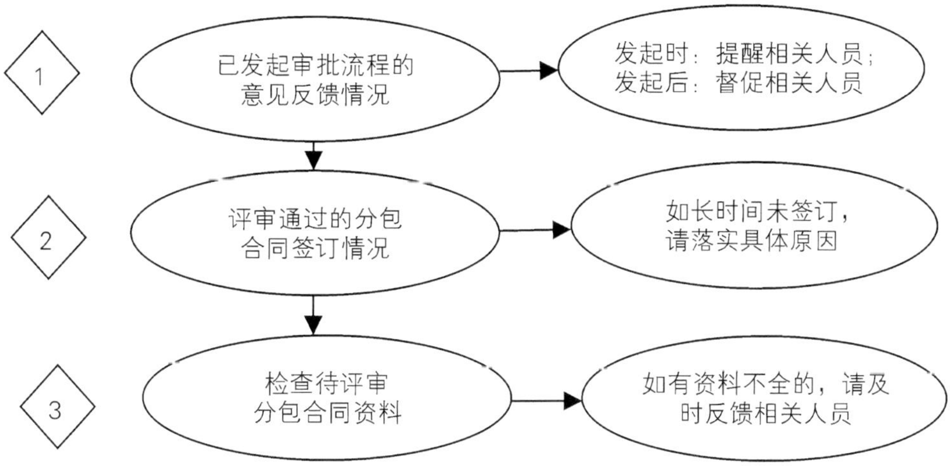

以上仅是对外经证办理、保函办理、合同评审一个简单的日常工作流程分解，目的是让工作标准化和次序化。进而让执行者明确每天将要干什么、怎么干，让工作有一定的计划性，避免出现忙忙碌碌但成效不大并且容易出问题的情况发生。

作为职能管理的具体执行者，应该将每月、每天的工作进行规划，只有这样才能更好的利用时间，提高工作效率。当然“标准化和次序化”仅是干好工作的基础，再好的规划没有落实，一切都是空谈。这里就要讲到职能管理的核心“尽职”，作为中国建设本部职能管理的一份子，我们不但要在业务水平上达到要求，更要做到“尽职尽责”，在日常工作中以“我是中国建设人”的心态做到如下：

1）工作时间只用于工作；

2）认真负责、注重细节；

3）积极主动、不推诿、不拖延；

4）定期检查、审视工作；

5）不断总结、不断提高。

按照以上准则我们才可能在自己的岗位上做得更好，才能真正为中国建设的发展贡献力量。“找出规律、合理规划、尽职尽责”应是职能管理者的座右铭，只要我们依照这个原则，我相信时间将会牢牢把握在我们手中。

对建筑工程施工转包行为的思考

工程管理部

杜小杰

2014年8月4日住房和城乡建设部印发了《住房城乡建设部关于印发〈建筑工程施工转包违法分包等违法行为认定查处管理办法(试行)〉(以下称管理办法)的通知》,此管理办法于2014年10月1日期开始实施。集团公司接收到了国机集团转发的文件的同时将文件精神传达给所属子公司,并要求各事业部、所属子公司认真学习文件精神,按照要求做好相关工作,遵守法律、规范管理,保证施工质量和施工安全。此管理办法发布后,全国工程治理两年行动拉开帷幕,住房城乡建设部官网陆续通报了一批违法违规典型案例。其中在住房城乡建设部关于工程质量治理两年行动违法违规典型案例的通报(三)【建市函[2014]266号】中通报过这样一起案例:

中国建筑第四工程局有限公司施工的天津开发区第一中学改扩建(一期)工程,项目经理范明星;建设单位为天津经济技术开发区管理委员会基本建设中心,项目负责人孙伟;监理单位为天津开发区建设工程监理公司,项目总监刘岩。

主要违法违规事实:一是施工单位存在转包行为,项目经理及主要管理人员的劳动合同与其下属子公司签订,社保由下属子公司缴纳,工资由下属子公司支付;二是建设单位未取得施工许可证开工建设,未按合同约定支付工程款;三是专业分包和劳务分包单位的现场负责人无劳动合同、社保凭证、工资支付凭证。

从上述案例,联想到集团公司对所属子公司以集团公司资质承接项目的管理模式,集团公司应对这一典型案例加以重视并应采取相应的措施。

一、对转包行为进行分析

我们需要弄清对转包的定义,在管理办法中规定,存在以下行为之一的,属于转包:(1)施工单位将其承包的全部工程转给其他单位或个人施工的;(2)施工总承包单位或专业承包单位将其承包的全部工程肢解以后,以分包的名义分别转给其他单位或个人施工的;(3)施工总承包单位或专业承包单位未在施工现场设立项目管理机构或未派驻项目负责人、技术负责人、质量管理负责人、安全管理负责人等主要管理人员,不履行管理义务,未对该工程的施工活动进行组织管理的;(4)施工总承包单位或专业承包单位不履行管理义务,只向实际施工单位收取费用,主要建筑材料、构配件及工程设备的采购由其他单位或个人实施的;(5)劳务分包单位承包的范围是施工总承包单位或专业承包单位承包的全部工程,劳务分包单位计取的是除上缴给施工总承包单位或专业承包单位“管理费”之外的全部工程价款的;(6)施工总承包单位或专业承包单位通过采取合作、联营、个人承包等形式或名义,直接或变相的将其承包的全部工程转给其他单位或个人施工的;(7)法律法规规定的其他转包行为。

所属子公司以集团公司资质承接项目的管理模式,工程管理部与子公司签订的分包是扣除管理费后全部包给子公司。

首先这种形式在多处地税都认为是转包行为,双倍缴纳税款才能同时开出总分包发票。

当下工程项目盈利较低，双倍缴税对子公司负担很重。为了避税我们采取了两种方法：(1)将一个分包合同拆分后签给子公司；(2)将主合同额的70%做成分包签给子公司，项目进行到后期再签订增补合同；以上的这两种方法治标不治本，是在跟税务有关规定打擦边球。一旦税务机关严格核查，集团公司这两种签订分包的方式同样会被认定为转包，面临着开票困难。根据实际问题建议收取1.5%管理费的项目，集团公司能够直接与一家分包商签订分包合同，其余部分签给子公司。如此执行的结果将造成集团公司面临的风险有所增加，增加分包合同评审数量，加大管理力度。

其次近年工程建设领域发承包交易量急剧增加，建筑市场空前活跃。同时，在建筑市场管理领域也暴露出一些亟待解决的问题。如行业转包、肢解发包、违法分包、拖欠工程款等乱象，像违法分包、肢解发包这样的现象也早有禁令，但是屡禁不止。这样的客观存在，体现出问题不一定在于制度的缺失，关键在于执行到位与否。据管理办法中对转包行为的规定，虽然集团公司与所属子公司是母子公司的关系，若是被查毫无疑问会被认定为转包行为，这需要集团公司、各所属子公司采取有效的措施，尽量避免出现违反管理办法规定的行为。

二、项目部主要成员劳务合同与所属子公司签订

项目经理及主要管理人员的劳动合同与其下属子公司签订，社保由下属子公司缴纳，工资由下属子公司支付，这种现象在所属子公司以集团公司资质承接的项目中也有体现，项目部主要成员包括项目经理、项目副经理、项目总工程师的任命，由集团公司工程管理部和人力资源部进行审核、主管领导批准，最终由人力资源部在oa上申请出具任命红文。

针对任命的项目经理部主要成员关系不在集团公司这个问题，可将子公司有建造师证的人员注册到集团公司，这个样会牵扯出一系列问题，具体的解决办法有待商讨。

根据上述案例及集团公司客观存在的问题，有关职能部门、下属子公司应该采取有效的应对措施，提高警惕，并且尽可能按管理办法规范自身的管理。

浅谈施工建设项目管理与信息化管理的必要性

工程管理部

杜小杰

当前信息技术的飞速发展从经济效益、技术手段和工程应用等三个方面，对建筑施工项目信息化管理的发挥起了巨大的作用使建筑施工管理上了一个新的层次。随着科学技术的进步，工程项目的规模和复杂性持续增加，工程施工周期长，项目个性化强。由于工程的复杂性，就有必要实行专业化协作。项目经理只有使用工程项目计划，才能把他所强调的工期、成本、质量和安全传达给工程技术人员。工程项目施工具有的单件生产、环境多变及严格而密切的配合等特点，决定了施工组织与管理的复杂性。只有在施工管理中应用网络计划技术，把一项工程作为一个整体来考虑，按照一定的程序对它进行合理安排，并通过网络计划本身所特有的反馈作用，调整和改进施工管理工作，才能使施工得以全面地达到优质、节省和快速的要求。

一、网络计划技术在我国施工管理中存在的问题

(1) 应用普及率不高。我国现有施工企业，企业素质差别较大，企业发展也很不平衡。

(2) 应用管理水平低。绝大部分施工企业网络计划技术的应用只停留在编制计划上，对计划执行中的监督与控制及计划调整缺少有效的管理方法。

(3) 应用深度不够。施工网络计划的编制往往只停留在确定施工顺序及工序穿插，编制深度不够，更谈不上网络计划的优化。

二、网络计划技术在我国施工管理中应用不理想的因素

首先是外部环境的影响。外部环境的影响包括工程设计变更、工期的确定受社会干扰多、工程款拨付进度没有与网络计划紧密联系、工程款拖欠等。工程设计变更给网络计划的制定和调整带来了很大的困难，使施工企业应接不暇，无法使用网络计划实行施工管理；有些工程工期的确定违反科学规律，工程竣工日期一再提前也使企业无法按网络计划去组织管理；工程款拨付不及时，也从客观上减弱了企业应用网络计划的责任感。

其次是企业自身素质的制约。(1)传统工作方式的阻碍。传统施工管理采用手工管理且很多工作都是靠经验来完成的，企业对实施网络计划管理的必要性认识不足。很多施工人员拒绝网络计划是因为他们觉得它会限制他们的行动自由，没有传统管理方式那样得心应手。(2)施工管理粗放。施工管理中现场跟踪检查没有形成制度，随意性比较大，进度数据收集不全面、不完整，进度数据的整理、统计、加工、分析能力差，无专人负责等。

三、施工项目管理的特点与信息化管理的必要性

建筑施工的目的，是形成具有一定功能的建筑物产品。建筑物产品的位置固定、形式多样、结构复杂和体积庞大等基本特征决定了建筑施工具有生产周期长、资源使用的品种多、用量大、空间流动性高等特点。对建筑施工过程本身以及施工过程中涉及的人力、物力和财力进行有效的计划、组织和控制，是建筑施工项目管理的主要内容。建筑施工项目管理主要呈现以

下特点：

（1）涉及面广：建筑施工项目管理是一个多部门、多专业的综合全面的管理。它不单包括施工过程中的生产管理，还涉及技术、质量、材料、计划、安全和合同等方方面面的管理内容。

（2）工作量大：一个建筑物的形成，需要消耗的物资种类繁多，需要大量的施工活动共同参与。对所有这些施工环节及其用到的资源都做到管理工作的深入到位，可以想见建筑施工项目管理工作的复杂与繁重程度，而这些仅仅是项目管理中的生产管理和材料管理两个侧面。

（3）制约性强：项目管理工作必然要符合建筑施工从准备到竣工验收这样一个循序渐进的内在规律。因此，建筑施工项目管理不仅要符合建筑工程有关规范规定的要求，还要做到彼此协作、安排有序。

（4）信息流量大：信息与物质、能源一样，是构成社会经济发展的重要资源。任何一项管理活动都离不开某种信息的处理工作。建筑施工项目各方面的管理活动并不孤立，它们之间存在相互依赖、相互制约的联系。于是，各管理活动之间必然需要信息的交流与传递，建筑施工项目管理工作的复杂与繁重程度直接决定了项目管理过程中信息流动的复杂和频繁等特点。可是，在传统的建筑施工项目管理模式中，项目上各种信息的存储主要是基于表格或单据等纸面形式，信息的加工和整理完全由大量的手工计算来完成，信息的交流则绝大部分依赖于人与人之间的手工传递甚至口头传递，信息的检索则完全依赖于对文档资料的翻阅和查看。信息从它的产生、整理、加工、传递到检索和利用，都在以一种较为缓慢的速度在运动，这容易影响信息作用的及时发挥而造成项目管理工作中的失误。

随着现代工程建设项目规模的不断扩大，施工技术的难度与质量的要求不断提高，各部门和单位交互的信息量不断扩大，信息的交流与传递变得越来越频繁，建筑施工项目管理的复杂程度和难度越来越突出。可见，传统的项目管理模式在速度、可靠性以及经济可行性等方面明显地限制了施工企业在市场经济激烈的竞争环境中的可持续生存和发展的能力。建筑施工项目的信息化管理，不仅仅意味着在建筑施工项目内部的管理过程中使用计算机，它具有更广泛更深刻的内涵。首先，它基于信息技术提供的可能性，对管理过程中需要处理的所有信息进行高效地采集、加工、传递和实时共享，减少部门之间对信息处理的重复工作。共享的信息为项目管理服务、为项目决策提供可靠的依据。其次，它使监督检查等控制及信息反馈变得更为及时有效，使以生产计划和物资计划为典型代表的计划工作能够依据已有工程的计划经验而变得更为先进合理，使建筑施工活动以及项目管理活动流程的组织更加科学化，并正确引导项目管理活动的开展，以提高施工管理的自动化水平。

四、项目管理信息化的应用

在此，以施工企业信息化管理为例来说明项目管理信息化在施工单位的应用。

1. 准备工作

项目管理信息化实施之前，首先针对工程项日本身的基本内容，系统的实施人员和相关业务的管理人员相互配合，利用先进的网络计划技术，结合 P3 项目管理软件，做好以下准备工作：(1)能够准确的用施工工序的逻辑关系反映项目实施过程；(2)理解网络计划中如工期等时间参数及其含义；(3)结合现场施工经验，标明关键路径与关键作业；(4)结合现场施工经验，理解进度、资源、费用的相互关系；(5)结合目标工程，了解目标管理与网络计划技术结合对项目实施动态跟踪控制的方法。

2. 管理层次的划分

施工企业总部管理层、项目部管理层使用管理软件，采用工程组形式管理工程，进行分头管理、统一协调。各工程之间人、材、机项目协调调度，充分利用资源，在工程组层面进行分析统计。

(1) 公司总部管理层

该层可以认为是工程项目的业主监理、总承包商。公司各业务部门包括信息中心、工程管理、财务、物资、经营、档案、质量、安全部门等部门参与。主要负责工程进度、成本、合同、安全、质量、协调等信息的控制和管理，及时掌握公司所有工程的进度、资金使用、物资到货、安全、质量、成本等信息的情况，进行综合分析和决策。

(2) 项目部管理层

该层是施工现场管理层。主要负责工程进度计划的具体实施和实际的进度控制、资源加载、安全、质量、工作联系等信息的提供。并且负责向公司总部定期上报具体工程施工进度、资源和费用情况的报表。

(3) 施工队管理层

该层提供施工现场实时数据。施工部门根据进度计划，合理安排施工任务，并负责将本日、本周的施工情况进行上报。

3. 工程管理信息编码分类

工程管理信息编码分类包括工程项目分解结构编码(WBS)、作业分类码、作业代码、作业代码分类码、资源代码、费用编码、日历代码、自定义编码等。

4. 项目进度计划编制及审查

项目进度管理人员将工程分为4级进度计划，进行控制与管理：

(1) 里程碑进度计划，此计划由业主/建设单位根据项目总体安排确定。

(2) 由业主或建设单位编制的指导性计划及各承包商的总进度计划合并的总控制计划。

(3) 公司总部各部门编制的详细的施工总进度计划，根据上一级级控制计划编制。反映公司总部对项目内容的整体安排，此计划要报监理批准，为3级总体目标控制计划。

(4) 项目部编制的具体指导施工的进度计划，根据第3级进度计划编制。反映项目部对具体施工方案的安排。此计划要报公司总部批准。各级计划相互依存，各级进度计划工序与工作分解结构编码对应。

施工企业的领导及相关人员通过项目管理信息化系统，可及时掌握企业当前各工程的进度、费用和资金使用情况，准确、迅速地制定企业今后经营、工程资源、资金调拨等决策。以项目管理信息化系统作为公司信息化建设的突破日，可提升企业核心竞争力，使企业在日益激烈的市场竞争中处于优势地位。

对建筑施工项目实行信息化管理是十分必要并且是切实可行的。遵循一定的开发步骤是研制开发高质量建筑施工项目信息管理系统的根本保障。对建筑施工项目实行信息化管理，通过实现信息的共享和互访，为项目参与人提供一个良好的协同工作环境，减少由于信息传递障碍造成的管理失误和决策失误，提高项目的整体经济效益和工作效率。

电站咸、海水循环水泄漏的预防与处理

电力工程事业部

冯承元

摘　要：

本文针对采用咸水或海水作为循环水而出现泄漏的原因、危害与预防，从设备配置、安装焊接、试运操作到投产运行等方面进行了分析，阐述了对事故的预防和事故处理措施。

关键词： 循环冷却水　泄漏　堵塞爆管　腐蚀　预防　处理

一、简　述

在海边、咸水湖边的电力工程中，循环水一般设计为就近的咸、海水。部分已建成的机组在试运行期间和商业运行期间，发生了因循环水泄入热力系统，水质迅速恶化，造成锅炉汽水管道堵塞、爆管、被迫非正常停机事故。并因此而使单元热力系统的设备、管道被严重污染、腐蚀。

二、机组系统的设计配置（下面以 300MW 级机组为例）

汽轮发电机组的热力系统除辅助蒸汽系统外，均按单元制系统进行设计。

循环水系统和开式循环冷却水系统采用海水（或咸水湖湖水）直冷，厂内另设置海水淡化系统，为工业、生活提供淡水。

凝汽器水室设置有抽真空系统，以增加对循环水的虹吸。

为防止循环水的泄漏和有效地对凝结水/给水/炉水水质进行监控，在凝结水/给水系统都设计有人工取样化验点和不合格水排放点；同时在电仪监控设计上有水质自动检测/显示/报警的检测自动化仪器仪表进行在线水质监控。

其他系统按常规设计、配置。

汽机抽真空系统（汽侧）的抽气管（DN250）分左/右各一根穿过凝汽器水室而引出，材质为钛，该部分钛管由厂家供货，现场进行组装焊接（见图一：抽气管道穿过凝汽器水室俯视图）。

三、咸、海水漏进汽室的原因

在凝汽器中，由低压缸排入的乏汽，经冷却管冷却凝结成水，冷却管的材质为 TA_2，管径 ₵25×0.5，共 14924 根，与两端管板连接采用涨接后再进行焊接的方式，两端管板处焊口近三万个。从图一所示的抽气管道穿过凝汽器俯视图及图二所示的凝汽器汽侧/水侧/冷却管示意图中可以看出，水侧循环水（正压）进入凝汽器汽侧（负压）有两途径：经由抽真空系统的抽气管道或是凝汽器冷却管泄入。

泄漏产生有如下几个原因。

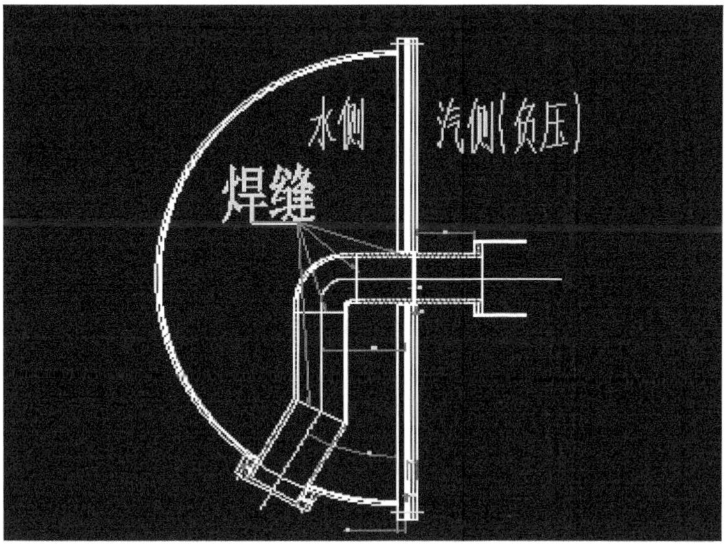

图一　抽气管道穿过凝汽器俯视图(右侧)

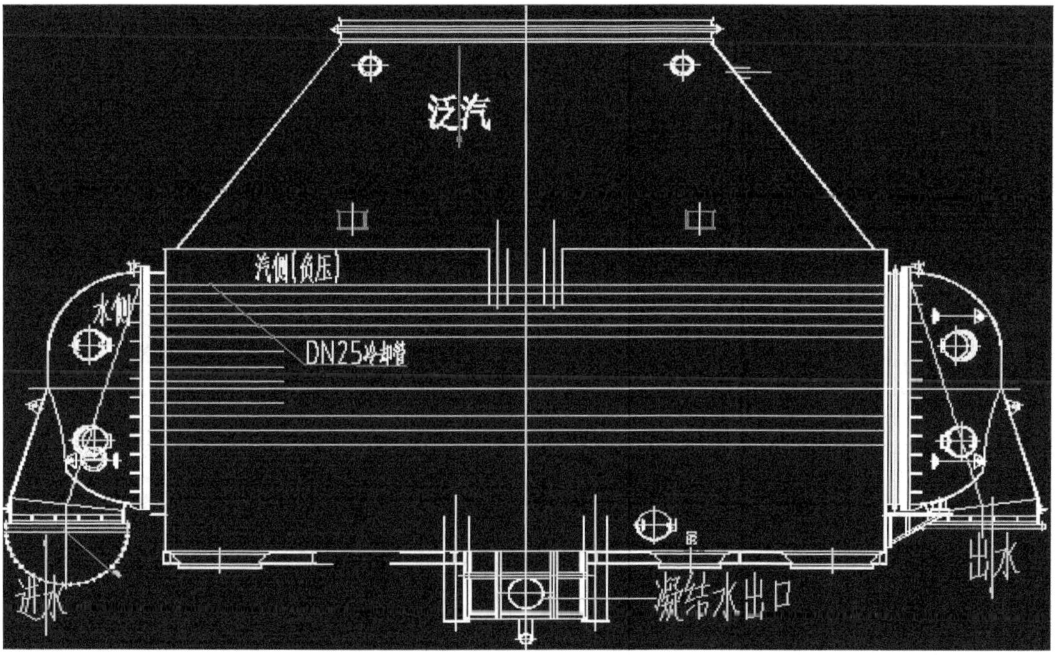

图二　凝汽器汽侧/水侧/冷却管示意图

1. 钛管自身受到伤害而存有缺陷

由于冷却钛管在安装、搬运、运输过程中未按《钛管施工及验收规范》SH3502—2000 的要求进行操作,因而留下了砂眼、隐性裂痕、划伤等。这些伤痕在灌水试漏检验中有些不能即刻被发现,而在热态/动态运行下经过冷、热交替逐渐地暴露,进而引发泄漏。

2. 钛管在安装焊接时质量存在缺陷

抽真空系统的水室段抽真空管道/循环冷却水Ȼ25 管道的材质均为 TA_2，大量的安装、焊接工作都在现场进行，有的未按钛管焊接工艺要求进行，都使钛管的焊口硬度/塑性和韧性无法得到保证，残余应力和残余变形直接影响焊缝质量，从而给焊缝产生裂隙留下隐患。

3. 运行中不当操作造成薄弱处撕裂泄漏

运行中，循环水系统泵的开启、突然的停泵以及阀门的开闭等，都会引起不同程度的水锤(击)现象。突然的停、启引发的水锤具有很大的破坏性。

根据《科技信息》2007 年第 32 期《火电厂循环水系统的水锤危害及水锤防护措施》文中提示：最大负压一般发生在凝汽器。也就是说凝汽器处负压是最易发生水锤现象处。

在循环水系统设计中，设计院为增加水室内的虹吸，在凝汽器水室设计有机械真空泵抽吸水室的空气。如真空泵在循环水泵启动之前即已投入运行，使水室形成负压，循环水对水室内设施的冲击就更大。

由于管道使用是钛质材料，相比其他金属材料较脆。循环水水锤破坏就极易对管道薄弱(或焊缝隐患)处产生危害，造成泄漏，使水室的水泄漏进入汽室。

从一案例事发后汽室灌水试漏泄漏照片图(见图三)，可诊断似凝汽器水室内抽气管道受到水锤现象，300MW 级机组循环水管进水口为 DN2000，如在凝汽器水室进水之前已开启水室真空泵抽气，水室内形成负压，循环水就循箭头方向冲击着抽气管道，强大的冲击力使焊缝处产生裂纹而泄漏。

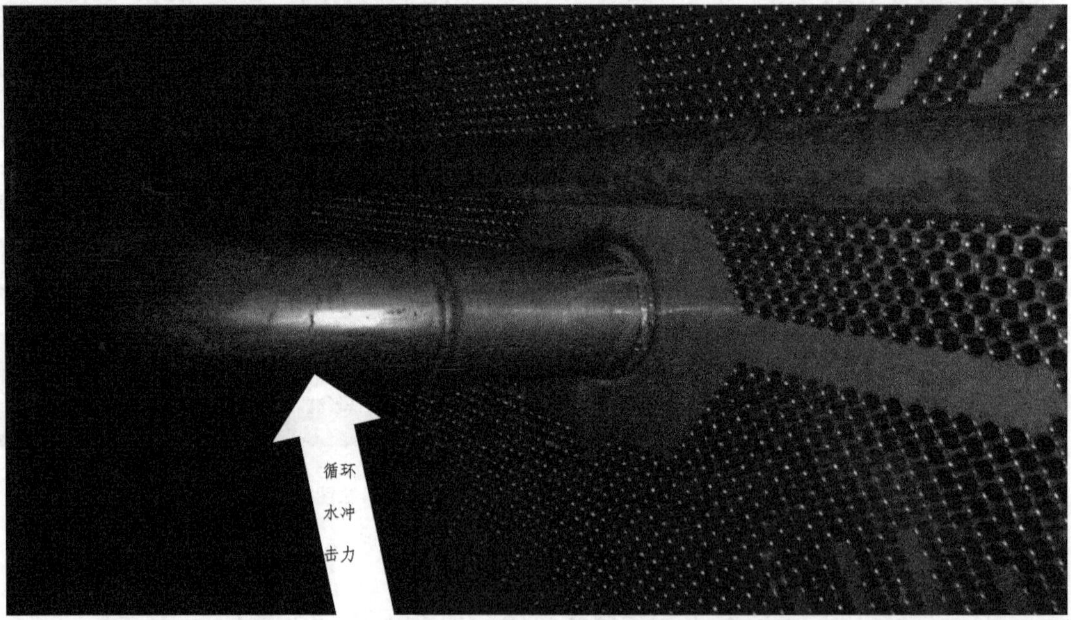

图三　汽室灌水试漏泄漏照片图

4. 管壁磨损变薄产生裂纹而泄漏

在长期的运行中，由于循环冷却水系统也会带有泥沙/杂质进入凝汽器冷却管中，在不断的冲刷过程中，管壁变薄、破裂产生泄漏。

四、咸、海水渗入凝汽器汽室的危害

咸、海水渗入汽室，由于高盐含量，造成凝结水品质急剧下降，硬度增大，在经过各种热力设备（如除氧器、给水管道、加热器、省煤器等）时由于水温不断提高，盐类在水中的溶解度下降，这些盐类物质不断从水中析出，附着在受热面上形成水垢，严重的形成堵塞，它既影响受热面的热交换，也使受热面过热而发生爆管（见图四）。

图四 分隔屏被堵管断面图/管爆图

另外，水质硬度的增大还导致蒸汽品质的不合格，引起汽轮机叶片结垢等，对汽轮机的运行带来不利影响。当锅水的含盐量达到某一极限值时，就会产生水汽共腾，造成蒸汽品质的急剧恶化。此时，蒸汽中大量带水，严重时发生水冲击。

劣品质水汽所到之处的水汽管道及关联设备都受污染而被侵蚀，事故被扩大成单元热力系统的污染事故，处理起来，费时费工。在潮湿地区，时间稍长，整台机组就被腐蚀（见图五）。

五、针对原因，采取措施，对循环水泄漏进行有效管控

1. 防止施工过程造成对钛管损伤，管控钛管安装质量

钛是非常活跃的金属，高温下与许多气体有很强的亲和力。并在高温下的时候极易吸收和溶解气体，与氧、碳、氢、氮和几乎全部的氧化物进行反应。焊接时，随着温度升高，钛开始强烈吸收和溶解气体，使其硬度提高，塑性和韧性降低。因此，根据《钛管施工及验收规范》SH3502—2000 的要求，在钛管的保管、运输、安装全过程都必须严格按该规程操作。焊接时必须采用惰性气体对焊接区域进行有效保护的 TiG 焊接工艺。由于钛材具有特殊的物理化学特性，因而其焊接工艺与其他金属存在较大差异。必须有针对性地制订《钛管施工焊接工艺》并在操作中对焊工进行详细交底和全过程监控。特别是：

图五 泄漏发生后高/中压转子被腐蚀图

- 焊接时，钛管内、外惰性气体有效保护是对其硬度/塑性和韧性的保证。
- 组合焊接时不能强制对口，以免有较大的焊接残余应力和残余变形。
- 焊接过程须按合理的工艺，严格按工序质量管理标准，实行全过程的质量控制。使人、机、料、法各因素均处于良好的受控状态，从而在保证钛管的焊接质量。

2. 编辑针对性的运行规程，预防运行时的不当操作

要防止水锤现象，在循环水泵运行操作规程的编辑中，应根据工程的工艺设计，遵循防止水击的原则，对循环水泵的启动、切换，出口阀门开启、关闭，排气阀的开启，水侧机械真空泵的启/停等编辑针对性的操作规程。

3. 加强运行中对凝结水、给水、炉水的水质监控

试运期间，是对设备、设计、安装、调试质量在热态/动态下的特殊试验检验阶段，缺陷和隐患在这期间会得到充分暴露，因此试运行阶段也是发现问题进而进行完善的阶段，所以，不能按正常运行时期的规程来进行监控，而是应该不定时/加密地对凝结水、给水、炉水取样化验、防止因水质硬度高而结垢，避免堵管/爆管事故的发生。

及时投用水质监测/监控仪器仪表。水质的在线监控，即时的显示/超标的报警对发现、避免凝结水水质恶化不可或缺。

4. 严格运行规程的执行、提升运行人员的运行技能

在运行规程中，对相关设备的运行操作都有具体的操作规程。借鉴相关单位的300MW级汽轮机运行规程(Q/FD－QJ0101—2007)其中：

- 凝结水系统运行：凝结水进行换水直至水质合格；
- 低压加热器的运行：确认凝结水系统水质合格后低压加热器才能投入；
- 除氧器的运行：确认除氧器及其管道冲洗合格。

运行规程是电厂安全生产的法律、法规，必须严格遵照执行。

同时，应根据此类机组的特点，提升运行操作人员对循环水投用防水击(锤)事故技能和发现循环水泄漏时的及时处理能力，可避免事故进一步扩大。

六、海水泄漏事件发生后的处理

1. 事件严重程度的判断

当发现已发生循环水泄漏事件时，应立即根据前后两次水质化验时间间隔来判断泄漏时间的长短，根据机组当时所带负荷多少来判断其对单元热力系统的污染程度。泄漏可分为：

- 轻度污染(泄漏发生在两小时内，负荷在 50MW 以内)；
- 中度污染(泄漏发生在四小时内，负荷在 100MW 以内)；
- 严重污染(已发生锅炉受热面爆管)。

2. 各阶段的处理方案

当确认发生了循环水泄漏，应立即把负荷降下来，按规程把发电机解列。在化学制水能力允许情况下，解列凝结水向除氧器进水，并通过系统中的放水点把受污染凝结水放掉(见图六)。

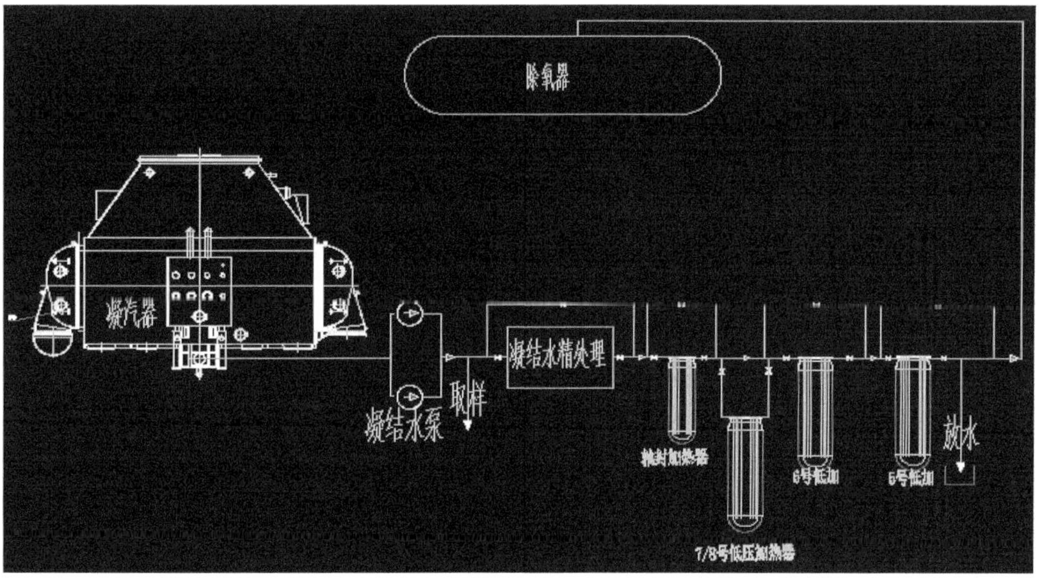

图六　凝结水系统示意图

在轻、中度污染情况时，化学制水直接向除氧器补水，通过给水/主蒸汽/再热蒸汽系统对热力系及设备对给水系统进行给水冲洗，通过蒸汽对蒸汽管进行冲刷、清洗。直至在再热取样处的水质化验合格为止，再视现场情况停机进行泄漏处理(见图七)。

在严重污染(已发生锅炉受热面爆管)情况下，应在降负荷、发电机解列、向除氧器补水的同时按正常运行程序停机。停机后：

在汽机及辅助机械/设备/管道系统范围：

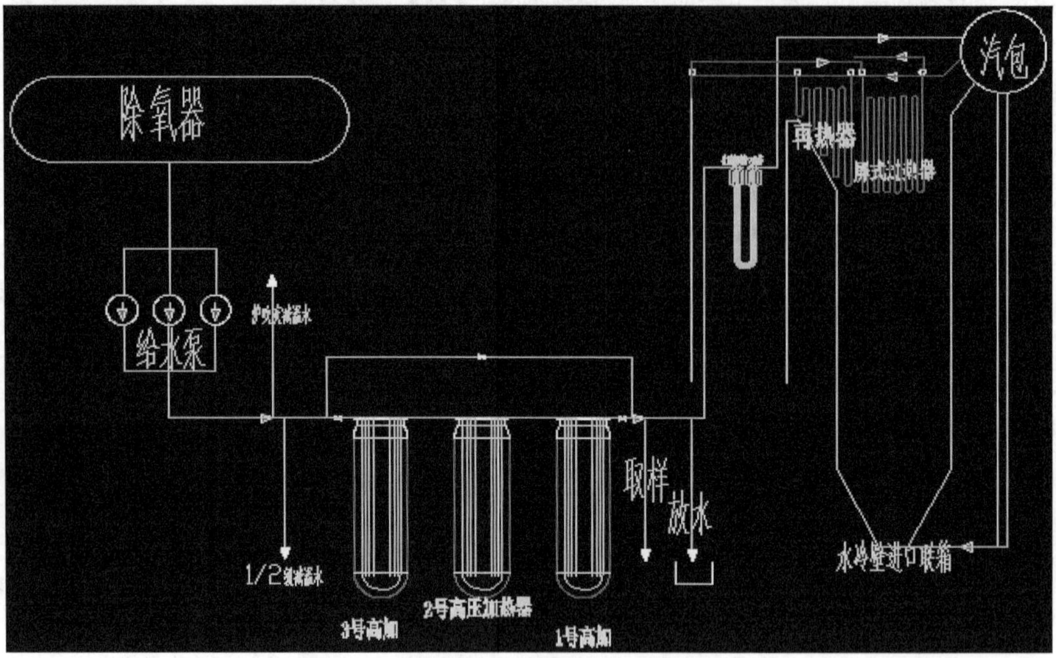

图七　给水系统示意图

- 对水室内抽气管道/凝汽器冷却钛管焊口进行全面检查,对不合格焊口按焊接工艺进行处理,对凝汽器泄漏冷却钛管进行更换或封堵。
- 同时,汽轮机揭缸,对转子、隔板、内缸采用压力清水冲洗盐垢,冲刷干净后用压缩空气吹扫、干燥后涂上防腐油脂进行防护。
- 其他附属机械和设备、管道系统进行灌水浸泡、冲洗,直至盐度降低至要求值后,用压缩空气吹扫、干燥。转动机械还需要进行解体、清理检修。

锅炉范围的水汽管道系统:

- 对过热、再热系统管排进行切管检查、更换损伤管道,对易堵部位进行通球检查。
- 对炉本体受热面反复进行温水浸泡、直至水质取样化验合格为止。
- 切/换管完成后对炉整体进行(工作压力)试压、化学清洗的工作。
- 按整组启动前的要求进行点火冲管(再热冷、热段,主汽及其旁路系统)工作。

事故处理后的再次整组启动过程中,应加强凝结水/给水/炉水质检验,应严格执行“凝结水不合格不向除氧器进水、高压给水水质不合格不进锅炉、炉水水质不合格不向汽机送汽”的规定。

七、结　论

预防循环水(特别是采用海水或咸水湖湖水)泄漏事件及扩大,是一个从安装到运行,从运行规程编辑到规范运行操作的综合课题,要杜绝事故的发生,应从进场材料的保管、规范的安装焊接、切实可行的运行规程、事故发生时按相关应急预案的几方面进行管控(特别是运行的即时监控),是可以将事故消灭在萌芽状态的。

【案　例】

在承建的某300MW级电站工程中，$2^{\#}$机组在整组启动试运行期间，发生了循环水真空系统的水室钛管焊口处泄漏事故。

根据资料，焊接完成后进行了汽室灌水的密封性试验，证明焊后钛管、焊接接头不漏。

运行中，当循环冷却海水不是“漫”进凝汽器，而是以上文的泄漏原因“3的不当操作”的水锤现象冲击进入时，对钛管及焊缝不亚于是一次破坏性试验的冲击/弯曲试验，而钛管没发生问题，焊缝却产生裂痕而泄漏了(在焊接质量合格的情况下，正常情况是焊缝强度高于母材)，从而证实了焊缝存在质量隐患。

因此，$2^{\#}$机组钛管焊缝泄漏的产生是在焊缝留有质量隐患的情况下，加上运行的不当操作下产生水锤现象的冲击、焊缝隐患暴露，裂纹产生。进而，海水吸入汽室(负压)，凝结水水质被污染。

又由于在运行过程中对各系统的水质的监控缺失，水质恶化未能及时发现，从而使得事故进一步扩大，最终酿成了重大事故。

国际工程招投标浅析

付佳琛

摘　要:

随着中国建筑业市场的开放,中国的建筑企业越来越多地参与到国际工程的承包市场竞争中,抢占市场。但我国目前的建筑市场中仍有很多的做法与国际惯例存在差异,本文基于这实际情况,针对国际工程招投标的特点,国内外招投标的区别进行了简要的分析。

关键词: 国际工程　招投标　国内外

一、国际工程承包现状

近年来,我国建筑业在技术、管理等方面都有了长足的进步,已逐步向国际水平、国际惯例靠拢,在国际建筑市场上已取得了立足之地。从海外经营情况看,中国企业与欧美承包商相比仍有较大差距。那么,如何在这机遇与挑战并存的环境中立稳脚跟,抢占市场份额,就成为我国承包商所亟待解决的问题。本文拟通过对国内外工程承包招投标的比较分析,对完善我国招投标工作提出些许建议。

二、国际招投标特点

(一) 国际工程投标报价策略

1. 投标决策策略

在国际工程承包市场,投标商需要非常注意针对自己的能力和特点进行投标对象的选择和是否进行投标的决策,否则必将承受国际市场严格的索赔制度和投标活动所带来高额成本的损失。

2. 深入腹地策略

可以通过在招标国注册登记和聘请招标国代理两种方法进行。通过在招标国注册登记可以取得投标资格、拥有更多的投标机会,并且享受招标国的优惠政策;通过聘请招标国代理人可以完善国际工程投标手续、深入理解招标文件、了解和掌握当地国际招标的习惯做法和法律法规。

3. 最佳时机策略

投标人在接到投标邀请至截至投标这段时间内,选择于已最有利的机会投出标书。选择最佳时机,投标人应掌握的原则是,反应迅速,战术多变,情报准确。在了解了竞争对手数量及其报价之后,按照实际中标可能性修改原报价,才能使标价更合理。

(二) 国际工程投标报价技巧

1. 扩大单价法

对项目施工条件非常恶劣,专业技术要求高的工程及工程中变化比较大或没把握的工作采用扩大单价,增加不可预见费的方法来减少风险,这样会使总价提高,减少了中标概率. 通过这种方法了解该国市场价格水平，积累经验。

2. 开口升级报价法

该法将报价看成协商的开始。首先对图纸和说明书进行分析，把工程中的一些难题作为活口，将标价降至其他人无法与之竞争的数额。利用这种“最低标价”来吸引业主，从而取得与业主商谈的机会，利用活口进行升级加价，以达到最后承接到工程并且可以盈利的目的。

3. 无利润报价

通过了解有些国家建筑市场前景很大，在不赔本的前提下先打开该国市场，在该国站稳脚跟，熟悉市场，锻炼队伍，争取后续项目的最大利润。

4. 不平衡报价法

指在工程项目的总价基本确定后，根据招标文件的付款条件，合理地调整工程量清单中各分项单价，以期既不提高总价，不影响中标，又能在结算时得到更理想的经济效益。

三、国内外招投标比较分析

（一）招标方式

国际工程的实施普遍采用承包发包方式，即通过招标的办法挑选理想的施工企业。

（二）资格预审

资格预审是业主对投标人的资信事先进行的一次审查，以确保参加投标的单位均为有承包能力的承包商。这样有助于确保招标工作的顺利进行和工程的质量，同时也避免了投标费用的浪费。资格预审，不论是国内工程项目还是国际工程，都是必不可少的环节之一。我国自八十年代开始实行招投标制度。然而，在执行的过程中，很多业主对资格预审只是走形式，从而导致无力承担项目的承包商也参与竞标并以最低价夺标，最终损害了业主的利益。与之相反，国际工程承包市场，均建立了一套极其严格的资格预审程序，只有通过资格预审的承包商才有投标资格。

（三）项目环境的差异

国际工程承包因项目环境的复杂性而比国内工程承包具备更大的风险。国际工程项目的实施，涉及不同的经济发展水平，不同的法律规范和政府规定，不同的社会文化环境和地理气候条件，不同国家的技术标准以及各种客户的不同要求等，这些因素远比国内项目复杂得多；在自然条件方面，有些项目所在国自然条件和气候极其恶劣，会导致我国工人水土不服从而影响工作的进程；在经营管理方面，国外工程的监理制度极为严格，工序之间的质量检查频繁，有些项目甚至要求每道工序都需由监理工程师审查认可，才能进行下一道工序。

（四）报价方式的不同

国际工程承包的合同支付方式一般分为总价合同和单价合同两大类。总价合同也称总价固定合同。这种合同要求投标者报出完成招标文件中所规定的全部项目的总价格。业主采用这种合同，便于在评标时确定最低价承包商，并且在施工过程中可集中精力控制工程质量和进度。但总价合同对承包商来说具有一定的风险，如物价波动、气候条件恶劣以及其他意外的困难等。单价合同要求承包商按照招标文件工程量清单填入各项工程的单价,据之计算出合同总价进行投标。这种报价方式不同于中国的工程预算和投标报价编制方法中将直接费,间接费及各类措施费,利润分别计算的方法,而是按单位工程报价。

四、对我国招投标工作的建议

(一) 弥补立法不足,完善法律体系

立法部门应结合应用实践中出现的问题,针对招标投标法中其中有些条款规定的范围涵盖面不够或不具体,造成了法律适用中的不确定性,应尽快弥补立法的不足,并建立与之相配套的地方法规体系,更好地推动《招投标法》的应用。

(二) 建立完善,严格的资格预审制度

建立严格的资格预审制度,规范招投标行为,确保工程质量是完善我国招投标工作的重要环节。将资格预审落到实处,避免资格预审的形式化,真正通过资格预审使技术力量强、资金雄厚、信誉良好、施工业绩优异的企业入围参加投标。

(三) 建立公平、合理的评标定标方法

当前,由于评标定标方法的不科学、不合理或有失公正,造成竞争力很强的施工单位不能中标的现象还时有发生。因此,国家有关部门在推行招投标制度时,必须制定出具体的、可供操作的评定办法。

(四) 正确受理投诉与解决招投标纠纷

由于招投标法规完善尚有一个过程,在短期内招投标不公正和违规现象仍不可避免,如何正确引导投诉,解决争议,处理评委会不公正或违法评标成为迫切需要解决的问题。针对此问题,一方面我们可以尽快完善招投标法规,另一方面要加强行政监督部门的监察力度,并建立专家仲裁机制。

(五) 加强合同监督管理

各地行政主管部门应对合同履行情况进行监督检查,对承包单位履约情况在有形市场登记备案,作为其他业主招标资格预审时的参考材料。

五、总　结

随着中国建筑业市场的开放,中国的建筑企业越来越多地参与到国际工程的承包市场竞争中,抢占市场。但我国目前的建筑市场中仍有很多的做法与国际惯例存在差异,本文基于这实际情况,针对国际工程招投标的特点,国内外招投标的区别进行了简要的分析,提出了改善我国招投标工作的一些建议。我国承包商只有充分认识国际工程招投标的特点,选择合适的工程项目参加投标,认真做好投标的各项工作,树立风险意识,才能在激烈的国际市场竞争中获取项目并获得良好经济效益。

浅谈工程项目的招投标现状

付佳琛

摘 要:

随着我国经济的发展,工程项目也随之迅速发展。在激烈的竞争中,招投标工作是工程项目关键,对优化资源配置起决定性作用。招投标的好坏,直接影响工程项目成本和质量。本文结合自身所学,同时加入自身对其他相关文章或资料的理解,浅谈工程项目招投标过程中出现的问题以及对策,对改善工程招投标市场环境,规范招投标工作,健全市场竞争机制,防止不正当竞争有积极作用。

关键词: 工程项目 招投标 问题 对策

一、招投标的概念

招投标,是招标投标的简称。招标和投标是一种商品交易行为,是交易过程的两个方面。招标投标是一种国际惯例,是商品经济高度发展的产物,是应用技术、经济的方法和市场经济的竞争机制的作用,有组织开展的一种择优成交的方式。这种方式是在货物、工程和服务的采购行为中,招标人通过事先公布的采购和要求,吸引众多的投标人按照同等条件进行平等竞争,按照规定程序并组织技术、经济和法律等方面专家对众多的投标人进行综合评审,从中择优选定项目的中标人的行为过程。

二、招投标的意义

实行建设工程招投标是我国建筑市场趋向规范化、完善化的重要举措,对于择优选择承包单位、全面降低工程造价,进而使工程造价得到合理有效的控制,具有十分重要的意义。

形成了由市场定价的价格机制。工程价格更加趋于合理,若干投标人之间的竞争激烈,通过竞争确定的工程价格将有利于节约投资、提高投资效益。

不断降低社会平均劳动消耗水平。由于不同投标人的个别劳动消耗水平是有差异的,通过招投标,最终那些个别劳动消耗水平最低或接近最低的投标人获胜,这样便实现了生产力资源较优配置,也对不同投标人实行了优胜劣汰。

工程价格根基符合价值基础。需求者对供给者选择的基本出发点是“择优选择”,即选择那些报价较低、工期较短、具有良好业绩和管理水平的供给者,为合理控制工程造价奠定了基础。

能够减少交易费用。招投标中,若干投标人在同一时间、地点报价竞争,在专家支持系统的评估下,以群体决策方式确定中标人,必然减少交易过程的费用,这本身就意味着招标人收益的增加,对降低工程造价必然产生积极的影响。

三、招投标的内容

招投标,是招标投标的简称。招标是一种国际上普遍运用的、有组织的市场交易行为,是贸易中的一种工程、货物、服务的买卖方式,相对于招标,称之为投标。招标是指招标人(买方)

发出招标公告或投标邀请书，说明招标的工程、货物、服务的范围、标段(标包)划分、数量、投标人(卖方)的资格要求等，邀请特定或不特定的投标人(卖方)在规定的时间、地点按照一定的程序进行投标的行为。

投标是与招标相对应的概念，它是指投标人应招标人特定或不特定的邀请，按照招标文件规定的要求，在规定的时间和地点主动向招标人递交投标文件并以中标为目的的行为。

四、目前我国建设工程项目招投标中存在的主要问题

随着国家建设资金投资力度不断加大，各地对政府投资项目招投标管理越来越重视，先后建立健全了一系列招投标管理制度，对于进一步规范建筑市场管理起到了积极作用。但是，从审计发现的问题看，当前招标投标管理活动还存在一些不容忽视的问题。

投招标行为不规范。招投标行为不规范主要是建设单位在实行招标或者公开招标的建设工程项目中，采取各种方式违规干预、弄虚作假、不公开招标信息，将应该公开招标的建设工程项目改为邀请招标，排斥潜在的招标单位。有的建设单位会私下安排几家关系单位串通投标，搞“轮流坐庄”，这次你中标，下次他中标，大家互相抬标，都有利可图。有时甚至一个有关系的投标人安排几名业务员拿不同单位的资质材料，同时参投，看似公平竞争，实则结果已在掌握之中。

投招标运作有待完善。有的建设单位没有法律、合同方面的专门人才，对涉及招投标的工程管理方面的业务不熟悉，制定评标细则时考虑不够全面，导致标底不准确，还存在监督机制不健全，泄露标底，串标等现象，影响招投标文件的公正性。

五、改进措施

制定系统的招投示范文本，完善示范文本体系。政府监督管理部门应区别工程规模和工程性质，制定系统的招投标示范文本，完善示范文本体系，以便招投标人参照使用。依法查处招标活动中的包括不正当竞争的违法行为首先要强化招标投标备案制度，落实招标投标书面报告制度、招标结果公示制度、邀请招标批准制度。加大招标方式的改革力度，大力推行工程量清单报价，实行合理低价中标，逐步废除便于操纵的“谁接近标底，谁中标”的招标评标方式，最大限度地减少评标过程中的人为自由裁量权。

成立招投标监督管理部门。目前我国计划发展、财政、审计三部门都设有固定资产投资管理机构，职能各异，工作侧重点不同。可以考虑将三部门结合在一起，成立如招标投标监督管理部门，使其独立于招标人、投标人之外行使执法监督权力，工作范围包括定标底、开标、评标、定标等全过程，将事后监督的工作方式改为事前、事中、事后监督相结合。招投标监督管理部门主要行使以下功能：要加强对招标代理机构的日常管理，维护招标代理市场秩序。招投标监管部门要重点做好代理机构承接业务后的行为管理，对通过采用虚假招标、串通投标等违法方式操纵招标结果等行为，经查证核实的，除依法对招标代理机构进行处理外，还应当将负有直接和相关责任的专职人员清出招标代理机构；加大问责力度，严肃查处虚假招投标行为。一是对招标投标项目实施跟踪检查，对于虚假招标的一经发现要严肃查处，对典型案例要予以曝光，形成良好舆论监督氛围。二是加强“标后监管”，形成招标投标市场、施工现场、行政执法联动机制，加强对合同履行情况的监督管理，检查工程承包合同执行等情况，发现和查处招投标领域的腐败行为和商业贿赂行为；三是对举报、投诉等情况认真对待，积极开展调查，对违法违

规行为及时做出处理；加强对评标工作的监管。加强对评标工作的监管可以从软件和硬件两方面同时展开。软件方面首先要加强评标工作的制度建设，规范评标工作的程序和内容。针对商务标标书的回标分析工作，管理部门要制定出具有可操作性的工作规程，并督促招标人和招标代理机构做好相关工作，为评标工作做好技术准备；在评标过程中，严格遏制授标意向的传递，保证良好的评标氛围；督促评委认真履行职责，保证评标结果的公正、公平。硬件方面如果条件允许，可以在评标过程中提供两方面的硬件设备：一方面是用电脑设备进行回标分析，便于评委提高评标效率，保证评标结果的准确；另一方面是用录音录像设备，全过程记录评标过程，以便对参加评标工作的各方行为进行约束，达到管理部门的监管目的。第三方面要充分发挥公正度评价和标后评估作用。为规范建设工程评标行为，提高评标的质量和水平，保证评标活动的公平、公正，维护招标人和投标人的合法权益。

建立监管信息系统，形成信誉档案。研究建立建筑市场监管信息系统，包括勘察、设计、施工、监理、招标代理等企业，及企业中专业技术人员和项目经理情况。收集工程招投标、施工许可、质量安全监督、竣工验收备案等的数据库，并形成信息网络，充分发挥高新技术在工程招投标监管中的作用。加强招投标活动中信誉评分管理，使信誉评分政策顺利实施，切实起到奖优罚劣的目的，确保招标的正常秩序。

建设工程交易中心。将建设工程交易中心办成“程序规范，功能齐全，手段多样，质量一流”的服务型的有形招标投标市场建设工程交易中心，除提供各种信息咨询服务外，其主要职责是能保证招标全过程的公开、公平和公正，确保进场交易各方主体的合法权益得到保护，特别是要保障法律规定的必须进行招标项目的程序规范合法。

规范和完善建设市场规则。建设市场规则是有关机构制定的或沿袭下来的由法律、法规、制度所规定的市场行为准则，其内容包括：市场准入规则。市场的进入需遵循一定的法规和具备相应的条件，对不再具备条件或采取挂靠、出借证书、制造假证书等欺诈行为的应采取清出制度，逐步完善资质和资格管理，特别应加强工程项目经理的动态管理；市场竞争规则。这是保证各种市场主体在平等的条件下开展竞争的行为准则，为保证平等竞争的实现，政府必须制定相应的保护公平竞争的规则。《招标投标法》、《建筑法》、《反不正当竞争法》等以及与之配套的法规和规章都制定了市场公平竞争的规则，并通过不断的实施将更加具体和细化；市场交易规则。交易必须公开（涉及保密和特殊要求的工程除外）；交易必须公平；交易必须公正。

高层建筑施工简述

韩成思

摘　要：

随着我国经济高速发展，城市人口的猛增，建设用地的紧张，促使建筑向高空发展，因此高层建筑就成为施工的主要内容。本文就对高层建筑施工所涉及的一些问题及要求进行简要的论述。

Abstract:

With China's rapid economic development, the urban population explosion, the more tension of the construction land, prompting buildings to the high altitude. So high-rise buildings become the main of construction. The article related to some of the problems and requirements which will be brief discussed.

1　高层建筑的类型及施工特点

高层建筑是指 10 层以上的住宅以及总高度超过 24 米的公共建筑和综合性建筑。高层建筑的楼层多、高度大，但并非是低、多层建筑的简单叠加，而是从建筑结构和使用功能等方面，针对高层建筑的特点，提出了一些新的要求。高层建筑要求施工具有高度连续性和高质量，施工技术和组织管理复杂，除具有一般多层建筑施工的一些特点外，还具有以下施工特点：工程量大、工序多、配合复杂；施工准备工作量大；施工周期长、工期紧；基础深、基坑支护和地基处理复杂；高处作业多、垂直运输量大；层数多、高度大，安全防护要求严；结构装修、防水质量要求高，技术复杂；平行流水、立体交＊作业多，机械化程度高。目前，我国高层建筑的类型多为宾馆、写字楼、商场综合楼、住宅等。

从其建筑功能特性来看，高层建筑一般可分为以下几大部分：①地下室（设备层、人防）；②裙房（公共场所）；③转换层（技术层）；④标准层（写字、客房、库房等）；⑤非标准层（楼顶餐厅、屋顶机房等）。

从工程特性来看，高层建筑有如下特点：①施工场地及作业面狭小；②专业工种多，交叉频繁；③预埋、预留作业量大；④吊顶、管井内施工多；⑤材料、设备吊运量大。

高层建筑的建设工程，一般由土建施工、装修施工、安装施工几大项目组成。其中安装施工主要由管道工程施工、电气工程施工、空调通风工程施工、设备工程施工所组成。

将施工部分进行细分，又可分为大体积混凝土施工，现浇混凝土结构高层建筑施工，钢结构高层建筑施工，高层建筑装饰工程施工等。在高层建筑施工课堂上，我们主要学了以上几个部分。

2　高层建筑施工的强度控制

强度主要是指混凝土的强度。高层建筑由于混凝土用量大，施工周期长，气候及工作条件影响因素多，有时会发生混凝土强度离散性大，甚至不合格。那么如何克服和控制好混凝土的强度这一关呢？

2.1 配比的选定

工程开工前，一般均要按设计要求配制不同强度等级的混凝土，并都要到法定试验机构做级配试验，待级配报告出来后，根据级配做配合比试验(实验室配比)，在实际施工时照此执行。但问题就在于级配与现场施工过程中是否相符。有资料统计显示，若因砂的含水率增多，砂率下降 2%～3%，混凝土强度将下降 15%～20%，而水泥数量的影响为 5%～20%，石子及砂的级配影响为 5%～20%；水灰比影响为多增 1%，强度降低 5%～10%。既然影响如此之大，那就应该采取相应措施进行控制。

2.2 严格养护制度

高层建筑多采用泵送混凝土。泵送混凝土不仅能缩短施工周期，而且能改善混凝土的施工性能。但在某些工程上的使用表明，在配比、原材料、振捣控制严格的情况下，仍出现混凝土强度不足。分析其原因，多为抢工期、养护时间严重不足。据有关专家测试结果，其强度比全湿养护 28 天：全湿养护 3 天：空气中养护 28d 分别为 2：1.5：1.由此可见养护的重要性。

2.3 加强混凝土强度评定

剔除试块制作的不规范现象。一个验收批的混凝土应由强度等级相同、龄期相同以及生产工艺条件和配比基本相同的混凝土组成。根据相应条件选定一种，这其中都涉及一个标准差问题。高层建筑由于施工周期、混凝土的浇筑、养护等气候条件相差大，混凝土试验值的离散性也较大，即标准差过大，如笼统地作为一批来评定，很可能不合格，因此应分批，按条件基本相同的划为一批进行评定，这样做既符合国家规范要求，也符合现场实际。

3 高层建筑裂缝的控制

裂缝分为运动、不稳定、稳定、闭合、愈合等几大类型。裂缝产生的原因，一方面是混凝土内外温差产生应力和应变，另一方面是结构的外约束和混凝土各质点间的内约束阻止这种应变，一旦温度应力超过混凝土所能承受的抗拉强度 ，就会产生裂缝。

虽说骨料内部凝固时产生的微观裂缝不可避免，但从质量角度考虑应尽可能减少。由于高层建筑混凝土强度普遍较高、混凝土量较大、且带有地下室，所以裂缝产生的可能性更大。下面主要叙述有关对裂缝的“放”、“抗”相关措施。所谓“放”，就是结构完全处于自由变形无约束状态下，有足够变形余地时所采取的措施；所谓“抗”，就是处于约束状态下的结构，在没有足够的变形余地时，为防止裂缝所采取的措施。

3.1 混凝土材料

3.1.1 选择水泥品种

混凝土温升的热源是水泥水化热，故选用中低热的水泥品种，可减少水化热，使混凝土减少升温。

3.1.2 减少水泥用量

由于水泥水化热而导致的温度应力是地下室墙板产生裂缝的主要原因，且混凝土的强度，抗渗等级越高，结构产生裂缝的概率也越高。在地下室外墙施工中，除了在保证设计要求的条件下尽量降低混凝土的强度等级以减少水化热外，还应该充分利用混凝土的后期强度。

3.1.3 选择外加剂

1）减水剂；2)粉煤灰；3)膨胀剂；4)选择粗、细骨料。

3.2 “放”的措施：

砌筑填充墙至接近梁底，留一定高度，砌筑完后间隔至少一周，宜 15d 后补砌挤紧；合理分缝分块施工；在柱、梁、墙板等变截面处宜分层浇捣等。

3.3 “抗”的措施：

①尽量避免使用早强高的水泥，积极采用掺合料和混凝土外加剂，降低水泥用量(宜＜450kg/m^3)。②选择合理的最大粒径砂石，这样可减少水和水泥用量，减少泌水、收缩和水化热。③在施工工艺上，应避免过振和漏振，提倡二次振捣、二次抹面，尽量排除混凝土内部的水分和气泡。④现浇板中的线盒置于上、下层筋中间，交叉布线处采用线盒。

3.4 “放”、“抗”相结合的措施

在混凝土裂缝的预防中，对新浇混凝土的早期养护尤为重要。为使早期尽可能减少收缩，需主要控制好构件的湿润养护，避免表面水分蒸发过快，产生较大收缩的同时，受到内部约束而易开裂。对于大体积混凝土而言，应采取必要的措施(埋设散热孔、通水排热)，避免水化热高峰的集中出现；同时在养护过程中对表面、中间、底部温度进行跟踪监测(尤其在前 3 天)。对混凝土浇筑后的内部最高温度与气温宜控制在 25℃以内，否则因温差过大产生混凝土裂缝。

此外，大体积混凝土施工还要对泌水进行防治。应在结构四周侧模的底部开设排水孔，使多余的水分从孔中自然排走；利用正式设计的集水坑或人为的“水潭”，将多余水分集中后用专门的软轴泵或隔膜泵抽水排出。

4 施工中的安全管理

4.1 增强施工人员的安全意识

要牢固树立安全生产第一的方针。以专业安全知识为内容用行政奖励、法律、法规为手段，全面增强施工人员的安全意识不断提高施工人员的自我安全防范能力，明确自己安全生产责权、利的关系，以达到施工安全效益最佳的目的。主要包括：加强专业安全知识、技术的日常教育与培训，用安全典型事例和事故教训进行教育，对照法律！法规认真地进行分析、讨论。将安全法律、法规逐件公示在安教宣传栏中。积极组织各类管理人员，参加好的安全讲座和参观受表彰表扬的项目工程。

4.2 明确建筑工程项目的安全生产责任人

在施工中，明确安全控制由项目经理全面负责，要制定安全管理工作的要点。明确施工安全的承诺与目标，要编制工程项目安全计划，建立安全生产责任制，完善安全保证体系。工程项目部要建立安全生产责任制，把安全责任目标分解到岗，落实到人，并针对不同的建设项目

和施工条件，合理地组织人力、财力、物力，确保施工生产中的安全。

4.3 抓好施工前与施工中的安全管理

工程施工安全产生于生产过程中，必须要以“预防为主”，做好施工前的准备和施工过程中的监督与管理。施工前，要循序渐进，分步骤、分阶段地进行。首先是做好施工前的调查研究。针对现场的地形、地物、地貌进行勘查、记录，及时发现可能造成安全隐患的因素，并依据实地记录、设计文件做好安全技术措施的编制，以及现场安全警示的工作。开展好安全生产的宣教，实施安全技术培训与考核，并做好安全技术交底工作。施工中，要遵循“按图施工”的原则，充分了解、掌握设计文件的要求及安全技术措施的内容。

5 综　述

本人去年(2013 年)在乌兹别克斯坦钾肥厂项目施工学习，对高层建筑施工这方面有所了解，但很不透彻，随后回国后，又进行了系统的学习和了解，有感而发，遂作此文。

建设项目前期设计工作阶段划分及内容

郝广权

2014 年 12 月

研究建设项目前期工程设计工作，首先应该了解建设项目的内涵及外延。

建设项目的自然属性是指建设工程是指为人类生活、生产提供物质技术基础的各类建筑物和工程设施的统称。按照自然属性可分为建筑工程、土木工程和机电工程三类，涵盖房屋建筑工程、铁路工程、公路工程、水利工程、市政工程、煤炭矿山工程、水运工程、海洋工程、民航工程、商业与物质工程、农业工程、林业工程、粮食工程、石油天然气工程、海洋石油工程、火电工程、水电工程、核工业工程、建材工程、冶金工程、有色金属工程、石化工程、化工工程、医药工程、机械工程、航天与航空工程、兵器与船舶工程、轻工工程、纺织工程、电子与通信工程和广播电影电视工程等。建设项目的有多种分类方法，最常见的是，根据建设属性、建设地域不同分类。

建设项目根据其建设属性分为新建、扩建、改建、迁建、恢复。新建项目是指根据国民经济和社会发展的近远期规划，按照规定的程序立项，从无到有、“平地起家”的建设项目；扩建项目是指现有企业、事业单位在原有场地内或其他地点，为扩大产品的生产能力或增加经济效益而增建的生产车间、独立的生产线或分厂的项目；事业和行政单位在原有业务系统的基础上扩充规模而进行的新增固定资产投资项目；迁建项目是指原有企业、事业单位，根据自身生产经营和事业发展的要求，按照国家调整生产力布局的经济发展战略的需要或出于环境保护等其他特殊要求，搬迁到异地而建设的项目；恢复项目是指原有企业、事业和行政单位，因在自然灾害或战争中使原有固定资产遭受全部或部分报废，需要进行投资重建来恢复生产能力和业务工作条件、生活福利设施等的建设项目。

建设项目根据其建设地域的不同可以分为国内建设项目与国际建设项目。国际工程通常是指工程参与主体来自不同国家并且按照国际惯例进行管理的工程项目，即面向国际进行招标的工程；国内工程是工程参与主体来自国内，项目标的物在我国境内的工程建设项目。

合同签订前的设计工作及设计组织管理工作内容依据项目的不同，而有不同的侧重点。根据项目设计进展阶段不同，内容也不同。在此仅就国际工程中的设计工作及设计组织管理工作进行探讨。

一、国际工程的特点及分类

国际工程就是一个工程项目从咨询、融资、采购、承包、管理以及培训等各个阶段的参与者来自不止一个国家，并且按照国际上通用的工程项目管理模式进行管理的工程。国际工程包括国内和国外两个市场。因此国际工程项目在项目酝酿、谈判、签约、执行的各个环节中需要复合型、外向型、开拓型的高级管理人员，包括物资管理专家、投标报价专家、工程施工专家、索赔专家、风险管理和保险专家、国际工程专家、项目经理、国际工程咨询专家、合同管理专家、财务专家资专家。

国际工程包括国际工程咨询和国际工程承包两大行业。国际工程咨询包括对工程项目前期的投资机会研究、预可行性研究、可行性研究、项目评价、勘测、设计、招投标文件编制、监理、管理、后评价等工作。国际工程承包包括对工程项目进行投标、施工、设备采购及安装调试、分包、提供劳务等工作。由此可见,合同签订前的设计工作及设计组织管理工作的重点应该放在国际工程咨询阶段。

二、国际工程咨询各个阶段特点

如前所述,国际工程咨询包括对工程项目前期的投资机会研究、预可行性研究、可行性研究、项目评价、勘测、设计、招投标文件编制、监理、管理、后评价等工作。对于工程建设项目而言,项目依据所处的阶段不同,设计工作深度及内容也不同。下面我们分阶段了解一下各阶段的特点。

投资机会研究(Opportunity Study)也称投资机会鉴别,是进行可行性研究之前的准备性调查研究,也是为寻求有价值的投资机会而对项目的有关背景、投资条件、市场状况等所进行的初步调查研究和分析预测,它包括一般机会研究和特定项目机会研究,一般机会研究可以分为地区机会研究、部门机会研究、资源开发机会研究三类。机会研究一般与规划研究同步进行,以机会研究结果为基础,可以设立备选项目库,进行项目储备,供今后制定投资计划和开展投资项目可行性研究用。工程师在初步筛选投资机会后,就要对自然资源条件、市场需求预测、项目开发模式选择、项目实施的环境等进行初步分析,并结合其他类似经济背景的国家或地区的经验教训,相关投资政策法规、技术设备的可能来源、生产前后延伸的可能、合理的经济规模、产业政策、各生产要素来源及成本等,初步评价投资机会的财务、经济及社会影响,论证投资方向是否可行。

可行性研究(Feasibility Study),是对项目在技术上和经济上是否可行所进行的科学分析和论证。可行性研究(Feasibility Study),是指在调查的基础上,通过市场分析、技术分析、财务分析和国民经济分析,对各种投资项目的技术可行性与经济合理性进行的综合评价。可行性研究的基本任务,是对新建或改建项目的主要问题,从技术经济角度进行全面的分析研究,并对其投产后的经济效果进行预测,在既定的范围内进行方案论证的选择,以便最合理地利用资源,达到预定的社会效益和经济效益。可行性研究必须从系统总体出发,对技术、经济、财务、商业以至环境保护、法律等多个方面进行分析和论证,以确定建设项目是否可行,为正确进行投资决策提供科学依据。项目的可行性研究是对多因素、多目标系统进行的不断的分析研究、评价和决策的过程。它需要有各方面知识的专业人才通力合作才能完成。可行性研究不仅应用于建设项目,还可应用于科学技术和工业发展的各个阶段和各个方面。可行性研究大体可分为三个大的方面:工艺技术、市场需求、财务经济状况。深入进行项目建设方案设计,包括:项目的建设规模与产品方案,工程选址,工艺技术方案和主要设备方案,主要材料/辅助材料,环境影响问题,节能节水,项目建成投产及生产经营的组织机构与人力资源配置,项目进度计划,所需投资进行详细估算,融资分析,财务分析,国民经济评价,社会评价,项目不确定性分析,风险分析,综合评价等等。

项目勘察设计是工程建设的重要环节,勘察设计的好坏不仅影响建设工程的投资效益和质量安全,其技术水平和指导思想对项目建设的发展也会产生重大影响。勘察设计在工程建设中起到龙头作用,作为提高工程项目投资效益、社会效益、环境效益的最重要因素,项目建设勘察设计又是为所属地域经济、社会发展提供支撑的,具有地缘特征的开放性的动态系统,融入城市建设活动和社会之中。所建项目依托建设活动和社会的发展而延续和发展。

以上各阶段按工程建设阶段划分皆为项目前期阶段，属于国际咨询行业的工作范畴。除了项目前期阶段，还有项目实施阶段。

国际工程承包按工程建设阶段划分应属于项目实施阶段。国际工程承包包括对工程项目进行投标、施工、设备采购及安装调试、分包、提供劳务等工作。主要任务是项目实施。项目实施是指当项目的立项及论证完成之后，项目执行者运用所具备的人、财、物力将项目付诸实际的过程。实施的内容包括：项目实施的管理；设计和设备订货；项目资金的筹集；工程施工；项目交付。

三、国际工程中的设计工作及设计组织管理工作内容

在明确了国际工程各阶段特点后，下面将分阶段对工程设计深度、内容，以及项目发起人与设计人员的分工及配合进行探讨。

项目发起人一般为股本投资者，即项目的实际投资者，它通过项目的投资活动和经营活动，获得投资利益，通过组织项目融资，实现投资项目的综合目标要求。由于我们在很多国际工程项目中，起着项目实际策划、融资、实施的作用，因此在此借用本概念来称呼在国外运作项目的人。

1. 投资机会研究阶段

投资机会研究也称投资机会鉴别，是指为寻求有价值的投资机会对项目的有关背景、资源条件、市场状况等进行的初步调查研究和分析预测，是项目的最先发起器，该阶段是项目形成的朦胧阶段。该阶段设计工作的内容对应的是概念设计，此阶段作为项目的发起人应该为设计院提供发起人对项目的设想或思路，并提供项目的有关背景、资源条件、市场状况等资料，供设计人员进行概念设计，并从设计人员处得到概念设计成果。

2. 可行性研究阶段

可行性研究报告是从事一种经济活动（投资）之前，双方要从经济、技术、生产、供销直到社会各种环境、法律等各种因素进行具体调查、研究、分析，确定有利和不利的因素、项目是否可行，估计成功率大小、经济效益和社会效果程度，为决策者和主管机关审批的上报文件。此阶段项目发起人应该为设计人员提供可供方案设计的要求及设计所需资料，此时的资料应比投资机会研究阶段更详细，包括初步确定项目的规模、项目选址、项目市场、环保要求等内容，以供设计人员进行方案设计。此阶段应从设计人员处得到项目的设计方案，并将设计方案交咨询人员，由咨询人员编制并提供项目可行性研究报告。

3. 勘察设计阶段

根据项目性质的不同，工程项目可分为工业项目、民用项目两种。设计阶段也不同，工业设计包括：初步设计、技术设计和施工图设计三个阶段，民用建设项目设计则分方案、初步设计、施工图三个阶段。

方案设计（概念设计）是投资决策之后，由咨询单位将可行性研究提出意见和问题，经与业主协商认可后提出的具体开展建设的设计文件、其深度应当满足编制初步设计文件和控制概

算的需要。关于此阶段项目发起人的工作内容前面已经描述,在此不再赘述。

初步设计(基础设计)的内容依项目的类型不同而有所变化,一般来说,它是项目的宏观设计、即项目的总体设计、布局设计、主要的工艺流程、设备的选型和安装设计、土建工程量及费用的估算等。初步设计文件应当满足编制施工招标文件、主要设备材料订货和编制施工图设计文件的需要,是下一阶段施工图设计的基础。为了达到设计深度,项目发起人应该为设计人员提供更为详细的项目资料,包括具体的项目规模、环境要求数据,建设地的各项管理及规定等详细要求,得到的是初步设计文件。

施工图设计(详细设计)的主要内容是根据初步设计,绘制出正确、完整和尽可能详细的建筑、安装图纸,包括建设项目部分工程的详图、零部件结构明细表、验收标准、方法、施工图预算等。此设计文件应当满足设备材料采购、非标准设备制作和施工的需要,并注明建筑工程合理使用年限。为了达到设计深度,项目发起人应该向设计人员提出具体要求,并向设计人员提供,与初步设计时提供给设计人员的原始数据及资料发生变化的数据及资料,得到的是施工图设计全套图纸。

浅议项目信息的分类及跟踪

胡　欣

对于一个工程承包企业，项目经营开发工作的作用毋庸赘言。该工作作为一个以结果为导向性的工作，也很难总结出一套普遍适用的方式方法。如何能够更加科学有效地组织该项工作，不同的企业，不同的部门，根据各自情况以及所处行业的不同会有不同的做法。下面我主要分析一下交通工程公司对于项目经营开发工作，特别是项目信息处理方面的做法以及一些思考。

我们交通工程公司目前经营开发的项目可以分为三类，分别是一手融资类项目，这种项目是我们直接对项目业主，签订合同后向中国的金融机构申请贷款。二是二手类项目，这类项目是我们与国内一些公司合作，他们对外签订一手项目承包合同，我们具体负责项目的执行。三是投标类项目，这类项目一般是通过激烈的投议标竞争获得。

当我们获得了一个项目信息之后，我们首先判断是属于哪种类型的项目，不同类型有不同的处理方式，对于第一类项目具体如下：

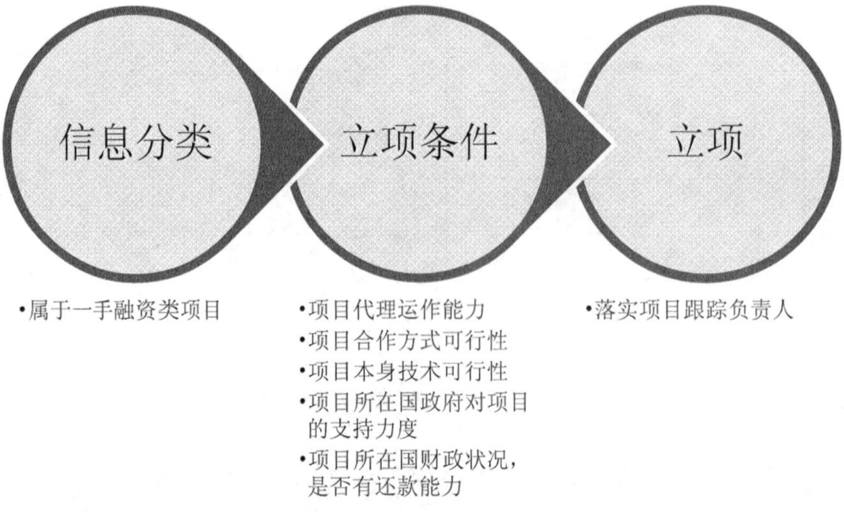

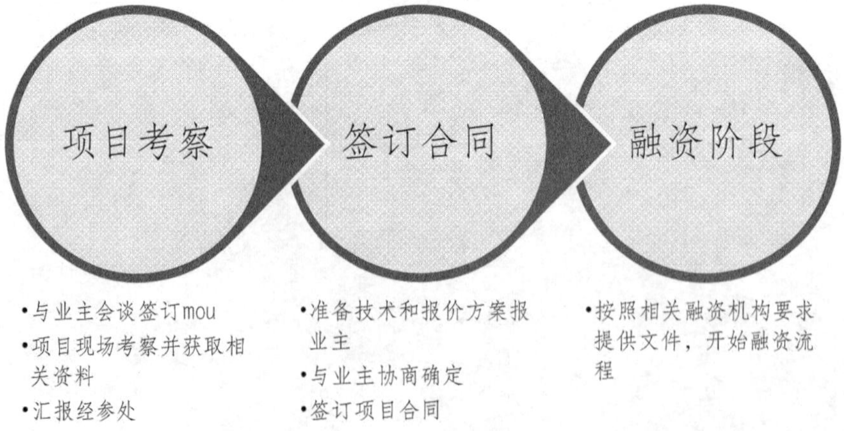

以上便是我们处理该类项目的一般流程，根据不同的项目，有些步骤可能同时开始，要根据具体情况具体判断。其中立项条件一共总结了 5 条，其中：

- 项目代理运作能力，具体指的是代理是否有能力为我公司获得本项目关键性人物的支持。
- 项目合作方式可行性，具体指的是对方愿不愿意利用中国的贷款来实施该项目，以及该项目是否适合利用中国贷款来实施。
- 项目本身技术可行性，具体指的是我方有没有技术能力来完成该项目。
- 项目所在国政府对项目的支持力度，具体指的是是否为该国家的优先项目。
- 项目所在国财政状况，是否有还款能力。具体指的是否能够提供相应的融资担保。

对于二手类项目，一般流程如下：

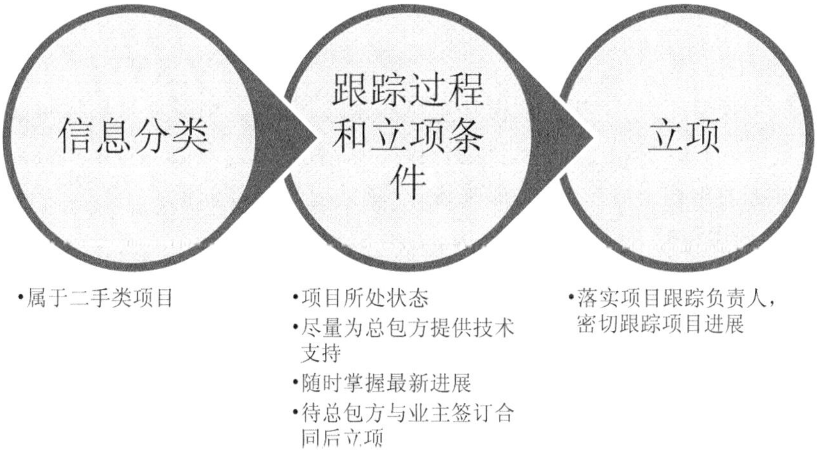

由于二手类项目我方只对总包方，因此在项目跟踪阶段对于外部的环境我方一般关注比较少。同时，由于该类项目总包方在跟踪过程中也存在很大的变数，我方一般等到总包方与业主签订合同后对项目进行立项，前期由专人负责与总包方随时沟通。

对于投标类项目，一般流程如下：

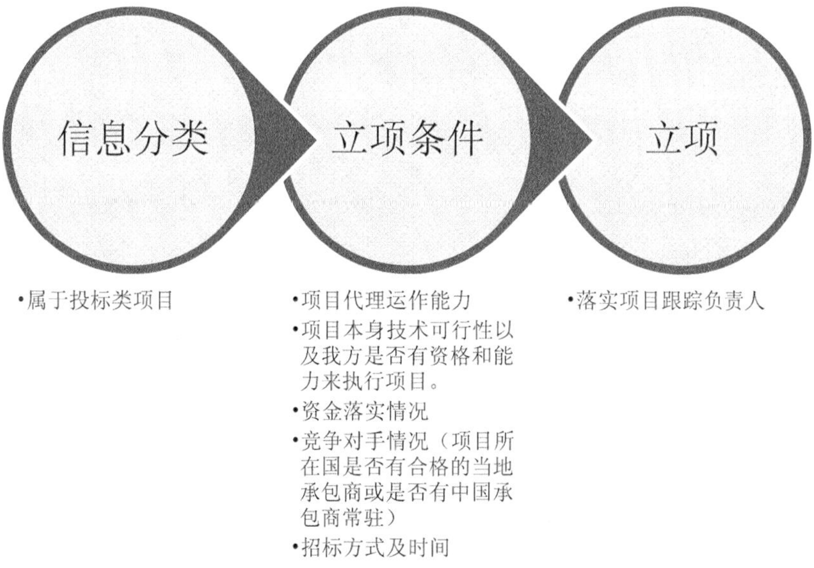

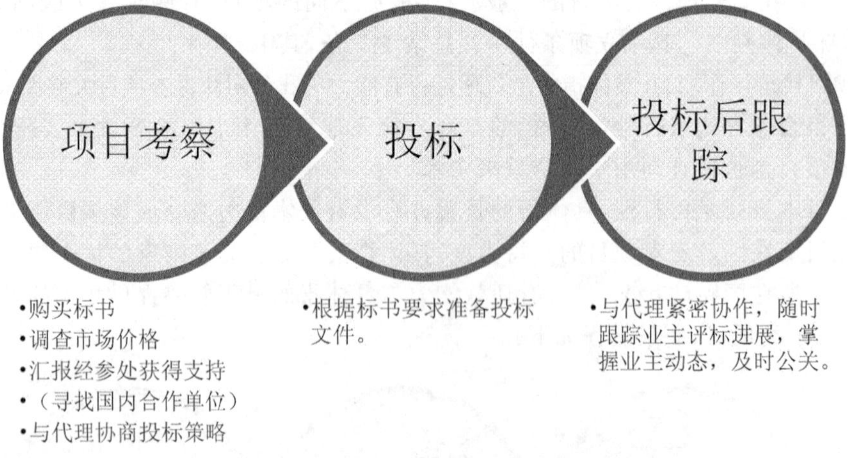

对于投标类项目而言，由于目前市场竞争非常激烈，而且国际项目招标每次都需要花费大量的人力和资金，因此我方在选择项目进行投标时，需要十分谨慎。对于项目信息的判断以决定是否立项投标的工作十分重要，一般来说，立项的五个条件如下：

- 项目代理运作能力。
- 项目本身技术可行性以及我方是否有资格和能力来执行项目。
- 资金落实情况。
- 竞争对手情况（项目所在国是否有合格的当地承包商或是否有中国承包商常驻）。
- 招标方式及时间。

其中最重要的是代理的运作能力，这直接影响项目的成败。同时我们也需要十分关注竞争对手的情况，如果在当地已经有竞争对手，特别是国内承包商已经长期在当地执行项目，需要我们重点关注。

以上只是对于目前交通公司项目信息分类以及后续跟踪过程的一般性总结，在实际的操作过程中，项目信息、合作方式以及代理方式总是千变万化，我们需要具体分析并且时刻总结经验教训。项目的经营开发工作是一种开创型的工作，没有固定的模式，需要参与人员有高度的职业敏感性以及细致的工作态度。项目开发的每一个哪怕很细微的环节都有可能影响项目的成败，我们需要认真考虑并慎重对待每一个决定。面对每一个项目机会时，多从有利的方式考虑，把每一个机会当作一颗种子，用专业的手段以及细致耐心的态度去培养和经营。

跨文化安全管理
在国际工程管理中的几点探索

电力工程事业部
黄跃龙
2014年12月

摘　要：

在当今世界，跨文化管理已经成为了一门不可或缺的学问。而国际工程中跨文化安全管理对从事国际工程承包业务的工程类企业来说日益显得重要和必不可少。越来越多的中国工程类涉外企业和外国企业携手合作，共同发展，互惠互利。随着这些企业国际工程业务合作日益频繁，跨文化管理，尤其是国际工程中的跨文化安全管理已与我们涉外类工程企业密不可分。本文通过介绍跨文化安全管理产生的背景，跨文化安全管理的内涵、基本理论以及管理过程等，让我们更加充分地了解国际工程中跨文化安全管理，适应国际工程中交叉文化的安全管理的相互融合和适应。

关键词：跨文化安全管理　相关背景　基本内涵　基本理论　管理过程

1. 跨文化安全管理产生的背景

跨文化管理及其发展跨文化管理并不是一个新的事物，它起源于古老的国际商贸往来。早在古代古埃及人、腓尼基人、古希腊人就开始了海外贸易，并懂得了如何与不同文化背景下的人们做生意。到了文艺复兴时期，丹麦人、英国人以及其他一些欧洲国家的商人更是建立起了世界范围的商业企业集团。

跨文化管理真正作为一门科学，是在20世纪70年代后期的美国逐步形成和发展起来的。它研究的是在跨文化条件下如何克服异质文化的冲突，进行卓有成效的管理。

兴起这一研究的直接原因是二战后美国跨国公司进行跨国经营时的屡屡受挫。美国管理学界一直认为，是他们将管理理论进行了系统化的整理和总结。而许多案例也证明对异国文化差异的迟钝以及缺乏文化背景知识是导致美国跨国公司在新文化环境中失败的主要原因，因此，美国人也不得不去研究别国的管理经验，从文化差异的角度来探讨失败的原因，从而产生了跨文化这个研究领域。

跨文化安全管理正是在我国走出去的发展大战略背景下而产生的一种新型的管理学科分支。

2. 跨文化安全管理的内涵

企业跨文化管理，又称为交叉文化管理，是指涉外企业在国际业务运作中，对因文化差异而产生的文化冲突，进行合理的文化优化和整合，从而有效地解决这些矛盾冲突，继而实现企业的国际业务经营目标的一系列管理。

跨文化管理的最核心的内容就是必须充分尊重跨文化相关方文化，对跨文化方的民族性、国民性、行为方式、人格价值取向、风俗习惯要有进一步的了解，要深刻体会和积极捕捉到对方的文化观念及在跨文化背景下的表达方式，最终最大限度地兼跨文化相关方的文化，得到跨文化方的真诚理解和诚意的合作，取得合作共赢，互利互惠的最佳成果。

而跨文化的安全管理就是研究在不同文化背景下的工程合作相关方因文化差异而导致的安全文化冲突，通过合理的措施，对冲突进行合理的文化融合和整合，有效地理顺跨文化安全管理文化障碍和及时化解跨文化安全管理冲突，最终达到国际业务合作的安全、高效、共赢、互惠的目标。

3. 跨文化安全管理的基本理论——五大跨文化安全管理理论

跨文化安全管理基本理论提出了区分跨文化安全管理文化差异的方法和维度，对帮助我们理解、解释和预测特定群体的安全文化行为有重要的指导作用。

3.1 克拉克洪与斯乔贝克的 6 大价值取向理论

(1) 不同文化中的人对人性的看法有很大差异。

(2) 在人们对自身与外部自然环境关系的看法上，不同文化之间也有很大的差异。

(3) 不同文化中的人对自身与他人之间关系的看法也很不相同。

(4) 人的活动取向是指一个文化中的个体是否倾向于不断行动。

(5) 人在关于空间的理念上表现出来的文化差异也非常显著。

(6) 身处不同文化中的个体对时间的看法更加表现出文化差异。

克拉克洪与斯乔贝克从自己的研究出发，指出不同民族和国家的人在这 6 大问题上有相当不同的观念，而在这 6 大问题上的不同观念则显著地影响了他们生活和工作的态度和行为。

3.2 郝夫斯特的文化维度理论

(1) 个体主义与集体主义(着眼于个体还是集体的利益)；

(2) 权力距离(人们对社会或组织中权力分配不平等的接受程度)；

(3) 不确定性回避(对事物不确定性的容忍程度)；

(4) 事业成功与生活质量(追求物质还是强调人际和谐)。

郝夫斯特发现有 4 大因素可以帮助我们区分民族文化对雇员的工作价值观和工作态度的影响。

3.3 蔡安迪斯的个体主义—集体主义理论

一方面的表现是因为自我负责，自我依靠是西方社会最基本的价值观之一，用这样的理由说理别人都没有辩驳的余地；另一方面的表现是对自己是否应该与众不同所持的态度。

3.4 强皮纳斯的文化构架理论

强皮纳斯用七个文化维度来表达他的理论。

(1)普遍主义—特殊主义；(2)个体主义—集体主义；(3)中性—情绪化；(4)关系特定—关系散漫；(5)注重个人成就—注重社会等级；(6)长期—短期导向；(7)人与自然的关系。

3.5 舒华兹的十大价值取向理论

这十大价值/需要导向的具体内容如下：

(1) 权利：社会地位和尊严，控制他人，控制资源(权威、社会权利、财富、公共形象)；

(2) 成就：按照社会标准通过自己的能力取得个人成功(雄心、成功、才干、影响力)；

(3) 享乐主义：自我享乐和感官满足(快乐、享受生活，自我沉醉)；

(4) 刺激：激动、新奇、有挑战性(敢想敢干、有变化的生活、令人激动的生活)；

(5) 自主导向：独立思考和行动——选择、创造、探索(创造力、自由、独立、自己选择目标、好奇)；

(6) 普遍主义：理解、欣赏、容忍并保护所有人和环境的利益(平等、社会正义、智慧、胸襟宽阔、保护环境、与自然融为一体、美丽世界)；

(7) 仁慈：对于自己亲近的人愿意保护和增强他们的利益(助人为乐、诚实、谅解、忠诚、负责)；

(8) 传统：尊重、接受并承诺传统文化或宗教提倡的习俗和说教(奉献、尊重传统、谦逊、中和)；

(9) 遵从：自我控制那些与社会规范和期望不符的，或者会使别人不安或受到伤害的行为、倾向和冲动(自我约束、礼貌、敬老、顺从)；

(10) 安全：社会、人际关系和自我的安全、和谐与稳定(家庭安全、国家安全、社会秩序、整洁、报答别人的帮助)。

舒华兹认为，这十种价值导向可以进一步从以下两个维度来看：

- 开放—保守的维度。开放包括刺激、自主导向和享乐主义；保守包括安全、传统和遵从。
- 自我强化—自我超越的维度。自我强化包括成就、权力和享乐主义；自我超越包括普遍主义和仁慈。

4. 跨文化安全管理的一般步骤

(1) 进行安全文化分析，识别安全文化差异

安全文化可以分为三个范畴：正式安全规范、非正式安全规范和安全技术规范。不同安全规范的安全文化所造成的文化差异和文化摩擦的程度和类型是不同的。只有首先进行文化分析，识别文化差异，才能采取针对性的措施。通常对跨文化安全分析可采用PEST因素分析法。针对不同的产生安全文化差异的因素，逐个进行详细有针对性的分析。

(2) 进行跨文化安全培训，造就一批高质量跨文化安全管理人员

其主要内容有对安全文化的认识、安全敏感性训练、安全语言学习、跨文化安全管理沟通及跨文化安全管理冲突处理、地区安全环境模拟等。这样可降低驻外跨文化安全管理人员遇到跨文化安全冲突的可能性，使之迅速适应当地安全环境并发挥其跨文化安全沟通，消除跨文化安全障碍，化解跨文化安全冲突，充分发挥跨文化安全管理的保驾护航和安全屏障的积极有效作用

(3) 建立共同跨文化安全管理经营观和跨文化安全企业文化

通过安全文化差异的识别和跨文化安全敏感训练，企业涉外员工可以充分提高了对安全

文化的鉴别和适应能力，在安全文化共性认识的基础上，根据安全环境的要求和企业安全战略的需要，牢固建立起企业的共同安全经营观和强有力的“融合”企业安全文化。

（4）对企业的安全文化进行不断的提高

随着企业内外部安全环境的变化，企业先前制定的企业安全文化很可能成为企业走出去发展大战略的阻力。所以企业应建立起一套科学的自适应和自调整控制系统，根据企业外部安全环境的变化和企业内部出现的安全管理新问题，不断改善和提高企业既有安全管理文化。

5. 跨文化安全管理的难点

目前涉外工程企业面临的跨文化安全管理的主要难点有以下两方面：

首先“自我安全参照准则”的不可回避

其次“适应他人安全文化”和“保持自我安全文化”之间的平衡很难保持

6. 跨文化安全管理中的问题

跨文化安全管理遇到的具体问题主要包括以下几点：

第一，如何处理文化差异带来的问题。

第二，如何制定和实施多元文化背景下的安全管理计划。

第三，如何有效地实施跨文化的领导和激励。

第四，如何有效地对企业进行组织和控制。

以上这些跨文化安全冲突问题给跨文化安全管理带来了诸多不便，只有将这些问题解决，涉外工程企业才能在多元文化的国际工程竞争领域中找到自己的生存之地。

7. 如何化解和消除跨文化安全冲突进行有效的跨文化安全管理

首先，企业整体战略的确定，包括以下三个方面：

（1）本土安全文化策略。

（2）多中心安全文化策略。

（3）全球化安全文化策略。

其次，企业日常营销管理中的安全管理文化差异协同，可以重点从以下几个方面进行：

（1）充分认识安全文化差异产生的原因背景。

（2）进行跨文化安全管理培训，造就一批高质量的跨文化安全管理人员。

（3）建立共同安全管理价值观，建设“融合型”企业安全管理文化。

（4）安全管理人才适度本土化。

（5）企业采用适当的安全文化管理方法。

8. 结　语

通过以跨文化安全管理加强交叉文化的沟通与协调，解除跨文化安全管理间的障碍和冲突，促进我国工程类涉外企业参与全球工程业务合作交流与中外安全管理文化的融合，适应跨文化环境下的安全高效发展，在交叉文化中发现自己的位置，提高中国涉外工程类企业的国际化开发合作管理水平，在当今激烈的国际间涉外工程企业的竞争中和国际业务合作中为国际合作业务提供一个良好的安全环境，为我国工程类企业的走出去发展大战略提供可靠地保驾护航和安全堡垒。目前我国有关跨文化安全管理的研究与探索刚刚起步,针对不断变化的跨文化安全管理环境,还有大量的研究工作和理论实践工作等待更多地安全管理人员去发现,去突破。

参考文献

[1] 盛军,孙峰.跨文化管理对联想并购案的现实意义.沿海企业与科技,2005(5).
[2] 金润圭.国际企业管理.北京:中国人民大学出版社.

集团公司办公用品管理方案

采购储运部

姬　青

摘　要：

采购储运部从2011年起按照集团公司管理制度对集团公司办公用品实施集中采购，以节约成本、快速高效为出发点，为集团公司做好办公用品服务支持工作。

一、现状分析

2014年开始，采购储运部改变办公用品纸质申请签批方式，利用信息化手段，通过综合管控系统—采购储运模块—办公用品管理功能，开展集团公司办公用品集中采购工作。

各部门采购申请人线上发起办公用品采购申请，在录入申请明细的同时，即可看到本部门年度预算金额、部门预算累计使用金额及本次采购数量、单价和总额（见图1），有利于控制成本预算。

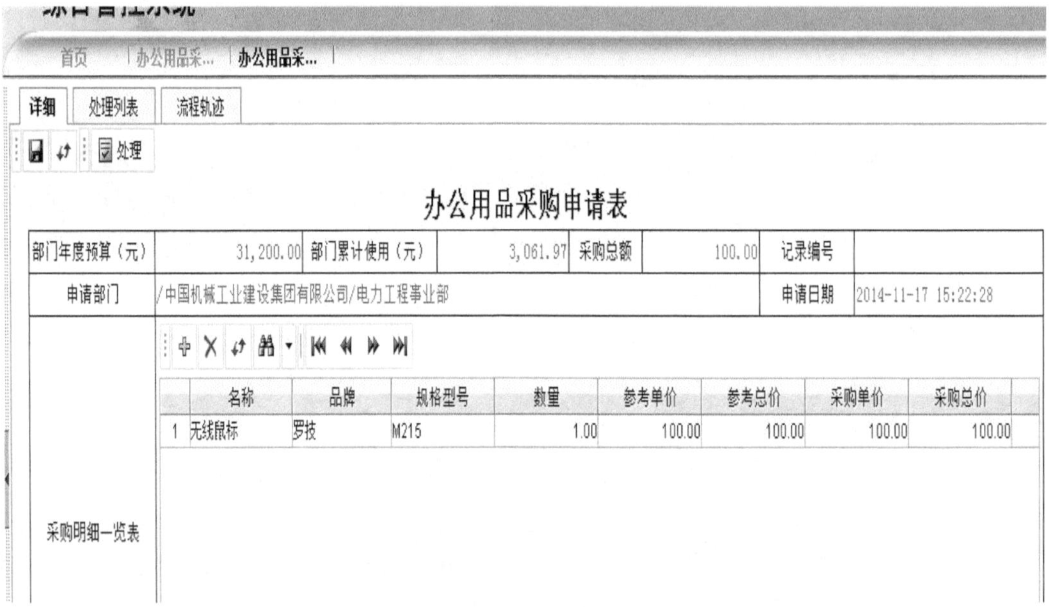

图1

为提升管理，采购储运部已将完成采购的办公用品归类划分，并与市场价格具有代表性的大型电商（京东）进行对比分析（见图2）。

通过梳理办公用品台账，归结出集团公司各部门不同季度节点办公用品和维修费用分布（见图3），为各部门办公用品和维修开销核查以及2015年度办公用品和维修预算填报申请提供数据支持。

大类（项）	小类（项）	明细（项）	其中低于京东价格（项）	其中与京东价格持平（项）	其中高于京东价格（项）
16	58	210	115	12	83

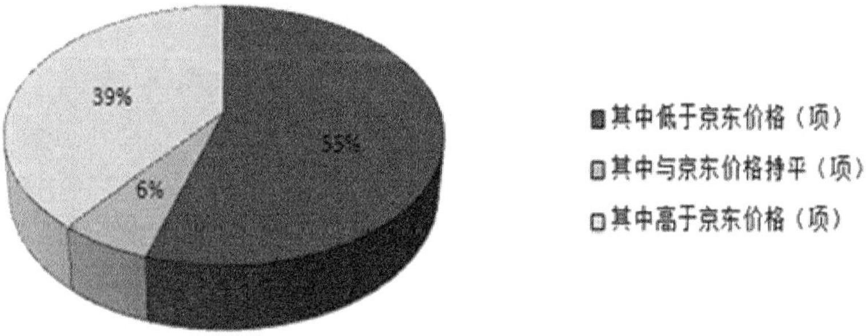

图 2

单位：元

部门	一季度		二季度		三季度		四季度		小计（部门）
	办公用品	维修	办公用品	维修	办公用品	维修	办公用品	维修	
综合管理部	720.00	0.00	0.00	2,090.00	0.00	80.00	0.00	0.00	2,890.00
经营管理部	0.00	1,620.00	671.50	700.00	1,327.40	0.00	4,644.20	0.00	8,963.10
人力资源部	3,322.30	0.00	979.50	0.00	539.70	240.00	1,974.70	0.00	7,056.20
资产财务部	1,425.00	0.00	185.00	0.00	0.00	0.00	0.00	0.00	1,610.00
规划与资本运营部	836.00	0.00	0.00	0.00	1,377.30	0.00	107.50	0.00	2,320.80
工程管理（安全生产）部	160.00	395.00	1,084.00	0.00	2,577.90	0.00	4,863.60	5,000.00	14,080.50
技术中心	0.00	0.00	1,253.50	0.00	725.00	790.00	9,372.30	0.00	12,140.80
党委工作部	2,098.30	550.00	909.00	0.00	595.00	0.00	668.00	430.00	5,250.30
审计监察部	0.00	0.00	0.00	0.00	0.00	0.00	0.00	0.00	0.00
总承包事业部	1,507.60	400.00	2,136.60	430.00	1,193.00	630.00	3,224.00	0.00	9,521.20
电力工程事业部	968.60	0.00	0.00	0.00	0.00	0.00	1,725.00	0.00	2,693.60
交通工程事业部	529.00	420.00	48.00	0.00	2,583.00	630.00	8,782.70	1,620.00	14,612.70
国际工程事业部	2,188.40	0.00	3,617.10	0.00	7,985.00	0.00	11,583.80	1,685.00	27,059.30
标准定额站	2,386.60	0.00	0.00	0.00	0.00	0.00	0.00	0.00	2,386.60
采购储运部	2,284.00	1,720.00	272.20	0.00	390.40	0.00	4,233.00	1,280.00	10,179.60
小计（季度）	18,425.80	5,105.00	11,156.40	3,220.00	19,293.70	2,370.00	51,178.80	10,015.00	120,764.70
	23,530.80		14,376.40		21,663.70		61,193.80		

图 3

二、方案陈述

目前，采购储运部对集团公司本部各职能部门、事业部所需办公用品实施集中采购，具体管理流程如下：

（1）计划：部门采购申请人在综合管控系统-采购储运模块中发起办公用品采购申请，流转至部门负责人进行审批，审批通过后该申请流转至采购储运部经办人，采购储运部经办人在完成采购后将价格信息分别录入管控系统中的办公用品采购申请，结束流程。

（2）采购：采购储运部经办人在线下联系供应商集中采购所申请办公用品和安排配送，并按月度节点要求供应商开具等额发票与明细清单。

（3）验收：办公用品到货后，采购储运部经办人逐一检查品牌、规格、数量及包装等信息，若满足要求，则在明细单清单上签字，买方与卖方各自持有一联；若不满足，则拒绝签字，并要求供应商补货或换货。

(4) 报销和分摊：采购储运部经办人根据月度节点按照发票金额在财务系统集中进行报销与分摊，其中付款方式选择“定额支票”，完成入库单、出库单的填写。

(5) 付款：采购储运部经办人根据月度节点以支票形式支付供应商。

三、存在的问题

1. 计划偏差问题

部门采购申请人在编辑办公用品采购申请明细时，往往只填写所需办公用品名称，对品牌、规格等要求并未注明，需采购储运部经办人在下订单之前与申请人线下沟通并线上修改相关细节，甚至出现在双方确认相关细节后仍因非质量原因要求与供应商退货的情况，影响采购的准确性和及时性。

2. 常用物品储备问题

目前办公用品采购管理以部门为单位进行管理，处于“一单一采”的采购模式。在出现常用物品耗尽并急需使用的情况下，仍要采取“申请-审批-下单-送货”的流程进行采购，各环节消耗时间过长，影响工作效率。

3. 办公用品领用问题

各部门办公用品领用制度不一，无法准确统计各类办公用品消耗情况，容易造成办公用品过多浪费，增加费用开支。

四、解决思路

针对以上问题，采购储运部提出以下建议：

1. 完善办公用品采购申请

部门采购申请人在编辑办公用品采购申请明细时，可参考采购储运部编制的《办公用品价格对比分析》中相关办公用品的名称、品牌、规格型号等信息，或者通过电商平台检索所需办公用品的相关数据，对部分存在特殊要求的物品可采取上传附件(如图片、网址等)的形式加以备注，采购储运部经办人负责协调、落实，提高采购准确性和及时性。

2. 建立办公用品库存制度

采购储运部通过数据分析，总结归纳日常办公消耗量大、需求量多且易于保存的办公用品，不定期按量采购并保持定额库存。在出现部门急需的情况下，遵循库存管理制度，向采购储运部领取，并同时办理相关手续，减少编制订单、产品配送的时间，提升工作效率。

3. 建立办公用品领用制度

建议各部门根据自身办公用品使用情况，建立相应的办公用品领用制度，杜绝浪费现象，贯彻环保理念，达到物尽其用的效果，在办公用品管理的终端环节间接控制费用开支。

浅析采购合同管理

采购储运部
姬　青

在工程项目管理过程中，决策者的目光更多地聚焦于安全管理、工程进度、工程质量和投资控制等显性方面，对于工程物资采购过程，更多关注于采购的过程控制、成本控制，往往忽视了采购合同的管理。如何有效地控制物资采购合同的法律风险，实现合同双方共赢的预期目的？让合同给公司带来利益，避免因合同的不规范给公司带来不必要的损失，我们就不能忽视采购合同管理在项目管理中的作用。

采购合同的主要条款包括标的、数量、质量、价格及支付、包装、装运、检验、保险、验收、违约责任、合同变更、不可抗力及争议解决等。在签订采购合同前，一定要遵循原则，对采购合同中能够预见到各种不利因素以条款的方式加以防范，规避采购合同中的各种风险，运用法律来保护公司的合法权益。

各相关职能部门、事业部门进行管理合同，主要具有以下几方面内容：

1. 负责检查、监督和指导、审核公司的各类合同的签订、履行，参与每份采购合同的可行性研究，审批采购储运部、事业部签订的采购合同。

2. 对公司合同专用章和合同文本进行严格的管理和控制。

3. 掌握物资采购进度，督促供货商按合同规定期限交货。

4. 对合同的签订履行情况进行统计分析，为公司领导提供决策依据，定期召开会议，检查合同履行情况，及时发现和解决合同签订和履行中存在的问题。

5. 对合同纠纷进行处理，做出决定，配合有关部门解决合同纠纷。

6. 建立采购合同管理台账，保管好采购合同签订履行中的各种邮件、发货记录、签收记录、运输记录、发货清单、产品检验报告、货款支付凭证等，以备合同发生纠纷时有据可查。

采购合同履行过程中的管理为保证双方的利益得以实现，确保双方按合同约定顺利合作，必须对采购合同的履行过程进行实时监控。采购合同监控主要分为合同执行过程中监控、合同执行后监控、合同的变更、合同纠纷的处理和索赔等方面：

1. 合同执行过程中的监控主要包括监控供货商原料价格控制、准备过程，督促供应商按要求开展生产，保证货物准时供应。同时，也要注意现场工程进度，避免出现库存积压，告知供应商发货可延缓的时间。货物到达现场还要根据合同的数量、质量等组织到货验收工作，做好记录。

2. 合同执行后的监控包括按合同规定支付货款，货物到达现场后出现的不合格品，要及时和供应商协调解决。对合同执行过程中的供应商表现进行综合评估，作为评级依据。

3. 合同的变更包括供应商如受不可抗力因素的影响，无法按计划交货，双方有义务采取措施，将因不可抗力造成的损失降到最低。由于工程施工的不可预见性，施工变更常会导致物资的增加或减少，双方在合同中约定双方同意对供货物资增加或调减，并对合同金额进行增加或调减，此项变更可通过结算书的方式作为合同的附件，与主合同具有同等效力。

4. 采购合同的纠纷处理方法包括协商、调解、仲裁和诉讼，根据纠纷的大小来决定处理方式。合同索赔包括合同一方当事人违反合同,另一方当事人有权提出索赔。索赔的内容包括货物的质量、数量、包装、延期交货以及违反合同的其他行为。提出索赔要求时,需要提供充分的证据、包括法律依据、事实依据和符合法律规定的出证机构。

采购合同是公司档案的重要组成部分,是公司进行经营活动的有效凭证,在维护公司合法权益方面有着重要作用。影响采购合同存档管理的因素有:

1. 合同管理人员法律意识淡薄,忽视合同的法律效力,合同不及时存档,导致不必要的纠纷发生。

2. 不重视合同存档工作,合同履行阶段出现的质量问题、经济纠纷等,无法利用存档合同维护自身合法利益。

3. 合同存档管理制度不完善,合同台账更新不及时。

4. 合同存档管理信息化程度不高,造成合同丢失,合同提取不便。

做好采购合同存档工作,应满足以下要求:

1. 对合同存档的意义进行宣传,增强档案管理意识。

2. 确保存档合同印章、字迹清楚,做好借出收回记录。

3. 对存档合同进行分类,方便查找。

4. 利用综合管控系统-采购储运模块对合同进行信息化管理。

浅析商务人员的基本配置和应具备的能力

中国机械工业建设集团有限公司交通工程公司
季　旭

摘　要：

本文只对商务人员在国内商务活动中的各方面进行分析阐述，如商务接待、工程市场业务开发与管理、合作方及客户的合作维护等方面的具体工作进行分析和阐述。国内商务人员所从事的工作是复合型的、综合性的，涉及社会面广，不局限于项目市场开发、业务洽谈；一名优秀的商务人员应具有内在的感染力，拥有鲜明的个性，具有前瞻性的眼光，同时还应具备一定的专业基础知识，商务人员的基本素养以及较高的自身修养。本论文共分为四个部分：第一部分浅谈商务国内商务人员的基本配置；第二部分探讨商务人员应有的基本素养；第三部分主要分析商务人员应具备的基本能力；第四部分对国内商务人员的能力培养提出建议。

关键词：商务人员　基本素养　市场开发　基本能力

1　商务人员的基本配置

本文中的商务人员主要是指从事与工程业务相关的商务活动人员。商务人员的基本配置往往在商务活动中起着不可忽视的作用，细节决定成败，在参加商务活动中商务人员展现的每一个细节都会被合作方不经意地关注着，而留下第一印象；一个合格的商务人员应关注每一个细节，为不同的商务活动而准备相应的基本配置，不论在公司本部或出差参加任何商务活动，商务人员均应准备齐全所需的基本配置，包含但不限于如下内容：

（1）大方得体的商务套装。

（2）便携式电脑。

（3）基本商务资料（包含但不限于公司推介册、公司推介 PPT 或视频、个人公司名片、会议记录本等）。

（4）参与商务活动所需准备的文件或项目合作意向文件（涵盖合作方式、内容等）等。

2　商务人员的基本素养

2.1　商务人员的个人形象

商务人员应抓住每个商务活动展示个人形象的机会，对于商务人员来说，良好的个人形象是公司推介的第一步，是成功者的先决条件，它不仅是商务人员展现自身良好工作态度的载体，也是商务人员获取他人尊重的必要前提，更是企业文化的一个组成部分。

随着社会不断进步，商务人员的形象举足轻重，商务人员应不断更新观念，与时俱进，持之以恒地完善个人形象，对于商务人员的服饰要求除了总体的整洁干净、协调稳重之外，男士工作场合穿着制服或正装，商务女性的服饰也逐渐规范化、标准化，如深色套装、套裙等。

2.2　商务人员的文化修养

在商务活动中，与客人洽谈交流时应保持平等的心态，言行举止得体，本着互利共赢原则，在洽谈中对方发言期间不应随意打断发言人，如果有意见发表先示意对方，发言中能多使用敬语、谦语等，这样既可体现一个人的文化修养，又可以得到对方的尊重，最重要的也是企业形象的展示。

一个优秀的商务人员，除了需要懂得社会科学范畴中许多学科知识与常识外，在参与组织、策划并参加主要会议和重要商务谈判，还应对所参加的商务活动信息保密、诚信守责，这是展现出一位商务人员在职业品质上的高要求。

3 商务人员应具备的基本能力

3.1 商务接待能力

商务接待的主要对象是人，在参加商务活动应提前做好信息搜集、沟通与协商，安排好有关事务，商务人员要善于在不同的沟通背景下，针对不同行业、不同企业、不同职业、不同年龄、性格、合作关系的人员，运用恰当的语言，秉持谦和的态度，良好的心态，有礼(理)、有节地去进行沟通、协调和开展工作，只有了解对方准确的信息才能进行非常好的沟通和接待，使双方合作展开顺利，从而树立起企业在对方心目中的形象。

商务人员在参与商务活动的过程中，经常会碰到许多棘手、难以处理甚至根本无法预料的问题，这就要求商务人员具有灵活的应变能力与技巧，而这类能力与技巧除需积累经验外，更重要的是要有相关知识作为基础。

思路敏捷是解决问题的必备要素，更是一个商务人员应具备的基本思路，商务人员在参与各项商务活动中，还应能创设真实情景，提出可能出现的问题，分析问题，提出多组解决方案，如在不同情景下如何与人沟通、策划商务活动组织方案、来访接待等，一个能成功处理繁杂事务的人必须思维清晰反应敏捷，又快又准地抓住事物的本质，做出判断，使问题迎刃而解。

3.2 市场开发和维护能力

3.2.1 市场开发

市场开发是商务人员的重要工作，因为市场是工程公司赖以生存的根本，首先，不论在何种场合，商务人员应随时准备营销推介公司，在公司交流中或其他交流性会议中，都应能抓住机会言简意赅地推介公司品牌，公司的业绩，以及公司发展及前景，这是每一个商务人员应具备的基本营销能力。

其次商务人员应对项目信息有敏锐的嗅觉，市场犹如一件等待生产的商品，那么商品能否畅销，还需营销者和加工者能否通力合作。市场开发是排头兵，市场就在哪，商务人员就应该出现在哪。市场能否开发成功还需要看商务人员的业务能力，基本可从“寻辨选”三方面入手展开市场开发，“寻”即多渠道获取市场项目信息，如各大招投标网站，代理(合作伙伴)的项目信息，以及其他社会关系提供的信息，不拘一格多渠道搜集项目信息来源。“辨”即体现出商务人员的市场判断力，信息只是信息，未加工的信息不能成为有价值的信息，需要通过专业人士的分析比较和判断，才能知道信息是否有价值，这就需要商务人员系统地将收集的信息进行汇总分类、分析项目基本情况，以及项目资金能力、项目的盈利能力、项目潜在风险，从而来辨别市场的成熟度。“选”即从有价值的市场中优选出优良项目进行重点考察、跟踪，深入了解项目情况以及项目附加值前景，通过项目考察，准确定位，并将考察分析结果汇报主管负责人以便做出决策，根据公司战略需要以及项目实际情况选择可靠的项目投入人力物力，选适合公司发展的市场去重点开发。

市场开发过程中，应做好统计分类工作，不论项目开发成与败，都应对公司进入的市场进行记录，总结归纳原因，对不同地域、不同专业、不同要求的市场，建立台账。

3.2.2 市场维护能力

市场维护是商务人员应做的持续性工作，对已开发的市场如何做好维护也是公司长久不衰的关键，前人种树后人浇灌，持续不断的给养，小树苗才有可能成长为参天大树，商务人员的市场维护能力体现着一个连续性，是公司品牌的延续，不会伴随人员流动而流失，维护的对象主要有政府、代理、合作方、社会关系圈等，维护的方式可以定期走访、组织合作交流会、联络工具交流（电话、短信、邮件、其他形式的联络工具），不断强化已占市场份额，并拓展未开发市场。

3.3 项目招投标及合同谈判管理能力

项目招标投标管理能力是一个商务人员在市场开发能力中不可或缺的一个组成部分，项目招投标工作既体现出一个商务人员的团队协作能力，又展现出一个商务人员的组织能力，能调动一切可以调动的力量为项目的招标投标工作服务。

首先，在项目招标工作中应掌握项目招标范围、招标的阶段、招标文件的编制要求及组织评标的能力，同时还应关注招标工作中的其他注意点，必要时可以委托招标机构代理进行相关工作。其次，在项目投标工作中应充分掌握招标文件，严格按照招标文件中的评审办法和有关要求组织编制投标文件，初步进行项目人员设备等规划并按时提交合格有效的投标资料，合情合理地使用投标策略。招标投标工作的展开应符合《中华人民共和国招标投标法》。

商务人员在商务谈判中应主动积极，一切以公司的利益为首要，紧扣合同谈判的重点方向，谈判过程中应与对方保持会谈气氛的缓和。在商务合同谈判中掌握谈判技巧和要点，谈判过程中思路清晰，稳妥地对谈判对方的文字回复，牢牢把握商务合同（合作协议）谈判条件。

3.4 适应能力

随着市场竞争压力越来越大，对于商务人员来说想要在竞争中取胜，健康的心态和良好的体魄是最好的保证。这就要求商务人员应具有一个良好的适应环境和抵抗压力的心态，去适应各种环境和抵抗住来自各方的压力，时刻保持精神焕发、活力充沛、心胸宽广、态度乐观，轻松地对待每一项工作，坚持多参加体能活动。实践证明，在处理一件事情的过程中，越是能够坚持到最后一刻的人，才越是有机会成功的人。不断提高自身的适应和抗压能力，才能为企业的发展壮大积蓄力量。

3.5 学习能力

科技的进步是日新月异的，工程市场竞争更是瞬息万变，商务人员要不断地接受新事物、新观念，善于创新进取，不断学习新的理论知识，才能求得不断发展。学习新的知识去适应市场变化以及提高自己的素质，为自身和企业创造有用的价值。商务人员还必须有强烈的成功欲望，只有有了成功的欲望，我们才战胜一切艰难险阻，奋力向前，在不断总结和学习市场开拓的经验和教训，不断地充实自己、完善自己、丰富思想底蕴，要学会融会贯通，三思而后行，才能长久适应企业的成长和发展需要。

4 结 语

商务人才在公司发展中起着催化剂的作用，给公司的发展提供了源源不断的推动力，在公司不断发展壮大的过程中，公司人才的培养和储备成为公司长久兴盛的利器，那么如何培养适应公司发展需求的商务人才成为我们应去积极探索和思考的问题，首先，我们可以从商务人才的培养目标和培养模式上进行考虑，主要从两方面：一是确立“宽专业、厚基础、强能力、高素质”的培养目标，培养具有扎实的基础知识、理论知识，具有较强专业实践能力和创新精神的复合型、应用型商务人才；二是按照公司发展需求，对商务人才建立培养模式，如“交互式”培养或“导向型”“需求型”商务人才的培养模式。其次，从公司市场拓展需求的实际出发，培养商务人员的以项目带动市场开发的理念，在培养中储备商务人才，在储备中培养商务人才，从而促进公司人才的储备实力的增长，使公司的整体实力得到显著提升，在激烈竞争的国内外市场中，公司才能稳获市场份额和不断发展壮大。

参考文献

[1] 李宋昊. 国际商务人才跨文化能力及其培养[J]. 商业时代·学术评论，2006(1).

[2] 黄亚兰. 礼仪在商务拜访中的重要作用和技巧探析[J]. 商务必读，2012(1).

[3] 黄亚兰. 浅议商务人员的个人形象塑造[J]. 商务必读，2011(12).

[4] 陈启明. 大型建设项目的合同谈判与合同管理[D]. 北京：对外经济贸易大学，2003.

[5] 黄雪莹. 对外工程承包业的国际商业谈判[J]. 商业经济评论，2010(10).

浅析热控仪表校验

景 征

摘 要:

本文根据印尼 T. J. AWAR-AWAR 2×350MW 电站项目现场实际情况,分析了传统现场热控仪表校验的弊端。通过举例说明 Fluke741B 过程仪表认证校准仪的校准经过,介绍了一种准确、快速、智能的现场热控仪表自动校准方法。

关键词: 热工仪表的周期检定 现场仪表校验 Fluke741B 过程仪表认证校准仪

1 引 言

目前,工业企业大量采用现场型热控仪表来实现计量检测和工艺过程控制。这些仪表在保证产品质量及生产正常运行中起着重要作用。保证所有热工仪表可靠运行,或及时发现问题并采取相应措施,是计量检定工作中的一个重要环节。

2 传统热控仪表校验的弊端

传统的标准量传递和周期校验工作企业计量检定工作最基础的依据。周期校验以送检方式为主。由于大量的热控仪表具有固定安装和连续运行的特殊性,所以不得不将实验室的许多不便于携带的标准仪器运输到现场进行现场仪表校验。在这种情况下,传统的校验方法明显地表现出精度低、携带不便、操作繁琐、计算麻烦、效率低下等劣势。已经越来越不能满足大量热控仪表的现场周期校验的要求。因此,工业企业渴望热控仪表校验不仅可以周期检定,而且能够随时随地在现场在线校准,以便及时发现问题,采取措施,确保计量检测数据准确可靠。

3 准确快速的智能校准法

目前,不少国内外厂家已经研制出各种热控仪表的现场校准仪器,为量值传递及热工仪表的周期检定工作向现场校验的过渡,创造了技术条件,为满足工业企业热控仪表的现场校验提供了实用的工具。

由美国福禄克公司生产的 Flucke741B 过程仪表认证校准仪具有强大的测量输出能力。可以实现一定范围内电压、电流、电阻、频率的测量和输出;温度测量和模拟输出(11 种热电耦和 8 种热电阻);压力测量(表压、差压、负压);监测继电器闭合情况;提供回路电压及变送器模拟方式等。尤其值得称颂的是其自动校准、记录功能,只要选择好所要进行的测量和输出,设置好零点和满度点及校准步长,其余工作便可全部由 F741B 校准仪进行。它会自动输出信号、自动延时、自动记录、显示校准结果等。当然,不论是输出或测量信号,F741B 校准仪的精度都很高。

以下是我们用 F741B 校准仪校准温度转换卡的实例,从中可以体会到全新的仪表校准法。

印尼 T. J. AWAR-AWAR 2×350MW 电站项目采用以微处理器为基础的分散控制系统(DCS),在各种运行工况下完成主、辅机的参数控制、回路调节、连锁保护、顺序控制、显示报警、打印记录、分析计算等等。其中温度信号是分散控制系统采集的一个重要运行参数,它在运行工况监视、连锁保护、顺序控制等方面起着重要的作用。锅炉壁温的信号是将热电耦电势值转换为1～5V 电压信号。信号转换单元 CNU 将信号一路送入现场控制单元 UFCH 中的模拟信号输入卡 VM1，另一路送入 TB16 端子板。如图 1 所示：

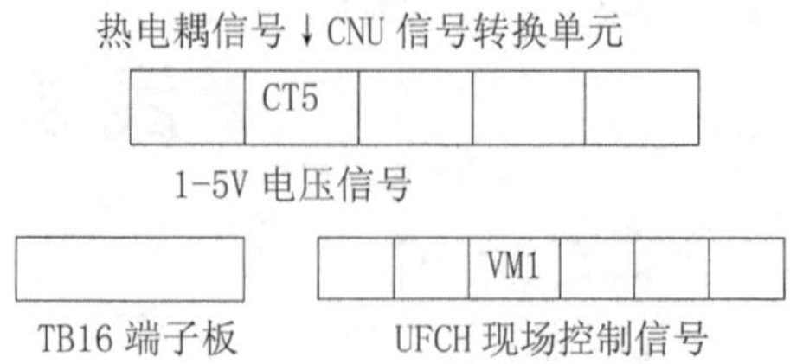

图 1

利用 F741B 校准仪给信号转换单元中的热电耦温度转换卡输出 S 型热电耦模拟信号，并自动进行室温补偿。同时测量 TB16 端子板上的转换电压值，自动进行校准、记录。

自动校准结束后，可以选择“More Choice”，“Reviews Memory”功能键，移动光标到相应的工位号，查阅和记录仪表校准前后的测试结果，填写相应的仪表校验证书或校准报告。

4 新旧校验方法比较

以往校验温度转换卡，需携带直流电位差计（准确度 0.05 级）及纸笔等。首先测出室温，对照 S 型热电耦分度表计算出各个校准点的修正电势值。然后按照直流电位差计操作规程输出毫伏信号，用电压表测量转换端子处的直流电压值，进行校验。并随时用纸笔记录下校准结果。这种传统检定方法，既费时又费事，且校验准确度也不高。使用 F741B 校准仪（S 型热电耦模拟信号输出准确度为 0.05 级，直流电压测量准确度为 0.025 级），只要设定好各个参数，即可自动校准、计算和储存记录结果。表 1 为用这两种校验方法校准同一块温度转换卡后的结果（室温为 24.5℃）。

表 1

传统校准			F741B 校准仪校准		
输出值(mV)	测量值(V)	误差(%)	输出值(℃)	测量值(V)	误差(%)
−0.168	1.004	0.09	0.0	1.0002	0.01
3.092	1.993	−0.08	400	2.0057	0.14
7.177	2.990	−0.25	800	2.9982	−0.05
11.783	3.995	−0.12	1200	4.0037	0.09
7.177	2.896	−0.26	800	3.0086	0.05
3.092	1.996	−0.10	400	2.0052	0.13
−0.168	1.006	0.15	0.0	1.0005	0.01

以上实例可以看出，F741B 校准仪克服了传统标准量传递所存在的不足，具有携带方便、精度高、效率高、实时性好等诸多优点。

5 结束语

目前多数现场校准仪精度在 0.06～0.02 级，而被校仪表精度大多在 0.1 级以下，完全符合量值溯源的基本要求。需要指出的是，随着新方法的应用，应建立相应的工作制度；制定校准仪的使用操作规程；定期进行检定，至少每年一次，并严格做好原始记录。

F741B 校准仪给我们带来了一种全新的过程仪表校准法，它使仪表校准工作走向智能、快捷和准确的新天地。

建筑施工合同管理中的常见问题及对策研究

李　磊

摘　要：

在建筑工程项目管理中，合同的管理是保证管理规范性，维护多方共同利益，化解工程矛盾的重要保障。加强建筑工程项目的合同管理，有助于整个建筑工程管理的规范性，从而保证工程进度，提高工程质量。本文将结合多年建筑工程管理经验，对建筑工程合同管理的重要意义做出分析，并提出我国建筑工程合同管理中存在的问题，针对问题提出加强建筑工程项目合同管理的一些方案和措施。

关键词：建筑工程　施工合同　管理　存在问题　对策分析

一、引　言

在建筑工程行业中，工程项目的合同是为了保证工程项目的施工目标，承包方和发包方都相互明确自己的权责关系，并在协商的基础上签订，具有法律效力的协议。工程施工合同对承包方开始实施工程建设，发包方要通过各种途径来支付工程的造价款项，共同来控制整个工程的质量，保持工程合理的进度，控制整个工程的造价，保证整个工程活动建设高效优质进行的法律文件，对整个工程的建造有着十分重要的作用。合同管理是否严格，管理是否规范科学，不仅仅会影响到整个工程的质量和进度，更对整个工程的造价产生深远的影响，直接关系到整个工程相关企业的竞争力和生存力。因此，做好工程的合同管理，是企业生存发展，控制工程造价的重要举措。

二、建筑施工企业合同管理中存在的主要问题

1. 施工企业合同管理专业人才的缺乏，合同文本不规范，内容有失公正

从合同制定上看，建设施工合同涉及很多方面知识（如预算、经营、法律以及工程管理等），专业面很广，同时涉及全局工作的开展。因此，要求制定合同的人员具有一定的专业技术能力、法律以及相关的造价管理知识。但是，在许多建设项目的管理体系中，缺乏专门的人员和专门的机构从事合同管理工作。

从实施合同方面来看，施工合同中绝大多数条款是由发包方制定的，其中大多强调了承包方的义务。部分业主在招标文件中增加许多对承包方苛刻条款，对自身的制约条件很少，尤其是对违约赔偿等方面的约定较为模糊，对于意外事故和其他情况缺乏有效的处理办法。这样的不公平、不公正合同的签订，在履行中将发生很多的争议。其次，部分分包合同由于是项目部与分包商洽商后确定，又会出现由于项目部管理人员由于缺乏合同管理意识和法律意识，被分包商合同条款的漏洞蒙蔽的情况。虽然建设部和国家工商局制定了的《建筑工程施工合同示范文本》，以全面体现双方的责任、权利和风险，但部分合作单位在签订合同时为了回避自身义务，则采用一些自制的、不规范的文本，利用笼统的、含糊的文本条件，避重就轻，转嫁工程风险，换取利益最大化，这点确实需要我们在合同管理工作中警醒。

2. 法律意识和风险意识淡薄

建筑市场中的竞争日益激烈,但建筑施工参与各方的法律意识不强。主要表现在:第一,合同制定上对于双方的权利和义务规定不对等,多为发包方对承包方的义务、责任规定较多,对自身的义务规定较少,为施工过程中的争执与纠纷留下了隐患。第二,建设施工合同违约现象严重。在合同实施过程中,经常会出现随意修改合同,或违背合同规定的情况,使得违约后,合同索赔工作难以实现。第三,部分没有正规资质的班组或分包商通过挂靠利用其他承包商名义签订合同或超越本企业资质等级签订合同的情况普遍存在。第四,违法签订转包、分包合同情况依旧存在。有些分包商在中标之后将工程肢解,以更低价格非法转包给没有资质的小施工队伍,从而对工程进度、质量、安全造成严重影响。这些行为都违反了《建筑施工合同法》的有关规定。

3. 合同监管机构不健全,职能分工不明确

日常项目管理工作中对于合同的利用程度有待提高。同时,合同的审查和评估尚需细化。合同的归口管理、分级管理和授权管理机制建设需要进一步完善。对施工企业合同管理的信息采集、存储、加工和维护手段同样相对落后,部分项目部现场资料和合同管理流程比较混乱。缺乏完善可行的有效的动态合同管理制度,缺乏具体的操作流程,缺乏对工程进行及时的跟踪、评估和总结,动态合同管理缺失。建设项目内部资源没有得到有效开发和利用,合同履行的手续不健全,使得合同制度执行不力,合同管理的信息化程度较低,从而降低了施工企业合同管理水平。

三、建筑施工企业合同管理的难点

1. 建筑合同纠纷比较复杂

建筑工程的顺利进行,既离不开建设方、施工方、分包方等多方合同的顺利履行;也离不开农民工、项目所在地政府和其他各方工作的支持。在工程建筑领域,由于法律的强制规定,比如建筑法禁止工程违法转包分包,禁止把工程发包给不具有资质的单位和个人的规定。与工程现实状况严重不符,由于利益的诱惑。在日常分包合同管理过程中发现部分分包商存在违规转包、分包、挂靠等事实,这些均说明建筑工程合同纠纷的复杂性。

2. 建筑合同纠纷比较专业

在建筑工程施工过程中,行政审批、环评,勘测设计、施工组织、建设方、施工方、监理方等各方的合同关系、工程关系均比较专业。在建设工程合同施工中,工程进度、工程预算与结算、工程责任、工程款支付也都比较专业,还不包括工程合同履行过程中的财务、税收等专业问题。所以处理建筑工程纠纷应具备一定的工程知识。

3. 建筑工程合同纠纷的有效解决,离不开法律顾问的介入

合理合法维护当事人双方权益,有效解决建筑工程施工前后和施工中的纠纷,离不开法律顾问扎实的法律知识。在为当事人处理建筑工程纠纷时,扎实的法律知识是问题最合理最有

效解决的前提,也是赢得当事人信任的基础。

四、建筑工程施工合同的纠纷处理和合同管理措施探讨

1. 规范建筑工程施工合同管理

规范管理环节,实现建筑工程施工合同管理手续的档案化。建筑工程施工合同管理环节主要涉及建筑工程施工合同的签订、变更、续订、解除、终止等,因此,企业应当依法健全、完善各项手续,合理规避各种不必要的法律风险。一些企业的管理人员总习惯于口头通知,而不采取书面方式,这样做确实比较省时、省力,甚至一定程度上提高了工作效率,但也给建筑工程施工合同管理工作埋下了一些隐患,当出现建筑工程施工争议时,企业很难拿出对自己有利的实质凭证而陷入被动。因此,企业应当把完备建筑工程施工合同管理过程中的各项书面材料作为一项基础工作以重点落实,提升企业管理的主动权。

2. 建立合同信息管理系统,实现合同动态管理,增强工作的及时性和针对性

由于合同种类多,数量大,合同变更频繁,且在履约中往来函件和资料较多,施工企业合同管理系统性强。施工企业则不能单纯地依靠人力管理,应建立以微机数据库系统为基础的施工企业合同信息化管理,便于对信息资料的收集、整理、存储、处理、分析和使用,以提高信息传递的速度,提高企业施工企业合同管理的效率,提高企业的合同管理和经营管理水平。

3. 建立企业的监督保障机制,提高合同管理人员素质

完善施工企业合同管理的组织机构,建立公司总部、子公司、分公司、项目部各层次的合同管理机构,考核施工企业合同管理人员的工作表现和业绩,加强对分包合同管理制度的刚性约束效力,严厉打击和查处各种违法、乱纪和失职行为,保证合同管理制度的有效贯彻。提高施工企业合同管理专业人才的素质,推行合同示范文本。提高施工企业合同管理专业人员的素质。

选择优秀的合同管理专业人才人员是企业规范施工企业合同管理工作的基础。建立健全岗位责任制度。对施工企业合同管理人员实行岗位责任制,明确其责则、权限和利害。并建立合理的竞争机制和奖惩制度。这样的奖惩方法可以全面、高效率的提升施工企业合同管理人员的思想水平、法制水平和业务能力。

4. 不断加强对合同管理专业知识的学习

企业和行政管理部门根据企业与市场的变化发展和实际情况,组织施工企业合同管理人员集中学习、个别研究合同管理相关知识。主要可以进行短期培训,专家讲解与学院讨论相结合,听电视讲座,并结合实际案例进行分析总结。

5. 提高法律意识和风险防范意识

随着经济全球化的发展,施工企业必须适应新形势的发展,必须加强企业全体员工的普及合同管理法制教育,尤其是建筑行业的施工企业合同管理人员应认真学习相关法律、法规,掌握专业技术知识,提高法律意识,对所签施工合同的标的、标准、质量要求、价款支付方式以及

合同的履约期限、违约责任等做出具体明确的解释，准确表达出真实意思。按照公平、公正的原则，严密合同的内容，符合法律规定，避免出现歧义，减少由于理解偏差而产生合同纠纷，增强合同的可操作性。

做好合同履行过程中的风险防范。在项目实施过程中要注意做好与各利益相关方的往来公函、会议纪要、开竣工报告、变更及其他结算资料的签发与保存，保证相关资料的完整、严谨、有效。同时，为了确保所有可能作为索赔证据资料的证明力和有效性，所有这些资料的份数在形成时至少要保留两份，以确保其中一份原件归施工单位持有和保存，为必要时启动诉讼程序，收集好相关证据。施工企业的合同管理工作是一项内容繁杂的系统工程，只有在平时做了大量扎扎实实的工作，把合同的交底和策划真正落实在行动上，抓住合同管理的关键环节，才能达到预期效果。

五、结束语

我国建筑工程行业起步较晚，在相关的制度方面还不够成熟，需要我们在日常工作实践中进一步完善。合同管理是项目管理中重要的环节之一，是明确承包方和发包方各个方面权责归属的法律文件之一。在施工过程中，各方面的工程主体都需要严格遵守合同中规定的标准和规范，并严格贯彻落实，是整个工程支付和结算的重要依据，对整个工程的管理和纠纷处理有着深远的影响，在新的形势下，加强施工合同管理，规范的处理一些纠纷问题，对建筑企业的健康快速发展具有十分重要的意义。

参考文献

[1] 李斌.论建设工程施工承包合同的无效及法律后果[D].郑州：郑州大学，2007.
[2] 唐新喻.略谈建设工程施工合同管理[J].大陆桥视野，2012(14).
[3] 张荣伟.浅议水利工程施工中的合同管理[J].河北水利，2010(7).
[4] 陈少湧.建筑工程施工合同纠纷的处理及合同管理[J].法制与社会，2011(2).
[5] 王鹏，高杰.当前铁路工程施工合同管理存在问题及对策研究[J].城市建设理论研究(电子版)，2012(9).
[6] 李岚，宋文生.建设工程施工合同管理中的问题及对策[J].郑州经济管理干部学院学报，2003(3).

事业部境外项目现场代付款情况的分析和管理

李 磊

在事业部主管的各项目中，境外项目占有很大的比重。在境外项目执行过程中，现场代付代签金额在业主和甲方批复的工程款中占有较大比例。此部分金额一般会在甲方每次确认支付我方每期进度款时直接扣回，因此每次总部财务账户收到业主或甲方批复的工程进度款时很难体现现场代付代签费用。由于这部分金额一般涉及现场物资当地的采购，因此数额一般较大。由于此部分金额的收付无法在财务的收付款账户中有所体现，所以实际的支出和付款信息更需要事业部项目管理专员对此部分资金的收付走向进行第一时间的了解和监控。境外项目现场代付款信息也可以让我们在日常的项目管理工作中更为全面的掌握项目的第一手资金信息。更为全面的监控境外项目。以下，我将以我部门主管的部分境外项目为例分析不同项目现场代付款的异同，具体分析各个项目现场发生代付款费用的主要侧重点和管理思路。

一、境外项目产生一定数量代付款的主要原因分析

（1）业主对合同条款或者附带条件要求使用当地劳务人员。

境外项目由于业主方要求各不相同，部分项目业主方或项目所在国政府要求使用部分当地劳务人员以解决当地就业问题，因此现场需要雇佣一定比例的当地劳务人员。同时部分项目所在国劳务人员雇佣成本远低于中国工人，在部分技术含量不高的分项工程和工种中使用境外劳务人员可以有效减少项目直接费及成本的增加。这样可以有效将当地人力资源整合到项目中来。以我部门在建的乌兹别克钾肥厂项目、乌兹别克昆格勒碱厂项目、玻利维亚糖厂项目、刚果水厂及管网项目、刚果明杜利供水系统项目中当地劳务人员均占有较大比例。项目境外劳务人员的工资需要在项目现场进行发放，因此多数情况下此部分金额可能在现场由业主方或者甲方代为发放并在支付我方的工程款中被扣除。

（2）部分甲方供材料也作为代付款在业主每次支付的工程款中扣除。

以乌兹别克钾肥厂项目为例，该项目合同暂定材料在合同价格组成中材料费总额合计人民币 15,737 万元。其中材料费中的钢筋、水泥在合同价格组成中均为甲供材料。额度为人民币 5,135.22 万元。目前乌碱项目已经接近尾声，由于螺纹钢和水泥价格变化较大，以该项目截至目前的实际执行情况来看，此部分甲方供材扣除金额累计为人民币 3,906.18 万元。在该项目执行过程中，此部分金额每次由甲方单位中信建设在确认的材料工程款时会相应扣回。因此这部分金额的收付情况并未通过财务收付款账户体现，但由于此部分金额依然算作合同价格的组成部分之一。因此这部分金额也应算作业主或甲方的境外代付金额统计入收付款情况。在日常汇总和整理工程款收付情况和产值完成情况时此部分被甲方扣除的金额也经常成为一个管理盲点。而此部分金额材料费分类表中红色标注的部分即为甲供材金额。

（3）出于运营成本的考虑，部分非 EPC 总承包的境外项目未在当地建立分支机构和专用财务账户。因此现场发生的代付代签情况也多委托甲方或业主单位通过其在当地的资金账户进行代付代缴。部分分包合同也需要有甲方代为签订付款。以我部门在建的刚果(布)明杜里

材料分类表

序　号	材料项目	单　位	数　量	材料单价（元）	合计（元）	备　注
1	钢筋	吨	4442	6,187	27,482,654	数量暂按照清单数量，单价固定
2	水泥	吨	18042	1,323	23,869,566	数量暂按照清单数量，单价固定
3	钢结构	吨	2448	6,290	15,397,920	数量暂按照清单数量，单价固定
4	桥架（含盖板、托臂等）	吨	72	11,500	828,000	数量暂按照清单数量，单价固定
5	单层彩钢板	m^2	2232	55	122,760	数量暂按照清单数量，单价固定
	双层彩钢板（含 80mm 岩棉毡）	m^2	43039	190	8,177,410	数量暂按照清单数量，单价固定
6	其他材料费（含询价人供应材料在现场的运输、装卸和管理费）	项	1		81,499,637	此项合计固定
7	所有材料费合计				157,377,947	包含固定和暂定，总金额等于表 RFP003 中材料费

饮用水供应系统建设工程项目为例，该项目合同总额为 3,861.02 万元。在进度款确认和支付过程中分为两部分。一部分为支付至总部的人民币部分付款，一部分为业主现场支付的非洲法郎部分。其中现场支付部分为非郎 FCFA 187,426.76 万，折合人民币 2,285.69 万元。此部分金额每次在业主支付进度款时直接支付给现场项目部用于支付当地工人工资，购买材料和项目部日常开销费用。

二、境外项目代付款管理的难点

(1) 部分零星采购和人员工资支出信息反馈不及时，无法在收付款的同时第一时间掌握代付款支付情况。以现场采购零星物资材料为例，由于每次采购金额较小，代付单较为零碎，加之项目现场当地劳务人员流动性较大，当地劳务人员工资时有变动。项目部只能每隔一段时间汇总整理代付单，加之部分代付单由于业主或甲方反馈不及时，项目部对代付单的整理只能依照业主或甲方已经出具的为准。现场当月代付的金额很可能并非是当月业主或甲方代付款的实际金额。这也在某种程度上造成了一个时间差和价差，造成当月项目收付款数据不一定可以完整体现该项目收付款的实时情况。

(2) 现场支出的代付款的汇总整理尚需要细化。以材料费为例，部分项目现场实际的甲供材金额扣除的实际金额的整理和汇总缺少单独的统计台账。事业部在汇总和整理过程中需要仔细区分材料费中甲供材的扣除比例。事业部在汇总整理甲供材扣除情况只能以业主和甲方实际的扣除实际发生的材料汇总表中标明的当月扣除甲供材叠加金额为准，难免出现疏漏。

其次财务与事业部项目主管人员、项目部管理人员的信息沟通渠道尚不够流畅。总部财务人员无法第一时间掌握现场代付款及甲供材部分支出情况和财务凭证。

(3) 事业部及总部对部分境外项目现场代付情况缺少过程管理和监控，通常只了解代付款的支出情况，但对部分现场代付材料款，人工费，分包工程款的组成和核准过程依旧缺乏了解。代付款过程文件的管理和衔接工作还需要在今后的工作中加以细化。

三、代付款管理的改进措施思考

(1) 完善项目执行过程中的资料管理，建立现场代付款收付情况管理台账，实时更新，保持代付款支出信息的延续性和完整性。做到相关部门及主管人员可以随时查询现场最新的代付款更新情况，这样可以使总部全盘掌握项目实时的收付款信息。简化管理过程。提高管理效率。

(2) 完善与代付款信息相关的现场人机材使用情况和更新情况。代付款管理是一个系统的管理工作。代付款的发生和现场实际支出的外籍劳务人员工资、材料费、机械租赁费用、物资发运、材料运输清关情况息息相关。只有完善了项目整体的管理台账，代付款费用管理才能有据可依。

(3) 建立现场财务信息共享机制，项目部与事业部项目主管人员，各职能部门、财务经营管理部门需要完善沟通机制。保证现场收付款信息可以第一时间反馈到各主管部门。确保总部财务人员可以在每月收到业主工程量确认单时也能第一时间掌握现场当月代付款情况。

(4) 项目部及事业部项目主管人员需要与业主方、甲方主管人员积极沟通，保证代付款信息的公开透明。遇到疑惑或者不解之处，需要在第一时间与业主方和甲方管理人员进行核对确认。保证代付款信息的准确性和及时性。

(5) 事业部项目主管人员需要进一步加强对现场支出代付款金额的监督和管理。除了核对现场代付款支出金额是否有出入外，也需要进一步细化工作，常态化的核对和检查项目部现场代付代签过程中的过程文件和证明材料和材料工资费用清单。对现场代签合同的审核工作也需要进行细化。确保代签合同分包单位的资质和施工能力可以保证分项工程的顺利进行。

四、结束语

在集团公司承接的境外项目中，由于非 EPC 项目在境外项目中所占比例较大，现场代付代签情况难以避免。由于很难在总部财务收付款账户上有所体现。境外项目现场代付款的管理也成为了境外项目管理过程中的盲点和难点，这也是未来事业部境外项目收付款管理和过程控制的重要依据之一。境外项目代付代签情况的管理需要我们项目管理人员的细心和耐心。需要仔细研究合同，紧扣合同，依据合同对收付款情况的逐一汇总整理。项目部、事业部主管人员、财务人员、各职能部门相互间的配合缺一不可。只有建立健全一个较为完整的体系对现场代付款进行集中管理。才能确保合同收付款情况、产值完成情况的完整汇总。只有如此，我们才能从整体上控制和管理项目，完善和降低管理成本。对中国建设这种积极走出去的建筑企业的健康快速发展具有十分重要的意义。

浅谈中国对外工程承包企业在新形势下的发展思路

李令敏

1. 中国对外工程承包发展现状

中国工程承包企业自从改革开放以来，积极响应国家“走出去”的战略政策号召，进入国际工程承包市场，中国对外工程承包事业经历了从无到有、从弱到强、从低端市场到高端市场的迅猛发展。特别是进入21世纪以来，虽然遭遇了全球性金融危机的冲击，中国对外工程承包企业在国际工程承包市场仍保持快速增长的态势。近年来，中国对外工程承包事业发展主要有以下几个特点：

a. 业务规模快速增长

2013年，我国对外承包工程完成营业额1371.4亿美元，同比增长17.6%，提前两年实现“十二五”规划目标；新签合同额1716.3亿美元，同比增长9.6%，接近“十二五”规划目标。相对于2008年之前30%的超高增速和危机中的连续低迷徘徊，随着世界经济的稳步复苏，现将是对外承包工程业务增速理性回归的一个转折点。

b. 多元化的市场和业务格局

经过30多年的努力，中国对外承包工程企业不仅在亚洲和非洲市场站稳了脚跟，也进入了欧洲、北美、拉丁美洲和大洋洲的国际工程承包市场。作为一项综合性输出模式，对外工程承包汇集了我国制造业、金融业、建筑业、运输业等各门类的优势资源，中国对外承包工程业务领域已从单纯的交通、建筑工程扩大到石油化工、工业制造加工、电子通讯、电力工程、水利建设、环保、矿山建设等诸多领域，形成了多元化的市场和业务格局。

c. 中国对外工程承包企业的国际化水平不高

从中国对外工程承包企业的海外营业额占总营业额的比重来看，中国对外工程承包企业的国际化水平仍然较低，与世界平均水平差距较大。2013年，55家入选EngineeringNews-Record(ENR)全球最大250家国际承包商的中国企业的平均值为16.3%，入选ENR全球最大250家国际承包商的中国企业的海外营业额占其总营业额的比例从未超过20%。2013年，250家全球最大国际承包商的海外业务比例已经占总营业额的40%。

d. 中国对外工程承包企业应向更高层次的模式转变

尽管中国对外承包工程业务规模保持快速增长，形成了一定程度上多元化的市场和业务格局，但中国对外承包工程的总体规模是靠数量众多的企业支撑的，市场仍主要集中在亚洲和非洲地区，且在某一国家的中国企业数量众多，“扎堆”现象严重，它们之间的过度竞争，损害了企业的利益。

中国对外工程承包企业要想冲出“重围”，摆脱低层次的过度竞争，扩大市场份额，应向更高层次的模式转变，做出新的选择，以求新的发展机遇。

2. 国内外新形势

2.1 国内外经济形势

根据商务部发布的《2015 年中国对外贸易发展环境分析》,2015 年,中国外贸发展面临的国际环境可能略有改善,但回升幅度有限,风险和不确定因素较为突出。世界经济温和复苏态势基本确立,经济增速缓慢回升,金融危机后续影响依然存在,深层次结构性矛盾凸显,发达国家宏观政策分化,贸易保护主义势头上升,热点地区地缘政治冲突加剧,将成为经济波动的重大风险来源,也是中国企业"走出去"所要面临的巨大国际挑战。那么国内形势呢?2015 年 5 月,习近平总书记在河南考察时指出,我国发展仍处于重要战略机遇期,要增强信心,从当前我国经济发展的阶段性特征出发,适应新常态,保持战略上的平常心态。这是中央领导首次以"新常态"描述新周期中的中国经济。2015 年 11 月 9 日,习主席在 APEC 工商领导人峰会开幕式主旨演讲中,对中国经济新常态进行了全面阐述和解读。他指出,中国能否抓住新的机遇,应对新常态下的各种挑战和风险,关键在于全面深化改革的力度。

2.2 我国国家战略方向

面对国内经济"新常态"、国际贸易环境的复杂形势,国家领导人提出"一带一路"重大战略部署,并宣布中国将出资 400 亿美元成立丝路基金,将为"一带一路"沿线国基础设施建设、资源开发、产业合作等有关项目提供投融资支持。

同时,国家在法治、政策体系和宏观统筹方面给出了更有利于对外企业投资合作的调整,2014 年 9 月出台了新的《境外投资管理办法》,以备案为主,审核为辅,使投资更加便利化,减少企业报批运营成本。

2.3 新形势下中国对外工程承包企业面临的机遇和挑战

结合上面对国内外形势和国家战略的分析,本文认为新形势下中国对外工程承包企业主要有如下机遇和挑战:首先,国际经济形势逐渐复苏,新的需求不断涌现,为企业的发展和壮大提供了空间,但同时对企业的能力提出了更高的要求;其次,国家对中国企业"走出去"提高到战略高度,并在政策和外交方面做出了巨大的努力,为中国企业打造了良好的政策和外部环境,是企业完成升级和转型的历史机遇;再次,国际政治经济风险依然存在,贸易保护主义抬头,这对企业抗风险能力提出新的挑战;最后,国内外企业之间的竞争无疑依然是激烈的,如何在竞争中脱颖而出,需要企业做出新的改变。

3. 新形势下的发展思路

由上述分析可以得出,中国对外承包工程企业正处于战略转型期和发展机遇期,亟需在新形势下做出新的选择,调整发展思路,以新的思路和战略迎接挑战抓住机遇,不断壮大自身力量,在国际竞争中立于不败之地。本文认为,中国对外承包工程企业的新发展,关键在于以下几个方面:

a. 企业发展方向:从施工企业向现代企业和国际化综合型企业发展

对外承包工程企业大致可以分为三类。第一类是以较多施工队伍和施工机械等为主要特征的施工/生产型企业,第二类是以较多海外市场网络和商务人员为主要特征的商务型企业,第三类是以较多设计经验和设计人员为主要特征的设计型企业。中国大多数对外承包工程企业属于第一类,较少企业属于第二类和第三类。在目前国际竞争环境下,国际化综合型企业竞争力更强,中国企业应建立商务、设计、施工为一体的现代化综合型企业,完善企业产业链,同时建立相配套的企业制度和管理及运作模式,进而向国际化企业方向发展。

b. 商业模式:从传统承包方式向创新商业模式转变

传统承包方式,即业主聘请设计咨询工程师进行设计,然后业主招标,承包商中标后负责施工的设计-投标-施工(Design-Bid-Build,DBB)项目建设模式是国际工程承包市场的主流。自 20 世纪 90 年代中后期以来,项目发起人为管理和控制项目成本超支风险,应贷款银行的要求,开始采用以固定价格和固定工期为主要特征的设计-施工(Design- Build,DB)模式和设计-采购-施工(Engineering-Procurement-Construction, EPC)和交钥匙项目建设模式。同时,为解决政府预算资金不足的问题,各国政府尝试性地推出了以授予特许经营权为主要特征,由企业负责融资、建设、运营并从特许期内获得收益的项目建设模式,逐渐形成了以 BOT 和 PPP 模式为主的总承包模式。PPP 模式即 Public-Private-Partnership 的字母缩写,也称"公私合营模式",是指政府与私人组织之间,为了合作建设城市基础设施项目,或是为了提供某种公共物品和服务,以特许权协议为基础,彼此之间形成一种伙伴式的合作关系,并通过签署合同来明确双方的权利和义务,以确保合作的顺利完成,最终使合作各方达到比预期单独行动更为有利的结果。PPP 模式将部分政府责任以特许经营权方式转移给社会主体(企业),政府与社会主体建立起"利益共享、风险共担、全程合作"的共同体关系,政府的财政负担减轻,社会主体的投资风险减小。目前,亚洲的一些国家,如印度尼西亚、马来西亚、菲律宾等国已经推出 PPP 模式以及完善了相关法律,为我国对外承包企业以 PPP 模式进入这些国家和市场提供了机会。因此中国企业应紧跟时代潮流,根据市场发展需求,研究和选择类似 PPP 的创新商业模式,谋求更多的商业机会和更快的发展。

c. 人才发展策略:从技术型向商务型进而向复合型人才转变

企业的任何战略规划都需要人去贯彻执行,没有一支富有执行力的人才队伍,任何战略都会沦为一纸空文。可以说,人才是企业发展的关键。在当前竞争激烈的国际工程承包市场上,企业运作大型项目时,所遇到的问题已经不仅仅是简单的技术问题和商务问题,而是涉及了技术、商务、融资、法律、语言等一系列的综合性问题,涉及的部门包括国内施工企业、设计单位、政府部门、银行、国际金融组织、信用保险公司以及国外的相应部门等,这就需要企业的人才从技术型向商务型,并进而向复合型转变。

4. 结 语

对于身处战略转型期和发展机遇期的中国对外承包工程企业而言,需要在新形势下根据国际工程承包市场的变化,在企业类型、创新商业模式、人才发展策略等方面,调整企业发展思路、不断提高在国际市场的竞争力,使企业能够完美地转型,在转型中飞速发展。

伊拉克萨哈拉丁电站项目现场物资管理流程

电力工程事业部
李月清

伊拉克萨哈拉丁电站项目总承包方为CMEC(以下简称甲方),施工总承包为中国建设(以下简称我方),根据施工总承包合同我方在现场物资管理方面主要承担以下五方面工作内容,在此我将谈一下目前我方物资部现场物资管理的流程及管理过程中出现的一些问题及解决办法。

一、现场物资接货与保管

1. 合同明确我方为甲供设备及材料保管单位,我方根据现场物资管理规划、施工程序及物资类型,对场地预先进行规划与布置;按国家电力行业标准建设足够的物资储存场地和库房。对到达现场的货物根据种类和保存要求,放入不同类型的库房和场区等。

目前伊拉克项目部甲供物资的存放区域主要分布以下几大部分:

1) 四个库房和一个保温库区:四个库房分别为:1#库为五金库,2#库仪器仪表仓库,装有恒温设备,3#库为危险品库,4#库为设备库;面积均为997平方米,保温库区面积近3000平方米。

2) 三个料场区域,其中1#料场面积为35000平方米,2#料场面积为40000平方米,3#料场面积为15000平方米,另外,库房区的室外面积有21000平方米可以堆放物资。

3) 现场材料堆放区域:现场材料指的是甲方CMEC在伊拉克战乱前已经运到现场的材料,此部分材料大部分为钢板和钢管,可以作为部分甲供材料或者临时性措施材料(费用另行结算)使用,该区域目前为由我方管理。

4) 业主材料堆放区域:此部分材料也为甲方CMEC在伊拉克战乱前已经运到现场的材料,为我方协管区域,如分包需要领取需要经由中国建设物资部、项目总工、CMEC项目经理批准后交由伊拉克业主MOE申请领取,征得同意后方能领取。

2. 物资到达现场后,组织接车工作。负责卸货的是业主方MOE, 卸货的吊车为业主协调的运输公司所有,卸车公司为了考虑成本,一车货物最多卸到两个地点,大多情况下会把一车东西卸到一个区域,这样的话会给我方造成二次搬运的工作,我方会尽量协调其能将车上甲供货物卸到指定位置。对乙供物资,我方会及时通知各分包单位带领司机将其物资卸到指定区域。

物资到达现场后,由仓储管理员负责接货要做好到货登记,记录的主要内容包括:到货日期、到货箱件号、外包装情况、存放区域位置编号等。

3. 按照供货商储存要求对设备及材料进行存放和保管。一般情况下在接收到CMEC发来的装箱单后,材料接货工程师根据物资的类型和特性进行保管物资的准备,以及提前进行存放区域的划分,等物资到达现场后要求尽可能将其卸到指定位置,并及时按照厂家发来的物资储运要求进行保管。

开箱过程中会遇到一些问题,由于箱体类的物资到达现场后不会立即开箱,有些包装不到位的箱体在运输过程中已经进水，等存放一段时间后尤其是入水遇高温后会造成设备及材料的锈蚀，等到物资到达现场一段时间后开箱发现问题时厂代有时会推卸责任说是我方保管不善的原因造成的，这就要求我们在物资到达现场后尽快按照储存要求进行保管，避免因我方原因造成物资的损坏，同时规避厂代推卸责任的风险。

二、设备、材料的开箱与检验

1. 设备、材料到货后根据各专业工程师提供的三个月开箱滚动计划由我方组织相关分包单位、甲方现场物资管理人员、供货厂家代表（如有）一起开箱检验并填写开箱记录单。如遇物资到达现场时箱体有损坏时会尽快组织开箱检查，并做好记录，开箱后的物资进行妥善保管。

2. 如供货厂家代表未按甲方通知的时间赶到现场开箱检验，为了不影响施工进度，甲方在供货商确认同意后会授权我方自行组织开箱清点，并切实做好记录，发现问题，应及时报告给甲方。

3. 开箱验收后，对于设备运输途中的损坏或设备的缺陷（或其缺件），我方按合同条款在现场予以修复；对确实不能修复或现场不具备条件修复必须返厂的经设备厂代、甲乙三方人员现场确认后，我方提出书面申请，由甲方负责向供方联系解决。上述设备的损坏、缺陷或缺件乙方在现场开箱时做好超缺损报告并书面报告给甲方物资人员。

4. 设备包装箱中的装箱单、明细表、产品出厂证明书、合格证、有关试验报告、随机技术说明书及图纸等一切技术资料，均由我方物资部统一发放和保管，直至工程竣工组卷移交甲方。

三、设备、材料现场领用

1. 我方制定现场设备、材料领用管理制度，并要求各分包单位严格按照遵守规章制度。

2. 领用设备材料一律凭经批准的领料申请单，领用后办理出库手续。

3. 仓库管理人员发放设备、材料，必须严格审查领料申请单。没有正式发料凭证或发料凭证不齐全不得发料。设备、材料不得外借。成套设备不得拆套挪用。

设备、材料领用过程中，分包有时会申请一箱物资分多次领取，这种情况下我方会要求对方尽量一次性领用，并将暂时不用的材料入库保管，如果一箱材料分几家分包商使用，其中一家领用，其余部分将进行入我方库房保管。

四、专用工具、设备备品备件入库保管、领用及移交管理

1. 验收入库。

备品备件及专用工具按到货验收规定随到货设备一起验收，单独到货的单独验收；单独建立备品备件及专用工具出入库台账。

2. 对所到备品备件及专用工具以套为单位的，作入库单时以套为单位办理入库单，但在套下边注明详细单件的名称、型号规格、数量。

3. 储存和保管。

1）备品备件及专用工具设有专门库房单独存放。

2）对橡胶制品、塑料制品、石棉橡胶制品等备品备件，按有关要求妥善保管，防止因老化、变形、粘连、变质而无法使用。

3）对备品备件防锈、除锈蚀，按《电力基本建设火电设备维护保管规程》的规定，定期

保养。

4）备品备件及专用工具的相关资料做好记录，并妥善保管。

4. 备品备件领用管理。

1）分包方在安装、调试、试运行过程中如需要领用备品备件时，经分包、我方项目经理审核后报甲方项目部现场经理批准方可领用。在批准后仓库管理人员依据领用、出库申请单，在备品备件及专用工具入库、出库台账上登记，将备品备件出库单登记相关信息到台账。

2）分包方领用备品备件的同时，应填写物资补充采购申请单，经审核后，提交甲方项目部经理批准，由甲方项目部联系采购组进行采购补充。

3）分包项目部提出申请采购补充时，应进行责任划分和明确处理原则，本来谁使用谁付费的原则；属于业主的额外要求由甲方出资采买。

5. 专用工具借用管理。

1）在安装、调试、试运过程中，随设备供货的专用工具可以借用，但通用型专用工具的应留在库内妥善保管，不作专用工具借用。

2）各分包单位根据工程需要填写专用工具借用单，经我方项目经理审核后报甲方项目部现场经理批准方可领用。

3）分包领料人员依据已经批准的专用工具借用单，到仓库办理借用手续。我方仓库管理人员发放核对借用单信息无误后，确认签字，发放专用工具，并保管好专用工具借用单。

4）仓库管理人员依据专用工具借用单，在专用工具入库、出库台账上登记，将专用工具出库单相关信息登记到台账上。

5）分包借用的专用工具移交业主前要及时归还仓库，归还时由归还人和仓库管理人员在专用工具借用单上归还栏内签字，并在专用工具入库、出库台账上登记。

6）分包借用的专用工具不能及时归还或损坏时，应按原型号采买后归还仓库，借用方不能及时采买时，由甲方项目部联系采购组申请采购，采买费用从借用方工程款中扣回。

6. 移交业主。

1）按照合同规定所有专用工具和需要移交的备品备件在机组 PAC 后移交业主，移交业主前，仓库管理人员编制备品备件及专用工具移交清单，提交乙方审核后报甲方现场经理批准。

2）我方经甲方批准后可以代表甲方办理移交手续，移交人和业主接收人员在备品备件及专用工具移交清单上签字，将备品备件及专用工具移交业主。

五、关于设备采购包装物品回收

1）随设备、材料到现场的包装物品所有权和处置权归甲方所有。

2）各分包单位在设备开箱验收设备拉走后，对特别需要返回厂家的专用包装品要维护保护好，不得损坏。

3）经甲方项目指出不做特殊处理的包装原则上由分包拉到垃圾堆场处理。

浅谈 ITP 在国际工程质量管理中的作用

电力事业部
刘　辉

ITP 全称是 Inspection and Test Plan，检查试验计划，是对施工现场各专业施工质量检查验收的计划，ITP 在国际工程中非常流行，是项目质量体系构建中非常重要的一项内容，目前世界上许多工程及咨询公司在进行项目管理时都有 ITP 的要求，同时一些专业工程公司都已有比较成熟的 ITP 计划以及管理经验，在进行专业施工管理时施工单位按照其 ITP 来进行施工质量验收，极大的提交了工作效率。本文以伊拉克萨拉哈丁电厂项目循环水管道施工为背景，浅谈一下 ITP 的编制、提交以及在国际工程的重要性。

1. ITP 的编制

ITP 的编制大致分为两部分，一部分为检查试验项的确定，另一部分为检查试验记录表格的编制，检查试验记录表格和国内的验收评定表类似，但国际工程和国内工程是有很大区别的，其检查验收一般是没有质量评定的，不存在合格率和优良等级，合格是其最基本的要求，附件 1 和 2 是伊拉克萨拉哈丁电厂项目已被业主审批的厂区循环水管道施工的 ITP，附件 1 是检查试验计划项和检查点的设置表，附件 2 是防腐验收记录表(循环水管道现场验收共 5 个验收记录表，本文仅以防腐验收为例)，我们可以看出循环水管道施工的 ITP 的检查试验项划分为 7 大项，其分别为材料验收、焊接准备、防腐验收、管道就位检查、组对焊接检验、附件安装检查以及水压试验，涵盖了循环水管道施工验收的全部内容，其中某些大项又分为几个小项，各个项目均有对应的报告或记录表，如材料验收有材质报告、合格证、出厂报告以及设备资料等，焊接准备有焊工考试以及焊接工艺规程的准备，防腐有对应的记录表 BOP-001 等，同时我们看到每个小项均设置了 3 个检查方，分包单位(施工方)，总包单位(管理方)和业主(或监理)，且每个检查方均设置了一个检查点，有 R 点、I 点、SW 点、W 点和 H 点，其含义分别为：

R 点：文件见证点，此项检查需检查对应的报告；

I 点：自行检查点，为分包单位自查，项目 100%检查；

SW 点：随机见证点，代表可随机抽查的检查试验项；

W 点：见证点，代表需现场见证的检查试验项；

H 点：停工待检点，代表需停工等待的检查试验项。

各个检查点的设置反映了检查内容的重要性和检查方的参与程度，如 I 点，分包单位是 100%检查的，保证了自检合格，SW 点是随机见证点，适用于规范规定的如批量材料检查及现场的一般施工检查项，W 点是见证点，无特殊情况必须保证检查时检查方在场，适用于重要的工艺和检查项，H 点一般用于隐蔽工程、移交以及调试，未经检查合格，禁止进行下一步工作。

对于检查试验记录，我们可以看见有检查试验项目名称，验收部位，相关图纸号，质量标准号和标准以及检查结果，同时设置了备注项，记录最下方为 3 个检查方的签字栏，如验收合格，三方签字确认，如若不合格，将在备注栏内填写不合格原因，处理完毕后再次验收确认。一些国家标准在签字确认一栏对比较重要的项目有强制性的规定，相关责任方也需签字确认，如中国标准地基处理后验收地勘部门需要签字确认，汽机机座进行二次灌浆时厂家和设计院等部门需要签字确认等。

各检查试验点的设置，一般施工单位喜欢避重就轻，故意降低一些检查项目的检查点级别来误导管理方和业主，对现场质量控制留下了较大的隐患，所以要求编制单位必须严格按照相关规范的要求进行 ITP 的编制，做到全面，重点突出，设置合理，同时管理方和业主也会在 ITP 的审核过程中提出意见，从而保证了 ITP 的准确性，ITP 在审批合格后即可用于现场施工检查试验，非特殊情况不得随意更改。

熟悉施工工序和检查验收的人员可能会发现，不仅循环水管道的施工验收可以使用此 ITP，其他类似金属管道，如消防水管道，锅炉和汽机的中低压管道，水处理的相关管道均可使用此 ITP，检验项目基本相同，仅仅是检查验收记录表内的质量标准不同而已，所以说，ITP 的编制也应具有通用性，一份 ITP 供全厂几十个验收项目使用，大大减少了文件的编制量，间接提高了工作效率。

2. ITP 的提交

ITP 的提交时间一般在主合同内都有明确的要求，如伊拉克萨拉哈丁电厂项目业主要求在开工日期 3 个月前提交。如果工程公司没有成熟的 ITP 计划时，应组织技术能力较好的专业工程师或者质量工程师来编制，根据与业主或监理工程师的协商，ITP 可以各专业汇总一起提交，也可以根据项目的实际进度情况分专业分别提交或者按照单项工程逐步提交。

3. ITP 的重要性

工程项目从开工到竣工大体分为 4 个阶段：开工准备阶段、施工和检查验收阶段、消缺阶段、移交阶段，检查试验计划从开工准备阶段的审批，施工阶段的检查记录，消缺阶段的缺陷检查关闭以及到移交阶段的记录表归档，是项目能够竣工移交的主要依据，贯穿整个项目实施过程，其重要性不言而喻，有时某些项目的验收可能会因为 ITP 的检查试验项或检查点的设置问题（不合理或有异议）影响现场验收和施工，从而影响到整个项目的工期。

作为国际工程项目，质量始终是业主或监理控制的重要内容，由于 ITP 的编制是从工程项目的每个检查试验点出发，经过施工单位，管理单位再到业主或监理工程师的三层监控，其验收过程是一步一步推进的，任何质量问题都会阻碍 ITP 的正常运行，所以 ITP 的运行状态是项目质量控制好坏的最好体现。

项目的各质量管理的参与方，应认真对待 ITP 的管理工作，对于专业工程公司，应根据以往项目的经验，建立专业和成熟的 ITP 以及管理体系，不断更新和改进，为项目的成功实施奠定基础。

附件 1：

SINOMACH | SINOCONST

Iraq Salah Al-Din 2*630MW Power Plant Project

ITP - Circulating water pipe installation

No.	ITP NO.	Item of Test and Inspection	Inspection by			Reference Form NO.
			Sub-con	SINOCONST	Owner	
1	ITP-BOP-001-01	Material				
2		Steel plate material certificate	I	R	R	Report
3		Accessories specification	I	R	R	Report
4		Welding material certificate	I	R	R	Report
5	ITP-BOP-001-02	Prepare of the welding				
6		WPS&PQR	I	R	R	Report
7		Welder test	I	W	R	Report
8	ITP-BOP-001-03	Anticorrosion				
9		Sandblasting	I	SW	SW	BOP-001
10		Surface clean and paint	I	SW	SW	BOP-001
11		Test	I	SW	R	Report
12	ITP-BOP-001-04	CWP Installation				
13		Setting out and positoning	I	W	SW	BOP-002
14	ITP-BOP-001-05	Pipe fit-up and Welding				
15		Fit-up inspection	I	SW	R	BOP-003
16		Welding	I	SW	SW	BOP-003
17		Visual check	I	SW	R	BOP-003
18		NDT	I	R	R	Report
19	ITP-BOP-001-06	Accessories installation				
20		Cathodic protection inspection	I	W	SW	BOP-004
21		Valve inspection	I	SW	R	BOP-004
22		Others inspection(if necessary)	I	SW	R	BOP-004
23	ITP-BOP-001-07	Hydrotest	I	H	H	BOP-005

LEGEND

I : Execution of Inspection & Test

W : Witness point

SW : Spot Witness (Random Inspection)

H : Hold with Inspection Record/Report

R : Inspection & Test Document Review

附件 2：

Form NO.: BOP-001

SINOMACH SINOCONST		INSPECTION AND TEST RECORD		No.:
				Page: 1 Total: 1
Work Item	Anticorrosion of the circulating water pipe			
Acceptance Position		**Reference Drawing NO.**		60-F10721S-S0202

NO.	**Inspection item**	**Quality standard**	**GB50235-2010**	**Result**
1	Sandblasting	The de-rusting grade should reach to Sa 2.5		
2	Surface clean and paint	Clean or Refer to requirement		
3	Surface painting	Look the surface average		
4	Total minimumdry-film thickness of paint	600 ~ 800μm		
5	Test	The film should be resistant to the voltage which is qualified, when spark leak detector is used.		
Remark				

Subcontractor	**SINOCONST**	**Owner**
Date:	Date:	Date:

浅谈水罐内壁防腐

刘金辉

摘　要：

水罐防腐的目的是把水箱基体与液体用防腐材料隔开，防止水罐基体污染罐内液体。常用的水罐内壁防腐方法有环氧玻璃钢和聚脲弹性体喷涂。

关键词：防腐　聚脲　环氧玻璃钢

一、防腐前的准备工作

任何防腐方法在施工前都必须对水罐内壁进行处理。常用方法是除油、除锈。油类污染是防腐施工的大忌，在除锈前必须将油污用有机溶剂清洗干净。除锈的目的是除去钢板上的铁锈，打毛钢板表面，以防止防腐层出现夹层，增强附着力。除锈最好使用喷砂除锈，至少应达到2.5级。除锈后应用干大布把钢板表面的浮灰擦干净，然后防腐施工应立即进行，防止除锈后钢板生锈。

二、施工方法

1. 环氧玻璃钢防腐

水罐内壁防腐一般做法是三布四面，环氧树脂一般选用市售产品，固化剂可选用乙二胺或T31，稀释剂通常选丙酮，玻璃布用无碱无捻玻璃布。在施工前应打磨毛刺和焊口，焊口应打磨圆滑，坑及棱角应用环氧胶泥找平。根据工期要求和施工部位不同，可适当选择连续法或间歇法进行施工，底面部位可适当采用连续法施工，立面采用间歇法施工；连续法施工时先涂刷完一道底漆，待底漆固化到触指干后，再进行玻璃布的连续施工，最后再涂刷两道面漆。最后一面应用配好的环氧树脂涂刷均匀，防止出现流挂。对鼓包和翻边必须进行处理。

做好一布一面应待固化后再做下一步施工，环氧树脂应渗透进玻璃布内，毛刺应剪平。施工期间在上下人孔应加强通风，防止人员中毒。

2. 聚脲弹性体喷涂

打磨毛刺和焊口，焊口应打磨圆滑，坑及棱角应用环氧胶泥找平。物料输送系统配备2个2∶1气动上料泵，向主机以适当压力平稳供料。上料泵分别插在与A料和R料。喷涂时的工作压力增加，涂层的物理性质也随之提高同时雾化效果更好，表面质量更高。喷涂聚脲弹性体的动压力一般在1800～2200psi之间。工作静压力在2300～2800psi之间。聚脲弹性体的工作温度在65～75℃之间。

A料对潮气非常敏感，采取两项措施保护A料密封。A料比例泵有一循环油系统，使泵轴密封浸泡于润滑剂的漂洗之中，防止异氰酸酯固结在泵轴上，从而延长密封寿命。采用缩进式结构，每次停机时，A料泵轴完全缩回缸内，避免接触潮气。

聚脲是双组分快速反应型，在使用时必须使用专用设备。

三、施工检查

外观检查应达到防腐材料表面完整、均匀，无鼓包现象及流挂现象，防腐层不粘手，人员检查时应穿胶底鞋或布鞋，鞋底不得有掌或铁件。电火花检查应达到电压 3000V 以上无漏电现象。

四、聚脲的特点

喷涂聚脲弹性体技术（Spray Polyurea Elastomer）SPUA 技术是一种新型的“万能”涂装技术。它将新技术、新工艺、新材料结合起来。

聚脲疏水性极强，对环境湿度不敏感，甚至可以在水上喷涂成膜，在极端恶劣的环境条件下可正常施工。

聚脲致密，连续，无接缝，柔韧有余，刚性十足。

聚脲同时具有耐磨、防水、抗冲击、抗疲劳、耐老化、耐高温等多种功能。

(1) 固化快，10 秒凝胶，10 分钟可达到步行强度，里面可连续喷涂不流挂。

(2) 对湿度/温度不敏感，不发泡，施工不受环境条件影响。

(3) 涂层致密、连续、光顺、无接缝、防腐、防水性能卓越。

(4) 耐腐蚀性能好，可耐水、盐、酸、碱等化学腐蚀。

(5) 热稳定性好，可在 −50～120℃ 干态下长期使用。

(6) 具有优异的物理性能，强度好、伸长率高，硬度随意可调。

(7) 对钢、铸铁、铝、混凝土、木材有良好的附着力。

(8) 施工速度快。

五、环氧玻璃钢缺点

环氧玻璃钢采用玻璃纤维对树脂进行增强，但仍有以下缺点：

(1) 柔韧性差。在外力撞击或温度突变作用下极易出现开裂。无论对环氧进行如何增韧改性，其自身的脆性依然存在，如有意外发送，极易造成环氧玻璃钢体系开裂甚至破碎。

(2) 施工受温度限制，低温下不能施工。

(3) 多道施工，施工速度慢、效率低，完工后 8 天才能投入使用。

(4) 环氧玻璃钢味道大，对人身有害，需要多道工艺施工，特别大面积施工现场施工，难免发生针孔、气泡产生，造成介质的渗透腐蚀，施工质量难以保证。

六、聚脲与环氧玻璃钢对比

聚脲与环氧玻璃钢的比较：

性　能	聚　脲	环氧玻璃钢
环保特性	无溶剂、环保	有一定污染
附着力	高	高
耐磨性	好	一般
柔韧性	好、不开裂	差、易开裂

续表

耐候性	好、不粉化	易于变黄、易粉化
耐化学介质	良好	良好
硬度	硬度可调	硬
施工方法	机械喷涂	手工
施工速度	快	慢
施工温度/湿度	可低温/高温施工	>5℃
投入使用时间	2 小时	≥72 小时
使用寿命	20 年以上	10 年
价格	较高	中

聚脲弹性涂料与环氧玻璃钢性能比较：

序　号	名　称	聚脲弹性涂料	环氧玻璃钢
1	材料组成	由异氰酸脂与氨基化合物反应生成的一类化合物	以环氧树脂和固化剂配比结合作为黏合剂，以玻璃纤维作骨料而制成的一种复合材料
2	固化时间(25℃)	10 秒凝胶，10 分钟达到步行强度，24 小时完全固化	4～6 小时初凝，24 小时表干，7 天完全固化
3	养护期	无	7～10 天
4	固化环境	受环境温度和湿度影响较小	10～35℃，环境湿度≤85%，环境温度低于 10℃需要有加热措施
5	固含量	100%	60%～95%
6	组分	双组分混合后反应，不含催化剂	须固化剂和稀释剂共同反应
7	环境影响	对环境无污染	溶剂等有较小污染
8	抗张强度(mpa)	29.3	35
9	拉伸强度(mpa)	≥8	≥7
10	断裂伸长率	≥250%	无
11	耐水性	良好	良好
12	施工基层	金属、木材、混凝土面均可施工	金属、混凝土面均可
13	砼面施工含水率	≤6%	≤6%
14	耐温性	≤120℃，可承受短时 150℃热冲击	≤90℃
15	外观	涂层连续、致密、无接缝、无针孔	涂层连续、致密，有接缝、易有针孔
16	成材厚度	一次成膜可达 1.5～2mm，最终成膜无限制	每次成膜 3～4 道玻璃钢，待固化后继续粘贴
17	密闭性	致密、连续，可隔绝空气与水，防腐蚀性能优异	施工遍数少易有针孔，易引起点蚀
18	施工方法	专业 SPUA 喷涂机	手工糊衬
19	耐酸碱性	良好	良好
20	施工难度	可在任意曲面、斜面及垂直面上成型	可在任意曲面、斜面及垂直面上成型，但曲面、斜面施工难度大

浅谈企业技术标准制定的重要性

技术中心

刘瑞敏　彭勇毅

摘　要：

本文阐述了国家标准和企业标准在编写内容方面的区别，提出企业标准编制的重点内容、流程以及对企业技术总结的重要性，激励全系统广大技术人员积极参与。

关键词：企业标准　制定　重要性

一、企业标准与国家标准的区别

国家标准规定的是达到"什么"技术结果，是对技术结果的约束，大多数属于结果标准。企业技术标准规定的是"怎样做"和不能"怎样做"、注意"什么"、避免造成"什么"后果，属于操作过程的技术标准规定，是作为控制和规范生产技术行为的准则，目的是保证达到国家的技术标准，因此企业技术标准比国家标准更具体、更细、更严格。

二、编制企业标准的重要性

要充分意识到创建企业技术标准对到企业科学发展的重要性。企业技术标准是把企业内外成熟的优良技术、经验，通过文件(文字和图表等)方式来加以记录保存和执行推广传承下来，而不会因为人员的流动而跟着流失。企业有了标准，重复性的工作即使换了不同的人来操作，包括新手，也不会因为不同人的操作而效率与品质上出现较大的差异，从而优良技术、特有的技艺和经验得到最大化地普及应用而流传下去，走过的弯路、出现过的错误教训不再复制，最大限度地防患于未然杜绝事故的发生。只有这样才能保障达到质量、安全、环保、健康的要求，技术水平才不断上台阶、不断开创新起点，也就真正意义上提升技术工程能力和生产效率，技术财富才能不断积累，企业才更有雄厚的技术底蕴在市场竞争中搏击，真正实现科学、健康、可持续的发展不再是一句口号而变成现实。

三、企业标准编制流程

那么要真正达到上述的目的，标准制定的内容和质量是否在技术上科学先进、经济上合理、安全和环保上可靠、实施上可操作就显得至关重要。因此制定标准的立项、调研、初稿、征求意见稿、送审稿、报批稿的过程不可少，我国参照国际制定标准的规定即制定标准的四个阶段工作是科学严谨的，必须严格遵照执行，即准备阶段、征求意见阶段、送审阶段和报批阶段工作。为此在企业技术标准创建工作中需要认真严谨、心中有数、合理计划、落实到位，把企业独特优势的实践经验和技术上成熟、经济上合理的科研成果、工法、专利转换编入标准；把行业中实践检验行之有效的新技术、新工艺、新设备、新材料积极纳入标准；把国内外先进企业标准引进采纳、借鉴纳入标准或作为标准制定的基础。

企业技术标准标志着企业技术水平，在创建阶段宁可不求数量但求标准质量。为此需要精心策划、扎扎实实、认认真真、层层审核把关不懈怠。坚信在集团公司领导的正确指引下，在各级领导的支持下，具有聪明才智的广大技术骨干具有高度的使命感和责任感，用科学的态度，做就一要能做好，扎实有效地制定出真正代表企业先进技术水平的标准，填补集团公司在企业技术标准方面的空白，早日出台应用于企业生产经营中发挥效力，真正意义上提高技术影响力，打造技术工程能力，进一步促进集团转型升级和更好地科学和持续健康地发展。

为此浅谈之余呼吁全系统广大技术骨干和具有专业特长的能工巧匠，作为中机建设的一员多多关注自己企业的技术标准的制定，欢迎大家发挥自己特长和聪明才智，对公示的企业技术标准征求意见稿均有义务进行审阅把关，也可作为互相交流学习的机会和过程，对热心找毛病提意见和提供参考资料者，您将获得推选该标准审查代表的机会，凡参加标准审查者将在该标准中署名主要审核人。总之让我们为创建本企业技术标准而共同发挥作用，为全面提升本企业技术水平而贡献力量。

论公路工程试验检测工作的重要性

刘廷强

摘　要：

试验检测工作质量的好坏，对交通工程质量的优劣起着重要的作用。因此要不断加强工程试验检测行业的管理，完善行业管理手段，努力克服以往管理中的不足，不断探索改进行业管理方式。

关键词： 交通工程　试验检测　工作　重要性　措施

随着我国高等级公路迅猛发展，质量是工程的生命，试验检测是工程质量管理的重要手段已经成为人们的普遍认识。试验检测是工程实践的真实记录，是指导质量控制和评定工程质量的科学依据。回顾试验检测的发展历程，对于提高试验检测工程质量，为工程提供客观、公正、准确的检测数据具有重要意义。

一、试验工作的主要范围

1. 路基土石方填筑开工前必须进行的试验

主要包括含水量、密度、颗粒分析、液塑限、土的有机质含量、土的强度试验(CBR)、标准击实试验。

2. 桥涵构造物等工程开工前必须进行的试验

a. 砂石(砾、碎)料试验：表观密度、堆积密度、筛分、含泥试验、石料针片状含量试验、含水量测定，压碎值，磨耗值、软弱颗粒含量试验；

b. 水泥材料试验，力学试验：细度、标准稠度、凝结时间、胶砂强度试验；

c. 水泥砂浆试验：水泥砂浆的密度，稠度、抗压强度试验、配合比设计标准试验；

d. 水泥混凝土力学试验：水泥砼的密度、坍落度、抗压、抗冻强度、劈裂抗拉强度试验、配合比设计标准试验；

e. 钢材的检验与试验：标准代号、表面形状、钢筋级别、公称直径，屈服点，抗拉强度、伸长率、冷弯试验，以及搭接筋长度和焊接质量的检测、试验；

f. 水质分析：氯离子含量，硫酸根含量、pH 值(酸碱度)试验。

3. 路面开工前必须进行的试验

a. 无机结合料稳定材料试验：含水量、标准击实，抗压强度、抗拉强度、室内抗压回弹模量、稳定土配合比设计，稳定土中水泥或石灰剂量的测定、石灰的化学分析；

b. 矿料试验：

① 碎石的压碎值、磨耗值、视密度、磨光值、细长扁平颗粒含量及颗粒组成等各项指标的

试验检测。砂的视密度、坚固性、砂当量等指标的试验检测；

② 矿粉的视密度、含水量、粒度范围等指标的试验检测。

c. 沥青混合料试验 ：

① 沥青原材料试验：相对密度、软化点、针入度、黏度、闪点、溶解度，含蜡量及加热损失试验；

② 沥青混合料试验：密度、空隙率、马歇尔稳定度和流值，残留。

4. 路基、路面检测验收

a. 主要包括几何尺寸、压实度、厚度、平整度、弯沉试验、摩擦系数测定；

b. 负责原材料及中间产品的检查、验收和送样。

① 原材料及中间产品的检测、试验原材料主要指水泥、沥青、钢材、添加剂及拟用于永久性工程的成品、半成品的货源和水、土、砂、石、石灰粉煤灰、石屑、砖等材料。这些材料必须严格地按照结构设计和技术规范的要求，进行材料的选择，定购；

② 对原材料及中间产品料（货）源的检测、试验，应由承包商取得试验资料或产品技术资料，报监理审批。若发现原材料及中间产品不合格时，合同段监理试验室及时向监理工程师反映，并通知承包商，由监理工程师提出处理意见。

二、交通工程试验检测工作的重要性

试验检测贯穿于交通工程的始终，从设计初期的地质勘测到施工建设再延伸到使用中的监控养护，都离不开试验检测。试验检测是工程质量保证体系中一个重要因素，如果离开试验检测，就谈不上工程质量，因此，搞好试验检测工作，对确保工程质量有非常重要的意义。

a. 通过试验检测，能充分利用当地出产的材料，便于就地取材。譬如建设地点的砂石、填料等等，可借助试验检测这种有效手段，以确定上述材料是否满足施工技术规定的要求。便于就地取材，降低工程造价。

b. 通过试验检测，有利于推广新技术、新工艺和材料的应用，及时有效地对某一新材料、新技术、新工艺进行试验检测，以鉴别其可行性、适用性、有效性、先进性，从而为工程施工积累经验教训。这对于推动施工技术进步，提高工程进度、质量等将起到积极的作用。可以不断改进施工工艺，优化施工流程，保障施工质量。通过试验检测，可以确定工程内在质量和外观质量，验证施工与设计的一致性，及时发现、消除工程质量隐患，为保证工程质量奠定基础。

c. 通过必要的试验检测，可科学地评定各种路用原材料及其成品、半成品材料的质量好坏。有了这套有效科学的测试手段，对于任何一种材料均可通过对其规定性能的相关检验，从而评定其材料是否合格。这对合理地应用材料，提高工程质量是非常的重要。

d. 通过试验检测能合理的控制并科学的评价施工质量工程的好坏，包括施工过程中的质量控制、竣工后的评定验收。试验检测无疑是一种科学有效的方法和手段。可以说，试验检测工作是推进技术进度的先导，是加强质量管理的先知，是严格质量把关的重要关口，也是质量优劣评定的重要依据。根据我国计量法的规定，试验检测在解决纠纷中具有法律效力。

综上所述，试验检测对于提高工程质量，加快工程进度，降低造价，推动施工技术进步，将起到非常重要的作用。因此，加强试验检测工作，势在必行，务必引起高度重视。

三、交通工程试验检测中存在的问题

1. 缺乏质量意识

目前很多施工企业从上到下都对工程试验检测工作没有足够的重视。工程开工时，虽然项目监理和业主都对工地试验室的资质和施工人员的配备、设备的到位情况以及场地的不止等情况进行了核实和审查，但施工过程中针对试验设备的使用情况、人员到位情况等监管不严。工程完工之后对相关数据的真实性和准确性进行了审查，但是多流于形式。

2. 目前的试验检测市场管理体系与“公平、公开、公正”的市场竞争机制不相适应

公路施工单位对抽取的样品不具有代表性，只是抱着应付的态度。在试验检测工作中，试验员往往会遇到这样的问题，施工单位所送来的样品或者试验员在现场抽样检查的样品并不具代表性，没能很好地反映施工过程中各成品的真实情况。样品送检过晚，试验检验报告还没有出来，施工单位已经进行下一套工序的施工，失去了检验的意义。

3. 设备不能得到很好的保养、维修和补充

设备是进行试验检测的工具，没有完善的试验检测设备和一起，试验检测结果就会出现偏差。由于领导对于试验检测工作的不重视，试验检测设备就不能很好的得到保养和维修，许多企业的试验检测设备使用很多年，精度降低、损坏严重、很大程度上影响了检测数据源的准确性。比如混凝土试模，这是试验室损坏最快的仪具之一，试模损坏后，往往不能得到及时的补充，这就影响了试件的准确度、尺寸不准、强度值肯定有很大影响。

4. 不能按照程序开展检测工作

很多工地由于工期紧张，使试验检测工作不能依据程序有效地进行，这就影响了试验检测在质量控制中的作用。很多承包商由于工期紧张，很多原材料检测不能及时、有效地送样，送的样品很多已经使用完了才送到试验室进行检测。

四、加强公路工程材料试验检测工作的措施及建议

1. 加强试验检测人员的培训，提高试验检测人员的整体素质，与时俱进

(1) 继续加强对试验检测人员的业务上岗培训。

(2) 对已从事试验检测人员的后续教育，如涉及公路工程建设的法律、法规及试验检测有关规定的学习，试验检测新标准、新规范、新规程的学习，试验检测新方法、新工艺、新技术的学习。

(3) 对从事特殊试验检测的人员进行专业技术培训在实际工作中，应严格实行质量自检，加强质量管理和质量监督，逐步建立完善的质量保证体系。再次，增强建设各方面的质量意

识，分工负责，责任到人，真正落实质量岗位责任制。

2. 加强公路工程施工过程试验检测项目控制

(1) 路用材料质量的控制。对于工程所需原材料、半成品、成品材料(如填料、砂、石、水泥、钢筋、预制构件等)，均应按有关试验检测规程、技术规定进行检验，经检验合格方可使用。不合格材料严禁使用。对各种原材料除了要进行常规试验以外，有时还要进行一些必要的非常规试验，以确定该材料是否真正满足施工技术要求。在施工前，施工单位应向监理单位完整提供所使用材料的试验报告、出厂证明或质量证明书、合格证等资料。另外对于新采用的新材料、新工艺、新技术，也要严格按照技术要求先进行试验检测，经试验可行后方可推广使用，禁止盲目施工。

(2) 施工控制参数的确定。施工控制参数，通常是指一些能够指导施工、控制施工质量的关键数据。譬如填土最佳含水量和最大干密度，这两个参数是路基填土中指导施工、控制压实质量的关键参数。这些参数确定的准确与否，将直接影响路基工程的质量。所以在借助试验检测这种手段进行参数确定时，应认真对待，严格遵照试验检测规程，并力求消除试验误差，提高试验精度，以确保试验数据的准确性、可靠性。

(3) 现场施工过程质量控制。在施工过程中，工程质量的控制主要包括施工单位自检、监理抽检、政府监督等环节。首先，对于施工方，要建立起一套较为完善的试验检测制度，建立工地实验室，并配备相关试验检测人员，专人负责，专职质检，坚持“自检”制度。以试验检测作为一种有效手段，严把质量关，从而起到控制施工质量的目的。对于监督方，要真正发挥作为政府监督职能的作用，及时抽检，及时验收评定。

(4) 分部分项工程质量验收。加强工程试验检测力度，另一个重要方面还体现在分部分项工程质量验收环节上。中间交工验收的结果，直接反映了一个分部(项)工程质量的好坏以及工程质量上存在的问题和缺陷，是一个分部(项)工程施工成果的集中体现。因此，对于公路工程，除了对施工现场质量控制把关以外，还要及时对每一分部(项)工程进行质量验收，并进行阶段性施工总结。经验收不合格项目，坚决给予返工处理。

3. 对于试验检测人员实行岗位责任制

试验检测人员在整个检测工作中发挥着举足轻重的作用，是试验检测工作水平高低的关键点，可以说，绝大部分的施工质量问题都是由于人员监管不力而造成的，所以，针对这一情况，我们应对试验检测人员实行岗位责任制。岗位责任制是试验室一项主要制度，应明确组织机构框图中列出的各部门的职责范围和权限。各部门的职责范围应对“质量检测机构计量认证评审内容及考核方法”中规定的管理功能、技术功能全部覆盖，做到事事受控。对试验人员根据考核情况确定其检测工作范围。

五、结　语

总而言之，公路工程试验检测是一项非常复杂而又系统的工程，由于影响公路建设工程质量因素比较繁多，具体施工过程中也存在着各类质量和安全隐患，因此要全面的考虑。高速公路的试验检测是关系到国计民生的大事，在构建社会主义和谐社会的今天，我们只有从实际出发，不断改进和完善现行制度，才能实现公路建设事业的良性发展。

参考文献

[1] 王华辉，王涛. 浅谈公路工程试验检测工作[J]. 科技风，2009(16).
[2] 张林杨. 公路工程施工试验检测及其重要性的探讨[J]. 中国新技术新产品，2010(06).
[3] 蔡文玲. 公路工程施工试验检测工作探析[J]. 经营管理者，2009(05).

印尼AWAR-AWAR电站项目分包决算方案分析

电力工程事业部
刘 彤

1. 概 述

印尼AWAR-AWAR电站项目目前施工工作已基本结束，面临着各分包的决算问题，分包的结算将直接影响项目的成本和收益，需要引起我们的高度重视，通过组织、准备和结算过程管理达到结算预期目标，有助于整个项目的成本控制。

2. 本项目的分包情况

分包合同分类：

1）按分包合同的性质分为：

- 总价包干合同；
- 暂定总价并单价包干合同。

2）按分包合同的专业分为：

- 土建分包合同；
- 安装分包合同。

3）主要分包单位：

序 号	专 业	分包单位名称	承包内容	备 注
一	土建专业			
1	土建专业	ADHI	主体、BOP	
2	土建专业	SSP	主体、BOP、进场道路	
3	土建专业	MAPA	BOP、进场道路	
4	土建专业	浙江岩土	桩基	已完成
5	土建专业	青岛博鑫	烟囱	
6	土建专业	HUTAMA	进场道路、场平	已完成
7	土建专业	VUB	搅拌站	
8	土建专业	GKM	钢结构安装	
二	安装专业			
1	安装专业	WASA	锅炉机务	
2	安装专业	湖北电建二公司	汽机机务	
3	安装专业	TIMAS	BOP机务	

续表

序　号	专　业	分包单位名称	承包内容	备　注
4	安装专业	中机四公司	BOP 机务、主体、BOP 电仪	
5	安装专业	P SM	无损探伤	
6	安装专业	北分公司	烟风道、循环水管道制作	
7	安装专业	河南省防腐公司	全厂保温、构筑物防腐	
三	钢结构专业	中机重钢	钢结构制造	

4）分包合同明细：

序　号	专　业	分包单位名称	分包内容	合同编号	货　币	备　注
1	土建	HUTAMA	进场道路 2 段、路灯	CNEEC-AWAR-200701006-301	美元	
2	土建	SSP	进场道路 1 段、路灯	CNEEC-AWAR-200701006-302	美元	
3	土建	MAPA	临设施工	CNEEC-AWAR-200701006-303	美元	
4	土建	浙江岩土	试桩 1(包括补充)	CNEEC-AWAR-200701006-304	美元	
5	土建	SSP	场平及场内道路 1 段(含补充)	CNEEC-AWAR-200701006-305	美元	
6	土建	HUTAMA	场平及场内道路 2 段(含补充)	CNEEC-AWAR-200701006-306	美元	
7	临建	LINA　KARYA	现场打井	CNEEC-AWAR-200701006-307	RP	
8	保安	911	现场保安 1	CNEEC-AWAR-200701006-308	RP	
9	土建	浙江岩土	试桩 2	CNEEC-AWAR-200701006-309	RP	
10	土建	MAPA	进场道路封闭围栏	CNEEC-AWAR-200701006-310	RP	
11	土建	VARIA USAHA BETON	混凝土搅拌站	CNEEC-AWAR-200701006-311	RP	
12	临建	I S　I	临建变压器	CNEEC-AWAR-200701006-312	RP	
13	土建	浙江岩土	桩基一标(主厂房)	CNEEC-AWAR-200701006-313	RP	
14	土建	浙江岩土	桩基二标(锅炉)	CNEEC-AWAR-200701006-313 补 1	RP	
15	土建	浙江岩土	桩基三标(烟囱、循环水泵房)	CNEEC-AWAR-200701006-313 补 2	RP	
16	土建	浙江岩土	循环水泵房止水咬合桩	CNEEC-AWAR-200701006-313 补 3	RP	
17	土建	浙江岩土	灌浆设备转让	CNEEC-AWAR-200701006-313 补 4	RP	
18	土建	青岛博鑫	烟囱	CNEEC-AWAR-200701006-314	RP	
19	临建	MAPA	库房和设备堆场	CNEEC-AWAR-200701006-315	RP	
20	临建	MAPA	临建库房、设备堆场	CNEEC-AWAR-200701006-315 补 1	RP	
21	临建	MAPA	临建库房(库房 2)	CNEEC-AWAR-200701006-315 补 2	RP	
22	临建	MAPA	临建库房(新增厂代临建住房)	CNEEC-AWAR-200701006-315 补 3	RP	

续表

序　号	专　业	分包单位名称	分包内容	合同编号	货　币	备　注
23	土建	SSP	锅炉区域土建施工	CNEEC-AWAR-200701006-316	RP	
24	安装	SSP	主厂房、锅炉-6 米接地	CNEEC-AWAR-200701006-316 补 1	RP	
25	土建	SSP	灰场区域土建基础及结构	CNEEC-AWAR-200701006-316 补 2	RP	
26	土建	ADHI	主厂房区域土建施工	CNEEC-AWAR-200701006-317	RP	
27	土建	ADHI	汽机上部结构	CNEEC-AWAR-200701006-317 补	RP	
28	土建安装	SSP	循环水泵房及管道土建施工	CNEEC-AWAR-200701006-318	RP	
29	土建	SSP	循环水泵房止水配合	CNEEC-AWAR-200701006-318 补 1	RP	
30	安装	SSP	循环水管道(钢管部分)防腐	CNEEC-AWAR-200701006-318 补 2	RP	
31	安装	WASA	锅炉机务部分安装施工	CNEEC-AWAR-200701006-319	RP	
32	安装	湖北电建二公司	汽机机务部分安装施工	CNEEC-AWAR-200701006-320	RP	
33	土建	ADHI	化学水系统土建施工	CNEEC-AWAR-200701006-321	RP	
34	土建	ADHI	化学水系统土建施工补充	CNEEC-AWAR-200701006-321 补	RP	
35	土建	ADHI	燃煤系统土建施工	CNEEC-AWAR-200701006-322	RP	
36	土建	GKM	建筑钢结构施工	CNEEC-AWAR-200701006-323	RP	
37	安装	GKM	循环水管道配置	CNEEC-AWAR-200701006-323 补	RP	
38	安装	PSM	无损探伤检测	CNEEC-AWAR-200701006-324	RP	
39	土建	ADHI	清真寺设计施工	CNEEC-AWAR-200701006-325	RP	
40	保安	K AM	现场保安 2	CNEEC-AWAR-200701006-326	RP	
41	保安	K AM	保安(2012 年)	CNEEC-AWAR-200701006-326 补 1	RP	
42	土建	MAPA	厂区围墙	CNEEC-AWAR-200701006-328	RP	
43	土建	MAPA	消防站土建基础结构	CNEEC-AWAR-200701006-328 补 1	RP	
44	安装	TIMAS	BOP 机务安装	CNEEC-AWAR-200701006-330	RP	
45	安装	TIMAS	循环水管及消防管防腐	CNEEC-AWAR-200701006-330 补 1	RP	
46	安装	TIMAS	输煤防雨罩安装	CNEEC-AWAR-200701006-330 补 2	RP	
47	土建	ISI	全厂火灾报警系统安装	CNEEC-AWAR-200701006-332	RP	
48	土建	SSP	排水明渠、集控楼装饰装修等	CNEEC-AWAR-200701006-333	RP	
49	土建	ADHI	主厂房装修、灰场等	CNEEC-AWAR-200701006-334	RP	

续表

序　号	专　业	分包单位名称	分包内容	合同编号	货　币	备　注
50	土建	MAPA	化学水系统、输煤系统装饰装修	CNEEC-AWAR-200701006-335	RP	
51	土建	MAPA	主厂房预制梁制作	CNEEC-AWAR-200701006-335 补 1	RP	
52	土建	MAPA	检修车间及材料库等	CNEEC-AWAR-200701006-335 补 2	RP	
53	土建	MAPA	升压站道渣碎石、厂区围栏	CNEEC-AWAR-200701006-335 补 3	RP	
54	土建	SSP	循环水泵房、灰库区建筑装修等	CNEEC-AWAR-200701006-336	RP	
55	土建	SSP	酸碱贮存间土建	CNEEC-AWAR-200701006-336 补 1	RP	
56	土建	SSP	BOP 打井	CNEEC-AWAR-200701006-337	RP	
57	土建	MAPA	主厂房装修及 A 排外建筑等	CNEEC-AWAR-200701006-338	RP	
58	土建	MAPA	主厂房排水管道安装	CNEEC-AWAR-200701006-338 补 1	RP	
59	土建	MAPA	煤场及斗轮机配重配制	CNEEC-AWAR-200701006-339	RP	
60	土建	CV. NIRWANA	厂区地埋管道土方回填		RP	
61	保安	PT. AMP	保安合同(2013 年)	CNEEC-AWAR-200701006-340	RP	
62	土建	MAPA	厂区道路 A 标段	CNEEC-AWAR-200701006-341	RP	
63	土建	SSP	厂区道路 B 标段	CNEEC-AWAR-200701006-342	RP	
64	保安	PT. AMP	保安合同	CNEEC-AWAR-200701006-343	RP	
65	土建	PT. ZAGAN	全厂绿化	CNEEC-AWAR-200701006-344	RP	
66	钢结构	中机重钢	钢结构加工制作	CMIIC-AAP-SUB-P-001	人民币	
67	装材钢构	中机北分	循环水管道、烟风管道、储罐	CMIIC-AWAR-PP-S-001	人民币	
68	钢构装材	中机北分	汽机钢平台，循环水管道反法兰	CMIIC-AWAR-PP-S-002	人民币	
69	装材钢构	中机北分	除灰管架，厂区综合管架	CMIIC-AWAR-PP-S-003	人民币	
70	钢构	中机北分	钢煤斗不锈钢衬板	CMIIC-AWAR-PP-S-003 补 1	人民币	
71	钢构土建	中机北分	零星钢结构、避雷针、沟盖板	CMIIC-AWAR-PP-S-003 补 2	人民币	
72	安装土建	中机四公司	BOP 机务安装施工	CMIIC-AWAR-PP-S-004	人民币	
73	安装土建	中机四公司	电仪安装施工	CMIIC-AWAR-PP-S-006	人民币	
74	土建	河南省防腐公司	土建构筑物防腐	CMIIC-AWAR-PP-S-007	人民币	
75	安装	河南省防腐公司	水罐、油罐防腐	CMIIC-AWAR-PP-S-007	人民币	

续表

序　号	专　业	分包单位名称	分包内容	合同编号	货　币	备　注
76	土建	中海航	水泵房地下结构止水转幕注浆	CMIIC-AWAR-PP-S-008	人民币	
77	安装	安徽向明置业有限公司	锅炉本体管道配置焊接	CMIIC-AWAR-PP-S-009	人民币	
78	安装	河南省防腐公司	全厂保温施工	CMIIC-AWAR-PP-S-010	人民币	
79	安装	北京电建	大型机械租赁	CMIIC. HT. 20100630-00028	人民币	
80	安装	中机四公司	四公司赶工	sinoconst-awar-pp-s-001	人民币	
81	临建	印尼三鼎公司	临建物资清关运输代理		美元	
82	土建	ADHI	输煤及灰库降水		RP	
83	土建	SSP	循环水泵房前期降水		RP	
84	土建	SSP	循环水泵房第二阶段降水		RP	

5）各分包单位的合同汇总：

序　号	分包单位名称	专　业	合同个数
1	911	保安	1
2	ADHI	土建	8
3	MAPA	土建	15
			1
4	SSP	土建	2
			13
5	GKM	土建(钢结构)	2
6	HUTAMA	土建	2
7	ISI	临建	2
8	K AM	保安	2
9	LINA KARYA	打井	1
10	PSM	无损探伤检测	1
11	PT. AMP	保安	2
12	PT. ZAGAN	绿化	1
13	TIMAS	安装	3
14	V UB	搅拌站	1
15	WASA	安装	1
16	CV. NIRWANA	土建	1
17	安徽向明置业有限公司	安装	1
18	北京电建	安装	1

续表

序　号	分包单位名称	专　业	合同个数
19	河南省防腐公司	安装	3
20	湖北电建二公司	安装	1
21	青岛博鑫	土建	1
22	印尼 SSP 公司	临建	1
23	浙江岩土	桩基	6
			1
24	中海航	土建	1
25	中机北分	安装	5
26	中机四公司	安装	3
27	中机重钢	钢结构制造	1

3. 各分包结算的策略

各分包的结算，分两条线同时展开。一是紧紧围绕合同，全面、细致收集各分包在合同过程中发生的各类违约情况；收集工程材料的超领、损坏、丢失情况；收集设备及部件的损坏、丢失情况；收集施工机械使用占用情况；收集分包质量问题造成的费用问题。另一个是组织各专业工程师按设计图纸及设计变更文件对合同清单价表工程量进行全面计算、审核。所有上述证明资料做好归集、分类成册。

3.1 施工及相关资料的完备流程

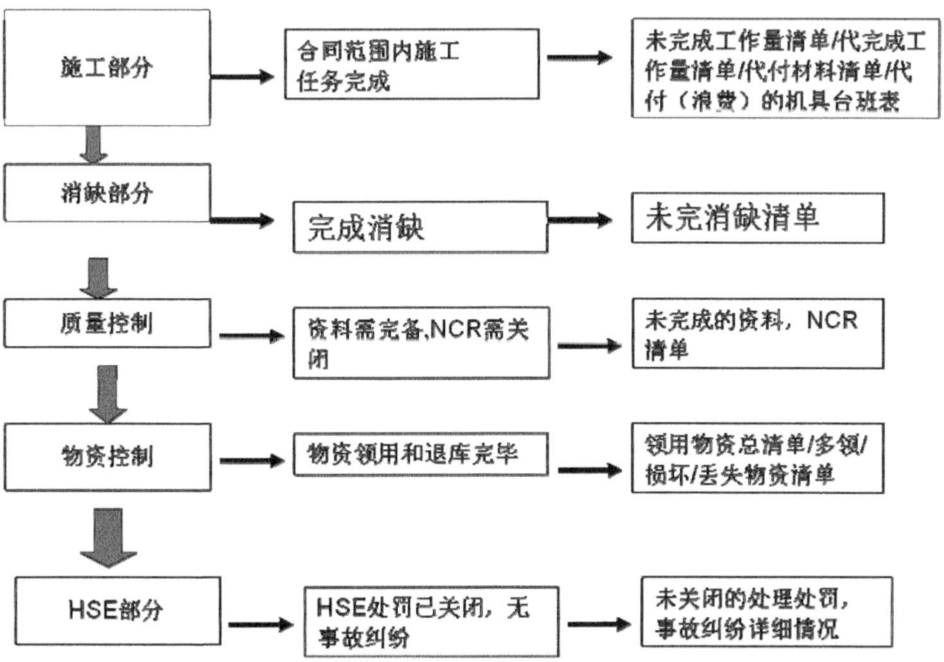

3.2 合同商务及合同清单结算流程

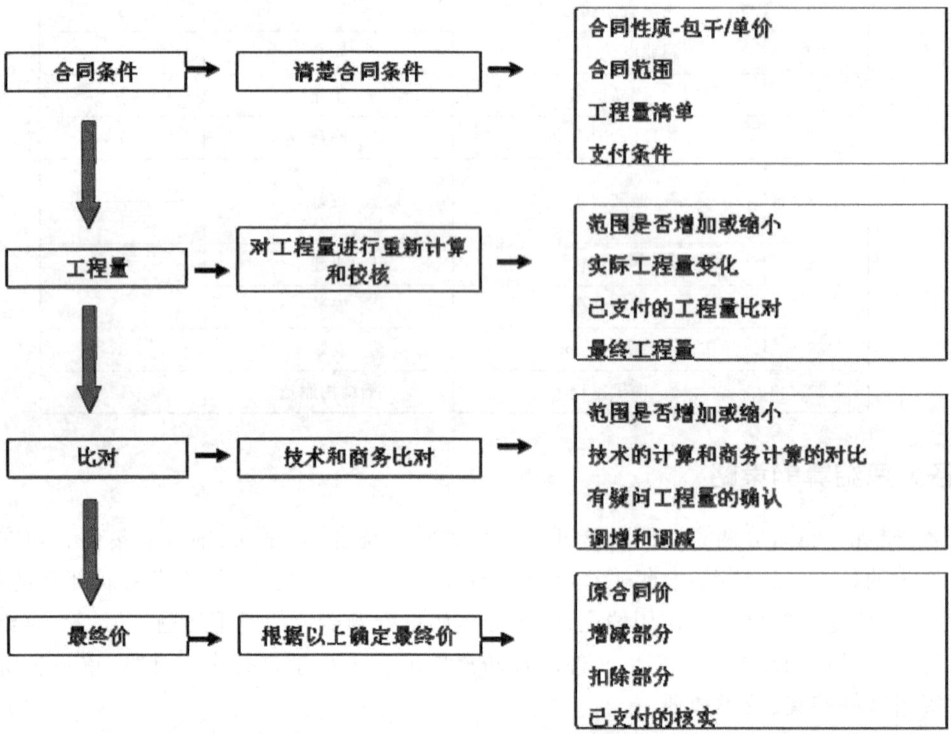

3.3 分包决算要形成的文件

1）工程量结算表，附详细清单，SI 和合同外工作汇总；

2）分包价扣除/增加项目清单，附明细；

3）质量问题、遗留缺陷、NCR 清单；

4）竣工资料完备确认单；

5）物资领用/退库清单，

6）工程造价结算表；

7）结算协议。

针对每一个范围内包，根据施工过程中的实际情况，制定不同结算方案和策略，采取不同的方法和技巧。

(1) ADHI(土建)

合同过程中大量拖延时间、放弃大量合同内工作，对整个项目的工期影响较大，且施工质量较差，服务意识基本没有。

仅完整完成了清真寺一项建筑，其余部分均未全部完成并由其他公司接手。

这种严重违约情况，造成我方工作的极大被动和损失，必须在结算中从严对待。除此之外，还须重点收集、整理施工中出现的突出的质量问题，诸如：

➢ 海淡絮凝池和生水池壁漏水。

- 煤水调节池池底和池壁漏水。
- ＃1 转换房预埋板质量差导致的事故损失。
- 斗轮机轨道水平和直线度超差导致的皮带破损和重新调整。
- 煤场挡煤墙质量缺陷的修复。
- 煤场排水沟缺陷的修复。
- 煤场不当的土方作业导致的二次弃土量加大。
- 行政楼由我方施工的工作。
- 灰场不当的土方作业导致的二次弃土量加大。
- 未关闭的 NCR 和 PUNCH LIST。

(2) SSP(土建)

本项目中表现良好,但整个工期拖得太长,所以在结算过程中我们采用公平原则,但并不作让步。

该公司属于私人企业,在商务上比较细腻,我们要有充分的思想准备,有耐心,同时把工作做细。

- 在工程量的计算上要认真严谨,经得起推敲,能说服对方,对该公司申报的工程量要认真核实,不要轻易说 YES,确保结算工程量不能增加,并尽量削减。
- 未关闭的 NCR 和 PUNCH LIST。
- 对 SI 的再审核。

(3) MAPA(土建)

本项目配合态度较好,但整体管理和技能较差,进度缓慢并出现大量质量问题,所以在结算过程中我们采用公平原则,但并不作让步。

该公司属于私人企业,在商务上会比较抠,但无法做到细腻,我们需要利用这个掌握决算的主动权。

- 在工程量的计算上要认真严谨,尽量减量,以控制结算总价。
- ADHI 未完的工作多由 MAPA 接手,对这些区域要做好区分,确定计量结合面,避免重复计算。
- MAPA 申报的工程量要认真核实,不要轻易说 YES。
- 确保结算工程量不能增加,并尽量削减。
- 未关闭的 NCR 和 PUNCH LIST。
- 对 SI 的再审核。

(4) WASA(安装)

该公司是本项目整体组织和管理最好的当地分包商,但整体工效低,引起我方吊机费用严重超支,在结算过程中要认真盘点,避免产生更多的合同外费用。

该公司自我管理体系完善,能支持其商务管理,且在商务方面诉求较强,我们需严肃对待,提前做好资料收集汇总。

- WASA 的合同为包干合同,在工程量上不需进行复杂计算。
- 对吊机台班记录做好统计,计算出浪费的台班,另外我方吊机从事了大量小件吊装,要做出粗略的统计,并计价。
- 统计我们已经支付给 WASA 的赶工费。

- 统计我们已承诺的增加费用,例如油漆和液压顶升设备。
- 决算中坚持扣款,少谈增加,控制总价的增加。
- 关闭的NCR和PUNCH LIST。
- 对SI的再审核。

(5) TIMAS(安装)

TIMAS是个经验不足,人员技能较差的公司,虽然整体配合态度好,但其由于其低劣的施工给我们造成很多不良影响,包括损坏和重复工作造成的成本增加。所以对TIMAS的决算基调要以调减为主。

- 工作范围的变化。
- 最终工程量的计算和比对。
- 罗列出TIMAS的未完成的,由四公司和其他单位完成的工作,予以扣除。
- 罗列出TIMAS的质量问题,由其他公司关闭的部分。
- 损坏、丢失的设备和材料。
- 未关闭的NCR和PUNCH LIST。
- 对SI的再审核。

(6) ISI(安装)

ISI能力较差,在项目上人员素质低,产生大量错误,给项目的进度和质量带来负面影响。但配合态度较好,在结算中要理清他们的费用,对由我方或其他单位完成的工作量不予计费。

- 工作范围的变化。
- 由四公司代为完成的施工。
- 由四公司代为关闭的消缺。
- 由四公司代为做的试验和调试。
- 罗列出ISI的质量问题,由其他公司关闭的部分。
- 损坏、丢失的设备和材料。
- 未关闭的NCR和PUNCH LIST。

(7) GKM

GKM是个经验不足的企业,产生大量的材料丢失,造成的成本增加,同时我方在后期从国内增加人员补强其工作。所以对GKM的决算基调要以调减为主。

- 工作范围的变化。
- 最终工程量的计算和比对。
- 罗列出GKM的未完成的,由我们直接完成的工作,予以扣除。
- 罗列出GKM的质量问题,由其他公司关闭的部分。
- 损坏、丢失的设备和材料。
- 未关闭的NCR和PUNCH LIST。
- 对SI的再审核。

(8) 湖北电建二公司

湖北电建二在本项目表现很差,公司本部不重视本项目,现场管理混乱,服从和配合意识差,产生大量缺陷和工期滞后,且为了赶工期我们不得不从四公司抽调大量人员帮其工作,产生大量额外费用。所以对湖北的结算会是一个复杂的决算,要引起我们的高度重视。

- 工作范围的变化。
- 由四公司代为完成的施工，主要是中低压管道部分。
- 由四公司代为关闭的消缺。
- 四公司在汽机专业配合的人员费用。
- 损坏、丢失的设备和材料，湖北丢失的管件、支吊架、阀门较多，需认真统计。
- 未关闭的 NCR 和 PUNCH LIST。

(9) 江西电建

江西火电整体能力一般，在项目前期存在配合问题，后期有所改善。考虑到江西和公司的长期合作及进行中的伊拉克项目，我们对其决算采取正常方式，双方要公正。

- 工作范围的变化。
- 损坏、丢失的设备和材料，湖北丢失的管件、支吊架、阀门较多，需认真统计。
- 代付的费用的统计。
- 现场支出费用的统计。
- 未关闭的 NCR 和 PUNCH LIST。

(10) 河南防腐公司

河南防腐是一家非成建制的私企，管理机制不健全，质量管理方面问题比较多，有潜在的质量问题，对甲供材料缺乏保管意识，导致材料浪费量大。在决算过程中要认真核实工作量、材料浪费和质量问题造成的费用。

- 对工程量进行详细审查。
- 对剥落的聚脲造成的重复施工的材料费进行计算。
- 对材料的浪费进行统计。
- 代付的费用的统计。
- 现场支出费用的统计未关闭的 NCR 和 PUNCH LIST。

(11) 中机四公司

四公司属于内部决算，但考虑项目的成本较紧，需认真进行核算，做到公平、公正，尽量给予照顾。

- 四公司合同范围的工作，包括斗轮机、循泵房、暖通、消防等，原合同工作量和最终工作量的计算。
- 四公司提供人员的部分，要分解到各专业，例如 BOP、电控、汽机等，对人员工日进行详细统计、分析总工日数、总人工费和综合单价。
- 四公司使用了大量临时人员，这些人在国内的费用和正式员工不同，应和四公司进行核实并分离出来，将其部分国内费用扣除掉。
- 对加班的计算过程中，凡值夜班人员和倒班人员不能计加班，已计的要扣除掉。
- 对四公司材料采购部分的统计，对量价进行核实。对代购的材料和报账要核对，避免重复支出。
- 对机具的使用，核实项目部承担的台班和费用，避免重复支出。
- 对机票费用进行清理。
- 对行政和后勤费用进行清理，计算人均月生活费和四公司项目部的月管理费。

4. 分包结算的目标

罗列各合同发生的各类违约事项，计算统计合同清单工程量的变化，计算划分因施工甩项和施工力量不足发生接替施工产生的工程量交织，分析确定结算目标。

5. 分包结算的组织

分包结算是一个商务加技术的过程，对内包括商务组和各专业，对外对应各分包单位，需认真组织，并保持内部配合的紧密，保证结算的严肃和严谨。

分包决算的总体组织如下图所示

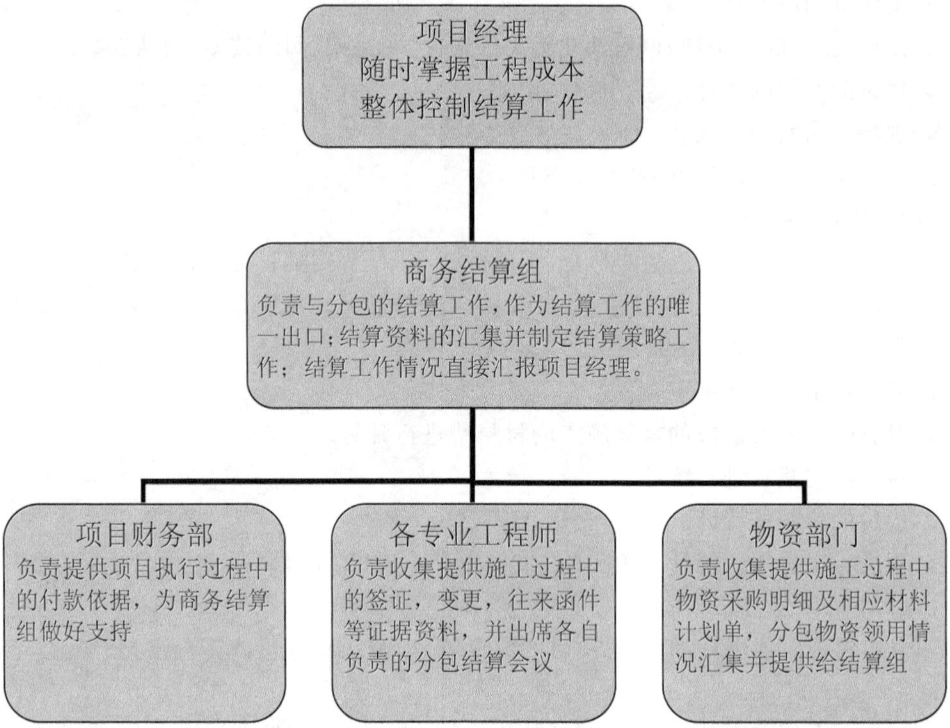

6. 总　结

根据岗位、专业和工作性质等，把项目部的每个人进行划分，将具体的任务落实到每个人上，并明确需要达到的目前、要求和完成时间。确保工作完成的高质量性和真实性，确保完成一个有理有据、真实可靠、逻辑清晰、分析透彻的结算文件。

工程造价审核中存在的问题与审核方法

电力工程事业部
刘 彤

摘 要:

工程造价的预结算审核是合理确定工程造价的必要程序及重要手段,也是控制工程造价的一个重要环节,通过对预结算进行全面、系统的检查和复核,可及时纠正所存在的错误和问题,使之更加合理的确定工程造价,达到有效地控制工程造价的目的,保证项目目标管理的实现。如何既快又好的搞好工程造价的预结算审核,结合本人在实践工作中总结的一点心得,做出浅显的分析与归纳。

关键词: 建设工程 造价确定 预算 结算

工程造价的预结算审核是合理确定工程造价的必要程序及重要手段,也是控制工程造价的一个重要环节,通过对预结算进行全面、系统的检查和复核,可及时纠正所存在的错误和问题,使之更加合理的确定工程造价,达到有效地控制工程造价的目的,保证项目目标管理的实现。

一、工程造价预结算审核常见问题

1. 施工图与竣工图混淆

施工图是工程项目招标的依据和工程施工的基础,竣工图是对竣工工程的具体记录,包括了施工过程发生的设计、联系单等变更,两者有着本质的区别,尤其是一些大中型复杂的工程,两者项目出入会更大,有些施工企业把已取消的施工图项目仍列入造价,计取工程费用。

2. 技术标与商务标脱离

目前,在招标中多采用实物工程量清单招投标,施工企业根据建设单位提供的工程量清单报价,其报价包括计算完成分部分项工程量所发生的直接费、间接费、利润和税金的总和,技术标内的施工组织设计或施工方案确定的数量,由施工企业在商务标里以非实物形态竞争性费用的形式自主择项报价或包含在综合单价里,可造价时,一些施工企业又往往把属标内应考虑的技术措施费的一些项目列入造价,计取工程费用。

3. 曲解合同意思

合同条款很多,对承包方式、施工工期、价差造价、让利幅度、取费标准、奖罚措施等,有些施工企业尽量往有利自己一方考虑。

4. 变更联系单

工程变更联系单是施工过程中图纸改变的依据,在施工过程中,由于建设单位把关不严,变更联系办理不及时，时间一长，就会模糊不清或不齐全，有些施工企业就利用联系单来做文章，办理有利于乙方的联系单，故意删改、省略不利于己的内容。更换联系单内容为多计费用埋下伏笔。

5. 提高材料价格

由于材料的价格和定额消耗量对工程造价的影响很大，经常会出现施工企业在编制造价时虚报材料价格和材料用量。特种材料的高估现象已成为工程造价偏高的重要因素。施工时用低等级材料，造价时却套用高等级材料价格。实际购买价高于招标时，暂定价交给建设单位签证，而低于暂定价的就以投标暂定价作为造价依据。

6. 虚设费用

如施工单位自身原因返工的项目；施工现场临时设施项目，施工单位现场用工等；有的工程在建造过程中没有使用大型机械和特种机械，但竣工造价中却列入许多大型机械进退场费等费用；有的工程根本不需要抢时间进度，但竣工造价中却列入了夜间施工增加费、赶工措施费等费用。

7. 审核过程中应把握的措施

第一，建设行政主管部门要加强管理，制定更加完善的管理制度，约束造价编制人员保证编制质量。

第二，造价人员要提高自身素质，尤其是作为审核人员，既要有精通的业务，还要注意工作方法，只有抓住关键，把握重要环节，才能确保工程造价的预结算审核的质量。

第三，在确定工程造价时，坚持以现行的《工程造价管理规定》为依据，按照甲乙双方合同中的约定，根据竣工图结合隐蔽签证、现场签证和设计变更进行审核计算，审查是否按图纸及合同规定全部完成工作，是否有甩项工程。认真核实每一项工程变更是否真正实施。

二、审核的方法

由于建设工程的生产过程是一个周期长、数量大的生产消费过程，具有多次性计价的特点。因此采用合理的审核方法不仅能达到事半功倍的效果，而且将直接关系到审查的质量和速度。主要审核方法有以下几种：

1. 全面审核法

全面审核法就是按照施工图的要求，结合现行定额、施工组织设计、承包合同或协议以及有关造价计算的规定和文件等，全面地审核工程数量、定额单价以及费用计算。这种方法实际上与编制施工图预算的方法和过程基本相同。这种方法常常适用于初学者审核的施工图预算；投资不多的项目，如维修工程；工程内容比较简单（分项工程不多）的项目，如围墙、道路挡土墙、排水沟等；建设单位审核施工单位的预算等。这种方法的优点是：全面和细致，审查质量高，效果好；缺点是：工作量大，时间较长，存在重复劳动。在投资规模较大，审核进度要求较紧的情况下，这种方法是不可取的，但建设单位为严格控制工程造价，仍常常采用这种方法。

2. 重点审核法

这种方法类同于全面审核法，其与全面审核法之区别仅是审核范围不同而已。该方法有侧重的，有选择的根据施工图计算部分价值较高或占投资比例较大的分项工程量。如砖石结构（基础、墙体）、钢筋混凝土结构（梁、板、柱）、木结构（门窗）、钢结构（屋架、檩条、支撑），以及高级装饰等；而对其他价值较低或占投资比例较小的分项目工程，如普通装饰项目、零星项目（雨篷、散水、坡道、明沟、水池、垃圾箱）等，审核者往往有意忽略不计，重点核实与上述工程量相对应的定额单价，尤其重点审核定额子目档次易混淆的单价（如构件断面、单体体积），其次是混凝土标号、砌筑、抹灰砂浆的标号核算。这种方法在审核进度较紧张的情况下，常常适用于建设单位审核施工单位的预算或施工单位审核设计单位的预算。

这种方法与全面审核法比较，工作量相对减少，而取得的效果却不是很差，但仍属重复劳动。

3. 对比审核法

在同一地区，如果单位工程的用途、结构和建筑标准都一样，其工程造价应该基本相似。

因此在总结分析预结算资料的基础上，找出同类工程造价及工料消耗的规律性，整理出用途不同、结构形式不同、地区不同的工程的单方造价指标、工料消耗指标。然后，根据这些指标对审核对象进行分析对比，从中找出不符合投资规律的分部分项工程，针对这些子目进行重点计算，找出其差异较大的原因的审核方法。常用的分析方法有：

（1）单方造价指标（元/m^2、元/m^2、元/m^2……）；

（2）分部工程比例：①基础，②楼板屋面，③门窗，④围护结构等各占定额直接费的比例；

（3）各种结构比例：①砖石，②混凝土及钢筋混凝土，③木结构，④金属结构，⑤装饰，⑥土石方等各占定额直接费的比例；

（4）专业投资比例：①土建，②给排水，③采暖通风，④电气照明等各专业占总造价的比例；

（5）工料消耗指标，即钢材、木材、水泥、砂、石、砖、瓦、人工等主要工料的单方消耗指称。

综上所述，工程造价的预结算审核是一门专业性、知识性、政策性、技巧性很强的工作。因此除了不断提高工程造价执业人员的整体素质外，还需要我们在工作中不断学习、总结和提高。做到既专业又细心，当然更要在遵循法律、法规的基础上，结合正确的工作方法和丰富的业务知识，才能收到事半功倍的效果。

参考文献

[1] 中华人民共和国住房和城乡建设部. 建设工程工程量清单计价规范[M]. 北京：中国计划出版社，2008.

[2] 柯洪. 工程造价计价与控制[M]，北京：中国计划出版社，2006.

[3] 刘伊生. 工程造价管理基础理论与相关法规[M]. 北京：中国计划出版社，2003.

[4] 山东省工程建设标准定额站. 山东省建筑工程消耗量定额(2003)[M]，北京：中国建筑工业出版社，2003.

[5] 宋国防. 工程经济学[M]. 天津：天津大学出版社，2003.

案例——高压电缆中间头的制作方案

刘　峥

引　言

在现场实际施工时，经常出现由于人为原因或者自然环境影响导致高压电缆损坏，系统断电的情况。此时合理的中间头修复方案，对于尽快恢复用电，保证施工进度不受影响，起到至关重要的作用。本文简明扼要地阐述了高压电缆中间头的制作方案，供大家学习交流及参考。

1. 电缆中间头制作的基本要求

1）电缆中间头在制作时要防潮，不应在雨天、雾天、大风天做电缆头；

2）施工中要保证手和工具、材料的清洁，操作时不应做其他无关的事；

3）所用电缆附件应预先试装，检查其规格是否同电缆规格一致，各部件是否齐全，检查出厂日期和包装，防止剥切尺寸发生错误。

2. 电缆中间头的制作步骤

中间头的电缆引线有长(895mm)、短(565mm)之分，这长度包括 30mm 一头的钢铠接地线位置(参考图 1)。电缆中间头具体制作步骤如下：

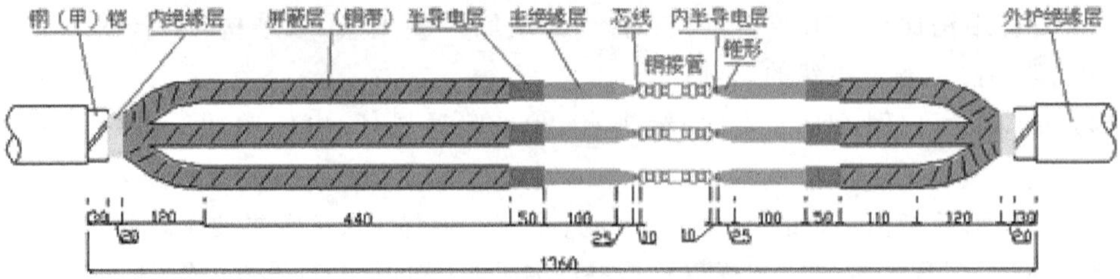

图 1

2.1　钢铠接地线

按照尺寸(895mm 和 565mm)处用刀割断外护层，往电缆头 30mm 处再割断外护层，去掉这 30mm 外护层，用砂皮打光，上好焊锡，用铜丝把接地扁铜线绑紧，再用焊锡把扁铜线和铜丝同钢铠焊结实，然后擦掉助焊剂，最后剥掉外护层和钢带，在钢带断口往外 20mm 割断内护绝缘层。把内护层去掉，保护好色相细条，一般用有色胶带绑在引线上。

2.2　安装应力管

把引线分开弯曲好，在引线离头(长 675mm，短 345mm)处用记号笔画一圈，圈外包 2 层胶带，擦干净铜带表面，用焊锡固定铜带，再在线上绑 2 圈铜丝，用刀在铜丝与胶带之间把铜带划出痕迹，去掉胶带，顺铜带绑紧方向撕下铜带，铜屏蔽层断口不留毛刺。

离铜带断口 50mm 处扎 2 圈胶带(胶带外沿在 50mm 处)，在胶带外沿用刀把半导电层割一圈，同终端头一样把引线头部半导电层剥去，并处理干将主绝缘层表面，在半导电层断口涂上应力疏散胶。把半导电应力控制管套住铜带 20mm，用喷灯热缩（注意把空气排出）。

2.3 压铜接管

离引线头 60～85mm 处削锥形，以后留出 5mm 内半导电层，剥出芯线，涂导电膏，把铜接管孔内处理干净，芯线穿进半个铜接管，压紧铜接管。

把 2 支外护套管分别套到两电缆上，把 2 支半导电管和 2 支绝缘管穿在一起套进电缆长引线上，检查 6 支应力控制管全部热缩到位后，支套管全部套好后，把芯线对好相位，穿入铜接管，压紧铜接管。

2.4 缩护套管

处理掉铜接管上的毛刺，在锥形用半导电带包平，外层包填充胶。

按图 2 所示步骤制作：

第 1 缩内绝缘管，第 2 缩外绝缘管，第 3 缩外半导电管（2 支，保证在铜屏蔽层上长度不小于 20mm），中间交叉。热缩时要从中间开始，防止套管内留空气。热缩时热量要尽可能均匀，注意火焰喷到另外两相引线上，铜带上要涂硅脂。

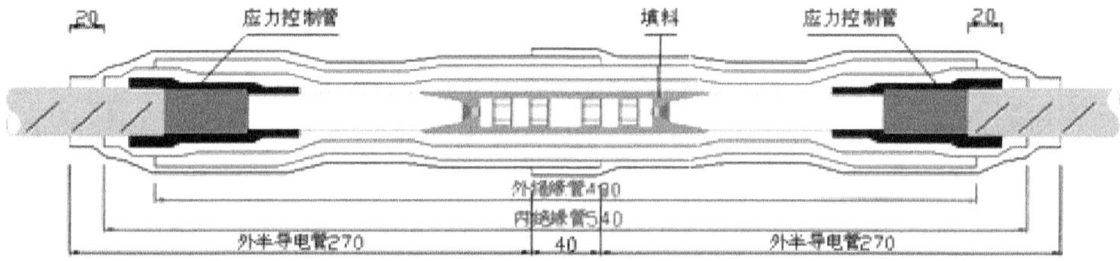

图 2

2.5 接好屏蔽层

套管缩好后，把三根引线并在一起，在半导电管外包紧钢丝网。把两根铜屏蔽层的接地扁铜线绑紧铜丝网后对接，用焊锡焊住接头。

2.6 钢铠接地和外护套

当钢铠接地与屏蔽层接地有分开要求时，要把钢铠接地的扁铜线做绝缘处理，然后对接，接头处绝缘要求更高些。外护套（2 个）对接处不小于 100mm，电缆外护层与外护套连接处要打毛，涂上密封胶，最后把外护套缩紧。

3 结　语

本文简明扼要地阐述了高压电缆中间头的制作方案。实际应用表明，该方案能够满足现场施工要求，且得到了业主和总包单位的认可。整套方案性价比高，具有很强的推广及参考价值。

浅谈大型电站项目施工现场供电方案设计

刘　峥

摘　要：

施工现场的供电方案是施工组织设计的核心部分，也是项目是否能按时完工的基础性文件。本文以伊拉克萨拉哈丁 2×630MW 燃油气电站项目为例，依据场平图、用电量分配、峰值负荷等信息，合理地设计出供电方案，供大家学习交流。

关键词： 供电方案　变压器　柴油发电机　电气单线图。

Abstract:

Power supply solution on construction site is the core part of Construction Organization Plan, as well as a fundamental and instructional file for whether the project could be done on time or not. In the case of 2x630MW Fuel Oil and Gas Power Plant, Salah-Aldeen, Iraq, a rational and efficient power supply solution in this dissertation have been worked out for reference in terms of construction site layout, power distribution and peak load capacity.

Keywords: Power supply solution　Transformer　Diesel generator　Single line diagram

引　言

施工现场供电方案的制定与实施，是整个施工组织设计的重中之重。合理的供电方案对于现场用电量分配，提高施工效率，按时实现合同工期等具有重要作用。本文以伊拉克萨拉哈丁 2x630MW 燃油气电站项目为例，简明扼要地阐述依据初步设计的场平图，合理地规划出施工现场的供电方案。

1. 市电＋全额备用供电方案

1.1　施工变电站分布

依据初设伊拉克项目场平图（图 1），本工程共设 1 个生活区箱变＋柴油发电站、5 个施工区箱变＋柴油发电站。市电供电高压侧为 10kV 架空线，该架空线为业主提供，围绕生活区和施工区架设，河边一侧没有架设。10kV 电源由业主 33kV /10kV、5MVA 降压站提供。

各变电站容量、柴油发动机配置及负荷分配如表 1 所列：

表 1　变压器、柴油发动机容量及分布表

变电站编号	组　成	数　量	功　率	供电负荷范围
生活区				
生活区变电站	变压器	1	1600kVA	生活区锅炉房、EC 生活区、食堂、宿舍区等
	柴油发电机	1	1000kW	
		1	500kW	

续表

变电站编号	组　成	数　量	功　率	供电负荷范围
施工区				
T1	1#变压器	1	1000kVA	1#锅炉及烟囱施工区
	柴油发电机	1	1000kW	
T2	2#变压器	1	1000kVA	2#锅炉本体及附近施工
	柴油发电机	1	1000kW	
T3	3#变压器	1	1000kVA	1#土建及主厂房钢构、1#主厂房汽机施工
	柴油发电机	2	500kW	
T4	4#变压器	1	1000kVA	2#土建及主厂房钢构、2#主厂房汽机施工、办公区用电；拼装厂区及办公室
	柴油发电机	2	500kW	
T5	5#变压器	1	630kVA	土建搅拌站、升压站
	柴油发电机	1	500kW	

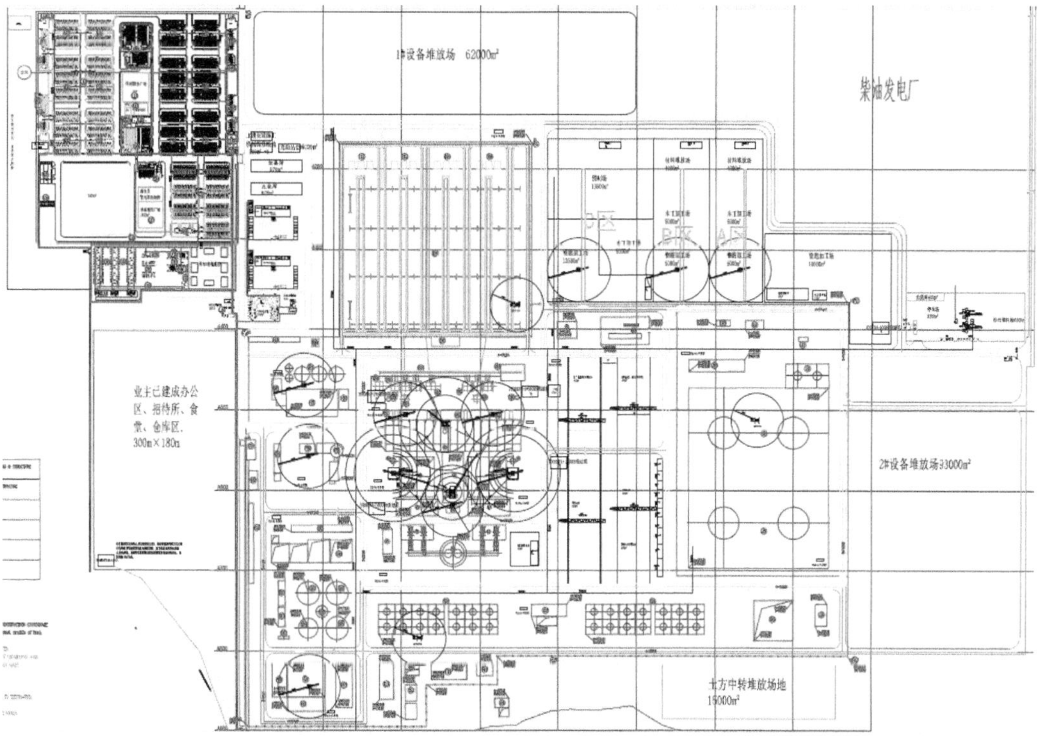

图 1　伊拉克项目场平图

1.2　生活区电源布设

生活区配置 1 台 1600kVA 箱变，另加 1 台 500kW 和 1 台 1000kW 柴油发电机组成全额备用供电配置。每台柴油发电机都带并网控制柜，当电网断电或容量不够时可手动或自动发电补给电能。生活区供电拟采用二级供电方式。设置职工宿舍区 6 个 400A 一级柜，管理人员宿舍区2个400A一级柜，食堂400A一级柜3个，在箱变配电柜处预留一个400A和一个100A开关备用。每个一级柜供三栋宿舍用电，每栋宿舍用一个二级柜供电，每个房间设有一个空气漏电开关。洗澡锅炉、水源地、净水设备、污水处理设备、娱乐区域、路灯照明等都从该降压站供电。

1.3 施工区电源布设

根据现场条件，以创精品工程为目标，考虑到以前的工程中，现场施工电源的种种不足之处，本次用正规的配电箱替代以前的临时配电箱。施工区电源全部采用三相五线制。这样可使现场的电源布置更正规、安全、可靠，也为今后的安全、文明施工打下良好的基础。施工区配电分布介绍：

T1(1000kVA)变电站供给1#锅炉施工区及附近施工用电。单设一个1000A的回路供起重设备专用，用630A二级柜分别给锅炉0m、10m、33m、60m及烟囱区域的施工用电。

T2(1000kVA)变电站供给2#锅炉施工区及附近施工用电。单设一个1000A的回路供起重设备专用，用630A二级柜分别给锅炉0m、10m、33m、60m及循环水系统的施工用电。

T3(1000kVA)变电站供给主厂房内及A列外土建区供电，部分400kV升压站施工用电也可以给予提供。单设一个1000A的回路专供汽机车间行车和土建塔吊使用。用630A二级柜给汽机施工区0m、14m、除氧层、化水车间以及升压站区域的施工用电。

T4(1000kVA)变电站供给部分2#汽机主厂房内、A列外土建区及全部拼装厂施工用电。

T5(630kVA)变电站为土建搅拌站、钢筋加工预制厂补给电源。共设2台630A的就地柜，配200A就地动力柜向区外供电。现场办公区用电也取自该变压器。

每一个供电变压站，配3～4个一级630A的就地动力配电箱，每个630A的一级就地动力配电箱再分成3个200A二级配电箱，以此类推。

1.4 临时电源电缆敷设要求

根据现场条件，T1、T2、T3、T4、T5变电站至主厂房、锅炉施工区和组合场中间配电箱采用聚氯乙烯绝缘护套电缆直埋敷设。电缆应沿道路路边或建筑物边缘直线埋设，转弯处和直线段每隔20m处应设电缆走向标志。电缆敷设时，其表面距地面的距离不宜小于0.8m电缆上下应铺以软土或沙土，其厚度不得小于100mm，并盖砖保护。

电缆与厂区道路交叉处，敷设在坚固的保护管内，与其交叉时的最小净距为1m，与道路平行时的最小净距为1.5m。管的两端宜伸出路基2m，进入变电所的电缆沟或电缆管，在电缆敷设完成后将管口堵实。中间配电箱至就地配电箱的电缆，应在现场的条件成熟后制作电缆爬架或保护管敷设至使用地点。

1.5 现场施工用电设施要求

箱式变电站室外落地式安装，基础标高距离自然地坪0.5m以上。

电缆采用直埋或在空中敷设，敷设的路径应尽量避开经常开挖区域和作业繁忙的空间；电缆敷设必须满足相关规程要求，采用直埋的电力电缆回填后应在沿线做明显的标识，电缆穿过道路或沟渠应采用钢管保护。

二级配电箱应安装在用电负荷集中的地方，三级配电箱根据负荷的需要布置；配电箱安装的地方基础应平整结实，无积水、通道畅通；连接电缆应从配电箱的底部或侧面进入配电箱；配电箱应配置适当的保护装置和漏电开关，有良好的防雨设施，门锁完好，标识明显，接地可靠。

各电源点宜统一布置、统一标示。各施工承包商现场配电盘、箱应形式统一，颜色一致，并有明显的警示标志，接地系统应符合标准。各用电单位应进行每周一次的电源系统安全巡视，做好现场施工电源冬、雨季巡检工作，消除用电隐患。各用电单位应采取措施节约用电。

1.6　用电管理

33kV 开关站和 10kV 架空线路由业主统一进行维护、管理。10kV 引接电缆、箱式变电站及 400V 以下低压线路由施工承包商自行安装、运行和维护。

施工用降压变 T1、T2、T3、T4、T5 由施工方管理。

1.7　施工用电注意事项

电缆运输前，应遵照《安规》的第 1486 条编写防止电缆盘倾斜. 碰撞. 挤压等注意事项。

敷设电缆时应遵照《安规》电缆敷设有关规定编写操作规程。进行敷设时应明确专人指挥，规定统一的联络信号。电缆敷设前对现场条件及有关人员组织和分工进行全面检查，具备条件后方可进行。

1.8　施工用电计算

根据容量计算公式：

P 有＝Ki · ΣPi

S 视＝P 有/cosφ

其中，P 有表示总有功功率，Ki 表示各设备的需要系数，Pi 表示各设备的有功功率，S 视表示总视在功率，cosφ 表示功率因数，此处取 0.75。

1.8.1　生活区用电量统计

表 2　生活区用电量统计表

序号	区域	用电设备	用电功率(kW)	单位	数量	需要系数	总功率(kW)	备注
1	职工宿舍	空调	1.2	间	512	0.34	208.896	
		照明及插座用电	0.75	间	512	0.34	130.56	
2	管理人员宿舍	空调	1.2	间	96	0.34	39.168	
		照明及插座用电	3.05	间	96	0.34	99.552	综合考虑含业主食堂
3	食堂	电热水器(2 台)	24	台	4.5	0.8	86.4	
		电蒸饭箱(4 台)	120	台	4.5	0.8	432	
		食堂空调	6.5	台	4.5	0.34	9.945	
		其他设备用电	4.5	个	4.5	0.34	6.885	
4	生活娱乐区	空调	10	个	2	0.34	6.8	
		照明、电视、超市	10	个	2	0.34	6.8	

续表

序　号	区　域	用电设备	用电功率(kW)	单　位	数　量	需要系数	总功率(kW)	备　注
5	第一别墅区	空调、插座、热水器	10	间	4	0.34	13.6	
6	第二别墅区	空调、插座、热水器	14	间	8	0.34	38.08	
7	业主宿舍	空调、插座、热水器	5	间	20	0.34	34	
8	水处理系统	水处理设备	40	套	1	0.8	32	
9	道路照明	路灯	0.3	套	40	0.34	4.08	
9	道路照明	路灯	0.3	套	40	0.34	4.08	
10	冷库	冷库设备	30	套	1	0.8	24	
生活区需要用电总功率							1172.8	
容量计算 S 视 1＝P 有 1/cosϕ＝1172.766/0.75＝1563.688kVA								

1.8.2　现场施工用电统计

表 3　施工区用电量统计表

序　号	机械、设备名称	规格型号	功率(kW)	数　量	需要系数	总功率(kW)	备　注
1	圆筒吊	FZQ 2000/80 吨	220	2	0.3	132	
2	龙门吊	60t/42m/5 吨	100	2	0.3	60	
3	龙门吊	40t/42m/5 吨	75	2	0.3	45	
4	电动葫芦	10 吨	10	2	0.3	6	
5	施工电梯	STJ-A/1000Kg	22.5	2	0.5	22.5	
6	卷扬机	15 吨	45	2	0.3	27	
7	卷扬机	5 吨	13	4	0.3	15.6	
8	卷扬机	2 吨	6	6	0.3	10.8	
9	逆变焊机	WS-400	20	100	0.4	800	
10	交流焊机	BX-315	22	20	0.4	176	
11	交流焊机	BX-500	33	30	0.4	396	
12	电焊机		19	25	0.4	190	
13	二氧化碳保护焊机(密封)	NBC400	20	2	0.4	16	
14	环缝自动焊机(循环水)		18	3	0.4	21.6	
15	钨极脉冲氩弧焊机	WSM—200	21	3	0.4	25.2	
16	铝母线焊机	OTS-500	33	2	0.4	26.4	
17	焊条烘箱	YGCH-G-200	15	2	0.7	21	
18	焊条恒温箱	150kg	8	2	0.8	12.8	
19	热处理设备	DWK-A-120	120	2	0.5	120	
20	热处理设备	DWK-180KW	180	1	0.5	90	
21	热处理设备	ZWKⅡ-90KW	90	2	0.5	90	
22	热处理设备	CBGP85	85	1	0.5	42.5	

续表

序　号	机械、设备名称	规格型号	功率(kW)	数　量	需要系数	总功率(kW)	备　注
23	碳弧气刨	1000A	85	1	0.4	34	
24	空气压缩机	6 立方米	37	5	0.6	111	
25	卷板机	Z933-30×3000	37	2	0.4	29.6	
26	卷板机	W11s-12×2000	11	2	0.4	8.8	
27	抗燃油滤油机(EH 油)	KLYJ—50 型	30	1	0.4	12	
28	高精度滤油机	GLY-450	210	2	0.4	168	
29	变压器真空滤油机		135	1	0.4	54	
30	试压泵	60Mpa	30	2	0.3	18	
31	车床	CDS6150B/1500	5.5	2	0.6	6.6	
32	刨床	B6085	5	1	0.6	3	
33	万能摇臂铣床	X5325C	2.2	1	0.6	1.32	
34	钻床	ZX7016	3	2	0.6	3.6	
35	砂轮机	LYJ-315B	2.2	1	0.6	1.32	
36	钢筋切断机	GQ40	7.5	8	0.5	30	
37	钢筋调直机	CT14	5.5	5	0.5	13.75	
38	钢筋弯曲机	WJ40-1/2	3	8	0.5	12	
39	钢筋套丝机		2.2	3	0.5	3.3	
40	混凝土搅拌机	90 式	70	2	0.5	70	
41	强制式搅拌机	500 立升	30	2	0.3	18	
42	混凝土搅拌机	400 立升	20	3	0.3	18	
43	水泵	扬程 20m	3.7	32	0.2	23.68	
44	等离子切割机		20	2	0.3	12	
45	双笼施工电梯(烟囱)		15	1	0.5	7.5	
46	汽机车间桥式起重机		145	1	0.5	72.5	
47	各专业试验		30	1	0.3	9	
48	小型电动工具		120	1	0.7	84	
49	其他设备临时用电		100	1	0.7	70	
50	现场办公室		120	1	0.8	96	
51	施工照明		90	1	0.6	54	
现场施工区需要用电总功率						3391.4	
容量计算 S 视 2＝P 有 2/cosφ＝3391.4/0.75＝4521.867kVA							

1.9 临时用电需求统计表及曲线图

1.9.1 生活区用电需求统计表及曲线图

表4 生活区用电需求量统计表

2012年												
月	1	2	3	4	5	6	7	8	9	10	11	12
工程月	/	/	/	/	/	/	1	2	3	4	5	6
用电量(kW)	/	/	/	/	/	/	47	99	123	235	276	297
2013年												
月	1	2	3	4	5	6	7	8	9	10	11	12
工程月	7	8	9	10	11	12	13	14	15	16	17	18
用电量(kW)	345	404	449	607	702	834	915	962	1014	1041	1091	1124
2014年												
月	1	2	3	4	5	6	7	8	9	10	11	12
工程月	19	20	21	22	23	24	25	26	27	28	29	30
用电量(kW)	1168	1220	1232	1215	1184	1135	1147	1127	1108	1027	905	829
2015年												
月	1	2	3	4	5	6	7	8	9	10	11	12
工程月	31	32	33	34	35	36	37	38	39	/	/	/
用电量(kW)	761	727	617	512	400	359	281	251	223	/	/	/

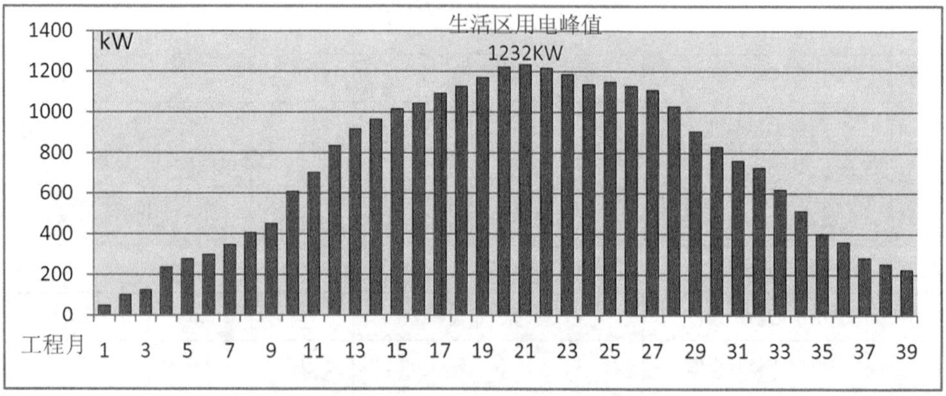

图2 生活区用电需求量曲线图

1.9.2 施工区用电需求统计表及曲线图

表5 施工区用电需求量统计表

2012年												
月	1	2	3	4	5	6	7	8	9	10	11	12
工程月	/	/	/	/	/	/	/	1	2	3	4	5
用电量(kW)	/	/	/	/	/	/	/	98	98	129	150	190
2013年												
月	1	2	3	4	5	6	7	8	9	10	11	12
工程月	6	7	8	9	10	11	12	13	14	15	16	17
用电量(kW)	280	380	440	670	730	850	1180	1370	1480	1750	2013	2354
2014年												
月	1	2	3	4	5	6	7	8	9	10	11	12
工程月	18	19	20	21	22	23	24	25	26	27	28	29
用电量(kW)	2629	2968	3091	3305	3311	3349	3206	3000	2875	2662	2361	2155
2015年												
月	1	2	3	4	5	6	7	8	9	10	11	12
工程月	30	31	32	33	34	35	36	37	38	/	/	/
用电量(kW)	1799	1621	1336	1268	1127	591	492	198	114	/	/	/

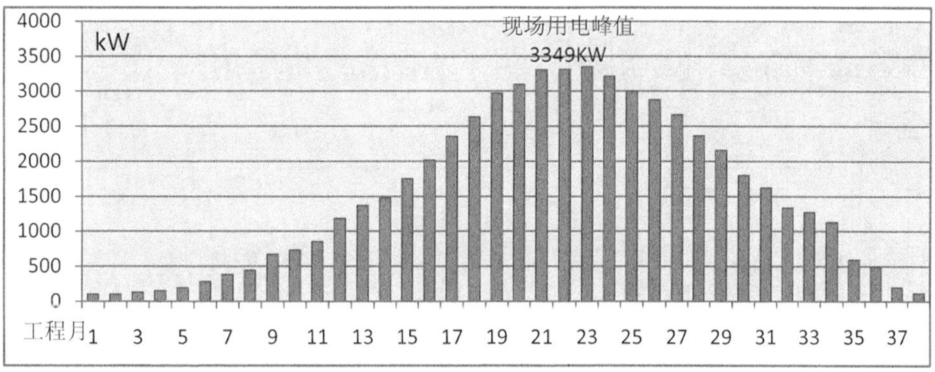

图3 施工用电需求量曲线图

1.10 施工临时用电单线图

生活区系统单线图如下：

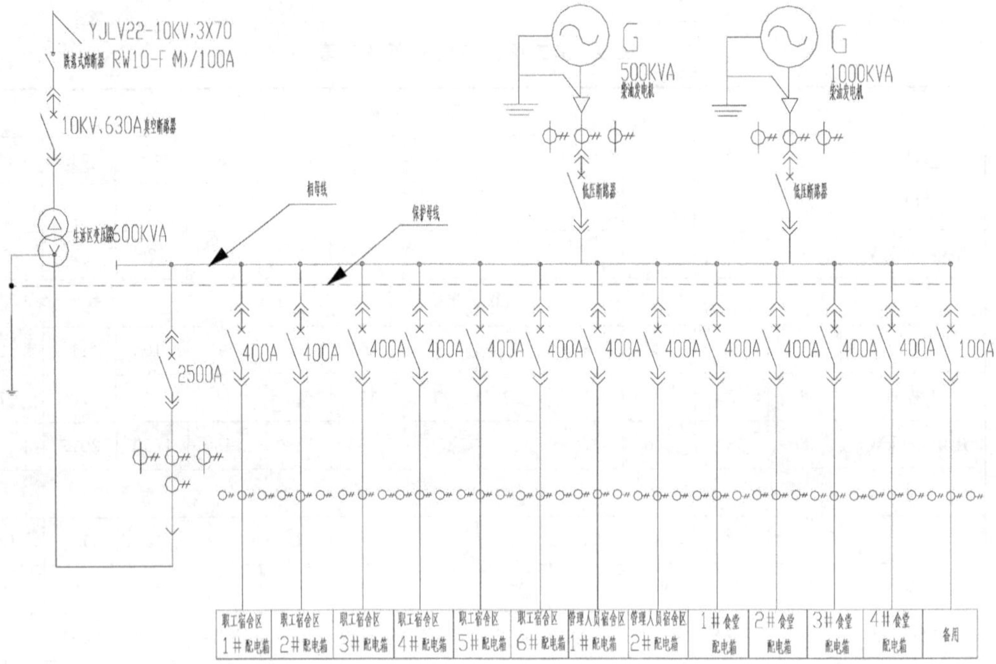

T1 变电站系统单线图如下：

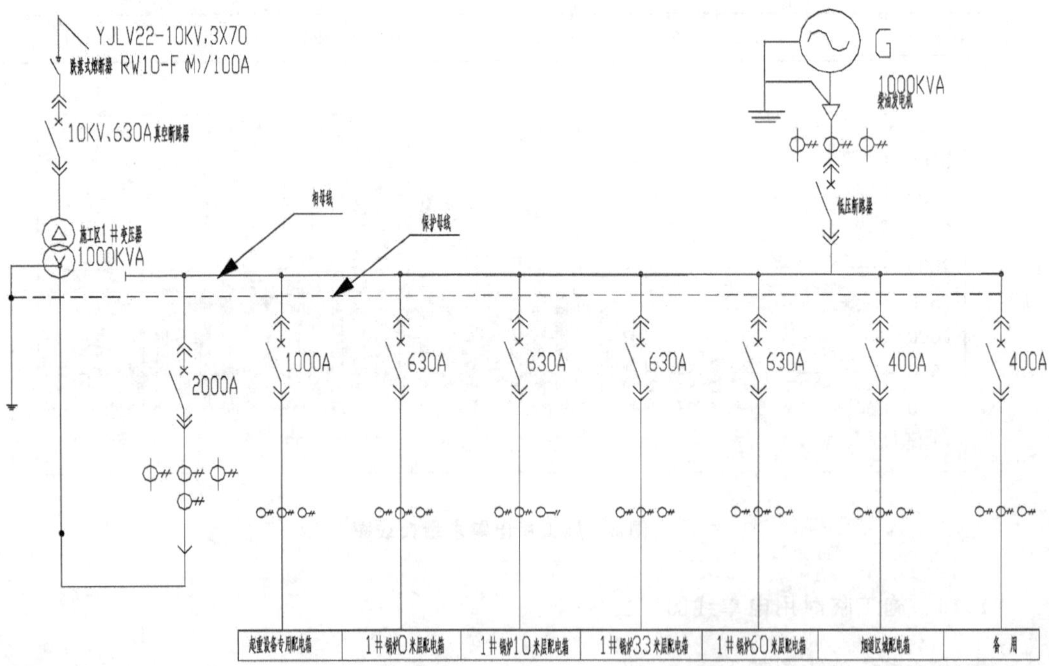

T2 变电站系统单线图如下：

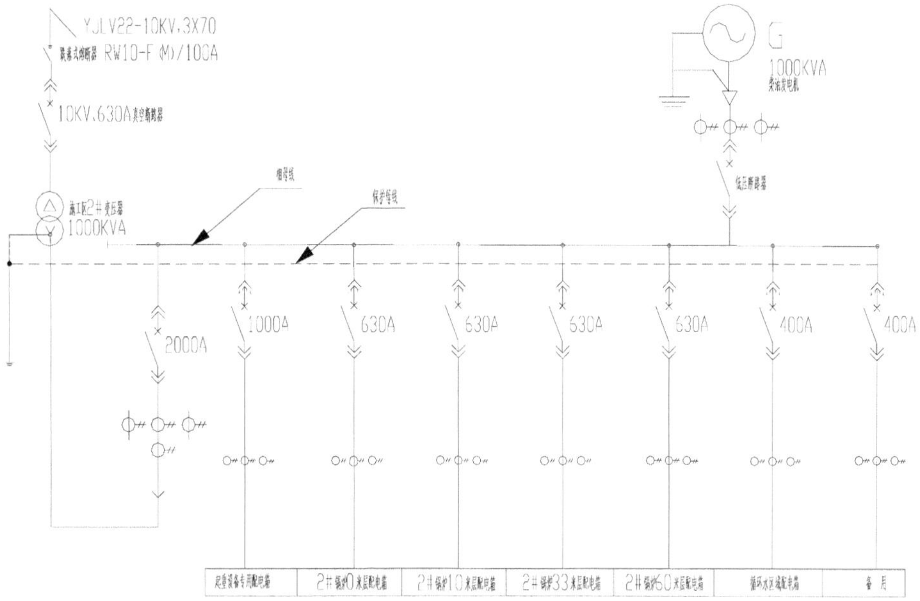

T3 变电站系统单线图如下：

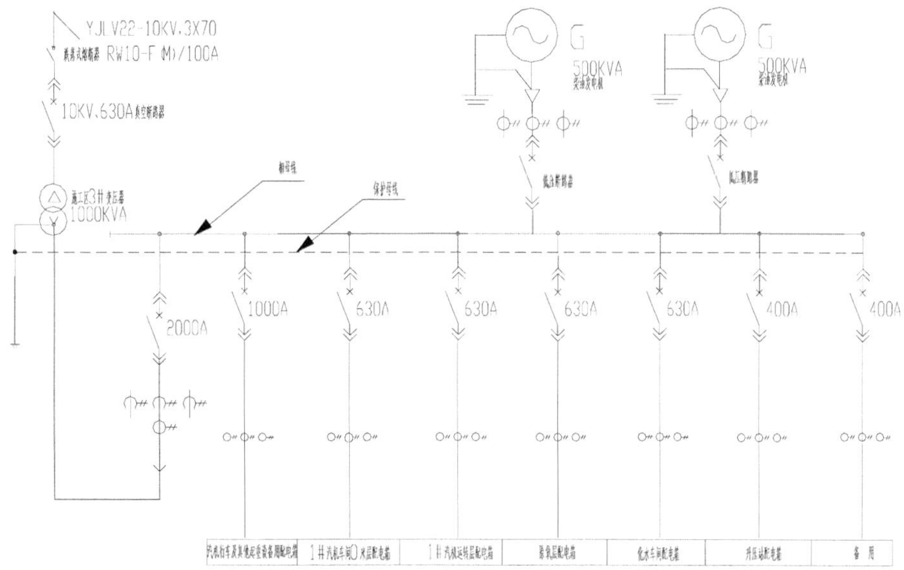

T4 变电站系统单线图如下：

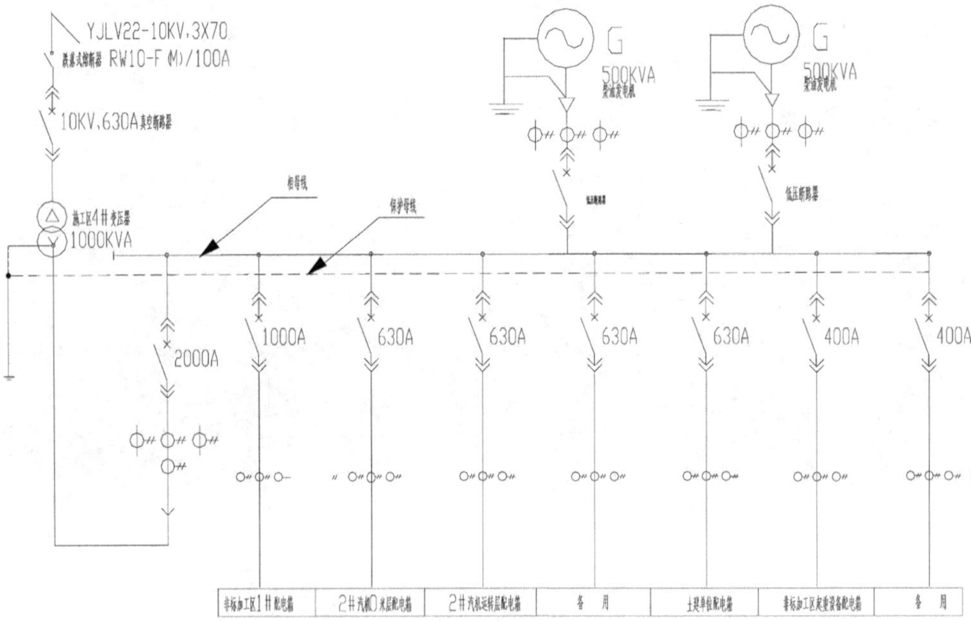

T5 变电站系统单线图如下：

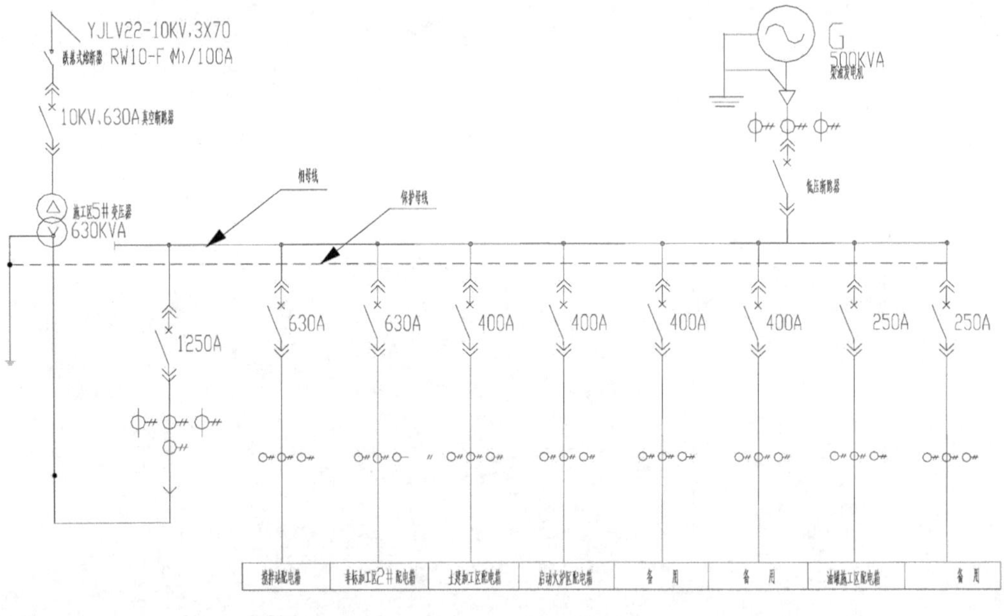

2. 结束语

依据伊拉克电站场平设计图，本文根据施工现场实际用电分布及需求量，简明扼要地阐述了通过市电＋全额备用的供电方案。实际现场应用表明，此供电方案能够满足生活区和施工区的用电需求，用电安全可靠，日常维护量低，各设备使用寿命长，整套方案性价比高，具有很强的推广及参考价值。

参考文献

[1] 徐衍林，管云雁，乔英白. 企业管理的实践. 1版. 电子工业出版社.

[2] 杨传良，胡杰. 伊拉克萨拉哈丁 2×630MW 燃油气电站工程项目施工总设计. 1版.

物资储运过程中运输方式的选择

电力工程事业部

娄　臻

摘　要：

我部门海外项目运输的物资货物，大部分是通过海运，少部分通过铁路或公路运输。随着航空事业的发展，通过航空运输的货运量近年来也有较大的增长，货物种类和范围也在不断扩大。本文从几种主要的国际货物运输方式出发，比较分析了水上运输、铁路运输、公路运输、航空运输、国际多式联运等运输方式的优势与劣势，及运输方式的选择。

关键词：物资采购　国际运输　比较研究

根据运输工具的不同，国际货物运输可分为水上运输、铁路运输、公路运输、航空运输、国际多式联运等几种。

一、国际货物运输的方式

1. 国际海上货物运输

国际海上货物运输指使用船舶通过海上航道在不同国家和地区的港口之间运送货物的一种方式，具有通过能力大，运输量大，运费低廉，对货物的适应性强，速度较低，风险较大等特点。目前，国际贸易总运量中的三分之二以上，我国进出口货运总量的90%都是利用海上运输。其主要优点有：运能大，能够运输数量巨大的货物；通用性较强，客货两宜；运输成本低，能以最低的单位运输成本提供最大的货运量，尤其在运输大宗货物或散装货物时，采用专用的船舶运输，可以取得更好的技术经济效果。

缺点有：受自然气象条件因素影响大。由于季节、气候、水位等的影响，水运受制的程度大，因而一年中中断运输的时间较长；航行风险大、安全性差；运送速度慢18～28公里/小时，准时性差，在途中的货物多，会增加货主的流动资金占有量，经营风险增加；搬运成本与装卸费用高，这是因为运能最大，所以导致了装卸作业量最大。所以水运主要承担以下作业任务：承担大批量货物，特别是集装箱运输；承担原料半成品等散货运输。

2. 国际铁路货物运输

铁路能提供长距离范围内的大宗商品的低成本，低能源运输，且较多地运输至少一整车皮的批量货物，其运输的经济里程一般在200公里以上。

铁路运输的优点有：运行速度快，时速可达80～120公里；运输能力较大，可满足大量货物一次性高效率运输；运输连续性强，由于运输过程受自然条件限制较小，所以可提供全天候的运行；轨道运输的安全性能高，运行较平稳；通用性能好，可以运送各类不同的货物；运输成本（特别是可交成本）较低；能耗低。其缺点是：设备和站台等限制使得铁路运输的固定成本高，建设周期较长，占地也多；由于设计能力是一定的，当市场运量在某一阶段急增时难以及时得到运输机会；铁路运输的固定成本很高，但变动成本相对较低，使得近距离的运费较高；长距离运输情况下，由于需要进行货车配车，其中途停留时间较长；铁路运输由于装卸次数较多，货物错损或损失事故通常也比其他运输方式多。

综上，它主要适用于以下作业：大宗低值货物的中，长距离运输，也较适合运输散装，罐装货物；适于大量货物一次高效率运输；对于运费负担能力小，货物批量大，运输距离长的货物来说，运费比较便宜。

3. 国际公路货物运输

公路运输能提供更为灵活性和更为多样的服务，多用于价高量小的货物的门对门服务，其经济里程一般在200公里以内。公路运输的优点有：运输速度快。40～60公里/小时；机动性高，可以选择不同的行车路线，灵活制定营运时间表，所以服务便利，能提供门到门服务，市场覆盖率高。其缺点有：变动成本相对较高。公路的建设和维修费经常是以税和收费班的形式向承运人征收的；运输能力较小，受容积限制，使它不能像铁路运输一样运大量不同品种和大件的货物；能耗高，环境污染比其他运输方式严重得多，劳动生产率低。

综上，公路运输主要适用于以下作业：近距离的独立运输作业；补充和衔接其他运输方式，当其他运输方式担负主要运输时，由汽车担负起点和终点处的短途集散运输，完成其他运输方式到达不了的地区的运输任务。

4. 国际航空货物运输

航空运输常被看作是其他运输方式不能运用时，用于紧急服务的一种极为保险的方式。它快速及时，价格昂贵，但对于致力于全球市场的厂商来说，当考虑库存和顾客服务问题时，空运也许是成本最为节约的运输模式。

其主要优点有：高速直达性因为空中较少受自然地理条件限制，航线一般来取两点间的最短距离；安全性能高随科技进步，飞机不断地进行技术革新，使其安全性能增强，事故率低，保险费率相应较低；经济性良好，使用年限较长；包装要求低，因为空中航行的平稳性和自动着陆系统减少了货换的比率，所以可以降低包装要求。而且在避免货物灭失和损坏后还有明显优势。其缺点有：受气候条件的限制，在一定程度上影响了运输的准确性和正常性；费用高。设施成本高；运输能力小，运输能耗高。所以空运一般用于以下作业适用于高附加值，小体积的物品运输。

5. 国际集装箱运输

集装箱是一种有一定强度、可长期反复使用、外形像箱子、可以集装成组货物而专供周转使用并便于机械操作和运输的大型货物容器。集装箱运输就是以集装箱作为运输单位进行货物运输的一种现代化先进的运输方式。

6. 国际多式联合运输

这种方式是在集装箱运输基础上产生并发展起来的，一般以集装箱媒介，把海上运输，铁路运输，公路运输，航空运输和内河运输等传统的单一运输方式有机地结合起来，构成一种连贯的过程，来完成国际货物运输。

二、运输方式的选择

在选择运输方式上，除考虑运输成本和运行速度外，还要考虑商品的性质、数量、运输距离、客户的具体要求、风险程度等多方面因素，譬如，鲜货商品要求争取时间，贵重物品体积小但需要保险系数高，在这种情况下，采取航空运输最为适宜；对中转环节多的可利用集装箱以加速中转并避免货物的损坏；对样品和宣传品可利用航邮；对大宗货物可租赁整条船舶。

具体来说，在选择运输手段时，第一要素养是运输物品的种类，第二考虑的运输量，第三考虑运输距离，第四考虑运输时间，第五考虑运输费用。当然，运输方式选择不仅限于单一的运输手段，而是通过多数运输手段的合理组合实现物流的合理化。可以在不同运输方式间自由变化运输工具，也即“联运”，它是运输性质不断改变的一个反映，标志着物流管理者将两种或更多种运输方式的优势集中在一起，并天衣无缝地融入一种运输方式的能力，从而比单一方式是输为顾客提供更快、风险更小的服务，其组合方式有很多种：铁路运输和公路运输；铁路运输和水运；铁路运输和航空运输；铁路运输和管道运输；公路运输与航空运输；公路运输和水路运输；公路运输和管道运输；水路运输和管道运输；水路运输和航空运输；航空运输和管道运输，这些组合并不是都实用，而其中有些可行的组合也未被用和采用，只有铁路运输和公路运输的组合（“驮背运输”）得到广泛使用。公路运输和水上运输的组合（“鱼背运输”）也得到了越来越多的采用，尤其是高价值货物的国际运输中。在较小的一定范围内，公路运输与航空运输和铁路运输与水运运输的组合也是可行的。铁路运输的联运使运输人即能享受到公路运输时接送和发运的灵活性，又能获得火车在远程运输中的效率，几乎所有的航空运输都是联合运输。因为它需要由货车将货物接送和装到飞机上，然后由货车运至目的地。公路运输促使联运在一起，它以最好的方式运作，提供灵活，定期和短途的服务，使联合运输的方式更有效率，联运可以提高运输效率简化手续，方便货主；保证货物流通过程的畅通，它把分阶段的不同运输过程，联结成一个单一的整体运输过程，不仅给托运人或货运人带来了方便，而且加速了运输过程，有利于降低成本，减少货运货差的发生，提高运输质量。

三、小　结

综上所述，多式联运提高了运输组织水平，实现了门到门运输，使合理运输成为现实。多式联运可以提高运输的组织水平，改善了不同运输方式间的衔接工作，实现了各种运输方式的连续运输，可以把货物从发货人的工厂或仓库运到现场的仓库，做到了门到门的运输，使合理运输成为现实。

在当前工程建设竞争激烈的形势下，项目物资运输要求速度快、损失少、费用低，而国际多式联运适应了这些要求。因此，在国际上越来越多地采用多式联运。可以说，国际多式联运是当前国际货物运输的发展方向。海外项目地域性广，更具有发展国际多式联运的潜力。

对施工方而言，它的优越性体现在大大地减少了货物的损坏、偷窃和污染的发生；节省了包装费用；由于减少了转运时间，能够更好地对货物进行控制，从而降低了转运费用，也降低了内陆运输和装卸的费用，便于实现更迅速。

案例——苏丹富拉电站项目物资储运方案的编制

娄 臻

苏丹富拉电站项目储运方案是电力事业部首次以 EPC 总包的形式编写的储运方案，该方案主要是针对从国内各港口到苏丹港的国际海运为主要运输方式编写的，包括国内货物集港、运输船舶安排、到岸通关、苏丹内陆运输等工作流程安排，及国内工作流程，组织机构以及文件编制等内容。

项目位置位于非洲苏丹南部 ALFULA 镇外 2km 的 KAKARAYA 地区，距离苏丹首都喀土穆约 900 公里，距离苏丹港约 1600 公里。项目此前处于停工状态，工艺设备及部分施工机具已经由 CMEC 运到现场，部分设备及施工材料未采购待发运。电力事业部富拉项目部组织相关人员进行实地考察清点，按照后边的施工进度计划及人员进场安排，还需组织发运施工材料及必需的生活食品及生活物资。

一、建立运输工作流程要点

电力事业部成立采购储运组负责与 CMEC 项目部及中设商运以及各制造厂联系沟通有关物流信息和解决发运过程中存在的问题；召开物资储运协调会议，确立项目重新启动的物资发运安排以及发运流程，并建立相关制度、包装方式、单证格式。具体内容为：

1.1 设立中国建设富拉项目采购储运组

1.2 建立储运管理相关制度

1.3 组织厂家督货工作

严格按照工程进度计划制订并组织厂商所供设备材料由生产地到装船口岸的国内运输方案，以保证发运计划。

1.4 组织剩余施工物资的发运

利用与中设国际商务运输代理有限责任公司多个项目合作成功的经验，做好施工物资以及剩余部分设备的集港组织工作。

1.5 海运发运工作

保证充足的运力，必要时利用中设商运的租船业务，保证运输计划的执行。

1.6 票据单证工作

认真缮制对外服务单证、办理租船订舱和运输保险，完成对外单证制作；报关单和核销单及时准确的退回,保证核销退税安全。

1.7 报关工作

加强出口报关、报验、集港运输和装船作业等国内运输相关环节的服务质量,对设备装船做到全程监装监卸。

1.8 组织现场物资工作

在苏丹港设立代表处需要加强人力,另需在现场加派业务素质能力强的人员,做好和喀土穆、苏丹港和国内的沟通协调工作,加强现场的管理。

1.9 建立沟通机制

建立及时准确有效的信息沟通机制,推进双方的协作。

二、国内储运工作方案的建立

国内工作包括储运组的建立及储运的前期准备工作、船舶的安排、相关文件的编制、报关等环节。

2.1 项目前期的准备工作

(1) 包装的规定和确认。
(2) 报关品名和税号的提前确定。

2.2 船舶安排

包括集装箱和散货两种方式。

2.3 工作程序

(1) 发运工作程序-散货发运方式。

项目部根据发运计划提前一个月提供工厂清单,包括联系方式和箱单装箱单。其中具体包括工厂名称,联系人/联系方式地址,设备名称,初步货量,出口申报货值。《工厂包装检查工作细则》则是对货物包装进行检查的工作指导

(2) 发运工作程序-集装箱发运方式。

对于部分特殊的设备如彩钢板房、较重要的电器柜、危险品、生活物资、怕水怕晒材料和一些非常适箱的设备材料,采用集装箱方式发运。装箱前,我项目部预配装箱计划,就其中的叠放、特殊设备的装箱计划和厂家确认,及通报项目部。装箱时,做好装箱记录,并在箱件清单上标注集装箱号或者做出装箱明细,和清关单据一同发往现场作为点货依据。

2.4 单据控制和信息传递

(1) 单据工作:

单据工作见质量控制文件三《核销单管理办法》。

(2) 发运工作:

发运工作见质量控制文件四《启运通知和发运批次表》。

三、国外储运工作流程

国外储运工作主要包括清关和卸港等工作,以及相关文件的编制。具体如下:

3.1 清关和卸港工作

清关工作请见质量控制文件五《苏丹清关细则》。

苏丹港卸船工作请见质量控制文件六《卸港工作要求》。

3.2 内陆运输

9 月份准备大批发货并启运,10 月份到达苏丹港,开始逐步往内陆点运输,并在 5 月结束发运。对于期间必需的设备材料,集装箱运输的,在苏丹港掏箱并每车少配重量确保通行,对于紧急的较重物资,计划安排少量 6×6 的特种车辆尝试雨季紧急物资的运输。

(1) 运输公司的选择。

(2) 运输车辆的选择。

(3) 中转点:有两个选择,一个是苏丹港,一个 Obeid。内陆的中转分检点的选择要考虑季节、设备的目的地和设备类型。

(4) 大件的运输:大件运输建议集中成 2~3 个批次发运完毕,最后到工地的 60 公里路程拟采用初步平整、铺垫石材和钢板的方式运输,反复把铺垫设备材料从后面移到前面,循环使用前进,速度会非常慢,而且一旦陷车就会很难处理,预计单批大件时间预计要 1~2 个月(从苏丹港到现场)。和供货厂的合同建议 2 次重件都交齐都交货:

(5) 空运:大件的空运紧急备件到喀土穆转车辆运输更快捷,Obeid 空运的清关手续办理不如喀土穆时间可控,且飞机尺寸限制不能运大件货物。

3.3 现场卸车和交接

现场卸车和交接不详述。

3.4 质量控制

(1) 发运计划。

(2) 进度报告。

(3) 现场记录。

(4) 设备交接报告。

(5) 货损货差。

四、相关控制文件的编写

(1)《工厂包装检查工作细则》

(2)《核销单管理办法》

(3)《启运通知和发运批次表》

(4)《装港工作要求》

(5)《苏丹清关细则》

(6)《卸港工作要求》

五、储运机构人员及工作安排

国内储运机构安排：

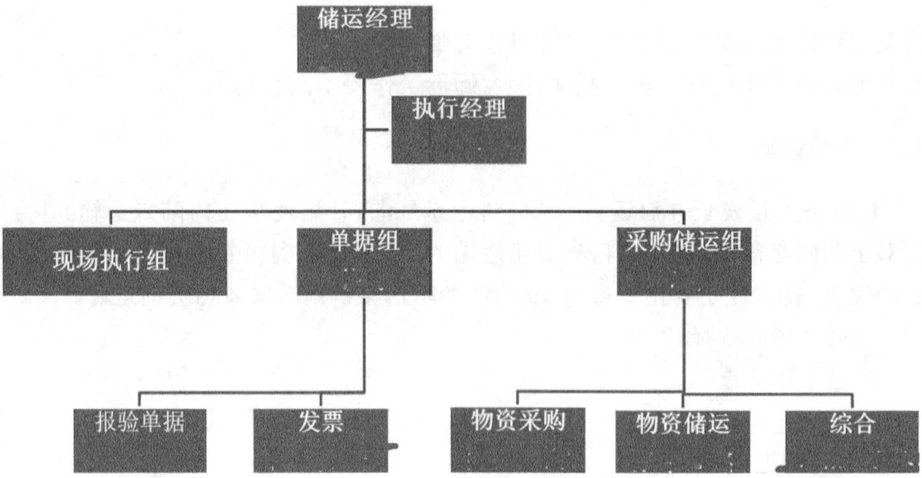

境外部分工作安排：

开船日后工作顺序	时间(开船日后)	负责人	工作对象	工作时间累计
清关文件扫描件	3日内邮件发送			
清关单据正本	7日内寄出			7
喀土穆免税手续	收到邮件后开始			
喀土穆手续到苏丹港	正本提单收到后5工作日日内			15
船到前的船期准备,如凭副本放D/O等	喀土穆手续即将完成,即开船日后10～15天			
苏丹港清关	喀土穆手续副本收到后开始交NEC准备手续。正本手续到达后3日完成			20
运输车辆的准备：船到前7日确定运输方案,包括车数和车辆种类	船舶国内启航			
车辆进港	船舶预计到达当日或前一日		苏丹运输代理	
监卸及发车	船舶卸货开始至完成		船方运输代理	
苏丹港的清点和货损货差报告	船舶离港前		船方港务局	
苏丹港的货物倒运-至苏丹港堆场				

续表

开船日后工作顺序	时间(开船日后)	负责人	工作对象	工作时间累计
苏丹港发车	现场得到运输计划后准备堆场和卸车机具,确认后		运输代理	
Obeid 中转点分拣	雨季设备到达 Obeid 后			
现场卸车和交接	至所有设备运输完毕		运输代理安装公司	
现场货损货差报告	设备全部到场后 3 日内		保险公司	
设备的交接	设备全部到场后 3 日内		安装公司	
发运总结和报告	设备全部到场后 5 日内		项目部	

六、总　结

苏丹富拉储运方案包括国内货物集港、运输船舶安排、到岸通关、苏丹内陆运输等工作流程安排,及国内工作流程,组织机构以及文件编制等内容。这些工作是电力事业部首次接触,以 EPC 总包的角度编写的储运方案,以 EPC 总包的角色对项目储运工作进行管理。该方案尽管存在很多不足之处,但随着项目的深入开展,经验的不断积累,储运工作的实施,这些不足之处将得以改进。不积跬步无以至千里,积累经验改进不足,电力事业部项目储运管理工作也将提升到一个新的高度。

如何做好事业部级的项目成本控制工作

吕　娟

工程项目管理是现代企业管理的重要组成部分，而工程项目管理中又以项目成本控制为重中之重。按控制的级别来分，项目成本控制可分为三个层次：公司级、事业部级和项目部级。公司级的控制是对事业部实施项目成本控制；事业部级的控制是对事业部所属项目实施项目成本控制；项目部级的控制是项目部自身对项目日常管理活动实施项目成本控制。这三个级别的项目成本控制，自上而下形成三级管控体系。目前，对工程项目成本控制有四个原则：一是成本最低化原则；二是全面成本控制原则；三是动态控制原则；四是责、权、利相结合原则。其中全面成本控制和动态控制这两个原则在项目成本控制工作中尤为重要。

项目成本的全面控制和动态控制在事业部级的项目成本控制中也可理解为要求全员参与控制及全过程的动态控制，即要求部门各责任人参与成本核算及控制，要求随着项目施工进展的各个阶段连续进行，既不能疏漏，又不能时紧时松，应使施工项目成本自始至终置于有效的控制之下。全员参与控制及全过程的动态控制是建立事业部级的项目成本控制体系的出发点，也是使得整个项目成本管理体系有效运行、不可缺少的主要控制手段。在事业部级项目成本控制的日常工作，应在以下几点多加重视，以便为项目成本控制工作从根本上打好基础：

1. 全员参与。在日常管理工作中，应让每位员工都意识到项目成本管理是一个全员、全过程的管理，不仅仅只是某几位负责人员的工作，它包括事业部管理部门、业务部门、项目领导和生产第一线的全体人员，要将成本管理的观念贯彻到项目管理工作的每个方面，充分调动大家控制成本、关心成本的积极性和主动性，做到上下结合，专业控制与群众控制相结合，加强每个人的成本意识，做到每个人都承担成本控制的任务，才能真正将成本管理落到实处，这一点必须引起重视。只有每一位员工有成本管控的意识，在日常工作中就注重成本管理问题，能积极配合事业部对项目的成本管控工作，这样才会使得成本管控工作能贯穿在部门日常工作中，能够在项目执行过程中时刻进行。

2. 健全管理体系，明确各岗位人员职责。事业部应建立一个完善的成本控制组织体系，制定明确的成本控制工作制度，明确划分控制体系中各个人员的职责，做到分工明确，并对处于控制岗位的人员多组织成本控制方面的培训，提升人员理论水平和管理素质。还应要求项目上组织负责成本控制相关人员定期学习公司的项目控制文件，了解公司及事业部对项目成本控制的制度及要求，只有项目上的人员了解公司成本控制的相关制度和流程并且意识到项目成本控制工作的重要性，才能有效地配合事业部完成事业部级的项目成本控制工作，继而完成公司级的项目成本控制工作。

3. 提高信息沟通的及时性和效率。要提高项目部与事业部之间信息互通的效率，项目上要做到及时反馈，事业部要做到及时审核，发现问题及时沟通，特别是对有时差的海外项目，信息沟通、数据反馈的及时性显得尤为重要。项目部应安排专人汇总项目上需向事业部提交的各种报告等文件，由一人牵头、相关项目人员参与完成报告编制工作，加强报告编制相关项目人员之间的信息交流，有问题在现场直接沟通解决，最终统一提交事业部管控人员，而不是“多对一”（多个项目部人员对一个事业部管控人员），项目上一个人遗留一个问题，拖后一天，多个人就是多个问题，对有时差的项目来说可能就会多耽误更多的时间，影响事业部对公司管控制度和流程的执行，最终还会影响公司对事业部及项目部的考评。对公司要求每季度召开的成本分析，事业部可在此基础上加强成本分析强度，每月自行召开本事业部所属项目的成本分析会，对照项目成本目标责任书子目归集成本数据，对与目标值偏差大的子项进行分析。由于事业部管控人员不在项目第一线，可能会对成本的细节掌握有一定的局限性，需要项目现场在日常的信息沟通中能提供更多的明细和说明以充实反馈到事业部的成本信息，让事业部管控人员充分了解现场成本状态，能对项目成本有一个动态的总体把握。

综上所述，全面控制和动态控制的项目成本管理是一项艰巨、复杂的系统工程，只有在日常的管理工作中建立起完善的管理体系及制度，加强每个员工的成本意识，做到全员参与，做好事业部与现场的信息互通，为项目成本管理打下坚实的管理基础，才能实现成本管控的全员参与和全过程动态控制，做好事业部对项目成本的控制工作。

项目质量控制与管理

电力工程事业部

马　新

2014 年 12 月

一、质量管理的目的和意义

质量管理的目的是为了确保项目按照设计者规定的要求完成，建设符合规范、标准的建筑产品，满足业主的使用要求。质量管理的有着重要意义。从大的方面讲，一个国家产品质量的好坏，从一个侧面反映了民族的素质，质量关系到国家的命运，民族的未来；从小的方面讲，质量是企业立足市场的基石，是企业竞争举足轻重的筹码；工程质量事关人民群众生活生命财产的安危，我们必须坚持质量第一、用户至上的宗旨。

二、项目质量的含义

项目质量管理包括了保证项目满足其目标要求所需要的过程。它涵盖了全面管理职能的所有活动，这些活动决定着质量的政策、目标、责任，并在质量体系中凭借质量计划编制、质量控制、质量保证和质量提高等措施决定着对质量政策的执行、对质量目标的完成以及对质量责任的履行。

三、质量管理的方法

（一）质量体系

质量体系是指为实现质量管理的组织结构、职责、程序、过程和资源。质量体系的功能，就是通过质量策划、质量控制，质量保证和质量改进等活动、实话质量管理职能，实现质量方针和质量目标。

质量体系的要素：

① 施工准备质量；

② 材料采购质量；

③ 施工过程控制；

④ 工序质量控制；

⑤ 不合格的控制和纠正；

⑥ 半成品与成品的保护；

⑦ 工程质量的检验与验收。

企业通过建立严密的质量管理体系，从是项目的开始到项目的完成，始终按照最初设定的质量目标进行施工过程。同时支持质量部门独立、有效地行使职权，对项目实施全过程实行质量控制。

(二)质量技术文件

施工项目质量控制的依据是技术标准、管理标准和双方签订合同的要求。

技术标准包括:工程设计图纸及说明书,建筑安装工程施工及验收规范、建筑安装工程质量检验评定统一标准,以及本地区及企业自身的技术标准和规程。

管理标准有:质量管理体系标准,本企业的质量管理制度及有关质量工作规定、合同文件、施工组织设计。

(三)质量计划

质量计划是质量管理体系文件的组成内容,在合同环境下是企业向顾客表明质量管理方针、目标及其具体实现的方法手段和措施,体现企业对质量责任的承诺和实施具体步骤。

1. 施工项目质量计划的内容一般应包括:

a. 工程特点及施工条件文件:合同条件、法规条件、现场条件。

b. 履行施工承包合同的必须达到的工程质量总目标和其分解目标。

c. 质量管理组织机构、人员及资源配置计划。

d. 为确保工程质量的所采取的施工技术方案、施工程序。

e. 材料设备质量管理的控制措施。

f. 工程检测项目计划及方法。

2. 施工质量控制点是施工质量控制的重点,其设置是施工质量计划的重要组成内容,凡属关键技术、重要部位、控制难度大、影响大、经验欠缺的施工内容以及新材料、新技术、新工艺、新设备等,均可列为质量控制点,实行重点控制。

施工质量控制点的设置要根据项目施工管理的基本程序,结合项目的特点。如大体积混凝土施工、大型结构的吊装、特殊设备的防腐与防火保护等。

对施工质量控制点进行动态管理,随着工程的展开、施工条件的变化及时间的推移,进行控制点范围的调整和更新,始终保持重点跟踪的控制状态。

四、施工质量控制

施工质量控制的过程,包括施工准备质量控制、施工过程质量控制、施工验收质量控制。施工方作为质量自控主体必须全过程、全方位加以控制。

(一)要因控制

影响项目质量形成的主要因素是人、材料、机械、方法和环境等,所以施工质量控制首先必须从影响项目质量形成的五大要素着手:

1. 加强人的质量意识教育,注重培养人的质量控制能力。加强对项目的作业者、管理者的质量培训和岗位培训,坚持持证上岗制度。

2. 严格控制材料、半成品、工程用品、设备的质量,做好检验试验工作。

3. 加强施工工具、模具、机械设备维修保养,从劳动手段上确保项目施工的良好状态。

4. 加强技术保障,采用先进施工工艺,提高技术措施的水平。

5. 搞好现场施工环境:做好降水排水、气象、照明、通风、安全等工作,保证良好的作业环境。

（二）健全质量管理制度

1. 质量责任制，项目经理是工程质量的终身责任人，必须做好项目管理计划，明确管理目标，进行质量目标分解、交底，认真审批质量计划。

2. 质量岗位责任：

a. 质检员：行使质量否决权，进行质量交底、岗位监督检查、工序交接检查。

b. 施工员：落实施工方案、技术措施，进行技术交底、岗位交底、工序交接。

c. 材料员：材料性能检验测试指标与设计标准相符合，进场程序与文件资料齐全。

d. 预算员：做好质量成本测算核算、分析及核算。

e. 资料员：质量保证资料、技术相关资料整理真实、齐全、有效。

3. 质量交底制度：明确质量目标、验收标准、作业技术要领、施工依据、工序关系、控制的重点与难点。它包括项目经理对管理人员、管理人员对各作业班组交底。

4. “三检”制度：坚持工序自检、互检和专检，有利于施工流程的顺利进行，消除质量隐患，避免不必要的返工，节约质量成本。

（三）过程控制

三阶段控制分为施工质量的事前控制、事中控制、事后控制，它构成了质量控制的系统过程。

a. 事前控制：在项目施工准备阶段，施工企业不能“以包代管”，坚持对分包方的资质、施工人员的资格考核，坚持工种按规定持证上岗。项目经理应做好项目管理实施规划，认真组织制定和审批施工组织设计和质量计划，择优录用劳务队伍，合理组织项目管理班子，严格考核，建立必要的激励机制。

b. 事中控制：在项目施工过程中，通过全面协调人力、物力、财力资源。严格按照最初设定的质量目标、施工工艺和验收标准进行施工控制。

c. 事后控制：按要求进行必要的成品观测，如沉降观测和混凝土温度检测。同时在发现施工问题时进行必要的处理。

浅谈 Rhinoceros 三维建模软件辅助工程设计

马子剑

近年来，随着人们物质、精神生活的不断丰富，对建筑物的要求不再局限于满足使用功能，更追求建筑物美观、奇特，甚至超凡脱俗的造型效果，一大批过去只能出现在科幻小说中的建筑物，如中央电视台新址大楼、银河 SOHO、广州电视塔、水立方、鸟巢等等，逐渐变成了现实。建筑物三维造型的不断创新，在给人们带来惊叹与震撼的同时，也给施工技术人员带来了极大的麻烦。大批建筑在三维造型上不再遵循“横平竖直”，而是大量采用曲线、曲面，这不仅仅迫使传统的施工组织与做法发生改变，更给传统的工程设计，包括深化设计带来了很大的挑战，甚至某些结构已经无法用二维图纸表达。此时，已在三维动画、家装设计、产品设计与制造等行业中“大行其道”的三维建模软件，适时地介入到了建筑工程设计与施工之中。本文所介绍的 Rhinoceros 软件便是其中的佼佼者。

Rhinoceros(下称 Rhino)是美国 Robert McNeel&Assoc 开发的植根于 PC 的功能强大的专业 3D 造型软件。由于其基于 NURBS(一种计算机三维算法，全称非均匀有理 B 样条曲线)建模的特性，Rhino 软件尤其适用于复杂曲面的造型。同时，它能轻易整合 3DS MAX 与 Softimage 的模型功能部分，对要求精细、弹性与复杂的 3D NURBS 模型，有点石成金的效能。能输出 obj、DXF、IGES、STL、3dm 等不同格式，并适用于几乎所有 3D 软件。

由于具有软件体积小、界面简单、可进行复杂造型等特点，Rhino 软件在工业产品设计、汽车制造、室内设计、三维动画制作等传统三维建模领域均有应用，在工业产品设计领域更是主导软件之一。同时，Rhino 软件导出的三维模型，还可直接用于快速成型，更可与其他软件配合进行产品模具的生产。下图为 Rhino 软件进行设计的工业产品、汽车及室内设计模型。

图 1 Rhino 制作的家电模型

Rhino 软件功能强大，曲面造型能力尤其突出。不仅如此，Rhino 软件“画线条—平面及空间放样—生成三维模型”的建模方法更容易被熟悉了二维软件(AutoCAD)的工程技术人员所接受，凭借这些自身优势，Rhino 软件顺理成章地进入了工程建设领域。近年来诸多造型复

图 2　Rhino 制作的汽车模型

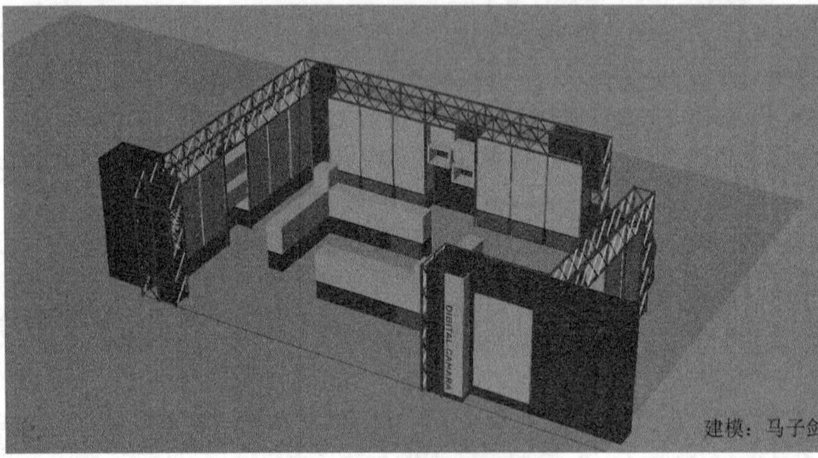

图 3　Rhino 制作的展台模型

杂的工程中，几乎都能见到 Rhino 的身影，其中特点最为突出的就是位于北京的银河 SOHO。

银河 SOHO 项目由于设计师扎哈的设计有大量圆的、双曲面的设计，给工程施工、项目管理与材料管理带来了很大难度。因此，在"迫不得已"的情况下，业主在此项目中首次采用了全项目生命周期的 BIM 管理。BIM 管理的核心在于建筑信息模型，也就是建立在三维基础上的四维（加入时间管理）甚至五维（再加入成本管理）的模型。在圆、曲面结构建模中，传统的三维工程设计软件已经无法满足要求，Rhino 软件适时介入到了此项目中，并发挥了重大作用。

在我司承接的部分项目中，也使用到了 Rhino 软件，如在香港昂船洲大桥工程。香港昂船洲大桥项目由 OAP 负责设计工作，而其仅仅提供全桥成桥后的总体测量点坐标。同时，由于拼装工艺的限制，要求全桥划分为数个轮次进行拼装，而每个轮次拼装的梁段测量点坐标均需经过数次变换，转化到拼装现场的坐标系中，这给测量控制点的坐标计算带来了极大难度，尤其是在总拼装开始前的试验段的制作过程中。针对这个难题，笔者利用 Rhino 软件对钢箱梁梁段进行三维建模，并在软件中对梁段进行平移、旋转、倾斜等变换，并在软件三维空间中获取测量点控制点的理论坐标，成功避免了复杂的坐标计算，为现场测量提供了真实可靠的理论数据。

图 4　银河 SOHO 建筑效果图

图 5　银河 SOHO 建筑信息模型

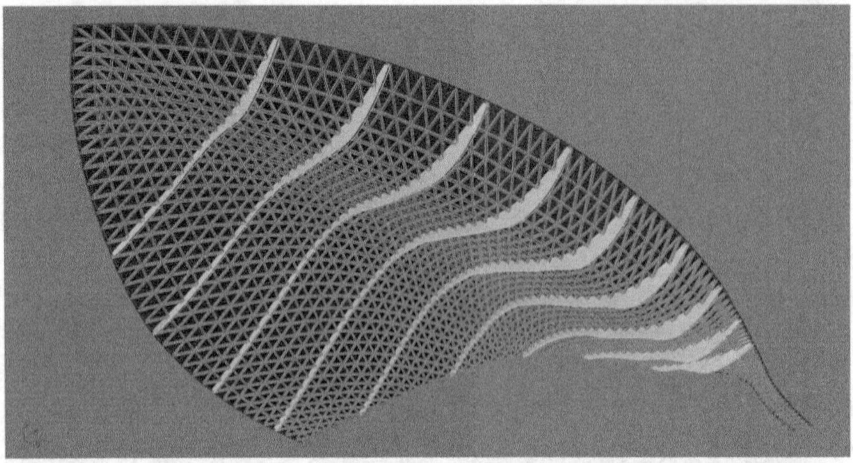

图 6　利用 Rhino 软件进行的某项目曲面结构放样模型

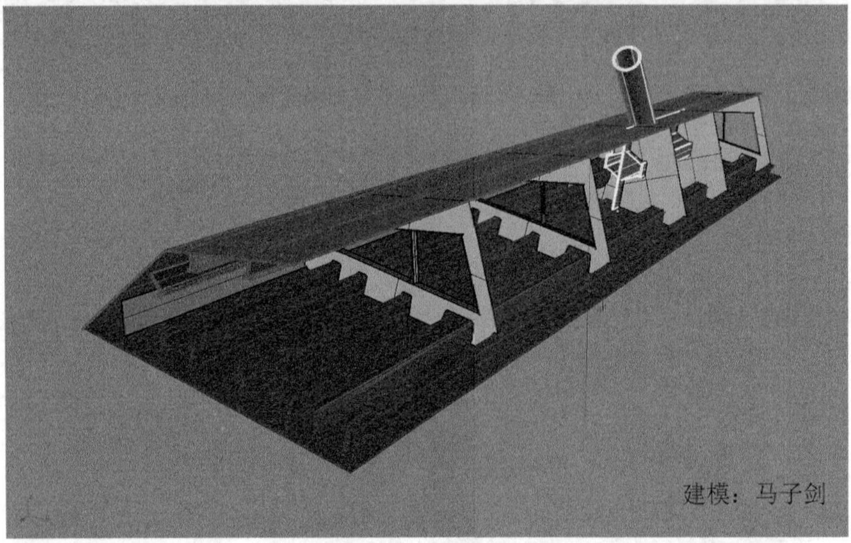

图 7　昂船洲大桥项目试验段模型

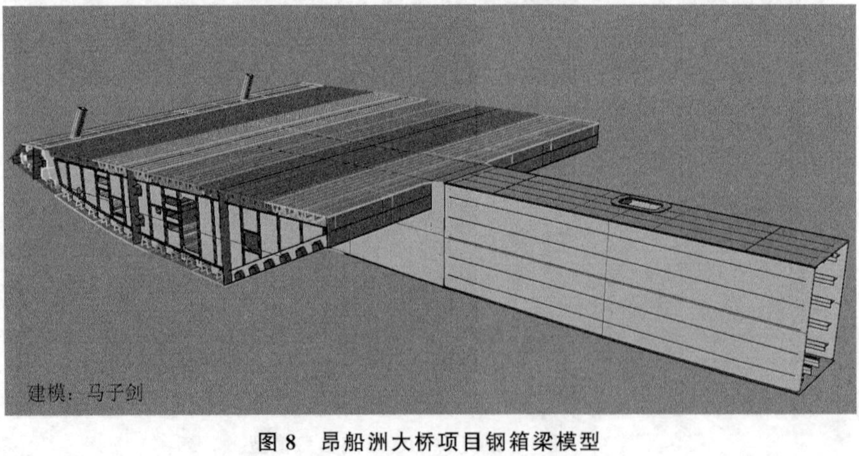

图 8　昂船洲大桥项目钢箱梁模型

此外，在澳门美高梅项目中，笔者利用 Rhino 软件进行三维建模，对部分复杂空间构件进行三维放样，生成二维图纸，也取得了较好的效果。

可见，Rhino 软件作为产品三维设计领域的主导，工程三维设计领域的“另类”，已经渐渐为建筑工程设计人员们所了解和认可。在 BIM 信息模型逐步发展的大趋势下，Rhino 软件很好地弥补了传统工程三维设计软件(包括目前新型的 BIM 软件)的不足，逐步在建设工程领域确立了自身的地位。引他山之石可以攻玉，在 BIM 技术逐渐推广的今天，建设工程设计早已不仅仅局限于传统二维绘图和平面表达，也不再局限于传统的工程设计软件，技术人员了解学习 Rhino 软件，不仅可以增进视野，更可以开拓思维、转变思路，为在工程遇到的技术问题提供可能的解决方案。

BIM 技术应用调研

马子剑

技术中心根据集团公司指示，对国内 BIM 技术发展应用进行了一系列调研。期间对中汽工程、中建一局建设发展公司进行了实地考察，并分别与其 BIM 中心负责人员进行了座谈。同时我中心与 BIM 软件供应商北纬华元、芬兰普罗格曼北京代表处、品茗软件等进行了接洽，对 BIM 技术主流软件 AutoDesk Revit 以及深化设计软件 Tekla 和 MegiCAD 等有了进一步的了解。近两个月的调研之后，我中心对集团公司 BIM 技术发展方向形成了初步规划。现将调研结果及集团公司 BIM 技术初步发展规划汇报如下。

一、BIM 技术发展的国内外现状

1. BIM 技术的概念

BIM 技术作为建筑工程领域的前沿技术，其理论的提出至今已有近十余年历史。可以说，从计算机技术普及以来，利用计算机技术实现工程项目全寿命周期管理，以及将虚拟现实技术应用于建筑工程施工，多年来一直是工程技术人员、计算机软件开发人员的重要研究课题。随着近几年施工技术的发展以及计算机软硬件技术的进步，计算机技术与工程施工崭新的契合点以建筑信息模型(BIM)的形式步入工程技术人员的视野，并逐步在工程项目中得到应用。

BIM 的核心是在计算机中建立虚拟的建筑三维模型，并在模型中赋予相关的建筑信息，例如构件的截面规格、材质、长度、重量等基本信息，楼层荷载等力学要素，以及构件连接形式等结构信息。将三维模型引入工程建设领域的，首先是结构计算软件，通过搭建三维模型，进行结构受力计算；其次则是纯粹的三维建模软件，利用三维软件进行建模绘制建筑效果图以及室内设计效果图。严格意义上说，后者仅仅利用三维软件进行建模、渲染和出效果图，并不能算作建筑工程领域。而后，则是三维深化设计软件的大面积应用。近来，一些造价软件也加入到三维队伍当中，通过三维模型进行工程量计算。

小结：BIM 技术理想中项目全寿命周期管理就是当前三维技术四大应用领域——建筑设计与效果展示、结构计算、深化设计、成本控制，再加上施工过程管理(也就是进度质量控制)的结合。

2. BIM 技术发展现状

长久以来，BIM 技术理论研究颇多，但其实际应用仍更多地停留在建筑设计、结构设计和深化设计等建筑工程中的某一方面，而较少能够实现项目全寿命周期的 BIM 管理。近年来随着 BIM 技术的日臻成熟，部分重点项目已经在逐步探索和应用项目全寿命周期的 BIM 管理。其中最具特点的便是位于北京朝阳门地区的新地标性建筑银河 SOHO。银河 SOHO 由世界著名建筑大师扎哈？哈迪德设计，其建筑造型采用了大量曲面、双曲线，每栋建筑个体都有中庭和交通核心，并在不同层面上融合在一起，没有角落，也没有不平滑的过度，创造了连续流动的空间。为了解决前卫设计带来的施工难题，银河 SOHO 在设计伊始就采用了 BIM 技术，“扎哈的参数化设计逼着我们要采用 BIM 系统，对我们的设计、建设工作是很大的提升”。“以前在施工中，图纸发现不了的错误，只要放在这个系统上，不合理的地方会很快就显示出来了。实施 BIM 系统对我们的公司管理、工作流程都是一场革命。在提高了整个工程质量的同时，BIM 每年还能节约非常可观的洽商成本，……任何一个项目的洽商成本要好几千万不止，而 BIM 系统整体投入仅为一、两千万”，潘石屹博客上的这段话道出了 BIM 技术的引入在银河 SOHO 的整个建设过程中发挥的关键作用。

图 1　银河 SOHO 的 BIM 模型

在建筑信息模型中实现项目全寿命周期的管理，是包括业主、设计单位、施工单位、运营管理单位等在内的项目各方所共同翘首企盼的，但受限于 BIM 技术的发展现状，在全建筑行业广泛推行真正意义上的 BIM 仍有难度。BIM 技术的发展也仍未能跟上其理论研究的步伐。因此，在当今时代背景下，BIM 技术由目前割裂的、分散的、局部的应用，逐步向统一的、高度集成化的项目全寿命周期应用转变就成为了一种必然。可以说，目前 BIM 技术正处在发展的十字路口，转型的关键时期。

小结：BIM 技术经过十余年的发展取得了长足进步，并得到了成功应用。但项目全寿命周期的 BIM 管理技术仍不成熟，BIM 技术仍然有很大发展空间。

二、BIM 软件应用现状

BIM 技术的发展与转型,对众多建筑工程软件商来说意味着千载难逢的发展机遇。国外传统的工程软件供应商 Graphisoft、Bentley、Autodesk 分别推出了各自的 BIM 技术主打产品 ArchiCAD、MicroStation 以及 Revit 系列软件,另外还有早先进入中国的深化设计软件 Tekla 和管线综合布置软件 MagiCAD 等等。国内软件商天正、鲁班、广联达等等也不甘落后,分别加入到 BIM 软件开发大潮中。上述 BIM 软件中,ArchiCAD、MicroStation 以及 Revit 作为建筑软件行业三巨头推出的拳头产品,均由众多模块或协同软件配合使用,力图以“集团化作战”实现项目全寿命周期的管理,是真正意义上的 BIM 软件。而其他软件则在其传统业务范围内各具优势,如国内的鲁班和广联达,其植根于工程量计算软件,对国内标准定额支持度较高,在工程量计算和造价控制方面具备得天独厚的优势;Tekla 和 MagiCAD 则在深化设计和管线综合布置领域独占鳌头。

此次的考察的两家单位虽然所处行业和业务性质均不相同,却不约而同地采用了 AutoDesk 的 Revit 系列软件作为 BIM 技术核心软件。通过与被考察单位专业人员的座谈以及对主流 BIM 软件的调查,我们认为 Revit 正在从 BIM 软件激烈的市场竞争中脱颖而出,并逐渐成为业内的主流 BIM 软件。究其原因,主要在于以下几点:

第一,软件体系成熟可靠。AutoDesk 公司作为工程软件行业的领头企业,资金和技术实力雄厚。在业已成熟的专业工程软件的基础上,通过研发和并购,逐步完善了 BIM 软件产业链,形成了以 Revit 为核心,包含了绘图软件 AutoCAD、机械设计软件 Inventor、管线综合与施工模拟软件 Navisworks、结构分析软件 Robot Structural、成本分析软件 Quantity Takeoff、项目展示软件 Showcase、渲染与动画软件 3ds Max 在内的较为成熟的 BIM 系列软件包,在形式上为项目全寿命周期管理提供了可行的方案。

第二,市场占有率高。AutoDesk 公司旗下的 AutoCad、Inventor、3ds Max 以及 Maya 等,均为各领域的主流软件,应用普遍、市场占有率高。通过对现有软件的整合重组,AutoDesk 公司推出的 BIM 软件亦迅速抢占了中国市场。其 dwg、DXF 等格式的文件,几乎有成为行业标准文件之势。

第三,营销策略占优。AutoDesk 公司通过更加熟悉和适应中国国情的国内代理公司(如北纬华元)进行软件销售推广以及培训工作,使销售渠道始终畅通。同时,相比其他工程软件动辄十几万、几十万元的定价,Revti 系列软件几万元的定价更加“物美价廉”。如中汽工程 BIM 中心负责人就明确表示,在选择软件时同时考虑过 Revit 和 Microstation,而没有选择 Microstation 的原因之一就是其定价过高(另一原因是 Microstation 相比 Revit,其管线综合布置功能较差)。

第四,软件培训体系完善。AutoDesk 公司在中国经营多年,形成了完善的软件培训体系。他们与诸多高校开展合作,在建筑、机械、电气等专业均开设有软件课程,AutoCAD、Inventor 等软件几乎是学生们的必备技能。无论是在校生还是在职人员,只要通过 AutoDesk 公司组织的专业培训与考试,都可以获得由其颁发的认证证书,这在软件供应商中可以说是绝无仅有的。

小结:经过数年的发展与经验累积,中汽工程与中建一局建设发展公司的 BIM 中心在工程中应用以 Revit 为核心的系列 BIM 软件取得了较好的效果。中建一局建设发展公司 BIM

中心在经过多年探索的基础上，综合利用 AutoCAD Revit、Tekla、3ds Max、MegiCAD、广联达等软件的基础上，接连提供了银河 SOHO、望京 SOHO、广州歌剧院等诸多大型工程的 BIM 技术服务。

三、现阶段 BIM 技术应用的瓶颈

受 BIM 发展现状约束，其技术应用瓶颈仍然存在。在调查中我们发现，目前 BIM 技术应用最主要的矛盾，就是工程参与各方对于项目全寿命周期的 BIM 管理需求与诸多软件无法实现统一的、整合的建筑信息模型之间的矛盾。虽然诸多传统软件商大举向 BIM 软件市场进军，BIM 软件如雨后春笋般纷纷面市，但截至目前，尚未有一款软件能够较好地同时满足业主、设计院、施工单位、运营单位等项目各方不同需求，形成统一的、集成化的 BIM 管理体系。

同时，由于 BIM 软件在工程软件中属于“后起之秀”，面对诸多早已被各专业工程软件霸占的细分市场，显得力不从心。典型例证便是早已牢牢占据各自市场的深化设计软件 Tekla 和管线综合布置软件 MegiCAD。虽然各软件商在共同开发市场之时也有合作，但出于对自身软件技术的保护，不同软件之间不兼容、建筑信息模型无法在不同软件之间传递的现象仍然存在，且较难在短期内有所改观。例如在与中建一局建设发展公司 BIM 中心负责人座谈时我们得知，该部门在提供 BIM 技术服务时，通常都要针对深化设计、管线综合、工程造价等不同专业对同一工程进行多次建模，不仅劳动量呈几何比例增长，更给 BIM 技术服务中可能出现的错误埋下了隐患。

国产软件对中国标准体系支持度高，但软件体系不健全、可靠度较低；国外软件体系健全、软件运行稳定，但对国内标准体系支持度不高。这种客观情况也是 BIM 技术推广的困难之一。国内外在设计标准、设备选型等诸多方面的差异，在国外 BIM 软件的应用中也被放大。好在诸多软件商嗅得商机，针对这部分细分市场，推出了各种本地化插件、数据库等，部分程度上弥补了国外软件的先天不足。

小结：目前的 BIM 软件均无法真正实现项目全寿命周期的 BIM 管理，这仍然是 BIM 技术无法推广的最大障碍。

四、BIM 技术的发展机遇

虽然 BIM 技术的推广应用仍存在某些问题，但 BIM 作为建筑工程信息化的发展方向已成为共识。在业内各界及软件研发企业的不懈努力下，BIM 的理论水平及软硬件发展均达到了前所未有的高度。对于我集团公司而言，BIM 技术的推广应用也迎来了难得的发展机遇。

1. BIM 技术发展的外在条件

第一，BIM 标准逐步完善。BIM 系列国家标准编制已正式启动，其中《建筑工程信息模型应用统一标准》的征求意见稿业已公示，《建筑工程设计信息模型交付标准》和《建筑工程设计信息模型分类和编码标准》的编制更是让建筑信息模型作为设计成果进行交付成为可能。在地方标准方面北京市更是先行一步，《民用建筑信息模型（BIM）设计基础标准》已经正式颁布实施。可以说，BIM 应用即将迎来标准化、规范化发展的新时期。

第二，经过多年发展，建筑设计、结构设计、深化设计、管线综合、工程管理、造价控制等建筑工程各领域均有一系列的 BIM 管理软件及解决方案。以 Revit、Tekla、MegiCAD 为首的一

系列软件也在激烈的市场竞争者脱颖而出，成为 BIM 市场的主流，这也使 BIM 软件的选择解除了后顾之忧。

第三，经验可以借鉴。目前，业内以一大批设计院为首的建筑工程企业 BIM 建设方兴未艾，国机集团系统内中元国际、中汽工程、中联合等兄弟设计院也都在着力完善 BIM 体系。不仅在设计院，以中建系统为首的施工总承包企业也将 BIM 应用在了实处。引他山之石可以攻玉，在我集团公司 BIM 建设过程中，可以大量借鉴业内其他企业的探索经验。

第四，业主需求日益增强。BIM 是项目全寿命周期的管理，涵盖规划、设计、采购、施工、运营维护的方方面面，而真正参与实施项目全寿命周期管理的只有业主（或 BOT 项目的总承包商）。“真正 BIM 要想全面推行的话，主要还是要依靠开发商、业主，他们才是真正的推动力”（潘石屹语）。BIM 的推广应用，其最终的受益者就是项目业主。在近年来诸多成功经验面前，业主方对 BIM 的需求必然增长。这也直接导致各单位 BIM 业务井喷式发展，例如中建一局建设发展公司 BIM 负责人就表示，2014 年前 8 个月的业务量已经超过 2013 年全年，甚至一些业主在招标时明确表示承包商必须具备 BIM 能力。

2. BIM 技术发展的内部动力

第一，有助于实现集成化、集约化的总部管理。这也是 BIM 技术应用的本质与核心。通过存储在服务器上的项目 BIM 模型，总部管理部门和项目部可以通过授权随时查看、修改和传递项目信息，并通过 BIM 模型中存储的工程量、工程进度等信息进行集成化、动态化、可视化的实时进度管理、采购管理、分包管理等，实现集团总部与项目部人员、物资、资金的统一调配与合理规划，解决项目管理的难题。

第二，有助于节约项目成本。首先，利用 BIM 模型进行结构验算，通过结构优化节约项目成本。其次，利用 BIM 模型进行管线综合布置，在施工前便杜绝因结构碰撞带来的返工，节约施工工期与成本。另外，通过 BIM 模型模拟施工方案进行施工组织与部署的优化，可以更加充分、合理的调动项目人员、配置各种物资，减少项目开支。

第三，为市场营销助力。在市场营销方面，走在科技前沿的新技术、新工艺、新方法永远是展现公司实力、提升公司形象、开拓客户渠道的重要手段。作为建筑工程信息化核心技术的 BIM 如今已为工程项目各方所认可，具备成熟可靠的 BIM 技术力量，以 BIM 技术展示公司实力，必然会对开拓市场起到积极作用。

结论：虽然技术上仍存在不足，但 BIM 作为建筑工程信息化的主要手段已经为社会各界所认可。BIM 技术本身经过业内多年摸索，业已明确统一的、综合的项目全寿命周期管理的发展方向，并逐渐走向成熟。目前我们正处在 BIM 技术发展的关键成熟期，既可以借鉴前人摸索出来的经验教训，又可以探索出自己的 BIM 技术发展道路，可以说，现在正是建设 BIM 体系的大好时机。

谈如何编制“三体四标”管理体系项目部内审检查表

技术中心

梅芳迪

2014 年 10 月

企业的内部管理体系审核是企业自我判断管理体系运行的“符合性、有效性”的活动，内审是一项正式的、系统的活动，建设企业的内部审核，一般分为审核准备(P)、现场审核(D)、总结(C)、跟踪验证(A)四个阶段，审核的各个阶段都有各自的任务和要求。

内审准备阶段的主要活动有：审核启动，管理者代表下达审核指令(通常为 7～10 天)；指定审核组长，成立审核组，明确分工审核任务；确定审核目的、范围、准则；审核组长编制当次审核计划，分发至受审核部门及有关领导；组织参加内审人员培训，学习审核准则，熟悉受审核区域情况；内审员按分工编制检查表并经审核组长审批。

在集团公司 D/1 版体系文件《内部审核制度》SINOCONST-ZD-12-02 中职责权限 3.4 中明确规定：审核员负责编制现场审核检查表，认真做好现场审核记录，对发现的不符合，开具不符合报告；负责对纠正和预防措施的实施情况及效果进行跟踪验证并将验证结果报审核组长，并积极配合并支持审核组长的工作。

为什么要编检查表？编制检查表有何作用呢？检查表的内容主要包括哪些？

编写检查表是为了保持审核目标清晰明确，保持审核内容周密完整；保持节奏连续；减少偏见和随意性。

检查表是审核前需准备好的重要工作文件；是审核时审核员的自用工具，起到备忘录(提示)的作用。

编写检查表，首先应列出检查的项目和要点要求覆盖面完整即解决查什么？的问题；其次，要明确审核步骤和方法，进行抽样量设计即解决怎样查？的问题；如查“施工现场的应急准备和响应”就是解决查什么的问题。而到项目现场抽查所编制的“火灾/触电/高坠/食物中毒/法定传染病”等 3～5 份(抽样量)应急预案，看其审批和内容的符合性和适宜性/且巡视现场的应急设施的落实解决的就是怎样查的问题。

如何编写检查表？内审员要按照审核计划中审核分工的标准要素和公司相应管理体系文件、对应受审核(或分公司/事业部/项目部)的职能逐条进行编制，审核条款和内容要详尽，抽样要有代表性(分层/分专业)；时间要留有余地(主控/主责与相关)；应具有可操作性；按 PDCA 循环的过程审核思路列出标准条款，每个部门(或分公司/事业部/项目部)审核内容应覆盖所有的相关职责；审核步骤和检查方法要明确，进行的抽样设计要清晰。内审员编写的检查表应经内审组长审定和协调，特别是审核重点和接口等。因此，检查表是内部审核过程策划之一，也是内审策划的结果。

“三体四标”整合后，编写检查表时要充分考虑规范的内容，尤其对项目部的审核内容有所增加，为了提高审核员的审核水平，下面是我编写的对项目部的内审检查表例子，里面列出了对项目部审核涉及的“三体四标”的审核要点，共交流学习，共同提高。

“三体四标”整合型管理体系组织对项目部的检查表（审核要点）

审核区域	××工程项目管理部	检查表编号	
审核内容	工程项目施工管理全过程		
管理体系审核标准及内容	☒ GB/T19001-2008“标准”：5.4.1/5.5.1/6.2/ 7.1/7.2/7.4/ 7.5.1-.5/7.6/8.2.4/8.3/8.5； ☒ GB/T50430-2007.《规范》：3.2.3/4.3/5.2-3/6.2-3/8.2-5/9.2-3/10.2/10.4/10.5/11.2/11.3/11.4/11。5/12.2/13。2。2/13.3. ☒ GB/T24001-2004/GB/T28001-2011： 4.4.1/4。4。2/4。3。1/4。3。2/4。3。3/4。4。6/4。4。7/4。5。1/2/4。5。3；		

审核要点

1. 通过现场巡视/交谈/查阅相关证据等了解并获取项目以下基本信息

- 工程概况及目前形象进度与计划要求的符合性［涉及 Q10.2.3-7］；
- 项目经理部组织机构设置/职责/权限分配与落实情况；抽查项目经理、主要管理岗位人员持证上岗情况。［涉及 Q5。5。1/4。2，4。3E/S4.4.1］；
- 培训及持证上岗情况［涉及 Q6.2/5.2.2，5.3；E/S4.4.2］；
- 总、分包/作业/外包管理情况（有哪些外包过程?）［涉及 Q7.4，6/8/9E/S4.4.6］；
- 现场观察：

一、施工现场：

1）材料、加工半成品的标识情况；2）产品的防护情况；3）设备标识和完好情况；4）试验室（或标养室）工作条件及设施；5）现场作业环境符合性；6）监测设备使用情况；7）发包方财产控制情况；8）工程实物质量状况等是否符合规定要求。9）围挡、分区隔离情况；10）标牌及宣传情况；11）大门口冲洗设施情况；12）场外运输遗洒控制情况；13）现场道路硬化及覆盖情况；14）排水及沉淀池建立情况；15）垃圾收集、分类情况；16）消防设施配置情况；17）临电用电执行情况；18）安全防护（临边、洞口、基坑、边坡）情况；19）化学危险品控制情况；20）噪声源控制情况；21）起重设施使用情况；22）支撑体系或脚手架拉接、搭设及防护情况；23）安全通道、警示情况；24）防护用品的使用情况 25）应急与响应准备情况等。

二、办公及生活区：

1）办公室工作环境及卫生；2）办公及生活垃圾分类/收集情况；3）食堂卫生许可证、食品管理、用火用电安全；. 隔油池排污情况；. 人员的健康证情况；4）宿舍卫生、住宿、通风、用电、防火情况；5）厕所卫生、冲水设施、化粪池建立/清掏情况；6）应急及医疗设施配备情况等。

[以上涉及：Q7.5.3,7.5.5,6.3,6.4,7.6,7.5.4,8.2.4/10.5.1,10.5.3,11.5,8.4,8.5,E/S4.4.6,4.4.7]

与关键岗位人员交谈并抽查：1)上岗资格；2)操作要求的执行力；3)参培内容知晓程度；4)QES的意识程度；5)获得或知晓运行准则/应急要求程度。[涉及Q6.2/5.2.2,5.3E/S4.4.2]

2. 查项目施工策划

2.1 查《施工合同》及其变更并与项目负责人交谈以明确承包范围、性质、进度、产品要求、合同交底、合同履行情况自查、分析改进；合同变更的控制，变更信息传递相关文件是否及时调整；与发包方及其代表沟通的有效性等。[涉及：Q7.2./7.3.1,7.3.2,7.3.3,7.3.4]

2.2 是否按规定接收设计文件，分专业组织图纸自审，记录发现的问题，并参加图纸会审和设计交底并对结果进行了确认？

2.3 策划输出文件《施工组织设计》或《质量计划》等是否按规定经公司技术负责人和总监批准？其内容是否明确了工程项目的质量目标、验收准则、检验和试验活动安排等《规范》10.2.3条要求的15项内容？应重点关注以下内容：

① 有否施工进度计划表以及工程物资、施工机械设备机具、监测设备、人力资源等资源需求计划？

② 是否有主要分部、分项工程施工方案或控制措施编制计划？

③ 关键或需确认的过程，是否识别并明确控制的文件和方法？

④ 采用的《四新》技术以及重点部位和关键工序是否策划了施工方案和相应的质保措施？

⑤ 是否有适当的雨季、冬期施工质量、安全控制措施以及质量通病防治措施？

⑥ 行业规定的危险性较大工程施工方案是否安排经专家论证，并提供审批表？

⑦ 是否有施工质量检查/验收计划及其相关标准？

⑧ 施工现场的平面规划图是否适宜并充分等。

2.4 是否根据施工要求对工程项目质量管理策划的结果实行动态管理，及时调整相关文件并监督实施。[以上涉及：Q7.1/10.2.1-10.2.5]

2.5 是否对环境因素/危险源识别评价进行了策划并形成记录？结合现场观察，对环境因素/危险源识别的充分性及评价合理性做出评价。[涉及：E/S4.3.1]

2.6 是否结合项目实际对ES目标及管理方案进行了适当策划？分类抽查并评价：1)目标指标建立的合理性；2)管理方案的措施/职责/完成时间；3)评价策划有效性。[涉及：E/S4.3.3]

2.7 查适用法律法规及其他要识别、获取、应用、更新控制及合规性评价开展情况：包括：1)适用法规其他要获取渠道/清单/充分性及更新；2)适用的具体条款要求的识别和应用；3)遵循情况的自我检查、评价证据及结论；评价管理体系遵循法规要求的符合性。[涉及：E/S4.3.2,4.5.2;Q3.5.2-7,12.2.1-1]

3. 查项目施工准备的控制

3.1 是否按策划要求做好了施工现场的临建、场地“七通一平”？施工机具、材料等基础设施已进场验收并向监理报审？

3.2 项目部技术负责人是否已按照规定要求分别向管理层/作业层人员进行了技术交底并提供记录？
3.3 项目部能否提供开工申请报告，经公司主管部门检查验收后经总监理工程师/或建设单位批复的工程开工令或开工报告。[涉及 Q7.5.1/10.4]

4. 工程项目施工过程/及运行的控制

4.1 施工管理人员是否得到有关工程施工方面要求的文件并正确得到使用；
4.2 是否调配符合规定的操作人员，如专业工种和特种作业人员是否持证上岗，配备数量满足施工需要等。
4.3 是否按策划结果的要求配备、验收和有效正确使用建筑材料、构配件和施工机具及监测设备？
查：对物资供方控制：1)抽查主要物资进场验证/批量复试；2)是否合格名册内？3)采购计划/合同适宜性；4)对供方施加影响情况。[涉及 Q7.4/8.2,8.3；E/S4.4.6c]
查：对工程/劳务分包方控制：1)合同/协议充分性；2)合格名册内？/或评价、资质等证据文件；3)进场交底/确认/验证/过程监控/结果验评；4)业绩跟踪/履约评价/重新评价记录；5)对其施加 E/S 影响。[涉及 Q7.4/9.2,9.3：E/S4.4.6c]
4.4 抽查产品范围的主要关键工序施工的控制能力：1)图纸会审.设计变更的控制是否符合要求；2)产品信息(指导书.交底.规范、规程等)获取充分性 3)是否按规定施工并及时检查过程能力？4)对作业环境是否进行了有效控制(如：冬、雨季施工方案编制、交底、实施结果等)；5)成品、半成品标识/保护措施及监督实施情况；6)对分包方的施工过程监控情况等，评价该施工过程是否处受控状态。
4.5 根据工程设计及新技术推广应用要求审查本工程采用了哪些“四新”技术，有否应用的策划和控制要求，是否编制有专项施工方案并进行了详细的施工技术交底？对初次使用的“四新”技术是否对应用方案进行了评审或试验验证，对相关人员进行了培训？
4.6. 对施工进度计划是否进行了策划并形成了文件，当实际进度发生拖期，有否对拖期原因进行分析并采取适当赶工措施？效果如何？
4.7 对潜在突发事件是否策划了应急预案？有否定期演练并对预案进行评审修订，尤其事件发生后能否迅速启动和事后评审并对预案进行修订？[涉及 Q10.5.1E/S4.4.7]
4.8 对需要确认的过程(特殊过程)是否实施了事先确认的有效管理，包括：

① 对工艺标准和技术文件进行评审，并对操作人员上岗资格进行鉴定；

② 对施工机具进行认可；

③ 定期或在人员、材料、工艺参数、设备发生变化时，重新进行再确认。[涉及 Q7.5.2/10.5.2]

4.9 在施工过程中与顾客、监理是否保持有效信息交流与沟通？通过查阅监理会议纪要/或工作联系单/通知单及其回复资料加以证实并做出评价。[涉及 Q7.2.3/10.5.4E/S4.4.3]
4.10 项目部是否做到按策划安排和现行工程质量验评标准要求有效实施了质量检查与评定，如检验批、分项、分部质量的评定(三检/隐检)，是否按规定策划并实施了施工质量的验收,在竣工验收前是否实施了内部验收,对发现问题的跟踪处置是否符合“质量管理制度”的要求?(注:可通过对分项、分部、单位工程等评定资料的抽查,评价上述要求的执行情况的有效性。)[涉及 Q8.2.4/11.2-11.3]

4.11 从项目部在用监测设备台账中分类抽查监测设备是否按规定周期校准、对自检设备(如试模、坍落度筒等)是否按自检规程校准、对计算机软件用于计量的是否使用前确认及定期再确认?[涉及 Q7.6/11.5E/S4.5.1]

4.12 项目部对日常检查、评定和参加分级验收中发现的不合格品、严重不合格品是否建立有处置措施和对处置结果进行了重新评定的记录?项目部对发包方、监理、公司主管部门及当地质检监督机构等下达的对各项质量问题整改要求的落实及反馈情况记录,抽查并评价上述控制的有效性。

是否发生有质量事故?如有,则跟踪事故处理全过程,评价处理过程、分级报告、处理措施、对处理结果的验证以及对事故责任者的处罚等是否符合相关管理制度和法规要求。

[涉及 Q8.3/11.4]

4.13 查 E/S 运行控制/绩效监测:

① 污水控制:a 三池建立、定期清掏及处置情况;b 回收利用情况。

② 扬尘控制:a 设施的配置(封闭、喷淋);b 洒水、硬化、覆盖的要求及效果。

③ 噪声控制:a 现场周边敏感区了解程度;b 噪声的监测记录及有效性。

④ 固废的控制:a 有毒有害废物分类/标识;b 建筑/生活垃圾清运的委托及处置记录。

⑤ 化学危险品控制:a 控制的品种清单;b 委托运输及储存设施、使用情况。

⑥ 消防控制:a 消防制度及职责;b 消防设施提供及检查情况。

⑦ 起重设备控制:a 塔吊外用电梯安拆方案;b 委托单位/验收/施加影响情况。

⑧ 临时用电控制:a 方案编制及审批情况;b 验收及特性参数监测;

⑨ 高大脚手架控制:a 施工方案及审批情况;b 专家论证情况(适用时);c 交底/验收;

⑩ 防护用品控制:a 供方的资质及生产许可证;b 合格证及检验报告;c 发放准则/记录;

⑪ 职业病防治:a 有害作业岗位人员确定/体检情况及其结果;

⑫ 日常的监督检查控制:检查的频次/检查记录/发现问题的处置(隐患整改)情况;事故/事件不符合纠正及预防措施及其实施情况、效果评价及应用。

[以上涉及:E/S4.4.6,4.5.1,4.5.2]

5. 质量管理自查和质量管理改进

5.1 项目部是否按相关制度规定开展对质量管理活动的自查并保存汇记录,自查的内容是否包括了:1)项目质量管理策划结果的实施;2)对本企业、发包方或监理方提出的意见和整改要求的落实;3)合同的履行情况;4)质量目标的实现。

5.2 项目部是否收集了为正确评价质量管理水平所需的质量信息、对项目质量策划结果实施情况进行了总结?是否对上述信息用于质量管理的改进与创新?

<table>
<tr><td colspan="8">5.3 抽查对工程建设有关方对项目工程质量和质量管理水平的满意监测及分析改进证据；对目标完成、合同履行、法规和标准遵循、对产品检测、管理检查等信息的分析利用的纠正和预防措施的实施情况及对结果有效性评价等用于质量改进的证据，并评价其有效性。
[涉及 Q8.2.3,8.4,8.5/12.2.2,13.2.2,13.2.3,13.3]</td></tr>
<tr><td>受审方
负责人</td><td></td><td>陪同
人员</td><td></td><td>审核员
/日期</td><td></td><td>审核组
长/日期</td><td></td></tr>
</table>

论工程项目质量管理自查与评价机制建立

技术中心

梅芳迪

2014 年

纵观集团公司工程项目质量管理，主要是以集团总部质量管理部门对项目进行日常监督检查、体系内审等，对项目质量管理工作进行监管，这种管理形式对项目质量管理工作起到了一定的监督和推进作用，但这种形式毕竟是阶段性和间断性的；作为项目部也是被动接受检查，对项目质量管理也起到一定的促进作用。但随着集团公司业务规模的不断扩大，项目的覆盖的区域也越来越广，集团公司质量管理部门人力和时间都很难全面覆盖对所有项目的全过程的监管，其管理的深度也很难得到保证。因此，建立起项目质量管理自查与评价机制已势在必行。必须依靠项目部自我管理自我约束，要形成长效的日常自我约束、自我完善的机制，作为质量管理部门必须指导和帮助项目部建立自查、评价的机制，只有在项目部自查与评价方面能有效运行起来，集团公司项目质量管理工作才会有进一步的整体提升效果，下面结合本人在日常工作中的思考，就项目质量管理自查与评价体系的建立谈谈自己的思路和设想，下面主要从质量管理自查与评价依据内容、考核周期和频次、评价形式、评价小组成员组成、评价标准、检查的步骤、组织管理方式、记录的形式和要求、发现问题的处理程序和措施等方面进行描述。

一、项目部质量管理自查与评价依据和内容

质量管理自查与评价依据：

- 相关的法律、法规；
- 标准和规范；
- 公司的质量管理方针和目标；
- 公司质量管理制度及支持性文件；
- 工程承包合同；
- 项目质量管理文件、项目质量管理制度。

质量管理自查与评价内容，主要包括以下两个方面，在实际工作中可以将需要检查的内容编制成检查表的形式逐项逐条进行检查：

- 质量管理制度的符合性；
- 质量管理活动对实现质量方针和质量目标的有效性。

二、质量管理检查与评价

（一）评价周期和频次

项目部可适时对质量管理工作进行自我评价，自我评价周期应视项目施工周期而定。一般每三个月评价一次。

集团公司质量管理部门可对项目自我评价工作开展情况进行抽查。可以将项目自我检查评价机制落实情况，作为对项目考核、项目主要管理人员绩效考核的指标之一。

（二）质量管理自我评价小组组成

质量管理自我评价小组组长通常由项目经理或项目总工程师担任，也可以有项目专职质检员担任，成员由项目主要管理责任人员组成，并进行分工，明确各成员主要负责评价的内容。

（三）评价内容

对项目质量管理工作自我评价内容是对本项目质量管理工作的综合评价（详见附表1）。质量管理自我评价共分四个分项，每个分项中再分为若干子项。四个分项是：工程质量管理制度、工程技术质量管理、工程质量过程管理和项目工程质量管理效果。各项评价内容可分别参照表1《工程质量管理制度分项评分表》、表2《工程技术质量管理分项评分表》、表3《工程质量过程管理分项评分表》、表4《工程质量管理效果评分表》。

表1　工程质量管理制度分项评分表

序　号	评分项目	评分标准	应得分	实得分
1	工程质量管理责任制度、质量否决制	(1) 未按要求建立工程质量管理责任制或制度不齐全，扣10～15分； (2) 分包合同无工程质量管理职责和指标，扣3～5分； (3) 未按规定设置工程质量管理部门或设立专职质量管理岗，扣10分； (4) 有关层次、部门、岗位人员及总分包质量管理责任制未得到落实，各级各类人员对质量责任不了解并不能认真执行，扣3～10分； (5) 未按工程质量管理责任追究制度落实奖罚，扣3分。 (6) 未明确质量否决部门（岗位），权责不清晰的，扣2～5分； (7) 质量否决部门（岗位）不能正确有效行使否决的，扣2分。	20	
2	质量目标管理制度	(1) 未对项目质量控制进行策划的，扣2～5分； (2) 未制定项目质量目标或质量目标未量化，扣5～10分； (3) 质量目标未逐级展开并落实到位，扣3～5分； (4) 未对质量目标的实施情况定期进行自查评审，扣3～5分； (5) 未与奖罚挂钩，扣2～5分。	10	
3	工程质量教育培训制度	(1) 未明确质量培训归口管理部门，或无质量教育培训计划，扣3分； (2) 未按教育培训计划实施或记录不齐全的，扣1～3分； (3) 特殊工种未持证上岗，扣1分/人； (4) 对新进场的人员未进行岗前培训的，扣0.5分/人； (5) 未进行技术交底，技术交底内容缺少质量要求内容的，扣1～3分； (6) 质量培训效果不明显的，扣1～3分。	5	

续表 1

序　号	评分项目	评分标准	应得分	实得分
4	工程质量检查、验收制度	(1) 未建立工程质量检查、验收制度，扣 10 分； (2) 制度未明确工序、分项、分部及单位工程质量验收程序，扣 3～5 分； (3) 制度未明确参与工程质量验收的人员，扣 3～5 分； (4) 无检验试验计划、内容针对性不强或缺项的，验收标准和依据不明确的，扣 2～10 分； (5) 无检查、处置及复查记录或没如期完成的，扣 5～10 分； (6) 未明确工序、分项、分部及单位工程质量验收程序，扣 3～5 分； (7) 对发现的问题未及时制定纠正或预防措施并予以实施和验证的，扣 2～5 分； (8) 验收记录不规范、内容缺项的扣 2～10 分。	15	
5	材料进场验收制度	(1) 职责不明确、责任未落实到人的，扣 5 分； (2) 未按规定验收方法、标准验收，验收结论不正确的，扣 2～5 分； (3) 对不合格品没有进行有效控制的，扣 2～5 分； (4) 未建立验收记录台账的扣 4 分，记录不准确、规范的，扣 2 分； (5) 材料储存未按要求分类存放、标识的，扣 2～4 分。	10	
6	工程质量事故报告处理制度	(1) 发生事故未及时上报，扣 2 分； (2) 对事故责任人没有实施处理的，扣 5～10 分。	10	
7	质量记录管理制度	(1) 各类质量记录没有归口管理的，扣 2 分； (2) 记录没有及时填写并按规定妥善保存的，扣 2～5 分； (3) 记录台账不齐全的，扣 1～3 分。	10	
8	计量管理制度	(1) 没有专人负责计量器具的检查管理工作的，扣 2 分； (2) 计量器具的检定、使用、维护、保养未按规定进行，扣 1～3 分； (3) 计量器具未按时校验，不合格或超期使用的，扣 1～3 分； (4) 计量和检测设备台账记录不齐全的，扣 1～2 分。	10	
9	质量管理制度的检查与考核	(1) 未对项目质量管理制度执行进行检查考核的，扣 1～3 分； (2) 检查考核的问题没有改进措施和完善记录的，扣 1～2 分。	5	
10	质量管理统计报告制度质量信息管理制度	(1) 质量信息归口管理部门或人员不明确的，扣 2 分； (2) 传递的质量信息内容不明确的，未按月上报质量报表的，扣1 分/次； (3) 质量信息传递时反馈不及时，造成影响的，扣 2 分。	5	
分项评分：			100	
评分人： 年　月　日				

表 2　工程技术质量管理分项评分表

序　号	评分项目	评分标准	应得分	实得分
1	施工组织设计(方案)	(1) 施工组织设计(方案)未经审核、审批,扣 5～10 分; (2) 施工组织设计(方案)无质量保证措施或无针对性,扣 5～10 分; (3) 危险较大分部分项工程专项方案没有组织专家论证,扣 5 分; (4) 施工组织设计(方案)没有执行的,扣 5～20 分; (5) 未建立施工组织设计(方案)管理台账,扣 5 分; (6) 施工组织设计(方案)没有按规定进行发放或交底的,扣 2 分/项。	30	
2	新技术推广与应用	(1) 未制订科技活动计划或新技术应用计划的,扣 10 分; (2) 科技活动未落实到人的,扣 3 分; (3) 未建立科技活动经费台账的,扣 5 分; (4) 科研经费未足额投入的,扣 5 分; (5) 科技活动无记录的或记录不全的,扣 2～5 分。	15	
3	规范、标准和规程	(1) 未建立工程技术规范、标准和规程管理台账,扣 5 分; (2) 有过期的技术规范、标准,也未做标识的,扣 2 分; (3) 缺少项目必需的规范、标准的,扣 1 分/项。	15	
4	测量、检测与试验	(1) 未建立工程测量、检测与试验设备计量管理制度,扣 10 分; (2) 未按制度进行工程测量、检测与试验设备计量管理检查,扣 5 分; (3) 未根据施工生产需要配备测量、检测与试验计量设备,未建立测量、检测与试验计量设备台账,设备台账中没有注明计量设备的有效期限和重新核验计划,扣 5 分。	15	
5	工程资料管理	(1) 未建立工程技术资料管理制度,扣 20 分; (2) 未配备专职或兼职的工程技术资料管理人员,扣 5～10 分; (3) 工程技术资料管理人员未经过培训上岗或业务不熟练的,扣 5～10 分; (4) 资料分类管理台账未建立的,扣 10 分; (5) 未建立资料编号规则的,扣 5 分;资料没有按规则编号标识的,扣 1～10 分; (6) 资料保管杂乱无章的,扣 10 分; (7) 未对资料管理工作进行检查的,扣 10 分; (8) 对检查发现的问题没有及时改进的,扣 5 分。	25	
分项评分:			100	
评分人: 年　月　日				

表 3 工程质量过程管理分项评分表

序 号	评分项目	评分标准	应得分	实得分
1	(1) 工程质量目标管理	没有质量目标或目标不明确，扣 5～10 分； (2) 项目质量目标低于合同要求，扣 5 分；没有进行目标分解，扣 2 分； (3) 工程质量管理目标没有进行分解和落实，扣 2～5 分； (4) 对质量目标实现过程没有进行检查考核的，扣 2～5 分。	10	
2	工程质量策划	(1) 未编制施工组织设计、方案，扣 10 分；未按要求履行审批手续，扣 5 分；质量保证措施不全面、不具体，扣 8 分；无针对性、可操作性差，扣 2～5 分； (2) 未制定检验试验计划的，扣 8 分； (3) 管理过程未按策划实施的，扣 5～10 分； (4) 法律法规标准规范不齐全、无有效的目录清单扣 2 分。	20	
3	工程质量过程监控	(1) 未有效落实各级技术交底，技术交底内容缺乏针对性、完整性，交底无交底未履行签字手续，扣 5 分； (2) 工程施工所需的工程技术规范、标准未配备齐全或者有无效版本，每发现一本扣 1 分； (3) 未按计划要求对班组或分包单位进行质量检查的，无书面的监控责任人的，扣 5～10 分； (4) 分包监控责任人未认真履行监控责任的，扣 5～10 分； (5) 所选择的分包单位没有在公司进行资格审查的，扣 5 分；专业分包和 30 人以上的劳务分包单位未配备专职质量管理人员，扣 5 分；对分包单位进场人员资格未监控的，扣 5～10 分； (6) 对分包单位进场材料未监控的，扣 5～10 分； (7) 对分包单位施工工艺执行情况未监督检查的，扣 5～10 分； (8) 对关键过程、特殊过程没有监控的，扣 5～10 分； (9) 对统一组织的工程质量检查没有检查记录的，扣 5 分。 (10) 未执行质量过程“三检制”，质量检查无记录，扣 5 分； (11) 未建立重要工序旁站监控制度，无重要工序旁站监控记录，扣 5 分； (12) 各级人员未按规定参加工序、分项、分部、单位工程验收，未及时认真做好工程质量验收记录及手续不完备，扣 5 分； (13) 对查出的质量问题未提出处理意见(措施)，不及时处理，没有复查结果和签字手续，扣 5 分。	60	
5	工程质量投诉	(1) 未建立工程质量投诉管理制度，扣 5 分； (2) 未建立工程质量投诉台账，扣 5 分； (3) 未对工程质量投诉妥善处理，每起扣 3 分。	10	
分项评分：			100	
评分人： 年 月 日				

表 4　工程质量管理效果评分表

序　号	评分项目	评分标准	应得分	实得分
1	工程质量目标	(1) 未完成工程总体或分解的质量管理目标，扣 10 分； (2) 项目质量目标低于合同要求，扣 5 分；没有进行目标分解，扣 2 分。	10	
2	质量管理体系	(1) 未建立项目质量管理体系，扣 10 分； (2) 未按规定配备质量监督管理人员，扣 5 分； (3) 质量监督管理人员专业和能力不能满足项目的需要，扣 5 分； (4) 与质量相关管理人员无质量责任制、职责不明确，每发现一处扣 2 分； (5) 质量管理制度不健全，每发现一处扣 2 分。	15	
3	现场实物质量	(1) 材料、设备未严格执行进场验收制度，手续不齐全，现场堆放状态标识不正确，扣 5～10 分； (2) 工程实体出现质量通病，扣 5～10 分/处； (3) 工程实体质量有违反强制性标准，扣 20 分/处； (4) 工序验收非一次验收合格，扣 10 分/次。	30	
4	工程资料管理	(1) 未按建立各级工程技术资料管理体系，扣 10 分； (2) 未配备工程技术资料管理人员，人员未经过培训上岗，扣 5 分； (3) 工程技术资料填写、收集、整理质量不符合要求，每处扣 2 分。	20	
5	工程质量管理改进	未对工程质量管理进行调研和提出针对性的改进措施，扣 2～5 分。	5	
6	工程质量处罚	(1) 公司下达的创优计划没有实现，扣 10 分； (2) 因工程质量问题被投诉到地方建设行政主管部门，扣 20 分； (3) 在建设行政主管部门各类检查中项目因工程质量问题被指令停工整改，每起扣 10～15 分； (4) 受到建设行政主管部门通报及以上处分，每起扣 10 分； (5) 因工程质量问题受到降级、暂扣资质证书处罚，扣 20 分。	20	
7	工程质量创优	(1) 获得市级质量奖，每项加 10 分 (2) 获得省部级优质工程，每项加 20 分； (3) 获得国家级优质工程，每项加 30 分； (4) 获得省部级质量管理先进单位，每项加 15 分； (5) 获得 QC 成果一、二、三等奖，分别加 20、15、10 分。		
分项评分：			100	
评分人： 年　月　日				

(四) 考核评价方法及注意事项

1. 各成员按照分工首先分别按照评价表即表 1《工程质量管理制度分项评分表》、表 2《工程技术质量管理分项评分表》、表 3《工程质量过程管理分项评分表》、表 4《工程质量管理效果评分表》进行检查对照评分，最后召开会议，可以要求项目所有管理人员参加，各检查评价人分别汇报检查评价结果，指出存在的主要问题，分析主要原因，提出改进的建议，最后由评价组长进行综合评价（见表5），决定采取的纠正措施，落实责任人和完全期限。通过这种自我评价，自我找出差距，自我对照取得的进步，激发项目自我管理、自我提高的意识和能力。

表5　项目部质量管理工作总体评价表

<table>
<tr><td>项目部名称</td><td colspan="4"></td></tr>
<tr><td rowspan="2">考核类别</td><td colspan="4">考核内容【综合得分（满分值100分）】</td></tr>
<tr><td>工程质量管理制度</td><td>工程技术质量管理</td><td>工程质量过程管理</td><td>工程质量管理效果</td></tr>
<tr><td>权重</td><td>15%</td><td>20%</td><td>35%</td><td>30%</td></tr>
<tr><td>分项评分（分）</td><td></td><td></td><td></td><td></td></tr>
<tr><td>分项综合得分（分）</td><td></td><td></td><td></td><td></td></tr>
<tr><td>综合得分（分）</td><td colspan="4"></td></tr>
<tr><td>评价等级</td><td colspan="4">A□　B□　C□　D□</td></tr>
<tr><td colspan="5">总体评价：</td></tr>
<tr><td colspan="5">评价组长（签字）：　　　　年　月　日</td></tr>
</table>

2. 考核评价采取评分表的方式，评分采取标准分扣、增方法。每个分项均为100分的基础分，根据权重设置各子项基础分。

3. 分项得分在95以上的为一级，表明该分项工作全面符合《制度》，且有所创新；分项得分在85分至94分的为二级，表明该分项工作全面符合《制度》；分项得分在70分至84分的为三级，表明该分项的工作基本符合《制度》；分项得分在70分以下的为四级，表明该分项的工作没有达到《制度》的基本要求。

4. 总体评分的计算方法：综合得分＝各分项实得分加权总和。

5. 质量管理考核四个分项的权值分配为：工程质量管理制度15%，工程技术质量管理20%，工程质量过程管理35%，工程质量管理效果30%。

6. 总体评价是对项目部质量管理工作经考核后，根据各分项评价得分情况的综合性评价。

7. 总体评价根据各分项评价的得分计算，并按分值得出评价等级。

8. 对项目的质量管理工作经考核后，应形成书面的考核评价报告，对影响本企业施工质量及质量管理工作的原因应进行分析总结，并提出整改方案。

9. 分项评分表中列出考核子项内容、子项得分等项目。在对分项进行考核后必须明确对该分项进行扣、增分的具体理由。

10. 扣（增）分标准：每子项扣分最少为1分，每1分为一档，最多为该子项的标准分；每子项增分最少为1分，最多不超过10分。

11. 如有分项评分表中未列入的，需要扣（增）分的情况，必须予以说明。

12. 分项考核后，除应填写质量管理分项考核计分表外，尚应以书面形式对各分项的扣(增)分的理由予以详细说明，指出各分项工作中存在的具体问题及需要总结推广的经验。

(五) 考核评价等级

1. 项目质量管理工作考核评价分为 A、B、C、D 四个等级。

2. 质量管理 A 级的标准：

(1) 超额完成质量工作年度目标，质量管理体系运行正常，综合考核得分在 95 以上；

(2) 工程质量管理制度、工程技术质量管理、工程质量过程管理、工程质量管理效果等四个分项的考核得分均在 95 分以上；

(3) 未发生质量事故，未发生质量投诉事件。

3. 质量管理评价 B 级的标准：

(1) 完成质量工作年度目标，质量管理体系运行正常，综合考核得分在 85 以上，95 以下；

(2) 工程质量管理制度、工程技术质量管理、工程质量过程管理、工程质量管理效果等四个分项的考核得分均在 85 分以上；

(3) 未发生质量事故，未发生重大质量投诉事件，且一般质量投诉事件均得到圆满处理。

4. 质量管理评价 C 级的标准：

(1) 基本能完成质量工作年度目标，质量管理体系运行基本正常，综合考核得分在 70 以上，85 分以下；

(2) 工程质量管理制度、工程技术质量管理、工程质量过程管理、工程质量管理效果等 4 个分项的考核得分均在 70 分以上；

(3) 发生质量事故或一般质量问题投诉能得到及时妥善处理。

5. 质量管理评价 D 级的标准：

(1) 未能完成质量工作年度目标，质量管理体系运行不正常，综合考核得分在 70 分以下；

(2) 发生重大质量事故或质量问题投诉未能得到及时妥善处理而造成重大济损失和社会影响。

6. 如果综合得分达到相应评价等级标准，但工程技术质量管理、工程质量过程管理分项的考核得分达不到相应评价等级标准要求，综合评价等级降低一个等级。

浅谈电缆防火封堵

潘永波

摘 要：

现代建筑中，电线电缆的用量非常大，一旦发生火灾，火灾蔓延扩散的危险性大大增加。实践证明，采用可靠的防火封堵材料堵塞电线电缆穿越留下的孔洞、缝隙能够有效地阻止火焰蔓延，控制烟气的流动，可以避免火灾带来更大损失。

关键词：电缆 防火 封堵

电线电缆具有较高的火灾危险性，不仅本身具有成为火源的可能性，而且外部火源也可能引燃电线电缆。电缆防火封堵主要是指采用防火封堵材料对因电缆贯穿而形成的空开口、贯穿孔口或缝隙进行密封或填塞，使其在规定的耐火时间内与相应构件协同工作，以阻止热量、火焰和烟气蔓延扩散的一种技术方法。

引起电缆着火延燃的原因可划分为两类，即自然和外部引燃两种，自燃如长时间超负荷；绝缘老化或破损导致击穿短路弧光接地；电缆接头不良自然或爆炸等，外部引燃如油系统漏油；小动物引起的短路；电焊火花或高温管道导致电缆过热着火；电气设备及其他可燃物意外着火引燃；误操作、偷盗等人为因素。

防火封堵材料按组分和性能特点可分为一般防火封堵材料和专用防火封堵材料，也可以按燃烧性能分级，如不燃、易燃、难燃、可燃材料等。一般防火封堵材料主要是指建筑、制造领域中常见的钢板、玻璃、瓷砖、石棉、现浇混凝土板或砂浆等不燃或难燃材料。专用防火封堵材料则是指具有防火、防烟、防尘、防潮、防腐蚀、防分裂及隔热等特性，主要用于密封或填塞建筑物、构筑物以及各类设施中的空开口、贯穿孔口、环形间隙和建筑缝隙，包括对被防护体外表做防火处理且便于更换的特性材料。以满足特定的防火功效或内部操作需要的客观要求。包括：有机防火堵料、无机防火堵料、阻火包、阻燃泡沫、阻燃模块、防火隔板、防火涂料等，较多应用在电缆通道、盘柜进出口、电缆和其他管道的贯穿孔口，或者楼板和墙体之间、墙体与墙体之间的一些建筑缝隙等部位。

工程中，一般所指的防火封堵材料就是专用防火封堵材料。根据其耐火性能，按耐火时间(极限)分为 1h、2h、3h 三个级别，习惯将防火封堵材料的耐火性能按其耐火时间分为三级，即：一级≥180min；二级≥120min；三级≥60min。

无机堵料防火灰泥(又称无机防火泥或速固防火堵料)，以水泥为基料，配以填充料等混合而成。无机防火砖就是用此材料制成。硬化后无收缩。具有防火、防烟、防水、隔热和抗机械冲击的性能。无机防火堵料适合永久封堵，且面积较大的区域。根据孔口尺寸大小，可直接填入孔口中，或与一个临时或永久性的模板一起灌注。如果需要，可与其他增强材料，如焊接网、钢筋等配合使用。

有机防火堵料因是柔性材料，长久不固化，可塑性很好，可以任意地进行封堵，大多应用在较小的电缆贯穿孔洞、缝隙及其他阻火堵料不宜封堵的异型孔洞和更换电缆较为频繁的场所。

防火密封胶是黏稠状胶休材料，能黏结在多种建材表面、在空气中硬化。在高温或火灾环境下，体积膨胀，并表面碳化。具有防火、防烟和隔热性能，主要适用于电缆束之间间隙的封堵。或馒刀填人防火密封胶，并用泥刀抹平。

防火泥（又称有机防火泥）是以有机材料为主要成分，具有一定可塑性和柔韧性。在空气中不会硬化或龟裂。在高温或火灾环境下，体积膨胀并表面碳化。具有防火、防烟和隔热性能。主要适用子较小环形间隙和管道公称直径小于32mm的可燃管道的防火封堵，以及电束之间间隙的封堵。应清除孔口周边油污和杂物，放人矿棉等背衬材料，可直接用手填塞防火泥，无需专用工具。

防火发泡砖（又称阻火模块）是不同形状和尺寸的柔性块状物，可暂时或永久地封闭贯穿孔口或空开口在高温或火灾环境下，体积膨胀，并表面碳化。具有防火、防烟和隔热性能。可重复使用适用于贯穿物经常变更的场所。防火发泡砖一般是立方体，用于矩形孔口的封堵防火塞一般是圆柱或圆锥形的，适用于圆形贯穿开口的封堵。可用手操作，无需专用工具，即用即填。对于大型洞口的封堵，一般需要附加钢丝网辅助支撑。防火发泡砖需交错堆砌。

防火泡沫（又称阻燃泡沫）在与空气混合后，在室温下迅速膨胀，对孔口内所有间隙进行封堵。当暴露在高温或火灾环境时，体积继续膨胀，并表面碳化。具有防火和防烟性能。适用于施工困难且贯穿物复杂情况下贯穿孔口的防火封堵，采用专用混合搅拌泵或手工混合搅拌。将混合后的材料填入贯穿孔口内。

板材分为防火板和防火喷涂版，防火板是硬质不燃板材，材料厚度均匀。板材可分为同质单体、复合体、混合体三种类型。具有防火、隔热性能和承载能力。主要适用于较大尺寸的贯穿孔口和空开口切割后，采用具有防火性能的紧固件固定在被贯穿物上。

防火喷涂矿棉板是半硬质产品，厚度均匀，由矿棉材料和一定厚度的防火涂层制成。涂层可在工厂预制或现场涂刷。矿棉板可用于较大尺寸的贯穿孔口和空开口的防火封堵应清除孔口周边及贯穿物上的油污和杂物，将矿棉板按所需尺寸进行剪裁，在孔口周边以及贯穿物上涂以匹配的防火密封胶后进行安装。

一般影响电缆贯穿孔口及其环形间隙、空开口防火封堵质量的因素很多，如防火封堵材料与贯穿物或被贯穿物之间的粘附性，贯穿物的热传导和物理性质、燃烧性能、数量、尺寸，被贯穿物的结构类型、密度、厚度，贯穿孔口及其环形间隙、空开口的大小、水平或垂直方位、封堵的位置，防火封堵材料的特性如防火防烟性、膨胀性、伸缩性、承载性、抗机械冲击性、隔热性、防水性，防火封堵材料的用量，被贯穿物、贯穿物及其支撑体和防火封堵材料及其支撑体以及填充材料共同工作的能力，环境温度、湿度和腐蚀条件，施工方法和工艺等。

在施工过程中易被忽略有以下几点问题，电缆桥架端口不封堵；成束电缆穿孔时，只封堵不事先梳理；违背了规范要求，没有起到良好的有防火、防烟、防尘、防潮性；电缆中间接头不刷防火涂料；阻火包的布放方向不对；在遇到火灾时，阻火包会膨胀，放置方向若不对，会使其调料扩张而疏散，大幅度降低其防火性、防烟性。

结束语

电线电缆的防火封堵措施是防止火灾蔓延扩大的有效手段， 能够把火灾限制在一定的范围内，减少经济损失和人员伤亡，电缆防火封堵的应用，在工业建筑工程领域占有着至关重要的作用。

参考文献

[1] 防火封堵材料(GB 23864—2009).
[2] 建筑防火封堵应用技术规程(CECS 154—2003).
[3] 发电厂电缆防火阻燃措施设计规范(Q-CHEDD011).

中国建设企业技术标准现状研究及问题解决方法探讨

技术中心

彭勇毅　刘瑞敏

摘　要：

近年来中国建设迅速发展，但支持企业发展的标准体系仍在不断地建立和完善中，许多中国建设60年来的施工经验、技术积累还没转化形成标准。本文结合中国建设企业标准现状进行研究，分析了企业标准目前存在的问题并提出合理化建议。

关键词：企业标准　研究　解决方法　探讨

一、中国建设企业标准编制现状

为贯彻集团公司打造技术工程能力的部署，实现企业竞争转向企业技术底蕴软实力竞争，有助于促进企业运营的标准化、规范化、科学化，从而提高企业的市场竞争力，提升企业的技术创新力，增长企业的技术财富，体现企业核心竞争力，实现企业可持续性发展，于2011年11月启动了企业标准的编制。

企业标准的编制紧密结合中国建设“三五规划”的发展战略，围绕“六大业务板块”生产需求，对中国建设六十多年的经验、知识和技术积累，经过“创新-普及-再创新”的过程进行总结、提炼，至今已发布40项中国建设企业标准。

（一）企业标准分布情况

现行批准发布的40项企业标准，管理基础企业标准5项，电力工程2项，交通工程3项，钢结构8项，机电工程19项，市政工程3项。标准中公司传统机电安装标准所占比重最大，达到47%，公司近几年涉及新定位电力、交通板块标准所占比重呈上升趋势达到15%。

（二）企业标准技术规定情况

根据集团公司“三五规划”的发展战略，围绕“六大业务板块”，40项企业标准的技术规定分类如下：

序　号	标准名称	标准编号	业务版块
1	《电站锅炉改造、维修质量检验标准》	Q/ZGJS-JS034—2014	电力工程
2	《火力发电厂热工仪表取源部件安装技术标准》	Q/ZGJS-JS035—2014	电力工程
3	《城市污水处理设备安装施工企业标准》	Q/ZJJS-JS011—2012	钢构工程
4	《薄壁不锈钢管全自动氩弧焊施工技术标准》	Q/ZJJS-JS012—2012	钢构工程
5	《钢结构施工详图设计规则》	Q/ZJJS-JS013—2012	钢构工程
6	《高层、超高层钢结构制作、安装技术标准》	Q/ZJJS-JS014—2012	钢构工程

续表

序 号	标准名称	标准编号	业务版块
7	《立式储罐的制作与安装技术标准》	Q/ZGJS-JS018—2013	钢构工程
8	《钢结构焊缝外观质量检验规范》	Q/ZGJS-JS019—2013	钢构工程
9	《焊接 H 型钢制作工艺标准》	Q/ZGJS-JS028—2014	钢构工程
10	《钢结构制造焊接质量控制与检验标准》	Q/ZGJS-JS029—2014	钢构工程
11	《企业技术标准管理实施细则》	Q/ZJJS-JS001—2011	管理标准
12	《企业技术标准编写规则》	Q/ZJJS-JS002—2011	管理标准
13	《施工组织设计编制标准》	Q/ZJJS-JS010—2012	管理标准
14	《物资采购手册》	Q/ZGJS-JS027—2014	管理标准
15	《工业安装工程施工方案编制要求》	Q/ZGJS-JS039—2014	管理标准
16	《棒、线材轧制设备安装技术标准》	Q/ZJJS-JS003—2012	机电安装
17	《固定式板卷卷取机安装技术标准》	Q/ZJJS-JS004—2012	机电安装
18	《低压配电装置安装技术标准》	Q/ZJJS-JS005—2012	机电安装
19	《电气接地及避雷装置施工技术标准》	Q/ZJJS-JS006—2012	机电安装
20	《空冷器安装施工技术标准》	Q/ZJJS-JS007—2012	机电安装
21	《水泥窑尾塔架制作技术标准》	Q/ZJJS-JS008—2012	机电安装
22	《新型干法水泥生产线回转窑施工技术标准》	Q/ZJJS-JS009—2012	机电安装
23	《厂区给水管道及设备安装施工技术标准》	Q/ZGJS-JS022—2013	机电安装
24	《工业厂房工位送风施工技术标准》	Q/ZGJS-JS023—2013	机电安装
25	《饮料罐装线安装技术标准》	Q/ZGJS-JS024—2013	机电安装
26	《车身焊装线设备安装技术标准》	Q/ZGJS-JS025—2013	机电安装
27	《空分装置施工技术标准》	Q/ZGJS-JS026—2013	机电安装
28	《带式烧结机安装技术标准》	Q/ZGJS-JS030—2014	机电安装
29	《矿渣立磨安装工艺标准》	Q/ZGJS-JS031—2014	机电安装
30	《变压器施工及试验技术标准》	Q/ZGJS-JS032—2014	机电安装
31	《自动化仪表工程施工技术标准》	Q/ZGJS-JS033—2014	机电安装
32	《球磨机施工技术标准》	Q/ZGJS-JS036—2014	机电安装
33	《水泥生产线窑尾塔架安装技术标准》	Q/ZGJS-JS037—2014	机电安装
34	《液化石油气地下储库竖井设备安装施工标准》	Q/ZGJS-JS040—2014	机电安装
35	《铁路路基施工技术标准-基本规定分册》	Q/ZGJS-JS015—2013	交通工程
36	《铁路路基施工技术标准-地基处理分册》	Q/ZGJS-JS016—2013	交通工程
37	《地铁车站消防设施施工技术标准》	Q/ZGJS-JS017—2013	交通工程
38	《城市污水处理管道安装技术标准》	Q/ZGJS-JS020—2013	市政工程
39	《城市水处理工程水池结构施工技术标准》	Q/ZGJS-JS021—2013	市政工程
40	《城市污水处理电气安装工程施工技术标准》	Q/ZGJS-JS038—2014	市政工程

(三) 企业标准起草单位分布情况

企业标准是企业范围内需要协调、统一的技术要求、管理要求和工作要求所制定的标准,每个企业都可以根据业务范围,开展企业标准工作,为号召全系统各子公司积极参与,充分调动系统技术的聪明才智和调动技术人员的参与积极性,陆续出台了企业标准的奖励机制和与职称评定相挂钩;在批准发布的 40 项企业标准中,集团总部标准定额站 3 项,集团工程事业部 1 项,集团交通公司 2 项,中机一建 4 项,中机二建 5 项,中国三安 7 项,中机四建 5 项,中机五建 4 项,中机工程 4 项,中机重工 4 项,上海钢构公司 1 项。

二、中国建设企业编制工作目前存在的问题思考及措施

企业标准的编制工作虽然取得了一定的成效,但仍存在一些问题需要解决。

(一) 企业标准战略不明晰

思考: 尽管企业标准的编写要求围绕公司"六大业务板块"开展,并要求系统各子公司根据集团公司的定位和施工优势进行,但企业标准战略依然不够清晰,尚未制定中国建设企业标准体系,使的标准化工作缺少宏观指导,在具体标准制定上也缺少计划性。

措施: 逐步完善"中国建设企业标准体系",根据集团公司"六大业务板块"对各子公司业务支撑定位,在集团公司统一的标准体系下,各子公司相应制定更详细、具体的标准体系,使标准课题在立项编制更加清楚、明晰。

(二) 标准编写格式不规范

思考: 虽然集团公司已出台《企业技术标准编写规则》Q/ZJJS-JS002—2011,对标准封面、正文内容构成,条文先后顺序,字体字号,标准 3 大要素(表、图、公式)进行详细的规定,但由于参与编写的技术人员都是在一线的主要的施工人员,不仅要忙于现场的施工,又只能在空闲时间进行标准编写,没有更多的时间对"编写规定"详细的理解,造成编写格式不统一;

措施: 根据标准运行至今 3 年,进一步完善标准编制框架,并建立中国建设企业标准编制模版,保证企业标准编写格式一致性,减少编写人员统稿的工作量。

(三) 标准"过程"技术规定不突出

思考: 企业技术标准规定的是"怎样做"和不能"怎样做"、注意"什么"、避免造成"什么"后果,属于操作过程的技术标准规定,应主要体现"过程"标准,主要规定工程项目如何开展工作,为到达技术结果该企业的独特的检测、吊装方法,为节约工期,该企业最优化的工艺流程,但目前企业标准编写在此方面不够突出,编写内容主要还是"结果"而不是"过程"规定。

措施: 首先严格控制"标准立项"工作,对各公司的标准立项,围绕"五大业务板块"积极开展标准立项必要性、可行性、紧迫性进行充分研究,广泛听取立项单位和系统该领域专家的意见和建议,保证标准立项更贴近需求和实际;其次在标准大纲审定中对章节构成,减少"结果"性内容,加重标准"过程"规定内容,重点阐述工艺流程、施工过程的操作要点、检测技术等内容。

（四）参与积极性有待提高

思考：参与标准编制人员不仅具备一定技术水平，还得在文字组织上有一定能力，这种人才都是一线技术人员，只能利用现场空闲时间进行，如何保障其在公司施工任务紧、高效、调动积极性，使编制人员能充分得到公司领导在人员、时间安排给予最大支持。

措施：做好宣传工作，包括对上、对下、对外三个方面的宣传。让领导随时了解标准编制情况，最好让领导直接参与，宣传参与标准一些政策上支持，如公司在职称评审上政策，公司对标准奖励政策等，让参与者充分了解，变被动完成任务为主动积极投入标准编写，保证标准编写质量。

（五）加强队伍培训

思考：由于各公司每年都有新人参与标准的编写，在公司部门全面预算管理下资金有限，不能每年举办标准培训讨论会面对面沟通，如何有效保证新参与人员快速了解编写格式，高效完成编写质量。

措施：整理常见编写弊病，形成电子版，并选择几项好的企业标准案例，放在标准 qq 群内，供新参与人员下载，并通过 qq 随时进行交流。

企业标准的“制定-实施-修订”过程中，是对中国建设六十多年的经验、知识和技术积累，经过“创新-普及-再创新”的过程进行总结、提炼，为企业技术创新突破奠定基础，期望能在未来的市场竞争中，规范企业的经营生产行为，指导企业理性、健康发展。坚信在大家共同坚持不懈的努力下，一定会逐步建立和完善企业技术标准体系，并源源不断为本系统的工程建设提供有效的借鉴和参考，从而做到企业发展科研、科研充实标准、标准支撑企业，为推动企业科技进步和标准化建设而不断做出贡献。

通过国际二手项目为承接一手项目做能量储备

中国建设集团电力工程事业部
祁迎春

2013年12月12日

目　录

一、浅析电力项目的开发现状

回顾近10年来集团公司系统内所执行的电力项目，不难发现，我们所跟踪执行的电站项目全部是基于国机集团内部合作而承接的项目，据统计自2004年至2014年集团公司前后承接约8个电站相关项目，如下表所列。

S/N	国　别	项目名称	工　期	客户单位
1	缅　甸	Moulmein MCL 2×20MW Coal Fired Power Plant	2014—2015	泰国SCG
2	伊拉克	Salah-aldin 2×630MW Oil Gas Power Plant	2012—2016	CMEC
3	印　尼	AWAR-AWAR 2×350MW Coal Fired Power Plant	2011—2014	CNEEC
4	印　尼	Indramayu 3×330MW Power Plant	2009—2010	CNEEC
5	尼日尔	Agadem 3×75MW Oil Gas Power Plant	2009—2011	Petrochina
6	苏　丹	GARRI 4 2×55MW Sponge Coke Power Plant	2006—2009	CMEC
7	尼日利亚	Omotosho 335MW Single Cycle Power Plant	2005—2008	CMEC
8	也　门	AL HISWA 1×60MW	2004—2008	CMEC

由于历史遗留原因与国内电力行业的资质所限，我们在10年的时间里通过承接国机集团

内部项目而积累了相当的国外电站执行、管理经验。2014 年 7 月喜获住建部颁发的房建特级资质，自此，我们可以充分发挥国外电站建设所积累的丰富经验，积极响应集团公司提出的大力开拓一手项目的战略决策。

然而，随着国际市场竞争日益残酷，全球资源的一体化无论从项目融资、风险防控、执行成本、技术标准以及伴随国际财团 PPP(PRIVATE PUBLIC PARTNERSHIP)、IPP（INDEPENDENT POWER PRODUCER）等项目运营模式的出现，使得我们争取 EPC 电站一手项目越发艰难。

在 EPC 一手项目开发的路上，也许通过与国际顶尖 EPC 公司合作承接二手项目是条捷径，并会为将来顺利承接一手项目储备必要的能量。

二、开发国际顶尖 EPC 电站承包商二手项目的优势

纵观 2013 年全球最大的国际工程承包商，分别由德国、瑞典、法国、奥地利、美国包揽了前 10 位排名，而与我们有合作经验且易于接洽上的韩国公司如 GS E&C(2013 年 ENR 42 位)，HYUNDAI E&C(2013 年 ENR 54 位)，SAMSUNG GROUP（2013 年 ENR 74 位），SK E&C（2013 年 ENR 84 位)，国机集团 2013 年排名 50 位。

2.1 逐步开拓占据新市场

通过与 EPC 总包方合作开展二手项目的分包，尤其对是新开拓的市场或新的业主，我们可以此分包工作为契机积累在当地的项目经验，收集当地信息资源，争取设立代表处进入业主短名单为日后项目投标做好准备。

2.2 为部门创收，为公司赢利

EPC 一手项目的承接需要将设计资源、设备供货厂家、调试运行单位等资源的集成整合，这可能需要一定时间的历练和积累。在此过程中，公司、部门都需要正常的运转，所以争取在短时间内获得项目信息、促成项目、见成效等更易于一手项目。同时，这些短期能见成效项目的促成也会给部门、项目组成员在项目开发、跟进过程中增加信心和动力。

2.3 促进公司层面与国际 EPC 公司的对标

首先，对于公司级的对标来说，通过与国际知名的 EPC 公司合作，可以提升公司层次上的对标结构，这样有利于在结构配置上使公司的现代化管理更加趋于合理。

2.4 观念上的更新与主动营销

观念上的更新，企业要真正地“走出去”，那么人应该得先“走出去”，只能通过主动性的市场营销才能接触、吸收早期的项目信息、先进的营销理念模式、互融相通的文化与沟通方式，这极有利于开发新的客户，尤其针对与新客户互信合作伙伴关系的建立。

2.5 提升市场营销能力、项目管理人员综合实力

A. 语言及沟通能力的升华

与国外 EPC 公司协调合作的过程中，语言沟通与交际能力是走出去的第一步。

这不单单是将一种语言转化成另一种语言符号而说出去，而更多的是将业务中深奥的、不便于直接表达的意思通过当地易于接受理解的方式传达出去。同时，这种交际关系的维护不仅限于涉及业务时的会议室或谈判桌或是任何性质的信函中，往往在能融合双边文化背景、生活方式、流行时尚的元素会给交际增加意想不到的效果。

B. 项目管理人员的综合实力

通过与国外EPC公司的对标，包括投标中文件准备，澄清中的交流，会议中对于公司简介、业绩、方案的陈述与分析，在这种思想与思想的碰撞中，我们会发现自己在某些方面的不足与欠缺，从而有利于我们在参照物的对比下迅速提升自己。

三、二手项目的开发渠道

二手项目的开发在新的形势下，出现新的渠道和模式。

3.1 维护好已有客户关系

无论是国内项目还是国外客户，维护好优质、稳定的客户关系无疑对于项目信息收集、建立互信、项目管理是可贵、经济的资源。

这些渠道尤其体现到韩国GS E&C和SAMSUNG C&T公司中，由于人员组织机构的变动，特别需要经常性的互访和交流来维护相互这种优质的客户关系。同时，根据客户要求，经常性地注册或更新对方的全球分包商数据库。

3.2 主动开发新客户

企业需要走出去，首先人和观念需要先行一步，走出去。

与其被动在“家里”等待客户和项目信息，不如走出去主动寻找客户和项目资源。在集团公司领导的号召下，我们通过拜访韩国EPC公司来介绍公司业务板块、业绩，尤其是对获得特级资质后的业务范围进行宣讲，从而，发现可以优势互补争取合作的领域与具体项目。这一点更多地体现在HANWHA E&C，DAELIM INDUSTRIAL，DOOSAN，POSCO E&C，HYUNDAI E &C等。

目前通过新客户资源的开发，从HANWHA E&C公司在跟踪塞内加尔2X125MW电站项目，从DAELIM INDUSTRIAL公司在跟踪南非2X300MW电站项目。

3.3 通过有实力有资源的代理

寻求合作的代理也分三六九等，需要我们进行考察与筛选后进行合作，目前我们所接触的尼日利亚代理、印度代理、伊朗代理、伊拉克代理、韩国代理等，这里不进行详述。

对于目前阶段开发国际二手项目的优势将在案例中给予详述，敬请关注。

附件 1

本文案例为 SAMSUNG C&T 哈萨克斯坦 BALKHASH 2×630MW 燃煤电站项目。

1 项目背景介绍

(1) 项目立项进程

为了改善南部地区的电力短缺情况，哈萨克政府十分重视巴尔喀什火电站项目，并将其作为突破型战略项目列入 2010—2014 哈萨克“加速工业创新发展国家纲要”。

2007 年 6 月 4 日，经过哈萨克斯坦经济现代化委员会批准后，巴尔喀什火电站建设项目正式被列入攻关项目清单。当时预计一期项目于 2008 年启动，并准备完毕经济技术可行性研究以及设计概要。

2008 年 5 月 28 日巴尔喀什火电站公司正式成立，萨姆鲁克能源公司为其唯一股东。

2008 年 10 月哈萨克斯坦总理表示，建设巴尔喀什火电站及埃基巴斯图兹火电站 2 期的经济问题得以解决，结构设计已经完成，预计与 2009 年年中可以开始建设。

2010 年 6 月哈萨克斯坦总统纳扎尔巴耶夫通过视频会议象征性得完成了巴尔喀什火电站开工奠基仪式。当时负责电力能源的门巴耶夫部长表示，巴尔喀什火电站出产的电力价格将是 8.5 美分/千瓦时，预示着项目预算完毕并开始准备实施。

(2) 哈韩双方合作

2009 年 3 月韩国电力集团(KEPCO)和三星集团(Samsung Group)在巴尔喀什火电站建设项目招标中胜出，在哈萨克总理的见证下同萨姆鲁克能源公司签署了《战略伙伴关系基本原则的框架协议》。

2009 年 5 月 13 日哈萨克斯坦和韩国两国元首举行了会谈，就扩大两国在能源、经贸、投资和人文等领域的互利合作、共同应对金融危机以及地区和国际问题交换了意见。会谈结束后，双方签署了《加深哈韩两国合作的行动计划》和《巴尔喀什电站建设项目合作协议》。该项目总金额达 45 亿美元，其中 75%由韩国财团与哈萨克铜业公司共同融资，25%由萨姆鲁克能源公司出资。这也成为哈萨克斯坦历史上第一个融合国有资金与私有资金的能源项目。

2009年9月4日，韩国三星集团以及哈萨克铜业在阿斯塔纳签署了同萨姆鲁克能源公司签署了《巴尔喀什火电站股票销售协议》，出资约30亿坚戈（约合2000万美元）收购了哈巴尔喀什火电站公司75%（减1股）的股份。

2011年8月24日、25日，韩国总统李明博对哈萨克斯坦进行了正式国事访问期间，哈韩双方《巴尔喀什热电站的开发、融资、设计、施工、运行和维护协议》。自该协议签署后，双方开始了建设筹备工作。

2 项目概述

哈萨克斯坦BALKHASH 2×660MW燃煤电站位于在巴尔喀什湖西南岸，行政上隶属于阿拉木图州，距离乌利肯村西去1公里，靠近埃基巴斯图兹煤矿。

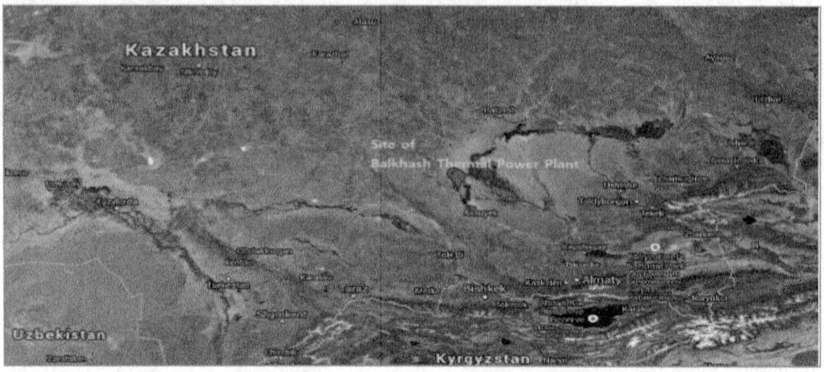

巴尔喀什火电站项目分两期建设，一期为2组660MW的发电机组，将于2015年第1季度开始建设；二期同样是2组660兆瓦的发电机组，其中一期建设工期需要60个月，二期为72个月，预计届时该电站的年发电量为170亿千瓦时。项目一期建设额为23亿美元，其中

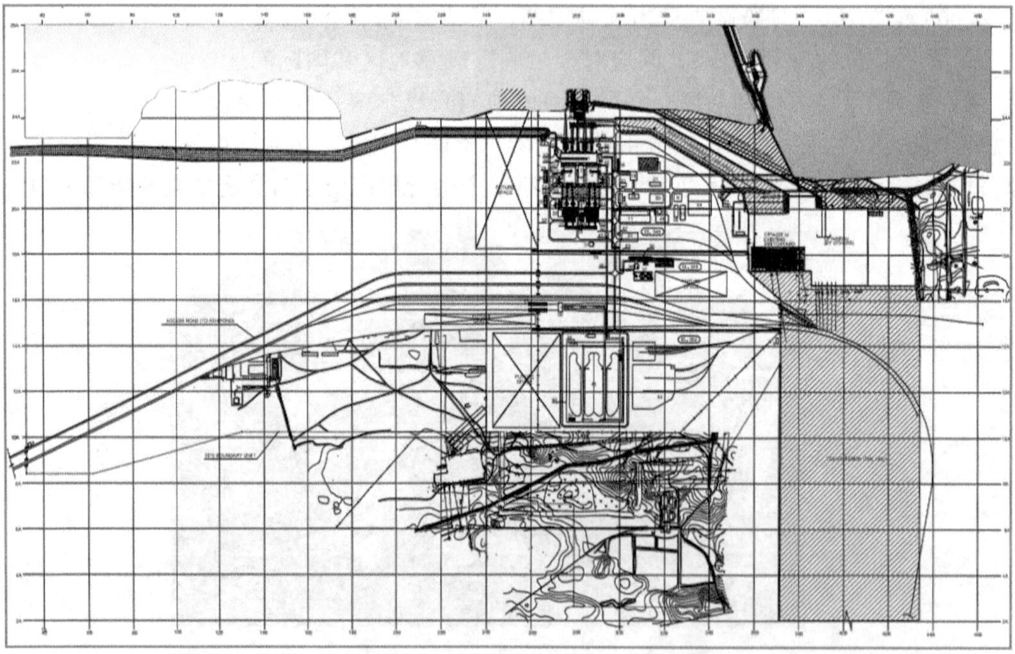

20%～30%依靠股东自有资金，70%～80%将依靠国际金融机构贷款。项目将以 BOOT（即建造、拥有、经营、转让）方式建设，最终项目公司的所有股份都将归属哈萨克斯坦政府。

3 本项目招标信息的来源

得益于对韩国客户关系的不间断维护，原 GS E&C 环境与能源部经理任职于 SAMSUNG C&T 电站部总经理，由此引荐中国建设给三星集团项目组并于 2014 年 8 月收到三星项目组关于本项目的投标邀请。从此，我们开始积极跟踪本项目。

4 本项目投标范围

依据三星集团项目组的 ITB 文件，我们对如下 17 个工作包提交了先后共 7 版的商务、技术 PROPOSAL：

1）场平包
2）主厂房土建
3）BOP 土建
4）道路包
5）灰处理系统
6）建筑包
7）锅炉安装包
8）汽机安装包
9）脱硫安装包
10）输煤系统安装包
11）灰处理安装包
12）BOP 安装包
13）钢结构制作 & 安装包
14）围护结构包
15）电气仪表安装
16）烟囱 EPC 包
17）管道安装

5 项目跟踪过程中的沟通与交际

有效的沟通和相互兼容文化背景下的交际在本项目的跟踪中体现得尤为突出。

首先是有效的沟通，因为本项目中除了常规的中国人和韩国人外还涉及了印度人，来自不同国家的人在一起交流，语言表达清晰准确、回复及时可靠对于项目有效推进更加重要。通过本项目的长时间沟通，总结出来全方位的沟通更加有利于陂此双方的互信，例如常规的工作电话，邮件沟通，另外也可以通过个人的 SMS、QQ、KAKAO 等个人通讯工具进行适时交流。

其次，除了间接的沟通外，更为直接应该是面对面的交际。通过对于本项目关于执行计划的 PRESENTATION，项目组人员的沟通能力、策划能力、应变能力、文件编制能力、市场推销能力等均得以锻炼和提升，这对于我们在客户面前承接一手项目将会打下坚实的基础。

6 站在客户的角度思考问题，为客户提建议

在“新常态”大的经济背景下，为寻求一种可靠、可持续的互利合作伙伴关系，我们更需要去站在客户的角度考虑问题，并且为客户提出合理性的建议。

具体于哈萨克斯坦 BALKHASH 2×660MW 电站项目上，我们建议三星项目组在临建规划建设中采购由一家分包统一建设现场临建的方案，并且为其提供了具体执行的技术方案供考评。同时，我们建议三星项目组将场平、消防分包给当地施工单位，鉴于场平工作需要当地有资质的爆破单位及对于爆破等严格要求，当地施工单位对于本地区关于消防工作的法规更加熟悉方便操作。

7 有效地宣传公司实力，积极进行自我推荐

我们集团公司有着 60 多年的发展历史，为新中国初期基础设施的建设、发展甚至在城市现代化建设做出了重要贡献，曾肩负着原机械部所承担的安装重任，这与现代企业以赢利为最终目标的价值不同，这更多的是一种国家赋予的责任和奉献。

毋庸置疑我们这支“钢铁铸就的英雄团队”的艰苦奋斗的精神和专业能力，但在国际市场公开竞争当中，我们也同等地需要将自己的敬业精神、专业品质、超群实力展示给客户、合作伙

伴并淋漓尽致地将所拥有的最能吻合客户项目需求的亮点呈现出来。

这一点尤其在哈萨克斯坦 BALKHASH 2×660MW 燃煤电站项目的营销中显得更具代表性，我们将中国建设喜获房建特级资质的消息通知了所有的客户，包括韩国 EPC 公司，并解释关于在中国取得资质才能在相应等级范围内开展生产经营活动，特别说明了房建特级资质可以覆盖的生产经营活动。国内外客户在收到这个消息后在表达祝贺的同时，表现出相当的热情和想法来寻求合适的项目机会进行优势互补性的合作。

以三星集团哈萨克斯坦 BALKHASH 2×660MW THERMAL POWER PLANT 作为典型案例可以充分验证如上论文中阐述的在占据新市场（以哈萨克斯坦为代表的中亚市场），争取参建本项目为部门创收、为公司赢利，提升公司层面从市场营销、投标至项目管理的对标水平，同时这显然会加强对外营销能力、项目管理能力。

浅谈国际EPC工程投标报价的方法

电力事业部
舒宝林

随着我国对外开放的深入发展，经济合作和技术交流规模的不断扩大，我国设计施工综合实力的增强，我国设计和施工队伍走出国门，参与国际工程EPC项目也越来越多，参与国际EPC项目首先的必要的第一步就是在EPC项目的招标过程中中标。在越来越多中国施工企业走出国门，参与到国际工程市场的竞争，这是工程公司国际化的发展的方向。最早参与和管理大型的国际EPC工程项目的公司，多半是欧美国家的工程公司，它们有成熟的EPC工程技术，采购和施工管理体系，但随着日、韩工程公司国际化的崛起，欧美的工程公司在工程报价上已经无法与日韩抗衡，然后渐渐失去了竞争的优势，同样，随着中国工程公司的走出国门，日韩工程公司这也将会与中国工程公司在国际工程市场上，形成相互竞争的新态势，中国工程公司在国际工程项目竞争中，如何能取胜，如何走得稳是我们值得深思的话题。

EPC工程总承包项目是指按照合同约定雇主委托承包商，对工程项目的勘察、设计、采购、施工、试运行(竣工验收)等实行全过程或若干阶段承包的项目，也可按国际惯例称为交钥匙工程，这种合同模式的突出特点是：项目的最终价格和要求的工期具有更大程度的确定性，由承包商承担项目设计和实施的全部职责，业主将大部分项目风险转嫁给了总承包商。国际EPC工程的市场细分竞争越来越激烈，国际EPC工程项目总承包投标过程中的核心环节，涉及生产要素的市场行情、施工组织设计、工程技术的规范和项目执行的标准、项目市场的竞争态势、合同形式和条款、工料机消耗标准，以及国际贸易、保险、金融、税收等诸多方面。提供一个合理的、有竞争力的投标报价是正确进行投标报价，保证适度利润的重要依据，也是工程总承包商增强竞争能力、降低经营风险、拓宽国际市场的主要途径。

由于业主在权限、资源配置和综合效益等方面的优势，EPC交钥匙模式逐渐成为国际上工程承发包的主流模式之一。国际EPC项目的投标标书主要是由技术标和商务标构成，商务标的最核心内容就是报价。报价既要做到具有价格竞争优势，又应能保证作为EPC承包商有合理的利润空间，因此，在国际EPC项目的投标中，报价就成为其中一个非常关键的决定能够中标以及能否盈利的重要因素，通常的国际EPC项目的报价主要由以下几部分组成。

1. 工程项目本体造价

工程项目本体造价是业主在招标文件中要求承包商按照标书要求和技术规定，完成招标范围内全部工程项目的总体报价，是投标人依据工程量清单或工程量表填报完成的主要报价工作内容。

2. 暂定工程量报价

是在招标文件中另行规定的。承包商除了完成工程项目投标报价表中规定的施工安装工作内容外，由于工程量清单中某些分项工程量不准确或在项目执行过程中可能出现设计变更等原因临时增加工程量或工作内容，而导致的工程建设费用增加部分的工程报价。计日工单价是指工程项目开工后业主可能在某些额外工作方面需要承包商提供劳动力和施工机械，或完成某些合同以外的工作量，因此在招标文件中，要求投标人按照业主给出的报价表报出临时完成某项工作的计日工单价。

3. 费用测算

国际工程报价是国际工程投标的最核心部分，是承包商与业主之间就工程总价(或合同价)进行磋商谈判的基础，直接关系到承包商投标的成败。则费用测算就至关重要。国际工程报价第一大部分，设计部分报价：根据计划和进度编制出设计、现场服务等需要的人工时，然后根据各个工种给出一个人工时费率。第二大部分采办部分报价，主要包括设备材料出厂价格、运到项目所在国港口的费用和清关费、税费、陆路运输到施工现场的费用。第三大部分施工报价，施工费用是由技术人员提出所需要的人工时和机械台班等给预算人员，然后再由预算员根据定额测出人工、材料、机械的量，再套用当地的市价。测算出来的直接费用，再加上间接费(包括临时设施，营地建设和人员机械的动迁复原等)就构成了施工费用。还有其他的培训费以及给业主代表提供的办公室和住宿等共同构成了 EPC 的总价。

在国际 EPC 项目的承接中，应该有一套自己比较完善程序来控制自己的风险，通过价格、方案和施工管理方面取得业主的认可，一般国际项目报价过程为：市场调查、踏勘现场、编制投标报价书等确定最终报价。

仔细研读招标文件，获取有效信息。对于招标书的内容一定要仔细研读，弄清下列关系要素(由于业主的招标文件是在许多国际 EPC 项目中可能是唯一的基本数据来源，也是编制投标书的依据主要来源)：(1)工作范围的准确界定，工作量是否准确程度，决定报价的是否有优势；(2)汇率及付款条件、项目所在国的币种等，尤其要弄清分期付款比例相关的制约措施；(3)项目所在国家的各项取费标准(海关、税收、施工机械使用制度、劳动力许可证、外劳工作签证制度等)；(4)标书中要求的工期，也就是工期的安排，尽量优化合理工期安排；

获取一手资料，踏勘施工现场。参与国际 EPC 工程投标时，总承包企业必须要对招标项目所在国家(地区)和项目现场及周边的环境条件以及相应的情况进行详细的实地考察，以期能够获得第一手的项目背景资料，尽量避免不熟悉项目所在国家(地区)的实际情况的情况发生。

在国际 EPC 项目投标的报价中，投标人员的要求和技术运用，①造价人员必须增强风险意识，明确自己的职责，投标过程中应加强与设计人员和施工方的沟通和协调，相互密切配合做好投标报价；②要培养复合型、高素质的造价管理人才，使造价人员尽可能参与到 EPC 项目各阶段的工作中来，积累经验，扩大知识面，对人、材、机市场行情有一定的把握能力，并对企业自身的管理水平和施工能力有充分的了解，进一步提高业务素质；③充分应用运用计算机提高报价水平和效率，建立造价数据链接，分析报价书中各种表格的需要，实现数据快速处理，尽量减少人工计算，最大程度提高准确度，从而达到快速报价的目的；④应建立不同专业、供货商及类似已竣工工程等经济资料的数据库，并着重运用计算机对工程造价资料进行长期的积累、分析和整理，从而建立报价数据库，实现快速和高质量报价。

作为 EPC 项目的投标，这样设计工作是也是非常重要的，直接关系到项目的投资额度和报价，因此，尽早组织设计部门的参与项目的投标是非常重要的，主要表现以下的几个方面：

1）EPC 总承包商早期应该介入项目设计阶段，能充分考虑到现场的施工方案、降低成本、缩短工期等方面，有效地进行项目优化设计，以降低项目的风险，并且在价格上占有一定的优势。

2）设计和施工人员在设计阶段就有较多接触和交流意见的机会，避免设计与实际不符等现象，减少设计和实施出现问题互相推诿等，可提高项目的建设效率；

3）作为 EPC 项目总承包商来讲，存有一定的风险，如果设计图纸不全面或设计深度不够或对技术标准和要求没有全面的了解，对发生的费用必须由承包方负责，所以承包商的责任相对增大。

4）在设计阶段，要充分理解业主的要求和当地气候特征对所选型和设计相符合，以及当地对环保要求和性能的要求，项目使用的标准尤其重要，这对设备的选型和设计都是重要的考虑因素，并且要严格按要求进行执行的，切不可忽视，千万不能用国内的经验与国外的要求进行想起并论。如在沙特轻轨工程项目施工的中国公司，已经有深重的教训。

5）如在化工项目中，其产品工艺包的选择也是很重要的，生产的产品是否能满足设计要求，在确定好工艺包后的深化设计也是很重要的，所以设计公司的选择显得也是十分重要的。生产出来的产品，如果成分的参数不能达标，那就意味着会出现巨大的损失。在阿联酋的国家石油公司的绿色柴油项目（GDP）就是一个的例子，因产品不合格，工程还没有结束，结果投入大量技术的改造工程，延误工期不说，还重新投入更多的费用，导致出现了项目的巨额亏损。

6）组织设计院的负责人对现场实地进行考察是非常重要的，对业主提供的地勘报告和可行性的研究，要让施工和设计进行认真分析和研讨，做到对项目的条件理解更透彻些。

国际 EPC 项目费用的测量和风险防范，虽然报价在投标中非常重要，企业的风险承受能力和防范都是要注意的，不能做到风险的防范，可能会给施工时进来很多的困难，那样就是直接影响到项目的施工的进度和成败，所以费用的测算和风险防范也是重要的，做到不夸大风险的存在，也不是人为的减小风险意思，做好二者的统一。

1）国际 EPC 项目报价中的设备材料费用的测算。一般的，设备材料费用在整个 EPC 项目总费用中占的比例较大，对设备材料费用的测算尤为重要，投标人要在业主招标文件的长名单中进行询价。关键设备一定要多家询价，然后进行对比分析，还要特别注意厂家的报价中是否包括了备品备件、调试费用、培训费用，等等；对一些大宗材料，要对项目所在国进行调研，项目所在国的市场是否满足将来项目的需要，价格与进口材料的对比情况，等等。

2）外部和财务风险：在投标报价过程中我们要熟悉工程所在地的进场道路，地质情况，周围的居民情况以及最有可能成为中转城市的发展情况；了解工程所在国的政治情况，是否有恐怖组织或者政治动乱等；还要考虑汇率风险的物价情况、业主情况和资金来源情况；并熟悉工程所在国的法律法规。比如孟加拉的项目一般规定滞保金是合同总价的 5%，根据孟加拉的不成文的规定，这 5%到项目最后是拿不回来的，所以在考虑投标报价的时候我们一定要认真考虑怎么合到合同总价里面去。

3）施工和进度风险：根据以往我们做国际项目投标来分析，工程施工和进度对整个工程相当重要。例如我们在阿联酋 RREP 项目，由于项目在军事控制区，对施工要求特别的严格，施工人员进入现场施工要有许可证，而且每进现场就要花费 2 小时，每天按照 10 小时计，则剩下的施工时间就只有 8 小时，若我们不了解工程所在国的情况的话，延误工期，到最后只能接受处罚了。整个项目中计划和工期安排是很重要的环节，如苏丹就是一个旱雨季分明的国家，旱季几乎不下雨，地面开裂，寸草不生，但到了雨季，草地变沼泽，地面积水高达 1.5 米深，雨季根本就没有办法施工，因此在安排计划的时候要考虑避开雨季。

4）HSE 管理和当地劳工的风险：一般标书对 HSE 管理要求很严格，对污染和噪音要求特别高，还有饮用水和生活用水的处理以及施工现场的医疗卫生保障问题。国际项目都有一个劳工当地化的不成文规定，一般标书要求一定比例的当地施工人员，但是当地员工的施工水平参差不齐，这就需要承包商调动熟练员工来培训，这样往往就会拖延工期，承包商就有可能要延期罚款。

另外，在 EPC 项目的投标报价中，工艺系统设计的优化是报价的最大优化，采购纳入设计程序，施工方案与设计的充分结合对提高报价竞争力至关重要。熟悉标书、现场考察、市场调研、资料收集、经验积累和数据库的建立等是投标报价中不可缺少的前期工作和基础工作，只有做好以上工作，寻找差距和不足，不断创新，提高风险识别和防范，才能提高投标报价水平。因此，国际工程投标是一项较为复杂的工作，但只要掌握它的规律，做好投标前的准备工作，同时针对不同的项目制定不同的报价原则，对长期从事海外工程人员来说，应该不断熟悉海外投标的一套模式，在实践中不断积累经验。

在国际工程项目投标报价中，除了做好费用测算和风险防范外，还要讲究报价的策略，如果你太注重项目的风险进行报价，可能会出现经常不能中标的结局，那样就没有什么意义了，怎样做好报价的技巧，通常使用的有以下几种方法。

1. 扩大标价法

扩大标价法是一种比较常用的方法，它是除了按正常的已知条件编制价格以外，对工程中没有把握或变化较大的工作，来采用扩大单价的一种方法，这样就可以增加“不可预见”费，减小风险。然而这种做标的方法一般总价比较高，这就不容易中标。

2. 先亏后盈法

为了进入某一地区，承包商依靠自身的雄厚资本实力，使用的一种只求中标、不惜代价的低价投标方案，想要应用此手法，必须要求承包商有较好的资信条件，或者能够提出施工方案。通过低价中标，占领一方市场，再通过自己的信誉和质量让客户满意，从而获得更多的机会，同时让竞争对手得不到竞争的机会，但风险比较大。

3. 不平衡报价法

单价合同与工程量按实际计量结算主要采用不平衡报价。这就要利用其工程量清单中部分工程量或个别计算有误，来慢慢分析其工程量将来结算时可能减少，将其单价降低；反之则单价升高。

4. 成本分析法

成本分析法要考虑企业自身的能力。要做仔细的成本分析，它不仅仅要做计算预测利润，还要前提确定报价。近年来在对本项目成本预测的基础上，类似工程项目的经验进行造价比较相结合，就应该考虑适当的利润，这样就可以确定合理的定价。这样做是为了探讨这个报价的风险和赢利。

在国际的 EPC 工程承包投标中,承包商要进行一系列的考虑,如自己的实力、需要投标项目的特点和承包商本身市场战略等因素,当然还要考虑竞争者的战略。从而采取相应的定价策略。在投标活动中,一定要考虑采用的投标策略是否合适,是否有好的作价技巧,这些都是十分的重要。因而要想投标成功,不仅仅要仔细认真地去研究投标策略,也要讲究投标技巧。而通常说的“作价技巧"是指在结合具体的工程实际基础的情况,在有一定市场了解的基础下,采取的适当的具体作价方法。

企业施工任务趋于饱和或者饱满时,要想标与否均可,可提高利润率。而且一旦中标,即可获得较高利润,为了增加“不可预见”费,减少风险,就可以采用扩大标价法。企业施工任务在某些地区基本打开局面时,或基本满足,可通过采取获取一般利润水平来报价这种情况可以使用成本分析法,对成本进行具体的分析,考虑适当的利润。企业在某地打开局面,或施工任务准备不足;当企业扩大了市场、创造出一定声誉时,可以薄利保本的原则报价,这样的就可以用先亏后盈法,首先不惜代价的低价投标方案,进入该地区,这样就可以提高承包商信誉,韩国企业在中东地区的项目报价,基本上就是通过“先亏后盈法”打开中东市场的新局面,把欧美和日本工程公司都打败了,赢得了很大有市场份额,但自己也是付出了很大的经济损失作为代价。

对投标竞争激烈工程,短期能突击完成的工程,以及工程量大、工程简单的工程,如里程长的道路工程或者建筑群体等,报价则可偏低一些。对特殊工报价则可高一些,一般房屋建筑工程报价宜低。

在一个投标工程中,其他条件不变,不提高总报价,对不同分部、不同项目可采用不平衡报价法。如:(1)对于那些有漏洞的地方,或工程内容做法说明不清楚的项目,为了工程实施过程中索赔和降低工程总报价水平,其单价可低一些。(2)对于那些以后要施工的部分,估计暂估价格或暂定工程,除了估计不会施工的部分可低一些外,其单价可高一些。(3)对施工过程中会减少工程量的项目,可以稍微降低其单价,这样即使降低报价,在工程实施时减少的收入额度也不会太大;估计施工过程中会增加工程量的项目,报价可以适当的稍高些,这样,在工程施工时增加收入的同时,对报价影响不大。(4)对后期项目(如安装工程、装饰工程等)报价可以适当的放低;对能先结算工程价款的项目(如基础工程、土方等)为了加快资金周转其单价可高一些。(5)对工程量很难于计算准确的项目,如土石方工程,或者其他一些项目其单价可以报得高一些,这样做既存在多获利的机会,又不会影响投标总报价。

国际 EPC 项目的投标策略分析。根据不同招标工程的竞争形势和不同情况来制定投标策略,采取不同的投标策略。投标策略并非不可捉摸的东西,是非常灵活。投标策略有四大要素:掌握主动,随机应变,把握形势以长胜短。投标企业只要抓住这四个要素,然后结合具体工程情况,来灵活运用,只有这样才有可以在不断的竞争形势中取得大的成功。

掌握主动。也就是在投标竞争过程中,不管面临什么样的竞争形势,投标企业一定要善于把握主动。例如,在选择投标对象时,不利不投,做到能投则投。如果是适合本企业施工能力和特点,可以发挥企业优势的工程;如果是适合当前企业的经营需要,并具备投标的条件;如果是外部影响因素对本企业有利等,就可以积极的参加投标。反之,就不要参加。

把握形势。也就是在工程投标活动中,要注意搜集情报信息,掌握“知己知彼,百战不殆"的原则。为此就需要了解自己,了解市场,了解对方。

随机应变。一是,在确定投标报价时,必须根据影响报价较大的企业因素和市场信息变化，适时做出决策；二是，要灵活地采取不同的投标策略。

以长胜短。以己之长胜对手，也就是利用自身的优势战胜对手。在“把握形势"的基础上，分析本竞争对手和对手企业的劣势和优势。

国际 EPC 工程项目即是涉及设计、采办、施工、物流、保险、财务、法律等的综合性工程。对国际 EPC 项目的投标报价而言，对标书的充分理解和对项目所在地的各种与项目有关的情况（如地形地质、人机料费用、分包报价、政治环境、海运条件、交通情况、汇率风险等等）有充分足够的理解是构成一个合理报价的基础，对投标人而言这需要在今后工作中不断实践、不断总结、不断完善和提高，使我们能够在国际工程竞争中有所收获。为我国在境外承揽 EPC 队伍提供有力的保障。国际 EPC 工程的市场细分竞争激烈，国际 EPC 工程项目总承包投标过程中的核心环节，涉及生产要素是多方面。上述这些事情，只是从基本层面进行分析，对发达国家在国际 EPC 项目上的成功经验进行了深入细致的分类研究，这一点是非常具体的、实际的和有新意的，这将对今后的实际工作有很重要的指导意义。

互联网+BIM 技术改变建筑业

技术中心
宋 嵩 孙伟妮

建筑业是数据量、业务规模都非常巨大的行业，但也是当前各行业中模块化程度最低的行业。由于建筑业生产的复杂性，导致模块化和规模化转化为生产力的技术难度十分巨大，管理创新能力又略显不足，企业与行业的转型升级步履艰难，信息化、互联网、模块化程度远低于其他行业。这并不意味着建筑业与互联网、信息化绝缘，而是因为技术未成熟、行业时机未到。BIM(Building Information Modeling)技术的发展和初步成熟，将有望改变这一落后局面。

住建部在《2011—2015 建筑业信息化发展纲要》中明确了在施工阶段开展 BIM 技术研究与应用的要求，这也拉开了 BIM 技术在国内施工企业全面推进的序幕。

BIM 技术在创建、计算、管理、共享和应用海量工程项目基础数据方面具有前所未有的优势。利用 BIM 技术，一支专业团队可以在 10 天时间内完成 10 万平方米建筑面积的体量作业，包括专业建模、计算工程量、分析各专业技术冲突以及输出预留洞标注图等工作，与传统作业方法相比，综合工效提高了 5～10 倍，工作质量更是提升数倍。

建筑业价值链的关键要素是工程量、建材设备产品价格、消耗量指标和造价等。BIM 技术实现的主要是对工程量的透明化和对其他信息的辅助透明化，互联网技术则帮助 BIM 技术实现了广域网的协同和共享。“互联网＋BIM”模式，将有利于实现建筑产业链的透明化。互联网＋BIM 技术作为建筑业的一项革命性技术，其应用价值得到了设计、业主和施工单位越来越多的重视。

如今，BIM 技术已经进入 5D 时代。所谓 BIM 技术的 5D 应用，是指在建筑信息 3D 模型的基础上添加了时间和费用的一种新型应用模式，也就是在 3D 模型上融入了 4D 进度控制系统与 5D 成本控制系统，建立起 5 个维度的深度建筑信息模型，从而实现施工资源动态管理和施工成本实时监控。

项目核心业务管理所需要的数据是一个 5D 关系数据库。BIM 技术的 5D 模型是一个完整的信息模型，可以实现数据同步并保证同一数据来源。通过结合建设时间轴，可以对项目建设的可行性、施工方案等进行分析和优化等工作。所以，虽然只是增加了两个维度，但却极大拓展了 BIM 技术的视角，使得 BIM 技术能够贯穿整个建筑生命周期的各个维度。

BIM 技术引入了时间维度，即在三维模型基础上加入了时间线，将时间进度中涉及的内容与三维模型构建起对应关系。从 3D 转变为 4D，建筑信息模型就具有了穿越时空的完整性和动态性，而不再是静止的、没有动感的“死模型”。BIM 技术引入了造价维度，也就是在已融入了时间线的四维模型基础上加入了造价线，将造价进度中涉及的内容与四维模型构建起对应关系。从 4D 到 5D，增加了重要的造价信息，在一定程度上，人们对造价的关注度远超过对建筑其他事项的关注。由于有了造价信息，建筑信息模型将变得有血有肉，不再是个只能可视的“裸模”。

BIM 应用的 1.0 阶段是从设计行业开始的，但施工与设计不同，如果不能很好的应用于施工阶段，BIM 将停留在设计阶段，而无法进一步发展。只有将施工问题解决，BIM 技术才能逐步推进到建筑全生命周期的各个阶段。对于施工来说，最核心的两个问题就是成本和进度，只有解决了这两个问题，施工阶段的 BIM 才有意义。BIM 技术的 5D 时代恰恰开启了应用为主，模型为辅的 BIM2.0 时代，在 3D 模型基础上融入了进度控制与成本控制，建立起 5 个维度的建筑信息模型，从而实现了施工资源动态管理和施工成本实时监控。

实际工程中，基于 BIM 平台的 5D 施工资源动态管理子系统可以应用于施工全过程。在使用中，该系统能够实时跟踪项目的施工情况，自动计算和监控总体工程或者任意 WBS 节点的计划进度预算成本、实际进度预算成本、实际消耗成本、进度偏差和成本偏差。根据跟踪信息可以对已完成的分部分项工程进行成本评价，若成本偏差为负值，表示执行效果不佳，实际消耗成本超过预算成本，即超支；当成本偏差为正值时，表明实际消耗成本低于预算值，即节支；若成本偏差为零，表明成本按预算进行。BIM 系统能够运用增值分析方法，根据成本的实时消耗情况，自动对未完工工程进行成本预测，从而为施工管理者进行成本动态管理提供支持。

工程的施工阶段是整个项目各阶段中变化因素最多、最复杂的阶段，这一阶段是消耗相关资源的主要阶段，整个工程的建筑物也将在这一阶段形成。通过建立 BIM 技术的 5D 施工资源信息模型，可以实现建筑工程施工资源的动态管理和成本实时监控，有助于全面把握工程的实施和进展，及时发现和解决施工资源与成本控制之间的矛盾和冲突，从而减少甚至避免工程超预算事件、保障资源供给、提高项目管理水平和成本控制能力。

在国外大型复杂工程中，80％以上的项目都使用 BIM 技术。目前，美国和日本已经建立起规范的 BIM 国家标准，开发了一批以 AUTODESK 公司 REVIT 系列软件为代表的专业软件，并已广泛应用于各类新建工程项目中。虽然我国建筑业信息化建设已推行多年，但信息化应用水平整体不高，大部分的工程项目施工进度仍然依靠人力和经验控制，具有明显的静态控制和被动控制特点。随着国内掀起的 BIM 热潮，业主对 BIM 的认知和认可度越来越高，如 SOHO、万达等业主。与之相应的，上海中心、上海迪士尼、后世博央企总部等项目已明确将施工过程中使用 BIM 技术作为必要条件写进招标合同。即使业主不做要求，BIM 技术在招投标过程中也已逐渐成为重要亮点。

建筑业的互联网、信息化建设经历了起步、普及和网络化阶段，正逐步进入集成化阶段。面对日益加大的建设工程量和可持续发展型社会对建筑项目的要求，迫切需要将现代信息技术与新技术、新工艺、新材料等相结合，推动设计、施工生产过程和方法的创新、企业管理模式的创新、企业间协作管理的创新，从而提升我国建筑业的核心竞争力。互联网＋BIM 技术的联合作用恰好满足了这些要求，将极大提高建筑业的项目管理水平和成本控制能力，促进建筑业的快速发展。

浅析工程造价对工程质量的影响

电力工程事业部

苏照宇

在市场经济条件下，建设项目的投资者对提高工程质量、降低投资费用、按期或提前交付使用非常重视，降低工程造价成为投资者始终如一的追求目标。但是作为一项工程的承包商而言，他所关注的是工程造价中的利润或定额利润，为此，他追求的是较高的工程价，他们之间的矛盾正是市场竞争机制和利益风险机制的必然反映。二者对工程目标的不同追求和要求集中体现在工程造价方面，这就使工程造价对工程质量不可避免的产生影响，且这种影响越来越大。因此，分析工程造价对工程质量的影响，树立合理的工程造价是工程质量的经济保证的理念很有必要，也非常有意义。

一、工程的质量和工程造价的定义

所谓建设工程的质量，在市场经济条件下，既是建筑产品的质量，是指建筑产品满足一定用途与需要的品质与性质，它包含坚固、耐久、适用、经济、美观等特性。建设工程的造价从广义上讲是指建设一项工程预期开支或实际开支的全部固定资产投资费用，即项目建设全过程中发生费用的总和，包括建安费用及其他相关费用，狭义上将是指工程价格，它是指建设单位支付给从事建筑安装工程的施工单位的全部生产费用，它是以货币表现的建筑安装工程的价值。

二、不合理的工程造价对工程质量的影响

施工企业在建筑产品的施工过程中，投入了人工、材料、机械，再加上直接和间接的管理费用，从而最终形成了建筑产品的价值。从该产品的使用价值看，它的高低(即质量的优劣)是透过质量标准来界定的，也就是以质量成本来确定。质量成本是指工程中为保证和提高产品质量而支出的一切费用，也就是工程造价。从理论上来讲，应当是投资者想达到什么样的工程质量，就需要什么样的工程造价。即投入的费用多，形成的建筑产品的价值就高，相应地工程造价也就随之升高。

但实际上在当前的建筑市场中，施工企业多而任务不饱满。由于供需不平衡，就形成了买方市场。这样使业主处于明显的主动支配地位，就出现了一些业主既对工程质量和工期有着严格的要求，又对工程盲目压价，即所谓“又要马儿跑得好，又要马儿少吃草”，甚至要求承包商无条件垫资施工，对工程抽肥留瘦强行供应建筑材料构件等。特别是近年来，在建设工程招标投标中压级压价现象越来越严重，招标投标中的中标确定过程，成了投标方让利压费用的数字游戏，一种让利的竞争和造价的扭曲，施工企业为了寻求生存，占有市场，不惜压低价格，微利甚至亏损来获得承包。

低价承包的后果是造成有些施工企业不规范执行，造成施工程序，施工安全没有保证，施工质量隐患重重。有些企业为保证质量、维护信誉，不得不自身消化由于资金不足而带来的经济负担，使企业背上经济包袱，造成资金的周转不灵，经济陷入困境。更有一些企业为了达到

盈利或保本的目的，只能通过偷工减料、粗制滥造来完成工程。但“便宜无好货”，这样的工程质量自然不会高，这也是造成当前所说“豆腐渣”工程屡见不鲜的主要原因。个别企业甚至采用挂靠分包等手段来规避风险降低成本，导致质量无人管，企业素质不高却能越级施工，进而产生质量隐患，在价格上层层吃回扣，使得真正的实施者入不敷出，只能在偷工减料上做文章。

三、合理控制工程造价是工程质量的保证

工程质量是百年大计，关系到国民经济的长远利益，关系到人民的生命财产安全，所以，千万不能掉以轻心。1)合理的工程造价，是工程项目投资利益的正确反映，是国民经济利益的一个重要组成部分。2)合理的工程造价，是建筑产品投入产出的正确反映，工程造价的合理确定，能保证和维护建筑产品供需双方的经济利益，是建筑市场健康有序发展的需要。3)合理的工程造价，是施工企业投入的成本的正确反映，从而能真正促进施工企业的成本核算、技术进步，降低社会平均必要劳动量而获得盈利和发展。工程造价的合理控制，能保证和准确维护建筑产品供需双方的经济权益，是工程质量的关键所在。

因此，在健全和发展建筑市场过程中，政府部门应在依法对建筑活动监督管理，规范业主行为，确定施工单位质量责任，限制片面追求进度、超级承包、肢解工程等干扰工程质量的不正常现象的同时，确立以工程造价管理为基点的基本建设管理体制，使其不仅能够确定和控制基本建设项目的投资，而且能够反应建设项目的价值构成，维护项目参与各方的基本利益，规范市场竞争。

对于招投标工程，建设单位应树立以合理的投标价为中标价理念，而不是低价者中标，并推行以工程量清单计价为主的工程造价改革，实行“量价分离”、“合理低价”中标的目标，使建材和劳务价格更能反映市场的变化。

综上所述，只有合理控制工程造价，才能确保工程质量，也只有树立合理的工程造价是工程质量的经济保证的理念，才能做到优质优价，形成一个统一规范、竞争有序的建筑市场，施工企业才能在公平、公正、公开的建筑市场中进行竞争，投资者的工程投资才能得到有效的质量保证和回报。

基于地缘和亲缘因素的劳动关系的研究
——以中国建设集团白俄纸浆厂项目为例

中国机械工业建设集团有限公司总承包工程事业部

孙　鹤

摘　要：

改革开放为我国带来市场化的经济体制转变，也对“劳动关系”的概念进行了新的诠释。面对社会上各种各样的劳资纠纷，在中国建设集团白俄罗斯纸浆厂项目中，施工承包人和一线施工人员却在安逸地工作；在劳资纠纷突出发生的工程建设项目上，从未有一起罢工事件发生。对该现象产生的兴趣促使笔者进行研究调查。本文将主要结合专家学者观点从该现象产生背景、存在现象的成因和发展对第三方面进行论述。实地调查研究发现，虽然项目施工人员与项目部签订了劳务合同，但是，施工承包人和一线施工人员间的口头劳动协议是靠“情感”保障的，由此形成情感劳动关系。该种劳动关系，被雇佣方信任雇主方，双方口头达成共识，项目部支持，并在信任以及由信任所牵涉出的社会影响等一些人为因素的约束下，双方均无违背口头劳动协议。从国家推行劳动立法的角度讲：在人情社会下，情感劳动关系的形成不能说是最佳可行方案，但从实际运行看，该方案作为一种特殊的有实际效果的劳动关系，尤其是对于工程建设企业，有着属于它的存在价值。

关键词：工程建设　信任　人情社会　情感劳动关系

目　录

一、问题的提出

中工国际工程股份有限公司在白俄罗斯戈梅利州斯韦特洛戈尔斯克市总承包建设一座年产 40 万吨漂白硫酸盐木浆厂,包括从原料进厂到制成产品出厂所需要的完整生产系统。我公司中标了蒸发工段、塔尔油、工艺循环冷水站、苛化、石灰回收工段、给水净化站、污水处理站、主控楼仪控设备、公用工程等安装工程项目,涉及的专业有设备安装、非标制作、管道、电气、仪表、暖通、消防、砌筑、防腐及相对应的土建专业,涉及采购及安装的设备和材料近万个品种。2014 年 8 月,我被公司派往白俄纸浆厂项目锻炼见习,白俄罗斯纸浆厂项目是由中国建设集团所属的中国机械工业第一建设有限公司负责施工与管理的。四个月的时间里,我通过现场学习和与施工承包人的交流,逐渐了解到了本项目的施工承包方式和人员管理模式。本工程建设项目采用内部承包方式,一线施工人员由施工承包人负责招募,统一管理。对于这种劳务用工形式我心生疑问:白俄纸浆厂项目一线施工人员近千余人,如此庞大的施工群体从项目开工至今没有一起劳资纠纷案的出现,也没有发生一起罢工,那么员工的各项权力是怎么保障的?他们的工资体制又是怎么样的?员工和雇主间又是一种怎样的关系?项目部的态度是什么?对于这个现象我很感兴趣,便决定以此为题进行研究。并希望通过我的研究得出施工承包人和一线施工人员在情感劳动关系的基础上安逸工作的原因及现象背后的作用。

二、文献综述

本文献综述将引用人情社会的相关劳动关系的文献与报道,涉及人情概念、人情社会概念、人情社会下的人情规则和其与法律规则的相互联系和矛盾以及和谐劳动关系中人情化管理等,已有文献中人情社会和劳动关系是相分离的,没有人情社会下的劳动关系的相关文献和报道,但是,"情感"劳动关系的大前提是"在人情社会下",因此,关于人情社会的文献可以为我的研究做出很大的铺垫。此外,本论文的研究是基于工程建设企业,因此,对于有关工程建设领域有关文献的查找也是必要的。

1. 定 义

董璐、崔芳芳(2010)在《人情社会浅析》中提出了人情社会的概念,他们认为中国社会是一个人情社会,由人情维系起来的各种社会关系,是中国社会文化的重要特征。亲缘、地缘、业缘都会成为构建人情关系的基础,并通过这种人情关系获得更广泛的社会生活资源,可以说人情充斥着社会生活的每一个角落。董璐、崔芳芳的对于人情社会的定义和内涵的理解与我们当今社会的发展进步息息相关。而有的学者则从人情社会的历史渊源剖析的角度来定义人情社会。

冯必扬(2011)对人情社会的定义是:“人情”在我国是一个很早就出现的概念,《礼记》就记载了孔子的一段话:“夫礼,先王以承天之道,以治人之情。何谓人情?喜、怒、哀、惧、爱、恶、欲、七者弗学而能……”孔子还说:“人情者,圣人之田也。”归纳历代文献中“人情”的含义大约有三种:一是指人的欲望和感情,二是指人心、局势、世情,三是指人们用来表示情感所交换的资源。而人情社会中的“人情”所表示的是第三种含义。所以人情社会作为一种交换模式其最基本的含义就是在人与人的交往互动中主要以人情作为交换媒介的社会。小区域人情社会是熟人社会的交换。熟人社会是指其社会成员彼此熟悉,经常来往,守望互助的社会。费孝通先生在《乡土中国》中称之为“乡土性”的社会。熟人社会是由血缘和地缘而形成的社会。冯必扬教授认为:人情社会的存在是建立在人情作为交换媒介的基础上的,而它的主要构成因素是血缘和地缘。

因此,人情社会的实质性定义基本可以从四个维度概括:人情关系、交换媒介、维系因素和行为指导。综上述学者所论之共同,人情社会基本上可以定义为一个基于血缘和地缘关系的、指导人们行为的、以人情为交换并靠人情维系的熟人社会。

接下来,关于工程建设企业的项目管理,谢彪(2011)在《国际工程承包市场开发与项目管理》中的定义为:项目化管理的特点是多项目管理,核心是构建项目型组织管理体系,运用针对具体项目、完成目标任务的操作方法。

2. 现状及特点

冯必扬(2011)在《人情社会与契约社会——基于社会交换理论的视角》中指出:在人情社会中人与人之间团结的精神基础是法国社会学家迪尔凯姆所说的“集体意识”,个人在共同情感的支配下生活。人情交换一方面是共同情感支配的结果,另一方面通过人情交换又进一步强化了这种共同情感。董璐和崔芳芳(2010)在《人情社会浅析》中这样分析:在当代,建立法治国家的目标要求我们无论是在制度上还是在思想上都要树立法律至上的理念,法律与人情的界限越来越清晰,人情绝对不可以逾越法律之上。法律往往是代表着公平与正义,符合公认的道德准则,而人情则常常构成破坏社会公平正义的力量。当人情需要给法律让路时,由于人们常常不愿放弃人情所能够带来的特殊利益,因此他们就表面上奉行法律,但暗地里却以人情规则来指导自己的行为,于是人情规则成为了潜规则。冯必扬(2011)还认为人情社会的交换在给予时并没有明确要求对方一定要回报、回报多少。但是,在现实生活中,对方一般都能回报,它依靠的是内在的道德力量。

此外,乡土文化是中国传统文化的重要内容,历来与农村、农业紧密相连。从心理契约的角度讲,Rousseau(2010)认为:心理契约是雇员对外显的和内在的雇员贡献(努力、能力、忠诚等)与组织诱因(报酬、晋升和福利保障等)之间的交换关系的承诺、理解和感知。Morrison(2010)认为，心理契约是雇员对其与组织之间相互义务的一系列信念，这些信念建立在对承诺主观理解的基础上，但并不一定被组织或组织的代理人所意识到。

综上所述，人情社会现阶段以共同情感来支配、依靠道德约束来交换、人情规则与法律规则相矛盾这三方面为特点。同时，基于心理契约的情感交换，上述学者都不同程度地表现出了担忧情绪，这是由于在人情社会中人们的行为影响的。

李敏和姚传飞(2010)在《雇主和农民工不签劳动合同制度经济学分析》中认为，这既有雇主追求长期利益最大化的需求影响，也有员工追求短期利益需求的影响，雇主方想使用最小的利益和最低的条件获取最大劳动权，而员工则出于自身职业技术水平低，行为懒散，怕达不到雇主要求时雇主按照劳动合同将其解雇的担心不签订劳动合同。

3. 策　略

从人情社会的角度看，董璐和崔芳芳(2010)在《人情社会浅析》中这样分析：应严格将人情限定在私人交往的生活空间以内，绝对不允许人情介入到公共权力的行使当中，否则必然会诱使权力发生异化，滋生恶性的人情竞争，造成公共秩序的混乱，甚至可能破坏社会稳定冯必扬教授站在人情社会的维度提出了不当求利型人情社会。不当求利型人情社会是通过消解各种规范与制度来获取不当利益的，所以，不当求利型人情社会是社会不正之风的一个主要来源。冯必扬(2011)在《人情社会与契约社会——基于社会交换理论的视角》中指出：只有消除不当求利型人情社会，使人情社会仅在情感领域、契约社会在利益领域发挥其功能，我国才能从以人情社会为主导的社会转变为以契约社会为主导的社会。

学者们普遍承认了"情感劳动关系"的存在，但大都提出了自己的担心及建议，大部分学者均采用量表法进行数据的整合与分析，不得不承认："情感劳动关系"在我国的工程建设领域中是大批量存在的，笔者对此现象产生了浓厚兴趣，遂决定继续探究之成因。

三、研究假设及方法

1. 研究假设

本研究假设中国建设集团白俄纸浆厂项目施工承包人和一线施工人员劳动关系的形成是主要是基于地缘因素和亲缘因素的结果。另外，项目部的支持也是不可或缺的因素之一。通过对个案的研究，得出以下假设：

(1) 由于地缘因素的影响，人们生活方式及价值观相对一致，项目现场生产集中，人们生产生活接触频繁共同的利益需求，使得情感劳动关系的形式得以形成。

(2) 由于亲缘因素的影响，人们更容易建立信任，更具有群体认同感，影响劳动生产方式，使得情感劳动关系的形式得以形成。

(3) 由于项目部支持因素的影响，工程建设的特殊劳动生产方式获得默认许可，造成"情感劳动关系"的形成。

2. 研究方法

本文主要采用定性分析和个案研究的方法，对中国建设集团白俄罗斯纸浆厂项目施工承包人和一线施工人员的个案进行分析和综合。

四、概念及现状特点

1. “情感劳动关系”的概念

这里所研究的“情感劳动关系”，是指在一个充满人情关系的小社会下，雇主和员工为实现劳动过程及各自利益所构成的社会经济关系。在这种关系下，员工方在雇主所制定的“人情”工作条件和工作内容下完成自己的工作，雇主方在保证自己既得的最大收益的前提下最大化的为员工提供保障和“人情关怀”。

2. “情感劳动关系”的现状特点

这种劳动关系的特点在于大多员工与雇主间均以口头协议方式确定劳动关系。员工在这样的条件下劳动。即使这样，白俄纸浆厂项目一线施工人员依旧可以和谐安逸的工作，并没有劳资纠纷案件的发生。由此可知，“情感劳动关系”现状特点可以概括为：员工与雇主建立劳动关系无书面劳动合同的签订，仅有口头约定，这是基于信任而产生的，并且员工工作积极性高，纠纷案件少。

3. 白俄纸浆厂项目劳动关系特点

（一）案例回顾

通过访谈施工承包队一线施工人员小张，笔者得知：小张，23 岁，初中文化，小张所在的施工队现在全部人员有 38 人，均为同乡，他们的老板是中机一建内部员工，算起来还能算是小张的亲戚。小张从 2009 年起跟随现任老板打工，至今已有近五年的时间了。在他工作的这五年时间里，从未与他的老板签订过书面劳动合同，只是口头约定他们之间的劳动关系。项目部也没有正式的督促他与老板签订书面劳动合同。小邓工资发放的时间和数额很固定，工资发放时间和数量直接与项目本身情况、施工进度与质量挂钩。小张透露：因为都世代居住在一个镇上，老板和员工彼此都很熟识，所以老板对他们十分不错，由于每年的施工承包基本上固定，这几年来，每年的平均工资能拿到十二万万左右，到了过年过节老板还会给他们发放食用油、大米之类的生活必需品。谈到工作条件时，小张讲道：“工作条件每个项目上基本一致，正式工作前会有技术和安全培训，工种证的办理也不需要亲自办理”。工伤发生情况在这五年中平均一年只会有一两起不严重的工伤。当问到他对老板的印象时，他表示，他对老板非常满意，也十分信任他的老板，他会为他的老板努力工作，因为施工承包队的效益直接关乎他们自己的利益。

（二）案例分析

中国建设集团白俄纸浆厂项目存在着特殊的“情感劳动关系”。即使这样，笔者经访谈得知，该项目开工以来无一例劳资纠纷等相关案件发生。也可分析得出这样的结论，被雇佣方信任雇主方，双方口头达成共识，并在个人利益、信任以及由信任所牵涉出的社会影响等一些人格因素的约束下，双方均无违背口头协议。施工人员在这样的条件下劳动，他们的雇主根据施工人员的生产任务完成情况和完成效率确定员工的工资，这种分配方式实际上是一种雇主与员工间口头协议下的“按劳分配”。

从表面上分析，雇主和员工均为同乡，因此关系也都比较不错，很难有因为工资或者加班等原因的矛盾，员工工作也都很努力，一来为了追求更多成果而使得雇主因业绩好而加工资，二来因为双方都熟悉，如果消极怠工会影响双方的关系从而造成尴尬。但这仅仅是从表面的一些现象分析到的，接下来会进行深入的分析。

4. 白俄纸浆厂项目员工的权益状况

根据我的现场实际调查：从我公司白俄纸浆厂项目开工至今无一例劳资纠纷等相关案件。在访谈的一线施工人员中，他们均表示雇主会按时按量支付给他们应得的报酬，员工们对超时工作和加班等损害工人权益的现象大都表示理解和支持，因为受到工期和工程量的影响，尤其处于冬季施工时，格外要求加班加点完成既定工作。工人们大都表示项目的利益和个人的利益是息息相关的。因此，他们对自身权益的维护意识并没有那么强烈，雇主们也会秉承"多劳多得"的理念增加员工们的报酬。工程建设企业所属项目的劳动用工特点不同于其他企业职工，它不必为雇佣人员提供住房、医疗、养老等各种福利，与职工只有简单的劳动合作关系，这使得工程建设企业可以集中精力生产，没有过多的额外负担。

五、现象的成因分析及对策

1. 现象的成因

(一)"情感劳动关系"形成的主导因素——信任

人与人之间的简单的熟悉能够产生吸引和信任。情感信任反映了社会关系网络中的交往，从而产生的"共同感"。白俄纸浆厂项目的一线施工人员，祖辈也都是一家人，彼此间就算谈不上熟悉也都面熟，而且都是有关系网的，因此相互间的点滴信任也是理所应当。因此，"情感劳动关系"的形成，信任是主导，因为双方彼此间有信任，便觉得书面合同太刻板，便只约定口头协议。而与项目部订立的书面劳务合同也并非由本人所签署，只是项目部按照法律要求必须履行的手续。在这种关系的建立下，雇主一般不会以各种借口拖欠工资，员工也会因为利益和情感原因保质保量、按时完成自己的工作。这样"约定俗成"的信任一旦形成习惯，便也成为一种自然，更是维系"情感劳动关系"的一个重要的因素。这种道德力量之所以有很强的约束力，是因为两个方面的原因：一方面源于迪尔凯姆所说的"集体意识"，在"集体意识"的长期熏陶下，人们自然会形成约束自己行为的道德律令。另一方面，熟人社会自然会形成一种相互监督系统，如果谁敢对别人的给予不予回报，那么就是他做人的失败，在这个熟人圈子里，他可能会"面子"丢尽，信誉扫地，无法再混下去。正是由于很强的道德约束，所以，人情社会的交换会很正常的进行下去[1]。

(二)"情感劳动关系"是一种协商模式

通过再次对施工承包人的访谈我得知，在"情感劳动关系"下，员工的工资、福利和工作条件及内容都是和雇主通过协商制定的，并不是雇主方单方面决定的。在雇佣每个员工前，雇主都会与员工就工资、福利等方面的内容进行协商，这时，员工可以提出自己的意见，最后的工资和福利的确定是双方一致同意的结果。另外，我还了解到，如果在工作过程中员工对自己的工资、福利以及工作条件不满意的话，可以随时向雇主提出来，雇主也会马上给予解决。这种灵活的协商模式也是基于"情感"的基础之上的，这样实际在一定程度上避免了劳资纠纷的产生，因为员工与雇主的“会话模式”随时可以开启。

（三）雇主和员工的各自需求也是“情感”劳动关系形成的一个因素

施工承包人不与施工人员直接签订劳务合同主要因为“追求经济利益最大化”的需求。雇主基于对自身经济利益最大化的追求，显然希望以最小的成本来获得最大程度的劳动使用权，而不直接签订劳务合同对他们是一种最佳的选择。为什么不签合同对雇主是一种最佳的选择呢？这是因为劳务合同具有保护雇员工作内容、劳动条件、劳动报酬、社会保险和福利以及给予雇员相关的经济补偿等条款，这大大阻碍了雇主“追求经济利益最大化”的需求的实现。此外，“追求比较收益”的需求也使得雇主倾向于不与员工签订合同。雇主在利益最大化的逻辑下，若其不与员工签订劳务合同所造成的罚款成本、经济赔偿等小于与他们签订劳务合同后所增加的社会保险费用等时，他们便有了冒险不签订劳务合同的动机与行动，这也是项目部予以默许和支持的。然而有些工人从主观上来说也不愿意签订，这是因为于他们自身职业技术水平低，行为习惯散漫，达不到用人单位的要求，担心雇主用合同严格进行要求，所以不敢签订劳动合同，这是为了“逃避解雇风险”的需求。

（四）项目部因素

项目部追求保质保量按工期完成工程后获得最大结算利润，所以，这种最大程度上规避罢工风险的“情感劳动关系”用工模式必然会得到项目部许可。一线施工人员在赴白之前经由中国一建所属安泰劳务公司口头许可达成工资协议，工资由安泰劳务公司进行发放。这在一定程度上避免了项目部因劳资纠纷引起的不必要的损失，因此项目部对于“情感劳动关系”的存在持支持态度。

总结：通过个案出现现象的研究分析基本上证明了研究假设。首先，“情感劳动关系”的形成是在人情社会的大背景下，雇主与员工双方间有信任作为主导，并且双方也存在在人情社会下才有的不签订劳务合同的各自需求，从而导致“情感劳动关系”是对彼对己的最优化选择；其次，这种特殊劳动关系的形成并没有太多利益化的博弈，而大多是单纯情感化的博弈；最后，项目部的支持也是“情感劳动关系”形成的一个必不可少的要素。情感劳动关系的形成原因，归纳出最核心的一点，还是信任。它包括施工承包人与施工人员间的信任、项目部与施工承包人间的信任。人情社会下这种特有的信任，导致出这种特殊的劳动关系。

2. 对　策

通过对中国建设集团白俄纸浆厂项目的案例研究，我对“情感劳动关系”给出了定义：它是一种基于亲缘和地缘因素基础上的，项目部默许下的，雇主和员工在口头约定的基础上安逸的生产和工作的特殊劳动关系。在保持工程建设项目风土文化和优良作风不变的前提下，为了促进劳动关系法制化建设和国家普法计划的实施，我给出了以下建议。

（一）施工人员个人方面

施工人员在正式被招聘后，在提供体力劳动前，应该要求与雇主就基本的劳动内容与条件签下书面协定，如工资、福利、工时，休息休假等。

（二）施工承包人方面

雇主应认真学习《劳动法》及《劳动合同法》，了解国家有关劳动关系方面的法律制度，按照国家的劳动法律的要求逐步在本企业建立规范的劳动机制。在雇佣员工时，应该就基本的劳动内容与条件与员工签下书面协定。

（三）项目部方面

项目部应该加强劳务用工监督，不断加强法制化建设，还应该加强对各包件劳动安全生产状况的检查，并根据项目实际劳动关系现状加深研究，得出适应本项目的劳动关系政策以规制"情感劳动关系"。如此，体面劳动和依法劳动，这两方面在白俄纸浆厂都会兼具。这也会有利于激发施工人员的积极性，促进项目生产，在给施工人员和施工承包人带来保障的同时，也给结算利润带来了保障。

这并不是要颠覆约定俗成的"情感劳动关系"模式，而是给施工人员和施工承包人都上了一份双保险。就个人而言，我很欣赏并赞同白俄纸浆厂项目的"情感劳动关系"生产模式。但是我认为，如果雇主可以依法与员工在国内签订书面劳务合同，这不仅可以在出现偶然发生的劳动纠纷时让施工人员有法可依，也可以让雇主在发生施工人员消极怠工时有据可查。在国内签订书面劳务合同的情况下，雇主与员工依然可以在一种"默认"劳动模式下进行劳动生产，一旦出现问题，解决之法自然而然循法而行。无论从哪个方面讲，这对项目部也是百利而无一害的。我认为劳动关系的多元化是一个趋势，"情感劳动关系"的项目肯定不止这里一家，也必然有其存在的理由，所以我们应该不断完善法制建设以及加深研究去规制它，而不是让其消失。

3. 小　结

综上所述，本次研究假设基本被证实。即假设中国建设集团白俄纸浆厂项目的"情感劳动关系"的形成是主要是基于地缘因素和亲缘因素的结果。另外，项目部的支持也是不可或缺的因素之一。通过对个案的研究，得出以下结论：

（1）由于地缘因素的影响，人们生活方式及价值观相对一致，项目现场生产集中，人们生产生活接触频繁共同的利益需求，使得情感劳动关系的形式得以形成。

（2）由于亲缘因素的影响，人们更容易建立信任，更具有群体认同感，影响劳动生产方式，使得情感劳动关系的形式得以形成。

（3）由于项目部支持因素的影响，工程建设的特殊劳动生产方式获得默认许可，造成"情感劳动关系"的形成。

参考文献

[1] 冯必扬. 人情社会与契约社会——基于社会交换理论的视角. 社会科学，2011(9).

[2] 董璐，崔芳芳. 人情社会浅析. 法治与经济，2010(4).

[3] 李敏，姚传飞. 雇主和农民工不签劳动合同制度经济学分析. Proceedings of International Conference on Engineering and Business Management，2010(3).

[4] 谢彪. 国际工程承包市场开发与项目管理. 北京：电子工业出版社，2011.

致　谢

本论文的完成，首先要感谢徐利老师。是徐老师在我论文题目的选择和论文研究方向上给出了关键指导。此外我还要感谢中国建设集团白俄纸浆厂工程项目经理廖志红，是廖总在我来到白俄纸浆厂项目后在工作和生活中给予我的关心和照顾，才让我有机会对这个项目有了比较全面的了解。同时，对所有项目部领导及同事一同表示感谢！

工程中施工管理案例与思考

孙乔杉

“走出去”的大量中国工程企业，在作为总包商与国外业主、监理斗智斗勇的同时，也往往由于项目工程量巨大、技术复杂使总承包商难以单独依靠自己的力量完成整个项目，选择具有相应资质和类似施工经验的分包商协助完成施工任务是一种比较好的选择。工程项目管理是建筑企业根据经营发展战略和企业内外条件，按照现代企业运行规律，通过生产诸要素的优化配置和动态管理，以实现工程项目的合同目标、工程经济效益和社会效益。如果管理不到位，一方面会影响到施工上的费用控制，另一方面也会影响到施工进度，从而面临被业主罚款的风险，甚至有时还可能对簿公堂。因此，我们需要不断总结经验，对建筑工程项目管理进行创新，不断深化管理体制改革。下面将通过一个案例来分析管理中容易出现的问题和可能的解决方案。

1. 案例背景介绍

2005 年 6 月 10 日，上海某房地产开发有限公司（以下简称“A 公司”）与浙江某建筑工程公司（以下简称为“B 公司”）签订《建设工程施工合同》，合同中约定：由 B 公司作为施工总承包单位承建由 A 公司投资开发的某宾馆工程项目，承包范围是地下二层，地上 24 层的土建、采暖、给排水等工程项目，其中，玻璃幕墙专业工程由 A 公司直接发包，工期自 2005 年 6 月 26 日至 2006 年 12 月 30 日，工程款按工程进度支付。同时约定，由 B 公司履行对玻璃幕墙专业工程项目的施工配合义务，由 A 公司按玻璃幕墙专业工程项目竣工结算价款的 3%向 B 公司支付总包管理费。

玻璃幕墙工程由江苏某一玻璃幕墙专业施工单位（以下简称“C 公司”）施工。施工过程中，在总包工程已完工的情况下，由于 C 公司自身原因，导致玻璃幕墙工程不仅迟迟不能完工，且已完工程也存在较多的质量问题。

A 公司在多次催促 B 公司履行总包管理义务和 C 公司履行专业施工合同所约定的要求未果的情况下，以 B 公司为第一被告、C 公司为第二被告向法院提起诉讼，诉讼请求有三项：

1）请求判令第一被告与第二被告共同连带向原告承担由于工期延误所造成实际损失和预期利润；

2）请求判令第一被告与第二被告共同连带承担质量的返修义务；

3）请求判令二被告承担案件的诉讼费和财产保全费用。

玻璃幕墙工程不属于 B 公司的总承包范围内，是由 A 公司直接发包给 C 公司承建的，因此，对玻璃幕墙工程从法律层面而言，B 公司没有总包管理的义务，虽然 B 公司从 A 公司收取的费用名称为“总包管理费”，但其实质是总包配合费。既然是总包配合费，B 公司应只就配合义务承担相应法律责任，不应当与 C 公司共同承担连带责任。

守约方可以要求违约方赔偿二方面的损失，即直接损失和可得利益，同时，也可以要求违约方承担守约方防止扩大损失的合理费用。但是，“可得利益”要求不得超过违约者预见到或应当预见到因违约对守约者造成的损失，同时，要求这种预见或应当预见的时间节点是在签订合同时，而不是其他别的时候。另外，为了防止违约行为造成进一步的损失，守约者所采取的措施而支出的费用是可以要求违约者承担。例如，继续履行、变更合同等所支出的费用。当然，违约者也可以以守约方没有采取适当措施为理由来抗辩守约方要求超额的赔偿要求。由此看来，A公司要求C公司承担宾馆延误开张的预期利润是有法律依据的。至此本案终结。

2. 关于本案例的思考

2.1 以合同为依据主张权利

无论是总包商要求的工期延期罚款，还是诉讼费和财产保全费用等要求，其实都是可以在双方签订的分包合同中找到相关依据的。关于工期延期罚款，合同中明确规定了工期，每延迟一天处罚一定的金额。因此以合同为依据分包商应当受到相应的处罚。

2.2 工程项目管理问题

个别分包商的人力和设备投入不足，考虑不周全，虽然只承担了工程的某一个部分的工作，但最终却造成工程整体的工期拖延。开发商在审核分包商的计划时，应综合考虑分包商各方面的条件，确保计划的可操作性；开发商项目部应加强对分包商现场实际进度的监控，除了对分包商完成的工程量进行核查外，应重点对分包商的人力设备投入、材料供应、工作面的协调等方面加强检查；加强现场协调管理，在分包工程阻碍工程主体的施工进展时，开发商应制定相应的赶工措施，包括激励和惩罚措施，尽一切可能确保工程的顺利推进。

3. 解决途径及对策

3.1 合同的制定

3.1.1 强化合同法律意识，提高合同管理人员素质

许多建筑企业经营运作不规范，法律意识不强，缺乏合同意识。国家工商局和建设部虽然制定了《建筑工程施工合同示范文本》，但有些建筑企业在签署合同时不依据此合同文本，内容不全，对权责和义务的规定不明确导致签署的合同流于形式。因此在签订工程合同过程中，承包商要树立较高的法律意识，要对合同的合法性、严密性进行认真审查，尽可能减少合同纠纷，保证合同的全面履行。同时，要提高合同管理人员的综合素质，组织这些人员进行相关的培训和继续教育，全面提升企业合同管理人员的思想水平、法律水平、经济管理水平和业务能力，以更多更丰富的专业知识，适应市场发展的要求。

3.1.2 做好合同索赔管理工作

在建筑工程合同实施过程中，出现索赔问题是难免的。因此，必须建立工程索赔管理制度。在签署合同过程和施工过程中，承包商应该始终以工程合同为依据，认真整理和分析合同内容，充分考虑各种不利因素，分析合同索赔的可能性，以便采取最有效、最科学的合同管理策略。在合同履行过程中，还应结合相关法律法规认真研究合同各项条款，积极调查施工现场的具体情况，寻找索赔证据。这不仅有利于保护企业的合法权益，更有利于企业不断适应工程建设的最新规范要求从而提高企业未来的生存能力和竞争能力。

3.2 工程项目的日常管理

3.2.1 更新观念，转换机制

通过向广大职工反复深入进行形势与任务教育，促进广大职工树立市场、竞争、效益观念，清除计划经济影响。以此为基础，改革机构设置与部门职能，按照建立市场经济体制，转换项目管理经营机构。从机构上，设立市场合同部、工程技术部、施工管理部。市场合同部集合同管理、计划管理、财物管理、成本管理和结算管理于一体，有利于突出合同管理的中心地位，强化合同管理的控制功能，克服合同管理与资金管理、成本控制相脱离的弊端。对于施工管理部，赋予其在合同约束下对现场施工进度、技术、质量、安全、资源配置、成本控制等全方位的组织实施与协调管理职能，有利于形成现场施工管理与合同管理、成本管理协调一致的管理机制，解决现场调度长期存在的重进度、轻管理，重投入、轻核算的问题，改变"管干的不管算、管算的不管干"的局面，提高文明施工水平和企业经济效益。专设工程技术部，以适应工程技术新、设备新、材料新、工艺新的需要，加强对重大施工技术问题的超前研究和科研攻关，为建设一流工程和创造最佳效益提供有力的技术支持。实践证明，机关报的机构设置和职能界定，与我们预期的目标基本一致，新的管理体制及其运行机制已初步实现转换，并显示出强大的生机与活力。

3.2.2 推行项目管理责任制

建筑工程项目通常规模比较大、分项工程或单项工程多，施工管理和合同管理难度大。在精干主体的基础上。还必须进一步简化生产关系，减少管理层次，变金字塔式的管理为扁平式管理。实施工程项目管理有多方面的管理要素，不同的工程项目又有不同的管理重点，但项目管理责任制和项目成本核算制始终是项目管理的核心。它的落实与否，决定着项目管理的效果与成败。项目经理在授权范围内处理和协调甲乙方，总包与分包方、监理方、设计方以及当地政府有关部门等各方面的关系，保证工程项目的协调有序实施。企业内部要用完善的市场机制、用人机制、分配机制、服务机制和监督机制等有效机制来保证项目经理责任制的落实。有效灵活的组织体系是实现工程项目的四控制（进度、质量、安全、成本），四管理（合同管理、现场管理、信息管理、生产要素管理），保证工程项目三大目标实现的必要条件。

承包公司对项目部严格按照项目管理的原则和合同履约要求进行资源配置，下达生产计划和各项经济技术各核指标。以保证实现预期的项目管理目标。我们还逐步建立健全了一套项目管理的责任体系与规章制度，其内容包括明确项目管理责任人及建设承包公司与各施工生产单位的管理责任，规范项目管理行为，制定项目管理考核办法及奖惩制度等，促进了项目管理责任制的落实。

3.2.3 建立和完善竞争、激励、约束和监督四大机制

第一要致力于建立和完善一套有效的竞争、激励、约束和监督机制，在建设一流工程的同时，努力造就一支一流的施工队伍。首先要建立竞争机制，广泛实行竞争上岗制度。按照"公平、公开、公正"的原则，在竞争淘汰的同时，不断引进优秀人才，补充新鲜血液、使机构保持旺盛活力。通过竞争机制，可以促进机关作风的转变，提高工作和办事效率，激发职工的学习热情，提高广大职工的劳动生产积极性。

第二要建立约束机制，没有强有力的约束机制，项目管理将会失去控制而难以为继。在建设承包公司施工生产、经营管理、后勤保障等各个方面，都需要制订各项规章制度，使各项管理

工作有章可循、有法可依。为了使各项规章制度切实发生效力，还应该建立各项奖惩制度，严格兑现奖惩，促使人们严格按照技术标准和规范规程施工作业，促进工程质量和文明施工水平的提高。

第三要建立监督机制，围绕提高工程质量和企业经济效益这一中心，切实建立有效的项目管理监督机制。要建立全方位的质量监督与责任追溯系统，实行目标管理，责任到人。加强对劳动和、物资材料及机电设备的干预，建立三大市场；同时加强对人工费、材料费、设备费和管理费四大成本的控制。

3.2.4 加强成本管理和质量管理

项目管理的核心是成本管理，要建立成本管理的责任体系与运行机制，把公司作为项目成本管理的中心，负责合同成本目标的总控制。通过对合同单价的分解、调整、综合、平衡，确定内部核算单价，提出目标成本指导性计划，对作业层成本运行与管理进行指导和监督；二级单位作业层负责执行管理层制定下达的目标成本分解指标，严格按照内部核算单价控制成本消耗，自负盈亏。总工程师负责组织技术人员优化施工方案，改进技术措施，鼓励能工巧匠开展技术革新和工艺创新，为有效实施成本控制提供技术支持。总经济师以合同为依据，组织编制施工成本预算计划，确定项目目标成本，并负责层层分解和监督成本执行情况。总会计师对项目成本运行及实际消耗状况，对项目施工进行成本核算与成本分析，计算和反映项目盈亏，检查成本控制目标是否实现，并总结成本控制的经验教训。

为确保工程施工质量，要对职工进行质量重要性教育，强化全员质量意识。开展质量宣誓活动，切实做到警钟长鸣。建立质量管理的重奖重罚制度，用铁的手腕，铁面精神和铁的纪律来确保施工质量。在对质量事故责任者进行严厉处罚的同时，设立高额奖金，用以奖励工质量好的单价和个人。为更好地发挥质检部门和质检人员的监察作用，提高质检员的责任心和荣誉感，建立施工质量档案管理系统，落实质量终身负责制。

4. 结 语

作为征战海外的施工企业，面对竞争激烈的海外市场，要想发展壮大，单凭自身单打独斗是不够的，必须要走总承包加分包管理之路，加强自身工程项目管理能力刻不容缓。总承包商不能有以包代管的思想，相反，总承包商需要从选择分包商时开始注意，同时对于各项分包合同条件严格审查，一定要与工程主合同条件捆绑，约束分包商的权利，施工中需要专人来监督和管理分包商的工作，及时提醒和纠正分包商工做出现的问题，使分包商工作按时、保质地进行，并在施工后解决遗留问题并建立相关档案。只有这样，才能有效地规避管理中的风险，为总承包商顺利完成整个工程提供可靠的保证。

浅谈海外工程分包管理

孙乔杉

摘　要：

在海外工程市场份额逐年增加的情况下，必须加强对海外工程分包商的管理，把分包管理作为海外工程管理的总要内容。本文结合项目实践，针对我国海外工程分包管理出现的问题进行了浅析，提出了相应的对策。

关键词：海外工程　分包管理　存在问题　对策

目前，中国建筑企业参与海外工程建设的越来越多。为了降低成本、防范风险、谋求做大做强，大项目引入分包管理，加强分包管理，势在必行。实践证明，通过分包管理发挥了承包商对外协调与项目管理优势，减少了机械设备、管理人员的投入。分包商发挥了专业施工队伍的优势，施工效率高，能吃苦，善打硬战的长处。两者优势互补，取得了真正意义上的合作双赢。但海外工程相距遥远，投入成本与风险更大，不可能轻易更换分包商。因此不少承包商在工程分包上栽了大跟头，不仅造成效益的损失，还失去了市场。这种巨大的反差印证当前海外分包管理存在的问题。

1. 国内外建筑工程分包管理现状

我国的建筑业自推行项目管理体制改革以来，初步的形成了以施工总承包为龙头、以专业施工企业为骨干、以劳务作业为依托的企业组织结构形式。但是，这种理想的组织结构形式并没有起到预期的理想效果。除少部分专业程度较高的分部、分项工程由专业分包企业完成外，大部分具体的施工任务还是由建筑总承包企业组织劳务队和自有机械设备、自供材料来完成。劳务队伍专业化程度低，素质参差不齐；总承包商投入大量的人力、物力和资源来管理劳务队，管理精力被牵制，管理水平无法提高。随着市场开放性程度提高，国外建筑投资商和承包商进入，政策法律、法规逐渐国际化，进一步规范和完善建筑业专业分包体系，将是我国建筑市场发展的必然趋势。

国外大型工程承包公司同国内的工程公司相比管理人员比例高，素质高，在承担项目时，将所有的具体施工任务分包出去，专门从事项目管理工作，项目管理工作的专业化最终会提高项目建设效率。中小型的专业分包公司人员专业素质高，专业设备齐全，公司规模小，易于管理，专业划分详细而全面。专业分包商在激烈竞争中求生存、提高自身的同时，也提高项目建设效率。为了防止过多的分包层次，国外也要求承包商在项目管理中，采取自己负责施工和分包管理相结合的形式。

2. 现阶段我国分包管理常见问题

2.1　合同管理问题

承包单位往往忽视对项目现场管理人员进行分包合同交底，容易造成他们对分包合同的条款内容不明晰，影响现场工作效率；有的分包商在合同报价时采取了不平衡报价，施工过程中过早获得大部分的工程款，造成分包商在工程后期的工作中缺乏积极性，而且合同中大多没有明确的质量、进度控制奖罚条款，导致现场管理人员对分包商的管理缺乏力度。

2.2 进度拖延问题

个别分包商的人力和设备投入不足；分包商制定分包工程施工计划时，对可能出现的影响因素考虑不周全；分包商只承担了工程的某一个部分的工作，在交叉作业时受其他分包单位的影响而无施工作业面，从而造成工程整体的工期拖延。

2.3 质量管理问题

海外工程建设中，分包商方面的质量问题主要表现在施工中不严格执行技术标准和操作规程，忽视工程施工质量；分包商在材料使用方面存在以次充好等现象，造成工程质量不符合施工规范、设计文件的要求。

2.4 HSE 管理问题

部分分包商的专业人员配置不足、管理机构不健全、现场 HSE 管理力量不足；在施工中，分包商对 HSE 管理工作重视程度不够、投入少，为现场 HSE 管理留下了诸多安全隐患。

2.5 现场协调问题

施工中分包商不以项目总体大局为重，不按照主体工程的施工需要进行工序安排；分包商为节约成本，施工中减少设备和人员的投入，推卸拖延进度责任，逃避质量管理责任。

3. 解决途径及对策

3.1 合同管理问题的对策

3.1.1 加强合同交底

在签订分包合同后，承包商项目部合同管理人员应根据分包合同中对工作内容以及进度、质量、安全的要求，管理职责等对现场管理人员进行全面交底。通过合同交底使现场管理人员对合同的工作内容有了详细的了解，熟悉了双方的责权关系，明确了管理职责和管理重点，从而对分包商的管理可以做到有的放矢。

3.1.2 掌握分包报价情况

在评估分包商的报价时，首先要了解市场信息，控制分包商的施工成本。其次，应充分考虑分包商的报价构成是否为不平衡性报价，因为报价的不平衡性能使分包商过早地获得大部分分包合同款，从而造成分包商在施工后期出现消极怠工的情况。因此，对分包报价的谈判，不能只看价格的高低，应把报价的合理性放在首位。

3.1.3 合同中明确奖惩条款

在签订分包合同时，为加强对分包商的管理力度，确保分包商不违约，除了要求分包商提供履约保函、保修保函外，在合同中还应制定明确的质量、进度和 HSE 管理控制奖罚条款，以此激励分包商自觉加强现场管理，从而减弱分包工程对主体工程进度、质量和 HSE 管理的不良影响。

3.1.4 采取灵活的支付手段

通过研究分包商特点和项目特点，对于某些分包工作，不能采取单纯地按工作量支付费用，而应利用灵活的合同支付方式。

在工程施工中，前期作业难度低具有施工连续性、工作速度快，随着工程主体的结束，施工难度加大，机械设备利用效率大大降低，导致分包商对后期工作没有积极性，增加了施工协调的难度。所以在分包合同中明确规定将整个施工过程分为若干阶段，主体施工期间的作业单价降低，施工困难及核心部分的单价相应提高，并按照施工进度进行付款，这样可以有效激励分包商的工作，降低现场协调的难度。

3.2 进度管理问题的对策

3.2.1 分包商方面

分包商进场前，承包商应督促分包商结合现场实际情况制定详细的分包工程施工进度计划上报项目部审批，分包商应严格按照审批后的施工进度计划组织施工和进行设备、人员等施工资源配置；施工中，分包商应根据现场情况及时调整施工作业面，减少其他分包商的施工对自己的影响和对项目整体的影响。

3.2.2 承包商方面

承包商在审核分包商的计划时，应综合考虑分包商各方面的条件，确保计划的可操作性；承包商项目部应加强对分包商现场实际进度的监控，除了对分包商完成的工程量进行核查外，应重点对分包商的人力设备投入、材料供应、工作面的协调等方面加强检查；加强现场协调管理，在分包工程阻碍工程主体的施工进展时，承包商应制定相应的赶工措施，包括激励和惩罚措施，同时充分沟通，谋取业主和相关各方的理解支持，确保工程的顺利推进。

3.3 质量管理问题的对策

3.3.1 分包商方面

在施工前，质量人员应针对本工程的设计总说明、施工规范和标准进行认真学习，提高现场管理水平；在施工中，分包商应按照规范和标准的要求进行施工，在保证质量的前提下，加快工程施工进度；进场的材料要符合施工规范和设计文件的要求，进场后及时报验，合格后方可用于施工。

3.3.2 承包商方面

对于分包工程施工质量的管埋，承包商应重点控制分包商的施工工艺和材料的使用，确保每一个工序都必须按规范和标准要求进行施工，并按照程序文件要求进行报检。工程开工前，项目部要积极组织各级管理人员学习施工标准、规范和质量管理知识，提高质量管理意识；坚持质量会议制度，加强质量周会和月会的相互交流和督导作用；项目部应建立以承包商和分包商技术、质量人员组成的 QC 小组，以此促进工程质量的改善和质量管理水平的提高；对分包商实行全过程的质量监控，当分包商出现质量问题时，应积极帮助查找原因，制订措施，及时消除质量隐患。

3.4 HSE管理问题的对策

3.4.1 分包商方面

项目开工前，分包商应编写详细的HSE管理措施上报承包商，经承包商HSE管理部门审批后下发给分包商，分包商应按照批准的HSE管理措施进行实施；分包商HSE负责人应对施工人员进行详细的HSE交底，并把班前讲话作为每天的安全教育讲堂，使每个施工人员时刻明白所施工项目可能存在的安全隐患和风险，掌握为保证施工安全而采取的措施。施工过程中，分包商HSE监督员应紧盯现场，及时发现现场存在的安全风险并制订消减措施。

3.4.2 承包商方面

分包合同签订时，承包商和分包商应同时签订HSE管理责任书，以此引起分包商对现场HSE管理的重视，并有效转移项目部的HSE管理风险。施工前，承包商HSE负责人应对分包商的HSE现场监督员进行岗前培训，并对施工人员进行详细的HSE交底；承包商HSE工程师应定期巡视施工现场，及时指出施工过程中发生的违章操作等HSE隐患并予以纠正，必要时责令停工整改，确保安全生产。

3.5 现场协调问题的对策

承包商在合同中要明确要求分包商有协调配合义务，分包商的施工要以主体工程的需要和施工规范的要求为标准进行工序安排。现场管理中，承包商要通过日常或定期的协调会，帮助解决现场施工中存在的问题，使分包商切实感到项目团队的存在，有利于加深分包商与项目团队之间的沟通和了解，有利于整个项目的推进。

4. 结 语

对于分包商的管理不仅要随时掌控施工组织安排、设备投入状况、人员调整情况等，加强对分包商内、外关系的协调和存在问题的解决等，更要牢牢把握工程的主导权，使分包工作按时、高效地推进，从而为完成整个工程提供可靠的保证，实现双赢。

建筑企业技术创新管理与企业技术中心

孙伟妮　郑芳媛

技术中心是企业设立的具有较高层次和较高水平的研究开发机构，是企业技术创新体系的核心，是企业技术进步和技术创新的主要技术依托。技术中心是在原有的企业开发机构基础上按照"人员要精干、素质要高、知识结构要合理、研究开发条件要好"的要求进行组建，企业按照一定的程序向政府相关部门申报各级技术中心。

企业技术中心主要有四大职能：(1)研究开发功能；(2)科技管理功能；(3)决策咨询功能；(4)技术创新整合功能。但技术创新管理涉及了企业技术中心主要职能——研究开发功能的方方面面，包括技术创新之前的决策支持，技术创新过程的过程管理和科技管理，以及后期的技术知识存量和产权保护等，以及为整个技术创新过程准备的组织管理。在企业技术中心的四大职能中，除了决策咨询外，技术创新管理参与甚至涵盖了另外三项职能。可以说企业技术中心的关键职能是技术创新管理，即企业技术中心是技术创新管理的载体，而技术创新管理是企业技术中心的功能，两者的关系可以用唇齿相依来形容。

对于我们建筑业行业，技术中心是企业技术创新体系中的核心，主要体现在：(1)它是技术创新的先锋队伍，里面的各种技术人员是企业进行技术创新的中流砥柱，承载着企业研发及与外部的技术合作与交流的任务：(2)技术中心参与了技术创新过程中的主要工作，包括研究开发、生产制造和市场销售三方面，技术中心还需负责这三方面工作及相关人员的界面管理以及协调工作；(3)技术中心除了自己的研发使命外，还要行使企业技术创新体系中不可或缺的——技术创新管理的各项职能，包括知识产权管理、信息管理和技术创新能力管理等；(4)技术中心是建筑业企业的一个部门，处理好与其他部门的各种关系有利于研发工作的顺利进行，同时参与企业决策和提供技术支持，这也是作为创新体系的重要功能。

在建筑企业技术中心建设的一些具有共性的问题主要有以下几个方面。

1. 对企业技术中心的功能定位尚不明确

目前，确有一部分企业建设技术中心的目的尚不十分明确，把技术中心建设当作上级或政府布置的又一项任务，缺乏主动性和创造性。尤其是认为技术中心的工作仅仅是发明创造，而没有充分认识到技术中心建设对于企业长远发展的重要意义，加上长期以来人们对建筑业是劳动密集型行业的印象根深蒂固，认为建筑业的技术创新很少，更导致了人们对技术中心的功能认识的不足，这些对技术中心功能定位和建筑业的错误认识阻碍了企业组建技术中心的积极性。究其原因，一方面是因为引导政策的不完善和不到位，另一方面在于还没有真正形成企业建立技术中心的外部市场竞争压力机制和内部动力机制。

2. 技术中心组织架构的选择不明确，缺乏有效的运行机制

一些建筑业企业技术中心不能按照自己企业的组织结构和建筑行业特性，建立科学和有效的技术中心组织机构。有的形同虚设，徒有其名，中心运行封闭；有的仍未摆脱传统技术创新管理的形式。技术中心建设要与体制创新，管理创新相结合，结合建筑企业自身特性和实

际，建立规范的、合理的组织机构，以及有效的运行机制，才能真正发挥技术中心在建筑企业创新中的核心作用。

3. 建筑业企业技术中心的创新能力评价有困难

许多建筑业企业成立技术中心后，往往因不能掌握其技术创新能力的水平，而盲目地进行组织的运行管理，导致了技术中心不能正常发挥作用，甚至产生副作用，给企业带来损失。因此，跟踪掌握中心的技术创新能力是运行管理的关键依据。

4. 建筑业企业技术中心的研发经费短缺和资金来源稀少

研发经费和资源来源是技术中心的水之源，树之本，是技术中心研发得以展开的必要条件。但目前国内许多建筑企业的科研经费主要来自于企业财务拨款，给企业带来了很大的负担，因此许多企业所谓的可以研发经费有名无实，真正落实的资金严重不足，造成了技术中心发展停滞，产出萎缩，不能实际发挥研究开发的作用。

企业技术中心是企业技术开发、技术创新体系的核心，是企业内部具有高层次、高水平的技术研究开发机构，是企业技术进步和技术创新的主要技术依托。作为国家支柱产业的建筑业，建立建筑业企业技术中心有着非常重要的意义，对于提高建筑业本身的国际竞争力，促进经济增长方式由粗放型向集约型转变都有很大的帮助。

630MW 工业汽轮机低压转子高速动平衡实验概述

电力工程事业部
孙学先

1. 概 述

伊拉克萨拉哈丁 2x630MW 燃油气电站汽轮机组选用哈尔滨汽轮机厂生产的 N630-16.7/538/538型 630MW 机组，该机组为积木式设计，形式为亚临界、一次中间再热、单轴、三缸、四排汽、凝汽式汽轮机，保留了湿冷机组的技术特点，如反动式叶片、整锻转子、多层汽缸、数字电液调节等，其中，汽轮机低压转子动平衡试验质量的好坏，直接影响汽轮机整体工作效率及寿命。

实践证明，不论工业汽轮机还是离心式压缩机的平稳运行，都与转子的动平衡品质有密切的关系。因此各国都在汽轮机和压缩机的商品验收中，将转子动平衡品质列入主要验收项目之中，相应的各国也制定了转子动平衡品质评定标准，如德国 VDI 2060 和日本 JIS B0905 标准等，国际化标准组织制定的 ISO 1925、ISO 1940、ISO 5406 和 ISO 5343. 另外还有国际上通用的工业汽轮机标准 API 611、API 612 及离心式压缩机标准 API 617 均有转子动平衡品质的验收条款。只有不断提高动平衡技术，才能保证转子动平衡品质，使机器长周期、平稳运行。

2. 转子产生不平衡的原因

每一个转子在设计时要求它相对于旋转轴线是对称的，但由于制造和装配工艺上的一系列因素，不能保证转子作为动力上的完全对称，因而存在一定的不平衡量。

(1) 转子产生不平衡的原因

① 毛坯制造过程中产生壁厚不均匀、材料密度不均(缩孔、砂眼和气孔)；在机械加工时产生不圆度和不同轴度；在热处理时产生金相组织的不均匀等。

② 设计或加工的键槽、销和孔位置不对称而引起的不平衡。

(2) 装配上的原因

装配质量误差使转子的质心与旋转中心线不相重合。

(3) 运行上的原因

运行过程中因操作不当使转子产生变形，如动静部分磨损不均匀，转子在工作应力和温度应力的作用下产生弯曲变形等。

3. 转子不平衡的危害性

若转子不平衡，在运行过程中就会产生不平衡的离心力和力偶，将引起转子的振动和变形，从而产生附加应力，使金属材料疲劳或损坏，甚至危及机组的安全运行。某台机器转子的振动将会通过轴承、底座传递到基础上而引起相邻机器或基础的振动。运行时，当不平衡力引起的振动频率与机器固有频率相等时，就会产生共振，这时振幅达到最大，机器将会产生严重的故障或恶性事故。

引起机器振动的原因很多，其中 30%以上的原因是由于转子质量不平衡所引起的。

4. 转子动平衡试验

静平衡只能使转子达到静力平衡，而不能减少转子上的力矩不平衡。对于长径比（L/D）较大、工作转速较高的转子，只作静平衡已不能满足转子平衡品质的要求。而动平衡不但可以消除动不平衡的力偶，还能消除静不平衡的离心力。本实验采用德国辛克公司 DH 系列大型转子动平衡机，其主要由主机部分、辅机部分、监控及测量分析部分组成，其控制监视及测量分析部分主要由主电机启动、变速与停机控制系统、润滑油真空参数指示与报警系统、筒体内闭路电视监视系统、轴承力指示报警系统、轴承振动烈度及轴振幅测量指示系统、计算机辅助动平衡系统组成，为减少动平衡机的驱动功率，防止因空气阻力而发热，提高平衡精度，所以高速动平衡一般是在真空（10mmHg）中进行。

其中，转子轴承支架采用等刚度支架，等刚度支架在垂直与旋转轴线的平面上轴承的支承刚度在径向方向都是相等的，结构上采用 45°支承，在力学上可得到径向等刚度的效果，具体试验步骤如下：

（1）转子就位

试验台

低压转子

转子就位紧固

（2）试验前准备

转子试验台调整就位

试验台闭合抽真空

(3) 试验与记录

① 试验要求：试验额定转速 3000r/min，超速旋转 3360r/min；

② 验收要求：振动速度有效值控制在 1.2mm/s 以内，保持 2min；

③ 试验目的：确定高速旋转条件下转子的刚度是否符合要求，并且振动是否能控制在一定范围之内。

转速控制台

数据显示器

数据记录

数据处理器

工业汽轮机低压转子高速动平衡试验是一个不断反复，通过在转子上安置平衡块，以达到最终试验参数标准的过程。

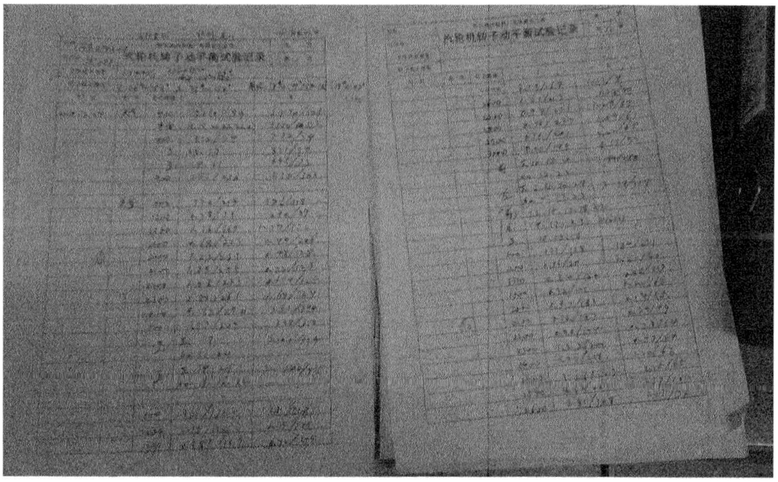

试验数据记录

5. 结 论

德国辛克公司DH系列大型转子动平衡机转子轴承支架除采用等刚度支架外，还采用弹性联轴器来驱动转子，在很短的时间内就可将转子驱动到平衡转速，对转子的不平衡状态和动力特性影响微小，甚至可以忽略不计。

DH系列高速动平衡机上有计算机辅助动平衡系统，其振动测量仪采用了光点式矢量瓦特计和正交滤波器；光点式矢量瓦特计将光点轨迹用X-Y记录仪绘制出来，虽然其提供了信息处理程序，但仍需操作人员的智能操作。

低压转子高速动平衡试验作为一项科学性试验，具有严谨性和指导性，只有严格依照试验要求，正确操作，准确记录数据，才能保证试验结果的真实有效；只有通过反复的试验，积累经验，改进试验方法和手段，才能完善试验结果，更好地指导实践。

600MW 系列汽轮发电机主机安装工艺及其研究

电力工程事业部

孙学先

摘　要：

本文主要介绍哈尔滨电机厂 600MW 系列汽轮发电机主机安装工艺及安装过程中的安全提示及注意事项。

关键词：汽轮发电机主机　安装

汽轮发电机组的安装工作范围包括主、辅机两大部分。主机部分包括发电机及隔音罩刷架装配；辅机包括氢气控制系统、外部密封油控制系统、绕组冷却水控制系统以及励磁控制系统及相关的检测设备。其中，主机部分安装质量的好坏，直接影响着发电机整体运行质量的好坏。

在主机安装过程中，主要安装程序与方法包括以下几个方面。

1. 定子就位

(1) 定子就位前的准备工作

① 座板就位前，应铲平基础表面，清除所有多余的浮层混凝土，其清除厚度应满足安装临时垫铁后能够基本符合图纸扬度要求。

② 伸出基础表面的基础螺杆套管必须割掉，使之与基础表面基本平齐，以保证二次灌浆的质量。

③ 根据发电机外形图检查确认机组的纵横轴线、顶丝孔、定位键（板）口、基础螺孔、电缆孔、通风孔及各部分管路预留孔的尺寸及分布的正确性。

④ 按照有关图纸规定的尺寸、相对位置、突出高度及牢固要求检查定位装置的预埋件。

⑤ 按照有关图纸要求布置发电机底脚专用千斤顶丝的支柱垫块。其中心线偏差应不大于 3mm，水平高度偏差不大于 2/1000，标高偏差不大于 5mm。同时还必须考虑轴系的扬度要求。

⑥ 用溶剂清洗机座底脚、座板、定位键（板）各部件、垫片、千斤顶丝及其支柱、垫块、联接螺栓等，并检查其尺寸、孔洞数量及分布的正确性。

⑦ 按照座板位置、标高偏差、水平度要求，布置临时垫铁（垫铁由施工单位自己解决）。

⑧ 将座板吊至临时垫铁上，然后将所有千斤顶丝下的支柱放入座板孔内（此项工作必须在定子就位前全部完成，不得遗漏），并按图纸测量其凸缘与座板台阶的间隙，必要时修配加工支柱。

(2) 定子的起吊与就位

① 用吊车(或其他方法)将定子吊起并缓缓落在座板上。在起吊或移动定子时,必须使用专用吊攀,严禁吊挂和顶拉其他部位。起吊定子的措施及其起重设备由施工单位负责,必须保证安全可靠,必要时先进行负荷试验或模拟操作。

② 用4个100t千斤顶和吊攀操作,将发电机定子在近似于基础最终位置处就位。定子就位应该根据发电机定子中心线情况考虑定子或转子沿轴向的预移量。

③ 为确保使用千斤顶丝升高定子时,顶丝支柱上部凸缘不接触座板,必须确保顶丝高于发电机座板上顶丝沉孔并低于座板水平面。

④ 装好所有千斤顶丝,使定子重量转移到顶丝上,注意使各顶丝上载荷均匀分布。

⑤ 定子就位后,初步检查定子内部并用大功率吸尘器对其进行清理(必要时用无水酒精或电工清洗剂进行清洗),确保无尘土和杂物遗留(此项工作不能用压缩空气代为吹扫)。

⑥ 将定子铁心固定装置(垫块及螺栓)全部拆下,拆除部位在发电机的第一、三、五、七、九、十一风区发电机铁芯背部,并详细填写安装检查记录表。经现场代表确认全部拆除完毕后方可进行下一步工作。

⑦ 用2500V兆欧表测量相间及对地绝缘电阻,其值应不低于200MΩ。用1000V兆欧表测量定子铁芯穿心螺杆对地绝缘电阻值,其绝缘应不低于100MΩ。其绝缘如在10～100MΩ之间,应查明具体原因。如果低于10 MΩ,则必须进行处理。

⑧ 测量发电机定子汽、励两端气隙隔板内径尺寸,保证其在穿完转子后与转子护环的单面间隙为5mm。在穿转子前一定将两端的气隙隔板拆除,注意做好标记以便回装,在发电机磁中心及定转子气隙调整好以后进行回装。

2. 氢气冷却器部套的安装

(1) 氢气冷却器罩的安装

① 安装部件清理及预装。

检查氢气冷却器罩及机座的配合平面的平面度和粗糙度、清洗并清除机座及氢气冷却器外罩把合面的毛刺或凸起等影响把合质量的物质;用无水酒精等溶剂清洗氢气冷却器外罩的把合螺栓及机座上的把合孔,清洗干净后预装把合螺栓,如有把合不到位或无法安装的螺栓应及时进行修理或更换[1]。

② 安装氢气冷却器罩。

将HDJ-892密封胶预填在氢气冷却器外罩的密封槽内,并严格注意避免将其弄脏。填胶的深度一定要低于氢气冷却器外罩的下表面,并以低于其表面3mm为宜。为保证注胶顺利进行,槽内的密封胶一定要进行平滑过渡。

将氢气冷却器罩吊至机座表面,按预装时的螺栓与孔的对应位置,按照图纸要求的力矩对称、均匀地把紧所有把合螺栓。用0.05mm塞尺检测接触面,不允许进入;用0.03mm塞尺检测其接触面,插入接触面深度不应超过10mm,并用专用注胶枪将HDJ-892密封胶从专用注胶孔注入密封槽内;注胶顺序从一个注胶孔开始注入,在相邻孔流出,依次注入,直至全部注满为止,然后用注胶孔的密封螺塞将注胶孔封堵好。

(2) 氢气冷却器的安装

① 进行氢气冷却器的密封性试验(此项试验必须在氢气冷却器安装前进行)。首先通入纯净无杂质的水,充分排放掉水路中的气泡,缓慢升压至0.8MPa(表压),稳定后历时30min无渗漏为合格。

② 组装氢气冷却器。

将非进水端的密封垫套在氢气冷却器非进水端的把合面处,密封胶垫两面均匀涂刷一层750-2液体密封胶。吊装氢气冷却器时,从非进水端采用专用工具将其插入氢气冷却器罩内,直到非出水端的法兰面与氢气冷却器罩的距离为10mm左右时进一步调整冷却器外罩及氢气冷器之间的间隙。

调节氢气冷却器底部滑道上的上下、左右顶丝,使氢气冷却器的框板、滑道以及氢气冷却器的非进、出水端与氢气冷却器罩的间隙大致均匀(要求详见图纸),并测量进、出水端的法兰面与氢气冷却器罩的距离(周边至少测量8点,每边至少两点),且要使之均匀(要求偏差0.15mm)。推进氢气冷却器,使进出水端的法兰面与氢气冷却器罩相接触,并把合连接螺栓,力矩为550N·m。

安装氢气冷却器内侧的挡风垫和压板(挡风垫和压板安装在氢气冷却器同一侧的上下方),拧紧侧面的顶丝,并锁紧,见氢气冷却器内侧的挡风垫和压板安装示意图(图1)。

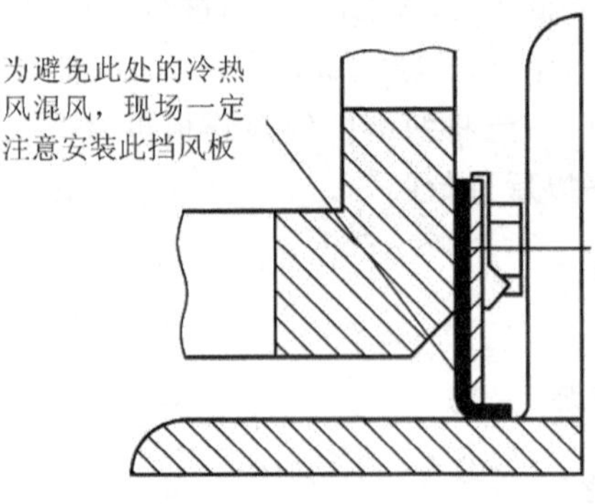

图1 氢气冷却器内侧的挡风垫和压板安装示意图

将进水端的水箱把合在氢气冷却器外罩上,按照图纸要求的力矩把紧螺栓。将非进出水端的密封垫和框板等部件,装到氢气冷却器罩上。按照图纸要求的力矩把紧螺栓。

3. 端盖轴承油密封部套安装

(1) 端盖安装

① 端盖预安装。

用白布沾酒精等溶剂清洗定子机座上的把合孔及相应的把合螺栓,清洗干净后预装把合螺栓,在把合端盖时应按照试装时的螺栓及把合孔的对应位置进行安装。

检查上、下半端盖各把合面的平面度和粗糙度,清理其表面油污、毛刺和凸起部分;用煤油对端盖进行渗透试验,并按照电力规程的相关标准进行检查至合格。按图纸认真检查其所有气、油孔并保证其正确及畅通。

将端盖定位块按出厂时标志对号安装。随后将外端盖吊至机座把合面处，把合 1/3 数量的螺栓，用 10mm×0.05mm 塞尺检查把合面合缝，应塞不通，用 0.03mm 塞尺检查接触面其进入深度不应超过 30mm 为合格；检查并确认端盖与机组连接的定位销、端盖与机座端面把合孔完全对应可进行下一步安装。

② 端盖正式安装。

进行定子单独气密试验(详见 JB/T6227—2005 氢冷电机气密封性检验方法及评定)。

① 首先用密封座处的专用盖板及密封垫(施工单位自备)封闭好端盖。

② 密封发电机定子机壳上所有与发电机内相连的孔，并保证其强度满足单独气密的压力要求。

③ 把紧全部螺栓后，用注胶枪将 HDJ892 密封填料再次注入所有密封槽。

④ 定子内充气加压后，初步采用肥皂沫进行初检，并逐步消除漏点。

⑤ 向定子内充入合格的压缩空气升压至 0.1 MPa(表压)后，向机内充入氟利昂，再充入压缩空气缓缓升压至 0.3MPa(表压)，然后用卤素检漏仪沿发电机周围巡回查漏。漏点消除后再分别升压至 0.4MPa 和 0.5MPa(表压)下进行查漏，并逐步消除漏点。然后升压至(Pn+0.1)MPa，Pn 为额定氢气压力，压力稳定后进行 24h 计时，评定标准见(JB/T6227—2005 氢冷电机气密封性检验方法及评定)。

⑥ 根据行业标准 JB/T6229—2005《氢冷电机气密封性检验方法及评定》方法最后测算漏气量。计时至少 24h，并按下列公式及其要求计算气体泄漏量，式中：

V1—发电机内可充气体的空间，简称发电机充气容积 m^3(未穿转子时取值 120 m^3、穿转子后取值 110m^3)；

P1、P2—分别为每个时间间隔开始及结束时的机内相对压力；

B1、B2—分别为每个时间间隔开始及结束时的外界大气压力；

t1、t2—分别为每个时间间隔开始及结束时的机内平均温度℃；

H—每两次读数的时间间隔通常取 H=1h；

ΔV0—规定状态下的气体漏量 m^3/d；

取 P0=0.1MPa (绝对压力)= 750.06375mmHg=1.019716kgf/cm^2=1000mb，T0=273+20=293K。

P0、P1、P2、B1、B2 单位可以用 MPa、kgf/cm^2、mb 等，但代入公式中时必须一致。

气密试验合格标准：为保证发电机正常运行时，每昼夜(24 小时)的氢气漏量不超过设计规定的 11m^3/d，对发电机气密试验的合格标准规定如下表：

工况	允许漏空气量 m^3/d
定子单独气密试验	0.4(优)～0.55(合格)
整套气密试验	1.6(优)～2.2(合格)

注：根据美国西屋公司经验，漏氢量与漏空气量之比应不小于 5∶1。现场可根据国家标准取 3.8∶1。

(3) 轴瓦及轴承座安装

① 轴承座及轴瓦预安装。

定子单独气密试验结束后，拆下专用的轴孔盖板工具，然后将轴承室内清理干净；清理检查轴瓦，通过着色探伤检查并消除轴承合金存在夹渣、气孔、凹坑、裂纹或脱胎等缺陷。

检查下半轴瓦进油孔侧外球面和与之配合的轴承座垫块（亦称枕块）内球面的接触情况，要求其接触良好；如需修刮，则必须修刮垫块内球面，不允许修刮轴瓦外球面，按图纸要求配装轴承顶块与上半轴瓦顶部间隙。

上述检查、调整工作完成之后，拆下轴瓦及上半端盖，进行穿转子前的工作准备。

② 轴承座及轴瓦最终组装。

轴承的最终组装工作必须在转子穿入定子、机组找正定位、上半端盖及轴封装置的组装等工作完成之后进行。

将转子重荷从专用支撑工具转移到下半轴瓦上。然后用专用吊装工具将轴瓦的上半就位，用塞尺或压铅丝的方式确认检查轴瓦与轴颈的间隙应符合图纸的要求。然后安装好其水平面的定位销并按力矩要求把紧接合面的螺栓。

装好轴瓦浮动挡油环及轴承顶块，挡油环与轴颈之间的间隙以及轴承顶块与轴瓦顶部的间隙均须满足图纸的要求，并将轴瓦测温元件及高压顶轴油管（根据用户要求设置）装好，并将测温元件引线从外挡油盖上的丝堵位置引出。

组装外挡油盖，轴承测温引线和两端测轴承绝缘的引线由外挡油盖上的孔引出，并装至对应的端子板上，外挡油盖与端盖间的密封垫两侧均需涂刷单组分硫化硅橡胶；外挡油盖的挡油梳齿与轴配合间隙应满足图纸要求，并将各部安装数据填入记录表。

外挡油盖组装完毕之后，用 1000V 兆欧表测量其对机座及对转轴的绝缘电阻值，均应不低于 10MΩ。

（4）轴封（油密封）装置的安装

① 安装前检查密封座、密封瓦。

② 轴封（油密封）装置的正式安装。

安装工具调整：安装轴封装置时应使用制造厂提供的专用工具，并按照正确的程序进行（参见随机图纸）。首先是按工具装置图组装好专用工具，组装时必须认真检查工具上的安全链是否可靠，以防止螺旋伸缩拉杆上的螺杆与套筒脱开造成事故. 其次是此专用工具使用前必须进行平衡调整，

4. 转子部套安装

（1）穿转子前的工作准备

① 检查定子内部并用大功率吸尘器对其进行清理，对表面附着的灰尘等物体可以用无水酒精或电工清洗剂进行清洗，确保无尘土和杂物遗留。

② 用万用表测量定子各测温元件的电压值或电阻值并记录，如有问题需及时处理。

③ 用 250V 兆欧表或万用表测量定子各测温元件的绝缘电阻值，其对地绝缘电阻值应不低于 1MΩ。

④ 检查各个绝缘引水管是否有碰瘪现象及机械损伤，如有则用备品更换。

⑤ 复测定子绕组的绝缘，用“水内冷电机定子绝缘测试仪”（2500V）测量相间及对地绝缘

电阻,其值应不低于 200MΩ。

⑥ 穿转子前复测转子的各项参数。

(2) 穿(抽)转子

(3) 转子风扇叶片的安装

① 安装风叶时应按照制造厂的出厂标记进行顺序安装。

② 应按照图纸上要求的风扇叶安装角度进行安装。

③ 按图纸规定的力矩把紧风叶的螺母,并锁好风叶上所有的止动垫片。

5. 机组的找正、定位及封闭

① 底脚垫片的布置。

用千斤顶将定子升起,然后将总厚度为 H 的无阶差垫片均布在底脚下面(注意相邻垫片不得搭接)。然后用联接螺栓将带有无阶差垫片的座板与底脚把合,其中把合力矩为 900N·m。

上述 $H=1.0+\Delta h$ mm。其中 1.0mm 系以后布置阶差垫片时的总阶差(高度值);Δh 为最终调整中心时的调节余量(该值由安装单位根据自己的经验确定。本说明书推荐 0.4~1.2 mm)。

② 确定机组轴向位置。

③ 发电机找正、定位及封闭。

④ 阶差垫片的布置。

⑤ 发电机最终定位。

6. 对氢、油、水系统管路连接的要求

发电机的外部氢气控制系统，外部密封油控制系统及外部冷却水控制系统的安装调试分别见其说明书及随机图。各系统与发电机的联接管路应按照设计院(所)有关图纸、文件的要求进行安装布置。

对于氢气管路的要求如下：

① 发电机底部的氢气管路布置应保持流畅，不得存在“死区(亦称死弯)”，以确保充、排氢气以及排污的顺利和安全。

② 对于从制氢站到发电机的供氢管，必须保证其内始终不能存水，以保证氢气在进入发电机之前其湿度及纯度保持合格。

对密封油管路的要求如下：

① 发电机的润滑油回油(包括轴封装置的空侧回油)管路应具有至少 2/1000 的坡度，以利于回油畅通。

② 轴封装置的氢侧回油管路必须具有至少 5/1000 的坡度，以利于回油畅通。

③ 轴承、轴封装置及其供油管路系统全部安装完毕之后，必须同时进行油循环(此时可同时进行发电机整套气密试验)。油循环之后应拆开轴承及轴封装置，检查其内有无有害杂物。在确认油系统内无杂物遗留以及油质经检验合格后方可投入运行。

④ 氢油分离箱上的排烟风机出口管应就近引出厂房避免其尺寸过长，以防止产生“结露油”而损坏风机及污染环境。

对水系统管路的要求如下：

① 为保证发电机运行的安全可靠，必须对冷却水路系统有较高的要求，采取严格的防锈、防堵、防蚀、防漏等技术措施，使其长期保持清洁。

② 发电机定子绕组冷却水的进、出水汇流管与外部管路的联接处已有一定的绝缘措施，在干燥情况下用 1000V 兆欧表测量其绝缘电阻值，应不低于 1 MΩ。

③ 发电机定子绕组水路与外部冷却水管路连接前，应用清洁的压缩空气进行冲洗和反冲洗。

④ 发电机外部冷却水管路应使用不锈钢管。管路上除应具有必要的测量仪表和信号装置外，还应在回水管上加装漏氢检测报警仪。

⑤ 当启机、并网前的内冷水温度及氢气温度过低时，为了调节其温度，防止机内结露，水—水氢气冷却器和氢气冷却器的二次循环水管路应加装调温装置。

⑥ 氢气冷却器的回水管路上应加装漏氢检测报警仪。

⑦ 所有管路安装完毕之后应按图纸装好外饰板及铭牌。

7. 安全提示及注意事项

(1) 准备工作中需要注意的事项

① 机组安装过程中的常用工具、专用工具、配件、材料备齐登记，并检查工器具是否合格可用，电动工器具有校验合格证。

② 在施工前必须认真阅读与发电机相关的安全说明，以保证在安装施工过程中的设备及人身安全。

(2) 施工过程中需要注意的事项

① 气体置换时，工作现场严禁动火作业，补氢门必须打堵隔离，操作中必须用防静电工具操作氢系统阀门，严禁向机房内排放氢气，置换过程中不得进行预防性试验和发电机本体的其他检修工作。

② 在发电机内含氢或充氢时，附近不能存在明火或进行电、气焊接等工作。

③ 在氢气及二氧化碳刚刚置换完毕需要进行施工时，必须保证氢气及二氧化碳含量不会影响人身安全，人孔门处通风也应保持良好。

④ 机组施工完毕后，氧气及乙炔等气体应及时搬运到安全位置。

⑤ 拆装工作中禁止交叉作业，所用工具用绳索系牢，作业人员高空作业时必须系好安全带，使用手锤等作业时不得戴手套；需要按照力矩要求进行施工的部位，必须按照图纸要求进行施工。

⑥ 解体过程中，拆卸端盖等部分时，严禁将手伸进结合面处。

⑦ 进入发电机严格执行发电机出入登记制度；并注意防护定子铁心不被磕碰。

⑧ 使用工具合适、力度适中，以防止伤及人身及设备。

⑨ 在容易损伤的部件上，铺垫干净的毛毡或用白布裹好。

⑩ 发电机试验时，不得进行其他本体检修工作，试验现场应设围栏，发电机周围及底部设专人监护。

(3) 验收过程中需要注意的事项

① 严格执行三级验收制度，保证发电机内不遗留任何异物。

② 进入发电机膛内时，着装应符合要求，身上不得带钥匙、胸卡等物品。

③ 人孔验收时，不得蹬踏绝缘引水管及所有的测温线等非受力部位。

④ 鉴于发电机定、转子运输到现场后，在长期运输中因为温度、湿度等因素的影响，导致定、转子绝缘值下降或局部受损。所以在定、转子等部件到达现场后一周内，必须及时对其进行初步验收及保护。以防止因定子、转子的长期放置而使运输中存在的受潮或锈蚀等问题不能及时发现，造成更严重的后果。

8. 结　论

在安装前必须熟悉制造厂及设计单位的有关文件和图纸，针对每道工序的安装技术要求，制订相应的技术措施和安全措施，以确保机组安装质量和人身、设备的安全。

参考文献

[1] 陈宏波，夏杰，俞国宾. 电站汽轮发电机技术问答[M]. 北京：中国石化出版社，2005.

P6 在项目计划控制中需要注意的一些问题及解决方案

田　卓

项目管理简单通俗理解就是“制订合理的计划，然后按计划去做”，计划是项目管理的核心，把计划做好并有效控制执行是项目成功的根本。下图中项目管理五个过程组也充分说明计划、执行、控制在项目实施过程中不断循环、动态变化，是项目管理的重心，也是难点所在。

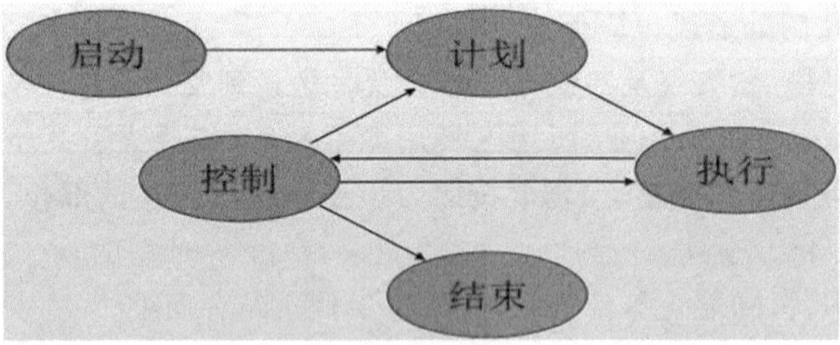

对于规模较大，多个相关利益方共同参与的工程项目，计划的编制、审批、下发、执行、反馈、更新、调整等变得复杂，工程中需要耗费大量的管理成本。

进度计划是项目管理的主线，本文重点阐述如何结合信息系统实现多方协同的进度计划动态控制。

一、关键需求分析

根据对各类项目管理的实践总结，以下需求是大家在日常管理过程中常见的困惑：

(1) 计划一般分级管理，一、二、三、四级计划是放在一个项目文件中，还是分开为几个项目文件？

感觉这两种方式都有不足，如果放在一个项目文件中，存在的问题如：领导关心的二级计划、三级计划如果单独抽出来，不能完整的网络图；不同级别可能关注不同的要素，如二级计划落实费用，三级落实进度，四级计划控制质量，放在一个项目文件中，费用无法保密，相关方都看到了。

二级、三级、四级计划如果不放在一个项目文件中，也存在问题：四级计划更新后，还得再打开三级计划进行更新，然后再更新二级。每级计划重复更新，工作量大且繁琐；调整了上一级计划，下级的计划没有变化，还得人工打开计划再修改一遍等等。

(2) 计划任务有进展，如何简单灵活的反馈，如何保证反馈的真实性和准确性？

我们接触有的项目，要掌握项目进展状况，从下向上整理报告要一周时间。这一周时间又有许多任务进展，这样的项目报告是“过期的”，基于这类报告难以进行科学决策。

(3) 下级单位每周的进展报告，一般的打印出来报给上级单位，上级单位再录一遍，这种每级传递过程中，工作量大，效率低，人为录入还容易出错，如何实现从下级项目的更新反馈自动一级级向上自动级联汇总？

二、目标效果

(1) 快速实现计划的层层细分,结合 WBS 字典,可自动生成各级计划;

(2) 任务执行人只要有进展反馈,从下向上层层自动汇总更新,每一专业、单元、装置的进展状况实时计算;

(3) 减少了信息的中间转变环节,省去了信息的重复录入;

(4) 监理通过流程对进展状况进行审批,保证了进度反馈的准确性和真实性;

(5) 计划执行各类报表自动生成(周报、月报、不符合项报告等),计划值、赢得值图表自动生成(S 曲线),管理者可时时掌握进展动态。

三、实现方案

以上是 P6 在大型项目应用过程多年来存在的困惑,也是要用好 P6 必须要解决的瓶颈问题。我们经过不断地实践和探索,综合运用分层计划、分级计划等多种技术优势,提出"分级项目"应用模型:

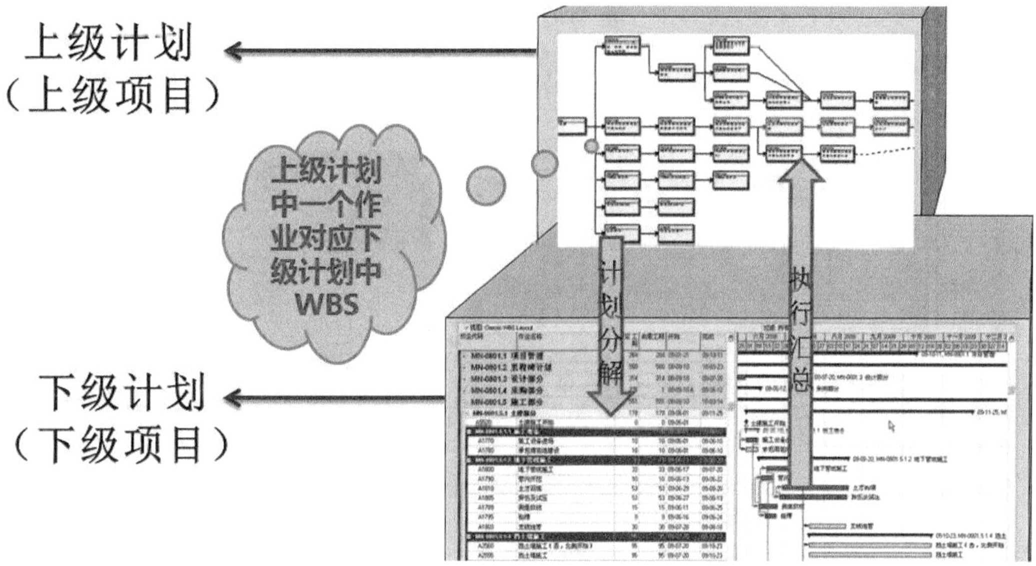

在这一模型中,遵循 PMBOK 体系知识,上级计划中一个作业(活动)对应下级计划中一个工作包(WBS),通过"作业-WBS"的不断转化,实现计划的不断分解,也保证了整个项目范围的一致性。

以下是按照这一模型的应用方案:

1. 计划的分级约定

对于一个项目来说,一般都进行分级管理,不同责任主体、不同行业对各级计划深度约定略有差异,下图是一个 EPC 总承包项目的约定:

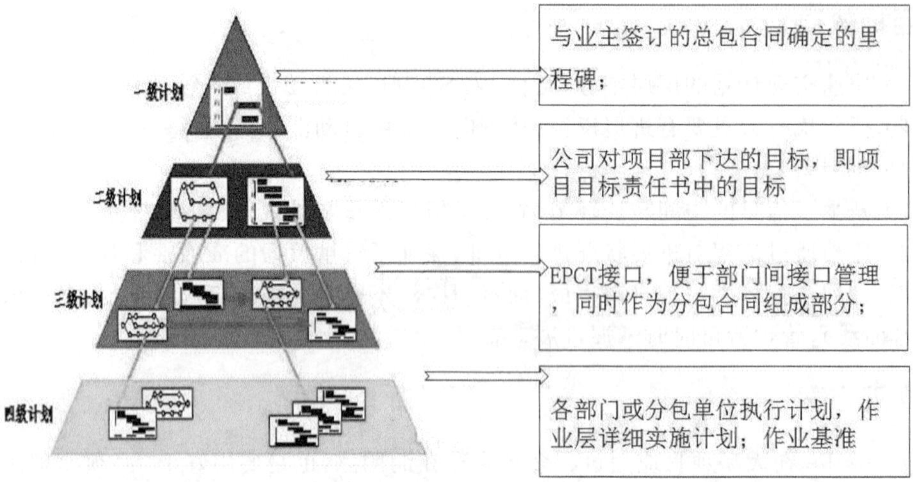

2. 分级计划的实现

从上级计划到下级计划，对工作范围进行层层分解，上级项目中一条作业往往可对应下级计划一个工作包。

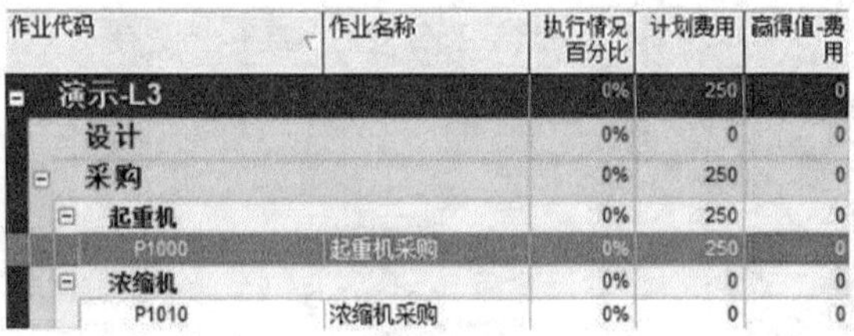

作业代码	作业名称	执行情况百分比	计划费用	赢得值-费用
演示-L3		0%	250	0
设计		0%	0	0
采购		0%	250	0
起重机		0%	250	0
P1000	起重机采购	0%	250	0
浓缩机		0%	0	0
P1010	浓缩机采购	0%	0	0

三级项目：控制费用

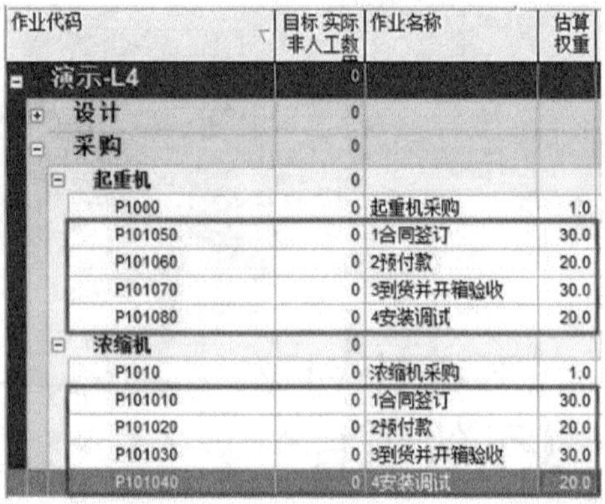

作业代码	目标实际非人工数	作业名称	估算权重
演示-L4	0		
设计	0		
采购	0		
起重机	0		
P1000	0	起重机采购	1.0
P101050	0	1合同签订	30.0
P101060	0	2预付款	20.0
P101070	0	3到货并开箱验收	30.0
P101080	0	4安装调试	20.0
浓缩机	0		
P1010	0	浓缩机采购	1.0
P101010	0	1合同签订	30.0
P101020	0	2预付款	20.0
P101030	0	3到货并开箱验收	30.0
P101040	0	4安装调试	20.0

四级项目：控制进度和工时

通过 EXCEL 等工具，要以自动实现将上级计划作业自动转为下级计划工作，下图中"层加 WBS"、"层减 WBS"可自动切换作业和 WBS 对象。

还可基于 WBS 和作业字典自动生成下级计划。

3. 任务执行单位基于 EXCEL 的反馈

每个项目任务，最终由任务执行人对进展状况进行反馈，对于施工单位来说，EXCEL 是最简单实用的工具，在下图中，各执行单位可通过在线方式进行填报。填报完成后，监理等单位可通过流程进行审批。

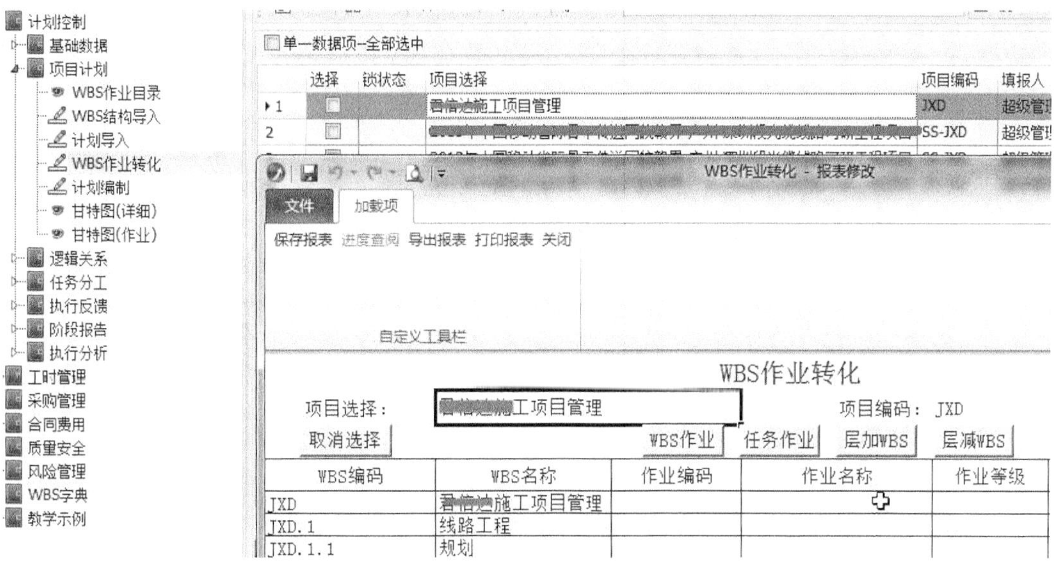

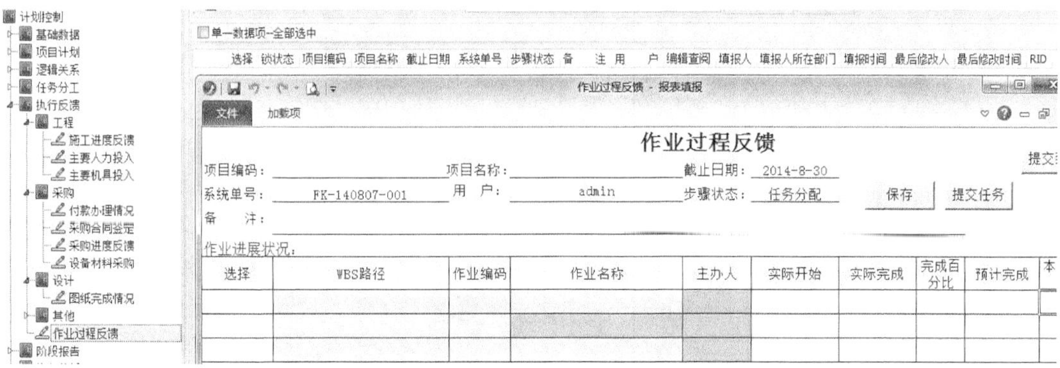

4．执行反馈的自动级联汇总更新

不管采用P6的集成部署（在业主服务器还是总承包服务器），还是分布部署（可以各有P6服务器，实现更灵活的管理），都可实现计划执行状况从下向上的逐级自动汇总。

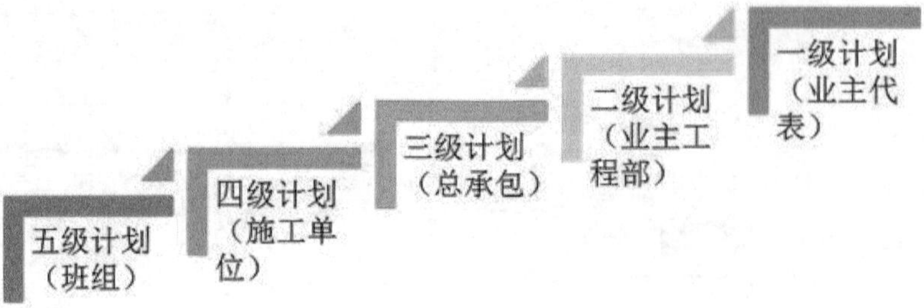

5. 分级计划的 PDCA 闭环管理

每一级计划都可按照 PDCA 模型实现闭环管理，在每一级计划的执行过程中，由不同的责任人按不同的周期监控不符合项，按照偏差程度启动流程进行纠偏处理。

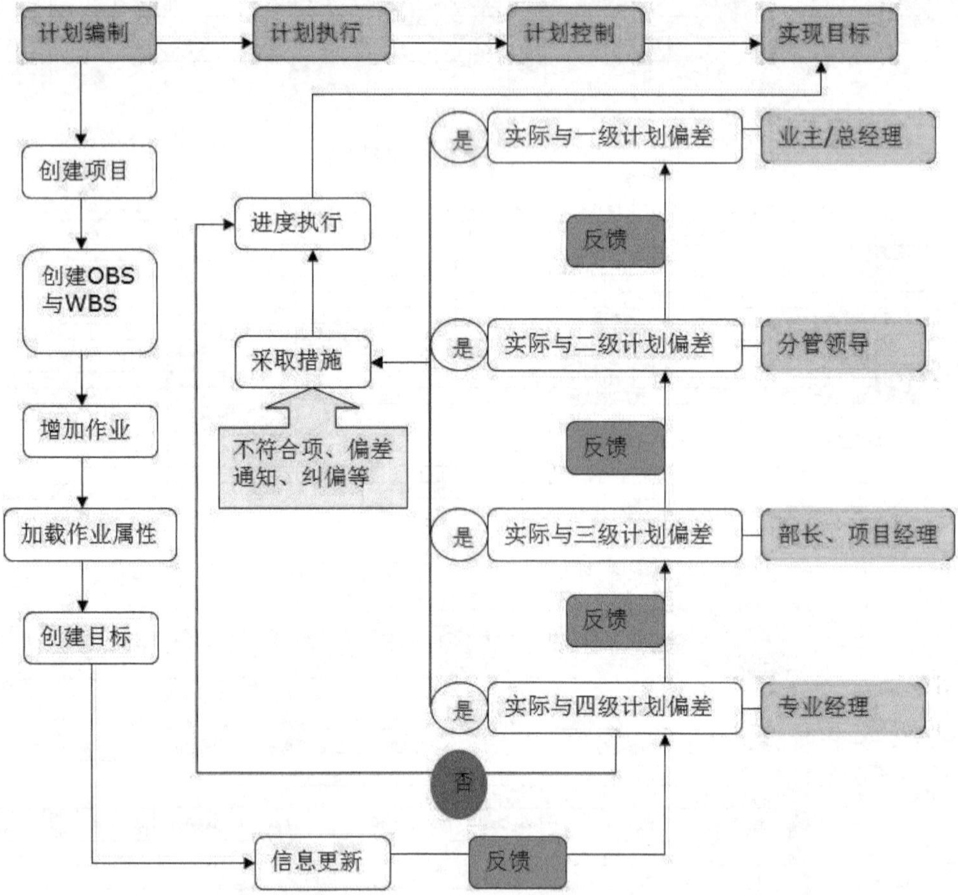

WBS在火电厂建设工程项目管理的应用

田 卓

火电厂建设工程项目管理是一个复杂纷繁、不断持续改进的过程，它包含众多单位工程与多个系统。为使火电厂工期目标、成本目标、质量目标等按计划完成，就需要进度管理上在采取适当的方法与工具，投入充足的资源。例如使用P6软件对项目进行管理，并重视对工程项目进行工作结构分解(WBS)。

1. 工作结构分解(WBS)的含义

WBS(Work Breakdown Structure)是有效地计划和控制建设工程项目的工具。它是由一组可交付使用的项目产品/设施组成的，表现为一种层次化的树状结构，定义了整个工程项目的工作范围。根据项目管理工作需要，进行不同层次的分解，以满足对项目进行工期、费用、质量的计划和控制管理。随着分解层次的深入，所定义的项目也就越详细越具体。位于整个WBS分解结构最底层并且不能再进一步细分的工作内容，也称为工作包。分解后的任务应该具有以下特性：可管理性、可定量检查性、可分配性和独立性。同时任务间的联系及管理必须明晰。

2. 使用工作分解结构的原因

工作分解结构是以项目的可交付结果为导向而对项目任务进行的分组，它把项目整体任务分解成较小的、易于管理和控制的若干子任务或工作单元，并由此组织和定义了整个项目的工作范围。未列入工作分解结构的工作将排除在项目范围之外，不属于项目团队的工作。工作分解结构的每一个细分层次表示对项目可交付结果更细致的定义和描述。工作分解结构是项目管理众多工具中最有价值的工具之一，提供给人们解决复杂问题的思路和方法——化繁为简，各个击破。通过工作分解结构，项目团队得到完成项目的工作清单，从而为日后制定项目计划时工期估计、成本预算、人员分工、风险分析、采购需要等工作奠定了基础。

3. 工作分解结构有哪些作用？

① 把复杂的事情条理化和简单化，使项目的任务执行起来更加容易；

② 通过工作分解结构得到完成项目的任务清单，从而界定出项目的工作范围；

③ 把项目要做的所有工作都清楚地展示出来，避免遗漏任何重要的工作内容以及项目组应该完成的任务；

④ 容易对每项分解出的活动估算所需的时间和资源，便于制定完善的进度计划、资源计划和成本预算等；

⑤ 通过工作分解，可以确定完成项目所需要的技术方案和施工方案；

⑥ 便于将任务落实到责任部门或个人，有利于界定职责和权限，也便于各方面就项目的工作进行沟通；

⑦ 使项目团队成员更清楚地理解任务的性质及其努力的方向；

⑧ 便于对项目进行有效的跟踪、控制和反馈。

4. 如何建立有效的工作分解结构

火电厂项目管理过程中,项目规划和控制是非常重要的一个环节,良好的项目规划能同时对项目进度、质量和投资起到很好的控制作用。在现在项目规划的过程中,火电厂项目管理基本上采用 P6 软件,P6 软件要求进行项目工作内容的分解。在此基础之上再进行资源的分配、进度计划的编制及项目成本的估算。火电厂项目规模大,划分难度大,确定项目的工作分解结构往往不可一蹴而就,需要经过多次反馈、修正,是一个渐进明细的过程。划分项目的工作分解结构有许多方法,如按照专业划分、按照子系统、子工程划分以及按照项目不同的阶段划分等,以上每一种方法都各有其优缺点。一般情况下,确定项目的工作分解结构需要组合以上几种方法进行,在工作分解结构的不同层次使用不同的方法。

良好的项目管理必须具备以下因素:对项目的认知、协同环境和有效的控制。这几个因素环环相扣,前者是后者的必要条件。

4.1 项目认知的层次

工作分解结构所起的作用如前所述。对火电厂项目的认知是协同和控制的基础,需要参与项目各方对项目本身有一个清晰的无歧义认知。工作分解结构的层次结构为我们认识、把握复杂项目的逻辑关系提供了良好的工具。火电厂项目往往有许多参与者,参与者包括:业主、设计单位、施工单位、设备采购供应商、监理单位等。项目的顺利进展有赖于这些不同角色的协同工作。这些参与者在项目建设过程中目标和任务不同,所以需要信息也不同。项目遵循先自上而下后自下而上的计划制定过程。两种计划的深度和范围都是不一样的,但二者需要有机地结合起来形成统一的计划,工作分解结构为这些信息提供了一个结构框架和载体。项目管理者还必须对项目的进度、范围和资源进行有效的控制。为了进行有效的控制,必须对项目中的工作任务进行范围界定。清楚的范围界能有效防止出现纠纷时合同双方牵扯不清,同时还有助于业主对承包单位进行数量最少但最有效的控制。而工作分解结构实际上有助于界定范围,这实际上也是对工作分解结构的要求。

4.2 火电厂项目工作分解结构划分

现在火电厂施工管理过程中,工作分解结构划分方法通常如下:

① 按照专业划分项目。

这是一种最自然的划分方法,优点是一目了然,容易理解和接受,缺点是不利于协调工作的开展。

② 按系统划分项目。

系统是人们在长期实践中确定的一种分类方法,其特点是系统与系统之间的联系往往是比较简单的,这种联系通常被称为系统界面或接口。正由于系统之间的界面比较清楚,所以按照系统对项目进行划分更容易界定子项目或子工程的范围,在项目实施过程中更容易控制结果。

③ 按照项目的不同阶段划分。

这样有利于项目管理者控制中间结果,对那些不确定性比较大的项目来说,项目最后的结果往往是未知的，控制项目的唯一方法就是控制中间结果的进度和质量，当然阶段的划分应该是可测量的。按照阶段划分项目有助于管理者在不同阶段控制中间成果同时不至于使项目管理者陷入到项目细节中去。

据火电厂不同的单位工程确定工作分解结构。各单位工程范围、性质可能都不一样，项目管理的目标和重点不尽相同，项目的工作分解结构也并不一样。但无论对何种项目进行工作分解结构划分，都必须兼顾工作分解结构的不同层次的作用。划分项目的工作分解结构还必须遵循一定的方法论。具体说来，划分项目的工作分解结构必须遵循以下步骤：①确定项目特性并确定工作分解结构层次，比如项目的不确定有多大？项目的规模又是多大？②确定项目管理的重点，为项目管理目标划分优先级别，比如，项目成本是放在第一位的，还是项目进度居于首位？针对项目管理目标的优先级别确定每级工作分解结构划分方法。确定工作分解结构。

5. 应用方法

① 召集核心的项目小组成员，这些人必须对项目的工作有直接的知识或经验。

② 按照项目的实施顺序确定项目生命期的各个阶段，或者按照交付产品结构的组成部分，或者按照项目工作的性质确定项目的主要交付成果，包括项目管理。由此形成工作分解结构的第一个层次。注意，从这一层就要开始检查不要漏掉了某些重要工作。

③ 确定完成项目生命期各个阶段的主要工作的具体任务，或者实现产品各结构、实现项目交付结果的主要工作的具体任务，由此形成工作分解结构的第二个层次。

④ 确定完成每项具体任务的子任务，形成工作分解结构的第三个层次。

⑤ 确定完成每项子任务需要进行的具体活动，活动应当用动词来描述，每项活动完成后应当可以输出可验证的结果，以便于进行绩效测量。由此形成工作分解结构的第四个层次。

⑥ 核实分解是否彻底、完整和正确。有没有遗漏的活动？每项活动的定义是否清晰、完整？下层的活动对分解项的完成来说是否必要和充分？每项任务是否可以很容易地分配责任和角色并落实到相应的部门、项目团队或个人？每项活动需要的资源是否很容易确定？每项任务的工期或成本是否很容易估计？每项任务完成的衡量标准是否十分清楚？如果答案是否定的，就需要进一步地修改、添加、删除或重新定义，直到上述答案完全肯定。

6. 结　语

通过工作分解结构对项目进行管理，更好地细分工作，分配资源，有利于人员之间相互配合，形成责、权、利相结合，从而使项目取得成功。

烟囱滑模施工过程中的混凝土保护层控制

王大静

印尼某烟囱工程为建造一个高 215m 的烟囱，外筒为钢筋混凝土结构，设计为双曲线型，设计标高 210m。该烟囱位于海边，业主要求采用滑膜施工工艺。结合本工程烟囱的特点，施工人员根据设计图纸计算出详细的半径随着高度变化的具体数据，以便更好地掌握调节半径的同时能够更好地控制好保护层。

滑模施工工艺对施工组织的要求较高，因其施工速度较快，所以在操作平台上需要聚集大量的人员和材料。这么多的人员和材料会给筒壁施工的混凝土带来很大的扰动。另外，在施工过程中，平台的千斤顶也是不断地向上提升，在提升的过程中会发生平台的倾斜，导致平台的钢模板与筒壁钢筋会直接接触，混凝土保护层的厚度没有办法控制。另外在提升的过程中，平台钢模板会给混凝土一个很大的向上的拉力，很多情况下足以使得混凝土表面产生很多裂缝，保护层被破坏。也有很多情况下，由于滑模速度较快，钢筋施工的速度无法满足要求时，会导致钢筋的施工质量不标准，是的保护层的厚度控制存在一定的困难。

考虑到上述问题，为避免出现保护层质量问题，项目初期决定采用混凝土保护层垫块进行试滑，以此检验该方法是否能够保证施工质量。在试滑的过程中出现如下质量问题：

1. 垫块容易破裂，需要安排专门人员进行埋放和监测；

2. 垫块容易被模板带动向上滑动，使得混凝土表面被破坏，出现长长的深坑，另外也影响了钢筋的施工质量；

3. 混凝土表面的质量很差，保护层质量无法得到很好的控制。

总结试滑过程中出现的质量问题和施工经验，经过项目部组织相关专家进行讨论和研究，在滑模设备的模板上方每隔一定间距增加如下图所示的构件，该构件为直径 30 的镀锌钢管加工而成。

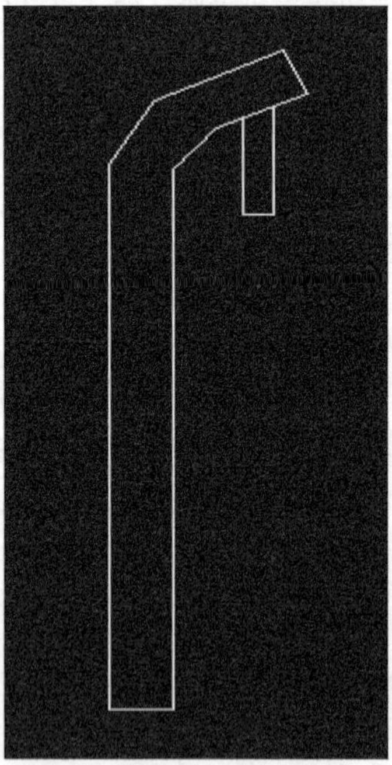

图 1　控制保护层构件

该构件有足够的强度，能够承受钢筋与钢模之间的压力，在施工过程中不会产生变形，可以保证保护层厚度满足设计要求厚度，镀锌钢管的外表较光滑，能够减小与钢筋之间的摩擦，能与钢模板固定牢固，不会因施工时的模板滑动或浇筑混凝土的冲击，导致脱落或移位。采取该工艺的同时保证在施工前，做好各施工班组的技术交底工作；材料的加工下料，尤其是钢筋应分别按照图纸要求事先加工准备好，施工过程中精心组织并绑扎牢固；规范施工平台上各个施工组的操作行为，避免给操作平台造成较大的干扰。另外也要及时对坏损的构件进行更换并注意成品的保护。

通过以上措施，项目组在后期的施工过程中取得了

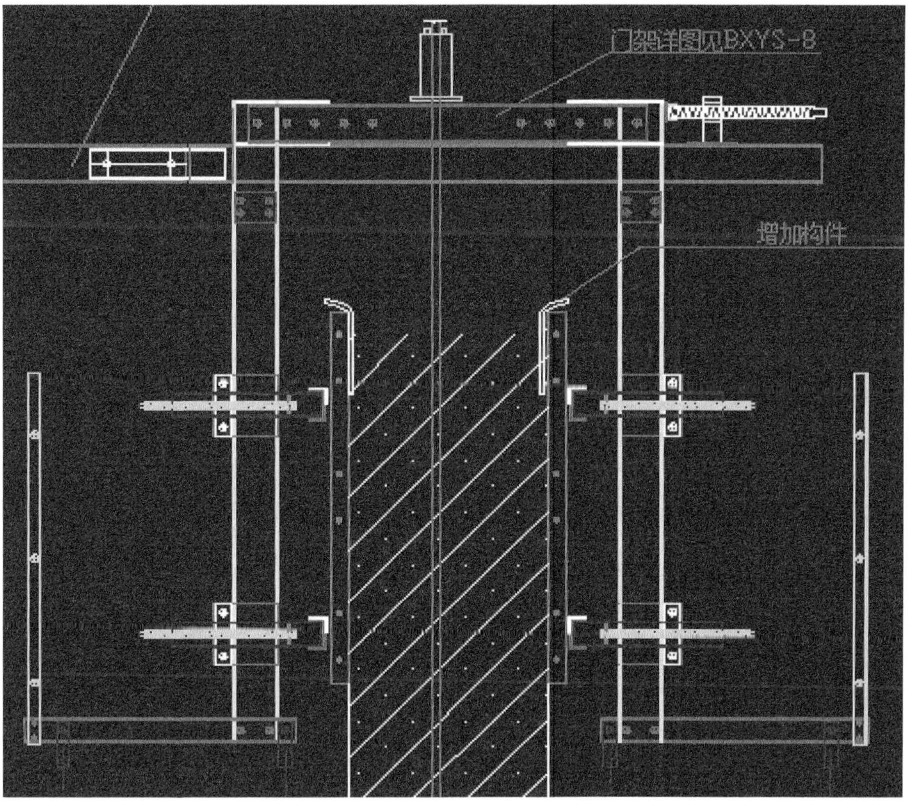

图 2　控制保护层构件布置

较好的效果，项目业主对整个烟囱的外表面质量非常满意，施工过程中没有出现漏筋、裂缝等质量问题。

案例——乌兹别克斯坦昆格勒纯碱厂扩建项目

王桂龙

【案　例】

乌兹别克斯坦昆格勒纯碱厂扩建项目(以下简称“乌碱项目”)位于乌兹别克斯坦卡什卡尔帕克斯坦自共和国昆格勒地区,距离昆格勒市45公里,属于乌兹别克斯坦西北部。该地区地广人稀,大多空旷荒芜,人畜稀疏。当地冬季严寒漫长,一月平均气温－10℃,一、二、三月较冷,最冷时,地面最低温度可达零下35℃。资源匮乏、环境恶劣再加上冬季严寒,乌碱项目的冬季施工难度非常大。如何采取合理的施工方法、制定有效的施工质量保障措施,在保证完成进度计划要求的同时尽可能减少冬施投入是该项目冬季施工需要重点考虑和解决的问题。

针对当地的气温等各方面条件的限制,乌碱项目冬季施工采取了如下施工方法及保障措施:

1. 严寒气候下的混凝土浇筑要保证施工质量首先要保证防冻剂的添加量满足要求。根据乌碱项目购买的混凝土防冻剂技术说明,添加剂的添加量为4%～8%,由于乌碱项目冬季施工期间的温度变化较大,因此防冻剂添加量取中间值6%;

2. 混凝土浇筑时的入模温度也是一个重要的技术指标,为了保证混凝土质量,采取加热的办法对混凝土搅拌用水进行预升温,保证搅拌水温在40℃左右,从而保证混凝土的入模温度;

3. 混凝土浇筑后的保温采用双层塑料布加双层保温棉絮进行遮盖的方法,以防止混凝土浇筑后温度的突然降低而影响混凝土质量;

4. 后期框架结构的保温采取将塑料布包围构筑物,构筑物内每30平方米设置一个生火炉生火进行保温的方法来保证混凝土凝结所需的环境温度。

【分　析】

采取搅拌用水预加热、覆盖、生火等方法保证了混凝土的质量,但在人工、材料等上增加不少投入。费用、质量、进度是项目执行中重点关注的三个指标,质量在采取了各种保障措施后可以得到保证,而完成进度计划是进行冬季施工的最终目标,是要全力实现的,因此在保证上述两个指标达标的前提下,考虑如何尽可能减少投入成为进行冬季施工需要考虑的问题。

冬季施工与非冬季施工相比在分类生产要素投入上并无太大区别,均包括人员、机械、材料等方面;相比非冬季施工,冬季施工在采用常规施工方法的基础上需要采取相应的质量保证措施,而质量保证措施需要考虑其合理性和可操作性,同时项目所在国的条件及相关要求也须考虑在内。

结合乌碱项目所在地的各方面条件及要求,根据项目所采用的冬施方法及执行中采取的各项措施,考虑额外增加的施工人员、机械、材料投入,现以混凝土浇筑为主线,对混凝土浇筑全过程及与之相关的施工人员、机械、材料的增加费用进行统计,得到下表:

序　号	资源名称	单　位	单　价	数　量	总　价
物资材料费					
1	防冻剂(含运费)	t	5000	37	185000
2	保温棉絮(含运费)	床	75	1900	142500
3	彩条布	㎡	15	8500	127500
4	塑料布	kg	28	840	23520
5	木材(含运费)	m^3	400	520	208000
6	煤	t	340	30	10200
7	热水管	m	50	300	15000
8	锅炉	套	16000	2	32000
9	保温棚	m^2	200	650	130000
10	棉衣	件	200	120	24000
11	手套	双	15	200	3000
12	天然气	m^3	0.36	8196	2950.56
13	电	km·h	0.28	30724	8602.72
14	水	t	2.2	1874	4122.8
合计					916396.08
增加机械使用费用(非降效增加)					
1	装载机(50 型)	台班	360	16	5760
2	装载机(30 型)	台班	270	34.125	9213.75
3	自卸车	台班	240	5	1200
4	平板拖车	台班	150	1	150
合计					16323.75
增加人工费(非降效增加)					
1	保温人员(中方)	人工日	300	75	22500
2	保温人员(乌方)	人工日	50	114	5700
3	准备人员(中方)	人工日	300	71	21300
4	准备人员(乌方)	人工日	50	109	5450
5	夜班人员(中方)	人工日	400	228	91200
6	夜班人员(乌方)	人工日	72	228	16416
7	测温及值班人员	人工时	40	392	15680
合计					178246
机械使用费(按降效 30%计算)					
1	挖机(0.9m^3)	台班	270	16	4320
2	装载机(50 型)	台班	360	30	10800
3	装载机(30 型)	台班	270	60	16200
4	自卸车	台班	240	48	11520
5	平板拖车	台班	150	55	8250

续表

序　号	资源名称	单　位	单　价	数　量	总　价
6	吊车(35t)	台班	480	45	21600
合计					72690
人工费(按降效 40%计算)					
1	施工人员(中方)	人工日	120	4520	542400
2	施工人员(乌方)	人工日	20	5010	100200
合计					642600
总计					1826255.83

上表通过对冬季施工增加的费用进行统计、计算，得到了昆碱项目冬季施工增加施工费用为 1826255.83 元。下面将继续对表格中构成冬季施工费用增加的各项投入进行分析。

1. 冬季施工材料投入占比：

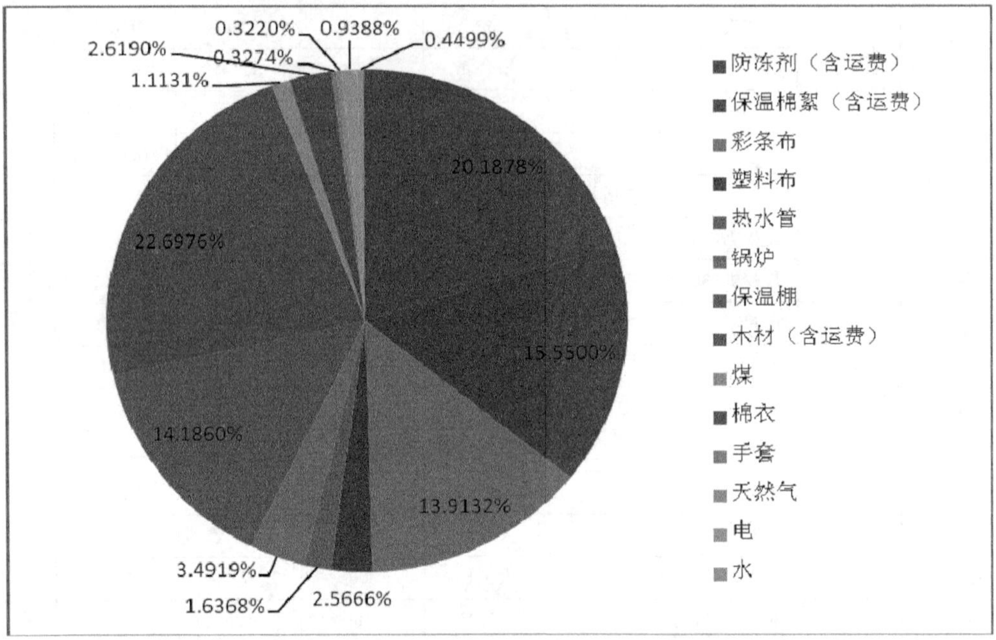

从该饼形图中可看出，冬季施工材料投入占比较大的五项物资依次是：木材、防冻剂、保温棉絮、保温棚、彩条布；因此可以初步得出，该项目在如何降低材料投入上可以重点考虑上述五项。

2. 增加人工、增加机械、人工降效、机械降效投入占比：

图中增加人工、降效人工占比较大，而机械施工费用的占比则较小，说明该项目的机械程度化可能较低，与实际情况基本相符。因此，该项目在冬季施工中可以考虑尽可能采取增加机械台班以代替人工，以减少冬季施工人工的投入。

3. 人员投入及占比：

图中中方人员人工的降效和增加共计占整个冬施增加人工费的 84.41%，因此该项目在降低人工费用方面，应重点考虑如何提高中方人员工效或通过增加乌方人员来降低中方人员

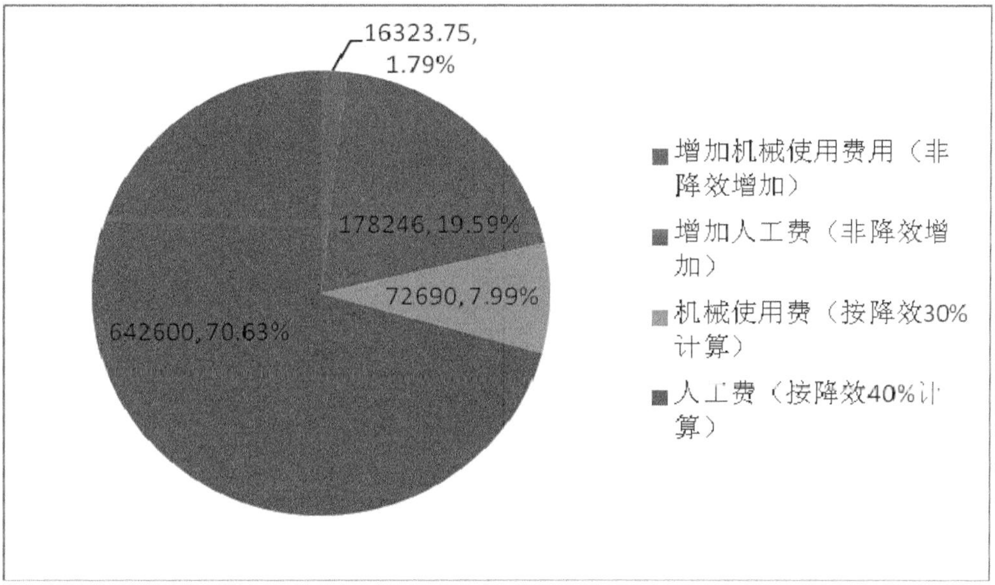

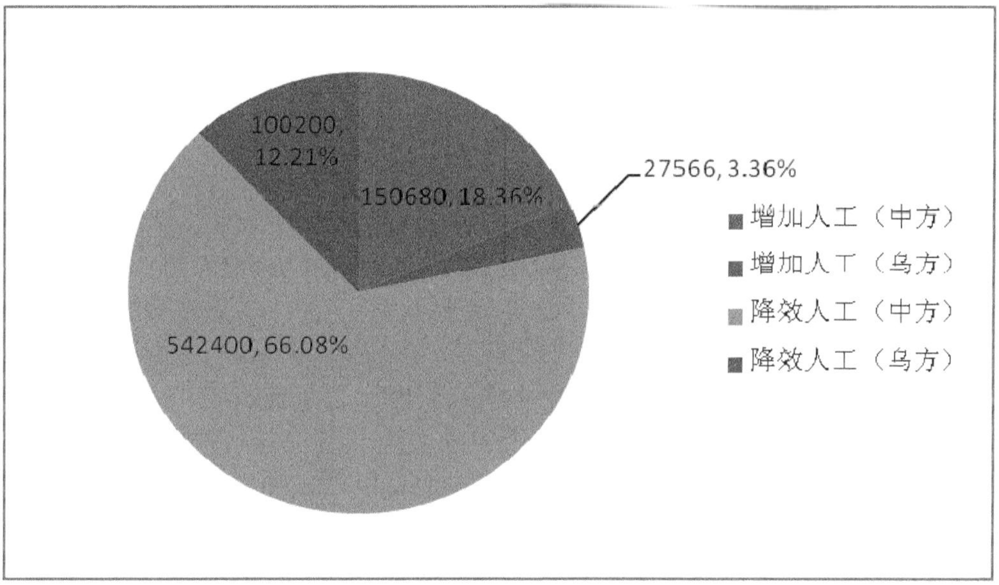

的投入比例。

4. 人员、机械、材料占比：

从图中不难看出，材料和人工占了冬季施工投入的绝大部分，原因为该项目的机械使用率较低，投入较少。在此条件下，该项目顺利实施的关键变成了做好人员组织及材料准备工作，实际情况也验证了这一点。

【总　结】

冬季施工涉及方方面面的投入，本案例中所列项并不能涵盖所有可能造成冬施费用增加的因素，因此所得出的结论具有一定的局限性，是在特殊条件下才有效的，但通过此案例的分析还是可以得到一些值得借鉴的经验：

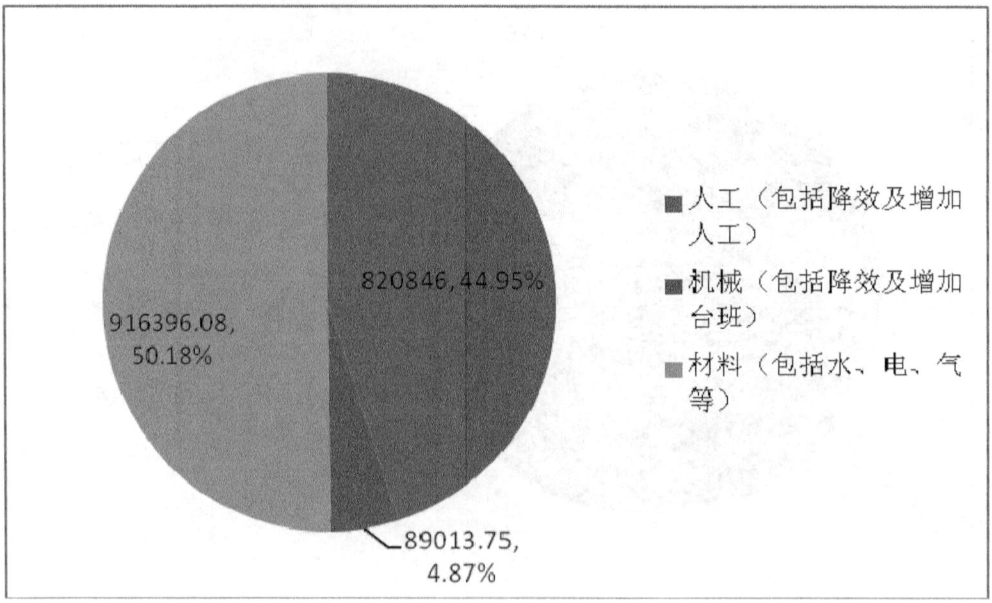

冬季施工无论是对人员的组织、机械的调度、施工方法的选择、材料的准备、施工环境的掌控等都是一个考验，要想顺利完成冬季施工任务，人、机、法、料、环相关的各个方面必须全面考虑并统筹安排。

人：人员组织上要充分挖掘项目所属地的劳动力，他们在劳动技能等方面可能比较差，但通过专业的培训也可以很快成为合格的劳动力。属地劳动力有其自己的优点，此类劳动力一方面可以较快的组织和获得，另一方面其成本一般情况下比较低，因此，国际工程施工中，特别是在第三世界国家承建的工程项目，尽可能使用属地劳动力可以有效降低工程费用。

机：因地制宜，施工机械可以自购也可以租赁，这取决于项目依赖机械的程度、机械的使用周期及项目所属地机械的租购比等各方面因素。在机械代替人工可以取得成本节约时，没有人会选择继续采用人工，但人工费用、机械施工费用的比较却常常被部分施工企业所忽略。

法：施工方法决定了施工的质量、成本以及进度值，冬季施工很难像非冬季施工那样“大干快上”。根据项目所在地各方面条件选择一种适应当地条件、满足各项要求的施工方法对工程质量、成本、进度等目标的实现大有裨益。

料：正如“兵马未动，粮草先行”一样，材料准备必须在施工工作开始前完成，材料等物资的管理要做到及时、准确、保障生产。因此，详细了解项目所在地乃至所在国的资源状况，提前做好材料的采购或预订，并在施工过程中进行科学的材料等物资管理，可以为包括冬季施工在内的各阶段施工创造有利条件。

环：好的环境可以给施工带来便利，冬季施工就是在冬季这一大环境下进行的。了解和掌握项目所在地的环境，不仅限于施工环境，利用环境中有助于施工的因素，可以较少对环境估计不足可能带来的不利影响。

冬季施工是在上述各方面因素共同作用下实现的，五因素你中有我，我中有你，相互影响。处理、协调好各因素间的关系，才能保证各项施工工作的顺利开展。

案例——物资管理条例

王明晰

物资管理是企业管理中不可或缺的重要一环。物资管理直接维系企业的生产、运营,其管理水平的高低直接影响着企业的成本。物资是企业与生产单位之间的桥梁、纽带,是企业正常生产的物资保障基础。正因为物资是企业营运关键的中转环节,对于强调工期的建筑施工来说一个好的物资管理条例是很重要的先决条件。下面就是我公司印尼 AWAR-AWAR 电站项目所使用的物资管理条例。

1. 总 则

1.1 各单位为本工程所提供的所有物资分为以下两类。

A 类:设备和材料为工程完工后不再运出印尼的物资,这类物资一般不需特殊标记。只对其中备件,专用工具,消耗品要求,在箱单和外包装上作明显标记。

B 类:施工机具及试验调试设备仪器等工程结束后还要运出印尼的物资。这类物资需在箱单和外包装上作明显标记。

1.2 供货单位在发运 B 类工程物资时,务必于发运前一个月将物资清单提交工程承包单位和中电工印尼 AWAR-AWAR 项目部,以便办理国内外进出境海关手续。否则一概视作 A 类物资。

1.3 货物中如有对运输、堆码、储存环境有特殊要求的,供方应在设备发货前 60 天书面通知需方,通知中应对该货物对运输和存储的细节进行详细描述,否则将按一般物资办理。

1.4 印度尼西亚 AWAR-AWAR 项目运输条件比较恶劣,海运时间正常情况下为 15～20 天,如遇较大风浪,海运时间将会更长。在此航线上运行的海运杂货轮一般舱深 6～7 米左右,舱内货物堆码密集。在印尼泗水港清关时间一般为 30 天,陆运一般为 5 天。货物在码头交货后,最少须经过 4 次装卸船以及超过 4 次的装卸车工序。因此,要求各供货单位必须保证货物的包装质量和强度,避免由此产生货损。

1.5 码头装卸船一般采用钢丝绳或尼龙带吊装,不会采用叉车,因此,货箱的顶板强度应能保证在钢丝绳或尼龙带水平方向挤压下不变形、不破损。

1.6 除裸装和捆装外,其他包装方式的包装箱体或框架必须大于货物本身,应能完全将货物包含在包装箱或框架内。

1.7 电气设备或其他精密设备或备品备件,外包装高度尽量控制在 2.25 米以下,以便可以采用集装箱运输。

1.8 在货物出厂发运前,需方将向供方提供本项目专用运输标识贴,供方应将标识贴贴在相应包装外。

1.9 如某批次中供方所发运的部分或全部箱件不是供方厂内包装,则应提供该货物的制造单位名称、本项目负责人名称和联系方式，这些信息应与箱件号一一对应。以便在发生货损时及时联系并处理。

2. 国内交货条件和单据

2.1 供方的责任和义务：

2.1.1 向需方提供相关单证和资料。

1）供方在合同生效后的60天内向需方提供“发运计划”，包括总体发运批次、品名、国内采购价、是否包括大件(30吨以上，单项超过9米×3米×3米)等信息。

2）各供货厂家应在每批发运前45天向CNEEC提供本批次发运表。

3）供方货物发运当日内，必须将“启运通知”传真给需方，通知中包括发运时间、预计到达时间、数量、尺码/吨、运输方式、车号、收货人等。如铁路发运，将铁路货票传于需方。

4）其他单证：供方应于工厂交货前10天向需方/CNEEC-AWAR AWAR项目组寄交工程设备商检证或商检换证凭单、包装性能检验合格单、危险品包装性能检验合格单和危险品说明书，进料加工核销手册等。国家规定的法检产品，必须办理“出境货物换证凭单”。在以后的发运过程中，各供货厂可以随时向中外运公司/CNEEC-AWAR AWAR项目部咨询货物的商检问题，并按照指定的品名及编码向当地商检机构申请商检。

5）装运单证寄送地址：

北京首体南路9号中电工大厦401室(邮编：100048)

AWAR-AWAR项目部：须瑾

电话：010－68798359

传真：010－68798955

电子邮件地址：xujin@cneec. com. cn

6）各供货厂取得商检证后，请先传真一份至中外运/CNEEC-AWAR AWAR项目组，待其确认后再寄至指定地址。

7）商检单中的“发货人”一栏一律填“中国机械工业集团有限公司”。

2.2 在合同设备国内装船期间，对重大设备卸车、装船进行技术指导，必要时派有关人2员赴港口，确定舱面货物或者甩货的种类、数量，确定装船期间受损设备是否退关换货等问题。

2.3 承担合同设备港口集港地或指定仓库交货前的各项责任、风险和责任义务范围内各项业务所需费用，承担由于供方的原因产生的工作和经济责任。

2.4 负责按原包装方式完成B类物资由工地至国外港口的包装储运工作，并向CNEEC项目组提供回运物资报关所需的有关单证。

2.5 单证的种类和提交时间及份数：

2.5.1 供方工厂发货前30天向需方寄交并在网上传输合同设备装箱单及其他有关装运单证。

2.5.2 最迟于发货前2周，提交最终详细装箱单和最终箱件清单：五份正本。

2.5.3 供方在本厂交货后2天、不晚于装船前10个工作日、提交出口商品检验放行单或出口商品检验换证凭单正、副本各一份。(如果需要)

2.5.4　供方应该于合同签订后 60 天内，提供大件的箱件清单、装箱单、运输图、吊装图等技术文件。

2.6　详细装箱单、箱件清单制作要求：

2.6.1　详细装箱单、箱件清单是提交国外业主商务单证的重要组成部分，是国内外装运、报关的必备文件，也是设备承包、运输、安装等各有关单位进行设备交接的重要依据，必须认真制作，保证质量，做到单单、单货、单证三相符，准确无误。

2.6.2　详细装箱单及箱件清单的标准格式须以需方提供的格式为统一格式，不能自行制订。

2.6.3　详细装箱单用以表述某包装箱内设备和部件的规格数量等情况。箱件清单是供方每批交货的总清单，用以说明该批设备的总件数和基本情况。设备钢结构、电缆等裸、捆装件以及无需对每包装件内容做详细说明的设备构件，可以同一品名不同规格构件为单位，参照箱件清单的做法制作简化装箱单。如其内部放有本体以外的零部件，则应填写详细装箱单加以说明。

2.6.4　详细装箱单、箱件清单务必用计算机以中英文对照方式打印，中文在上，英文(全部大写)在下，不得用手写方式填写。

2.6.5　详细装箱单和箱件清单由供方负责填写。供方再分包的设备或配套设备，由供方统一填写。

2.6.6　详细装箱单和箱件清单须用 A4 纸，按规定的份数分页装订成册。

2.7　需方将指令中外运在装船前 20 天，以传真方式向该批供货厂发送“集港通知”。

3. 运输包装要求

3.1　运输包装要求如下：

3.1.1　国家《机电产品包装通用技术条件》GB/T 13384—92 及相关包装标准和对外工程合同对包装的要求设计和制作，包装的尺寸分别按 GB/T 4892—1996《硬质直方体运输包装尺寸系列》、GB/T 13201—91《圆柱体运输包装尺寸系列》、GB/T 13757—92《袋类运输包装尺寸系列》、GB/T 15140—94《航空货运集装单元技术要求》和 GB/T 16471—1996《运输包装件尺寸界限》设计和制作。

3.1.2　合同设备、材料的运输包装应根据外贸运输海、陆运输方式多、装卸次数多、运输距离远和运输周期长的特点，合理设计、合理用料，保证设备、材料在国内外全程运输过程中装卸、堆码、储存方便安全。

3.1.3　运输包装设计须使包装物具备一定的堆码能力，即高度在 2 米以上的货物，能保证安全堆码三件同类货物；高在 2 米以下的货物能保证安全堆码四至五件同类货物。木箱、铁箱、托盘、框架顶部一般须采用平顶形式。

3.1.4　起吊位置的设计：各种方式的包装均须根据货物的长度、重量和重心情况合理设计起吊位置，并标明起吊点。单件重量在 10 吨以下的设备，包装物底部必须留有空间，以适应不同方式的装卸作业。木箱、托盘的起吊位置及上部适当位置须根据货物的重量加装相应规格的护角铁板，以增加强度。

3.1.5　重心点标注：各种方式的包装均须标注重心点。

3.2　运输包装方式：包装方式必须符合我国的出口包装规定。具体强调如下：设备或材料须按下述八种包装方式进行运输包装，不允许有下述八种以外的包装方式(单证中的包装方式中英文表述统一按下列对照翻译)。管道系统或者装备都要采用压冒机或者其他的方法将端口封上，不准潮气进入。

3.2.1　木箱(WOODEN CASE)：板厚不小于 10mm，箱内框架用料及结构须根据设备的特性和重量设计，确保木箱强度和装卸安全。精密仪器、仪表、控制盘(台)等电气设备应进行防潮、防锈、防震包装处理后再装箱。易碎设备应先装入小型纸箱或木箱后再装箱。设备在木箱内固定牢靠，不得发生移位或窜动。包装箱充满度不低于 80%。设备装箱时尽量使其重心位置居中靠下，重心偏高的设备尽可能采用卧式包装。重心偏离中心较明显的设备须采取相应的平衡措施。箱底要用不小于 100×100mm 的木方支撑，以便吊车和叉车装卸。

3.2.2　铁箱(IRON CASE)：精密设备必须采用铁箱包装方式，底部应用 100mm 以上的槽钢支撑，以便叉车装卸。

3.2.3　托盘(PALLET)：同规格尺寸的小型箱装货物，用纸箱包装后可采用托盘组合包装方式，组合包装后的托盘必须组合牢固，防潮，确保不散捆，底部木方不小于 100×100mm。

3.2.4　捆装(BUNDLE)：中型钢结构和管件，可采用捆装方式。须以角钢和槽钢为材料进行捆扎，长度 5 米以下的货物至少捆扎 4 道，长度 5 米以上的货物至少捆扎 5 道，确保不散捆。捆装货物钢结构之间以及钢结构与捆装材料之间，须加衬胶皮或麻袋片等衬垫物，以防物件蹿动、散捆，以及由此产生的工件磨损或丢失。

3.2.5　框架(FRAME)：小型钢结构的管件，须采用以槽钢、工字钢为框架材料的框架包装。不得使用木质框架。设备必须框在框架内，固定措施安全可靠，不得有蹿动、碰撞的潜在因素。铁件之间须有衬垫物，以免运输途中铁件直接接触摩擦，减薄产品的局部厚度，成为机组运行中的隐患，对于受内压的管件此点尤为重要。进行水压实验的管、筒形部件应在实验后排除内部剩水、杂物，干燥后再封口包装。

3.2.6　裸装(NUDE CARGO)：用于大型钢结构、各种罐、变压器等大部件设备的包装。裸装货物一般应安置于托盘上。托盘设计应符合均衡受力、稳固牢靠、便于装卸的要求。裸装货物重要部件须同时采取局部防护、防锈等防护包装措施。

3.2.7　桶装(TUB)：用于油料、化工材料等的包装。

3.2.8　卷装(ROLL)：用于电线、电缆、钢丝绳等货物的包装，应尽量采用钢木包装方式。

3.3　防护包装如下：

3.3.1　除运输包装外，还应根据产品的特性认真做好产品的内部防护包装工作。防护包装要包括：防雨、防潮防霉、防锈、防震、局部防护等措施。

3.3.2　凡木箱包装的产品，内包装一律为真空包装。负压应能维持 12 个月。箱内顶部和侧面要采取油毡密封防雨措施。

3.3.3　以裸装、捆装、框架方式包装的设备，法兰、螺栓、裸露的加工表面及包装框架，必须涂防锈漆并采取适当保护措施。

3.3.4　易受潮气侵蚀锈损的设备必须封装在防水或密封的坚固容器内，容器内还应放入适当的干燥剂并充入惰性气体，以确保容器的低湿度。采取充氮保护措施的设备，其检测氮气压力的压力表、阀门的外部必须以钢质材料进行防护包装，并加锁。国内外装、卸船和工地设备交接时,有关方面须认真检查容器内氮气的压力情况。

3.3.5　全部包装箱内的设备应能在印尼工程工地现场露天储存 12 个月以上,保持完整无损。

3.3.6　防护包装要求内包装材料应符合 GB12337 的规定。

3.3.6.1　防水包装(GB7350　防水包装技术条件)

3.3.6.2　防潮包装(GB5048　防潮包装)

3.3.6.3　防霉包装(GB4768　防霉包装技术要求)

3.3.6.4　防锈包装(GB4879　防锈包装)

3.3.6.5　防震包装(GB8166　缓冲包装设计方法)

3.3.6.6　局部防护包装：凡需进行局部防护包装的货物必须按有关国家规定进行必要的局部防护包装。

3.4　包装性能检验：各种方式的运输包装均须按国家有关规定进行包装性能检验。分别按 GB/T 4857 中 21 个标准执行。列入国家"商检机构实施检验的进出口商品种类表"的商品,在产品质量报验的同时,还须申请商检机构对产品的运输包装进行性能检验。

3.5　产品装箱资料的编制和装箱要求如下：

3.5.1　产品装箱资料由供方按需方规定的种类、份数和编制要求制作。

3.5.2　装箱资料须用塑料袋封装(资料较多时还应另装入一只木箱),然后将其固定放置在产品批次发运第一箱内。资料过多无法装入产品包装箱时,可单独装资料箱,并将"资料"字样标记在包装箱的品名规格栏目内。

3.5.3　包装箱内每一类零部件均应系有中、英文书写的标签,标签内容包括：KKS 编码(设备级),机组号、设备名称、零部件名称、规格型号、数量、图号等。

3.5.4　包装箱内所装实物的名称、规格、数量应与标签及装箱单记载的内容三者完全一致。

3.5.5　捆装、框架、裸装及卷装的包装货物,应将装箱单、箱件清单等资料集中装入资料箱。

3.5.6　装箱单及箱件清单在相应部门完成后,应有签字并加盖公章。

3.6　随箱单证及固定方式：

3.6.1　木箱包装：首先在每个木箱里面要放装箱单(Packing list)一份,另外,将另一张装箱单用塑料袋多层包好,确保不会被水侵蚀。用镀锌铁皮将封包妥的装箱单钉在木箱正面的右上角(高度 1.6～1.7 米)。

3.6.2　拖架捆绑包和裸装：将封包妥的 2 份装箱单分别装入 2 个钢管内,钢管一端焊死,另一端用专用塞封堵,确保雨水不能渗入。将该 2 个钢管用铁丝分别固定在拖架包装件和裸装件的不同位置上。并且对于裸露包装的设备,供方需要用金属标签或者在包装和单件物品上直接刷写上相应的包装储运标志,注明 KKS 编码(设备级)。

3.6.3　任何散件都要在包裹或者捆上挂标识板,注明主要设备名称及编号、项目名称以及它在装配图上相关的位置编号。所有的备件和工具都必须与所供设备分开包装,并且要按照以上所提及的方法做出详细标识。

4. 包装储运标志和箱号编制

4.1　包装储运标志的内容：包装储运标志由贸易标志(运输唛头)、商品标志、包装标志、国内到站收货人临时标志四种标志组成。其中各种贸易标志(运输唛头)、商品标志按对外工程合同的规定执行。包装储运标志均由国内供方负责,转口设备由国外供货人负责在设备材料发运前,按合同规定的格式和要求用英文刷制完成。

4.2 商品标志:

4.2.1 商品标志包括:收货人(CONSIGNEE)、对外合同号(CONTRACT NO),信用证号(L/C NO)、品名及规格(DESCRIPTION)、箱号(PACKAGE NO)、毛重 GRASS WEIGHT)、净重(NET WEIGHT)、尺码(SIZE)、制造厂(MANUFACTURER)和原产国(CHINA)等内容。

4.2.2 商品标志刷制方法:

4.2.2.1 按项目收货人地址,以英文标记。须以黑颜色涂料刷写。

4.2.2.2 商品标志中箱件编号和装箱单的编制方法如下:

分类码-批次码-工厂编码-箱件号/总箱件数

其中:

- 分类码用于区分设备使用区域或类别:1#机组用"1#"表示,2#机组用"2#"表示,公用系统设备用"G"表示,备品备件用"B"表示,专用工具用"Z"表示,需回运设备用"H"。
- 批次码:供方发货的批次号,用 1、2、3……100 阿拉伯数字表示。
- 工厂编码:制造商工厂英文缩写。
- 箱件号/总箱件数:箱件号为本批交货箱数中第几箱,总箱件数为本批交货的总箱数。

箱件编号编制要求:箱件编号是严肃的工作,务必按规定严格编制、刷印,以便设备、材料在国内、外及现场转运期间,顺利地进行理货、交接和安装工作。箱件编号须喷刷或打印在包装箱和装箱单/箱件清单的箱件编号的位置上。同一件货物包装箱件、装箱单和箱件清单上的贸易标志中的箱件编号务必一致,准确无误。

4.2.2.3 品名及规格:以中英文对照标记。

4.2.2.4 毛重和净重:以英文和阿拉伯数字标记,指包装箱件的毛重和净重,以公斤(kg)为单位。

4.2.2.5 尺码:以英文和阿拉伯数字标记,指每个包装箱件最大的外形尺寸,写作:长×宽×高,以毫米(mm)为单位。毛重、净重、尺码是承运部门配船、配舱、安排装卸、运输机具和设备,计算运费的依据,务必与实物相符,准确无误。

4.2.2.6 供方名称和原产国:以中、英文对照标记。

4.3 包装标志:

4.3.1 包装标志包括:商检号、重心位置、装卸起吊位置、堆码极限、防雨、轻放、正面、切勿倒置、开启位置等装卸和储存保管指示标志等。包装标志应根据产品的特性刷写在特定的位置上。包装物上还须刷制危险警惕性标志。

4.3.2 包装标志应以国际通行的图标或英文标记,文字标记统一规定为:

向上:THIS WAY UP

怕湿:KEEP DRY

小心轻放:HANDLE WITH CARE

重心点：CENTER OF GRAVITY
吊装位置：SLING HERE
有效期限：VALIDITY
室内保管：KEEP IN HOUSE
正面：THE FRONT
密封：SEAL UP

4.4　国内铁路到站、收货人临时标志：

为便于港口收货人收货、理货，设备由工厂发运时，还须把到站、收货人名称（全称）刷写在胶合板上，并将此胶合板钉在木箱上或拴挂在裸装货物明显、安全的位置。此临时到站收货人标志由港口储运单位负责在装船前摘除掉。

4.5　包装储运标志刷制要求：

4.5.1　标志字体：包装储运标志应清晰、明显。英文一律采用大写印刷体（Arial 体），中文应采用黑体字。各种标志一律用不褪色的红色油墨或油漆和空心字模板喷刷或印刷。字体的大小，应与包装物体外形尺寸相适应，避免字体过大或过小。

4.5.2　标志位置：

4.5.3.1　箱装货物：箱装货物的贸易（运输唛头）、商品和包装标志应刷写在包装箱相邻的两个侧面（长、高）箱面上。贸易标志（运输唛头）刷写在箱面的左上角，商品标志刷写在箱面中间位置，这两个标志不得混为一体刷制。包装标志刷写在同一箱面特定和右侧中部位置上。国内到站、收货人临时标志单独钉在相邻的一个侧面（宽、高）上。

4.5.3.2　非箱装货物：裸装、框架包装、捆装等非箱装货物应将贸易标志、商品标志刷写在金属吊牌上，并将此吊牌固定在相对应两个侧面的明显、安全位置上，每一包装件上吊牌数量不少于两个，尺寸不得小于 A3，字号不小于三号黑体，中英文对照，银灰底版，字为黑色。并根据产品包装特点，刷写好包装标志和国内铁路到站、收货人临时标志。

5. 供方包装经济责任

5.1　运输包装：

5.1.1　供方对设备、材料的运输和包装质量负责，承担包装所需有关费用，并承担因包装设计、包装用料、包装方式不当等问题而导致在国内外运输过程中包装破损和设备、材料受损的经济责任。

5.1.2　设备、材料装船前，在正常装卸、运输和储存条件下，如发生破损，由需方在口岸或港区安排修补，所需费用由供方负担。

5.1.3　设备、材料和包装如不符合出口包装要求，需方将申请口岸商检部门对运输包装进行检验。经检验如包装不合格，由需方安排重新进行运输包装，所需检验、包装等有关费用由供方负担。

5.2　装箱资料：对装箱资料、图纸的种类、份数和准确性负责，承担制作各种装箱资料有关费用，承担因装箱资料方面的问题影响设备总承包单位、安装单位及业主三方设备、资料顺利交接，或由此导致影响安装进度的经济责任。

5.3 装运单证：对装运单证的种类、份数、寄送时限要求和准确性负责，负责及时修改或重新缮制不合要求的装箱单和箱件清单，补办其他所需单证，并同时负责在需方的网站上录入所要求的设备信息并对其准确性负责。承担办理各种单证所需费用，并承担因装运单证方面的问题影响需方缮制出口委托、结汇单证，国内、外报关报验，按期装运以及向中方及国外业主等有关单位单证交接的经济责任。

5.4 包装储运标志责任：

5.4.1 供方负责完整、准确地刷制各种包装储运标志，并承担因包装储运标志方面的问题影响国内、外有关单位设备交接、安全装卸和储存的经济责任。

5.5 交货责任：

5.5.1 供方承担未按本合同供货或交接的责任。

5.5.2 供方对按期交货、提报批次发运表等交货有关的工作负责、并承担因交货方面的问题影响按期装运、延误工程进度的经济责任。

5.5.3 承担因设备质量问题而补发设备的国内、外运输、保险及有关费用。

5.6 供方除对上述五项工作负责并承担有关经济责任外，还须承担供方责任义务范围全部有关直接责任和费用，以及由于供方责任而对整个工程所造成的其他工作和经济责任。

6. 进料加工核销程序(如果需要)

6.1 供方应在签订合同后即向需方提出书面请求，并在发货后1个月内，提供需方办理进料加工核销手续所需的一切相关文件、资料、单证等内容。

6.2 供方不得将进料加工项下进口的“料件”用于本合同以外的合同。

7. 转口设备装运单证及储运标志

7.1 供方从第三国定购直接运往印尼的关键设备或零部件的转口业务，应在与需方签订国内供货合同的同时预先说明，并在转口合同生效后即向需方提供一份转口合同的副本，以便需方凭以编制价格清册，需方凭此办理国外通关转运手续。

7.2 设备装运单证、储运标志等规定，国外各有关单位统一照本规定执行。只是国外单位免去单证和标志中的中文部分，全部用英文制作和填写。

7.3 转口设备发运后，国外单位向银行提交正本提单、发票和装箱单等单证的同时，负责将副本单据寄交或传真给需方，以便做好接货准备。

浅谈汽轮发电机基座直埋地脚螺栓施工

中机建设电力事业部
王义先
2014 年 12 月 12 日

1 工程概况

伊拉克萨哈拉丁 2×630MW 燃油气电站的汽轮发电机基座，位于该工程主厂房 A、B 列之间(汽机间)，其纵向布置，总长 43.909m，宽 11.5m，总高度 13.65m(±0.0m 以上)，两端为中间层平台标高为 6.85m，共五轴四跨，为现浇钢筋混凝土框架式基础，混凝土标号 C40。

2 施工难点

2.1 工程量较大

主要工程量：汽机基座 13.65m 层平台混凝土量约 $1000m^3$、钢筋量 380t、预埋件安装 58t、预埋套管安装 12t、模板量 $1200m^2$、支撑脚手架 200t。

2.2 施工复杂

整个基座梁柱内钢筋较密，预埋铁件多(含厂家机务锚固板)，埋管多。螺栓套管安装精度要求高，且具有混凝土量大、模板量大、支撑脚手架量大、脚手架绑扎和拆除困难、施工难度大且极为复杂等特点，在火力发电厂土建施工中是技术含量最高、施工难度最大的单位工程之一。

2.3 施工周期长

汽机基座总体施工工期为 5.5 个月。

2.4 施工要求精度高

直埋螺栓要求中心偏差 2mm，螺栓套管中心偏差 3mm，机务锚固板安装中心偏差 3mm，预埋铁件中心偏差 5mm。其中预埋螺栓的精度在土建施工中是难以保证的，必须采取可靠措施。本文重点论述直埋螺栓安装。

3 施工要点论述

直埋螺栓安装工艺，是我国近年来产生的新的施工方法，在目前国内在建的火力发电厂同类机组中是不多见的。伊拉克萨哈拉丁电站汽机基座的螺栓就是采用的这种安装方法。

2013 年 8 月项目部收到了西北电力设计院的汽机基座施工图和厂家发来的汽机预埋螺栓设备安装图。根据这两部分施工图，项目部组织专业技术人员认真审核图纸，针对直埋螺栓的施工工艺和方法进行了多次的讨论，对直埋螺栓的安装制定出了具体的措施。但由于当时厂家提供的图纸不全，且有的图纸出现错误，再加上现场所有的土建工程技术人员没有直埋螺栓的施工经验，对制定出的措施不能最终肯定。为了彻底弄清楚这个问题，项目部要求甲方把厂家代表请到现场。

时隔多日，厂家代表来到了现场，项目部把厂家图纸存在的问题和现场制定出的安装措施进行了沟通。厂家代表对图纸中的错误和图纸不全的问题给予解决，并肯定的了我们制定的直埋螺栓安装措施。方案最终确定后，施工正式开始。

安装顺序：套管和螺栓组合→测量放线→螺栓架安装→找正→螺栓安装。

预埋螺栓套管下口的加固：螺栓套管的竖向支撑采用 16a 槽钢，通过在梁底模上固定 T2020B 埋件，将 16a 槽钢与埋件焊接牢固。根据预埋螺栓套管高度的不同，在竖向槽钢上焊接水平 14b 槽钢作为预埋螺栓的底部支撑，并在预埋螺栓的正下方的槽钢上钻直径 14mm 的圆孔，将圆孔的下部焊接螺帽，通过微调螺栓来调整预埋螺栓套管的标高。预埋螺栓底部的固定通过在 150mm×150mm×16mm 的钢板上开孔的方式来实现，具体方式如下：根据在水平槽钢上弹出的中心控制线，根据螺栓的直径在 150mm×150mm×16mm 的钢板上开孔，先将螺栓的底部套在钢板的圆孔上，当螺栓的位置检查符合要求后，先用临时脚手架固定，然后将钢板点焊。每组螺栓套管通过 L50×5 角钢与梁侧模板埋件连接牢固，间距 1500mm。

预埋螺栓套管上口的加固：在螺栓套管竖向支撑的上口焊接 16a 水平槽钢，水平槽钢的底面标高高于框架梁的上平面 100mm。根据螺栓套管的位置在水平槽钢上开孔，开孔直径比预埋螺栓直径大 20mm。在预埋螺栓套管封闭上口垫圈的四周焊接竖向 10mm 厚的钢板，水平槽钢与钢板相对应的四个方向上焊接 Φ14 螺帽，螺帽与槽钢之间加焊 20mm×20mm×10mm 的扁铁(以方便螺栓调整)，通过微调螺栓来调整预埋螺栓套管的平面位置及垂直度，用吊线坠的方法检查预埋螺栓套管的垂直度。在预埋螺栓套管全部验收合格后，将微调螺栓焊牢，保证预埋螺栓套管的平面位置和垂直度符合要求。另外每组预埋螺栓套管支架的自身必须具备一定的刚度(每组固定架的竖向槽钢之间增加一组 L50×5 角钢的斜撑来实现)，并与外部脚手架有可靠的连接。

直埋螺栓安装现场照片：

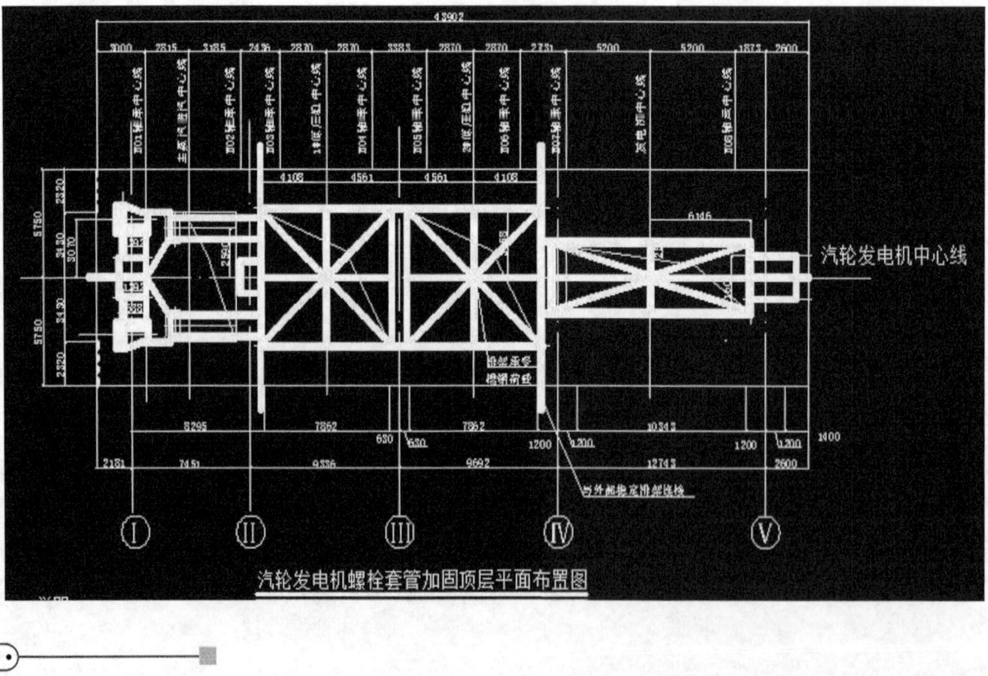

汽轮发电机螺栓套管加固顶层平面布置图

03/16/2014 19:02

03/16/2014 19:04

04/15/2014 12:46

03/31/2014 12:37

在施工过程中，每施工一步，都要对基座中心控制轴线、标高检查，无误后才能进行一下步的施工。并对螺栓固定架、螺栓位置尺寸进行详细核对，再在螺栓固定架上割口，然后将每个螺栓就位初紧。所有螺栓全部安装完成后，对每个螺栓的中心线、垂直度进行全面检查，符合图纸要求后对螺栓进行最后终紧。再经过业主、甲方、总包方、施工单位联合检查。经过联合检查后，所有螺栓中心线、垂直度的偏差全部在规定误差范围内，符合设计要求。

4 施工体会

- 汽机基座直埋螺栓的安装质量，做到了一次验收合格。
- 施工人员严格按照技术交底施工，施工中遇到设计、施工中存在的问题，施工人员都能及时地向有关人员汇报，使问题得到很好的沟通解决。施工过程中没有发生返工现场。
- 施工准备充分，使现场施工得以顺利进行，从没发生因材料、机械、工器具不足造成工期拖延。
- 各级专业人员对质量高度重视，严格把关，对每一道工序、每一个尺寸都不放过，认真施工，严格把关，一次验收合格。
- 各级人员对安全高度重视，对现场的支撑脚手架的加固，进行了多次检查，对关键部位进行检测。对安全通道、防护设施经常进行检查，保证了施工人员的安全。在整个施工过程中，从没发生安全事故。

伊拉克萨哈拉丁 2×630MW 燃油气电站的汽轮发电机基座施工质量，受到业主和甲方的一致好评。之所以取得这样好的结果，与现场各级人员的高度重视，各单位的良好合作，施工的严密组织，方案的严格执行，过程中专业技术人员的严格把关，工序之时的紧密配合是分不开的。

5 结束语

质量是企业的生命，是企业发展的硬件，是走向国际市场强有力的证明。电力版块是中机建设电力事业部发展的平台，每个电力事业人都在为这张美好的蓝图努力的描绘着。

成绩只能代表过去，让我们用勇于担当、务实奉献、锐意进取的精神，为中机建设电力事业的发展而更加努力！

国际工程管理模式浅析

电力工程事业部

王　俣

随着中国经济增速的放缓，以及国内基础设施的建设的逐步完善，除轨道交通等少数行业外，国内大规模基础建设的高峰期已过，产业结构相对来说逐渐转型向高科技、高端制造及服务行业等方向发展。而对于工程企业来说，国内市场相对饱和，如果局限于国内，企业很难实现较快增长。

但把眼光放到国际市场上，目前仍有许多国家基础设施相对落后，在交通，能源等方面的基础设施依然有很大的改善空间，未来仍会持续保持对于基础建设的需求，市场发展潜力巨大，是国内工程企业实现持续发展，做大做强的很好落脚点。但有潜力也有障碍，国际工程包含了咨询，施工，材料和设备采购，安装，劳务等多项内容，涉及国际货物贸易，技术贸易和服务贸易等多个领域，整个项目过程非常复杂，对承包商的人才素质和管理水平都有很高的要求。同时，国际工程承包是一个充满了风险的事业。国际工程承包中，参与主体来自不同的国家，货币和支付方式选择具有多样性，工程标准规范与国内相比有很大差距，且易受国际政治和经济形势波动，以及所在国政局形势的影响，因而风险较大。

目前国际工程的管理模式主要有DBB，DB，EPC，BOT，PM等，项目管理模式确定了工程项目管理的总体框架及项目参与各方的职责，从而在很大程度上决定了项目的建设速度，质量和造价，对项目的顺利实施非常重要。

设计-招标-制造模式（Design-Bid-Build，即DBB模式），这是最传统的一种项目管理模式。该模式在国际上最为通用，世行，亚行贷款项目以及国际咨询工程师联合会合同条件为依据的项目多采取这种模式。其最突出的特点是强调工程项目的实施必须按照设计-招标-建造的顺序进行，一个阶段结束后另一个阶段才能开始。该模式的优点是通用性强，可自由选择咨询，设计，监理方，各方均熟悉使用标准的合同文本，有利于合同，风险管理和减少投资。缺点是项目周期长，业主前期要投入设计费，招标费和管理费，以及施工期间可能产生变更并引起索赔。

设计-建造模式（Design-Build，即DB模式），这是一种简练的模式，主要特点是业主与唯一实体签订单一合同。这种模式的主要优点是具有高效率和责任的单一性，主要缺点是业主对最终设计和细节的控制能力减低。

建设-管理模式（Construction-Management，即CM模式）又称阶段发包模式，是在采用快速路径法时，从建设工程的开始阶段就雇用具有施工经验的CM单位（或CM经理）参与到建设工程实施过程中来，以便为设计人员提供施工方面的建议且随后负责管理施工过程。这种方式的优点是可以缩短工程周期，节约投资，减少风险，较早获得收益，缺点则是对CM单位要求较高。

项目承包管理模式（Project Management，即PM模式），就是业主聘请专业项目管理公司，代表业主对工程项目的组织实施进行全过程或若干阶段的管理和服务。PM模式通常用于国际大型项目。

建造-运营-移交模式（Build-Operate-Transfer，即BOT模式），BOT实质上是基础设施投资、建设和经营的一种方式，以政府和私人机构之间达成协议为前提，由政府向私人机构颁布特许，允许其在一定时期内筹集资金建设某一基础设施并管理和经营该设施及其相应的产品与服务。该模式优点主要是降低东道主国家外债负担，又可解决基础设施不足和建设资金不足的问题。缺点是项目发起人必须具备很强的经济实力，且项目前期运作时间过长。

设计-采购-建设模式（Engineering-Procurement-Construction，即 EPC 模式），是指公司受业主委托，按照合同约定对工程建设项目的设计、采购、施工、试运行等实行全过程或若干阶段的承包。通常公司在总价合同条件下，对所承包工程的质量、安全、费用和进度负责。这一模式适用于设备专业性强，技术复杂的工程项目。由于总承包对整个项目负责，避免了设计，采购和施工的矛盾，保证项目的连续性，可显著减少项目的成本和工期。

每种项目管理模式对业主和承包商来说都既有优点又有缺点，在业主自筹资金的情况下，往往由业主主导，承包商处于较为被动的地位。然而在越来越多的项目中，业主只提供一部分资金，由承包商和其他融资机构为项目融资，这种情况下承包商掌握了一定的主动权，能影响业主对于项目模式的选择。例如对于设计，采购，施工，风险承担等综合能力较强的承包商，可以与业主协商采取 EPC 模式，以争取更多项目控制权和利润空间。

目前国际工程承包非常关键的一点是大部分最需要基础建设的国家也是经济发展相对落后的国家，在目前全球经济不景气的背景下，很难提供足够的资金来支持他们对于基础建设的需求。这也造成了一种项目很多，但可执行项目少的尴尬局面，项目资金来源成为了解决问题的关键所在。

今年以来，我国大力推行一带一路战略，帮助有关沿线国家开展本国和区域间交通、电力、通信等基础设施规划，支持设立亚投行和丝路基金，发起并同一些国家合作建立亚洲基础设施，为“一带一路”有关沿线国家的基础设施建设提供资金支持，促进经济合作。这一重大的国家战略一方面有助于化解国内产能过剩，另一方面也为庞大的外汇储备提供了投资出路，中国发展到了资本输出的时代。而具体到企业，这为国内工程企业提供了非常好一个机遇，既有利于企业走出去，抢占国际市场，又有机会解决项目资金不足这一关键性问题。抓住这一历史性机遇，将有助于国内工程企业成长为国际上有影响力的企业。

如何提高项目施工效率探析

中国机械工业建设集团有限公司

王泽华

摘　要：

大多数组织都以提高生产率，以较少的投入创造较多的产出为目的。工业化国家的生产率提高，降低了工人的平均工作时间，降低了成本，生产效率已成为一种财富。本文是个人结合工业工程思想对施工效率的见解，仅供参考。

关键词： 效率　生产率控制　施工布局

1. 生产率

生产率是产出与投入比，用来描述其转换功能的效率。

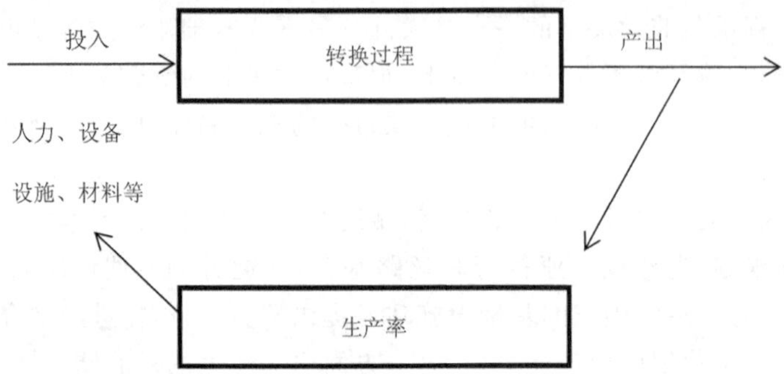

衡量生产率的主要目的是为了通过使用较少的投入生产相同的产出或者通过使用相同的投入生产较多的产出来改善经营。生产率的改进需要一种标杆或者标准来衡量，并以此标准来决定为达到某一目标所需的改进程度。经常使用的标准包括本企业过去的生产率指标，已制定的行业标准，或者由企业高层确定的一种标杆。

2. 影响施工效率因素

效率即系统对资源的利用程度。生产率也可以用来衡量一个部门的工作效率。影响工作效率几种因素包括：①劳动生产率即指只考虑劳动力（人数，时间等）投入计算的生产率；②资本生产率；③设备生产率；④能源生产率；⑤原材料生产率；⑥成本生产率。作为一名新职员我只针对劳动生产率和设备生产率提出个人见解。

3. 劳动生产率对效率的影响

个人的工作效率直接影响整个项目的整体效率。在施工现场每个施工人员都有自己必需的工作时间 8 小时、10 小时或者更长。但是工作时间的长短并不能体现出一个人的工作效率的状况，还得结合工人的工作量来观察。

如何提高工人的工作效率就成了首要问题。如果要求工人提高工作效率，这就需要工作时劳逸结合，根据不同的工种设定自己的工作与小憩时间来调整他们的工作状态。休息时一定是小批量进行休息，而且休息室大小最好只能停留 1～2 人。

曾经在陕西电厂脱硝项目工作时，现场的休息室特别大，经常发现休息室中有十多人在休息，这时他们就会聊天，放松自己的工作状态，导致滞留时间经常超时。我个人觉得还可以在每个休息室配好钟表，让工人对时间有种紧迫感。

4. 材料和设备布局对效率的影响

材料和设施布置对生产系统极为重要，好的材料和设施布置可以减少物料搬运成本。材料设施布置要解决的主要问题是：根据项目的经营目标和生产纲领，在已确定的空间场所内，按照从原材料的接收、零件和产品的制造、运送的全过程，将人员、设备、物料所需要的空间做最好适当的分配和最有效的组合。

还是举个陕西电厂脱硝项目的例子，项目部有一片 50m×70m 的长方形场地，此场地用于前期钢材的堆放，铆焊的加工场地。在开始收原材料的时候，场地空间很大，都是哪有空地就放哪。到后来加工队伍进场开始施工时几乎天天都需要腾挪材料，调整场地空间。而且当时是两组不同的加工队伍，但是两个施工队伍所需要的钢材都堆叠在一起，每次叫来一辆 5 吨左右的吊车工作 2～3 小时分拣原材料。

如果在原材料最初进场时，有个现场摆放布局，根据工件的加工工艺原则、移动距离最小原则、流动性原则和安全原则摆放。这样每次就可以减少调运的吊车和起重工，提高加工场的工作效率降低工作成本。

5. 总　结

综上所述，在施工生产过程中，我们需要坚持不懈地做到合理调配和有效使用材料、设施设备等资源，提高人员工作素养，提升整体的工作效率，降低施工企业的工作成本。

参考文献

[1] 伊俊敏. 物流工程. 2 版. 电子工业出版社.
[2] 李怀祖. 生产计划于控制. 修订版. 中国科学技术出版社.
[3] 易树平，郭伏. 基础工业工程. 机械工业出版社.
[4] 斯蒂芬 P 罗斯宾. 管理学. 中国人民大学出版社.

浅谈国际工程物资仓储管理

采购储运部

王　峥

随着中国建设集团海外工程的不断承接与拓展，项目遍及全球不同的地方，因为各个工程地点的施工条件，场地条件，气候条件各不相同，如何做好国际工程项目现场的物资仓储管理，显得尤为突出和重要。

那么作为我们中国建设集团这样的国际工程公司的物资管理，主要由哪几部分组成呢？国际工程公司的物资管理是对所需各种物资的计划编制、采购订货、运输组织、库存保管、合理供应、领发、回收等各个环节的管理。

在国际工程项目成本中，物资成本占工程成本的60%以上，加上运杂费可能会高于70%。另外，单就社会物流七个组成部分来看，运输环节占据的总成本最大，约占50%，而工程物资与一般社会物资流转过程有些不同，后者所有权转让较快，而工程物资会在所有人的手中存储较长时间，直到将此种材料使用到工程中的一个节点，这之间产生了较多的仓储耗损和管理成本。这也是国际工程项目由于路途遥远，运输方式需要海、陆、空联运、物资的大批量、早计划等特点所决定的，物资仓储管理对保证项目现场顺利进行、降低成本和提高经济效益，起着举足轻重的作用，因此，加强对国际工程现场的物资的仓储管理，从最基层起紧抓材料耗损、加强仓储人员专业技能培养、制定出规范标准严格的仓储管理制度是我们在实施国际工程项目管理过程中必须高度重视的关键点。

目前，很多公司的国际工程大部分都有自己的仓库，自营仓库与临时租用仓库一起在为工程项目存储物资。自营仓库更多表现为施工地点的简易仓库(多为露天仓库，活动板房临时搭建，雇佣当地保安，较少的安保设施投入，有些连栅栏都没有)，而租用仓库反而设施设备更加完备(仓库所有人与施工企业自己的配套仓储设施，仓储成本较高)；简易仓库多为低值易耗品、大件设备、流转性较高物资的存放地点，租用仓库多为贵重零部件、流转性较低的精密设备等的存储地点。而不管是哪种物资存储方式，都存在较多问题，需要项目的管理层认真斟酌，结合施工项目实际情况，制定合理的解决措施。

一、施工企业物资仓储管理的主要问题

1. 专业物资管理人员数量不足，素质偏低，仓储管理，更多的投入应该紧紧围绕“以人为本”

随着很多企业规模的急剧扩张，物资管理人员的增加速度严重滞后，有些企业为了解决物资管理人员严重不足的问题，降低物料管理中的成本，只能降低用人标准，将一些非专业人员安排在物资管理岗位，根本做不到标准化、精细化管理，适得其反，增加了更多的物资仓储环节的可变成本。

首先，人员素质普遍偏低，就不能在仓储管理环节推行物料管理系统如 ERP、施工企业仓储管理等软件的使用，使得大部分单据需要手动填写，物料入库、出库环节繁琐，效率低下。

其次，人员对于物料管理专业知识的缺乏易导致仓库物料混乱，特别是对于外观包装相近、名称相近的物资，而这些物资的混乱最容易带来安全隐患，如很多项目的物资在运到现场

后，没有及时的掏箱入库分点，如PVC管在较热的沙漠地区暴晒，没有采取相应的保护措施，而是往堆场露天堆放，致使管道发生老化，在使用时打压发生爆管、掉压的情况，无法达到设计要求。

可见，施工企业物资仓储管理的重中之重就是对于仓储人员的管理，人员素质是基础。

2. 对于仓库的管理，场地凹凸不平、易积水、照明不足、缺少灭火器材

很多国际项目现场往往在业主划定的区域内选址，简单的场地平整后就开始使用，在前期缺少对物资仓库使用的规划，到货后就近在堆场内码放卸车，露天存储，很多热带地区的项目在雨季，没有很好的排水设施，造成积水，设备、钢材在雨水中浸泡腐蚀，堆放时无序，在使用时无法找到，或者要不断地倒货才能将需要的物资倒运出来等等，现场仓库缺乏必要的安保设施，一些设备的零部件被人轻易地拆卸偷走，还没使用就处于缺少部件需要维修的阶段。雇佣的当地保安，监守自盗，晚上伙同当地人偷窃的现象屡见不鲜。

可见，对于仓库本身的管理也应该纳入考虑范围，仓储基础设施的完善才能给工程开展提供有力的后勤保障，才能让物资仓储的安全、有序得到支撑。

3. 物资在库管理缺乏统一的标准，进出库不严格照章办事

一般国际工程项目在实施工程中由很多不同的单位以及由当地的劳务人员参与组成，人员复杂。施工过程中，施工物资常常会因为加工过程的意外耗损需要及时补充，而领料人往往会嫌麻烦，领料单不拿去计划部门盖章审批，甚至连领料卡必须填写的材料名称、规格型号、材质、使用部位、使用图纸等都不填写，而单凭口头要求及与仓管人员的私人关系来领料。这样仓管人员在领料单方面的纸质出库凭证不齐，仓库盘点时对账不清情况极易出现，而且其他领料人也会纷纷效仿。这样的无凭证领料不能开先河，必须要有可追溯有效凭证才能保证物资领料环节有章可循。

物资入库也需要仓管人员重视，其实现在的施工单位库管员很少有对入库物资按照规定进行库位编码并在台账上注明的标准操作。一批物资一来，库管员全凭经验，没有合理规划，哪里有空就往哪里放置，没有充分考虑物资的属性。电气材料、PE管道等放在户外暴晒、小口径螺纹钢存放场地潮湿等情况都可以致使物资的挥发、变质以及功能减退。另外，入库前的检查必须细致，很多情况是厂家提供物资需要严格按照规定抽检并作取样记录，但是库管人员往往不照章办事，车前瞟一眼做做样子就是检查，这些行为给施工企业物资合格率画上了引号，仓管人员本身的工作也不会得到肯定，所以仓管人员应该时刻谨记自己的岗位职责，严格照章办事，端正工作态度。

在库管理也是一大问题，它们较多地体现在仓库的日常维护中。安保、防火防盗措施的实施是抵御外界干扰的两大必备元素，就现阶段的施工工地现场来看，绝大多数仓库没有合格的安保和灭火措施，有时候在工程结束时才发现物资被盗被损的现象也屡见不鲜。多数人认为成吨重的圆钢不会被盗，实际是盗匪也会使用老虎钳等工具，每次盗用能挪动的重量，久而久之物资可变损耗可能会比固定损耗更加多。加之仓库定期盘点工作的懈怠，物资管理会陷入混论，领料人要的规格型号找不到，库管员错发物资，都会给工程进度带来阻碍。而国外工程由于时间紧急，运输周期紧张，往往由于材料找到时，现场会需要国内不惜成本的尽快补货，等到工程结束时，发现原先未找到的物资遗落在物资堆场的某个角落，造成了巨大的浪费。

二、经过以上三方面的认识，我们实施国际工程实施过程中有针对性地提出以下策略供施工企业仓储管理的参考

1. 加强专业库管人才队伍的建设始终是管理工作的重点

对管理最基本的理解，管理就是教会人怎么做工作，组织人如何做工作。

首先，挑选专业人才十分必要。每一个施工企业都需要相当数量的库管人员，而管理者在衡量专业知识丰富的库管员与一般库管员带来的效益时往往考虑较为短浅，认为专业人才没有必要纳入库管工作考虑范畴，因此而因小失大。一个国际工程少则一年多则几年，这期间每一笔物资出入库都不能有差错，专业知识丰富的库管员在这方面绝对有优势，考虑到错发漏发物资带来的麻烦，在库管理得井井有条、物料进出的高效准确带来基础物资供应的长期便利，管理者绝对不会让一个完全不懂物资的人去管理。

其次，对于库管人员的在职考核也要按照岗位要求严格实施。并不是每一个合格的入职者都会努力上进，他们在工作生活的更替中会随环境的影响思想和心理都产生变化，专业素质退化，道德品质降低对于施工企业造成损失时有发生，而管理者最不想看到的就是中饱私囊、监守自盗等违法行为的滋生。为此，不定期考核库管人员，采用试卷问答与实践操作相结合，账面与实体物资相结合，工作中领导同事评价与领料人评价相结合的三位一体的考核模式，并且惩罚分明，从日常的监督考核中引领库管人员的成长。

2. 制定合理规范的库管人员操作规则，明确岗位职责和责任划分

首先，在物资国内准备阶段加强，工厂装箱的管理，做好唛头和货物标示，切记做好详细装箱单和货物箱件清单。做好货物的出口包装，确保货物在转运到目的国现场的完整性。

对于现场经常涉及的物资特性在醒目的位置做出提醒，如易燃易爆、有毒等，要求接触人员配备防护用具；物质堆存有要求的须严格按照要求实施，如钢材不能直接顿放在水泥地上，油料远离钢铁金属避免摩擦产生的火花带来火灾。

其次，物资入库前应该抽检，并在物资入库的同时登记台账。借助信息化手段（如 ERP 数据库，扫码枪等）对现场的物资进行合理分区，合理仓储。在指定的货位上做出明显标识牌，标示内容应该十分详尽，包括名称、规格型号、生产厂家、生产批号、数量、材质、以及入库时间，同样台账也包括这几项统计内容，另外台账还应注明计划出库及使用时间，便于给工程反馈信息，也可以作为工程进度考核的一个标准。

最后，明确库管人员职责所在，尤其是与送料人、领料人的交付，在什么时候风险责任转接，是吊上、下运输工具还是搬运到仓库入口或者是在库安全堆放那一刻起。另外明确仓管人员内部的责任划分可使其工作相互不重复，有利于效率提高，也更有利于培养提升库管人员的责任心。

我们要做好国际工程物资仓储的管理工作由于项目的国别，环境情况不同，还很艰巨，但这项工作又是保障现场施工顺利进行的重要前哨。随着我集团公司业务的不断拓展，物资管理人才的培养显得更加尤为重要。如何做到项目物资的精细化管理，需要项目管理层引起足够的重视。而国际工程物资的仓储管理只是整个国际工程物流的组成的一个重要组成部分。对于一个国际工程项目来讲，整个物流链的各个环节能够做到及时、精确、高效、简约责任任重而道远。

项目信息的收集及处理

王志鹏

一、项目信息的收集与汇总

作为市场开发人员，我们应当随时随地利用每一个机会收集项目信息。寻找合适正确信息渠道，寻找适合我们公司的项目信息，对提高我们的工作效率将有所帮助。项目信息的来源一般有以下两种：

1. 代理提供的项目信息

一般情况下，在一个国家，我们都会去寻找一家或几家代理进行合作。通过他们在当地的人脉和资源的优势，去获得项目信息并去赢得项目。

2. 报　刊

当地比较正规、大型的报刊一般会刊登一些招标信息。我们可以定期对上面适合我们的项目信息进行收集。当然这一类的招标信息最好有代理的配合，项目介入越早越好。竞争对手较多，知己知彼，才能去打有准备的仗。

通过前期对项目信息大量的收集，为了方便对项目信息的了解，我们需将项目信息进行分类汇总。按不同侧重点可将项目分为以下几类：

- 按资金来源分可分为：现汇项目，融资类项目，垫资类项目。
- 按项目承接方式分：EPC 总承包，施工总承包，分包。
- 按项目造价分：2000 万美元以下，2000 万～5000 万美元，5000 万美元以上。

二、项目信息的分析与处理

在完成项目信息的收集和汇总工作后，我们要做的就是对信息进行分析及处理。虽然项目信息来源多种多样，但能够符合我们要求且适合我们的项目却局指可数。那么就需要我们建立一套系统的分析和处理方法。

1. 业主、资金来源

通过之前对项目信息的收集、分类及汇总，我们对现有的项目信息已经有所了解，那么我们就先从项目业主和资金来源来入手。有信誉的业主和有保障的项目资金能来源，直接关系到我们将来的项目预付款，进度款的获得，是项目能否顺利进行的保障。从我们公司角度出发，我们暂时还不具备去投资项目的实力，因此，对业主和资金来源的考察应当予以足够的重视。

以老挝市场为例，老挝政府的财政状况较为混乱，甚至很多政府部门的员工工资都出现长时间拖欠的状况。所以对于老挝政府出资的项目，我们尽量采取回避的态度。但这不意味着所有老挝政府的项目都不能做。比如有较有实力的投资方进行投资的项目，亚行、世行贷款的项目,以及政府优惠贷款类项目。这些项目资金都是比较有保障的,我们可以大胆地向前推进,跟踪。

2. 项目造价

我们做的是境外的工程项目,和当地的施工企业相比,我们的管理成本相对较高,前期投入较大。如果项目造价太小,从利润考虑,我们将来获得利润的空间较小。因此我们应当考虑的项目造价至少要在 2000 万美元以上。但是,如果我们在当地已经有在建项目进行,那么项目造价低,资金有保障的这些项目,我们还是鼓励去跟踪的。

三、信息收集与处理的时间性

项目跟踪,不但要注意对项目信息的收集、汇总、分析,而且要注重信息收集的时间性。近些年,市场竞争如此激烈,我们不单要面对外资企业和当地企业的竞争,还要面对中资及私营企业的竞争。信息更新速度之快,让我们不得不对信息的时间性予以重视。因此,对信息的收集及处理,一定要做到准确、及时。

四、项目代理的开发、管理与维护

1. 代理开发的渠道

想要开发代理,就要先去分析代理,代理在项目承接过程中所扮演的角色,以及代理的人际圈子。一般情况下,代理本身具有一定的社会背景以及强大的人脉和关系网。正是因为他独有的优势,才使得在如此激烈的竞争环境中促成项目的承接。

既然代理的优势在其人脉和关系网,我们就可以从人机交往入手。积极参加一些社会上的活动,多交朋友,通过朋友认识新的朋友,积攒人脉。

值得注意的是,在接触代理的同时,我们也要对其能力的真实性进行判断。不论从正面还是侧面,要客观的进行考察。

2. 如何管理和维护

(1) 代理协议的签订

在签订代理协议前,一定要将代理的承担职责、应履行的义务、利益的分配落实清楚。如果这些问题在合作之前没有梳理清楚,在后续的合作过程中,代理可能会因为之前这些问题的界定不清晰,导致在推进项目时稍微遇到困难就会找到我们,缺乏自己解决问题的主动性。

(2) 代理积极性的调动

项目跟踪是一项时间周期比较长的工作。因此,代理难免会出现工作积极性降低的情况。那么作为项目跟踪人员的我们,应当经常性的去与代理进行沟通及提醒,随时了解项目的进展情况,让代理产生紧迫感。同时,可以适当采取一些鼓励的机制。

(3) 学会给代理布置作业

代理对我们公司的优势、能力以及需求并不是特别了解。因此需要我们跟踪人员去要求代理,给代理界定项目开发的范围。这样代理就会根据我们的要求,对他的项目信息就行筛选,从而节省不必要浪费的时间和精力。

五、商务人员基本的配置和能力

1. 商务人员外出的基本装备、携带的基本文件

(1) 沟通能力

商务人员除了有良好的母语表达能力外，还应具备良好的外语表达能力。目前我们公司的业务重点主要放在国际市场，接触到的业主、代理以及相关的政府人员大部分都是外国人。通俗、严肃、风趣的语言，不但能表达到良好的表达效果，而且能创造交流业务的融洽气氛和亲密无间的客户关系。

(2) 观察判断能力

商务人员不但要善于察言观色，还要具备对所见所闻做出正确的分析和判断的能力。作为项目跟踪和开发人员，我们要有敏锐的市场感觉，及时将收集到的信息做出判断，并汇报给上级领导，以便领导及时决策。

(3) 承受能力

在市场开发和谈判过程中会遇到各种阻力和对抗，也会发生许多突变，商务人员需要具备良好的心理素质，才能承受住各种压力和挑战，取得最后的胜利。另外，商务人员会面临着长期出差的问题，不但需要我们处理好家庭与工作的关系，而且学会耐得住寂寞。将阻力变动力，积极投入到市场跟踪和开发工作。

2. 如何对外推销公司

想要推销自己的公司，首先要做到对公司的全面了解，从优势到劣势面面俱到。当然，在对外推销公司的时候，我们无法将公司所有的优势全部介绍给对方。第一时间不允许，第二介绍得太多，不但对方不能容易的抓到重点，而且使对方容易混乱。这就要求我们事先对对方做好相应了了解，以便推销公司的时候抓住侧重点。

以老挝为例：老挝政府财政状况较差，虽然基础设施类的项目很多，但是因为资金问题导致很多急需启动的项目无法开展。而我们公司作为央企，具有融资的优势。这就可以用我们的优势去解决其困难，会起到较好的效果，在其他竞争对手中体现出我们的优势。

案例——投标阶段的合同管理

魏　然

【案　例】

业主招标制造两台 50 吨塔吊。招标文件包括 98 页的技术规范详细规定了设计要求。投标人的负责人在读到了 2～3 页，了解了主要的要求后，认为所要求的塔吊属于投标人公司的轻型塔吊，只需要投标人公司的相应塔吊加以改造就可以了。实际上后 90 多页的内容有对塔吊的更具体的内容要，所要求的塔吊根本不是轻型塔吊而是重型塔吊。投标人的报价低于 400 万美元，而次低报价超过了 700 万美元。由于差距太大，业主要求投标人确认自己的报价。投标人对标价进行了书面确认。业主对确认还不放心，在授标之前召开了会议进行进一步确认招标人是否理解了技术规范的要求，以及能否完成该要求。业主要求投标人提供费用分析资料，投标人未提供。但声称出了一个微不足道的错误外，没有其他错误，错误对总报价没有影响。考虑到投标人一再表示保证按照技术规范的要求履行合同，业主将合同授予投标人。

在进行初步设计时，业主意识到履约存在问题并决定开会讨论。这时，投标人才发觉价格上的巨大差异。

投标人要求修改合同，延长工期并增加费用。投标人认为如果合同价格远远偏离实际成本是由于双方的错误造成的，那么业主无权要求投标人履行合同；如果业主坚持要求履行合同，那就要对合同的价格和工期进行公平的调整以使合同价格反映成本。

【分　析】

审核招标文件，首先要审核招标文件是否符合签订建设施工合同的诸原则，是否符合国家有关的法律法规和规定。只有这样，才能确保投标单位在公平、公正、竞争、有序的前提下进行投标。其次要审核其内容，确保企业自身条件能满足招标文件的需要，确保投标文件响应招标要求。对于模糊不清的地方要进行澄清，招标单位的澄清文件、会议纪要、其他补充文件以及后来的中标通知书都将成为合同的组成部分，但最重要的是进行招标文件中合同条件的审核和分析。随着招投标管理的逐渐完善，业主在招标阶段就在招标文件中列明合同条款。这对于投标单位来说是好事，也存在不利之处。好的方面是在投标时，就了解了合同情况，便于投标价格的编制和投标策略的制订；不利的是现在的建筑市场基本是买方市场，有的业主凭借自己的地位和优势，在合同中设置明显加重承包人责任，免除自身责任，排除承包人主要权利的显失公平的条款。所以，对于投标单位来说，审定、分析合同条款是必须认真完成的工作，以便做到心中有数，有针对性地确定投标策略。施工合同一般由十一大部分组成，即：词语定义及合同文件、双方一般权利和义务、施工组织设计和工期、质量与检验、安全施工、合同价款与支付、材料设备供应、工程变更、竣工验收与结算、违约索赔和争议、其他条款。俗话说，合同无小事。如有一方面审核不到，就有可能为以后的施工带来隐患。所以，应逐一审核这写条款。

1. 词语定义及合同文件。应着重看合同文件解释顺序、适用语言和法律、使用标准规范、监理单位和图纸等方面。合同文件的解释顺序，对施工过程影响很大，一般应为：本合同协议书、中标通知书、投标书及其附件、合同专用条款、合同通用条款、招标文件、标准规范及有关技术文件、图纸、工程量清单、工程报价单或预算书。该解释顺序必须坚持，否则会使施工因类似问题出现而陷于被动。

2. 双方一般权利和义务。主要审核发包方有无凭借自己起草招标文件和地位的优势，在合同中设置明显加重承包人责任，免除自身责任，排除承包人主要权利的显失公平的条款。如果有，可在标书澄清阶段提出，如果发包人态度强硬，则承包人要考虑因这些不公平因素而相应增加的费用以及如何规避风险。

3. 施工组织设计和工期。一般情况下，承包方都要考虑提前工期，因为这样可以在业主评标时得到加分的机会，但首先要分析招标文件中的工期是否合理，有无业主因为想赶进度而恶性压缩工期现象，如果存在这种现象则要考虑赶工、增加人员机具调遣、食宿等一系列问题。另外，发包方在招标文件中都会提供初步的进度计划，承包方除了在投标时对其细化外，还要注意注明对业主供应的图纸、材料、设备的到货计划要求，为日后工期和费用索赔创造条件。

4. 质量与检验。这方面承包人需注意两点，一是隐蔽工程的中间验收和重新检验方面的规定；另一方面注意招标文件中是否明确了工程试车内容，工程量清单中是否含有工程试车，因为一般情况下单机无负荷试车由承包人负责，无负荷联动试车由发包人负责，承包方不负担任何费用。

5. 安全施工。主要看其安全方面采用什么标准，要求是否严格。因为标准不同，要求不同，报价就会有很大差异。

6. 合同价款与支付。应主要注意确定合同价款的方式。目前，合同价款的方式多以固定单价为主，尤其是固定综合单价，报价时确定综合单价水平尤为重要。而对于固定总价合同，承包方的风险相对较大，要在合同中约定合同价款包含的风险范围和风险费用的计算方法。风险范围以外的合同价款调整也应在合同中约定。

7. 材料设备供应。这方面主要应约定好发包人供应的材料设备的内容，一般发包人应提供其供应的材料设备一览表，包括品种、规格、到货地点、供应数量、供应时间等，有时甲方要求乙方在投标文件中提出甲供材料、设备情况，这样乙方也应指明到货时间等详细要求。在合同中应约定合同执行过程中甲供材料、设备的单价、规格品种、地点、时间、数量与一览表不符时的解决方法，同时要有甲供材料、设备的结算方法。

8. 工程变更。主要看招标文件和合同条件的规定，如果有设计变更，是有价格范围限制的变更，还是只要发生变更，甲方就支付变更价款。如果这样，投标价格可适当降低些；相反，如果甲方规定本合同的一切变更均不计取，投标价格就要相对高些，以便规避风险。

9. 竣工验收与结算。发包人应在合同条件中约定，要求承包人提供具体竣工资料的详细要求，如竣工图的份数等信息是否合乎正常要求，以避免业主拖期验收而又不对承包商给予补偿的事件发生。同时，应具体约定竣工结算的时间范围和双方拖期结算的解决方式，从而避免因业主故意拖期结算而使承包商的财务费用及其他成本增加的事情发生。

10. 违约、索赔和争议。主要看对于双方应承担的违约责任的规定是否公平、公正，如果发包方对于其违约不进行任何赔偿，那么投标价格就要适当考虑该因素的影响。还有就是合同是否给定正规索赔程序，承包方在审核招标文件和合同条款时就要有意识地去寻找潜在索赔点，因为随着管理水平的提高，索赔已成为承包方创造利润的一个主要来源。

11. 其他。主要看发包方对工程分包和工程保险的要求。如果发包方允许分包，而承包人也有要分包的工作，则应在投标文件中详细列出分包单位的信息，便于发包方审核。对于工程保险，目前来说为从事危险作业的职工办理意外伤害保险为强制险，但建筑安装一切险、第三方责任险并非强制险。如果发包方在合同中指明由承包人负责，承包人应将保费打入报价。

【判决及解读】

法院判决：根据本案法院认为，投标人只读了部分技术规范，根据部分技术规范进行的投标属于判断错误，而不属于错读技术规范，因此拒绝了投标人修改合同或撤销合同的诉讼请求。

解读：投标人与中标人已经签订了施工承包合同，此时投标人要求修改合同。其双方的行为受合同法的调整。根据合同法第五十四条的规定，因重大误解订立的合同，当事人一方有权请求人民法院或者仲裁机构予以变更或者撤销。当事人请求变更的，人民法院或者仲裁机构不得撤销。为什么因重大误解而订立的合同，一方享有变更或撤销权呢？因从民法理论上讲，民事行为成立的有效要件之一是意思表示真实。当事人因重大误解而做出的意思表示显然不是其内心真实的意愿，因此其所谓的民事行为缺乏有效性前提。但变更或撤销权必须通过法院行使。何谓"重大误解"？是指一方当事人因自己的过失导致对合同的内容等发生误解而订立合同的行为。重大误解的构成要件：(1)误解的一方当事人因为误解做出了意思表示。(2)误解的当事人对合同的性质、对当事人的身份、标的物的情况、价款或者报酬等方面发生了重大误解。(3)误解是由误解的一方当事人的过失造成的，而不是因为他方的欺骗或者不正当影响造成的。据此，投标人虽然因自己的过错造成了对投标文件的误解，该行为仍属于合同法中重大误解的范围。但是，投标人请求变更合同，是否变更决定于法院的自由裁量。根据公平原则，过错在投标人，招标方无过错。法院若变更合同对招标方建设单位显然是不公平的。若招标方请求撤销合同，本律师认为法院裁定撤销该合同更能体现民法的精神。撤销合同的后果遵从合同法第五十八条规定，"合同无效或者被撤销后，因该合同取得的财产，应当予以返还；不能返还或者没有必要返还的，应当折价补偿。有过错的一方应当赔偿对方因此所受到的损失，双方都有过错的，应当各自承担相应的责任"，因此作为过错方投标人，应当赔偿其给招标人造成的全部损失。

因此投标阶段合同管理方面主要应做的工作，就是对合同条件的审核。由于国内许多单位没有采取通用的合同文本，发包方草拟的合同条款也不尽相同。因此每个发包方重视的侧重点可能会有所不同，这样就需要投标报价人员和合同签订人员认真审核每一份投标文件及其合同条款，不断积累经验，加强有关合同法律、法规的学习、培训，明确双方的权利和义务，提高合同意识，使合同真正成为自身利益的"护身符"，减少合同纠纷的发生，并有效地指导以后的报价、合同签订以及合同的执行工作。这样，才会收到事半功倍的效果。

浅谈建设工程合同管理

魏　然

一、建设工程合同管理的重要性及其意义

建设工程合同管理，是市场经济和工程建设管理中一项十分重要的内容。在工程项目的建筑过程中，其主体的行为必定会形成各个方面的社会关系，诸如政府建筑管理机关、项目法人单位(业主)、设计单位、施工单位、监理单位、材料设备供应商等。其中除了政府管理机关是依据法律、法规对工程建设主体行使行政监督管理外，其他各方面社会关系却是通过“合同”这一契约关系来完成的。工程建设活动的质量、投资和进度都是在合同管理的调整、保护和制约下进行的。建设工程合同管理的特点是涉及面广、综合性强，其重要性和意义表现在：

1）社会主义市场经济的要求。市场经济的一个重要特征是依法办事和鼓励自由竞争，合同管理就是法制(合同法、建筑法等等)管理。

2）现代企业自身发展要求。现代企业产权明晰，权责明确，政企分开，科学管理，建筑工程合同中的施工合同是业主与建筑施工企业进行工程发包和承包的重要法律形式，是工程施工、监理和验收的重要法律依据，是建筑施工企业走向市场的桥梁和纽带，合同的内容也直接关系双方的根本利益。

3）强化合同管理，提高履约率。

4）合同管理对开拓国际市场，尽快与国际接轨，也有十分重要的意义。

二、建设工程合同的种类

一个工程项目从立项到投入使用，特别是大中型项目，需要经历一个十分复杂的过程。在这个过程中，签订的合同可能有很多，但主要有以下几种：

1）建筑工程勘察设计合同：项目法人(业主，发包人)与勘察人、设计人(承包人)为完成一定的勘察、设计任务，明确双方权利、义务的协议。主要内容包括提交有关基础资料和勘察设计文件(包括概预算)的日期和质量要求、费用及其他协作条件等条款。《建设工程勘察设计管理条例》、《建设工程勘察和设计单位资质管理规定》、《建设工程勘察质量管理办法》、《建设工程勘察设计市场管理规定》等是此合同的签订依据。

2）建设工程委托监理合同：业主聘请监理单位代其对建设工程项目进行监督管理，明确双方权利、义务、责任的协议，该协议称为建设工程委托监理合同简称监理合同。其主要内容包括监理对象，双方权利、义务、责任、酬金、违约责任和争议解决方式，其主要特征是高智能的技术性服务。《工程建设监理规定》、《工程建设监理单位资质管理试行办法》、《关于发布工程建设监理费有关规定的通知》等为监理合同的主要法律依据。

3）建设工程施工合同：建设工程施工合同是承包人进行工程建设施工，发包人支付价款的合同。合同的主要内容包括工程范围、建设工期、开工与竣工时间、工程质量标准、工程造价、技术资料交付时间、材料设备供应、质量保修范围和保证期、双方互相协作条款等。其主要法律依据是《中华人民共和国建筑法》、《中华人民共和国招标投标法》、《建设工程质量管理条

例》、《建筑工程施工许可管理办法》、《建筑业企业资质管理规定》)、《房屋建筑工程和市政基础设施工程竣工验收暂行规定》、《房屋建筑工程质量维修办法》等。结合我国具体情况和 FIDIC(国际咨询工程师联合会)土木工程施工合同条件,国家建设部、国家工商行政管理局(2000年)发布的《建设工程施工合同文本》是各类工业与民用建筑施工管理和设备安装的合同样本。

4) 建设工程物资采购合同:建设工程物资采购合同是具有平等主体的自然人、法人、其他组织之间为实现建设工程物资买卖,设立、变更、终止相互权利、义务关系的协议,一般分为材料采购合同和设备采购合同。其主要内容包括双方当事人的详情、合同价款、技术标准和质量标准、采购数量和计量方法、包装方式、付款方式和办法、交货期限、违约责任及其他条款等。其法律依据有《建筑法》、《招标投标法》、《工程建设项目招标范围和规模标准规定》和地方法规等。

5) 其他合同:加工承揽合同、技术合同、租赁合同等在《合同法》中均有所涉及,他们在建筑工程中应用较少,这里就不再赘述。

三、建设工程合同管理的内容

1) 建立合同管理体系及管理制度,建立、健全合同管理档案。

2) 合同订立前的管理。采取认真、严格的态度,做好市场预测、资信调查和订立应具备的相应条件调查等合同订立前的准备工作。

3) 合同订立中的管理。订立合同是一种法律行为,双方应当认真凭实据严肃拟定合同条款,做到合同合法、公平、全面、明确、有效。

4) 合同履行中的管理。认真分析和跟踪管理合同执行情况,及时处理有关工程索赔事宜和合同纠纷事宜。

四、建设工程合同管理的相关制度

为规范合同的管理,防范与控制合同风险,有效维护公司的合法权益,制定以下制度。

1. 合同的主体

订立合同的主体必须是公司及所属各公司中具有法人资格,能独立承担民事责任的组织,其他部门、机构、分公司等不得擅自签订合同。

订立合同前,应当对对方当事人的主体资格、资信能力、履约能力进行调查,不得与不能独立承担民事责任的组织签订合同,也不得与法人单位签订与该单位履约能力明显不相符的经济合同。

2. 合同的形式

订立合同,除即时交割(银货两讫)的简单小额经济事务外,应当采用书面形式。“书面形式”是指合同书、补充协议、公文信件、数据电文(包括电报、传真、电子邮件等),除情况紧急或条件限制外,公司一般要求采用正式的合同书形式。

3. 合同的内容

1) 当事人的名称、住所:合同抬头、落款、公章以及对方当事人提供的资信情况载明的当事人的名称、住所应保持一致。

2）合同标的：合同标的应具有唯一性、准确性，买卖合同应详细约定规格、型号、商标、产地、等级等内容；服务合同应约定详细的服务内容及要求；对合同标的无法以文字描述的应将图纸作为合同的附件。

3）数量：合同应采用国家标准的计量单位，一般应约定标的物数量，常年经销合同无法约定确切数量的应约定数量的确定方式（如电报、传真、送货单、发票等）。

4）质量：有国家标准，部门行业标准或企业标准的，应约定所采用标准的代号；化工产品等可以用指标描述的产品应约定主要指标要求（标准已涵盖的除外）；凭样品支付的应约定样品的产生方式及样品存放地点。

5）价款或报酬：价款或者报酬应在合同中明确，采用折扣形式的应约定合同的实际价款；价款的支付方式如转账支票、汇票（电汇、票汇、信汇）、托收、信用证、现金等应予以明确；价款或报酬的支付期限应约定确切日期或约定在一定条件成就后多少日内支付。

6）履行期限、地点和方式履行期限应具体明确定，无法约定具体时间的，应在合同中约定履行期间的方式；合同履行地点应力争作对本方有利的约定，如买卖合同一般约定交货地点为本公司仓库或本公司的住所地；约定具体地名的应明确至市辖区或县一级；

买卖合同在合同中一般应约定交付的手续，即合同履行的标志，如托运单、仓库保管员签单等。

7）合同的担保：

合同中对方事人要求提供担保或本方要求对方当事人提供担保的，应结合具体情况根据《担保法》的要求办理相关手续。

8）合同的解释：

合同文本中所有文字应具有排他性的解释，对可能引起歧义的文字和某些非法定专用词语应在合同中进行解释。

9）保密条款：

对技术类合同和其他涉及经营信息、技术信息的合同应约定保密承诺与违反保密承诺时的违约责任。

10）合同联系制度：

履行期限长的重大经济合同应当约定合同双方联系制度。

五、加强合同管理的措施

1）普及建筑法规及合同法教育，培训合同管理人才。通过学习有关的法律法规，使合同当事人能知法、用法，能公正、公平、公开、独立地工作，做好建设工程合同管理工作。

2）设立专门合同管理机构和配备合同管理人员。地方政府应设立专门合同管理机构和配备合同管理人员，对建设工程合同实施登记、审查等监督管理；项目业主、建筑企业内部设立专门合同管理机构和配备合同管理人员，建立和健全有关规章制度。建立合同台账，并进行统计、检查。

3）积极推行合同示范文本制度。积极推行合同示范文本制度，一方面有助于当事人了解、掌握有关法律法规，有助于合同签订的合法、公平、全面、明确、有效；另一方面，便于政府合同管理机关的监督管理，也有利于仲裁机构或人民法院对合同纠纷的裁决。

4）实现建设合同的计算机管理。建立以微机数据库系统为基础的合同管理，便于对信息资料的收集、整理、存储、处理、分析和使用。

5）推行“重信誉、守合同”评比活动，使大家关心合同管理，增强大家自觉履行合同意识。

6）借鉴和运用国外先进经验和通用规范。借鉴国外运行的合同管理经验，如国际咨询工程师联合会。

编制的《FIDIC 土木工程施工合同条件》或其他国家一些成功经验。对完善我国建设项目的合同管理制度和市场开发，都有十分重要的作用。总之，通过良好的合同管理，才能保证合同当事人、合同订立形式和程序的合法性，才能保证合同内容的全面、合法、明确，进而维护合同双方的合法权益，维护社会正常的经济秩序，创造较好的社会和经济效益，使有限的投资发挥最大的经济效果。

六、结　语

建设工程施工合同作为一种典型合同，具有它自身的特殊性和复杂性，它是甲乙双方在实施合同中的一切活动的主要依据；是甲乙双方为实现建设工程目标，明确相互责任、权利、义务关系的协议；是甲方进行工程建设，支付价款，控制工程项目质量、进度、投资，进而保证工程建设活动顺利进行的重要文件。一份全面、周密的合同，可以为降低工程造价、提高经济效益、预防经济风险、保证工程质量提供有效的途径。合同管理的方向应该是尽量使之成为调节甲乙双方经济活动关系的主要甚至是唯一依据。做到这一点，对规范工程管理、提高管理效率、提升工程质量、严格成本控制将会起到有效的促进作用。

630MW 汽轮机组发电机定子吊装

电力工程事业部
吴　睿

1　工程概况

伊拉克萨拉哈丁 2×630MW 燃油电站工程＃1 机组发电机采用哈尔滨电机厂有限责任公司生产 QFSN2-630-2 型三相、两极发电机，冷却方式为“水、氢、氢”。励磁方式为静止自并励。

定子总重量 300t(运输重量 310t)，定子运输尺寸 10420mm×4000mm×4332mm(L×W×H)，同侧吊攀间距为 5060mm，两侧吊攀间距 4000mm。汽机房Ⓐ轴柱间距为 10000mm；汽轮发电机纵向中心线距Ⓐ轴 15300mm，1＃机组汽轮发电机横向中心线距③轴 4634mm，汽轮发电机基础宽度 11500mm。

2　施工简介及流程图

施工流程图如图 1 所示。

本工程发电机定子总重量 300t，＃1 机组定子由运输汽车运至汽机房固定端Ⓐ～1/A 轴，③～④柱之间区域，由大件运输公司进行卸车作业。发电机基础纵向中心线距离Ⓐ轴 15300mm，1＃机组横向中心线距离③轴 4634mm。

发电机基础尺寸图如图 2 所示。

＃1 机组定子进行地面调整位置，使之与发电机基础纵横中心线平行。再根据发电机定子就位位置安装液压提升装置。液压提升装置装有 4 台 GYT-200C 液压千斤顶。液压提升架额定起重量为 450t。待用钢丝绳捆绑好定子后，起升定子，待定子高出 13.7m 平台 100mm，用手拉葫芦牵引移动架向发电机基础方向移动，待定子纵横中心线与基础重合后，下落定子，调整、就位。

图 3 为定子吊装示意图。

3　相关计算

3.1　钢丝绳校核

吊装时起重框架与 4 个定子吊攀采用 φ36.5 钢丝绳捆绑，每个吊攀 8 股受力，共 32 股受力。

选用钢丝绳(φ36.5－6×37＋1)的破断拉力为 687.96kN(钢丝抗拉强度为 1700MPa)，因此钢丝绳的安全倍数为：

$$K=\frac{687.96\times 32}{300\times 9.8}\geqslant 7.48$$

故选用钢丝绳满足吊装要求。L＝29.8m，共 4 根。

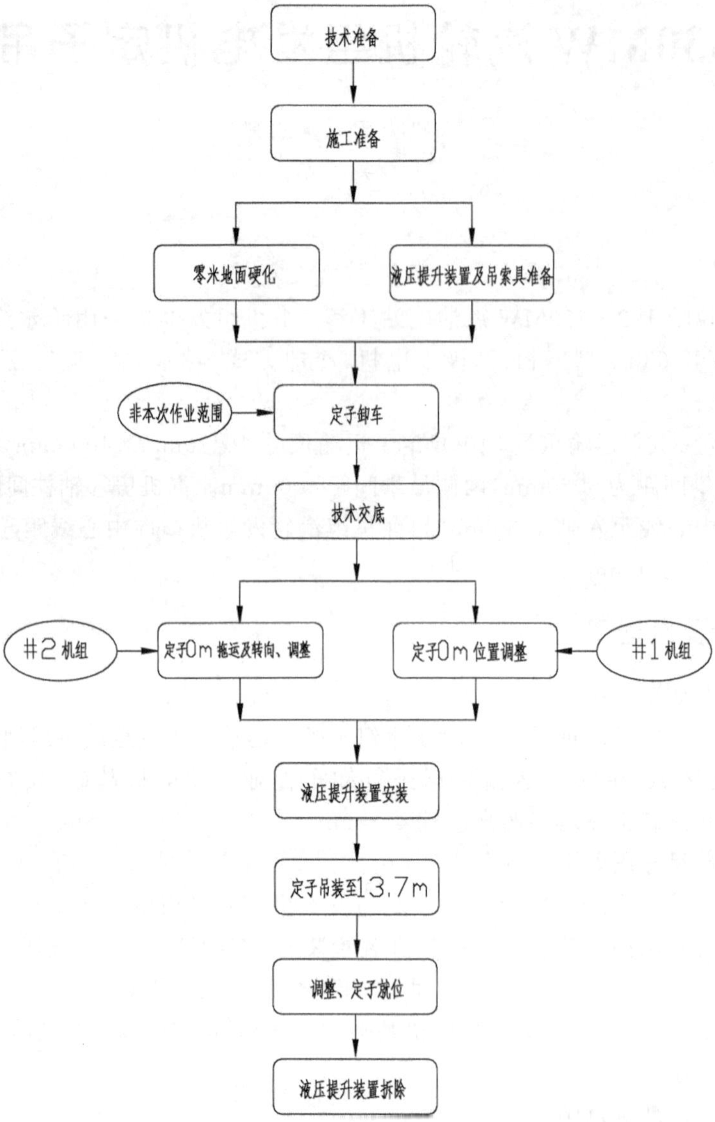

图1 施工流程图

3.2 固定架支腿受力校核

发电机定子重约300t，根据起吊位置，提升架A轴处支腿距离汽轮发电机基础边缘约11550mm，移动架两支腿之间距离为4200mm，可将受力情况简化为图4。

R_A处为固定架支腿处，则R_A的支反力为：

$$R_A=\frac{F_a\times510}{1155}+\frac{F_b\times90}{1155}+\frac{ql}{2}+G$$

$$R_A=\frac{903154\times510}{1155}+\frac{903154\times90}{1155}+\frac{12.54\times1155}{2}+(4283.6/2+3154.2+1637.2\times2+1757.1)$$

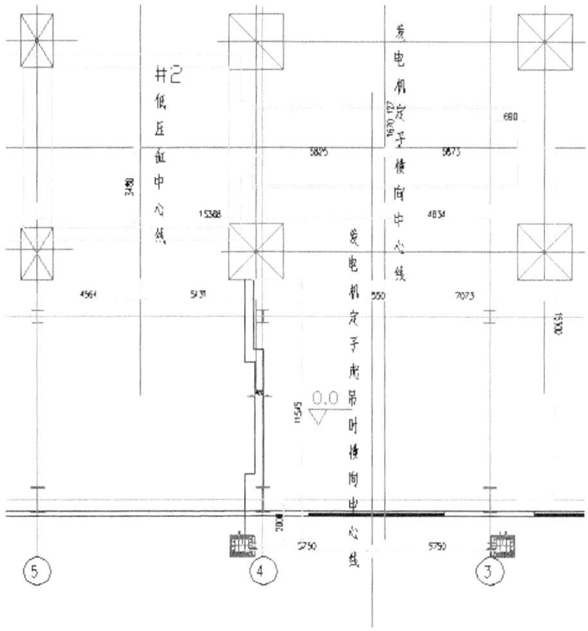

图 2　发电机基础尺寸图

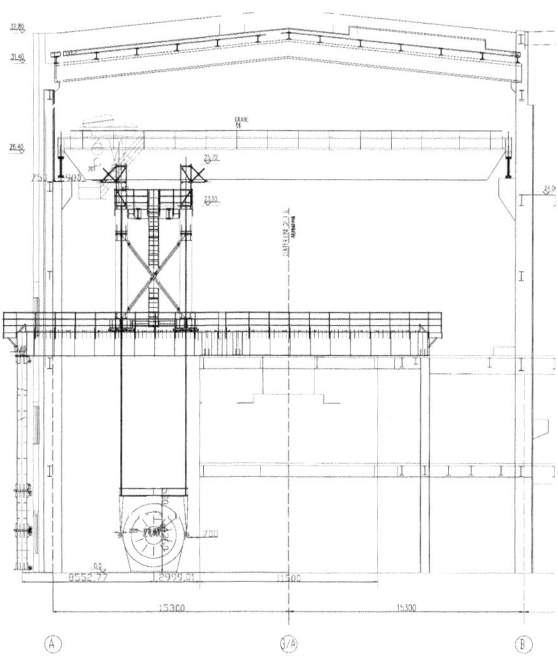

图 3　定子吊装示意图

$R_A = 64485.95\text{kg}$

式中：

$F_a = F_b = 75000 + (8106.1 + 52301.5 + 854)/4 = 90315.4\text{kg}$

G为支腿自重重量，包括工字型端面横梁重量：4283.6kg(计算时按照一半)；立柱重量：3154.17kg；2.5米标准节重量：1637.2×2kg；支腿正面斜支撑重量：(535.2＋58.72×2＋152.6＋265×2＋17×2＋439.5＋440.6＋437.4＋206.7×2＋212×2)/2＝1757.07kg

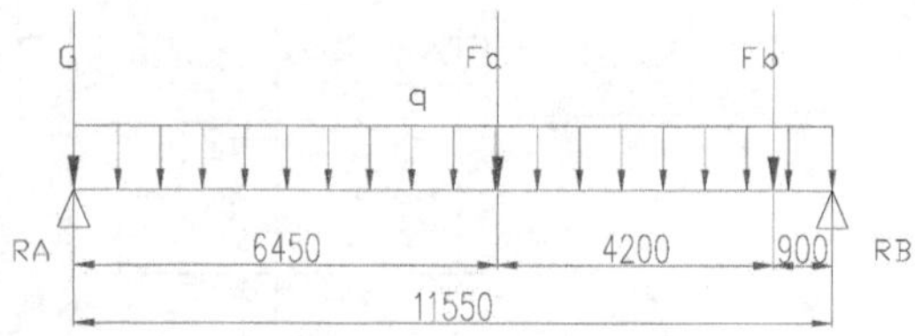

图4　支腿受力情况

根据液压提升装置图纸资料，单根轨道梁自重约为15047.1kg(含平台重量1040kg)，则

$$q=\frac{g}{I}=\frac{15047.1}{1200}\approx 12.54\text{kg/cm}$$

因此，每条支腿所承受的压力为P＝64485.95kg。

3.3　固定架 柱处支腿垫板校核

根据土建提供信息，机房地面承载力为200kPa/cm²，则需要在靠固定端柱处制作支腿垫板以减小支腿对地面的压力。需制作一件超过3.3m²的垫板则完全能满足地面承载力的要求。垫板制作图如图5所示。

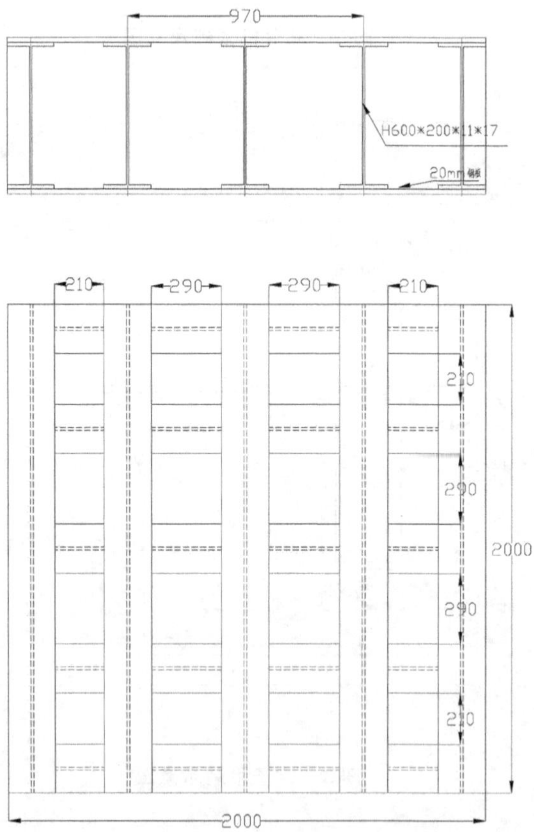

图5　垫板制作图

固定架支腿支撑、2.5 米标准节截面图如图 6、图 7 所示。

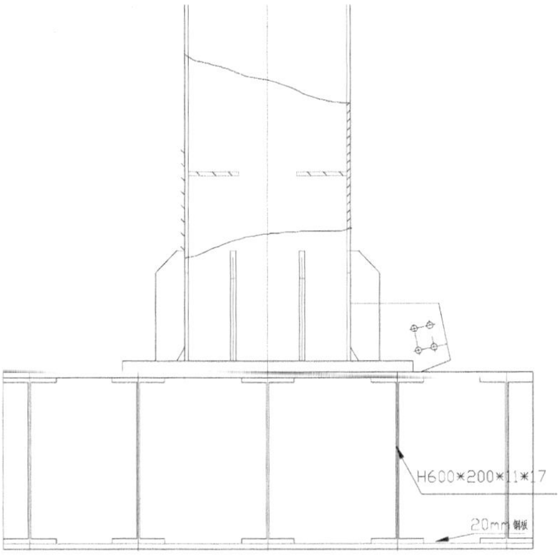

图 6　固定架支腿支撑示意图

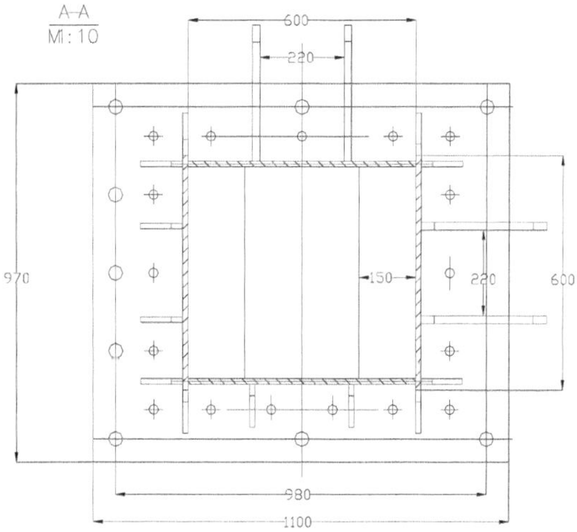

图 7　2.5 米标准节截面图

将其进行简化计算：将支腿对垫板的压力视为均布载荷（如图 8 所示），按照简支梁受力计算设定在支腿距离范围内该结构不变形则该垫板满足强度要求。

以下计算以底板偏窄的方向（970mm）计算，另一方向（1100mm）受力优于此。

$$q_1=\frac{g}{l}=\frac{64485.95}{2000}\approx 322.43\text{kg/cm}$$

$$q_2=\frac{g}{b}=\frac{64485.95}{97}\approx 664.80\text{kg/cm}$$

所受最大弯矩：

$$\begin{aligned}M_{max}&=\frac{1}{8}(q_1 l^2-q_2 b^2)\\&=\frac{322.43\times 200^2-664.80\times 97^2}{8}\\&\approx 830256.58\text{kg}\cdot\text{cm}\end{aligned}$$

最大抗弯应力：

$$\sigma_{max}=\frac{M_{max}}{W_x}=\frac{830256.58}{2480.62\times 5}\approx 66.94\text{kg/cm}^2$$

式中：选用 H600×200×11×17 作为垫板型钢支撑，其 $W_x=2480.62\text{cm}^3$。

又$[\sigma]=\frac{235}{1.5}=157\text{kg/cm}^2$，故 $\sigma_{max}<[\sigma]$，强度满足吊装要求。

4　施工准备

4.1　施工预留

需缓砌汽机房固定端①轴Ⓐ～1/A 柱之间墙体并且此处共箱母线暂缓施工以便于 1＃发电机定子运输车辆进入。根据《主厂房钢结构总图》需提前拆除的机房钢结构：

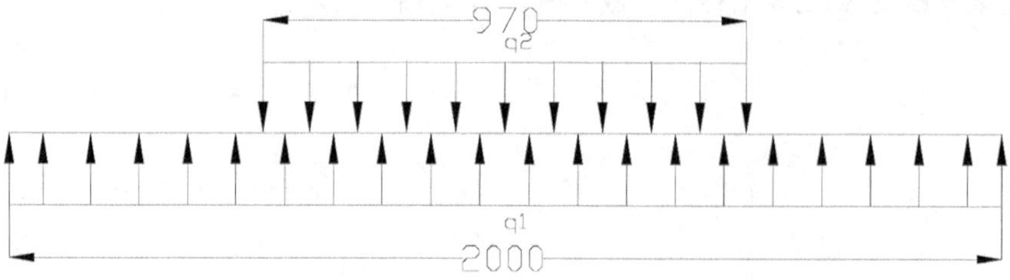

图 8　支腿对垫板的压力

＃1 发电机定子吊装需拆除 1/A 轴③柱 BH600×500×18×30 钢梁(立柱)及与 1/A 轴③柱相关的钢结构即：1/A 轴③柱～1/A 轴 4 柱之间 6.675、13.455 层③HM588×300×12×20、HN700×300×13×24；1/A 轴③柱～1/A 轴 1/2 柱之间 6.675、13.455 层 HM340×250×9×14、HM390×300×10×16；③轴 A～1/A 柱之间 6.675、13.455 层 BH700×300×18×32 、HN1100×450×25×32；③柱～④柱～②柱之间 6.675、13.455 层连接的小梁等。

4.2　工具、场地及人员准备

准备四根 Φ36.5－6×37＋1－29.8m 钢丝绳，制作 2 个支腿垫板，并在相应位置提前安装，作为液压提升装置固定架支腿支撑基础。待支腿垫板埋设完毕，将发电机定子吊装区域地面回填、夯实，地面上平面标高与固定架支腿基础上平面平齐，标高为±0.0 米(定子卸车前必须回填、夯实到±0.0 米)。

完成发电机基础及垫铁麻面錾凿处理验收，发电机台板就位，并紧固好底脚螺栓，完成定子吊攀安装；清除吊装区域范围内的所有设备及其他物件；施工人员已到位并熟悉图纸及本作业指导书，施工前进行详尽的安全、技术交底。

5　发电机定子卸车

运输汽车沿着从汽机房固定端①轴Ⓐ～1/A 柱开入，并卸车。如卸车后位置不够理想，则安装单位根据情况利用千斤顶顶起定子并利用钢轨及在轨重物推移机调整定子放置位置，使定子纵向中心距离Ⓐ轴中心线 6550mm，定子横向中心距离发电机基础横向中心线 550mm 并靠④柱侧。过程如图 9 所示。

6　发电机定子吊装

6.1　固定架支腿、垫板安装

由于液压提升装置支腿之间距离 11.5 米，且机房内 轴处有循环水坑(标高－4.5m)，根据现场实际情况，需将固定架外侧支腿安装在厂房外(距Ⓐ轴 2000mm 处)，为满足固定架承轨梁避开Ⓐ轴④柱，起吊时发电机定子中心需向扩建端偏移 550mm(经计算，就位时，定子汽端边缘与基础边缘之间距离为 65mm)。固定架支腿、垫板安装位置示意图如图 10 所示。

6.2　安装液压提升装置固定架

分别吊装支腿(两件)，用手拉葫芦及钢丝绳调整好垂直度(注意：这套固定架的支腿与轨

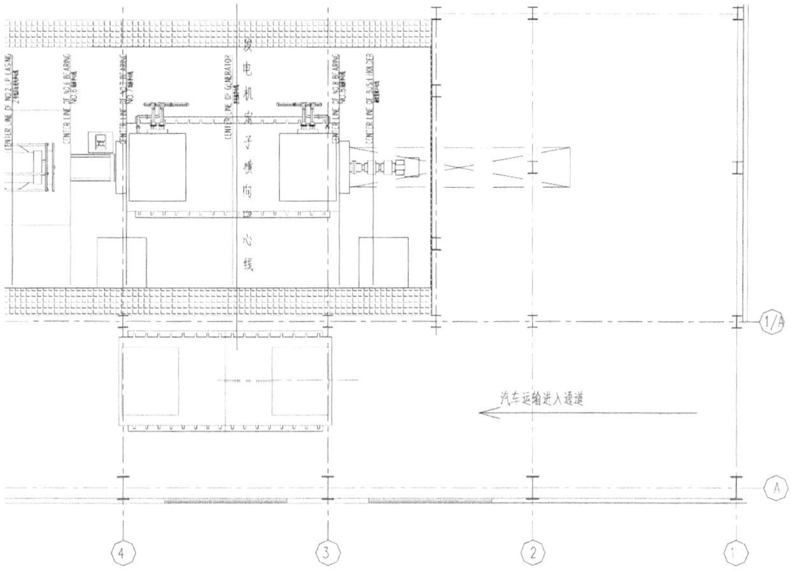

图 9　定子卸车示意图

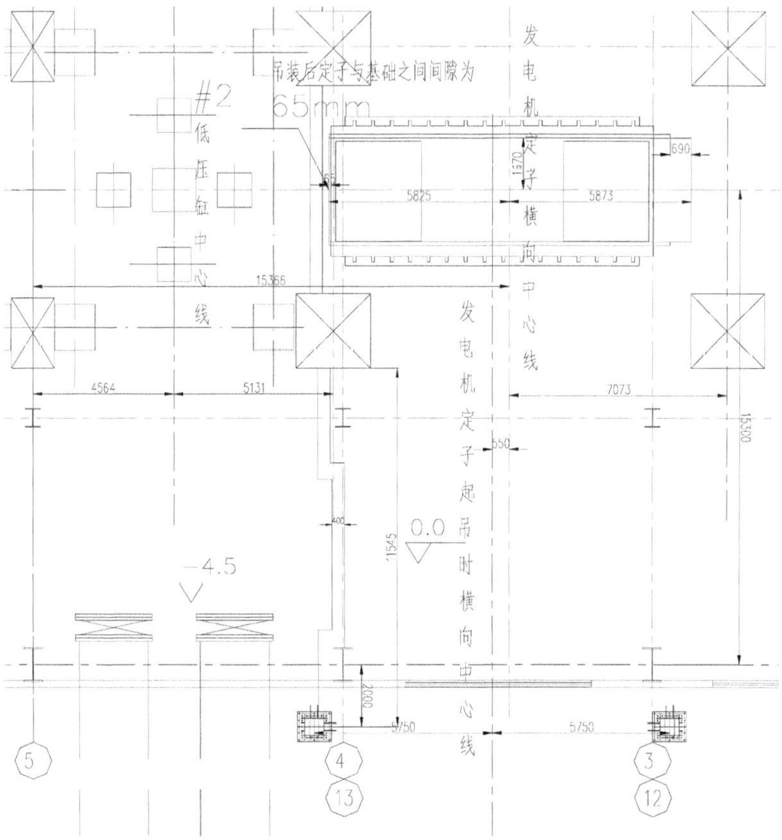

图 10　固定架支腿、垫板安装位置示意图

道梁之间为柔性连接，因此，在定子起吊前及过程中，均应监控两个支腿的垂直度。)；然后在支腿上安装弧形垫板，用钢板调整其顶部标高与发电机基础一致；最后吊装固定架承轨梁，为防止其在吊装时发生窜动并增加稳定性，需将固定架轨道梁在汽轮发电机主岛基础上进行限位(用工字钢或槽钢)，限位位置根据现场具体条件实施。

6.3 安装移动架

因移动架顶部标高超出行车起吊高度，需提前将25吨汽车吊放置在13.7米平台上，以配合安装移动架。

6.4 定子吊装

液压提升装置穿钢索，调试并确认无问题后，启动装置放下吊装框架，用四根ϕ36.5且L=29.8m的钢丝绳与吊装框架捆绑牢固，每个吊攀采用八股钢丝绳缠绕；启动液压提升装置，缓缓将定子吊装离地100mm左右，检查各处结构无误后，继续提升至高出13.7米平台100mm，停止提升；利用4台10吨手拉葫芦水平拖拽移动架向发电机基础方向平移，待移动至基础之上并与发电机纵横中心线重合后停止；再次启动液压提升装置下落定子至基础台板之上；最后拆除钢丝绳及液压提升装置，示意图如图11所示。

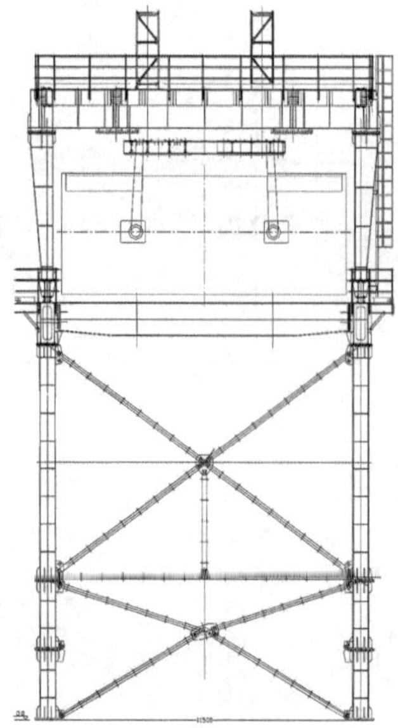

图11 定子吊装示意图(从A轴向B轴方向看)

7 总 结

伊拉克萨拉哈丁2×630MW燃油电站工程#1机组发电机定子吊装方案的选定是有机组布置、工期要求、设备到场等客观条件决定的。改造后的液压提升装置具备发电机定子纵向和横向吊装的能力，为发电机定子的吊装方式开辟了一个新的途径。

浅谈建筑工程的造价与管理问题

电力工程事业部
吴　睿

建筑工程造价的划分时间大致为21世纪的初期阶段，在建筑行业存在各种类型的建筑工程，因此建筑工程之间存在着较大的差异，然而在划分的类型中，同样存在着相同的部分，在大多数情况下，建筑工程通常划分为可行性论证、规划设计、施工过程、竣工验收以及使用保护五个部分。其建筑工程所建设的时间较长，并且在每个施工的阶段都存在一定的特点，一旦只采用一种管理手段，就没有方法适应其工程的特点，所以，应该依照建筑工程的阶段特点采用适当的造价管理手段，以此来减少工程的造价成本，提升经济效益。

一、建筑工程造价存在的问题

1）建筑工程造价的形成缺少合理性

就目前而言，大多数的建筑工程造价通常都实施公开招标，这为创建建筑市场的价格提供了一定的基础保证，然而，工程造价一般都是以预算价为基准，而后进行招标投标，这样在一定程度上阻止了施工单位的自主报价。除此之外，其工程造价的传统管理模式是预算定额，并不容易反映出其实际造价，所以工程项目普遍都超出了投资时的计划。除此之外，招标投标的信息不完整也会对建筑工程存在直接的影响，促使建筑市场缺少公平性以及透明性，以上这些因素都是造成建筑工程造价没有合理性的主要原因。

2）建筑材料价格未能适应市场经济的变化

在通常情况下，通过建筑材料来形成建筑工程的实体，所以建筑材料的费用是工程造价的重要组成部分。但是，建筑材料的价格会因市场经济的变化而变化，这也是影响建筑工程造价中较为重要的原因。即使政府也会采取一系列的措施对建筑工程的价格进行合理的控制，但是对于一部分较为单一的材料而言，它们并不能适应建筑工程市场的变化，为此会使建筑材料的预算与市场价格存在一定的距离。

3）设计因素对建筑工程造价造成的影响

根据当今社会的发展来看，大多数的建筑设计单位的水平参差不齐，同时现在绝大部分的设计单位都运用企业化收费的方式，即依照设计概算理念来收取相应的费用，因此，概算增加其收取的费用就逐渐增多，所以某些设计单位以此来提升设计概算。除此之外，没有规范的设计其图纸，对设计标准进行随意更改，这些都会导致其工程造价的预算增加。另外，在选择工程配置时一旦选取了地方较偏或质量较差的产品，就会相应增加了运输的成本和在设备损伤之后的后期维修费用，明显增加了工程的造价。

二、对建筑工程各个阶段的管理控制进行分析

1）可行性论证

其工程造价的决策性阶段则是可行性论证阶段，在这个阶段多实施的决策能够直接影响建设的成本以及效益，所以，在可行性论证阶段需要着重注意以下几点：一是在建设项目的选取过程中，不要因为想要获取较大的利益而急功近利，然而对于投入较高、风险较高、汇报较高的行业，在一般情况下可以采用规模较小的设计方案；而低投入，小风险，回报较低但具有稳定性的行业，应该采取规模较大的设计方案。二是在建设项目评估方面，应该对其进行综合全面的评估预算，并且着重关注交通基础设施，设备的漏算现象。三是在一个建设项目需要配备3个以上的设计，并且对每个方案进行相应的评价，在相互比较之后，依照投资效果进行最终测算并以此来确定使用方案。四是其土地，并不是可再生资源，因此在投资项目建设的过程中，需要考虑土地的利用率，面对土地价格的提升，投资者应该尽最大限度来控制措施来降低土地的成本。

2）规划设计阶段

在规划设计的阶段对其造价进行适当的控制，并需要注意以下几点：需要详细规划建筑物的位置设定。并且还应该完善交通的设计，尽量减少管道官网的相互交错，其配套设施应该具有环保的思想理念，防止重复建设。同时每个建筑的功能都应该能够相互匹配，促进每个建筑都能够实现其使用率，防止由于不规则设计所带来浪费，以此来实现减少工程造价的目的。对于个体的建设项目需要规划其先后顺序，建设项目的不同其开工日期也就有所不同，但需要保证在规定时间内要顺利完成建设项目，在项目完工后在投入使用。并且还要合理完善的使用新型工艺材料，其中新型工艺材料的涌现能够满足社会的需求，在保证工程质量的基础之下，应该采取合适的新型工艺材料以此来加快工程的发展进程，并达到降低成本的目的。

3）施工阶段可行性

对于可行性论证阶段以及规划设计阶段的控制而言，在施工阶段的主要控制内容则是减少浪费现象。和前面的控制措施相比，施工阶段则是依据图纸来进行施工的，因此其控制的实质则是在对工程质量以使用效率没有影响的基础上，节约资金成本。而对于施工单位的选择，需要选择信誉较好、技术较强的施工单位以及监管单位，以此来完善其施工组织，使其发展呈现最优化的状态，同时还要减少在施工过程中的浪费现象。同时在整个的施工过程中，需要防止改变其原有的施工计划。对施工现场而言，应该加大对材料进场以及施工现场的监管力度。在采购材料时，也应该依据施工方案的需要以及市场价格来对购买材料的数量进行确定，防止出现大量累积的现象发生，同时还要防止因为供应不足而发生的停工现象。

4）竣工阶段

竣工阶段对于整个建筑工程造价而言，并未对其造成实质性的影响，而是对施工过程中对账目核对具有重要意义。对于选取审计机构来说，应该选取信誉度较高，有责任心的单位，在结算时扣除工程中的分包以及自营项目的造价。同时还需检查核合同和工程的实际完工情

况，详细核对发生变更以及没有完成的工程项目，在核对完毕后，对其进行适当的核减，以免增加成本。

5）使用保护阶段

要不定期对建筑物的防水防潮部位进行检查。同时不要忽略了日常检查，并且避免由于忽视日常检查而造成的一系列问题，一旦发生问题，就会增加其修补的费用。根据设计的功能进行实际应用，不要自行更改使用功能，由于每个项目在设计的过程中都具有明确的规定，其使用功能的改变会对建筑物在使用的过程中造成严重的影响。

三、总　结

近年来，我国建筑业的发展呈上升趋势，而建筑工程的造价同样也会随着经济的发展而提升。其工程造价的管理能够设计到较多的方面，并且具有一定的难度，因此，需要在实施政策的基础上，遵守相应的法律法规，并提升其工作人员的整体素质以及施工单位和相关部门的全力配合，才能够控制管理建筑工程造价，避免建筑工程中投资失控的难题，防止建设资金的外流，尽最大限度来实现效益最大化，以此来促进我国的建筑工程的发展。

案例——阿布扎比项目外籍劳工使用

吴雪松

阿布扎比鲁维斯炼油厂扩建项目,位于阿联酋首都阿布扎比西北部250公里处,距沙特阿拉伯130公里,靠近海岸,面对波斯湾,属亚热带沙漠气候。鲁维斯区域为阿布扎比最为重要的石油炼化基地,同时也是阿布扎比最为重要的工业基地。此地区聚集了大量劳务人员,据不完全统计约为10万人,其中95%以上为外籍劳务。

同时根据,2014年中华人民共和国商务部提供的国别报告中指出,在阿联酋的劳务市场中,外籍劳务占据十分重要的地位。外籍工人占了阿联酋劳动力市场的90%,在有些私营部门99%的员工都是外国人。其中大量外籍劳务主要来自印度、巴基斯坦、孟加拉、斯里兰卡、埃及、也门、菲律宾等国。

我公司阿布扎比项目为节约成本,同时保证项目工期,决定尝试使用大量外籍劳工。此次尝试取得了一定成效,但是也暴露了我们在对外籍劳务管理的经验不足、制度不够完善和使用不充分等问题。无论怎样,此项目是外籍劳务使用的一次大胆的尝试,不能算是完美,但是通过此次尝试我们吸取了教训,积累经验,为我们企业的走出去战略,提供了宝贵的经验。下面我就阿布扎比项目在外籍劳务使用中的成功经验和不足做简要分析。

一、阿布扎比项目主要的劳工组成

阿布扎比项目的劳工组成比例,阿布扎比项目总共为783名工作人员办理签证,员工来自中国、泰国、印度、尼泊尔、孟加拉、巴基斯坦、菲律宾。其人员分布为:中国员工186人,泰国员工164,印度员工164,尼泊尔员工205,孟加拉员工58人,其他人员6人。

阿布扎比项目人员组成人数及比例图如下:

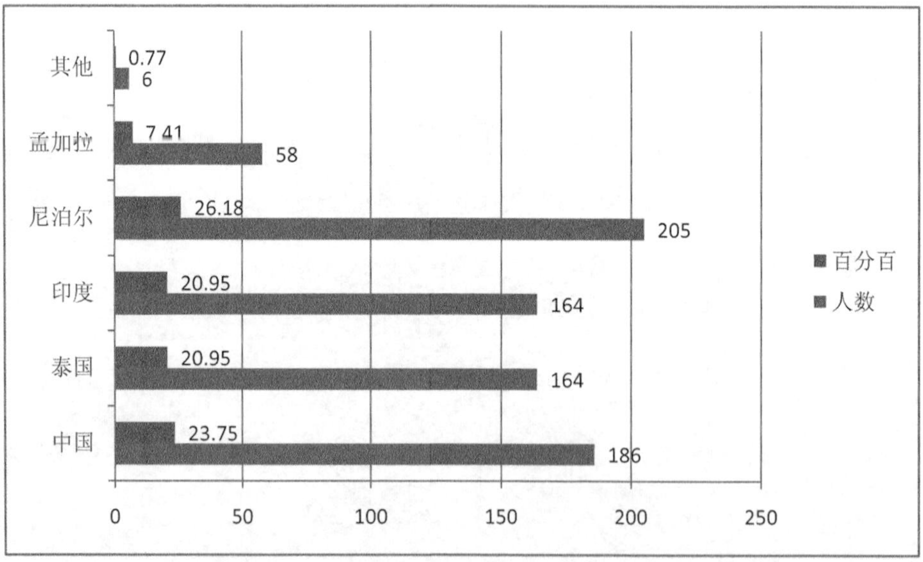

总体来说,由于此项目处于尝试阶段,所以本项目对于外籍劳工的使用比例不到80%,低

于其他韩国承包商及阿联酋平均标准。但此项目总体来说也是以非中国籍劳务的为主导的项目,应属于我们公司一次大规模使用非中国籍劳务的大胆尝试。

二、阿布扎比外籍劳务人员特点分析

阿布扎比项目中的非中国籍劳务来自7个国家总人次达到783人次,这些劳务人员来自不同国家和地区,语言文化和劳动技能存在很大差别。下面就此项目中的人员做具体分析。

1. 泰国劳务人员

优点:泰国劳务人员最接近中国文化,管理起来相对易于交流,且技能比较纯属,能够满足项目的施工要求。

缺点:首先就项目成本来说劳工单价相对较高,部分泰国人比较随性,比较情绪化,经常出现酗酒、赌博、旷工现象,甚至个别人员出现打架斗殴现象。

2. 印度劳务人员

优点:技能不及泰国劳务,但是在中东地区印度劳务占主流地位,成本相对泰国劳务人工单价低,英语能力较强。

缺点:有些人相对比较懒惰,功效不高。来自不同区的印度员工素质差别很大,法律意识强,易采取罢工形式解决问题。

3. 尼泊尔劳务人员

优点:人工单价低节约成本,听从安排,其中有部分劳务为大学毕业生素质较高。

缺点:技能普遍偏低,主要从事普工和脚手架工种工作。

4. 孟加拉劳务人员

优点:人工单价低节约项目成本。

缺点:部分人员极为懒惰,功效极低,工作不专心,爱做第三职业(如倒卖贩卖之类的),犯罪率高。

总体来说,外籍劳务的个体功效不及中国劳务,但是其整体劳工成本优势明显,由于中东地区的气候条件和阿拉伯人的办事效率,很容易形成项目窝工的情况,加之中东国家劳动力严重不足,所以政府对劳务限制不是太严格,促成了中东劳务市场的繁荣,出现了大量外籍劳务。总而言之,阿联酋等GCC中东国家对外籍劳务的使用是存在明显的优势的,如果管理得当确实能够节省大量项目劳务成本。

三、阿布扎比项目劳务管理取得的成绩

- 阿布扎比项目使用了大量外籍劳务切实地降低了项目的劳务成本,尤其是在GS公司的材料供应不足的情况下,降低了窝工成本。同时,此次外籍劳务的使用比较保守,保留了大量中国技术人员,为项目抢工保留了中流砥柱力量。
- 克服了语言障碍,使来自7个国家和地区的不同员工团结协作,圆满完成此项目,是一次成功的尝试,为我们加快国际化的步伐提供了宝贵经验。

- 培养了一批能够管理和使用外籍劳务的管理人员，上至项目经理下至工班长，组长通过此项目近三年的与外籍劳务接触的经验，总结了经验，学习了一些管理知识。
- 通过想 GS 公司学习，我们认识到自己在外籍劳务管理方面的不足，积极学习和借鉴其他公司的成功经验和优秀案例，避免了不必要的错误，学习了经验。

总体来说，阿布扎比项目对外籍劳务的使用是值得肯定和学习的，国际经济一体化，国际竞争日趋激烈，合理利用全球资源，提高自身竞争力，是企业发展的必经之路，是我们走出去战略的必然选择。

四、阿布扎比项目外籍劳务使用存在的问题

阿布扎比项目中使用了大量非中国籍劳务，取得了显著成果但是也存在着很多不足，值得我们借鉴学习。

- 项目在对待非中国籍劳务的使用缺乏统一的规划，安排。最为明显的是项目非中国籍劳务合同形式不统一，存在很多问题，如，有的是按月结算，有的是按小时结算，有的涵盖医疗费用，有的不涵盖医疗费用。其实，在招聘过程中我方为甲方，占有主动权，完全可以将很多问题规避掉。
- 缺乏必要的调研，没有对阿联酋的劳工法及劳工规定管理做研究，造成劳工的基本工资偏高，加班费用过高，总体成本有所增加。其实阿联酋施工过程中每月人工时的计算方法为，8(每天正常工作时间)×26(每月工作日)＋2(每天正常加班时间)×1.25(加班的倍率)×26(每月工作日)作为计算基数，具体项目、具体职位、具体人员有所不同以上计算仅供参考。但是，此项目在招工阶段忽略了每天要有两个小时的加班时间，造成人员看似单价不高，但是加上加班费用，实际支付的工资要高出预期的工资。
- 制度不健全，造成人对事不统一，管理没有精细化，没有建立令人信服的管理制度，非中国籍劳务比较善于利用制度缺陷。非中国籍劳务，更习惯于按照规章办事，习惯做事有理有据，这样才能够形成统一的制度，便于管理。
- 中西方文化的不同，国家体制的不同，思维方式与处事原则的不同，加之语言障碍，造成了沟通理解不畅通。中国员工或其他不同国籍的劳务，偶尔产生冲突，很容易造成不同国籍员工之间的群体性事件。
- 对外籍劳务事件的处置中过于迁就，没有按照当地惯例来执行。例如医疗费用的问题，当地惯例是公司只提供医疗保险，工伤属于公司承担范围，病假也有规定。但阿布扎比项目对员工个人当地医疗费用，没有按照当地惯例来，也没形成统一的处置方式，中国员工的医疗费用是自理的，外籍员工医疗费用则由项目部承担等差别，项目中期有一段时间，项目部决定是全部员工的医疗费用都是自理，但是部分外籍员工不同意，没有能够坚持此项决定，故比较混乱。

阿布扎比项目的劳务管理中存在的不足主要基于以上几个方面，或者归根结底的说，主要是我们没有成熟的经验和完善的制度造成的。相信我们通过此次实践与学习，会在未来的劳务管理中一定会取得更大的成功。

五、阿布扎比项目外籍劳务使用的总结

对于此项目的总结有利于我们在将来的项目执行过程中获得成功，下面我就此项目中对

非中国籍劳务的使用总结如下：

- 掌握良好的劳务资源，与一些好的劳务输出机构建立长久的合作关系。可以去泰国、越南、菲律宾、印度等国考察一些技术类型的劳务。在招聘时，一定要严把劳务技能关，为项目选拔技术纯熟的劳务。普工方面，我个人认为尼泊尔的劳务很好可以着重考虑。
- 仔细研究项目所在国的劳工法律及规章制度，在劳工合同方面规避风险。如：阿联酋劳工法规定的员工 13 个月工资的权益、休假权益、加班计算等。要细心计算，签订切实可行的合同，合法合情省钱的合同。切勿简单地看合同规定工资来计算成本，而忽视其他员工福利带来的隐性成本，合理的合同是劳务管理的基础。
- 建立完善的制度，根据项目所在国的劳工法律及规章制度，建立完善的制度，如建立考勤制度，控制加班带来的成本增加；建立休假制度，保障员工福利，又控制员工休假不归的情况；制定员工聘用辞退办法，合理管控项目劳务；等等。完善的制度才是管理的关键。
- 加强对中国员工（管理层面包括工班长、小组长等）的培训，包括语言的培训、管理能力的培训。定期召开培训及研讨会，做到培训—学习—成长—再培训—再学习—再提高的良性循环。
- 聘用当地的 PRO（公共事务协调员）来协助处理劳务管理等事务，听取并查证 PRO 的建议。同时，监控其工作，利用当地 PRO 的资源和公共关系优势，处理一些特殊的事件，如：群体性罢工、员工斗殴、车祸等事件。

总体来说，对于劳务的管理必须，要有完善的制度。GS、三星、SK、大宇等韩国公司及阿联酋当地的公司对于外籍劳务的管理制度是非常健全的。一个人管几个人容易，但是管理一个庞大的项目团队，就会显得力不从心。但是一个完善的制度，可以管理一个庞大集团公司，人数可以达到十几万人。

六、总　结

随着国际工程承包市场的竞争日趋激烈，而中国国内劳务成本不断增加，在国际项目执行过程中劳务本地化，或者利用东南亚、南亚、中亚、非洲等地区的廉价劳动力，是控制项目成本的重要途径。因此，阿布扎比项目对非中国籍劳务的管理是一次尝试，有很多不足和欠缺之处，我们通过此次尝试，积累了经验，总结了教训。但总的来说，此次尝试是成功的，阿布扎比项目通过使用外籍劳务切实控制了人工成本，在项目后期人员管理也越来越规范化、制度化，外籍劳务人员管理能力也日益提高。通过此项目，我们积累了一批能够管理外籍劳务的管理人员和施工人员，为我公司的长久发展战略，培养了人才，积累了宝贵经验，最后我相信，只要不断学习，不断努力，我们一定会越来越好，并取得最终的成功。

中国机械工业建设集团有限公司"三个一"论文

——中东市场分析与营销研究

电力事业部

吴雪松

2014年12月25日

摘　要：

中东市场，由于其特殊的能源地位而闻名于世，在很多人看来中东市场遍地是黄金，但中铁建沙特麦加轻轨项目亏损41亿人民币后，大家开始反思在中东针对工程项目应该采取怎样的营销策略，如何规避风险。本文通过我对营销工作的理解及我在中东生活的经历就中东工程项目的营销谈谈自己的看法。

关键词：中东市场　营销策略　工程项目　风险规避

前　言

随着我国改革开放的不断深入，伴随着国内投资热的减退，及房地产市场的低迷，国内越来越多的公司在尝试着走出去的策略。此时大家看到迪拜高楼林立，聚集了大量的开发商前景广阔。同时，对中东的黑金之国（主要的产油国）的资金实力有很大的信心，很多国内的承包商都是摩拳擦掌，跃跃欲试。然而，中国企业在那里并不是一帆风顺，就像我们不适应那里的气候一样，中国的企业也很难适应那里看似狂热的经济环境。中东的黑金之国仿佛是一个用石油做"饵"的垂钓者，大家看到的繁荣与辉煌也许只是一个诱饵。

任何市场都是风险与机遇共存的，我们不能因为风险而放弃机遇，企业想要生存就必须在风险中成长，去适应市场，而不是一意孤行。中国企业想要在中东开花结果，就要有把大白菜变成仙人掌的勇气。工程项目有别于一般产品，所以我们要做充分的准备。下面我就中东市场、工程项日营销及风险规避方面做些简单介绍。

一、中东市场分析

能源产业一枝独秀，经济多元化成就有限长期以来，阿拉伯国家社会经济发展道路特征明显，油气资源几乎是阿拉伯国家经济增长和社会繁荣的唯一重要基础和投入要素，可以说油气资源建构了阿拉伯世界的社会经济发展模式。然而，阿拉伯国家的油气资源既是一种财富，又是一种诅咒。

（一）中东市场的经济结构

从统计数字看，中东阿拉伯世界的大多数国家在经济上的表现并不差——至少属中上游水平，但总的来说中东阿拉伯世界，还在于畸形的过于单一的经济结构，主要体现在以下三个方面。第一，中东阿拉伯国家政府收入来源主要依靠以能源出口等非创造性生产部门的收益。

第二，相对较高的人均 GDP 并不能反映这些国家经济的发达和精致程度，也不能完全反映人民的富裕程度。畸形的经济结构制造出的是少数与高利润垄断行业相关的“经济精英”，同时也孕育了大量与这些产业无缘的贫困者。简言之，少数富翁拉高了人均 GDP。第三，经济结构高度单一的特点直接影响这些国家的社会结构，并随之产生严重的政治后果。

现在阿拉伯国家政府认识到以上挑战，正在进行一系列的改革措施。首先减少对能源等部门的过度依赖，积极鼓励私人部门的发展，并且建立起现代教育体系，提高国民的教育水平，建立充分就业，加强法治机制建设，创造有竞争性的投资环境积极吸引外资投向非能源部门。努力实现经济结构的调整，提高劳动力素质，解决经济社会等问题。

（二）中东工程承包市场的发展

事实上，海湾国家尤其是 GCC 国家已成为引领地区经济增长的火车头。根据世界经济论坛出版的《2014—2015 年度全球竞争力报告》中指出 2014—2015 年阿联酋（第 12 名）上升七位，在该地区领先，超过了卡塔尔（第 16　名）；2013—2014 年度报告为卡塔尔（第 13 位）的竞争力在中东和北非各国中排名最高，随后是首次跻身前二十名的阿拉伯联合酋长国（第 19 位）。沙特阿拉伯（第 20 位）排名下降了两位，但依然排在前二十名以内；2012—2013 年度报告为卡塔尔（第 11 名）是该地区排名最高国，沙特阿拉伯（第 18 名）继续盘踞前 20 强位置。阿联酋（第 24 名）排名上升，而科威特（第 37 名）略有下降。中国三年的名次分别为 29、28、26，所以不难看出中东地区依靠自身资源优势依旧有很强的经济地位。

然而，能源在阿拉伯世界经济社会发展中具有举足轻重的地位和作用，影响并形成了阿拉伯国家独特的经济社会结构和发展道路。阿拉伯世界以能源为主的社会经济发展模式凸显了资源导向增长的经典困境，阿拉伯产油国经济和社会发展高度依赖石油和天然气，工业和经济结构单一，经济多元化水平低下。石油财富未能从根本上改变阿拉伯国家社会经济发展成就的有限性，社会经济发展滞后，贫困、失业和社会不公三大问题，凸显了阿拉伯世界以能源为主的社会经济发展模式的弊端和深层危机。“阿拉伯之春”对社会经济包容性增长的强烈要求，对以能源为主的阿拉伯国家社会经济发展模式提出了严重挑战。阿拉伯世界的社会稳定将是一个长期和艰难的过程，最终取决于阿拉伯国家的社会经济发展水平。

综合以上的数据和分析，中东的黑金之国正在努力寻找自己的长久发展，正在试图通过发展旅游、服务、科技等行业的发展来摆脱对石油的依赖，阿拉伯产油国都试图利用现在的石油资源为自己换条后路，如迪拜大力发展旅游服务行业，卡塔尔全力争取世界杯举办权，阿布扎比也在全力建设各种基础设施、旅游资源等。

中东阿拉伯国际一直是国际工程承包的主要市场，在未来几十年内也将是迅猛增长的势头，每年工程总额达千亿美元以上。如：石油化工、电力、通信工程、住房、交通、供水和污水处理等基础设施工程等都列入国家发展计划，其特点是投资大、规模大，竞争激烈. 从目前看，中东市场在世界上仍是最充满商机、前景良好的热点市场。

（三）我国企业在中东工程承包市场的项目情况

20 世纪 90 年代中期，我国对外工程承包在中东地区的营业额较小，年营业额尚不足 5 亿美元，所占比重也较小；90 年代后期，我国对外工程承包在该区域经历了比较大的波动，以 1999 年为峰值（营业额为 14.73 亿美元，所占比重为 17.29%）；进入 21 世纪以来，我国对外工程承包在该区域的营业额和所占比重值都呈现出稳定的上升态势。2005年在中东的营业额达到43.78亿美元,所占比重为20.12%。如今,中东地区建筑市场持续升温和持续发展,带动了对建筑设备、材料、工程机械及车辆的强烈需求,更吸引了全球的关注。2014年中东迪拜五大行业展在阿联酋迪拜举办,为来自全球的建筑设备、机械、建筑车辆及设备、材料供应商,提供了一个与中东地区各国买家面对面接洽的商业交流机会,也为中国企业提供了一个全新的赢利平台。

中东是我国对外工程承包的第二大市场,我国对外工程承包公司早在1979年就开始进入了中东市场。而近几年来石油价格一路飚升,从最初的每桶20多美元,到现在的每桶近百美元,使得中东地区的国家拥有了巨额的石油利润,这些钱大部分用于基础设施建设上。这就为我国对外工程承包企业在该地区的发展提供了巨大的机遇,而我国对外工程承包商就可以凭借着石油化工方面的专业优势及低廉的劳动力价格,在中东地区承揽到大量石化工程。

(四)中东工程承包市场的特点

(1)受到严密保护的市场,而且是一个保护当地人的市场

中东阿拉伯承包工程市场的政府投资占绝对比重。初次进入中东阿拉伯市场且没有在当地获得注册经营地位和承包商资格的外资承包企业,必须通过与有资格的当地承包商建立联合体、建立合资企业、转包或分包以及委托当地承包商代理等间接方式参与承包工程竞争。

(2)英美标准和技术规范占据主导

中东阿拉伯承包市场是英美标准和技术规范占垄断地位的市场,并有明显的追求高端化的价值取向。因此,进入中东阿拉伯市场的中资企业必须在既往工程经验和资源配置等方面对英美标准和技术规范的适用性有充分的准备。

(3)相对优惠的资金支付条件(主要指海湾地区和北非利比亚等国家)

中东阿拉伯承包市场是现汇支付为主的市场。由于中东阿拉伯承包市场主要由政府投资且资金充裕,因此,除少数私人投资项目可能涉及承包商带资或融资外,当地承包工程项目主要由业主使用现汇支付,合同进度款支付基本有保证。

(4)业主的强势合同地位

中东阿拉伯承包市场是买方强势的市场。在资金保证的基础上,业主在合同谈判中始终处于强势地位,这突出地表现在:业主对于设备材料选用和指定分包有很强的控制力;业主在采用FIDIC国际通行合同范本的同时,往往会通过特殊条款弱化对业主履约责任的限制以及在合同执行过程中的配合及赔偿义务,使承包商从一开始即处于合同的不利地位。

(5)激烈的市场竞争

中东阿拉伯承包市场是一个充分竞争的市场,特别是在中、低端承包工程方面,中资承包企业面临本土和其他国际承包商的激烈竞争。相对于主要竞争者,中资承包企业在施工技术、劳动力、机械装备、人才储备以及精细化管理等各方面都没有明显优势,利润空间普遍受到严重挤压,中资企业同质化影响明显,只能以低价竞标,不仅导致中资企业之间的恶性竞争,而且,也孕育了较大的经营风险.

(6)国际化的项目监管体制

中东阿拉伯承包市场是引入西方式项目监管体制的市场。中东阿拉伯承包工程普遍采取设计咨询、国际竞争招标、业主监理、专业认证等一系列国际规范化的项目监管体制,大量西方

和周边阿拉伯国家的咨询监理机构在中东阿拉伯市场为业主提供全方位和国际化的服务.在业主高标准要求和强势的情况下,监理融通的余地非常小,因此,中资承包企业进入中东阿拉伯市场必须懂得按国际工程承包的通行规则办事,妥善处理好与各种设计咨询中介机构的关系。

(7) 中国的设备材料未被广泛接受

中东阿拉伯承包市场仍然是西方技术和设备材料的市场。中东阿拉伯业主往往将采用西方技术和设备材料作为保证工程质量和档次的主要依据,因此,中东阿拉伯业主经常在项目招标或后续合同谈判阶段明确指定承包商采购西方设备和材料,中国产设备材料包括合资生产的设备材料仍然未被广泛接受,而且除非事先约定,中东阿拉伯业主一般不会接受在签约后改用中国国产设备材料或合资设备材料的建议。

(8) 宽松的外籍劳工政策下严格的“中东阿拉伯化”管理

中东阿拉伯承包市场一方面允许大规模引进外籍劳工,另一方面又执行严格的“中东阿拉伯化”政策。根据当地法律和行业政策,政府投资项目必须在使用外籍劳工总数的基础上保证雇用5%的沙籍员工,私营投资项目必须保证雇用10%的沙籍员工,部分特殊行业项目(如石油物探)必须保证雇用40%以上的沙籍员工。因此,对于习惯于大量使用本国劳务人员的中资承包企业而言,引入中方劳务人员越多,“中东阿拉伯化”政策作为一项强制性指标,通过地方劳动局、投资总局、社会保险局、内政部、劳动部等多个控制环节严格进行交叉检查,任何疏漏都会导致劳工签证审批受阻。

除上述特点外,中东市场还存在以下特点,如价格低;很多的项目没有预付款;很少有汇率和物价调整;中东阿拉伯国家特殊的业主文化,造成的索赔难;特殊的气候环境,加大项目成本和施工难度等等。

二、中国公司在中东市场中的分析

SWOT分析矩阵是伦德等提出的一种全面分析组织外部环境变化和内部资源条件,用来确定企业本身的竞争优势S(Strength)、竞争劣势W(Weakness)、机会O(Opportunity)和威胁T(Threat),从而将企业的战略与公司内部资源、外部环境有机结合。因此,清楚地确定企业的资源优势和缺陷,了解企业所面临的机会和挑战,对于制定公司未来的发展战略有着至关重要的意义。

(一) 中国企业在中东市场上的内部资源优势S

(1) 比较成本优势

与多数发展中国家比,我国工程建设企业在生产技术、经营管理、工程建设、人员素质等方面具有明显优势;与发达国家相比,在设计、采购和施工人工成本方面占有较大优势。在诸如陆地石油开发、电厂建设、农业技术等许多方面,我国企业的技术已经具有一定优势。而且与发达国家相比,我国专业技术人员的劳动力成本仍有优势。因此,我国企业在中东国际工程承包的市场竞争中,我国企业应发挥自身的比较优势,同时注意提高承包的档次和质量。

(2) 施工经验丰富

改革开放30多年来,我国许多国际工程承包企业在中东地区承揽到大量项目,积累了丰富的施工经验。目前,我国国际工程承包企业在中东市场的土木工程、中小水电项目上基本确立了自己的地位，近年来，又在冶金、地铁建设、石油和石化领域的国际竞争中取得了重大突破，获得了一些大中型项目竞标的胜利。

（二）中国企业在中东市场上的内部资源劣势 W

（1）现代化管理水平不高

我国大部分国际工程承包企业的组织机构不够先进，项目管理尤其是成本、质量管理漏洞较多，集约化经营程度不高，经营者收入不能与企业的经济效益真正挂钩，缺乏科学有效的人才机制、激励机制和约束机制。内部管理水平不高，不利于企业在激烈的市场竞争中开展对外承包工程的经营。在管理上缺乏先进、实用的手段，基于网络的信息管理技术还不足，项目管理信息系统方面的软件应用水平还很低。管理水平达不到国际市场的要求。

（2）缺乏足够的金融支持

我国对工程承包的金融服务不能满足承接国际工程承包企业的需要。企业获得外汇资金信贷的渠道单一，出具融资保函困难，保函风险抵押要求过高，超出承包企业承受能力；为工程承包服务的政治风险保险目前是空白，政策性金融支持规模太小，政策性金融支持的管理和运作机制不完善、透明度低、出口保险的保费太高、加之行业资本不雄厚、企业自身资金能力欠缺，这都严重制约了企业开拓海外市场。国际上大的工程承包公司都拥有雄厚的资金实力与融资能力，与世界主要的出口信贷机构、多边金融组织、商业银行及资本市场有固定的业务往来。这些都为其在承包大型复杂项目以及降低整体项目融资成本及风险等方面发挥了积极作用。我国对外工程承包企业由于融资渠道窄、融资担保难、融资成本高等原因导致融资能力普遍偏弱，而融资能力偏弱已经成为我国对外承揽大型国际工程项目的最大瓶颈。

（三）我国企业在中东市场上面临的潜在机会 O

（1）我国与中东各国关系友好

中东工程承包市场为我国传统市场。中土公司、中国港湾公司、中国建筑总公司、中国石油公司和中国航空航天技术公司等在中东活跃，已立足盈利。中东国家从政府到商界都比以前任何时候更欢迎中国的介入和中国公司的介入。可以理解为这是阿拉伯国家自下而上要求抵制欧美势力呼声的一种市场反应，也是中国经济的快速发展和国际形象的改善，使得中东国家和企业越来越关注与中国企业合作的一种表现。

（2）中东地区的经济正处于复苏和加大基础建设的时期

目前海湾国家石油和天然气出口额将从去年的 3230 亿美元，上升到今年的 4600 亿美元。海湾国家的外汇资产将由去年的 1.049 万亿美元，增加到 2011 年的 1.35 万亿美元，这将为经济扩张提供足够的资金支持。中东阿拉伯国际一直是国际工程承包的主要市场，近来出现迅猛增长的势头，每年工程总额达千亿美元以上. 同时，中东各国加大基础设施建设，如：电力、通信工程、住房、交通、供水和污水处理等基础设施工程等都列入国家发展计划，从目前看，中东市场在世界上是最充满商机、前景良好的热点市场。

（四）中国企业在中东市场所面临的外部威胁 T

（1）风　险

国际工程承包历来被认为是一项“风险事业”，伴随众多的风险因素不仅涉及工程所在国的政治经济形势，对外关系、进出口、资金和劳务方面的有关政策及法律规定以及外汇管制办法等，而且经常遇到不同的业主、不同的技术规范和标准、不同的地理和气候条件。因此，国际承包商经常处于纷繁复杂、变化多端的环境当中，承担着在国内承包所无法比拟的巨大风险，造成严重的经济损失。中东市场固然诱人，但当地各国政治经济发展水平不平衡，个别国家政局不稳定，可能还存在市场不规范及社会秩序不稳定等不利因素，因此对其中风险也需要充分考虑。企业必须及时了解该地区政经信息，规避风险。

(2) 保护主义

在中东工程承包公司数量较多，市场竞争激烈，每个普通的土建工程项目都会有二三十家公司参加竞标。为了竞争，不少公司不得不压低标价，甚至保本竞标。为维护本国利益、扶持当地承包商，提高对外国公司的竞争力，中东不少国家实行了一系列的保护性政策，使外国工程承包公司的经营难度和风险大大增加。例如阿联酋政府规定，外国公司在阿联酋承包工程不享受工程预付款，须带资承包。因此，对外国承包商而言，无疑使得他们的固定资产和流动资金投入量加大，回收期更长，特别是第一个项目，在筹资方面，对承包商压力不小。

(3) 发包方式发生重大变化

目前，中东国际工程承包市场上业主对承包商的要求越来越高，要求承包商提供从设计、采购到建设、管理、运营等全程服务，承包方式相应地也发生了很大的变化：EPC(设施、采购、施工)、信贷项目、BoT(建设、运营、转让)、B00(建设、拥有、经营)、BooT(建设、拥有、经营、转让)等方式被普遍采用。项目融资方式已在中东工程承包市场上占据越来越重要的地位。拥有雄厚的资金和很强的融资能力在中东工程承包市场上已成为能否赢得工程项目的重要因素。我国对外工程承包企业由于融资渠道窄、融资担保难、融资成本高等原因导致融资能力普遍偏弱，而融资能力偏弱已经成为我国对外承揽大型国际工程项目的最大"瓶颈"。

(4) 竞争激烈

一直以来，中东国家是欧、美等发达国家对石油能源争夺的集中地，依靠大量的石油和天然气资源、石油和石化工程项目，吸引世界各国政府、国际大公司、银行银团进行投资、合资和融资建设和经营。来自美国、欧洲、日本、韩国的国际资本出于对海湾国家能源项目的看重，纷纷前来投资开发石油天然气和建设石化工程项目，特别是20世纪80—90年代，继欧美之后，日本、韩国、以俄罗斯为代表的前东欧国家也纷纷挤入中东国家参与石油开发、工程承包，或以能源项目为纽带，带动其他工程项目的建设，为海湾国家的工程项目建设提供外部资金和技术支持。而海湾国家近年来受国际油价上涨影响，经济形势普遍看好，加上阿联酋等国房地产政策的松动，允许外国公民购买不动产，从而吸引各国投资者前来置业，活跃了该地区的工程建设市场。

三、中东市场开发策略

(一) 战略成本管理

企业战略成本管理，是为保持企业长久竞争优势，通过对实现战略目标的每一环节所面临的多种执行办法进行选择以及选择后所发生的成本进行控制，来达到实践战略目标成本最小，同时提高企业战略地位的目的，而进行的成本分析与管理。具体来说，它包括两个层面的内容：一是从成本角度分析、选择和优化企业战略；二是对成本实施控制的战略。前者是企业战略中的成本侧面,后者是在前者的基础上为了提高成本管理的有效性而对成本管理制度、方法和措施等所进行的谋划。简单地说,战略成本就是用成本管理的眼光来指导企业的战略。

(二) 差异化战略

(1) 业务差异化

适应国际国内产业分工不断深化的趋势,选择有主导优势和核心竞争力的业务,利用其专业化优势和分包技能,寻求市场间隙的利益,从而避免与其他企业的直接竞争,创造人无我有的优势,展开错位竞争。

(2) 营销差异化

建立自己的销售网络和专有的渠道,建立相对独立的出口代理销售网络,提高市场开拓能力,及时发现市场需求、创造市场需求、最大限度满足市场需求,提供及时迅速的交货、方便周到的售后服务,较高的合同履约和良好的信誉。

(3) 市场差异化

世界上不同的国家和地区,由于整体经济发展水平的差距,以及发展的阶段性差别,工程承包市场的规模、水平、模式相差很大。即使是同一行业领域,市场细分情况也日渐明显。要深入研究目标市场,细分不同消费群体的特殊偏好和要求。

(4) 经营管理差异化

根据国际市场竞争的需要,推进经营管理模式的创新,结合自身情况选择合适的经营方式、组织管理模式和企业文化,塑造在公众和市场上的独特的形象和角色,提高社会知名度。实施差异化策略,首先要把科学缜密的市场调查、市场细分和市场定位作为基础。差异化策略是一个动态的过程,任何差异都不是一成不变的,随着经济和科技的发展,市场需求也会随之发生变化,昨天的差异化很可能会变成今天的一般化。工程承包企业只有不断根据国际市场的变化调整经营发展战略,才能在激烈竞争中立于不败之地。

(三) 核心竞争力

要在复杂多变的市场和激烈的竞争中求得生存和发展,关键是要培育有别于竞争对手的核心竞争能力。欧美大型承包商几乎垄断了全球国际工程承包企业排名的前十位,国际大型承包商多元化的经营主要体现在依托主业而开展的经营,其发展依托的仍然是核心竞争力。就目前情况而言,我国国际工程承包企业的发展水平与西方发达国家有整体上的差距,要想在短期改变这个现状是不可能的。为了在未来的国际竞争中取胜我国国际工程承包企业必须有计划、有步骤、分层次地打造属于自己的核心竞争力。具体而言包括以下几个方面:加强承包商之间的横向联合;加强与国际大承包商的合作;与国际惯例接轨;做好项目可行性研究;与金融机构强强联合,提高融资效率

四、中东市场项目承接和执行的风险规避措施

(一) 审慎选择承揽方式

根据项目特点和自身能力,在项目承揽方式上坚持以施工总承包为主体,积极推进增加设计服务的 D&B 方式,审慎使用 EPC 方式。对 EPC 项目要高度谨慎,把好设计关。

（二）做足做好前期基础工作，加强项目可行性研究

- 一定要加强现场一手资料的收集，充分了解，详细分析；
- 对业主各项技术规范要详细研究、熟悉；
- 深入研读分析合同条款；
- 注意加强对商务环境的研究；
- 加强项目可行性研究，规范经营决策程序。

（三）加强合同评审

加强签约前的合同评审，努力规避在业主指定设备材料来源、指定分包商、业主审批权限及时限、第三方认证、变更索赔等关键条款上的不可控风险。

（四）重视管理团队建设

重视项目的管理团队建设，选好、用好项目经理，着重加强项目主要管理人员的国际化水平和对外沟通能力，配备专业的商务管理人员。

（五）充分做好开工准备

高度重视启动阶段的运行效果，在物资采供、劳务选派、机械装备组织、场地接受等方面做好充分的准备工作。

（六）把握设计龙头作用

切实把握住设计环节在整个项目执行中的龙头作用，配备优质设计服务资源，提前与业主和监理进行充分沟通，高效、优质地完成深化设计图审批工作，为项目顺利执行奠定基础。按照国际标准建立健全项目全过程的计划管理，细化各阶段资源配置并严格落实进度控制和质量监督措施，及时查找、纠正项目执行中出现的偏差，树立企业作为合格专业承包商的精细化管理形象。

（七）善于使用当地资源

善于在设计咨询、行政审批、物资清关、公共关系等涉及当地环境因素的重点环节充分利用当地中介服务资源；善于充分利用当地承包商优势，将具备当地分包条件的项目内容尽可能分包由当地承包商承担，逐步培养起一支具有长期合作潜力的中介服务和分包商队伍，为企业在当地市场的永续发展创造环境条件，同时要加强对当地中介服务资源和分包商的内部控制，严防“以包代管”，出现失控。

（八）强化合同意识，加强合同管理过程的管理

严格树立合同意识，只有首先以合同约束自身的行为，才能够靠合同维护自身的权益；既不要放松合同对自身的要求，也决不要轻易放弃合同对业主的要求。

(九)正确应对监理矛盾

以积极、平和及专业的态度处理与监理的矛盾,不要一开始就想偷工减料,而应该从开始就要认真把好质量、材料、设备等环节.要依靠高素质的专业精神和合同意识去赢得监理的理解,信任和尊重。

(十)发现重大问题要及时采取措施

发现问题,要停下来谈、磨,实在不行就“壮士断臂”,这样一方面为自己缓解暂时的困境,另一方面可以采取补救的措施。

中东市场,机遇与挑战同在,稳中求进,既要大胆开放又要防止冒进,以上谈到的风险规避措施,不能涵盖所有项目,只能作为一般性的指导。大家还要针对具体市场,具体时机,具体项目等因素,制定自己的风险规避策略。总之,无论哪个市场,大家都要多研究,多学习,谨慎行事,果断出击才能获得成功。

五、结　论

要以积极的态度认识这个市场,要敢于亮剑,积极开拓市场,但又要防止盲目冒进的行为,积极进入市场,如果我们在该市场没有作为的话,我们就有可能被排斥在市场以外。但是也要深入研究该市场经营管理方面的问题要集中力量,专项研究剖析1-2个典型工程,力争在投标报价环节,合同谈判环节,项目实施环节都能找到解决的办法和应对措施。加强项目可行性研究,做自己熟悉的项目,做自己有能力实施的项目,谨慎对待每一个项目,高度重视EPC项目的风险。市场开发存在风险,无论是中东市场还是其他市场都有风险,市场的特殊性决定了风险来源的不同,所以无论我们想进入那个市场,都要做好分析,敢于亮剑,积极开拓。同时,也要谨慎行事,防止冒进,规避风险。

参考文献

[1] 中华人民共和国商务部——国别报告:阿曼卷/阿联酋卷/卡塔尔卷/沙特阿拉伯卷/科威特卷/巴林卷.

[2] 世界经济论坛. The Global Competitiveness Report 2014-2015.

浅析国有企业与民营企业合作项目执行中的市场开发

武　斌

2015 年 1 月

随着国有企业改制及新常态经济发展政策提出以来，国有基础建设企业传统的经营发展模式已不能适应激烈的市场竞争要求。市场经济的内在属性产生了优胜劣汰，因此，国有企业必须改变原有的经营发展战略以适应社会主义市场经济的发展，而结合民营企业的资金优势在项目执行中进行区域性市场开拓成为了国有企业能否在新一轮的经济发展中保持稳定增长，贯彻可持续发展方针的关键所在。在此，结合北京市通州在建项目的执行，浅析国有企业和民营企业合作项目执行中的市场开发。

通州区永乐店中学周边道路市政工程项目和通州区漷小路一期道路工程项目作为通州区建委管辖范围内的基础建设项目，是以一种全新的国有企业和民营企业的合作形式进行执行。这种合作模式是在响应国家宏观经济发展策略的大方针下，积极调动民营企业活动资金，结合国有企业先进的项目管理水平，大力发展城镇基础设施建设，减少政府短期内财政资金投入，做到国有企业和民营企业优势互补下的城镇经济协同发展。

俗话说：水流深浩，其源必远；枝繁叶茂，其根必深。项目执行对于市场的开发来说是水源、是树根，其执行的优劣必将影响随后项目开发能否深远、繁盛。为了满足企业的长远战略规划要求，通州项目在执行过程中需要克服的困难有两点，其一是如何找到国有企业和民营企业施工合作的契合点，做到互惠互利，合力共赢；其二是在处理好外部环境和各方面的利益需求下，如何结合既有建设项目开拓新的市场。

国有企业和民营企业间的合作从最初简单的劳务分包、专业工程施工分包发展到现在由民营企业提供资金条件，与国有企业共同协作进行项目施工的执行、管理和市场开发，是国家新的经济政策引导下完成的。但是国有企业和民营企业各自制度内体现出的利益冲突正是影响项目执行顺利与否的关键，在通州项目执行的前期这种矛盾体现的格外突出。民营企业希望通过最低的管理成本投入获取单个项目的最大收益，这与国有企业严格的管理流程制度和区域性项目利益最大化的目标存在冲突。最初民营企业仅由简陋的管理人员组织机构直接指导工长、工人操作施工，缺乏项目执行过程中的统一规划和各项管理流程制度的建立，虽然短时间内体现的是加快了施工进度，但是为项目质量、安全及后期计量结算留下极大隐患，体现在工序、材料报验不及时导致的质量缺陷返工，过程资料搜集整理不及时、不齐全造成的无法计量结算等问题。在发现这些潜在问题后国有企业项目管理人员结合项目情况立刻提出完善项目人员组织机构和项目管理流程制度的措施，妥善弥补项目前期执行中存在的各项漏洞，加强民营企业在项目执行中的过程管理意识，灌输国有企业对于项目宏观管理思路，做到项目能够按照既定计划执行。民营企业较国有企业在项目执行过程中亦存在自己的优势，项目专项资金充裕、资金管理权限集中且审批放款时间快捷是国有企业资金管理制度上不可避免的劣势。因项目工期极短，材料及设备分包商自考察到付款的流程时间短，甚者有些材料和设备需要当即付款，这种情况在国有企业的资金管理制度上很难满足要求，是我们需要借助民营企业的资金优势。通过几个月的磨合期，合作项目的执行已经步入稳定期，民营企业在接受国有企业先进的管理理念并结合国有企业所需民营企业的资金优势，圆满完成了通州区永乐店中学周边道路市政工程项目的施工和竣工验收工作，获得了政府及业主的一致肯定，并为通州区潞小路一期道路工程项目的执行奠定了良好的基础。

市场是企业赖以生存和发展的基础，在做好项目执行中兼顾新市场、新项目的开拓，扩大企业市场份额，这些都将影响和决定着企业今后和未来发展命运。国有企业和民营企业合作开拓市场是未来基础设施建设投资建设的发展趋势，民营企业在地区市场有长期的市场运作经验，对于项目信息的搜集，人脉关系的维护有自己独特的优势。然而对于大量项目信息产生的，包括项目信息可靠性的辨别、项目未来执行风险的评估等问题的处理，是民营企业所欠缺并在很大程度上难以处理的，而民营企业这方面的劣势恰恰是国有企业通过长期以来大量工程项目各阶段管理所经验的积累和优势所能弥补的。通过国有企业对于地方经济政策、市场环境等方面的分析，能够准确辨识项目未来发展趋势，主动地进行项目可行性研究的深度剖析，在这过程中发现项目中可能存在的风险，并最终通过与国营企业的洽商及协作确定项目的可执行性。通州区作为北京市副中心，在国家提出的京津冀一体化大的发展规划和通州区提出的大运河畔——通州，"一核五区"发展规划都体现出通州区将承担起协同发展的桥头堡角色。同时，在北京市纾解中心区功能方面，通州将更好地发挥城市副中心作用。随着地铁六号线通车，"新北京中心"、"运河一号"等城市地标建筑跃出地面，"永乐店中学"、"万达广场"等项目投入使用，相关配套的基础设施必将成为下一轮配套建设的热点。

通过前期项目执行积累的宝贵经验和良好的企业口碑，我们必须紧紧抓住通州区的发展机遇，全面协同民营企业进行相关建设市场的跟踪和项目开发，充分依托民营企业现有资源，快速进入市场，坚持"求同存异，互助双赢"的合作理念，在不断磨合中风雨同舟，携手并肩，走出一条国企民企合资合作、互利双赢之路，为双方企业的长期经济发展做好坚实的基础。

印度尼西亚 AWAR-AWAR 2×350MW 燃煤电站循环水管道施工实例

中国机械工业建设集团有限公司
修利成

摘 要:

印度尼西亚 AWAR-AWAR2×350MW 燃煤电站为印尼国家电力总公司(PLN)1000 万千瓦电站规划项目之一,由于同期机组冷循环水管道采用玻璃钢管多次出现了质量问题,因而业主在本项目中提出要求采用预应力钢筒混凝土管道(RCCP)管道。该管道设计直径 DN2600,标准节长度为 2.91m,重量为 14.1t。这么大尺寸,这么重的管道加上开挖深度平均为 6m 左右,局部达到 8m,这都给施工带来了很大的难度,在本项目中也是一个施工控制重点。本文主要介绍了循环水管道工程的施工,为其他同类工程提供了一定的参考。

关键词: 大尺寸、大重量管道 钢筒混凝土管道(RCCP)

1 工程概况

1.1 工程概述

印尼 T.J. AWAR-AWAR 燃煤电站位于印尼东爪哇省 Tuban 地区,距 Tuban 市约 26 公里并距东爪哇省省会 Surabaya 市的 Juanda 国际机场约 123 公里。

该项目循环供水系统采用海水作为冷却水,供水系统为扩大单元制直流供水系统,每台机组配置两台循环水泵、一条进水压力干管、一条排水干管及公用排水明渠。机组循环水进、排水干管采用 DN2600 钢筋加强钢筒混凝土管(RCCP),A 列外至凝汽器段,每台机组分别有两条进、排水 DN2000 钢管道进、出主厂房。水泵房外设置联络阀门井,用一条 DN2000 的钢管将 1、2 机组的循环水泵出水干管连接,形成扩大单元制系统(见图 1)。

1.2 供水系统流程及主要工程量

1.2.1 供水系统流程

海洋电厂港池取水→明渠取水泵房供水压力管→凝汽器→冷却水排水管→虹吸井→冷却水排水明渠→排水口海洋

1.2.2 主要工程量

单位工程	主要工程量			
	土方(m^3)	回填(m^3)	RCCP(m)	钢管道(m)
循环水管道	76000	54000	1650	380

1.3 工程地质条件

根据地质勘察报告,循环水管道施工区域土层自上而下为:

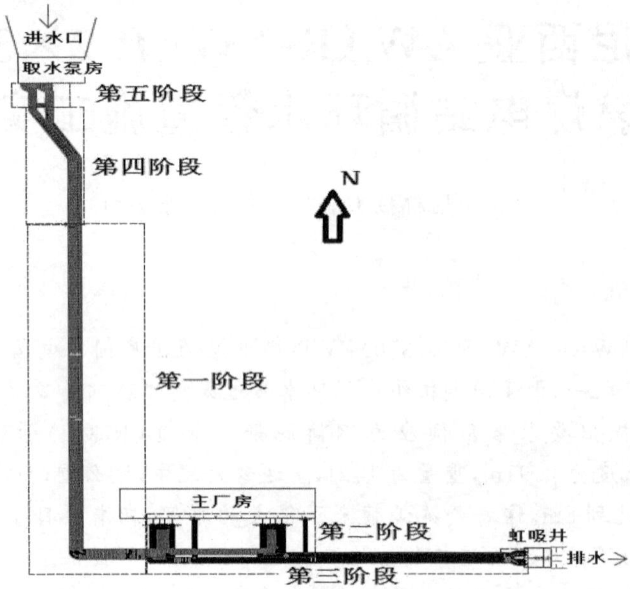

图 1　循环水管道平面布置

(1) 残积土黄褐色、褐色或棕红色，厚度较薄，层细中砂一般厚 0.4～2.0 m。

(2) 2 灰岩，色或黄褐色，全风化，为黏土状风化物及部分未风化完全的碎块状岩块及碎屑状灰岩颗粒混杂物，灰岩碎块有溶蚀现象，层底深度为－10m 左右。

(3) 3 灰岩，灰白色或灰黄色，强风化，岩芯具多孔性，易破碎，呈碎块状或短柱状，有溶蚀现象，层底标高在－31～－8m。

2　主要施工

循环水管道布置为 2 条循环水干管并列直埋敷设，根据项目平面布置，将该工程分为 3 个区域。同时并结合现场实际施工条件以及各专业工程情况，又将该工程分为 5 个施工阶段。

3 个区域：

(1) 取水泵房到主厂房 A 列外段进水 RCCP 区域。

(2) A 列外至主厂房进、排水段钢管道区域。

(3) A 列外至虹吸井段排水 RCCP 区域。

5 个施工阶段：

输煤系统区域至 A 列外段(第一施工阶段)。

原因分析：该区域前期基本没有施工作业，而后面将是安装组合场以及堆场进出通道的必经之路，同时后期存在少量灰系统构筑物施工，所以该区域作为第一施工阶段。

(2) A 列外至主厂房段钢管道段(第二施工阶段)。

原因分析：A 列外管道与 A 列外部分构筑物存在交叉，要进行 A 列外构筑物施工必须先完成该区域管道施工，同时 A 列轴区域施工应与 A 列外区域同时开挖施工，该区域存在多专业交叉施工，应作为施工重点控制协调区域，以免造成二次开挖。

(3) A 列外至虹吸井段(第三施工阶段)。

原因分析：该段施工需要切断厂区主要交通干道，所以该区域的工作主要是做好施工顺序协调，严格按照计划执行，保证厂区交通的顺畅，以免造成现场交通中断出现窝工。

(4) 输煤系统至联络阀门井段(第四施工阶段)。

原因分析：该区域主要是因为与输煤系统构筑物存在交叉施工以及施工通道的影响。现场需要根据输煤区域施工进度情况进行调整，同时做好施工通道的协调工作。

(5) 联络阀门井至取水泵房段(第五施工阶段)。

原因分析：该段主要是由于取水泵房的下部结构施工时间较长，又是项目的施工难点，同时又存在着施工通道的制约。但是该段很短，施工工作量不大，所以将该区段放到最后施工。

循环水管道主要的工作内容：

(1) 放线清表，基槽开挖；

(2) 地基处理，基坑支护；

(3) 管道安装；

(4) 回填；

(5) 水压试验。

2.1 开 挖

根据现场的实际地质情况清表后，除去表层 1m 厚左右的褐色或棕红色土壤外，大部分主要是黄色全风化黄土以及部分黄色风化灰岩，工程地质情况良好。根据地质勘查报告，设计要求以及现场实际施工条件，循环水管道采用大开挖施工，按照 1：0.6 放坡(局部根据实际情况进行调整)，无边坡支护(见图 2～图 4)。

图 2　放线清表

图 3　管道沟槽开挖

图 4　开挖完成

2.2　RCCP 施工

RCCP 是印尼当地成品采购，根据设计厂家提供的二次设计，本工程 RCCP 管道攻击 598 节，其中标准节长度为 2.91m，重量为 14.1t，直径 DN2600，共 503 节，其余为弯头和连接段，全场 1650m 左右。

RCCP 施工主要工作内容：运输、堆放→放线定位→吊装连接→接缝处理。

RCCP 采用陆路卡车运输，从印尼首都雅加达运到现场(见图 5)。

图 5　管道运输到场

现场卸车采用 80 吨履带吊机，吊装时采用吊带(吊带采用单根 15t 吊带)，以免伤害到管体(见图 6)。

图 6　管道吊装使用吊带(以免伤害到管子)

管道堆放时地面铺设枕木，并且使用沙袋做固定(见图7)。管道上有编码，管道根据施工段计划，安排进厂顺序，堆放时按照就近原则放置。堆放管子和沟槽之间留出吊机行走通道，并且考虑沟槽边安全距离。

图7　管道堆放(堆放必须采用枕木和沙袋用来固定)

在底层垫层铺设完成、验收合格后，进行定位放线(见图8)。

图8　放线定位

管道连接主要是承插连接和可调整连接两种方式(见图9)。现场分段施工的计划是根据设计中的可调整段，并结合现场的施工情况而确定的，可调整段的设计使得现场管道的施工工作更加灵活。

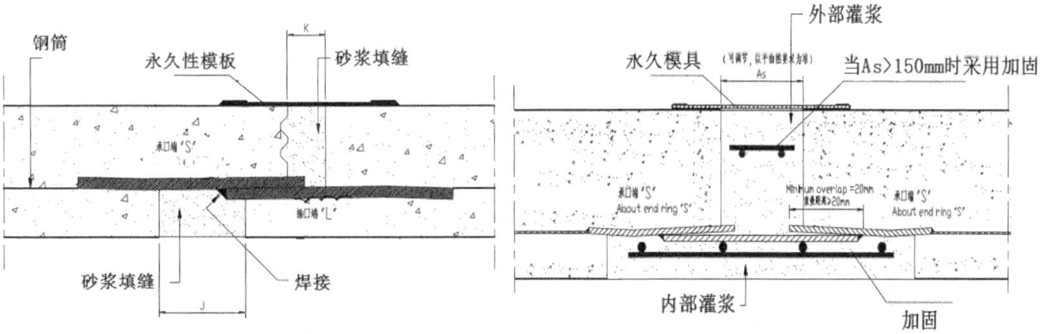

RCCP标准管焊接详图（承插连接）　　可调整段连接示意图

图9　管道连接设计

管道的安装使用 80t 履带吊机沿着已经堆放好管子的沟槽一侧进行行走吊装管道。有专门的起重工进行指挥(见图 10)。

图 10 管道吊装

管道完成连接后按照设计要求对管节连接处进行处理(见图 11)。内部的填缝砂浆应拌制的稍微稠一些,外部的填缝砂浆应该拌制得稀一些,这样可以提高施工速度和施工质量。

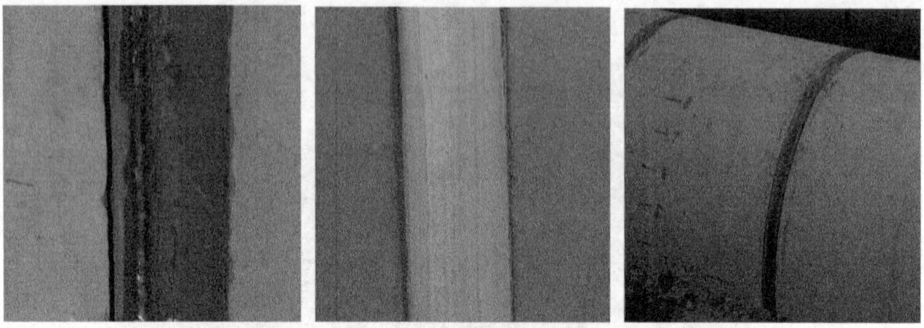

图 11 管连接接缝处理

2.3 钢管道施工

钢管道主要有 DN2600、DN2000、DN630 三种尺寸共计约 380m。现场在循环水泵房及主厂房内及 A 列外的循环水管道采用焊接钢管。循环水钢管材质均为普通 Q235 材质,管道防腐根据设计要求内防腐采用厚浆型环氧煤沥青漆,三道底漆,两道面漆,并结合外加电流阴极保护进行防腐(见图 12)。钢管道全部是在现场制作厂内制作完成(见图 13),然后运到现场指定地点进行安装(见图 14,15)。

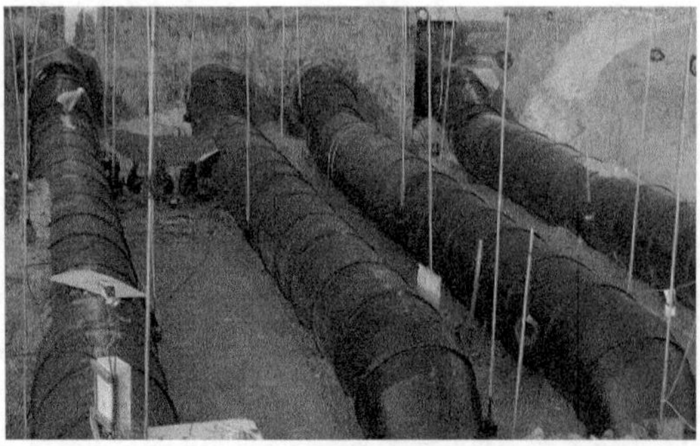

图 12 外加电流阴极保护施工

图 13 现场钢管道预制场

图 14　钢管到吊装

图 15　完成安装

钢管道施工工作主要内容：预制场内加工制作→运输吊装→连接安装→焊缝处理。

2.4　交叉施工及接入端

(1) 与主变基础交叉施工(见图 16)。

图 16　与主编基础交叉施工

(2) 排水干管接入虹吸井(见图 17)。

(3) 与输煤系统构筑物交叉施工(见图 18)。

图17　排水干管接入虹吸井

图18　与输煤区构筑物交叉施工

(4) 管道与取水泵房接入端(见图19)。

图19　管道与取水泵房接入端

(5) 联络阀门井施工(见图20)。

(6) 管道与箱涵交叉施工(见图21)。

循环水管道沿线过主要物流马路处,设置箱涵保护。

图 20　联络阀门井施工

图 21　管道与箱涵交叉施工

2.5　回　填

回填工作根据设计要求主要分为 5 层(a,b,c,d,e)(见图 22)。管道下层约 300mm 厚的级配碎石垫层,下管后再回填约 120°包角的贴角碎石垫层,管道上部按回填土考虑。分层回填压实后,按照设计要求进行密实度试验(见图 23),合格后方可进行下一层回填。

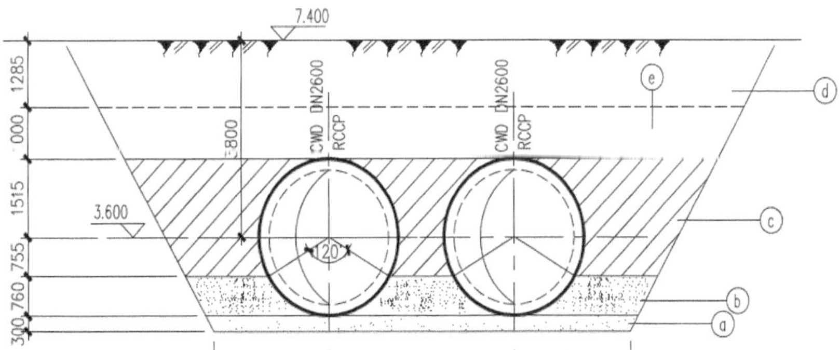

图 22　设计回填

具体要求：

a. 中粗砂或级配砂石(粒径不大于 25mm)垫层，分层夯实至密实度不小于 90%葡氏标准密度(见图 24)。

b. 中粗砂或级配砂石(粒径不大于 25mm)垫层，分层夯实至密实度不小于 95%葡氏标准密度(见图 25)。

c. 回填土分层夯实至密实度不小于 95%葡氏标准密度，每层厚 100～200mm(见图 26)。

d. 回填土分层夯实至密实度不小于 90%葡氏标准密度(见图 27)。

e. 夯打时应防止管子被夯裂，严禁使用机械打夯设备(见图 28)。

图 23　密实度试验

图 24　层垫层施工

图 25　层施工一

图 26　层施工二

图 27　层施工三

图 28　层施工四

2.6 水压试验

循环水管道的试压要求是循环水管道安装完毕后，应分段和全线做水压试验。管道设计工作压力为0.21MPa，实验压力为0.40MPa。水压实验分两次进行，第一次在120°回填包角做好后，管道回填土以前分段试压，第二次在管道回填土以后全线试压(见图29)

工程后期与安装专业工程师沟通得知，本工程水压试验全部一次性通过。

图29 全线水压试验

3 结 语

在AWAR-AWAR电站循环水管道施工中，根据项目的平面布置以及项目的实际工程情况，制定了科学合理的施工方案，工程施工顺利完成，质量验收一次性通过。此次循环水管道的施工，为同类工程的施工提供了一定的参考经验。

印度尼西亚 AWAR-AWAR 2×350MW 燃煤电站循环水泵房风化溶蚀灰岩及特大地下涌水量深基坑基础施工实例

中国机械工业建设集团有限公司
修利成

摘　要：

循环水泵房基础施工在火力发电厂建设中一直是个重点和难点，尤其是在基坑支护和止水方案的选择和处理上。该项目海岸循环水泵房基础施工由于遇到蜂窝状风化溶蚀灰岩、岩石破碎裂隙、特大管涌及涌水量等极其复杂恶劣的地质条件，施工中遇到了前所未有的困难。本文介绍了施工中采取的各种方案，可供同类工程参考。

关键词：特大管涌、地下水　蜂窝状风化溶蚀灰岩地质　止水、降排水方案

1　工程概况

1.1　循环水泵房概述

印度尼西亚 AWAR-AWAR 2×350MW 燃煤电站为印尼国家电力总公司(PLN)1000 万千瓦电站规划项目之一，拟建场地位于印度尼西亚东爪哇省泗水市。

该项目海岸循环水泵房下部基础结构为箱形钢筋混凝土结构，轴线面积 27m×35m，设计地坪标高 4.8m，地面实际标高 4m 左右，开挖深度 13.5 m，基础底面标高为－8.7m，最低处底标高－9.7m。基础位于强风化灰岩层中，岸边循环水泵房距离海边最近处仅为十几米，东北角坐标(A＝3486.00 ,B＝2149.30)，西南角坐标(A＝3451.00，B＝2122.90)。地基处理采用钢筋混凝土旋挖钻孔灌注桩，灌注桩桩端持力层为中风化灰岩。前池于泵房北侧，面积 10×27m^2，底标高－7.5m。

1.2　循环水泵房区域主要的工作内容

(1)围堰施工；(2)地基处理，地基处理采用旋挖钻孔灌注桩；(3)基坑支护，现场的实际地质情况为风化岩石，边坡非常稳定，未采用支护措施；(4)土方开挖，根据现场的实际地质情况(为风化灰岩)，基坑开挖采用大开挖形式，明排降水；(5)下部结构施工；(6)上部结构施工；(7)建筑工程；(8)取水口施工。本项目其中最为关键的工作为前期的地基处理施工。

单位工程	主要工程量			
	土方	混凝土	钢筋	预埋件
地下结构	39000m^3	5400m^3	490t	15t

1.3　工程地质条件

根据地质勘察报告，水泵房区域共布置探孔 5 个，最深钻至标高－24.33m，场地自上

而下：

(1) ①残积土黄褐色、褐色或棕红色，厚度较薄；①1 细中砂，混有大量贝壳碎片及少量黏土，为海相沉积砂，该层细中砂一般厚 0.4～2.0 m。

(2) ②2 灰岩，色或黄褐色，全风化，为黏土状风化物及部分未风化完全的碎块状岩块及碎屑状灰岩颗粒混杂物，灰岩碎块有溶蚀现象，层底深度为－10m 左右。

(3) ②3 灰岩，灰白色或灰黄色，强风化，岩芯具多孔性，很破碎，呈碎块状或短柱状，有溶蚀现象，层底标高在－31m～－8m。位于②3 层靠海岸一侧发育有强烈溶蚀灰岩软弱夹层②4 灰岩褐色至黑褐色，强风化，岩芯极其破碎，呈碎块及散粒状；溶蚀孔洞非常发育，为蜂窝状溶孔，该层标准贯入锤击数大多小于 10 击，发育不连续。

(4) ③灰岩，白色，灰白色或灰黄色，中风化，该层较完成，裂隙不发育，未见有太的溶蚀，一般出现在－32m 以下。

2 大开挖方案

2.1 基础开挖揭露特大管涌

工程地基处理采用 $\phi600$ 旋挖钻孔灌注桩，施工顺利完成。根据工程桩施工情况并结合地勘报告，基础开挖采取分阶段阶梯式大开挖形式，结合基坑内明排降水。

第一阶段开挖，＋4.00m 至－0.2m 顺利完成，揭露地下水。第二阶段水下开挖阶段，施工基坑外侧引沟至－2.00m 时，出现一处涌水量较大的管涌，施工受阻，进行插管泄压处理后，加强排水，基坑渗水得到基本控制恢复开挖。在随后的开挖过程中不断出现新的管涌点，造成开挖工作时断时续。随着开挖过程的不断推进，在加深集水坑时，揭露一处特大管涌点(估算涌水量 1500m^3/h)，随即安装钢套筒进行泄压处理，并对管涌进行了围堰隔离，对基坑进行分块开挖，但最终因基坑涌水量过大，开挖施工被迫停止(见图 1、图 2)。此时开挖的深度平均为－6.2m左右，水位基本维持在－5.7m 处，根据停抽水的水位恢复情况估算，涌水量约 4300m^3/h，处基坑内有 9 处管涌点。

图 1 基坑内管涌

图 2 对特大管涌的围堰和插管泄压处理

2.2 问题分析及解决方案

为保证基坑的顺利开挖，项目部邀请国内相关专家到现场考查，并召集所有相关单位的专业人士参加方案讨论会。经过讨论，与会各方一致认为：

(1) 对于这么多和这么大的管涌，只靠单一的明排降水措施存在着排水量大、可靠性差的风险。

(2) 基坑内的管涌涌水较为清澈、不存在涌泥沙现象，对基坑的稳定性没有影响，基坑的稳定性没有问题，基坑内涌水味咸涩，比海水略淡，分析为基坑北侧临近海洋，径流路径很短，加之现场周围并无河流，据此判断基坑内的地下水主要来源于海水径流补给和场地周边地下水的径流补给。

(3) 结合该区域地质报告，基础位于②3 层强风化灰岩层中，该层靠海岸一侧发育有强烈溶蚀灰岩软弱夹层②4(见图 3)，褐色至黑褐色，强风化，岩芯极其破碎，呈碎块及散粒状；溶蚀孔洞非常发育，为蜂窝状溶孔发育不连续，该层底深度在－20m 左右；该夹层应为基坑内涌水的最大进水路径，如能将此路径切断，对于降水应该会有明显的效果。

图 3　②4 蜂窝状溶孔强烈发育灰岩

综合以上因素并考虑到印尼本地的施工条件，会议讨论并提出采用咬合桩止水帷幕方案。

3　咬合桩隔水墙方案

3.1　咬合桩的施工

本次咬合桩工程为循环水泵房辅助降水措施，咬合桩形成幕墙长度为 110m，北侧靠近海岸线约 10m，有效桩长 20m，临海侧桩深为－23.7m，桩径 800mm，有效咬合为 20cm，形成有效幕墙厚度 52.90cm，意在起到阻隔外界海水的作用，成倒 U 型布置。当咬合桩隔水墙形成后，我们将对基坑的止水效果进行验证，标准定在基坑涌水量控制在 2500m^3/h 以下。咬合桩施工完成历时 35 天。

单位工程	主要工程量			
	根数	总长度(m)	混凝土(m^3)	土方(m^3)
咬合桩	201	4020	2400	6500

3.2　检验咬合桩隔水墙效果及封堵管涌

对已完成的咬合桩进行检验，经过抽水比对发现涌水量与咬合桩施工前没有大的变化，没有达到预期设想的效果。在没有更好的止水、降水方案的情况下，项目部增加抽水设备投入尝试强排，水位控制在－6m，初步达到了水下开挖的条件。开挖达到－8m，剩余土方约 1000m^3，但是随着开挖深度增加，进水断面加大，涌水量不断增加。为了减少涌水量、减轻强排的压力，有效保护灌注桩桩身完整性不受水下开挖的扰动及损坏，对大管涌点尝试封堵。封堵方式为扩孔水下浇筑混凝土，除对管涌处进行扩孔外，在突涌点的四周采用梅花式布置灌注桩 5 根，共计 6 根，以增加封堵的成功概率。抽水检验，并对封堵前、后进行了数据对比，发现封堵有一定的效果，通过观察被封堵大管涌处未再发现管涌。本次封堵虽然取得了一点效果，但对整体涌水量影响不大，仍然无法在保证桩身完整不受损坏的情况下完成开挖。

通过此次咬合桩隔水墙及封堵方案的实施，总结以往的施工过程，让我们深刻认识到该区域的地质情况远比我们想象的复杂，也让我们更清晰地意识到基坑内的大量的涌水绝不仅仅是几个管涌所造成的。尽管大的裂隙和孔洞被封堵，但带有蜂窝空洞的溶蚀灰岩以及呈破碎，散粒状的风化岩层都是基坑直接进水的流径，整个基坑侧壁和底板与外界水源连通性非常好。

3.3 问题分析及解决方案

该项目引起了各方的高度重视，召开了关于循环水泵房问题的专题讨论会，会议邀请了多方面的专家进行研究和探讨解决方案，同时并组织有关专家到现场进行勘查。

通过对止水咬合桩取出的岩样观察，岩样深度为－5.8 米处风化成不规则蜂窝孔洞，局部含有较大的结晶结构孔洞，目前基坑开挖至－8 米左右时出现多个管涌点，整个基坑涌水量月 4500m^3/h 左右，说明基坑内外水连通性非常好。

经过分析、研究认为：

现场地质为典型的火山熔岩与海水共同作用形成的堆积地层。造成基坑巨大涌水量的原因有：①岩石空隙发育极其丰富，局部裂隙连通性好；②堆积岩层的层间裂隙贯通，从海边到泵房大致沿东北向 40°～50°分布；③在 15～30m 范围内存在软弱夹层，局部又相互贯通的溶洞，东侧及北侧比较集中。

通过研究讨论，会议最终决定采用压力注浆止水帷幕方案。

4 压力注浆止水帷幕方案

4.1 压力注浆止水帷幕方案及实施

由于印尼市场根本无法购买到注浆等所需要设备，本次施工设备及相关配件耗材，全部在国内采购海运到现场。

为了详细查明止水帷幕线水文地质情况，首先进行先导孔施工，自上而下分段进行压水，并通过钻孔取芯来确定设计相对不通水层大致深度，所有灌浆孔深度要求深入不透水层至少 2m。

通过先导孔施工发现，－26m 以上的岩层空隙十分发育、破碎，透水率非常大，明显有透水夹层和溶洞存在，造成局部压水试验没有回水，渗透率为无穷大。－35m 以下，岩层相对比较密实，进入隔水层，为了慎重，最终将帷幕注浆的施工底标高确定在－40m 满足设计透水率的要求。止水帷幕及灌浆孔见图 4。

图 5 为帷幕灌浆对原状岩体中空洞的填充效果。从图中可以看出灌浆砂浆对空洞的填充效果。上部为砂浆填充体，下部为原状岩体。

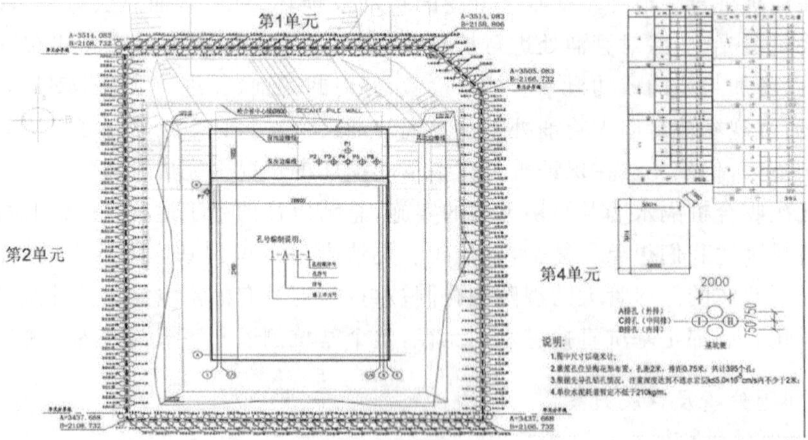

图4　止水帷幕注浆布置图

图5　空隙填充效果图

注浆止水帷幕工作量:

序　号	项目名称	单　位	数　量	备　注
1	先导孔及灌浆孔钻孔	个	395	
2	先导孔及灌浆孔钻孔	m	16195	设计底标高到－40m,地面标高1m,钻孔深度41m
3	先导孔及灌浆孔钻孔	M	14615	灌浆深度37m
4	帷幕灌浆孔埋孔口管	根	395	
5	帷幕灌浆孔埋孔口管	米	1580	4m空口管
6	帷幕灌浆先导孔压水	段	88	孔数11个
7	帷幕检查孔钻孔	米	407	孔数9个
8	帷幕检查孔埋孔口管	米	36	孔数9个
9	帷幕灌浆检查孔压水	段	72	孔数9个

经检查孔取芯图及柱状图分析,施工深度范围内的岩层经过注浆处理后,其孔隙率明显减少,密实度明显增加。

4.2　止水帷幕效果

基坑内抽水,－6m时基坑涌水量接近1000m³/h。随着基坑的开挖,涌水量出现增大,基坑开挖到设计标高时,涌水量达到了 2000m^3/h 左右。虽然涌水量仍然很大,但较之先前的4500m^3/h 左右的出水量,减小量还是非常明显的;加之注浆时基坑内底板已无法封堵,只是完成了对侧壁的止水效果,大的水量主要是从底板涌出,从而也证明了－40m 层也绝不是完整的隔水层,一定存在着较大的透水岩层,更证明了该区域地质情况的复杂性。底板垫层混凝土的浇筑施工(见图 6)。

图 6　底板垫层混凝土施工

5　结　语

在 AWAR-AWAR 电站循环水泵房基础施工中,针对蜂窝状风化溶蚀灰岩、岩石破碎裂隙、特大管涌及涌水量等极其复杂恶劣的地质条件,制定了科学的施工方案,对基坑的支护、管涌的止水起到了安全可靠,保证质量的作用。此次施工方案的成功实施,为今后国内外同类工程的施工摸索总结了成功经验。

案例——汽机基座清水混凝土工艺

冶金电力事业部
杨国富

1 概 述

国投钦州一期 2×600MW 机组工程＃2 汽轮发电机基座位于汽机间 10～14 轴线间。从+0.50m到 13.65m 为基座上部结构，设计为钢筋砼梁式结构，分两层，中间层位于 6.85m，运转层标高为 13.65m。长 43.280m，宽 13.5m，共 10 根柱支撑上部结构，并通过基座中间层、运转层的纵、横梁与框架柱连为一体，共同构成上部框架结构。

基座 6.85m(中间)层Ⅰ～Ⅱ轴线柱间布置 1250mm 高的纵横梁；Ⅲ轴线为独立钢筋砼墙，与基座其他柱梁在本层无连接；Ⅳ～Ⅴ轴线柱间布置纵横梁及 650mm 厚的现浇钢筋砼板。

运转层是上部结构的核心部分，纵、横梁将框架柱连成整体。平面结构标高不一，主要标高有 13.65m、13.54m、13.52m 等，地脚螺栓灌浆后的标高为 13.7m。

基座上部结构设计为 C40 混凝土，混凝土 2213m^3、钢筋 482.84t、预埋件 56t、预埋套管 130 根。钢筋密、砼量大，预埋件(管)量大、精度高、模板加固、支撑，混凝土一次连续浇筑，作为电厂唯一可不做装饰的部位，外观工艺要求亦是高之又高，达到清水混凝土标准是施工控制的难点及重点。

2 汽机基座的施工特点

汽轮发电机基座是火力发电厂建设过程中结构最复杂、施工难度大、工程质量要求高的钢筋混凝土现浇结构。汽机基座柱的四角、两层板下面角部均布有角钢埋件，柱身、板底、板侧布有大量钢板埋件，板侧还预留有电气预埋管道及安装预留孔洞，在汽机及发电机台板四周设有汽轮机及发电机固定用锚固件，种类多、数量大，安装难度大、精度要求高。工程对混凝土表面工艺要求为清水混凝土，Ⅱ轴，Ⅲ轴，Ⅳ轴 13.65m 层梁为异型梁，截面几何尺寸大，属于大体积混凝土，结构复杂，脚手架搭设，模板制作安装难度大。

3 影响清水混凝土外观工艺因素

为了能够达到清水混凝土的施工工艺，对影响混凝土外观工艺的因素主要有，模板的选用、加工、制作、安装；混凝土的原材供应、配比、浇捣、养护以及模板拆除后混凝土的保护等因素是影响清水混凝土外观的重要因素。

4 对模板的接缝、阴阳角、预埋件安装等细部节点进行优化设计

(1) 模板采用整块双面覆膜新木模板，保证板材的质量，根据框架柱梁截面事先进行配模设计，模板表面涂刷隔离剂，采用优质隔离剂或色拉油。

(2) 预埋件统一控制水平标高、纵向尺寸，浇筑后同混凝土表面高差一致。

(3) 四角配置圆弧过渡模。

(4) 上下两块模板间的横接缝专门设计定制"工"字型密封条。

(5) 灰浆配比一致,采用统一厂家水泥及外加剂;砂石骨料要取自同一产地,确保颜色一致。

(6) 由传统的对拉螺栓调整为 PVC 套管对拉螺栓。

5 采取相应治理措施

5.1 模板拼缝增加"工"形塑料条工艺

模板拼缝使用的"工"字形塑料条,其"工"字型根据木胶合板尺寸设计。"工"字形的两端圆弧设计,以此来保证混凝土表面印痕的圆润。该塑料条采用优质塑料加工,柔韧性好强度高,表面光滑。拆除模板后与混凝土易分离,可多次循环使用且比以往一次性使用海面胶带节省了工程费用,避免了以往模板拼缝使用双面胶带造成的分节处混凝土表面印痕不规律、不美观且有漏浆的现象。

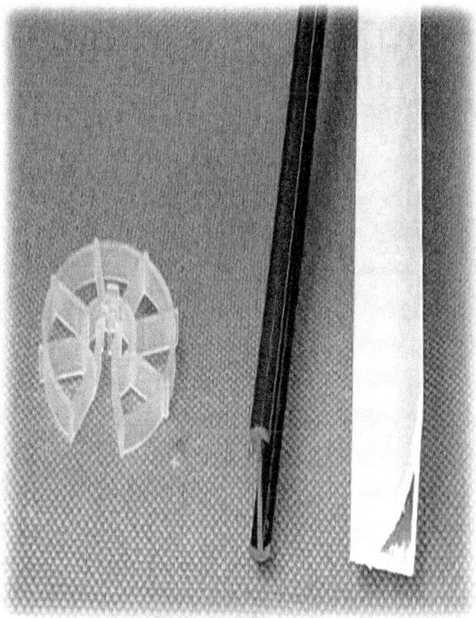

黑色"工"形塑料条、圆角条及塑料垫圈外观图

黑色"工"形塑料条模板拼缝图

5.2 圆角条工艺

在柱梁的边角施工中,我们采用在模板 900 角结合处安装塑料圆角条,在对拉螺栓外套 PVC 套管,套管两头采用专门加工制作的塑料堵头进行封堵,为防止漏浆在塑料头上加橡胶密封圈。圆角条的设计、加工、材质与"工"形塑料条相同,圆角条安装在框架柱四角、框架梁底两侧,直接固定在模板转角处。

拆除模板后圆角条位置混凝土外观

梁底模两侧安装的圆角条

5.3 塑料垫圈工艺

为满足钢筋保护层的混凝土厚度，以往施工中常使用混凝土垫块。此方法施工较为繁琐且易在混凝土表面造成颜色不均匀，出现斑点，受力过大时易碎。我们采用新型塑料垫圈代替以往的混凝土垫块，节省了制作、铁丝绑扎垫块的时间。该垫圈柔韧度好，硬度高，施工中完全可以保证钢筋保护层的厚度要求。对于梁底垫块应根据混凝土适配的颜色合理选择花岗岩或大理石的边角料，使用时要切割规则。

垫圈卡口直接扣在箍筋上

5.4 模板支撑稳定性

根据荷载及回填碎石承载力大小施工前对汽机基座模板支撑及加固系统进行了详细周密的施工计算，最终确定对拉螺杆的直径、间距、步距，脚手架的间距、步距，支撑围檩的大小、间距等。为了预防混凝土在浇筑过程中出现局部跑模现象，特别准备了丝杠及千斤顶，并在混凝土浇筑时设木工对模板进行全程看护。

5.5 对拉螺栓套管工艺

为了防止混凝土浇筑时模板变形及减少模板加固槽钢用量节约成本，在汽机基座施工中依然采用了对拉螺栓。为防止对拉螺栓处漏浆，采用套管施工工艺，套管采用 5mm 厚的塑料套管。首先根据模板支撑系统验算数据计算好对拉螺栓直径、数量、位路，确定套管大小，再在模板组合成型后的模板上进行放样钻孔，孔直径要求与套管直径相等或略小（不超过 0.2mm），模板安装时套管直接穿过已钻好模板孔。

此种工艺能保证在混凝土浇筑时套管处无漏浆，对拉螺栓整齐、美观，在保证清水混凝土工艺的同时还可在拆模时取出对拉螺栓减少钢材用量。

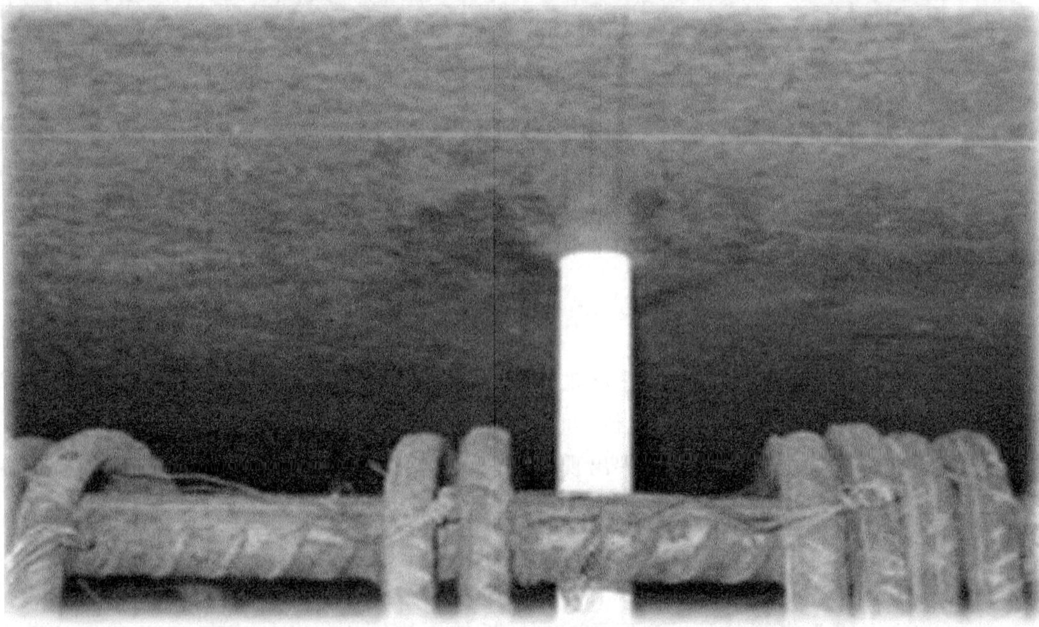

5.6　模板加固安装

模板安装采用了烘干方木支撑、单面整体地面组合、单面整体吊装的施工方案。

烘干方木做支撑可有效防止模板组合成型后遇水变形问题；槽钢加固可确保模板组合后的刚度；模板的加工要求尽量采用整块竹胶板（1.2m×2.4m），为了保证柱模板安装就位的垂直度，提前在柱下部抹灰找平。模板整体地面组合方案改变了传统的小钢模工艺形成的模板拼缝多，易漏浆、接缝处错台平整度差等缺点，保证了模板的平整度及接缝质量。模板组合后

模板安装采用烘干方木做支撑，用槽钢加固，对拉螺栓拉紧

整体刚度大，不易变形，可延长振捣时间，混凝土表面质量好，内实外光。模板整体就位，操作方便，工效高，混凝土可分层连续浇筑，无施工缝。

混凝土浇筑前应排专人将模板内木屑、胶带等垃圾清理干净，然后再采用高压水枪将模板冲洗干净。

5.7 预埋件安装

(1) 在保证柱角角钢埋件原有功能的基础上，把角钢埋件通过等强度换算变更成钢板埋件，并离开柱角100mm，这样在保证埋件安装质量同时也解决了柱角角钢埋件无法采用圆角工艺施工的难题；

(2) 在所有电气预埋排管及机务预留孔洞上安装固定用法兰，法兰周圈垫海棉条用螺栓与模板固定，确保两者的紧贴，防止漏浆；

(3) 所有埋件外漏部分安装前进行除锈处理并刷防锈漆，防止拆模后除锈及雨水冲刷时锈蚀埋件对混凝土表面产生污染；

(4) 在钢板埋件、法兰及锚固件四周粘贴海棉条防止混凝土浇筑时产生毛细现象往埋件内部渗浆；

(5) 在所有钢板埋件及固定用法兰上钻孔用螺栓与模板进行固定，防止埋件松动造成往埋件与模板内部渗浆。

5.8 混凝土施工质量

(1) 原材料：做到砂、石、水泥等原材料的重点控制，要做到“定产地、定厂家”。

(2) 浇筑：严格控制混凝土垂直浇筑高度，一般不得超过2m，防止因混凝土落差过大混凝土产生离析；在浇筑梁与柱子接头处以及柱子根部时，严格控制混凝土上升速度和振捣质

汽机基座拆模后埋件整齐、平整、与混凝土交接处颜色一致无漏浆,达到预期效果

量,确保此处混凝土的密实度;控制上层混凝土浇筑的时间不能超过 45 分钟,以混凝土不出现初凝为原则;加强层间振捣,使用振捣棒插入下层混凝土中,避免出现层间分离现象;振捣时间控制在 10～15s 之间,避免出现漏振或过振,振捣时以观察为主,主要观察混凝土表面的泛浆情况,以表面不再出现气泡为原则。

混凝土浇筑完毕后,在柱头及梁表面易产生浮浆,此处因无石子,极易产生与其他混凝土的色差,并且容易产生细小裂缝,需要清除表面浮浆,然后采用碎石均匀布撒、拍实、提浆处理,混凝土初凝后,进行二次搓毛。

(3) 模板拆除及养护:模板的拆除时间尽可能控制的时间一致,确保混凝土外观颜色一致。

混凝土在拆模后,及时清理混凝土表面浮浆、灰尘,阴阳角以及模板拼缝处如发现表面不平、阴阳角不方正、拼缝过大,及时使用磨光机打磨处理;柱子在拆除完毕后,及时使用塑料薄膜包裹严密,形成不透水的养护层,让混凝土在不失水的情况下,得到充足的养护。

在本工程中还采用在混凝土表面加一层洗净的石子,增加压面次数的施工方法,也有效地防止了混凝土表面收缩裂缝。

5.9 成品保护

施工时为了保护底模,垂直运输采用吊车上料,考虑受力不能集中,将钢筋均匀分布,并且及时绑扎。钢筋绑扎用脚手架支撑,钢筋的垫块优先放于底板的埋件上,尽量避免直接放在模板上,直接放在模板上必须采用塑料垫块。

模板在混凝土养护期结束后拆除,模板的拆除要精心操作,不得出现碰磕、摩擦、划痕混凝土表面,使混凝土造成碰缺、磨痕、裂缝等缺陷。模板拆除后地面及平台以上两米混凝土柱采用旧模板围护、柱角采用角钢保护、柱身用塑料布包严防止后续工序的破坏与污染。

汽机基座清水混凝土施工工艺是在以往清水混凝土施工的基础上，通过对汽机基座施工特点及难点进行认真研究，经过多次反复论证最终确定的一套清水混凝土的施工工艺。施工中采用的玻璃钢覆膜竹胶板施工工艺、塑料圆角施工工艺、对拉螺栓套管施工工艺、埋件螺丝固定施工工艺及预留孔(洞)法兰盘固定施工工艺取得了不错的外观效果，达到了清水混凝土的标准要求。最终实现混凝土外观尺寸偏差几乎为零、表面平整光洁、颜色一致、接缝平整无漏浆、对拉螺栓孔整齐无漏浆、埋件平整，电气埋孔整齐划一的外观效果，尤其是采用艺术形圆角施工工艺更起到了画龙点睛的作用，使清水混凝土获得了较好的观感以及美感。

浅论电力工程模板技术发展概况和清水混凝土的立模思路

冶金电力事业部

杨国富

摘　要:

模板施工技术随着工业化的发展有了突飞猛进的发展。本文作者针对电力工程不同时期、不同结构中所采用的模板技术进行了介绍,并就清水混凝土的立模思路谈自己的看法,模板工程应向定型化、标准化、工具化发展。

关键词: 电力工程　模板技术　发展概况　清水混凝土　立模思路

模板是钢筋混凝土结构工程施工的重要工具。我国的模板工程技术,从20世纪70年代初提出"以钢代木"的技术,逐步摆脱了散支散拆木模和定型木模的落后局面。特别是随着高层建筑和混凝土构筑物在国内的兴起,大量采用了结构整体性好、抗震性强、用钢量少、防火性好和造价比较低的现浇混凝土结构,促进了我国模板工程技术突飞猛进的发展,使我国模板工程技术在新旧并举,不断创新的形势下逐步朝着多样化、标准化、系列化、工具化、定型化,工业化迈进。电力工程模板施工技术,随着工业化的发展,也有了突飞猛进的发展,下面我就将不同时期、不同结构中所采用的模板技术介绍如下,并就清水混凝土的立模思路谈谈自己的看法。

1. 电力工程模板技术发展概况

在20世纪60—70年代用于钢筋混凝土结构的模板主要采用木模,因为其手工操作,散支散拆,不仅劳动强度大,生产效率低,施工工期长,结构表面质量粗糙,而且木材损耗大,影响环保和生态平衡。80年代初电力建设中开始使用定型组合钢模板,比散支散拆工艺施工简便,模板周转速度快,投入的模板量进一步减少,因而,其劳动效率和施工速度均有明显的提高。90年代初电厂汽机基础工程,开始使用木(竹)胶合板,到2000年在各个工地开始推广,其组装方便,施工速度快,表面质量好的优势得以全面体现,标志着混凝土施工模板体系一个新时代的开始。2004年之后的几年中,注塑模板得到应用,注塑模板质量轻、运输及安装方便,便于拆卸,可降低人力成本。另外,该模板还能确保浇筑混凝土表面的高度平整性,可最大限度节省最后修整所需的时间和人力。同时注塑模板的材料还能回收再利用,有利于环境保护。注塑模板可在恶劣环境下反复使用100次以上,与木制模板和金属模板相比,可大幅度降低使用的成本。这些优点将促进注塑模板成为模板体系发展的一种新趋势。

对于现场就地加工的柱子、层架、吊车梁等预制构件,我们采用表面抹水泥砂浆的砖模取代木模作为底模,配合定型钢模进行叠加预制,收到了很好的效果。针对预制量较大的空心楼板,在模板技术方面我们采用工具式翻转模板,利用模板下部半圆形构造将成形的构件做180°快速翻转,在地面上脱模和养护,使一套模板多次重复使用。

模板支拆工作量大、技术复杂、模板工程费用高、因此结合框架和框架剪力墙结构量大面广的特点，发展了定型化大模板工艺，即采用整间墙面的大模板进行内横、纵墙的整体浇筑。这种模板工艺简单，施工速度快，劳动强度低，而且结构整体性能好，墙面光滑平整，可减少墙面抹灰湿作业。至此模板已不仅是建筑工程施工必须投入的一次性消耗材料，它已转变为可多次重复使用的施工工具，并成为建造建(构)筑物不可缺少的一种技术手段。

为减少筒壁构筑物施工时模板的投入量，我们在2005年在钦州2×600MW机组240m烟囱、云南滇东4×600MW冷却塔等施工中采用了翻模技术，吸取大模板和滑模的优点，既可使模板不落地、不依赖塔吊作业，又使高耸的构筑物只需配制很少的一套(3～5层)模板即可进行连续作业。既节约了模板，又加快了施工速度。

随着组合模板的广泛应用，在模板的配制、支拆工艺和维修管理方面，我们采用了划分小流水段的施工方法，以减少模板的投入，加快模板的周转，做到一次组装，多次周转使用，实现整支、整拆、整体转移，以减少模板支拆用工和缩短模板支拆时间，同时采用模板专修设备，加强模板的维修管理，使变形的模板及时得到修整。为进一步提高混凝土的质量减少构件在制作过程中由于模板等设备存在的问题产生的漏浆、裂缝、挠曲等问题：

(1) 选购将钢底模的纵横骨架布置改为对角十字形格构布置的钢模用于施工中；

(2) 模板拼缝采用企口缝或夹双面胶条；

(3) 针对某些特殊关键部位，我们采用玻璃钢衬模粘贴在模板上，使装饰混凝土一次“反打”成型。

继广泛用于基础、柱、墙和楼板施工的组合钢模，已成为我们使用面最广的一种工具式组合钢模后，把重点投入到发展钢框木(竹)板面的中型混合组合模板上，这种模板由模板块、桥加梁、柱头板、可调支撑、水平拉杆和斜撑组成，模板由钢框镶入竹胶板组成，模板的最大规格由组合钢模的1.5m×0.3m，发展到2.44m×1.22m，钢框的肋高有55mm、63mm、70mm、75mm、78mm、80mm、90mm等多种；桁架梁为轻钢结构，两翼有宽100mm凸缘，用于支设模板块，两端通过舌头压在柱头上，便于先拆模板后拆支撑；柱头板是支拆模板的装置，用螺栓固定在可调支撑上。这种模板具有板面大、刚度大、自重轻、用钢量少和面板可以两面使用的特点，不仅拼缝少，而且可重复使用多次，尤其是支撑系统具有先拆模板块后拆支撑的功能，使模板块的周转加快，一次投入量减少。在内蒙古岱海2×600MW汽机基础施工中运用此法施工取得了很好的效果。

2. 清水混凝土的立模思路

清水混凝土施工技术是利用较为光面的定型大模板进行组装支模，涨注固定配合比混凝土拌合物，经养护而形成的具有内部密实，外表面平整光滑、颜色统一的混凝土施工工艺。它要求结构施工完毕后，混凝土外观垂直度、平整度达到初级抹灰的效果，装修时可直接在结构上刮腻子。清水混凝土可以用“内坚外美”四个字来概括：“内坚”表现在混凝土坚固密实、内部钢筋横平竖直、钢筋位置准确、钢筋保护层厚度满足规范要求；“外美”表现在混凝土外观垂直、平整、无污染、无蜂窝、麻面等现象。清水混凝土施工具备以下优点：

(1) 消除抹灰，减少了湿作业，既节省工料，又有利于文明施工；

(2) 简化了装饰工程，缩短了工期；

(3) 外装可采用涂料，避免了由于抹灰而造成的开裂、脱落的后顾之忧；

(4) 结构安全可靠，可延长建筑物的使用寿命。

清水混凝土施工技术 20 世纪 80 年代在国外兴起，90 年代传入我国，随着我国改革进程日益加快，经济建设迅猛发展，我们有目共睹，各种建筑群如雨后春笋拔地而起，其中不乏各种清水混凝土结构以其新奇美，令人耳目一新，给我们的生活带来不少情趣的同时，也塑造了建(构)筑物的个性。其施工技术首先在我国沿海及江、浙使用，主要应用于免装修的公路桥梁工程施工。九十年代后期，浙江火电公司、河南火电二公司在温州电厂、贵州安顺电厂，2000 年以后山东火电公司相继在内蒙古岱海电厂、蓬莱电厂、钦州电厂、雨汪电厂等工程中成功应用，并取得较好的技术经济效益及社会效益。这说明清水混凝土结构将成为我们今后施工中经常会遇到的主要攻关课题。根据当前市场模板体系的实际状况，清水混凝土要走一条既简单又经济的立模之路。下面，我就结合自己在不同工程中改进立模方法，最后总结出的一套清水混凝土立模之道与大家作以下探讨：

首先，要根据清水混凝土的要求，确定模板体系、支撑体系和悬挂体系。详细分析模板形式、模板拼缝、支撑系统及对拉螺栓的设置，是保证清水混凝土能符合设计要求和质量标准的重要途径。

在混凝土构件量大，且结构尺寸变化不大的情况下，采用专用定型模具，分批量进行混凝土构件的预制或现浇无疑是最佳方案。因为专用定型模具不仅拼缝少，而且可以减少模板的投入，加快模板的周转；做到一次组装，多次周转使用，实现整支、整拆、整体转移，大大减少模板支拆用工和缩短模板支拆时间，使浇出的混凝土表面光洁平整，线条欢快流畅，几乎找不出模板印迹，大大提高了混凝土的外观质量。我们把此法成功运用在构件预制施工中，使工程整体质量又上了一个新台阶。

采用组合钢模是我们通用的一种选择。因为这种立模工艺，有现成的立模材料以供使用，而且操作简单，质量有可靠保证。因此针对不同结构的混凝土，我们应首先考虑利用现有不同型号的组合钢模，通过合理的搭配，加之充分合理的加固措施，以实现混凝土立模成功。为弥补组合钢模因模板拼缝不严和木模接头部位不平顺的缺陷，针对一段混凝土结构，我们采取模板拼缝中夹双面胶和木模上钉黑铁皮与钢模连接的方式解决。而对混凝土外观质量要求较高的混凝土结构，我们选用价格适中，耐磨、耐油、耐高温、自重轻、易脱模且能按设计要求变换尺寸的玻璃钢衬模粘贴在模板表面，使高质量混凝土一次成型，满足了异形混凝土对混凝土表面质量的高要求。

总之，模板工程应向定型化、标准化、工具化发展。要敢于在模板工程上投资，要重点发展钢框木(竹)板面的中型混合组合模板，用于墙体的大模板也应逐步用这类混合组合模板进行拼制，以扩大模板的适应性和加快模板周转。随着科学的进步我相信在不久的将来，我们劳动人民一定会用智慧的头脑发明出更先进、更具实用价值的立模工艺，到那时再让我们来讨论新立模工艺的价值吧！

参考文献

[1] 顾勇新. 清水混凝土工程施工技术及工艺(策划·质量要求·施工技术·实例)[M]. 北京：中国建筑工业出版社.

[2] 冯乃谦. 新实用混凝土大全[M]. 北京：科学出版社.

[3] 建筑施工手册[M]. 4 版，缩印本. 北京：中国建筑工业出版社，2003.

浅谈蒙古与科特迪瓦路面施工对比分析

交通公司

杨　俊

经过一年的工作学习，已经历过两个项目的我对道路现场施工和管理有了整体的认识和全新的理解。由于我参加了蒙古 NP1 项目和科特迪瓦高速路项目的修建和学习，并且两个项目分处在寒带高原地区和热带海洋地区，根据我对路面施工的学习和现场总结，现对两个项目沥青路面施工进行简要对比和分析。

一、环境对比

1.1　蒙古地区环境特点

蒙古地区 平均海拔 1580 米，地势自西向东逐渐降低。年平均降水量约 200 毫米。冬季是亚洲大陆的冷源之一，冬季最低气温可达－45℃，夏季最高温可达 30～35℃。冬季严寒漫长，夏季炎热短暂，降水稀少，以游牧畜牧业为主，放养羊、牛、马、骆驼 。种植业仅限于河谷地区，主要为小麦、燕麦等。种植业和林业占少量比重。工业极不发达，仅有零星的畜产品加工业。有煤 、铁、锰、钼、铅、锌等矿。

1.2　蒙古自然环境对路面的影响及分析

蒙古地区气候特征主要表现气温低、日温差大、年温差小、空气稀薄、日照长、辐射强、干湿季分明、多大风等。该区域的沥青路面由于温度低、温差大、强紫外线等自然因素的作用，常出现过早干涩、老化、开裂等病害，由于冻土冻融、低温、昼夜大温差等因素作用，沥青路面产生了严重的变形及开裂等病害。由于高寒地区半刚性沥青路面反射开裂现象的普遍性与严重性，考虑到气候环境对路面的影响，寒区沥青路面存在的主要问题有：

① 青混凝土路面的低温开裂，冰冻会加剧裂缝的发展；

② 沥青混凝土路面的冻胀开裂；

③ 不均匀冻胀引起的季节性和长期的路面不平整；

④ 春季期间道路承载力的降低。

均指出北方寒冷地区的沥青面层裂缝主要有：沥青面层本身的低温收缩裂缝、基层的收缩裂缝而引起面层的反射裂缝及土基冻胀引起的冻胀裂缝等，指出可从优选路面材料、优化路面结构及加强路基处理等方面来减少这些病害。

1.3　科特迪瓦地区环境特点

阿比让—大巴萨姆是贯穿非洲的达喀尔—阿比让—拉各斯沿海公路中的一段，本公路项目区位于科特迪瓦的南部沿海的沙丘带上，为海拔 50 米以下的沿海泻湖平原区，沿线土壤的岩性主要是表层洁净含砂量较高(82％～95％)的砂土。天然地基具有良好的承载力，工程地质条件较好。项目区域属热带雨林气候，气温一般在 22～32℃。5—7 月为大雨季，9 月中旬至11月底为小雨季,其余为旱季年均降雨量大,年降雨量1300~2200毫米。

1.4 科特迪瓦自然环境对路面的影响及分析

科特迪瓦等热带地区的气候特点主要表现为:高温、温差小、多雨、潮湿、地下水位高等。因此车辙和水损害已成为高温多雨地区沥青路面的主要早期病害,常年处于年均28~29℃的温度下,并且每年有两场持续2个月的雨季,导致车辙和水损害现象频繁出现。所以解决车辙和水损害对当地路面修筑是需要考虑的问题。

二、沥青混合料配合比对比

良好的配合比设计是通过控制沥青混合料车辙、开裂等病害,从而提高沥青混合料的使用性能,进而保证沥青路面使用性能的重要条件。为使沥青混合料具有良好的配合比,根据当地环境条件合理的设计方法显得尤为重要。沥青混合料配合比设计的好与坏直接影响着沥青路面的实际使用性能及耐久性。下表为蒙古和科特迪瓦路面沥青混合料配合比。

蒙古配合比设计

名　称	比例(%)
沥青	4.8
10~20mm粒径集料	34
5~10mm粒径集料	21
0~5mm粒径集料	42

科特配合比设计

名　称	比例(%)
沥青	5.65
11~15mm粒径集料	18.86
8~11mm粒径集料	14.14
4~8mm粒径集料	7.54
4~7mm粒径集料	9.43
0~4mm粒径集料	43.38
水泥	1
矿粉	3

2.1 沥青对比分析

(1) 黏结性

我国《公路沥青路面施工技术规范》(JTGF40—2004)中也列入了600C动力黏度(绝对黏度)作为道路石油沥青的选择性指标。对高等级道路,夏季温度高持续时间长、重载交通、停车场等行车速度慢的路段,尤其是汽车荷载剪应力大的结构层,宜采用稠度大(针人度小)的沥青,因此,科特迪瓦高速公路选用45-55号沥青;对冬季寒冷地区、交通量小的道路宜选用稠度小的沥青。当需要满足高、低温性能要求时,应优先考虑高温性能的要求。因此,蒙古地区选用了相对较大的90号沥青。

(2) 感温性

沥青材料的黏度随温度变化的感应性。表征指标之一是软化点,软化点可作为反应感温性的指标。《公路沥青路面施工技术规范》(JTGF40—2004)规范新增了针人度指数(P1)这一指标,它是应用针人度和软化点的试验结果来表征沥青感温性的一项指标。对日温差、年温差大的地区宜选用针人度指数大的沥青。对于高等级道路,高温持续时间长的地区、重载交通、停车站、有信号灯控制的交叉路口、车速较慢的路段或部位需选用软化点高的沥青;反之,则用软化点较小的沥青。

(3) 塑性

沥青材料在外力作用下发生变形而不被破坏的能力，即反映沥青抵抗开裂的能力。现行规范规定：Z50C 延度改为 100C 延度或 15C 延度，不同标号的沥青延度就有了明显的区别，从而反映出它们的低温性能，一般认为低温延度越大，抗开裂性能越好。在蒙古这样冬季低温或温差大的地区，采用低温延度大的沥青。

2.2 骨料对比分析

粗集料级配的好坏直接影响到沥青混合料的密度和强度，而且影响到沥青混合料的收缩率。粗集料粒径越小，弯拉强度越高，而从减小收缩率角度，粗集料粒径越大，用量越大，沥青混合料的干缩率越小，为适应寒带地区大温差等特点，尽量减小水泥混凝土的收缩，在满足结构尺寸，沥青混合料离析等要求的前提下，尽量采用大粒径，大用量的粗集料，从减小水泥混凝土收缩的角度，粗集料级配方面，较大粒径的粗集料累计筛余量，应接近规范规定的上限，较小粒径的粗集料累计筛余量接近下限，通过粗集料形成骨架，细集料和砂浆填充孔隙，将沥青混合料设计为骨架密实度结构，因此，蒙古地区采用大集料级配，从而达到寒带地区需求的强度和刚度要求及防止温差过大导致的收缩开裂；热带多雨地区采用相对小的集料级配，主要加强沥青混合料的密实度和强度。从而减轻混合料的水损坏和车辙破坏现象。

三、施工工艺对比

对于施工工艺而言，科特迪瓦等热带地区只要控制正确的施工方法和施工技术，比蒙古寒带地区要简单许多。现对低温地区施工的注意事项进行简单分析：

3.1 确定低温季节的施工温度

蒙古项目采用改性沥青，在低温气候条件下施工改性沥青混合料，混合料温度的下降是非常重要的问题。对大多数聚合物改性剂，随着温度的下降，聚合物开始硬化，混合料失去施工和易性，不可能充分碾压，尤其是低温季节施工，混合料降温很快，必须特别注意。为了保证施工温度，低温季节施工应适当提高沥青混合料的施工温度，但是沥青加热和沥青混合料拌和过程中，温度过高会引起沥青短期老化。因此，对于改性沥青混合料要严格按照指导意见提出的加热与拌和温度，随时关注混合料的出料温度，防止沥青的老化。同时，减少运距、配盖篷布、加紧施工衔接，确保沥青混合料在允许施工温度内完成摊铺工作。

3.2 严格控制施工工艺

(1) 矿料的质量

细集料必须进行搭蓬覆盖，矿粉进仓保管。潮湿的集料将严重影响沥青混合料的拌和产量，同时，拌制的混合料不但较难达到要求的施工温度，而且会影响胶结料与集料的结合。

(2) 混合料的拌和与运输

适当提高沥青混合料的拌和温度，由专业的施工技术人员重点控制混合料的拌和时间、拌和温度，其中拌和温度以加热温度范围上限控制为宜，监理组应派专人进驻沥青拌和站，对混合料拌和过程进行全程跟踪监督，检查混合料有无花白、冒青烟等现象，发现问题及时处理，温度计插入深度要大于 150mm。

严格控制沥青混合料在运输过程中的温度损失，根据拌和厂到施工现场的距离，要求运料车必须采取覆盖等措施，必要时加盖多层棉被和在料车两侧增加保温条件好的保温隔热板等进行保温。

为防止混合料运输和卸料过程中出现的温度离析，在摊铺之前料车不宜较早地掀开保温层，适宜在卸料过程中继续覆盖直到卸料结束取走篷布，以资保温。

现场料车的情况根据施工时的实际情况确定，不要出现等料或料车太多的情况。

(3) 沥青混合料摊铺

对摊铺过程应随时掌握和严格控制混合料的摊铺温度、碾压温度、摊铺速度、碾压工艺等是否符合既定要求；摊辅机熨平板必须加热，要求摊铺机开工前应提前 1 h 预热熨平板至不低于 100℃；铺筑过程中熨平板的振捣或夯锤压实装置选择适宜的振动频率和振幅，在不振碎石料的前提下振动和夯锤可以尽量开大，以提高路面的初始压实度；沥青混合料摊铺的核心是“缓慢、均匀、连续不间断摊铺”，摊铺过程中不得随意变更速度或是中途停顿，摊铺机的摊铺速度应根据拌和楼生产能力由计算确认，确保摊铺机不停机待料。

(4) 混合料的碾压

沥青混凝土碾压要遵循“紧跟、慢压、高频、低幅”的原则，尤其要注意“紧跟”。各碾压段落压路机的碾压段落应尽量缩短，一般控制在 30～40m，确保铺面在高温下完成碾压。碾压过程中应重点注意温度的保护；适宜使用 4 台胶轮压路机，碾压遍数、碾压工艺根据气温的变化进行调整；钢轮压路机喷水系统宜采用间歇式进行雾状喷水，以不粘轮为度；轮胎压路机前适宜采用加围裙以减少热量散发，开始启动放慢速度，让胶轮充分预热，解决温度低造成的粘轮问题，防止粘轮所用隔离剂禁止使用柴油。

综上对比分析，在蒙古等寒带地区沥青路面施工主要存在低温路面开裂、春冬季承载力下降等病害情况。因此对应采用粒径跨度大、大粒径的级配集料，保证路面刚度和强度，提高沥青路面的承载能力；沥青选择针入度大、软化点低、延度大的沥青为优；施工方面遵循“紧跟、慢压、高频、低幅”的方法，保证沥青混合料及时、连续摊铺、碾压。

投标实战策略及案例浅析

于　岩

工程项目建设招投标是国际上通用的科学合理的工程承发包方式。目前在我国工程项目建设中推行招投标制度虽然时间不长，但对于健全我国建筑市场竞争机制，促进资源配置，提高企业管理水平及经济效益，保证工期和质量，以及有效控制工程项目建设投资都起到十分重要的作用。

随着我国加入WTO，建筑行业的造价改革步伐也逐步加快，不断促进整个建筑市场从计划经济向市场经济快速转变。从2003年开始，工程量清单计价规范在全国快速推广，更给整个建筑交易市场带来了巨大的变化。招投标双方的工作都发生了很大的变化，投标方需要不断地充实自身的实力，提高管理水平和生产效率，降低生产成本，才能够在激烈的竞争中生存。另外，企业在市场竞争中除了靠企业自身的素质和实力外，投标技巧对于能否中标及能否取得更多利润也有着举足轻重的作用，是企业在竞争中立于不败之地的重要手段之一。

下面的三个案例，我们简单分析一下投标技巧是怎样帮助企业在竞争中取胜或者减少自身损失的。

【案例一】

某土建项目，投标单位投递的投标书报价为1080万元，投递投标书的时间距投标截止日期尚有3天，然后经过各种渠道了解，发现该报价与竞争对手相比没有优势，于是在开标前，又递上一封折扣信，在投标书报价的基础上，工程量清单单价与总报价各下降5%，并最终凭借价格的优势拿到了合同。

这样的投标策略，在国际招标中经常出现，国内招标这种方法也逐渐多了起来。这种做法是完全合法的。《招标投标法》中规定："投标人在提交投标文件截止日期前，可以补充、修改或撤回已提交的投标文件，并书面通知招标人，补充、修改的内容为投标文件的组成部分。"

但是需要注意的是这种做法不是由于自身的原因做出的，而是根据其他投标人的投标情况而做出的，会带来恶性竞争的负面作用。而且也不能一味地不顾企业的成本，盲目为了中标而降低报价，导致合同签订后难以履行。

【案例二】

某市政项目进行招标，标底为8050万元。某投标单位的投标报价为7990万元，为了能提早收回资金，以便投入新的项目，该投标单位采用了不平衡报价法，将基础工程和柱、墙等项目的单价提高了15%，装饰工程的单价适当下调，做到了总报价仍然为7990万元，并且在评标时对调整项目单价做了有力的说明，最后中标。在施工过程中，基础工程等施工完后，回收了大量的资金投入到新项目中。

这一方法是一个工程项目总报价基本确定后，通过调整内部各个项目的报价，以期既不提高总报价、不影响中标，又能在结算时得到更理想的经济效益。总的来讲，要保证两个原则："早收钱"和"多收钱"。

需要注意的是采用不平衡报价一定要建立在对工程量清单中工程量仔细核对分析的基础上，特别是对报单价的项目。单价的不平衡要注意尺度，不应该成倍或几倍的偏离正常的价格，否则业主可能会判为废标，甚至列入以后禁止投标的黑名单中，就得不偿失了。一般情况下，比正常价格多出 15%～30%的幅度，业主都是可以接受的，投标人可以解释为临时设施的搭建、材料和设备订货等预先支出的费用。

不平衡报价最终的结果应该是：报价时高低互相抵消，总价上却看不出来；履约时所形成的数量少，完成的也就少，单价调低，损失也就降到最低；数量多，完成的也多，单价调高，承包商便能获取较大的利润。所以总体利润多、损失小，合起来还是盈利。

当然，不平衡报价也有相应的风险，要看投标人的判断和决策是否正确。这就要求投标人具备相当丰富的经验，要对项目进行充分的调研、掌握丰富的资料、把握准确的信息等，这样所做出的判断和决策才是客观的、科学的，才能把风险降至最低。即使投标人的判断和决策是正确的，招标人也可以在履行合同的时候通过一系列的手段来控制住。如要求在投标报价文件中增加工程量清单综合单价分析表来分析每条清单的项目的单价构成，发变更令减少施工的工程量，甚至强行的取消原有设计等，只要在招标文件中注明相关的条款或在合同中约定，投标人就很难利用不平衡报价法来获得利益。

不平衡报价法运用合理，是企业的投标技巧的一种表现。关键在于把握一个合理的幅度：幅度大了，影响中标的几率；幅度小了，效果又不明显。要在不平衡中寻求幅度的平衡，这样才能够充分利用不平衡报价法的优势。

【案例三】

某住宅项目进行招标，某市大型建筑公司进行投标。该项目为钢筋混凝土框架剪力墙结构，需要用到大量的钢筋与混凝土。该建筑公司在市内同时有 8 个项目，大部分均为住宅。在经过分析后，公司与钢筋和混凝土的供货厂商谈判，以大量的材料采购订单得到了相当满意的价格，然后按照此价格做出的投标书报价比竞争对手的报价低了上百万元，通过评标时澄清，该建筑公司最终中标。

这是一个典型的通过企业自身的优势中标的案例。企业规模小有小的优势，规模大有大的优势。一个成熟的企业应该能够有效地利用自身的优势来争取在竞争中获胜。上面的案例，该建筑公司通过项目多，相同材料采购的数量大的优势，能够拿到折扣比较大的材料采购价格，通过材料与对手的差价争取到了相对较低的报价。由于在目前评标办法中，价格占的比重比较大，因此通过价格优势得到了合同。这就是发挥企业优势，降低生产成本的作用。所以，企业的要不断地提高及发掘并有效地利用自身的优势，这样才能够在竞争激烈建筑市场中立足。

通过上面三个案例，我们可以看出投标策略和技巧在招投标过程中的重要性。

另外，所有的投标策略都不是一成不变的，要根据具体情况具体分析。总体来讲，可以分阶段把握下面几个原则。

（一）投标前期

(1) 为了在投标竞争中获胜，企业在平时就应该设置经营投标班子，掌握市场动态，积累有关信息资料等。企业取得招标信息，报名参加投标并通过资格审查后得到招标文件，就应该立即组织人员研究招标文件、决定投标策略。在研究招标文件时必须搞清投标的范围，因为常常出现图纸、基础规范和工程量清单三者之间在做法、数量之间相互矛盾的现象。一般来说必须以招标文件中的工程量清单为准。此外还要熟悉投标书的格式和签署方式、密封方法和标志,熟记投标截止日期以避免失误。

(2) 掌握“知己知彼,百战不殆”的原则,了解业主和对手。要知道发包人建设本工程项目的目的及其建设资金的筹备情况和来源、回收方法等。政府工程一般要求质量高,其标底偏高;商业工程要求进度快,标底适中;自筹资金及商业贷款工程,标底偏低。总之,企业要揣摩发包人的心理。竞争对手之间一般都能了解到其欲承揽本工程的目的,相互之间的投标技巧也熟悉,要做到具体事情具体对待,以不变应万变多留几手。

(3) 根据自身的经营管理水平、经济实力、企业定额等,确定适合自己的经营报价策略,同时根据企业发展需求为了打开市场,着眼于发展等情况,制定出投标时可能使用的投标报价调整系数。对于清单要求下的合理低价中标必须进行很好的分析。招标人选择中标人就是在满足质量、工期、安全等投标文件要求前提下,谁的报价低谁中标。投标人降低投标报价有利于中标,但会降低预期利润,增大风险。因此低价是中标的重要因素,但不是唯一的因素,不能为了中标而使报价低于投标人的个别成本价格。所以企业在投标前期,报价的策略研究非常重要。

(二) 投标编制期

(1) 现场勘测及与招标文件的核实。

清单模式下招标文件的工程量计算是图纸上标注的工程量,不考虑投标人施工方案中工程量的增加,所以在编制投标书之前必须调查现场,尽量避免出现不必要的风险。在报价前一定要详尽了解项目所在地的环境、自然条件、生产和生活条件等。要认真细致地阅读招标文件,吃透标书,当招标文件和设计图纸有不合理之处,应及时提出修改意见,引起招标人的重视;仔细分析研究并弄清承包者的责任和报价范围,各项技术要求,需使用的特殊材料和设备,充分考虑工期、误工赔偿、保险、付款条件、税收等因素,针对已发现的漏洞,在报价时相应压低报价,在施工过程中利用这些漏洞进行索赔,提高获取利润的机会。

(2) 编制施工组织设计。

施工组织设计是招标文件要求投标人必须提供的文件,是招标人评标时必须考虑的主要因素之一。施工组织设计考虑的施工方法及施工工艺等不仅关系到工期,而且与工程成本和报价有密切关系。企业在编制施工组织设计时,要正确的制定施工方案,采取合理的施工工艺和机械设备,有效的组织材料供应和采购,均衡安排施工,合理利用人力资源,减少材料的损耗等,这样既能降低工程成本、缩短工期,又能充分有效利用机械设备和劳动力。

(3) 信息指导询价及清单组价。

清单计价就是要求投标人根据市场价格自由组价。因此,在组价前必须对项目所涉及的人工、材料、机械单价进行广泛的询价,尤其对于占工程造价60%左右的材料价格,在报价时应十分谨慎。材料询价可以直接找厂商或供应商,也可以参考政府的指导价及网站上的材料价格信息。由于建筑材料的波动很大,因而在网上询价可以分析近期材料价格的变化情况,并能很好的预测未来价格的变化趋势,以减少价格波动引起的损失。组价是得到报价的唯一途径,报价是投标的核心,它不仅关系到能否中标,而且对中标后能否盈利,盈利多少也是非常重要关键的因素。现在已广泛的应用计算机软件来进行组价及算量,可以避免大量数据计算过程中的失误和重复工作,提高工作效率,并有利于工程数据的积累。

(4) 在工程量清单报价中,采用适当的报价技巧,也是获得利润的有效途径。在不提高总造价的前提下，对不同部分工程采用不平衡报价，既不影响中标，结算时又能取得理想的经济效益。

① 对难以计算准确的工程量项目，如土石方工程，其报价可提高一些，这样对总报价的影响不大，又存在多获利的机会。一旦实际发生工程量比投标时工程量大，企业就可以获得较大的利润，而实际发生工程量比投标时小，对企业利润的影响也不大。

② 对能先结算工程价款的项目（如土石方工程，基础工程）其单价可适当高些，以加快资金周转，对后期项目（如装饰工程，安装工程）其报价可适当低一些。

③ 估计施工过程中会增加工程量的项目，单价可适当高些，这样对总报价影响不大，在施工过程中可以增加收入；对施工中会减少工程量的项目，其单价可低一些，即使降低报价，在施工过程中减少的收入也不会太大。

④ 估计暂定工程的数量，对以后一定要施工部分，其单价可高些，估计不会施工的部分单价可以低一些。

⑤ 对工程内容做法说明不太清楚的项目或有漏洞的地方，其单价可低一些，有利于降低工程总造价和进行工程索赔。

总之，报价策略、技巧运用是否得当，不仅影响施工企业能否中标，而且影响企业在激烈竞争中能否生存和发展，企业只有不断总结投标报价的经验和教训才能不断提高自身的报价水平。

（三）投标决策期

在投标书报出之前应当对报价进行多方面的分析，目的是探讨这个报价的合理性、竞争性、盈利和风险性，从而做出最终的报价策略。在投标报价策略中考虑不平衡报价及投标人对报出价格的风险防范，将这些不利的因素考虑周全。投标人在利润和风险之间做出决策是要分析方方面面的因素，由于投标情况纷繁复杂，每次组价中碰到的情况并不相同，很难事先预料需要决策哪些问题，以及这些问题的范围。一般来说报价决策并不是具体计算的结果，而是加入了投标人对工程期望利润和承担风险能力的多种考虑。投标人在投标过程中尽可能避免较大的风险，应该在事先考虑好如何采取措施转移、防范风险等方式并能使企业获得尽可能多的利润。

在印度尼西亚项目施工的税务筹划

总承包工程事业部
岳 然

随着印度尼西亚市场的逐步开发,国内外工程公司逐渐发现了这一巨大市场,纷纷投入到印尼建设项目的承建大军中,而相应的税务风险也是显而易见的。为了保证境外承包工程资源的有效利用,探索印度尼西亚的税务管理新方式及外账业务对企业经营的影响和风险。我们逐步了解境外税务管理制度及外账业务处理规定,一方面为了保障项目经营的客观需求,另一方面为了确保建立 PT 公司后的资产及资金安全,降低经营成本、提高了经济效益,形成独特的印尼公司税务管理及外账业务模式。

一、项目税务筹划中 5 个重要税种的探讨

(一) 关于增值税 VAT(Value Added Tax)

在当地的经济业务中,接触最多的就是 VAT,即增值税,印尼文是 PPN。当地实行的是消费型增值税,在进口、加工、生产、零售、贸易和提供服务环节均增收增值税。税率为 10%。印尼的税票有税务局统一的固定格式,只有在税务局注册并取得 NPWP 注册号的公司才能开具税票(Faktur Pajak Standar),税票上要有税票号(KodedanNomor Seri FakturPajak),如交易金额为美元等外币,还要在税票上注明折算汇率(CatatanKurs),折算汇率印尼政府一周颁布一次,在印尼税务网站上可查询。印尼的税票抵扣时间是 3 个月,超过期限的税票不能抵扣,所以财务人员收到税票后要在规定的时间内向税务局申报,以免错过期限,造成损失。我方开具税票后要在下个月向税务局申报缴税。

(二) 关于个人所得税(WITHHOLDING TAX ARTICLE 21)

(1) 印尼的个人所得税条款有一个:WITHHOLDING TAX ARTICLE 21,适用于居民纳税人和非居民纳税人。

(2) 税金由企业从支付给个人或雇员的工资、薪水、酬劳、养老金、买断或其他类似支付中代扣。雇员收到的任何现金收益都需要缴税的但是在以计算企业所得税(第 25 条)为目的时可扣除。交纳个人所得税的员工也要在税务局申请 NPWP,才可以进行个税的申报和缴纳。

对于长期聘用的员工税前允许扣除的有:

A、职业津贴(Occupational allowance),按总收入的 5%扣除,最大扣除额为 Rp6000000/每年;

B、养老基金等(ole-age allowance contribution);

C、非应税收入(Non-Taxable Income),即国内所说的起征点。

(3) 职业津贴与非应税收入扣除额详见下表。

注:个人所得税的税率是 4 级税率。

应纳税的所得	比率	税收 Rp.
在第一 Rp. 50,000,000	0	0
在第二 Rp. 50,000,000	5%	2,500,000
在接下来 Rp. 400,000,000	15%	60,000,000
关于以上的下量 Rp. 500,000,000	25%	有关金额的 25%

外籍员工在印尼个税起征点按印尼税务要求收入不低于 1000 美金，但也可以根据企业自身情况发放。

(4) 印尼个税个人减免条件：

印尼员工(外籍员工)可减免抵扣的税额(需提供相关资料：结婚证、孩子证明)。

项　目	金额(货币单位 Rp.)
纳税人	15,840,000
配偶	1,320,000
每个子女(最多 3 个)	1,320,000
职业性支出 (总收入的 5%，最大 Rp. 500,000/月)	6,000,000
员工贡献国家社会安全公司老年保障储蓄 (总收入的 2%)	全款
退休金维护费用 (总收入的 5%，最大 Rp. 200,000 /月)	2,400,000

(5) 非居民纳税人是指在印尼居住一年中少于 183 天，并且不打算居住的个人被认为是非居民纳税人。如果他在印尼境内取得收入，适用于此条款，税率为 20%。

(三) 关于进口货物缴税

(1) 印尼公司进口货物要在当地缴纳二种税：a 进口税(BM)，b 增值税(VAT)，c income tax PPH article22。计算的顺序是 a 进口税→b 增值税→c PPH article 22。如果有免税清单的话，进口税 BM 可以免税，其他税种不能免税。

(2) 相关税率如下：

① BM 进口税要根据进口货物的品种，品种不同税率也不相同。跟国内进口关税性质一样。

② 增值税(VAT)税率为 10%。

③ income tax PPH article 22，如果进口公司是国有公司(state-owned company)，税率为 1.5%；其他公司如果有进口准证 API(Importer identification Number)，税率为 2.5%；没有进口准证 API 的公司，税率为 7.5%。

事 件	税 率	税 基
① 进口货物-利用进口商识别号码(API)	2.5%	进口值,即到岸价格,加上应支付的义务
② 进口商品-没有一个 API	7.5%	进口值,即到岸价格,加上应支付的义务
③ 货物销售,从国库和代理的预算用户(KPA)政府要求支付	1.5%	销售价格
④ 钢铁产品的购买	0.30%	销售价格
⑤ 汽车产品的采购	0.45%	销售价格
⑥ 纸制品的采购	0.10%	销售价格
⑦ 水泥产品的采购	0.25%	销售价格
⑧ 奢侈品产品的采购	5%	销售价格

(四) 关于预扣税

(1) 印尼的税法注重从税收的源头增税,即我们给下属分包商付款时要为分包商代扣代缴预扣税,同样,业主给我们付款时也要为我们代扣代缴预扣税。预扣税的性质属于预付的企业所得税,可以在年底计算企业所得税时扣除,根据税法规定,全年预扣税金额大于年底应交的企业所得税,可以申请退税。即遵循"多退少补"原则。印尼的预扣税有两个条款,WITHHOLDING TAX ARTICLE 23 (PPh 23)和 FINAL WITHHOLDING TAX-Article 4(2)。PPh 23 适用于任何政府代理处、团体/实体,永久机构,或任何外国代表处向其他居民纳税人的收入、支出和支付,类似于国内的一般纳税人。FINAL WITHHOLDING TAX-Article 4(2)适用于小规模纳税人。

预扣税(pph 23)是印尼政府的一项重要的税收来源,也是我们在印尼工作面临的最重要的一个税种。我们作为法定的扣缴义务人应按照分包商提供给我方的发票金额参照以上税率向税务部门代扣代缴预提所得税。之后将税务部门提供的回单(Bukit Pemotonganpph 23)交还分包商,作为分包商年底扣减企业所得税的依据。印尼的预扣税税率会经常发生变化,财务人员应及时向相关部门和人员咨询,以便了解最新的税率情况。

(2) FINAL WITHHOLDING TAX-Article 4(2)适用的税率如下表。

说 明	税 率
① 租赁土地及/或建筑物	10%
② 从土地及建筑物权利转让收益	5%
③ 费用为建造工作施工	2%/3%/4%
④ 费用为建筑工程规划	4%/6%
⑤ 费用施工监理	4%/6%
⑥ 利息按时或储蓄存款和印度尼西亚银行券高于应付银行在印尼经营和政府批准的养老基金等	20%
⑦ 利息比应付银行在印尼经营和政府批准的养老基金等债券	15%

续表

说　明	税　率
⑧ 证券交易所创始人股东出售股份可能会选择交税在其股票上市后的市场价格的 0.5%。如果他们不选择这个，涨幅在随后的销量在正常纳税的规则（在一定的税收协定，这项税收可能没有到期）	0.1%
⑨ 营业收入彩票大奖	25%
⑩ 远期合约衍生工具	2.5%

(五) 关于企业所得税 PPH 25 (INCOME TAX ARTICLE 25)

(1) 企业所得税(PPH 25)每月预缴，计算方法是根据上一年年度应缴所得税款，减去 21、22、23 和 24 章中的税款；然后除以 12 或者纳税年部分的月数。对于年度所得税申报单到期日之前的月份(1—3 月)，每月 25 章所得税的金额应该等于上一个纳税年的最后一个月(12 月)的已付金额。

目前，随着印尼建设市场的不断扩大，越来越多的中国公司开始在印尼登记注册，承建总承包建设工程，项目的税收风险也日益突出。经验告诉我们，加强同税务机关的沟通，优化整合资源配置，提高工作效率和管理效益，提高海外财务人员的素质可以有效避免涉税风险。

二、纳税和报税

在某一特定时期或年份税项负债通常必须通过指定的税收支付银行支付给国库，然后再为电信局办公室通过相关纳税申报备案。在纳税和报税的特定税必须采取按月或按年，或两者每月和每年(取决于税赋问题)。这些纳税义务摘要如下：

每月纳税义务：

税收种类	纳税期限	报税截止日期
第 21/26 条所得税	下一个月的 10 日	下一个月的 20 日
第 23/26 条所得税	下一个月的 10 日	下一个月的 20 日
第二十五条所得税	下一个月的 15 日	下一个月的 20 日
第二十二条所得税-收税	下一个月的 10 日	下一个月的 20 日
第 4 条(2)所得税	下一个月的 10 日	下一个月的 20 日
增值税和奢侈品销售税-企业应纳税所得额	纳税申报表之前申请的最后期限	下月底
增值税和奢侈品销售税-应交增值税收藏家	纳税申报表之前申请的最后期限	下月底

年度纳税的义务：

税收种类	纳税期限	报税截止日期
企业所得税	结束后的第四个月这本书年底之前提交纳税申报表	年底后的第四个月的这本书
个人所得税	结束后的第三个月这本书年底之前提交纳税申报表	年底后的第三个月的这本书
土地及建设税(PBB)	六个月后收到电信总局办公室的应付税金通知信(SPPT)	N/A

上述税款逾期还款收取罚息每月 2%，最高为 48%。一个月的组成部分，例如一天，被认为是一个完整的月份。

三、印尼成立公司税务概述

在印尼投资生产或从事建筑施工企业需在印尼成立公司，大体分为 PT(有限)公司、PE(外国公司办事处)两种形式，现将两种形式税务情况概述如下。

(一) PT(有限)公司所涉及的税种、税率

1. 公司主要涉及税种及税率

(1) PPH25(企业所得税)基本税率 25%，如公司营业收入少于 4,800,000,000 印尼盾，以 1%缴纳；如超过 4,800,000,000 印尼盾，扣除费用后(净利)按 25%缴纳。

(2) PPH23/PPH4.2(代扣税)涉及劳务使用、机械租赁等。

① 如果是建设施工(Construction for Implementation)扣：

a. 4%(如果没有 Lpjk)。

b. 3%(如果有 Lpjk 和属于中和大公司)。

c. 2%(如果有 Lpjk 和属于小公司)。

② 如果是建筑设计和监督(Construction for design and supervision)扣：

a. 4%(如果有 Lpjk)。

b. 6%(如果没有 Lpjk)。

③ 住房子或办公室扣 10%如果有税号，如果没有 20%。

④ 顾问、咨询扣 2%(如果没有税号扣 4%)。

⑤ 劳务扣 2%(如果没有税号扣 4%)。

⑥ 中介和代理扣 2%(如果没有税号扣 4%)。

⑦ 租设备或车(能移动的资产)有税号扣 2%，没有税号扣 4%。

⑧ 会计，审计服务扣 2%如果有税号，没有扣 4%。

⑨ 安装机器、工具、电、电话、水、气体、空调、电视线，但不是施工公司(Construction Company)做的，扣 2%如果有税号，没有税号扣 4%。

⑩ 维修和保养安装机器，工具，电，电话，水，气体，空调，电视线，运输/车辆或建筑物，但不是施工公司做的，扣 2%如果有税号，没有税号扣 4%。

⑪ 提供服务和/或时间在大众媒体，户外媒体或任何其他媒体的信息传递，如果有税号扣 2%，没有税号扣 4%。

(3) PPH26(利润如需划回国内，需缴纳的预提利润返回税)基本税率为 10%(是实现利润的实际金额，在划回前需缴纳税金，剩余部分才可划回)，据代理处了解，可在印尼填写一份 Certificate of Domicile of Non resident for Indonesia Tax Withholding(印尼代扣代缴非居民住所证书)，由国内税务机关确认盖章后，经印尼放税务局认可后可只在印尼当地缴纳 10%税金。

(4) PPN(增值税)，和国内增值税抵扣一致，可以进行销项与进项抵扣。基本税率为 10%。

(5) PPH4(2)最终代扣税,税率为3%。

(6) PPH21(个人所得税)根据人工费用发放表,计提个人所得税。

单位:RP/年　　税率

0	to	50,000,000	5%
50,001,000	to	250,000,000	15%
250,001,000	to	500,000,000	25%
500,001,000	to	无上限	30%

外国员工办理工作签证后,申请个人税号,可减少缴纳个税。

2. 进口物资涉及的税种及税率

(1) 工程机械:

PPH22进口所得税,持有进口许可证税率为2.5%,无进口许可证7.5%。

PPN进口增值税10%。

BM关税:税率2.5%起征,根据进口物品清单税率征收。

(2) 生产物资:

普通钢材及钢结构。

PPH22进口所得税,持有进口许可证税率为2.5%,无进口许可证7.5%。

PPN进口增值税10%。

BM:关税,10%~15%根据实际进口物品清单税率征收。

3. 购置土地税规

企业在投资证件齐全后,该企业可以允许在全印尼境内购置土地;用于建设厂房或投资生产,使用权为期三十年,到期后可以申请延长(目前一次延长期为三十年,有效期间还可以转售第三者)。

在购买土地时,当地政府一般征收(PPH)买方必须缴纳土地建筑拥有税60,000,000印尼盾,以购买价格扣除60,000,000印尼盾后,余额再乘5%缴纳所得税,卖方也需承担5%买卖所得税。

公司拥有土地后再向当地县级政府申请建设厂房生产许可证。

土地税(PBB):土地税及房产税(PBB)为土地或房产所有者每年所缴纳的税费。土地及房产税(PBB)的税率为土地或房产的应税价值(NJKP)的0.5%。应税价值(NJPK),根据政府规定,一般为土地或房产总价值(NJOP)的20%(总价值在10亿印尼盾以下的)或40%(总价值在10亿印尼盾以上的)。

各地方的房产和土地价值需根据当地政府所颁布的关于土地及房产税适用价格进行计算。

(二) PE公司所涉及的税种、税率

PE公司在印尼称为BUT公司,及外国公司在印尼的办事处。所涉及的税种及税率大体与PT公司相同,不同的是PPH4.2(所得税),根据实现的收入来确认(由业主方支付工程进度款每笔申报)。基本税率为4%。

通过印尼公司承包工程实践经验,我们认识到税务及外账管理在承包工程中的重要性,它

影响工程的进度及效益。注重和研究境外税务法规及外账管理，既要考虑企业规模及发展目标，管理上注意研究相关情况，提前筹划，未雨绸缪；还要考虑国际政治、经济形势，施工国与国际社会的关系等多方面因素。随着经济的全球化跨国承包工程逐渐增多，意想不到的问题时有发生，国际工程不单单是经济行为，它包含着政治色彩，当地政府的财税政策和外汇管制等都直接影响我们经营目标的实现，因此不断加强境外税务及外账管理的研究，制定相应的财税策略，正确把握好境外税务管理、外账业务管理和企业管理的关系，确保经营目标的实现，为企业创造更大的价值。

施工合同执行过程中的证据资料的留存及其意义

中国机械工业建设集团有限公司

张沉野

摘　要：

作为施工单位，在施工合同的执行过程中，必须有针对性地建立、留取证据资料，同时注意资料的留取方法及技巧。做好合同纠纷的预防，为合同纠纷做好证据支持。

关键词：施工过程　证据　资料　合同纠纷　留取　方法

工程施工的实施过程，归根结底就是施工合同的履行过程。对施工单位来说，合同签订是工程施工的开始，也是合同履行的开始。这个过程一般来说时间会延续一段时间，小到几个月、半年，长的会持续一年、两年甚至数年。在这么长的合同履行过程中，有很多不可预见的或突发事件会发生。而这些事件的发生会直接影响到合同的履行，并且很多时间会发生合同争议。一旦有了合同争议，就需要有相应的解决方法。而不管哪种解决方法，都需要有相应过程的证据资料作支撑。所以，在合同履行过程中，文件资料的资料留取、整理、收集、保存显得非常重要。

对于建筑工程中的纠纷，常见的是民事纠纷和行政纠纷。但对于施工单位，可能遇见更多的是由于工期、质量、造价、材料供应等产生的建设工程合同争议，是建设领域最常见的民事纠纷。由于其存在的普遍性及经常性，本文所举事例也均为此类纠纷，也将民事纠纷作为本文的论述重点。

建设工程的民事纠纷的法律解决途径主要有四种：和解、调解、仲裁、诉讼。(1)和解是民事纠纷的当事人在自愿互谅的基础上，就已发生的争议进行协商、妥协与让步并达成协议，自行(无第三方参与劝说)解决争议的一种方式。(2)调解是指双方当事人以外的第三方应纠纷当事人的请求，以法律、法规和政策或合同约定以及社会公德为依据，对纠纷双方进行疏导、劝说，促使他们互相谅解，进行协商，自愿达成协议，解决纠纷的活动。(3)仲裁是当事人根据纠纷发生前或纠纷发生后达成的协议，自愿将纠纷提交第三方(仲裁机构)做出裁决，纠纷各方都有义务执行该裁决的一种解决纠纷的方式。(4)民事诉讼是指人民法院在当事人和其他诉讼参与人的参与下，以审理、裁判、执行等方式解决民事纠纷的活动，以及由此产生的各种诉讼关系的总和。

其实不管以上哪种解决争议的方式，证据资料都是非常重要的。根据《民事诉讼法》的规定，根据表现形式的不同，民事证据有以下7种，分别是：书证、物证、视听资料、证人证言、当事人的陈述、鉴定结论、勘验笔录。而我们在施工合同的履行过程中，更多的证据为书证，即在施工过程中所流去的有效的过程来往文件、有效的记录文件、有见证的发函等。

一直以来，就是只有到了对簿公堂的时候，才想到的证据资料的重要性。其实即使不到诉讼的程度，过程的资料证据都会发挥其重要的作用。即使是在和解及调解的过程中，如果你能提供非常有力的证据资料，就会提高说服力，为自己一方得到更多利益增加重重的筹码。所以，应充分认识到资料证据的重要性。下面讲一个工程的诉讼实例，说明资料证据的重要性。

2007 年本公司承接天津中山门地铁换乘站通风空调项目，整个系统采用中央空调加风机盘管的空气调节方式，依照图纸，所有风管采用酚醛板制作的酚醛风管。由于该产品的风管占整个通风管道市场份额不足 5%，当时的普及率还不是很高。而我公司亦无类似的工程经验，亦无成熟的酚醛板供货商。见于此，我们在选择供货加工商的时候，非常谨慎。从企业规模、注册资金、企业性质等方面做了全面评价。选定了一家国内较有名的酚醛板生产企业，并签订了供货及现场加工合同。

工程刚开始还是比较顺利，第一批材料到货加工均很顺利。但到第二批货的时候出了问题。由于该供货商与其的制作商的经济纠纷问题，货物到津后，制作商将其货物在半道扣押，秘密藏了起来。我方得知该情况后，估计他们不能继续执行合同(原因有二：①该批货物量较大，损失很大；②在当地他们依靠制作商进行制作，现在有了纠纷，他们没有合适的制作队伍及人员)，鉴于此，我方马上给该供货商发函，要求他们尽快供货，开始制作风管，并规定了时限。函件采用特快专递及传真两种形式，传真对发送信息存根进行了留存。同时电话与他们的销售总监进行了沟通。刚开始沟通还比较顺利，他们表示马上解决问题。但后来他们的回应就不是很积极，致使时间在一天一天的拖延。由于当时工期比较紧，业主一直在催促工期。如果在原供货制作商的问题没有解决以前，贸然引进其他的供货制作商，将来会在工作量的确认上出现新的争议。为了避免出现新的问题，我们决定促成与其合同的解除。为此，我们再次向该供货制作商发函，说明他们不能按时供货已经造成我们的工期损失，严重影响到我们和业主间合同的执行。并要求他们必须要于 3 日内做出答复，并提出我方将保留诉讼的权利。但是这时候他们已经不再接听我们的电话。我们采用了需要回执的特快专递的方式及公证见证传真的方式。3 日后对方还是没有答复。我方再次发函，明确告诉对方，为了满足我们合同工期的要求，我们不得不与其解除合同，选择其他供货制作商来完成本应由其完成的工作。同时我方保留追究其经济责任的权利，提出工期索赔及经济索赔，还有定金双倍索赔的要求。函件的送达亦按以上方式。做完这些后，我们又通过业主及监理方对前期完成的风管制作工作量进行了书面确认。重新选择供货制作商，签订新的供货制作合同，完成了该项工作。

半年后，我方就此事对该单位提起起诉。确定开庭日期后，该单位的法律顾问找到我方，由于我方所提供的证据材料非常充分，他们肯定是要赔款的，他来无非是希望商议赔款的多少。后来虽然开庭，但是双方还是进行了和解，我们也作了一些让步，基本按照我方诉求得到赔偿。

通过这个事例，我们真正体会到文件资料证据的重要性。事件一发生，我们就与其进行了沟通，但是每次沟通都有函件或发函记录。即使在与其销售总监进行电话沟通的时候，我们也列举了我方所留存的资料，并分析了该事件对各自产生后果，目的是希望达成和解。也就是说，即使在没有第三方参与的和解过程，资料证据也非常的重要，如果你能列举出你所占有的有效资料证据，对于和解谈判也会起到非常大的帮助。对于在诉讼阶段，资料证据的作用更不用说，其对诉讼的胜负起到决定性的作用。

由于资料证据的重要性，在工程合同的实施过程中，应该将文件资料留取保存常态化，使其贯穿在合同执行过程的每一步。同时还需要注意文件资料留存的技巧和方法。

文件资料留存常态化，是每个工程过程所必需的，也是我们每个工程项目所要求的。同时也需要注意到资料留存的技巧和方法。同时也要对工程项目的发展做出预判,及时留存资料。就如在上面案例中,由于预判到事情发展的不利情况,就及时进行了发函,并且留了发函证据。如果没有对事态严重性的预判,依照常规,碍于大家都是合作伙伴的面子,可能更多的是进行口头督促和交流,那样就不会留下强有力的证据。

在留取证据的方法方面,我们也经常会听到资料员说,给他们发函,他们不签收,而有不好强迫他签收。特别有的时候发文对象是甲方,如果他们拒绝签收,现场发文人员更不好强硬要求。其实,在我看来,如果对方已经拒绝签收你的函件,说明问题已经开始有了争议的可能,对方也在回避留下证据资料的可能。在这样的情况下,就不能顾及面子和关系,在矛盾初期,可以委婉的用发传真、发对方公司官方邮箱邮件等方式传送文件。如果矛盾进一步发展,就可以采用公证传真或公证送达的方式进行文件传递。

总而言之,资料证据在建筑工程合同的执行过程中非常重要,我们在重视资料证据的留取、收集、保存过程中,不但要使其及时化,常态化,贯穿在施工合同执行的全过程。同时,我们还需要对资料证据的留存注意其方法及技巧,是资料证据在有阻力的情况下得到很好的获取留存,为后期结算或争议的处理提供强有力的法律依据。

参考文献

[1] 建筑工程管理与实务.北京:中国建筑工业出版社,2011.
[2] 建筑工程法规及相关知识.北京:中国建筑工业出版社,2011.
[3] 中华人民共和国民事诉讼法.2007 年 10 月 28 日颁布.
[4] 中华人民共和国合同法.1999 年 03 月 15 日颁布.

伊拉克萨拉哈丁 2×630MW 燃油电站深基坑深井降水施工

电力事业部

张　昊

1　施工概况

随着工程进度的进展，筑岛和高压灌浆止水桩施工工作已经结束，本工程最关键的降水工作即将开展，其降水工作完成质量的好坏将直接影响后续土方开挖工程和取水口若干建构筑物的施工工作。本次施工期间，实测引水渠道与取水泵房场地地下水稳定水位埋深为 5.50～8.90m，相应的相对标高为 49.45～49.60m，属潜水类型，地下水主要补给来源为底格里斯河水。场地地下水位标高从河边随地形标高增加而增加。场地南侧的河水水位受上游萨迈拉水电站控制，勘测期间底格里斯河河水最高水位约 49.10m，最低水位为 48.05m，变幅约 1m。需要降水区域有取水口及引水道和取水泵房，采用先开挖到地下水位面之后再布置深井降水。

2　场地工程地质概况

根据钻探现场描述及原位测试结果，将场地勘探深度范围内地基土分为 7 层，现自上而下分层描述如下：

素填土①：杂色，主要为场平时堆弃的圆砾土、粉土、粉细砂充填。未经过碾压，较为松散。该层厚度 0.80～2.20m，层底标高 54.15～56.39m。

粉土②：褐黄色，坚硬，稍湿，密实。局部含粉细砂，可见大量白色石膏晶体。该层厚度 0.70～0.80m，层底深度 2.70～3.00m，层底标高 55.44～55.69m。

圆砾③：杂色，稍湿，密实。一般粒径 5～15mm，中细砂充填，顶部可见白色石膏晶体。母岩成分以灰岩为主，呈半胶结状态，局部夹有卵石、粉质黏土夹层。该层厚度 4.20～6.70m，层底深度 6.50～8.60m，层底标高 47.45～51.49m。

圆砾④：杂色，稍湿或潮湿，密实。一般粒径 5～15mm，中细砂充填。母岩成分以灰岩为主，胶结程度较好，钻探困难，多个钻孔在该层钻出胶结完整的柱状岩心。局部夹有粉质黏土、砂、卵石夹层。该层厚度 1.50～3.40m，层底深度 9.00～12.00m，层底标高 45.80～48.19m。

圆砾⑤：杂色，饱和，密实。一般粒径 5～15mm，充填物以粉质黏土为主，部分为中细砂充填。母岩成分以灰岩为主。该层厚度 5.80～7.00m，层底深度 16.00～17.80m，层底标高 38.95～41.39m。

圆砾⑥：杂色，饱和，密实。一般粒径 5～15mm，充填物以中细砂为主，局部为粉质黏土。母岩成分以灰岩为主，局部见粉质黏土、粉砂、中砂夹层。仅 B76 钻孔揭穿此层，该层厚度 4.70m，层底深度 20.70m，层底标高 34.25m。

粉砂⑦：黄褐色，密实，饱和。砂质不纯净，以石英为主。夹有粉质黏土夹层。该层未钻穿，最大揭露厚度 4.60m，最大钻探深度 25.30m，钻至最低标高 29.65m。

场地水文气象及水文地质条件,对本工程有影响拟建场地地下水类型为⑤、⑥潜水,开挖时深基础垫层面大部分位于圆砾⑤,在基坑开挖到地下水位线之后进行降水。场地地下水标高从河边随地形标高增加而增加。

3 降水工程设计

根据工程深井降水的情况主要降水区域取水口及引水道和取水泵房,在取水口及引水道和循环水泵房区域,沿基础边缘布置降水井 21 口(有 6 口井为观测井),井距为 16m,,井深 15.0m。

取水口及引水道和取水泵房数据计算如下:

(1) 基坑等效半径:

$$r_0=0.29(a+b)=29\text{m}$$

a——基坑的宽度;

b——基坑的长度。

(2) 降水井影响半径:

$$R=2S\sqrt{kH}=356\text{m}$$

S——基坑水位降深,取 S=6.5m;

k——渗透系数,k=50m/d;

H——含水层厚度,取 H=15m。

(3) 基坑涌水量:

$$Q=1.366k\frac{(2H-S)S}{\log\left(1+\frac{R}{r_0}\right)}=9290\text{m}^3/\text{d}$$

(4) 单个井点极限出水量:

$$q=\frac{ld}{r'}\times 24=960\text{m}^3/\text{d}$$

l——过滤器进水部分长度,l=5.0m;

d——深井管的直径,r_s=400mm;

r′——经验系数,为 50。

(5) 管井数量:

$$n=1.1\frac{Q}{q}11$$

取保险系数 1.5,结合现场施工图要求,本基坑深井数量至少要取 15 口,取 n=15。

(6) 管井间距:

$$a=\frac{L}{n}=16\text{m}$$

(7) 管井深度(从自然地面计算):

$$H_w=H_1+H_2+iL+H_3+H_4=15\text{m}$$

H_1——基坑深度;

H_2——降水水位距离基坑底要求的深度;

i——降水区内水力梯度,取 i=1/12;

L——井点管至基坑中心的距离；
H_3——降水井过滤器工作长度；
H_4——沉砂管长度。

4 成孔施工工艺及要求

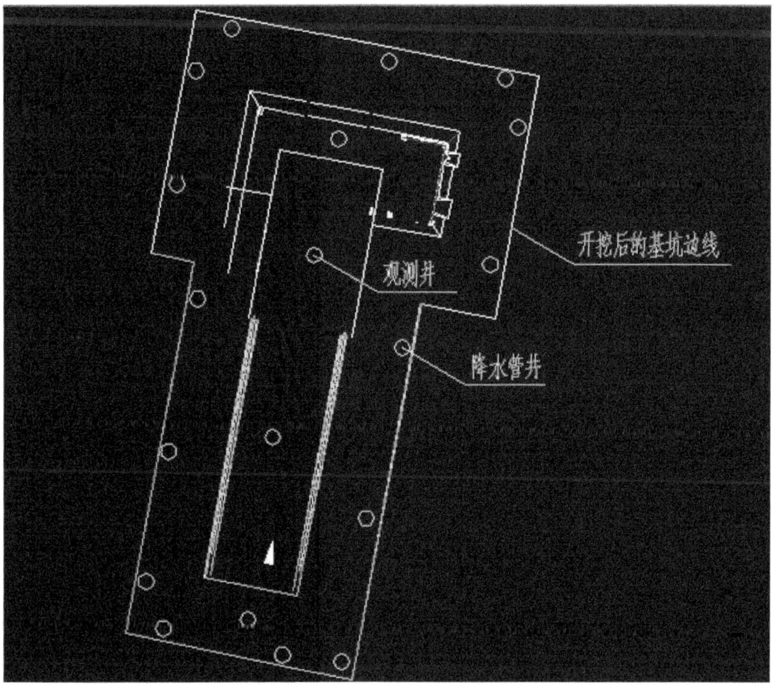

降水管井及观测井平面布置图

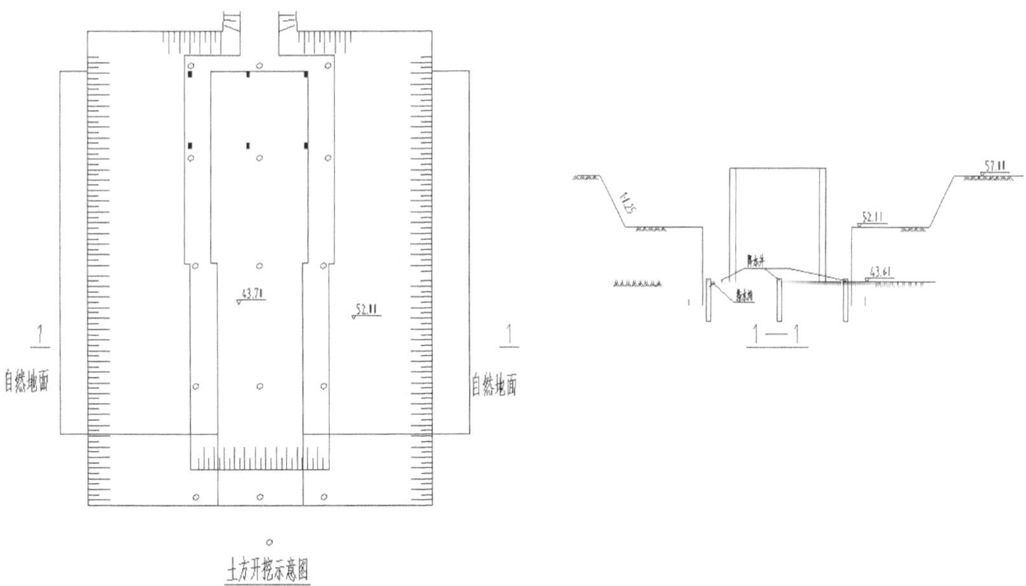

取水口土方开挖方案平面图

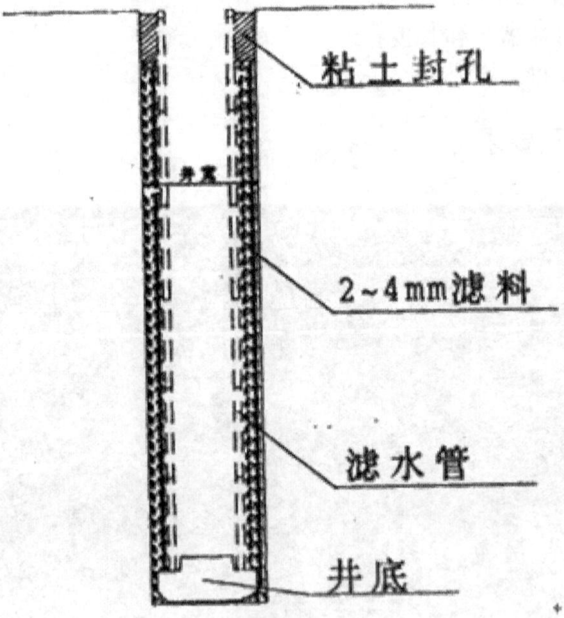

管井剖面图

4.1 基坑开挖准备

需要降水区域有取水口及引水道和取水泵房，采用先开挖到地下水位面之后再布置深井降水。

4.2 施工准备

(1) 测量定位：用测量仪器定出轴线及标高，确定井位。

(2) 用引孔钻机孔连续钻孔取土。

(3) 组织协调好施工作业人员进场工作及井具设备堆放场地。

(4) 现场供电、供水及场地平整由总包协助解决。

4.3 工艺程序

定位→成孔→清孔→下管→填砾→洗井→下泵→抽水

4.4 工艺要求

(1) 定位。

通过测量仪器定出井位，并严格按照设计井位成孔。钻机就位时必须对准所定孔位，机架水平、正直，井位误差不超过10cm。

(2) 成孔。

采用引孔钻钻进工艺，成孔直径为500mm，钻进过程中，根据不同的地层合理选用钻压、转速、泵量等技术参数，采用自然造浆护壁，成孔垂直度偏差小于1%。

(3) 清孔。

清孔的目的是将成孔后的稠泥浆及孔内的泥浆冲出。

(4) 下管。

下管时所有深井的底部要通过测量控制在一个水平面上：为了保证井管不靠在井座上和填砾厚度，在井管上加设扶正器(门形钢管架)。

(5) 填砂。

所用材料为粗砂。

填砂高度至孔口 2m 处，填砂时采用管外返水快投法，封闭井口从管内送入清水，当送入的水从孔中返回时，即可快速均匀地沿着井管四周撒入粗黄沙。

(6) 洗井。

洗井工作必须在下管填砾后及时进行，拖延的时间越长，泥浆与砂土、粗砂一起凝固后洗井越困难，洗井时必须用清水冲洗，以达到要求。

(7) 观测井中地下水位变化，做好详细记录。

(8) 主要设备及材料明细表：

序　号	设备名称	设备型号	数　量
1	冲击钻	Cz－06	2 套
2	滤布		200kg
3	潜水泵	100QS30－30	60 套
4	PPR 管	DN65	2000m
5	塑料薄膜		300kg
6	波纹管	Φ120	950m

4.5 施工图片

5 降水技术要求

抽水工作要求做到：

(1) 每间隔 2～3 小时抽一次，每次抽至干为止(开始每间隔 2 小时抽一次，每次出水时间小于 30 秒时改为 4 小时抽一次)。

(2) 抽水需要 24 小时派员值班，并做好抽水记录，以掌握抽水动态。

(3) 每日二次(间隔 12 小时)定时对观察井进行水位观察，选定一个井点为观察井点，水位观察要在抽水前进行，并做好观察记录。

6 施工计划及安排

(1) 备料：降水井所需材料有：钢管、米石、滤网布、电缆、配电箱、漏电保护器、水泵、PE管、透明胶带及包装绳等。

(2) 场地平整：用挖掘机平整场地。开挖换浆池蓄水池。对回填、有石块或开孔困难地方用挖掘机挖开。

(3) 工期及班组：进场施工 15 个工作日后完成挖土作业。现场分 4 个班组，一组：钻机打孔、滤网布包扎；二组：放线定井位、安装钻机成孔并将预制好的井管放入孔中；三组：将米石运入现场并均匀的填充波纹管周围滤料；四组：将配电箱安装预订位置，接好电源并将水泵投入井中接好排水管进行抽水。

(4) 降水到基础底标高 1 米即可进行土方开挖，基础混泥土浇筑完毕达到规定强度即可停止抽水。

(5) 降水结束后回填降水井。

7 降水施工过程

8 降水效果

经过连续 2 周的降水施工，地下水位面已经稳定在开挖面 1m 以下，在 2014 年 2 月进行取水口区域土方开挖工作，基本开挖在 3 月初前完成，同时保持了 15 个管井共计 50 台抽水泵 24 小时不间断抽水并安排专人值守，在之后的引水明渠和取水泵房基础及下部结构施工中持续排水以保持水位。在后续施工中未出现水位上升导致施工面被淹或其他影响施工进度和质量的情况。

提高火力发电厂土建施工质量的措施

电力工程事业部
张　昊

摘　要：

从火力发电厂构筑物基础、框架结构、钢结构及预埋件和止水带等方面，论述了提高火力发电厂土建施工质量的措施。

关键词： 火力发电厂　土建　施工

引　言

火力发电厂建筑施工与其他的建筑一样，应遵循一定的规律和原则，但由于其特殊要求，在施工中也经常会有超越常规的形式和固有的类型，而与其他的建筑存在一定的差异性，尤其是在主厂房施工中，由于其工程量大、施工时间集中以及技术难度高，同时又与施工技术的发展密切相关，因此，对其施工进行有效的质量控制，对于充分发挥其结构承载力，促进厂房结构体系的进步具有重要的作用。

1　提高基础施工质量的措施

1.1　存在的问题

火电厂汽机基座均为大体积混凝土，若施工中浇筑工艺和降温措施不到位，则往往导致混凝土表面产生温度裂缝或收缩裂缝，部分裂缝的深度可达 40～50 mm，在混凝土成型后期表面出现蜂窝、麻面以及露筋等现象，影响混凝土的强度及耐久性；混凝土浇筑一般采用泵送连续浇筑方法，其对侧模产生很大的冲击侧压力，而一旦发生胀模或跑模现象则会导致混凝土流出，将严重影响混凝土外观质量甚至影响使用要求；由于基础上层与下层钢筋间距较大，若上层钢筋绑扎不牢固，在混凝土浇筑过程中施工人员的踩踏、混凝土泵管的冲击等，都会导致上层钢筋产生位移、偏位、塌陷或是垫块被压碎等现象，最终导致上层钢筋塌陷而影响混凝土浇筑质量等。

1.2　质量保证措施

由于火电厂基础多为大体积混凝土，其浇筑一般需要较长的时间，同时混凝土必须连续浇筑，因而在浇筑时应防止现场混凝土供应不足而导致混凝土出现冷缝等质量事故；应采取分层浇筑，且控制分层厚度在 30～40 cm；在振捣过程中应快插慢拔，控制每个振点的振捣时间以表面出现浮浆为宜，防止表面混凝土振捣密实后与下层发生分层、离析，并消除振动棒抽出时产生的空洞，以保证混凝土内部无气泡产生；对浇筑完成的混凝土应及时覆盖养护，并保证养护时间达到设计要求。在进行模板支护时，应尽量采取螺栓对拉的形式，以承担大部分的侧压力，使其周围的支撑系统仅对模板起稳固作用。若条件允许，可采用短对拉螺杆与基础底板及表层筋端头进行搭焊连接，并充分利用现结构配筋，以减少拉杆筋的用量。若对混凝土表面有要求，不能采用对拉螺栓，则应用槽钢或架管进行加固。基础上层筋除中部应与基础短柱插筋绑扎牢固外，还应用铁丝将表层筋与短柱竖向插筋交叉扎牢，并将表层筋四周用铁丝固定于模板上，其间距应>1.0 m。基础面积越大，则马凳筋也应越多。为了保证混凝土保护层厚度，应尽量采用强度等级较高的砂浆垫块，对于体积较大、钢筋较多的基础底板，则可采用短钢筋头代替混凝土垫块，以避免由于底板钢筋荷载过大将垫块压碎，而导致底板筋局部塌陷、钢筋保护层厚度不足的现象。若混凝土表面浮浆层较厚，则应在表层混凝土初凝 30 min 左右，在其表层撒 1 层碎石骨料，之后进行不少于 3 遍的表面抹压。同时为了防止混凝土侧面出现裂缝，应在拆模后立即用毛毡覆盖养护或突击进行土方回填，以尽量减少基础侧面的裸露时间。

2　上部结构的质量控制措施

2.1　上部结构存在的问题

火电厂建筑一般框架层高较高，且上部荷载较大，若基坑回填土密实度不够，可能会引起个别框架部位框架梁底浇筑混凝土的下沉；在浇筑过程中如果浇筑质量不高，会导致局部框架柱出现烂根、夹层等现象。主厂房框架柱设计时，一般采取梁柱节点外齐平，根据构造要求梁筋必须穿入柱筋内，造成框架梁柱节点处、梁端部两侧表面一定范围内钢筋保护层超厚，在拆模后出现表面裂缝；由于梁柱的混凝土强度不一致，导致施工难度增大而不易控制钢筋接头等质量问题。

2.2　质量保证措施

对于梁底出现的局部下沉现象，除了在基坑土回填阶段控制回填质量外，应充分考虑土体变形等不利因素，适当增加底部支撑系统的竖向荷载值，尽量采用通长的加厚垫木作为支撑垫木，并加设扫地杆，在两端增设斜向支撑，以将部分上部荷载传至框架柱来承受；主厂房所用混凝土一般稠度较高，容易在箍筋间黏附混凝土导致振捣棒插入困难，因此，应确保混凝土的流动性，并在浇筑时先泵入 200 mm 左右高度的同级配砂浆，控制每次下料厚度不超过振捣棒规定值，浇筑过程必须连续浇筑到顶，中途不允许停歇，以避免混凝土假凝造成夹层；浇筑前，应在柱模板下口抹水泥砂浆托盘，并对缝隙进行封堵以确保不漏浆；结构层上方后敷设的配管，应将两管交叉重叠部位的露面混凝土表面局部凿除，并将该部位管道进行煨弯避让，找平层施工时在管顶加放防止产生裂缝的钢板网片，以避免楼面产生裂缝。

3　金属结构、预埋件施工

3.1　存在的问题

在设计过程中，对于金属结构一般不考虑现场接料问题，因此，若现场施工经验不足，则容易发生钢材采购尺寸不准确、接头位置设置不合理等导致的材料浪费现象；对于预埋件尤其是大型预埋件，一般是按照标准图集加工而未考虑结构部位钢筋密集情况，经常出现预埋放不进结构内的现象；尺寸较大的预埋铁件其下部容易出现空鼓现象；钢结构支撑系统未按照规定进行实际放大样，导致安装过程中螺栓孔偏位而影响工程施工质量。

3.2 质量控制措施

对于现场焊接的材料，应在满足规范要求的前提下，对接头数量、位置进行合理、准确的安排，以尽量减少对材料造成的浪费。对寒冷地区露天使用的钢结构，应在采购钢材时充分重视冲击韧性值，以免施工中出现冷脆而导致结构垮塌；对于大型预埋件，应提前对该部位结构钢筋排放情况进行核对，并根据实际情况调整预埋铁件的锚筋位置，以免造成工期延误或浪费；对于尺寸在 300 mm 以上的平面预埋铁件，应提前在表面开排气孔，以避免混凝土下部产生空鼓，并尽量采用拉紧螺栓将电缆隧道预埋件固定在模板表面，以防止其凹进混凝土内；对所有钢结构包括支撑系统在加工制作前进行放大样，以便于发现设计中存在的问题，并避免在高空进行吹割处理

4 止水带施工

4.1 存在的问题

由于使用的黏结材料不当而导致接头不牢固、开裂、漏水，或由于止水带位置放置不准确，未采用支撑筋垫平而发生偏位、边带塌陷、外露；在止水带外露期间若保护措施不到位，而导致其局部撕裂现象；钢板止水带接缝处和穿筋洞处漏焊而导致的漏水。

4.2 质量保证措施

应根据每段实际长度进行材料采购，以减少短头浪费和接头数量；无论是橡胶止水带或橡塑共混止水带，其接头应尽量采用热熔法黏结，若采用冷黏结尤其应注意冷黏结剂的黏结强度、耐候性及耐久性指标；施工时，应在模板上下端部垂直地紧紧挤压住止水带边带根部，外侧用上下压条将止水带中肋环圈压在模板外侧，以避免浇筑混凝土时其向外偏移；止水带每隔 300 mm 左右增设钢筋支撑架，以将止水带夹紧，防止其产生偏位；应确保钢板止水片接头部位和钢板局部穿筋洞处不漏焊，拆除模板时应小心拆除止水带周围的模板，防止将止水带外露部分撕裂；对应外露较长时间的止水带要采取保护措施，在止水带接头、安放及混凝土浇筑时应做好隐蔽工程验收工作。

建筑防水

冶金电力事业部
张　浩

随着人类文明的发展，建筑史也在不断积累，从两千多年前的建筑奇观开始，呈现在人类面前的诸如万里长城、埃及金字塔、罗德港巨人雕像、阿布辛拜勒神庙。到今天的迪拜塔、悉尼歌剧院、台北 101 大厦、北京“鸟巢”。这些建筑都有一个共性，不仅把建筑艺术美表现得淋漓尽致，更是融合历史和人类的文化，让人类和建筑的发展绑在了一起。然而历史告诉我们金无足赤，人无完人，在完美的背后都得经历些许心酸、失败和血汗。

春秋战国时期著名的民间医生扁鹊通过自己的经验总结出了“四诊法”(望、闻、问、切)，《素问・脉要精微论》说：切脉动静而视精明，察五色，观五脏有余不足，六腑强弱，形之盛衰，以此参伍，决死生之分。可见诊法就是对人体进行全面诊察的方法，借以判断人的健康与疾病状态。而建筑就像是一个人的身体，不注重饮食与锻炼，免疫力下降，那样病魔就会缠身，反映到建筑物上面就是施工过程中不注重选料和施工工序和质量就会让其轻则出现美观问题，再则出现裂缝、脱落、起皮、渗水等毛病，重则导致质量事故，危及生命与财产安全。于是我们对建筑的要求也在不断提升，从安全到适用、耐久再到美观、节能。

正如医生看病一样，拿起手术刀，在给有病的建筑动手术的过程中我们发现了建筑的一种常见病——渗水。在建筑工程中，建筑防水技术是一门综合性，应用性很强的工程技术科学，是建筑工程技术的重要组成部分，对提高建筑物安全性、使用功能、耐久性和生产、生活质量，改善人居环境发挥重要作用。防水工程是一项系统工程，它涉及防水材料、防水工程设计、施工技术、建筑物的管理等各个方面。建筑防水工程的任务则是综合上述诸方面的因素，进行全方位评价，选择符合要求的高性能防水材料，进行可靠、耐久、合理、经济的防水功能工程设计，认真组织，精心施工，完善维修、保养管理制度，以满足建筑物及构筑物的防水耐用年限，实现防水工程的高质量及良好的综合效益。同时，防水工程是一项要求较高的专业技术，所以施工专业化是保证屋面、地下室。卫浴间等重要部位防水工程质量的关键，如果选材不认真，技术不够，管理不善，其后果必然导致防水工程的失败。

防水工程质量建筑防水工程整体质量的要求是：不渗不漏，保证排水畅通，使建筑物具有良好的防水和使用功能。

建筑防水工程的质量优劣与防水材料、防水设计、防水施工以及维修管理等密切相关，因此必须高度重视。

根据一般建筑物的特性，建筑防水工作可以细化为以下几个方面。

一、合理的设计和选材是前提，为下一步工作做好铺垫

(一) 防水设计的原则

防水工程应遵循“迎水面设防”、“以防为主，防排结合”的原则，并采用“多道设防”、“刚柔并济”、“节点密封”等措施，根据不同的环境，因地制宜，利用各种手段进行综合治理以确保达

到预期的防水效果。

(二) 防水材料的选型

目前,建筑市场上的防水材料多种多样,大体上可以分为五个大类,即防水卷材、防水片材、防水涂料、密封材料及防渗堵漏等特种用途的防水材料。而每一大类中又可进行细分,如防水卷材可以分为沥青类、橡胶类、高分子类;防水涂料可分为水泥基类、复合类和高分子类等等。每种材料都各有其特性,因此必须根据防水工程的部位、所处的环境、设计防水等级和功能需要等,有针对性的选用合适的防水材料,充分发挥各类材料的特性,从而获得最佳的防水效果。

屋面:屋面因其长期暴露,阳光、雨雪可直接侵蚀,季节、昼夜的温度变化也会使屋面板产生伸缩,因此应优先选用耐久性好、抗老化性能力强,且具有一定的延伸性、耐热度高的防水材料,如聚酯胎改性沥青防水卷材、PVC 防水卷材、三元乙丙防水材或防水沥青油毡等。

地下:由于地下工程长期处于潮湿的状态,较温差变化较小,因此除了需采取"刚柔并济"的多道设防外,还应选用耐腐蚀性好、使用寿命长的柔性防水材料,如玻纤胎、聚酯胎改性沥青卷材等。

卫浴间:卫浴间一般面积不大,但是阴阳角很多,而且各种穿楼板管道也多,防水卷材、片材施工起来比较困难,一般选用防水涂料为宜,施工简便快速,且其涂层可形成整体的无缝涂膜,质量也可以得到保证,如聚合物水泥防水涂料、改性沥青涂料、聚氨酯防水涂料等。

二、防水施工开始前的准备工作

(一) 基层处理

皮之不存毛将焉附,同样的道理,如果基层不处理好,防水层就不能很好的依附,因此在防水层施工之前应先对基层进行处理。一般基层应做到坚实、平整、表面无起砂、起皮、裂缝和积水,含水率达到规范的要求,转角部位还应做成圆弧,阴角直径宜大于 50mm,阳角直径宜大于 10mm。对于卷材等需要涂刷基层处理剂的,应控制基层处理剂涂刷时间,一般只允许提前半天进行。

(二) 防水材料的准备

针对不用的部位和作业环境对防水材料进行选择,防水材料使用前,还必须要按照国家相应规范的要求对防水材料的强度、延伸率等性能进行抽检,以确保防水材料的质量。

(三) 实行技术交底和样板施工制度

施工前,应对施工作业人员进行全面的技术交底,使作业人员对防水施工的工艺和重点部位的处理措施都有所了解。

大面积正式施工之前,还应先进行样板的施工,使施工作业人员对施工工艺有更深的认识,并在样板的施工中提前发现问题,预防预控,以免影响整个防水工程的质量。

三、过程控制,严把质量关

(一)重视细部节点部位的防水施工

防水通常是针对大的面进行施工,但是渗水的部位常常发生在细部节点位置,主要包括后浇带、变形缝、伸缩缝、阳阴角、穿墙、楼板的管根或洞口等,因为它们是防水工程中的最薄弱的环节。由于其数量众多,且施工起来比较困难,如果防水收头没有封闭,很容易会引起渗漏的发生。下面针对两个典型的细部节点,说明其防水做法和质量控制要点。

(1) 底板与侧墙交接部位。由于底板和侧墙通常是分段浇筑的,因此如何做好防水卷材的保护和搭接是该部位防水施工的重点。施工时,可采用砌筑永久性保护墙(砖胎模)的方式,先空铺施工防水卷材附加层,然后在附加层上在做一层防水卷材,两层防水卷材之间采用满粘法。在结构底板标高的位置先甩出卷材接茬的长度,一般不小于 300mm,并采取覆盖土或虚砌 3 皮砖的方式对防水卷材进行保护。底板施工完毕后,将甩茬的防水卷材表面清理干净,在于上部防水卷材进行搭接,搭接长度不小于 100mm。

(2) 地下室外墙后浇带。后浇带防水是外墙防水施工的关键,如果措施不当,将对整个外墙的防水质量产生很大的影响。可采用在后浇带部位加设预制钢筋混凝土盖板的方式,将防水材料施工于盖板上,从而使防水层形成一个整体。

(二)防水层完成后严格进行质量检查,提前发现问题,予以处理

质量检查是我们能“亡羊补牢”的最后一道工序。一旦保护层施工完成,再想要寻找防水层的渗漏点,那是相当困难的。这就要求必须严格按照规范的要求进行质量检查的程序,争取能提前发现防水施工中的不足之处,对可能存在的渗漏隐患的地方进行修补。一般的质量检查工作包括外观、搭接长度、防水层厚度的检查和闭水试验。

(三)加强成品保护,及时完成保护层的施工

成品保护的工作是防水施工中最容易忽略的一个环节,但是成品保护的好坏却能直接影响防水工程的质量。防水层整个施工过程中,应注意对其进行保护;闭水试验完成后,应及时完成保护层得施工,以免防水层被破坏。

施工过程中严禁穿带钉子或尖锐突出的鞋进入现场,以免破坏防水层。施工过程中,质检员应随时、有序进行质量检查。如发现有破损、扎坏的地方要及时组织人员进行正确、可靠的修补,避免隐患的产生。不得在已验收合格的防水层上打眼凿洞,如果必须穿透防水层时,应先与技术管理人员沟通,以便提出合理的修补措施并及时进行修补。钢筋绑扎和模板支设时应尽量减少对防水层的冲击,必要时可加设柔性材料进行隔离。严禁抛掷钢管、钢筋、扳手等材料和工具,以免破坏防水层。在施工过程中对易受污染、破坏的防水成品和半成品要进行标识和防护,并派专人进行巡视检查,发现有保护措施被损坏的,要及时修复。

工程的渗漏及防水通病,严重影响了用户的正常使用,但是它并不是无法避免的。只要明确“设计是前提,材料是基础,施工是关键,管理是保证”的思想,在防水工程的施工中严格对各工序的质量进行控制,采取有针对性的预防控制措施,必定能达到预期的目标。

四、防水工程的控制要点

综上所述，建筑防水是一门综合性、实用性很强的工程技术，对于建筑工程的使用功能起着至关重要的作用。实践得出经验，针对建筑屋面、地下室、卫浴间以及储水池等部位提炼出建筑防水工程质量控制要点。相关部门对防水工程出现渗漏现象分析结果显示，渗漏原因中由于材料不良造成的占 20%～30%，由于施工粗糙造成的约占 45%～48%，由于设计存在问题造成的占 18%～26%，建筑防水工程质量所谓四漏(屋面漏、卫浴间漏、外墙体渗漏和地下室漏)问题已成为常见的质量通病，应引起注意。

(一) 基层的控制要点

基层是防水层的依附体，其质量好坏直接影响防水层的质量，主体结构和找平层的刚度、平整度、强度、表层坡度准确，表面完善无起砂、起皮、缝、基层的含水率等都是保证防水层施工质量，防水工程质量的基础。防水层施工作业条件的控制要点气候条件施工条件成熟与否直接关系到施工质量，防水工程大部分露天作业，气候因素影响较大。施工期内遇雨、雪、霜、雾、大风和气温低于 5℃或高于 35℃都会影响防水层施工质量，也妨碍施工作业人员顺利施工操作。热熔卷材和溶剂型涂料可在－10℃以上气温条件下施工；沥青；改性沥青和高分子聚合物卷材不宜在 0℃以下施工；沥青基涂料、高分子聚合物水乳型涂料及刚性防水层，不宜在 5℃以下气温中施工；气温超过 35℃是所有的防水层均不宜施工；炎热的夏季后半夜因产生露水、5 级以上大风天气尘土沙粒影响与基层粘接，污染基面均不得进行防水施工作业。重视防水层与相关层次施工交叉问题防水层所用的材料，必须本着有出厂合格证书和实验报告单，同时在现场使用前必须再做防水试验，合格后方可使用。与防水层相关的层次是找平层、隔汽层、保温层、隔离层、保护层等。防水层施工往往与相关层要交叉作业，这些相关层次的施工质量对防水层的质量有很大影响，甚至直接影响到防水工程的成败。特别要注意监督保护层的施工，绝不能碰坏、戳破防水层。

(二) 卷材防水施工质量控制要点

卷材防水的材料种类多样，常用的施工工艺有热粘法、自粘法、机械固定法、埋置法等等、施工中严格按照施工工艺标准等施工规范要求、施工工艺流程进行，铺贴方向、两幅卷材和卷材层与层间，及搭接的宽度与长度要符合要求。卷材冷粘施工时，胶接材料要依据卷材性能配套选用胶粘剂调配要专人进行，及时采样化验，不得错用、混用，在这方面严加控制。严格掌握基层含水率达到要求后才能进行粘贴。注意控制阴阳角、穿墙等细部节点的处理。

(三) 涂膜防水施工质量控制要点

涂膜防水施工按涂膜厚度划分为薄质涂料施工和厚质涂料施工。无论是薄质涂料采用的涂刷法喷涂法，还是厚质涂料常用的涂压法相互涂法施工；在单纯涂抹或胎体增强材料涂膜(如玻璃纤维或化学纤维)做成一布二涂。二布三涂、多布多涂都要做到：防水材料规格型号符合设计要求，操作施工方法符合各项规定，防水涂料的配方符合工艺要求，胎体增强材料与所使用的涂料要匹配无误，施工操作的条件、配料温度、施工环境温度(气温)、操作时间配料用量和顺序、搅拌强度、涂料变数(次)必须复合工艺规定、施工顺序按照先高后低、先远后近的原则进行。

（四）密封防水材料施工质量控制要点

密封材料常用的主要有改性沥青和成高分子密封防水材料两大类；施工方法根据材料性质，分冷嵌法和热灌溉法两种。为确保施工质量应在施工机具的选用、配料与搅拌、粘接性能试验和嵌填背衬材料的控制，以及施工操作等几个关键环节进行监督控制。热灌法操作要重视密封材料现场塑化和加热温度一般在 110～130℃；最高不得超过 140℃，注意使用的温度计测温适应在中心液面下 100mm 左右处进行。塑化或加热到温度（不宜低于 110℃）应立即现场浇灌，嵌填要高出板缝 3～5mm。冷嵌法施工用手操工操作，从底部嵌起，防止漏嵌虚填，注意不得产生混气现象；嵌填妥密实饱满，按顺序进行，最好用电动或手动嵌缝枪进行操作。防水层的保护层材料选用和施工应按设计图纸设计进行施工。保护层施工时要注意防水层的保护，要在防水层上做好临时保护措施，严防戳破防水层，防水层施工完毕应及早进行下道施工工序，不宜间隔时间过长，防止水层材质损坏。

综上，建筑防水是一个永久的话题，伴随着建筑的进步与发展，伴随着人类的生活与繁衍，善于发现，巧于利用，精雕细琢，让建筑更好地服务于人类。

项目控制管理专题交流

张 娟

"项目控制管理"是集团总部从去年年末提出,不是为了吸引眼球、为了创新而创新的理论研究,而是针对当前项目管理中切实存在的突出问题,深入探讨总结出的一套项目管控体系。这里围绕项目控制管理的意义、核心内容及主要控制活动简要介绍这套管控体系,希望能够引起共鸣,对全系统项目管理工作起到促进和帮助的作用。

一、什么叫项目控制管理

"项目控制管理"是指围绕项目合同、进度、成本、资金等四个核心要素而开展的一系列管控活动,其核心是以事先制订的合同范围、工期、成本及资金管理目标为依据,定期或不定期地对项目实施各环节进行监测、调查、分析和报告,发现并纠正项目活动与目标之间的偏差,组织对项目目标完成情况的阶段考核。

二、为什么提出项目控制管理

随着中国建设的日益发展,这几年我们承接的大项目越来越多,无论从项目的体量规模、实施复杂性,还是技术难度等都较以往有了明显的提高。而企业的资源瓶颈、项目管理能力等并没有得到质的改善。这些年在集团公司工程管理部跟一些大项目项目经理交流,大家都普遍感觉项目执行风险突出,项目履约压力较大。

事实上,我们在个别项目的执行方面已经有了一些深刻的教训。项目合同范围管理松懈,设计、分包变更控制薄弱,工期进度一拖再拖,资金超额垫付,最终造成项目成本严重超支,企业经济效益也直接受损。而在整个事态发展的过程中,企业决策层往往"无知无觉",通常都是在既定事实之后才发现项目管理环节的漏洞。

什么原因呢?客观分析,我们认为现行的项目管理机制存在问题,企业实行项目经理责任制后,项目执行绝大多数依赖项目经理或项目团队,企业没有充分发挥支持、指导以及监督管理职责。我们应该把项目管理看成一个系统工程,企业总部、企业分支机构、项目经理部应该形成一个有机整体,集中优势资源,合力保障项目履约。我们需要构建一个自下而上、层层控制、行之有效的项目控制管理体系,一方面,合理授权、有效支撑,解决项目经理部的后顾之忧,另一方面强化企业对项目部的监督控制力度,保证项目运行不偏离公司预定轨道。

三、如何开展项目控制管理

总结了以下七字要诀:

组织体系是保障,
项目策划是龙头,
成本控制是核心,
合同管理是基础,
进度控制是主线,

资金风控是重点。

从工作开展角度来讲，首先必须完善项目控制管理的组织体系，包括建立健全各级控制机构、控制岗位和人员，明确相应职责。其次是制定相应的控制管理制度，明确项目各实施环节中的核心控制要素和具体要求。最后就是结合具体项目情况，有针对性地组织过程控制活动。

1. 组织体系

谈到组织体系，考虑各单位机构设置、生产组织方式不同，这里以集团总部项目控制组织体系为例，介绍组织体系的构建思路。

集团总部项目实行公司、事业部、项目部的三级控制管理体系。公司级项目控制机构对事业部实施项目控制；事业部级项目控制机构，对直营项目部或子公司实施项目控制；项目部级控制机构，对项目部日常管理活动实施项目控制。

1.1 公司级控制机构职责

以集团公司工程管理部牵头、资产财务部、审计监察部配合形成公司级项目控制机构，负责总部项目合同、进度、成本及资金等目标的控制，掌握项目的实际状态，监视事业部项目执行情况，洞察项目偏差和风险，及时向公司有关领导报告，督促事业部纠正或整改。

具体职责包括：

- 组织项目策划审查，审定事业部级项目控制目标，并且督促事业部分解落实项目经理部控制目标。形成两级控制目标。
- 组织项目分包、采购合同评审及审批，负责分包合同结算及资金支付审核，关注合同范围变化。
- 按月审查项目工程月报，包括进度、成本月报，组织月度生产例会和季度成本分析会，动态跟踪监控事业部级项目控制目标。
- 组织项目成本专项调查、核对与评估。负责组织事业部级项目成本目标的调整审批。
- 组织项目巡检，督促检查事业部对项目部及子公司的过程检查和阶段考核；项目结束，组织项目目标完成情况考核。
- 负责监控项目资金收支情况，定期进行总部项目现金流分析。
- 组织项目审计，对项目财务收支、验工计价、成本控制和经济效益等方面进行审计并提出意见。

1.2 事业部级控制机构职责

集团公司四个事业部分别建立项目控制机构，由事业部主要领导担任控制机构负责人，下设控制岗位和人员，负责事业部所有项目的合同、进度、成本及资金的监控和统筹，掌握项目的实际状态，协调和项目甲方的关系，指导和协助项目部解决有关问题。检查、考核项目执行情况，发现项目偏差和风险，分析原因，及时向事业部总经理及公司项目控制机构报告，提出纠正措施并督促项目部落实整改；

具体职责包括：

- 参与事业部项目承接前的标前策划和项目承接后的合同交底，掌握项目投标及签约成本预算。
- 组织中标后的项目实施规划，包括项目合同任务分解、分包规划、进度计划、目标成本预算及资金计划，形成项目策划文件提交公司级控制机构审核。

- 基于公司审定的事业部级项目控制目标，审定项目部级控制目标，组织与项目经理部签订《项目目标责任书》。
- 组织事业部项目分包、采购合同的审核及报批，组织项目资金费用支付审核，定期进行项目现金流分析；协助项目部进行各种变更、索赔等商务谈判，审核项目对内对外结算，监控合同范围管理。
- 审核事业部项目《工程月报》，包括进度成本月报，审查项目部季度成本报告，对照项目目标进行偏差分析，审视项目进度、成本、资金状况，汇总分析、组织月度生产汇报和季度成本汇报。
- 组织事业部对项目部的过程检查和阶段考核。项目结束后审核项目最终成本报告，提出项目考核报告并按照公司审批意见实施奖惩。

1.3 项目部级控制机构

集团公司已经明确规定总部事业部项目必须设置项目控制经理岗位，并给予项目经理、项目控制经理额外津贴补助。项目实施策划阶段，必须明确项目部级控制机构的设置方案和核心控制岗位人选。项目部级控制机构负责项目合同、进度、成本、资金等目标的监测和报告。掌握项目的实际状态，统计、分析项目执行情况，及时向项目经理、事业部项目控制机构报告。提出偏差或问题的纠正措施，并跟踪整改效果。

具体职责包括：

- 组织编制项目进度计划(包括总体进度计划和各级子进度计划)，在项目实施过程中，审核各区域或专业工程的进度测量报告，统计和报告项目实际进度。持续跟踪项目各级进度计划，检查实际进度是否按计划进行，发现偏差或问题及时报告并分析原因，提出补救措施或调整方案。
- 负责合同商务管理。组织分包、采购的商务谈判及合同草拟。组织对合同甲方的进度支付申请，组织审核分包、采购费用支付申请。组织进行合同工程量、价的统计与分析，监控合同范围变化，对于出现合同变更及索赔事项，及时向甲方提出变更、索赔，审核和控制分包商/供货商提出的变更和索赔。组织进行各种商务谈判，组织项目合同的修改、变更及结算。
- 组织编制项目各级成本目标和管理计划，负责项目实际成本费用的汇总和计算，按月进行项目计划成本与实际成本的对比分析，监测偏差查找原因，编制项目月度成本报告。定期进行项目成本费用估算，预测成本趋势，提出控制和调整建议。根据公司要求进行项目成本专题分析和报告。组织编制项目最终成本报告。
- 组织编制项目资金收支计划，组织项目实际收支统计、分析和报告，监测项目净现金流量，按月进行项目计划收支与实际收支差异，及时报告并调整资金使用计划。

在组织体系保障的基础上，我们接下来讨论项目实施环节中的核心控制要素，以及具体控制要求。

2. 主要的项目控制活动

2.1 项目策划

项目策划是项目运行和实施的原则和依据，更是项目过程控制的基准。通过两年多的推广和运行，全系统项目策划工作取得实质进展，项目策划基本纳入了各单位日常管理活动。以集团总部为例，事业部必须在合同签订之后90日内与公司签订《项目实施计划书》明确项目管理目标，否则项目成本费用将无法开支。在此之前事业部需要组织项目策划，提交策划文件，申请公司组织策划审查工作。活动虽然有效开展，但策划的准确度和精细度还有待提高。而且基于项目管理目标的分解落实，事业部与项目经理部之间的《项目目标责任书》工作还不完善。项目经理部需要对项目管理目标进一步细化分解，编制详细的各项管理计划，就像关总报告里提到的不仅要“有目标”更要“有措施”，只有这样，项目控制管理才有切实可行的参照基准。

2.2 合同范围管理

一个项目没有清晰明确的合同范围界定，其管理必然不同程度的发生混乱无序、分歧百出、过程失控，最终导致偏离项目目标，导致项目不尽人意或失败。因此，对合同范围的清醒认识和精细管理是干好项目，抓好控制的基础。

我们需要从以下几个方面开展合同范围的控制管理活动：

（1）合同交底

当前我们普遍重视项目承接，而对合同分析和合同交底往往不够重视，甚至忽视了这项工作，合同签订与合同执行脱节，各级控制管理人员只知其相关工作职责，而对合同总体情况知之甚少，甚至完全不了解合同的具体内容，给日后的合同管理工作埋下隐患。集团总部要求事业部合同签订之后30日内必须完成合同交底工作，以确保项目实施规划以及后续控制管理活动的顺利开展。

（2）主合同工程量清单管理

目前很多重特大项目均是以初步设计概算价格承接。主合同工程量清单内容不清。集团总部要求项目部、事业部根据项目设计进展情况，及时完善施工图预算工作，及时预见并防范商务风险。

（3）主合同工作任务分解

为加强合同范围控制，集团总部在项目分包规划环节增加《主合同和分包合同工程量清单对照表》，要求明确每一个主合同清单项目所对应的分供单位、清单项目、工程量及价格，保证工程范围的无缝对接。并要求在项目实施过程中，及时统计和更新实际工程量，监测主合同与分包合同工程量清单的量价偏差，为项目合同商务管理做好基础工作。

（4）分包采购合同评审

坚持公司对分供合同的统一管理，严格约定分供合同的评审和签订权限，各级控制机构按职责履行合同拟草、谈判、评审及签订工作，注意分供合同中有关计价方式、支付条件、工程标准等与主合同的对应性或适应性。

（5）合同变更与索赔

对于出现合同变更及索赔事项，及时书面沟通，向合同甲方提出变更、索赔。项目制定分供方变更和索赔的控制程序与审核权限。主合同修改、分供合同的修改及结算通过公司级控制机构审核。

2.3 工期进度控制

工期计划是财务资金、劳动力组织安排、机具调遣、技术准备及现场组织等各项管理计划的基础，进度控制直接影响项目工期、资源及成本投入。因此项目控制管理必须以进度控制为主线。集团总部围绕工期进度方面的主要控制活动包括：

(1) 项目总体进度计划

要求项目部梳理各参与方的权责范围，站在工程总承包的角度编制包含设计、设备材料采购及储运、施工等在内的全面的项目总体进度计划，争取得到合同甲方及其他各参与方的确认，作为项目工期进度控制的基准。各级控制机构时时跟踪总体进度计划，并保持持续更新。

(2) 工程月报

《工程月报》作为项目信息交流的载体，涵盖了项目合同、进度、资金、成本、人员、物资、质量、HSE 等全面的工程进展信息，是进行项目目标动态管理的数据来源。集团总部制定了严格的月报制度，要求项目部控制机构每月 25 日报送事业部，经事业部控制机构审核后，每月 28 日前报送工程管理部，并传递有关职能部门及领导。

(3) 进度 S 曲线

集团公司两年前引入进度 S 曲线，要求在项目策划阶段，根据项目进度产值计划编制项目计划进度 S 曲线，在项目执行过程中，每月累加实际产值绘制项目实际进度 S 曲线。通过项目实际进度与计划进度的直观对比，判断项目当前进度的滞后或超前情况，并通过曲线历史轨迹，就可了解到项目的整体运行情况，预测后期工程进度。

(4) 生产例会制度

集团总部一直坚持生产例会制度，徐总、各主管领导、有关职能部门都参加会议，各事业部控制人员逐一汇报各所属项目进展情况，包括进度、成本、资金等核心内容，提出并通过会议协调解决项目存在的有关问题。目前生产例会不仅成为集团公司项目执行的重要信息交流平台，也为集团公司生产管理提供重要控制措施。

2.4 项目成本控制

项目成本控制是项目控制管理的核心，也是我们当初构建项目控制体系的切入点。各单位在成本控制方面都颇有心得，在这里我不班门弄斧，就几个关键控制环节与大家交流共勉。

(1) 投标预算、签约预算、目标成本预算

目前绝大多数单位都能做到项目目标责任制管理，项目无论大小，项目目标成本预算环节基本都能保障。为加强预算管理，集团总部提出在投标报价前编制项目投标成本预算，在合同签约后编制项目签约成本预算，在项目实施规划后编制项目目标成本预算的三级预算编制要求，并且要求三级预算统一成本科目，保持成本预算分析的延续性，强化项目投标阶段的成本测算与分析。

(2) 月度成本报告

以目标成本为基准，按月统计累加项目实际成本发生数据。项目控制机构必须在规定日期前完成分包、采购成本、直接费用以及间接费用的统计工作，汇总项目现场及总部两部分成本费用。说起来简单，做起来难，要保证成本数据的全面性，必须协调各级机构，掌握包括资金占用利息等在内的全面成本数据。在实际成本统计的基础上，对照目标成本科目，分析每一成本子项的偏差情况，并且分析偏差原因。

(3) 赢得值曲线

按照上述方法进行项目实际成本与目标成本的对比分析，只能反映项目实际成本有没有超出目标成本总预算，并不能反映在当前进度节点上的成本是超支还是节省。集团总部今年试行赢得值分析方法进行费用/进度综合控制，通过 BCWS、BCWP、ACWP 三条曲线的对比分析，能够准确掌握工程项目的成本、进度状况和趋势，进而有效的控制项目成本。

(4) 成本核算口径

集团总部提出三种成本统计口径，一是按照会计核算准则成本收入配比法确认的财务核算成本；二是按照权责发生制，以甲方确认工程量作为收入配比计算的权责成本；三是按照实际对分包确认、材料进场及费用发生的进度成本；三种口径成本每月对比，规避核算方式造成的人为成本偏差，确保成本数据的准确性。

(5) 季度成本分析报告

为及时审视项目成本现状，预判并控制成本风险，集团总部今年开始按季度组织直营项目成本专题分析会议，由事业部项目控制机构汇报项目实际成本发生情况、与目标成本偏差分析，说明可能存在的成本超支因素及预防措施，并预测项目成本整体趋势。

(6) 项目成本专项审查

公司级控制机构定期对重特大项目进行成本专项审查，深入开展项目成本监控。一方面核实项目成本实际情况，包括审核实际成本确认依据、工程计量支付程序、测算项目预计成本总额、预期项目成本超支情况等。另一方面检查项目部成本管理体系运行情况，规范项目成本管理行为。

(7) 项目成本考核

项目竣工交付，完成主合同及项下分包采购合同结算，项目部提交《项目最终成本分析报告》，审计监察部完成项目完工审计后，事业部可以组织项目完工考核，重点是成本考核，并根据考核情况兑现奖惩。集团总部目前实行奖金预留及成本节余奖励的奖惩措施。

2.5 项目资金控制

由于建筑业收支不平衡的行业特性，再加上企业这两年的投资并购与快速发展，全系统目前资金压力普遍较大，2013 年末集团合并数据显示，贷款规模 15.62 亿元，利息支出 9691 万元，应收账款 12.43 亿元，在施工完待决算项目垫资 9.04 亿元。资金风险已经上升为企业经营的最大风险，资金控制作为现阶段项目控制管理的重点，必须予以重视和加强。

(1) 资金计划

在项目策划环节，加强项目资金计划管理，切实按照项目进度计划、资源成本投入情况，认真筹划资金收支方式，真正按收入支出两条线进行资金预测，编制相对准确的现金流量表。资金计划同样需要在项目执行过程中及时跟踪和调整。

(2) 收支监控

集团总部实行收款确认、付款审批的资金收支监控管理。工程管理部、资产财务部作为工程款支付审批人，在审核付款与进度、发票匹配的基础上，借助财务管控信息化系统，严格执行项目预算管理，实行超支项目坚决停付。

(3) 应收应付款管理

集团总部多次强调重视应收应付管理，尤其是应收账款管理。要求各级控制机构在项目执行过程中及时获取甲方的工程量确认证明，在项目竣工交付后及时督促甲方办理工程结算，并采取有效措施尽可能催收，提高公司资金周转效率。要求事业部在每月生产例会通报各项目应收应付统计数据，督促应收账款管理。

(4) 垫资项目管理

集团公司要求加强投资风险和重大项目管理评价，对于垫资大且业主无抵押担保的项目不再跟踪投标，对于确需垫资执行的项目，要求加强资金使用监控力度。在项目资金计划环节多次论证，力求精确，确定项目最高峰垫资额度及阶段垫资计划。并且要求责任单位制定专款专用措施或管理办法，在项目执行过程中有资产财务部严格按计划分批垫付，严格资金成本核算，严格督促垫款回收。

以上我们对项目策划、合同管理、进度成本及资金控制等核心要素的主要控制活动进行了梳理。集团总部按照项目实施阶段将这些控制活动细化分解到各级控制机构，明确了控制目标、指标及具体要求。这样更有利于各项控制活动的落地执行。

这里以集团总部为例，通过介绍项目管控体系，主要交流项目控制管理的思路和方法。由于各单位实际情况不同，相信绝大多数单位都有一套独具特色的项目管理体系，项目控制管理的做法也大同小异。希望今后进一步交流探讨、互相借鉴，更好地促进项目控制管理工作。

中国建设集中采购之战略思考

张　娟

推行集中采购是加强项目集约化管理、提高企业总承包能力的基本要求。集中采购的问题,我们已经谈了很多年,但至今仍处于探索阶段。什么是集中采购、如何实现集中采购? 这些都是我们需要思考和解决的问题。我的理解是,集中采购有两个方面的含义:一个是指将采购权集中在企业层面,一个是指在规模上实行集中的批量采购。前者是后者的基础和保证。

第一方面是有关"采购权集中"的问题。

目前,全系统部分企业的大宗物资的采购权已经集中在企业层面,集团总部"集中采购名录"内的物资也明确由采购储运部集中采购。但就实质开展而言,各单位集中采购的程度不一。一方面体现在集中采购所覆盖的物资范围与种类有多有少。据了解中机一建和中机二建基本可以实现境内项目所有施工材料(包括地材)均由公司集中采购。而其他单位大多仅局限于零星的几种大宗材料由公司集采,剩余由项目自行采购。另一方面体现在采购权限没有"实质集中",打着集中采购的名义,其实只是由公司履行采购行为,实质决策权仍由基层单位掌控,包括供应商选择、招评标定标定价、合同支付谈判等环节。由于存在以上两种现象,造成"集中采购"流于形式,形同"鸡肋",得不到深入执行,企业层面无法将各基层的采购业务真正整合,无法发挥集中采购的规模优势。

这方面我的设想是:基于长远战略考虑,全系统业务合作日益紧密,集团层面的集中采购是企业集约发展的必然趋势。因此,"采购权集中"可以分成两阶段规划,第一阶段是法人企业层面的采购权集中,第二阶段是全系统集团层面的采购权集中。目前现阶段,仍应鼓励所属单位完善自身的集中采购建设工作。在合适的时机试点一两种材料的全系统集中采购。针对集采物资范围,由于施工项目大部分物资采购时间分散、品种繁多、数量多少不一,许多材料无法进行集中采购,因此集中采购范围应该明确,可以建立分级集采名录。一级为集团级集采名录,譬如钢材、电缆等全系统通用大宗材料,要求全系统各单位在第一阶段必须实现企业层面的集中采购。集团总部收集汇总供应商及价格信息,在第二阶段可以实行集团层面集中采购。二级为企业级集采名录,由集团总部建议集采物资种类,所属法人单位可以根据实际业务选择集采范围,做好集采工作。即便第二阶段仍保留由各单位集中采购,不作为集团层面集采范围。具体开展集中采购业务时,要明确划分业务权限,完善制度体系和工作流程,避免责权不清,界限不明。

第二方面是有关"规模采购"的问题。

众所周知,降低材料费用是降低工程成本的重要途径,而实行材料规模采购则被认为是降低材料费用的最直接最有效的手段。如何实现材料规模采购,很多人认为把全系统工程项目的所有物资集中采购就能实现规模效益。我认为这种想法过于简单,中国建设是一个企业集团,而不是一个企业,要打破各子公司的责、权、利边界来为每年的几千个项目实施这么大规模的统一计划、采购、仓储、调配、运输是不可能完成的任务,即使在各子公司层面实施也非常困难。我们不仅仅要看到规模采购所带来的规模经济,还必须看到"规模不经济"。随着采购规模的扩大,采购行为本身的成本也越来越大,甚至会超过规模效益,变成了"不经济",而且采购的效率也难以保证众多项目的正常生产。因此，我们应该重新认识规模采购问题，既要看到它的好处，也要看到它的难处，更关键的是要根据企业生产经营的实际情况，实事求是地去研究、探索，不能盲目追求。

这方面我的设想是："规模采购"必须与一定"度"的采购范围相匹配，中国建设集团应该找到适合自身业务特色的集中采购的"度"。然后，基于第一方面对"采购权集中"的论述和规划，在保证集采物资"采购权集中"的基础上，分步骤分层级实施集中采购，逐步积累形成采购量的集中效应和供应商的集中效应。

有了上层基础，接下来就是如何在操作层面更好地开展具体业务的问题。借鉴国内其他建筑企业集中采购经验，我建议分三步落实集中采购。第一步建立"集采平台"，第二步设立"集采中心"，第三步成立"集采实体"。

所谓"集采平台"，是指由集团总部构建一套采购电子商务平台，借助信息化手段，通过共享供应商资源、创建快捷高效的沟通方式，将总部各事业部、各子公司"线下采购"搬到"线上采购"，可以实现各基层单位在集采平台上统一进行推荐和共享供应商资源，统一进行采购计划归集、订单询价、网上竞价、招标和议标、采购数据分析等。在各基层单元的采购业务集合体现的基础上，规范全系统采购管理，促进降本增效和管理水平提升。

设立"集采中心"，是指在"集采平台"应用到 定阶段，某几种通用或大宗材料积累了一定的供应商资源与采购数量，可以试点开展集团层面的集中采购之时，由集团公司设立一个采购机构，并以此为载体为各基层单位提供某种(或几种)材料的招标采购工作。采取定期或不定期的公开招标、分别议标、统谈分签的形式进行采购。具体讲由"集采中心"根据汇总的采购计划需求统一组织招标、评标，组建评标小组，确定中标单位，谈好付款条件。由各基层单位与供应商签订供货合同并负责履约。由"集采平台"时期的"单兵作战、各自为政"改变为"集中招标"，但受制于法人结构的工商、税务等法律约束，无法实现统一签订合同、统一支付资金的管理需求。

变"集采中心"为"集采实体"是指真正成立一个采供及物流的法人主体，通过行政引导、市场化运作的手段，赋予"集采实体"物资供应责任，凭借各基层单位集中地需求量优势，直接与生产商签订长期或战略订货协议，享受批量优惠，实现"低价锁定、跨期采购"，在降低材料成本的同时，也可以借助低成本优势，逐步拓展在外部市场的盈利空间。而且"集采实体"作为一个真正意义上的供应商和物流商，完全可以解决"集采平台"关于合同管理及资金支付的问题。

我设想可以通过上述两阶段战略规划、两级集采名录、三步实施方案，从"数据集中"到"业务集中"，最后发展为"能力提升"。展望中国建设集中采购之路，一定能在未来几年逐步拓宽、不断发展，也必定为全系统的工程承包业务做出突出贡献。

对孟加拉施工市场开发的思考与分析

张　乐

我国在经历了三十多年的经济改革开放发展之后，国内基础设施建设已取得了长足的进步，然而对于建筑施工企业而言，却将隐含几分忧虑。因为国内施工市场将趋向典型的卖方市场，僧多粥少，竞争异常白热化；特别自我国加入WTO后，中国市场国际化，国际市场中国化，走出国门已是诸多企业早已制定的中短期发展战略与市场定位。下面以孟加拉市场为例，根据对孟加拉国的施工市场的一些了解与体会，经过进行了一系列的分析，认为孟加拉国施工市场存在着广阔的空间，中国施工企业有开拓与发展的可能，但刚开始必须面临一些风险，特别是开拓市场的经营风险。

一、国情现状

1. 经济和政治概况

孟加拉国是南亚地区乃至全球最具经济发展活力的国家之一，GDP平均增速连续多年保持在6%以上。丰富的廉价劳动力资源、积极有效的对外政策、不断完善的硬件条件及极具潜力的国内市场都是推动孟加拉经济发展的重要因素。联合国贸易与发展组织最新报告显示，按照目前的发展速度，孟加拉有望2021年脱离最不发达国家行列，进入发展中国家队伍。但同时，孟加拉目前又是最不发达国家之一，国土面积小且人口过多，经济发展水平较低，基础设施差、土地匮乏、能源短缺、政府办事效率低下问题突出。孟加拉市场机遇与挑战并存，困难与希望同在。

近年来孟加拉政治局势发展保持了较为平稳的态势，除了2013年因大选问题导致国内出现了较严重的动荡外，其他时间孟加拉政府运行均比较平稳。随着2014年孟加拉第10届议会换届选举的结束，孟加拉有望再次进入一段相对稳定时期。孟加拉新一届政府继续保持外向型经济为主导的发展原则，对内实行市场经济，加快基础设施建设，对外改善投资环境，大力吸引外国投资，并通过创建出口加工区等方式积极鼓励出口贸易。

2. 气　候

孟加拉大部分地区属于亚热带季风型气候，湿热多雨。全年分为3季：冬季（11月至次年2月）、夏季（3月至6月）和雨季（7月至9月）。年平均气温为26.5℃。冬季是一年中最宜人的季节，最低温度可达4℃，夏季最高温度可达45℃，雨季平均温度30℃。

3. 社会环境

孟加拉是一个多民族国家，主要民族为孟加拉族，约占人口总数的98%，另有查拉尔玛、山塔尔、加诺等20多个少数民族。孟加拉语为其国语，英语为官方语言。伊斯兰教为国教，信奉伊斯兰教的人口占88.3%，信奉印度教的占10.5%，信奉佛教的占0.6%，信奉基督教的占0.3%。社交场合，男人间见面时，一般都以握手为礼，男人与女人相见时，一般都习惯用点头示礼，男人一般不主动与女人握手。孟加拉人忌讳左手传递东西或食物，认为左手肮脏，认为13是个消极的数字。孟加拉国的伊斯兰教徒恪守禁酒的教规（很多人也颇不忌讳），也禁食猪肉和使用猪制品甚至忌讳谈论有关猪的话题（这是非常严格的）。孟加拉总体治安环境尚可，但包括针对外国人的各类刑事案件时有发生。2013年孟加拉至少发生85起全国性罢工和封锁活动。上述活动及其引发的暴力冲突和纵火爆炸等刑事案件至少造成上千人死亡，5000多人受伤。

4. 节假日

重要节日包括：2月21日烈士日；3月26日独立日；11月7日国民团结日；12月16日胜利日；孟历新年；开斋节及宰牲节。孟加拉实行每周5天工作制，周五及周六为公休日，但只有政府机构等部门是双休，大部分为单休制。

二、施工市场的概况

孟加拉国工地上人员的工资仅其基数而言较低，一般在8000～15000塔卡，折合人民币不到1000元，孟加拉政府规定每月最低工资标准不得低于5300塔卡。孟加拉国整个社会的工作效率低下，根据其人工工资与其劳动纪律、自觉性、干活的效率相比，其内在工资也不算低。孟加拉的工人工资低，无积极性，混时间等下班的人群较多。

孟加拉的基础设施普遍较差，高速公路基本没有，像达卡与吉大港这样在孟加拉非常重要的城市间仍只有双车道的类似于中国的二、三级公路，堵车是正常的。

根据达卡自来水供应和污水处理局的资料显示，供水价格为：普通居民和社区用水7.33塔卡/立方米，商业、工业和政府机构用水24.44塔卡/立方米。天然气价格为居民用气每灶眼每月400塔卡，双灶眼每月500塔卡；发电厂用气2.82塔卡/立方米，化肥厂用气2.58塔卡/立方米，其他工业用气5.86塔卡/立方米。

孟加拉主要建材价格及变动情况

品名	价格	较上年同期涨幅	品名	价格	较上年同期涨幅
砖头	85塔卡/10块	−5.9%	钢材	7000塔卡/吨	−1.4%
碎砖块	94塔卡/立方英尺	34%	水泥	480塔卡/50千克	−4%
石子	165塔卡/立方英尺	26.9%	白水泥	1350塔卡/50千克	3.8%
砂子	13.7塔卡/立方英尺	−23.7%	铝合金	510塔卡/平方英尺	42%
涂料	250塔卡/平方米	2.6%	石膏	220塔卡/平方米	

孟加拉国江河较多，产砂，但大部是细砂或粉砂，价格每方20～30元，但若使用中粗砂则因产砂场较少，价格则在70元以上。孟加拉国的水泥基本自供，但原材料全靠水上运输，其水泥厂基本依大江大河而建，有自建码头、船坞，装卸材料较方便。

孟加拉国严重缺电，达卡用电高峰期拉闸限电是以小时来轮换控制的，所以经济状况略好一些的家庭或企业均必配发电机，自动转换；因而大部分建筑工地全靠发电机发电，用电成本较高，但这儿的油价较中国便宜10%～20%。

孟加拉国内经济状况不佳，可能是长期缺钱的缘故，建筑企业与私人老板都非常热衷于从世界各地购买旧机械与旧社备，因为价格低廉，机械设备五花八门，但使用率极低，主要受制于维修人员的水平与配件供给上，因旧设备来自世界各地，有的早已淘汰，故配件在孟加拉极难购买，孟加拉国的大城市如达卡与吉大港的配件市场规模也非常有限，因此很多配件须从国外进口，一则耽误时间，二则成本费用也极高。

三、市场开发环境

孟加拉国资源匮乏，电力、交通、通讯等基础设施较为落后。孟加拉政府多方筹措资金，致力于基础设施建设，改善投资环境，为我国企业在孟加拉承包工程提供了战略机遇。孟加拉承包工程市场较为活跃，当地的承包工程代理活动积极，浏览当地的英文报纸和政府网站，可以看到大量的公开招标公告。随着经济的快速发展，孟农业、工业和服务业对基础设施的需求越来越高，然而孟加拉能源电力、公路、铁路、港口和通讯等基础设施的薄弱，严重影响了孟加拉的投资环境，阻碍了经济发展，孟加拉迫切需要增加基础设施的建设投入。同时，孟加拉的工业化进程中需要对原有的发电、化肥生产、黄麻制药等工业设施进行升级改造。因此，在较长的一段时间内，孟加拉将有较多的对外工程发包机会，承包工程的市场前景良好。

在"孟加拉2021年远景规划"中，孟加拉政府提出要在2021年达到中等收入国家水平，对经济发展特别是基础设施建设等各方面发展提出了具体目标。孟加拉政府在规划中意识到基础设施落后和效率低下对经济发展的严重制约，因此将基础设施建设列为优先发展的重要领域，将不断加大对能源电力、交通等各类基础设施和工业项目建设的投资力度。

孟加拉政府虽然财政收入相对有限，但每年都将大笔预算向能源、交通等基础设施部门倾斜，每年从世界银行、亚洲开发银行、伊斯兰发展银行、日本国际协力局和英国等发达国家获得大笔的援助和软贷款，每年获得援助金额10亿至20亿美元，截至2012年11月，孟仍有160亿美元的援助尚未使用。这些援款大部分用于电力、桥梁、铁路建设等领域，在一定程度上弥补了孟加拉基础设施建设的资金缺口。孟加拉政府同时也鼓励采用公私合营、承包方融资等方式进行工程建设，这些都使得孟能够启动一些大型基础设施的建设项目，并在一定程度上保障了款项的支付。

中国企业参与孟加拉项目建设，根据项目资金的不同来源，可分为现汇项目和带资项目。现汇项目是指由世界银行、亚洲开发银行、伊斯兰银行、日本国际协力局等援孟组织提供资金或孟加拉政府自有资金的项目。带资项目指由中国企业协助业主进行融资的项目，包括商业贷款中买方信贷和优惠贷款等。近年来，孟加拉已成为我国在南亚地区重要的承包工程市场。中国企业孟加拉多个行业领域均拥有较强的竞争力，业务主要集中在电力设施、铁路设施设备、市政设施施工等基础建设领域，参与的中国企业多达20余家，竞争非常激烈。

中国企业在孟加拉项目执行总体上较为顺利，除部分项目因石头、沙子等原材料取用困难造成执行不便外，大部分项目均能够按照施工进度向前推进。孟加拉项目款支付基本能够按照工程进度执行，但从申请付款到最终拿到款项的时间较长，从一周至一个月不等，需要多个部门的审批签字。

近年来在孟开展承包工程业务的中国企业中，国有企业占绝大多数，中央企业占主导地位。随着孟加拉对施工技术要求的提高，特别是在融资等商务能力方面的差距，使中小地方企业将难以在孟加拉长期立足，大型央企将保持在孟加拉的主导地位。但中国企业单纯的EPC或带资承包工程方式可能难以为继，激烈的竞争迫使利润一降再降，企业始终处于寻找新项目的压力之下，缺乏稳定的利润来源，这些将迫使我国企业逐步转向对基础设施等领域的投资建设。

商务人员应具备的基本配置和能力

交通工程公司
张祺越

国际商务工作是一种知识性、技术性很强的开拓性活动，特别是在海外市场更大程度的开放，全球经济迅速增长、贸易方式不断创新、新技术和新产品不断涌现的今天，要求商务人员在细节上体现出商务人员的专业性，还必须具备广博的知识和多方面的能力。

一、商务人员的硬配置

1. 商务人员的着装

作为对外商务人士，自己的形象就代表公司，可以很大程度上影响公司在客户心中的印象。拜访业主或出席其他对外商务场合时，一定要穿着职业装，如果穿着职业裙装还应注意裙子长度是否适宜，坐下时直筒裙自然向上缩短 10 厘米以内为宜。鞋子可以选择中高跟鞋或船鞋来搭配职业套装，在正式商务活动中，应避免穿着靴子。

女士还要注意配饰的搭配是否得体，配饰应与服装协调搭配，款式简单精致，不宜过多，最好保持在三件以内。长发女士可以佩戴简单发卡，切忌夸张的头饰。女士应化淡妆，自然的淡妆不仅可以使人看起来更漂亮更精神，同时也是对于他人的一种尊重的体现。

2. 商务人员应携带的基本物品

笔记本电脑。在如今智能化办公的时代，笔记本电脑是专业商务人士的基本配置，出席正式商务活动的时候，携带轻便的笔记本电脑有诸多作用，笔记本电脑中存有商务活动中所需的各类文件，需要时可以随时调用；在商务会议中，经常需要演示 PPT，使用自带的笔记本电脑方便演示，同时降低了关键资料外泄的风险；商务活动中，如需要对各类材料进行讨论修改，携带笔记本电脑可以当场修改，提高工作效率。笔记本电脑在商务活动中还有很多作用，在此不再赘述。总之，笔记本电脑是商务人员的首要基本配置。

黑色签字笔或钢笔。因为从事商务活动经常使用到签字笔或钢笔，应选择商务款的签字笔，女士可将签字笔放置于手提包中，男士应将签字笔装入西装内侧口袋，而不应放在外侧口袋，一般情况下也应避免将签字笔放入衬衫口袋，这样容易把衬衫弄脏。

名片及名片夹。应选用商务款名片夹放置自己的名片，保持名片的清洁整齐。同时接受他人名片时，应双手接过名片，并找一个妥善位置保存，避免直接把对方名片放入口袋里，或放在手中摆弄。

公文包。在选择公文包的时候，它的式样、大小应该和你整体的着装配合。一般物品，比如手机、笔记本、笔可以放在公文包中，应该尽量避免在口袋中携带很多的物品，这样会使衣服显得很臃肿，不适合商务场合。

纸质材料。在拜访业主或出席商务场合前一定要提前准备并携带必要的材料，需携带公司简介彩色图册若干，并分别装入公司特制手提袋中，需要时分发给与会人员，便于对方在首次商务洽谈中直观的了解公司情况。参加会议时还需携带与会议议题相关的必要材料，在参加会议之前必须熟读这些材料，做到心中有数，这样在会议进行过程中，当对方翻阅你带来的材料时，专业的商务人员甚至可以直接告诉对方页数、细致到第几段第几行，让对方从细节上感受到我方商务人员的专业素质。

二、商务人员的软实力

1. 规范的商务礼仪

1）守时守约。守时守约是对客户的基本尊重，也市场开发的良好开端。

2）交谈。交谈中，要亲切大方，善于倾听对方谈话，不轻易打断别人发言。对方发言时，一般要避免东张西望，看手表、摆弄东西等动作；多人交谈时，应特别注意调动每个人参与谈话，适时调动聊天气氛，不应冷落某个人。谈话时不要离对方太近，以免给人以压迫感。

3）馈赠礼品。礼品区别于私人平时购买的一般商品，它不是为了满足某个使用目的，而是一种企业对外宣传的手段，表示对对方的礼貌、祝贺、慰问、感谢等心意。礼物的价值需要合理，要根据对方的身份而定，并且礼物需要带有纪念意义，并且考虑到时间与场合、习惯与禁忌。

2. 自信和热情

作为一名合格的商务人员，自信是不可或缺的因素，一个有自信的商务人员在业主面前才能表现的落落大方、胸有成竹，商务人员表现出来的自信才会感染到对方。自信还来自于对公司的信息，对公司的背景、动态了解详实后，会增加商务人员对外开发项目的信心，因为公司全面的资质和扎实的施工能力是承揽大中型项目的根本保障。热情是商务人员需具备的另一项才能，热情的商务人员可以让对方感觉到商务人员所属企业的企业文化，从感性上增强双方之间的认同感。

3. 全面的职业技能

首先是对公司情况有全面的了解，其中包括公司资质、过往承接项目、完成进度及完成情况、业主评价、部门内专业工程人员配备等；其次是对于国际工程承包行业的了解，包括项目管理、工程管理、合同管理、FIDIC条款的相关知识，还有项目所在国的政治、经济、文化、宗教等方面的市场调研。第三是对于其他领域知识的掌握。因为商务人员经常要跟不同国家、不同层次、不同行业的人接触，商务人员如果知识面较广，很容易和对方找到共同话题，容易通过聊天增进双方感情。

4. 及时有效的沟通协调

不能仅仅是在投标之后才去联系代理、业主和其他相关人员，而是在重点市场的市场开发工作中始终与业主、项目所在国政府人员、项目代理保持联系。联系的方式可以是信函电话，也可以通过发展共同爱好与当事人建立朋友关系，增进个人交往。

5. 把握谈判时机

在项目推进过程中，业主往往处于甲方的强势地位，在很多问题上不愿意让步。但是，业主对于项目质量、项目工期、项目成本的好的预期和需求会通过各种方式表现出来。因此，商务人员必须善于观察业主的言行，分析并挖掘业主的需求，善于捕捉时机，在照顾到业主对于项目的各种需求情况下，为承包商尽可能争取到更多有利的条件。

项目代理的开发、管理与维护

交通工程公司

张祺越

在开发国际市场的过程中，一个优质的项目代理是决定承包商成功取得项目的重要因素，且项目代理的重要作用贯穿整个项目运作过程。在市场调研阶段，项目代理负责为承包商提供可靠全面的项目信息（信息包括招投标文件、工程量报价清单、项目资金来源、业主、项目承包方式等），经过承包商研究分析甄别后，决定是否对该项目进行跟踪；在招投标阶段，项目代理负责帮助承包商取得招标文件，在承包商按业主要求编制好投标文件并递交后，项目代理积极配合承包商进行信息跟踪，提供最新的项目进展情况，安排承包商与业主及相关负责人会面，明确业主需求。在此过程中，项目代理最大程度地利用其资源和关系帮助承包商取得合同；如承包商成功获得合同，在执行项目阶段，项目代理也将利用他所掌握的资源和关系推动项目的执行，包括督促进度款的发放，解决项目实施中出现各种问题，协调与业主的关系。

正因为项目代理的重要作用，所以开发优质代理是开拓市场，特别是国际市场的关键的前期商务工作。

首先，任何人、任何机构都可能成为项目代理，项目代理的选择不会被行业、职业、国籍等因素束缚，这说明项目代理的开发渠道是非常广泛的，任何有能力的人或机构都会成为承包商潜在的项目代理人选。但这并不代表项目代理的自身属性不重要，项目代理所在行业，所属职业、背景和经历都会影响到其在项目所在国的人脉和资源，也关系到项目所在国相关政府机关及业主对项目代理人的信任度评价。因此，承包商需要广泛接触，敏锐观察，选定合适的项目代理。

其次，项目代理开发最常见的渠道是推荐，推荐人一般为承包商的长期友好合作伙伴，如分包商、供应商、政府机构人员、有成功合作经历的项目代理等等。通过推荐人推荐的项目代理说明已经经过他的筛选和评价，具备较高的专业素质和诚信度，拥有比较丰富的资源和宽泛的信息渠道，可以帮助承包商快速获得项目信息。另外，在相对陌生国家的社会环境中，通过推荐人推荐的代理各方面比较可靠，降低了隐瞒真相，甚至诈骗的风险，有助于承包商和新选定项目代理之间的沟通交流，出现问题可以得到及时解决和补救。

最后，在项目开发的过程中还要不断筛选，很多情况下领承包商接触项目的代理不一定可以帮助承包商最后拿到项目，因为工程项目合同金额通常很大，承包商想得到工程项目合同，需要面对所在国政府针对该项目从上至下的层层批示，招投标的严格评估，有些项目还需要承包商到母国去解决融资问题，这些程序复杂且涉及各方关系的沟通协调，很多代理没有足够的能力帮助承包商解决这些问题，所以我们要在接触代理之后也关注与该项目相关的其他人士进行沟通，顺着线索找到更有能力且在业主面前有一定影响力的代理帮助承包商完成接下去的工作，优质的代理有助于缩短承包商争取工程项目合同商务工作的时间，也能促进商务工作中各环节的办事效率。

在确定了项目代理后，作为承包商要考虑如何管理和维护代理，与代理建立一种合作共赢关系，组成一个利益共同体，积极配合对方的工作，最终达成目标。

确定项目代理的前提是与代理签订《代理协议》，代理协议中明确规定了甲乙双方的权利和义务以及佣金的金额及支付条件，这份协议作为有法律效应的纸质约束直接对项目代理进行管理，项目代理有义务按《代理协议》中的规定进行相关商务工作，承包商也根据《代理协议》中的规定来考核项目代理的工作表现和工作进展。因此，科学全面地拟定《代理协议》中的各项条款便于对项目代理进行有效的管理。

频繁的沟通交流是管理维护代理的重要途径。一方面，承包商要随时掌握代理跟业主和项目所在国政府机构沟通的进展，以便遇到困难及时提出应对对策。另一方面，在条件允许的前提下，承包商的商务人员应与代理一起同业主和当地政府机构会面，这样做不仅可以直接考察代理的能力，也有利于业主和当地政府机构对承包商加深印象。

此外，风险共担利益共享是管理维护代理的又一原则，激励代理最大化发挥他的能力和资源的有效方法是让代理在项目运作过程中投入成本，在项目成功后承诺弥补其前期投入成本，甚至给予适当奖励，使代理的损益和承包商的损益捆绑在一起，培养代理的风险意识。代理一旦在目标项目中投入一定的人力财力，随即会产生紧迫感，紧迫感会转化为动力促使他积极进行商务工作，协调各方关系，帮助承包商拿下项目，得到可观的代理费用，弥补自己在过程中投入的成本。关于这一点，在《代理协议》中“2.7　除非双方事先同意，无论甲方是否能最终赢得该项目，乙方进行上述活动(协调关系等)，应自行担负他们自己的费用、开销等”已有体现。

国际工程承包项目管理分析

张　朔

2014 年 12 月 25 日

国际工程承包是指一个国家的政府部门，公司，企业或项目所有人（一般称工程业主或发包人）委托国外的工程承包负责按规定的条件承担完成某项工程任务。国际工程承包是一种综合性的国际经济合作方式，是国际技术贸易的一种方式，也是国际劳务合作的一种方式。以下将从不同方面、不同角度来分析国际项目所能遇到的问题。

1. 项目的环境分析

国际工程承包项目面临的环境因素如下。

(1) 自然环境：自然环境包括工程所在地区的气象、地形、地质、水文、交通等要素。自然环境往往通过自然灾害的发生对工程建设的进度、成本、人员健康等产生较难控制的影响。自然灾害包括暴雨、洪水、泥石流、地震、高温气候、瘟疫等。作为承包商，应当通过调查当地的历史记录了解各类自然想象的发生情况和规律，以减少因自然因素的发生给工程建设造成的损失。此外，当前世界各国都越来越认识到环境保护的重要性，因此，项目实施对于当地自然生态环境的影响问题值得每一个承包商给予特别的关注和重视。

(2) 市场环境：各市场要素对国际工程的影响，例如当地市场的人工，材料，机械，交通运输，税收等因素都将直接影响到工程的造价。不同市场有着不同的市场竞争机制和游戏规则，这对参与竞争的承包商投标的策略和对策产生直接的影响。业主的信誉和市场的整体信誉，市场的供应能力，配套协调的机制，以及相关的经济法规政策等将影响正报上未来在当地市场的巩固及发展。

(3) 经济环境：经济环境对于控制工程成本，降低工程造价，从而获取较好的利润至关重要，经济环境有国内市场经济信息和国家政府的经济政策构成。国内的经济环境要素有人民收入水平、资金来源、资金成本、融资条件、国家的经济优惠政策和有利于降低工程成本可利用的优惠条件等，国外的经济环境因素有关税、税收、不同时期的货币汇率、融资要求、贷款条件、国家的经济政策等。

(4) 技术环境：目前中国公司所承包的国际工程大多是在第三世界的发展中国家，这些国家由于历史上的复杂原因，在承包工程领域中，所采用的标准较多，有 IEC 标准、美国 ASTM 和英国 BS 标准等。因此，了解和熟悉国际通用的技术标准和规范是中国承包商的当务之急。此外，技术环境并不只是针对技术标准和技术规范而言，还包括技术设备、技术条件、技术开发和新技术的应用等。

(5) 社会环境：项目建设所在国家和地区的社会环境对项目实施的结果有着重要的影响。社会环境要素包括一国的社会状况、经济状况、宗教文化、国民经济整体发展水平、业主的信仰和政治背景、社会的整体稳定性等。尤其是工程项目所在地区的社会治安、人文民风、种族分布、武装冲突、社会犯罪、流行疾病等情况。

(6) 政策环境，一国的政策法规对于市场的稳定，市场经济的发展和活跃起着主导和调控的作用，国际工程项目所在国的政治，经济政策对项目的执行结果更有着直接的影响。如果能够选择政策环境和投资环境较好，并且与中国有较好外交关系的国家市场，从而能够最大程度地避免因战争，社会动乱，政治骚乱，等给项目实施造成的风险损失。

(7) 法律环境：熟悉和了解工程项目所在国的有关法律，并本着诚心，守法，公正的原则和遵守合同的约定来开展对外工程承包工作时每个承包商都应遵守的原则。此外，用工制度，工作时间，经济制度，合作关系，订立分包合同等方面都要设计到法律问题。

(8) 合同环境：合同管理的好坏直接影响到项目执行的成败。有经验表明，通过加强对合同管理所取得的直接经济效益，要比通过优化技术和改进工艺所取得的经济效果更为显著。在合同环境中，一个重要的影响因素是语言。由于手语言能力和外语水平的制约，缺乏相应的外语人才，特别是那些懂得特殊国家地区小语种的人才。

我们在进行国际工程承包项目的环境分析时，不仅要进行企业内外部环境分析以保证项目的选择与企业的整体战略保持一致，而且国际工程项目实施前及实施过程中应始终对项目外部环境保持清醒认识。

2. 项目合同管理分析

国际工程承包项目合同分析的步骤。

(1) 明确工程承包模式：目前，国际工程承包模式的划分有多种一局：按合同关系可将承包模式区分为总承包合同和分包合同，分包合同又可具体再详细分为施工分包，设计分包，劳务分包，设备材料分包，运输分包等。按工作范围的不同可将国际工程承包分为DBB/设计—招标—建造合同，DB/设计和建造合同，EPC/交钥匙合同以及BOT/建设—运营—移交合同，等等。

(2) 合同类型的判断：标准合同范本是国际工程领域长期经验和只会的总结，范本的使用具有节约交易磋商的时间，提高效率，事先分配风险，降低经营成本等优点。而且由国际组织或国家作为制定主体所提供的标准合同中立性较强，避免了一方利用格式合同侵犯另一方合同利益的情况发生。

(3) 合同文件的组成：合同文件应该包括如下内容：①承包商提议以一定价格实施工程的投标文件。当然投标基础是业主提供招标信息和文件。②确认要约和承诺以及合同正式成立的合同协议书。③业主向承包商发出的表明接受承包商实施工程要约的中标通知书。④基于标准格式合同修改编制的，适用于业主对特定项目要求的合同条款。⑤技术文件，包括图纸，规范，工程量表，其他计划以及业主提出的其他技术要求。

(4) 合同条件的条款结构分析：对于合同条款的结构分析一般要凝练出合同中的“关键性条款”，也就是把那些对项目双方的经济利益起着决定性作用的条款总结归纳出来，方便之勇者正确履行己方的合同责任，切实保护己方的合同权利。

对于施工承包建设公司，FIDIC合同系列是再熟悉不过了。FIDIC指的是国际咨询工程师联合会，中文音译为“菲迪克”。1913年成立于英国。FIDIC合同被称为国际承包工程的“圣经”。FIDIC合同是集工业发达国家土木工程建筑业上百年的经验，把工程技术，法律，经济和管理科学等有机结合起来的一个合同条件。FIDIC合同的法律性质：由于FIDIC合同源于ICE合同，所以受英国法律体系的影响较大，带有相当浓厚的英国色彩，因此也有人说FIDIC合同是英国合同。确实，FIDIC合同和ICE合同都属于普通法(Common Law)体系，是判例法，属于安理会成的不成文法，英国以及英联邦国家现行的都是普通法，而中国法律属于大陆法(Continental Law)，也有人叫罗拔-和滥发，是成文法，即凡是都要有明确的书面规定和条纹，该法是以“民法”为基础的法律体系，强调照章办事，意大利，荷兰，葡萄牙，法国以及法属殖民地均适用大陆法。普通法是村寻县里为准的原则，有些类似人们讲的前车之鉴。简单地说，就是强调前边的案例，有了它，后面的案子就照着判。普通法崇尚合同的自由约定原则，通常不会为保障公平或已签合约中不利一方的利益而干预合同，因此很难以为由去修改或删除已经签订的合同内容，包括如果试图回避一些在会议上形成的文字纪要都会徒劳而归，因为英国法律不保护不公平叫一下的合同不利一方。但是，大陆法就倾向于干涉不公平合同，并会为保护不公平合约中欠获公允对待一方的利益而对于原合同进行修改，甚至认定所签订的不公平合同为无效合同。FIDIC 合同的特征：FIDIC 合同最大的特点是，程序公开，公平竞争，机会均等，一切都是透明的。又有人比喻操作时就如同人们看着玻璃鱼缸里的金鱼在游动一样，这是它的合理部分，对任何人都不待偏见，至少出发点是这样。从理论上讲，FIDIC 合同对承包商面对业主，对咨询工程师都是平等的，谁也不能凌驾于谁之上。因此，作为承包商，应尽量选用 FIDIC 合同，这样才能更好地保护自己的经济利益以及合法权利。

3. 项目管理的授权与分包

国际工程业经过多年的发展，在投标、施工和诉讼或仲裁方面形成了一套自有的规则，这套规则以业主、主包商、工程师或建筑师、分包商为主要角色，具有自身的特点和技巧。主包商根据合同规定列出分包商名单并递交给业主的行为，并没有在主包商与分包商之间形成合同关系。根据一般合同法原理，在投标过程中，分包商的报价只是一种要约行为，在没有得到主包商的承诺之前，双方没有合同关系。如果主包商在中标后选择了其他分包商，分包商没有法律依据要求主包商赔偿；反之，如果由于分包商以价格错误、原报价太低或者要求提高价格为由拒绝接受分包，迫使主包商在中标后不得不另找他人，主包商也没有法律依据要求分包商赔偿或承担原提供报价的分包商与其他替代分包商之间价格的价差。

案例：在 McCandlish Electric, Inc. 诉 Will Construction Co. No. 18935-00-III, 2001 Wash. App. LEXIS 1364(June 28, 2001)案中，Will 公司在向 Leaveworth 市政府投标污水处理厂项目时，使用厂原告 McCandlish 公司的电气设施的报价，并根据标书的规定将原告作为电器分包商列入了投标文件。开标后，Will 公司发现自己的报价远远低于第二标的报价，于是对是否与市政府签署合同犹豫不决，同时要求原告 McCandlish 公司降低报价，原告回应同意对价格给予调整。

Will 公司接受了市政府的合同，在授标后 Will 公司要求市政府准许使用其他替代的分包商。在 Will 公司的强烈要求下，市政府同意 Will 公司使用另外替代的分包商实施电气工程。

McCandlish 公司随即将 Will 公司告上法庭，称根据华盛顿州分包商名单法案的规定要求被告赔偿损失。该法案规定：“每项招标应要求每一投标人递交作为投标一部分的或者在公布的递交标书时间之后的一小时内递交分包商名单，如中标，投标人可以将工程分包给名单上列明的分包商。”一审法院认定 Will 公司的行为不违背法律规定，于是原告上诉。

尽管上诉法院批评了被告 Will 公司的不道德竞标行为，但上诉法院肯定了原法院的判决。上诉法院承认法令默示主包商可以根据法令的规定将分包合同授予名单上列明的分包商，然而，法律并没有“明确规定主包商在任何情况下不可以使用其他分包商替代名单上的分包商”,而且法令也没有规定分包商可以将此作为诉讼理由。较合理的解释是,分包商名单法令的实施是用来规范和调整投标过程的。因此,法院判定原告败诉。

分包合同形式可与主合同形式不同,国际工程承包项目的主合同可以分为总价合同、单价合同和成本补偿合同三类,无论主包商与业主签订何种合同,分包合同的形式可以采取与主合同不同的形式,主包商可以不受主合同类型的限制选择分包合同的类型,只要主包商和分包商合意一致即可。

对于分包合同采用何种类型,FIDIC 合同各种版本、ICE 合同和 JCT 合同中均没有明确规定和限制,主包商可以根据工程的性质、种类、范围和规范要求自行决定。在大型工程项目中,如果招标文件中业主提供了分包合同格式,而且规定承包商必须遵守,则承包商应遵守业主提供的分包合同的类型和分包合同条款,在这种限制性规定情况下,承包商没有选择分包合同的自由。在国际工程项目实务中,选择分包合同类型时应注意如下事项:

(1) 主合同是单价合同,分包合同可以是单价合同、总价合同或成本补偿合同。在这种情况下,主包商和分包商应注意合同中的工程数量清单中工程量的准确性。

(2) 主合同是总价合同,分包合同不宜选择单价合同形式,而应同样选择总价合同或成本补偿合同。

(3) 如果主合同是成本补偿合同,分包合同可以选择总价合同,而不宜选择单价合同。如没有明示的约定,主合同的规定不能被解读为已包括在分包合同内。为了避免在分包商履行其义务中引起额外的风险,主包商应十分注意保证分包合同条件与主合同条件相一致。主包商也需保证主合同的有关条款包括在分包合同中,而且应保证主合同和分包合同管理的相互一致性。如果没有明示的约定,即将主合同规定在分包合同中,主合同的规定不能被解读为已包括在分包合同之中。而且,以参考的方式(refer to)将主合同的某些条款包含在分包合同中可能会给主包商带来实质的风险。

【案　例】

在 Smith and Montgomery 诉 JohnsonBros Co. Ltd On. rio High Court(1954)1DLR392 案中,被告是为业主汉密尔顿市修建穿越汉密尔山顿的下水隧道的主包商,原告是分包商,负责“按照汉密尔顿市和被告签订合同规定的规范和尺寸”承建隧道工程部分。

在施工中,工程师根据主合同规定要求主包商停工。虽然主包商可以就此提出工期索赔要求,但根据主合同的有关特殊条款,主包商无权就此产生的额外费用进行索赔。然而,由于分包合同没有包含要求停工的特别权力并不能索赔产生的额外费用的规定,分包商有权就此要求费用赔偿。

法官 Schroeder J 主张“按照汉密尔顿市和被告签订合同规定的规范和尺寸”的文字表述并不能表示主合同的条款已包括在分包合同中。

如果主合同的某些条款放人了分包合同,而工程师有权指令主包商驱除分包商的特别规定没有放入分包合同,而且分包合同规定分包商同意按照主合同的条款实施工程,在这种情况下,主合同中工程师的权力并没有包含在分包合同中,如果主包商按照工程师的指令驱除分包商,主包商就违反了分包合同。

即使分包商同意按照主合同的条款实施工程,这也并没有赋予主包商对分包商享有与业主在主合同项下相同的权力。在 Chandler Bros Ltd 诉 Boswell(1936)案中,主合同规定业主有权指令主包商解除分包商,但该条款并没有包含在分包合同,法院不能默示该条款,即使分包合同终止。

案例：在美国高等法院受理的 GueriniStone Co. 诉 P. J. Carlin Construction Co，240U. S. 264(1916)案中，分包合同规定“按照图纸和规范”进行施工。在施工过程中，业主按照主合同规定的权利对工程进行了变更并暂停了施工。由于业主造成的延误，分包商终止了分包合同并要求主包商赔偿。高等法院判决分包合同提及的“图纸和规范”只是指分包商应做什么工程、以什么方式做，下一级法院做出的分包商应受主合同的约束(不仅仅是图纸和规范)、并且有义务忍受业主造成的延误的判决是错误的。

分包商知晓主合同的规定也不足以默示分包商应受主合同的约束。因此，要明确分包商受主合同的约束，应在分包合同中明确、清晰地写明。

4. 项目的财务管理分析

由于工程项目实施前期投入大且不产生效益，工程预付款又有很多是以当地币支付，无法转成有效外汇汇入国内，根本满足不了前期资金需求。所以，项目部应根据现金流预算，提前做好融资工作，以保证工程项目实施所需资金。随着工程项目进度的不断推进，工程结算收入源源不断，项目部资金逐渐富余。这时项目部应当及时将富余资金汇回国内，尽早偿还前期融资款，以减少利息支出，节约财务费用，提高经济效益。其次一定要做好成本控制工作，成本控制在财务管理中是个永恒的话题，每个人都知道要取得好的财务业绩，就必须控制好成本，但具体应如何控制却是个难题。对于工程项目来说，因其收入基本是一定的，利润的多少主要取决于成本控制的效果，这就使成本控制在工程项目管理中显得尤为重要。国际工程项目的具体实施地点在国外，项目实施过程所涉及的领域相比国内项目更广泛，使得其成本控制工作，范围更广，难度更大。项目部管理层必须高度重视成本控制工作，在具体工作中应做好以下两方面的工作：(1)以预算管理为主对成本进行控制，要做好成本控制工作，必须依靠预算这一控制手段。项目部应当以各项成本预算为基础，将预算指标层层分解，从横向和纵向落实到项目部各部门、各环节和各岗位，使得成本控制目标转化为各部门、各岗位以至个人的具体行为目标，成为各责任体的约束条件。在成本预算管理过程中，对偏离预算目标的情况进行及时分析，查找原因，对于确因客观情况发生变化导致预算不实的，应及时调整，对于因管理缺陷和人为等主观原因导致偏离预算的，应及时纠正并予以整改，以使预算管理工作回到正常轨道。(2)建立相应的预算执行考核制度，将控制与考核相结合，要使预算管理有效进行，必须建立相应的预算执行考核制度，否则，预算管理就会流于形式，失去控制力，最终成为一句空话。在预算管理中，预算考核是个承上启下的关键环节。通过预算考核信息的反馈，可以随时发现和纠正问题，以达到过程控制的目的，使预算管理落到实处，做好出口退税的管理工作，出口退税收入是国际工程项目中的第二大收入来源，是因国家税收政策而无偿获取的退税款，是不附加任何成本只需按照国家相关税收政策规定进行申报就能获得的纯收入。根据我国税收相关政策规定，货物报关出口后，出口企业应按规定时限、程序和要求向主管出口退税税务机关申报出口退税，逾期不申报或申报未通过的，出口货物不但不予退税，而且要视同内销征税，从而会给企业造成双重损失。所以，项目部在设备物资采购业务发生后，应当根据其性质和价值，查找相应的退税率，预测相应的退税金额，并按照出口退税政策相关要求准备出口退税申报资料及时向税务机关申报出口退税。项目部相关部门或人员应对从采购发生至收到出口退税款整个出口退税过程进行跟踪管理，防止出口退税款应退未退的情况发生，以致给项目部造成不必要的损失。

以上探讨未能涵盖国际工程项目财务管理中的全部内容，只是针对其中比较重要的内容进行简单阐述，希望能给大家在国际工程项目财务管理中起到一点启发作用。在实际国际工程项目财务管理中，应结合不同工程项目的特点，参考本文及其他管理理念找出自身的财务管理重点，采用不同的财务管理办法。

5. 项目风险管理

风险是指对可能性或是无法达到预定目标结果的一种计量。对于某个既定时间而言，风险包括两个要素：①某事件发生的可能性；②改时间发生带来的后果(风险的程度)一般来说，当“可能性”和“影响”这两个自变量任何一个增加时，风险也会增加。其概念是指处理风险的行为和时间活动。包括风险规划，风险评估，风险应对和风险监控。接下来一一列举其中每一项的概念及要素。风险规划是项目风险管理的一系列行动的总结。包括：①形成风险管理战略；②决定战略执行的具体方式；③资源分配；④对项目人员进行风险培训。风险评估是风险管理中明确问题的阶段。在这个阶段，我们用事件发生的概率及结果来识别，分析，量化项目的风险，评估的两个要素：识别和分析。识别是第一步，指的是搜集有关风险事件的资料，将事件分解为细致的程度以使评估者能了解风险发生的原因及结果。分析是第二步，首先要对自己识别的风险进行详细的研究。目的在于通过手机与风险事件有关的信息去判断事件发生的概率。如果该事件发生，还需要判定其对成本，进度和质量方面的影响程度。

风险管理的主要步骤分为三大部分，项目实施前，项目实施过程中和项目结束后。在项目实施前：第一，收集与项目有关的基本信息与数据主要包括所在国或地区社会基本情况，自然情况，项目情况以及对实施者的评价；第二，关键风险因素的识别，第三，邀请相关领域的专家对项目打分。根据完成的风险识别，邀请15～20名专家对各风险因素进行评分，并将评分结果填入表中。

为了做好该项工作，要注意两个问题。一是专家的构成，要有工程技术，信息技术，工程管理，财务管理，合同管理，市场营销等方面的专业人士参加，具体比例可以根据项目的实际情况进行调整，但与工程先关的人员不低于50%。还需要适当加入一些外部人员，但人数控制在10%以内。二是评价方法的选择，可以是背靠背的德尔菲法，比较准确，但有点繁琐；也可以是对面对的头脑风暴法。第三，运用相关软件进行模糊综合评判，根据专家打分情况，运用一定的工具进行定性与定量评判，得出最终结果，包括：项目的总体风险以及个风险因素的优先级别和权重。第四根据评判结果分别编制(风险管理预案)和(突发事件应急预案)。在项目实施过程中，根据(风险管埋员)进行风险应对，对偏离(风险管理预案)的情况进行应急处理，最后对(风险管理预案)进行补充完善。项目结束后，对整个项目的风险管理工作进行总结，对相关责任人员进行考评，兑现奖惩。对风险管理的相关工作进行调整。

以上分别从环境因素、合同管理、授权与分包、财务管理以及风险管理来分析了国际工程项目承包中所遇到或者所面临的问题。国际工程承包作为一项跨过进行的综合性商业活动，它涉及两个或两个以上的国家，这就必然受到了多个外部客观因素的制约。透光石承包商的自身竞争能力，经营水平，施工管理水平及相关工作经验等自身局限因素也影响国际工程的盈利水平。风险和利润是并存的，在一定条件下他们是可以互相转化的。国际工程承包成败的关键在于如何正确地看待各种问题，分析，和预测风险，并懂得采取积极的防范和利用风险的措施。国际工程的特点决定了其在执行过程中各种不可预见因素存在的必然性，只要认真的分析自身因素的潜在问题及风险，并积极应对防范，一定能将风险和管理损失控制在最低限度。

参考文献

[1] 国际工程合同管理. 北京：中国建筑工业出版社，2008.

[2] FIDIC 戏班合同条件导读与解析. 北京：中国建筑工业出版社，2003.

[3] 建筑工程项目风险与全面风险管理. 2004.

[4] 工程项目招标投标实务. 北京：人民交通出版社，2006.

论施工现场 HSE 管理

总承包工程事业部项目管理处
张思恒

摘　要：

施工企业管理的核心是工程项目，管理不断建造出社会认可，业主满意的建筑产品，而施工 HSE 现场管理则是工程项目管理的核心，也是确保建筑工程质量和安全文明施工的关键。

现场 HSE 管理实际上是我们企业生产经营活动的基础。同时，它也是 HSE 现场管理工作中最重要的组成部分。毋庸置疑，建筑施工的现场 HSE 管理作为建筑企业项目管理的重要组成部分，有着十分重要的意义。文章阐述了建筑施工现场 HSE 管理现状，分析了其重要性，并探讨了建筑施工现场可行性的几点 HSE 管理措施。

关键词：建筑施工　现场　HSE 管理　措施

第 1 章　绪　论

1.1　当前形势下建筑施工现场 HSE 管理现状

合理的施工 HSE 现场管理，是建筑施工取得成功、安全优异的有力保证。然而，有相当一部分建筑施工 HSE 现场管理水平低下，管理形势并不乐观。

首先，施工 HSE 现场管理相关机制不健全。

建筑施工的 HSE 现场管理是施工管理的核心部分，它决定着建筑施工形象，建筑施工进度，建筑使用成本以及建筑风险管理等。有些施工 HSE 现场管理比较差、管理比较混乱，具体表现在：施工未按方案执行，HSE 管理无计划性，想到哪里就干到哪里；操作无标准，不按程序进行施工；制定的规章制度不执行，形同虚设；文明施工不规范，现场形象不受重视；没有具体的目标管理和安全保证体系；脏、乱、差、野现象严重；材料堆放无序，卫生环境差，跑、冒、滴、漏，工人无良好的作业和生活环境等等。这些表现都是因为施工 HSE 现场管理分工极不细致明确，HSE 现场管理组织机制极不健全，导致责任不明确，整体管理水平达不到标准，进而影响整个工程。

其次，施工安全等相关意识薄弱。

1.2　施工 HSE 现场管理的目的

为了使施工现场文明整洁，施工井然有序，管理有制度，内部资料齐全，安全措施得力，质量管理目标明确、效果显著、不扰民、不污染环境，开展文明施工制度化、经常化、规范化和标准化。

正确处理施工过程中的劳动力、劳动对象和劳动手段在空间布置及时间顺序上的矛盾，保证施工活动的正常顺利进行，做到人尽其才、物尽其用，以优良的施工质量、快捷的施工速度、较低的施工成本优质高效地完成施工生产任务，为用户提供满意的建筑产品。

1.3 施工 HSE 现场管理的意义

一般来讲，施工 HSE 现场管理的意义十分明显，因为施工现场对一项项目工程来说，是工程建设的起点，也是工程建设最为直接的场所。建筑施工现场不仅仅是施工，其更重要的意义在于管理，管理的好与坏直接关系到施工质量和施工进度。对于施工现场来说，只要有施工必然会有施工现场，只要有现场，必须有科学的 HSE 现场管理，才能提升施工企业管理水平。

优化施工 HSE 现场管理是工程项目施工阶段管理的最重要内容。HSE 现场管理水平优化与否直接影响到项目管理的三大目标（成本、质量和进度），科学合理的施工 HSE 现场管理对提高施工项目劳动生产率是必不可少的，管理控制得当，和谐有序的施工现场将会极大限度地提高工程项目的效益。

第 2 章　施工现场 HSE 管理

2.1 施工 HSE 现场管理的原则

- 经济效益原则。施工 HSE 现场管理一定要克服只抓进度和质量而不计成本和安全，从而形成单纯的生产观和进度观。项目部应在文明施工、安全投入等方面下功夫，并同时在生产经营诸要素中，时时处处精打细算，保障施工现场不必要的工伤损失和其他风险损失。
- 科学合理原则。施工现场的各项工作都应当按照既科学又合理的原则办事，以期做到现场 HSE 管理的科学化，真正符合现代化大生产的客观要求。还要做到操作方法和作业流程合理，现场资源利用有效，现场设置安全科学，施工现场员工的聪明才智能够充分发挥出来。
- 标准化规范化原则。标准化、规范化是对施工现场的最基本管理要求。事实上，为了有效协调地进行施工生产活动，施工现场的诸要素都必须坚决服从一个统一的意志，克服主观随意性。只有这样，才能从根本上提高施工现场的生产、工作效率和管理效益，从而建立起一个科学而规范的现场作业秩序。

2.2 施工现场文明施工管理

2.2.1 文明施工管理细则

(1) 现场场容、场貌布置

- 现场布置图：必须根据场地实际合理地进行布置，设施设备按现场布置图规定设置堆放，并随施工基础、结构、装饰等不同阶段进行场地布置和调整。
- 道路与场地：道路畅通、平坦、整洁，用混凝土浇捣，不乱堆乱放，无散落物；建筑物周围应浇捣散水坡，四周保持清洁；场地平整不积水，无散落的杂物及散物；场地排水成系统，并畅通不堵。建筑垃圾必须集中堆放，及时处理。凡市区沿道路的建筑工地周围，应设置不低于 2.5m 的围墙，围墙两面刷白。外面涂上建筑物名称、建设单位、施工单位、设计单位、监理单位等内容。

- 班组落手清：班组必须做好操作落手清，随作随清，物尽其用。在施工作业时，应有防止尘土飞扬、泥浆洒漏、污水外流、车辆沾带泥土运行等措施。有考核制度，定期检查评分考核，成绩上牌公布。
- 大堆材料：砂石分类、集成堆放成方，底脚边用边清。砌体料归类成垛，堆放整齐，碎砖料随用随清，无底脚散料。灰池砌筑符合标准，布局合理、安全、整洁，灰不外溢，渣不乱倒。
- 周转设备：施工设施设备、大模、砖央等，集中堆放整齐。大模板成对放稳，角度正确。钢模板及零配件、脚手扣件分类分规格，集中存放。竹木杂料，分类堆放、规则成方，不散不乱，不作他用。
- 水泥库：袋装、散装不混放，分清标号，堆放整齐，目能成数。有制度，有规定，专人管理，限额发放，分类插标挂牌，记载齐全而正确，牌物账相符。库容整洁，无“上漏下渗”。
- 构配件及特殊材料统一堆放：混凝土构件分类、分型、分规格堆放整齐，楞木垫头上下对齐稳定，堆放不超高(多孔板不得超过 12 块)。钢材、成型钢筋，分类集中堆放，整齐成线。钢木门窗框扇、木制品分别按规格堆放整齐，木制品防雨、防潮、防火，埋件铁件分类集中，分格不乱，堆放整齐。特殊材料(包括安装、装演、装饰、保温及甲供、自购)均要按保管要求，加强管理，分门别类，堆放整齐。

(2) 生活卫生

- 生活卫生应纳入工地总体规划，落实卫生专(兼)职管理人员和保洁人员，落实责任制。
- 施工现场须设有茶水亭和茶水桶，做到有盖加配杯子，有消毒设备。
- 工地有男女厕所，有便溺设施，落实专人管理，保持清洁无害。
- 工地有男女更衣室，有防窃措施，保持室内清洁。
- 工地设简易浴室，保证供水，保持清洁。
- 现场落实消灭蚊蝇孳生承包措施，与承包单位签订检查监督约定，保证措施落实。
- 生活垃圾必须随时处理或集中加以遮挡，妥善处理，保持场容整洁。

2.2.2 文明施工检查措施

- 检查时间：项目文明施工管理组每周对施工现场作一次全面的文明施工检查。公司生产技术部门牵头组织公司各职能部门(质安部门、劳资部门、材料部门、动力部门等)每月对项目进行一次大检查。复杂业务模块，使用存储过程，提供系统的健壮性，及运行速度。
- 检查内容：施工现场的文明施工执行情况。
- 检查方法：项目文明施工管理组及公司文明施工检查团应定期对项目进行检查。除此之外，还应不定期地进行抽查。每次抽查，应针对上一次检查出的不足之处作重点检查，检查是否认真地作了相应的整流改。对于屡次整改不合格的，应当进行相应的惩戒。检查采用评分的方法，实行百分制记分。每次检查应认真做好记录，指出其不足之处，并限其责任人整改合格，项目文明施工管理组及公司文明施工检查团应落实整改的情况。
- 奖惩措施：为了鼓励先进，鞭策后进，应当对每次检查中做得好的进行奖励，做得差的应当进行惩罚，并敦促其改进。由于项目文明施工管理采用的是分区、分段包干制度，应当将责任落实到每个责任人身上，明确其责、权、利，实行责、权、利三者挂钩。

2.3 施工现场材料管理

当前建筑企业施工现场材料管理中存在的问题在施工 HSE 现场管理实践中，有些建筑企业管理不严，HSE 现场管理混乱，规章制度不执行，施工无计划，操作无标准；工人纪律松弛，生产效率低；各种材料、工具、设备无专人管理，乱丢乱放，浪费惊人，现场环境脏、乱、差，导致部分施工项目施工进度、质量控制、安全防护、现场布置不能按计划实施。主要表现为：

- 企业重视不够，材料管理人员未经专业培训，素质和水平不高，不能适应企业内部管理的需要。
- 材料采购过程暗箱操作，预算惊人，却有假冒伪劣产品。
- 材料储存保管过程无人管理，材料堆放零乱，无明显标志卡片、标记等，忽视防火、防潮、防盗等安全规范，不仅浪费严重，而且影响工期。

2.4 施工现场生产安全管理

安全是建筑施工中永恒的主题，因此要始终将把安全生产放在很重要的位置。在施工管理上，坚决贯彻“安全第一、预防为主、综合治理”的方针。在确保工程施工安全的前提下，才有质量、文明施工、进度、经济效益。没有安全，一切就无从谈起。

2.4.1 安全管理生产体系

项目经理出任组长，由各施工工长，班组长及专、兼职安全生产检查员组成施工现场安全生产管理小组。项目设专职安全员一名，因安全问题有权责令某分部分项工程整改，各施工班组设兼职安全检查监督员。

2.4.2 安全技术保证措施

- 脚手架施工：①外架采用附着式提升钢管脚手架，钢管、扣件、螺栓等质量应符合规范要求。施工中随时检查，严禁使用锈蚀、弯曲有裂缝的金属杆件。②施工操作层必须满铺竹脚手板，每块脚手板必须搁置在不小于三根的钢管上，靠外边要按规范设 400 高的踢脚板并用铁丝扎牢。③脚手架搭设完毕要进行分部、分段验收。
- “三宝”和“四口”的使用与防护：①安全帽、安全带、安全网必须使用经有关部门检验合格的产品。②安全帽佩戴时要系好帽带，不准使用缺带及破损的安全帽。③安全带应储存在干燥、通风的仓库内，不准接触明火、高温、强酸、强碱或尖锐和坚硬物件。④安全带应高挂低用，不准将绳打结使用。⑤安全网从二层楼面起开始设置，往上层每间隔四层设置一道，外墙随建筑物高全封闭安全密网一层，同时设一道随施工高度提升的安全网，网绳严禁破损，应里低外高，里边距墙<150mm，每隔 3m 设支撑，角度为 45°，网与网之间拼接严密，空隙不大于 100mm。⑥所有预留洞口，用砼板盖防护，边长或直径在 200～500mm 的洞口，用砼板盖防护，楼梯口须安装固定栅门或护栏，并安装照明设施。
- 施工用电：①首先根据施工现场机械设备总台数（动力用电）和照明用电情况计算总用

电量，并选择合适的临时变压器，设置临时变压器时考虑现有的配电装置。②配电导线应有足够的力学强度，不发生断线现象，在正常的温度下，导线能持续通过最大负载电流而本身的温度不超过规定值，导线上电压损失应在规定的允许范围内，能保证电气设备正常工作。③选择合适的配电导线，导线架设必须设在专用电线应装设横档和绝缘子，离地 4m 以上。④现场采用三级配电、二级保护、三相五线，配电箱内应设漏电保护器，配电箱应设专人看管，箱门上设醒目的警示标志，配电箱内设总熔丝、分熔丝、分开关。⑤动力线和照明线应分别设置，照明灯具在室外应有防雨措施，金属外壳箱应作接地或接零保护，同一移动开关箱内严禁有 380V 和 220V 两种电压等级。

- 塔吊施工：①安装的塔吊必须有出厂合格证和检验合格报告。②塔吊司机和指挥必须持证上岗，上岗前搭吊指挥须书面给搭吊司机作安全技术交底严格执行塔机“十不吊”原则和塔机“六不准”。③针对施工现场环境制定确保塔吊作业安全的技术措施和群塔吊作业安全措施。④经常检查塔机的各部件的机械性能和电气部分的安全使用情况，发现安全隐患责任到人立即整改。
- 施工机具：①所有进场的施工机具必须有可靠的接地或接零，并指派专人看管。②压刨机、搅拌机等机具的外露转动部件必须装有防护装置，压刨机设有刀口防回弹装置。③手持电动机具必须单独安装漏电保护器，防护罩壳必须齐全有效，橡皮不得破损和随意拖地，严禁电线搭铁施工。④较大型施工机具全部采用一机一闸、一箱一锁，专人看管。⑤施工时的乙炔发生器与明火距离应大于 10m，且装有可靠的回火防止器、保险链、防爆膜。氧气瓶与乙炔瓶距离大于 5m、操作人员应持证上岗，气瓶要有防护圈、防护帽、标准色标。
- 物料提升机外用电梯：①根据工程实际情况，采用人货两用外用电梯、龙门(井架)各三台布置在合适的结构部位处；安装时要检查其出厂合格证和检验合格证，要有安全停靠装置、停靠门、吊蓝安全门上料口防护棚、上下超高限位器、断绳保护器、缓冲器、超载限制器，良好的通信联系等安全设施，安装完毕后要经专业验收签证后方能投入使用。②龙门(井架)架的接料平台口要设置不小于 1.2m 高的防护栅栏，架体设置牢固，要安装可靠的断绳保险装置，龙门(井架)架，外用电梯上要张挂安全标语，严禁超载或“带病”作业。③龙门(井架)架随主体结构上升并与主体有效连接加固，架体顶端必须装设避雷装置。
- 模板安装：①根据施工实情，我部采用普通扣件钢管脚手架作为现浇砼模板的支撑，并经过验算。②钢管支撑严禁使用弯曲、有裂纹、锈蚀严重的管材。③模板采用 50×100 木枋，主龙骨中距 400mm 作底衬、剪力墙采用 18 厚层板，50×100 木枋做主龙骨，外用 ϕ48 的普通双钢管，间距 600×700，ϕ12 镙杆穿墙固定。④拆除模板支架时，必须待砼强度达到设计要求或规范值。拆除后的材料要堆放整齐，严禁超载堆放。

2.4.3 主要防范及控制措施

- 进入现场的所有人员必须戴安全帽，超高作业必须系安全带，施工现场设置安全警告牌。
- 所有机电设备实行专人负责操作，并持证上岗，非业人员不得用电器设备。供电设备要遮盖严实，经常检修，并设置漏电保护器。

- 现场施工用电严格遵照《施工现场临时用电安全技术规范》的有关规定及要求进行布置及架设，并定期对闸刀开关、插座及漏电保护器的灵敏度进行常规的安全检查。用电按三相五线制架设的规定，现场用电线路及电器安设由持证电工安装，无证人员不得操作。现场的所有用电设备须安设漏电保护器，并在每班前由持证电工进行检验。
- 加强对施工人员的防火安全教育和对现场消防器材的管理，消防器材需配备齐全，其安放位置应符合消防要求；定期检查，必要时更换灭火器的药品，保证消防器材随时处于良好状态。
- 随时取得气象预报资料，根据气象预报，提前做好防风防雨措施，并切实安排措施严格执行实施，并合理安排现场施工生产。

2.5 施工现场环境及卫生管理

2.5.1 施工现场环境管理

施工单位应当遵守国家有关环境保护的法律规定，采取措施控制施工现场的各种粉尘、废气、废水、固定废弃物以及噪声、振动对环境的污染和危害。具体措施如下：

1）妥善处理泥浆水，未经处理不得直接排入城市排水设施和河流；

2）除设有符合规定的装置外，不得在施工现场熔融沥青或者焚烧油毡、油漆以及其他会产生有毒有害烟尘和恶臭气体的物质；

3）使用密封式的圈筒或者采取其他措施处理高空废弃物；

4）采取有效措施控制施工过程中的扬尘；

5）禁止将有毒有害废弃物用作土方回填；

6）对产品噪声、振动的施工机械应采取有效控制措施，减轻噪声扰民。

2.5.2 施工现场卫生防疫

施工企业应加强现场的卫生与防疫工作，改善作业人员的工作环境与生活条件，防止施工过程中各类疾病的发生，保障作业人员的身体健康和生命安全。

(1) 施工现场卫生与防疫的基本要求

- 施工企业应根据法律、法规的规定，制定施工现场的公共卫生突发事件应急预案。
- 施工现场应配备常用药品及绷带、止血带、颈托、担架等急救器材。
- 施工现场应结合季节特点，做好作业人员的饮食卫生和防暑降温、防寒取暖、防煤气中毒、防疫等各项工作。
- 施工现场应设专职或兼职保洁员，负责现场日常的卫生清扫和保洁工作。现场办公区和生活区应采取灭鼠、灭蚊、灭蝇、灭蟑螂等措施，并应定期投放和喷洒灭虫、消毒药物。
- 施工现场办公室内布局应合理，文件资料宜归类存放，并应保持室内清洁卫生。
- 施工现场生活区内应设置开水炉、电热水器或饮用水保温桶，施工区应配备流动保温水桶，水质应符合饮用水安全卫生要求。
- 施工现场食堂、宿舍、厕所、卫浴等场地的清洁工作一定要到位。

(2) 现场食品卫生与防疫

➢ 施工现场应加强食品、原料的进货管理,食堂严禁购买和出售变质食品。

➢ 施工作业人员如发生法定传染病、食物中毒或急性职业中毒时,必须要在2小时内向施工现场所在地建设行政主管部门和卫生防疫等部门进行报告,并应积极配合调查处理。

➢ 施工作业人员如患有法定传染病时,应及时进行隔离,并由卫生防疫部门进行处理。

第3章 结 论

建筑工程施工现场HSE管理是项具体而细致的工作,是搞好工程文明施工、强化现场安全管理、保障绿色施工的依据方法,及其优化控制的科学,它融合了施工管理人员、监理人员以及建筑工人的综合素质。加强工程现场HSE管理,不但可以为施工单位节省资金,而且也为提高施工效益,强化工程形象、美化城市环境做出贡献。

建筑企业要在激烈的市场竞争中求生存、求发展,就必须向市场提供质量好、造价和工期合理的建筑产品。绿色施工这一主题也逐渐成为未来行业发展的总体趋势,这要靠施工HSE现场管理来保证。施工HSE现场管理是市场经营的延伸或后盾。用户在招标时,不仅审查施工企业资质条件,还要考察现场施工条件和HSE管理水平。对工程项目而言,每个人每个岗位都要重视安全效益,贯彻节约材料的技术措施,合理使用材料,规范现场HSE管理,只有这样才能在保证安全的前提下实现企业利润最大化。

总而言之,施工现场的HSE管理是一项较为复杂的工作,必须事无巨细,随时做好防备工作,方方面面均需有所准备,同心协力,才能按时保质地完成施工任务。只有HSE管理上去了,工程质量、企业形象才能上去,才能越来越被社会广泛认可,才能迎来广阔发展前景。

参考文献

[1] 王火利,章润娣. 工程建设项目管理[M]. 北京:中国水利水电出版社,2005.
[2] 任多鑫. 企业改革与标准化管理[J]. 管理现代化,1983(3).
[3] 项目现场标准化管理手册[Z]. 中国机械工业建设集团有限公司,2013.
[4] 王佩建. 浅谈建筑施工企业的文明施工管理[J]. 建材技术与应用,2007.
[5] 陈永良. 试论如何加强建筑企业文明施工管理[J]. 大众科技,2007(03).
[6] 陈桂久. 施工项目动态管理[M]. 北京:企业管理出版社,2002.
[7] HSE管理手册[Z]. 中国机械工业建设集团有限公司,2013.

事业部项目群管理模式设计

总承包工程事业部

赵　欣

摘　要：

事业部制是一种常见的组织形式，通常总公司下面按产品、地区、业务范围划分事业部，对工程建设企业而言，事业部主要负责管理项目的开发与执行。随着事业部业务的发展，其所管辖的项目数量逐渐增多，资源的调配逐渐成为主要矛盾。为了更加有效合理的分配资源，项目群管理的概念逐渐产生。本文将根据事业部制下的项目群管理进行分析研究，设计适用于工程建设企业事业部制下的项目群管理模式，以提升事业部的项目管理效率，达到资源合理利用的目的。

关键词：项目群　项目群管理　事业部

对于以项目为基础的工程建设企业而言，其核心竞争力主要体现于项目管理能力。而传统项目管理的主要关注于单个项目，并没有从更高层次上考虑，尤其是以事业部为责任主体的体制下，事业部同时管理多个项目时，往往造成资源紧张、管理凌乱。如何有效的实施多项目管理，成为事业部项目管理的首要问题，项目群管理正好为解决这一问题提供了一种方法。

一、项目群管理的概念

项目群是指经过协调统一管理以便获取单独管理时无法取得的效益和控制的一组相互联系的项目，项目群中的项目存在可以共享的资源。项目群管理指为实现组织的整体目标和利益而对一组项目（项目群）进行的统一协调管理，通过对资源的统一协调管理，提高组织内资源使用效率，降低组织成本。

对事业部组织而言，项目群管理就是对事业部所辖所有项目资源进行统一协调管理，提高效率降低成本的工具。

二、项目群管理的一般特征

相对于单一项目管理而言，项目目标、项目接口、项目信息以及项目管理等方面是项目群管理的主要特征。

1. 目标多样性

每个项目是相对独立的，有各自的目标和特点，虽然事业部的目标是一致的，但事业部所属项目群的管理目标也都是独立的，因此，他们的目标都有所不同，也同时决定了项目群目标的多样性，项目群管理也相对单一项目管理更为复杂。

2. 接口多样性

项目群管理的接口，主要指管理接口，不仅包括项目不同层次间的接口，也包含了各个项目之间的接口。作为单一项目管理，与其他项目之间的接口问题不是项目管理主要考虑的方面，而项目群管理必须把项目间的协调作为主要问题考虑。因为事业部作为一个整体，所属各项目的目标都是事业部整体目标的一部分，而项目群中各项目之间都不再是独立的，任何一个项目的成败都对整体会产生影响。同时对项目群中的每个项目的资源进行配置都会影响其他项目的资源使用产生影响。所以如何协调好项目群各个项目之间的资源调配与使用是项目群接口管理的关键。

3. 信息多样性

项目群管理信息的多样性不仅体现在项目个数的增加而带来的信息量的增加，同时还包括各个项目之间、项目与组织之间的信息。同时，作为项目群整体，对于各个项目外部的信息也存在共享及交流的问题。因此项目群管理的信息处理的信息量大、种类繁杂、结构复杂。

4. 管理统一性

事业部作为一个考核整体，所属各个项目自然归属于同一项目群，这些项目也全部纳入统一的管理，无论是项目组织管理还是项目资源使用都具有统一性。

三、事业部项目群管理的方法

从项目群的概念及特征中我们不难发现，传统的、针对单一项目的项目管理方法是很难应用于项目群管理之中的，因此找到一套适应项目群管理的方法和模式是非常必要的，尤其是随着事业部项目不断增多，项目规模不断扩大，这种有针对性的管理方法更是必不可少的。

1. 在项目群中建立项目集

在实践中我们经常会遇到这样一类项目，他们相互独立但又联系紧密，或是在同一地点，或是同一个大工程的若干分段，或是同一工程的不同建设期，这类项目往往资源共享性高、相互制约性强、可重复性高，对于这类项目我们引入项目集的概念，对其进行管理。

项目集由若干个同时发生或部分搭接的项目构成。这些项目相互间，要么具有一定逻辑关系，要么虽没有逻辑关系但具有类似特征，要么是在物理空间上相互连接。当然，逻辑关系并不是构成项目集的必要条件，但项目集中一个项目的推迟或提前一定会影响到另一个项目。例如国机重工产业园项目就是非常典型的项目集，由 5 个不同项目组成，相互独立，但施工地点、业主等方面有高度统一，同时建筑物的特点又基本相同，物理位置又相互连接，施工方案和过程可重复性强，完全可以作为单个项目集处理。

通过项目群下建立项目集的概念，不仅可以减少项目群管理的复杂性，同时也可以提高资源配置与使用的效率。

2. 关键链(CCPM)方法

关键链项目管理(Critical Chain Project Management，CCPM)方法是 EliyahuGoldratt 博士在其专著《关键链》(Critical Chain)中提出的一种新的方法。关键链是用来替代关键路径分析方法，对于项目群管理而言，关键链方法更加适合。

关键链区别于关键路径的主要特征如下：

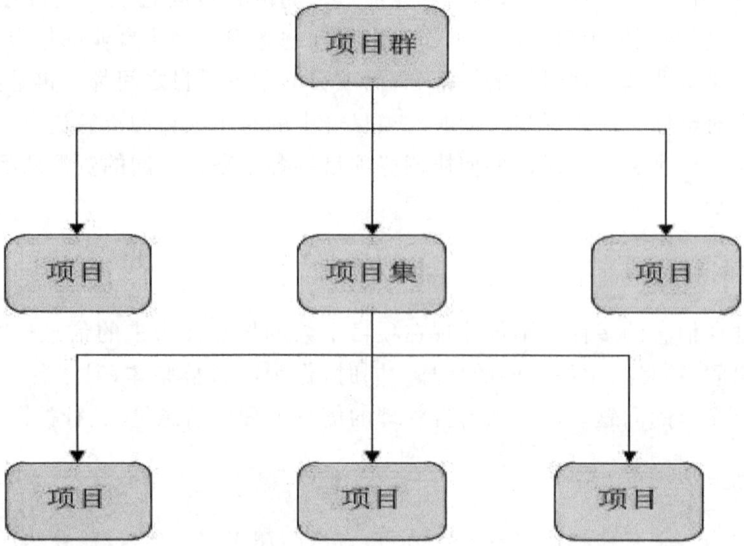

图 1　项目群组织结构图

(1) 关键链法考虑了人的因素和资源约束,这是与网络计划里的关键路径法最大的差别。

(2) 关键路径法使用的数据是包含安全时间的保守工期;而关键链法使用的数据最可能工期,并把安全时间拿出来集中管理。

(3) 关键路径是一次就可以确定的;而关键链是不能一次就确定,是一个循环往复、不断寻优的过程。

(4) 关键路径有严格的紧前紧后关系,而关键链没有,但有较复杂的逻辑关系。

(5) 关键链计划是区间计划,比如人们经常说,本工程在明年 10 月份完工,所谓 10 月份,即是从 10 月 1 日到 10 月 31 日的一个区间;而关键路径是一个确定的时间点计划,如本工程在明年 10 月 31 日完工。区间计划比点计划更临近实际。

3. 划分项目类型

进行项目群管理时,因项目规模有大有小、时间有长有短、难度有难有易,不能对所有项目的资源分配采用一刀切的方式,一定要先将项目进行有效的分类,在资源分配是要针对不同类型的项目实施不同的资源配置策略。

项目类型有不同的划分方式。可以按照地域划分、按规模划分、按所处不同阶段划分等等,无论哪种划分方法,划分项目类型都是进行项目管理体系设计的基础。

4. 建立信息交流平台

对于项目群管理,每天都会发出和接收到许多信息,项目管理工作就是依靠这些流通来完成。如果信息在传递过程中被阻碍,不能及时到达信息接收者,或信息在传递过程中遗漏、失真,都会对项目产生无法弥补的损失。因此,要做好项目群管理必须具有畅通的信息流通渠道。这就不仅要求信息的传递迅速及时,而且要求信息交流方式尽可能采用书面语言。如此既可避免信息传递过程中的失真,又可留存备案,减少不必要的纠纷,同时也可成为索赔和反索赔的支持文件。充分利用网络、卫星电话、移动通信、固定电话、社交网络等灵活多样的通讯方式，有效地传递分布于各地的项目信息，为各个项目的顺利进行提供了信息的保证。

总之，项目群管理强调多项目协调、多种资源整合、多信息综合处理，对于事业部制下的项目管理非常适合，不仅可以大大提升事业部综合管理水平，同时还可以帮助管理人员更加有效的管理和控制项目的执行。在项目群管理的实施上，现代信息技术也提供了比以前更好的条件与基础，因此实施项目群管理将更有力的推动事业部业务开展，提高核心竞争力。

简述实用新型专利申请过程中的注意事项

郑芳媛　宋　嵩

我公司申请专利已经有十年了，从第一个专利的授权到现在已经陆续有36项专利获得了授权，这十年来我们拥有的专利数量突飞猛进，提前超额完成了国机集团下达的任务。

但是我们拥有的这36项专利，只有两项是自己编写申请完成的，其他34项都是找专利代理公司帮忙编写完成的。经过这几年专利申报工作，我觉得我们大部分专利尤其是实用新型专利是完全可以依靠自己来申报完成的，我们的技术人员只要掌握了专利申请的要求，用心自己编写，是完全可以顺利通过的，现在我就一些实用新型专利申报的注意事项做个总结。

一、专利说明书的撰写

首先是专利名称的确定，名称中不应含有非技术性词语，不能使用商标、型号、人名、地名或商品名称等，不能超过25个字，要简明、准确地表明请求保护的主题。

说明书应对专利做出清楚、完整的说明，使所属技术领域的技术人员，不需要创造性的劳动就能够再现该专利的技术方案，解决其技术问题，并产生预期的技术效果。说明书要按以下五个部分顺序撰写：所属技术领域、背景技术、发明内容、附图说明、具体实施方式。并在每一部分前面写明标题。

所属技术领域：应指出本专利技术方案所属或直接应用的技术领域。

背景技术：是指对专利的理解、检索、审查有用的技术，可以引证反映这些背景技术的文件。背景技术是对最接近的现有技术的说明，它是做出实用技术新型技术方案的基础。此外，还要客观地指出背景技术中存在的问题和缺点，引证文献、资料的，要写明其出处。

发明内容：应包括专利所要解决的技术问题、解决其技术问题所采用的技术方案及其有益效果。①要解决的技术问题是指要解决的现有技术中存在的技术问题，应当针对现有技术存在的缺陷或不足，用简明、准确的语言写明该专利所要解决的技术问题，也可以进一步说明其技术效果，但是不能采用广告式宣传用语。②技术方案是申请人对其要解决的技术问题所采取的技术措施的集合，技术措施通常是由技术特征来体现的；技术方案应当清楚、完整地说明专利的形状、构造特征，说明技术方案是如何解决技术问题的，必要时要说明技术方案所依据的科学原理。撰写技术方案时，机械产品应描述必要零部件及其整体结构关系；涉及电路的产品，应描述电路的连接关系；机电结合的产品还应写明电路与机械部分的结合关系；涉及分布参数的申请时，应写明元器件的相互位置关系；涉及集成电路时，应清楚公开集成电路的型号、功能等。技术方案不能仅描述原理、动作及各零部件的名称、功能或用途。③有益效果：是专利和现有技术相比所具有的优点及积极效果，它是由技术特征直接带来的、或者是由技术特征产生的必然的技术效果。

附图说明：要写明各附图的图名和图号，对各幅附图作简略说明，必要时可将附图中标号所示零部件名称列出。

具体实施方式：是专利优选的具体实施例。具体实施方式应当对照附图对专利的形状、构造进行说明，实施方式要与技术方案相一致，并且应当对权利要求的技术特征给予详细说明，以支持权利要求。附图中的标号要写在相应的零部件名称之后，使所属技术领域的技术人员能够理解和实现，必要时说明其动作过程或者操作步骤。如果有多个实施例，每个实施例都必须与本专利所要解决的技术问题及其有益效果相一致。

二、说明书附图的撰写

每一幅图要用阿拉伯数字顺序编图号。附图中的标记要与说明书中所述标记一致。有多幅附图时，各幅图中的同一零部件应使用相同的附图标记。附图中不要含有中文注释，要使用制图工具按照制图规范绘制，图形线条为黑色，图上不能着色。

三、权利要求书的撰写

一项专利只有一个独立权利要求。独立权利要求要从整体上反映专利的技术方案，记载解决的技术问题的必要技术特征。独立权利要求包括前序部分和特征部分。前序部分，写明要求保护的专利技术方案的主题名称及与其最接近的现有技术共有的必要技术特征。特征部分使用"其特征是"用语，写明该专利区别于最接近的现有技术的技术特征，即专利为解决技术问题所不可缺少的技术特征。

从属权利要求用附加的技术特征，对所引用的权利要求作进一步的限定。从属权利要求包括引用部分和限定部分。引用部分要写明所引用的权利要求编号及主题名称，该主题名称要与独立权利要求主题名称一致，限定部分写明专利的附加技术特征。从属权利要求要按规定格式撰写，即"根据权利要求(引用的权利要求的编号)所述的(主题名称)，其特征是……"。

权利要求书要以说明书为依据，说明要求保护的范围。权利要求书要使用与说明书一致或相似语句，从正面简洁、明了地写明要求保护的专利的形状、构造特征，如：机械产品应描述主要零部件及其整体结构关系；涉及电路的产品，应描述电路的连接关系；机电结合的产品还应写明电路与机械部分的结合关系；涉及分布参数的申请，应写明元器件的相互位置关系；涉及集成电路，应清楚公开集成电路的型号、功能等。权利要求要尽量避免使用功能或者用途来限定该专利，不能写入方法、用途及不属于专利保护的内容；要使用确定的技术用语，不能使用技术概念模糊的语句，如"等"、"大约"、"左右"；不能使用"如说明书……所述"或"如图……所示"等用语；首页正文前不加标题。每一项权利要求应由一句话构成，只能在该项权利要求的结尾使用句号。权利要求中的技术特征可以引用附图中相应的标记，其标记应置于括号内。

四、说明书摘要的撰写

说明书摘要应写明该专利的名称、技术方案的要点以及主要用途，尤其是写明该专利主要的形状、构造特征(机械构造和/或电连接关系)。摘要全文不超过300字，不能使用商业性的宣传用语，并提交一幅从说明书附图中选出的附图作为摘要附图。

孟加拉国施工市场分析

郑　路

加快实施“走出去”战略是适应全球化新形势和我国发展新变化，培育参与和引领国际合作和竞争新优势的重要举措。我们要从转变经济发展方式的角度思考，深刻认识加快实施“走出去”战略的重要性；从提高把握国际市场规律的能力入手，明确“走出去”的工作目标和要求；从适应开放条件下国际竞争的需要着力，充分发挥我国“走出去”的比较优势；从实现互利共赢的目标着眼，推动“走出去”的可持续发展。当前，要特别重视提升实施“走出去”战略的能力和水平。但同时也应看到，国际市场有其自身的发展规律，竞争更激烈、要求更高。2008年金融危机后，跨国直接投资出现了新特点，既给我们带来机遇，也带来挑战。许多国家都把吸引外资投向基础设施领域作为优先政策和重点，这使我国对外投资空间扩大。但同时，国际上反对外资流入和抵制全球化的民众情绪普遍升温，由此带来的阻力和风险也不可忽视。

我国在经历了三十多年的经济改革开放发展之后，国内基础设施建设已取得了长足的进步，在国家“十二五”公路规划中计划到2015年，基本形成适应综合运输体系发展要求的公路交通网络——“7918”高速公路网，至2012年，高等级公路已修建8.5万公路，据有关资料统计接近甚至超过美国高等级公路总运营里程数，居世界第一；中国高铁的发展更是有目共睹，通车里程近一万公里，然而面对这些华丽的数据，对于建筑施工企业而言，却将隐含几分忧虑，国内施工市场将趋向典型的卖方市场，僧多粥少，竞争异常白热化；特别自我国加入WTO后，中国市场国际化，国际市场中国化，走出国门已是诸多企业早已制定的中短期发展战略与市场定位，笔者有幸在2014年根据公司的委派去孟加拉参与管理施工，经半年多的施工与考察，根据对孟加拉国的施工市场的一些了解与体会，经过进行了一系列的分析，认为孟加拉国施工市场存在着广阔的空间，中国施工企业有开拓与发展的可能，但刚开始必须面临一些风险，特别是开拓市场的经营风险。

1. 国情现状

孟加拉国位于亚洲南亚地带，濒临印度洋、孟加拉海湾。东南部毗邻缅甸，东、西、北三面与印度毗连，南临孟加拉湾。地处热带季风气候，无中国的严寒；一年之中，孟加拉可分为5个季节：从3月中下旬至6月中旬，湿度高白天气温高达38～40℃，是夏季；从6月中旬至10月是季风期雨季，降水量很大，一般大于1500mm，所以江河极易泛滥成灾。11月是秋季，存在长一星期左右的秋雨过渡期，从12月至次年1月底是冬季，2月至3月中旬可称为春季，冬季、春季无雨，天气晴朗气候宜人，夜晚凉爽，雾水较重，气温10℃以下；每年的11月至次年的3月是施工的黄金季节，而在雨季路基土石方施工则可基本停止。

这里人口众多，达1.7亿；85%信奉伊斯兰教；就孟加拉的地理位置而言，类似于中国广东、广西与海南，但孟加拉人体格健壮，身材看似比中国南方人高大。

孟加拉国节日繁多，主要节日包括开斋节及宰牲节，按当地规定放假7天，其他节日均放假一天如3月26日独立日和国庆日、11月7日国民团结日、12月16日胜利日、2月21日烈士日等。

在孟加拉施工，其节日对工期的影响必须考虑，否则孟加拉人一旦过节均回家了，想施工也难以成行了。

孟加拉国的教育体系：小学 5 年，中学 7 年，预备院校 2 年，大学 4 年；初中、高中学生学习负担大、压力也挺重，课目比中国学得还多，也要进行全国统考，也实行九年制义务教育，部分地区尚有女生在高中学习期间免学费的优惠条件；其实主要问题在于农家子弟很难读完九年制义务教育；另全国各地基本没有职业中学、职业培训类的学校。所以孟加拉人的农民工素质较低，缺少培训，而且大多文化教育程度偏低，仅相当于中国的小学、初中毕业生而已。

孟加拉人主要讲南亚英语及孟加拉语，但这儿的英语口音较特别，它的有些发音音标与英、美音标区别较大，就像中国的北方人到南方去一样，同是汉字，听起来发音迥异。

孟加拉人的生活习性与我国差异较大，可能因天气热与信仰原因；一则孟加拉人不像中国人注重“一日之计在于晨”，孟加拉人睡眠较迟，晚上十一半以后，早上起床也较迟，在八点半左右时间，正常早上九时吃早点，下午二点后吃中餐，晚九至十一点吃晚餐，吃完晚餐不久便睡觉；加之喝咖啡加糖，喝红茶加糖，工作时间尚须吃点甜食如饼干之类，因孟加拉男人多见大腹便便，与其生活饮食相关。

2. 建筑市场人员状况

孟加拉国工地上人员的工资仅其基数而言较低，一般在 8000～15000 达卡，折合人民币不到 1000 元；存在着地区差，首都达卡地区人工工资取上限，偏远及乡村地带工资取下限；但施工市场上的人工工资比起纺织工或其他行业仍算是高薪一族。

孟加拉人双肩无力，工地小搬运大部靠头顶或两人配合手提，筐使用较多，不擅于借用手推车等简单辅助设备，省时省力，减小劳动强度，提高劳动效率。

孟加拉国整个社会的工作效率低下，根据其人工工资与其劳动纪律、自觉性、干活的效率相比，其内在工资也不算低。

孟加拉的基础设施普遍较差，高速公路基本没有，像达卡与吉大港这样在孟加拉——两非常重要的城市间仍只有双车道的——类似于中国的二、三级公路，堵车是正常的，区间平均行车时速在 30～40 公里。

3. 材料状况

孟加拉国有几家较大的钢厂，钢材完全可以可自给自足。

达卡以南地区施工用碎石非常贵，在采石场出场价每方达 130 元左右(折合人民币价)，再加上 200～300 公里的汽车运输，所以到工地碎石价每方可达 300 多元；主要原因是孟加拉国资源匮乏，没有山，无处开采；孟加拉与印度交界，而国境线就在山脚，看得见的山大部是印度的，隔着边境铁丝网，看得见摸不着；大量的须从印度进口，或从达卡以北地区长途运输，运费达每方 200 元以上。

孟加拉国江河较多，产砂，但大部是细砂或粉砂，价格每方 20～30 元，但若使用中粗砂则因产砂场较少，价格则在 70 元以上。

孟加拉国的水泥基本自供，但原材料全靠水上运输，其水泥厂基本依大江大河而建，有自建码头、船坞，装卸材料较方便，类似于浙江、江苏、上海一带。

孟加拉国的砖厂很多，砖的质量较稳定，出厂价大约折合人民币 8 分钱一块，不算贵，所以这儿砖碴(或由人工或由破碎机破碎将整砖破碎成20～40mm大小)的使用范围较广,公路的基层、底基层骨料是它,低等级混凝土如C15、C20的粗骨料也是它,修便道铺底层更缺不了它。

这几年孟加拉国的投资建设日益加大,材料价格也显涨价趋势,外资企业若不事先知觉,损失较大,中国水电在达卡至吉大港的公路扩建项目中,因基层、底基层粗骨料用量大,因进场两年来因片石、碎石涨价相比当地公司损失较大。

孟加拉国严重缺电,达卡用电高峰期拉闸限电是以小时来轮换控制的,所以经济状况略好一些的家庭或企业、商场均必配发电机,自动转换;因而大部分建筑工地全靠发电机发电,用电成本较高,但这儿的油价较中国便宜10%～20%。

孟加拉国主要建材价格一览表

品 名	价 格	品 名	价 格
砖头	85塔卡/10块	钢材	70000塔卡/吨
碎砖块	94塔卡/立方英尺	水泥	480塔卡/50千克
石子	165塔卡/立方英尺	白水泥	1350塔卡/50千克
砂子	13.7塔卡/立方英尺	铝合金	510塔卡/平方英尺
涂料	250塔卡/立方英尺	石膏	220塔卡/平方英尺

4. 机械设备状况

孟加拉国内经济状况不佳,可能是长期缺钱的缘故,建筑企业与私人老板都非常热衷于从世界各地购买旧机械与旧社备,因为价格便宜,机械设备五花八门,但使用率极低,主要受制于维修人员的水平与配件供给上,因旧设备来自世界各地,有的早已淘汰,故配件在孟加拉极难购买,孟加拉国的大城市如达卡与吉大港的配件市场规模也非常有限,故此很多配件须从国外进口,一则耽误时间,二则成本费用也极高。

在孟加拉工地了滚滚冒黑烟的设备非常多,像中国古时的烽火台,狼烟一片。

而其他中资企业,如中国水电达卡至吉大港公路指挥部在国内投资了近一亿元购买各种设备运至孟加拉工地进行施工,可谓得心应手,不再受设备损坏无法维修的苦恼与煎熬;中铁大桥局孟加拉分公司在孟加拉桥涵施工中也同样大量使用国产设备,极少到市场上去租用设备。因孟加拉的旧设备月租金与我国市场上设备租金基本相当,但其效率充其量仅为国人的三分之一。

5. 投资状况

孟加拉国在20世纪70年代刚独立时,很多国家甚至担心孟加拉国政府解决不了国内众多人口的吃饭问题,然而经政府与广大人民的努力,吃饭问题是解决了,但基础建设却迟迟没有长足进步,主要问题是缺少资金。所以,在孟加拉国干工程千万别指望变更增加费用,概算超限时则可考虑删减相关附属项目。因为他们很多项目的资金主要来自于他国或亚行、世行的贷款,其概算额度有限,仅留有10%的预备费,超出这一部分资金后,便再难以筹措。

孟加拉国施工工期要求不严,基本上没有多少工程是按时完工的,常因业主没钱了让施工单位停几个月不干,等有钱了再干。中国水电公路项目从中国带去的大量设备、机械一摆半年非常正常；政府对于征地、拆迁推动能力软弱，征拆在孟加拉公路建设施工中同样是一个复杂的难题。

孟加拉国的监理体系与中国类似，均源于 FIDIC 条款，但也具有孟加拉特色，监理人员素质参差不齐，相当部分人员也仅限于有人发工资与给钱就行的状态。

孟加拉近年来有很多世行或亚行贷款项目，其项目明确规定须对外招标，中国企业存在一定机会去开拓、去发展。市场的准则总是适者生存、适者发展、适者壮大。在孟加拉与国人谈及孟加拉市场时，大家一致认为：孟加拉存在一定的施工市场，国人要想争得一席之地，就得靠企业的市场定位能力与机遇了。

如何实现综合管理工作的统筹与条理性
——伊拉克项目部人员撤离工作感悟

电力工程事业部
朱　浩

伊拉克萨拉哈丁 2×630MW 燃油气电站工程项目是由中国机械工业建设集团有限公司执行施工总承包的大型电站项目。该项目正式工程于 2013 年 5 月 1 日开工，计划 38 个月内完成第一台机组的移交，42 个月内完成第二台机组的移交。但是今年 5 月以来，伊拉克北部地区安全局势出现动荡并急剧恶化。6 月初，伊拉克反政府武装占领北部地区部分城市，并对伊拉克萨拉哈丁省发起连续袭击。由于项目现场地处反政府武装进军伊首都巴格达的战略要地，项目人员及设备安全面临严重威胁。事件发生后，在国机集团的组织下，我公司发起了由项目部现场主导，国内相关人员密切配合执行的人员撤离方案。

作为电力工程事业部综合管理处员工，以及国内主要配合人员，本人全程参与了此次撤离组织工作。通过人员信息汇总与整理、国际机票订购、回国人员二次转运、固定资产接收与处置、与分包单位沟通与协作等方面，本着最大化节约时间、提高效率的原则，在工作中不断提高主动性与计划性，最终圆满完成了此次撤离任务。

1. 人员信息汇总与整理

由于项目部现场人员众多，为了保证所有员工均能安全撤离，这就要求现场与国内紧密合作，将人员信息统计工作落实到位、精确到人。撤离期间，本人每天与现场负责人认真落实离场人员、留守人员的个人信息，在保证信息准确无误的同时，及时向上级单位主管进行申报，为人员撤离创造基本条件与坚实的基础。

2. 国际机票订购

在掌握了具备离境条件的人员名单后，本人负责与订票公司取得联系，为相关人员购买国际机票。在得知因为战争原因，由伊拉克境内起飞的航班仓位普遍比较紧张的信息后，本人及时为本单位所有员工预定了相应的国际机票，从而既保证了人员的快速撤离，又避免了因订票不及时造成的人员滞留，以及由于滞留巴格达而产生的高额住宿费用。

3. 回国人员二次转运

按照上级单位的要求，我单位归国员工均应飞抵除北京外的其他城市，再根据每名员工的不同住址，安排所有人员返乡。考虑到我方人员经过长时间的旅途劳累，不宜在回国当天安排其他行程，故我方确定了所有人员回国后，在当地休息一晚，第二天再安排国内二次转运的总体方案。

本人负责此次 59 名回国人员中的 53 人在成都落地后的接待工作。由于人员较多，为了能为归国同事提供良好的后勤保障与服务，本人提前一天抵达成都，通过与当地分包单位川铁国际的协调与咨询，最终将住宿地点选在了距离机场5分钟车程的某酒店，极大节约了归国人员的在路途上的时间成本。

同时，为了保证我方员工在抵达酒店后能尽快办理入住手续并用餐，本人提前将抵达人员根据职务、性别、亲属关系等客观因素进行划分，提前设计并完善了床位的规划与分配。

本着照顾个别职工特殊需求的原则，本人提前与酒店方面进行沟通，在少数民族职工抵达酒店的同时，为其定制了符合其宗教信仰的穆斯林食品。

由于我项目部员工来自五湖四海，在其抵达成都后，最终目的地也各不相同。因此，在其回国之前，本人便已经进行了详细的统计，并根据路途远近不同，提前购买了相应的飞机票或火车票。同时，在一部分员工顺利搭乘交通工具离开成都后，及时对驻留在酒店等待二次转运的员工进行床位的调整，退订多余的房间，最大程度节约我方人员的住宿成本。

4. 固定资产接收与处置

我项目部人员撤离回国时，将一部分贵重的公共资产、重要文件与票据携带回国。本人负责在成都接收此批公共物品，并通过各种手段将此批物品运抵总公司。在实际操办过程中，本人将所有固定资产与文件进行的详细的整理与归类，并将部分体积小、重量轻的物品，以及重要的票据等，交由京籍员工带回；重量较大的物品，一部分通过特快专递的形式发运回京，另一部分交由德阳分公司同事，待其来京出差时帮忙携带。

经过两周时间，所有从项目部现场运回国内的公共固定资产及文件均完整、安全运抵总公司，为我项目部下一步的国内商务结算等工作提供了可靠的保障。

5. 与分包单位的沟通与协作

在参与伊拉克项目人员撤离工作的过程当中，本人始终与各家分包单位紧密协作，除了及时将各单位的人员撤离动态情况向上级单位汇总与申报，还利用北京较为丰富的航空公司信息与资源，帮助与督导分包单位为其员工及时订购国际机票，从而使得各家单位的撤离工作能够快速、有效、圆满地完成。

论工程项目的沟通和信息管理

电力工程事业部
朱 浩

在工程项目的管理过程中，为了提高管理效率，需要重视与完善个部门之间的信息沟通工作，及时、准确的完成信息传递，以确保信息沟通的通畅。本文所指信息，包含工程项目实施过程中所产生的各类文件、资料与数据。

1. 沟通与信息管理

沟通与信息管理是指对信息的收集、加工、整理、存储、传递与应用等一系列工作的总称，沟通与信息管理的目的是通过有组织的信息流通使决策者能及时、准确地获得相应的信息。对于建设工程项目而言，沟通与信息管理主要是指在建设项目决策和实施的全过程中，对工程建设信息的获取、存储、存档、处理和交流进行合理的组织和控制，通过有效有组织的沟通渠道与流程，使项目管理人员能够及时掌握完整、准确的项目信息，了解项目实际进展情况并对项目进行有效的控制，同时为公司高层的科学决策提供可靠依据。信息沟通主要包含以下几项内容。

1.1 信息收集

- 制定计划。收集之前，要根据所需信息的内容、范围和时限做出安排，明确步骤，并在数量、时间、作用、种类上加以具体限定。
- 信息识别。收集真实的、有用的、关键的信息，减少信息处理工作；信息管理人员必须根据意义、作用、时限、流速和需要，有选择地收集信息、识别信息。
- 信息检验。对信息进行严格的正确性检查，防止信息尤其是数据有差错、重复和遗漏。

1.2 信息存储

- 建立数据的逻辑组织，按数据的内在联系和使用方式，组合成合理的结构，以便存取；
- 选择合适的存储设备和介质，并对载体采取如加密等保护措施，以防丢失、盗用和破坏，保证其机密性和安全性；
- 双向沟通伴随反馈过程，使发送者可以及时了解到信息在实际中如何被理解，使受讯者得以表达接收时的困难，从而得到帮助和解决。

1.3 信息沟通与传递

- 资料、数据，使其获得精确的定性和定位，并对实质内容加以鉴别，以求真实准确地反映行政管理的活动、对象及变化。
- 由此及彼，由表及里。要反复进行分析、综合，剖其表象，究其内涵，力求所有信息之间的联系在信息系统中符合逻辑地再现。
- 物尽其用，细大不捐。加工信息应根据使用价值的时效性与条件性，分大小、轻重、缓急区别处理。不论价值大小的信息都应认真处理，不得随意废弃。

- 要使用精确的表达方式，要把经理人员的想法用语言和非语言精确地表达出来，而且在使接收者从沟通的语言或非语言中得出所期望的理解。
- 要进行信息的追踪与反馈，信息沟通后必须同时设法取得反馈，以弄清下属是否确已了解，是否愿意遵循，是否采取了相应的行动等。
- 要言行一致地沟通，经理人员必须以自己的行动支持自己的想法和说法，而且更有效的沟通是“行重于言”。
- 沟通时不仅要着眼于现在，还应该着眼于未来，大多数的沟通，均要切合当前情况的需要，但是，沟通也不应忽视长远目标的配合。例如，一项有关如何改进绩效与促进士气的沟通，固然是为了处理眼前的问题，但同时也应该是为了改善长远的组织改革。

2. 文件管理

本文件编制的目的是为了规范项目部内部文件管理以及与其他各方的文件往来，提高事务的处理效率，便于信息的检索和查询，保证管理过程的可追溯性，并作为项目管理的一部分，为提升整个项目的管理水平，保证项目的顺利实施创造条件。

2.1 文件管理原则

- 重要事项要以文字交流为主，要有文字依据备查；
- 项目部指定专职文件管理人员负责收发、整理、流转、保存、归档；
- 所有收发文统一按文号编写规则来进行编号处理；
- 对业主、当地各分包商发文，以英文作为书面文字，对内文件应使用中文或中英文结合的形式。

2.2 发文工作程序

- 根据领导指示或管理需要，确需以文件、函、通知等书面形式发布信息给有关单位时，拟稿人应认真撰写文件。
- 对于一般性技术文件或施工协调文件，由各职能部门起草，由项目总工或其他授权人审核签字后发放。
- 对于涉及商务、合同、费用类的文件，由各职能部门起草，由项目计划控制部检查确认，由项目经理、现场经理或其他授权人审核签发。
- 拟稿人拟稿完成后，送项目部主管领导审查批准并签署意见。
- 拟稿人根据领导意见修改并以规定的发文格式书写后，由项目经理或其他授权人签发。
- 经项目经理或其他授权人签发后的待发文件须送至档案室资料员处，由资料员编号登记后正式外发。
- 所有发出的文件需注明发文时间和经办人，文件发出后，拟稿人负责复印备份并将原件交文件管理人员存档，同时登记到《收发文台账》中。对外（业主或当地分包单位）发文须经翻译人员译成英语的，翻译人员应对中、英文的一致性负责。
- 具体发文流程见下图。

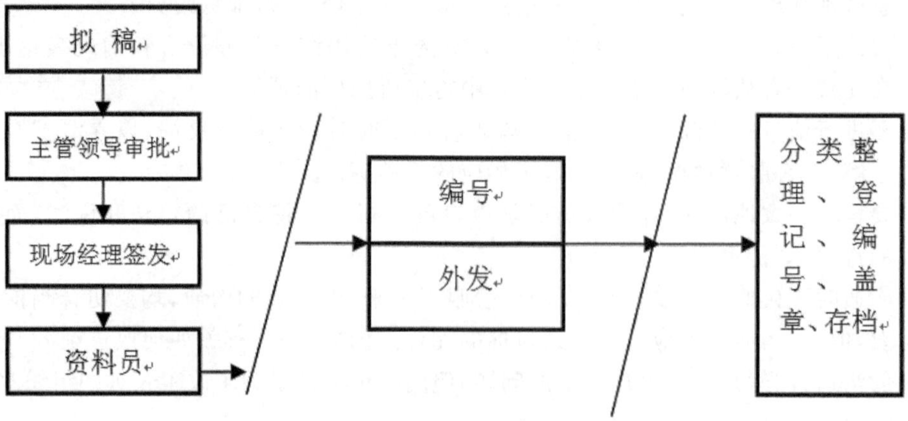

2.3 收文工作程序/文件流转程序

- 收到来文后，先由文件管理人员统一登记到《收发文台账》中，并注明收文时间和经办人；
- 盖批办流程章或附上《收文处理表》，呈给项目经理、项目总工或其他授权人批示后传阅处理；
- 所有传阅者必须在批办流程章/文件传阅单上签字；
- 处理完毕经项目总经理批准存档后，将原件交文件管理员存档，传阅者如需要可保留复印件；
- 具体收文流程见下图。

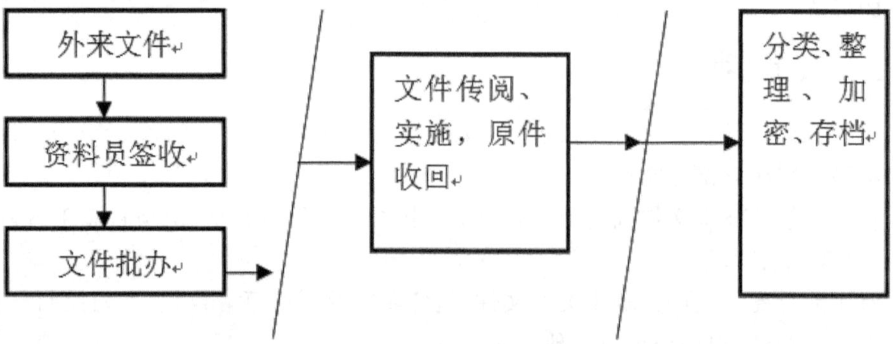

2.4 文件的存放和归档管理

2.4.1 文件夹的使用和标签

资料员和各专业人员应分类对所使用文件，包括发送、接收和日常文件进行分类保管，通过对文件的索引和有序存放达到快捷查询的目的。

将文件夹的标签根据存放的文件类型标记为“传真 收文 发文单位”卷宗号“VOL.”，“信函 收文 发文单位”卷宗号“VOL.”，“传送文件 收文 发文单位”卷宗号“VOL.”，以及“分包合同”，“采购合同”，“工程月报”等各类文件，如果部分种类文件的数量较少，可以将几类进行合并，例如“收/发文”等。文件夹的标签应标注清晰，卷宗号和文件编号登记连续。

2.4.2 文件的分区存放

所有文件应按照类别及重要程度分区存放，对于合同、协议文件、公司内有关项目的文件、报告、招投标文件、项目部规章制度、管理办法，保函，会议纪要、汇报文件等要由专人密闭保管。其他一般文件可用敞开式文件架存放。

2.4.3 文件借阅管理

项目部各专业工程师借阅文件、工具书时，应坚持保密原则，不得私自复印，对借出后归还的文档要认真核对，发现缺少、损坏、拆散等情况，要向借阅者当面提出，并查明情况报告领导。

对于需要控制复印件的文件，例如公司的营业执照，应加盖"复印无效"的控制章。避免因证件或资料的使用失控给公司带来风险和损失。

2.5 文件更新和销毁

当施工规范、标准、图纸的版本发生改变后，应将旧版本资料从档案中取下，用新版本代替，被替代的版本应予以销毁，并填写文件销毁记录，移出工作区域，如这些资料专业工程师要求继续保留，必须和有效资料分开，并加盖"失效"章。

3 信息安全及保密

为保守项目内部信息秘密，维护项目组织权益，特制定本制度。项目所涉及部门组织和分支机构以及员工都有保守项目信息秘密的义务。员工不准向外界泄露已确定为秘密的有关项目内部情况，或虽未确定为秘密但尚未公开和不宜公开的有关资料、计划、部署、工程标底等。

3.1 保密范围

- 项目重大决策中的秘密事项。
- 项目尚未付诸实施的经营战略、经营方向、经营规划、经营项目及经营决策。
- 项目组织内部掌握的合同、协议、意向书及可行性报告、主要会议记录。
- 项目财务预决算报告及财务报表、统计报表。
- 项目组所掌握的尚未进入市场或尚未公开的各类信息。
- 项目成员人事档案，工资性、劳务性收入及资料。
- 其他项目负责人确定应保密的事项。一般性决定、决议、通告、行政管理资料等内部文件不属于保密范围。

3.3 文件和资料的保密管理

3.3.1 文件的收发

- 收进文件，要核对收件单位或收件人，检查信件封口是否被开启。
- 启封后，清点份数，按不同类别和密级，分别登记、编号。
- 发文应按文件、资料的类别和文号及顺序号登记清楚去向，并填写发文通知单，以便收文单位清点查收，信封要编号并加盖密级章。
- 收发文件、资料都要建立登记制度和严格实行签收手续。
- 阅办：阅办文件、资料时的注意要点。
- 设立阅文室，按规定组织有关人员到阅文室阅读文件、资料。

- 呈送领导批示的文件、资料，应先进行登记，领导批示后，及时退还或由经管文件部门当日收回，领导之间不得横向传批文件，不得把批文直接交承办单位(人)。
- 凡需有关部门(人)承办的文件、资料，一律由文件、资料经管部门办理。
- 文件、资料不得在个人手中保留，更不得把秘密文件、资料带回家或带入公共场所。
- 控制文件、资料阅读范围，无关人员不得看文件、资料。

3.3.2 文件的保管

秘密文件、资料应存放在有保密设施的安全处，做到专室专柜，专人保管。

3.3.3 文件的清退

要坚持文件、资料清退制度。一般每季度要对所管理的文件、资料进行一次清理，并将清理情况报告有关主管部门，项目结束后，应将相关秘密文件、资料清退，交主管部门。清退中如发现缺份，要及时向主管领导报告，认真查处。

案例——伊拉克烟囱外筒施工

中国机械工业建设集团有限公司电力工程事业部
朱祥项

目 录

1. 工程概况

伊拉克萨哈萨克丁电厂 2×630MW 机组烟囱工程采用钢排烟管双套筒式烟囱,即由钢筋混凝土外筒壁和钢排烟管两部分组成。烟囱外筒总高度 175m,外筒出口外直径 18.6m。在±0.00m标高的南侧设置 6m×6m 的施工洞口;烟道口设置在东、西两侧,洞口底标高为＋10.35m,洞口尺寸 6.5×10.988(高)m;分别在标高 0.9m、40.9m、75.9m 设有 0.9×1.2m 通风窗;分别在标高 105.9m、135.9m、165.9m 设有 0.9×1.2m 航空障碍标志灯窗;筒内设置 6 层钢平台,标高分别为:40m、75m、105m、132.3m、135m、165m、174m;筒壁内侧设钢楼梯。筒壁坡度分别在标高±0～＋60m 为 0.05、＋60～＋90m 为 0.020、＋90～＋175m 为 0.00。

筒壁厚度及混凝土强度等级列表:

标高(m)	＋0	＋40	＋80	＋90	＋120	＋145	＋175	
外半径(m)	12.90	10.9	9.5	9.3	9.3	9.3	9.3	
壁厚(mm)	650	600		550		450	350	
混凝土	C40		C30					

筒壁钢筋从底到顶分段渐变:外侧纵向钢筋规格为 ϕ25～ϕ16,环向钢筋 ϕ22～ϕ16;内侧纵向钢筋 ϕ22～ϕ14,环向钢筋 ϕ20～ϕ14。拉筋 ϕ6@450～500。钢筋采用 HPB235 级钢和 HRB335 级钢。型钢采用 Q235B,焊条选用 E43 型(HPB235 级钢筋和 Q235 钢及 HPB235 级钢与 HRB335 级钢),E50 型(HRB335 级钢筋之间)。纵向钢筋连接采用电渣压力焊连接,环向钢筋采用搭接。环向钢筋保护层厚度为 30mm,外筒壁采用双面配筋,内外排垂直钢筋均在环向钢筋的内侧。

水泥采用硅酸盐水泥。

所有烟囱的金属零件(除镀锌外),在装置前需喷砂除锈,除锈等级 Sa2.5。结构表面的防腐处理:环氧富锌底漆二道,总厚 70μm 以上,环氧云铁中间漆一道,厚度 60μm,聚氨酯面漆二道,总厚 70μm,底漆、中间漆和面漆的总厚度要求达到 200μm 以上。吊装后对安装过程中油漆损伤部位及节点连接部位应采用砂轮进行除锈处理。

钢筋混凝土外筒外表面在 0.5m 和 174.5m 标高处分别设置四个间隔相等的沉降倾斜观测标。

烟囱筒身外侧自上而下涂红色、白色相隔条斑油漆七道作为航标漆,选用聚氨酯-丙烯酸面漆。每道高度 12m,第一道为红色。

主要施工段划分:

第一段:烟囱筒身现浇段 0～10.5m 段施工;

第二段:烟囱筒身 10.5～175m 段施工;

第三段:烟囱附属设施部分施工。

2. 烟囱主要施工方案概述

烟囱基础施工完成后,±0～10.5m 现浇段施工采用常规施工方法施工。即搭设钢管脚手架,铺脚手板作为操作平台,用对拉螺栓加钢管脚手架作为模板的支撑加固体系完成混凝土的成型施工。

烟囱筒身混凝土施工:采用电动提工艺升翻模施工施工。

此施工工艺为近 10 年来烟囱施工的首选,其优越性如下:

机械化程度高,减轻劳动强度。采用电动提升翻模施工,只需进行一次组装平台,平台宽大平整,只留水平施工缝。不需要搭设脚手架,整套翻模装置采用机械电动提升,垂直运输采用两台 5 吨双筒卷扬机带动的吊笼,从而也减轻了劳动强度。

施工速度快、大大缩短工期。筒壁采用定型钢模板(模高 1.5m,厚 3mm,宽 600mm)成型,模板安拆工序简单,连续作业,施工速度快,大大缩短工期。

翻模改善了施工条件,有利于保证工程质量。翻模施工,其模板及提升平台在施工到 10.5m组装,平台的货载的着力点在以施工混凝土筒壁 4.5 米以下,混凝土的强度已达到 60%以上,平台稳定、安全、不会扭转,不再加其他任何措施材料,且能确保烟囱垂直度精确,每次浇筑 1500mm,足够保证混凝土性,同时操作比较简单方便。

采用翻模施工工艺,只需留水平施工缝,其余筒壁均不存在留施工缝,混凝土结构密实,表面无需处理,对外观和结构是特别好的方案。

翻模施工机动性好，不受天气影响，冬季可照常施工，可使表面混凝土光滑密实，不需修补，更重要的是能控制保证整个筒体的垂直度，偏差不超过 0.25 /1000，可控制在 5cm 内。

3. 烟囱外筒壁施工具体方案

3.1 测量放线

烟囱平面控制点和水准控制点的布设：

根据业主提供的控制点，用极座标法测设出烟囱中心线和烟道中心线. 每条控制线上设两个或两个以上的控制桩. 控制桩的埋设要做到施工中能长期保存，不发生下沉和位移，且同一线上的控制桩能做到通视，以便施工过程中的引测。烟囱的平面控制桩布设如下图：

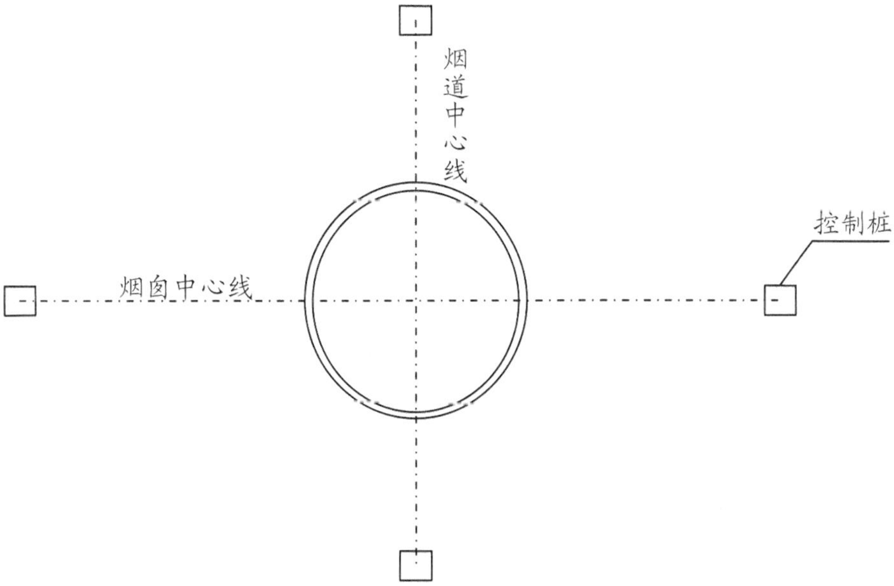

烟囱控制桩布置

烟囱的水准点控制桩设在烟囱平面控制桩上。

烟囱筒身高度控制：

烟囱高度根据每节模板 1.5m 高度控制，总高度为 116 板×1.5m＋1m＝175m。

烟囱垂直度控制控制：

根据烟囱的测量控制点，在烟囱基础中心预埋的铁板上测设出烟囱中心控制点，并在埋件上刻划出标志，利用吊在井架中心 35kg 大垂球对中，水平方向用钢卷尺量半径来控制烟囱的垂直度。

烟囱的沉降观测：

烟囱筒壁施工时，在筒壁外侧＋500mm 标高处环向均匀设置 4 个沉降观测点. 烟囱筒壁第一节施工完成后，开始做第一次观测记录，当混凝土筒身每施工 15m 高度时，观测一次，一直到混凝土施工到顶。以后在移交生产前每月观测一次，直至移交为止。

3.2 烟囱 0～10.5 米现浇段施工

现浇段高度设为＋10.5m 高度．此高度范围内采用常规搭设脚手架加人工翻模施工，每一节施工 1.5m 高度，施工至 10.5m 高度．每个作业段的施工顺序为：定位放线—搭设脚手架—焊筋焊接及绑扎钢筋—内模支设—校正—外模支设及收紧对拉杆—混凝土浇筑。

3.3 烟囱混凝土外筒＋10.5m 以上施工

烟囱混凝土外筒身＋10.5m 以上部份施工采用电动提升翻模工艺方法施工。该工艺由一套完整施工设备组成，主要由电动提升式固定平台、人员上下及物料垂直运输和钢筋垂直运输系统组成。

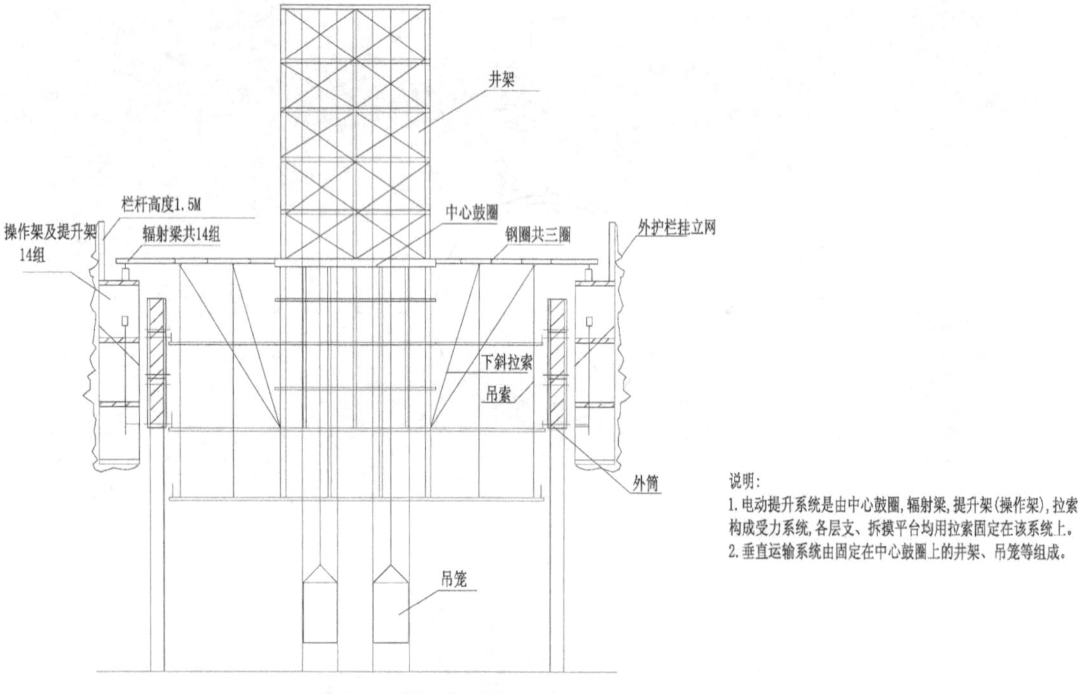

电动提模平台系统组装示意图

3.3.1 电动提升式固定施工平台

电动提升式固定平台由外提升操作架、中心鼓圈、辐射梁、三层内吊操作平台组成。

电动提升式固定施工平台系统组装如下。

(1) 烟囱筒身＋10.5m 以下部分施工时，需在＋9.9m 标高和＋8.4m 标高预留操作架穿墙丝杆孔洞，采用 φ55×3 的钢管预埋，按 16 个单元沿烟囱外筒壁均匀布置，每个单元设置两排，即＋9.9m 标高和＋8.4m 标高各为一排，其单元一排埋设尺寸如下附图所示。每个单元设置 8 根，上下两排各 4 根，上下两排孔中心距 1500mm。外侧：两内孔中心距 860mm；内侧：两内孔中心距 800mm。穿墙管埋设以烟囱 00 轴线为单元操作架起点，各单元操作架两排穿墙管应在一条中心线上。

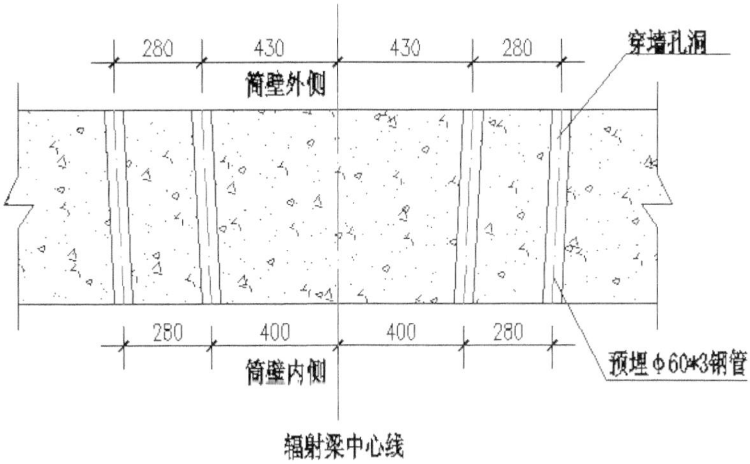

(2) 当烟囱筒身+10.5m以下部分施工完毕后，在脚手架拆除前，应将标高+9.9m和+8.4m上的穿墙丝杆、爬升靴及穿墙螺帽安装好。

(3) 吊装外操作提升大架：外操作提升大架共16榀，吊装时用一台25T汽车吊，先从东面开始，每榀操作架起吊到位后，将大小架挂钩挂入外脚手架拆除前已安装好的爬升靴上，紧压板螺栓确认牢固后，方可松钩，起吊下一榀操作架。

(4) 中心鼓圈吊装。内脚手架拆除完成后，重新搭设鼓圈支撑架。中心鼓圈支撑架搭设分两部分，中间部分为井字架，外围为满堂架，井字架面积为6000×6000，顶部标高为+6.65m，吊装时上面满铺50厚的优质木跳板并绑好，将烟囱十字中心线弹在上面，方便鼓圈就位；中心鼓圈高度为4m，就位后高度与外操作提升大架高0.25m(起拱)，采用1台50吨汽车吊吊装，放在烟囱的正中心位置。方向旋转至与外操作提升大架相对应。

(5) 辐射梁吊装。辐射梁为外操作提升大架与中心鼓圈的连接，吊装时对称放置，防止鼓圈受力不均匀，先东南西北各吊装一根，在沿圆周吊装，辐射梁一头与鼓圈焊接牢固，另一头放在外操作提升大架的顶上。

(6) 辐射梁与鼓圈的斜拉焊接。辐射梁吊装焊接完后，开始焊接斜拉件焊接，斜拉件采用[8mm槽钢，在辐射梁相应的位置和鼓圈下口用[8mm槽钢焊接成牢固的三角体。辐射梁之

间焊接四道完整的[8 钢圈，均匀布置在辐射梁上，将 16 根辐射梁连接成一体，以保证施工平台在以后的施工中具有足够的刚度和强度。

(7) 内吊操作平台。内吊操作平台分 3 层，每层设 16 根与上辐射梁相对应的槽钢作为吊平台辐射梁，槽钢的一头焊接在鼓圈上，另一头以上吊装在上边辐射梁吊下的 3 根 15mm 的钢丝绳上用绳卡固定。吊平台辐射梁之间用 ϕ25 的钢筋焊接 3 到环形圈连接成整体。

电动提升式固定平台安全防护：

施工平台上面满铺宽 200mm 厚 50mm 的优质木板，相邻两块板的连接处全部要用钉子钉牢，在连接处上部增设木条进行加固。外操作提升大架间要求搭设双跳板连通成环行状，并用抓钉钉好，共5层。最后用双层安全网将平台封闭，只预留中心鼓圈位置。

3.3.2 人员上下及物料垂直运输系统

人员上下及物料垂直运输系统包括5吨双筒卷扬机2台(配2000米φ19.5mm钢丝绳)、中心井架、人货吊笼、天梁及转向滑轮组成。

在烟囱西面离烟囱筒壁60m的地方浇筑一混凝土地锚，买上预埋件，将卷扬机安装在上面并固定牢；在中心鼓圈上安装一中心井架(如图)，中心井架立杆为8根φ89×8钢管，每根长11.2m，共搭设12.5m高，底部焊接在鼓圈上，井架横杆采用[8mm槽钢，斜杆采用φ25螺纹钢，焊接成一整体；中心井架四方用 ϕ19.5 的钢丝绳斜拉在对应的辐射梁上，用 4 个 2 吨手拉葫芦调节，保证其垂直；人货吊笼采用中国河南省煤炭科学研究院有限公司生产的 MF-38 型专用防坠器制作；中心井架安装结束后，在井架顶端焊接两道 16＃[槽钢，作天滑轮的安装固定点，地滑轮座子直焊在零米钢内筒预埋件上。吊笼安装时，用 4 根导索固定，导索上端用滑轮固定在焊接井架顶端的槽钢上，下端则用开口滑轮固定在烟囱底部的钢平台上。导索下端自用端接一只 5t 导链，固定在地锚上。

钢丝绳从卷扬机引出，经 0m 滑轮导向到中心井架天梁上滑轮在导向垂直向下吊住人货吊笼，利用卷扬机正反转控制人货吊笼上下；按 5 吨卷扬机拉力，人货吊笼不允许人货混装，吊物最大负荷不超过 2.5 吨，载人不超过 6 人。

3.3.3 钢筋垂直运输系统

钢筋垂直运输系统安装在电动提升式固定平台上，由 1 台 2 吨卷扬机、1 台 0.5 吨卷扬机和拨杆组成，在平台上安装一拨杆，0.5 吨卷扬机控制拨杆变弧，2 吨卷扬机安装在平台上固定，利用卷扬机钢丝绳通过拨杆上的滑轮放至地面，拴住钢筋，卷扬机反转将钢筋提至平台上。

3.3.4 电气安装

整个平台系统电源由两套线路组成，一套安装在施工平台，随平台一起上升，作外操作架

提升及施工平台上各种施工用电的电源，电源控制盘安装在信号室内；地面施工电源另设一套线路，供提升吊笼及吊钢筋用，地面电源控制盘安装在零米层卷扬机操作室内。

3.3.5　烟囱施工大平台提升

烟囱提升系统组装完成后，对整施工平台按 1.2 倍荷载试重，吊笼进行断绳试验验收合格后，方可进行大平台的提升工作。

提升原理：电动提升操作平台由筒身上均布的 16 榀操作大架整体上升而同步向上移动的，每次提升高度为 1.5m。每榀操作装有同步传动机构，每榀提升架上均安装 1 台电机，提升架通过滚轮与操作立柱内侧套合，以保证两者之间的相对位置准确和提升顺利。操作架提升是在提升架锚固件与筒壁锚固后启动电机，通过丝杠使操作架上的螺母受力，操作架徐徐升起时，达到要求高度(1.6m)时，将操作架上的挂钩与筒壁混凝土上的爬升靴锚固。此时可随时松掉提升架上的挂钩，启动电机(反转)将提升架顶升 1.6m，即完成一个浇筑段的提升过程。操作大架是一个空间桁架，它由内提升小架和外操作架组成。它是支撑整个体系的主要结构。外操作架宽度为 1.3m，高度为 8.4m，大平台的辐射梁搁置在外操作架顶上。内提升架宽度为 1.2m，高度 2.1m，安装在外操作架内，可沿外操作架作上下行程大于 3.5m 的自由行程。16 榀操作架沿圆周均布，每个单元内外成对，各自独立，可单独提升，也可同时提升，操作架各层间均有环向平台连通。

3.3.6 筒身钢筋施工

钢筋制作：竖筋下料长度每根 4.5m，便于竖向焊接，环向钢筋为 12m 原材。钢筋用 3t 卷扬机(拨杆)吊运到大平台上。钢筋安装：

安装顺序：竖向焊接钢筋→划线→绑扎定位钢筋→绑扎竖向钢筋→绑扎环筋→挂∽拉筋→校正。

钢筋位置固定是通过烟囱中心用钢尺在辐射梁上划出钢筋在该高度的位置线，用 14＃铁丝将限位钢筋绑扎在辐射梁上。其施工方法同现浇段钢筋安装。

3.3.7 筒身模板

筒身模板施工：筒身模板分为 16 个单元，每个单元内安装 4 块固定模板，其位置详见穿墙丝杆埋设图。其作为普通钢模板，每个单元设一块收分模板，用以调节烟囱外筒坡度变化。筒身模板施工顺序：固定外模→安装对拉衬管→安装内模→穿对拉丝杆→安装背杠→收紧对拉→检查校正模板。

其施工方法同现浇段模板。

3.3.8 筒身混凝土

混凝土用罐车直接放料到烟囱 0m 吊笼料斗内，用吊笼吊运到大平台上，再用小推车送料入仓，浇筑过程中要防止漏浆，污染下面筒壁及以后的航空油漆涂刷。

其施工方法同现浇段混凝土施工。

水平施工缝处理：同＋10.5m 以下筒壁。

3.3.9 航空漆涂刷

航空漆涂刷跟混凝土施工同步进行，在外提升操作架最下层进行涂刷，将筒壁表面打磨干净进行涂刷工作，航空漆涂刷分两度成活，底漆 1 遍，面漆 2 遍，涂刷时油漆用小胶桶装好，再用吊绳吊至操作点。底漆要求涂刷仔细不得漏刷，面漆要求涂刷均匀、明亮，并且要面漆须在底漆全部干透后方可进行。

涂刷时混凝土表面要干燥，且平整、整洁，否则需要清理，涂刷前先测量红白相间的边线，环向分四个区格进行，为防止红白色调混淆，最后一道先涂刷红色色标，再用白色色标找齐。涂刷遍数、厚度符合设计及说明书要求。

3.3.10 避雷带及引下线

避雷线安装：随烟囱主体施工进度，在主体建筑施工时按设计安装。

3.3.11 地面、散水等零星工程

地面、散水等各构造层采用的材料、建筑产品的品种、规格、配合比，应按设计要求选用；地面、散水工程的下部如有沟道、管道等工程时，应待该项工程完工经检验合格做好隐蔽工程记录后，方可进行此道工序施工；工程完工后，应做好面层的保护工作，防止碰撞，以免造成工程质量缺陷。

4 安全文明施工保证措施

4.1 安全保证措施

在施工中认真执行各种安全管理规定和安全操作规程，确保本工程的施工安全。主要进口和危险处必须立有标牌，现场临时设围护，现场道路必须平整，畅通，作好排水措施，保证场容清洁，整齐，平面布置合理。

进入现场施工人员必须佩带相应的个人防护用品，高空作业人员必须穿防滑鞋，安全带高挂低用且应挂在牢固的构件上。此外，个人要加强安全知识学习，班组要定期召开安全例会。

生产中注意保护和完善安全措施，施工中各类机械设备必须定人定机，不得擅自启动，设

备要有完好的安全防护罩，闸箱上锁，手持电动工具必须设漏电保护装置，严防触电伤人，工件滑移，倒塌，挤压伤人。

设备要有良好的防雨措施。

夜间施工要配备足够的照明，危险区设警戒灯，钢筒内用灯，需用低压电源。

起重索具承重结构要有足够的安全可靠性，并定期定班检查。

高空作业必须有统一指挥，明确高空，地面，机房等全方位的责任人。

吊装各层平台要有足够的平台铺板，并加固绑牢，加设临时栏杆，必要时加挂安全绳固定于工作上方。在危险处设置安全警示牌，进场的设备要有相应的机械安全技术操作规程悬挂牌。

高空作业防止实物坠落，散件物品必须设置容器存放，严禁高空掷物。

在烟囱周围必须划出施工危险警戒区，安全警戒区围警戒绳，并派人监护，防止无关人员进入。警戒区至烟囱外筒壁外壁的距离应不小于 30m。

遇到雷雨、六级和六级以上大风时，停止施工，人员有序撤离。撤离前应将可移动物体固定并加防护，撤离后应关闭电源。

设立安全监督岗。由专职安全人员担任，每天专门盯在各施工场所，发现问题，及时制止并通报处理。监督人员应佩带醒目标识。

在操作平台上使用明火或进行电火焊时，必须采取防火措施，尤其要注意不得损伤钢丝绳。焊接回路采用钢筋连接，避免钢丝绳作为回路。

施工安全禁区内搭设安全隔离棚进入烟囱内，施工人员必须从安全通道进入烟囱。烟道口设围栏封闭。

吊笼操作人员必须严格把关，凡进入电梯吊笼的人员必须配齐安全防护用品。否则吊笼操作人员有权拒绝操作吊笼。

施工平台严格限制荷载，总荷载控制在 10000kg。

施工各层平台均要求布置防火设施，对防火设施必须作不定期检查，确保防火设施的完整可靠性安全通道上保持畅通。

施工平台上的氧气、乙炔最小保持 5000mm 安全距离，并要求用铁丝栓牢固。

某大型燃煤电站项目生活区临建规划方案

中国机械工业建设集团有限公司电力事业部
朱祥项

摘　要：

本文针对哈萨克斯坦 2×660MW 燃煤电站项目生活区临建工程进行研究，对生活区的设施、功能、配置及平面布置进行了详细规划和描述。本文从生活区宿舍、食堂、娱乐设施、生活用水、消防水、污水及处理、生活区用电、道路等方面进行了较为深入地研究和计算，对今后的大型项目临建工程有指导和借鉴性作用。

关键词： 临建设施结构形式及技术要求　生活区供水、电、排水及污水处理和采暖　根据哈萨克斯坦 2×660MW 燃煤电站的里程碑计划　为确保电站工程如期完成，满足现场施工人员生活的需要，并结合本公司的具体情况制定生活区临建方案。

1. 工程概况

哈萨克斯坦 2×660M 燃煤电站项目地处哈萨克斯坦国阿拉木图市西北部，属外伊犁阿拉套山北麓，地势南高北低，是大片沙漠和伊犁河谷地。海拔 700～900m。气候属于温带大陆性气候，冬季积雪不厚，持续时间不长，1 月平均气温为 −8℃；夏季炎热，7 月平均气温为 22～24℃。年降水量平原地区 300mm，山区 700～1,000mm。该工地距新疆乌鲁木齐约 1000km，运输可选用公路和铁路线，交通还算便利。项目位置见下图：

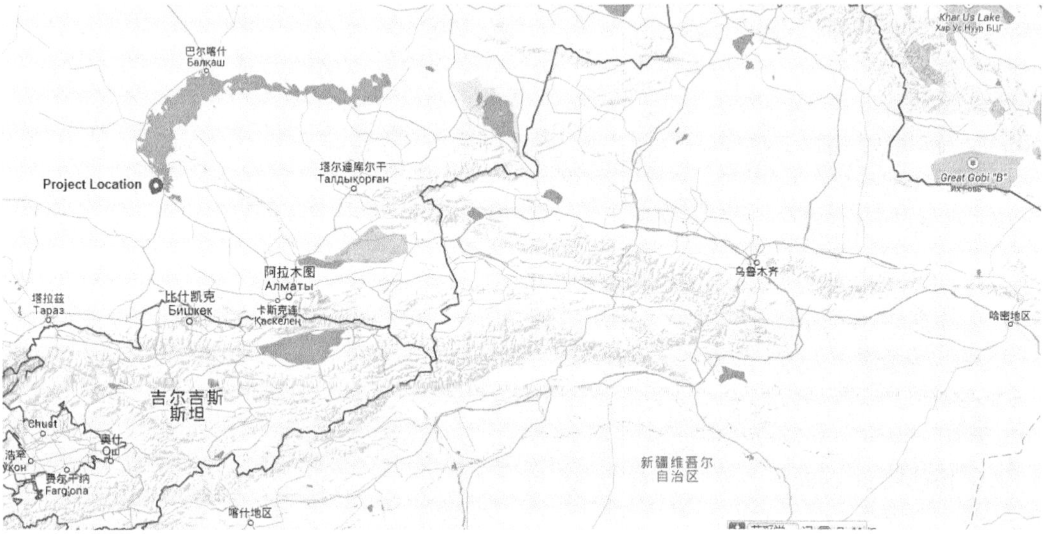

2. 编制目的

根据哈萨克斯坦 2×660MW 燃煤电站的里程碑计划，为确保电站工程如期完成，满足现场施工人员生活的需要，并结合我公司的具体情况制定此方案。

3. 编制依据

三星公司提供的哈萨克斯坦 2×660MW 燃煤电站总平面布置图；
三星公司提供的哈萨克斯坦 2×660MW 燃煤电站里程计划；
三星公司提供的哈萨克斯坦 2×660MW 燃煤电站资料；
北京诚栋国际营地集成房屋有限公司提供的钢彩板房结构图；
北京汇恒环保工程有限公司提供的生活水净化处理设施资料。

4. 生活区规划范围

按照施工方案的人员计划，生活临建按照施工高峰人数 3600 人考虑，其中包括管理人员 340 人。从总平面布置图来看，整个厂区可利用的面积较大(包括二期工程的位置都可利用)，在业主规定的区域内完全可以满足现场人员的临建需要。生活区建筑包括宿舍、食堂、厕所、盥洗室及洗衣房、浴池、锅炉房、警卫室、仓库、医疗站、活动室、配电室、柴油机室、车库、生活饮用水处理设施、化粪池、生活区供暖系统、生活区道路、生活区围墙及大门、生活区污水和雨水排水、生活区休闲场地、生活区绿化、生活垃圾堆放场等。

5. 临建项目

- 管理人员宿舍，含卫生间及洗漱间，一人间 1 栋，容纳 20 人；二人间 9 栋，容纳 360 人；
- 员工宿舍，含卫生间、洗漱间、洗衣房，4 人间 53 栋，容纳 3600 人；
- 管理人员食堂 1 座，容纳 340 人；
- 员工食堂 6 座，容纳 3600 人；
- 浴池 3 座；
- 仓库 1 座；
- 化粪池 4 座 ；
- 警卫室 1 座；
- 车库 2 座；
- 柴油机房 1 座；
- 配电室 1 座；
- 医务室 1 座；
- 活动室 6 座；
- 锅炉房 1 座；
- 暖气沟道 1663m；
- 供暖管道 1663m；
- 雨水排水沟 8500 m；
- 3t/h 净化水处理室及配套设施 1 座；
- 给水管道 1501m；
- 消防站 1 座；
- 排水管道 1550m；
- 休闲广场 6000m^2；

- 垃圾场地 400m²；
- 生活区道路 14680m²；
- 生活区围墙及大门 1450 m；
- 生活区绿化 3000m²(详见附件：生活区平面布置图)
- 临建统计表：

哈萨克斯坦电站项目临建主要建筑统计表

序 号	临建名称	用 途	数 量	建筑面积（m²）	占地面积(m²)	使用时间
1	宿舍一人间含卫生间、洗漱间	管理人员宿舍	1	460.01	758	2015.04.01
2	宿舍二人间含卫生间、洗漱间	管理人员宿舍	9	4140.09	6822	2015.04.01
3	宿舍四人间含卫生间、洗漱间、洗衣房	员工宿舍、洗漱、洗衣服	53	24380.53	40174	2015.04.01
4	食堂1	管理人员就餐	1	458.88	1090	2015.04.01
5	食堂2	员工就餐	6	4850.88	7200	2015.04.01
6	仓库	消防及生活区备品	1	310.61	465	2015.04.01
7	警卫室	区域保卫	1	48.36	72	2015.04.01
8	柴油机房	备用电源	1	77.14	115	2015.04.01
9	配电室	生活区供电	1	57.85	88	2015.04.01
10	医务室	员工就医	1	459.05	1485	2015.04.01
11	锅炉房	供暖、供洗浴用水	1	190.24	304	2015.04.01
12	浴池	员工洗澡	3	351.09	527	2015.04.01
13	活动室	员工健身	6	5535.84	8303	2015.04.01
14	生活给水设备间	供水、饮用水净化处理	1	130	195	2015.04.01
15	车库	停放小汽车	2	328.47	393.6	2015.04.01
16	消防站	用于区域消防	1	47.7	70.65	2015.04.01
15	生活区道路	区域交通	1	14680		2015.04.01
16	生活区建筑面积及占地面积			56506.74	118800	2015.04.01

6. 临建设施结构形式及技术要求

彩钢板活动房屋及墙面采用夹芯镀锌彩钢板(内外墙面彩板基板厚度 0.3mm;屋面彩板外板基板厚度 0.5mm,屋面彩板内板基板厚度 0.3mm),根据不同用途结构形式各异。

彩钢板颜色。屋面为建筑红,墙板为乳白色,彩钢板涂层为烤漆。

屋面结构采用结构自防水形式。

宿舍、食堂大门加设门厅。

所有房间内采用集中供热采暖。

临建用房设计按照使用年限五年以上考虑。

要充分考虑建筑物的抗风能力和抗倾覆能力，见本项目气象资料。

生活区所有用房为钢骨架结构；外墙板、屋面板保温层厚度为 100mm，内墙板保温层厚度为 50mm。

除配电间、柴油机房、仓库、锅炉房外、活动室、浴池、车库、水处理工作间外，房间内吊天棚。

管理人员宿舍在左右门厅里，一面放置立式电热水器 1 台、一面放置洗衣机 2 台，每个房间配置电淋浴器 1 台；员工宿舍在左右门厅里各放置电热水器 1 台。

除配电间、柴油机房、仓库、锅炉房外、浴池、车库、水处理工作间外，各建筑物房间配置空调。

7. 生活区供水、电，排水及污水处理和采暖

生活区用水由业主提供的接入点接入。生活区管道由给水管道、生活净水、污水管道、消防管道和采暖管道组成。其中，生活区主管道采用 Φ133×5 钢管，支管道采用 Φ76×4 钢管。生活区设置消防站 1 座，供区域消防使用。

生活区供电由业主提供接入点。生活区内设置配电室向各建筑物供电。区域内柴油机房配置柴油发电机作为备用电源。

生活区排水，厕所设置化粪池，污水经地下排水管道排至业主提供的污水处理站。

生活区供暖，采用两台燃煤锅炉集中供暖和供热水。热水用于员工洗浴。

具体见生活区平面布置图。

7.1 供　水

1) 生活区用水

依据中国国家《火力发电工程施工组织设计导则》，生活用水量 Q1 是指施工高峰期间全员人数的生活用水。

其计算公式为：Q1＝1.1K1n1q1/(24×3600)

式中 Q1—生活用水量，单位 L/s；

1.1—备用系数；

K1—每天生活用水不均衡系数，查《火力发电工程施工组织设计导则》附录 P 表 P.4 知其取值范围为 2.00～2.50；

n1—现场施工人数，按施工高峰阶段考虑，为 3600 人；

q1—每人每天生活用水量，查《火力发电工程施工组织设计导则》附录 P 表 P.2 知其取值范围为 100～120L/(人·日)；

Q1 最小值：Q1＝1.1×2.00×3600×100/(24×3600)＝9.2L/s

相对应每小时生活用水量：5.9×3.6＝33.12m^3/h

Q1 最大值：Q1＝1.1×2.50×3600×120/(24×3600)＝13.75L/s

相对应每小时生活用水量：13.75×3.6＝49.5m^3/h

按生活用水量最大值考虑，取 49.5m^3/h

2）生活区消防用水

依据《火力发电工程施工组织设计导则》，消防用水量 Q4 包括施工区和生活区消防用水，按工地范围大小及居住人数确定。查《火力发电工程施工组织设计导则》附录 P 表 P.3 知，生活区消防用水（5000 人以内）为 10L/s；

3）生活用水的设计

生活区用水由业主提供的水源接入点接入。

生活区用水管道通径 d1：$d1=(4000Q/\pi v)^{1/2}=(4000\times 13.75/3.14\times 1.03)^{1/2}\approx 130mm$。

供水管路采用 ϕ133 规格的管道。

4）生活水说明

在净水站内设置　个备用水箱，以解决在系统故障或者应急的情况下生活区人员短期食用和洗漱的问题。

在适当的位置设置一个洁净水处理室，经过处理的水，作为食堂用水和施工人员饮用水。

由各主管引入的管路可根据实际需要进行布置。

管道系统的主要统计信息如下表：

序　号	名　称	规　格	数　量	单　位	备　注
1	管道	ϕ133×5	7401	m	
2	管道	ϕ76×4	13258	m	
3	消防栓	ϕ133	15	个	
4	检查井	ϕ1000	48	个	
5	阀门井	ϕ1000	30	个	

7.2　供　电

生活区配置 1 台 2000kVA 箱变，另加两台 1000kW 柴油发电机组成全额备用供电配置，每台柴油发电机都带并网控制柜。当电网断电或者容量不够时可手动或者自动发电补给电能。生活区供电拟采用两级供电方式。分区域按列设置一级配电柜，箱变配电柜处预留备用开关。每排宿舍采用一个二级配电柜供电，每间房间内配置一个空气漏电开关。采暖锅炉、净水设备、娱乐区域、操场、路灯照明、门卫室等，即 Labor Camp 区域内所有用电设备都从此降压站供电。

<table>
<tr><td colspan="5">Labor Camp Area</td></tr>
<tr><td rowspan="4">生活区变电站</td><td>变压器</td><td>1 台</td><td>容量：2000kVA</td><td rowspan="4">生活区锅炉房、食堂、宿舍、门卫室等</td></tr>
<tr><td>柴油发电机</td><td>2 台</td><td>容量：1000kW</td></tr>
<tr><td>高压电缆</td><td colspan="2">约 50m</td></tr>
<tr><td>低压电缆</td><td colspan="2">约 15000m</td></tr>
</table>

7.3　排　水

将各建筑物的生活废水经地下排水管道排至业主提供的污水处理站。管道转弯处设置检查井。管道直段每隔 30m 设置检查井一座。排水管道总计 1550 m。

7.4 供　暖

生活区供暖面积为48126.74平方米。采用2台4T/h燃煤锅炉,设置两个30立方米的水箱。通过供热管道向各建筑供暖。室外管线布置在暖气沟内,管线外面采用岩棉瓦进行保温,在每个建筑外两米处设置1座阀门井,便于检查。

浴池使用的热水,采用锅炉加热的水由管道系统供至浴池,供员工洗浴。

8. 说　明

- 生活区除配电间、柴油机房、库房、锅炉房外、车库、水处理工作间地面为水泥砂浆地面;其余房间地面为地面砖。
- 生活区围墙采用通透式围栏,高度为1.8m。
- 生活区大门柱采用混凝土柱,大门采用钢制双扇大门,其中一扇门内设置小门供人员来往通行;大门柱顶面布置照明灯。
- 生活区道路。主路采用沥青路面,通往各建筑物间的匝道彩用红砖、水泥砂浆铺设。
- 生活区沿道路两侧设置雨排水沟,采用红砖砌筑,内壁抹水泥砂浆,宽度为400mm,深度为600mm,雨水排至生活区围墙外。
- 生活区化粪池采用混凝土底板,红砖砌筑,上面加盖钢筋混凝土盖板。
- 生活区布置生活污水排放管网。
- 生活区供水、供暖采用24小时泵式循环系统。
- 生活区的生活水(含消防水)和饮用水采用各自管道供水。
- 生活区设置消防水站1座。
- 生活区供水接引点由业主方提供,排水点由业主方指定位置。
- 生活区垃圾处理。生活区设置垃圾场地,不定期倾倒到由业主指定的厂外垃圾场。
- 生活区道路两侧植树绿化。
- 生活区道路一侧布置照明。
- 生活区建筑物的基础要考虑防冻涨措施。
- 生活区要配备足够的消防器材。
- 所有临建建筑物见临建施工图和平面布置图。

第4章

企业文化与党建工作

关于深化企业文化建设的实践与思考

王　刚

摘　要：

企业文化建设是一项长期而又紧迫的重要任务，但它的形成不是一蹴而就的。要保持与时俱进的先进文化，就必须不断地完善、改进，着力发挥企业文化的渗透作用，构筑中国建设企业文化新优势，进而达到以“文化力”提升企业核心竞争力的最终目的。本文通过中国机械工业建设集团有限公司持续开展企业文化建设工作的具体实践，就如何进一步深化企业文化建设工作，提出了清晰的思路和操作性较强的具体措施。

关键词：深化　企业文化建设　方法　途径

有这样一种说法广为流传：“三流企业靠产品，二流企业靠营销，一流企业靠文化”。或许这种说法有失偏颇，但却在一定程度上说明了企业文化突出的战略地位。从某种角度来说，独具特色的优秀企业文化，是不断提升企业整体实力、可持续发展能力和核心竞争力的新引擎。多年来，中国建设持续引进、吸收、消化企业文化建设的成功经验，创造性地开展企业文化建设工作，独具特色的文化建设取得了较为明显的效果，但距建立符合现代企业发展要求的先进文化，与企业战略发展需要的文化支撑，与国际化、现代化企业管理要求，使企业文化体系与管理体系有机融合，仍有较大差距。

基于这种认识，中国建设在深化企业文化建设过程中，重点突出了“文化强企”意识，将企业文化建设融入企业战略发展之中，与企业自身发展目标同步系统推进。力求开辟一条实效性、操作性较强的文化建设之路。

一、统一规划、分步实施，将企业文化建设纳入战略管理范畴

1. 纳入公司企业文化建设整体布局

中国建设企业文化建设起步早、工作实、体系健全、效果显著。几届领导班子始终坚持“用先进文化凝聚人、引导人、激励人、塑造人，推动公司可持续、有质量发展”的指导思想，把企业文化建设放到更加突出的位置。严格按照国机集团统一部署，围绕“理念培育”、“行为示范”、“视觉展示”、“制度保障”等主要工作内容，对企业文化建设进行了有序规划和积极实践。从完善组织机构、理顺运行机制入手，不断创新活动方法、拓展工作内容、融入管理环节，使企业文化建设工作由粗到细、由浅入深、循序渐进、持续发展。

2002年，中国建设发布了《企业文化视觉识别系统》、《企业文化行为识别系统》。几年来，公司始终坚持以文化为导向，着力塑造“真诚服务人类、用心建设未来”、“合力同行、创新共赢”、“诚信、务实、创新、奉献”的企业价值观，有力地增强了企业的凝聚力，推动了公司各项事业的持续发展。2005年，为把企业文化建设进一步推向深入，集团公司在全系统开展了企业文化“回头看”活动，通过开展问卷调查、理论探讨、理念征集等形式，对企业文化理念体系、应用实践、效果分析进行重新审视。一方面使企业文化理念进一步入心入脑，融入职工的思想深

处；另一方面，通过征集、评审等活动，使企业理念体系更趋于完善。

2011 年以来，中国建设持续推进文化创新，主动把企业文化战略与公司发展战略相融合。先后出台了《中国建设企业文化建设规划(2013—2015)》、《中国建设企业文化建设纲要》，对十年来的企业文化建设进行了全面总结和审视，提出了今后一个时期企业文化建设的指导思想、目标任务和具体实施细则。2013 年，结合集团公司成立 60 周年，编制了《中国建设集团企业文化手册》和首份《社会责任报告》，使企业文化建设由向内发力开始向外主动展示，进一步深化了企业文化建设实践。通过十多年持续不断的努力，中国建设的企业文化已在文化管理与现代管理相结合的实践中，发挥了不可替代的重要作用。通过各种形式的调查，全体员工对中国建设企业文化核心理念的认知度达到了 90%以上，员工对企业文化理念的熟悉和理解，促进了目标文化、团队文化、精益文化、执行力文化和品牌文化的升华，使企业文化的感召力和影响力不断扩大。

2. 纳入公司发展战略规划计划

企业战略的成功实现需要执行原动力，而执行原动力来自企业文化。将企业文化与企业战略和企业运营相结合，用企业核心理念推动企业战略的落地，用创新文化促进经营模式转型和业务结构的升级，用精益文化推动企业管理水平的提升，从而实现企业的科学、健康、可持续发展。2011 年以来，集团公司大力倡导执行力文化，把设定目标、精准执行作为打造公司核心能力、提升企业管理水平的重要手段，纳入企业年底考核计划，除了与各直属单位签订经营目标责任书、党风廉政建设责任书外，集团徐衍林总裁与各职能管理部门签订了管理目标责任书，从而建立了“千斤重担人人挑。人人肩上有指标”的考核体系，层层传递压力，层层明确责任。各单位、各部门的年度工作以“三注重”作为编制工作方案的前提，即注重制定详细具体的工作措施，注重建立、完善评价考核体系，注重每季度考评工作持续有效开展，重点攻克工作中的重点和难点，确保既定目标的实现。

3. 纳入单位年度考核指标

提升党建工作对生产经营工作的贡献度，就必须用先进的文化促进观念的变革，以观念更新促进思路的创新。2010 年，集团公司确立了“进一步增强职工对企业文化的认同感，以实际行动实践企业文化”的工作目标，旨在通过长期的宣传教育和持续的创新活动，逐步实现企业文化理念融入员工自觉行动，达到以文化促管理的目的。同时，将企业文化建设与“四好班子”建设、基层党支部建设和党员队伍建设紧密结合，利用“两优一先”评比等，强化了两级领导干部和党员骨干对企业文化建设重要性、紧迫性的认识，以身作则带动全体员工参与企业文化宣传实践。

“三个纳入”的实施，进一步强化了全体员工，特别是两级领导班子成员对企业文化建设工作的再认识，做到思想更加重视，领导更加有力，措施更加到位，确保了企业文化建设顺畅运行。

二、突出重点、彰显特色，搭建全员主动参与的文化平台

企业文化不仅需要企业全体员工的认同和实践，更需要员工逐渐形成与企业共同的核心价值观，通过共鸣把企业价值观转化为内心的信念和持久的行动，是员工在追求个人价值的同

时实现企业价值的最佳途径。而这种价值观的形成是一个漫长、艰苦的过程，为此，要抓重点、抓特色，用文化魅力为培育共同价值观搭建良好的平台。

1. 深化“学习型组织”创建活动

中国建设坚持以提高干部员工文化素质教育、岗位技能培训为重点，强调“学习＋激励”，促进干部员工“更聪明的工作。”2011 年以来，集团公司创新培训模式，与清华大学、中国社会科学院研究生院联合开设了“卓越 CEO（总裁）高级研修班”、“MBA 核心课程高级研修班”等课程，组织全系统中层以上管理人员系统学习，加强创新型、复合型人才的培养。与此同时，集团公司充分利用中国建设培训学院的资源优势，大力开展企业领导力、市场营销、项目管理、风险管控等专题培训，全面提升了干部队伍的管理、创新和执行能力。

2. 构建考核评价体系

建立健全企业文化建设工作评价体系，查看各项工作要求是否得到落实，措施是否到位，取得的效果是否明显等等，是深化精益企业文化建设的重要措施。我们在深化企业文化建设工作时，注重建立考核评价标准，并将其作为《企业文化建设三年规划》的关键内容。2014 年，在初步制定企业文化评价标准时，积极征求基层各方面意见和建议，借鉴兄弟单位的成功经验，特别强调注重定性评价与定量评价相结合，最终确定了五个方面的 18 个考核要素，即：企业文化建设的组织领导力、精神文化建设、物质文化建设、制度文化建设和工程项目文化建设成果，并将其纳入企业年度目标考核体系，确保企业文化的先进性和实效性。

3. 体现服务文化特质

对于施工企业来说，一切为业主着想，全心全意为业主服务是企业发展的生命线。服务就是发展，服务就是效益，服务就是核心竞争力。“满足并发现客户需要”是企业融入市场，赢得客户的重要手段。多年来，中国建设始终坚持“满足并发现客户需要”的服务理念，以“建一个项目、交一朋友、占一方市场，树一座丰碑”为目标，从项目的设计、工艺、施工过程控制，到项目交工验收、运营维护的每一个环节都精益求精；始终站在业主的角度审视项目执行全过程，优化项目设计，确保施工质量，从每一个环节保证业主投资效益的最大化，从而取得了业主的信任与尊重，也为企业积累了良好的品牌信誉与市场口碑，实现了项目的滚动发展。

4. 展示文化魅力

要让每一位员工都认识到企业文化建设的重要性，必须有效地传递企业核心理念，达到“上下同心者胜”的目的。而“宣讲”是转变与加深员工价值观、理念的最好方式，借助故事的力量、典型的力量，促使员工正确理解企业提倡什么、反对什么，弘扬什么、抑制什么，让员工意识到言行举止、工作态度与企业核心价值观要求之间的差距。2013 年，我们结合企业核心理念和企业精神征集活动，在全系统开展了企业文化故事征集工作，用身边人、身边事引导教育员工，特别是青年员工传承、弘扬中国建设的企业文化和企业价值观，传递正能量，树立有理想、有作为、敢担当、能奉献的中国建设群体形象。通过对先进人物和典型事迹的发掘、提炼、传播，使企业文化理念的推广变得具体而生动。

三、强化引导、融入行为，以文化力促进员工行为规范的养成

精神文化一旦确定，就要立即进行导入，这是把企业理念转化为行动的关键环节，也是企业文化建设工作的核心部分。企业文化核心理念只有在头脑中打下深刻的烙印，执行起来才有自觉性，提升全员素质、打造文化合力、促进企业发展才能真正落到实处。而这一切，不能简单地靠填压式的灌输，必须引导员工主动接受，收效才会更好。

第一，要在优化教育培训手段上下功夫。我们始终将教育培训放在传播企业理念的重要位置，只有让文化渗透到企业的每一项工作，达到潜移默化的效果，促进观念的转变，才能有效提升员工对的认同度。在导入企业文化理念时，我们划分为三个层面。一是通过骨干培训班的形式，在全系统建立企业文化的"种子"，通过骨干的"播种机"作用，迅速在全系统建立起了企业文化学习、传播的新热潮，传播企业文化理念、展示企业形象、规范员工行为成为那一个时期企业文化建设和规范企业管理的热点和重点。二是在中层以上管理人员层面，结合企业年度工作会、项目管理会等重要会议，组织开展主题研讨、经验交流等活动，营造了企业文化建设的良好氛围。2010 年，集团公司在北京召开了首次"企业文化与宣传工作会议"，着重研究了企业文化建设和新闻宣传工作的新思路、新方法和新途径。设置"如何提高企业文化软实力"、"推进企业文化建设的新途径和新方法"等主题，使管理者在讨论交流中，深入思考应该在哪些方面进行具体改善、企业文化建设如何落地等核心内容。三是在党员及项目现场层面，以推进规范化管理为手段，通过交流培训等活动，重点学习《企业文化规划》及企业文化具体实施方案，让他们明确目标、任务，积极投入企业文化建设。四是普通员工层面，特别是新入职员工，通过解读《企业文化手册》、《员工手册》，强化对企业文化核心理念的认知和理解，增强新员工的归属感和荣誉感。

第二，要在创新宣传实践活动上下功夫。文化之水，不是石头，只能借鉴、汲取别人的经验，没有现成的模式拿来就用。因此，宣传实践活动只有合适的，没有最好的。几年来，我们不断加强企业文化的宣传力度，通过理念引导、典型示范、活动体现等形式，着力宣调和积极向上、勇于进取的企业文化。一是结合年度工作调研，企业公司主要领导深入基层、深入一线，在检查指导经济工作的同时，通过召开报告会、宣讲会的形式，大力宣传中国建设的发展战略和企业文化。据不完全统计，从 2012 年以来，召开类似的宣讲会、报告会接近百期，直接听众达到数万人次，加快了企业核心价值观的培育。二是持续开展"企业理念"、"企业文化故事"征集等活动，广大职工充分表达对企业文化建设的意见和建议，共同参与企业文化建设，体现了不同岗位员工对企业文化的认知和理解，促使员工对企业文化有了更深层次的理解。三是通过组织举办运动会、朗诵会、演讲会、歌咏比赛等文体活动，充分展示中国建设员工自强自立、积极进取的精神风貌。以要求重要集会必须传唱《中国建设之歌》等形式，进一步巩固广大员工坚守中国建设核心价值观、自觉履行员工行为规范的自觉性和主动性。曾经有一位领导形象地把中国建设员工面对挑战、不畏困难、敢于作为、自强不息的奋斗精神表述为"嗷嗷叫的亮剑文化"。

第三，要在挖掘、培育和树立典型上下功夫。我们本着既要宣传战胜逆境、奋发向上的典型，又要鼓励兴趣广泛、好学不倦的典型的原则，利用《中国建设报》、《国机集团报》等媒体，大力宣传不同岗位员工的先进事迹，让员工对照先进找差距，对照典型找坐标，学习榜样人物的先进事迹，树立赶超目标的信心和决心。其中突出的代表——乐于学习、甘于奉献的中央企业

劳动模范杨传良，在危急关头敢于担当、在艰苦环境下积极进取的国机集团劳动模范胡杰，任劳任怨、无私奉献的国机集团劳动模范任俊安，有刻苦钻研技术、岗位成才的国机集团青年岗位能手郑虎，有陕西省劳动模范范利民，河南省劳动模范楚锡荣等等先进典型群体。有的放矢地培育各个方面的典型，突出多样性，在全系统形成了互相学习、互相竞赛、共同进步的传播企业文化氛的良好氛围。

四、把握关键、发挥优势，形成独具特色的文化品牌

深厚的文化积淀和独具特色的企业文化资源，是以吸收优质文化资源为基础的。只有不断完善、深化企业文化建设，创造出更具有影响力的文化品牌，形成良性循环，才能在激烈的市场竞争中，持续提高美誉度、增强吸引力、树立新形象，从而促进企业快速健康发展。中国建设经历多年企业文化建设工作，在探索和实践施工企业文化的道路上迈出了坚实而稳健的脚步，并在逐渐深化企业文化建设的进程中得到以下启示。

1. 深化企业文化建设，要紧贴发展主题

发展是当今社会的主题，发展离不开文化，文化需要发展。在改革开放三十多年后的今天，文化已经成为一种产业、一种新的生产力，而经济与文化更紧密地融合，才能使企业更具自主创新能力和竞争力。在深化文化建设的实践中，中国建设立足企业实际，围绕推动企业改革发展这一主题，进一步系统深入地持续开展企业文化建设，着力为企业改革发展营造良好的文化环境。领导者自觉承担起企业文化塑造者和示范者的责任，身体力行营造文化氛围，成功构建起具有鲜明特色的企业文化体系，并在丰富体系内涵、激发文化活力等方面，做出了极为有益的探索和实践。但是，我们也清楚地认识到，这对于文化品牌的形成，还仅仅是个开始。中国建设将始终保持持之以恒贯彻精益企业文化的意识，建设更加科学、更加先进的企业文化建设的道路依然漫长，还需要我们不断努力、积极进取，创造性地深化企业文化建设，从而实现以“文化促发展、以发展强文化”的最终目的。

2. 深化企业文化建设，要注重企业特色

中国建设对企业文化的准确定位，就是要借用“服务”优势，将其运用于文化管理全过程，推动和引导全体员工，以最优品质、最低成本和最高效率对市场需求做出最迅速的响应，凸现文化管理的效果。目前，转型升级、精益管理已成为当前经济社会发展的大趋势，中国建设则紧跟形势，从“真诚服务人类，用心建设未来”的企业使命，到“合力同行、创新共赢”的企业核心理念，都旨在将文化理念融入企业经营管理的实际行动，不断探索转型升级的新方法、新途径，适应当前行业发展的规律，积极探索 BOT、BT、BOOT、PPP 等新的业务模式，大力推广建造互联网技术，用完善的服务、果断的决策，科学规范管理，提高工作效率，不断提升企业核心竞争力。

3. 深化企业文化建设，要形成品牌辐射

企业文化对于一个企业的成长来说，看起来不是最直接的因素，但却是最持久的决定因素。创造和传播企业文化品牌，对提升产品或服务品牌的附加值，增强用户对企业和品牌的忠诚度和依赖感，以及赢得更有感召力的社会效益，具有举足轻重的作用。中国建设的企业文

化，特别是“真诚服务人类，用心建设未来”的企业使命，在国机集团，以及大部分用户范围内，都产生了较为广泛的影响。企业知名度、美誉度的提升，对鼓舞员工士气、提升管理水平和促进市场拓展必将产生更为深远、更加持久、更为重要的推动作用。

无数成功企业的实践证明，企业文化是企业管理的新趋势。IT 教父柳传志曾经说过，文化是企业的命根子。当前，企业在深化改革、转型升级的大背景下，面对重重障碍，我们更应该积极探求推进企业文化建设新思路、新途径、新方法，牢固树立文化观念、法治观念，善于用文化的观点把握企业发展的规律，努力做到“先思而后行、先知而后动、先感而后发”，不断将企业文化建设推向新的高度，进而促进企业走出一条全面、协调、可持续的科学发展之路。

工会组织要体现和维护广大职工的根本利益
——正确处理工会工作中"多数"与"少数"的关系

党群工作部
苗灵芝

在工作总结和考核评估中,经常会出现一些耐人寻味的现象,辛苦了一年的工会工作却得不到广大职工的理解,知名度和认可度不高。这一状况,使许多工会干部感到困惑和不解。笔者认为,出现这种现象的原因之一,是因为部分工会工作者,在工会全盘工作中没有处理好"多数"与"少数"的关系。这里的所谓"多数"与"少数"不是指工会工作量的多和少,而是指工会工作转化为实惠和利益时,受益职工数量的多和少。具体地讲,工会工作是以维护全体职工权益为目的的,而在工会组织开展的各项工作中,有的重点工作只能使"少数"职工受益,而大部分职工得不到实惠,因而产生了一些消极情绪,这是市场经济功利性带来的必然结果。比如,送温暖、帮困救助、评选劳模,这些工作虽然声势浩大,但毕竟受益人数有限。在这里我们决不否认这些工作的重要性和长期性,而是希望工会干部在工作实践和工作对象中处理好既要重视"少数"又要抓好"多数"二者之间的辩证关系,也就是"点"和"面"的关系,不断扩大工作面和影响面,进一步提升工会工作的整体效能和职工对工会工作的满意度、认可度。本文从抓好"多数"和重视"少数"的角度,谈点对企业工会工作的看法。

一、在发挥"桥梁和纽带"作用中正确认识"多数"和"少数"的关系

工人阶级是巩固党执政地位的阶级基础。工会作为党领导下的群众组织,必须按照企业党委的工作部署,根据企业发展的要求,适时调整工作思路,以适应劳动关系、组织结构和利益格局发生的重大变化,畅通"桥梁",牢固"纽带",密切党与职工群众的血肉联系,在职工在形成强大的整体力量,推动企业各项工作健康发展。

1. 摸清底数,科学决策

工会工作是群众性的工作,既有普遍性又有针对性,因此必须对自己的工作对象做到底数清楚,否则就会无的放矢,影响工作的效果和职工群众的满意度。作为工会组织要主动深入到基层和职工群众中,及时了解和掌握职工的所思所想,了解职工最关心、最直接、最现实和最迫切需要解决的实际问题,同时要考虑这些问题涉及面的大小,认真分析哪些是"多数"人的问题,哪些是"少数"人的问题,以及带来的影响和产生的效果,以便科学地决策。

2. 提高认识,注重方法

工会威望来源于工会的工作业绩和广大职工的认同。工会要自觉在党委的领导下,当好行政在生产经营中的帮手,做好表达、反映职工诉求的代言人,体现维护职工合法权益的责任人。据此,工会组织对职工反映的"多数"和"少数"合理的要求和愿望,要及时协调帮助解决和尽快促进实现,通过发挥组织优势帮助职工及时解决面临的实实在在的困难、问题,让绝大多

数人得到实实在在的利益。工会组织开展的各项活动,要考虑职工的发展前景、提高素质和竞争技能,从展示群众和个人才华入手,认真研究活动的方式和方法,让广大职工在参与活动中得到切实的锻炼和提高,让“多数”和“少数”职工都能从中受益。工会要组织和利用企业各种资源,营造出“尊重劳动、尊重知识、尊重人才、尊重创造”的良好氛围,体现出职工的工作成就感和归属感,这样工会组织的桥梁纽带作用才能更加显现。

3. 建立机制,畅通渠道

工会组织在发挥桥梁和纽带的过程中,可能会遇到职工表达意愿的不同形式,有的是合理的,有的是不合理的,有的较为理性,有的甚至冲动,有的是“多数”意见,有的是“少数”意见,不管是那种意见,工会都应当高度重视。作为工会组织要为职工反映和表达诉求畅通渠道,建立分层管理的有效机制,引导职工采取合法合理的方式表达愿望。工会组织要利用自身的组织体系和群众优势,建立重大事项和突发事件的预防、预警、预报和处理制度,落实逐层解决的职责。工会组织应当看到,不管职工反映的意见正确与否和态度的好坏,都是出于对工会组织的信赖,应当耐心细致听取和反应,有理有据讲究艺术地解释、说明和答复。工会组织更应具备高度的政治责任感,属于工会自身的问题,坚决予以解决,属于工会和其他部门的问题协调解决,不把事态扩大和矛盾上交,造成职工越级反映和上访。对工会面临需要解决的问题,工会“顶不住”就是工作失职。

二、在突出“两个维护”中正确对待“多数”和“少数”的关系

突出维护职责是工会生存和发展的前提,是工会组织的立身之本。维护企业的整体利益和职工的具体利益本身就包含着利益的一致性和差异性,因此,要在抓好“多数”,重视“少数”中,维护主流大局和整体团结。

1. 抓好主流问题

王兆国同志指出:“加强企业工会工作,关键是要做到促进企业发展,维护职工权益”。企业的发展是职工权益实现的前提和保障,也是做好企业工会工作的强大支撑。促进企业发展和维护职工权益共处同一利益的统一体中,具有根本利益的高度一致性和具体利益的相对差异性。因此,工会必须抓好主流问题,围绕企业工作重点把职工凝聚到实现企业发展的目标上来,形成高效、发展的工作氛围。比如,工会组织开展的以提高企业竞争能力为主要内容的劳动竞赛活动,以提高职工队伍整体素质为主要内容的“创争”活动,以提高职工技术素质为主要内容的“经济技术创新”活动,以提高班组管理水平为主要内容的“建家”活动,以提高职工劳动安全卫生为主要内容的“三同时”和“三级监督检查”等项工作,就是涉及“多数”的主流问题。在维护职工权益中要重点把提高职工的技能素质、竞争能力抓紧抓好,这是对职工生存发展最大的维护,也是工会工作的重中之重。当前,在国有企业主辅分离,辅业改制中,工会组织要积极推进国家政策的落实,维护好职工的合法权益,这也是“多数”的主流问题。

2. 解决局部矛盾

“群众利益无小事。”在企业内部,随着改革的深化,形成了利益需求不同的诸多群体,群体之间存在诉求差异,同一群体之间因为境况的不同诉求也不同。工会组织要根据情况为职工

诚心诚意做好事,尽心尽力解难事,全心全意办实事,解决好局部的矛盾,绝不可认为是“少数”的局部的问题放任不管。比如“少数”劳模的示范作用不可少,“少数”困难职工的资助不能缺,“少数”劳动争议调解不怠慢,如此等等,都需要工会组织高度重视,认真解决。

3. 注重统筹协调

构建和谐企业,工会组织要在“两个维护”中发挥作用,必须正确处理国家、集体和个人利益关系,及时做好“多数”和“少数”的统筹协调。只有统筹兼顾,既抓好“多数”,又要重视“少数”才能全面发挥工会作用,体现工会价值,建立稳定协调的劳动关系;才能为企业生产经营创造良好的内、外环境,促进企业的健康发展。

三、在落实“组织起来,切实维权”工作方针中正确处理“多数”和“少数”的关系

要进一步发挥工会组织的作用,切实做到“两个维护”的有机结合,既要在事关大局的问题上下大力气,又要在局部问题上重点关注,兼顾好不同层面的职工的利益,真正做到抓好“多数”,重视“少数”的辩证统一,不断提高工会组织的维权能力和信誉度。

1. 要动态看待“多数”和“少数”

企业工会工作包含的内容十分广泛,既有“多数”的问题,也有个别“少数”的问题,处理不好,就可能影响工会整体工作的进展,进而影响到企业的和谐和稳定。工会工作在不同的历史时期,有不同的工作重点,一般的“多数”和重点的“少数”二者需兼顾。从理论上讲,不管是“少数”还是“多数”都是工会工作的对象,但是要统筹分析特定时期工作的重心,来确定“少数”还是“多数”的问题。因为企业的情况不同,工作的侧重有别,“多数”和“少数”随着情况的变化随时可能发生变化。因此,要以“多数”为开展工作的基本点,在重点抓好“少数”的同时,也不可放松对“多数”的关注。

2. 要以人为本及时处理“多数”和“少数”问题

工会工作必须坚持与时俱进,否则难以适应新形势对工会工作的要求。工会要自觉服从企业发展第一要务,坚持维护企业整体利益和职工具体利益的统一,充分发挥工会组织在深化改革、促进发展和维护稳定中的重要作用。在深化改革中要充分发挥职代会民主管理和民主监督的作用,保证改革措施的顺利实施;在促进发展中,要按照党委的要求,当好行政生产经营管理中的帮手,动员和组织职工积极投身于生产经营的主战场建功立业;在维护稳定中,要及时为党政工作拾遗补阙,为职工多帮好事和实事,并把好事办好,实事办实,努力解决职工就医、生活困难和子女入学等实际困难,组织开展多种形式的文体活动,吸引职工参加健康有益的活动,增强职工的精神力量和健康素质。

如果企业得不到发展,维护职工的合法权益就无从谈起,工会组织也就失去了存在的土壤;如果职工的技能素质得不到提高,影响的是企业的发展和职工长远生存的空间。因此,工会组织应当根据当前的新情况,结合本企业的实际,对工会工作对象的“多数”和“少数”问题认真进行梳理,从以人为本的角度处理好“多数”与“少数”的关系。把建设和谐企业、促进经济技术创新、提高职工队伍的整体素质作为开展工会工作的切入点,在群众性职工经济技术创新、“创争”、改善职工作业环境和技能素质的培训等涉及“多数”职工的活动上取得实效,维护和实

现好职工的劳动权、收入分配权、社会保障权、教育权和劳动安全和健康权。在抓好“多数”的同时，要重视“少数”，组织评选劳模，落实劳模待遇，发挥其示范作用，增强职工的成就感；评选各种先进，营造比学赶超氛围，激发职工的进取感；开展“三不让”（不让一名职工生活在贫困线以下，不让一名职工子女上不起学，不让一名职工看不起病）活动，力解职工之急，强化职工的归属感。

3. 要长远审视“多数”和“少数”影响

坚持走中国特色社会主义工会发展道路是全总准确把握新时期工会的历史地位，审时度势做出的科学决策。企业的发展除了完成自身的内部责任外，还肩负着部分的社会责任，工会应站在更高的角度审视工会工作，当前企业组织结构、利益格局、用工形式都发生了深刻的变化，加之职工自身素质的不断提高，职工队伍的思想非常活跃，工会工作的难度随之加大，工会组织必须具备高度的政治敏锐性，自觉在党组织的领导下，积极协助行政共促企业的繁荣，让职工共享企业发展的成果。“多数”和“少数”组成一个企业的整体，不可忽视任何一方。如果工会组织在企业中对“多数”抓得不够，对“少数”重视不够，使急需得到帮助的职工没有得到帮助，就可能把这部分职工游离于工会组织之外，极有可能带来负面的影响。企业在改革发展的过程中，会带来大量的机遇，也会出现新的矛盾和问题。工会组织要清醒认识现状，既不悲观，陷于无所适从，又不盲目乐观，不切实际，而是要始终保护强烈的使命感，责任感和危机感，从构建和谐企业的大局出发，抓好“多数”，重视“少数”，切实做好主动维权、依法维权和科学维权，努力构建一个全体职工群众心情舒畅、安全团结、稳定有序的新企业。

论反腐倡廉制度体系是党风廉政建设的重要保证

党群工作部

尚　红

2015 年 1 月 16 日

党风廉政建设和反腐倡廉是我国关系到党和国家生死存亡的大事，是我党在新时期将长期坚持的一项重要工作。党风廉政制度建设和建立反腐倡廉制度体系是党风廉政建设和反腐倡廉的重要保证，它是党和国家制度建设的有机组成部分，是社会主义政治文明的重要内容。在社会主义市场经济发展时代，离不开党风廉政和反腐倡廉的制度建设，而党风廉政建设和反腐倡廉深入开展也离不开制度建设。把制度建设作为构建惩防体系的核心和根本途径，预示着制度反腐必将是我们党在社会主义市场经济条件下深入开展党风廉政建设和反腐倡廉的战略性选择。因而，有必要在此谈谈党风廉政制度建设和建立反腐倡廉制度体系。

一、我国党风廉政建设制度和反腐倡廉制度体系的渊源及现状

党风廉政建设制度和反腐倡廉制度虽然是近年来中国反腐斗争实践中应运而生的措施，但它的思想却源远流长。先秦时期就建立了巡视制度，明朝朱元璋为惩治官场腐败，曾亲自主持修订《大明律》、制定《大诰》，以加大对贪官污吏依法惩治的力度。制度反腐更是国外发达国家治理腐败的一条重要经验，英国早在 1889 年就颁布了世界上第一部《反腐败法》，2003 年又公布了新的《反腐败法》草案，有效防范和控制了腐败蔓延，北欧国家之所以取得国际社会公认的廉政建设成就，原因也在于各国普遍拥有一套全民参与、他律与自律相结合、完善有效的廉政法律制度，《联合国反腐败公约》的签署，则进一步推进了制度反腐的国际化进程。

我党的反腐败斗争经历了运动反腐、权力反腐和制度反腐的过程，而制度反腐思想是在反腐倡廉的实践中逐步确立并不断强化的。毛泽东同志早就提出，在党内要实行民主集中制的制度；邓小平同志在总结历史经验的基础上提出了廉政建设还是要靠法制的战略思想；江泽民同志多次强调，要与时俱进不断推进党和国家各项工作的制度化和法制化；胡锦涛同志在中纪委三次全会上指出，依靠制度惩治和预防腐败是做好反腐倡廉工作的根本途径。党和国家领导人这些制度反腐思想在十五大和十六大报告中也得到了充分体现。十五大提出反腐败“教育是基础，法制是保证，监督是关键”。党的十五大以来，党和国家针对党风廉政建设和反腐倡廉工作的新情况、新问题，围绕建立党的纪检和行政监察两个法规体系，陆续出台了一批反腐倡廉实践急需的规范性文件，使我国党风廉政建设和反腐败斗争逐步迈入了“有法可依”轨道，进一步拓宽了领导干部廉洁自律工作的深度和广度，同时也为各级纪检监察机关查办案件提供了依据和保障。十六大进一步提出“加强教育，发展民主，健全法制，强化监督，创新体制，把反腐败寓于各项重要政策措施之中，从源头上预防和解决腐败问题”，制度反腐思想逐步深入人心。中纪委三次全会对在 2010 年前建立完善具有中国特色的反腐败工作制度体系做出部署，提出了更高更明确的要求。中纪委十八届五中全会指出，2015 年工作的总体要求是：深入贯彻党的十八大和十八届三中、四中全会精神，认真贯彻习近平总书记系列重要讲话精神，保

持政治定力，坚持全面从严治党、依规治党，严明政治纪律和政治规矩、加强纪律建设，深化纪律检查体制改革、完善党风廉政建设法规制度，落实“两个责任”、强化监督执纪问责，持之以恒落实中央八项规定精神，坚决遏制腐败蔓延势头，以更严的纪律管好纪检监察干部，坚定不移推进党风廉政建设和反腐败斗争。

当前我国正处于体制转轨、结构调整和社会变革的历史时期，客观上存在诱发腐败的多方面因素，从目前我国社会腐败现象来看，权力是腐败的轴心，体制机制的缺陷、制度管理的漏洞是腐败的主要根源。因此，依靠制度惩治和预防腐败，充分发挥制度在反腐倡廉中的根本性、基础性作用，加强党的执政能力建设，巩固党的执政地位，深入开展党风廉政建设和反腐败斗争，建设社会主义民主政治和法治国家，具有重大的现实意义和深远的历史意义。近年来，我党坚持标本兼治、重在治本的方针，解放思想，实事求是，不断完善体制机制制度，最大限度地降低腐败发生率，努力推动反腐倡廉工作向制度化、规范化、法制化方向发展。

二、党风廉政制度建设和反腐倡廉制度建设应注意的几个问题

党风廉政制度建设和反腐倡廉制度建设是一项庞大系统工程，必须总体规划，突出重点，整体推进，既立足解决眼前反腐败工作面临的实际问题，又要从长计议，有利于反腐败惩防体系的长远建设和发展。党风廉政制度建设和反腐倡廉制度建设又是一项艰巨复杂的任务，必须解放思想，立足创新，着眼改革，积极探索制度反腐的有效途径，确保各项工作落到实处。

1. 党风廉政制度建设和反腐倡廉制度建设应注意把制度建设贯穿于反腐各个环节当中，在加强教育、发展民主、健全法制、强化监督等各方面都建立起长效的制度反腐机制。制度建设不能出现反腐败真空地带，在以经济建设为中心的市场经济的今天，形形色色的腐败行为不断出现，腐败人员往往是抓住制度建设的空白点，钻空子，找缺口，挖空心思找制度上的漏洞去进行腐败行为，只有在制度和体制上进一步健全，针对腐败滋生蔓延的制度原因，对症下药，设计出切合实际、可以操作的制度框架全面地覆盖到反腐的各个方面，才能使腐败现象无滋生蔓延的条件和土壤，使腐败分子无空子可钻。针对腐败现象易发多发、涉及“权、钱、人”的关键部门和重点领域，结合实际制定重点防范的制度和措施，集中力量解决社会和群众反映强烈的突出问题。建立重大项目、重大活动、重大决策制度保廉体系。把与人民群众切身利益相关的各类行业作为反腐制度供给的重点，切实维护人民群众的切身利益。对执纪执法、组织人事部门也要用制度去规范，确保廉洁从政。

2. 党风廉政制度建设和反腐倡廉制度建设应注意从源头上抓起，制度建设应突出合理、公平、公开和公平竞争的特点，从制度上预防和治理腐败的具体制度，这些制度具有鲜明的针对性，具体的可操作性，因而能更好地把党风廉政建设和反腐败斗争落到实处。遵循阳光防腐、利益导向、源头治腐的总体思路，大力加强制度建设，实现反腐路径创新。建立重大事项票决制、公示制，自觉接受社会监督，谨防腐败滋生蔓延。加大腐败的打击力度，增加腐败被查处的概率，消除腐败动机。从减少腐败机会着手，运用市场手段优化社会公共资源配置，努力消除职务消费的腐败黑洞。

3. 党风廉政制度建设和反腐倡廉制度建设要注重加强保护群众的利益。要切实从制度上解决损害群众切身利益的问题。公款吃喝、吃拿卡要、看病贵、行路难、办证难，解决纠纷难等问题。看起来小，但他关系到党和国家的形象。要解决好它们并不容易，应该把这些事情通过仔细研究，在制度建立时，把这些细琐顽固、缺乏刚性的又与老百姓生活息息相关的问题规

范化、法制化，从制度上可以看出哪些事情可为，哪些事情不可为，哪些行为要受到奖励，哪些行为要受到惩罚，从制度上来解决群众的具体问题。从而达到预防腐败产生的目的。要公开公众关注的热点问题、重点信息和与群众利益密切相关的信息，特别是对公众关注度较高、公益性强和公共权力大的部门要实行重点公开，让群众有更多的知情权。完善民主决策、民主评议制度，充分保障群众的发言权、决策权和评议权。要完善信访投诉制度，切实加强投诉中心和举报中心建设，建立健全举报奖励和对举报人的保护制度，切实保障群众的监督权，充分调动公众参与反腐败的积极性。

4. 党风廉政制度建设和反腐倡廉制度建设要注重提高干部队伍廉洁自律意识。贪婪是万恶之源。贪婪加权力，必然产生腐败。戒贪婪、守清廉，提高干部队伍廉洁自律意识是防止腐败产生的重要思想基础。最近几年，中央查处的党内高级干部中的腐败分子，都是在“贪婪”二字上栽跟头。每一位干部都必须牢把思想防线，特别是掌握着权力的干部，特别要增强自我约束能力，要建立廉政警示教育制度，用反面典型案件及身边血的教训经常进行警示教育。要建立定期学习制度、集中教育制度、廉政谈话制度和专题民主生活会制度等多种行之有效的教育制度，把反腐倡廉教育作为培训的重要内容。

5. 党风廉政制度建设和反腐倡廉制度建设要求注重建立健全、结构合理、配置科学、程序严密、制约有效的权力运行机制。加强对重点环节和人财物等重点部位权力行使的监督，努力探索和创新有效的监督机制。注重加强对领导班子和领导干部的监督。切实把对领导干部权力的监督制约作为党风廉政建设的关键环节来抓。逐步建立重大事项报告、重大财务申报及年度廉政述廉等制度，加强对领导班子和领导干部贯彻落实党的路线、方针、政策和决议情况的监督检查制度。加强对权力运行的监督。注重探索建立领导者对工作分级管理的监督机制，继续加强纪检监察部门对各项工作的监督，创新工作机制，努力探索加强对办事效率和办事质量监督的有效途径和方法。注重加强对干部任用、财务支出、物资采购的监督制度的建立。加强对干部选拔任用工作、财务支出情况、重大物资采购事项、重大工程项目监督制度的建立。

三、制度建设应从预防腐败的角度去创新

（一）制度建设应与教育相结合，走理论与实际相结合的道路

制度建设要在不断完善原有制度建设的基础上，进一步加强思想教育和道德教育，提高干部的思想境界和道德水平，加大各项制度的宣传，使干部熟悉各项制度，把已经制定的制度落实到位，在实际工作中，要把工作中遇到的问题及时梳理，找到制度缺陷，从而进一步完善制度建设。制度建设应注重进一步提高执政为民和全心全意为人民服务的思想，使干部认识到权力是人民给的，行使权力只能为人民服务。推进教育工作制度化，健全思想教育机制。推进制度反腐的基础性工作。坚持党委中心组理论学习制度、领导干部在职自学制度和干部理论学习考核制度，把专题教育与领导干部民主生活会结合起来，增强教育的实效性。坚持完善网络教育制度，加强廉政文化制度建设，努力提高党风廉政教育的感染力和影响力；实行分层施教制度，建立对领导干部身边工作人员等特殊群体的廉政教育制度，完善示范教育、警示教育、提醒教育制度，充分发挥教育的防范功能。制度与教育监督在反腐败中既要各有侧重，又要相互渗透，相互促进。教育是基础，侧重于教化，同时教育为制度的制定、执行奠定思想基础；制度

是保证，侧重于权力行使的规范，同时制度为教育、监督的规范有效提供保障；教育是基础，监督是关键，侧重于对权力运行的制约，同时为制度的执行和人的素质的提高提供硬性约束。制度反腐作为新形势下反腐败的基本手段和主要途径，必须纳入整个惩防体系，与教育监督等其他手段相互结合、综合运用，以达到反腐的最佳效果。要通过把制度建设贯穿于教育监督的全过程，努力形成教育监督的长效机制。要通过教育，深刻认识制度反腐的重要意义，进一步强化制度反腐意识，使制度反腐思想更加深入人心，努力提高制度反腐的自觉性和能动性。要通过对制度的执行状况的严格监督，狠抓落实，切实维护制度的尊严和权威，从而全面推进制度反腐工作。

（二）要在查办违法违纪案件上有所创新

加强监管，不能“走过场”，必须切实做到有纪有法必依、执纪执法必严、违纪违法必究。一旦发现违法违纪问题，要一查到底、决不姑息。纪检监察部门应认真做好违法违纪案件的查办工作。进一步加强建立信访举报工作机制，对于群众举报信件，加大查办工作力度。进一步加大违法查办责任追究工作，建立健全的由人到案、由案到人的查案工作机制，严肃查处违法办事行为。对发现干部中有滥用权力、谋取私利的违法乱纪案件，在工作中玩忽职守、失职渎职的案件，在办事中损害国家利益和群众利益的案件，知法犯法违规审判的案件，要组织力量，严肃地予以查处，决不姑息迁就。要逐步建立事后的跟踪随访制度，重点调查案违法违纪现象。

（三）制度建设应注重提高依制度办事的意识

要创造公开、公正、公平的办事制度，加大违法办事的惩治力度，对出现的违法违纪案件严格依照制度处理，做到奖惩严明，并加大宣传力度，对违法办事人员在福利待遇，干部考核提拔使用上加以限制，使违法办事的“成本”大大加强和提高，从而提高和规范依制度办事意识。推进监督工作规范化，完善监督管理机制。坚持以各级领导干部特别是领导班子主要负责人为重点，以防止权力失控、决策失误、行为失范为关键环节，努力构建自上而下、自下而上及同级监督相互结合的全方位、多层次、宽领域的监督体系。在突出抓好党内监督的同时，拓宽监督渠道，进一步加强法律监督、行政监督、群众监督和舆论监督，形成监督的整体合力。制定各项监督配套措施，增强制度的刚性和可操作性，把党内监督工作推向制度化、规范化、程序化的新阶段。

（四）制度建设中应注重建立新的具有强大约束力和不可人为控制的事前监督和事后惩罚机制

通过网络及高科技手段来加强对办事过程的监督，把事后监督变为事前和事中监督，从而使问题公开化、明朗化，使违反制度者公开曝光，无藏身之地，使问题在未产生不良后果之前及时解决，同时推进惩处工作法制化，强化法纪约束机制。坚持依纪、依法、依规惩治腐败，制定完善办案制度，促进办案工作的程序化、规范化，努力提高办案质量和办案效率。强化制度的规范功能和惩戒作用，切实提高制度权威，弥补惩处工作中的纪律疏漏，增强对党员干部的纪律约束力，加大对违纪违规行为的依法惩处力度。强化干部问责制，加大对违规干部和不称职干部的组织处理力度和责任追究力度，进一步形成有法可依、有法必依、执法必严、违法必究的法制环境。多渠道、全方位地收集与反腐倡廉有关的信息资料。深入分析收集的信息，为制度防范提供决策依据。建立预情反馈制度，发现单位在制度和管理上存在漏洞的，及时下发纪检监察建议书等责令纠正，防患于未然。以预警机制的全面构建，提高制度反腐的科学性和主动性。

（五）制度建设要符合市场经济制度发展的要求

建立真正的公正和公平竞争的机制，思想要进一步转变，要把过去在计划经济形成的人说了算的行政管理习惯改成现代市场经济下的由市场调节的行政机制，鼓励公平竞争，确保各种资源按市场需求自由流动，各种贸易按经济规律进行。随着经济社会的发展，新情况、新问题不断出现，制度反腐工作会不断面临新的挑战。因此，必须坚持解放思想、实事求是、与时俱进的思想路线，正确把握反腐倡廉的工作规律，自觉适应实践的需要，更新工作观念，及时依据变化了的客观情况，创新法规制度，提出解决问题的新办法。必须体现服从服务于第一要务的思想，与促进发展完善社会主义市场经济体制的要求相协调，必须与政治、经济、社会方面的其他改革相配套，针对不同地方、部门、领域的特点，有的放矢地进行制度创新和改革。

十八大以来，党中央以强烈的历史责任感、深沉的使命忧患感、顽强的意志品质推进党风廉政建设和反腐败斗争，坚持无禁区、全覆盖、零容忍，严肃查处腐败分子，着力营造了不敢腐、不能腐、不想腐的政治氛围。我们要紧密团结在以习近平同志为总书记的党中央周围，扎实工作、锐意进取，不断取得党风廉政建设和反腐败斗争新成效，为实现中国建设的第十三个五年规划、实现中华民族伟大复兴的中国梦提供有力保证。

浅谈工资集体协商存在的主要问题及对策建议

党群工作部
苗灵芝

工资是职工生活的基本来源和保障，也是职工最关心、最直接、最现实的利益问题，更是劳动关系中的核心问题。积极开展企业工资集体协商，建立企业工资共商机制、正常增长机制和工资支付保障机制，是贯彻《劳动合同法》、《企业民主管理条例》、《工资集体协商试行办法》等法律法规的必然要求，是坚持以人为本的科学发展观，改善和保障民主、以劳动关系和谐促进社会和谐的重大举措。根据公司多年推行的“工资密薪”制度，私下里也听到不少反映，认为存在一定“弊端”。我认为，作为国有企业或者央企，如何科学议定职工工资是一个值得探讨和研究的新领域。实践证明，要立即建立企业工资共商机制，对某些企业来说等于纸上谈兵，基本条件不具备，但就当前如何推进工资集体协商做出初步的探讨和分析，对存在的主要问题提出相关建议，意在本文。

一、推进工资集体协商存在的主要问题

近年来，积极推进企业工资集体协商工作已取得明显成效，但仍与广大职工的企盼、国家的要求和全总的部署还有较大差距，主要表现在以下几个方面。

一是企业劳资双方思想上认识不高，重视不够。部分企业经营者以时机不成熟为由故意拖延推行工资集体协商制度，担心开展工资集体协商会增加劳动成本，耽误工作时间，影响生产经营，并且工资集体协商协议一旦签订，将会被作为劳动仲裁的法律依据，束缚企业的发展。而多数职工则尚未意识到工资协商是自己的正当权利，对推行工资集体协商制度，主观上抱着“多一事不如少一事”的无所谓的态度，热情不高；客观上无法形成合力，导致工资集体协商制度建议没有形成广泛的群众基础。从总体来看，企业方和职工方，包括职工方代表、工会组织，都存在认识模糊、协商的意愿和动力不强的问题。

二是企业劳资双方地位不平等，资强劳弱。部分工会干部和职工认为，自己是给老板打工的，端着老板的饭碗，得服老板管，如果谈工资得罪老板而被解雇，就会得不偿失，因而存在着“不想谈”、“不敢谈”的思想顾虑。即使进入协商程序，工资协议的履行兑现也往往容易变成一纸空文，因为一些企业经营者根本就没有想要兑现协议，再加上合同缺少量化标准和对未兑现协议条款的罚则，所以对是否兑现，在考核方面存在一定难度，对未履行合同缺乏约束和制约机制。

三是工会干部和职工代表协商能力亟待提高。由于工资集体协商是一件新生事物，作为广大职工的代表者和代言人的工会干部，存在对协商的政策法规知识不熟悉、对协商方法和程序不了解、缺乏谈判协商经验和技巧等问题，对“谈什么、怎么谈”不清楚，难以依法与企业经营者开展平等协商，因而导致“不会谈”、“不善谈”。即便按上级工会要求开展协商，也存在着“力不从心”谈不拢的问题。

四是协商的针对性和实效性需要进一步加强。目前推动工资集体协商工作，存在着协商

模式和协议文本基本雷同的问题，不能有针对性地反映不同企业、不同职工关心的热点、难点和劳资双方的共同意愿，协商结果很难得到双方的一致认可，协商的方式方法也有待继续探索。另外，有些企业还存在信息公开制度责任不明、内容不清、程序混乱等现象，企业经营者始终掌握着资源优势和信息优势，且经常以商业秘密为由拒绝提供一些重要的财务数据，使工会和职工无法全方位掌握经营状况，无法制定理想的协商目标，因而导致协商质量不高。

二、解决问题的相关措施与建议

针对上述问题，提出以下措施与建议。

一是进一步完善组织领导。明确职责，齐抓共管，狠抓落实。应进一步健全“党委领导、行政主导、三方协调、各方配合、工会力推、企业和职工积极参与”的工资集体协商工作领导运行机制，健全人力资源、工会、法律事务共同组成的劳动关系三方协调机制。为确保工资集体协商工作的有效开展，工会要运用民主选举、职工代表推荐、公司职工代表大会讨论通过的程序，依法产生协商代表，组建协商委员会，建立一支谈判队伍。上级和地方工作组织要加强指导检查、监督工作，督促各企业落实《劳动合同法》、《企业民主管理条例》、《工资集体协商试行办法》等各项法规。同时，要积极推进企业的社会责任管理体系建设，将工资集体协商工作作为企业社会责任的一项重要内容，列入企业法人代表的重要考核项目，也作为评选各类先进和劳模的重要标准和条件，对未开展的单位和个人实行一票否决制。另外，要建立企业工资集体协商的经常性监察和年度检查制度，对拒绝开展协商工作的企业，限期整改。

二是进一步加强政策引导。广泛宣传，典型示范，有序推进。充分利用各种新闻媒体，广泛宣传工资集体协商对于构建和谐劳动关系推进和谐企业建设的重大意义。要让企业经营者懂得，开展工资集体协商是关爱职工的最直接表现形式，能够最大限度地挽心留人，增强企业凝聚力，从而为企业带来更大的经济效益和社会效益，促进企业经营者、工会干部和广大职工更加自觉自愿地依法开展工资集体协商，形成以劳资和谐为荣的社会价值观。应充分发挥优秀企业经营者的示范带头作用，引导他们带头依法开展工资集体协商，建立稳定的企业效益与职工工资同步增长的长效机制；带头坚持以职工为本，把关爱职工、维护职工权益作为企业法人的天职；带头积极开展厂务公开、民主管理和企业文化建设，率先进入劳动关系和谐企业的行列。要培养和选树一批成功开展工资集体协商工作的先进典型，通过召开观摩会、经验交流会等方式，加强示范引导。积极选树一批关爱职工的优秀企业经营者，大力宣传他们履行社会责任的先进事迹，营造良好的推进工资集体协商的社会氛围。

三是进一步加大培训力度。学法懂法，增强能力，提高本领。通过培训、会议交流等方式，聘请熟悉劳动法律和劳动工资政策法规、企业管理的专业人才，加大对工会干部和工资集体协商指导员队伍的培训，帮助他们认真学习经济、法律、工资政策和企业经营管理等专业知识，及时了解掌握相关的政策法规和工资分配、工时工价、协商谈判等业务知识，学会正确分析企业经营状况，合理判断工资增长空间，不断增强沟通协调、思想疏导和成功协商谈判的能力。

四是进一步增强维权意识。主动积极、依法科学，和谐共赢。贯彻主动、依法、科学相结合的维权观，把促进企业发展同依法维护职工权益紧密结合起来，引导企业和职工真切认识到，工资集体协商并不是单纯的“涨工资”，而是科学地“定工资”。经济效益好的企业，应重点在建立职工正常工资增长机制上下功夫；生产经营状况一般的企业，应重点在健全工资支付保障机制上下功夫；生产经营比较困难的企业，则应重点在稳定职工就业岗位、保生活费上下功夫。

工会要大力开展各种形式的建功立业劳动竞赛活动，引导广大职工与企业“同呼吸、共命运”，努力为企业发展多做贡献。

总之，工会组织要顺势而为，用促进企业发展的具体成果来不断扩大维护职工权益，提高工资福利待遇，让职工共享企业发展的成果。

【“三个一”之一个案例】

中国建设在第二批党的群众路线教育实践活动中的大事记

党群工作部
周福霞

在第二批党的群众路线教育实践活动中，中国建设党委按照活动的总要求，以为民、务实、清廉为主题，认真贯彻落实中央八项规定和《党政机关厉行节约反对浪费条例》等规定精神，突出作风建设，贯彻整风精神，深入查摆和解决“四风”问题，着力解决职工群众反映强烈的突出问题，把组织开展教育实践活动与促进公司改革发展稳定紧密结合起来，坚持两手抓、两不误、两促进，以思想和作风建设的新成效，进一步凝聚思想共识和发展合力，为推动中国建设改革发展提供了有力保障。

根据中央和国机集团党委统一部署，中国建设党委书记、副书记和纪委书记参加了2014年3月3日在国机集团总部召开的活动动员大会。按照国机集团党委要求，中国建设教育实践活动在全系统全体党员干部中开展，2014年3月初启动，2014年11月底基本结束。

从活动的四个推进步骤来分类总结大事记：

一、工作准备、动员启动。主要任务是成立活动领导小组、策划和筹备活动计划、召开启动动员大会。

（一）3月2日成立活动领导小组及办公室，落实组成人员，明确工作责任，文件报国机集团第三督导组备案。

（二）3月17日召开中国建设教育实践活动动员大会，会期一天。参加动员会有：中国建设集团全体领导班子成员、总部部门副职以上干部、所属企业主要负责同志（董事长、党委书记、总经理、校长、党委工作部负责人）、总部在京的全体党员、职工代表、离退休代表。会上，中国建设党委书记、教育实践活动领导小组组长刘敬桢作动员报告；国机集团第三督导组组长罗国正作督导讲话；国机集团第三督导组副组长周曙阳组织开展民主评议工作。会后，督导分别和中国建设的各级代表进行了单独谈话，全面了解企业情况。

二、学习教育、听取意见。主要任务是结合实际抓学习教育；直接到群众中去听意见。

（三）3月18日，对中国建设督导组成员进行培训，中国建设成立了对所属级企业开展活动进行督导的督导组，成立组织机构、配备督导组成员、明确活动开展方案、组织所属单位党群部负责人开展培训学习。

（四）3月19日至23日，公司党委组织开展了为期五天的集中学习活动，重点学习了党的十八届三中全会精神和习近平总书记系列讲话精神，学习党的群众路线有关内容，开展理想信念、党性党风党纪和道德品行教育，发放自学书籍《党员干部的20个正能量》、《批评和自我批评》、《反腐倡廉制度建设》、《从政再提醒》、中国特色社会主义理论体系等；观看了《苏联亡党亡国20年祭》、《焦裕禄》、《警钟长鸣》、《天上的菊美》等专题教育片；观看了《四风之害》、《国之惩腐》、《失德之害》反腐倡廉警示教育片。

（五）3月29日到4月9日期间，按照中国建设集团统一部署、梯次展开、压茬进行的总体要求，督导并参加所属16家三级企业基层党组织相继组织召开了动员大会。集团均派督导组全程参加了各单位会议，并组织与会人员开展了对本级领导班子及班子成员的民主测评和分别谈话。集团党委各直属党支部也积极行动起来，相继召开支部会议，认真组织党员干部学习上级有关文件精神，传达集团公司党委动员大会工作部署，进一步进行思想发动，并根据本单位实际，制定了活动的具体实施方案及推进计划。

（六）3月21日至4月10日期间，集团公司教育活动办先后组织召开了青年代表、业务骨干、职工代表、离退休代表、统战人士代表五个座谈会，共计86名职工群众参与了座谈，他们既有后备干部、业务骨干，也有普通员工；既有党员同志，也有团员青年、民主党派和无党派人士；既有工作多年的老同志，也有年青员工；既有在职职工，也有离退休人员。与会代表结合各自实际畅所欲言，提出了许多宝贵、富有建设性的意见。深入听取职工群众的意见建议，经梳理汇总，最终形成意见建议共计72条。

三、查摆问题、开展批评。主要任务是找准找实突出问题；认真撰写对照检查材料；开好专题民主生活会和组织生活会。

（七）4月14日在听取意见的基础上组织“回头看”，坚持群众提、自己找、上级点、互相帮、集体议，认真查摆突出问题。查摆问题注重具体到事、具体到人，在深入、实在上下功夫，做到触及深层次问题、实质性问题，不浮于表面、隔靴搔痒；不以工作问题代替“四风”问题、不以班子问题代替个人问题、不以共性问题代替个性问题。

（八）5月15日开始，集团公司班子和班子成员开始着手撰写对照检查材料。材料对“四风”问题逐一查摆，列举了具体表现和典型事例；对群众提出的意见和国机集团督导组点明的问题做出了回应；对贯彻中央八项规定精神有关情况进行了逐一说明；深挖了思想根源；提出了努力方向和整改措施。在撰写对照检查材料中，班子成员做到真正把自己摆进去，严格进行剖析检查，敢于触及深层次问题，力求做到“像自己”。班子和班子成员的对照检查材料都进行了多次反复修改，曾相继召开四次党政联席会讨论班子对照检查材料，在最终形成的材料中，集团公司领导班子梳理“四风”突出问题共计16条；班子成员梳理“四风”问题共计88条。

（九）6月27日召开民主生活会，会前，集团公司党委书记与班子成员之间、班子成员相互之间、班子成员与分管部门负责人之间进行了开诚布公、推心置腹地谈心谈话。做到了真正把问题谈深、把根源说透、消除了隔阂，增进了团结，为民主生活会的高质量召开奠定了扎实的基础。会上，在个人对照和自我批评环节，班子及班子成员聚焦“四风”，开门见山、抛开面子、抓住要害、主动把自己摆进去，动真碰硬，批评与自我批评有辣味，整个会议共提出批评意见60条。整个专题民主生活会达到了团结—批评—团结的目的。

（十）7月22日到8月22日之间，督导并参加集团公司所属16家所属企业党委，分别按照规定程序组织召开了领导班子专题民主生活会，各单位坚持高标准严要求，认真贯彻落实集团公司党委工作部署，扎实做好各项准备工作；集团公司领导班子成员及公司派督导组全程出席了各自联系单位的民主生活会，认真履行了督导职责，确保了所属企业党委民主生活会的高质量召开。为加强对各单位工作开展情况的督促指导，院派督导组全程参加二级企业组织生活会并进行会议点评，有力地确保了会议质量。

四、整改落实、建章立制。主要任务是上下联动抓整改；整改工作只有进行时，没有完成时；狠抓专项整治不放松；把正风肃纪一抓到底；健全和落实制度规定。

（十一）8月25日制定“两方案一计划”编写方案并报集团督导级审批备案。

（十二）9 月 22 日前完成审查“两方案一计划”和领导班子成员个人整改措施，并报集团党委备案。

（十三）9 月 26 日前将本单位教育实践活动初步总结报国机集团党委教育实践活动领导小组办公室。

（十四）10 月 27 日召开总结大会。

（十五）11 月 14 日报告中国建设全系统开展向全国优秀党员学习的情况报告。

（十六）11 月 30 日前组织各所属企业召开总结大会。

（十七）12 月 26 日，向集团报《中国建设“四风”问题整改情况进展报告》。

对活动的整体工作要求：坚持问题导向，坚持教育实践并重，坚持边学边查边改，把学习教育贯穿始终，把整改落实贯穿始终，使教育实践活动各个环节有效衔接、相互贯通。开展教育实践活动，是一次加强组织建设和组织纪律的好时机。要通过这次活动，把组织观念薄弱、组织涣散的问题找出来，把民主集中制、党内组织生活、请示报告等各项制度健全起来，把组织纪律严起来，促使党员、干部严格遵守党章、坚持“四个服从”、增强组织纪律性，使这次活动成为“坚持民主集中制、开展批评和自我批评、严格党内生活、加强党的团结统一”的生动实践。

中国建设关于党风廉政建设工作的调研报告

党群工作部
尚　红

2014 年 11 月 5 日

根据国机集团《关于开展党风廉政建设工作调研和检查的通知》要求，现将我公司党风廉政建设工作情况汇报如下。

一、中国建设党风廉政建设责任分解落实情况

（一）领导机构健全完善

1. 建立党风廉政建设领导机构：下发了《关于成立中国机械工业建设集团有限公司党风廉政建设领导小组的通知》（中机建党[2013]37 号），成立了由党委书记、副书记、纪委书记、两委委员、纪检办、审计监察部、党委干部部、资产财务部、综合管理部、经营管理部、工程管理部、采购部、规划发展部为成员的领导小组。公司领导把党风廉政建设落实在自己的业务分工中，按照党委的统一部署，将党风廉政建设和生产经营结合起来，同部署，同考核。

2. 组织机构：中国建设现有直属企业 10 个；控股企业 2 个；托管企业 5 个；截止到 2013 年底全系统有党委 10 个、党支部 59 个，在册党员 2034 人（其中在职党员 1406 人、离退休党员 628 人）；成立纪委的企业含总部及所属企业共 10 个。全系统共有纪委书记 10 人，专职纪检人员 22 人；监察人员 12 人。

3. 纪委主要职责：制定公司纪检工作计划，企业党风廉政建设责任制的贯彻执行；纪检监察制度建设、组织报表、文件起草和转发等；检查所属公司纪委工作开展情况。党风廉政建设宣传、总结工作等。

4. 纪检监察人员兼职情况：我公司总部及所属企业纪委办和党群部合署办公，部门人员工作分工中，有专门负责纪检工作的领导及专职人员，重要工作和活动中，部门人员分工不分家，彼此团结协作。监察工作设在审计监察部，有专职监察员。

（二）工作机制有效运行

按照国机集团的统一部署，公司党委结合实际，制定了《中国机械工业建设集团有限公司党风廉政建设责任制实施办法》（中机建党[2014]4 号），《中国机械工业建设集团有限公司党风廉政建设责任制考核办法》（中机建党[2014]2 号），在每年工作会上与所属的企业签订了《中机建设 2014 年度党风廉政责任书》，明确了党风廉政建设的责任范围、责任内容；监督检查与考评以及考评工作的运用等。各所属企业结合自身实际，制定了本企业的党风廉政责任制的实施办法。总部中层以上领导干部和各所属企业领导班子成员按照《关于实行党员领导人员廉洁承诺制的实施办法（试行）》（中机建党字 2013 年 5 号），2013 年共 86 人、2014 共 111 人签订了“廉洁承诺书”。

(三) 党委主体责任和纪委监督责任的落实情况，以及执行“一岗双责”和“四个亲自”落实情况

1. 集团党委是集团党风廉政建设责任主体，统一领导集团党风廉政建设和反腐败工作，对集团总部和所属企业党风廉政建设负全面领导责任；集团党委负责带头履行主体责任，牢固树立不抓党风廉政建设就是严重失职的意识，自觉履行党风廉政建设的领导者、执行者、推动者的职责；认真贯彻落实中央、中央纪委和国资委党委、纪委的部署和要求，把集团党风廉政建设和反腐败工作纳入企业改革发展工作总体布局，与业务工作同研究、同部署、同实施、同考核，及时对集团党风廉政建设和反腐败工作任务做出部署。

2. 党委书记是党风廉政建设的第一责任人，在“四个亲自”(一把手重要工作亲自部署、重大问题亲自过问、重要环节亲自协调、重要案件亲自督办)的落实情况：

党委书记能及时组织传达学习中央、中央纪委和国资委、国机集团党委、纪委的部署和要求，结合公司实际研究贯彻落实的具体措施；在传达学习过程中，党委书记、纪委书记都要做宣贯的专题辅导和分享学习的心得体会；按期组织领导班子、领导干部学习党风廉政建设法规制度，强化廉洁从政意识和遵纪守法观念。主动了解作风建设、纪律建设等党风廉政建设和反腐败工作进展情况，做到重要工作亲自部署、重大问题亲自过问、重点环节亲自协调。中国建设近年来没有重要案件，但对群众来信来访涉及的重要问题，党委书记、纪委书记都亲自督办。

3. 加强对党委班子成员日常教育、管理和监督，近年来，公司领导和党委班子成员对发现的问题、群众提出的问题、无论是涉及总部的还是涉及所属企业的，发现苗头性问题及时提醒告诫，对他们履行责任的情况进行监督，对落实责任不到位的，及时提醒、批评、纠正。每年初公司领导带队下基层调研和检查工作，规范调研流程，下发调研提纲，对调研中发现的问题不回避矛盾，每个调研组都形成调研报告，提交班子会研究，及时处理群众反映的问题并做出反馈。

4. 党委履行主体责任的主要任务情况及做法：

(1) 选好用好干部，防止出现选人用人上的不正之风和腐败问题。

1) 选拔任用干部之前，充分听取集团总部、相关业务部门及各级纪委、纪检办对拟提人选的意见。纪委书记分管党委干部部，干部考核全程参与。

2) 加强对干部选拔任用工作的领导，树立正确用人导向。认真执行《党政领导干部选拔任用工作条例》、《中央企业领导人员管理暂行规定》等制度，不断完善科学的选人用人机制。按照《中国机械工业集团有限公司所属企业领导班子和领导干部综合考核评价办法》，做好领导干部的任期、届中和专项考核；按照《中国机械工业建设集团有限公司企业负责人经营业绩考核暂行办法》突出选人用人的业绩导向。

3) 加强领导干部的不断学习和提升。按照《中国机械工业建设集团有限公司中高层干部培训暂行管理办法》，加强领导干部的学习，提升干部的领导力和决策水平，保持公司的又好又快发展。

4) 进一步完善和落实新任职集团领导干部的廉政谈话、干部考察、干部交流等制度。加强对重要岗位、关键岗位人员轮岗交流。

(2) 管好班子，带好队伍，当好廉洁从政的表率。

1) 党委班子成员带头落实党风廉政建设部署，带头遵守中央八项规定精神，带头廉洁自

律，带头严格要求，带头接受监督，管好自己、配偶子女和身边工作人员，带队伍、严律己、作表率。在党的群众路线教育实践活动中，集团总部和所属企业的领导和党委班子成员都能结合自己分管的工作和群众的意见，逐条认领深刻反思，在管好配偶子女和身边工作人员，带队伍、严律己等方面得到群众的认可。

2）党委班子成员带头履行“一岗双责”的要求，敢抓敢管，敢于担当。定期约谈分管部门和所属企业党组织负责人，了解开展党风廉政建设情况，督促落实“一岗双责”。

3）严格执行述职述廉、按照国机集团关于领导干部报告个人有关事项等规定，总部领导和所属企业领导班子成员在民主生活会上能严格对照检查，带头开展批评与自我批评，2014 年的群众路线教育专题民主生活会上，公司两级领导班子成员聚焦“四风”，开门见山、抛开面子、抓住要害、主动把自己摆进去，不遮遮掩掩，不避重就轻，查摆问题与岗位职责和成长历程相结合，分析问题具体到事，每一“风”都有具体事例，整改措施详细具体，做到了“不空不虚不假”。每位班子成员自我批评后，其他班子成员都对其进行了批评，整个会议共提出批评意见 60 条。相互批评直指问题，不拐弯抹角。许多意见还点出了具体事例，动真碰硬，敢于交锋，真刀真枪，有辣味；同时，也有加油鼓劲，互相勉励，团结和谐，整个专题民主生活会体现了整风精神，既严肃紧张又氛围和谐，达到了团结一批评一团结的目的。

5. 强化对权力运行的制约和监督，从源头上防治腐败。

（1）采取多种方式深化党风廉政宣传教育。把反腐倡廉列入干部教育培训重要内容，通过签订党风廉政建设责任书、中心组学习、领导干部民主生活会、看教育片、优秀电影、研讨、纪检征文等党风党纪教育和警示教育，不断增强广大党员干部勤政廉政意识。

（2）规范权力运行。公司实行全面预算管理，成立了预算委员会，负责制定预算费用。通过信息化系统，规范了和建立了审批事项清单制度，统一明确各类审核、批准、备案事项，着力规范程序，明确责任，提高效率和执行力，强化廉政风险防控。

（3）建立健全法律风险防范机制，发挥重大决策的法律审核把关作用：进一步规范对外承包工程合同评审，分包合同评审、物资采购、项目实施、成本利润分析、工程结算等环节，特别是国际工程项目分法律支撑。

二、党风廉政建设有关任务完成情况

（一）惩防体系等制度建设

1. 成立惩防体系建设工作领导小组。

成立了贯彻落实《实施纲要》和构建惩防体系工作领导小组及办公室。领导小组在公司党委的领导下，负责《惩防体系》建设的组织领导工作。领导小组组长由公司党委书记担任，副组长由纪委书记和一名行政副职担任；小组成员由纪检办、综合管理部、规划发展部、人力资源部、资产财务部、审计监察部、经营管理部、工程管理部等部门的负责人组成。

2. 着力优化崇廉守法的人文环境，发挥好制度建设的固化功能。“没有规矩，不成方圆”，按照第一个惩防体系的要求，完成了国机集团的有关规定。今年是第二个惩防体系建设的关键之年，我们希望在国机集团的领导下，进一步完善我们的惩防体系建设。

一是以规范权力运行为重点，按照相互制约、权力制衡的原则做出科学合理的制度设计和安排，把反腐倡廉规定性、规范性、要求等寓于议事决策、选人用人、财务资金、工程招标、劳务分包、物资采购、设备租赁、成本控制、绩效考核、薪酬分配等各项重要管理制度之中，使之主体清晰，互控闭环，程序严谨，运作规范，着力强化按制度办事、靠制度管人的管理理念和文化氛围。

二是强化监督机制。充分发挥职代会的作用，落实职工群众的知情权、参与权和监督权；加强任期审计，开展效能监察，严格过错问责，个人重大事项报告、诫勉提醒廉政谈话等制度的执行效力，不断完善“有权必有责、用权受监督、违纪受追究”的自我约束机制。

三是健全风险防范管控机制。围绕生产经营和工程项目建设，融入标准化、精细化管理体系，加强经营管理各个要素、关键环节的过程管控，定期查摆可能发生问题的风险点，定期督查整改措施的落实情况，定期评估整改措施的执行效果，构建以岗位为点、程序为线、制度为面的廉政风险管控机制，努力将廉政风险防范于未发之中，确保工程优质、人员优秀、企业做优。

(1) 制度管理

2012 年制定了《中国建设规章制度管理办法》，明确了公司规章制度制定、发布、评估、修订等一系列程序，明确了规划发展部为公司规章制度的管理部门，负责审核各部门起草的规章制度的规范性，经营管理部(法律事务处)负责审核规章制度的合法合规性。制度出台后，对建立健全我公司规章制度体系起到了积极推动作用。

目前中国建设总部现行有效的规章制度 152 项(其中集团公司 2011 年改制后出台的制度 123 项)，惩防体系覆盖范围的制度 114 项。内容涵盖人力资源管理、财务管理、经营管理、战略管理、投资管理、工程管理、安全生产、技术管理、党群管理、法律事务、审计监察、信息管理、综合管理等 10 多个管理职能。

(2) 法律保障

1) 严格落实中央企业法制工作第三个三年目标的任务

三项法律审核率：规章制度的法律审核率达到 100%；经济合同的法律审核率达到 100%；重要决策的法律审核率达到 100%。全年未发生因自身违法违规引发的重大法律纠纷案件。公司发生的法律纠纷案件均为正常的工程项目下的工程款和分供商结算的案件，多以和解、调解结案，公司主动追索工程款的案件也基本能够实现目标。

2) 不断提供法律事务对生产经营和廉政建设的保障能力

借助信息化手段，推进法律事务管理提升：针对所属单位十余家分处全国各地、因工程项目所需法律业务频繁的实际情况，经过充分调研，积极推动法律事务信息化管理模块的建设，以其法律事务管理能够更加规范、高效。一是动态掌握全系统法律工作情况。所属单位可以随时上报的法律工作机构和人员的最新情况，集团总部可以方便地汇总、统计。对于所属单位的年度法律工作情况、普法工作情况，通过上报，集团总部可以根据需要导出 EXCEL 电子文件，实现对年度办理各类型法律业务的统计；二是及时高效为生产经营提供法律支持。通过模块中“法律支持”请求，所属单位及总部各部门可以随时提出需要总部法律事务部支持的请求，包括为项目投标办理无行贿犯罪证明、办理法律公证事宜、提供各种专项法律咨询意见等。目前，对于通过系统提出的办理项目投标无行贿犯罪证明请求，总部通过系统接收信息，线下立即备齐文件向总部所在地人民检察院提交，能够在最短时间内拿到检察院出具的无行贿犯罪证明文件，满足各单位和各事业部项目投标的要求；三是严格、规范的管理法律纠纷案件。模块中的“诉讼仲裁案件”管理，按照国务院国资委和国机集团的要求，将案件划分为了一般法律纠纷案件、重大法律纠纷案件、500 万以上的非诉案件，总部和所属单位可以随时进行案件信息的录入，及时反馈案件进展情况、归集案件法律文书资料；四是推动外聘法律中介机构资源共享。为了实现内部法律资源共享，模块开通了“外聘法律中介机构备选名录申报”功能，所属各单位可以将本单位认为优秀的法律中介机构向总部申报，经总部审核后，形成名录。

(3) 内控管理

公司于2013年5月开始启动，成立了内控体系建设领导小组和内控项目工作组。建立与实施全面风险管理和内部控制体系，内部控制体系建设工作范围为中国机械工业建设集团有限公司本部职能部门、业务部门及下属子公司。业务范围主要包括：公司层面、通用业务流程和特色板块业务流程。适用于公司本部及下属单位重要业务的一套内部控制体系，包括具体职责权限、业务流程控制文档（包括流程目标、风险和控制措施）、内控流程图、风险控制矩阵等。公司通过内控体系建设，全面梳理了业务流程，查找了内部控制缺陷和风险点，对提高企业管理标准，落实工作要求，分解工作责任、持续改进等方面作了明确规定，对不断推动和促进企业实现决策科学、管理规范、运行高效、风险可控起到了保驾护航的作用，保障了企业战略目标的实现。

在内控管理实施中，分解落实责任；编制内控评价手册；开展内部控制自我评价完善了《资产处置管理实施细则》、《银行授信额度使用管理办法》、《项目控制管理暂行办法》、《项目公司、项目经理部财务管理规定》、《筹资管理办法、担保管理办法》、《“三重一大”决策制度实施办法(试行)》、《对外股权投资管理办法》等26项规章制度，对企业实现决策科学、管理规范、运行高效、风险可控起到了推动和促进作用，保障了企业战略目标的实现。

(4) 全面预算管理

2013年，集团公司总结多年来的编制和执行预算的经验，对《全面预算管理办法》进行了修订。办法中明确了全面预算的组织体系包括三层：决策层为董事会，审议通过年度预算，对预算调整做出决议，听取预算执行情况的报告，对影响企业战略目标的重大事项做出决策。制定层为经理层，制定企业年度预算报董事会通过，对预算执行情况进行跟踪评价，提出预算调整的方案；执行层为预算执行部门，为预算的编制及调整提供依据，及时进行信息反馈，并负责预算指标的具体落实和协调管理。预算编制以业务预算为基础，以考核指标为目标，涵盖了签约额预算、营业收入预算、费用预算、利润预算、现金流量预算、资本性支出预算等各项内容的预算。

2014年集团对预算编制撰写了详细的说明，使预算的编制更加系统化、具体化和可操作性。在管理层高度重视下，各部门和事业部充分参与和配合，使预算编制密切与业务相联系、保证了预算的科学性和合理性；预算执行与信息化手段充分结合起到了过程的实时控制；将预算管理与公司经营生产管理活动进行有效衔接，充分发挥全面预算的引领与管控作用，促进公司高质量的发展。

(5) 市场营销管理

狠抓制度建设 加强经营监督，逐级细化责任分解，完善规章制度，把党风廉政建设的要求与企业经营工作紧密结合起来，针对在经营工作中容易发生问题的部位和环节不断健全了各项规章制度，贯穿于经营管理的全过程。在项目立项和招投标过程中，制定了《项目营销管理办法》，对立项审批和项目招标评审做出了严格要求。在合同洽谈环节，制定了《合同管理办法》，根据合同的规模大小和难易程度，组织财务部、审计部、法律处等相关部门进行会签评审，明确各部门的管理职责及工作流程，加强关键环节卡控，进一步加大了监督力度。强调未经领导授权审批，任何合同都不得擅自用印盖章。除此之外，对公司因项目生产经营而设立的境外各类机构，制定了《项目公司运营实施细则》，着重对项目公司的过程管理、经营及财务管理做了规定，有效地防控了项目公司的经营风险。通过在经营工作中一系列的规章制度的制定，建成了比较完整的党风廉政建设工作制度体系。完善考核体系，切实落实责任，制订了《企业负责人经营业绩考核暂行办法》，实行定量指标和定性指标相结合，企业规范化管理、技术创新、信息化建设和党建工作等与考核挂钩，经营业绩与薪酬紧密挂钩，激励与约束措施相匹配。考核办法不仅制定了更加细致、更具操作性的指标体系，在责任追究上也更加严厉，通过实施刚性化奖惩，强化检查考核权威性。各所属企业认真贯彻落实考核办法，结合实际层层分解考核指标任务，建立完善的全覆盖责任体系，将考核办法的要求很好地融入企业管理和生产经营活动中。考核办法的实施，使党政主要领导自觉担当起了党风廉政建设和生产经营工作的第一责任人职责。

(6) 项目分包管理方面

中国建设对分包管理实行项目执行前的分包规划、分包合同签订前的供方调查及合同评审、项目执行过程中的分包监控管理和支付审核，项目结束后的分包结算及完工评价。

在项目策划阶段实行严格的项目实施方案审查制度，要求 5000 万元以上项目进行分包规划，在项目执行前明确分包范围；组织对分包单位的考察评价，完成《工程劳务分包商的供方调查评价表》，报集团公司审核后列入合同工程供方名录。组织分包招评标工作。分包价格、范围等必须符合《项目实施计划书》《项目目标成本》等项目策划结论；分包合同经过清晰的评审流程，由法律事务、审计监察、技术中心、资产财务等部门审核，并按合同金额大小按授权额度经各级领导批准后才能签订；分包执行过程中严格分包工程监控管理，在确保进度、质量、安全的基础上，重点分包成本及资金控制。分包工程款通过集团公司财务管控系统申请支付，经相关部门审批流程后方能支付。分包每月进度确认单按时上传系统，分包发票及时报销；分包工程完工后，分包结算之前必须进行分包完工评价。对于评价不合格的分包单位，将从合格工程供方名单中剔除。

(7) 物资采购方面

实行总部采购储运部与事业部共同参与、集中决策、分工协作的双控管理机制。事业部负责项目整体的采购规划、实施等各项管理工作，并根据采购名录和委托采购规划严格做好分包合同范围的界定，组织实施《集采名录》和委托采购外的物资采购工作。采购储运部按照《集采名录》及事业部委托采购物资组织完成采购储运工作。对事业部组织实施的《集采名录》外物资采购工作，采购储运部参与监督并履行管理职能。采购储运部与事业部对采购廉政风险进行相互监督和制约，加强采购廉政风险防控。

制定《物资采购招标管理实施细则》，完善采购招标管理体系。细化采购储运部与事业部的分工和职责，理顺招标、评标等工作流程，在严防“跑冒滴漏”的同时，保障采购管理高效运转。同时，实施细则中明确要求审计监察部全程参与和监督采购招标，切实进行风险防范。

建立“门槛准入”，提高道德约束和风险预防，制定《合格物资供应(物流服务)商管理实施细则》，紧紧抓住供应商源头进行分类分级管理。编制《物资采购廉政确认函》，背靠背发放供应商进行廉政调查。与中国建设签订采购合同的供应商都将收到《物资采购廉政确认函》，由供应商背靠背地在确认函中填写采购人员廉政情况后返回中国建设进行采购廉政情况反馈。建设采购管理信息平台，以“业务公开、过程受控、全程在案、永久追溯”为要求开展物资管理对标工作，完善采购管理体系，实现阳光采购。目前已实现集中采购率达到 60%以上，上网采购率达到 100%。

我公司的惩防体系建设与生产经营紧密结合，将廉洁风险防控落到实处。

(二) 强化学习教育，打牢思想基础

1. 着力强化以廉为荣的人文环境，发挥宣传教育基础功能。

一是注重宣传教育的“经常性”，坚持开展廉洁从业主题教育活动，抓住党的群众路线教育实践活动的契机，引导全体党员特别是党员干部不断提升思想境界、文化素养和道德情操，强化“崇尚清廉”的价值观、“贬腐敬廉”的荣辱观、“律己守廉”的责任感和“人人促廉”的使命感。坚持从实际出发，突出学习重点，丰富学习载体，确保学习时间，通过扎实开展学习教育，使广大党员干部不断提高思想认识。3 月 19—23 日集团公司党委组织开展了为期五天的集中学习活动；组织重点组织京内外 80 余名领导干部认真学习了党的十八届三中全会精神和习近平总书记系列讲话精神，学习党的群众路线有关内容，开展理想信念、党性党风党纪和道德品行教育:《习近平总书记系列重要讲话读本》、《党员干部的 20 个正能量》、《从政再提醒——十八大后党员干部廉洁从政 24 讲》、《批评和自我批评党员干部读本》、《反腐倡廉建设学习读本》、并专门邀请中央党校教授做了题为“学习习近平讲话，推动国企业科学发展”专题讲座；观看了《立党之本》、《根本保证》、《制胜法宝》、《人民至上》、《民为邦本》等专题教育片。

二是注重宣传教育的“实效性”，以勤勉廉洁的典范事例引路，用身边的闪光点感染人，发挥好先进典型的示范作用，学习弘扬焦裕禄精神。认真组织党员干部学习了习近平总书记在河南省兰考县调研指导群众路线教育活动时的系列讲话精神，将学习弘扬焦裕禄精神、践行“三严三实”要求作为学习教育环节的重要内容扎实抓好。4 月 20 日，集团党委组织在京80 余名领导干部集中观看了影片《焦裕禄》，重温了焦裕禄事迹，引导党员干部对照焦裕禄精神查不足，从小事做起，改进作风，真抓实干，总部和所属企业还组织全体党员观看电影《天上的菊美》等。在今年“七一”党委对全系统 2012—2013 年度“一先两优”进行隆重表彰，特别表彰了 6 月 10 日，发生在伊拉克第二大城市摩苏尔被反政府武装攻占，而我项目伊拉克萨拉哈丁电站项目现场所在地萨迈拉市离提克里特仅 70 公里。鉴于安全局势严峻，项目人员需要全部撤离返回祖国。在最关键、最危险的时刻，共产党员胡杰、郭连山等冒着枪林弹雨，带车进入现场接人，组织项目现场全部人员 1258 人安全、有序地撤离至巴格达。撤离至安全区域的中国员用“谢谢”这个简单但真诚的词汇来表达对祖国、对党组织、对关键时刻党员干部挺身而出的感激之情。这充分体现了我们中国建设人不怕吃苦、勇于奉献的精神已成为每位党员干部、职工群众的自觉行动，彰显中国建设优秀的企业文化理念，值得我们永远发扬光大!

三是注重典型案件的警示效果，组织全体党员和领导干部观看了《苏联亡党亡国 20 年祭》、《警钟长鸣》、《四风之害》、《国之惩腐》、《失德之害》反腐倡廉警示教育片。通过组织收看典型案件警示教育片、查摆工程建设领域违纪案件多发现象、座谈研讨防范法纪风险对策措施等手段，深入阐明严格遵守廉洁从业各项规定的重要意义，引导员工，特别是党员和党员领导干部明是非、知廉耻、晓荣辱，弘扬真善美，摒弃假恶丑，自觉抵制歪风邪气。

四是注重宣传教育的“多样性”，按照廉洁文化进班子、进岗位、进项目、进家庭的总体要求，重视责任承诺、举报监督、网络平台、报刊专栏等载体的运用，在今年的反腐倡廉征文活动中，共收集 10 篇论文上报国机集团。做到党纪法规常讲，提醒之声常有，廉洁之风常吹，持续营造诚信修身、勤勉崇廉的文化氛围，把廉洁从业、奋发有为的理念固化为大家的行为准则。

2. 推进企业廉洁文化建设应抓住以下几个关键。

（1）领导干部的示范导向作用。公司领导干部既是践行从业清廉理念的重点和关键，又是推进企业廉洁文化建设的责任主体，其以身作则的示范导向作用是巨大的，亲自抓、坚持抓的推动作用也是无可替代的。近几年，总部及各所属企业领导干部立足于自身这个重点，作为廉洁文化建设的“永恒主题”，发挥好示范导向作用，做到严于律己、率先垂范、诚实守信、克己奉公、廉洁高效、勤勉务实，自觉执行企业的规章制度、管理制度和廉洁从业各项规定，为员工做出表率。同时，各级党政主管领导自觉把廉洁文化建设作为加强党的建设的重要内容，作为深入开展反腐倡廉建设的具体措施，作为密切党群、干群关系的有效途径来抓，切实担当好倡导者、设计者、宣传者和组织者的角色，做到认识到位，责任到位，精心策划，精心实施，进而引导好、保护好、发挥好广大职工参与廉洁文化建设的积极性，不断扩大廉洁文化的覆盖面、教育面、影响面，夯实人人思廉、人人倡廉、人人促廉、人人反贪的群众基础。

（2）突出主题并不断丰富内涵与外延。以先进的廉政理论为统领，以科学的廉洁制度为基础，以多样的宣传媒介为载体丰富内涵，从公司实际出发，融入企业发展战略和经营目标，纳入领导班子能力建设、惩防体系建设、企业文化建设的总体规划，处理好惩治与预防、制度与教化、自律与他律的关系，发挥好廉洁文化的感化、引导和规范作用，努力将廉洁文化优势转化为制度优势、管理优势、效益优势和市场竞争优势。

（三）领导人员廉洁自律工作扎实有效

1. 集团总部及所属公司领导人员能够按照《国有企业领导人员廉洁从业若干规定》、《中国共产党党员领导干部廉洁从政若干准则》等文件精神有关要求，廉洁自律，严格要求自己。公司下发了有关文件加强党内监督，保证民主生活会和述廉议廉会的质量和效果，落实领导人员重大事项报告和约谈，按照国机集团的要求，落实中层以上领导干部的重大事项签报，完善诫勉谈话等制度。

2. 按照国务院国资委《关于合理确定并严格规范中央企业负责人履职待遇、业务支出的意见》，和十八届三中全会提出的“合理确定并严格规范国有企业管理人员薪酬水平、职务待遇、职务消费、业务消费”的要求，加强因公出国（境）管理，重点管理政审和公示两个环节，规范履职待遇和业务支出等有关要求，规范“履职待遇”，在公务用车、办公用房、培训三项加强管理，“业务支出”严格按照财务预算和公司有关财务管理规定，加强业务招待、国内差旅、因公临时出国（境）、通信等管理，落实中央八项规定精神、厉行纠正“四风”。

（四）效能监察等各项监督检查工作情况

制定了《中国机械工业建设集团有限公司效能监察工作实施细则》（中机建[2013]122号），根据工作细则下发了《中机建设关于上报2014年度企业效能监察立项的通知》（中机建审字[2014]99号）和《关于印发〈中国机械工业建设集团有限公司“三重一大”决策制度实施办法（试行）〉的通知》（中机建党[2014]03号）。要求各所属企业能够围绕中央八项规定精神和纠正“四风”、三重一大决策制度的落实、强化制度和决策的执行力方面选题立项，开展效能监察工作。明确了企业重大决策事项的内容、决策原则和方式、决策程序、执行决策、监督检查、责任追究等。在决策工程中，严格按照实施办法的流程，由公司党政联席会议或党政联席扩大会议对“三重一大”进行集体研究，做出决定后实施。

效能监察工作抓住管理中的重点部分和容易滋生腐败的薄弱环节，围绕“工程项目管理、物资采购管理、管理费用的预算执行管理、降本增效管理”等主要管理环节 2014 年共立项 10 项，增强了效能监察工作的针对性，同时也满足了效能监察任务与公司的经营生产工作重心相一致。

工作中注重效能监察的实效性，内容涵盖重点项目分包及物资采购管理；行政效能检查；制度和决策执行力等。今后的工作中还要进一步推动效能监察工作由纠偏纠错向提升绩效转变。切实发挥效能监察工作在公司规范化管理、标准化建设中的作用。

（五）工作信息等资料报送情况

按照国机集团的统一部署，做到按时上报各种信息及有关工作情况。2013 年上报国机集团反腐倡廉征文 7 篇，2014 年上报 10 篇。在党的群众路线教育实践活动中，集团总部共出 26 期简报，出版教育实践活动专刊 2 期，相关新闻稿 30 余篇。上报国机集团督导组 22 期周报。投稿国机教育实践领导小组 25 篇，被采纳近 20 篇。

三、落实中央八项规定精神、纠正“四风”工作情况

按照《中机建设集团贯彻落实中央八项规定监督检查暨效能监察实施方案》（中机建党字[2013]23 号），建立了集团监督检查领导小组和监督检查工作机构。分工明确、责任到位。所属企业严格按照《实施方案》精神，从领导体制和工作机构入手，在明确领导责任、分解工作任务、监督检查形式等环节上，严密组织、精心安排，确保全系统开展贯彻落实中央“八项规定”监督检查暨效能监察活动的顺利实施。以务求实效的工作作风着力解决在集团公司领导班子和领导干部中存在的官僚主义、形式主义、享乐主义和奢靡之风的问题。

一是改进调研办法，加强统筹协调。倡导领导班子成员大兴调查研究之风，行调查研究之实，提高领导班子成员对调查研究重要性的认识，使积极主动地开展调查研究成为领导干部履行职责的一个重要手段和一项基本技能。建立和完善领导联系点制度，重点围绕影响集团公司改革发展的深层次、结构性问题以及基层企业和干部群众反映集中的突出问题开展调研，增强调查研究的针对性、主动性。结合制定年度调研计划，将相对发展较慢、经营困难和压力较大的企业列入重点联系和调研企业，予以重点帮扶和指导。要大力提倡开展有针对性的调研，调研前要明确调研目的，制定调研提纲，合理安排调研计划，调研过程中要深入基层、深入一线，了解实际情况，掌握一手资料。对调研中能现场解决的问题，要立即解决。调研结束后，要形成调研报告，分析调研结果，提出工作建议，进一步加强对调研后续工作的监督检查，强化落实。加强对调研活动的统筹协调。调研过程中，认真贯彻中央八项规定，轻车简从，不搞排场，吃住行严格遵守相关规定。

二是切实转变文风会风，注重会议的质量和效率。今年以来，集团公司认真对照“八项规定”和反“四风”的要求，大力精简会议、文件的数量和规模，提高办文办会的质量和效率。在会议方面，能精简的会议下力气精简，能压缩规模的会议必须压缩、能合并召开的会议一定合并召开。力求开短会、讲短话、重质量、求实效。据统计，2014 年召开全系统会议由往年的 8 个缩减到今年的 5 个，减少 38%，会期由往年的 13.5 天缩减到今年的 7 天，减少 49%。与此同时，在会议组织方面，尽可能做到厉行节约，不讲排场，不铺张，不浪费。不搞会议背景、不摆设

鲜花、不设茶歇，能在所属单位召开的会议就不在酒店召开，能不住会的人员就不安排住会，集团公司组织的会议均不设桌餐，不安排酒水，全程自助餐，大大降低了会议成本，节约了管理费用。

在公文管理方面，提倡少发文、发短文，不搞文牍主义、形式主义，能不发的文件坚决不发，能合并下发的合并下发，能以公告形式下发的以公告形式下发，可转发可不转发的文件坚决不转发。今年，结合群众路线教育实践活动的整改工作，综合管理部对所发文件进行了一次集中"回头看"，对存在协调性不够、相互制约、相互矛盾的文件进行统计。需要修改完善的制度做好修改完善，需要取消废止的及时取消废止。同时，加强文件管理人员的业务培训，提高文件管理人员的业务素质，加强对发文核稿环节的严格把关，提高办文质量和效率。

三是认真贯彻《中国机械工业集团有限公司所属企业负责人职务消费管理暂行办法》和《中国机械工业建设集团有限公司总部职务消费管理暂行办法》的有关规定，切实加强公务用车、通信、业务接待等管理工作。

在车辆管理方面，对由公司配车的领导干部实行车辆使用费限额管理，在限额内实报实销。运行使用费用超出年度限额部分由个人自行负担，节余部分不得发给个人。对其他非配置的公务用车实行派车单制度，即由使用人提出申请，经部门领导同意后，报综合管理部或者主管领导批准方可使用，使用费用计入部门费用，年底统一结算。

在通信费用管理方面，集团公司领导实行托收管理，其他员工通信费用实行年度控制限额管理。控制限额内据实报销，超额不予报销，余额不能结转到下一年度。

在商务接待方面，严格审批程序，公司的公务商务活动原则上安排在定点餐馆，严格按规定安排陪同人员，不讲排场，不安排高档菜肴，不搞大吃大喝，工作日接待禁止饮酒，禁止安排娱乐活动。集团领导班子成员到所属企业调研，原则上不乘坐头等舱，不安排企业领导接送，有条件的住企业招待所或办事处，在企业食堂用餐、不备酒水。不悬挂欢迎标语、横幅。

四、信访受理和案件查办工作和党员干部遵纪守法、廉洁从业情况

自 2013 至 2014 年，中国建设累计受理群众来信来访 11 件次；其中所属集体上访 1 次（16 人）、总部退休职工上访 1 次，收信（函）9 件。信访来访的主要矛盾集中表现为待遇类、劳务纠纷和管理等。上访的主要对象来自所属三级企业，占信访总件次比例为 91%；总部信访比例为 9%；其中反映离退休干部待遇、养老金企业补差等问题占 36%，劳务纠纷占 64%。公司对信访来访受理率为 100%，已经解决劳务纠纷事件比例为 88%；对其余 12%信件，经认真调查核实（电话、面对面谈话、书面材料等方式），认为来信函所反映的情况有点不属于我公司或国机集团管理范围和已有法律定论等实事。为了不遗漏每一信件，公司坚持日常细节管理，严格登记并将处理结果备案，同时，凡涉及上级转收信件，逐一将处理结果书面报送国机集团有关部门。

截至 2014 年 9 月底，中国建设受理群众来信来访数量呈现逐渐下降趋势，与去年同比下降 32%。在群众来信来访中，没有涉及党员领导干部违法违纪的问题。

回顾我公司在抓党风廉政建设方面虽然做了大量工作，取得了一些成效，但与国机的要求还有一定差距。今后，我们将针对存在的问题，以更完善的制度、更扎实的工作和更有效的举措，全面推进党风廉政建设和防腐败工作。

如何做好工会工作

党群工作部
周福霞

工会是党领导下的群众组织，是党联系群众的桥梁和纽带，充分发挥工会的作用，将有助于调动全员爱岗敬业的积极性、创造性，有助于党委及全公司的中心工作的贯彻落实，有助于全体员工的合法权益得到有效保障。新形势下工会工作任重道远，需不断实践与探索，努力做好工会工作。

一、坚持自觉接受党的领导，围绕员工办事是做好工会工作的基础

工会是党领导下的群众组织，是党联系群众的桥梁和纽带，是贯彻党委工作部署的重要支撑。党委的领导和支持是做好工会工作的重要保证，工会离不开党组织的大力支持，离不开各部门的配合和广大员工的广泛参与。在具体工作实践中，我们必须始终坚持党委领导这一核心，紧密结合党建工作，着力抓好工会工作，全面提升工会工作的影响力，努力把全员的思想和行动统一到党委部署上来，引导员工投身于立足岗位做贡献、奋力拼搏促业务的创业中来。在推动工会工作上把握好两条原则：一是听党委声音，工作体现党委要求，紧扣发展大局和中心任务，为实现集团公司的总体目标，做出积极贡献。二是围绕员工办事，就是把员工的意愿和要求作为工会工作的出发点和落脚点，充分发挥工会自身的职能，调动全员积极性，强化民主权利建设，努力为员工办实事，办好事。只有这样，才能保证工会工作的正确方向，才能维护员工利益，增强员工的积极性和创造性，工会工作才能大有作为。

二、发挥职能作用，注重抓好结合是做好工会工作的关键

生命在于运动，组织在于活动。工会工作的关键是充分发挥职能作用，但作用的发挥必须与生产经营、企业文化、为员工办实事等紧密结合，才能收到良好的效果。一是贴近经营实际，适时开展各项主题活动。如积极配合开展各类劳动竞赛活动，激发全员积极参与、抓住时机、全身心投入、为集团公司持续发展增添后劲，并开展劳模评选，不定期组织演讲比赛等，努力让员工有施展才能的舞台。采取多种形式引导全员加强规章制度和业务知识的学习，以开展读书活动，拓展训练等为载体，努力达到团结、拼搏的效果。二是强化民主建设，努力维护员工的合法权益。工会是员工利益的代表，依法维护员工的合法权益是工会的神圣职责，始终坚持职工代表大会制度，组织员工积极参政议政，努力增强主人翁责任感，群策群力，并召开多形式座谈会、调查问卷等，发挥桥梁纽带作用，努力维护员工参政议政等合法权益。三是落实以人为本，真心诚意为员工办实事、办好事是工会的重要职能之一，大力组织开展多形式、寓教于乐、丰富多彩的文体活动，推进企业文化建设，大力关心员工，对生病员工和直系亲属住院生病及死亡进行慰问，对单位员工结婚、女员工生育进行祝贺等，使全体员工全身心投入到集团公司发展大业中。

三、加强自身建设，坚持与时俱进是做好工会工作的保证

工会与其他组织一样，也有其自身的组织体系，需要加强建设。如没有完善有力的组织体

系和一支高素质、敬业的工会干部队伍，是做不好工会工作的，发挥不出工会组织的作用。一是加强工会的组织建设，健全工会班子。针对工会干部、工会委员兼职较多的实际情况，建议配齐数量相当的专、兼职工会干部队伍，定期不定期按要求开展活动，使工会工作更加科学化、制度化，充分发挥职工代表大会和工会委员会的作用，努力行使员工的民主权利，积极参与民主决策，更有效协助生产经营工作的开展。二是工会干部带头以身作则，率先垂范，致力于转变工作作风，少说多做，真抓实干，带头先干，只要工作需要就全心支持，充分展示工会干部特别能吃苦、特别能战斗、特别能协调的敬业精神。三是注重调查研究，不断创新工作方法，主动把工会工作重点放在一线，搜集员工关心的热点和难点问题，积极帮助出主意、想办法、谋思路，尽力帮助解决实际问题，自身不能解决的困难和问题，及时向上级反映，争取解决。同时重视用正确的舆论导向引导和教育员工坚定对集团公司发展的信心和决心，努力创造和谐发展、快速发展的良好氛围。

四、工会今后五年的主要目标和主要任务

《中国工会第十六次全国代表大会》于2013年10月18—22日召开，大会工作报告的主要内容包括：中国工会过去五年的工会工作和十年的主要经验；中国工会今后五年的目标和任务等。要做好企业的工会工作，方向、目标和任务一定要非常清楚。

（一）工会今后五年的主要目标

1. 大力推动全心全意依靠工人阶级根本方针贯彻落实，使广大职工的主人翁地位得到充分保障。

2. 有效调动职工群众的积极性、主动性、创造性，使广大职工的主力军作用进一步发挥。

3. 切实加强维权和服务工作，使广大职工的各项权益得到更好维护。

4. 努力建设学习型、服务型、创新型工会，使工会组织的凝聚力、影响力显著增强。

（二）工会今后五年的主要任务

1. 激发广大职工创造活力，为全面深化改革、推动科学发展、加快转变经济发展方式再立新功。促进经济持续健康发展，实现“两个一百年”奋斗目标，必须充分发挥工人阶级主力军作用。要适应职工队伍的新情况、新特点，唱响“劳动光荣、工人伟大”的时代主旋律，创新调动职工积极性的有效途径，使职工群众的劳动热情和创造潜力充分迸发。

2. 引导广大职工积极践行社会主义核心价值观，汇聚起为实现中国梦奋斗的正能量。实现中国梦的宏伟目标，不仅要在物质上强大起来，更要在精神上强大起来。精神上的强大，归根到底要靠社会主义核心价值观引领。要切实加强和改进新形势下职工的思想政治工作，不断激发蕴藏于职工群众中的无穷伟力。

3. 切实维护和发展职工权益，构建服务职工工作体系。全心全意为职工群众服务是工会的根本宗旨，维护职工群众合法权益是工会的基本职责。必须树立职工利益无小事理念，叫响“职工有困难找工会”口号，增强维权意识，提升服务效能，努力促进职工群众体面劳动、舒心工作、全面发展。

4. 大力发展和谐劳动关系，促进社会主义和谐社会建设。构建和谐劳动关系是建设社会主义和谐社会的重要基础，是工会参与社会管理、推动社会建设的切入点和着力点。要以促进

劳动关系和谐为己任，增强工作的主动性和创造性，促进劳动关系朝着规范有序、公正合理、互利共赢、和谐稳定的方向健康发展。

5. 不断强化源头参与和制度创新，增强工会工作的法制基础和制度保障。依法治国是党领导人民治理国家的基本方略。要积极代表广大职工群众参与立法和政策制定，参与各项改革政策的制定和实施，促进实现社会公平正义，努力使全体职工享有权利公平、机会公平、规则公平。

6. 积极加强和改进工会自身建设，打造深受职工群众信赖的“职工之家”。加强自身建设是工会工作创新发展的内在动力。工会工作要与时代同步伐，就必须深化改革、勇于创新，把自身建设摆在更加突出的位置，推进工会工作群众化、民主化、制度化、法制化，努力建设学习型、服务型、创新型工会。

工会工作应积极发挥好党联系群众的桥梁和纽带作用，发挥好职能作用，组织好自身建设，紧盯今后工作的主要目标，保证完成今后的主要任务。工会工作的立足点和着眼点应放在提高企业的经营水平和职工队伍素质上，要与企业发展的目标和规划，相协调、相呼应，要通过各类工会工作和工会活动的开展，形成齐心协力、团结互助、相互交流、出谋划策、敢于争先、勇争一流等好的思想和作风，并积极引导员工在工作中践行，增强员工队伍的凝聚力和战斗力，努力营造生动活泼、和谐相处的良好局面，为促进企业又好又快发展做出更多贡献。

大数据时代下的企业宣传工作新思考

郑博卿

今天，世界已经进入大数据时代，这是信息化时代、互联网时代的升级，数据以超出人们想象的速度快速增长。即使是在相对传统的工程建筑行业，包括中国建设在内的很多大型企业也已经进入了“BIM＋互联网”的时代，并且不得不承认大数据下的 BIM 正在推动一场全面变革的大潮。

同样，大数据技术也对新闻业形成了冲击。尽管国内数据新闻的应用起步较晚，但自 2014 年以来，越来越多的国内媒体已经开始用数据说话，将新闻以“数据新闻”这一新模式呈现给受众。数据新闻已经风靡世界，成了新闻业界创新的法宝。当然，作为企业的新闻宣传工作者，我们没有专业媒体丰富的新闻选题，也没有充足的数据来源作支撑，更没有先进的分析处理技术，但是，这并不等于企业的新闻宣传可以不去了解数据新闻、不去思考如何运用大数据深化报道。恰恰相反，对于每一个追求创新发展的现代化企业而言，拥有大数据思维应是其员工需要具备的基本素质。

一、什么是数据新闻

数据新闻并不是简单的数字统计。“数据”不等于数字，也不一定是数字，它是对事件的一种描述，数据可以记录、分析和重组事件。“数字新闻”是指对文本、图片、视频等进行数字化，从而通过互联网技术能传输的新闻报道。而“数据新闻”是指用数据驱动的新闻，是内容量化了的报道，是用数据作为表述形式的新闻。

“大数据”不只表示数据量大一些，它是指无法在一定时间内用常规软件工具对其内容进行抓取、管理和处理的数据集合。它的特点是：数据量大，数据类型多样，处理速度快，价值密度低。“大数据新闻”其实并不能成为一类新闻，而是以大数据的思维和工具做成的新闻，是将大数据思维内化到生产实践及样态创新之中，是基于互联网及其衍生技术平台实现的以大量数据搜集与分析为主要工具，而生产出来的新闻。它主要是数据新闻，通常是以图表等形式，通过对一系列的简要事实的相关性的表达，揭示出事实背后的意义。因此，目前一些媒体以简单数字、图表罗列的新闻，并不是数据新闻。

近两年央视关于“两会”、“春运”等的报道，就是典型的数据新闻。央视利用亿赞普、百度、腾讯等公司拥有的大数据平台网络，每天为报道提供全球范围的实时数据挖掘、多维度的数据对比、深度的大众思想分析以及直观易懂的可视化服务。中国人民大学新闻学院副院长喻国明就对此表示：“上世纪 60 年代的精确新闻报道是经过结构化调查、民意测验等调查得到的，它的及时性和数据的全面性是不够的，而大数据本身就有及时性和全面性等特点，所以与传统的精确新闻报道相比，上了一个新台阶。”

二、大数据分析在新闻报道中的应用

1. 有利于加强报道深度

大数据分析可以使新闻报道对事物做出更深入的剖析。以前，如想获知国家的关键经济数据，只能通过联系相关统计部门，经过繁琐的程序后拿到一份未必真实的数据。如今，网络的存在使得世界各国的数据触手可及。2012 年 10 月，有一则科技新闻《联想超越惠普，成为全球第一大个人电脑厂商》发布，读者对此颇有微词：在移动设备风生水起、个人电脑销量下滑的今天，联想成为第一有多大意义？彭博新闻社为了解答这一问题，利用数据对这则报道进行了深度解析，以 2004 年底联想和 IBM 签订合同为起点，对比了当时世界五大个人电脑生产商的股价变化，发现联想股价在 8 年中上涨 130%之多，IBM 的股价也提升了超过 100%，而其他几家电脑厂商却有不同程度的下跌。这有力地说明了 8 年前联想并购 Thinkpad 的决定，至少从资本市场来说，对双方是一个双赢。这样的数字很说明问题，对质疑者也给出了有力的解答。这个例子充分说明了大数据使得新闻报道更具有深度。

同样，中国建设假如想报道公司三五规划以来取得的成绩，如果和以往一样，只是列举一些当年的财务指标、业绩成果，力度肯定是不够的。通过运用大数据思维，我们可以将公司自一五规划以来的全部经营指标、新开发项目数量等数据以每五年为单位分组整合，一方面以图表的形式直观呈现，另一方面再同工程建设领域近些年市场形势作对比，必将更具有说服力。

2. 有利于找准报道角度

使用大数据分析，可以在复杂的非结构化数据背后，发现常规新闻中无法体现的逻辑，使新闻报道有更准确的切入点，进而对新闻热点进行深度解读。例如央视在去年《搜寻两会最热话题：百姓心中的难和易》报道中，就使用了大数据来解读老百姓关心的热点问题，准确地反映到了老百姓心声，引起了群众的共鸣和巨大影响，更是受到了李克强总理的肯定。

3. 有利于报道视角的创新

使用大数据分析，可以为新闻报道提供不一样的视角。在《两会大数据》节目中曾提出过一个问题：中国召开“两会”，哪个国家最关注？这个问题过去完全无法解答。而今年的央视则信手拈来，借助数据给最关心中国“两会”的国家排出了名次。结果有点出人意料：印度尼西亚高居榜首，而美国位列第四。在排行榜上的国家多数位于亚太地区，与中国有着密切的经贸关系和地缘交集。国人并不熟悉的秘鲁位列第七，是因为中国每年从秘鲁进口大量牛油果，使得当地人关注中国“两会”，关心中国的发展趋势。大数据的分析结果虽然出乎意料，但却在情理之中：中国的发展方向越是攸关谁的利益，谁就会越关心中国“两会”。这则报道挖取了全球 89 个国家的网民对中国“两会”浏览、评价的数据，通过数据分析，客观地比对出全球最关注中国“两会”的区域，进而到最关注中国“两会”的前十个国家，使国人对外国如何看中国“两会”的问题的答案从模糊变成明确。而这一切，如果没有巨量数据的挖掘和分析，是根本无法实现的。

4. 有利于缩短报道响应时间

大数据平台和技术使记者们以及相关的数据分析者得以更多地对数据进行快速、及时、准确地选取，以此更好地为受众提供最为及时的新闻资讯报道。比如现在很多编辑、记者都把热点新闻作为报道的重点，他们选择热点新闻的方法很简单，仅仅是通过百度搜索风云榜和搜狗热搜榜进行选材。看似毫无科技含量的举动的背后蕴藏着大数据的影响，原来搜狗和百度都拥有独有的输入法和搜索引擎，通过它们各自的搜索引擎，能够在最短的时间内将网民点击、关注的热词进行编辑整理，并每天连续对热搜榜进行更新，确保信息的新颖程度，这为许多编辑、记者、节目工作人员提供了方便，网络上的热点问题关注、记者对热点问题的深入报道、节目工作人员对于热点问题的分析都在大数据的支持下快速地响应。

5. 有利于对舆论环境进行有效检测

数据新闻这一新闻新模式正是由于其与大数据结合的方式，使新闻记者能够很好地利用大数据进行对舆论环境的有效监测。例如 2014 年 3 月央视关于两会的报道就是充分利用大数据得出的结论。数据显示截至 2014 年 3 月 5 日 15 时，仅在新浪微博上，李克强总理作的本届政府首个《政府工作报告》赢得点赞 224 万余次，报告中"改革"一词共出现 77 次，明确提出了改革是 2014 年政府工作的首要任务。这一系列数据有效地反映了社会舆论环境。

反观企业宣传工作，有效地利用大数据信息平台，对企业舆论环境进行检测，将有助于第一时间了解企业在社会的关注度情况以及所处舆论环境，为下一步宣传重点、口径及目标指明方向。以国机集团为例，通过"百度指数"分析平台，我们可以清楚地看到过去一段时间大家关注的热度及热点、关注人群及地域分布，搜索关键词排名等，从这些大数据背后，我们能发现很多隐藏的重要信息。

图一显示，12 月 31 日当天国机集团热度突然升高，挖掘其原因，发现当天有三篇与国机集团相关的新闻在网上引起高点击率，分别是"旗下多家上市公司陷业绩泥潭国机集团欲'甩包袱'"、"国机集团剥离不良资产甩包袱被称机械最强央企"、"国机集团董事长任洪斌致新年贺词新常态新机遇"。其中，前两篇并非由国机集团直接发布，却吸引了大量网民，这就要引起集团的高度重视，出现相关负面消息就要及时加以澄清。

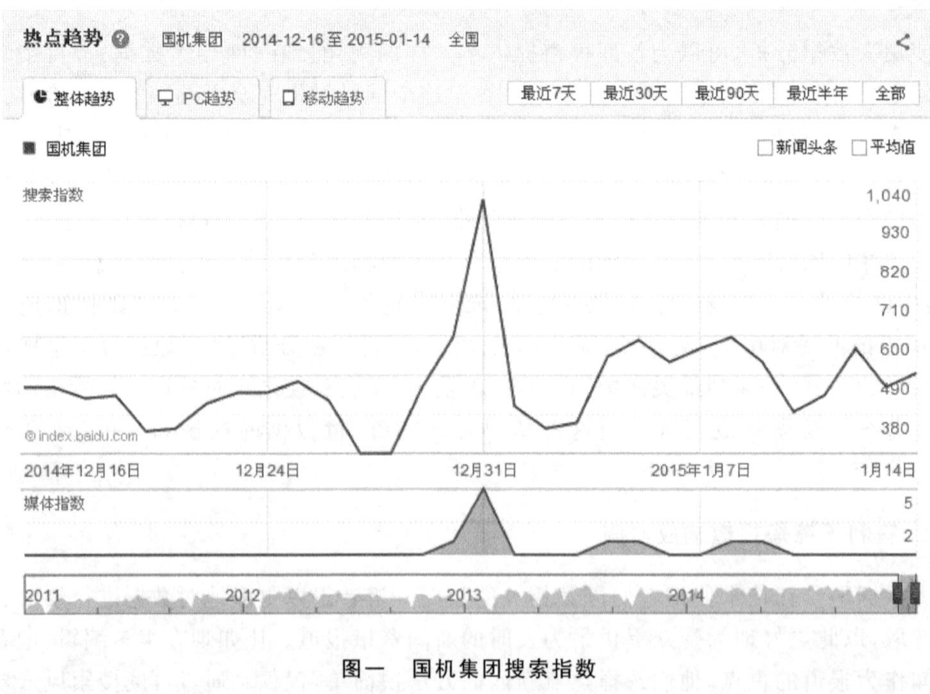

图一　国机集团搜索指数

图二显示了近期网民对国机集团最感兴趣的话题，这有助于了解企业对外形象，及时监测舆情。

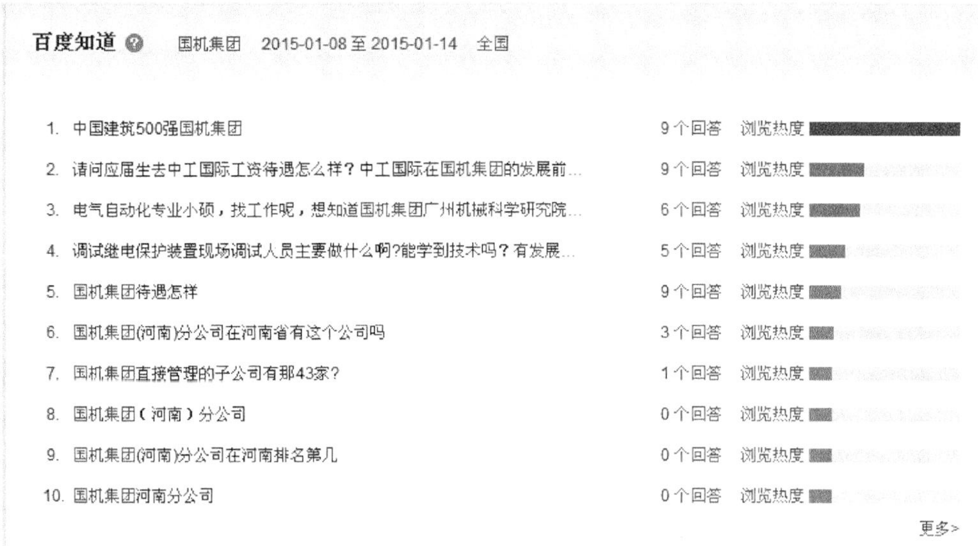

图二 国机集团话题排名

图三显示了关注国机集团人群的地域分布，由于总部及多数所属企业都在京，所以北京排列第一毋庸置疑。而德阳超过上海等其他大城市排名第二，这显示了中国二重在合并后，其员工对国机集团持续高度关注，对企业发展充满期待。

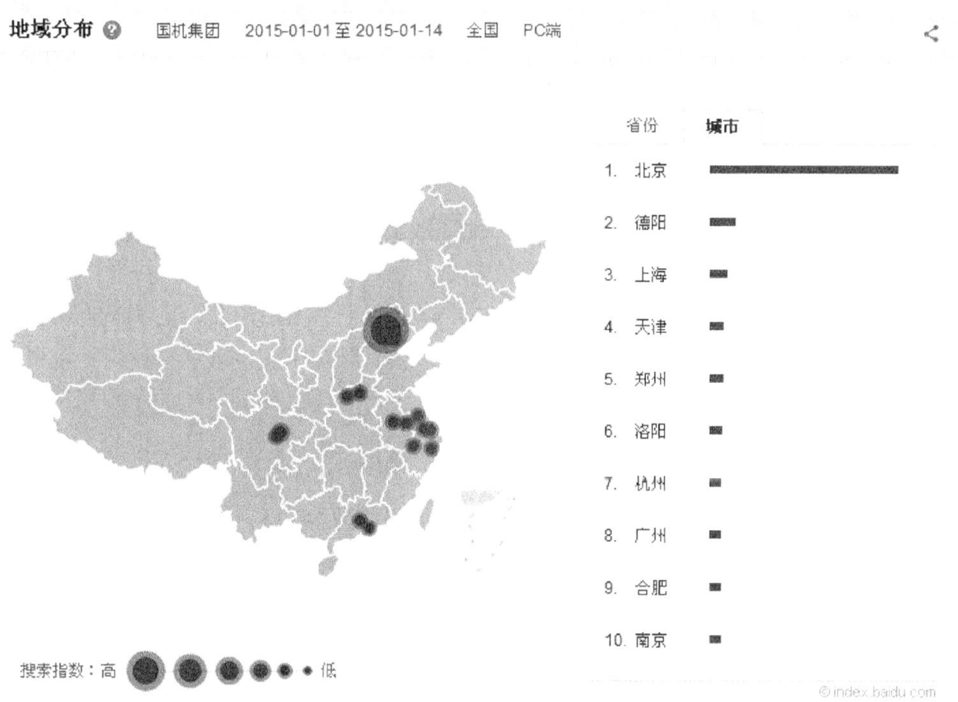

图三 国机集团关注人群地域分布

三、大数据时代下新闻宣传工作者的角色转换

1. 要变被动为主动,积极获取新闻源

传统新闻模式中记者更多地依靠新闻线人,或者寻找可供报道的新闻线索。如今互联网“社会”将数据成为一种寻找新闻线索的工具,这就要我们主动出击,在选题确定后,积极主动寻找与之相关的数据来进一步分析数据背后是否有相关的新闻事实存在。

2. 要提高数据分析能力

数据新闻将传统新闻的敏感性、有说服力的叙事能力与海量的数字信息相结合。这些数据一部分是我们自己的,更多的则来自社会,数据之间相互的关系经常并不明显,其分析能力是新闻从业人员面临的难题。

3. 要成为数据解读者

当下社会发展中数字化是无处不在的,记者必须知道如何利用数据寻找、分析和可视化新闻故事。在表达形式上,可视化技术成为数据新闻呈现特性,这样,新闻报道便以信息图表的形式予以发布。足具形象性、直观性和趣味性,能够化繁为简,对于用户处于视觉传播的这样一个时代,符合大众的阅读习惯;其次,它以呈现问题为主表现报道重点,同时偏少解释问题,这种方式呈现的新闻能够提示要点、分析事件过程、表现各类关系等;最后,在新闻的生产流程上,数据新闻借助大量数据的同时,在更大程度上是对新闻从事人员的数据加工以及处理能力的考验。

当然,大数据在新闻报道中也存在局限性,一是大数据往往掌握在少数权威机构、信息服务商手里,很难获取;二是由于数据量庞大,而且如果没有团队操作,难以充分分析、呈现大数据;三是大数据在某些方面与新闻特质相冲突。此外新闻工作者也不能一味依赖数据分析,而丧失独立思考和判断能力。一个事件、一种现象是否值得报道,不仅要根据数据,更重要的是依据新闻价值理论做出判断。

总之,大数据改变了我们的思维方式、生产方式乃至生活方式。作为企业新闻宣传工作者,尽管由于客观条件我们尚无法将大数据完全应用于现行宣传任务,但其先进的理念及方法,都将对我们当前的工作起到巨大帮助,促使我们从角度、深度、速度方面提升新闻报道水平,从而更好地服务于集团公司的改革发展。

加强改进对外宣传工作助力企业发展

郑博卿

2014年年底，我同中国网记者对宁波EPDM项目进行了采访，期间，我们就工程建设企业外宣工作进行了沟通。通过交流，我意识到相比很多拥有“跑口记者”的同行企业，我们的外宣力量还很薄弱，这也促使我对进一步加强企业外宣工作有了些许思考。

企业对外宣传工作是企业生产管理、经营业绩、文化建设、制度创新等经营管理的各个环节外显性的反映和表现，是将企业取得的成果通过各种宣传手段、方法和形式告知于社会各界，扩大企业影响力，提高知名度，以配合企业经营活动的开展，实现企业的战略目标。随着互联网时代到来，越来越多的媒体工具可以用来进行企业对外宣传。如何在诸多方式中找到适合企业的宣传手段，如何让企业宣传促进企业发展，是每一位企业新闻宣传从业人员需要深思的。

一、新闻信息影响着企业的发展

2014年5月22日，京东正式在美国上市，作为互联网电商行业领军者，京东全力进行自我宣传为上市势头助力。更有圈内人士指出，京东在上市之路各个节点频传爆料，可谓“一路炒作到上市”。当然，企业并不应该通过炒作争风头，但我们应该由此发现，新闻媒体的角色早已转变，宣传不再简单仅是企业对外宣传的口径，更是通过增加企业“曝光率”从而带动企业发展的门户。

二、外宣工作要突出重点

企业外宣工作不能泛泛而谈，要突出重点围绕核心。就中国建设而言，一是要突出企业经营工作，紧抓“三五规划”发展战略这一主题，展示企业进步和未来蓝图，振奋员工士气，这也是外宣工作的重中之重。二是要突出市场竞争能力，宣传企业核心竞争力和综合竞争力，多方面展示科研成果和特级资质，扩大市场影响力。三是突出经营理念，“诚信为本服务制胜”是中国建设特有的经营理念，它是企业在经营管理中探索和积累的宝贵财富，要加以突出宣传。四是要突出企业文化和社会责任，挖掘中国建设辉煌的发展历史，整理中国建设人特有的奉献精神和人文优势，同时展现央企积极履行社会责任热心参与公益，树立良好形象。

三、企业外宣要建好宣传队伍，加强制度保障

国企对外宣传工作要重视外宣队伍的建设，提升整体业务素质。高素质的企业外宣人员既要有新闻传播方面的知识与技能，也要具备较高的政治觉悟和水平。为此，要建立和完善新闻宣传培训机制，通过系统培训提高宣传人员业务水平，使他们及时了解新情况，获取新知识，学习新技能，帮助其向专业人才成长。此外，还要完善与新闻媒体的合作机制，加强相互沟通、支持与合作。

四、企业外宣工作在全媒体时代开启新途径

科技的发展引发了信息传播质的飞跃，现代媒体正改变着人们了解世界的途径，改变着人

们的生产、生活和学习方式。越来越多的传统纸媒正在被移动互联网所取代，越来越多的人习惯利用碎片化时间阅读新闻，了解时事，这就意味着企业宣传途径也应逐渐从 PC 端走向移动端。

中国建设紧随新媒体时代步伐，已经开通了微博，建立了微信企业公众号，并定期推送企业新闻。但是就目前来看，还仅仅只是文字的堆砌或公司重要通知新闻的发布，没有建立起读者“黏性”。如何让读者喜欢关注，并且养成经常关注的习惯，从而起到潜移默化的宣传作用尤为重要。

对此，我认为如果能在企业常规宣传之外增加其他板块栏目，如工程建设行业资讯、当下热门话题解析、高效工作技巧、甚至是健康养生类资讯等，使企业员工更加感兴趣，从而多转载到朋友圈、朋友微博中并引起互动，达到帮助企业宣传、扩大知名度的效果。

五、企业外宣要注重舆论环境的建设

现代媒体可以制造出即时的公众情绪、即刻的公众舆论和公众压力，这就要求国有企业的决策者们在涉及改革发展稳定大局以及企业自身发展与员工根本利益等问题的决策上，顺势而为，主动创新。比如，要大大缩短决策时间，要适应现代媒体带来的接受方式的变化和如临其境的冲击感应力，在企业对外宣传的理念、内容、手段和实效等方面进行深入分析、有效应对和转型提升。

国企新闻宣传者要认识到当前的舆论环境是前所未有的：一是现在企业的理念、方针、产品、技术等处于完全透明的市场竞争与监督下，企业形象、企业信誉、社会责任都会即时展现在公众视野中。这就需要国企主动出击，弘扬积极，通过建设性的对外宣传，引导不同利益主体的价值认同，建起沟通的桥梁。二是在复杂社会经济政治背景下，国企形象时常受到不公正的舆论干扰甚至恶意诋毁。国企必须通过对外宣传表明立场、坚持原则，维护国家利益，保障经济社会良好运行。三是在新环境、新挑战面前，国企还没有完全适应，还存在管理不畅、制度不完善等问题，亟须运用好现代媒体营造良好舆论环境。

第 5 章
人力资源管理

关于职业倦怠的一点思考

马天晴

“职业倦怠症”又称“职业枯竭症”，它是一种由工作引发的心理枯竭现象，是上班族在工作的重压之下所体验到的身心俱疲、能量被耗尽的感觉，这和肉体的疲倦劳累是不一样的，而是缘自心理的疲乏。在竞争日益激烈，工作压力不断增加的社会环境中，“职业倦怠”是很多职场人士都会遇到的普遍现象。一个人长期从事某种职业，在日复一日重复机械的作业中，渐渐会产生一种疲惫、困乏，甚至厌倦的心理，在工作中难以提起兴致，打不起精神，只是依仗着一种惯性来工作。因此，加拿大著名心理大师克丽丝汀·马斯勒将职业倦怠症患者称之为“企业睡人”。据调查，人们产生职业倦怠的时间越来越短，有的人甚至工作半年到八个月就开始厌倦工作。

职业倦怠最常表现出来的症状有三种

1. 对工作丧失热情，情绪烦躁、易怒，对前途感到无望，对周围的人、事物漠不关心。

2. 工作态度消极，对服务或接触的对象越发没耐心、不柔和，如教师厌倦教书，无故体罚学生，或医护人员对工作厌倦而对病人态度恶劣等等。

3. 对自己工作的意义和价值评价下降，常常迟到早退，甚至开始打算跳槽甚至转行。

说到底，职业倦怠伤害的是员工状态，以及企业的竞争力。尤其是企业中的骨干力量如果产生职业倦怠，其状态影响的不仅仅是自己，还有周围的小环境。那么，如何克服这种职业上的倦怠感重新找回对工作的热情呢？首先，分析一下职业倦怠的成因。

职业倦怠的成因分析

找出产生职业倦怠的原因，是减轻或解决倦怠的第一步。导致职业倦怠的因素是多方面的，既有客观的，也有主观的。这些因素大体可以分为职场因素和个体自身因素两大类。职场因素是指产生职业倦怠的客观因素，包括工作任务过重、难度较大、晋升无望、工作前景不好、人际关系紧张、工作环境不利等。个体自身因素指员工因年龄、性别、动机、能力、意志等方面存在个体差异对上述职场因素的感觉和评价有所不同，如成就动机强的员工喜欢承担有挑战性的工作；意志力强的员工更看重难度大、强度大的工作；与男性员工相比，女性员工更容易因工作和家庭的冲突产生职业倦怠。

但职业倦怠终究因工作而起，直接影响到工作状态，然后又反作用于工作，导致工作状态恶化，职业倦怠进一步加深。它是一种恶性循环的对工作具有极强破坏力的因素。因此，如何有效地消除职业倦怠，对于稳定员工队伍、提高工作绩效有着重要的意义。

Maslach 和 Leiter 于 1997 年提出了职业倦怠的工作匹配理论。他们认为，员工与工作在以下六方面越不匹配，就越容易出现职业倦怠，包括：

1. 工作负荷：如工作过量；

2. 控制：控制中的不匹配与职业倦怠中的无力感有关，通常表明个体对工作中所需的资源没有足够的控制，或者指个体对使用他们认为最有效工作方式上没有足够的权威；

3. 报酬:可以指经济报酬,更多的指生活报酬;

4. 社交:比如员工和周围的同事没有积极的联系(有可能由于工作把个体隔离或者缺乏社会联系,但同时工作中与他人的冲突影响严重);

5. 公平:由工作量或报酬的不公平所引起,评价和升迁的不公平则容易带来情感衰竭;

6. 价值观冲突:员工和周围的同事或上司价值观不一致。

工作不匹配理论提倡对职业倦怠的干预应该放在对工作不匹配的转变上。这就不仅需要对员工个体进行训练,更强调在管理上的训练。管理上的训练,是指改变上述六个工作不匹配中的一个或多个,这就非常需要组织的配合。只有员工个体和组织干预双管齐下,才可能收到满意的效果。该理论对目前组织干预具有一定的指导作用。

职业倦怠的对策

虽然对职业倦怠的有效干预,目前还没有明确的答案,但该领域的专家们还是根据已有的研究和自己的经验,给出了一些建议,希望能够帮助正处于职业倦怠困境中的个体和组织。

(一) 企业的对策

对于职场因素造成的倦怠,大多可以通过管理上的措施加以缓解或解决,企业可以采取的方法主要有:

1. 改善工作条件,重新分配职责或配置人员。对工作进行重新设计和安排,将负担过重的工作适当减轻,由多人分担;将过于枯燥的工作进行扩大化和丰富化,即增加工作内容、赋予更多责任,使员工感受到工作的趣味性和意义性;改善工作的物理条件,如有些企业为此设置了放松室、茶室来缓解倦怠;实行更为灵活的工作时间和休假制度。同时,组织也应根据员工的兴趣、能力、偏好等因素将员工与岗位相匹配,让最适合的人做最适合的工作。

2. 加深情感文化。波士顿咨询公司做过一项调查——2015 年全球人力资源遇到的挑战,其中有一个非常重要且醒目的内容,即工作与生活的平衡。随着时代的变迁,尤其是 85 后、90 后步入职场后,这个问题将更加突出。这个时候就需要人力资源从业者在公司的整体管理风格、企业文化、福利体系、激励体系等多方面融入对家庭及朋友关注的成分,创造舒适型的企业文化,提升员工对企业的依存感。让员工在企业中除工作以外,有自己的朋友、可信赖的上级、可交心的同事,扩大企业的舒适区,也可以减少职业倦怠现象。

3. 进行及时有效的沟通。许多员工在工作中产生懈怠的现象,往往是由于沟通不畅而做出的消极反应。有效的沟通交流,是消除职业懈怠的好方法。领导不妨"蹲"下身子,走近员工,听取他们的真实想法。在诚挚的沟通中,完善自己的管理理念,化解一些误会或偏见。

4. 建立人性化的管理。我们必须充分地认识到,管理要以人为主体,员工是企业的主人翁,没有每一位员工的身体力行,任何先进的管理理念都不可能得到很好的实行。如果管理一味地强调量化考核,以严格的制度、冷冰冰的数字去约束、监督,这种管理必然会导致员工工作主动性的丧失殆尽,对工作自然没有任何积极性,更不会有创造性可言,而是疲于应付。因此,制度必须要有人性化的内涵,以充分尊重每一位员工为前提,而不应该是束缚的桎梏,更不应该是体现权力的"尚方宝剑"。建立人性化的管理制度,最大限度地调动员工的积极性,增强组织的凝聚力。

(二)员工自身的对策

个体自身因素是员工对工作环境和工作本身状况的主观感受和评价,所以对于自身因素产生的职业倦怠重在自我调节。当然这种自我调节同样离不开企业的配合与帮助。

1. 清楚地认识自己的能力和机会,避免因为不恰当的期望和努力导致的失败而产生职业倦怠。承认一个人并不能控制和改变工作中的所有事情,有些工作能够完全胜任,但也有些是自己做不好的;积极面对问题,采取更积极的应对手段,而不是逃避;而且,职场因素有些是不可避免或难以在短时间内排除的等,所以清楚地认识自己,保持积极的心态是自我调适应对职业倦怠的关键。

2. 挖掘工作中有意义的方面,培养自己对工作的兴趣。如果能在看似重复、枯燥的工作中挖掘"创新"的可能性,通常会让人觉得斗志昂扬、精力充沛,比如在大家都周而复始地走同样的流程时,你就可以想想有没有可能通过简化某个环节既达到同样的效果又能加快效率,这个想法如果一旦被采用就会有美妙的成就感。做自己喜欢的工作,就会愿意投入更多的时间和精力而不会感到辛苦和倦怠。而一个人若是积极主动充满激情地去工作,也会超水平发挥,这是一个良性循环。

3. 进行有效的时间管理。有时,人们觉得有很多事情做不完往往是由于没有安排好时间,缺乏计划性和规划性。有效的时间管理方法包括为所要做的事情设定轻重缓急,在那些你"必须去做的事情"中,简单安排一下主次关系,着手开始做那些排在前面的事;对那些重要的事情分配较多的时间;工作的时候集中精力;主动工作,改变拖延的习惯,等等。

4. 正视职业倦怠。当意识到自己出现职业倦怠时,不要有太大的心里压力,而是要正确认识,采取有效的应付策略。首先,要对职业倦怠有明确的认识和接受的态度。我们应认识到自己在压力之下所做出的反应并不是个人能力差的表现,而是人人都可能会有的正常心理现象。不要过于责备自己,有时适度的压力反而是进步的原动力,正是有了压力才会使工作充满了刺激与干劲,压力是毒药还是良药都在我们自己的一念之差,不妨将自己的思想做一个大转变,化消极回避为积极运用,相信压力反而是胜利成功的特效药。

5. 及时倾诉。我们在受到压力威胁而产生倦怠情绪时,不妨与家人或亲友同事一起讨论目前压力的情境,把自己心理的症结点说出来,不要闷在心中,关心你的亲友会给你一个恳切的建议,在他们的帮助下确立更现实的目标,以及对压力的情境进行重新审视。需要某些实际的帮助时,不妨求助于领导和同事。另外,一些消极情感如愤怒、恐惧、挫折等也应及时倾吐,以得到某种发泄,这对舒缓压力和紧张的情绪是非常必要的。

另外,更积极地表达自己的意见,尽最大努力地去改变环境,以及合理的饮食和适度的体育锻炼,都有助于逃离职业倦怠的困扰。

说说员工福利的那些事

马天晴

前几天，在网上看到一份中国国际技术智力合作公司（CIIC）（以下简称：中智公司）发布的《年度福利研究报告》，因为调研的结果对我有一点触动，所以有了仔细研读报告并对公司的福利体系建设有点想法的冲动。

一、调研结果综述

本次调研是中智公司2014年第三季度对中小企业进行的一次聘用指数调查。本次福利调研问卷涉及文化娱乐类、工作便利及生活服务类、保险及住房相关类、职业发展类和人性化设施5类，共计81种福利科目，围绕着公司现有福利、员工对福利的喜好，以及福利满意度与效果开展的调查，调研基本结论是：

（一）补充基础福利被企业广泛运用

数据统计表明，在本次调研所关注的81种福利中，目前企业为员工发放的福利科目中，采用度排名前20名的分别是"公司付费体检及相关服务"、"补充医疗保险"、"通信补助或免费配备通信设备"、"员工内外部培训"、"出差补贴"等，如图1所示。

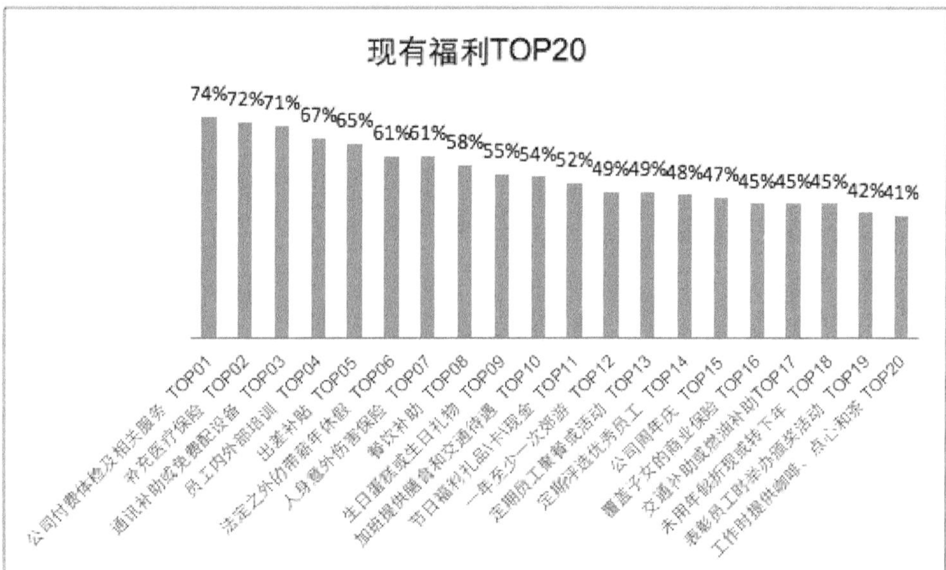

图1

但是，采用度高的福利和受员工喜欢的福利是两个不同的概念，在对受员工喜欢的福利调查得出下面的结论。

（二）弹性福利成为员工最爱

根据调研结果，入选最喜欢福利 TOP20 的前十名福利，分别是“弹性工作时间”、“每周一定时间在家上班”、“奖励旅游提供家属随行计划”、“为绩优员工提供海外奖励旅游计划”、“提供在职或海外培训”、“为员工提供旅游费用”、“法定之外的带薪年休假”、“住房补贴或购房贷款”、“员工晋升计划”、“弹性福利计划”等，如图 2 所示。

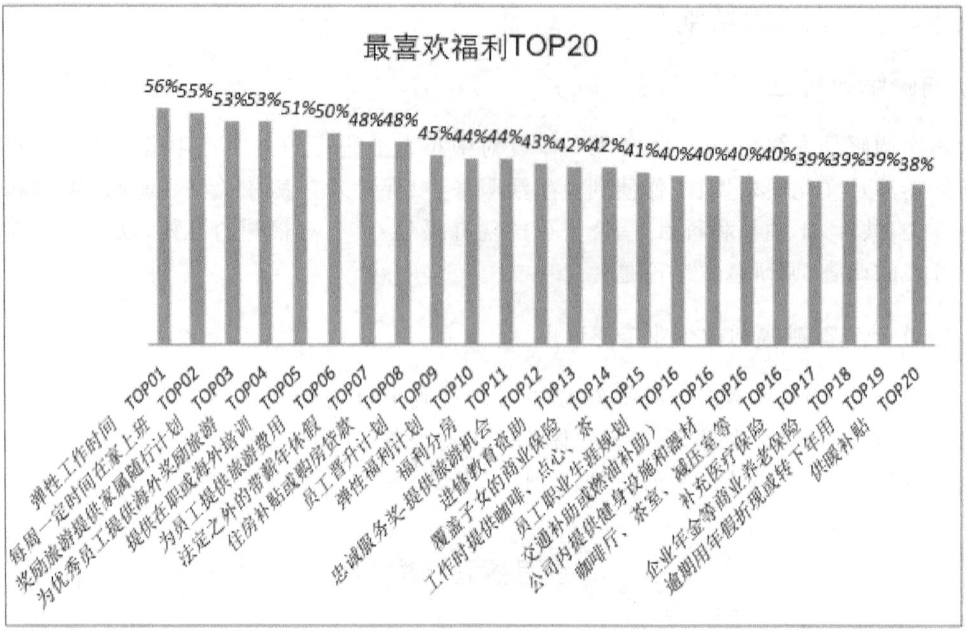

图 2

二、对于调研结果的解读

1. 补充基础福利的重要性不可取代。员工对于公司广泛采用的单位付费体检、补充医疗保险、通讯补贴、意外伤害险等补充基础福利的喜爱性稍偏后，但不意味着不喜欢，而是员工已经非常习惯性地享受它了，对于员工来说这些已经成了必不可少的保障，其重要性不言而喻。

2. 员工很关注个人的职业发展。不难发现，在现有福利 TOP20 中，职业发展只占了 1 种；而在最受欢迎 TOP20 中，职业发展类则入选了 4 种，分别为“提供在职或海外培训”、“员工晋升计划”、“进修教育资助”和“提供职业发展规划”。

3. 最受欢迎 TOP20 中排名前两位的 “弹性工作时间”和“每周一定时间在家上班”都是不需要公司支付任何成本的。由此看来，成功的员工福利方案不在于支出更多的成本，而在于企业对待员工的态度，在于员工的满意度，注重员工需求则更能体现出企业以人为本的人性化关怀。

4. 对福利受欢迎程度前 20 名调研结果中还发现，“生日蛋糕或生日礼物”、“定期评选优秀员工”和“表彰员工时举办颁奖活动”是排名最靠后的，入选率分别为 21%、19%和 18%。这说明现在的员工对待福利的态度更加现实和理性。

三、做好福利工作的一点见解

员工福利是员工报酬的一个重要组成部分，好的员工福利能够为员工创造一个和谐的工作环境，从而达到留住优秀员工、吸引外部优秀人才的作用。因此，企业不能只重视薪金对员工的激励作用而忽视福利的吸引力。现就公司提高员工福利保障提几点建议：

1. 补充基础福利科目必不可少。这些福利应该具有普惠性，不与员工对企业的贡献或工作绩效并不进行直接挂钩，只是应进一步规范其制度，日常工作中做到“有法可依”，而不是依据惯例和临时批示来执行。

2. 尝试“软福利”。“软福利”是指企业自己制定的个性化非现金福利，例如弹性工作时间。“软福利”的最大特点，在于以协调员工的生活、身心与工作关系的项目来取代那种传统的现金或实物福利。此类“软福利”虽不见钱不见物，有的并不起眼，但这种“非钱非物”的员工福利，却有其特殊的魅力。

3. 采取“特色福利，差别对待”。这些福利主要作为对核心人才和优秀员工的一种奖励来发放，要求员工通过努力工作来赚取，以充分发挥福利的激励效率。当然，福利的“差别对待”在实践中有一定的困难，很容易导致普通员工的不满，从而破坏组织的团结。因此实施这样的福利计划是有前提条件的，就是要确保公司的普惠制项目较多并达到一定高的水平，在实施前一定要权衡利弊，谨慎行动。

4. 从满足员工现实需求出发。如果把福利体系建设当做一项工程来做的话，公司内部福利需求调研必不可少，福利科目设置做到投其所好，有的放矢，其效果会更加显著。

公司福利是公司对员工的一种态度，留住人才的一种辅助方式。因员工个体不同，在不同阶段的需求也不同，企业福利不可能满足每一位员工。随着公司不断发展，以及不同员工对公司的贡献，自助式福利设置是发展趋势，对于鼓励和调动员工的工作积极性会起到重要作用。

劳动关系——社会和谐的风向标

葛　力

摘　要：

从一定意义说，劳动关系是现代社会是否和谐的晴雨表、风向标。劳动关系稳定是社会和谐的基础与前提，而社会和谐又是劳动关系稳定的体现与保证。和谐的社会是一个在人与自然和谐共处基础上的人与人和谐共处的社会；是一个能将各种不同的利益诉求纳入法律和制度的框架和范围内并实现各种利益大体均衡的社会；是一个能自我化解和消除各种利益冲突，促进社会公平、公正和正义的社会。

关键词：劳动关系　社会和谐

劳动关系是一切社会关系的基础。劳动关系的和谐是社会和谐的前提和基础；社会和谐是劳动关系和谐的延伸和结果。千百年来，人类社会更替，政治兴衰都可以从人类从事物质资料生产的劳动过程中找到答案，马克思的劳动人本理论奠定了回答这些问题的理论基础。

人的劳动生存利益的内在需要，产生了人类最初的社会政治生活。在氏族社会时期，一切争端和纠纷的解决都是全体当事人来决定。人类的这种自然和谐的劳动关系，决定了原始社会的自然和谐。随着生产力的发展，财产私有观念也逐渐发展起来。第三次社会分工发生后，在农业和手工业基础上出现的商业和原始城市，进一步促进了私有制的发展和阶级的分化与斗争，原始自然的民主政治被贵族政治所代替。为维护现实的生产方式的需要，出现了以暴力为后盾的实施阶级统治和社会管理的工具——国家，把被剥削被压迫的劳动阶级控制在当时的生产方式所决定的压迫条件下。同时，劳动阶级反抗剥削与压迫的斗争也就在人类历史发展的进程中此起彼伏，各种幻想人类解放的“大同世界”以及乌托邦之类的理想和故事，构成了劳动者的安魂曲。因此，从人类历史发展的进程来看，不同历史发展阶段的劳动关系性质，产生了不同性质的社会制度。在平等、自然、和谐型的劳动关系基础上，构建的是和谐社会；在对抗、冲突、压迫型的劳动关系基础上，产生的是冲突社会。在历史唯物主义看来，生产关系的本质就是劳动关系。

一个国家实现从人均 GDP1000 美元到 3000 美元的跨越，是经济社会发展的一个关键期。一方面，经济较快增长，结构调整加快，消费需求差距拉开，发展机会很多；另一方面，社会利益关系复杂化，社会结构分化步伐加快，社会矛盾和冲突急剧增长，社会风险也相应增加。处理得好，社会就会步入良性发展轨道，进入一个新的制高点上，如韩国在 1977 年人均 GDP 超过 1000 美元，进入全速发展时期，1995 年超过 1 万美元。处理不好就会导致社会矛盾长期动荡不安，如拉美一些国家。巴西 1975 年人均 GDP 达到 1000 美元的，2003 年只有约 2800 美元。进入 20 世纪 80 年代，先后有 16 个国家的人均 GDP 曾历史性地跃上 1000 美元门槛，但目前仍能成功地保持在 1000 美元以上的只有 7 个。导致两种结果的原因，固然可以从不同角度归纳，但无人能够否认，没有稳定协调的劳动关系，是导致一些国家经济停滞、社会动荡的重要原因之一。对于中国来说，这无疑是殷鉴不远、不可不察的前车之辙。

当前，我国劳动关系总体上是稳定的。从大的层面讲，改革开放 30 多年来取得的伟大成就，就是最好的明证。从具体层面讲，也有大量实践证明。多个省(区、市)颁布了劳动合同条例或政府规章；建立职工代表大会制度的企事业单位有百万家；参加基本养老保险、失业保险和基本医疗保险的人数也大幅增加；30 个省(区、市)建立劳动关系三方协调机制。可以说，具有中国特色的劳动法律保障体系已经形成，职工权益的保障有了较为完备的法律依据，劳动关系调整机制在实践中不断发展。

另一方面，由于改革力度加大、层次加深，由于社会转型加快，由于法制还不够完备，由于社会保障体系还不够健全等等诸多原因，在一些地方，劳动关系不稳定的因素客观存在着，不容我们忽视。这次检查中披露出的一些问题进一步印证了这一点。比如，全国非公有制企业职工入会率为 32.7%，尽管比 2000 年提高 11.5 个百分点，但总体上仍然偏低，有 2/3 的职工没有加入工会组织，近 1 亿的进城务工人员中，入会率更低，而且经常面临用人单位不签订劳动合同、不缴纳社会保险、拖欠工资、劳动生产条件差等困难和问题，最需要工会组织来维护。据有关方面 2012 年对职工队伍状况的调查，有 7.5%的职工被单位拖欠工资，有 11.7%的职工下岗、待岗、放长假、协议解除劳动关系或买断工龄、提前退休、离休退休、失业；有 4.2%的职工家庭人均收入低于当地城镇居民最低生活保障标准，10.6%的职工不知道是否低于当地城镇居民最低生活保障标准；近 5 年有 3.7%的职工与单位发生过劳动争议，其中只有 13.2%的得到全部解决，27.0%的得到部分解决，59.7%的没有得到解决；有 7.7%的职工所在单位发生过集体劳动争议，其中有 38.7%的没有得到解决。全国各级劳动仲裁委员会受理仲裁劳动争议案件数量呈大幅度上升趋势。随着计划经济体制向市场经济体制转变，我国的社会经济成分、组织形式、就业方式、利益关系和分配方式日趋多样化，劳动关系也发生了急剧变化，与过去相比，表现出几个“非”的特点：

一是非均衡化。强资本弱劳力的格局在相当长的时期内存在，特别是就业供过于求的压力长期存在，总量上制约着职工权益与要求的伸张。

二是非公有化。非公有制以及混合所有制企业劳动关系将占主体，更多的职工在非公有制企业劳动工作，如何处理好劳动者与建设者的关系、实现双赢，成为新的课题。

三是非正规化。过去职工更多的是在单位从业，而现在随着公有制企业的改制、非公有制企业的迅速发展，单位人向社会人、固定人向流动人、正规就业向非正规就业转变力度的加大，职工流动速度加快、领域加宽、层次加深，社区化、小型化、非正规就业、灵活就业、自我就业比重日益增大，就业形式多样化，带来劳动关系的多样化。

四是非经济化。过去强调职工爱厂如家，建立职工与企业的利益共同体，企业不仅是职工谋生的场所，更是成长的摇篮、情感的归宿，有很多西方企业所没有的非经济成分。这是我们的优势。同时，如果处理不好，特别是一些地方和企业党政不分、政企不分的问题没有解决好，也会使劳动关系带上政治化的色彩，劳动关系问题有可能引发政治问题。

五是非国内化。随着经济全球化和对外开放的扩大，劳动关系问题也会被自觉不自觉地带上国际化色彩。这里既有经济因素、非贸易壁垒，如社会条款、社会责任标准等，也有政治因素，西方敌对势力的渗透，加紧西化、分化职工队伍和工会组织，使我国的劳动关系不能独善其身，也使劳动关系不仅仅是单纯的劳动关系，而是更加复杂、多元。

从一定意义说，劳动关系是现代社会是否和谐的晴雨表、风向标。劳动关系稳定是社会和谐的基础与前提，而社会和谐又是劳动关系稳定的体现与保证。劳动关系动荡之日，就是社会不和谐之时。苏联、东欧剧变无不是从劳动关系发端的，教训极为深刻。提高构建和谐社会的能力，首先应表现为协调稳定劳动关系的能力，这既是对我们党执政能力的重大考验，也是我国改革进入攻坚阶段、发展处于关键时期面临的重大课题。

第一，从认识上高度重视劳动关系问题。树立科学发展观，提高构建社会主义和谐社会能力作为党执政能力的重要组成部分，并把和谐社会建设放到同经济建设、政治建设、文化建设并列的突出位置，充分说明党在发展理念上，对于人的问题、对于劳动者的问题、对于劳动关系与和谐社会问题的高度重视与理论自觉。一般来讲，体制改革、结构调整与社会转型时期，往往是利益关系调整导致劳动关系矛盾与社会问题的多发期。只有高度重视并妥善处理好劳动关系问题，整合社会各方面的力量，才能为社会和谐奠定坚实的基础。

第二，从理论上认真研究“社会可承受程度”问题。多年来，我们反复提出要把握改革的力度、发展的速度与社会可承受程度的统一，但对于如何做到这三者的统一，特别是如何把握“社会可承受程度”，则往往语焉不详。构建和谐社会，一个重要方面应该包括社会各方面成员的精神与物质的承受程度。既然发展是以人为本的发展，就应该在提出重大的政策措施之前，认真分析社会成员特别是广大职工的承受程度，实际上也就是对政策措施的支持程度。为此必须建立一套社会可承受程度的指标体系、分析框架、监测办法，而不是使之流为一句空话。

第三，从机制体制上协调劳动关系与社会利益关系。这里包括，民意表达机制，畅通反映社情民意的信息渠道，使群众的意愿要求能够及时准确地反映到决策机关和执行机关；民事公开机制，落实群众的知情权，凡是公共权力事务及涉及群众切身利益的事务，其决策、执行都必须全过程地、及时地公开，实行“阳光作业”；民主参与机制，落实群众的参与权，拓宽和疏通参与渠道，确保广大群众能够有效地参与国家、社会和企事业单位事务管理的机制，行使国家主人的权利；民情处理机制，对于群众反映和表达的意见，要有相应的部门依据相应的职责和程序处理，防止出现无人负责、无章处理、无法追究的现象；民权保障制度，落实群众的监督权，赋予群众监督相应的制约权力特别是否决权，做到以权力制约权力。目前在宏观层次建立的劳动关系三方协调机制、政府与群众组织联席会议制度，在微观层次建立的平等协商与集体合同制度、职工代表大会制度等，应当加以坚持，并不断创新发展协调劳动关系与社会利益关系的新的载体与手段。

第四，从力量上注意发挥工会等群众组织的作用。社会团体、群众组织的发育与发展程度，是一个社会进化与成熟程度的重要体现。随着党的领导方式与执政方式的改进，政府职能的转变，小政府大社会格局的逐步形成，迫切需要工会等群众组织进一步发挥在联系党与群众方面的桥梁纽带作用、协调劳动关系和社会利益关系方面的表达与维护作用等，为促进改革发展稳定的大局贡献自己的智慧与力量。

21 世纪，党提出构建社会主义和谐社会的目标，意味着党的执政理念和社会发展取向的重大转变，其意义是深远的。劳动关系的和谐对构建社会主义和谐社会具有决定性意义。

事业部人员结构分析与管理

郑　云

2014 年 11 月 20 日

交通工程公司自 2009 年 11 月 4 日宣布成立以来，历经磨炼现已基本成形，但距集团的目标定位相差甚远。为此，就目前的人员结构做一分析，并探讨其远景规划及管理。

一、现　状

目前，交通工程公司的人员结构由四部分组成，即集团本部在编人员、通过集团借调的子公司人员、通过集团返聘的退休人员以及项目部面向社会招聘的临时性工作人员。集团在编人员是我公司市场开发、经营和生产管理的核心，但力量薄弱。特别是行业能手型人才可以用"匮乏"二字来形容。详见员工结构一览表 1 和表 2 所列。

交通公司目前本部在岗员工结构一览表 1

单位：人

员工属性		年龄结构		学历		专业类别		专业技术职称		职业资格		岗位配置		性别结构	
集团本部	38	20～30 岁	21	博士	1	交通工程类	7	高级	1	一级建造师	6	公司领导	5	男生	34
集团借子公司	3	31～40 岁	8	硕士	5	地质水文工程类	2	高级	11	造价工程师	1	项目管理	18	女生	8
集团返聘	1	41～50 岁	7	本科	29	结构工程类	1	中级	11	A/B/C 安全员	9	技术支持项目监管	7		
		51～60 岁	5	专科	5	土木/材料工程类	8	初级	14	施工员	3	市场商务	9		
		61 岁以上	1	大专以下	2	机械制造类	2	初级以下	5	测量/试验/检测	5	综合管理	3		
						电气工程	3								
						管理类	10								
						语言类	4								
						其他类	5								

交通公司目前在岗外聘员工结构一览表2

单位：人

员工属性		年龄结构		学历结构		专业类别		职业资格		性别结构	
市场商务	1	20～30岁	6	硕士以上	1	土木工程类	3	公路检测师	1	男	14
专家型(主管以上岗位)	5	31～40岁	8	本科	6	操作、维修类	7	厨师	2	女	1
专业型(施工队长或专业操作)	9	41～50岁	0	大专	1	管理类	1				
		51～60岁	1	中专及以下	7	语言类	4				

从上述两个表可见，我们的人员组成结构与集团业务板块战略规划不太匹配，专业技术人才、项目管控人才，特别是市场研发人才的数量、层次有待进一步提高。

二、现阶段的主要任务

1. 培养及引进造价工程师/造价员

市场即战场，经营是龙头。我们的9名专职市场研发(即商务)人员正当年青(30～42岁)，大有可为；但其不具专业优势，应充实交通类造价工程师/造价员和专业技术能手把脉商务谈判，进行项目成本控制。

2. 培养及引进项目经理

项目执行是主战场，管控水平影响利润空间。我们的18名项目管理人员中能担当项目经理、项目执行经理的不足5人。培养、引进大项目经理人才迫在眉睫。

为此，如何培养、引进人才是我们目前面临的重要课题。引进，受集团宏观调控；培养，靠我们自主创新。我们要用现有的工程项目练兵，大胆起用专业技术人员，在项目实施过程中培养造就我们自己的项目经理。

3. 鼓励工程技术人员取得执业资格证书

无论是工程项目的投标，还是中标后的实施，都需要满足业主及建设行政主管部门对参与项目的各类管理人员提出的资格要求，目前我们具有相应资格的人员少之又少。为此，我们要为在岗员工考取职业资格创造条件，在响应集团相应激励政策的前提下，尽量满足员工的培训、考试时间，并报销其相关的培训、考试和交通费用。

三、通过项目培养锻炼德才兼备的复合型管理团队

蒙古NP1项目的执行锻炼了队伍，磨炼了团队成员的意志。一帮缺乏经验，来源复杂，背景各异，还有语言障碍的年轻人，先后在张国栋总和韩涛总的引领下，克服了恶劣环境的影响和各种人为的干扰，有效地化解了与监理，与分包商，与基层操作人员的分歧，付出了艰苦的努力，在异国他乡树立了中国建设之丰碑，受到蒙古国交通部和蒙古国公路协会的高度认可，并荣获由蒙古国会议员交通部长和蒙古国公路协会会长共同颁发的“显著贡献”奖。

科特迪瓦公路项目也一样，以向军建为首的10名年轻人，通过与EC无数回合的交融，百炼成钢。每一个阶段性成果预示着工程项目胜利在望。

项目是培养、锻炼队伍最好的载体，过硬的团队是靠共同的追求和一次次的实战来塑造和磨炼的。年青的专业技术人员只有通过施工现场磨炼才可成器，而且角色的变化将铸就其成为复合型的人才。

四、坚持并深化管理团队加外聘专家的项目管控模式

按照战略规划，我们必须培养一批属于我们本企业的专业管理团队；但目前的情况是公司现有的技术人员还比较年青，专业结构还不完善。在建项目中外聘专业技术人员发挥着很大的作用，这些外聘人员主要来自于设备厂家和交通工程公司。如蒙古NP1项目，沥拌站的安装及投产依靠设备厂家派来的两名技术人员进行安装及生产的全程指导，工地实验室聘请了中铁二十五局的试验工程师朱斌等参与试验检测工作，他们在帮助我们处理一些具体的技术细节问题上发挥了不小的保障作用。未来项目班子的搭建、专业主管以上工程技术人员的配置仍是问题，这种外聘模式还必须坚持，而且要持续相当长的过渡过程。目前我们需要做的还是进一步收集掌握此类人才资源的信息，在项目组织中将其视为不可或缺的一部分，并择优录用。

在有限的资源中，项目经理需要审视每个供选择的人员，不但要考虑每个人员的技术能力，还需要考虑这个人的工作习惯、协作精神、责任心，甚至是个人脾性。因为项目是需要集体参与、共同协作完成的，任何项目成员的知识技能、习惯和个性都会影响项目的完成情况，何况是专家。慎重选择团队成员，组建项目团队，能够减小项目实施过程中人员管理的偏差。我们希望项目经理在项目实施过程中，充分发挥外聘专家及专业技术人员的引领作用，将专业培训和交流常态化，达到事倍功半的效果。

第6章
实例分析

某教学楼设计

中国机械工业建设集团交通公司
龚宣超

2014年10月5日

目　录

摘 要:

本工程设计为框架结构的大学教学楼,一共 4 层,总占地面积 1414.00 m^2,总建筑面积 7444.5 m^2。采用钢筋混凝土框架结构,平面布置比较灵活,受力良好,梁柱和楼板均为现浇。该地区地震设防烈度 7 度,框架为三级抗震。设计地震分组为第一组。

设计共分为两个部分:第一部分为建筑设计部分,包括工程概况、设计依据、标高及建筑细部作法;第二部分为结构设计部分,包括结构布置、确定结构计算简图、荷载计算、水平荷载内力计算、竖向荷载内力计算等内容,在进行截面抗震设计时,柱按偏压构件计算,为保证延性框架要满足"强剪弱弯,强柱弱梁,强节点弱构件强锚固"的设计原则,且满足构造要求。

关键词: 钢筋混凝土框架结构 结构

1 建筑设计部分

1.1 工程概况

本工程为位于某大学校园中心轴上的一栋教学楼,共四层,每层高 3.9m,占地面积 1414.00m^2,总建筑面积 7444.5m^2。本工程采用全现浇钢筋混凝土框架结构,建筑工程等级为二级,耐火等级为二级,正常使用年限为 50 年,屋面防水为二级,抗震设计按 7 度设防。

1.2 设计依据

- 该大学提供的设计任务书;
- 该大学校园总规划设计有关资料;
- 有关规范和参考书:

《建筑设计防火规范》	GBJ16—87(2001 年版)
《中南地区通用建筑配件图集》	88ZJ(中南标)
《房屋建筑制图统一标准》	GB50001—2001
《建筑制图标准》	GB50104—2001
《建筑模数协调统一标准》	GBJ2—86
《房屋建筑学》	
《建筑设计参考资料集》	

1.3 标高及建筑细部做法

1.3.1 设计标高

教室室内设计标高为±0.000,室内外高差为450mm。

1.3.2 工程做法

墙体做法:均采用M5水泥砂浆、MU10普通黏土砖砌筑的厚240的实心墙,外墙面选用面砖和喷涂浅黄色外墙涂料两种形式,内墙面选用水泥砂浆和釉面瓷砖两种形式;女儿墙采用高900mm的砖墙,上做钢筋混凝土压顶,外挑60mm。

地面做法:

(1) 大理石地面,详细做法参见88ZJ001-地21。

(2) 马赛克地面,详细做法参见88ZJ001-地19。

楼面做法:

(1) 大理石楼面:详细做法参见88ZJ001-楼6。

(2) 陶瓷砖楼面:其具体做法为在钢筋混凝土楼面做5mm厚1:1水泥砂浆黏结层,12mm厚水泥砂浆打底,后铺规格100×100×7的陶瓷砖,水泥浆擦缝。

顶棚做法:采用纸筋抹灰和贴玻璃毡吸音板吊顶两种形式。

屋面做法:详细做法参见88ZJ001-屋9。

散水做法:底层为素土夯实,后做60厚C15的素混凝土,最上层做20厚1:2.5的水泥砂浆层。

其余细部做法详见设计总说明和建筑施工节点详图。

2 结构设计部分

2.1 工程概况

本工程为位于某大学校园中心轴线上一教学楼,建筑层数为4层,每层层高3.9m,占地面积1414.00m^2,总建筑面积7444.5m^2。本工程采用全现浇钢筋混凝土框架结构,梁柱和楼板均为现浇,墙体为砌体填充墙。

2.2 设计依据

(1) 该建筑属于丙类建筑,重要性等级为二级;

(2) 该建筑位于地震区,设防烈度为7度,抗震等级为三级;设计地震分组为第一组。

(3) 该建筑场地为Ⅱ类,地面粗糙度为B类,地下水位很低,设计时不考虑地下水的影响;

(4) 建筑地区基本风压W0=0.40kN/m^2,基本雪压S0=0.35kN/m^2,常年降雨量1100mm;

(5) 该建筑采用条形基础;

(6) 活荷载标准值:屋面(上人)2.0kN/m^2,教室2.0kN/m^2,楼梯、走廊、阳台2.5 kN/m^2,卫生间2.5 kN/m^2;

(7) 该建筑为教学楼,不考虑积灰荷载;屋面为上人屋面,不考虑雪荷载。

2.3 结构布置及结构计算简图的确定

2.3.1 结构柱网布置

根据结构设计原则,由于建筑总长度和宽度均超过 55m,故按要求设置变形缝,共设置两道,其尺寸及布置位置详见建筑施工图纸,其部分柱网布置见图 1。

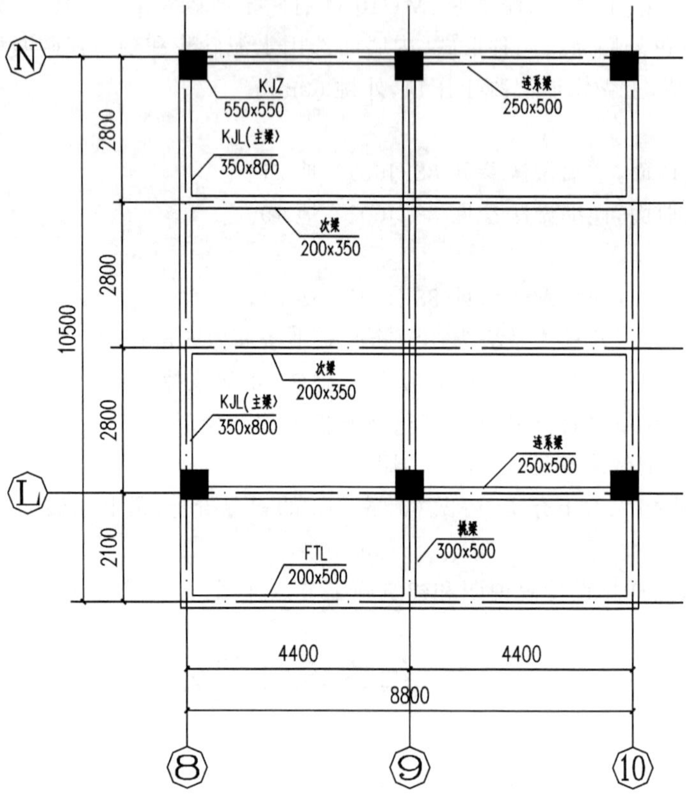

图 1

2.3.2 确定材料等级

柱子采用 C30 (Ec=3.00×107kN/m^2)

结构平面布置见图 2。

梁板采用 C30 (Ec=3.00×107kN/m^2)

2.3.3 估计板、柱、梁的截面尺寸

(1) 板楼板厚 l/45=2800/45=62.2mm,取 100mm。

(2) 梁框架主梁:hb=(1/8~1/12)lb=(1/8~1/12)×8400=700~1050mm,取 hb=800mm。

bb=(1/3~1/2)hb=1/3×800~1/2×800=267~400mm,取 bb=350mm。

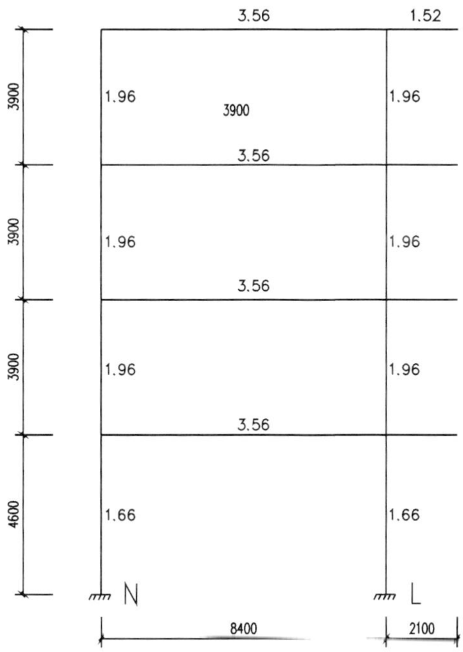

图 2

次梁：hb＝(1/12～1/14)lb＝(1/12～1/14)×4400＝244～367mm，取 hb＝350mm。

bb＝(1/3～1/2)hb＝(1/3～1/2)×350＝117～175mm，取 bb＝200mm。

连系梁由于兼作窗过梁，故必须满足 hb＝500mm，取 bb＝250mm。

(3) 柱截面尺寸可根据公式 A＝N/[μ]f 估算。由《建筑抗震设计规范》(GB5001－2001)第 6.1.2 条及第 6.3.7 条可知该框架结抗震等级为三级，轴压比为 $\mu=0.9$，各层重力荷载代表值可根据实际荷载计算，也可以近似的取 12～15kN/m^2，这里近似取 14kN/m^2 计算。由结构平面布置图可知边柱及中柱的负载面积分别为 4.2×4.4m^2，和 4.4×6.3m^2。由此可知第一层柱的截面面积为：

边柱 $$A_1=\frac{1.3\times4.4\times4.2\times14\times1000\times4}{0.9\times14.3}=104533\text{m}^2$$

中柱 $$A_2=\frac{1.3\times4.4\times6.3\times14\times1000\times4}{0.9\times14.3}=156800\text{m}^2$$

$$\sqrt{A_1}=\sqrt{104533}=323.3\text{mm} \qquad \sqrt{A_2}=\sqrt{156800}=396\text{mm}$$

如取柱截面为正方形，则根据上述计算结果，本设计取柱截面为：550mm×550mm。

(4) 确定计算简图，见图 3。

取一榀框架(KJ－9)计算。假定框架柱嵌固于基础顶面，框架梁与柱刚接，由于各层柱的截面尺寸不变，故梁跨等于柱截面形心轴线之间的距离。底层柱高从基础顶面至二层楼面，基顶标高根据地质条件，可定为－4.600m，即底层柱高为 4600mm，其余各层的柱高即为其层高 3900mm。由此，可绘出计算简图。

各层框架梁、图 3、结构计算简图柱的线刚度经计算后列于图 3 上，其中在求梁截面惯性矩时考虑现浇楼板作用，取 I＝2I0(I0 为不考虑楼板翼缘作用的梁截面惯性矩)。

L 跨梁：

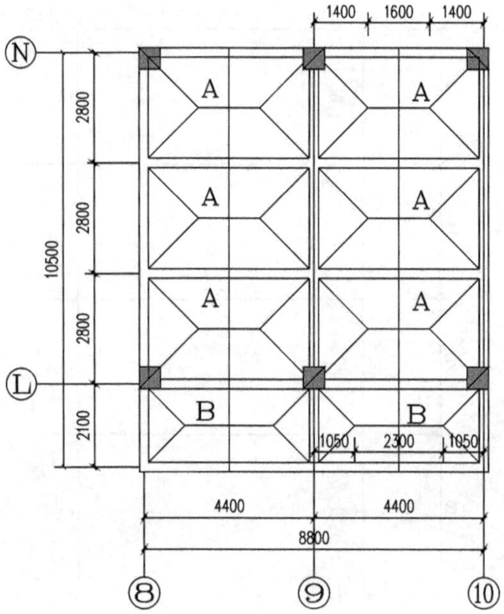

图 3

$$i = 2E \times \frac{1}{12} \times 0.35 \times 0.80^3 / 8.4 = 3.56 \times 10^{-3} Em^3$$

挑梁：

$$i = 2E \times \frac{1}{12} \times 0.3 \times 0.50^3 / 2.1 = 1.52 \times 10^{-3} Em^3$$

2～4 层柱：

$$i = E \times \frac{1}{12} \times 0.55 \times 0.5^3 / 3.9 = 1.96 \times 10^{-3} Em^3$$

底层柱：

$$i = E \times \frac{1}{12} \times 0.55 \times 0.55^3 / 4.6 = 1.66 \times 10^{-3} Em^3$$

(5) 结构平面布置详见结构施工图。

2.4 荷载计算

2.4.1 恒载计算

结构计算简图如下。

(1) 屋面框架梁线荷载标准值：

二层厚 SBS 或改性沥青卷材，面层卷材带绿叶岩保护层

刷基层处理剂一遍

20 厚 1∶2.5 水泥砂浆找平

20 厚(最薄处)1∶8水泥加气混　　　凝土碎渣找 2%坡

干铺 150 厚加气混凝土砌块

总重： 2.2kN/m^2

100mm 厚钢筋混凝土楼板 $0.1\times25=2.5$kN/m^2

20 吊顶或粉底 $0.02\times17=0.34$kN/m^2

共计：5.04kN/m^2

NL 框架梁自重 $0.35\times0.8\times25=7.0$kN/m

梁侧粉刷及梁底 $[0.35+2\times(0.8-0.1)]\times0.02\times17=0.595$kN/m

共计：7.595kN/m

挑梁自重 $0.3\times0.5\times25=3.75$kN/m

梁侧粉刷 $[0.3+2\times(0.5-0.1)]\times0.02\times17=0.374$kN/m

共计：4.124 kN/m

连系梁(连系梁兼作窗过梁)自重 $0.25\times0.5\times25\times4.4=13.75$kN

梁侧粉刷 $[0.25+2\times(0.5-0.1)]\times0.02\times17\times4.4=1.574$kN

共计：15.324 kN

由于是双向板布置，作用在顶层框架梁上的线荷载为三角形荷载，如图 4 所示。

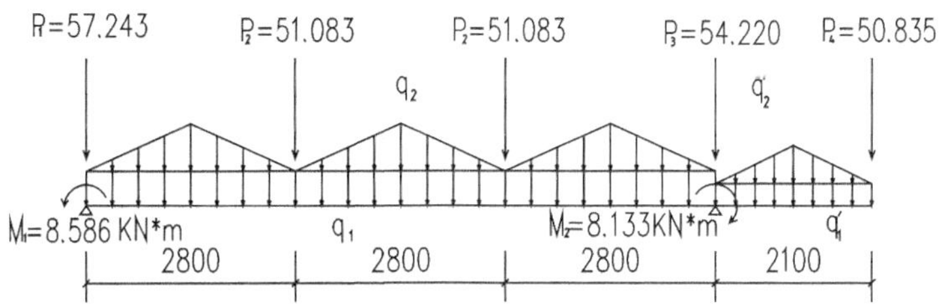

图 4

$q_1=7.595$kN/m $\qquad q_1'=4.124$kN/m

$q_2=2.8\times5.04=14.112$kN/m $\qquad q_2'=2.1\times5.04=11.34$ kN/m

将作用在梁上的三角形荷载等效为作用在梁上的均布荷载，等效公式为：

$$q = q_1+\frac{5}{8}q_2 \qquad q' = q_1'+\frac{5}{8}q_2'$$

等效结果见图 5。

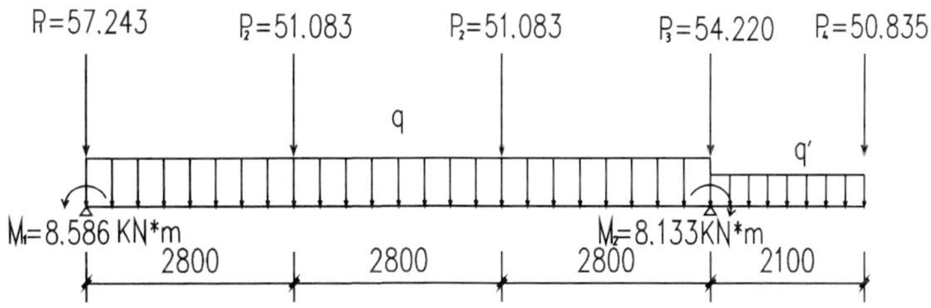

图 5

(2) 楼面框架梁线荷载标准值：

12 厚 1:2水泥石子磨光

素水泥浆结合层一遍

18 厚 1:3水泥砂浆找平

素水泥结合层一遍

总重：0.65kN/m²

100mm 厚钢筋混凝土楼板　　0.1×25＝2.5kN/m²

吊顶或粉底　　0.02×17＝0.34kN/m²

共计：3.49kN/m²

NL 框架梁自重　　0.35×0.8×25＝7.0kN/m

梁侧粉刷　　[0.35＋2×(0.8－0.1)]×0.02×17＝0.595kN/m

共计：7.595kN/m

挑梁自重　　0.3×0.5×25＝3.75kN/m

梁侧粉刷　　[0.3＋2×(0.5－0.1)]×0.02×17＝0.374kN/m

共计：4.124kN/m

填充墙自重　　0.24×(3.9－0.8)×19＝14.136kN/m

填充墙粉刷　　2×(3.9－0.8)×0.02×17＝2.108kN/m

共计：16.244kN/m

由于是双向板布置，作用在顶层框架梁上的线荷载为三角形荷载，如图 6 所示。

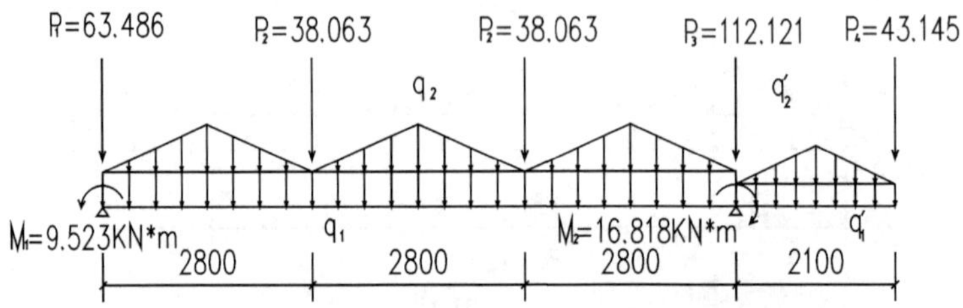

图 6

$$q_1 = 23.839\text{kN/m} \qquad q_1' = 4.124\text{kN/m}$$

$$q_2 = 2.8 \times 3.49 = 9.772\text{kN/m} \qquad q_2' = 2.1 \times 3.49 = 7.329\text{kN/m}$$

将作用在梁上的三角形荷载等效为作用在梁上的均布荷载，等效公式为：

$$q = q_1 + \frac{5}{8} q_2 \qquad q' = q_1' + \frac{5}{8} q_2'$$

等效结果如图 7 所示。

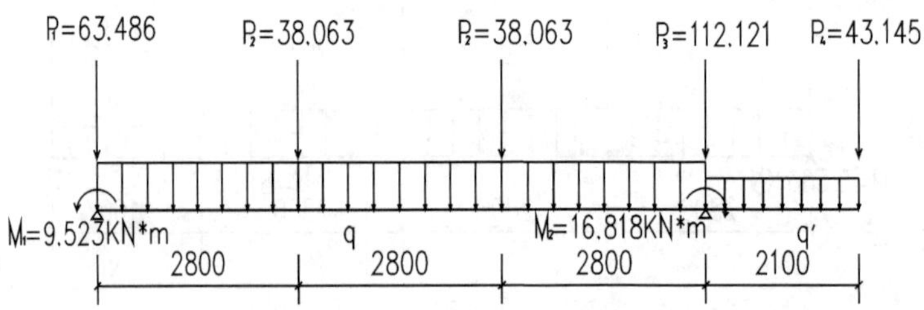

图 7

(3) 屋面框架节点集中荷载标准值：

边节点(N－9 节点)：

纵向框架梁(带粉刷)自重　　15.324kN

900mm 高女儿墙　　0.9×0.24×4.4×19=18.058kN
900mm 高女儿墙粉刷　　2×0.9×0.02×4.4×17=2.693kN
共计:20.751kN
纵向框架梁传过来的屋面自重　　1/2×(1.6+4.4)×1.4×5.04=21.168kN
屋面框架边节点集中荷载标准值　　共计:57.243kN
中节点(L－9节点):
纵向框架梁(带粉刷)自重　　15.324kN
纵向框架梁传过来的屋面自重　　1/2×(2.3+4.4)×1.05×5.04+21.168=38.896kN
屋面框架中节点集中荷载标准值　　共计：54.220kN
挑梁与封头梁处节点
纵向封头梁自重　　0.2×0.5×25×4.4=11.00kN
粉刷　　[2×(0.5－0.1)+0.2]×0.02×4.4=1.496kN
纵向框架梁传过来的屋面自重　　1/2×(2.3+4.4)×1.05×5.04=17.588kN
屋面框架中节点集中荷载标准值　　共计：50.835kN
(4) 楼面框架节点集中荷载标准值:
边节点(N－9节点):
纵向框架梁(带粉刷)自重　　15.324kN
框架柱自重　　0.55×0.55×3.9×25=29.494kN
柱粉刷　　(1.1－2×0.24)×0.02×3.9×17=0.822kN
共计:30.316kN
钢塑窗自重　　3.3×2.3×0.45－3.412 kN
纵向框架梁上墙体自重
[(4.4－0.55)×(3.9－0.5)－3.3×2.3]×0.24×19=25.08 kN
纵向框架梁上墙体粉刷　　[4.4×(3.9－0.5)－3.3×2.3]×0.02×17×2=5.012 kN
纵向框架梁传过来的楼面自重　　1/2(1.6+4.4)×1.4×3.49=14.658 kN
楼面框架边节点集中荷载标准值　　共计:63.486 kN
中节点(L－9节点):
纵向框架梁(带粉刷)自重　　15.324kN
框架柱自重　　29.494kN
柱粉刷　　0.822kN
共计：30.316kN
纵向框架梁上墙体自重　　(4.4－0.55)×(3.9－0.5)×0.24×19=59.690kN
纵向框架梁上墙体粉刷　　4.4×(3.9－0.5)×0.02×17×=10.173kN
共计：69.863 kN
纵向框架梁传过来的屋面自重　　1/2(2.3+4.4)×105×3.49+14.658=26.934kN
楼面框架边节点集中荷载标准值　　112.121kN
楼面处封头梁与挑梁节点处集中荷载
封头梁自重　　0.2×0.5×25×4.4=11.00kN
粉刷　　[2×(0.5－0.1)+0.2]×0.002×17×4.4=1.496kN

封头梁传来屋面荷载 17.588kN

砖砌栏杆加劲柱自重 0.18×0.18×25×0.97=0.786kN

砖砌栏杆加劲柱粉刷 (0.36−0.24)×0.02×0.97×17=0.040kN

120厚砖砌栏杆自重 (4.4−0.18)×0.97×19×0.12=9.333kN

粉刷 2×0.97×0.02×4.4×17=2.902kN

共计:43.145kN

(5) 主梁与次梁交接点的集中荷载:

顶层:

次梁自重 0.2×0.35×4.4×25=7.70 kN

次梁粉刷 [2×(0.35−0.01)×+0.2]×0.02×4.4×17=1.047 kN

共计:8.747kN

次梁传过来的屋面自重 1/2(1.6+4.4) ×1.4×2×5.04=42.336kN

顶层主梁与次梁交接点的集中荷载: 51.083kN

中间层:

次梁自重 0.2×0.35×4.4×25=7.70kN

次梁粉刷 [2×(0.35−0.01)×+0.2]×0.02×4.4×17=1.047 kN

共计:8.747 kN

次梁传过来的楼面自重 1/2(1.6+4.4) ×1.4×2.0×3.49=29.316 kN

中间层主梁与次梁交接点的集中荷载 38.063 kN

恒载作用下的结构计算图如图3、图4、图5、图6所示。

2.4.2 活荷载计算

因为是双向板,面荷载通过三角形荷载形式传给主梁,所以框架梁上有三角形活荷载,见图8、图9。

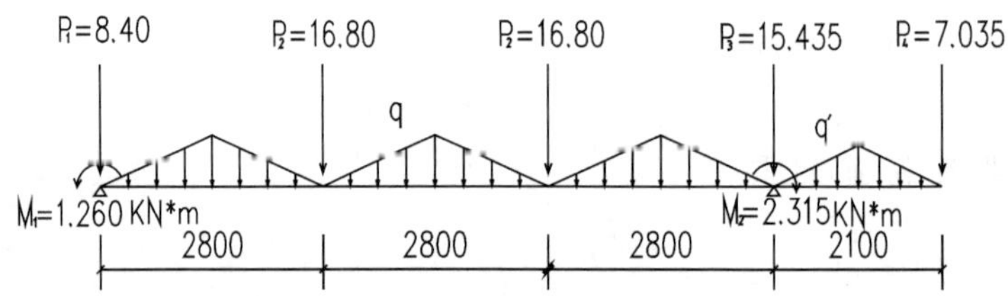

图8

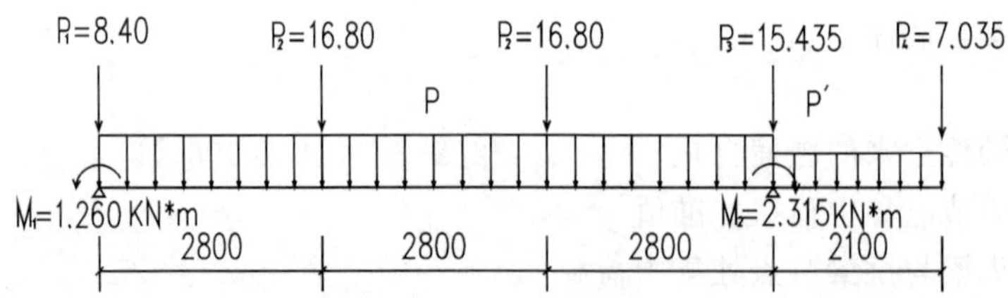

图9

(1) 顶框架节点活荷载集中值：

N－9 节点： $(1.6+4.4)\times1.4\times1/2\times2.0=8.4\ kN$

L－9 节点：

$(1.6+4.4)\times1.4\times1/2\times2.0+(2.3+4.4)\times1.05\times1/2\times2.0=15.435\ kN$

主梁与次梁交节点的集中活荷载：

$(1.6+4.4)\times1.4\times1/2\times2.0\times2=16.8kN$

挑梁与封头梁节点集中荷载：

$(2.3+4.4)\times1.05\times1/2\times2.0=7.035kN$

主梁及封头梁上分布三角形荷载：

$$q=2.8\times2.0=5.6kN/m \qquad q'=2.1\times2.0=4.2kN/m$$

将作用在梁上的三角形荷载等效为作用在梁上的均布荷载，等效公式为：

$$p=5/8q \qquad p'=5/8q'$$

即：

$$p=5/8\times5.6=3.50\ kN \qquad p'=5/8\times4.2=2.625kN$$

等效结果见图 9。

(2) 中间层框：

架节点活荷载集中值：

N－9 节点： $(1.6+4.4)\times1.4\times1/2\times2.0=8.4\ kN$

L－9 节点：

$(1.6+4.4)\times1.4\times1/2\times2.0+(2.3+4.4)\times1.05\times1/2\times2.5=17.194\ kN$

主梁与次梁交节点的集中活荷载：

$(1.6+4.4)\times1.4\times1/2\times2.0\times2=16.8\ kN$

挑梁与封头梁节点集中荷载：

$(2.3+4.4)\times1.05\times1/2\times2.5=8.794\ kN$

主梁及封头梁上分布三角形荷载：

$$q=2.8\times2.0=5.6kN/m \qquad q'=2.1\times2.5=5.0kN/m$$

将作用在梁上的三角形荷载等效为作用在梁上的均布荷载，等效公式为：

$$p=5/8\ q \qquad p'=5/8q'$$

即：

$$p=5/8\times5.6=3.50\ kN \qquad p'=5/8\times5.0=3.125\ kN$$

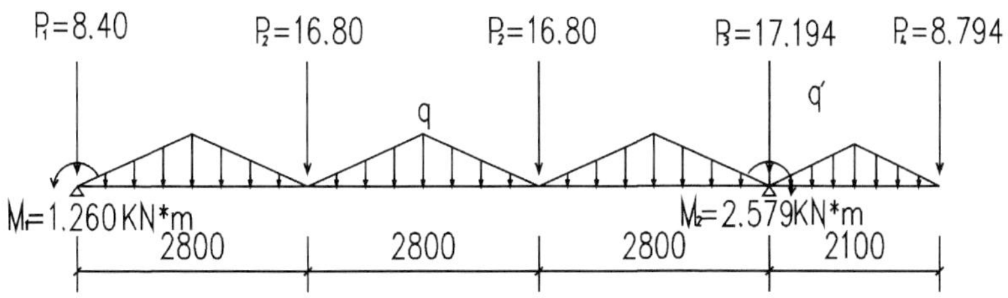

图 10

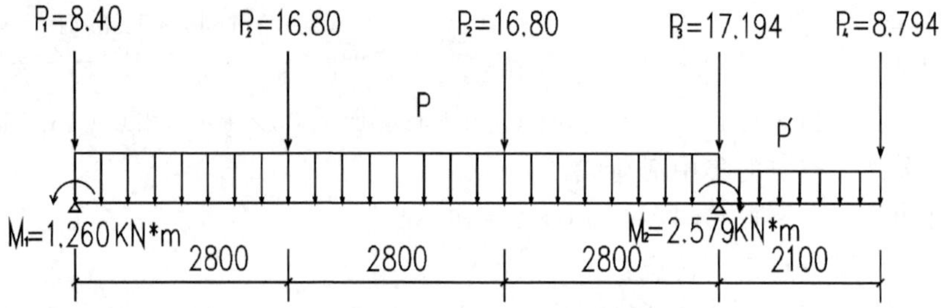

图 11

恒荷载及活载作用下的结构计算图如图 12、图 13 所示。

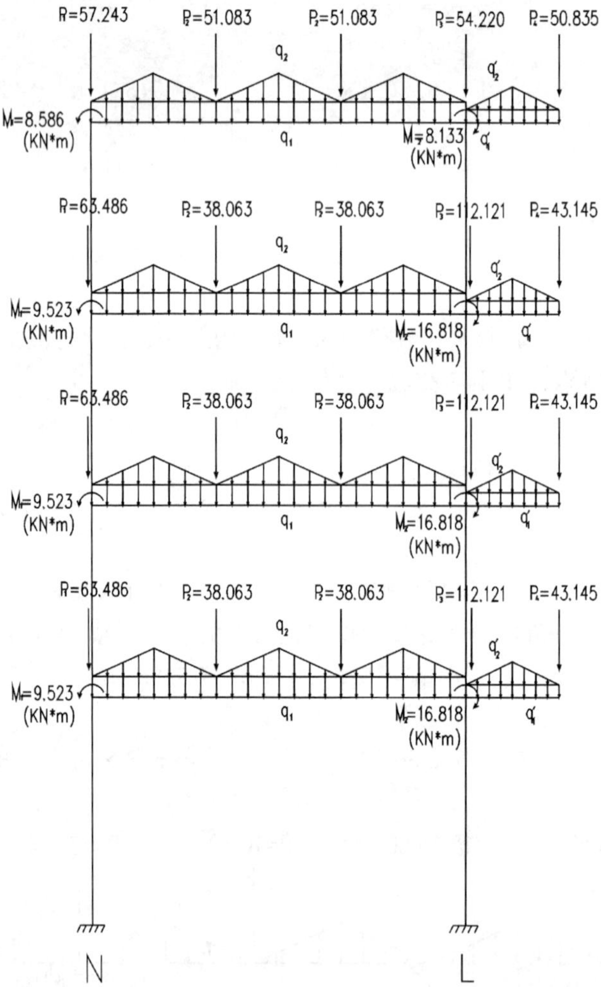

图 12　恒载作用下的结构计算图

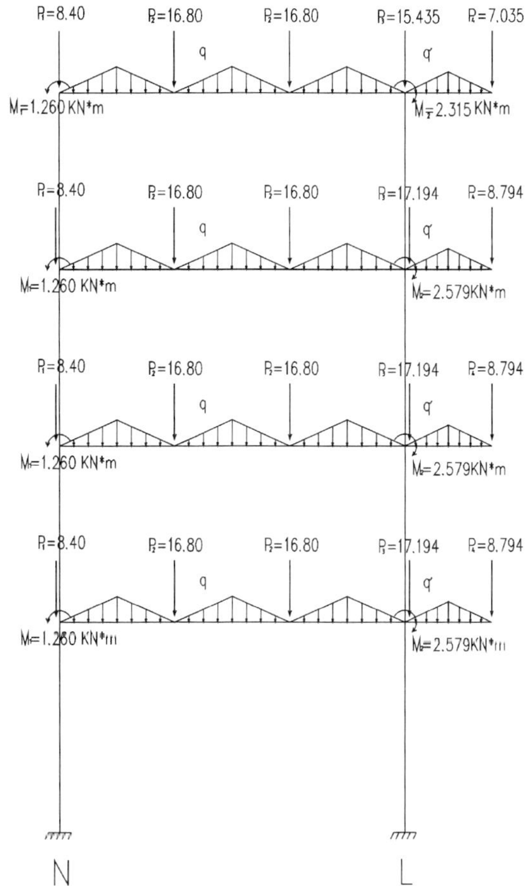

图 13　活载作用下的结构计算图

2.4.3　风荷载计算

风载标准值计算公式为：

$$\omega = \beta_Z \mu_S \mu_Z \omega_0$$

因结构高度 H＝16.30m ＜30m，可取 $\beta_Z = 1.0$，对于矩形平面 $\mu_S = 1.3$，查荷载规范知 $\mu_Z < 1.0$，取 $\mu_Z = 1.0$。将风荷载换算成作用于框架每层节点上的集中荷载，计算过程见表 01。

表 01　风荷载计算

楼层	β_Z	μ_S	Z(m)	μ_Z	W_0(kN/m^2)	A(m^2)	P_W(kN)
4	1.0	1.3	16.30	1.17	0.40	12.54	7.629
3	1.0	1.3	12.40	1.07	0.40	17.16	9.548
2	1.0	1.3	8.50	1.00	0.40	17.16	8.923
1	1.0	1.3	4.60	1.00	0.40	18.70	9.724

注：表中 A 为 1 榀框架各层节点的受风面积。

风荷载作用下的结构计算图见图 14。各层楼面质点重力载荷值见图 15。

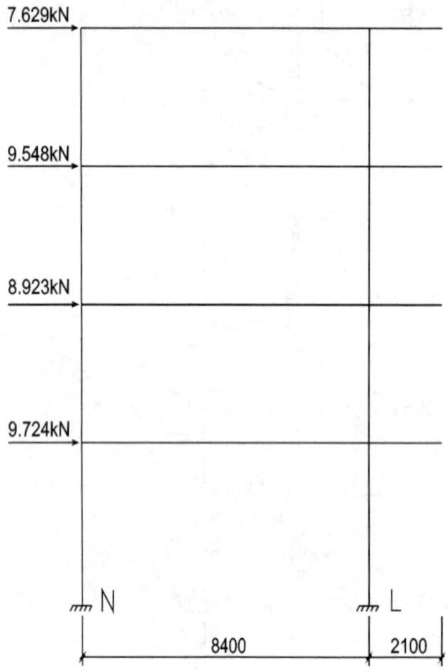

图 14 风载作用下的结构计算图

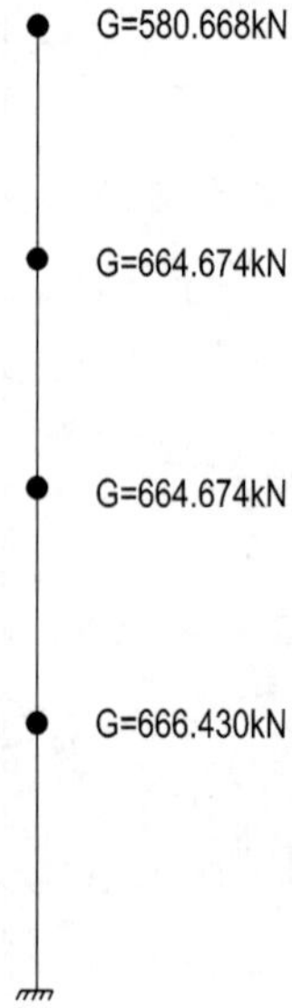

图 15 各层楼面质点重力荷载值

3 水平荷载内力计算

3.1 地震作用下的内力计算

(1) 重力荷载代表值：

① 屋面均布恒荷载	5.04kN/m²
屋面恒荷载标准值	(8.4+2.1)×4.4×5.04=232.848kN
② 楼面均布恒荷载	3.49kN/m²
楼面恒荷载标准值	(8.4+2.1)×4.4×3.49=161.238kN
③ 屋面均布活荷载	2.0kN/m²
屋面活荷载标准值	(8.4+2.1)×4.4×2.0=108.57kN
④ 楼面均布活荷载	2.0kN/m²、2.5 kN/m²
楼面活荷载标准值	8.4×4.4×2.0+2.1×4.4×2.1=97.02kN
⑤ 梁柱自重(包括粉刷)	
NL框架梁自重(包括粉刷)	7.595×8.4=63.789kN
挑梁自重(包括粉刷)	4.124×2.1=8.660kN
纵向框架梁(连系梁)自重(包括粉刷)	15.324kN
次梁自重(包括粉刷)	8.747kN
框架柱自重(包括粉刷)	29.494kN
⑥ 墙体及抹灰自重	
女儿墙及其抹灰自重	20.751kN

封头梁及砖砌栏杆自重 43.145kN

N 轴层间墙体及抹灰自重 30.092kN

N 轴层间塑钢窗自重 3.412kN

L 轴层间墙体及抹灰自重 9.863kN

框架梁上的填充墙体及抹灰自重

(8.4－0.55)×(3.9－0.7) ×19 ×0.24＋8.4 ×(3.9－0.7) ×0.02×2×17＝132.826kN

L 轴底层墙体及抹灰自重 0.2×0.24×19×(4.4－0.55)＋30.092＝33.603kN

⑦ 荷载分层汇总。

顶层重力荷载代表值包括：屋面恒荷载、屋面活荷载、纵横梁自重、女儿墙自重、半层墙体和门窗自重的一半；其他楼层重力荷载代表值包括：楼面横荷载、50%楼面活荷载、纵横梁自重、楼面上下各半层柱及纵横墙体和门窗自重(底层取一半)。将上述分项荷载相加得集中于各层楼面的重力荷载代表值如下：

G_1＝232.848＋108.57＋63.78＋8.660＋8.747×2＋13.324×2＋29.494×1/2＋20.751×2＋30.092×1/2＋3.412×1/2＋69.863×1/2＝580.668

G_2＝161.238＋0.597.020＋63.789＋8.660＋8.474×2＋13.324×2＋39.494×2＋30.092＋3.412 | 69.863＋43.145＋132.826＝664.674

G_3＝161.238＋0.597.020＋63.789＋8.660＋8.474×2＋13.324×2＋39.494×2＋30.092＋3.412＋69.863＋43.145＋132.826＝664.674

G_4＝161.238＋0.597.02＋63.789＋8.66＋8.474×2＋13.324×2＋39.494×2＋30.092×0.5＋3.412＋69.863＋43.145＋132.826＝666.430

集于各层楼面的重力荷载代表值见图 15。

建筑物总重力荷载代表值为：

$$\sum_{i=1}^{4} G_i = 580.668 + 664.674 + 664.674 + 666.430 = 2576.466\text{kN}$$

(2) 横向框架柱侧移刚度 D 值：

① 由图可将梁、柱线刚度列于表 02。

表 02 梁、柱线刚度

位 置	底层				顶层及中间层			
	NL 梁	挑梁	N－9 柱	L－9 柱	NL 梁	挑梁	N－9 柱	L－9 柱
线刚度 ($\times10^{-3}$Em^3)	3.56	1.52	1.66	1.66	3.56	1.52	1.96	1.96

注：表中 E＝3.00×10^7kN/m^2。

② 横向框架柱侧移刚度 D 值计算见表 03。

(3) 横向框架自震周期：

$$T_1 = 1.7\alpha_0 \cdot \sqrt{\Delta T}$$

式中：α_0 —基本周期调整系数，考虑填充墙使框架自振周期减小的影响，取 0.6。

ΔT —框架的顶点位移。

横向框架顶点位移计算结果列于表 04 中。

表 03　横向框架柱侧移刚度 D 值计算表

各层柱		$\bar{k}=\frac{\sum i_b}{2i_c}$(一般层) $\bar{k}=\frac{\sum i_b}{i_c}$(底层)	$\alpha=\frac{k}{2+k}$(一般层) $\alpha=\frac{0.5+k}{2+k}$(底层)	$\frac{12}{h^2}$	$D=\alpha\cdot i_c\cdot\frac{12}{h^2}$	该层柱子的跟数
1层	N－9 柱	2.145	0.638	0.567	18015	1
	L－9 柱	3.060	0.704	0.567	19879	1
	$\sum D$	37894				
2至4层	N－9 柱	1.816	0.476	0.789	22083	1
	L－9 柱	2.592	0.564	0.789	26166	1
	$\sum D$	48249				

表 04　横向框架顶点位移(δi 为层间相对位移)

楼　层	G_i(kN)	$\sum G_i$(kN)	$\sum D_i$(kN/m)	$\delta_i=\frac{\sum G_i}{D_i}$	Δi
4	580.688	580.688	48249	0.0120	0.1454
3	664.674	1245.362	48249	0.0258	0.1334
2	664.674	1910.036	48249	0.0396	0.1076
1	666.430	2576.466	37894	0.0680	0.0680

$$T_1=1.7\times0.6\sqrt{0.1454}=0.389$$

(4) 横向地震作用计算

在Ⅱ类场地,7 度地震区,地震设计分组为第一组,结构的特征周期 T_g 和地震影响系数 α_{max} 为:

$$T_g=0.35$$

$$\alpha_{max}=0.08$$

则:

$$\alpha_1=\left(\frac{T_g}{T_1}\right)^{0.9}\cdot\alpha_{max}=\left(\frac{0.35}{0.389}\right)^{0.9}\times0.08=0.073$$

由底部剪力法计算公式:

$$F_{EX}=\alpha_1\times0.85\sum_{i=1}^{n}G_1=0.073\times0.85\times2576.466=159.87\text{kN}$$

由 $T_1=0.389s<1.4\times0.35=0.49s$,所以不考虑顶部附加水平地震作用。

$$F_i=\frac{G_iH_i}{\sum_{i=1}^{4}G_iH_i}\cdot F_{EK}$$

各层横向地震作用及楼层地震剪力计算结果列于表 05。

(5) 变形验算(即横向水平地震作用下框架侧移计算)

变形验算(即横向水平地震作用下框架侧移计算)计算结果列于表 06 中。

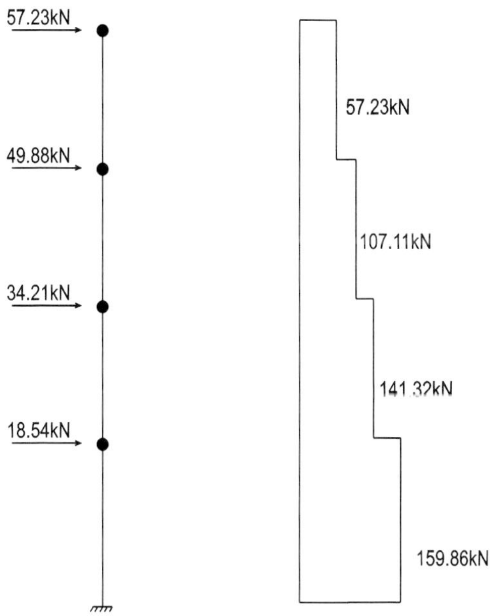

图 16　横向框架各层水平地震作用和地震作用下的剪力图

表 05　各层横向地震作用及楼层地震剪力

楼层	h_i(m)	H_i(m)	G_i(kN)	$G_I H_i$(kN·m)	$G_i H_i / \sum_{i=4}^{4} G_i H_i$	F_i(kN)	层间剪力 V_i(kN)
4	3.9	16.30	580.668	9465.21	0.358	57.23	57.23
3	3.9	12.40	664.674	8241.96	0.312	49.88	107.11
2	3.9	8.50	664.674	5649.73	0.214	34.21	141.325
1	4.85	4.60	666.430	3065.58	0.116	18.54	159.86

注：h_i 表示第 i 层的层高。

表 06　变形验算

楼层	层间剪力 V_i(kN)	层间刚度 $\sum D_i$	$u-u_{i-1}=\frac{V_i}{D_i}$	u	层高 h_i	层间相对弹性转角	备注
4	57.23	48249	0.0012	0.0105	3.9	1/3250	层间相对弹性转角均能满足 $\theta_e < [\theta_e] = 1/550$ 顶点位移：0.0105/16.3 = 1/1552 < 1/550 也能满足
3	107.11	48249	0.0022	0.0093	3.9	1/1773	
2	141.32	48249	0.0029	0.0071	3.9	1/1345	
1	159.86	37894	0.0042	0.0042	4.6	1/1095	

(6) 地震作用下框架内力分析。

地震作用下内力计算采用 D 值法，地震作用力沿竖向呈倒三角形分布。

① 计算各层柱的侧移刚度

各层柱的侧移刚度详见表03。

② 计算各柱所分配的剪力值

$$V_{jk} = \frac{D_{jk}}{\sum_{k=1}^{m} D_{jk}} \cdot V_{Fj}$$

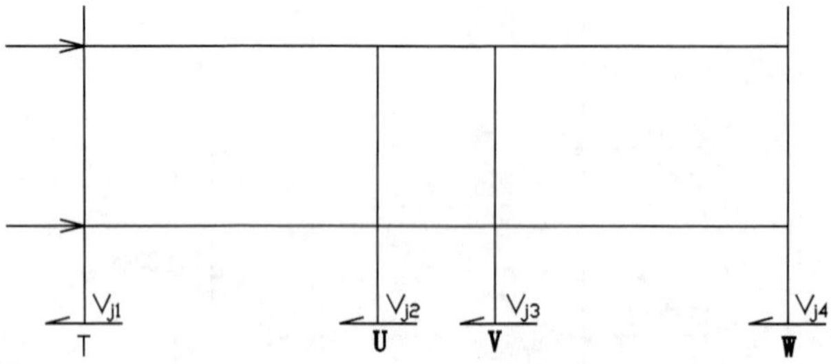

图17　地震作用下的内力计算简图

由上式可得各柱所分配的剪力：

$$V_{4N} = \frac{22083}{48249} \times 57.23 = 26.19\text{kN}$$

$$V_{4L} = \frac{26166}{48249} \times 57.23 = 31.04\text{kN}$$

$$V_{3N} = \frac{22083}{48249} \times 107.11 = 49.02\text{kN}$$

$$V_{3L} = \frac{26166}{48249} \times 107.11 = 58.09\text{kN}$$

$$V_{2N} = \frac{22083}{48249} \times 141.32 = 64.68\text{kN}$$

$$V_{2L} = \frac{22083}{48249} \times 141.32 = 76.64\text{kN}$$

$$V_{1N} = \frac{18015}{37894} \times 159.86 = 76.00\text{kN}$$

$$V_{1N} = \frac{19879}{37894} \times 159.86 = 83.86\text{kN}$$

③ 确定反弯点高度：

$$y = (y_0 + y_1 + y_2 + y_3)h$$

式中：y_0—标准反弯点高度；

y_1—某层上、下梁线刚度不同时，对 y_0 的修正值；

y_2—上层层高与本层高度不同时反弯点高度的修正；

y_3—层层高与本层高度不同时反弯点高度的修正。

计算结果列于表07中。

④ 计算柱端弯矩。

由柱剪力 V_{ij} 和反弯点高度 y，按下式计算可得：

上端 $M_c^u = V_{ij} \cdot (h - y)$

上端 $M_c^l = V_{ij} \cdot y$

柱端弯矩计算结果列于表 08 中。

表 07　水平地震作用下反弯点高度

楼层	柱	$\bar{K}$	y_0	y_1	y_2	y_3	y
4	N－9	1.816	0.44	0	0	0	1.716
	L－9	2.592	0.45	0	0	0	1.755
3	N－9	1.816	0.45	0	0	0	1.755
	L－9	2.592	0.45	0	0	0	1.755
2	N－9	1.816	0.50	0	0	0	1.95
	L－9	2.592	0.50	0	0	0	1.95
1	N－9	2.145	0.55	0	0	0	2.553
	L－9	3.060	0.55	0	0	0	2.553

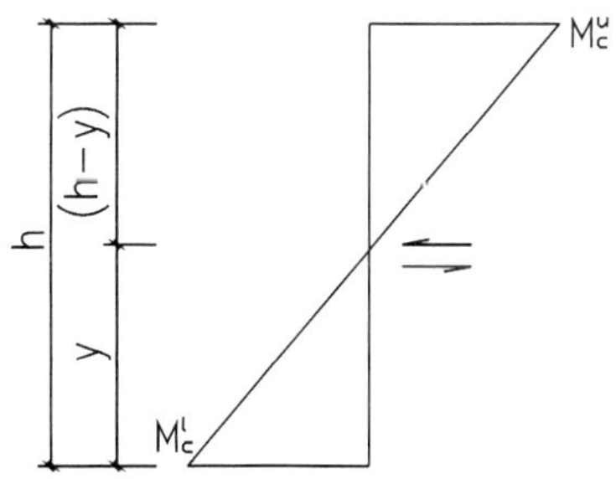

图 18　柱剪力 V_{ij} 和反弯点高度 y 计算简图

表 08　水平地震作用下柱端弯矩

楼层	N－9 柱(边柱)		L－9 柱(中柱)		备注
	上端弯矩值 kN·m	下端弯矩值 kN·m	上端弯矩值 kN·m	下端弯矩值 kN·m	由于结构及荷载对称，两边住和两中柱上、下端弯矩值均相同
4	57.199	44.942	66.581	54.475	
3	105.148	86.030	124.603	101.948	
2	126.126	126.126	149.448	149.448	
1	157.320	192.280	173.590	212.166	

⑤ 计算梁端弯矩。

梁端弯矩可按节点弯矩平衡条件，将节点上下柱端弯矩之和按左右梁的线刚度比例分配，按下式计算，将计算结果见图 19。

梁左端　$M_b^l=(M_c^u+M_c^l)\dfrac{k_1}{k_1+k_2}$　　　　梁右端　$M_b^r=(M_c^u+M_c^l)\dfrac{k_2}{k_1+k_2}$

⑥ 计算梁端剪力 V_b。

根据梁端弯矩，由式 $V_b=\dfrac{M_b^l+M_b^r}{l}$ 可得，其计算示意图见图 20(a)。

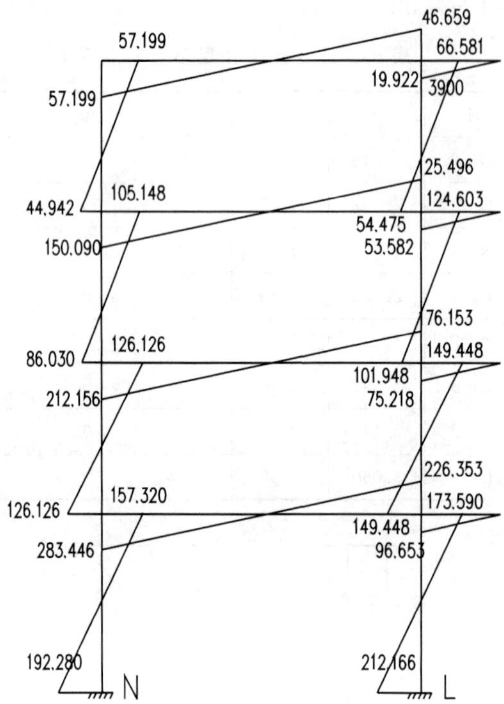

图 19　水平地震作用下的弯矩图(单位:kN·m)

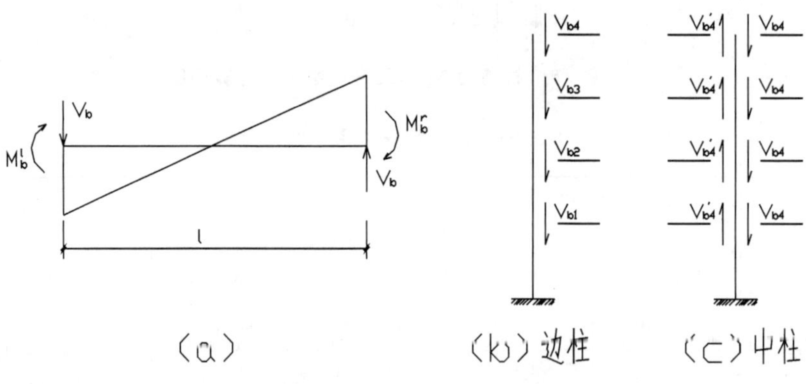

图 20　计算梁端剪力及柱轴力计算示意图

计算结果见图 21。

⑦ 计算柱轴力 N。

边柱轴力为各层梁端剪力按层叠加。

中柱轴力为柱两侧梁端剪力之差,并按层叠加。

计算图见图 10(b)和(c):

边柱底层柱轴力:$N=V_{b1}+V_{b2}+V_{b3}+V_{b4}$

中柱底层轴力(拉力):$N=V_{b1}+V_{b2}+V_{b3}+V_{b4}-V'_{b1}-V'_{b2}-V'_{b3}-V'_{b4}$

计算结构见图 22。

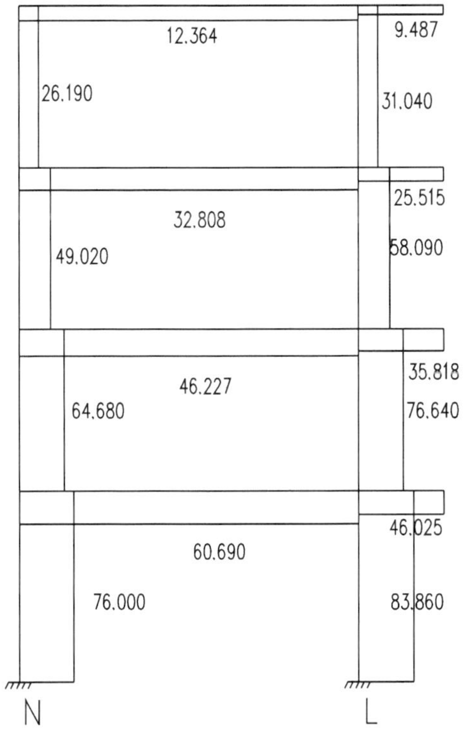

图 21　水平地震作用下剪力图

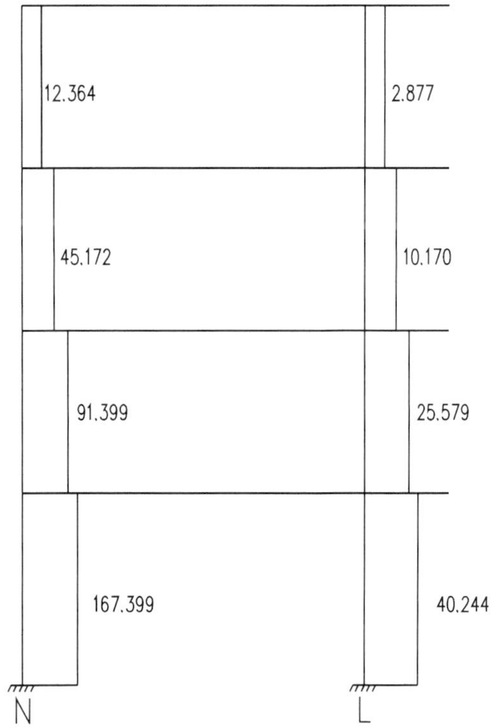

图 22　水平地震作用下轴力图

3.2 风荷载作用下的内力计算

风荷载作用下的内力计算采用 D 值法计算，其计算过程同水平地震作用内力计算。

② 每层各柱的侧向刚度 D 值及剪力分配系数同水平地震作用内力计算时的数值。

③ 求每层各柱所分分配的剪力

风荷载作用下每层各柱所分分配的剪力计算结果见表 09。

表 09　风荷载作用下每层各柱所分分配的剪力

楼层 (j)	层间剪力 (kN)	每层 T、W 列柱剪力分配系数	每层 T、W 列所分分配的剪力(kN)	每层 U、V 列柱剪力分配系数	每层 U、V 列所分分配的剪力(kN)
4	7.629	22.083/48249=0.458	3.494	26166/48249=0.542	4.135
3	17.177	22.083/48249=0.458	7.867	26166/48249=0.542	9.310
2	26.100	22.083/48249=0.458	11.945	26166/48249=0.542	14.146
1	35.824	18015/37894=0.475	17.016	19879/37894=0.525	18.808

④ 每层各柱反弯点的高度比 y_0 值(见表 10)。

⑤ 每层各柱柱端弯矩计算表(见表 11)。

⑥ 风荷载作用下框架弯矩图见图 23。风荷载作用下剪力、轴力图见图 24 和图 25。

表 10　风荷载作用下反弯点高度

楼层	柱	$\bar{K}$	y_0	y_1	y_2	y_3	y
4	边柱	1.816	0.44	0	0	0	1.716
	中柱	2.592	0.45	0	0	0	1.755
3	边柱	1.816	0.45	0	0	0	1.755
	中柱	2.592	0.45	0	0	0	1.755
2	边柱	1.816	0.50	0	0	0	1.95
	中柱	2.592	0.50	0	0	0	1.95
1	边柱	2.145	0.55	0	0	0	2.53
	中柱	3.060	0.55	0	0	0	2.53

表 11　风荷载作用下柱端弯矩

楼层	T、W 柱(边柱)		V、U 柱(中柱)	
	上端弯矩值 /kN·m	下端弯矩值 /kN·m	上端弯矩值 /kN·m	下端弯矩值 /kN·m
4	7.631	5.996	8.870	7.257
3	16.875	13.807	19.970	16.339
2	23.310	23.31	27.585	27.585
1	35.223	43.05	38.933	47.584

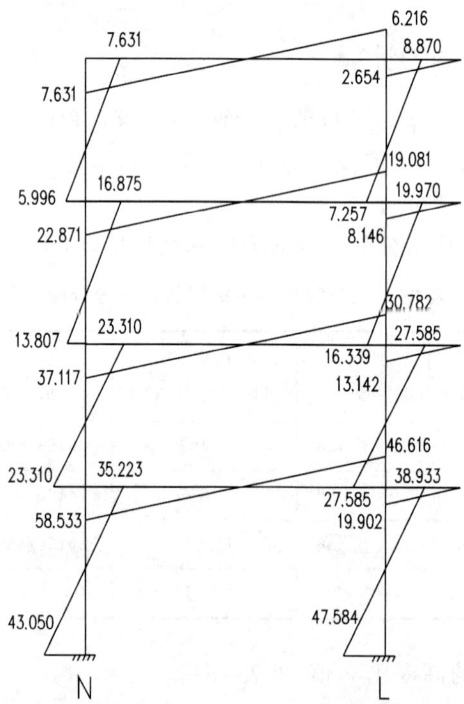

图 23　风荷载作用下的弯矩图

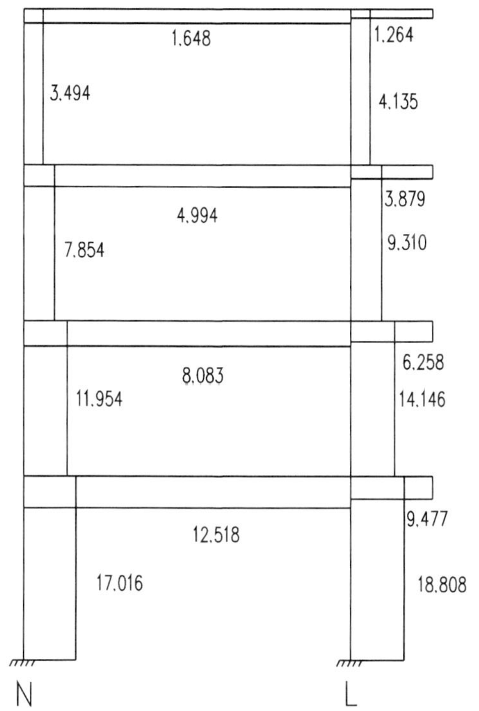

图 24　风荷载作用下剪力

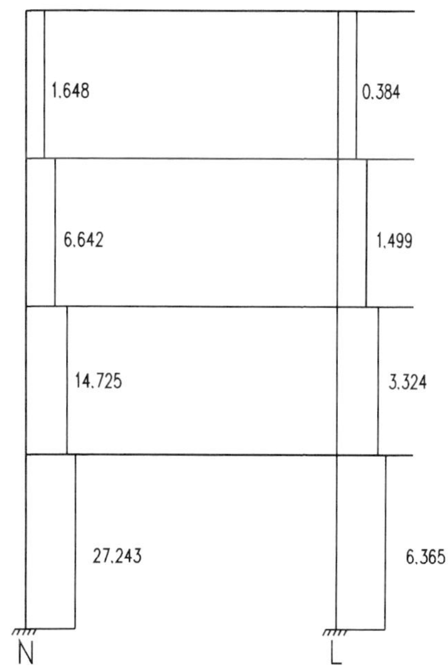

图 25　风荷载作用下轴力图

3.3　竖向荷载作用下内力计算

竖向荷载作用下的内力计算采用分层法，结构内力弯矩分配法计算。

① 除底层外其他各层柱子的线刚度均乘以折减系数 0.9；

② 除底层外其他层柱子的弯矩传递系数均为 1/3。

3.4　恒荷载作用下内力计算

（1）计算分配系数将其计算过程列于表 12。

表 12　梁、柱的弯矩分配系数

	顶层	中间层	底层
N 节点上柱		1.96/(1.196×2+3.56)=0.262	1.96/(1.96+3.56+1.66)=0.273
N 节点下柱	1.96/(1.96+3.56)=0.355	1.96/(1.196×2+3.56)=0.262	1.66/(1.96+3.56+1.66)=0.231
左梁 NL	3.56/(1.96+3.56)=0.355	3.56/(1.196×2+3.56)=0.476	3.56/(1.96+3.56+1.66)=0.496
右梁 LN	3.56/(1.96+3.56)=0.355	3.56/(1.196×2+3.56)=0.476	3.56/(1.96+3.56+1.66)=0.496
L 节点上柱		1.96/(1.196×2+3.56)=0.262	1.96/(1.96+3.56+1.66)=0.273
L 节点下柱	1.96/(1.96+3.56)=0.355	1.96/(1.196×2+3.56)=0.262	1.66/(1.96+3.56+1.66)=0.231

（2）计算梁恒荷载固端弯矩。

① 屋面处荷载计算简图见图 26。

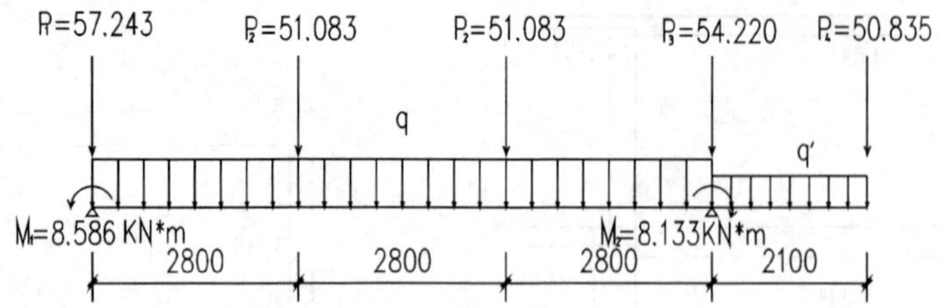

图 26

屋面连系梁处的附加偏心距计算：

集中力矩　$M_1=P_1e=57.243\times(0.55-0.25)/2=8.568kN/m$

$M_2=P_3e=54.220\times(0.55-0.25)/2=8.133kN/m$

② 楼面处荷载计算简图见图 27。

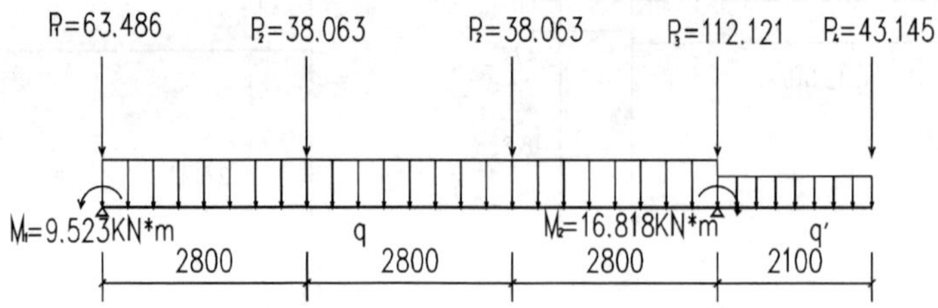

图 27

楼面连系梁处的附加偏心距计算：

集中力矩　$M_1=P_1e=63.486\times(0.55-0.25)/2=9.523\ kN\cdot m$

$M_2=P_3e=54.220\times(0.55-0.25)/2=16.8183\ kN\cdot m$

③ 顶层梁固端弯矩计算：

$M_{NL}=-1/12q^2-F_Pab^2$

$=-16.415\times8.4^2/12-51.083\times2.8\times5.6^2/8.4^2-51.083\times5.6\times2.8^2/8.4^2$

$=-191.846kN\cdot m$

$M_{LN}=-M_{LN}191.846kN\cdot m$

挑梁根部弯矩：

$$M_L=-50.835\times2.1-11.212\times2.1^2/2=131.476kN\cdot m$$

④ 顶层梁固端弯矩计算：

$M_{NL}=-1/12q^2-F_Pab^2$

$=-29.947\times8.4^2/12-38.063\times2.8\times5.6^2/8.4^2-38.063\times5.6\times2.8^2/8.4^2$

$=-247.139kN\cdot m$

$M_{LN}=-M_{LN}=247.139kN\cdot m$

挑梁根部弯矩：

$$M_L=-43.145\times2.1-8.705\times2.1^2/2=-109.799kN\cdot m$$

恒荷载及活荷载的计算过程见图 28 和图 29。

(3) 在恒荷载作用下的弯矩图见图 30(括号内数值为调幅后值，调幅系数为 0.8)。

(4) 由弯矩可求得在恒荷载作用下剪力和轴力，其结果见图 31 和图 32。

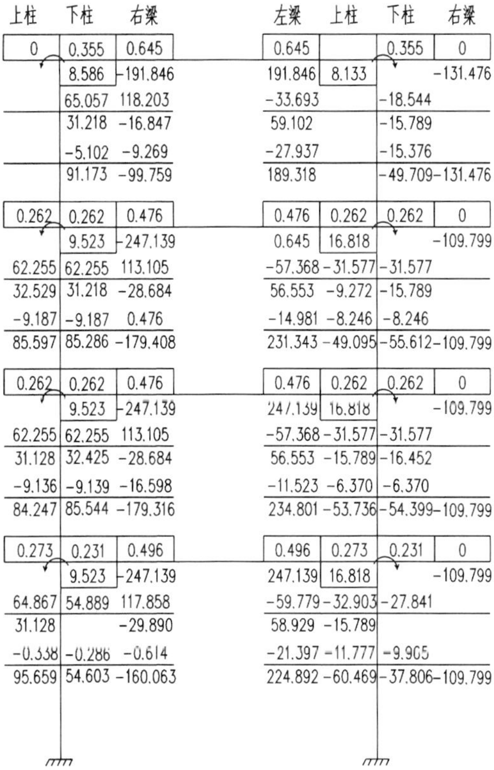

图 28 恒荷载作用下框架梁弯矩的二次分配法(单位:kN・m)

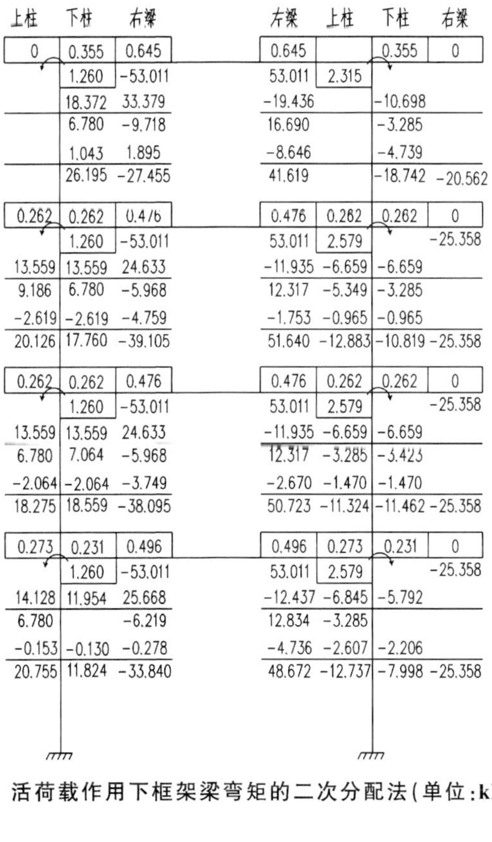

图 29 活荷载作用下框架梁弯矩的二次分配法(单位:kN・m)

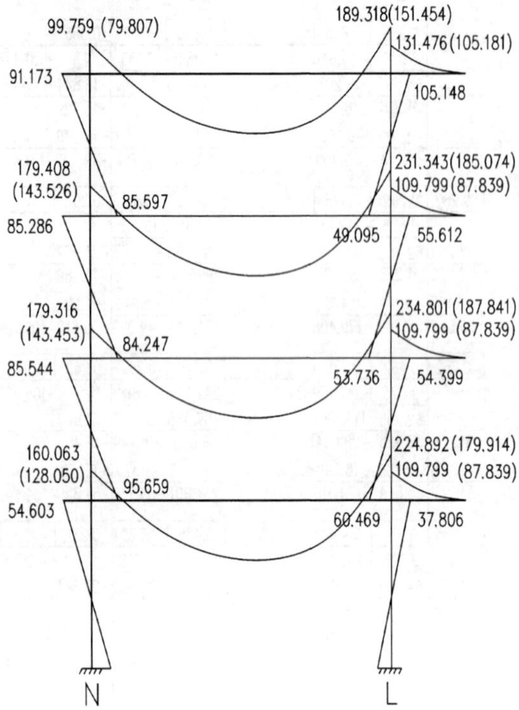

图 30　框架在恒荷载作用下的弯矩图

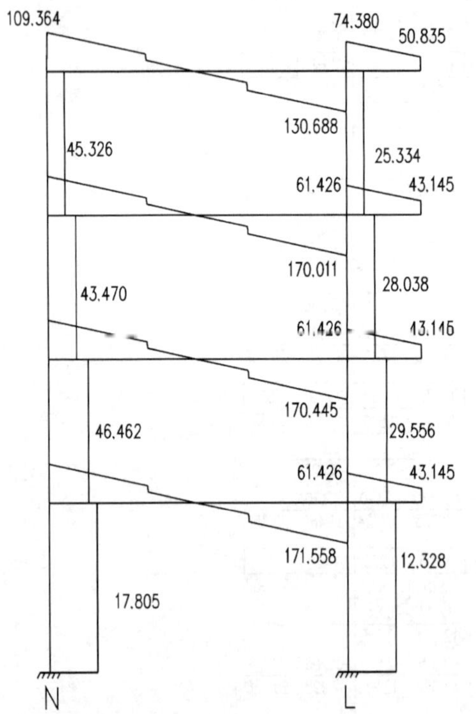

图 31　框架在恒荷载作用下的剪力图

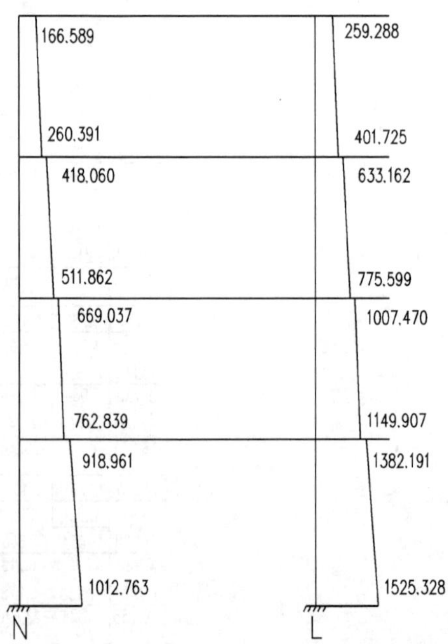

图 32　框架在恒荷载作用下的轴力图

3.5 活荷载作用下内力计算

(1) 计算梁活荷载固端弯矩。

① 屋面处荷载计算简图见图 33。

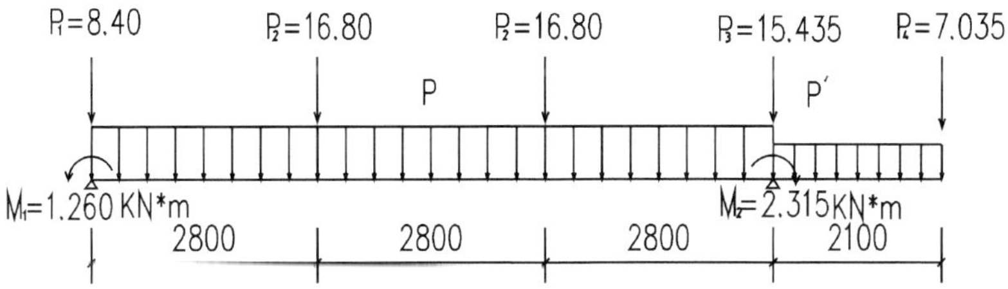

图 33

屋面连系梁处的附加偏心距计算：

集中力矩　M1＝P1e＝57.243×(0.55－0.25)/2＝8.568 kN/m

　　　　　M2＝P3e＝54.220×(0.55－0.25)/2＝8.133 kN/m

② 楼面处荷载计算简图见图 34。

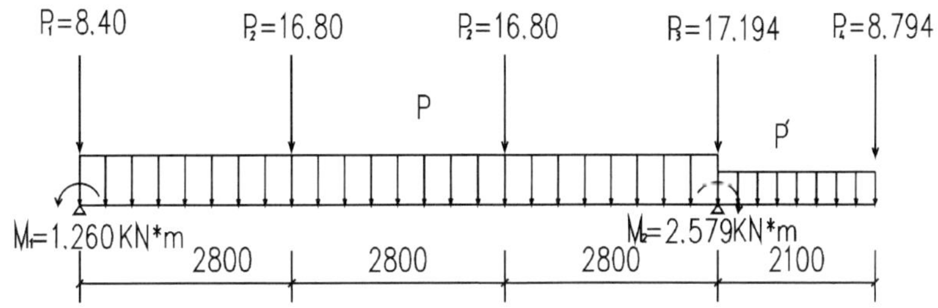

图 34

楼面连系梁处的附加偏心距计算：

集中力矩　M1＝P1e＝63.486×(0.55－0.25)/2＝9.523 kN·m

　　　　　M2＝P3e＝54.220×(0.55－0.25)/2＝16.818 kN·m

③ 顶层梁固端弯矩计算：

MNL ＝－1/12q2－FPab2

　　＝－3.5×8.42/12－16.8×2.8×5.62/8.42－16.8×5.6×2.82/8.42

　　＝－53.011kN·m

MLN＝－MLN＝53.011 kN·m

挑梁根部弯矩：

ML＝－7.035×2.1－2.625×2.12/2＝－20.562 kN·m

④ 顶层梁固端弯矩计算：

MNL ＝－1/12q2－FPab2

　　＝－3.5×8.42/12－16.8×2.8×5.62/8.42－16.8×5.6×2.82/8.42

　　＝－53.011 kN·m

MLN＝－MLN ＝53.011 kN·m

挑梁根部弯矩：

$$ML=-8.794\times2.1-3.125\times2.12/2=-25.358\ \text{kN}\cdot\text{m}$$

活荷载作用下梁端弯矩计算过程见图 28。

活荷载作用下的弯矩图见图 35(括号内数值为调幅后数值，调幅系数为 0.8)。

活荷载作用下的剪力图及轴力图见图 36、图 37。

(2) 由弯矩可求得在恒荷载作用下剪力，其结果见图 36。

(3) 由剪力可求得在恒荷载作用下轴力，其结果见图 37。

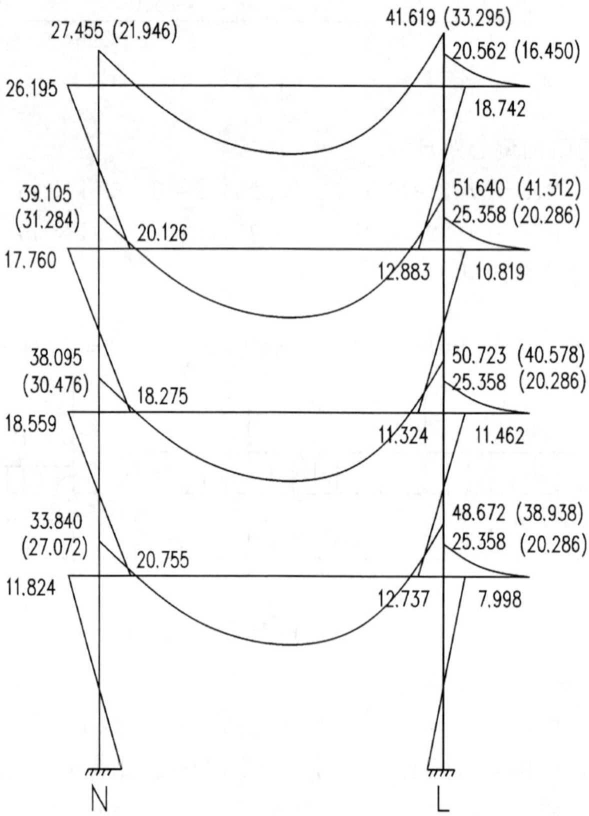

图 35 框架在活荷载作用下的弯矩图

4 内力组合

根据以上内力计算结果，即可进行各梁柱各控制截面上的内力组合，其中梁的控制截面为梁端及跨中，每层共有 4 个截面。

柱每层有两个控制截面，即柱顶和柱底。

各内力组合表见表 13～表 17。

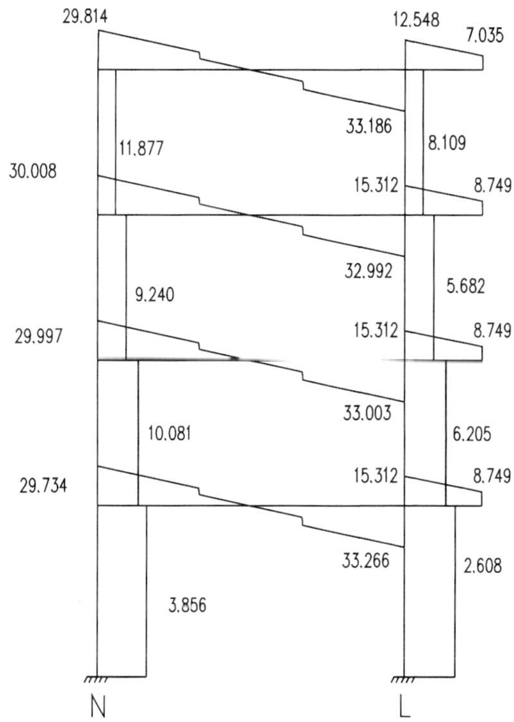

图 36　活荷载作用下的剪力图

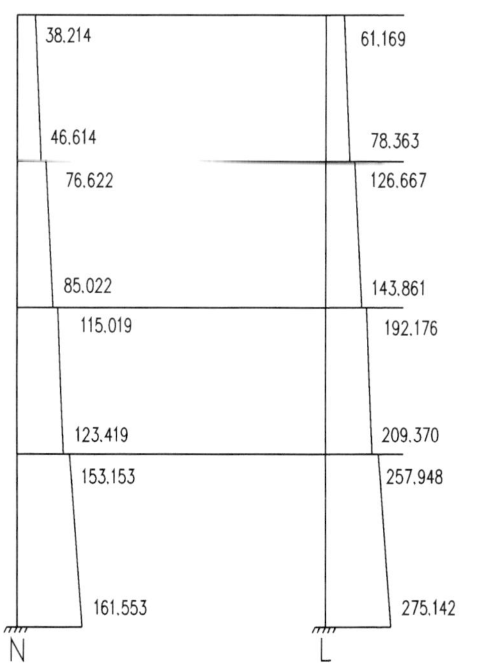

图 37　框架在活荷载作用下的轴力图

表 13　框架柱剪力组合

楼层		荷载类型			非抗震			非抗震				内力组合值
		恒荷载	活荷载	风荷载	可变荷载效应控制组合		永久荷载效应组合					
		V_G	V_Q	V_W	$V=1.2V_G+1.4V_Q$	$V=1.2V_G+0.9\times1.4(V_Q+V_W)$	$V=1.35V_G+1.4\times0.7V_Q$	V_E	$1.3V_E$	$1.2V_G'$	$V=\gamma_{RE}(1.2V_G'+1.3V_E)$	
N柱	4	45.326	11.877	3.494	71.02	73.76	72.83	26.190	34.05	61.52	81.23	81.23
	3	43.47	9.24	7.854	65.10	73.70	67.74	49.020	63.73	57.71	103.22	103.22
	2	46.462	10.081	11.954	69.87	83.52	72.60	64.680	84.08	61.80	124.00	124.00
	1	17.805	3.856	17.016	26.76	47.66	27.82	76.000	98.80	23.68	104.11	104.11
L柱	4	25.334	8.109	4.135	41.75	45.83	42.15	31.040	40.35	35.27	64.28	64.28
	3	28.038	5.682	9.31	41.60	52.54	43.42	58.090	75.52	37.05	95.69	95.69
	2	29.556	6.205	14.146	44.15	61.11	45.98	76.640	99.63	39.19	118.00	118.00
	1	12.328	2.608	18.808	18.44	41.78	19.20	83.860	109.02	16.36	106.57	106.57

注：γ_{RE}—抗震调整系数，取 0.85；V_G'—恒载+0.5 活载。

表 14　N 柱内力组合(弯矩、轴力)

楼层及控制截面			荷载类型			非抗震			抗震				内力组合值	
			恒荷载	活荷载	风荷载	可变荷载效应控制组合		永久荷载效应组合						
			M_G	M_Q	M_W	$M=1.2M_G-1.4M_Q$	$M=1.2M_G+0.9\times1.4(M_Q+M_W)$	$M=1.35M_G+1.4\times0.7M_Q$	M_E	$1.3M_E$	$1.2M_G'$	$\gamma_{RE}(1.2M_G'+1.3M_E)$	M_{MAX} 及相应的 N	
			N_G	N_Q	N_W	$N=1.2N_G-1.4\beta N_Q$	$N=1.2N_G+0.9\times1.4(\beta N_Q+N_W)$	$N=1.35N_G+1.4\beta\times0.7N_Q$	N_E	$1.3N_E$	$1.2N_G'$	$\gamma_{RE}(1.2N_G'+1.3N_E)$	N 及相应的 M_{MAX}	
4	柱顶	M	91.173	26.195	7.631	146.08	152.03	148.75	57.199	74.36	125.12	159.59	159.59	191.13
	柱底	M	85.597	20.126	5.996	130.89	135.63	135.28	44.942	58.42	114.79	138.57	138.57	319.33
3	柱顶	M	85.286	17.760	16.875	127.21	145.98	132.54	105.148	136.69	113.00	199.75	199.75	485.10
	柱底	M	84.247	18.275	13.807	126.68	141.52	131.64	86.030	111.84	112.06	179.12	179.12	627.25
2	柱顶	M	85.544	18.559	23.310	128.64	155.41	133.67	126.126	163.96	113.79	222.20	222.20	792.54
	柱底	M	95.659	20.755	23.310	143.85	170.31	149.48	126.126	163.96	127.24	232.97	232.97	965.66
1	柱顶	M	54.603	11.824	35.223	82.08	124.80	85.30	157.320	204.52	72.62	221.71	221.71	1127.81
	柱底	M	27.302	5.912	43.050	41.04	94.45	42.65	192.280	249.96	36.31	229.02	229.02	1223.88
4	柱顶	N	166.589	38.214	1.648	237.36	235.69	251.11	12.364	16.07	222.84	191.13	251.11	148.76
	柱底	N	260.391	46.614	6.642	358.15	361.95	383.51	45.172	58.72	340.44	319.33	383.51	135.28
3	柱顶	N	418.060	76.622	6.642	592.85	592.10	628.21	45.172	58.72	547.65	485.10	628.21	132.54
	柱底	N	511.862	85.022	14.725	715.41	723.85	761.84	91.399	118.82	665.25	627.25	761.84	131.63
2	柱顶	N	669.037	115.019	14.725	939.72	944.58	999.01	91.399	118.82	871.86	792.54	999.01	133.67
	柱底	N	762.839	123.419	27.243	1062.28	1081.91	1132.64	167.399	217.62	989.46	965.66	1132.64	149.48
1	柱顶	N	918.961	153.153	27.243	1317.17	1330.05	1368.17	167.399	217.62	1194.65	1129.81	1368.17	85.30
	柱底	N	1012.763	161.533	27.243	1441.46	1453.17	1501.79	167.399	217.62	1312.24	1223.88	1501.79	42.65

注：β—活荷载按楼层的折减系数，1 层取 β=1.0，2～3 层取 β=0.85，4 层取 β=0.7；

γ_{RE}—抗震调整系数，取 0.8；$M_G'=N_G'=$恒载+0.5 活载。

表 15　L 柱内力组合(弯矩、轴力)

楼层及控制截面			荷载类型			非抗震			抗震				内力组合值	
			恒荷载	活荷载	风荷载	可变荷载效应控制组合		永久荷载效应组合						
			M_G	M_Q	M_W	$M=1.2M_G+1.4M_Q$	$M=1.2M_G+0.9x1.4(M_Q+M_W)$	$M=1.35M_G+1.4x0.7M_Q$	M_E	$1.3M_E$	$1.2M_G'$	$\gamma_{RE}(1.2M_G'+1.3M_E)$	M_{MAX}及相应的 N	
			N_G	N_Q	N_W	$N=1.2N_G+1.4\beta N_Q$	$N=1.2N_G+0.9x1.4(\beta N_Q+N_W)$	$N=1.35N_G+1.4\beta x0.7N_Q$	N_E	$1.3N_E$	$1.2N_G'$	$\gamma_{RE}(1.2N_G'+1.3N_E)$	N_{MAX}及相应的 M	
4	柱顶	M	49.709	18.742	8.870	85.89	94.44	85.47	66.581	86.56	70.90	125.96	125.96	281.27
	柱底	M	49.095	12.883	7.257	76.95	84.29	78.90	54.475	70.82	66.64	109.97	109.97	433.85
3	柱顶	M	55.612	10.819	19.970	81.88	105.53	85.68	124.603	161.98	73.23	188.17	188.17	679.21
	柱底	M	53.736	11.324	16.339	80.34	99.34	83.64	101.948	132.53	71.28	163.05	163.05	840.23
2	柱顶	M	54.339	11.462	27.585	81.25	114.41	84.59	149.448	194.28	72.08	213.09	213.09	1086.02
	柱底	M	60.469	12.737	27.585	90.39	123.37	94.12	149.448	194.28	80.21	219.59	219.59	1246.26
1	柱顶	M	37.806	7.998	38.933	56.56	104.50	58.88	173.590	225.67	50.17	220.67	220.67	1492.57
	柱底	M	18.903	3.999	47.584	28.28	87.68	29.44	212.166	275.82	25.08	240.72	240.72	1638.27
4	柱顶	N	259.288	61.169	0.384	371.09	365.58	392.00	2.877	3.74	347.85	281.27	392.00	85.47
	柱底	N	401.725	78.363	1.499	558.87	553.07	596.09	10.170	13.22	529.09	433.85	596.09	78.90
3	柱顶	N	633.162	126.667	1.499	910.53	897.34	960.28	10.170	13.22	835.79	679.21	960.28	85.68
	柱底	N	775.599	143.861	3.324	1101.91	1088.98	1166.89	25.579	33.25	1017.04	840.23	1166.89	83.64
2	柱顶	N	1007.470	192.176	3.324	1437.65	1418.97	1520.17	25.579	33.25	1324.27	1086.02	1520.17	84.59
	柱底	N	1149.907	209.370	6.365	1629.04	1612.14	1726.78	40.244	52.32	1505.51	1246.26	1726.78	94.12
1	柱顶	N	1382.191	257.948	6.365	2019.76	1991.66	2118.75	40.244	52.32	1813.40	1492.57	2118.75	58.88
	柱底	N	1525.328	275.142	6.365	2215.59	2185.09	2328.83	40.244	52.32	1995.48	1638.24	2328.83	29.44

注：β—活荷载按楼层的折减系数，1 层取 β=1.0，2～3 层取 β=0.85，4 层取 β=0.7；

γ_{RE}—抗震调整系数，取 0.8；$M_G'=N_G'$=恒载+0.5 活载。

表 16 框架梁内力组合(弯矩)

楼层	截面位置		荷载类型			非抗震			抗震					内力组合		
			恒荷载	活荷载	风荷载	可变荷载效应控制组合		永久荷载效应组合								
			M_G	M_Q	M_W	$M=1.2M_G+1.4M_Q$	$M=1.2M_G+0.9\times1.4(M_Q+M_W)$	$M=1.35M_G+1.4\times0.7M_Q$	M_E	1.3M 1.3ME	$1.2M_G'$	$\gamma_{RE}(1.2M_G'+1.3M_E)$	$\gamma_{RE}(1.3M_E-1.2M_G')$	支座+M	支座−M	跨中 M
4	支座	N	−79.807	−21.946	−7.631	−126.49	−133.04	−129.25	−57.199	−74.36	−108.94	−153.81	25.54	25.54	−153.81	
		L_L	−151.454	−33.295	−6.126	−228.36	−231.42	−237.09	−46.659	−60.66	−201.72	−227.04	122.41	122.41	−237.09	
		L_R	−105.181	−16.45	−2.654	−149.25	−150.29	−158.12	−19.922	−25.90	−136.09	−141.90	97.23	97.23	−158.12	
	跨中	NL	143.275	43.373		232.65	226.58	235.93						235.93	226.58	235.93
3	支座	N	−143.526	−31.284	−22.871	−216.03	−240.47	−224.42	−150.090	−195.12	−191.00	−318.24	−18.34	−18.34	−318.24	
		L_L	−185.074	−41.312	−19.081	−279.93	−298.18	−290.34	−125.496	−163.14	−246.88	−344.55	63.12	63.12	−344.55	
		L_R	−87.839	−20.286	−8.146	−133.81	−141.23	−138.45	−53.582	−69.66	−117.58	−158.06	37.91	37.91	−158.06	
	跨中	NL	165.332	32.538		243.95	239.40	255.09						255.09	239.40	243.95
2	支座	N	−143.453	−30.476	−37.117	−214.81	−257.31	−223.53	−212.156	−275.80	−190.43	−378.24	−97.52	−97.52	−378.24	
		L_L	−187.841	−40.578	−30.782	−282.22	−315.32	−293.35	−176.153	−229.00	−249.76	−396.53	1.51	1.51	−396.53	
		L_R	−87.839	−20.286	−13.142	−133.81	−147.53	−138.46	−75.218	−97.73	−117.58	−179.16	10.48	10.48	−179.16	
	跨中	NL	163.649	33.501		243.28	238.59	253.76						253.76	238.59	243.28
1	支座	N	−128.05	−27.072	−58.533	−191.56	−261.52	−199.40	−283.446	−368.48	−169.90	−429.27	−206.35	−191.56	−429.27	
		L_L	−179.914	−38.938	−46.616	−270.41	−323.69	−281.04	−226.353	−294.26	−239.26	−436.03	−71.57	−71.57	−436.03	
		L_R	−87.839	−20.286	−19.902	−133.81	−156.04	−138.46	−96.653	−125.65	−117.58	−200.06	−16.69	−16.69	−200.06	
	跨中	NL	178.23	36.654		265.19	260.06	276.53						276.53	260.06	276.53

注:1γ_{RE}—抗震调整系数,抗弯取 0.75;M_G'=恒载+0.5 活载,弯矩单位 kN·m。

表 17 框架梁内力组合(剪力)

楼层	截面位置	荷载类型			非抗震			抗震				内力组合值
		恒荷载	活荷载	风荷载	可变荷载效应控制组合		永久荷载效应组合					
		V_G	V_Q	V_W	$V=1.2V_G+1.4V_Q$	$V=1.2V_G+0.9x$ $1.4(V_Q+V_W)$	$V=1.35V_G+$ $1.4x0.7V_Q$	V_E	$1.3V_E$	$1.2V_G'$	γ_{RE} $(1.2V_G'+$ $1.3V_E)$	
4	N	109.364	29.814	1.648	172.976	170.879	176.859	12.364	16.073	149.125	140.419	176.859
	L_L	130.668	33.186	1.648	203.262	200.692	208.924	12.364	16.073	176.713	163.868	208.924
	L_R	74.38	12.548	1.264	106.823	106.659	112.710	9.487	12.333	96.785	92.750	112.710
3	N	157.669	30.008	4.994	231.214	233.305	242.261	32.808	42.650	207.208	212.379	242.261
	L_L	170.011	32.992	4.994	250.202	251.876	261.847	32.808	42.650	223.808	226.490	261.847
	L_R	61.426	15.312	3.879	95.148	97.892	97.931	25.515	33.170	82.898	98.658	98.658
2	N	157.235	29.997	8.083	230.678	236.663	241.664	46.277	60.160	206.680	226.814	241.664
	L_L	170.445	33.003	8.083	250.738	256.302	262.444	46.277	60.160	224.336	241.822	262.444
	L_R	61.426	15.312	6.258	95.148	100.889	97.931	35.818	46.563	82.898	110.043	110.043
1	N	156.122	29.734	12.518	228.974	240.584	239.904	60.69	78.897	205.187	241.471	241.471
	L_L	171.558	33.266	12.518	252.442	263.557	264.204	60.69	78.897	225.829	259.017	264.204
	L_R	61.426	15.312	9.477	95.148	104.945	97.931	46.025	59.833	82.898	121.321	121.321

注：γ_{RE}—抗震调整系数，抗剪取 0.85；V_G'=恒载+0.5 活载，剪力单位 kN。

5 框架梁、柱截面设计

5.1 框架梁截面设计

根据横梁控制截面内力设计值，梁的正截面、斜截面计算分别详见表 17、表 18。

① 选用 C30 的混凝土，$f_c=14.3\mathrm{N\cdot mm^2}$，$f_t=1.43\mathrm{N\cdot mm^2}$；纵向受力钢筋选 HRB400，$f_y=360\mathrm{N/mm^2}$，箍筋及其他构造钢筋选用 HPB235，$f_y=210\mathrm{N/mm^2}$

② 当梁下部（梁跨中截面）受拉时，按 T 型截面设计，当梁上部（梁端支座）受拉时按矩形截面设计。梁 NL 采用单筋矩形截面配筋，取 $a_s=40\mathrm{mm}$，则 $h_0=800-40=760\mathrm{mm}$。

③ 梁 NL 采用 T 形截面配筋时，$b_f'=\frac{1}{3}=\frac{8400}{3}=2800\mathrm{mm}$，又 $b_f'=b+s_n=200+2600=2800\mathrm{mm}$，故取

$$b_f'=2800\mathrm{mm}$$

$$\alpha_1 f_c b_f' h_f'\left(h_0-\frac{h_f'}{2}\right)=1.0\times14.3\times2800\times100\times\left(760-\frac{100}{2}\right)=2842.84>276.53\mathrm{kN\cdot m}$$

故属于第一类 T 型截面。

正截面计算结果、斜截面计算结果见表 18、表 19。

表 18 梁正截面配筋计算

楼层	截面	M(kN·m)	$\alpha_s=M/(\alpha_1 f_c bh0^2)$	§·	γ_s	$AS=M/(\gamma_s f_y h0)$	选配钢筋(mm^2)		ρ=AS/bh0
4	N	−153.81	0.05	0.05	0.97	720.11	4Φ20	1257	0.55%
	L_L	237.09	0.08	0.09	0.96	1127.97	4Φ20	1257	0.55%
	L_R	−158.12	0.17	0.19	0.90	1185.54	4Φ20	1257	0.91%
	NL	235.93	0.01	0.01	0.99	1079.90	4Φ20	1257	0.55%
3	N	−318.24	0.11	0.12	0.94	1539.16	4Φ20+1Φ25	1748	0.77%
	L_L	344.55	0.12	0.13	0.94	1675.63	4Φ20+1Φ25	1748	0.77%
	L_R	−158.06	0.17	0.19	0.90	1185.04	4Φ20+1Φ25	1748	1.27%
	NL	255.09	0.01	0.01	0.99	1168.09	4Φ20+1Φ25	1748	0.77%
2	N	378.24	0.13	0.14	0.93	1852.79	4Φ25	1964	0.86%
	L_L	396.53	0.14	0.15	0.93	1950.14	4Φ25	1964	0.86%
	L_R	−179.16	0.20	0.22	0.89	1365.38	4Φ25	1964	1.42%
	NL	253.76	0.01	0.01	0.99	1161.97	4Φ25	1964	0.86%
1	N	−429.27	0.15	0.16	0.92	2126.54	4Φ25	2454	1.08%
	L_L	436.03	0.15	0.16	0.92	2163.32	5Φ25	2454	1.08%
	L_R	−200.06	0.22	0.25	0.87	1550.99	5Φ25	2454	1.78%
	NL	276.53	0.01	0.01	0.99	1266.86	5Φ25	2454	1.08%

表 19　框架梁斜截面配筋计算

楼层	截面	设计值 V	$0.25\beta_C f_c bh_0 > V$	$\frac{V-0.7f_t bhh_0}{f_{yv}h_0}$	s	Asv		实配面积	均满足
						n	Asv1		
4	N	176.859	950.95>V	按构造配筋	200	2	0	50.3	0.144%
	L左	208.924	950.95>V	按构造配筋	100	2	0	50.3	0.287%
	L右	112.71	493.35>V	按构造配筋	100	2	0	50.3	0.335%
3	N	242.261	950.95>V	按构造配筋	200	2	0	50.3	0.144%
	L左	261.847	950.95>V	按构造配筋	100	2	0	50.3	0.287%
	L右	98.658	493.35>V	按构造配筋	100	2	0	50.3	0.335%
2	N	241.644	950.95>V	按构造配筋	200	2	0	50.3	0.144%
	L左	262.444	950.95>V	按构造配筋	100	2	0	50.3	0.287%
	L右	110.043	493.35>V	按构造配筋	100	2	0	50.3	0.335%
1	N	241.471	950.95>V	按构造配筋	100	2	0	50.3	0.287%
	L左	264.204	950.95>V	按构造配筋	100	2	0	50.3	0.287%
	L右	121.321	493.35>V	按构造配筋	100	2	0	50.3	0.335%

集中力产生的剪力小于总剪力的75%，按均布荷载计算。

AB跨：加密区配置 8@100，非加密区配置 8@200；BC：沿全长配置 8@100。

5.2　框架柱截面设计

① 剪跨比和轴压比验算

表20给出了框架梁各层剪跨比和轴压比计算结果，其中剪跨比λ也可取 $H_n/(2h_0)$，表中的 M^c、V^c 和 N 不应考虑承载力抗震调整系数。

表 20　柱的剪跨比和轴压比验算

楼层		b	h0	fc	M^C	V^C	N	$\frac{M^C}{V^C h_0}$	$\frac{N}{f_c bh_0}$
N柱	4	550	510	14.3	199.48	95.56	238.91	4.09	0.060
	3	550	510	14.3	249.69	121.44	606.38	4.03	0.151
	2	550	510	14.3	291.25	145.88	1207.08	3.91	0.301
	1	550	510	14.3	286.28	122.48	1529.85	4.58	0.381
L柱	4	550	510	14.3	157.45	75.62	351.59	4.08	0.088
	3	550	510	14.3	235.21	112.57	849.02	4.10	0.212
	2	550	510	14.3	274.49	138.82	1557.77	3.88	0.388
	1	550	510	14.3	300.9	125.38	2047.84	4.71	0.511

由表21～表23可知剪跨比均满足>2的要求，轴压比均满足<0.9的要求。

表 21　框架柱(N 列柱)承载力计算

楼层	内力组		e_0	h_0	e_a	e_i	ζ_1	l_0	h	ζ_2	η
			mm	mm	mm	mm		mm	mm		
4	M(kN·m)	159.59	1236	510	20	1256	1.000	4875	550	1.0	1.023
	N(kN)	129.13									
	M(kN·m)	135.28	353	510	20	373	0.564	4875	550	1.0	1.043
	N(kN)	383.51									
3	M(kN·m)	199.75	412	510	20	432	0.446	4875	550	1.0	1.030
	N(kN)	485.10									
	M(kN·m)	131.64	173	510	20	193	0.284	4875	550	1.0	1.042
	N(kN)	761.84									
2	M(kN·m)	232.97	241	510	20	261	0.224	4875	550	1.0	1.025
	N(kN)	965.66									
	M(kN·m)	149.48	132	510	20	152	0.191	4875	550	1.0	1.036
	N(kN)	1132.64									
1	M(kN·m)	229.02	187	510	20	207	0.177	4600	550	1.0	1.022
	N(kN)	1223.88									
	M(kN·m)	42.65	28	510	20	48	0.144	4600	550	1.0	1.076
	N(kN)	1501.79									

注：

$e_0=\frac{M}{N}$；

e_a 取 20mm 和$\frac{h}{30}$中的最大值；

$e_i=e_0+e_a$；

$\zeta_1=0.2+2.7\frac{e_i}{h_0}$，当 $\zeta_1>1.0$ 时，取 $\zeta_1=1.0$；

$l_0=1.25H$(2－4 层)，$l_0=1.0H$(底层)；

$\zeta_2=1.15-0.01\frac{l_0}{h}$，当$\frac{l_0}{h}<15$ 时，取 $\zeta_2=1.0$；

$\eta=1+\frac{1}{1400\frac{e_i}{h_0}}\left(\frac{l_0}{h}\right)^2\zeta_1\zeta_2$。

表 22　框架柱(L 列柱)承载力计算

楼层	内力组		e_0	h_0	e_a	e_i	ζ_1	l_0	h	ζ_2	η
			mm	mm	mm	mm		mm	mm		
4	M(kN·m)	125.96	448	510	20	468	1.000	4875	550	1.0	1.061
	N(kN)	281.27									
	M(kN·m)	78.90	132	510	20	152	0.363	4875	550	1.0	1.068
	N(kN)	596.07									

续表

层次	内力组		e_0	h_0	e_a	e_i	ζ_1	l_0	h	ζ_2	η
			mm	mm	mm	mm		mm	mm		
3	M(kN·m)	188.17	277	510	20	297	0.318	4875	550	1.0	1.031
	N(kN)	679.21									
	M(kN·m)	83.64	72	510	20	92	0.185	4875	550	1.0	1.058
	N(kN)	1166.90									
2	M(kN·m)	219.59	176	510	20	196	0.174	4875	550	1.0	1.025
	N(kN)	1246.26									
	M(kN·m)	94.12	55	510	20	75	0.125	4875	550	1.0	1.048
	N(kN)	1726.78									
1	M(kN·m)	220.67	148	510	20	168	0.145	4600	550	1.0	1.022
	N(kN)	1492.57									
	M(kN·m)	29.44	13	510	20	33	0.093	4600	550	1.0	1.073
	N(kN)	2328.83									

表23　框架柱(N列柱)承载力计算

层次	内力组		e_i	η	x	$\varepsilon_b h_0$	偏心情况	$A_S=A_S'$ (mm^2)		e'	e
			mm		mm	mm		计算配筋	实际配筋		
4	M(kN·m)	159.59	1256	1.023	16.42	264.18	大偏心	738.14	通长配置4Φ16(804)	1049.51	
	N(kN)	129.13									
	M(kN·m)	135.28	373	1.043	48.76	264.18	大偏心	321.43		153.88	
	N(kN)	383.51									
3	M(kN·m)	199.75	432	1.030	61.68	264.18	大偏心	553.61	通长配置4Φ16(804)	209.53	
	N(kN)	485.10									
	M(kN·m)	131.64	193	1.042	96.86	264.18	大偏心	<0			435.92
	N(kN)	761.84									
2	M(kN·m)	232.97	261	1.025	122.78	264.18	大偏心	284.30	通长配置4Φ16(804)		502.66
	N(kN)	965.66									
	M(kN·m)	149.48	152	1.036	144.01	264.18	大偏心	<0			392.44
	N(kN)	1132.64									
1	M(kN·m)	229.02	207	1.022	155.61	264.18	大偏心	96.22	通长配置4Φ16(804)		446.63
	N(kN)	1223.88									
	M(kN·m)	42.65	48	1.076	190.95	264.18	大偏心	<0			287.07
	N(kN)	1501.79									

② 柱的计算长度：对于现浇楼盖，底层柱计算长度 $l_0=1.0H$，其余层 $l_0=1.25H$。

③ 计算柱的纵向受力钢筋。

选用 C30 的混凝土，$f_c=14.3N\cdot mm^2$，$f_t=1.43N\cdot mm^2$；纵向受力钢筋选 HRB400，$f_y=360N/mm^2$，箍筋及其他构造钢筋选用 HPB235，$f_y=210N/mm^2$。详见表 24。

表 24 框架柱(L 列柱)承载力计算

<table>
<tr><td rowspan="2">层次</td><td rowspan="2" colspan="2">内力组</td><td>e_i</td><td rowspan="2">η</td><td>x</td><td>$\varepsilon_b h_0$</td><td rowspan="2">偏心情况</td><td colspan="2">$A_S=A_S'$ (mm^2)</td><td rowspan="2">e'</td><td rowspan="2">e</td></tr>
<tr><td>mm</td><td>mm</td><td>mm</td><td>计算配筋</td><td>实际配筋</td></tr>
<tr><td rowspan="4">4</td><td>M(kN·m)</td><td>125.96</td><td rowspan="2">468</td><td rowspan="2">1.061</td><td rowspan="2">35.76</td><td rowspan="2">264.18</td><td rowspan="2">大偏心</td><td rowspan="2">400.53</td><td rowspan="4">通长配置
4Φ16
(804)</td><td rowspan="2">261.45</td><td rowspan="2"></td></tr>
<tr><td>N(kN)</td><td>281.27</td></tr>
<tr><td>M(kN·m)</td><td>78.90</td><td rowspan="2">152</td><td rowspan="2">1.068</td><td rowspan="2">75.79</td><td rowspan="2">264.18</td><td rowspan="2">大偏心</td><td rowspan="2">234.56</td><td rowspan="2">72.25</td><td rowspan="2"></td></tr>
<tr><td>N(kN)</td><td>596.07</td></tr>
<tr><td rowspan="4">3</td><td>M(kN·m)</td><td>188.17</td><td rowspan="2">297</td><td rowspan="2">1.031</td><td rowspan="2">86.36</td><td rowspan="2">264.18</td><td rowspan="2">大偏心</td><td rowspan="2">275.00</td><td rowspan="4">通长配置
4Φ16
(804))</td><td rowspan="2"></td><td rowspan="2">541.16</td></tr>
<tr><td>N(kN)</td><td>679.21</td></tr>
<tr><td>M(kN·m)</td><td>83.64</td><td rowspan="2">92</td><td rowspan="2">1.058</td><td rowspan="2">148.37</td><td rowspan="2">264.18</td><td rowspan="2">大偏心</td><td rowspan="2"><0</td><td rowspan="2"></td><td rowspan="2">331.98</td></tr>
<tr><td>N(kN)</td><td>1166.90</td></tr>
<tr><td rowspan="4">2</td><td>M(kN·m)</td><td>219.59</td><td rowspan="2">196</td><td rowspan="2">1.025</td><td rowspan="2">158.46</td><td rowspan="2">264.18</td><td rowspan="2">大偏心</td><td rowspan="2">36.62</td><td rowspan="4">通长配置
4Φ16
(804)</td><td rowspan="2"></td><td rowspan="2">436.17</td></tr>
<tr><td>N(kN)</td><td>1246.26</td></tr>
<tr><td>M(kN·m)</td><td>94.12</td><td rowspan="2">75</td><td rowspan="2">1.048</td><td rowspan="2">219.55</td><td rowspan="2">264.18</td><td rowspan="2">大偏心</td><td rowspan="2"><0</td><td rowspan="2"></td><td rowspan="2">313.09</td></tr>
<tr><td>N(kN)</td><td>1726.78</td></tr>
<tr><td rowspan="4">1</td><td>M(kN·m)</td><td>220.67</td><td rowspan="2">168</td><td rowspan="2">1.022</td><td rowspan="2">189.77</td><td rowspan="2">264.18</td><td rowspan="2">大偏心</td><td rowspan="2"><0</td><td rowspan="4">通长配置
4Φ16
(804)</td><td rowspan="2"></td><td rowspan="2">406.54</td></tr>
<tr><td>N(kN)</td><td>1492.57</td></tr>
<tr><td>M(kN·m)</td><td>29.44</td><td rowspan="2">33</td><td rowspan="2">1.073</td><td rowspan="2">296.10</td><td rowspan="2">264.18</td><td rowspan="2">小偏心</td><td rowspan="2"><0</td><td rowspan="2"></td><td rowspan="2">270.01</td></tr>
<tr><td>N(kN)</td><td>2328.83</td></tr>
</table>

注：

$e=\eta e_i+\frac{h}{2}-a_s$，其中 a_s 取 40mm；

$x=\frac{N}{\alpha_1 bf_c}$；

A_s、A_s'：

当 $2a_s'<x<x_b$ 时，$A_s=A_s'=\frac{Ne-\alpha_1 f_c bx\left(h_0-\frac{x}{2}\right)}{f_y'(h_0-a_s')}$

当 $x<2a_s'$时，取 $x=2a_s'$，$A_s=A_s'=\frac{Ne'}{f_y'(h_0-a_s')}$，其中 $e'=\eta e_i-\frac{h}{2}+a_s'$。

令 $A_s'=0$，由 $Ne=\alpha_1 f_c bx\left(h_0-\frac{x}{2}\right)$再求 x，代入 $A_s=A_s'=\frac{\alpha_1 f_c bx-N}{f_y}$，后取两者较小值。

当 $x>x_b$ 时，重求 x，$\xi=\frac{N-\xi_b\alpha_1 f_c bh_0}{\frac{Ne-0.43\alpha_1 f_c bh_0^2}{(0.8-\xi_b)(h_0-a_s')}+\alpha_1 f_c bh_0}+\xi_b$ 由可求得 $x=\xi_b h_0$，

$$A_s = A_s' = \frac{Ne - \alpha_1 f_c bx(h_0 - \frac{x}{2})}{f_y'(h_0 - a_s')}$$

④ 框架柱抗剪承载力计算。

由最大剪力和相对应的轴力作为控制值，计算可知均按构造配箍，箍筋采用双肢，HPB235 级钢筋，

加密区：ϕ8@100 四肢箍；纵向搭接处：ϕ8@100 四肢箍；其余部分：ϕ8@200 四肢箍

⑤ 框架梁柱节点核心区截面抗震验算。

以首层 U 轴节点为例。由节点两侧梁的受弯承载力计算节点核心区的受剪设计值，因节点两侧梁不等高，计算时取两侧梁的平均高度，即

$h_b = (800 + 500)/2 = 650\text{mm}$　　　　$h_{b0} = (760 + 460)/2 = 610\text{mm}$

A、剪力设计值

$$V_j = \frac{\eta_c \sum M_b}{h_{b0} - a_s'}\left(1 - \frac{h_{bo} - a_s'}{H_n - h_b}\right)$$

其中对于三级抗震等级 $\eta_c = 1.2$，$\sum M_b$ 为节点左右梁端组合弯矩设计值之和，对于首层 F 轴节点 $\sum M_b = 400.14 + 168.02 = 568.16\text{kNm}$，$H_n = 0.45 \times 4.6 + 0.5 \times 3.9 = 4.02\text{m}$，则

$$V_j = \frac{1.2 \times 568.16 \times 10^3}{610 - 40}\left(1 - \frac{610 - 40}{4020 - 650}\right) = 993.81\text{kN}$$

B、剪压比限值

因为 $b_b = 350 > b_c/2 = 275$，故取 $b_j = b_c = 550\text{mm}$，$h_j = 500\text{mm}$，$\eta_j = 1.0$。

$$\frac{1}{\gamma_{RE}}(0.30\eta_j f_c b_j h_j) = \frac{1}{0.85}(0.3 \times 1.0 \times 14.3 \times 550 \times 500) = 1387.94\text{kN} > V_j = 993.81\text{kN}$$

(满足剪跨比要求)

C、节点受剪承载力

节点核心区的受剪承载力按下式计算，其中 N 取一层柱底轴力 N=2328.83kN 和 $0.5f_cA = 0.5 \times 14.3 \times 550 \times 550 = 2162.88\text{kN}$ 二者中较小值，故取 N=2162.88kN。

设节点区配箍为 4 肢 ϕ10@100，则

$$\frac{1}{\gamma_{RE}}\left(1.1\eta_j f_t b_j h_j + 0.05\eta_j N \frac{b_j}{b_c} + f_{yv} A_{svj} \frac{h_{b0} - a_s'}{s}\right)$$

$$= \frac{1}{0.85}\left(1.1 \times 1.0 \times 1.43 \times 550 \times 500 + 0.05 \times 1.0 \times 2162.88 \times 10^3 + 210 \times 4 \times 78.5 \times \frac{610 - 40}{100}\right)$$

$$= 1078.32\text{kN} > V_j = 993.81\text{kN}$$

节点满足受剪承载力要求。

6　板及次梁截面设计

6.1　板的截面设计(楼面板)

取 1 米板带为计算单元。

① 荷载计算。

板的恒荷载标准值：

12 厚 1:2 水泥石子磨光

素水泥砂浆结合层一遍

18 厚 1:3 水泥砂浆找平

素水泥结合层一遍

总重 0.65kN·m

100mm 厚钢筋混凝土楼板 $0.1\times25=2.5kN/m^2$

吊顶或粉底 $0.02\times17=0.34kN/m^2$

共计：3.49kN·m

按弹性理论计算板

(1) 荷载计算：$g=1.2\times3.49=4.188\ kN/m^2$

$$q=1.3\times2.0=2.6kN/m^2$$
$$q'=1.3\times2.5=3.25kN/m^2$$

A 区格板荷载计算：

$$P_1=g+1/2q=4.188+0.5\times2.6=5.488kN/m^2$$
$$P_2=q/2=0.5\times2.6=1.3kN/m^2$$
$$P_3=g+q=4.188+2.6=6.788kN/m^2$$

B 区格板荷载计算：

$$P'_1=g+1/2q'=4.188+0.5\times3.25=5.813kN/m^2$$
$$P'_2=q'/2=0.5\times3.25=1.625kN/m^2$$
$$P'_3=g+q'=4.188+3.25=7.438kN/m^2$$

(2) 计算跨度：

因为板为四边固支(现浇板)，因此取计算跨度为 $l_0=l_c$(轴线间距离)。

(3) 弯矩计算：

跨中最大弯矩为当内支座固支时在 $P_1=g+1/2q$ 作用下的跨中弯矩与内支座铰支时在 $P_2=1/2q$ 作用跨中弯矩之和。混凝土的波松比取 $\nu=0.2$；负弯矩微微内支座固定时在 $P_3=g+q$作用下的支座负弯矩。

根据本楼面板的不同情况。本楼面板可分为 A、B 两种区格：

① A 区格板弯矩计算简

$$l_{01/}l_{02}=2.8/4.4=0.64$$

查表可得板弯矩计算系数得板跨中及支座处弯矩

$$m_1=(0.0349+0.2\times0.0091)\times P_1l_{01}^2+(0.0764+0.2\times0.0265)P_2l_{02}^2$$
$$=(0.0349+0.2\times0.0091)\times5.488\times2.8^2+(0.0764+0.2\times0.0265)\times1.3\times2.8^2$$
$$=2.416kN\cdot m$$
$$m_2=(0.0091+0.2\times0.0349)\ P_1l_{01}^2+(0.0265+0.2\times0.0764)\ P_2l_{02}^2$$
$$=(0.0091+0.2\times0.0349)\times5.488\times2.8^2+0.0265+0.2\times0.0764)\times1.3\times2.8^2$$

$= 1.126kN \cdot m$

$m_1' = m_1'' = -0.0771 \times P_3 l_{01}^2 = -0.0771 \times 6.788 \times 2.8^2 = -4.106kN \cdot m$

$m_2' = m_2'' = -0.0571 \times P_3 l_{01}^2 = -0.0571 \times 6.788 \times 2.8^2 = -3.046kN \cdot m$

② B区格板弯矩计算　　　　$l_{02}/l_{01} = 4.2/2.1 = 2.10$

即：$2 < l_{02}/l_{01} < 3$

按双向板设计

$l_{01}/l_{02} = 2.14.4 = 0.48 < 0.5$，取 $L_{01}/l_{02} = 0.5$

查表可得板弯矩计算系数得板跨中及支座处弯矩

$m_1 = (0.04 + 0.2 \times 0.0038) \times P_1' l_{01}^2 + (0.0965 + 0.2 \times 0.0174) \times P_2' l_{01}^2$

$= (0.04 + 0.2 \times 0.0038) \times 5.813 \times 2.1^2 + (0.0965 + 0.2 \times 0.0174) \times 1.625 \times 2.1^2$

$= 1.76kN \cdot m$

$m_2 = (0.0038 + 0.2 \times 0.04) \times P_1' l_{01}^2 + (0.0174 + 0.2 \times 0.0965) \times P_2' l_{01}^2$

$= (0.0038 + 0.2 \times 0.04) \times 5.813 \times 2.1^2 + (0.0174 + 0.2 \times 0.0965) \times 1.625 \times$

$= 0.57\ kN \cdot m$

$m_1' = m_1'' = -0.0829\ P_3' l_{01}^2 = -0.0829 \times 7.438 \times 2.1^2 = -2.72\ kN \cdot m$

$m_2' = m_2'' = -0.0570\ P_3' l_{01}^2 = -0.0570 \times 7.438 \times 2.1^2 = -1.87\ kN \cdot m$

(4) 截面设计：

截面有效高度：假定选用@ 8钢筋，则 l_{01} 方向的截面 $h_{01} = 81mm$，l_{02} 方向的截面高度 $h_{02} = 73mm$，支座截面高度 $h_0 = 81mm$。

截面设计用的弯矩：楼盖板四边整体与梁现浇。因考虑跨中及支座处弯矩折减20%。为便于计算，近似取 $\gamma = 0.95$。计算用配筋 $A_S = m/(0.95 h_0 f_y)$。计算过程如下：

计算得配筋面积较小。因此全部采用构造配筋。钢筋选用情况见表25。

表25　按弹性理论设计的板截面配筋

截面位置			h_0	m	0.8m	A_S	配筋	实配 A_S
			mm	kN·m	kN·m	mm^2		mm^2
跨中	A区格	l_{01}方向	81	2.41	1.93	119.43	Φ8@200	251
		l_{02}方向	73	1.12	0.90	60.80	Φ8@200	251
	B区格	l_{01}方向	81	1.76	1.41	87.25	Φ8@200	251
		l_{02}方向	73	0.57	0.46	31.59	Φ8@200	251
支座	A--A		81	−4.1	−3.28	202.98	Φ8@200	251
	A--B		81	−3.04	−2.43	150.38	Φ8@200	251
	B--B		81	−2.72	−2.18	134.91	Φ8@200	251

6.2　次梁截面设计(按塑性内力重分布计算)

① 次梁的支承情况见图38。

② 荷载计算：

由板传来梯形荷载：　　　　$3.49 \times 2.8 = 9.772kN \cdot N$

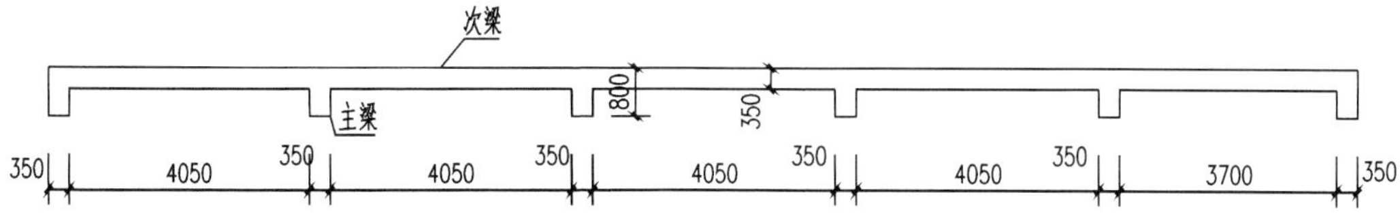

图 38　次梁的计算示意图

简化为均布荷载为：　$(1.0.32^2-0.32^3)\times9.772=8.09$kN・N

次梁自重　$0.2\times0.35\times25=1.75$kN・N

梁侧粉刷　$2\times(0.35-0.1)\times0.02\times17=0.17$kN・N

恒载　$g_k=10.01$kN・N

活载　$q_k=2.0\times2.8=5.6$kN・N

设计值总值　$g+q=1.2\times10.01+1.4\times5.6=19.85$kN・N

③ 确定计算跨度及计算简图

塑性内力重分布计算时，其计算跨度：

中跨、边跨：　$l_{01}=l_{02}=ln=4400-350=4050$mm

可按等跨连续梁计算，计算简图见图 39。

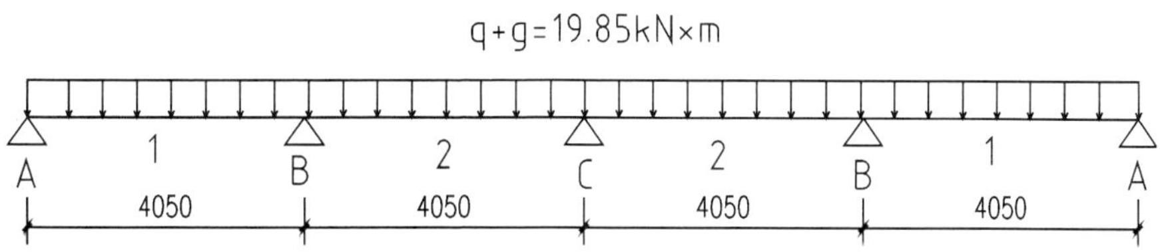

图 39　次梁的计算简图

④ 内力计算：

由 $M=\alpha(g+q)l_0^2$ 可计算出 M_1、M_B、M_2、M_c，计算结果见表 26。

表 26　次梁弯矩设计值

截面位置	A	1	B	2	C
α	−1/24	1/14	−1/11	1/16	−1/14
$M=\alpha(g+q)l_0^2$ (kN/m)	−13.56	23.26	−29.60	20.35	−23.26

由 $V=\alpha_v(g+q)l_n$ 可计算出 V_A、V_{Bl}、V_{Br}、V_c，计算结果见表 27。

表 27　次梁剪力设计值

截面位置	A	B_l	B_r	C
α	0.50	0.55	0.55	0.55
$V=\alpha_v(g+q)l_n$ (kN)	40.20	44.22	44.20	44.22

⑤ 截面承载力计算：

次梁跨中按T形截面计算，T形截面的翼缘宽度 b_f'，按 $b_f' \leqslant \frac{1}{3}l = \frac{1}{3} \times 4400 = 1467mm < b + s_0 = 2800 + 350 = 3150mm$，故取 $b_f' = 1467mm$。

梁高：$h = 350$，$h_0 = 350 - 40 = 310mm$

翼缘厚：$h_f' = 100mm$

判定T形截面类型：

$$\alpha_1 f_c b_f' h_f' \left(h_0 - \frac{h_f'}{2} \right) = 1.0 \times 14.3 \times 1467 \times 100 \left(310 - \frac{100}{2} \right) = 545.43 \times 10^6 N \cdot mm$$

$$= 545.43kN \cdot m > \begin{cases} 23.26kN \cdot m(\text{边跨中}) \\ 20.35kN \cdot m(\text{中间跨中}) \end{cases}$$

故各跨中截面属于第一类T形截面。

次梁正截面承载力计算见表28。

表28　次梁正截面承载力计算

截　面	A	1	B	2	C
弯矩 M(kN·m)	−13.56	23.26	−29.60	20.35	−23.26
$\alpha_s = \frac{M}{\alpha_1 f_c b h_0^2}$ 或 $\alpha_s = \frac{M}{\alpha_1 f_c b_f' h_0^2}$	0.0493	0.0115	0.1076	0.0101	0.0115
$\xi = 1 - \sqrt{1 - 2\alpha_s}$ $(\leqslant \xi_b = 0.350)$	0.0505	0.0116	0.1141	0.0102	0.0116
$\gamma_s = 1 - 0.5\xi$	0.975	0.994	0.943	0.995	0.994
$A_s = M/\gamma_s f_y h_0$	124.62	209.68	281.27	183.26	209.68
选用钢筋	2Φ14	2Φ14	2Φ14	2Φ14	2Φ14
实际钢筋截面面积(mm^2)	308	308	308	308	308
$\rho = \frac{A_S}{bh_0}$	0.50 满足要求	0.50% 满足要求	0.50% 满足要求	0.50% 满足要求	0.50% 满足要求

次梁斜截面承载力计算见表29。

表29　次梁斜截面承载力计算

截　面	A	B左	B右	C
V(kN)	40.20	44.22	44.22	44.22
$0.25\beta_c f_c b h_0$(kN)	221.65	221.65	221.65	221.65
$V_c = 0.7 f_t b h_0$(kN)	62.06 按构造配筋	62.06 按构造配筋	62.06 按构造配筋	62.06 按构造配筋
箍筋肢数、直径	双肢 ϕ8@200	双肢 ϕ8@200	双肢 ϕ8@200	双肢 ϕ8@200

⑤ 构造配筋要求：沿全长配置封闭式箍筋，第一根箍筋距支座边50mm处开始布置，在简支端的支座范围内各布置一根箍筋。

⑥ 两侧附加横向钢筋的计算：

次梁传来的集中力：$10.01\times4.4\times1.2+5.6\times4.4\times1.4=87.35kN$

$h_1=800-350=450mm$

附加箍筋布置范围：$s=2h_1+3b=2\times450+3\times200=1500mm$

取附加箍筋 ϕ8@200mm，则在长度范围内可布置箍筋的排数：$m=\frac{1500}{200}+1=9$ 排，梁两侧各布置 4 排。

另加吊筋 1Φ14，$A_{sb}=153.9mm^2$，则由：

$2f_yA_{sb}\sin a+m\cdot nf_{yv}A_{sv1}=2\times360\times153.9\times0.707+8\times2\times210\times50.3=247.35kN>F_l$，满足要求。

7 基础设计(以 L 柱为例设计基础)

根据地基复杂程度，建筑物规模和功能特性以及地基问题可能造成的破坏或影响正常使用的程度，将地基基础设计分为三个设计等级。由于本设计场地和地质条件简单，荷载分布均匀，为四层公用建筑，固基础设计等级为丙级，可不做变形验算。

由设计任务要求及差得相关资料可知，杂填土的容重为 $16.5kN/m^3$，粉土的容重为 $19.0kN/m^3$，中砂的容重为 $20.0kN/m^3$。基础埋置深度为 1.9m，故可得该地基基础土的加权平均容重为：

$$\gamma_m=(0.5\times16.5+19.0\times1.0+20.0\times0.4)/1.9=18.5\ kN/m^3$$

基础可采用条形基础，$f_{ak}=200kPa$，考虑基础跨度和深度的修正，取 $\eta_b=3.0$，$\eta_d=4.4$，则地基承载力特征值

$$f_a=f_{ak}+\eta_b(b-3)+\eta_d\gamma_m(d-0.5)=200+4.4\times18.5\times(1.9-0.5)=314\ kPa$$

混凝土强度等级为 C30，($f_c=14.3N/mm^2$，$f_t=1.43\ N/mm^2$)，基础梁纵筋采用 HRB400 级钢筋($f_y=f_y'=360\ N/mm^2$)，箍筋采用 HPB235 级钢筋($f_{yv}=210\ N/mm^2$)。

7.1 基础尺寸的确定

基础如图 40 所示。其中 $h=1200mm$，$h_f=250mm$，$b=650mm$，$h'=150mm$。

因为基础受力较均匀，所以合力作用点在基础纵向的中心。基地的反力为均布荷载。沿纵向基础挑出长度为 $1/3\times4.4=1.5m$，因此基础长度为：

$$l=6\times4.4+1.5\times2=29.4m$$

由前面计算梁柱的受力可知底层柱：

$$M=29.438kN\cdot m\qquad F_k=2328.83kN$$

$$\sum F_k=6\times2328.83=13972.98kN$$

$$b_f\geqslant\sum F_k/(f_a-\gamma_m d)l=13972.98/(314-18.5\times1.9)29.4=1.7m(\text{取 } b_f=1.8m)$$

7.2 基础反力分析

基础单位面积上的反力：

偏心距

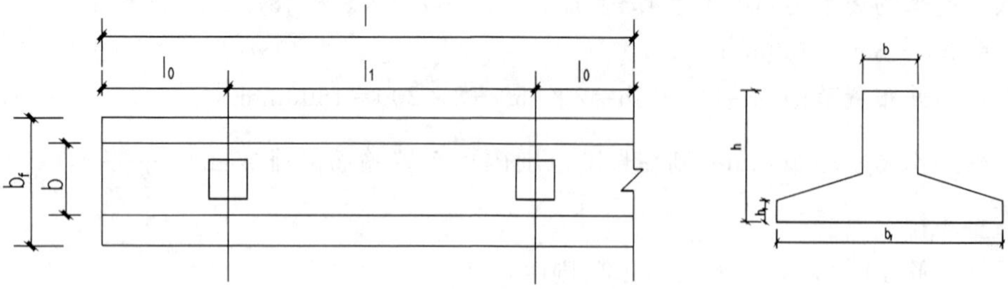

图 40　基础尺寸图

$$e_0 = M_k/F_k = 29.438 \times 10^3/2328.83 = 12.6\text{mm}$$

上部传至基础底面的荷载设计值

$$F = 1.35F_K = 1.35 \times 2328.83 = 3143.92\text{kN}$$

基地单位面积上的反力

$$pn = \sum F_k/lb_f \times (1 + 6e_0/l)$$

$$= 3143.92 \times 6/(29.4 \times 1.8) \times (1 + 6 \times 12.6 \times 10^{-3}/29.4) = 357.37\text{kN/m}^2$$

所以　　$p = p_n b_f = 357.37 \times 1.8 = 643.27\text{kN/m}$

由于按倒梁法计算时结构有 6 跨，可按简化的方法取其中的 5 跨来计算，分别为中间跨、两边跨和中间与两边的任一跨，计算简图见图 41。

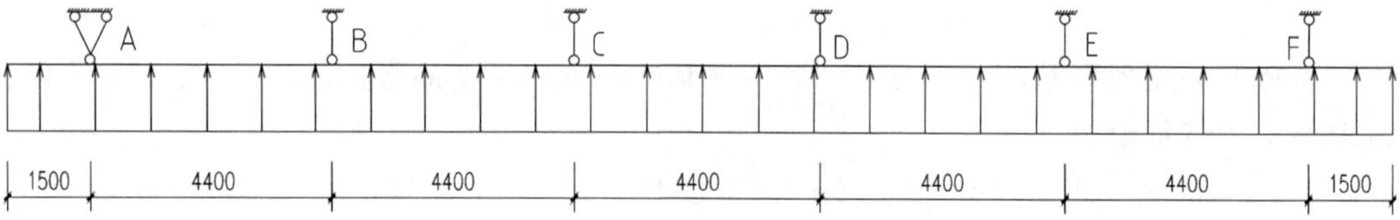

图 41　基础计算倒梁法简图

因结构对称，可取一半计算，添加定向支座，悬臂端的力作用到节点处。

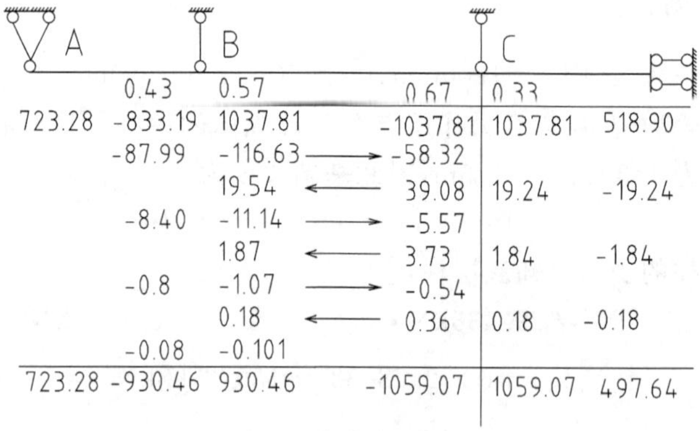

图 42　弯矩分配图(单位:kN · m)

7.3　配筋计算

(1) 梁正截面受弯承载力计算。为简化起见，取第一跨最大负弯矩作为截面配筋的依据，

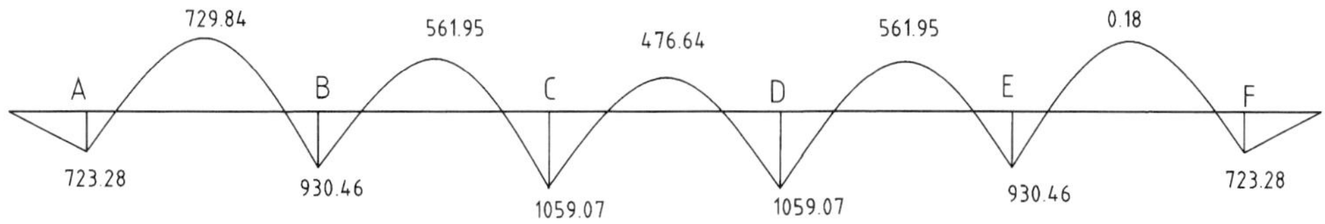

图 43　倒梁法计算的地基弯矩图

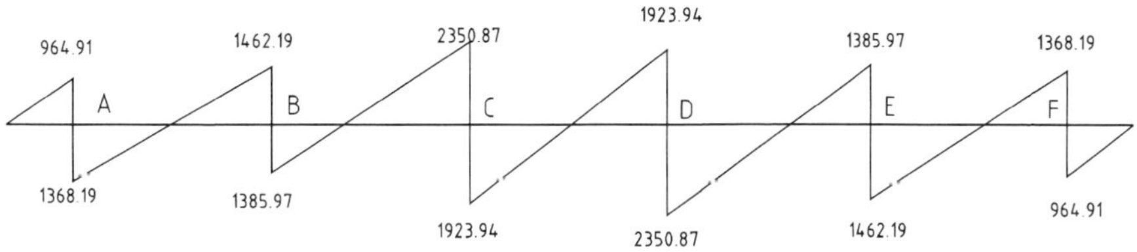

图 44　弯矩作用下地基剪力图

其余截面也按此截面弯矩 M＝729.84kN·m 来配置钢筋。按 T 型截面受弯取 as＝40mm，则

$$h0=1200-40=1160mm$$

$$\alpha_1 f_c b_f' h_f'(h_0-h_f'/2)=1.0\times14.3\times1800\times250\times(1160-250/2)=5702.7kN>M$$

故为第一类 T 型截面。

$$\partial_s=\frac{M}{\partial_1\ f_c\ b_f\ h_0^2}=\frac{729.84\times10^6}{1.0\times14.3\times1800\times1160^2}=0.021$$

$$\varepsilon=1-\sqrt{1-2\times0.021}=0.021$$

$AS=\alpha_s f_c b_f'\xi h_0/f_y=1.0\times14.3\times1800\times0.021\times1160\times/360=1741.17mm^2>A_{min}=\rho_{min}$ $bh=0.002\times650\times1200=1560mm^2$

故可选钢筋 5Φ22（$A_S=1901mm^2$）

受拉钢筋 5Φ22 配置在基础梁顶面，通长布置，并作为支座处受压钢筋数量；

支座截面按双筋矩形截面受弯构件计算受拉钢筋数量，并配置在梁底面。

$M_{u2}=f_y'A_S'(h0-as)=360\times1901\times1120=766.48kN\cdot m$

$M_{u1}=1059.07-766.48=292.59\ kN\cdot m$

$$x=h_0(1-\sqrt{1-\frac{2M_{u1}}{\alpha_1 f_c bh_0^2}})=1160(1-\sqrt{\frac{2\times292.59\times10^6}{14.3\times650\times1160^2}})=27.46mm$$

$$A_{s1}=\frac{\alpha_1 f_c bx}{f_y}=\frac{1.0\times14.3\times650\times27.46}{360}=709mm^2$$

$A_s=A_{S1}+A_{S2}=709+1901=2610mm^2$，实配钢筋为 7Φ22($A_s=2661mm^2$)

(2) 肋梁斜截面受剪承载力计算：

$V=2350.87<0.25\beta_c f_c bh_0=0.25\times14.3\times650\times1160=2695.55kN$

故截面尺寸满足要求。

$0.7f_t bh_0=0.7\times1.43\times650\times1160=754.75kN<2350.87kN$

故需要按计算配筋。加密区选用 4 肢 ϕ12 @ 100，则

$$0.7f_t bh_0+1.25f_{yv}\frac{A_{SV}}{s}h_0=0.7\times1.43\times650\times1160\times1.25\times210\times\frac{452}{80}\times1160$$

$$=2475.18kN>V=2350.87kN$$

非加密区选用 4 肢 ϕ12@200。

(3) 翼缘板配筋计算:

$$M=1/2\times357.37\times[(1.8-0.65)/2]^2=59.08\text{kN}\cdot\text{m}$$

$$A_s=\frac{M}{0.9h_0f_y}=\frac{59.08\times10^6}{0.9\times345\times360}=528.54\text{mm}^2$$

所以底板横向配筋为 Φ12@200($A_s=565.5\text{mm}^2$),板底纵向选 ϕ8@200。

8 楼梯设计

8.1 1#楼梯设计

2#楼梯采用板式结构。

计算简图见图 45、图 46。

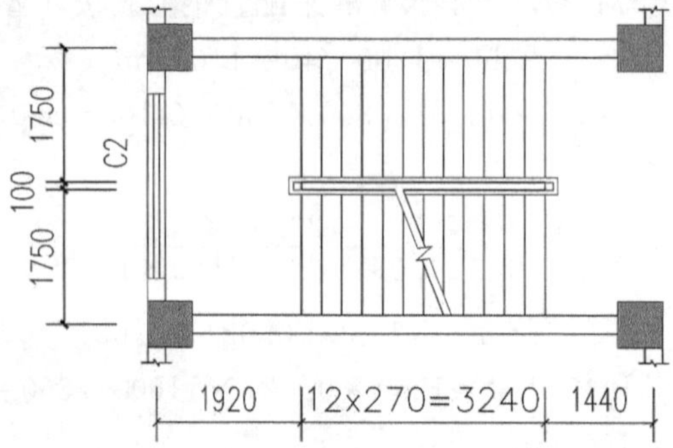

图 45 楼梯计算简图(一)

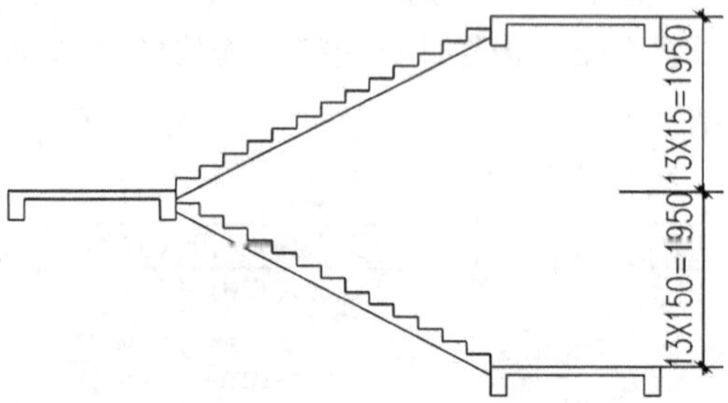

图 46 楼梯计算简图(二)

8.2 梯段板设计

取板厚 h=120mm,板倾向角 tan a=0.5,cos a=0.894,取 1m 宽板带计算。

① 荷载计算:

踏步板斜板厚度取 40mm,水磨石容重标准值为

水磨石面层 0.27×1.5×0.65/0.27=1.01/m

三角形踏步 0.5×0.27×0.15×25/0.27=1.88kN/m

混凝土斜板　　　$0.12\times25/0.894=3.36kN/m$

板底抹灰　　　$0.02\times17\times0.894=0.38kN/m$

$g=6.63\times1.2=7.96kN/m$

活荷载　　　$q=2.5\times1.4=3.5kN/m$

$p=g+q=7.96+3.5=11.46\ kN/m$

② 内力计算：

计算跨度：　　　$l_0=3.24m$

跨中弯矩：　　　$M_{max}=\frac{1}{10}\times11.46\times3.24^2=12.03kN/m$

③ 截面计算：

混凝土用 C30，钢筋用 HPB235。

取 $h_0=120-20=100mm$，有

$$\alpha_s=\frac{M}{\alpha_1 f_c bh_0^2}=\frac{12.03\times10^6}{1.0\times14.3\times1000\times100^2}=0.084$$

$$\gamma_s=\frac{1+\sqrt{1-2\alpha_s}}{2}=0.956$$

$$A_s=\frac{M}{\gamma_s h_0 f_y}=\frac{112.03\times10^6}{0.956\times100\times210}=599mm^2$$

选配 $\phi10@130(A_s=604mm^2)$。

8.3 平台板设计

平台板厚取 h=80mm，取 1m 宽的板带计算。

① 荷载计算：

踏步板斜板厚度取 40mm，水磨石容重标准值为

水磨石面层　　　$0.65kN/m$

80mm 厚混凝土板　　　$0.08\times25-2kN/m$

板底抹灰　　　$0.02\times17=0.34kN/m$

$g=2.99\times1.2=3.588kN/m$

活荷载　　　$q=2.5\times1.4=3.5kN/m$

$p=g+q=3.588+3.5=7.088kN/m$

② 内力计算：

平台板的计算跨度

$$l_0=1.92-0.2/2-0.12/2=1.76m$$

最大弯矩

$$M_{max}=\frac{1}{10}pl_{01}^2=\frac{1}{10}\times7.088\times1.76^2=2.196kN\cdot m$$

③ 截面计算：

取 $h_0=100-20=80mm$

$$\alpha_s=\frac{M}{\alpha_1 f_c bh_0^2}=\frac{2.196\times10^6}{1.0\times14.3\times1000\times80^2}=0.024$$

$$\gamma_s = \frac{1+\sqrt{1-2\alpha_s}}{2} = 0.988$$

$$A_s = \frac{M}{\gamma_s h_0 f_y} = \frac{2.196 \times 10^6}{0.985 \times 80 \times 210} = 132.3\text{mm}^2$$

选配 ϕ6@150(A_s=189mm²)。

8.4 平台梁设计

平台梁的截面尺寸为 200mm×350mm。

① 荷载计算:

梁自重	0.2×(0.35−0.08)×25=1.35kN/m
梁侧粉刷	0.2×(0.35−0.08)×17×2=0.184kN/m
平台板传过来的	2.99×1.92/2=2.87kN/m
梯段板传过来的	6.6×3.24/2=10.69kN/m
	g=15.096×1.2=18.12kN/m
活荷载	q=2.5×(3.24/2+1.92/2)×1.4=9.03kN/m
	p=g+q=18.12+9.03=27.15kN/m

② 内力计算,平台梁与平台板整体现浇。

平台梁的计算跨度

$$l_0 = 1.05l_n = 1.05 \times (3.6-0.24) = 3.53\text{m}$$

最大弯矩

$$M_{max} = \frac{1}{8}pl_0^2 = \frac{1}{8} \times 27.15 \times 3.53^2 = 45.612\text{kN}\cdot\text{m}$$

最大剪力

$$V_{max} = \frac{1}{2}Pl_n = \frac{1}{2} \times 27.15 \times (3.6-0.24) = 45.612\text{kN}\cdot\text{m}$$

③ 截面计算:

截面按倒 L 型计算,$b_f' = l/6 = 3530/6 = 588.3$mm,梁的有效高度 $h_0 = 350-40 = 310$mm。

经判别属第一类 T 型截面:

$$\alpha_s = \frac{M}{\alpha_1 f_c b f h_0^2} = \frac{42.29 \times 10^6}{1.0 \times 14.3 \times 588.3 \times 310^2} = 0..052$$

$$\gamma_s = \frac{1+\sqrt{1-2\alpha_s}}{2} = 0.973$$

$$A_s = \frac{M}{\gamma_s h_0 f_y} = \frac{42.29 \times 10^6}{0.973 \times 310 \times 300} = 467.34\text{mm}^2$$

选用 2ϕ18,实配面积 A_s=509mm²。

配置 ϕ6@200 箍筋,则斜截面受剪承载力。

$$V_{cs} = 0.7f_t bh_0 + 1.25f_{yv}\frac{A_{sv}}{s}h_0 = 0.7 \times 1.1 \times 200 \times 315 + 1.25 \times 210 \times \frac{56.6}{200} \times 315$$

$$= 70.796\text{kN} > 45.612\text{kN} \quad (满足要求)$$

9 雨篷设计

已知门洞宽 3.6m，现取雨篷板宽为 b=3.85m，伸出墙外长 l=1.2m；

设雨篷梁两端各伸入墙内 0.5m，则雨篷梁长为 3.85+2×0.55=4.4m。

9.1 雨篷板计算

取 1m 宽板带为计算单元，设板厚 h=l/12=1200/12=100mm，取板端厚 80mm。

(1) 荷载计算：

20mm 水泥砂浆面层	20×0.02×1.2=0.48kN/m
板自重(按平均厚)	25×0.09×1.2=2.70kN/m
15mm 纸筋石灰抹底	16×0.015×1.2=0.29kN/m
恒荷载设计值	g=3.47kN/m

由于雪荷载小于活荷载 取活荷载设计值为 q=0.5×1.4=0.7kN/m。

集中荷载(1m 宽内一个) F=1.0kN

(2) 弯矩设计值：

恒活荷载加均布活荷载：

$$M_1=1/2(g+q)l_n^2=1/2\times(3.47+0.7)\times1.2^2=3.00\text{kN}\cdot\text{m}$$

恒活荷载加集中荷载：

$$M_2=1/2gl_n^2+Fl_n=1/2\times3.47\times1.2^2+1\times1.2=3.7\text{kN}\cdot\text{m}$$

M2>M1，故应按 M2 计算配筋。

(3) 配筋计算：

取保护层厚 20mm，h0 = 100 − 20 = 80mm，C30 混凝土，f_c = 14.3N/mm²，钢筋选用 HRB235，f_y=210N/mm²，则

$$\alpha_s=\frac{M}{\alpha_1 f_c b h_0^2}=\frac{3.7\times10^6}{1.0\times14.3\times1000\times80^2}=0.040$$

$$\gamma_s=\frac{1+\sqrt{1-2\alpha_s}}{2}=0.979$$

$$A_s=\frac{M}{f_y\gamma_s h_0}=\frac{3.7\times10^6}{210\times0.979\times80}=224.96\text{mm}^2$$

选配 φ8@180mm，As=279.11mm²。

雨篷板纵筋伸入梁内的锚固长度 ld≥30d，即应大于 30×8=240mm。

9.2 雨篷梁计算

9.2.1 正截面受弯计算

设梁截面尺寸为 250mm×500mm。

① 荷载计算：

梁自重 25×0.25×0.5×1.2=3.75kN/m

梁侧粉刷 $16\times0.012\times2\times(0.5-0.1)\times1.2=0.307\text{kN/m}$

梁上墙体重 $[(3.9-0.5)-2.3]\times0.24\times19\times1.2=6.02\text{kN/m}$

雨篷板传来的恒荷载 $3.47\times1.2=4.164\text{kN/m}$

连系梁传来楼面荷载 $1.2\times3.49\times2.8\times1.2=9.772\text{kN/m}$

连系梁传来楼面荷载 $1.2\times2.0\times2.8\times1.2=6.72\text{kN/m}$

$g=11.726+6.72+3.75+0.307+6.02+4.164=32.687\text{kN/m}$

雨篷板传来的活荷载 $q=0.7\times1.2=0.84\text{kN/m}$

集中荷载：

因板实际宽 3.85m，集中荷载按 4 个计算。

梁的计算跨度： $L_0=1.05L_N=1.05\times3.85=4.04\text{m}$

② 弯矩设计值：

$$M=\frac{1}{8}(g+q)l_0^2=\frac{1}{8}\times(32.687+0.84)\times4.04^2=68.40\text{kN}\cdot\text{m}$$

③ 配筋计算：

雨篷梁截面为倒 L 形，现近似按矩形截面计算。取 $h_0=500-35=465\text{mm}$，C30 混凝土，$f_c=14.3\text{N/mm}^2$，钢筋选用 HRB235，$f_y=210\text{N/mm}^2$，则

$$\alpha_s=\frac{M}{\alpha_1 f_c b h_0^2}=\frac{68.40\times10^6}{1.0\times14.3\times250\times465^2}=0.088$$

$$\gamma_s=\frac{1+\sqrt{1-2\alpha_s}}{2}=0.954$$

$$A_s=\frac{M}{f_y\gamma_s h_0}=\frac{68.40\times10^6}{300\times0.954\times465}=467.8\text{mm}^2$$

选配 2Φ18（$A_s=509\text{mm}^2$）

9.2.2 受剪扭矩计算

(1) 扭矩加剪力设计值：

恒荷载加均布活荷载时，雨篷板上均布荷载(g+q)产生沿梁纵轴每米的线扭矩为：

$$t_1=\frac{1}{2}(g+q)\left(l_n+\frac{b}{2}\right)^2=\frac{1}{2}\times(3.47+0.7)\times\left(1.2+\frac{0.25}{2}\right)^2=3.66\text{kN/m}$$

梁门洞边处扭矩：

$$T_1=\frac{1}{2}\times t_1\times L_n=\frac{1}{2}\times3.66\times3.6=6.588\text{kN}\cdot\text{m}$$

相应剪力：

$$V_1=\frac{1}{2}(g+q)L_n=\frac{1}{2}\times(32.687+0.84)\times3.6=60.35\text{kN}$$

恒荷载加集中活荷载时，集中荷载在门洞边所产生的扭矩：

$$T_P=\frac{4F}{2}\left(l_n+\frac{b}{2}\right)=\frac{4\times1}{2}\times\left(1.2+\frac{0.25}{2}\right)=2.648\text{kN}\cdot\text{m}$$

雨篷板上恒荷载(g)产生沿梁纵轴每米的线扭矩为：

$$t_g=\frac{1}{2}g\left(l_n+\frac{b}{2}\right)^2=\frac{1}{2}\times3.47\times\left(1.2+\frac{0.25}{2}\right)^2=3.046\text{kN/m}$$

$$T_2=\frac{1}{2}\times t_g\times L_n+T_P=\frac{1}{2}\times 3.046\times 3.6+2.648=8.13kN\cdot m$$

相应剪力：

$$V_2=\frac{1}{2}gL_n+2F=\frac{1}{2}\times 32.687\times 3.6+2.0\times 1.0=60.84kN$$

故应取 T_2、V_2 进行计算。

(2) 截面尺寸校核：

近似取矩形截面计算，截面抗扭塑性抵抗拒为：

$$W_r=\frac{b^2}{6}(3h-b)=\frac{250^2}{6}(3\times 500-250)=1.3\times 10^7mm^2$$

$$\frac{V}{bh_0}+\frac{T}{\omega_r}=\frac{60.84\times 10^3}{250\times 465}+\frac{8.13\times 10^6}{1.3\times 10^7}=1.31N/mm^2$$

$$0.25f_c=0.25\times 14.3=3.575N/mm^2>1.002N/mm^2$$

$$0.7f_t=0.7\times 1.43=1.001N/mm^2<1.002N/mm^2$$

截面尺寸符合要求，需要按计算配置受剪扭钢筋。

(3) 计算受剪箍筋：

剪扭构件混凝土受扭承载力降低系数 β_t：

$$\beta_t=\frac{1.5}{1+\frac{0.5VW_t}{Tbh_0}}=\frac{1.5}{1+\frac{0.5\times 60.84\times 10^3\times 1.3\times 10^7}{8.13\times 10^6\times 250\times 465}}=1.06>1$$

取 $\beta_t=1$ 进行计算。

现集中荷载对支座截面所产生的剪力值小于总剪力值的 75%，故剪扭构件的受剪承载力应按以下公式进行计算：

$V<0.7(1.5-\beta_t)f_tbh_0+1.5f_{yv}\frac{A_{sw}}{s}h_0$，$A_{sw}$ 为受剪所需的箍筋截面面积；S 为箍筋间距；

$$\frac{A_{sv}}{s}=\frac{V-0.7(1.5-\beta_t)f_tbh_0}{1.5f_{yv}h_0}=\frac{60.84\times 10^3-0.7\times(1.5-1)\times 14.3\times 250\times 465}{1.5\times 210\times 465}<0$$

受剪箍筋可按构造配置，取 ϕ8@200。

(4) 计算受扭钢筋：

假设 $\xi=1.2$，

$$A_{cor}=b_{cor}h_{cor}=(250-60)\times(500-60)=83600mm^2$$

代入抗扭强度计算公式：

$$T=0.35\beta_tf_tW_t+1.2\sqrt{\xi}f_{yv}\frac{A_{st1}A_{cor}}{s}$$

即：

$$8.13\times 10^6=0.35\times 1.0\times 1.43\times 1.3\times 10^7+1.2\sqrt{1.2}\times 210\times\frac{A_{st1}}{s}\times 83600$$

则 $\frac{A_{st1}}{s}=0.276$，箍筋选用 ϕ8，$A_{st1}=50.3mm^2$。

$s=\frac{50.3}{0.276}=1182.2mm$，选 ϕ8@180mm。

计算抗扭强度所需纵向钢筋面积：

$$U_{cor} = [(250 - 60) + (500 - 60)] \times 2 = 1260mm^2$$

$$A_{st} = \frac{\xi f_{yv} A_{sv1} U_{cor}}{f_y s} = \frac{1.2 \times 210 \times 50.3 \times 1260}{300 \times 180} = 295.8mm^2$$

因此置于梁截面上部纵向钢筋面积：

$$\frac{A_{st}}{2} = \frac{295.8}{2} = 147.9mm^2$$

选 2Φ14，实配面积 $A_s = 308mm^2$，兼作雨篷梁架立筋。

置于梁截面下部纵向钢筋面积：

$$A_S = 467.8 + \frac{A_{st}}{2} = 467.8 + 147.9 = 615.7mm^2$$

选 2Φ20，实配面积 $A_s = 628mm^2$。

参考文献

[1]《房屋建筑制图统一标准》(GB/T 50001－2001).

[2]《建筑制图标准》(GB/T 50104－2001).

[3]《中南地区建筑构件标准图集》(88ZJ).

[4]《混凝土结构设计规范》(GB 50010－2002).

[5]《建筑结构荷载规范》(GB 50009－2001).

[6]《建筑地基基础设计规范》(GB 50007－2002).

[7]《建筑结构荷载规范》(GB 50009－2001).

[8]《建筑结构制图标准》(GB/T 50105－2001).

[9]《混凝土结构施工图平面整体表示方法制图规则和构造详图》(03G101－1).

[10]《钢筋混凝土结构构造手册》.

[11]《建筑结构静力计算手册》.

[12]《建筑施工组织》.

[13]《建筑施工手册》.

[14]《建筑工程施工质量验收统一标准》(GB50300－2001).

[15]《建筑结构抗震设计》. 北京：中国建筑工业出版社，1998.

[16]《混凝土结构》上册、中册. 第二版. 北京：中国建筑工业出版社，1998.

[17]《房屋建筑学》. 第三版. 北京：中国建筑工业出版社，1997.

[18]《土木工程专业毕业设计指南》房建筑工程分册. 北京：中国水利水电出版社，2002.

[19]《结构力学》上册、下册. 武汉：武汉理工大学出版社.

[20] 段兵廷.《土木工程专业英语》. 武汉：武汉工业大学出版社，2001.

[21] 梁兴文，史庆轩.《土木工程专业毕业设计指导》. 北京：科学出版社，2002.

蒙古 NP1 项目后勤保障案例总结
——二连口岸货物出口与人员出入境

中国机械工业建设集团交通公司

龚宣超

2014 年 11 月 1 日

1. 案例背景

蒙古国与中国北部毗邻接壤，与二连浩特市隔界相望的扎门乌德口岸是蒙古国最大的陆路口岸，两市相距 9 公里；由中国建设承建的蒙古 NP1 公路项目是连接中国二连浩特市至蒙古国首都乌兰巴托公路中的一部分(61km)；二连浩特市设有中国海关、检验检疫局等政府机关以及蒙古国领事馆，为此中国的货物以及人员可以通过铁路、公路出入境蒙古国。

蒙古 NP1 项目的大部分机械设备与车辆及配件计划均由中国出口，项目管理人员和百分之七十的工人从中国派遣。为有效的配合项目开展与实施，公司及项目领导决定在二连浩特市临时设置一个全面为 NP1 项目服务的办事处。蒙古 NP1 项目从实际入场开展工作至今两年有余，在各方面的努力下已经顺利通过蒙方业主验收合格，为其服务的二连浩特办事处亦然开展工作两年有余；在此期间，二连浩特办事处开展了如下工作：

(1) 临建原材料、生活设施、设备易损件、生活用品等采购；

(2) 工程机械、临建原材料、生活设施、设备易损件、生活用品等的二连浩特至蒙古 NP1 项目营地的出口运输；

(3) 项目人员的出入境管理。

2. 临建原材料、生活设施、设备易损件、生活用品等采购

按照项目部及公司要求所有的物资采购均实行三道程序询价、比价、采购；在项目现场至国内早期联络受限的条件下，采购指令的接收主要靠电话的讲述，通过现场领导电话述说物资需求清单，再按照其清单购买；在项目中、后期，其接收采购物资指令主要依靠物资采购计划单(领导签字版)以及图片。二连的工程原材料、设备易损件市场种类繁多，同品名同型号的配件有很多等级，这在采购初期对于辨别货真价实的货物难度比较大，经过一、两次的使用和一段时间接触就能分辨出哪些货真价实；通过这两年来的采购实践能确定哪些是可靠的项目材料及配件供应商。

3. 工程机械、临建原材料、生活设施、设备易损件、生活用品等的二连浩特至蒙古 NP1 项目营地的出口运输

二连口岸的物资至 NP1 营地的运输主要是通过铁路、公路运至现场，本项目货物涉及的出口方式有一般贸易进出口、对外承包工程进出口、小货车运输出口(此种方式，只限于小批量)。在蒙古扎门乌德海关的清关工作是按照在蒙古国海关署取得的《蒙古 NP1 项目原材料和设备免税表》进行清关工作；部分物资采取了特殊的运输渠道和通关方式到达项目现场。

一般贸易进出口货物是海关监管货物的一种。《海关法》规定，货物或运输工具进出境时，其收发货人或其代理人必须向进出境口岸海关请求申报，交验规定的证件和单据，接受海关人员对其所报货物和运输工具的查验，依法缴纳海关关税和其他由海关代征的税款，然后才能由海关批准货物和运输工具的放行。使用此种方式出口货物至蒙古项目必须委托二连当地一家具有贸易出口资质的进出口公司负责其报关以及蒙古口岸的清关工作（蒙古口岸的清关工作也可自己委托具有资格的蒙古报关员操作）；例如本项目早期在对外承包资质未在二连海关备案的情况下，向其蒙古项目发运的第一批（图 1）和第二批板房（图 2）、水泥都是按照一般贸易出口方式在中国海关办理报关。蒙古的清关工作是按照其免税表进行清关，在此项工作中需要注意如下事项：

图 1

图 2

报关品名最好与其蒙古清关的免税表和实际货物品名对应，这样有利于缩短报关和清关的时间。

对外承包工程出口货物是指经外经贸部批准有对外承包工程经营权的公司为承包国外建设工程项目和开展劳务合作等对外合作项目而出口的设备、物资，但不包括边境地区经外经贸部批准有对外经济技术合作经营权的企业与我国批邻国家开展承包工程和劳务合作项下出口的工程设备、物资。对外承包工程出口货物在二连口岸报关出口时，应向监管海关提供“对外承包工程资格证书如(图 3)”、蒙古 NP1 项目工程承包合同、公司营业执照。海关在货物实际出口后签发报关单，并在出口货物的报关单“贸易方式”栏注明“对外承包工程”字样，并在“标记唛码及备注”栏中注明对外承包工程项目批文号。同时，按照有关规定做好报关单电子信息的录入和传输工作。本项目所有按照对外承包工程方式出口(不返回)的货物在财务上作报销处理后，符合出口退税条件的货物可以向主管出口退税的税务机关报送《出口货物退免税申报表》和《对外承包工程项目及出口货物退税统计表》，同时提供购进货物的增值税专用发票或普通发票、税收(出口货物专用)缴款书、出口货物报关单(出口退税联)、“带外承包工程资格证书”申报办理退税，本项目涉及出口退税的货物有：办公家具、冰箱、彩钢板、机械设备等。如按照对外承包工程方式出口(返回)的设备，中国海关是免收关税，在项目合同结束前必须返回中国，例如：租赁的沥青摊铺机、装载机、新采购的发电机组等。上述货物的运输都是按照公路运输，二连装货项目营地即可卸货，但是特殊商品例如沥青的运输与通关，在综合运费合理的情况下，沥青原料是通过铁路运至蒙古国扎门乌德然后倒装至汽运至项目现场，其中国报关、蒙古清关工作所需手续相同，使用对外承包工程方式出口货物需要注意以下事项：

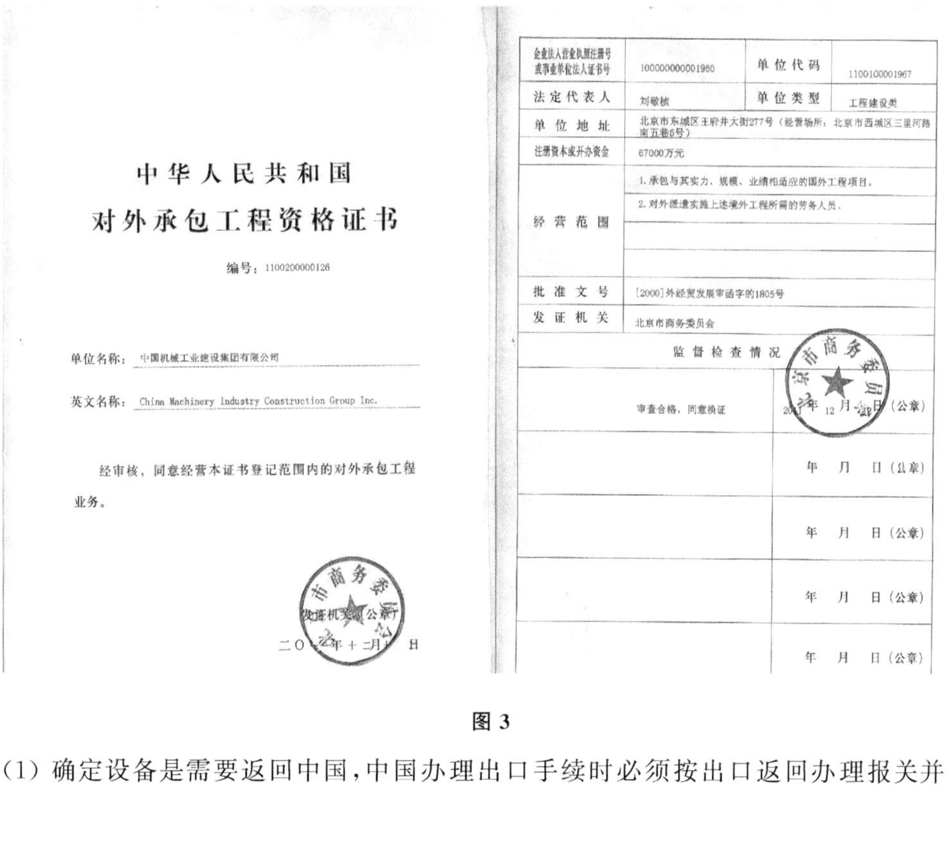
中华人民共和国
对外承包工程资格证书

编号：1100200000126

单位名称：中国机械工业建设集团有限公司

英文名称：China Machinery Industry Construction Group Inc.

经审核，同意经营本证书登记范围内的对外承包工程业务。

发证机关(公章)

二〇一一年十二月 日

企业法人营业执照注册号或事业单位法人证书号	100000000001960	单位代码	1100100001967
法定代表人	刘敏桢	单位类型	工程建设类
单位地址	北京市东城区王府井大街277号（经营场所：北京市西城区三里河路南五巷6号）		
注册资本或开办资金	67000万元		
经营范围	1. 承包与其实力、规模、业绩相适应的国外工程项目。 2. 对外派遣实施上述境外工程所需的劳务人员。		
批准文号	[2000]外经贸发展审函字的1805号		
发证机关	北京市商务委员会		

监督检查情况	
审查合格，同意换证	2011年 12 月 日（公章）
	年 月 日（公章）
	年 月 日（公章）
	年 月 日（公章）
	年 月 日（公章）

图 3

(1) 确定设备是需要返回中国，中国办理出口手续时必须按出口返回办理报关并打印相应关单，且不能退税，即使该设备符合退税条件；

（2）符合退税条件的货物，其开设的增值税发票明细（品名、单价、数量、总价）必须与中国报关单货物明细（品名、单价、数量、总价）对应；

（3）需要返回中国的设备必须在二连海关备案的合同期之前返回，逾期会导致逾期费用；

（4）在蒙古的清关工作亦是按照免税表进行清关工作，有些材料不在《蒙古 NP1 项目原材料和设备免税表》清单项所列之中，此类商品是需要按照蒙古海关税缴纳关税；

（5）对外承包工程的备案是年度备案，每次在二连海关的备案都需要对外承包工程资质原件；

（6）要严格控制盖有公司公章的盖章纸和盖章空白报关单，警惕其他公司冒用本公司名义按照对外出口方式出口货物。

不管是一般贸易出口还是对外承包工程出口，都要经过装车、检验检疫、中国报关、车辆放行、蒙古清关、车辆放行、继而到达目的地，上述两种方式的货物从二连口岸出发到 NP1 项目营地最快也要 4 天时间，故有些临时需要的配件和应急货物需要通过小货车（图 4、图 5）通道运输，此种方式的运输，是将货物交由蒙古牌照的小车进行运输，一般配件、蔬菜、水果、轮胎都可以正常通过，如需要运输机械用油例如机油、防冻液、液压油等也可以通过此车运输，只不过渠道不同。图 3 所示小车运输每辆车的载重能达到 2 吨左右，从二连出发到扎门乌德口岸，然后营地派车前来接货。这种方式的运输最明显的特征是：速度快且便捷；随时随地都能满足项目现场配件、材料的需求；此种运输方式不需要通关申报，所以没有任何通关手续与资料，进出的货物也将无任何通关凭证。

图 4　待驶入海关监管库的水泥车

4. 项目人员的出入境管理

蒙古 NP1 项目管理人员和中国招聘的工人都是从二连口岸进入蒙古，二连设有蒙古国领

图 5

事馆方便签证的办理;本项目涉及的办理签证的类别主要有商务签证简称签证类型 B、劳务签证简称类型 HG、持有因公护照的公司本部员工免签证明均是由公司本部相关人员办理。签证类型为 B 和 HG 的签证均需要提前由蒙古分公司发出邀请函,在邀请函被蒙古移民局批复后才可办理签证。签证类型 B 的有效期是 1 个月,期满后须返回中国;签证类型 HG 是劳务签证,劳务签证的有效期是工程合同有效期内的一年度,比如说 2013 年度的劳务签证需要在 2013 年度 12 月 31 号之前返回, 2014 年度需要重新申请劳务邀请和办理劳务签证。中途需要返回中国的劳务签证人员可以在出境之前到扎门乌德蒙古移民局办理一个月有效期的临时签证,劳务签证继续有效;如中途出境不办理临时签证,从蒙古出境后劳务签证作废。从二连到项目现场的交通工具方式有火车、国际大巴车、小货车;火车是时间段发车(周一、二、五、六),从二连出发到扎门乌德下车办理入蒙古境手续,项目现场派车前来接车;国际大巴每天 13:00 有 2 班从二连到扎门乌德的国际大巴,同样需要在扎门乌德办理入蒙古境手续,项目现场派车接车;综合项目现场距离二连的距离只有 100 公里左右,并且几乎每天都会从二连以小货车的形式发送货物至扎门乌德,所以大部分人员都是搭乘载有货物的小货车入蒙古境,选择此种交通工具较为方便和有利于在接收货物的同时接收到人员。

我在二连浩特工作两年以来,在公司及项目部领导的带领下,顺利完成为蒙古 NP1 项目服务任务;掌握了货物从二连口岸出口进入蒙古国的程序以及运输方式,根据货物不同种类、紧急程度、运输距离等因素综合考虑最适合的输运和通关手续;进出蒙古国的人员交通工具的选择以及签证的办理;同时积极完成领导临时下达的任务。非常感谢项目及公司领导给我这个锻炼的机会,同时我会恪守职责坚守岗位为项目、为公司服务。

大纵深顶管技术在通州市政项目的应用

交通工程事业部

胡志刚

摘　要:

本案例对中国机械工业建设集团第一个大纵深顶管施工项目施工从施工组织、材料控制、技术管理、施工方案及工艺编制、施工机具选择等方面进行全过程剖析、总结,对今后类似工程具有一定的指导意义。

关键词:材料控制　技术管理　施工方案　工艺

第 1 章　工程概况

1.1　工程概述

北京市通州区漷小路一期道路工程为一级公路,位于北京通州区,起点为漷兴三街,终点为恒业二街,是贯穿通州南部地区的重要交通线。

本次施工为漷小路一期城镇段市政工程,由交通工程事业部组织施工,工程内容包括给水、中水、10kVA 电力架空入地工程、雨水、污水工程、路灯及监控。施工地点为漷县镇(漷兴三街—漷兴六街);永乐镇(北外环—八支渠路);德仁务片区(大德路—德仁务中一路);永乐经济技术开发区(恒业八接—恒业二街)。由于本工程路面下管线众多,我们本着先重力流管道、后压力管道、电力管线,科学、合理的安排施工顺序,将平均埋深 9.5m 的污水管线施工作为第一批开工项目。

漷小路一期城镇段污水顶管总长度 5490.5m,主线采用泥水平衡机械顶管施工、泥水管路出土;两侧支线管顶管不设绞盘掘进机,人工管内挖土。

顶管使用管径为 D400/D1000/D1200 带注浆口的钢承口钢筋混凝土管道(Ⅲ级),其中最长井段间距为 160m。纵坡为 1‰,管道埋深为 7.5～9.7m。

1.2　工程地质和水文地质条件

地下水概况:勘察实测水位及历年最高水位。

本次钻探期间量测到一层地下水,主要含水层为①填土层、②2 低液限粉土(ML)、②3 细粒土质砂(SM)、③细粒土砂(SF)、③1 细粒土质砂(SM),其地下水位高程为 5.26～11.84m。

1.3　工程特点

① 本工程主线顶管总顶距长,地表无较大起伏。

② 管线埋深较深,顶管穿越的土层为细粒土质砂层,且受地下水影响较严重,顶管施工难度较大。

③ 地下水位较高,对竖井施工影响大,提前采取井点降水措施。

④ 为保证施工安全及施工工期，采用较先进的泥水平衡机械顶管施工工艺。

1.4　溯小路一期污水顶管主要工程数量表

<table>
<tr><th></th><th>管线名称</th><th>m</th><th>合计</th><th>部位</th><th>备注</th></tr>
<tr><td rowspan="2">1</td><td>D1000mm(Ⅲ级钢承口管)</td><td>1133.5</td><td rowspan="2">1162</td><td rowspan="2">溯兴三街-溯兴六街</td><td rowspan="8">机械顶管</td></tr>
<tr><td>D1200mm(Ⅲ级钢承口管)</td><td>28.5</td></tr>
<tr><td rowspan="3">2</td><td>D400mm(Ⅲ级钢承口管)</td><td>72</td><td rowspan="3">1811.5</td><td rowspan="3">北内环-永乐大街</td></tr>
<tr><td>D1000mm(Ⅲ级钢承口管)</td><td>1692</td></tr>
<tr><td>D1200mm(Ⅲ级承插口管)</td><td>47.5</td></tr>
<tr><td rowspan="3">3</td><td>D400mm(Ⅲ级钢承口管)</td><td>98</td><td rowspan="3">2517</td><td rowspan="3">恒业八街-恒业二街</td></tr>
<tr><td>D1000mm(Ⅲ级钢承口管)</td><td>1930</td></tr>
<tr><td>D1200mm(Ⅲ级承插口管)</td><td>489</td></tr>
<tr><td></td><td>顶管竖井</td><td>座</td><td></td><td>部位</td><td>备注</td></tr>
<tr><td rowspan="2">4</td><td>顶管竖井(5m×8m×9.5m)</td><td>4 座</td><td rowspan="2">8</td><td rowspan="2">溯兴三街-溯兴六街</td><td rowspan="6">工作/
接收竖井</td></tr>
<tr><td>接收竖井(4.5m×4.5m×9.5m)</td><td>4 座</td></tr>
<tr><td rowspan="2">5</td><td>顶管竖井(5m×8m×9.5m)</td><td>6 座</td><td rowspan="2">11</td><td rowspan="2">北内环-永乐大街</td></tr>
<tr><td>接收竖井(4.5m×4.5m×9.5m)</td><td>5 座</td></tr>
<tr><td rowspan="2">6</td><td>顶管竖井(5m×8m×9.5m)</td><td>13 座</td><td rowspan="2">28</td><td rowspan="2">恒业八街-恒业二街</td></tr>
<tr><td>接收竖井(4.5m×4.5m×9.5m)</td><td>15 座</td></tr>
</table>

第 2 章　施工部署与准备

2.1　施工组织

根据本项目的特点，交通事业部抽调具有丰富施工经验的技术和施工人员组成项目经理部，代表公司对工程实施管理。项目经理部设项目经理、项目总工各一人，下设工程、技术质量、物资设备、安全、行政五个职能部门和各专业施工班组。

2.2　顶管施工计划安排

本工程 2014 计划将整个污水顶管划分为永乐镇(北外环路一永乐大街)、溯县镇(溯兴三街一溯兴六街)两个施工区域，2015 年一个区域永乐经济技术开发区。每个施工区域内设降水、竖井、顶管、检查井、土方回填五个施工作业队。2014 年两个作业区域同时施工，流水作业。

第一步：降水作业。

顶管竖井位置确定后，在每座竖井四周打 D600mm 6 口降水井(见降水井点布设平面图)，将地下水控制在竖井底 0.5～1m 以下位置。该项工作由专业施工队伍完成。

第二步：顶管竖井施工。

第三步:主线顶进、接收井施工、支线顶进。

(使用 2 台泥水平衡顶管机灵活机动施工,同时预留 1 台泥水平衡顶管机备用。)

第四步:检查井施工。

第五步:回填。

2.3 劳动力计划

根据工程要求,按照工程预算定额,并结合我公司现况管理水平及本段的实际情况,经测算本永乐镇、漷县镇施工段各设一个降水工作队 5 人;一个竖井施工队 12 人;一个顶管施工队(二组、每组 9 人连续作业);一个污水检查井施工队 10 人;一个土方回填施工队 9 人。

2.4 临设及施工用水、施工用电、施工道路

临设布置:本工程就近租用适当的办公场所作为项目指挥部、生活区、物料场区,或选择适合的场地搭设活动房作为项目指挥部。

施工区及生活区全部用围挡与外界分隔。

施工及生活用水:生活\施工用水由甲方就近联系解决。

施工用电:就近从变压器接电,不足部分租用发电机组。

施工道路:根据施工需要,在施工区铺设满足需要的临时道路。

2.5 施工管理目标

项　目	目标值	对策措施	执　行
工程质量	(1) 分项工程优良率 95%以上,且主要项目必须优良。 (2) 分部分单位工程优良率大于 90%。 (3) 杜绝重大质量事故。 (4) 总工程质量目标为:市优良样板工程	按照集团公司质量文件《质量管理手册》和《合同》规定执行	全员全过程
总工期与关键工期	拟定:90 个日历天内完成全部合同内工程	按照集团公司质量文件《管理手册》和《合同》规定执行	
安全生产目标	杜绝死亡事故,负伤频率控制 3‰以下	按照《安全生产管理办法》执行	
文明施工目标	创安全文明施工样板工地	按照《安全生产管理办法》执行	
成本	生产成本降低 3%	按照《项目工程成本、费用控制办法》执行	

2.6 技术准备

① 组织技术及施工管理人员现场勘察地形、地貌情况;

② 认真审核施工图纸后,组织有关施工人员进行工程主要及关键部位的施工技术交底;

③ 组织测量人员进行桩位交接验收及复测工作,测设基坑土方开挖控制点,测放开挖边线;

④ 召开技术交底专题会，明确主要工序的施工时间、施工方法及施工要求；

⑤ 备齐工程技术资料管理软件，及各种试验设备和计量设备，资料齐全，检验合格。

2.7 生产准备

调查现场地下管线情况，清除现场地上地下障碍物；根据现场情况及周围环境、施工要求组织临建，落实现场临时占地；明确项目部各职能部门的要求及相互责任范围，确定施工期间协调的方式方法；根据现场行人及车辆情况，及时向业主及监理提供场区内和附近建筑物保护措施。

2.8 物资材料及设备的准备

① 组织并落实施工设备及材料的进场调试和检查工作，保证设备运转正常，进场材料满足合格要求，做好进场前的各项报验工作；

② 做好施工全过程的物资供应计划，落实并保证进场物资的成品保护工作。

2.9 施工队伍准备

① 选择技术水平高、施工经验丰富，工种齐全的施工队伍进场；

② 根据开工日期、进度计划和劳动力需用量计划安排，组织项目部有关人员对进场人员进行入场教育。

第3章 施工技术方案

3.1 施工降水

本工程施工场区地下水类型主要为潜水，其稳定地下水位高程为5.26～11.84m。

根据地质条件及设计管底高程与地下水位之间的分布关系，结合主要透水层土层结构、地下水位埋深条件，宜采用管井降水（见附件井点降水平面布置图），降水水位控制在基底以下0.5～1m。

该项降水施工由专业降水施工队完成。降水周期为打完降水井即开始，到回填至自然静止水位结束。

3.2 测量精度控制

首先将导线点和临时水准点引施工区内。导线点采用三级导线的精度控制要求，水准点采用四等水准测量的精度要求。

三级导线测量技术要求表：

等级	导线长度(km)	平均边长(km)	测角中误差(")	测距中误差(")	测距相对中误差	测回数			方位角闭合差(")	相对闭合差
						DJ1	DJ2	DJ3		
三级	1.2	0.1	12	15	≤1/7000	—	1	2	$24\sqrt{n}$	≤1/5000

四等水准测量技术要求表：

等级	每千米高差全中误差（mm）	路线长度（km）	水准仪的型号	水准尺	观测次数		往返较差、附合或环线闭合差	
					与已知点联测	复合或环线		
四等	10	≤16	DS3	双面	往返各一次	往一次	$20\sqrt{L}$	$6\sqrt{n}$

顶坑点位、高程测量必须做平差处理，角度取到0.1"，高程取到毫米位。钢尺量距要经过三差改正，控制精度由高至低传递。减少误差消灭错误。

为了保证顶进期间地面的沉降，需要进行地表沉降测量。

根据国家标准GB186—85，地表沉降测量点沿管道顶进方向每隔5m设置1个点。用ZEJSS NI002型水准仪测量。量测数据管理有专人负责，出现异常现象应及时上报给相关施工人员。

3.3 竖井施工

3.3.1 竖井结构、尺寸

本工程根据现场实际施工需要，设锚喷C20顶管工作竖井，竖井分两种型号：①标准顶管工作竖井平面净尺寸均为5m×8m，深约9.5m；②两接收竖井平面净尺寸均为4.5m×4.5m，深约9.5m。锚喷竖井的壁厚均为250mm。

(1) 顶管工作竖井平面净尺寸计算

顶管工作竖井的平面净尺寸应能满足顶管施工的需要。

① 工作坑底的宽度计算：

无支线顶管的工作坑底宽度计算：

$$B=D+2b$$

式中：

B—工作坑底净宽(m)。

D—D1100砼管外径(1.32m)。

b—管一侧操作空间(1.2～1.6m)。

$$B=1.32+2\times1.5=4.32(m)$$

取B=5m。

有支线顶管的工作坑底宽度计算：

$$B=B_1+B_2+B_3$$

式中：

B—工作坑底的宽度(m)。

B_1—砼管管节长度(2.5m)。

B_2—顶镐长度(2.6m)。

B_3—后背宽度(0.4m)。

$$B=2.5+2.6+0.4=5.5m$$

取B=6m。

② 工作坑底的长度计算：

$$L=L_1+L_2+L_3+L_4$$

式中：

L—工作坑底的长度(m)。

L_1—砼管管节长度(2.5m)。

L_2—砼管在坑内露出长度(取 1.2m)。

L_3—顶镐长度(2.6m)。

L_4—后背宽度(1.2m)。

$$L=2.5+1.2+2.6+1.0=7.8m \qquad 取 8m$$

(2) 接收竖井平面净尺寸

接收坑的平面净尺寸应能满足顶管机出坑及施工人员操作安全，为 4.5m×4.5m。

(3) 竖井深度计算

管内底标高＋管壁厚＋导轨高度＋封底垫层厚度

3.3.2 锚喷顶管工作竖井施工

坑壁采用格栅挂钢筋网片倒挂逆作法，分层开挖，按钢格栅分层锚喷混凝土进行支护，结构厚度为 250mm。

锚喷工作坑的施工顺序为：施工准备及测量放线→开挖土方→圈梁施工→圈梁上部挡水墙施工→土方跳跃式对角开挖→分段支立水平拱架挂钢筋网片→喷射混凝土→重复以上两步直到竖井底板→现浇混凝土竖井底板。

① 锁口圈梁及坑口工作平台搭设。

锁口圈梁及挡水墙：为保证竖井结构稳定，在竖井口设现浇 C25 混凝土锁口圈梁一道，断面尺寸为 800mm×500mm。主筋为 ф22×8，箍筋 ф8@300，加强筋为 ф12@600(见竖井圈梁配筋图)。锁口圈梁初定设在地面以下 0.5m 位置，考虑到后面道路施工结构需要及施工场地，根据设计道路结构高程，圈梁位置根据实际情况可适当下调。

为防止雨期有水灌入工作坑内，在工作竖井锁口圈梁顶砌挡水墙(墙厚 120mm)，高出现况地面 300mm。沿圈梁顶周围设置 ф48 钢管栏杆，横杆为两道，立柱间距 1.0m，栏杆高 1.2m。

坑口平台搭设：

- 现场平台搭设钢梁需跨越 9.6m 长的工作坑，钢梁两端沿坑边向外伸出 2m 长。为满足承重要求，跨槽架设 4 根长度为 12m 的钢梁，钢梁与地面的接触处必须用方木垫平、垫牢以防下沉。平台钢梁材质均为工字钢。
- 在地面上安放横梁，在顶进纵向铺设两根一组，宽度布置均匀，井坑中心每边一组。
- 工字钢搭设节点随即焊，在钢梁上布满 15cm×10cm 方木，再在方木上满铺 5cm 木板，在井坑中心预留出土，下管用 2m×2.8m 方孔(见附件，竖井上口布设图)。

② 钢筋格栅、钢筋网片、八字撑设置。

竖井锁口圈梁以下部分采用喷射混凝土＋水平钢格栅＋钢筋网片的结构。钢格栅主筋为 4 根 ф22 钢筋，箍筋为 ф10，间距 200。为了顶管工作坑下部钢架能与锁口圈梁连接，锁口圈梁向下预留钢筋接头，方法是在圈梁槽底向下打孔，插入双排 800mm 长 ф20 钢筋，间距 1000mm。预留钢筋锚入锁口圈梁长度不小于 300mm。

钢格栅竖向间距坑内4m以上为700mm，4m以下视土质情况，若土质为稳定的黏性土层，竖向间距为600mm，若4m以下土质为稳定性差的砂性土，竖向间距为500mm。竖向连接筋为ϕ18内外双排，间距1m，梅花状分布，挂单层ϕ6.5钢筋网，网格间距150mm×150mm。

为保证竖井安全及稳定性，从圈梁下第二榀钢格栅开始，设置尺寸为5m×8m的25＃工字钢盘撑（见竖井盘撑平面图），盘撑竖向每隔2.5m设一道。盘撑长边与预埋在锚喷墙内的300×300钢板焊接连接（满焊）。预埋件长边5处、短边3处等距离均布详见盘撑平面连接图。

③ 圈梁施工时先绑扎钢筋，然后用组合钢模或木模支内侧模板，外侧以土壁为外模，经验筋后浇筑预拌砼。

④ 竖井土方开挖采用人工配合机械挖土，吊车出土的方式。施工时土方开挖为，对角钢筋网片安装完成后开挖（见附件：竖井土方开挖平面示意图）然后清槽及井壁。

⑤ 锚喷混凝土结构防水：安钢筋格栅处清理干净后，安放内网片，安置钢格栅（见钢格栅总装图及断面图），垂直焊牢ϕ18竖向连接筋，绑扎外层网片，再进行锚喷C20混凝土作业。锚喷完一对角后，再施做另一对角。采用对称开挖方式，每榀一循环，严禁超挖，喷射砼设计强度等级为C_{20}，中粗砂、豆石（粒径0.5～1.0cm）配比为水泥（PO32.5）：砂子：豆石：水＝1：2：2：0.49，速凝剂掺量为水泥重量的5％，水泥、砂子豆石和速凝剂采用搅拌机搅拌，混合料要随拌随用，不掺速凝剂的干料其存放时间不应超过45分钟。

混凝土喷射作业分层、分片分段依次进行，喷射顺序应自下向上，沿水平方向螺旋式移动，回旋直径应为300mm左右，一圈压半锚喷完一榀钢格栅后，按规定竖向间距向下做下一榀。依次循环以上工序施工，直至锚喷至坑底。

竖井施工至马头门拱段时，在马头洞口处部做一榀加强钢格栅梁，在马头门轮廓井之间做一道环向加强梁（见马头门加强配筋图）并预埋钢板套环。沿轮廓线外设双排超前小导管注浆，预加固地基。顶管施工前用风镐破除预留洞口处的锚喷混凝土。

⑥ 竖井封底前在每边中心位置设1集水坑，若有水，采用潜水泵明排法抽排集水井中的积水。

⑦ 因顶管机自重较大，顶管工作竖井封底采用现浇C20早强预拌砼，封底200mm厚。在封底时预埋预埋件，间距800mm。非机械顶管工作竖井及接收竖井、接管竖井可不用预拌砼封底。

3.3.3 锚喷接收竖井施工

本工程接收竖井平面净尺寸为4.5m×4.5m，深约9m，锚喷壁厚250mm，C20混凝土。锚喷接收竖井的结构形式同顶管工作井。

3.3.4 竖井支护安全验算

在根据土质情况土的容重取20 KN/m^3，内摩擦角取32°，土的内聚力取30 KPa，据此数据对顶管工作坑的安全性进行验算。

钢筋混凝土格栅梁配筋及结构尺寸抗弯性验算如下。

本工作坑－8m至－9m的位置为顶管坑后背承受压力最大的部位，因此该范围的钢筋混凝土格栅是计算检验的重点。

故选取−9m 位置，格栅层高为 b=0.24m 的钢筋混凝土格栅梁进行计算。

−9m 位置的主动土压力为：

$$e_a = \gamma H tg^2\left(45^\circ - \frac{\varphi}{2}\right) - 2Ctg\left(45^\circ - \frac{\varphi}{2}\right)$$
$$= 20 \times 9tg^2(45^\circ - 32/2) - 2 \times 30g(45^\circ - 32/2)$$
$$= 20 \times 9 \times 0.62^2 - 2 \times 30 \times 0.62$$
$$= 70.28 - 37.2 = 33.08\ kN/m^2$$

钢筋混凝土格栅梁所受均布载荷为：

$$q = e_a \times h = 33.08 \times 0.24 = 7.94\ kN/m$$

钢筋混凝土格栅梁实际承受最大弯距为：

$$M_{xax} = 1/8(q \times l^{2)} = 1/8(7.94 \times 8^2) = 63.76\ kN/m^2$$

格栅(顶管工作坑)的长度=8m。

钢筋混凝土格栅最大计算弯距为(正截面受弯承载力计算模型)：

$$[M] = f_{cm} bx(h_0 - x/2) + f'_y A'_s(h_0 - a'_s) = 69.94\ kN \cdot m$$

式中：

f_{cm}=9.6N/mm²，混凝土强度设计值 c20(按《混凝土结构设计规范》(GB50010−2000))；

$f_y = f'_y$=300 N/mm²，钢筋抗拉(压)强度设计值(按《混凝土结构设计规范》(GB50010−2000))；

a'_s—受压格栅主筋至锚喷墙表距离；

h_0—格栅截面有效高度(格栅受拉筋至土层距离)；

b—格栅截面的宽度(格栅纵筋竖直间距+20mm)；

As—受拉区钢筋截面面积(2 根)；

X—砼受压区高度。

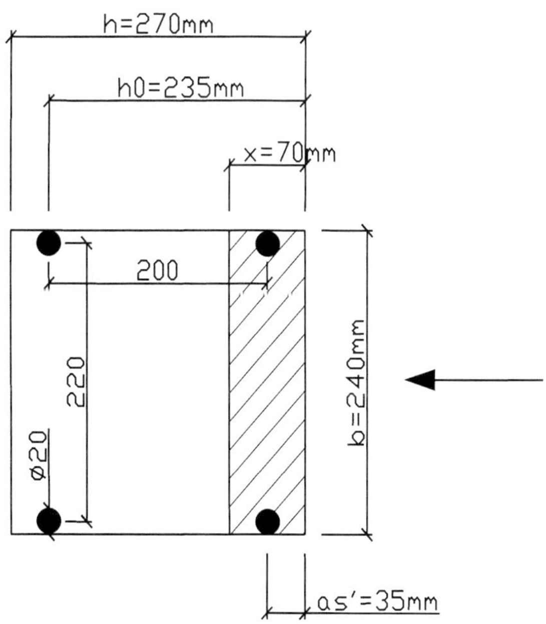

$b = 220 + 20 = 240mm$;

$h_0 = 200 + 25 + 10 = 235mm$;

$a_s' = 25 + 10 = 35$

$A_s = A_s' = 2 \times 3.14 \times 10^2 = 628mm^2$

$x = 2a_s' = 70mm$

$M_{max} < [M]$

喷锚 250 厚 mm 钢筋混凝土格栅梁配筋及结构尺寸符合抗弯要求。

3.3.5 质量检验(按一个工作坑或接收坑计算)

① 试块取混凝土试块按一个工作坑计算:冠梁混凝土试块 3 组。

② C20 喷洒混凝土试块 3—5 组;喷射混凝土厚度钻孔检查 2 组,6 个点。

③ 在基坑四周布置 4 个水平变形观察点,冠梁上布设 4 个水平观测点,从施工开始到管线验收回填全过程观测,每天最少观测一次,做好记录,确保基坑及周围建筑物安全。

3.4 机械顶管施工

3.4.1 顶管机形式、参数、顶管施工方法选择

本工程采用泥水平衡式顶管掘进方法为:掘进机被主顶油缸向前推进,掘进机头进入止水圈,穿过土层到达接收井,通过切削刀盘进入土层。挖掘的土质,石块等在转动的切削刀盘内被粉碎,然后进入泥水舱,在那里与泥浆混合,通过泥浆系统的排泥管由排泥泵输送至地面上。在挖掘过程中,采用土压平衡装置来维持水土平衡,以至始终处于主动与被动土压之间,达到消除地面的沉降和隆起的效果。掘进机完全进入土层以后,电缆、泥浆管被拆除,吊下第一节顶进管,它被推到掘进机的尾套处,与掘进头连接管顶进以后,第一次挖掘终止、液压顶镐慢慢收回,另一节管道又吊入井内,套在第一节管道后方,一起重新顶进,这个过程不断重复,直到所有管道被顶入接收井;掘进机在掘进过程中,采用了激光导向控制系统。位于工作后方的激光经纬仪发出激光束,调整好所需的标高及方向位置后,对准掘进机内的定位光靶上,激光靶的影像被捕捉到机内摄像机的影像内,并输送到挖掘系统的电脑显示屏内。操作者可以根据需要开启位于掘进机内置式油缸进行伸缩,为达到纠偏的目的,调整切削部分头部上下左右高度。

(1) 该工艺特点

① 适用土质范围广,在软土、硬土、砂土、砂卵石及卵石等土质中都可采用,是全土质的全自动顶管机。

② 顶进速度快,每天可顶进 25～30m。

③ 使用本顶管机稳定性好,且有优良、科学且实用的监控及纠偏系统,能很好地保证施工质量。

④ 弃土由采用泥水管道输送弃土,不存在吊土垂直运输的安全隐患。

(2) 设备主要参数

① 尺寸:

内径(mm):1500　　外径(mm):1820

全长(mm):4200　　　　重量(T):18

② 切削刀盘:

电机功率(KW):55　　　　转矩(KN. m):57

转速(r/min):1.5　　　　偏心次数(次/min):50

可破碎砾石最大直径(mm):350

③ 纠偏油缸:

数量(个):2　　　　每个推力(KN):1072

纠偏角度:上下 1.7°,左右 1.2°

④ 液压站(KW):22

顶力(T):200×4　　　　行程(MM):1200

⑤ 泥水系统:

排泥泵(KW):22　　　　送泥泵(KW):15　　　　送排泥管:4"

⑥ 测量系统:用 J2 激光经纬仪导向

3.4.2 管道顶进施工顺序

管道顶进施工顺序本着先主线、后支线,先顶短、后顶长的原则。尺寸为 5m×8m 的工作竖井需分四面、三面进行顶进施工,先一侧做后背墙,在顶管机入坑顶进之前进行,在洞门使用超前小导管压浆加固处理,保证开洞门时,洞门内的土方不塌落。开洞门时沿顶管轴线先放出预拆除的洞门外边线,用风镐将圆周内锚喷砼凿除,露出预埋钢套环。洞门拆除后及时安装洞口止水密封圈(见附件洞口后封闭图)。上述工作完成后将顶管机转换 180°方向,重复上述工作;三面顶作业同四面顶施工。

3.4.3 最大顶力计算

本次污水顶管工程为便于纠偏,拟采用单井双向对顶方式,位于直线段的管段一次顶进双管段。

本施工段 D1100 顶管设计最长段顶距 159m(64 根管)距离计算。

计算方法(一):

一般经验公式:

$$P = nP_0$$

式中:

P—最大顶力(吨)。

P_0—顶进管子的全部自重(吨),D1100 每节管自重约为 3.5t。

n—土质系数,黏性土取最大值 2。

$$P=2\times 3.5\times 64=448t$$

计算方法(二):

$$F=F_1+F_2$$

式中:

F—总推力。

F_1—迎面阻力。

F_2—顶进阻力。

$$F_1 = a * \pi/4 * D2 * P$$

式中：

a—综合系数，黏土取 2。

D—砼管外径 1.32m。

P—控制土压力。

$$P = Ko * \gamma * Ho + \triangle P$$

式中：

Ko—静止土压力系数，一般取 0.3。

Ho—地面至砼管中心的平均厚度 9m。

⊿P—给土仓预加的压力，取±$2t/m^2$。

γ—土的湿容重，取 $1.9t/m^3$。

$$P = 0.3 \times 1.9 \times 9 \pm 2 = 7.13t/m^2 (3.13\ t/m^2)$$

$$F1max = 2 \times 3.14/4 \times 1.32 \times 2 \times 7.13 = 29.6t$$

$$F_2 = K\text{粘}(22D - 10)L$$

式中：

K—黏土质系数 1～1.3 取 1.3。

L—长 159m。

$$F_2 = 1.3 \times (22 \times 1.32 - 10) \times 159 = 3935KN = 401.5t$$

$$Fmax = 29.6 + 401.5 = 431.1t$$

根据以上计算方法顶力在 431.1～448t 之间，正常顶进时，后背前安排 2 台 320t 顶镐，1 台 $2m^3$ 液压油泵。

3.4.4 顶管工作竖井后背承受力(F)计算：

$$F = \frac{(E_p - E_a) \cdot \alpha}{2}$$

式中：

E_a—后背主动土压力。

$$E_a = \beta \cdot \left(\gamma \cdot H^2 \cdot \frac{K_a}{2} - 2C \cdot H \cdot \sqrt{K_a} + \gamma \cdot h \cdot H \cdot K_a\right)$$

式中：

E_p—后背被动土压力。

$$E_p = \beta \cdot \left(\gamma \cdot H^2 \cdot \frac{K_p}{2} - 2C \cdot H \cdot \sqrt{K_p} + \gamma \cdot h \cdot H \cdot K_p\right)$$

式中：

γ—土的天然密度，取 19 kN/m^3。

β—竖井壁后背宽度，5m。

K_p—被动土压力系数。

$$K_p = tg^2\left(45^\circ + \frac{\phi}{2}\right)$$

式中：

K_a—主动土压力系数。

$$K_a = tg^2\left(45^\circ + \frac{\phi}{2}\right)$$

式中：

ϕ—土体内摩擦角，取 32°。

C—土内聚力，取 0。

h—地面到后背墙顶的高度，取 6m。

K1—竖井稳定系数，取 1.1。

α—折减系数，取 1。

H—后背墙高度，取 3.7m。

经计算：

$$K_p = tg^2\left(45^\circ + \frac{32^\circ}{2}\right) = 3.255$$

$$K_a = tg^2\left(45^\circ - \frac{32}{2}\right) = 0.307$$

$$E_p = \beta \cdot \left(\gamma \cdot H^2 \cdot \frac{K_p}{2} + 2C \cdot H \cdot \sqrt{K_p} + \gamma \cdot h \cdot H \cdot K_p\right)$$

$$Ep = 5 \times (19 \times 3.7^2 \times 3.255/2 + 19 \times 6 \times 3.7 \times 3.255) = 8981\ kN$$

$$E_a = \beta \cdot \left(\gamma \cdot H^2 \cdot \frac{K_a}{2} - 2C \cdot H \cdot \sqrt{K_a} + \gamma \cdot h \cdot H \cdot K_a\right)$$

$$Ea = 5 \times (19 \times 3.72 \times 0.307/2 + 19 \times 6 \times 3.7 \times 0.307) = 847\ kN$$

$$F = (8981 - 847) \times 1/1.1 = 7395\ kN = 755\ t$$

本工程经计算取大顶力为 448t，竖井后背可承受力为 755t。

$$P(448t) < F(755t)$$

竖井稳定安全。

3.4.5 轨距计算

D1200 管轨距：

$$S=L[(D-h+e)(h-e)]^{1/2}=2[(1320-140+30)(140-30)]^{1/2}=730mm$$

式中：

S—导轨内距。

D—砼管外径。

h—导轨高度。

e—管外底至导轨底距离单位均为 mm。

3.4.6 后背墙施工

轴线确定后，先安装 70mm 厚钢制靠背铁，靠背铁距离井壁为 400mm 浇筑宽×高×厚为 2.2m×2.9m×0.4m 后背墙，调整靠背前后以及左右方向，应尽量保证后靠背的中心与轴线相重合。后靠背找正后，浇筑后背梁砼并养护。

3.4.7 平面布置、井内布置及管内布置

① 在顶管施工区域范围内实行全封闭隔离施工，并布置以下必要的设施：办公室、仓库、配电间、管材及材料堆放区、泥水分离和泥水循环设备等。布局要合理，环境整洁、卫生，并有专职人员进行管理。

② 掘进机吊装进工作坑采用50t汽车吊。

③ 管道顶进过程中，起吊顶铁、护口圈及下管用汽车吊，其他设备及管材进场时，采用汽车吊，汽车吊吨位为25t。

④ 井内布置：

工作坑内布置主要有钢制后靠背、砼后背、导轨、主顶镐、油泵动力站、钢制扶梯、泥浆泵、“U”形顶铁和“O”形护口圈等。

⑤ 管内布置：

4寸进出泥管两套、动力、照明、电讯电缆、灯具、轨道等，为保障井内及人工顶管管内出土施工人员的人身安全，改善劳动条件，根据实际需要增加通风管道和强力鼓风机。

3.4.8 泥水循环及泥水分离设备布置

根据施工现场实际情况，潮兴六街—潮兴三街；北外环—北内环施工场地充裕，在工作井一侧设触变泥浆池2座，用于顶进中触变泥浆的配制。设2m×50m×2m泥浆沉淀池一座，用于顶进中泥水循环及泥浆沉淀。在北内环—永乐大街不充裕的场地，设较小型的钢制沉淀池或砖混沉淀池。注浆出泥管主管4寸，分支管1.5寸。

3.4.9 吊装设备选择及安放

本工程竖井施工时钢格栅架入坑及其他重物上、下坑等，采用的吊装设备为8～12t汽车吊，汽车吊安置在竖井一侧距竖井井口2m以外。

吊装顶管机入洞采用50～75 t汽车吊，顶管施工时采用25t汽车吊下管，其安放位置均在距竖井口3m以外安放。

3.4.10 管道顶进与纠偏

① 测定实地土层中的压力值。

顶管掘进机徐徐推进洞口，切入原状土层后停止推移，要等上2小时后，观察顶管掘进机土层压力表上的值，若此时值与计算值不符时，要以实际测定值为准，并要对原来计算的推进压力控制值和总推力值进行相应的调整。

② 砼管顶管施工，前3节砼管为预制管，与掘进机头做刚性连接，组成一个整体，以保证顶管机出洞后的走向。

③ 严格执行控制值。

A、顶进时出土率控制值95%～98%，根据实际情况及时调整。泥水平衡顶管掘进机用顶进油缸的伸出长度来计量出土率。

B、管道顶进过程中，顶管中心和高度由激光导向仪进行测量，其纠偏精度由激光导向仪发射到掘进机测量用的靶盘随时进行控制，确保偏差度不超过±3cm。管道每推进250～

300mm 时测一次中心轴线，若发现有超过顶管规范规定值的偏移趋势，就立即进行纠偏，若偏移量超过 20mm 时，立刻停止顶进，查明原因有措施保证后再顶进，确保顶管轴线的质量，勤测勤纠。

C、根据地面和构筑物沉降监测反馈信息及时调整土压力控制值、出土量与顶进速度。

D、若出现沉降值超标，立即停止顶进，查明原因，采取相应措施后才能重新顶进。

E、刚开始向井下管、装管时，用钢支架固定已顶入的管节，防止顶镐缩回过程中管节后退。

3.4.11 土方及泥浆外运

本工程出泥方式为泥水循环分离，泥浆经沉淀池沉淀后机械挖出晾干后外运或随挖随运，水可以重复循环使用，可以保证不污染环境，高效节能。

挖掘机刀盘挖出的渣土通过机头泥水循环系统循环，形成泥浆混合物，由排泥管送走，最后沉淀在地面上的泥浆池内，泥浆通过排泥泵被排出。再由进水泵进水送入机头，排泥由变速的排泥泵进行控制。机坑旁通装置可控制进排泥浆的速度、方向，以防止泥渣堵塞管道，淤积现场。当挖黏土时，可以直接将泥浆排入泥浆池内，但是当挖沙土时，泥浆中必须添加一定的黏合剂（诸如膨润上等）以增加泥浆黏度，以达到排渣目的。夹带泥砂的泥浆，可通过振动筛、循环沉淀器、干燥器等，处理分离渣质，泥浆被再用，渣质被积累后处理。处理渣土用翻斗车，泥浆用罐车运出场区，堆置于郊外，处理时注意不得污染路面等环境。

在有地下水存在的地方，通过进排泥水系统掘进机表面的压力可以降低到小于水中的压力。这样避免了抽地下水的需要。进排泥水系统中的压力感应器可测出地下水的压力。机内泥水循环系统，电磁阀，旁通装置及载水阀可以起到调节水压的作用。机内电磁阀和旁通系统，可以阻止水压的变化，保持水压，在加管道时，不至于减小机头的水压，保证内部压力平衡。

3.4.12 操作控制系统

顶管设备操作人员，在地面控制室外内操作并仔细检测着整个操作系统、观察掘进机内的土压、油压、激光束位置。控制台提供操作数据和控制整套系统的电子按钮。控制板可以是人工控制方向和数据记录，或者是全自动控计算机控制方向和记录，其他的工作人员则负责井内管道和顶铁的更换以及进行、进排泥管和电缆的连接。当掘进机到达接收井时，挖掘会暂时中断，如果遇到有地下水或软土层时，还需有洞口止水圈安装在接收口墙上。掘进机头从土层出来进接收井，就完成一个顶管过程。有支线的在工作井内将顶进设备变换方向，重新开始另一方的顶进工作。没有支线的掘进机被吊车调出，运输、安装在下一个顶管工作竖井内。

蒙古NP1公路项目报关清关工作案例分析

中国机械工业建设集团有限公司交通工程公司

季　旭

【案　例】

蒙古NP1公路项目已圆满完成项目交工验收工作，然而围绕着蒙古NP1公路项目的后续工作仍在继续，项目交验时蒙古税务、海关联合审查了蒙古NP1项目，中国税务局也将2014年度各公司海外项目的税务审查工作结果下发各公司财务，现就蒙古NP1项目部分物资的报关清关工作进行回顾，针对部分物资在报关清关中出现的问题进行案例探讨。

1. 报关清关工作描述

2013年4月公司赴中石油辽河石化公司进行了沥青采购工作，并与之签订沥青采购合同，合同额为A，并按报关要求厂家提供相应的检验证明文件，同时委托了中设货运代理公司进行沥青灌装（签订沥青灌装协议，合同额B）和委托了中设货运代理公司运输至蒙古NP1项目现场（签订沥青运输协议合同额为C），由中设公司进行沥青报关出境，其选定报关品名为沥青，报关金额为A+B+C(1)；沥青通过中国海关出口报关后，再进行清关报关后可通过蒙古国海关进入蒙古项目现场，根据蒙古项目免税函清单进行清关报关，则可以减免项目免税函内物资的蒙古增值税，物资抵达现场后移交给项目部现场管理人员并签收，2013年7月收到辽河石化的进项增值税发票金额为A，收到中设公司的运费增值税发票金额为B+C(2)。相应的进项发票分别由有关负责人通过公司的财务系统填报报销，财务进行了认证抵扣工作。关于沥青出口退税报关单货运代理中设公司未提供，而只提供了出口报关收汇核销联(3)，由公司收存，转交给财务部；在蒙古海关和税务联合审查期间，根据审查规定要求中设公司于2014年10月提供沥青蒙文清关报关单据原件，蒙古海关和税务对此未提出问题。

2013年5月根据项目部需要，按集团公司采购储运程序进行了试验设备采购工作，签订试验设备仪器采购合同，合同额为E，供货商按要求交货至二连浩特指定地点，由公司二连负责人交由货代公司进行报关，报关过程中，发现拟报设备品名与业主升的设备免税函清单有出入(4)，经过公司人员重新将采购的试验设备进行划分归类，根据免税函的清单和金额将实验设备能一一对应的都对应了，其余设备未体现金额，夹在其他品名下报关，最终试验设备的在中国海关的报关金额为F小于采购合同额(F<E)(5)，2个月后中设公司提供了报关单出口退税联合收汇核销联，由公司收存，按照相关发票报销流程报销同时将出口退税报关单和收汇核销联一并随发票提交财务部，中设公司未提供蒙古文清关关单。2014年10月项目开始交工验收时，蒙古海关和税务局联合审查蒙古NP1公路项目，关于试验设备未能提供蒙文的清关单，蒙古海关和税务提出了相应的处罚(6)。

2. 以上案例中可能存在的问题

Ⅰ）中国海关报关物资金额与签订采购合同额不一致的问题；

Ⅱ）出口退税物资出口报关退税联或收汇核销联缺失的风险；

Ⅲ）工程所在国(蒙文)清关单据原件未提供或未及时提供造成的问题；

Ⅳ）拟报关物资品名与业主提供的免税清单出入问题。

3. 案例中涉及的有关问题分析

3.1 关于“Ⅰ)中国海关报关物资金额与签订采购合同额不一致的问题”

3.1.1 案例中第(1)、(2)条关于沥青签合同及报关出现的问题

结果:中国税务局认定我公司蒙古 NP1 项目沥青报关产生虚增利润,因为沥青采购合同额低于报关金额,因此需对出口销售增加部分进行增税。

分析:一般理解,沥青实际采购价格应包含沥青出厂价、灌装费和运费等,但是根据税务系统里认定沥青采购合同额和进项发票额必须一致;那么蒙古 NP1 项目中沥青从中石油辽河石化工厂采购价为 A(含税),委托货运代理公司进行桶装费为 B(含税),运输到中国海关运费为 C(含税),而货运公司进行沥青报关金额为 D(A+B+C),但是在中国税务系统中得到沥青进项票的认证金额为 A,而灌装费、运费的进项票为 B+C 其未在沥青进项票金额认证中,那么税务部门认定我公司提高报关金额销售给业主方;关于对外工程承包项目,税务局规定国内工程企业所购货物价格,从国内采购价到运往国外施工项目的报关价,应平进平出,保持一致,如果货物报关金额>货物合同额,税务局则认定工程公司对外销售货物时产生了利润,那么对虚增的利润这部分要进行增税,所以这种报关方式,非但未能获得税务上的优惠,反而增加了项目成本,需补交虚增利润部分的增值税。

解决办法:①可以与辽河石化公司协商,将桶装费和运输费委托石化公司一并签入沥青采购合同,摊入到沥青价格中,开足额发票,税金等据实计算,报关金额根据沥青采购总合同额进行报关,这样保证沥青采购合同与报关金额一致。②交通公司管理人员监督报关人员报关时按照沥青采购合同额进行汇率换算报关,与沥青进项票对应,不应一味地为了税务优惠而弄巧成拙,应保持货物出口报关额和税务进项票认证金额一致。

3.1.2 案例中第(5)条关于试验设备的报关金额小于合同额的问题

分析:尽管税务局未对此进行认定,但是对于企业来说造成一些损失,因为部分实验仪器设备属于出口退税的,可以申请退税的,那么报关金额少于采购合同额,那么可退税部分相应减少了。

解决办法:在执行境外项目时,报关物资应首先与采购合同额保持一致,但是由于项目特殊需要,可以灵活运用。

3.2 关于“Ⅱ)出口退税物资出口退税报关联或收汇核销联缺失的风险”

案例中第(3)条货运公司未提供中国海关出口退税联的问题:

分析:货运代理公司在办理出口退税物资后未提供出口退税报关联或报关核销联,将对境外项目的国内报关留下隐患,如果出口物资属于出口退税项,未必须提供出口退税报关单给中国税务局,如果为按时提供,则税务局会认为出口转内销,同样也会增收增值税,上述工作应满足中国税务的审查要求。解决方法:首先公司经办人员应查核当年的《中国进出口税则》,确定出口可退税或不可退税的物资设备,并与货运代理公司人员进行核对报关等事项,在签订货运代理合同的条款中明确约束条款,提供单据与支付合同条款严格挂钩,降低项目风险。

3.3　关于“Ⅲ)工程所在国(蒙文)清关单据原件未(或及时)提供的问题”

案例中第(6)条关于试验设备清关单原件未提供的问题：

分析：在蒙古 NP1 公路项目交验审查期间，蒙古海关、蒙古税务局提供了核查清单，但是货运代理公司未能提供全蒙古海关的清关单据原件，最终通过蒙古海关补打关单，只是证明核查的物资设备确实进蒙古了，但不代表原件，在此期间对未提供出单据原件部分需要交纳相应的费用和罚款。

解决方法：公司经办人员应了解项目所在国的报关条例、免税条例，加强与货运代理公司的提供资料核验工作，签订的货运代理合同的条款中应明确提交单据原件的要求，了解项目交工验收中涉及的具体要求，降低项目交工验收中相关业务的风险。

3.4　关于“Ⅳ)拟报关物资品名与业主提供的免税清单出入问题”

案例中第(4)条关于试验设备报关品名与免税清单有出入的问题：

分析：蒙古 NP1 项目交工验收时，蒙古海关要求核查中国报关单据和蒙古文清关单据的一致性，蒙古税务根据开出的项目免税清单核对报关、清关物资，如果不一致对项目竣工交验产生影响，同时还会产生相应的罚款。

解决方法：在境外项目申请免税函时，应对项目所需的设备数量、种类、金额进行测算，确保后期合同采购的设备参数、数量、价格组合最佳，保证出口退税利益的同时，降低项目竣工交验的风险。

4. 结　语

在国际工程项目货物运输、报清关等一系列工作中，尤为重要的是，选择一家有经验的货代公司，相信会使相关业务事半功倍。如果货运代理公司的不规范势必会造成项目最后的损失，同时各事业部对业务经验不足的管理人员进行专业知识的培训，如物资报关清关、物资的出口退税资料查核、及时收集以及提交办理，建立管理台账，将境外项目有关业务的“传帮带”工作进行到底，最大程度地降低项目成本和项目风险。

科特迪瓦公路项目填土压实工艺的选择

中国机械工业建设集团有限公司
李强强

目　录

一、项目概述

阿比让-大巴萨姆线是贯穿非洲的达喀尔-阿比让-拉各斯沿海公路中的一段，是非洲合作新伙伴计划中的一部分。该项目将科特迪瓦曾经首都大巴萨姆市和现在的经济首都阿比让市相连接，本项目分为三个路段：第一段长 10.68km 的城市扩建路段，从布艾港广场的交叉口开始到马术场结束。第二段长 17.44km 的市际新建路段，从马术场开始到 Moossou 社区，在 Grand-Bassam 市内。第三段长 14.04km 马术场开始到 Moossou 社区，为既有老路罩面。路段一和路段二的主车道结构层从路面顶向下依次是：5cm 沥青混凝土层，18cm4％水泥稳定土层，20cm3％水泥稳定土层，60cm 填土层，厚度不等的填砂层。

二、填土层质量要求

垫层填土材料有机物质的重量比不能过 0.5％，液限小于 60％，IP 塑性指数小于 20，CBR 强度大于 30；施工中标高容许误差 10mm，压实度不小于 95％，弯沉值小于 110/100mm。

三、路基垫层填筑试验段

试验段 1：K9＋900～K10＋000 左侧（2013-8-31）

- 翻晒后，检测此段含水量 9％～10％，钢轮 19T 及 25T 各静压 1 遍，脚轮 30T1 遍，19T 钢轮小振 1 遍。
- 压实度在 95％～96％，满足设计要求。
- 裂缝少量，第二天观察有所增多，9 月 9 号观察裂缝比以前明显减少，但是裂缝仍然无法杜绝。

试验段 2：K11＋670～K11＋870 左侧（2013-9-1 上午）

- 此段含水量 8％～9％，钢轮 19T 及 25T 各静压 1 遍，19T 钢轮小振 1 遍。
- 压实度最高为 93％。

➢ 增加振动 1 遍，压实度 94%，但表面开裂增多，有浮土出现停止碾压。

试验段 3：K9＋900～K10＋000 右侧（2013-9-1 下午）

➢ 此段含水量 9%，羊角（25T）碾静压 1 遍，小振 2 遍。

➢ 压实度最高为 91%。再碾压压实度无明显变化。

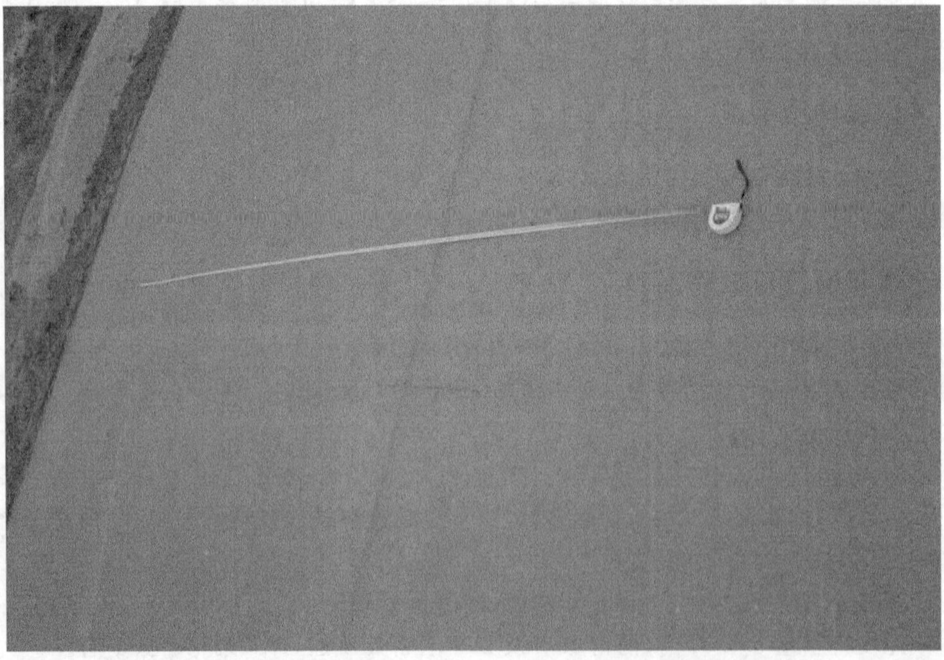

垫层土裂缝照片

四、路基填筑施工

路基填筑严格按照试验段试验结果并经监理工程师批准的数据和填筑工艺组织施工。路基施工中除保证达到规范要求压实度外，还要达到层层找平，即每层均有一定的平整度，每层都要有路拱，随时阻止雨水聚积。对路基填料随时检测含水量，偏低时洒水，偏高时晾晒，保证碾压时达到最佳含水量。路堤基底未经监理工程师验收，不得开始填筑，下一层填土未经工程师检验合格，上一层填土不得进行。每层填料铺设的宽度，每侧应超出路堤的设计宽度 50cm，以保证修整路基边坡后的路缘有足够的压实度。管涵两侧与顶部、锥坡与挡土墙等构造物背后的填土均应分层压实，涵洞两侧的填土与压实和桥台背后与锥坡的填土与压实，均应对称地或同步进行。

五、路基垫层填筑施工问题及处理措施

在垫层施工过程中发现施工后有开裂现象，碾压完毕当天有少量裂缝，宽度约 1～2mm，但在随后时间内会出现裂缝，随时间推移裂缝不断增多，增宽，开裂深度，有的达 11cm。经观察含水量高的部位裂缝开裂数量多，宽度大。但压实度满足要求，测量开裂处垫层弯沉值能满足设计要求。

虽然压实度和弯沉值能满足设计要求，项目部还是对裂缝问题进行了分析，初步分析裂缝和含水量有关，因为土场的含水量变化较大 10%～13%，为解决此问题，采用了旋耕机和灰土路拌机，对含水量大的土进行了翻晒。同时对 3 个试验段的土的试验数据进行了详细总结。

黏土质砂试验数据

	<0.08mm(%)	ω(%)	IP(%)	γ_d(g/cm³)	CBR	备注
ES3	19.5	9.9	34－21.5＝12.5	2.01	46	
ES3－2	16.3	10.5	25.9－17.3＝8.6	2.027	45	
ES3－3	14	10.8	22.3－12.8＝9.5	2.018	42	
ES3－4	13.2	10.7	22.6－12.5＝10.1	2.023	34	
ES3－5	18.8	10.7	23.7－12.6＝11.1	2.018	35	
ES3－6	16	10.7	21.2－12.1＝9.1	2.017	38	
ES3－7	22.9	10.3	28.2－13.6＝14.6	2.02	44	
ES3－8	21	10.9	27.2－12.8＝14.4	2.032	47	
ES3－9	34.4	11.2	28.5－13.3＝15.2	2.022	30	
ES3－10	22.8	10.5	27.1－12.8＝14.3	2.038	40	
ES3－11	20.3	9.6	26.1－12.8＝13.3	2.062	62	
ES3－12	23.9	10.2	26.1－13.1＝13	2.021	48	
ES3－13	22.4	10.3	26－13.4＝12.6	2.05	46	
ES3－14	19.2	9.3	23.8－14.1＝9.7	2.02	37	
ES3－15	22.5	9.5	25.9－14＝11.9	2.056	50	
ES3－16	23.9	10.1	26.3－13.9＝12.4	2.045	46	
ES3－17	26.8	9.7		2.01	38	
ES3－18	20.3	9.8		2.065	32	
ES3－19	19.9	9.7		2.061	37	

裂缝处理旋耕机和压路机

此种土最佳含水量及上限大容易达到压实要求，但会有裂缝，在下限很难达到设计压实度。试验段1应该是压实度和裂缝达到最佳状态，但无法完全避免裂缝。

经过多次试验段总结施工工艺：松铺厚度为33cm，松铺系数为1.1；机械组合为：钢轮1台，胶轮30T1台。

压实遍数：钢轮19T、25T，胶轮30T各静压1遍，钢轮小振3遍，胶轮收面1遍。含水率：9%～10%。加大含水率的抽检，含水量大的加强晾晒。通过含水量和碾压工艺严格控制，减少裂缝。因此根据试验段总结出的含水率和碾压工艺进行施工，垫层土的压实度和弯沉基本都是一次性通过验收，也同时有效地控制了裂纹，保证了施工质量和进度。

除了解决裂纹问题，还解决了含水量太大影响碾压的问题。路段一是旧路改造工程，在施工部分路段一时属于雨季，垫层土填筑时的含水量控制也是施工时的难点之一。路段1右侧PK4+300～PK4+800段为中央分隔带加宽1车道。此段开挖后基底为粗砂，开挖后基底采用浇水夯实。基底浇水夯实后填筑30cm黏土质砂。由于当时正值雨季，土场天然含水量较大，为14%左右，碾压出现翻浆现象。当时连续几天下雨，土无法翻晒，只能采用塑料布覆盖。天晴后采用农用旋耕机进行翻土晾晒。

2013年10月5日进行了碾压，静压小振动2遍后压实度为93%左右，后又采用大振1遍，压实度下降至90%。抽检含水量为9%，为最佳含水量下限(最佳含水量为10.5%)。判断此段含水量偏低因此不宜压实。第二天对该段垫层进行了洒水旋耕机翻拌，含水量控制在12%左右，然后进行了碾压。由于含水量较以前大，沿加宽纵向中部出现1米左右的凹槽。凹槽中部由于压路机无法碾压，压实度为93%，其余部位可以达到规范要求的95%(靠近老路边由于压路机无法靠近，采用冲击夯夯实)。为保证中间压实，采用平地机将两侧高出部分刮平后补压。经过多次反复试验，总结出以后指导施工的压实参数：黏质沙土含水量应控制在最佳含水量的上限，12%为最佳；碾压应先静压2遍，再小振2遍，最后收面一遍；压路机无法碾压的部位采用冲击夯夯实。雨季垫层土填筑施工对土料的含水量的要求极为严格，因此项目部采取措施：在施工前查看天气预报，并在路段二K4处堆土，利用毛细作用降低原土含水量外，同时在现场垫层施工时，尽量保证填土后及时压实，并且在条件允许的情况下覆盖塑料薄膜纸来避免雨淋。

水稳土改良在科特项目中的成功应用

中国机械工业建设集团有限公司
李强强

摘　要：

随着科特项目的推进，水泥稳定土基层开始施工，但是在满足原材料指标要求、设计配比和施工工艺的情况下，水稳土 CBR 值达不达标，并在施工后有开裂现象。经过试验段施工、多种改良方法尝试、试验数据总结、方案对比后，最终选定利用砂砾石改良水泥稳定土，质量、快速、经济的解决水泥稳定土问题。

关键词：水泥稳定土　试验段施工　水泥稳定土改良

Successful Application of Improvement of Cement Stabilized Soil in the Côte d'Ivoire Project

China Machinery Industry Construction Group Inc.
Li Qiangqing

Abstact：

With the development of Côte d'Ivoire project，The cement stabilized soil begin to construct. But，in the case of the materials index，mix proportion of design and construction technology meet the proportion and requirement，The CBR value of cement stabilized soil is non-compliance，and there is cracking phenomenon after construction. By the construction of test section，variety of improved methods to try，test data summary and the comparison of methods，finally，the problem of cement stabilized soil is qualitily，fastly and economically resolved by the use of gravel to improve cement stabilized soil .

Keywords：Cement stabilized soil　Construction of test section　Improvement of cement stabilized soil

一、项目概况

科特迪瓦阿比让-大巴萨姆高速公路项目属于科特迪瓦境内高等级的公路工程，项目分为三个路段：

路段一长 10.68km 的城市路段，从布艾港广场的交叉口开始到马术场结束。

路段二长 17.44km 的市际路段，从马术场开始到 Moossou 社区。

路段三长 14.04km 马术场开始到 Moossou 社区，为既有老路罩面。

科特总理和基础部部长等领导对项目的进展紧密关注，我项目部也在各级领导的指导和支持下，项目正处于施工全面施工阶段。目前，我项目部承建的三个路段中，路段一、路段二、路段三已完成分别为 21％，38％和 60％。

二、路段一和路段二水稳土结构层说明

路段一和路段二新建段主车道结构层从路面顶向下依次是：5cm 沥青混凝土层，18cm4％水泥稳定土基层，20cm3％水泥稳定土底基层，60cm 垫层。路段一和路段二横断面和结构层示意图见下图。

水泥稳定土构成本项目的底基层和基层，底基层水稳土量为 156763 立方米，底基层水稳土量为 143031 立方米，水稳层总工程量为 299794 立方米。

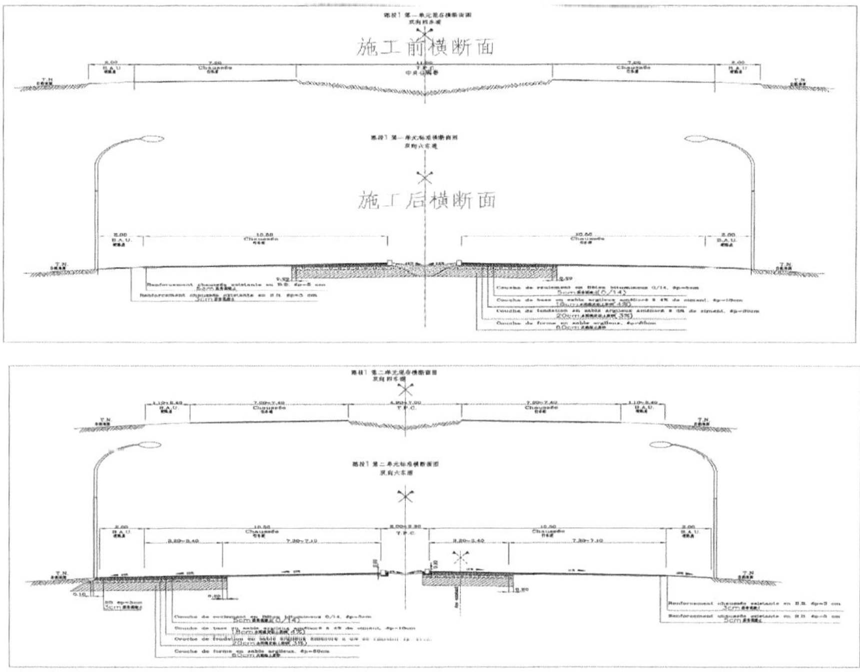

路段一横断面和结构层示意图

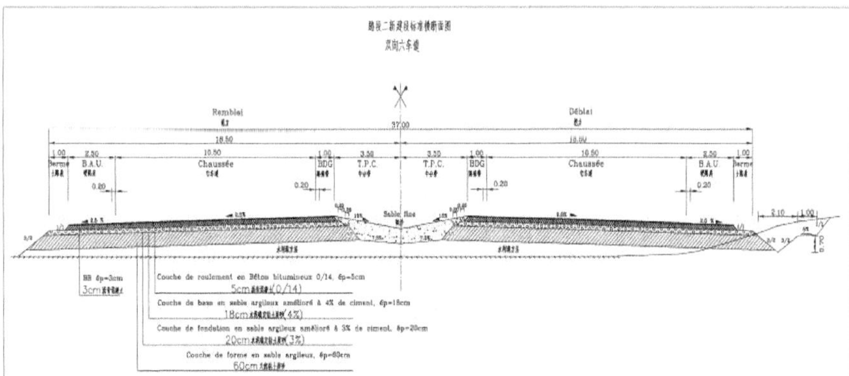

路段二横断面和结构层示意图

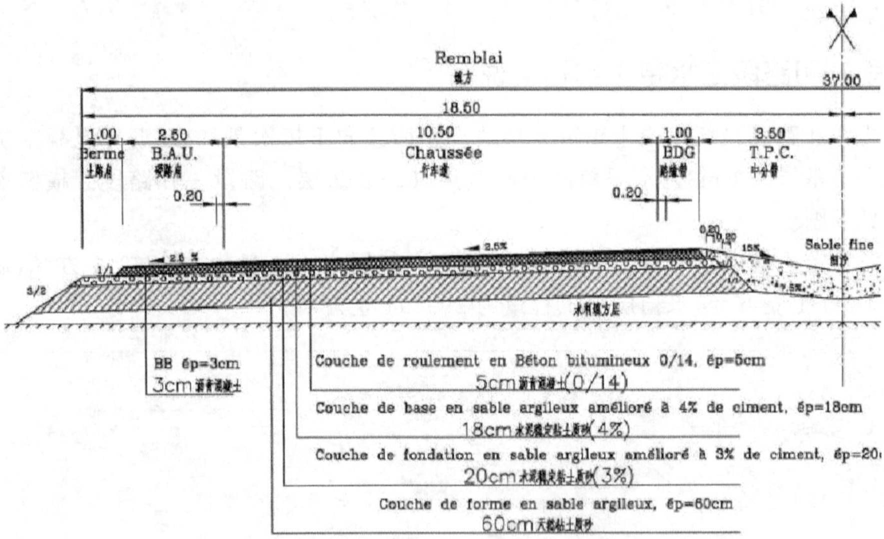

路段二横断面和结构层示意图(续)

三、水稳土构成和强度要求

水泥稳定土由天然黏性沙土和水泥拌合而成,其中:

黏性沙土指标要求为:有机物质的重量比在任何情况下不能超过 0.5%,液限小于 60%,IP 塑性指数<20;

3%水泥稳定土压实后指标要求为:CBR 值高于 120,弯沉值小于 70/100mm,压实度高于 95%;

4%的水泥稳定土压实后的指标要求为:CBR 值高于 160,弯沉值小于 40/100mm,压实度高于 95%。

四、水泥稳定土质量施工控制

(1) 施工准备

水泥稳定土施工前,试验室先进行了 3%水泥稳定土室内试验,项目部在试验中发现:即使原土 CBR 值大于 30,掺 3%的水泥后水稳土 CBR 值达不达标,CBR 值大多时候达不到 120(设计要求 3%水稳土 CBR 值高于 120),偶尔会超过 120,而且项目部试过很多土场的土料,并且水泥无质量问题,对此问题设计院和经验丰富的总监均难以解释。

设计院在设计勘察阶段,对当地的土源和水稳土进行过实验,在当地的土料 CBR 达到 30 后掺 3%的水稳料的 CBR 达到 130 以上,当地监理也根据经验认为土料 CBR 达到 30 后掺 3%的水稳料的 CBR 很容易达到 120。而实验室数据显示,3%的水泥稳定土的 CBR 强度值不符合设计要求。

为了确定水泥稳定土施工碾压工艺等指标,项目部进行了水泥稳定土试验段施工。

(2) 水稳土试验段施工

试验段:路段二 PK11+800～PK11+880 段左侧。

① 水稳土含水量控制在 9%～10.5%,摊铺机摊铺时松铺系数 1.4,钢轮 25T 各静压 2 遍,振动 2 遍,胶轮 4 遍。

② 当天下午 7 点碾压施工完毕,未发现异常,但第二天早上便出现纵向裂缝,第三天出现横向裂缝。

③ CBR 值为压实度为 96%。

(3) 稳定土施工问题及技术质量措施

稳定土试验段表明:第二天开始便出现纵向裂缝,之后出现横向开裂。另外试验室数据表明 CBR 强度也不达标,因此水泥稳定土存在开裂问题和 CBR 强度不达标问题。

底基层裂缝

底基层裂缝

就水稳土底基层裂缝问题，项目部高度重视，底基层属于路面结构层，就怕以后会辐射到路面面层，形成质量隐患，因此项目部多方请教，水稳土裂纹问题一直未能解决，同时水稳土CBR值不达标也是技术上的一大难题。

在设计部门、国内专家、科方监理无法解决水泥稳定土底基层问题的情况下，项目部开始尝试水泥稳定土改良实验，改良方法包括：掺石灰、加高水泥掺量、掺加碎石、卵石和砂砾石等方法。

掺石灰：由于科特当地缺少石灰而放弃；

加高水泥掺量：实验室尝试掺加4.5%、5%等含量水泥，可以提高水泥稳定土CBR值，无法减弱开裂现象；

掺加碎石、卵石和砂砾石：实验室尝试掺加不同含量的碎石、卵石和砂砾石，不同程度上均可提高CBR强度和防止开裂。具体实验数据见下表。

水稳土试验数据统计表

水稳土	掺砂砾石量	水泥掺量	碎石掺量	出结果日期	试验结果(CBR)
3%水泥(用于底基层)CBR合格值为120	121	35	3		2013.8.18
	150/155		3,5		2013.8.20
	112/112	30	3		2013.8.22
	111/110	40	3		2013.8.29
	121/112	35	3		2013.8.29
		3		2013.9.5	126/135
		3		2013.9.5	145/155

续表

水稳土	掺砂砾石量	水泥掺量	碎石掺量	出结果日期	试验结果(CBR)
3%水泥(用于底基层)CBR 合格值为 120	128/129	35	3,5		2013.9.9
	123/114		3	10 碎石	2013.9.9
	128/110		3,3		2013.9.14
	116		3,2		2013.9.15
	138/138		3	50 卵石	2013.9.17
4%水泥(用于基层)CBR 合格值为 160	72	25	4		2013.7.30
	124	35	4		2013.7.30
	150	15	4		2013.7.30
	158/137	15	4		2013.8.9
	25	4		2013.8.9	110/137
	35	4		2013.8.10	164/162
	45	4		2013.8.10	85/120
	35	4		2013.8.18	155
	30	4		2013.8.18	119
	38	4		2013.8.18	126
		4,5		2013.8.20	156/180
	30	4		2013.8.21	119/96
	35	4		2013.8.21	155
	40	4		2013.8.21	126/110
	35	4,5		2013.8.31	165/162
		4		2013.9.6	82/87
		4		2013.9.6	88/88
		4,3		2013.9.9	166/156
		4	50 卵石	2013.9.17	162/168
		5		2013.7.30	168/183
		6		2013.8.1	176/187
		7		2013.8.1	170/190

通过试验数据分析,增加水泥含量,可以提高 CBR,但水泥含量的提高会增加成本,而且裂纹问题未能解决;掺加砂砾石、卵石和碎石可解决水稳土问题,但是通过询价:碎石每方 64.10 元、砂砾石每方 20 元、土每方 6.25 元,通过材料价格和改良效果,掺加 50%砂砾石的水稳土,不只是 CBR 超过指标要求,而且通过试验,也能很好地解决裂纹问题。

最终考虑到项目成本问题和裂纹问题,选定了掺加砂砾石的方法解决了水稳土 CBR 和开裂问题。因此项目部积极寻找砂砾石料场,同时考虑找场地自己开采砂砾石,最后选择自己开采砂砾石场,并将砂砾石价格降低至每方 12.5 元,等砂砾石场顺利出料后,通过请业主和市长的协调后，再次就砂砾石价格降低至每方 6.25 元，等同于土的价格，但是砂砾石场近于土场，因此不只在质量上解决了水稳土问题，而且更加经济、快捷地推进了项目的发展。

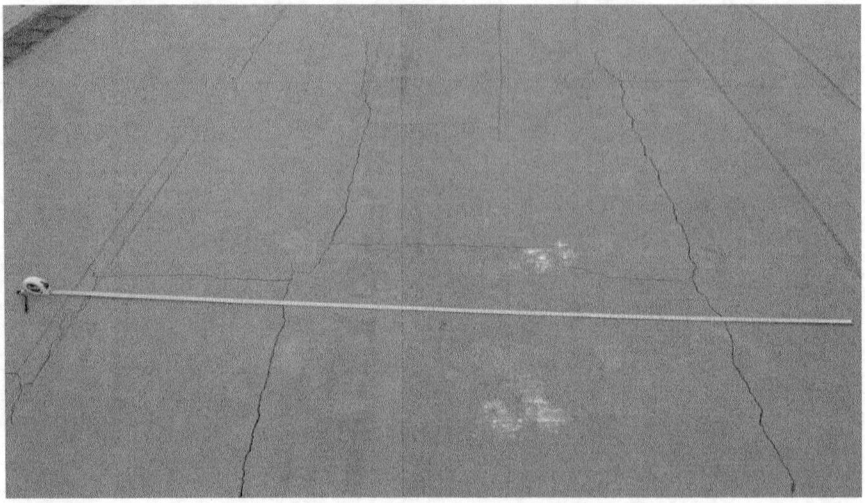

未掺加砂砾石的水稳底基层裂缝

掺加砂砾石的水稳底基层(无裂缝)

(4) 改良后水泥稳定土施工质量控制过程

本项目稳定材料分为底基层(厚度 20cm)和基础(厚度 18cm)，稳定材料为水泥、黏土质砂和砂砾石料，采用 CPA 水泥。稳定材料计划在拌合站拌合，自卸车运至现场摊铺机摊铺，具体工艺流程和技术质量控制如下。

施工放样作为最初始线路控制，测量班利用全站仪和水准仪配合现场操作人员完成路基两侧每 10m 设钢钎，拉设钢丝绳，作为摊铺机控制摊铺高度基准线。

稳定土采用拌合站集中拌合，拌合时控制以下 2 点：

➢ 混合料的含水量要略大于最佳值，使混合料运到现场摊铺后碾压时的含水量不小于最佳值（一般比最佳值大 1%左右，具体根据现场情况和温度稍微调整）。

➢ 拌合必须均匀。

拌合后自卸车运到现场开始摊铺，摊铺过程需控制如下 3 点：

➢ 摊铺前应使下承层保持湿润（用水车洒水）。

➢ 摊铺速度要均匀，摊铺应连续，尽量避免停机现象，否则将大大影响平整度。

➢ 水泥稳定土松铺系数控制在 1.4 左右。

摊铺后立即碾压。先静压再振动，最后采用胶轮压路机碾压。

碾压时应控制车速，由边向中、由低向高碾压，直到达到所需的压实度。在碾压过程中，基层表面应始终保持潮湿，如中午天热表层水蒸发较快，需及时补洒少量的水。严禁压路机在已完成的或正在碾压的路段上调头和急刹车。保证施工质量。

压实后检查压实度，压实度大于 95%为合格，立即开始养生，养生采用洒水方式，养生期不宜少于 4d，养生期间应封闭交通车辆不得通行。在养生结束后申请监理检查验收，验收包括外观验收、标高验收、压实度验收、弯沉验收，验收合格后即可进行下道工序。

五、砂砾石改良水泥稳定土对项目进展的积极作用

目前，3%水泥稳定土已施工 49305 方，4%水泥稳定土已施工 29567 方，水泥稳定土的 CBR 强度、压实度、弯沉值都是一次性通过验收，裂纹问题也得到了很好的解决，为项目的顺利进行提供了技术质量保证，积极地促进了项目的发展。

(1) 保证施工质量

经过项目部多次试验，掺加砂砾石的水稳土不只可以解决水稳土 CBR 强度问题，同时可以防止水稳土开裂，有效解决了水稳土的施工问题，保证了水稳土的施工质量。

(2) 加快施工进度

底基层试验段计划在 2013 年 10 月份进行，而在 2013 年 8 月底的时候，水稳土 CBR 强度问题尚未解决。因此在发现水稳土掺加砂砾石方法可行的情况下，项目部果断决策，寻找砂砾石场，与地主沟通，开采砂砾石料，保证了水稳土底基层的正常进行，也为后续水稳土的施工奠定了基础。同时由于从土场拉到现场的土料含水量较大，在拌合的时候经常有堵土现象，降低了水稳拌合站产能，而掺加 50%砂砾石后，砂砾石不会有堵料的情况，从而减少了堵土现象，提高了水稳拌合站产能，加快了施工进度。另外，砂砾石场近于土场，减小了运距，减少了运输时间，很大程度上也加快了施工进度。

(3) 节省项目成本

掺加卵石、碎石水稳土和增加水泥含量均可以解决水稳土 CBR 和裂纹问题，碎石场离项目现场距离约 70 公里，比土料增加运距 40 公里，而且碎石价格高，增加项目成本；而增加水泥剂量能解决 CBR 问题，项目成本会增加，况且裂纹问题依旧存在。而砂砾石场近于土场，减小了运距，节省了项目成本。目前 3%水泥稳定土已施工 49305 方，4%水泥稳定土已施工 29567

方，已节约成本788720元；项目完工后预计可节约成本2997938元（详细数据见下表）。

运费及每方水泥稳定土材料价计算表

	土 m^3	砂砾石 m^3	碎石 m^3	水泥 kg	运费 km·m^3	1方水稳材料价
材料单价	6.25	6.25	64.10	1	2	
运距	30	20	70			
原设计3%水稳土				3%	60	153
掺加50砂砾石3%水泥	50%	50%		3%	50	143
掺加50碎石3%水泥	50%		50%	3%	100	198.18
原设计4%水稳土				4%	60	150.25
掺加50砂砾石4%水泥	50%	50%		4%	50	140.25
掺加50碎石4%水泥	50%		50%	4%	100	219.18

成本节约计算表

	单位	原设计3%水泥稳定土	掺加50砂砾石3%水泥	掺加50碎石3%水泥	原设计4%水泥稳定土	掺加50砂砾石4%水泥	掺加50碎石4%水泥
每方水稳土价格	元	153	143	198.18	150.25	140.25	219.18
已使用量	m^3		49305			29567	
材料价	元	7443665	7050615	9771081.59	4442441.75	4146771.75	6480495.06
已节约成本	元	0	493050		0	295670	
总量	m^3		156762.8			143031	
总材料价	元	23984708.4	22417080.4	31066668.9	21490407.8	20060097.8	31349534.6
共节约成本	元	0	1567628		0	1430310	

建筑行业安全事故案例分析

黄跃龙

【案例背景】

2014 年 6 月×日，某国有电建集团公司××项目经理部的锅炉施工人员在吊装该项目一号炉前部水冷壁时，因自制水冷壁吊装吊耳强度不足，发生屈服失效，从而致使吊耳有的被从丁字焊缝处撕裂，有的被从吊孔处撕裂，从而发生正在吊装的水冷壁从距地面 65 米高处坠落至一号炉炉膛地面，造成两名作业人员从 65 米高处坠落至锅炉地面，另外两名作业人员也不同程度受伤，坠落的锅炉前水冷壁底部坠落至锅炉地面时，向炉后倾翻，倒向炉后空气预热器平台和在炉膛内正在进行吊装的 25 吨汽车吊吊臂上后才稳定。事件发生后，项目部立即启动应急预案，迅速将事故现场进行封闭，按规定向有关部门和领导及时进行汇报，将因此事发生导致坠落受伤的人员第一时间送至附近医院进行抢救，经医院抢救，从 65 米处坠落的两个作业人员因抢救无效死亡，其他受伤作业人员经过抢救，脱离生命危险。

【分　析】

从表面看，事故发生的原因是吊装一号炉前水冷壁吊耳强度不足，发生屈服失效而被撕裂导致吊物从高处坠落。其实经过调查发现，发生该起事故的原因还有其他更复杂的原因。主要由包括以下几个方面：

第一，在调查过程中，未发现有针对该吊装作业而编制的专项安全作业方案。

第二，通过对相关作业人员的走访，也未发现先有任何针对施工队自制的锅炉水冷壁吊耳强度和受力分析计算书。以及任何针对该吊装承重件的任何强度试验，比如焊接焊缝的拉断试验、无损检验等相关实验。

第三，施工队在锅炉炉膛内进行交叉作业，未采取有效地隔离防护措施，就在事故发生的前一周，项目部安全管理部还给其下发过安全隐患整改通知单，要求其及时将因吊装临时拆除的安全网等安全设施及时回复，并采取有效措施防止高处坠落事故发生。但直到事故发生时要求恢复的临时拆除的安全网仍未恢复。

第四，相关监管部门未尽到相应的监管责任，比如吊装水冷壁，相关专业经理就没有要求其编制相应的专业作业方案，有关安全监督人员未尽到相应的安全监督责任。

第五，项目部有关人员没有把安全放在优先的位置，当安全与进度和成本发生矛盾时，安全一般都给进度和成本让步也是导致此次事故的原因之一。

【启　示】

通过这个案例，可以得到以下启示：

安全事故的发生有一定的偶然性，然而在偶然性的背后一定存在其发生的必然原因，比如有违规和违章行为，监督不力，相关人员责任心不强等不正常现象。

建筑业行业本身就是一高危行业，任何有关安全的细节都不能忽视，否则就会酿成严重后果，产生不可估量的损失。

结合目前国家相关法律法规，一定要实行安全一票否决制，从制度上、宣传上、实质上将安全放在所有工作的前面，而不是仅仅是老生常谈地喊一下“安全第一”。

针对安全违章和安全隐患未及时进行按要求治理的单位，应采取在每期工程量计量和结算工程款时，必须和安全部门进行的安全管理结合起来，一定要让安全管理部门在每期工程结算单上签字，有安全罚金，应及时在每期扣除，让有些安全违章单位和部门不能违章，不敢违章，从而营造一个良好的安全管理环境。

安全重在预防，通过制度和体系，从资金上、人力上均给予优先配置和满足，唯如此方能将事故防忠于未然。

论公路工程试验检测的重要性
——以扎门乌德-赛因山达公路项目为例

刘廷强

一、项目施工前

通过试验检测，能充分利用当地出产的材料，便于就地取材。譬如建设地点的砂石、填料等等，可借助试验检测这种有效手段，以确定上述材料是否满足施工技术规定的要求。便于就地取材，降低工程造价。在项目施工前，我们试验室必须要完成路基土石方填筑开工前必须进行的试验含水量、密度、颗粒分析、液塑限、土的有机质含量、土的强度试验(CBR)、标准击实试验。在确定最大干密度和最优含水量后，要进行全线原地面压实度的检测。在完成全线原地面土样的采集、试验、校正试验数据之后监理工程师才允许施工队伍填筑路基。

二、项目施工中

在施工过程中，按照规范要求按频率抽取样品，进行试验。主要包括下面几项试验：

1. 碎石的压碎值、磨耗值、视密度、磨光值、针片状颗粒含量及颗粒组成等各项指标的试验检测。

2. 砂的视密度、坚固性、砂当量等指标的试验检测；

3. 矿粉的视密度、含水量、粒度范围等指标的试验检测；

4. 沥青原材料试验：相对密度、软化点、针入度、黏度、溶解度试验；

5. 沥青混合料试验：密度、空隙率、马歇尔稳定度和流值，残留。

蒙古NP1项目基层是采用的级配碎石填筑。这就要求我们试验在填筑基层前要配备出最经济、最合理、最科学的基层配合比。配合比是工程质量、工程成本的关键。由于蒙古项目在上一个承包商撤离蒙古时遗留了大量的单粒径碎石。由于我们生产的碎石和遗留的碎石试配出的配合比，对于0～5mm碎石使用量非常的大，并且在后续的施工中沥青混凝土中该碎石使用量也会非常的大。所以我们试验室在项目部刚具备试验条件就开始大量反复的试配试验，并且与监理工程师探讨并说服了监理工程师同意我们使用项目部旁边河沙来部分替代0～5mm的碎石，同时也要满足设计要求，为项目大大节省了资金。同时在沥青配合比试配过程中，在满足质量要求的情况下，最大的调低沥青使用量，确保了运输到现场的沥青满足工程所需。在工程结束后，只剩余不到10T的沥青。并且我们的沥青路面在蒙古货车严重超载的情况下，相较中铁一局损坏程度和面积都远远小得多。既保证了路面的质量，又节省了成本。

三、项目竣工

项目竣工时，试验室同样是最忙碌，也是最重要的一环。所有结构物质量是否过关、合格，都是通过试验去检验。主要是完成下面的工作：

1. 在竣工交接期间，蒙古国交通部验收组对整个工程进行验收。其中验收的重要环节都是集中在试验检测上。包括路面厚度、路面压实度、路面平整度、路面摩擦系数、路肩压实度等等。

2. 在项目竣工验收其他，要完成所有结构物以及附属工程项目的材料检测、质量检测资料整理、编织、汇总、装订。

四、总　结

总之，质量是公路工程的生命，是工程价值的根本体现，必须要引起施工单位的高度重视。而工程质量的完善要依赖于试验检测工作，只有在检测过程中才能及时发现问题，并不断完善工程施工的手段，从而才能提高公路工程质量。

科特迪瓦阿比让至大巴萨姆高速公路项目天桥实施性施工组织设计

交通公司

杨　俊

1　编制依据

① 科特迪瓦阿比让至大巴萨姆高速公路项目路段一 PK10＋120 天桥施工图纸。

② 科特迪瓦施工规范 CCTP、《混凝土与砌体工程施工规范》、《公路工程试验规程》、《公路桥涵工程施工质量验收标准》等。

③ 现场调查资料和我项目部目前队伍技术设备状况。

2　工程概况

2.1　水文地质情况

2.1.1　气象、气候条件

项目区域属热带雨林气候，年平均气温 25℃。2～4 月气温最高，平均为 24～32℃；8 月气温最低，平均为 22～28℃。5～7 月为大雨季，9 月中旬至 11 月底为小雨季，其余为旱季，年降雨量 1300～2200 毫米。

2.1.2　地形、地貌

项目区位于科特迪瓦南部，为海拔 50m 以下的沿海泄湖平原区。本天桥位于沿海的沙丘带上，地势沿阿比让至大巴萨姆逐渐降低。沿线地形平坦，本桥处地面标高介于 7.30～8.50m 之间。

2.1.3　工程地质

沿线土壤的岩性主要是洁净的砂土，表层为微黑细沙，0.3～1.5m 为褐色细沙，1.5～4.5m 为黄色细沙。

2.2　本桥工程概况

PK10＋120 天桥（2～15.65m）主要情况如下：

① 本桥梁板总长为 31.3m，分两跨，每跨为 15.65m，中间不设沉降缝，梁板混凝土采用一次性现浇施工。桥面全宽为 3.5m，净宽 3m，板厚 0.50m。梁板与梯道连接处预留 2cm 宽的沉降缝，采用沥青麻絮填塞。

② 主桥两侧设双向梯道，梯道上部结构采用现浇板，厚度为 25cm。梯道宽度为 2.5m，梯道坡度为 1.4∶3.2，留 2m 休息平台。

③ 本桥位于直线上，为立交而设，与线路正交。

④ 本桥混凝土全部采用现浇施工。

⑤ 主桥墩 P1、P2、P3 采用 0.5m×2.0m 矩形桥墩，梯道 T0、T1、T2 墩采用直径为 0.8m

的圆柱形墩。

⑥ 主梁、梯道、桥墩及基础等主体结构均采用B30混凝土，基地素混凝土垫层、地表防护采用B10混凝土。

⑦ 钢筋采用符合NFE35－016的FeE400，弹性极限强度fe＝400MPa，弹模Es＝2×10^5MPa，容重为7850kg/m^3。

⑧ 栏杆采用S8型，钢材为S235JR，应符合NFP98405规范，栏杆采用镀锌保护。

⑨ 主桥主梁与桥墩、梯道与桥墩的支撑处采用两种连接方式：在T1、T2、P1、P2及P3处采用橡胶支座，在T0处采用墩梁固结。

2.3 主要工程量

本桥主梁跨径为2～15.65m，B30混凝土总量为215.3m^3，钢筋总量为38t。橡胶支座11块，S8型栏杆225m。

2.4 工程特点

本桥位于城市段，横跨原有公路，交通量大，影响施工进度并增加了施工安全隐患；本桥全部混凝土采用现浇方式浇筑混凝土，因此需要每次浇筑确保混凝土用量，与拌合站配合沟通，及时出料，确保效率；由于本项目地处科特迪瓦，天桥施工中利用当地工人，当地工人技术水平较差，语言沟通困难，需要一段时间的技术培训及交流，保证施工质量和现场正常运转。

3 施工准备

施工前的准备工作主要包括：施工现场准备、技术准备、物资准备和劳动组织准备等工作。

3.1 施工现场准备

① 做好施工场地的控制网测量工作。
② 做好“三通一平”工作。
③ 建造施工临时设施。
④ 做好施工混凝土构件、制品和材料的储存和堆放。
⑤ 安装、调试施工机具。
⑥ 及时提供施工材料的试验申请计划。
⑦ 做好雨季施工安排。
⑧ 设置消防、安全设施，做好施工现场安全设施。

3.2 技术准备

① 熟悉、审查施工图纸和有关的设计资料。
② 原始资料的调查分析：
➢ 自然条件的调查分析；
➢ 技术经济条件的调查分析。
③ 编制施工图预算。
④ 编制中标以后的施工组织设计。

3.3 物资准备

① 物资准备工作内容包括：施工材料的准备；构（配）件、制品的加工准备；安装机具的准备；生产工艺设备的准备。

② 物资准备工作的程序：

- 根据施工预算、分部工程施工方法和施工进度的安排，拟定施工材料、构（配）件及制品、施工机具和工艺设备等物资的需要量计划。
- 根据各种物资的需要量计划，组织货源，确定加工、供应地点和供应方式，签订物资供应合同。
- 根据各种物资的需要量计划和合同，拟定运输计划和运输方案。
- 按照施工总平面图的要求，组织物资按计划时间进场，在指定地点，按规定方式进行储存和堆放。

3.4 劳动组织准备

① 建立施工项目组织机构及人员配备。

② 建立精干的施工队组。

③ 集结施工力量、组织劳动力进场。

④ 向施工队组、工人进行施工现场技术交底。

⑤ 建立健全各项管理制度，主要包括：工程质量检验与验收制度；技术责任制度；工程技术档案管理制度；建筑材料（构件、配件、混凝土预制制品）的检查与验收制度；技术责任制度；施工图纸学习与会审制度；技术交底制度；职工考勤、考核制度；工地及班组经济核算制度；施工材料出入库登记制度；安全操作制度；机具使用保养制度等。

3.5 施工安全准备

根据设计交底、现场调查情况和有关施工安全的政策法规，核对设计文件、设计图纸。

编制现场施工安全管理办法及各项施工安全管理制度，搞好员工进场安全教育。

搞好施工现场围护，实行封闭式管理作业制度，建立严格的门卫制度，严禁非施工人员、车辆出入施工现场。

劳动力计划表

单　位	工作范围	人　数	技术人员（包含在总人数之内）
结构施工负责人及技术人员	在项目部的领导下负责结构物施工的安全、技术、质量、物资设备、劳务人员、协调等	3	3
基础开挖	基坑施工	6	1
混凝土工班	混凝土浇筑	10	2
模板工班	各种模板作业	10	1
钢筋工班	钢筋制作安装	8	2

续表

单　位	工作范围	人　数	技术人员(包含在总人数之内)
防水工班	防水层制作	4	1
运输工班	模板、钢筋、混凝土的运输	6	1
安保工班	施工现场的安全保卫工作	3	
其中物资、机械等设备由项目部物资部门及相关部门及时配合			
上述人员根据施工作业面情况相互调整,合理搭配施工			

主要机械设备一览表

序　号	名　称	单　位	数　量	备　注
1	挖掘机	台	1	
2	装载机	台	1	
3	皮卡车	辆	1	
4	自卸汽车	台	3	
5	平板汽车	台	1	拉运天桥钢筋
6	搅拌机	台	1	
7	电焊机	台	2	BX－500 交直流
8	切割机	台	1	
9	角磨机	个	4	
10	弯筋机	台	2	GW－40
11	柴油发电机	台	2	15KW
12	水泵	台	4	$20m^3$ 2 台,$120m^3$ 1 台,1 寸水泵 1 台
13	插入式振捣棒	根	12	50 型(4m 6 根,10m 3 根)
14	台式电锯	台	1	
15	振动棒电机	台	5	
16	汽车吊	辆	1	20T
17	混凝土搅拌运输车	辆	1	$8m^3$。浇筑梁板混凝土时另加罐车

4　主要施工方法、施工工艺

4.1　施工安排

根据科特迪瓦的气候特征和上级管理部门的要求,结合本工程的实际特点,对本桥施工方案进行优化,在计划内完成该桥所有工程量。

本桥为现浇混凝土结构。

施工前先复测,详细核实高程及尺寸,如有与设计不符处,及时提交设计单位变更设计。

施工顺序：为方便施工，保证交通，预先施工 1～7＃桥墩，再施工 8、9＃主桥墩并填筑 1～9＃所有基坑，在 8～9＃桥墩之间修筑便道。将双向车道全部改移到 8～9＃桥墩之间的便道后，再进行封闭既有路面并施工 10～17＃桥墩。

施工住处：现场搭设一顶帐篷供工地保安及夜间值班人员避雨，中国工人全部回营地集中住宿，当地工人除夜间值班外全部回家住宿。

施工用电：工地用电主要用于钢筋制作、振捣混凝土、电焊机、切割机、照明等，本桥工地现场采用 15 kW 两台、5 kW 发电机一台。

4.2 主要施工项目的施工工艺和施工方法

本天桥主要施工项日顺序为：

基坑开挖→基础混凝土施工→桥墩施工→支架搭设→梁板模板安装→梁板钢筋绑扎→梁板混凝土浇筑→梯道模板安装→梯道钢筋绑扎→梯道混凝土浇筑→附属施工。

4.2.1 基坑施工方案

本天桥位于大西洋边，但根据地勘实验报告得知地下水位在 6m 以下，基坑开挖深度一般为 1.2～2.5m 之间，因此不需要考虑地下水位的影响。基坑开挖前确认无地下管线问题，因此无须担心开挖对管线类地下设施的影响。但因天桥基础位置都为细沙，因此施工中必须做好基坑的防护。

(1) 基坑开挖

测量放样，精确放出天桥桥墩基础开挖边线，并用测距仪器进行复核。待确定放样无误后再进行开挖。

基坑开挖先采用挖掘机开挖，机械开挖至离设计标高 20～30cm 深为宜，再用人工修整，保证不扰动周围地基土层，严禁超挖。基坑边坡一般设为 1∶1，根据地质情况及地下水位情况进行适当调整。基坑开挖后立即报验并尽快确定垫层位置，做模板，浇筑垫层混凝土，以防雨水或地下水导致边坡垮塌。

(2) 基坑防护措施

① 在有限的施工场地内尽量将基坑尺寸放大，基础底面尺寸每侧多挖 0.8m。

② 基础开挖完毕后，为防止细沙坍塌，在边坡坡脚处采用钢管桩，并用木板做防护。

③ 在基坑边缘细沙洒水润湿，尽量使基坑周边沙土密实，防止坍漏。

④ 离基坑边缘 1m 处挖截水沟，将地表水截留，防止地表水将沙土冲入基坑内。

4.2.2 基础钢筋绑扎

根据图纸提前将基础钢筋在钢筋加工场统一加工制作，平板汽车运至施工现场，人工运至基坑内绑扎，用水泥块做垫块。如基坑内地下水位较高，基础钢筋也可在基坑外绑扎，并用人工抬入基坑内或吊车吊入基坑内。基础钢筋绑扎前用全站仪精确放线，确定基础钢筋位置和桥墩预埋钢筋位置。

4.2.3 基础混凝土施工

混凝土采用拌合站统一拌合，用混凝土罐车运至现场浇筑，用溜槽流入基坑内，采用插入式振捣棒振捣密实，基础混凝土养护 7 天。如基础混凝土施工完毕后，地下水位高于垫层混凝土表面时，则根据水量情况采用水泵抽水降低基坑内地下水位，待混凝土达到初凝为止。

4.2.4　矩形桥墩施工

钢筋在钢筋加工场集中加工，并用平板车运送至施工现场。矩形桥墩钢筋与基础钢筋一起绑扎，基础混凝土浇筑完毕后，用全站仪精确放出桥墩位置，弹线、根据弹出的墨线进行立模。

矩形桥墩模板采用平面钢模板拼装施工，矩形桥墩结构尺寸为 0.5m×2m，每 4 整片模板层层拼装，每层模板高度为 1 米，并根据钢管加固，采用 14mm 对拉杆，第一层和顶层模板各设 4 道对拉杆，其余每层设两道对拉杆。用 4 条 8mm 钢丝绳控制其垂直度和稳定性。

每立一块模板都要校核轴线位置、几何尺寸和标高，确保位置的精确性，在整体立完模板后要再次校核。同时注意模板与模板间接缝，防止浇筑混凝土时侧漏。矩形桥墩钢筋绑扎、立模和模板加固时为考虑施工人员的安全，在模板周围搭设单排脚手架，水平间距设为 2m×3m，竖向间距设为 1.0m 一层，每施工层搭设 3cm 厚木板做施工平台，木板两侧与钢管脚手架采用铁丝绑扎。模板脱模剂采用机油。

矩形桥墩混凝土施工，混凝土由混凝土拌合站统一拌合，并由罐车运送至施工现场，根据本天桥处施工区域选择吊车进行浇筑混凝土，因此混凝土采用吊车用料斗浇筑。

本桥矩形桥墩最高为 7.7m，由于桥墩钢筋较密，浇筑混凝土时施工人员无法进入模板内进行振捣，因此，采用 10m 长振动棒进行捣实。混凝土分层浇筑并用插入式振捣棒进行振捣，每 60cm 振捣一次。混凝土浇筑完毕后 24 小时候可以拆模，洒水养护 7 天。

4.2.5　圆柱形桥墩(立柱)施工

圆柱形桥墩钢筋与基础钢筋一起绑扎，钢筋采用集中加工，人工绑扎或焊接。因桥墩钢筋长度都在 12m 以内，因此桥墩钢筋采用整条钢筋，不宜焊接。精确控制托盘、顶帽或支座垫石的预留钢筋或其他预埋件位置。基础混凝土浇筑完毕后，用全站仪精确放出桥墩中心点。

圆柱形桥墩模板采用定型钢模板，根据圆柱形桥墩墩高及施工方便，考虑到模板利用的问题，将模板加工为 3.5m、3.0m、2.5m 三种，共 9.0m 长，根据圆柱形桥墩的长度进行调整拼装，并用 8mm 钢丝绳控制其垂直度和稳定性。

浇筑混凝土，混凝土由拌合站统一拌合，并用罐车运送至施工现场，浇筑方式同矩形桥墩一致。待混凝土强度达到 75%后，绑扎顶帽钢筋，浇筑顶帽混凝土。

4.2.6　支架搭设施工方案

(1) 支架类型选择

本次支架搭设方案拟采用修便道搭设满堂支架，或在周边环境不满足修便道条件情况下，采用门洞式支架两个方案。

通过对周边建筑设施考察，旧路左幅距离建筑物 40m 左右，右幅距建筑物 20m 左右，对基坑、圆柱桥墩、矩形桥墩施工后左右可预留出十米左右的便道宽度，且除左右两侧挡墙外，居民建筑距离施工现场比较远，对修便道影响不大。同时考虑到当地交通流量大，且运输木材、石料等大车较多，如果采用门洞式支架，不方便施工运转和阻塞交通等现象。

因此采用满堂式支架，为施工方便、车辆停放，天桥前后各留出 100m 长空地作为施工用地，便道左右幅均修 4m 宽，共 200m 长。

支架搭设前，根据梁板混凝土、模板、支架、施工人员等各种荷载的大小，对支架基础地面进行处理。支架基础分沙土基础及老路油面层基础，对于沙土基础首先用机械清除 25cm 地表土，然后用机械压实，再填筑 30cm 路基用土并压实，土层压实后再填筑 5cm 碎石层，人工整平并用压路机压实。碎石顶面平放 10cm 厚、15cm 宽木方，方木上面搭设支架。对于油面基础不用处理，路面上直接放置 10cm 厚、15cm 宽方木，并直接搭设支架。

(2) 基础处理

支架搭设前，根据梁板混凝土、模板、支架、施工人员等各种荷载的大小，对支架基础地面进行处理。支架基础分沙土基础及老路油面层基础，对于沙土基础首先用机械清除 25cm 地表土，然后用机械压实，再填筑 30cm 路基用土并压实，土层压实后再填筑 5cm 碎石层，人工整平并用压路机压实。碎石顶面平放方木，方木上面搭设支架。对于油面基础不处理，路面上直接放置方木，并直接搭设支架。

(3) 支架搭设

支架采用碗扣式支架，根据支架立杆的间距依次摆好方木，然后放置底托、交替搭设立杆、横杆、顶托、方木。搭设完成后对高度进行测量审核，待调整好设计高度，并根据设计要求调整模板高度设预拱度。然后开始立梁板底板模板。

(4) 支架预压试验

预压前准备好沙子、蛇皮袋、铁锹、吊车等材料设备及工人。

待模板加固完毕后，根据设计要求对支架进行预压，预压重量不小于上部结构自重的120%。预压材料用蛇皮袋装沙子，并用吊车吊至梁板模板上，人工摆放，摆放的顺序根据三个桥墩往桥梁中心方向层层摆放。

预压前每跨梁下至少设 5 个沉降观测点，荷载达到 50%后开始观测，荷载每增加 10%观测一次，当荷载到达 120%后，每半个小时观测一次，两个小时后，每两个小时观测一次，12 小时后每 6 小时观测一次，如果不发生沉降或沉降停止，则至少保持 24 小时后开始减载。卸载时先从每跨中间向两侧层层卸载。

4.2.7 梁板施工

梁板模板全部采用钢模板，钢板厚度为 4mm，模板周围采用 7cm×7cm(7mm 厚)角钢加固，中间肋板采用 7cm×7mm 扁钢。每断面模板分地板和两侧板分三种加工。顺桥向每 1.5m 一道加工。

支架搭设完毕后，将顶托上面方木顶面标高调整至梁板底模底面高程，并根据设计要求调整预拱度。再用全站仪精确放出梁板轴线及中心线，并根据轴线及中心线安装梁板模板，梁板模板采用吊车吊装。

模板加固完毕后，进行支架预压试验。预压完毕后再次检查模板加固情况，并核对轴线是否偏位等。

梁板钢筋在钢筋加工场加工，用平板车运送至施工现场，人工绑扎或焊接。用水泥块做垫块。

由于本项目混凝土搅拌机机型小，无法满足施工要求，因此在梁板混凝土浇筑时需要联系当地的商品混凝土站提供梁板混凝土。混凝土由罐车运至现场，用吊车浇筑，混凝土浇筑时由一侧和中间桥墩位置向跨中方向分层浇筑，用插入式振捣棒振捣密实。洒水养护 7 天。

混凝土浇筑完毕后一般根据气温条件及试块的强度决定梁板底模拆除时间，一般情况为不少于十天。

由于当地的环境影响，礼拜五至礼拜一，车流量大，很容易出现堵车现象，因此，浇筑梁板混凝土时尽量安排在周二至周四进行浇筑。

4.2.8 梯道施工

根据梯道宽度和高度搭设碗扣式支架，支架高度根据设计高度进行相应的调整搭设。梯道模板采用钢模板及木板搭配加固。钢筋集中制作运至现场绑扎，混凝土由拌合站拌合并由罐车运送至现场吊车浇筑。混凝土浇筑完毕后，洒水养护7天，根据试块强度，一般7天后拆模。

4.2.9 桥墩支座垫石施工

桥墩混凝土施工前要根据设计要求及尺寸精确预埋支座垫石钢筋或其他预埋件。待桥墩混凝土施工完毕，混凝土强度达到80%后，进行绑扎支座垫石钢筋。因考虑到支座垫石混凝土的平整度要求高，支座垫石模板采用钢模板加固。

4.2.10 人行道及栏杆施工

人行道及栏杆是在桥面铺装层完成后，在铺装层上面浇筑底座及支墩，盖上预制板、安装栏杆及望柱。

① 施工工艺流程：

测量放样→凿毛、冲洗→校正预埋钢筋→绑扎底座及支墩钢筋→安设预埋件→支模板→浇筑混凝土→拆模→养护→盖人行道预制板→安装栏杆望柱→安装、调直栏杆→人行道表面装饰→结束。

② 底座及支墩钢筋、模板安装应符合设计要求，经检验合格，并做好预、隐检工程验收记录，报监理工程师批准签证。

③ 底座及支墩施工过程中，栏杆孔座及泄水管孔预留位置的应准确。

④ 人行道盖板安放要平稳，表面装饰要平整。

5 雨季及夜间施工组织措施

5.1 雨季施工组织措施

- 及时掌握天气变化情况，做好暴雨来临之前的预防工作。
- 提前做好施工现场的排水工作，保证雨后能及时排除场内积水。
- 施工钢材必须存放在料棚内且支垫良好，防止锈蚀影响强度。
- 基础开挖时基坑四周要填高，四周设临时防排水设施，现场配潜水泵抽水，以防雨水灌入造成塌方。基坑开挖后及时进行基础的施工，避免基坑暴露过久，基础完工后及时进行基坑回填。
- 各种电器要安装可靠的防雨保护装置，现场中、小型机械必须按规定加防雨罩或搭设防雨棚，闸刀箱防雨漏电接地保护装置应灵敏有效，每星期检查一次线路绝缘情况。大雨过后要及时对各种用电设备进行检查，确保安全后方可投入使用。

5.2 夜间施工组织措施

- 加强夜间施工管理与调度。
- 施工现场要布置足够的夜间施工照明设备，保证施工照明强度要求，确保施工现场的安全。
- 施工现场设置明显的安全标志牌、警戒灯等标志，标志牌要具备夜间荧光功能。确保施工机械和施工人员的施工安全。

6　质量保证措施

6.1　质量方针、目标及质量保证体系

质量方针：坚持标准，严格规范；健全机制，落实责任；依靠科技，强化管理；样板引路，全面创优。

质量目标：天桥工程达到科方现行的工程质量验收标准。单位工程一次验收合格率达到100%。

6.2　质量保证措施

- 质量目标，单位工程一次验收合格率100%。
- 对每个施工环节进行行之有效的全面质量监控。
- 认真领会设计意图，全面掌握设计文件内容，认真细致地做好复测、测量放样和各级技术交底工作。
- 严格管理.加强施工过程控制，每道施工工序施工前，由施工技术人员按照《规范》与《验标》要求，编制相应的《技术交底书》，并下发至施工班认真学习，作为施工依据，用以指导施工作业。施工过程中坚持技术人员跟班作业指导制度，各项施工处于受控状态。
- 在整个工程施工过程中，加大加强检测试验工作，以试验数据说话，指导施工，确保工程质量的科学性、可靠性。
- 原材料质量控制：要确保工程质量，所用的材料，物资是源头，是关键；建立健全物资管理规章制度，规范采购行为，对工程材料质量实行三阶段控制，第一阶段是选择合格的供应商，并对其所供材料进行检验或取得合格证明文件；第二阶段是工程材料到现场后，进行全面检查和试验，确保材料符合设计要求；第三阶段是工程材料的使用阶段，对持怀疑或外形有缺陷的材料进行复检或停止使用。

7　安全保证组织措施

- 确保施工过程中施工安全，防止安全和人身伤亡事故的发生。杜绝重大及以上安全责任事故和人身重伤及以上责任事故的发生。
- 加强施工安全管理，严格按规范要求施工。
- 加强对入场工人的安全教育工作，对所有施工人员及现场管理人员必须进行安全教育后方可开始施工。

第7章

行政办公管理

如何做好员工离职交接工作

龚 鑫

日常工作中，常常由于员工内部调动、员工休假或离职等情形导致工作的承担者发生变更，需要进行工作交接。交接过程中常出现工作交接不及时或有遗漏，交接责任不明确等问题，间接导致新员工无法顺利展开岗位工作。为了最大限度地避免因岗位与人员变动而带来的工作效率损失，使工作秩序不受到影响甚至中断，应在员工离职时重视交接工作。

一、资料交接

每一名员工，尤其是关键岗位上的员工，在工作中都会积累大量与工作有关的文档资料，这些资料有可能是工程或是工作中的重要组成部分，一旦遗漏缺失将会有严重影响，因此，资料梳理是离职工作交接的首要任务和关键所在。

离职员工（以下简称“交出方”）应首先对手头资料进行梳理，确保资料按要求编号存档，相关电子台账信息已及时更新，然后按照重要程度列出目录，明确备注每项所对应的工作内容，进展情况，重点注意事项，其他未尽事宜和资料的存储方式及存放地，交出部门负责人审核确认后，方可按照目录中内容进行交接。

二、交接培训

接收方获取岗位相关的资料以后，如果只是简单阅读或学习该岗位的文档资料，尚无法掌握该岗位的工作实质，诸多工作细节、技巧、注意事项与特殊情况，都隐藏于各类文档资料的背后，难以通过阅读与学习就能迅速掌握。

而现实中往往因为工作的急迫性，无法给予接收方宽裕的时间和精力去熟悉与实践。为了帮助接收方快速掌握新岗位工作内容与要求，交出方所在部门应及时组织交接培训，参与者至少包括接收方、交出方和直接上级。由交出方对交接工作与文档资料进行全面讲解与说明，接收方在学习文档资料的基础上，准备好问题和记录本及时与交出方有效互动。直接上级作为监管者应负责对交出方讲解内容的全面性和准确性进行把关，过程中发现有遗漏或者错误时，可及时补充、纠正，也可以请和该岗位工作流程紧密相关的同事旁听交流，让接收方对整个工作有更全面的了解。同时，交流过程中通过对事项流程的梳理，可以发现执行过程中存在的不足加以改进，从而提高工作效率和相关信息的准确性、完整性，推进管理创新。

三、实操指导

知易行难。虽然通过前面的环节对工作流程和内容有了基本了解，但在实践和操作上可能仍会有一定难度。为了实现知行合一，在离职交接过程中，还可设置实操指导的环节。指导接收方对该岗位的核心业务进行实际操作，通过实际操作及时发现问题并处理，确保接收方能够符合新岗位的实际操作要求。

四、联系人对接

无论哪个岗位，其对内对外、或多或少都有数目不等的固定联系人，如客户、供应商、内部员工等，岗位所承载的各类业务，基本上也都是通过该岗位员工与固定的内外联络人交织在一起。如果员工离职以后，接收方却不知道该岗位有哪些固定联系人，就会影响工作所涉及的内外联络顺畅有效，不仅会直接影响工作的正常开展，甚至还会给公司造成实际经济损失。

因此，在接收方已对该岗位工作基本熟悉的情况下，应当及时通知与该岗位有关的固定联系人，确保工作无缝衔接。

以物资采购为例，交出方填写《××岗位联系人一览表》，将与岗位相关联系人全面梳理出来，具体包括：各物资供应商，各现场责任签收人，仓库管理人等，由接收方主动通知相关各方联系人，从而实现交接工作的平稳过渡。

通过工作交接，一方面可以从侧面反映员工在职期间工作完成情况，通过同岗位交接报告可对比看出员工自主进步学习情况；另一方面，可以使新员工更快地进入工作状态；全面的，有延续性的交接，能够清晰回溯跨时间段重要事件的完成节点，有效划分责任归属。保持工作交接连续性的作用不可小视，各部门不可因怕麻烦、耽误时间而忽视。

公务员职务职级并行改革的借鉴意义

李 峰

2014年12月,中央全面深化改革领导小组第七次会议审议了《关于县以下机关建立公务员职务与职级并行制度的意见》。会议指出,在职务之外开辟职级晋升通道,有利于调动广大基层公务员的积极性,是为基层公务员办好事、办实事,一定要把好事办好。

面对当前公务员晋升一条通道、工资待遇只与职务挂钩的现状,党的十八届三中全会决定"建立公务员的职务与职级并行、职级与待遇挂钩制度"。这一举措改出了多种公平,对于国有企业而言,尤其是在现代企业制度没有充分建立之前,参考"职务职级并行"的改革思路完善优化企业薪酬制度,对完善激励机制,促进公平,从而促进搭建和谐的企业文化氛围,有一定的借鉴意义。

首先,促进收入公平。很多国有企业的管理部门员工,由于岗位长期以来职务与薪资挂钩,造成了薪资待遇上的不公平。例如,很多普通员工,工作量大,工作质量高,但是却体现不到薪酬待遇上,付出了很多但与回报不成比例。如果借鉴开辟类似于职级方面的晋升通道,则作为普通员工,职务不变,也会由于工作成绩而加薪,同时避免了薪酬的不透明和由于领导的主观因素造成的分配不均,可以有效地调动广大员工的工作积极性。

其次,可以促进晋升公平。企业的职位设置,虽然相对于公务员体系而言灵活得多,但是毕竟职位有限,不可能大多数员工都有一定或相当的职位,因而晋升的机会比较少。如果企业开辟类似的职级晋升通道,对于普通员工而言,晋升机会就多了,就更容易做到公平。毕竟,人的价值实现是多维度的,每个人都需要企业的认可,每个人都需要自我价值的体现,这当然并不仅仅体现在职务上。企业能通过多种形式的灵活方式,给予员工恰当的价值评价,促进员工满意度的提高。这对于提升企业管理水平、营造公平和谐的企业文化氛围,可以起到事半功倍的效果。

当然,职务职级并行的改革,在公务员队伍里也正处于试点阶段,国有企业如果借鉴,还有很多的技术问题要处理。比如,要处理好新设级别与现行级别的关系,如何通过制度设计,最有效地发挥薪酬的激励作用,避免人为因素的干扰;此外,研究新设级别,前提和基础是需要制度基础的配套,例如,要完善企业用人能上能下、能进能出的退出机制,完善企业的绩效考核机制,这样才能夯实相关改革的制度基础。否则,国有企业在完成彻底的股份制改造、建立真正意义上的现代企业制度之前,新设与工资薪酬挂钩的级别,很容易造成企业制度改革的倒退。

浅谈行政工作中的精细化管理

雷　玮

管理是一项非常复杂的工作，常常会在我们的日常工作中给我们带来这样或那样的挑战。运用科学的管理方法，能使我们的工作事半功倍，实现更好的投入产出比。本方旨在通过"精细化管理"这一概念，结合个人在日常行政工作中的一些体验，分析如何利用精细化管理让我们的行政工作更加细致全面。

一、精细化管理的定义

精细化管理是一种理念，一种文化。它是源于发达国家（日本 20 世纪 50 年代）的一种企业管理理念。它是社会分工的精细化，以及服务质量的精细化对现代管理的必然要求，是建立在常规管理的基础上，并将常规管理引向深入的基本思想和管理模式，是一种以最大限度地减少管理所占用的资源和降低管理成本为主要目标的管理方式。现代管理学认为，科学化管理有三个层次：第一个层次是规范化，第二层次是精细化，第三个层次是个性化。

二、精细化管理的目标

从宏观的企业角度来讲，精细化管理的目标就是运用精细化管理理念和管理技术，通过提升员工素质，加强企业内部控制，强化链接协作管理，从整体上提升企业整体效益，达到精、准、细、实。精：做精，求精，追求最佳、最优。准：准确、准时。细：做细，具体是把工作做细，管理做细，流程管细。实：落实，主要体现对管理要求、制度、责任的落实。

从微观的行政工作角度来讲，精细化管理的目标是将精细化的四字目标"精、准、细、实"贯穿至整个行政工作中去，达到：精——每项任务达到最佳结果；准——准时完成任务，准确完成任务；细——关注每件细微的小事，不让小事成为完成任务路上的绊脚石；实——每项工作落实到人。

三、精细化管理在行政工作中的应用

1. 规则基础

精细化管理就是落实管理责任，将管理责任具体化、明确化，它要求每一个管理者都要到位、尽职。第一次就把工作做到位，工作要日清日结，每天都要对当天的情况进行检查，发现问题及时纠正，及时处理等等。那么，所有这些工作的基础就是制订完善的规则，包括流程、程序、岗位、制度。对于行政工作来说，就是要制订细致的《办公室管理制度》，制订动态的管理流程，根据工作设定好岗位，将每项工作的责任落实到个人，为精细化管理奠定良好的规则基础。

2. 目标分解

建立以"年度计划—月份计划—周计划—周督办"的目标管理体系，之后将各项工作分解为分工表→分解为进度表，落实到岗位上。将工作目标层层分解，落实到人。按管理的对象逐一分解量化为具体的数字、程序、责任，使每一项工作内容都能看得见、摸得着、说得准，每一个问题都有专人负责，确立每个人的工作目标。对于行政工作来说，制订良好的计划有助于控制预算，将工作做得更加细致有条理。以办公用品申购举例说明，在年末盘点时，通过上一年领用情况、年末库存情况等统计数据，可以较为准确地制订出来年的采购计划和领用计划。这样便为制订预算提供了依据，也能使来年的采购、领用工作更加有条不紊。

3. 动态管理

任何既定的规则都不是完美的，任何既定的目标也不是一成不变的，根据工况的变化实现对过程的动态管理，通过以下程序实现对行政工作规则、过程和目标的随时修正：

首先，僵化执行。精细化管理是一种方法，建立起“制度僵化”的“刚性”管理环境。体现“僵化”管理的特点就是执行制度无“弹性”。此外，僵化目标。精细化管理的核心就是实现组织目标，实现工作目标。已经制订好的目标是“刚性”指标，必须确保完成。

第二，优化。在僵化基础上进行优化，这也是动态管理的目的所在。随着工作任务和工作情况的变化，僵化的制度或许不能再适应新的环境和情况，这时，进行必要的调整势在必行。当然，调整的目的在于使制度更加适合于工作，是往好的方面调整。工作目标同理。

第二，固化和再次僵化。优化后的制度经实践证明更加适合我们的日常工作后，就需要固化和再次僵化，确保新的制度得到不折不扣的执行。

4. 考核测评

精细化管理是一个完整的体系，环环相扣，缺一不可。进行全方位评价方能确保各项规章制度和规则要求落到实处。行政工作比较琐碎，而且没什么技术含量。但是，完成是一回事，完成得好又是一回事。行政岗位的个人评价可以从时间上分为月度考核、半年考核和年终考核，主要用于考核计划和目标完成情况；从纵向上可分为态度考核、能力考核和效率考核，主要用于考核日常的工作情况；从形式上可分为自评、直属领导评和部门领导评。

精细化管理是一门复杂的管理科学，其中一些理念对行政工作有着重要的指导和借鉴意义。我将“精细化管理”真真正正落实到行政工作的每个角落，努力做“好”每一件事，让行政工作也能借着科学化的管理工具，迈上新的台阶！

浅谈企业中的行政管理工作

李锡刚

摘　要：

企业行政管理是企业能否正常运转的关键所在，是企业能否具有高度竞争力的有力保障。它不仅是管理工作，也是基础工作，它保证了企业计划的顺利开展，推动了企业生产、经营的有效进行。本文通过对行政管理的特点、职能、内容的分析，对企业管理的作用做了简单的探讨。

关键词：企业　行政管理　作用

一、什么是企业行政管理

企业行政管理是指依靠企业行政组织、按照行政渠道管理企业的一系列措施和方案。企业行政管理体系是企业沟通上下、联系内外的纽带和桥梁，企业行政管理横向涉及企业各个部门、机构，纵向深入到每项工作的细枝末节，正所谓“纵向到底，横向到边”。加强企业的行政管理工作对企业的持续、健康、稳定发展具有深远意义。

二、企业行政管理的特点

（一）非独立性

企业行政管理本身并不是企业的目的所在。企业行政管理服务于企业，目的不在于管理本身，它通过充分利用和合理调配企业的人力、物力、财力、技术等资源，调动广大员工的积极性、主动性和创造性，以提高企业的经济效益。企业的行政管理不是为“管理而管理”，而在于通过为社会提供商品和服务谋取尽可能大的经济效益，企业行政管理的着眼点在于充分挖掘和最大限度地利用公司的各种资源，提高员工工作积极性，开源节流，提高企业经济效益，加快企业发展。

（二）权威性

公司行政管理系统担负着公司相关制度的制定、修订和执行推动工作，负责重要信息的管理和发布等工作，相对企业其他管理系统而言，其职能形式具有一定的权威性。

（三）及时性

企业行政管理是用命令、指示等形式调整生产经营、行政事务等管理活动的，其手段和方式直接具体，具有较强的针对性，因而能迅速发挥作用。在企业日常性经营管理或企业遇到突发事件时，行政管理的及时性能发挥重大作用。

（四）灵活性

企业在市场经济中并不是孤立存在的，它必须与其他的经济主体进行相关的经济活动。在这一过程中，企业行政管理往往根据公司实际发展需要而有所变化，带有很强的灵活性。

（五）实用性

企业的行政管理更加注重实用性，它往往根据公司实际需要，对行政管理的诸多制度、程序、环节、图表、文件等进行剪裁和调整，使之变得更加精练、实用、简洁、便利。

三、企业行政管理的功能

（一）管理功能

行政管理系统不仅要在工作事务层次上做领导的“参谋和助手”，还要在公司的经营理念、管理策略、企业精神和文化、用人政策等重大问题上都要起到管理作用，并且在实际工作中要对各项工作的执行进行监督管理。

（二）协调功能

行政管理部门不是简单地传达领导的命令、机械地完成领导交办的任务，而应主动做好上与下、左与右、里与外的信息沟通和传达，使下级充分领会上级的意图，使各个系统之间良好沟通，在充分沟通的基础上做好协调，这样才能使企业和谐。

（三）服务功能

企业行政管理“为企业的前线服务”的色彩比较明显。企业行政管理部门及人员在企业中应“低调”，不能凭借自己在企业的独特地位对其他系统、员工颐指气使。而为企业其他系统提供支持和服务，才是行政管理系统的突出职能，行政管理系统的根本就是为企业的各项工作能够顺利进行而服务。

四、企业行政管理的内容

企业行政管理是企业参与和从事社会化大生产及市场竞争的客观要求。要有效地组织企业生产经营，就必须有一定强制力的权威与服从机制把企业各环节、各部门连接成一个健康运行的有机整体。

（一）计划工作

计划是为实现组织既定目标而对未来的行动进行规划和安排的工作过程。在具体内容上，它包括组织目标的选择和确立，实现组织目标方法的确定和抉择，计划原则的确立，计划的编制，以及计划的实施。

（二）组织工作

为实现行政管理工作的目标和计划，就必须设计和维持一种职务结构。在这一结构里，把为达到目标所必需的各种业务活动进行组合分类，把管理每一类业务活动所必需的职权授予主管这类工作的人员，并规定上下左右的协调关系，同时还必须不断地对这个结构进行调整。

（三）指挥工作

指挥工作就是对组织内每名成员和全体成员的行为进行引导和施加影响的活动过程。指挥工作所涉及的人员是主管与下属。企业行政管理工作，必须确定好企业员工之间的分工合作关系；明确人们在职、责、权方面的结构体系；调动各级行政管理人员的积极性，协调各级行政管理人员之间的关系，解决组织人员之间的冲突。

（四）控制工作

即对指挥工作的各项措施进行监测、控制与调整，包括建立激励机制、监督系统和制定奖惩条例并认真执行。通过控制来判断企业的行政管理工作是否合理，是否还有改进之处，从而增加行政工作的有效性及合理性。

五、我国企业行政管理的作用

（一）有助于增强企业的适应能力

近年来，我国的综合国力和竞争实力逐步增强。我国企业要想更好地贯彻落实科学发展观、建设创新型国家等战略思想和战略任务，就必须通过企业行政管理来实现。换言之，企业行政管理有助于增强我国企业的适应能力。

（二）有助于增强我国企业的核心竞争力

企业的核心竞争力体现为企业的科技竞争力和可持续发展能力。企业行政管理在企业发展中发挥着服务和保障的作用。

（三）有助于保证我国企业健康、稳定发展

目前我国处于计划经济体制和市场经济体制并存的时期，政企不分的现象依然存在。在这种情况下，我国的企业需要同一些政府管理部门打交道，以争取项目和资金。而企业行政管理的任务就是努力同政府部门打交道，为企业争取良好的外部环境；通过各种渠道解决实践中的难题，帮助企业走出困境，为企业发展取得良好的环境。由此看来，企业行政管理有助于保证我国企业健康发展。

浅谈精细化物业服务

综合管理部

李艳丽

2014 年 12 月

随着人们生活水平的不断提高，住宅作为生存需求的层次已日益得以满足，人们越来越追求其安全、地位、精神和自我实现的满足。随着时代的进步和业主需求的提高，过去粗放式的管理服务已不能满足业主日益“挑剔”的要求。物业管理工作要持续发展就必须提高服务品质，而精细化服务是提升物业服务品质的必要条件。

精细化物业管理可使房地产物业得到及时保养维护，延长其使用寿命，节约土地，保持环境绿化美化，使空气清新，景观美丽，有利于房地产业的可持续发展，精细化物业服务的实质，就是追求企业运营管理的标准化、专业化、规范化的高阶段修炼，强调在管理的全过程都要注意对细节的观察和把握，物业管理的各个环节从策划到实施都要细致入微，始终满足业主的需求。

一、实施精细化物业管理服务的重要意义

1. 精细化物业服务是时代发展的需要。在物业管理中推行精细化服务，把精细化服务摆在物业服务的首位，就是紧扣了时代的脉搏，既抓住了物业管理的本质，又符合和谐社会发展的需要。所以在“精细化管理”来临的时代，物业服务中的细节化是符合时代发展的需要的。

2. 精细化物业服务加大了业主的满意度。物业管理中推行的精细化服务就是要精细和精心，即用心服务；不仅专业本领高，而且在遇到问题时能迅速想出办法并解决问题。物业管理中许多事情虽然很小，但只要想得更细一点、做到更精一点，业主的感觉和满意度就会不一样。如小区标识里常用“禁止”“不准”这样生硬的词汇，虽然意思表达到了，却伤了人、伤了心，疏远了与业主间的感情；但如把标识换成“足下留情，春意更浓”、“你停我停，寸步难行”、“高空抛物，天怒人怨”等温馨提示时，意思更明确、劝慰更贴心，业主对物业的这种温馨提示也更加的满意了。精细化物业服务，它更能体现出管理者的服务意识和管理水平，更人性化，也更具谐和氛围，同时也提高了职工对物业服务的满意度。

3. 物业管理的精细化服务是在日常服务规范化基础上的提升，是能迎合广大业主不断增长的需求的。其实质就是“服务多走一步”，即提供的服务比业主期望的多一点。无论是作为消费还是作为投资的住房，都要求提供最基本的卫生、绿化、保安、公共设施维护、物业维修保养、营造浓厚的居住区良好文化氛围等优质经常性服务。如定期对业主电话或上门回访，征集业主服务需求；把单元入口的门把包上毛线套，使业主开门就有温暖的感觉。这些服务使人在心理上得到满足，并使物业的使用价值和价值得以提升。

二、实施精细化物业服务的途径探索

1. 树立精细化服务的观念。让管理人员正确认识、全面了解，主动积极地参与精细化服务，而且要经常直接面对职工提供服务，养成精细服务的习惯，并在服务的每个环节和细节上

实施。而要培养员工的精细化服务意识，物业服务一方面要加强学习高水准的物业服务和精细化的待人处事习惯，了解精细化服务的内涵，潜移默化地培养员工的精细服务意识。最后可通过奖惩分明的考核方式来激发员工追求精细、实践精细、崇尚精细的意识。

2. 不断改进工作流程和健全工作制度，制作一整套操作规范规程。住户有问题时，可以及时受理。从住户的来电、来访，再到物业公司的日常记录、跟进及回访上形成一条完整的服务链条，切实把精细的服务方式融入每一次服务和每一个环节中。

3. 重视物业管理环节中的每个服务细节。精细化服务是现时物业服务努力的方向，关键是重视和实施物业服务的精细化程度不一样；对住户实行以人为本的关怀程度不一样；解决办法想细想足程度不一样。如一个标准的微笑、一个标准的言语、一个标准的动作和一个严谨规范的执行行为，物业管理服务将在提供优良的服务中得到发展，并树立起良好的形象。

三、实施精细化物业服务的实践

1. 自觉精细化物业服务意识培养。在实际工作中置身业主的角度，及时了解情况，提供优质和方便的生活服务，在单元门边张贴家政服务、房屋维修装饰、家电维修等电话、信息，职工足不出楼就能享受便捷服务，经常与业主沟通交流，加强巡查力度，做好安全工作，维护职工的切身利益。

2. 从小处着眼，及时解决小问题。从长期未清理的垃圾、自行车棚着手。对前、后院公区堆放的垃圾及时清理，定期清理楼道，对自行车车棚无人认领的自行车、电动车及废旧家具进行处理，处理前多方沟通，使大家理解清理、支持清理，通过清理，使大院及环境有了更大的改观，最终大家感到满意，觉得物业管理很贴心。

由此可以看出，推行精细化服务，特别是做好日常管理中的细节服务，就可以提高物业服务质量，赢得业主的充分认可，一定会带动物业服务水平向着更高、更好的方向发展。

浅谈档案文件保护的重要性

综合管理部

梁 洪

【案例】

刘先生1996年将人事档案存放到北京某机关。1999年刘先生因病在家休养，与该机关几乎失去联系。2003年刘先生为了办理养老保险，找到该机关，但是该机关改制后，找不到刘先生的人事档案，后告知刘先生人事档案丢失，双方因此发生诉讼。

从这个案例，我们可以看出，工作不负责任，管理松懈，是造成档案丢失的重要原因。

档案管理是企业发展的重要信息资源，它客观地记录和反映了企业在筹备、成立、经营、管理及产权变动过程中的全部内容，因此档案在企业的生产和发展过程中起着越来越重要的作用。正因为这样，档案文件的保护则是档案管理过程中的重中之重。

档案制成材料多种多样，质量和性质各异。纸质材料是其中之一，占有很大的比重。由于档案组成材料的质量和性质不同，所以其承受力也不同。这就需要我们有针对性地对档案文件进行保护，研究档案制成材料的结构，损毁的原因，安全妥善地保管好文件，最大限度地延长档案文件的使用寿命，满足企业利用的需要。

一、载体寿命的差异

纸张的耐久性取决于纤维素的性质，尽管纤维素在一定的条件下如高温、高湿、酸、酶、氧化剂等作用下，可发生水解和氧化反应，但只要我们在档案保护过程中，注意排除发生两大化学反应所需要的条件，就可以使纸质档案的寿命达到上百年甚至上千年。

电子文件的载体材料是磁性物质和光盘。聚酯底基是磁盘和磁带的支持体。而组成光盘的材料不稳定、易氧化、易与碱溶液发生反应。与纸质档案载体相比，电子文件载体材料的寿命要短得多，一般仅为5～15年。

二、档案文件损毁的主要原因

档案是物质材料的体现，物质在不断变化，其变化的过程就是档案文件损毁的过程。档案文件损毁的原因与制成材料的质量和档案所处的外部环境有关。要保护好档案文件，我们必须了解档案文件损毁的原因，研究并找出科学的保护方法。

① 易变的温湿度环境，档案从库房到利用场所、从保存环境到展览环境、从库房环境到运输环境的交替及运输过程中的环境变化、灾害环境（如火灾、冰冻）等现实环境。

② 光照环境，复印机、扫描仪的照射，展览时的灯光照射，阅览室内的灯光（包括桌面灯）照射等现实环境。

③ 正常利用时的温湿度环境，机器设备的运行温度、档案阅览室的温湿度等现实环境。

④ 非常规利用条件下的干热环境，遭遇特殊情况（如火灾、爆炸等超高温条件）下的温湿度环境、档案展览中的长时间高温照射等现实环境。

⑤ 利用时的磨损环境，自然灾害（如地震、泥石流等）造成的档案实体损伤、人为损伤（如

档案在拿取和运输过程中由于操作失误或装具原因造成的划伤或折损等)、设备对档案的损伤(如光驱中的灰尘在读盘时对光盘的划伤等)、档案数字化过程中的损伤(如扫描时拆装档案时的损伤)等现实环境。

三、加强利用过程中档案保护工作的相关措施

档案文件的保护除了预防文件受到损坏外,还应采取科学的技术方法进行保护。档案文件的保护要从组成材料的原有性入手,尽量使档案维持原貌,保留其独有的原始记录性,档案文件的保护要做好以下几个方面:

(一) 以强化档案利用过程中的载体保护为根本

1. 在阅览室等档案利用场所应采取防紫外线措施

紫外光对纸张的耐折度和字迹色差有着很大的影响。用 300W 的紫外光连续照射 24 小时后,手稿纸、打印纸和绘图纸等三种纸张的耐折度均下降了一半以上,胶片的密度也降低了一半。国家行业标准《档案馆建筑设计规范》对防紫外光照射也有明确的要求:档案库及查阅档案等用房均应消除或减轻紫外线对档案资料的危害。天然采风的档案库及其他业务技术用房应选用防紫外光玻璃和采用遮阳设施,防止阳光直射。档案库及查阅档案等用房采用人工照明时,宜选用乳白灯罩的白炽灯,如果用荧光灯时,应有过滤紫外线和安全防火措施。

2. 严格控制对纸质档案原件的复印利用,引进更为先进和高效的复印方式

纸质档案原件,特别是保存年代较为久远的档案原件,其自身的理化性能较为脆弱,复印机光源高强度的照射会对其造成严重的伤害。纸张在复印 40～60 次后达到临界状态,之后纸张的性能将有大幅下降。为减少原件的利用次数,建议档案室利用扫描仪器,对档案原件进行一次扫描录入作业,根据需要多次输出,从根本上缓解档案多次复印给档案工作和档案本身带来的压力。

3. 纸质档案数字化的必要性验证

经过实验证明连续 5 次扫描后,手稿纸、打印纸和绘图纸的抗张强度分别下降 22.38%、27.10%、34.06%,耐折度分别下降 35.29%、13.27%、34.48%。由此可见,多次连续扫描对纸张的物理性能有很大的影响。尽管在档案数字化时原件只需经过 1～2 次扫描为宜,对于已进行多次扫描的原件必须进行及时的检查和抢救修复。

4. 电子档案光盘存储载体的选择

光盘一直以来都被认为是目前电子档案最合适的存储载体。然而当今 IT 市场上光盘品牌繁多、种类各异、发展迅速,加之业内对此尚无权威的参考标准,如何选择一种适合存储电子档案的光盘成为困扰档案部门的一个实际问题。在光盘制作时,应选用质量较好,保管时间较长的光盘。

5. 做好利用场所的安全防护工作

档案文件的保护要有适宜的温湿度,但这个温湿度会随着气温的变化而改变。所以当档案室温湿度适宜时我们要控制,反之我们则要调节。档案室的温湿度的调控要采取一定的措施:首先档案室要密闭,防治外面的不适宜的温湿度对室内的影响。其次,要通风。通风就是要使档案室内外的空气流通,以达到调节温湿度的目的。最后可根据不同时期的气温变化,增温降温,增湿降湿,有效地对档案室温湿度进行调控。

光、灰尘和有害气体对档案文件有很大的破坏作用，防光是保护档案文件的必要手段。在日常保管过程中，要减少紫外线的吸收，减少辐射。除此之外，档案文件保管过程中，要防治纸质文件发霉、生虫。

由于档案文件最主要的组成部分是纸质文件和光盘，高温条件对纸张和光盘受高温影响较大，胶片相对较小。纸张由于失水量逐渐增加，质量、耐折度、抗张强度和白度等指标均有显著的下降，其中打印纸的降低幅度最大。光盘在干热 2 小时后也出现盘面弯曲、破裂、不能读盘等现象。由此可见，高温环境对档案文件的影响相对较大。在平时，重在防火防灾。

（二）以狠抓利用过程中的管理保护为重点

1. 强化人员管理，提高利用人员素质

（1）着力强化利用服务人员的保护意识和保护技能

要培养一支合格的档案保管人员队伍必须从以下几方面着手：第一，培育良好的职业情操，锻造过硬的业务技能；第二，加强教育，强化利用服务人员的档案保护意识；第三，进行专业培训，提高利用服务人员的档案保护技能。

（2）注重对使用者档案保护意识的宣传和培养

在档案宣传工作中，将档案保护意识合理融入档案的价值论中，辅以进行法律法规的警示教育，用正反例证的方式向大众宣讲和普及，以达到档案利用和保护“双赢”的效果。

2. 注重规范化管理，构建有序的利用环境

（1）规范制度的制定

一套标准的利用规范不能仅仅是一份张贴于阅览室门前的布告，它应该是一套涵盖和囊括整个利用过程及其相关因素在内的规则体系，应包含档案利用服务人员的工作守则（包括必备素质、监管职责、接待程序、利用借阅手续和注意事项、对突发事件的处置方法、利用完毕后的安全检查和处理程序等）、利用设备的管理规范（包括设备的介绍与日常维护、设备的使用操作和注意事项等）、利用者手册（包括馆藏介绍、利用须知、利用程序及注意事项、相关法规惩处措施摘编、意见反馈等）、利用环境控制规范（包括借阅室等利用场所的布置，温湿度、光源、空气质量、防火防盗等方面的设计要求）等要素。

（2）规范制度的执行

档案利用规章制度若在制定后不能得到彻底的贯彻落实，就是一纸空文。要切实落实规范制度，就要做到：一、实行严格的责任制和赏罚制度。对利用服务人员必须有明确的责任分工和相应的考评标准。对利用者违反利用规章造成档案损坏或档案信息泄露的应根据规定予以相应的惩处，情节严重者还应依照相关法律法规予以刑事或民事处罚，二、排除干扰，公正执法。档案利用人员应严格遵照已有的规章制度，秉公执法，不徇私情，以保证整个利用环境的安全有序；三、建立全方位的检查机制，包括对工作人员的服务工作、利用设备、利用环境等的全面检查。

（3）规范制度的修改与完善

一方面，由于电子信息技术和网络技术的发展使得电子档案的载体和储存利用方式都处于不断更新和变化之中，档案利用规范应根据新情况进行及时的补充和修订。另一方面，在实际的利用过程中，现有的利用规范可能会存在不适用或不完善之处，应及时进行修订，以不断完善利用规范制度体系。

3. 加强监督管理，保持良好的使用秩序

监督管理是确保档案安全利用的一种重要管理手段，通过对利用情况全面如实地记录，客观地反映利用过程中暴露出的问题，进而为解决问题和改进工作提供参考和依据。

总支，档案文件保护工作任重道远，我们既要采取科学的方案保护档案，最大限度延长档案的使用寿命，又要充分发挥档案的利用价值，满足企业利用的需要。

如何优化、提高现行出差机票采购工作

交通公司
刘 剑

交通工程公司商务差旅人员以及在建项目人员差旅行程很多，为了减少中间环节，提高效率，以综合处统一采购差旅机票为主。为了优化提高差旅机票采购工作，要注意以下几项要点。

1. 了解机票的种类

各国航空公司一般都划分为三种机票，即：正式票、优待票和特殊票。

所谓正式机票，是指在世界范围内通用的，有效期为一年的机票。各民用航空公司之间，只要存在着结算关系，所开具的正式机票彼此都承认。正式机票也是我们部门差旅采购的机票。尽可能地提前预订，可以预订到低价折扣机票，这将大大降低机票成本。

所谓优待票，是指各国民用航空公司对幼儿、儿童、学生、盲人、团队、政府官员等所开具的机票。此类优待票可享受航空公司一定比例的折扣优惠。海外在建项目的团队机票采购就可以向航空公司申请购买优待票。

所谓特殊票，是指各国航空公司根据某些地区和路线附带某些特殊规定和条件而出具的廉价机票，不过这种机票有季节、时间、路线、停留地点、停留天数和有效期限等多种限制。这种机票适合固定的差旅行程，机票不再作改签退票处理。

机票分为单程票和往返票。通常单程机票价格是往返机票价格 70%～80%，因此部门通常采购往返机票。

2. 在差旅人员确定行程之前，确保有效签证及出境文件

目前我部门人员持有普通因公护照和因私护照。及时了解跟进最新的国家外交政策，紧密结合商务处跟踪项目，对于可用普通因公护照免签的国家，例如蒙古、老挝、越南、贝宁等，保证长期有效的出境函，以便于部门人员可随时出国商谈。编制部门人员因公护照出境函信息表，每个月及时更新。同时需用因私护照商务签证出境的国家，与该国驻华大使馆保持良好关系，能够顺利便捷的申请办理签证。向使馆提交签证申请同时，预订机票，等确认签字无误后采购预定的机票，这将降低机票采购成本。

3. 寻找两家有资质，有订票能力的机票代理

目前市场上各种票务公司很多，应选择具有一类客运销售资质的票务公司，其业务包括国际航线或香港、澳门、台湾地区航线的民用航空运输销售代理业务。经过长期考察，选择了两家有资质有抢票能力以及售后服务好的机票代理。机票出售后，差旅人员可能会依据实际情况，对机票进行改签退票处理，特别在周末节假日期间进行操作，这就需要票务公司的积极配合，以及海外航空公司机票的操作能力。并可以三个月至半年结账，节省更多的机票处理时间。

由于事业部的工作性质，应一直保持24小时打手机，及时处理商务差旅以及在建项目的信息。这也需要寻找可以节假日值班，配合处理突发事件的机票代理。

同时，确定差旅行程后，首先自行查找航班信息，并将行程安排发给两家机票代理，由他们同时提供航班信息以及票价。综合分析行程安排，转机时间，以及价格比较。经过对比后，选择行程安排合理，转机时间段，以及票价便宜的机票。

有时两家机票代理会给出同样的行程安排和航班信息，但是预订的飞机仓位不同，选择有折扣的仓位机票。

4. 了解各国航空公司的优惠政策

我部门在建项目和跟踪项目所在的国家大多在非洲，出国差旅可选择性价比高的国外航空公司，例如阿联酋航空、卡塔尔航空之类的中东航空公司，有最先进的机型和便宜的机票。

转机的票价一般比直飞的票价便宜15%～20%，尤其到了旺季，二者的差价能达到50%。海外在建项目的劳务人员一般购买这种一次中转和多次中转的团体机票，这将大大降低机票的采购成本，同时也节约了项目运行成本。

5. 携程网等网络订票与机票代理的比较分析

在携程网等网络订票网站经常会出现明显低于市场价的机票，大部分情况下他们是无法出票的。通常将客户吸引进入预定模式，但是实际下订单时显示没有机票，只有购买更高价格的机票。同时，携程网等网络订票的机票管理能力不强，后续的服务很难跟上。

我部门的机票分为两类，一类是差旅机票，由于差旅计划具有临时性和多变性，因此需要及时合理的安排以及应急的措施。另一类是项目人员机票，这类机票可以依据项目现场的人员计划、设备计划和施工计划等实际情况，合理提前安排人员的行程，并可以向航空公司申请团队票，这可以有效降低人员机票差旅的费用。

优化提高差旅机票采购，重心在于控制机票成本以及合理安全的行程，应该首先确立采购全流程成本的概念，关注整个机票采购流程中的成本降低。获得低价的机票固然是成本的降低，但获得优质的服务以及快速的应急反应，可靠的机票保证等无疑是获得了成本上的利益。

车辆驾驶与安全

刘振平

作为一名汽车驾驶员，在多年的驾驶工作中，我认为要开好车确实不是一件容易的事，驾驶员应该时刻、高标准、严要求，认真执行北京市道路交通安全法，做到遵纪守法，不违章，不违法，保证在行车时做到预防为主，安全第一的方针，不但要在各种情况下确保行车安全，还要能够了解多种车型的结构、性能及特点，以及道路情况，做到发现故障及时排除，始终保持车辆的良好状态，下面谈谈我对车辆安全运行的体会。

安全行车就是要自己能够正确对待和处理好汽车在行驶中人、车、路三者的关系，而这三大要素，首先是人和车的关系，我认为保持完好的车辆技术状态是最重要的，但不是保证行车安全的决定因素，决定因素是人在行驶中严格遵守交通法规和驾驶员操作规程，要应付各种复杂的路况，就得在思想上高度警惕，行驶中特别小心，处处预防，要随时准备处理好行车中的各种情况，要把不利因素、变为有利因素，变被动为主动，要不断地把情况化险为夷，转危为安。

一、车速安全

“快与慢”的关系是相对的，也是辩证的，应当是有快有慢，要根据道路交通条件，如果视线良好、道路宽阔，在不违章的情况下、车辆可以中速或高速行驶，一方面提高车辆经济性达到节约油耗，一方面也缩短时间，提高效率。但是车速过快，往往使汽车失去操纵性和稳定性，加剧了机械的磨损，提高了燃油的消耗率，使制动非安全区急剧增加，直接影响到驾驶员、与乘车人的安全，人们常说：“十次事故九次快”是驾驶员用鲜血、甚至是生命换来的经验教训。再说，慢是为了快，慢是一种技术性手段，可达到快的目的。如我们在行车中强调做到“礼让三先”(一让、二慢、三停)看起来是慢，其实是为快打基础。所以说，要因地制宜，视交通情况掌握车速。要在保障行车安全的前提下，按照《交通法》规定车速，灵活掌握，切不能强求。我还经常告诫自己，除了自己的车不碰到别人的车外，还要尽量不被别人的车撞到自己的车，在行驶中时经常遇到个别人横冲直撞、蛮不讲理地行车，我总是提醒自己保持良好的心态，让其先行通过。

二、会车、超车与安全

汽车运行中随时都可能与迎面的汽车相遇，相互交会的机会很多，道路的宽窄、视线的好坏、行车的速度等直接影响到会车的安全。我认为驾驶员在会车时，首先应自觉做到“礼让三先”，思想要集中，减速靠右，收油、把脚放在刹车上、随时准备应付意外，作停车的紧急准备，在冰雪或泥泞的滑路上，会车车速要降到最低限度，不准使用制动，要轻点刹车、因为此时的道路很滑，路面附着系数小，以防侧滑造成车辆相撞。如严格遵守操作规程，事故是不会发生的。我多年来每逢冰雪或泥泞的道路上行驶，我总是高度警惕，严守操作规程，把“安全”二字放在第一。做到轻点刹车、慢打方向、慢速行驶。

驾驶员的经验、性格各有差异，因而行车速度是不同的，在行车中经常出现超车现象，尤其在城市交通要道，车辆集中的地方超车现象更为普遍，如情况估计不足，就会导致判断失误发生事故。我在日常的行车中经常遇到一些不正常的超车现象，有的是让车不让速，不给别人创造安全行驶的条件；有的是强行超车，硬挤前车或超过后有意撞对方的车辆，猛打方向盘，点刹车吓唬对方，这样超车是极不安全的，而且还是不道德的行为。我认为，如一方礼让，使其对方顺利通过，看起来方便了对方，实质上也方便了自己。这也是个“得与失”的问题，我自己经常这样想，也这样做。在行车中遇到狭路交通受阻时，自己首先做到平静、礼让地处理此类事情，真正做一名遵守职业道德的驾驶员。

三、行驶、制动与安全

(1) 我是一名职业司机、每天都在路上行驶，下面我把我的工作情况汇报给大家。每天早起着车后，先转着检查车辆外观，检查轮胎气压是否正常，听发动机声音，无异常后上车行驶，行车时精神集中，如发现前方车辆有异常情况，就提示对方，用远光、鸣喇叭，确保安全后继续行驶。请记住，如有情况立即刹车，但千万别先打方向盘再刹车，这是最危险的时候。因为每条车道上都有高速行驶的车辆，想起来发抖的事谁都有过几次。到达目的地后，把车停好，驾驶结束，这也是下次行车的开始。由于车辆在行驶中道路和交通情况的不断变化，为确保安全行驶，常常要改变行车速度，需或快或慢，或行或停。

(2) 在实际制动过程中，并不是驾驶员想停车就能立即停车，这需要一定的反应时间，它包括驾驶员反应时间和制动系统的反应时间，这段时间里，车行驶的距离称为反应距离，从驾驶员踏下制动踏板到车辆停住为止所移动的距离称为制动距离，这个距离之和就是制动停车距离，由此说明它们是汽车的制动非安全区，这样行人或其他车辆如处在汽车的制动非安全区，搞不好会发生交通事故。

(3) 影响驾驶员安全制动的因素有如下几点：

① 驾驶员思想不集中，未能及时发现情况，延误了采取制动时间；

② 观察情况不全面，判断情况不准，采取措施不果断，使反应时间长，反应距离加大；

③ 汽车速度过快，制动距离拉长，或对制动机构性能缺乏了解；

④ 制动装置的技术状况变坏，制动跑偏，制动时间侧滑等；

⑤ 受道路和天气的影响，如沙石、泥泞路面、雨雪天气等都会对制动效果产生很大影响。

四、措　施

① 驾驶员在行车中，要熟悉所驾车辆的制动性能，做到“三勤”、合理使用，使汽车制动机构经常保持良好效能。

② 预见性制动是我们常用的制动方法，发现情况迅速抬起油门，首先利用发动机进行制动，同时轻踩制动踏板，使汽车降低车速，减少对机械和轮胎的磨损。

③ 紧急制动遇到突然出现的危险情况，可以使用，但要谨慎少用。

在车辆的使用过程中，对驾驶的车进行定期保养，如定期更换机油、打黄油、检查水箱是否缺水和蓄电池电液液面。对各部机构进行坚固、调整以及润滑。在使用车辆中，以中速行驶，在保障行车安全所允许的行驶速度下行车，不强行超车或会车。在没有紧急情况时不急刹车、不超载行车、不开带病车，每天清洁全车外表及驾驶室内部。

在今后的工作中，我更应努力钻研技术，学习和掌握新的驾驶理论知识及安全与节约技术等知识，不断总结经验，改进操作方法，进一步提高驾驶水平，做一名优秀驾驶员。今天总结起来就是为了明天去做，在今后的驾驶工作中，我要以此来鞭策自己。

浅谈企业车辆管理

综合管理部
卢锁柱
2014 年 12 月 18 日

车辆管理是中国建设综合管理部工作的重要组成部分,加强车辆管理工作是完成公司各项工作、服务领导、服务员工的重要帮手,其服务质量的高低直接影响到企业各项工作的正常运行,如何运用和使用好企业的车辆,将直接影响到企业的运作效率。充分利用现有条件,提高车辆利用率,尽可能降低燃料消耗、维修成本取得更好的经济效益,是我们车辆管理追求的目标。

中国建设作为一个建设公司,有着项目多、分布广、车辆使用随机性强等特点,在车辆管理方面,它为公司正常运作、行政后勤、公司总部各个事业部、职能部门提供交通保障服务。在进一步深化车辆的管理工作中,在充分发挥服务保障作用方面,显得尤为重要。下面我对如何加强车辆的制度化管理、车辆能耗管理、安全管理,以及如何打造驾驶员责任心强、技术过硬服务质量高等问题谈谈自己的想法。

一、建立健全的车辆管理规章制度

古人云“没有规矩不能成方圆”,要保证车辆管理工作取得实效,就必须结合企业的实际,建立科学的车辆技术管理体系和机制,完善车辆管理制度,使车辆管理有章可循,有标可依,从而使车辆管理达到标准化、制度化。必要的制度是做好车辆管理工作的基础。根据车辆管理工作的特点,制定有关的规章制度,如驾驶员守则、车辆维修保养制度、车辆使用和管理制度等,使之有章可循,同时促进公司车辆管理工作制度化、规范化。抓好制度化、规范化建设的实践意义在于:一是能使车辆使用有章可循,有利于车辆管理工作的规范有序,避免工作中的随意性;二是使驾驶员工作明确,职责清楚,机动车便于操作和管理,增强驾驶员的责任心;三是有利于车辆管理工作的正规化管理,便于总结和提高;四是以制度制约人,杜绝违法违纪现象的发生,确保人生和道路交通安全。

二、加强车辆档案管理

建立车辆技术档案,是利用文字和数字记录的方式,为每一辆机动车建立管理档案。它能够直观准确地了解车辆技术状况、能源消耗、车辆行驶里程维修记录等,详细记录车辆开始运营之日起的全部安全技术数据,包括维修记录、保养记录安全行驶及违法记录等,通过车辆反映的记录整体技术状况,应对可能出现的各种问题,同时也为日后编制技术管理计划提供可靠的数字依据。

随着计算机技术的广泛普及,我们可以尝试将所有车辆技术数据输入计算机,利用专业的软件,方便了数据的统计、分析,也解决了传统纸质技术档案难于长期保存、不便查找的难题。这些都是现代管理手段的具体运用,只有依靠科技,才能实现对高新技术车辆的完善管理。

三、加强能耗及安全管理，注意维修保养，减少车辆损耗

首先，节能减排已成为全国上下的共识，是每一个机关、企事业和公民的责任和义务。作为公司车辆管理参与者和车辆驾驶员，我们要提高节约意识从点滴做起，降低成本、节约开支，努力建设节约型驾驶车辆。我们要做到以下几点：一是以高度的责任感和使命感，提高节能减排的自觉性，牢固树立节约意识，减少车辆无效运转，降低车辆油耗和维修等运行成本。二是积极响应国家车辆每周停驶一天的号召，科学合理调度和使用车辆，使公司领导满意，用车人满意，驾驶人员满意。三是建立车辆维修保养制度，按规定进行维修车辆，不得随意增加维修项目。

四、提高思想觉悟，做技术过硬的驾驶员，是车辆管理工作的关键

首先要有高度的政治思想觉悟。公司驾驶员工作是一个特殊的工作岗位，也是一个光荣的岗位，由于经常要驾驶车辆在道路上行驶，对专业技能和自身的素质要求较高。一名合格的驾驶员，除了精于技术，还必须有高度的政治觉悟。具体讲，一要加强政治学习，坚定理想信念，坚持廉洁奉公，遵守社会公德，积极维护公司良好形象；二要有任劳任怨的敬业精神，热爱本职工作，甘于牺牲个人利益；三要有保密意识，严守纪律，坚决做到不该说的不说，不该传的不传，不该议的不议。其次要有较强的工作责任心和事业心。驾驶员要爱岗敬业，要增强服务意识，改善服务态度，努力提高服务质量。做到提前做好出车准备，提前了解相关工作注意事项，主动为乘车人提供力所能及的服务。平时注意车辆保洁、勤检查车况，确保顺利完成公司交给的各项任务。同时要牢固树立“安全第一”、“安全工作无小事”的观念，把“安全”二字牢记在心，确保行车安全，使驾驶员工作更好地服从和服务于公司的各项工作任务中。

结束语

21 世纪，企业将逐步走向产业化、集约化、信息化和现代化。同时给我们车辆管理者和驾驶员带来新的挑战和机遇。为此，我们要不断学习和进步，掌握车辆管理的新方法、新技术和驾驶技能，不断提高车辆管理新水平，适应公司运作发展的需要，为公司的发展而努力管好车驾好车。

做一名职业化的优秀员工

综合管理部
卢锁柱
2014 年 12 月 18 日

不少人会说:“做个好员工,这还不容易！不就是遵守纪律,团结同事,好好干活吗?”是的,这没错。但是,第一,要做好这几点,并非易事;第二,做好这几点,还远远不够;还有,就是我们一定要认认真真地思考一下,为什么要做一个好员工,这对于我们的人生、我们的生活有什么帮助?为此我重新学习了《员工职业化的6堂必修课》,以此加深如何做个好员工的认识。通过再次的学习使我感触颇深,主要体现为以下几点。

一、公司要纪律严格,通过严格遵守纪律来培养员工的自尊、自信和责任感

几乎世界上所有伟大的公司都是讲求纪律的公司,也就是说,在通常情况下,公司对员工的要求要比其他公司要严格得多。伟大公司会把它所追求的目标及核心价值观说得非常清楚,你如要加入这些公司,就必须用实际的方式证明你认同公司的核心理念。在这个问题上,从来只有两种选择:要么留下来,要么离开。认同和践行核心理念的人,会得到机会并实现自己的人生梦想;反之,不认同的人,会像病毒一样被排除。对于企业组织而言,纪律是最重要的事情,是其能否生存的最基本的前提,可以说,没有严格的纪律,就没有品格、没有忠诚,就没有敬业、没有创造力,就没有效率和合作,也就没有了一切。例如:“美国西点军校非常注重对学员进行严格遵守纪律的训练。为保证纪律训练的实施,西点军校有一整套详细的规章制度和惩罚措施。通过整整一年或几年严格的纪律和身体训练之后,遵守的纪律观念深深地根植于每个学员的身体和大脑之中,同时,与之而来的,是每个人都培养出了强烈的自尊心、自信心和责任感,同事锻炼出学员们强悍的体魄和判断事物的敏锐性,这些精神和品质让每一个西点军校的学员终身受益。我们从许多美国影片中可以看出西点军校的学员们不论是在训练中还是在实战中他们充分展现了严格的组织性、纪律性,每个人具有强烈的责任感和自信心,顾全大局,不惜牺牲自己的生命坚决服从指令,在不允许妥协的时候决不妥协,在不需借口的时候决不找任何借口,圆满地完成了各项任务”。如果我们公司的全体员工也能够严格遵守规章制度,有强烈的责任感和自信心,顾全大局,坚决服从指令,在不需借口的时候决不找任何借口,努力完成各项工作,我们将会发现,我们的团队就会变得行动快速有力、协同一致、团结合作、精神饱满、斗志昂扬,我们的工作就会呈现出一个崭新的局面,我们每个人都会变得无坚不克,无往而不胜,那么我们公司的地位、名誉也将会得到明显提高,中国建设美好的明天也将指日可待。

二、自动自发地完成工作任务

卡耐基曾经说过:“有二种人永远都会一事无成,一种是除非别人要他去做事,否则绝不主动做事的人;另一种则是即使别人要他做事,也做不好事情的人。那些不需要别人催促,就会主动去做应该做的事,而且不会半途而废的人必将成功,这种人懂得要求自己多付出一点点,

而且比别人预期的还要多。”我们现在知道，做一个好员工除了“每天多付出一点点”和“遵守纪律”外，还需要有一种特殊的精神，那就是要“自动自发地去工作”。什么是自动自发？就是在任何时候都不需要强制或命令，不需要监督和提醒，都能自觉履行职责；无论公司领导（或上司）在还是不在，都能勤奋努力工作，接到任务时，从来不找借口，只说“好，我马上去做”或“放心，我一定尽全力去做”。工作中从不炫耀，默默地去工作，而且在工作过程中遇到困难时，绝不灰心丧气、半途而废，而是想办法坚持把事情做完、做好；主动做事，自觉思考，并常常延伸工作的性质，进行发现和创新、这就是自动自发去工作。我想，企业的管理者也应努力寻找“自动自发地工作者，从不炫耀，默默工作的人”，并培养和相信那些能够把信送给加西亚的人。这些人永远能自觉自愿、自动自发地开展工作，永远不需要监督和提醒，不找借口，不抱怨，他们忠诚、正直、敬业；他们勇于担当重任，做起事来也会善始善终。

三、永远怀抱感恩之心

一个人从出生来到这个世界上，到牙牙学语，蹒跚学步，到进学堂读书，到做工作谋生计，到结婚生子，到步入暮年，每一个阶段都伴随着感恩，只是有时感受较强烈，有时感受轻微一些。我们要感哪些恩呢？一是感父母之恩。二是感国家之恩。三是感师长之恩。四是感单位之恩。以上三个都是毋庸置疑的，人人皆知。现在主要就感单位之恩，分析几点我的感触；“如何做一个好员工”，首先我们必须把“感单位之恩”这个问题说得明确坚定一些，否则，要做一个真正的好员工，总是要打些折扣的。公司领导、上司可能指一个人，也可能指几个人，没有关系，员工所要考虑的只是（如果你已下决心要做一个好员工），你所在的企业为你提供了工作，给你薪水，使你得到温饱，有能力养家糊口、孝敬父母，使你习得一技之长，并能在公司、家庭和社会上堂堂正正地做人，单单因为这些，你就应该满怀感激之情！我们作为中国建设的一名员工，领导给予我们机会，同事给予我们帮助和支持，所以说我们只有踏踏实实做人，认认真真做事，才不会辜负有恩于我们的人，才不妄“中国建设人”这个称号，领到工资了也会安心、顺心、开心。

总之，作为一名中国建设的员工，我深深地体会到工作的来之不易。今天能够站在中国建设的舞台上，让我非常满足和自豪。因此在以后的工作中，我会时刻提醒自己做一名合格的中国建设员工，立足于自己的工作岗位，以自己的实际行动证明自己的实力，以负责任的态度干好每一件事，用自己的微薄之力为中国建设美好的明天添砖加瓦。

企业后勤管理工作的思路

综合管理部
王启文

第一章　我对部门管理的认识

一、管理课在公司发展中的重要性

管理课负责员工的衣食住行、文娱康乐，工厂环境、基础建设、文化宣传、工业安全等等，几乎概括了公司全部的后勤保障功能。管理课功能发挥得好与坏，在很大程度上对公司人力资源流失率的降低、员工士气的高昂、员工作业质量和效率的提升、公司业务量的增加、公司在社会上良好企业形象的树立等诸多方面起到至关重要的作用。举两个例子比较可知：

➢ **例一**　后勤保障工作做得差：员工吃不饱、睡不好，无处学习娱乐，健康安全不保障，公司行动无导向，工厂环境乌七八糟，该修未修、该建未建，一片狼藉，处于这种条件下的员工 在这样的环境中工作，其结果可想而知：员工会有心思提高生产效率、预防不良、开发新产品吗？更何谈完成订单要求？当然，就算能完成，客户也不一定会下订单，政府部门还要找上门……

➢ **例二**　后勤保障工作做得好：员工食宿都很舒适，整洁的工装穿在身上显得很精神、很自信，“充电”有条件，娱乐设施完善，活动气氛浓，健康安全知识常宣传，公司形成了自己的文化，工厂整洁，条件优越，这种状态下的员工在这样的环境中工作，其结果不言而喻。古兵书讲率军打仗，离不开“招兵买马、安营扎寨、囤积粮草”，这其中两项都应是管理课要做的事情，还有讲“兵马未动、粮草先行”，足可见管理课职能在公司实现战略目标中的重要作用。

二、管理课目前在内部管理上存在的问题

1. 部门人员缺乏向心力，整体感不强，职能分配和组织结构跟不上公司发展的节奏。

2. 对人员的系统性管理不足，缺乏凝聚力，成员精力分散，各谋其事。

3. 工作分配欠合理，呈现有的超负荷、有的膨胀、有的不尽职责；权限分配无节制，有的该放未放，有的放权过当，导致部门运作秩序混乱。

4. 沟通渠道不顺畅，有上传下不达的现象，成员的觉悟意识弱，缺乏外企工作作风和习惯。

5. 管理模式不适应公司发展需要，没有摆脱“小厂子”和传统行业的“大锅饭”“　窝蜂”的作风。

6. 未看到部门年度工作及培训计划，这也是一个较大的问题。试想，一个缺乏组织概念的成员在部门里无目标地工作，其结果会怎样？预计连部门最基本的稳定运作都难以维持长久。应付突发事情的能力将逐渐消失，日常工作问题将频繁发生，工作向被动状态滑坡，整天只能忙于“救火”。

三、问题原因分析

1. 对组织管理的认识不深入，组织工作缺乏预见性、建设性和发展性的目光。

2. 部分人员对大型工厂的管理及工作经验不够丰富,质素仍需提高。

3. 缺乏职能训练,没有良好的督导和绩效考核机制,个别员工能力表现与职位不匹配。

4. 管理课工作需要稳重、细心,思考问题需要长远、周道,常言道:“如无远虑,必有近忧”。

四、我对部门管理工作的思路

1. 部门主管的工作目标部门是企业内部根据动作需要而设立的一个具有一定独立性和制约性的功能组织,它就像钟表内的一个齿轮一样,发挥着不可或缺的作用。这个“齿轮”性能的优劣直接影响到企业的运作和发展。换言之,直接影响到企业战略目标达成的进度。怎样使这个“齿轮”持久地处于优势状态呢?答案就是管理,通过有效的管理使部门功能得到充分发挥,达到“人尽其才、物尽其用”,甚至对企业产生高附加值的作用。这是部门主管必须明白的工作目标。

2. 组织管理因应部门的各种需要对成员进行评估、识别,利用一种模式有条理地组合成团队,再将部门要达成的目标需求量化、具体化,匹配以合适的人员,使整个团队响应工作的要求。部门主管应明确地认识到,组织模式的好与差,就像“齿轮”性能的好与坏一样,直接影响到组织自身功能的优劣。我在一家港资公司服务时,有这样一个事例:我初到那家公司的一个月里,看到一种场面,终日有一些主管、班组长围在厂长的办公桌前,大事小事都找他来判定、拿主意、确认,他的性子急,发现工作问题时不追究相关负责人而直接找到当事人;这样繁忙了一天后,晚上还要签批一大堆文件。我认为对于企业的良好发展,这样的现象是一个很严重的问题。我认真研究公司的组织架构图和各部门职能指引之后,找到了问题的症结,我认为他这样整天大事小事都要管,什么文件都要签,这样势必无端地浪费许多宝贵的时间,一些不需要他花费精力的事都占去了他一半的时间,他哪里还有时间对公司运作进行一些建设性的策划和整体方向的校正呢?再者,部门划分过细、权限设定不清晰,导致管理跨度拉大,导致首脑没弹性空间,下属没有适当的压力,由于遇事抓不定主意而产生依赖思想。这样一来,厂长能力发挥得好,公司最多也只能是维持发展,而不能够稳健地快速发展。于是向厂长提出了修订公司组织架构和进一步明确部门职能的改善建议,对职能连接较近的部门进行整合,将个性较强的功能组织独立出来,把部门的职能条理化地序列出来,对于不同职的主管人员逐级配以相应的责任权限,疏通各种沟通渠道。经过系统的调整,通过一段时间的运作,工厂呈现出各负其责、默契合作的良好局面。

上述例子就是结合组织管理的办法,因为组织本身就是结合众人力量的一种手段,利用这种手段使大家结合后的力量更大化扩展。部门管理也应不外乎于此,欲使部门高效地发挥职能作用,使成员做的事不同而达到相同目标,就应先进行组织策划。人力资源管理课程中强调:“建一个职能明确、层次清晰且富有前瞻性、协调性、支援性、制约性的组织结构,对于实现企业的战略目标具有深远的意义。”

组织策划应依以下程序进行:

1)确定部门的职能范围、工种和性质,据此进行小组整合。

2)评估完成全部工作所需的人力,并进行人力配置。

3)每一个小组任命一个下属负责,并明确地界定每个组别的职责、权限和管理幅度。

4)制作部门架构图和职位说明书,让每一个成员都清楚、明白自己的位置、作用。

5)建立内部、部门间和与地方机构沟通的渠道及办法。

这里列举我到管理课以来所发现的管理课的三种不同的怪现象，相信能够说明一些的问题：

➢ **例一** 组长口头安排下属工作，一件还没开始做又被喊来安排第二件事，有时反复几次。过一阵子后问：这件事做好没有？答：做完了。又问：那件事做好了没有？答：正在做。问：估计什么时候能完成？答：在做这件事，那件事完成一半先放那儿了。再过一阵子，连组长自己都忘了交代过哪些事，而上级追下来一件事，组长问下属：什么什么事完成了吗？答：哦！忘记了。没办法了，这下上级在等结果，一个部门人员都忙起来了。

➢ **例二** 两个上司，一个上司说你两点钟要赶到公司，另一个上司说你两点钟要赶到市桥把什么事办妥，下属这下麻烦了，不知该如何是好。

➢ **例三** 一位成员越了一级反映问题、汇报工作，回头上级问这个成员的直接上司：那个什么什么事是怎么回事？答：我不明白，我不知道，什么事呀？还有，主管隔着一位下属的直属上司直接布置工作，这位下属的直属上司想：我这两天都没让这个下属做什么，刚好我这下忙不过来，分给他一部分吧。这位下属接到任务心里想：这可怎么办，谁的都要做，哪里吃得消啊！再者，许多等待交期的工作都未完成，没办法，发动整个部门，大家一起做(偶尔不怪，常此就有问题)。

由上述事例分析可以看出，部门内部管理已产生较大问题，这样一个局面，部门是很难发挥良好的作用的。

分析问题根源就是在：

其一，部门规划虽然做了，但不到位，也未运用到实际工作中来；

其二，部门运作有些偏离轨道，没有明确的标准、方法来实现或检验规划的实施。

解决办法应是：

1）统一部门的指令系统，规定每个下属只接受一个上司的指令和管理，只向一个上司报告工作情况，下达指令及汇报工作都应遵循部门的指挥系统，尊重每位成员的职位、责任，让每位成员致力于完成自己的工作。

2）对一位主管能管理的下属人数和工作承受量的界限划分适当，因为适中的管理幅度才能确保主管能与下属做有效的沟通，并能做好对下属的培养、绩效考核工作。管理幅度适中的界定应从主管需自行完成的工作量，对下属管理沟通所需的时间，各项工作的性质、跨度和完成工作所需的配备等几个方面切入，以主管自身能力的强弱、提高下属的能力强弱、责任感和归属感水平的高低等方面，判断管理幅度是需要压缩还是扩大。

3）建立良好的部门沟通协调机制，比如与上下级的协调，与同级单位的协调，与本单位客户的协调等。协调不只是口头谈话，而应是就一个项目、一种工作方式、一件事上取得统一认知，可以制定规章制度、制定工作目标或计划、成立专项工作组或委员会等等。

部门管理没有固定的模式，但有内在的共通性，随着企业发展的进程，部门应及时导入新的“管理程式”，以确保部门始终保持良好的状态，对公司的发展起到有力的推动作用。

五、企业文化宣传

1. 存在问题：1）公司教导的文化内容是很少企业有的，但宣传力度太贫乏，几乎没有什么太见效的举动，仅靠老板推一下才动一下。2）目前管理课仅有一份关于娱乐室管理的文件，但几乎没有管理对象。球室、学习室只有寥寥数人光顾，只有一间简陋的电视室每天都有员工进去。在很少开展文娱活动、活动场所欠缺的环境中，员工难免感觉枯燥，哪里有兴趣和氛围来感受企业文化呢？3）企业文化宣传仅靠张贴、悬挂几条标语、口号压给员工是不行的，要让员工亲身感受，思想、行动都活跃起来，真正融入其中，相关宣传的人员好像是没有意识到或是没有吃透宣传的内涵。

2. 分析原因：企业文化是企业的灵魂，是企业的精神领袖和力量，尤其对于需要较强创造力和适应力的企业，企业文化能够更好地促进企业的持续发展。而目前管理课负责宣传的人员没有真正弄清企业文化的真正意义，没有认识到企业文化对于企业健康、快速发展的重要意义。企业文化是难以用文字来表述的，是在员工队伍中根深蒂固、难以改变的自觉行为，是企业用以规范企业人在多数情况下行为的一种强有力的、不成文的规则体系，是一系列相互依存的价值观和行为方式的总和。它需要通过宣传影响、行为感染等很长一段时间的积淀而留存下来。可以试问相关人员，恐怕企业文化的定义都不一定说得清楚，这样怎么进行宣导工作呢？怎么将这文化潜移默化到员工身上去呢？怎么将文化转化为员工的行动呢？

3. 建议办法：相关宣传人员必须先认清什么是企业文化，企业文化的作用在哪里，如何打造和促进企业文化的形成，应采取什么样的必要软硬件措施。1）软件方面：A）结合公司文化的具体内容，开展业余培训和举办业余活动。B）成立康乐委员会，将文化宣传的形式多样化，逐渐地感染员工。C）实施奖惩，奖励响应文化导向的行为，严惩违背文化导向的行为。2）硬件方面：A）通过募捐和公司出资，筹建图书室。B）创办电脑学习班、网络俱乐部。C）改善室内球室。D)改善影视室。E)筹建卡拉 OK 室、舞室。（当然许多地方出资，但是否决定做，要先对投资与收益进行一个对比。）

六、保安队

1. 存在问题：1）管理力度不够，保安整体质素需提高。2）职能作用发挥得不够，职业敏感度偏低，组织纪律意识不强。

2. 分析原因：1）对保安员的职责要求不够清晰和全面，工作表现和达成结果没有考核。2）岗位技能培训和演练工作需跟上。

3. 建议办法：1）把关对保安员的任用标准。2）明确岗位职责要求，加强监督、考核力度。3）多开展职业技能培训和演练。

七、宿舍管理

1. 存在问题：1）暂时只能维持在来人有处住的水平，对是否住得适应、妥善方面无行动。2）对人员猛增的应对能力弱，工作显得很被动。

2. 分析原因：1）缺少事先整体规划的意识和实际行动，也有“头痛医头、脚痛医脚”的现象。2）主管人员对下属只有使用，没有必要的信息沟通和培养。

3. 解决办法：1）主动培养提升下属能力，加强沟通交流，尊重下属的工作，为下属提供发展空间。2）结合公司的发展形势，制定长远的宿舍管理规划。3）完善宿舍的各项规章制度，建立各项周报、月报表。

八、饭堂管理

1. 存在问题：饭堂问题都已引起总经理的关注，员工投诉书也反映得很全面，这里不再赘述。

2. 分析原因:管理手段不够硬,没有成熟的对策。

3. 解决办法:1) 管理人员站在公司及员工利益的立场上,对合同进行重新修订,严格执行合同要求。2) 建立切实可行、行之有效的监督机制。

九、外务方面

1. 存在问题:在中国办事,疏通关系渠道是个办法,但这不是好办法,我们应力求自己做得好,做得符合法律、法规和客户要求。不到逼不得已不能想“钻空子”、“搞变通”的主意,因为公司需要长远地发展下去。单凭搞关系只能解决眼前之急,问题还是存在,最终浪费大量人力物力,正所谓“得以鸡毛,失以翎”。

2. 分析原因:不应只将思维局限于社会的形势上,应把公司的长远发展作为工作的切入点。建议办法:相关人员对法律法规、客户要求的认识了解需要提高,对公司长远发展的战略目标的认识程度需要提高。

3. 建议办法:1) 室改组为资讯科技室,从外部引进在网络的设计、组建、功能开发、运用管理,以及在 ERP 系统导入、技术开发等方面有专业建树的人员为公司服务。2) 加强对用户端人员培训。

十、车辆管理

1. 存在问题:制度比较完善,但落实需加强,使用控制及调遣力度需再加强。

2. 分析原因:管理不够严,未严格遵照制度执行。

3. 建议办法:提高文件制度的可操作性,以身作则,严格落实。

十一、文件管理

1. 存在问题:1) 没有公共文件夹供部门人员参阅,现有的管理文件有欠缺。2) 没有历史记录性文件,即使有可操作性也不够强。

2. 分析原因:1) 因新公司成立受到影响。2) 相关人员在日常工作中的“文字管理”意识淡薄,多是以口头讲说来开展工作。

3. 建议办法:1) 引导相关人员认识到文件的重要性。2) 建立全面、详细的文件系统,指定人员管理部门的文件、档案。

未来发展的目标和展望

通过发现和及时解决问题,适时地导入新的管理理念,使员工的惰性思维和被动工作转化为创新思维和积极行动;通过人员优化组合,使管理课工作由被动转变为主动,适应公司发展的需求,快速、高效、稳步运转起来,促进公司的良好发展。

1. 员工精神风貌好,士气高昂,素质高,对公司发展的忧患意识强,人员流失率低,普遍具有较强的责任感、归属感,以及高度的凝聚力和向心力;真正的企业文化在松林人身上形成和体现。

2. 文体娱乐设施齐备,开展培训、活动项目丰富、形式多样,整个公司呈现繁荣局面。

3. 生产效率高、作业品质好,服务到位,主动满足客户需求,订单量直线上升;公司在社会上享有美誉,受到各级政府的普遍好评。如果管理课成员都能像这样一个目标看齐,大胆地展望未来,影响和带动公司全员,公司的明天将更加美好。

行政管理案例分析——机关后勤服务

综合管理部

王启文

【案 例】

今年综合管理部配合物业对整个办公楼进行了两次玻璃门窗的清理擦拭工作，提升后勤管理水平，提高服务质量为目标，抓实、抓细、抓精后勤

服务工作。从思想教育、作风纪律、在岗履职、服务管理、工作创新五方面强化机关作风建设，从创新思路、严肃规范、机关满意、形象面貌、勤政廉政五个方面求突破，注重对后勤人员的素质培训，对后勤工作给予高度关注，为其公司各项工作的开展提供了有力保障。

后勤部门作为公司的重要组成部分，应大力加强自身建设，不断提高管理能力和服务水平，努力适应新形势、新任务对机关后勤工作提出的新要求。大力加强后勤部门自身建设，努力做好新形势下的机关后勤工作，从根本上讲，就是要不断提高后勤部门的管理水平和服务水平，为机关事业发展提供有力的服务保障。从大的方面讲，关键是要把握好以下三个重点。

一要树立全局观念，切实服从和服务于机关工作全局的需要。当前，我们国家和地方全部工作的大局是全面建设小康社会、加快推进社会主义现代化建设。后勤部门作为很具体的服务部门，虽然工作很琐碎繁杂，但与整个机关的工作中心、工作大局密切关联，从机关举行的各种会议，到机关干部的接待服务，从机关工作物质条件的改善，到干部职工生活福利的提高，都离不开有力的后勤保障和服务。实践证明，后勤工作是机关工作的重要组成部分，是机关高效有序运转的基本保证，后勤工作搞不好，必然影响机会的全面工作。因此，做好新形势下的机关后勤工作，必须从事业发展的全局高度来认识，从履行职能的全局来谋划，使后勤工作更好地服从和服务于机关工作全局的需要。从事后勤工作的同志只有站在全局的高度，在大方向和大目标的指引下来对待后勤工作，才能增强事业心和责任感，提高积极性和主动性，更好地围绕大局开展工作，为机关的各项工作的顺利开展服务。

二要坚持改革创新，努力推进后勤管理和服务保障的科学化、制度化。后勤部门是机关中一个大的系统，摊子大、战线长、人员多、事务繁杂，但主要职能就两个，一是管理，二是服务。因此，不断提高后勤管理水平和服务水平，是后勤部门长久不变的追求目标。随着社会主义市场经济体制的完善和人民生活层次的不断提高，后勤部门在管理和服务方面都面临新的课题，需要通过改革创新，不断推进后勤管理和服务的科学化、制度化，努力适应发展变化了的新形势、新任务、新要求。首先，要加强政策研究，提高政策水平。后勤部门的同志特别是领导同志不能满足于做具体工作、办具体事情，一定要加强学习研究，切实把本部门的各项政策弄懂弄透，努力提高政策水平，掌握后勤管理和服务工作的内在规律，创造性地开展工作，不断提高后勤工作的系统性、科学性和预见性。其次，要把制度建设特别是制度创新摆在重要位置。要牢固树立和落实科学发展观，按照讲质量、讲效率、讲规范的要求，继续大力推进各个部门、各项工作和各个工作环节的制度化、规范化建设，把后勤工作做得井井有条，有深度，有水平；要着眼机关职能运转的实际需求，注重从体制和机制上创新，从管理方式和管理手段上创新，努力实现由粗放型管理向科学化、制度化管理转变，合理使用各类经费，合理配置各类资源，合理安

排各类投资，努力降低运行成本，最大限度地发挥机关资源的效能，努力建设资源节约型机关。

三要加强作风建设，努力造就一支高素质的后勤干部队伍。后勤工作从微观上看，是为机关履行职能的各项具体工作和活动提供物质保障，从宏观上讲，则是为现代化事业服务。后勤队伍作风的好坏，直接影响着机关职能作用的发挥，直接关系到机关的形象，直接影响到机关干部职工工作的积极性。因此，必须把作风建设作为加强后勤队伍建设的重点和关键。

我国的机关后勤服务体系是在计划经济条件下建立和发展起来的，是专门为机关服务的组织体系。我们要经过我们不懈的努力，力求使其职能全面，分工明确，工作针对性强，人员政治素质高，听从指挥，服从需要，提供服务及时、到位，从而为保证机关的正常有效运转起到良好作用，对巩固社会主义政权，建设社会主义事业做出贡献。

后勤服务体系是在计划经济条件下建立和发展起来的，是专门为机关服务的组织体系。我们要经过不懈的努力，力求使其职能全面，分工明确，工作针对性强，人员政治素质高，听从指挥，服从需要，提供服务及时、到位，从而为保证机关的正常有效运转起到良好作用，对巩固社会主义政权，建设社会主义事业做出贡献。